»Lasst das Wort Christi reichlich unter Euch wohnen«

Brief des Paulus an die Kolosser
Kapitel 3, Vers 16 A

Zum gesegneten Gebrauch überreicht

von

Bibelgesellschaft
Kurhessen-Waldeck
Mitglied der Deutschen Bibelgesellschaft

NEUES TESTAMENT UND PSALMEN

NACH DER ÜBERSETZUNG MARTIN LUTHERS

DEUTSCHE BIBELGESELLSCHAFT

Bibeltext in der revidierten Fassung von 1984
Herausgegeben von der Evangelischen Kirche in Deutschland

Die Lutherbibel wurde in den Jahren 1957–1984 überarbeitet.
Die Evangelische Kirche in Deutschland
und ihre Gliedkirchen
haben im Einvernehmen mit ihren Bibelwerken
den revidierten Text angenommen
und zum kirchlichen Gebrauch empfohlen.

ISBN 978-3-438-02312-4

Neues Testament und Psalmen – Verteilausgabe ohne Anhang

Bibeltext Lutherbibel 1984

Titelbild: mauritius images/imagebroker.net
Einband: Neil McBeath, Stuttgart
Satz: Typomedia GmbH, Ostfildern
Druck und Verarbeitung: C. H. Beck, Nördlingen
Printed in Germany

INHALT

DAS NEUE TESTAMENT

HINWEISE ZU DIESER AUSGABE

Der Bibeltext

Der Bibeltext, der hier abgedruckt wird, stellt eine überarbeitete (revidierte) Fassung der Bibelübersetzung Martin Luthers dar. Um der besseren Verständlichkeit willen ist die äußere Form der Luther-Übersetzung vorsichtig dem heutigen Sprachgebrauch angepasst worden. Dies geschah durch einen Kreis von Fachleuten, die die Evangelische Kirche in Deutschland in Zusammenarbeit mit den Bibelwerken berief. Die Revisionsarbeit wurde stufenweise abgeschlossen: für das Alte Testament 1964, für die Apokryphen 1970, für das Neue Testament 1984. Durch das Neue Testament von 1984 wurden zwei vorhergehende Revisionsstufen (1956 und 1975) abgelöst, die wegen ihrer Einseitigkeit keine allgemeine Zustimmung gefunden hatten. Gleichzeitig mit der neuen Textfassung wurden Umfang und Überschriften der Sinnabschnitte festgelegt.

Im Zusammenhang mit der Einführung der neuen Rechtschreibung wurde der Text noch einmal durchgesehen. Dabei wurde im Neuen Testament die Übersetzung an wenigen Stellen so verbessert, dass sie dem griechischen Grundtext genauer entspricht.

Besondere Zeichen und Schriftarten

Im Unterschied zu den Ausgaben in alter Rechtschreibung ist die Lutherbibel in neuer Rechtschreibung nicht vers-, sondern abschnittsweise gesetzt. Sie kommt damit den Seh- und Lesegewohnheiten unserer Zeit entgegen. Die Anmerkungen stehen übersichtlich am Fuß der Seite. Die einzelnen Verse sind durch die hervorgehobene Versziffer leicht auffindbar. Damit der Text auch in der neuen Gestaltung übersichtlich bleibt, wurden einige neue Absätze und Überschriften eingeführt.

Auf Luther selbst geht der Brauch zurück, wichtige Bibelworte (sog. »Kernstellen«) durch eine besondere Schrift (in diesem Fall **halbfett**) hervorzuheben. Im Nachwort zu der letzten von Luther selbst herausgebrachten Bibelausgabe von 1545 heißt es dazu, »dass erstlich von Anfang der Bibel bis ans Ende die vornehmsten Sprüche, darin Christus verheißen ist und (die) im Neuen Testament (her)angezogen werden, mit großer Schrift gedruckt sind, dass sie der Leser leicht und bald finden könne.« Auch wenn sich der Bestand der Kernstellen im Lauf der Jahrhunderte verändert hat, gehören sie doch bis heute als unaufgebbarer Bestandteil zum Text hinzu. – Außer den Kernstellen sind auch sinnbetonte Einzelwörter mit Hilfe der **halbfetten** Schrift markiert.

Wie die Psalmen im Alten Testament sind die psalmähnlichen Texte im Neuen Testament nach dem bereits erwähnten Grundprinzip des Parallelismus in sinnparallele Halbverse gegliedert, von denen jeweils der zweite im Druck durch Einrückung gekennzeichnet ist.

Biblische Verweisstellen und sinnverwandte Abschnitte

Um die reichen Beziehungen innerhalb der Bibel wenigstens ansatzweise zu erschließen, wurden für die ganze Bibel ungefähr 12000 Verweisstellen ausgewählt, die in dieser Ausgabe am Fuß der jeweiligen Seite aufgeführt werden. Die dabei verwendeten Abkürzungen werden auf Seite 12* erklärt.

Hochgestellte kleine Buchstaben im Bibeltext stellen die Verbindung zu den Stellenangaben her. Wenn sich die angeführte Verweisstelle auf ein Einzelwort oder eine Wortgruppe bezieht, steht der Verweisbuchstabe unmittelbar davor; bezieht sie sich auf einen ganzen Vers, so steht er an dessen Ende; wenn sie mehrere Verse umfasst, folgt er auf die erste Versziffer.

Wenn ganze Sinnabschnitte an anderer Stelle ähnlich oder gleich lautend überliefert sind, findet man einen entsprechenden Hinweis unter der Abschnittsüberschrift (vor allem in den Evangelien).

Anmerkungen zum Bibeltext

Ein Stern * oder Kreuz + im Bibeltext verweist auf eine Anmerkung zur jeweiligen Stelle am Fuß der Seite. Die Anmerkungen im Neuen Testament geben Erläuterungen zur Übersetzung oder Textüberlieferung. Die Sach- und Worterklärungen der Lutherbibel, auf die in einigen Anmerkungen hingewiesen wird, sind in dieser Verteilausgabe des Neuen Testaments nicht enthalten. Sie finden sich aber im Anhang jeder Standardausgabe der Lutherbibel.

Namensschreibung

Die Schreibung der Personen- und Ortsnamen folgt seit 1984 weitgehend den »Loccumer Richtlinien zur einheitlichen Schreibung biblischer Eigennamen«, die im Interesse einer ökumenischen Vereinheitlichung der Namensformen von einer evangelisch-katholischen Kommission erarbeitet worden sind. Lediglich bei Namen, die in der evangelischen Tradition einen besonderen Stellenwert haben, wurde von dieser ökumenischen Regelung abgewichen und die bisher vertraute Form beibehalten.

Wo finde ich was?

Das Inhaltsverzeichnis auf Seite 5* folgt der Anordnung der biblischen Bücher.

Ein Überblick über bekannte und wichtige Bibeltexte im Neuen Testament findet sich auf den Seiten 9–10*, eine Übersicht über die Psalmen, geordnet nach Themen und Anlässen, auf Seite 11*. Eine rasche Orientierung über den Inhalt der einzelnen biblischen Bücher gibt die Inhaltsübersicht jeweils vor Beginn des Buches.

WO FINDE ICH WAS IM NEUEN TESTAMENT

Bekannte Geschichten

Heilungen und Wunder

Begegnungen

Gleichnisse und Beispiele

Urgemeinde und Mission

Aus der Offenbarung des Johannes

ÜBERSICHT ÜBER DIE PSALMEN NACH THEMEN UND ANLÄSSEN

Loblieder

auf Gottes Güte und Treue
92; 103; 111; 113; 117; 145
auf Gottes Taten in Schöpfung und Geschichte 8; 19; 29; 33; 65; 78; 89; 104; 105; 114; 146; 147
auf Gott, den König der Völker
47; 48; 67; 76; 82; 93; 96–99; 146

Gebete in schwerer Not

bei Krankheit und Unglück
6; 13; 22; 31; 38; 39; 41; 51; 69; 71; 86; 88; 130
bei Anfeindungen und falscher Anklage
3; 4; 5; 7; 17; 26; 27; 28; 35; 42/43; 52; 54–59; 64; 70; 94; 102; 109; 120; 140–143
bei Katastrophen und allgemeiner Not
44; 60; 74; 77; 79; 80; 83; 85; 89; 90; 125; 126; 137
bei Unterdrückung und Verfolgung
9–12; 123; 129

Dank nach der Rettung

18; 22,22b-32; 30; 32; 40; 66; 75; 107; 108; 116; 118; 124; 138

Vertrauen auf Gott

16; 23; 27; 36; 46; 52; 62; 63; 91; 131

Zusage der göttlichen Hilfe

91; 121

Wallfahrtslieder und Festliturgien

24; 68; 84; 95; 100; 115; 122; 134; 135; 136; 148; 149; 150

Lehrgedichte

vom richtigen Leben
1; 15; 19,8-15; 34; 50; 81; 112; 119; 127; 128; 133
vom Ende der Gottesfeinde
14; 36; 37; 49; 53; 73

Zionslieder

46; 48; 87; 122; 132

Lieder des Königs und für den König

2; 20; 21; 45; 61; 72; 101; 110; 132; 144

Hinweise auf Christus

2; 22; 110

ABKÜRZUNGEN DER BIBLISCHEN BÜCHER

Am	Amos
Apg	Apostelgeschichte
Bar	Baruch
1. Chr	1. Chronik
2. Chr	2. Chronik
Dan	Daniel
Eph	Epheser
Esra	Esra
Est	Ester
Gal	Galater
Geb.Man	Gebet Manasses
Hab	Habakuk
Hag	Haggai
Hebr	Hebräer
Hes	Hesekiel (Ezechiel)
Hiob	Hiob (Ijob)
Hld	Hoheslied
Hos	Hosea
Jak	Jakobus
Jdt	Judit
Jer	Jeremia
Jes	Jesaja
Joel	Joel
Joh	Johannes
1. Joh	1. Johannes
2. Joh	2. Johannes
3. Joh	3. Johannes
Jona	Jona
Jos	Josua
Jud	Judas
Kap	Kapitel
Klgl	Klagelieder
1. Kön	1. Könige
2. Kön	2. Könige
Kol	Kolosser
1. Kor	1. Korinther
2. Kor	2. Korinther
Lk	Lukas
1. Makk	1. Makkabäer
2. Makk	2. Makkabäer
Mal	Maleachi
Mi	Micha
Mk	Markus
Mt	Matthäus
1. Mose	1. Mose (Genesis)
2. Mose	2. Mose (Exodus)
3. Mose	3. Mose (Levitikus)
4. Mose	4. Mose (Numeri)
5. Mose	5. Mose (Deuteronomium)
Nah	Nahum
Neh	Nehemia
Obd	Obadja
Offb	Offenbarung
1. Petr	1. Petrus
2. Petr	2. Petrus
Phil	Philipper
Phlm	Philemon
Pred	Prediger (Kohelet)
Ps	Psalm(en)
Ri	Richter
Röm	Römer
Rut	Rut
Sach	Sacharja
1. Sam	1. Samuel
2. Sam	2. Samuel
Sir	Sirach
Spr	Sprüche (Sprichwörter)
St zu Dan	Stücke zu Daniel
St zu Est	Stücke zu Ester
1. Thess	1. Thessalonicher
2. Thess	2. Thessalonicher
1. Tim	1. Timotheus
2. Tim	2. Timotheus
Tit	Titus
Tob	Tobias
V.	Vers
Weish	Weisheit
Zef	Zefanja

Das Evangelium nach Matthäus

Das Evangelium nach Markus

Das Evangelium nach Lukas

Das Evangelium nach Johannes

Die Apostelgeschichte des Lukas

Die Briefe des Apostels Paulus

Die weiteren Briefe

Die Offenbarung des Johannes

Der Psalter

DAS EVANGELIUM NACH MATTHÄUS

Inhaltsübersicht

Jesu Stammbaum

(Lk 3,23-38)

1 Dies ist das Buch von der Geschichte
Jesu Christi, des [a]Sohnes Davids, des
[b]Sohnes Abrahams.
2 Abraham zeugte [a]Isaak. Isaak zeug-
te [b]Jakob. Jakob zeugte [c]Juda und seine
Brüder. 3 [a]Juda zeugte [b]Perez und Se-
rach mit der Tamar. Perez zeugte Hez-
ron. Hezron zeugte Ram. 4 Ram zeugte
Amminadab. Amminadab zeugte Nach-
schon. Nachschon zeugte Salmon. 5 Sal-
mon zeugte Boas mit der [a]Rahab. [b]Boas
zeugte Obed mit der Rut. Obed zeugte
Isai. 6 Isai zeugte den König David.
David zeugte [a]Salomo mit der Frau
des Uria. 7 [a]Salomo zeugte Rehabeam.
Rehabeam zeugte Abija. Abija zeugte
Asa. 8 Asa zeugte Joschafat. Joschafat
zeugte Joram. Joram zeugte Usija. 9 Usija
zeugte Jotam. Jotam zeugte Ahas. Ahas
zeugte Hiskia. 10 Hiskia zeugte Manasse.
Manasse zeugte Amon. Amon zeugte
Josia. 11 Josia zeugte Jojachin und seine
Brüder um die Zeit der [a]babylonischen
Gefangenschaft.
12 Nach der babylonischen Gefan-
genschaft zeugte Jojachin [a]Schealtiël.
Schealtiël zeugte [b]Serubbabel. 13 Serub-
babel zeugte Abihud. Abihud zeugte
Eljakim. Eljakim zeugte Asor. 14 Asor
zeugte Zadok. Zadok zeugte Achim.
Achim zeugte Eliud. 15 Eliud zeugte Elea-
sar. Eleasar zeugte Mattan. Mattan
zeugte Jakob. 16 Jakob zeugte [a]Josef, den
Mann der Maria, von der geboren ist
Jesus, der da heißt Christus.
17 Alle Glieder von Abraham bis zu
David sind vierzehn Glieder. Von David
bis zur babylonischen Gefangenschaft
sind vierzehn Glieder. Von der babyloni-
schen Gefangenschaft bis zu Christus
sind vierzehn Glieder.

Jesu Geburt

18 Die Geburt Jesu Christi geschah aber
so: Als Maria, seine Mutter, dem Josef
vertraut* war, fand es sich, ehe er sie
heimholte, dass sie schwanger war [a]von
dem Heiligen Geist. 19 Josef aber, ihr
Mann, war fromm und wollte sie nicht in
Schande bringen, gedachte aber, sie
heimlich zu verlassen.
20 Als er das noch bedachte, siehe, da
erschien ihm der Engel des Herrn im
Traum und sprach: Josef, du Sohn Da-
vids, fürchte dich nicht, Maria, deine
Frau, zu dir zu nehmen; denn was sie
empfangen hat, das ist von dem Heiligen
Geist. 21 Und sie wird einen Sohn ge-
bären, [a]dem sollst du den Namen Jesus
geben, denn [b]**er wird sein Volk retten von
ihren Sünden.** 22 Das ist aber alles gesche-
hen, damit erfüllt würde, was der Herr
durch den Propheten gesagt hat, der da
spricht (Jesaja 7,14): 23 »Siehe, eine Jung-
frau wird schwanger sein und einen Sohn
gebären, und sie werden ihm den Namen

* Siehe Sach- und Worterklärungen unter »Verlobung«.

1,1: *a* 1.Chr 17,11; *b* 1.Mose 22,18 **1,2:** *a* 1.Mose 21,3.12; *b* 1.Mose 25,26; *c* 1.Mose 29,35; 49,10 **1,3:** *a (3-6)* Rut 4,18-22; *b* 1.Mose 38,29-30 **1,5:** *a* Jos 2,1; *b* Rut 4,13-17 **1,6:** *a* 2.Sam 12,24 **1,7:** *a (7-11)* 1.Chr 3,10-16 **1,11:** *a* 2.Kön 25,7.11.21 **1,12:** *a* 1.Chr 3,17; *b* Esra 3,2 **1,16:** *a* Lk 1,27 **1,18:** *a* Lk 1,35 **1,21:** *a* Lk 2,21; Apg 4,12; *b* Ps 130,8

Immanuel geben«, das heißt übersetzt:
Gott mit uns.
24 Als nun Josef vom Schlaf erwachte,
tat er, wie ihm der Engel des Herrn be-
fohlen hatte, und nahm seine Frau zu
sich. 25 Und er berührte sie nicht, bis sie
einen Sohn gebar; und er gab ihm den
Namen Jesus.

Die Weisen aus dem Morgenland

2 Als [a]Jesus geboren war in Bethlehem
in Judäa zur Zeit des Königs Hero-
des, siehe, da kamen Weise* aus dem
Morgenland nach Jerusalem und spra-
chen: 2 Wo ist der neugeborene König der
Juden? Wir [a]haben seinen Stern gesehen
im Morgenland und sind gekommen, ihn
anzubeten.
3 Als das der König Herodes hörte, er-
schrak er und mit ihm ganz Jerusalem,
4 und er ließ zusammenkommen alle Ho-
henpriester und Schriftgelehrten des Vol-
kes und erforschte von ihnen, wo der
Christus geboren werden sollte. 5 Und sie
sagten ihm: In [a]Bethlehem in Judäa;
denn so steht geschrieben durch den Pro-
pheten (Micha 5,1): 6 »Und du, Bethle-
hem im jüdischen Lande, bist keineswegs
die kleinste unter den Städten in Juda;
denn aus dir wird kommen der Fürst, der
mein Volk Israel weiden soll.«
7 Da rief Herodes die Weisen heimlich
zu sich und erkundete genau von ihnen,
wann der Stern erschienen wäre, 8 und
schickte sie nach Bethlehem und sprach:
Zieht hin und forscht fleißig nach dem
Kindlein; und wenn ihr's findet, so sagt
mir's wieder, dass auch ich komme und
es anbete. 9 Als sie nun den König gehört
hatten, zogen sie hin. Und siehe, der
Stern, den sie im Morgenland gesehen
hatten, ging vor ihnen her, bis er über
dem Ort stand, wo das Kindlein war.
10 Als sie den Stern sahen, wurden sie
hocherfreut 11 und gingen in das Haus
und fanden das Kindlein mit Maria, sei-
ner Mutter, und fielen nieder und beteten
es an und taten ihre Schätze auf und
[a]schenkten ihm Gold, Weihrauch und
Myrrhe.
12 Und Gott befahl ihnen im Traum,
nicht wieder zu Herodes zurückzukeh-
ren; und sie zogen auf einem andern Weg
wieder in ihr Land.

Die Flucht nach Ägypten

13 Als sie aber hinweggezogen waren,
siehe, da erschien der Engel des Herrn
dem Josef im Traum und sprach: Steh
auf, nimm das Kindlein und seine Mut-
ter mit dir und flieh nach Ägypten und
bleib dort, bis ich dir's sage; denn Hero-
des hat vor, das Kindlein zu suchen, um
es umzubringen.
14 Da stand er auf und nahm das
Kindlein und seine Mutter mit sich bei
Nacht und entwich nach Ägypten 15 und
blieb dort bis nach dem Tod des Herodes,
damit erfüllt würde, was der Herr durch
den Propheten gesagt hat, der da spricht
(Hosea 11,1): »Aus Ägypten habe ich
meinen Sohn gerufen.«

Der Kindermord des Herodes

16 Als Herodes nun sah, dass er von den
Weisen betrogen war, wurde er sehr zor-
nig und schickte aus und ließ alle Kinder
in Bethlehem töten und in der ganzen
Gegend, die zweijährig und darunter wa-
ren, nach der Zeit, die er von den Weisen
genau erkundet hatte. 17 Da wurde er-
füllt, was gesagt ist durch den Propheten
Jeremia, der da spricht (Jeremia 31,15):
18 »In Rama hat man ein Geschrei ge-
hört, viel Weinen und Wehklagen; [a]Ra-
hel beweinte ihre Kinder und wollte sich
nicht trösten lassen, denn es war aus mit
ihnen.«

Die Rückkehr aus Ägypten

19 Als aber Herodes gestorben war, siehe,
da erschien der Engel des Herrn dem
Josef im Traum in Ägypten 20 und
sprach: Steh auf, nimm das Kindlein und
seine Mutter mit dir und zieh hin in das
Land Israel; [a]sie sind gestorben, die dem
Kindlein nach dem Leben getrachtet ha-
ben.
21 Da stand er auf und nahm das
Kindlein und seine Mutter mit sich und
kam in das Land Israel. 22 Als er aber
hörte, dass Archelaus in Judäa König
war anstatt seines Vaters Herodes, fürch-
tete er sich, dorthin zu gehen. Und im

* Siehe Sach- und Worterklärungen.

2,1: *a* Lk 2,1-7 **2,2:** *a* 4. Mose 24,17 **2,5:** *a* Joh 7,42 **2,11:** *a* Ps 72,10.15; Jes 60,6 **2,18:** *a* 1. Mose 35,19 **2,20:** *a* 2. Mose 4,19

Traum empfing er Befehl von Gott und
zog ins galiläische Land 23 und kam und
wohnte in einer Stadt mit Namen [a]Na-
zareth, damit erfüllt würde, was gesagt
ist durch die Propheten: Er soll Nazo-
räer* heißen.

Johannes der Täufer

(Mk 1,2-8; Lk 3,1-18)

3 Zu der Zeit kam [a]Johannes der Täu-
fer und predigte in der Wüste von
Judäa 2 und sprach: [a]**Tut Buße, denn das
Himmelreich ist nahe herbeigekommen!**
3 Denn dieser ist's, von dem der Prophet
Jesaja gesprochen und gesagt hat (Jesaja
40,3): »Es ist eine Stimme eines Predigers
in der Wüste: Bereitet dem Herrn den
Weg und macht eben seine Steige!« [a]
4 Er aber, Johannes, hatte ein Gewand
aus Kamelhaaren an und [a]einen leder-
nen Gürtel um seine Lenden; seine Speise
aber waren Heuschrecken und wilder
Honig. 5 Da ging zu ihm hinaus die Stadt
Jerusalem und ganz Judäa und alle Län-
der am Jordan 6 und ließen sich taufen
von ihm im Jordan und bekannten ihre
Sünden.
7 Als er nun viele Pharisäer und Saddu-
zäer sah zu seiner Taufe kommen, sprach
er zu ihnen: [a]Ihr Schlangenbrut, wer hat
denn euch gewiss gemacht, dass ihr dem
künftigen Zorn entrinnen werdet? 8 Seht
zu, bringt rechtschaffene Frucht der
Buße! 9 Denkt nur nicht, dass ihr bei
euch sagen könntet: [a]Wir haben Abra-
ham zum Vater. Denn ich sage euch:
Gott vermag dem Abraham aus diesen
Steinen Kinder zu erwecken. 10 Es ist
schon die Axt den Bäumen an die Wurzel
gelegt. Darum: [a]jeder Baum, der nicht
gute Frucht bringt, wird abgehauen und
ins Feuer geworfen.
11 Ich taufe euch mit Wasser zur Buße;
der aber nach mir kommt, ist stärker als
ich, und ich bin nicht wert, ihm die
Schuhe zu tragen; der wird euch mit dem
Heiligen Geist und mit Feuer taufen.[a]
12 Er hat seine Worfschaufel in der Hand;
er wird seine Tenne fegen und seinen
Weizen in die Scheune sammeln; aber die
Spreu wird er verbrennen mit unaus-
löschlichem Feuer.[a]

Jesu Taufe

(Mk 1,9-11; Lk 3,21-22; Joh 1,32-34)

13 Zu der Zeit kam Jesus aus Galiläa an
den Jordan zu Johannes, dass er sich von
ihm taufen ließe. 14 Aber Johannes wehrte
ihm und sprach: Ich bedarf dessen, dass
ich von dir getauft werde, und du
kommst zu mir?[a] 15 Jesus aber antwortete
und sprach zu ihm: Lass es jetzt gesche-
hen! Denn so gebührt es uns, alle Ge-
rechtigkeit zu erfüllen. Da ließ er's ge-
schehen.
16 Und als Jesus getauft war, stieg er
alsbald herauf aus dem Wasser. Und
siehe, da tat sich ihm der Himmel auf,
und er sah [a]den Geist Gottes wie eine
Taube herabfahren und über sich kom-
men. 17 Und siehe, eine [a]Stimme vom
Himmel herab sprach: **Dies ist mein lie-
ber Sohn, [b]an dem ich Wohlgefallen
habe.**

Jesu Versuchung

(Mk 1,12-13; Lk 4,1-13)

4 Da wurde Jesus vom Geist in die
Wüste geführt, damit er von dem
Teufel [a]versucht würde. 2 Und da er
[a]vierzig Tage und vierzig Nächte gefastet
hatte, hungerte ihn. 3 Und der Versucher
trat zu ihm und sprach: Bist du Gottes
Sohn, so sprich, dass diese Steine Brot
werden.[a] 4 Er aber antwortete und
sprach: Es steht geschrieben (5. Mose
8,3): **»Der Mensch lebt nicht vom Brot
allein, sondern von einem jeden Wort, das
aus dem Mund Gottes geht.«**
5 Da führte ihn der Teufel mit sich in
die heilige Stadt und stellte ihn auf die
Zinne des Tempels 6 und sprach zu ihm:
Bist du Gottes Sohn, so wirf dich hin-
ab; denn es steht geschrieben (Psalm
91,11-12): »Er wird seinen Engeln dei-
netwegen Befehl geben; und sie werden
dich auf den Händen tragen, damit du
deinen Fuß nicht an einen Stein stößt.«
7 Da sprach Jesus zu ihm: Wiederum
steht auch geschrieben (5. Mose 6,16):

* Siehe Sach- und Worterklärungen.

2,23: *a* Lk 2,39; Joh 1,46 **3,1:** *a* Lk 1,13 **3,2:** *a* Kap 4,17; Röm 12,2 **3,3:** *a* Joh 1,23 **3,4:** *a* 2. Kön 1,8 **3,7:** *a* Kap 23,33 **3,9:** *a* Joh 8,33.39; Röm 2,28-29; 4,12 **3,10:** *a* Lk 13,6-9 **3,11:** *a* Joh 1,26-27.33; Apg 1,5; 2,3-4 **3,12:** *a* Kap 13,30 **3,14:** *a* Joh 13,6 **3,16:** *a* Jes 11,2 **3,17:** *a* Kap 17,5; *b* Jes 42,1 **4,1:** *a* Hebr 4,15 **4,2:** *a* 2. Mose 34,28; 1. Kön 19,8 **4,3:** *a* 1. Mose 3,1-7

**»Du sollst den Herrn, deinen Gott, nicht
versuchen.«**
8 Darauf führte ihn der Teufel mit sich
auf einen sehr hohen Berg und zeigte ihm
alle Reiche der Welt und ihre Herrlich-
keit 9 und sprach zu ihm: Das alles will
ich dir geben, wenn du niederfällst und
mich anbetest.[a] 10 Da sprach Jesus zu
ihm: Weg mit dir, Satan! Denn es steht
geschrieben (5. Mose 6,13): **»Du sollst an-
beten den Herrn, deinen Gott, und ihm
allein dienen.«** 11 Da verließ ihn der Teu-
fel. Und siehe, da [a]traten Engel zu ihm
und dienten ihm.

Der Beginn des Wirkens Jesu in Galiläa

(Mk 1,14-15; Lk 4,14-15)

12 Als nun Jesus hörte, dass [a]Johannes
gefangen gesetzt worden war, zog er sich
nach Galiläa zurück. 13 Und er verließ
Nazareth, kam und wohnte in Kaper-
naum, das am See liegt im Gebiet von
Sebulon und Naftali, 14 damit erfüllt
würde, was gesagt ist durch den Prophe-
ten Jesaja, der da spricht (Jesaja 8,23;
9,1): 15 »Das Land Sebulon und das Land
Naftali, das Land am Meer, das Land
jenseits des Jordans, das heidnische Gali-
läa, 16 das Volk, das in Finsternis saß, hat
ein großes Licht gesehen; und denen, die
saßen am Ort und im Schatten des Todes,
ist ein Licht aufgegangen.«[a]
17 Seit der Zeit fing Jesus an zu pre-
digen: [a]**Tut Buße, denn das Himmelreich
ist nahe herbeigekommen!**

Die Berufung der ersten Jünger

(Mk 1,16-20; Lk 5,1-11; Joh 1,35-51)

18 Als nun Jesus am Galiläischen Meer
entlangging, sah er zwei Brüder, Simon,
der Petrus genannt wird, und Andreas,
seinen Bruder; die warfen ihre Netze ins
Meer; denn sie waren Fischer. 19 Und er
sprach zu ihnen: Folgt mir nach; [a]ich
will euch zu Menschenfischern machen!
20 Sogleich verließen sie ihre Netze und
folgten ihm nach.[a]
21 Und als er von dort weiterging, sah
er zwei andere Brüder, Jakobus, den
Sohn des Zebedäus, und Johannes, sei-
nen Bruder, im Boot mit ihrem Vater
Zebedäus, wie sie ihre Netze flickten.
Und er rief sie. 22 Sogleich verließen sie
das Boot und ihren Vater und folgten
ihm nach.

Krankenheilungen in Galiläa

(Mk 1,39; 3,7-12; Lk 4,44; 6,17-19)

23 Und Jesus zog umher in ganz Galiläa,
lehrte in ihren Synagogen und predigte
das Evangelium von dem Reich und
heilte alle Krankheiten und alle Gebre-
chen im Volk. 24 Und die Kunde von ihm
erscholl durch ganz Syrien. Und sie
[a]brachten zu ihm alle Kranken, mit
mancherlei Leiden und Plagen behaftet,
Besessene, Mondsüchtige und Gelähmte;
und er machte sie gesund. 25 Und es
folgte ihm eine große Menge aus Galiläa,
aus den Zehn Städten, aus Jerusalem,
aus Judäa und von jenseits des Jordans.

DIE BERGPREDIGT
(Kapitel 5,1–7,29)

Die Seligpreisungen

(Lk 6,20-49)

5 Als er aber das Volk sah, ging er auf
einen Berg und setzte sich; und seine
Jünger traten zu ihm. 2 Und er tat seinen
Mund auf, lehrte sie und sprach:
3 **Selig sind, [a]die da geistlich arm sind;
denn ihrer ist das Himmelreich.**
4 **Selig sind, die da Leid tragen; denn sie
sollen getröstet werden.**[a]
5 **Selig sind die Sanftmütigen; denn sie
werden das Erdreich besitzen.**[a]
6 **Selig sind, die da hungert und dürstet
nach der Gerechtigkeit; denn sie sollen
satt werden.**[a]
7 **Selig sind die Barmherzigen; denn sie
werden Barmherzigkeit erlangen.**[a]
8 **Selig sind, die reinen Herzens sind;
denn sie werden Gott schauen.**[a]
9 **Selig sind die [a]Friedfertigen;* denn sie
werden Gottes Kinder heißen.**
10 **Selig sind, die [a]um der Gerechtigkeit
willen verfolgt werden; denn ihrer ist das
Himmelreich.**

* Andere Übersetzung: »die Frieden stiften«.

4,9: *a* Kap 16,26 **4,11:** *a* Joh 1,51; Hebr 1,6.14 **4,12:** *a* Kap 14,3 **4,16:** *a* Joh 8,12 **4,17:** *a* Kap 3,2 **4,19:** *a* Kap 28,19-20 **4,20:** *a* Kap 19,27 **4,24:** *a* Mk 6,55 **5,3:** *a* Jes 57,15 **5,4:** *a* Ps 126,5; Offb 7,17 **5,5:** *a* Kap 11,29; Ps 37,11 **5,6:** *a* Lk 18,9-14; Joh 6,35 **5,7:** *a* Kap 25,35-46; Jak 2,13 **5,8:** *a* Ps 24,3-5; 51,12-13; 1. Joh 3,2-3 **5,9:** *a* Hebr 12,14 **5,10:** *a* 1. Petr 3,14

11 Selig seid ihr, wenn euch die Men-
schen [a]um meinetwillen schmähen und
verfolgen und reden allerlei Übles gegen
euch, wenn sie damit lügen. 12 Seid fröh-
lich und getrost; es wird euch im Himmel
reichlich belohnt werden. Denn ebenso
haben sie [a]verfolgt die Propheten, die vor
euch gewesen sind.

Salz und Licht

13 **Ihr seid das Salz der Erde.** Wenn nun
das Salz nicht mehr salzt, womit soll man
salzen? Es ist zu nichts mehr nütze, als
dass man es wegschüttet und lässt es von
den Leuten zertreten.[a]
14 **Ihr seid [a]das Licht der Welt.** Es kann
die Stadt, die auf einem Berge liegt, nicht
verborgen sein. 15 Man zündet auch nicht
ein Licht an und setzt es unter einen
Scheffel, sondern auf einen Leuchter; so
leuchtet es allen, die im Hause sind.[a]
16 So lasst [a]euer Licht leuchten vor den
Leuten, damit sie [b]eure guten Werke se-
hen und euren Vater im Himmel preisen.

Jesu Stellung zum Gesetz

17 Ihr sollt nicht meinen, dass ich gekom-
men bin, das Gesetz oder die Propheten
aufzulösen; ich bin nicht gekommen auf-
zulösen, sondern zu erfüllen.[a] 18 Denn
wahrlich, ich sage euch: Bis Himmel und
Erde vergehen, wird nicht vergehen der
kleinste Buchstabe noch ein [a]Tüpfelchen
vom Gesetz, bis es alles geschieht. 19 Wer
nun [a]eines von diesen kleinsten Geboten
auflöst und lehrt die Leute so, der wird
der Kleinste heißen im Himmelreich; wer
es aber tut und lehrt, der wird groß hei-
ßen im Himmelreich.
20 Denn ich sage euch: Wenn eure Ge-
rechtigkeit nicht besser ist als die der
Schriftgelehrten und Pharisäer, so werdet
ihr nicht in das Himmelreich kommen.[a]

Vom Töten

21 Ihr habt gehört, dass zu den Alten ge-
sagt ist (2. Mose 20,13; 21,12): »Du sollst
nicht töten«; wer aber tötet, der soll des
Gerichts schuldig sein. 22 Ich aber sage
euch: Wer mit seinem Bruder zürnt, der
ist des Gerichts schuldig; wer aber zu
seinem Bruder sagt: Du Nichtsnutz!, der
ist des Hohen Rats schuldig; wer aber
sagt: Du Narr!, der ist des höllischen
Feuers schuldig.[a]
23 Darum: wenn du deine Gabe auf
dem Altar opferst und dort kommt dir in
den Sinn, dass dein Bruder etwas gegen
dich hat, 24 so lass dort vor dem Altar
deine Gabe und geh zuerst hin und [a]ver-
söhne dich mit deinem Bruder, und dann
komm und opfere deine Gabe.
25 Vertrage dich mit deinem Gegner so-
gleich, solange du noch mit ihm auf dem
Weg bist, damit dich der Gegner nicht
dem Richter überantworte und der Rich-
ter dem Gerichtsdiener und du ins Ge-
fängnis geworfen werdest.[a] 26 Wahrlich,
ich sage dir: Du wirst nicht von dort
herauskommen, bis du auch den letzten
Pfennig bezahlt hast.

Vom Ehebrechen

27 Ihr habt gehört, dass gesagt ist
(2. Mose 20,14): »Du sollst nicht ehebre-
chen.« 28 Ich aber sage euch: [a]Wer eine
Frau ansieht, sie zu begehren, der hat
schon mit ihr die Ehe gebrochen in sei-
nem Herzen.
29 [a]Wenn dich aber dein rechtes Auge
zum Abfall verführt, so reiß es aus und
wirf's von dir. Es ist besser für dich, dass
eins deiner Glieder verderbe und nicht
der ganze Leib in die Hölle geworfen
werde. 30 Wenn dich deine rechte Hand
zum Abfall verführt, so hau sie ab und
wirf sie von dir. Es ist besser für dich,
dass eins deiner Glieder verderbe und
nicht der ganze Leib in die Hölle fahre.
31 Es ist auch gesagt (5. Mose 24,1):
»Wer sich von seiner Frau scheidet, der
soll ihr einen Scheidebrief geben.«[a] 32 Ich
aber sage euch: Wer sich von seiner Frau
scheidet, es sei denn wegen Ehebruchs,
der macht, dass sie die Ehe bricht; und
wer eine Geschiedene heiratet, der bricht
die Ehe.[a]

5,11: *a* Kap 10,22; Apg 5,41; 1. Petr 4,14 **5,12:** *a* Hebr 11,33-38; Jak 5,10 **5,13:** *a* Mk 9,50; Lk 14,34-35 **5,14:** *a* Joh 8,12 **5,15:** *a* Mk 4,21; Lk 8,16 **5,16:** *a* Phil 2,14-15; *b* Joh 15,8; Eph 5,8-9 **5,17:** *a* Kap 3,15; Röm 3,31; 10,4; 1. Joh 2,7 **5,18:** *a* Lk 16,17 **5,19:** *a* Jak 2,10 **5,20:** *a* Kap 23,2-33 **5,22:** *a* 1. Joh 3,15 **5,24:** *a* Mk 11,25 **5,25:** *a* Kap 18,23-35; Lk 12,58-59 **5,28:** *a* 2. Sam 11,2; Hiob 31,1; 2. Petr 2,14 **5,29:** *a (29-30)* Kap 18,8-9; Mk 9,47.43; Kol 3,5 **5,31:** *a* Kap 19,3-9; Mk 10,4-12 **5,32:** *a* Lk 16,18; 1. Kor 7,10-11

Vom Schwören

33 Ihr habt weiter gehört, dass zu den
Alten gesagt ist (3. Mose 19,12; 4. Mose
30,3): »Du sollst keinen falschen Eid
schwören und sollst dem Herrn deinen
Eid halten.« 34 [a] Ich aber sage euch, dass
ihr überhaupt nicht schwören sollt, we-
der bei dem [b] Himmel, denn er ist Gottes
Thron; 35 noch bei der Erde, denn sie ist
der Schemel seiner Füße; noch bei Jeru-
salem, denn [a] sie ist die Stadt des großen
Königs. 36 Auch sollst du nicht bei dei-
nem Haupt schwören; denn du vermagst
nicht ein einziges Haar weiß oder
schwarz zu machen. 37 Eure Rede aber
sei: Ja, ja; nein, nein. Was darüber ist,
das ist vom Übel.[a]

Vom Vergelten

38 Ihr habt gehört, dass gesagt ist (2. Mo-
se 21,24): »Auge um Auge, Zahn um
Zahn.« 39 Ich aber sage euch, dass ihr
nicht widerstreben sollt dem Übel, son-
dern: wenn dich jemand auf deine rechte
Backe schlägt, dem biete die andere auch
dar.[a] 40 Und [a] wenn jemand mit dir rech-
ten will und dir deinen Rock nehmen,
dem lass auch den Mantel.[b] 41 Und wenn
dich jemand nötigt, eine Meile mitzu-
gehen, so geh mit ihm zwei. 42 Gib dem,
der dich bittet, und wende dich nicht ab
von dem, der etwas von dir borgen will.

Von der Feindesliebe

43 Ihr habt gehört, dass gesagt ist: »Du
sollst deinen Nächsten lieben« (3. Mose
19,18) und deinen Feind hassen. 44 Ich
aber sage euch: [a] **Liebt eure Feinde und**
[b] **bittet für die, die euch verfolgen,*** 45 **da-**
mit ihr [a] **Kinder seid eures Vaters im Him-**
mel. Denn er lässt seine Sonne aufgehen
über Böse und Gute und lässt regnen
über Gerechte und Ungerechte.
46 Denn wenn ihr liebt, die euch lieben,
was werdet ihr für Lohn haben? Tun
nicht dasselbe auch die Zöllner? 47 Und
wenn ihr nur zu euren Brüdern freund-
lich seid, was tut ihr Besonderes? Tun
nicht dasselbe auch die Heiden? 48 **Darum**
sollt ihr [a] **vollkommen sein, wie euer Vater**
im Himmel vollkommen ist.

Vom Almosengeben

6 Habt Acht auf eure Frömmigkeit,
dass ihr die nicht übt vor den Leuten,
um von ihnen gesehen zu werden; ihr
habt sonst keinen Lohn bei eurem Vater
im Himmel.
2 Wenn du nun Almosen gibst, sollst
du es nicht vor dir ausposaunen lassen,
wie es die Heuchler tun in den Synago-
gen und auf den Gassen, damit sie von
den Leuten gepriesen werden. Wahrlich,
ich sage euch: Sie haben ihren Lohn
schon gehabt.[a] 3 Wenn du aber Almosen
gibst, so lass deine linke Hand nicht wis-
sen, was die rechte tut,[a] 4 damit dein
Almosen verborgen bleibe; und dein Va-
ter, der in das Verborgene sieht, wird dir's
vergelten.

Vom Beten. Das Vaterunser

5 Und wenn ihr betet, sollt ihr nicht sein
wie die Heuchler, die gern in den Syn-
agogen und an den Straßenecken stehen
und beten, damit sie von den Leuten ge-
sehen werden. Wahrlich, ich sage euch:
Sie haben ihren Lohn schon gehabt.
6 Wenn du aber betest, so geh in dein
Kämmerlein und schließ die Tür zu und
bete zu deinem Vater, der im Verborge-
nen ist; und dein Vater, der in das Ver-
borgene sieht, wird dir's vergelten.
7 Und wenn ihr betet, sollt ihr nicht
viel plappern wie die Heiden; denn [a] sie
meinen, sie werden erhört, wenn sie viele
Worte machen. 8 Darum sollt ihr ihnen
nicht gleichen. Denn euer Vater weiß,
was ihr bedürft, bevor ihr ihn bittet.
9 [a] Darum sollt ihr so beten:

Unser Vater im Himmel!
[b] **Dein Name werde geheiligt.**
10 **Dein Reich komme.**
[a] **Dein Wille geschehe wie im Himmel so**
auf Erden.
11 **Unser tägliches Brot gib uns heute.**

* In der späteren Überlieferung wird der Text erweitert: »Liebt eure Feinde, segnet, die euch fluchen, tut wohl denen, die euch hassen, und bittet für die, die euch beleidigen und verfolgen« (vgl. Lk 6,27-28). Den Feind zu hassen (Vers 43) wird im Alten Testament nirgends geboten.

5,34: *a (34-35)* Kap 23,16-22; *b* Jes 66,1 **5,35:** *a* Ps 48,3 **5,37:** *a* Jak 5,12 **5,39:** *a* Klgl 3,30; Joh 18,22-23; Röm 12,19.21; 1. Petr 2,20-23 **5,40:** *a* 1. Kor 6,7; *b* Hebr 10,34 **5,44:** *a* 2. Mose 23,4-5; Lk 6,27-28; Röm 12,14.20; *b* Lk 23,34; Apg 7,60 **5,45:** *a* Eph 5,1 **5,48:** *a* 3. Mose 19,2 **6,2:** *a* 1. Kor 13,3 **6,3:** *a* Kap 25,37-40; Röm 12,8 **6,7:** *a* Jes 1,15 **6,9:** *a (9-13)* Lk 11,2-4; *b* Hes 36,23 **6,10:** *a* Lk 22,42

12 Und vergib uns unsere Schuld,
wie auch wir vergeben unsern Schuldigern.[a]
13 Und [a]führe uns nicht in Versuchung,
sondern erlöse uns von dem Bösen.*
[Denn [b]dein ist das Reich und die
Kraft und die Herrlichkeit in Ewigkeit.
Amen.]**

14 Denn wenn ihr den Menschen ihre
Verfehlungen vergebt, so wird euch euer
himmlischer Vater auch vergeben.[a]
15 Wenn ihr aber den Menschen nicht ver-
gebt, so wird euch euer Vater eure Ver-
fehlungen auch nicht vergeben.

Vom Fasten

16 Wenn ihr fastet, sollt ihr nicht sauer
dreinsehen wie die Heuchler; denn sie
verstellen ihr Gesicht, um sich vor den
Leuten zu zeigen mit ihrem Fasten.
Wahrlich, ich sage euch: Sie haben ihren
Lohn schon gehabt.[a] 17 Wenn du aber
fastest, so salbe dein Haupt und wasche
dein Gesicht, 18 damit du dich nicht vor
den Leuten zeigst mit deinem Fasten,
sondern vor deinem Vater, der im Ver-
borgenen ist; und dein Vater, der in das
Verborgene sieht, wird dir's vergelten.

Vom Schätzesammeln und Sorgen

19 Ihr sollt euch nicht Schätze sammeln
auf Erden, wo sie die Motten und der
Rost fressen und wo die Diebe einbre-
chen und stehlen. 20 Sammelt euch aber
[a]Schätze im Himmel, wo sie weder Mot-
ten noch Rost fressen und wo die Diebe
nicht einbrechen und stehlen. 21 Denn wo
dein Schatz ist, da ist auch dein Herz.
22 Das Auge ist das Licht des Leibes.
Wenn dein Auge lauter ist, so wird dein
ganzer Leib licht sein.[a] 23 Wenn aber
dein Auge böse ist, so wird dein ganzer
Leib finster sein. Wenn nun das Licht,
das in dir ist, Finsternis ist, wie groß
wird dann die Finsternis sein![a]
24 Niemand kann zwei Herren dienen:
Entweder er wird den einen hassen und den
andern lieben, oder er wird an dem einen
hängen und den andern verachten. Ihr
könnt nicht Gott dienen und dem Mam-
mon.[a]
25 [a]Darum sage ich euch: [b]Sorgt nicht
um euer Leben, was ihr essen und trin-
ken werdet; auch nicht um euren Leib,
was ihr anziehen werdet. Ist nicht das
Leben mehr als die Nahrung und der
Leib mehr als die Kleidung? 26 Seht die
Vögel unter dem Himmel an: sie säen
nicht, sie ernten nicht, sie sammeln nicht
in die Scheunen; und euer himmlischer
Vater ernährt sie doch. Seid ihr denn
nicht viel mehr als sie?[a] 27 Wer ist unter
euch, der seines Lebens Länge eine
Spanne zusetzen könnte, wie sehr er sich
auch darum sorgt?
28 Und warum sorgt ihr euch um die
Kleidung? Schaut die Lilien auf dem
Feld an, wie sie wachsen: sie arbeiten
nicht, auch spinnen sie nicht. 29 Ich sage
euch, dass auch [a]Salomo in aller seiner
Herrlichkeit nicht gekleidet gewesen ist
wie eine von ihnen. 30 Wenn nun Gott das
Gras auf dem Feld so kleidet, das doch
heute steht und morgen in den Ofen
geworfen wird: sollte er das nicht viel
mehr für euch tun, ihr Kleingläubigen?
31 Darum sollt ihr nicht sorgen und sa-
gen: Was werden wir essen? Was werden
wir trinken? Womit werden wir uns klei-
den? 32 Nach dem allen trachten die Hei-
den. Denn euer himmlischer Vater weiß,
dass ihr all dessen bedürft.
33 Trachtet zuerst nach dem [a]Reich
Gottes und nach seiner Gerechtigkeit, [b]so
wird euch das alles zufallen. 34 Darum
sorgt nicht für morgen, denn [a]der mor-
gige Tag wird für das Seine sorgen. Es ist
genug, dass jeder Tag seine eigene Plage
hat.

Vom Richtgeist

7 Richtet nicht, damit ihr nicht gerich-
tet werdet.[a] 2 Denn nach welchem
Recht ihr richtet, werdet ihr gerichtet
werden; und [a]mit welchem Maß ihr
messt, wird euch zugemessen werden.

* Luther übersetzte: »erlöse uns von dem Übel«.
** Dieser Abschluss des Gebetes findet sich schon in einer Gemeindeordnung vom Anfang des 2. Jahrhunderts, wird aber in den neutestamentlichen Handschriften erst später bezeugt.

6,12: *a* Kap 18,21-35 **6,13:** *a* Joh 17,15; 1. Kor 10,13; *b* 1. Chr 29,11-13 **6,14:** *a* Mk 11,25 **6,16:** *a* Jes 58,5-6 **6,20:** *a* Kap 19,21; Lk 12,33-34; Kol 3,1-2 **6,22:** *a* Lk 11,34-36 **6,23:** *a* Joh 11,10 **6,24:** *a* Lk 16,13; Jak 4,4 **6,25:** *a (25-33)* Lk 12,22-31; *b* Phil 4,6; 1. Petr 5,7 **6,26:** *a* Kap 10,29-31; Lk 12,6-7 **6,29:** *a* 1. Kön 10,1-29 **6,33:** *a* Röm 14,17; *b* 1. Kön 3,13-14; Ps 37,4.25 **6,34:** *a* 2. Mose 16,19 **7,1:** *a* Röm 2,1; 1. Kor 4,5 **7,2:** *a* Jes 33,1; Mk 4,24

3 Was siehst du aber den Splitter in
deines Bruders Auge und nimmst nicht
wahr den Balken in deinem Auge? 4 Oder
wie kannst du sagen zu deinem Bruder:
Halt, ich will dir den Splitter aus deinem
Auge ziehen?, und siehe, ein Balken ist in
deinem Auge. 5 Du Heuchler, zieh zuerst
den Balken aus deinem Auge; danach
sieh zu, wie du den Splitter aus deines
Bruders Auge ziehst.

6 Ihr sollt das Heilige nicht den Hunden geben und eure Perlen sollt ihr nicht vor die Säue werfen, damit die sie nicht zertreten mit ihren Füßen und sich umwenden und euch zerreißen.[a]

Von der Gebetserhörung

(Lk 11,9-13)

7 [a]**Bittet, so wird euch gegeben; [b]suchet,
so werdet ihr finden; klopfet an, so wird
euch aufgetan. 8 Denn wer da bittet, der
empfängt; und wer da sucht, der findet;
und wer da anklopft, dem wird aufgetan.**

9 Wer ist unter euch Menschen, der seinem Sohn, wenn er ihn bittet um Brot,
einen Stein biete? 10 Oder, wenn er ihn
bittet um einen Fisch, eine Schlange
biete? 11 Wenn nun ihr, die ihr doch böse
seid, dennoch euren Kindern gute Gaben geben könnt, wie viel mehr [a]wird euer Vater im Himmel Gutes geben denen, die ihn bitten!

Vom Tun des göttlichen Willens

12 **Alles nun, was ihr wollt, dass euch die Leute tun sollen, das tut ihnen auch! Das ist das Gesetz und die Propheten.**[a]

13 [a]**Geht hinein durch die enge Pforte.
Denn die Pforte ist weit und der Weg ist
breit, der zur Verdammnis führt, und viele
sind's, die auf ihm hineingehen. 14 Wie eng
ist die Pforte und wie schmal der Weg, der
zum Leben führt, und wenige sind's, die
ihn finden!**[a]

15 Seht euch vor vor den [a]falschen Propheten, die in Schafskleidern zu euch
kommen, inwendig aber sind sie reißende
Wölfe. 16 An ihren [a]Früchten sollt ihr sie
erkennen. Kann man denn Trauben lesen
von den Dornen oder Feigen von den
Disteln? 17 So bringt jeder gute Baum
gute Früchte; aber ein fauler Baum
bringt schlechte Früchte.[a] 18 Ein guter
Baum kann nicht schlechte Früchte bringen und ein fauler Baum kann nicht gute
Früchte bringen. 19 Jeder Baum, der nicht
gute Früchte bringt, wird abgehauen und
ins Feuer geworfen.[a] 20 Darum: an ihren
Früchten sollt ihr sie erkennen.

21 **Es werden nicht alle, die zu mir
sagen: Herr, Herr!, in das Himmelreich
kommen, sondern [a]die den Willen tun
meines Vaters im Himmel.** 22 [a]Es werden
viele zu mir sagen an jenem Tage: Herr,
Herr, [b]haben wir nicht in deinem Namen
geweissagt? Haben wir nicht in deinem
Namen böse Geister ausgetrieben? Haben wir nicht in deinem Namen viele
Wunder getan? 23 Dann werde ich ihnen
bekennen: Ich habe euch noch nie gekannt; weicht von mir, ihr Übeltäter![a]

Vom Hausbau

24 Darum, wer diese meine Rede hört und
tut sie, der gleicht einem klugen Mann,
der sein Haus auf Fels baute. 25 Als nun
ein Platzregen fiel und die Wasser kamen
und die Winde wehten und stießen an
das Haus, fiel es doch nicht ein; denn es
war auf Fels gegründet.

26 Und wer diese meine Rede hört und
tut sie nicht, der gleicht einem törichten
Mann, der sein Haus auf Sand baute.
27 Als nun ein Platzregen fiel und die
Wasser kamen und die Winde wehten
und stießen an das Haus, da fiel es ein
und sein Fall war groß.

28 Und es begab sich, als Jesus diese
Rede vollendet hatte, dass sich das Volk
[a]entsetzte über seine Lehre; 29 denn er
lehrte sie mit Vollmacht und nicht wie
ihre Schriftgelehrten.[a]

Die Heilung eines Aussätzigen

(Mk 1,40-44; Lk 5,12-14)

8 Als er aber vom Berge herabging,
folgte ihm eine große Menge. 2 Und
siehe, ein Aussätziger kam heran und fiel
vor ihm nieder und sprach: Herr, wenn
du willst, kannst du mich reinigen. 3 Und
Jesus streckte die Hand aus, rührte ihn
an und sprach: Ich will's tun; sei rein!

7,6: *a* Kap 10,11; Lk 23,9 **7,7:** *a* Mk 11,24; Joh 14,13; *b* Jer 29,13-14 **7,11:** *a* Jak 1,17 **7,12:** *a* Kap 22,36-40; Röm 13,8-10; Gal 5,14 **7,13:** *a* Lk 13,24 **7,14:** *a* Kap 19,24; Apg 14,22 **7,15:** *a* Kap 24,4-5.24; 2. Kor 11,13-15 **7,16:** *a* Gal 5,19-22 **7,17:** *a* Kap 12,33 **7,19:** *a* Kap 3,10; Joh 15,2.6 **7,21:** *a* Röm 2,13; Jak 1,22 **7,22:** *a (22-23)* Lk 13,25-27; *b* Jer 27,15 **7,23:** *a* Kap 25,12; 2. Tim 2,19 **7,28:** *a* Apg 2,12 **7,29:** *a* Joh 7,16.46

Und sogleich wurde er von seinem Aus-
satz rein. 4 Und Jesus sprach zu ihm: Sieh
zu, [a] sage es niemandem, sondern geh hin
und [b] zeige dich dem Priester und opfere
die Gabe, die Mose befohlen hat, ihnen
zum Zeugnis.

Der Hauptmann von Kapernaum

(Lk 7,1-10; Joh 4,46-53)

5 Als aber Jesus nach Kapernaum hinein-
ging, trat ein Hauptmann zu ihm; der bat
ihn 6 und sprach: Herr, mein Knecht liegt
zu Hause und ist gelähmt und leidet
große Qualen. 7 Jesus sprach zu ihm: Ich
will kommen und ihn gesund machen.
8 Der Hauptmann antwortete und sprach:
Herr, ich bin nicht wert, dass du unter
mein Dach gehst, sondern sprich nur
ein Wort, so wird mein Knecht gesund.
9 Denn auch ich bin ein Mensch, der
Obrigkeit untertan, und habe Soldaten
unter mir; und wenn ich zu einem sage:
Geh hin!, so geht er; und zu einem an-
dern: Komm her!, so kommt er; und zu
meinem Knecht: Tu das!, so tut er's.

10 Als das Jesus hörte, wunderte er sich
und sprach zu denen, die ihm nachfolg-
ten: Wahrlich, ich sage euch: Solchen
Glauben habe ich in Israel bei keinem
gefunden![a] 11 [a] Aber ich sage euch: Viele
werden kommen von Osten und von
Westen und mit Abraham und Isaak und
Jakob im Himmelreich zu Tisch sitzen;
12 aber die Kinder des Reichs werden hin-
ausgestoßen in die Finsternis; da wird
sein Heulen und Zähneklappern.

13 Und Jesus sprach zu dem Haupt-
mann: Geh hin; [a] dir geschehe, wie du
geglaubt hast. Und sein Knecht wurde
gesund zu derselben Stunde.

Jesus im Haus des Petrus

(Mk 1,29-34; Lk 4,38-41)

14 Und Jesus kam in das Haus des Petrus
und sah, dass dessen [a] Schwiegermutter
zu Bett lag und hatte das Fieber. 15 Da
ergriff er ihre Hand und das Fieber ver-
ließ sie. Und sie stand auf und diente
ihm.

16 Am Abend aber brachten sie viele
Besessene zu ihm; und er trieb die Geis-
ter aus durch sein Wort und machte alle
Kranken gesund, 17 damit erfüllt würde,
was gesagt ist durch den Propheten Je-
saja, der da spricht (Jesaja 53,4): »Er hat
unsre Schwachheit auf sich genommen,
und unsre Krankheit hat er getragen.«

Vom Ernst der Nachfolge

(Lk 9,57-60)

18 Als aber Jesus die Menge um sich sah,
befahl er, hinüber ans andre Ufer zu fah-
ren. 19 Und es trat ein Schriftgelehrter
herzu und sprach zu ihm: Meister, ich
will dir folgen, wohin du gehst. 20 Jesus
sagt zu ihm: **Die Füchse haben Gruben
und die Vögel unter dem Himmel haben
Nester; aber [a] der Menschensohn hat
nichts, wo er sein Haupt hinlege.**

21 Und ein anderer unter den Jüngern
sprach zu ihm: Herr, erlaube mir, dass
ich zuvor hingehe und meinen Vater be-
grabe.[a] 22 Aber Jesus spricht zu ihm:
**Folge du mir und lass die Toten ihre Toten
begraben!**

Die Stillung des Sturms

(Mk 4,35-41; Lk 8,22-25)

23 Und er stieg in das Boot und seine
Jünger folgten ihm. 24 Und siehe, da er-
hob sich ein gewaltiger Sturm auf dem
See, sodass auch das Boot von Wellen
zugedeckt wurde. Er aber schlief. 25 Und
sie traten zu ihm, weckten ihn auf und
sprachen: Herr, hilf, wir kommen um!
26 Da sagt er zu ihnen: Ihr Kleingläu-
bigen, warum seid ihr so furchtsam? Und
stand auf und bedrohte den Wind und
das Meer. Da wurde es ganz stille.[a]

27 Die Menschen aber verwunderten
sich und sprachen: Was ist das für ein
Mann, dass ihm Wind und Meer gehor-
sam sind?

Die Heilung der zwei besessenen Gadarener

(Mk 5,1-17; Lk 8,26-37)

28 Und er kam ans andre Ufer in die
Gegend der Gadarener. Da liefen ihm
entgegen zwei Besessene; die kamen aus
den Grabhöhlen und waren sehr gefähr-
lich, sodass niemand diese Straße gehen
konnte. 29 Und siehe, sie schrien: Was
willst du von uns, du [a] Sohn Gottes? Bist

8,4: *a* Mk 8,30; *b* 3.Mose 14,2-32 **8,10:** *a* Mk 6,6; Lk 18,8 **8,11:** *a (11-12)* Lk 13,28-29 **8,13:** *a* Kap 9,29; 15,28
8,14: *a* 1.Kor 9,5 **8,20:** *a* 2.Kor 8,9 **8,21:** *a* Kap 10,37 **8,26:** *a* Ps 89,10; Apg 27,22.34 **8,29:** *a* Lk 4,41

du hergekommen, [b]uns zu quälen, ehe es
Zeit ist?
30 Es war aber fern von ihnen eine
große Herde Säue auf der Weide. 31 Da
baten ihn die bösen Geister und spra-
chen: Willst du uns austreiben, so lass
uns in die Herde Säue fahren. 32 Und er
sprach: Fahrt aus! Da fuhren sie aus und
fuhren in die Säue. Und siehe, die ganze
Herde stürmte den Abhang hinunter in
den See, und sie ersoffen im Wasser.
33 Und die Hirten flohen und gingen
hin in die Stadt und berichteten das alles
und wie es den Besessenen ergangen war.
34 Und siehe, da ging die ganze Stadt
hinaus Jesus entgegen. Und als sie ihn
sahen, baten sie ihn, dass er ihr Gebiet
verlasse.

Die Heilung eines Gelähmten (»Der Gichtbrüchige«)

(Mk 2,1-12; Lk 5,17-26)

9 Da stieg er in ein Boot und fuhr
hinüber und kam in [a]seine Stadt.
2 Und siehe, da brachten sie zu ihm einen
Gelähmten, der lag auf einem Bett. Als
nun Jesus ihren Glauben sah, sprach er
zu dem Gelähmten: **Sei getrost, mein
Sohn, [a]deine Sünden sind dir vergeben.**
3 Und siehe, einige unter den Schrift-
gelehrten sprachen bei sich selbst: [a]Die-
ser lästert Gott. 4 Als aber Jesus [a]ihre
Gedanken sah, sprach er: Warum denkt
ihr so Böses in euren Herzen? 5 Was ist
denn leichter, zu sagen: Dir sind deine
Sünden vergeben, oder zu sagen: Steh auf
und geh umher? 6 Damit ihr aber wisst,
dass [a]der Menschensohn Vollmacht hat,
auf Erden die Sünden zu vergeben –
sprach er zu dem Gelähmten: Steh auf,
hebe dein Bett auf und geh heim!
7 Und er stand auf und ging heim. 8 Als
das Volk das sah, fürchtete es sich und
pries Gott, der solche Macht den Men-
schen gegeben hat.

Die Berufung des Matthäus und das Mahl mit den Zöllnern

(Mk 2,13-17; Lk 5,27-32)

9 Und als Jesus von dort wegging, sah er
einen Menschen am Zoll sitzen, der hieß
[a]Matthäus; und er sprach zu ihm: Folge
mir! Und er stand auf und folgte ihm.
10 Und es begab sich, als er zu Tisch
saß im Hause, siehe, da kamen viele Zöll-
ner und Sünder und saßen zu Tisch mit
Jesus und seinen Jüngern. 11 Als das die
Pharisäer sahen, sprachen sie zu seinen
Jüngern: Warum isst euer Meister mit
den Zöllnern und Sündern? 12 Als das Je-
sus hörte, sprach er: Die Starken bedür-
fen des Arztes nicht, sondern die Kran-
ken.[a] 13 Geht aber hin und lernt, was das
heißt (Hosea 6,6): [a]»Ich habe Wohlge-
fallen an Barmherzigkeit und nicht am
Opfer.« [b]**Ich bin gekommen, die Sünder
zu rufen und nicht die Gerechten.**

Die Frage nach dem Fasten

(Mk 2,18-22; Lk 5,33-38)

14 Da kamen die Jünger des Johannes zu
ihm und sprachen: Warum [a]fasten wir
und die Pharisäer so viel und deine Jün-
ger fasten nicht? 15 Jesus antwortete ih-
nen: Wie können die Hochzeitsgäste Leid
tragen, solange der [a]Bräutigam bei ih-
nen ist? Es wird aber die Zeit kommen,
dass der Bräutigam von ihnen genom-
men wird; dann werden sie fasten.
16 Niemand flickt ein altes Kleid mit
einem Lappen von neuem Tuch; denn der
Lappen reißt doch wieder vom Kleid ab
und der Riss wird ärger.[a] 17 Man füllt
auch nicht neuen Wein in alte Schläuche;
sonst zerreißen die Schläuche und der
Wein wird verschüttet und die Schläuche
verderben. Sondern man füllt neuen
Wein in neue Schläuche, so bleiben beide
miteinander erhalten.

Die Heilung der blutflüssigen Frau und die Auferweckung der Tochter des Jaïrus

(Mk 5,21-43; Lk 8,40-56)

18 Als er dies mit ihnen redete, siehe, da
kam einer von den Vorstehern der Ge-
meinde, fiel vor ihm nieder und sprach:
Meine Tochter ist eben gestorben, aber
komm und lege deine Hand auf sie, so
wird sie lebendig. 19 Und Jesus stand auf
und folgte ihm mit seinen Jüngern.
20 Und siehe, eine Frau, die seit zwölf
Jahren den Blutfluss hatte, trat von hin-

8,29: *b* 2. Petr 2,4; Jak 2,19 **9,1:** *a* Kap 4,13 **9,2:** *a* 2. Mose 34,6-7; Ps 103,3 **9,3:** *a* Kap 26,65 **9,4:** *a* Joh 2,25 **9,6:** *a* Joh 17,2 **9,9:** *a* Kap 10,3 **9,12:** *a* Hes 34,16 **9,13:** *a* Kap 12,7; 1. Sam 15,22; *b* Kap 18,11 **9,14:** *a* Lk 18,12 **9,15:** *a* Joh 3,29 **9,16:** *a* Röm 7,6

ten an ihn heran und berührte den Saum
seines Gewandes. 21 Denn sie sprach bei
sich selbst: Könnte ich nur [a]sein Gewand
berühren, so würde ich gesund. 22 Da
wandte sich Jesus um und sah sie und
sprach: Sei getrost, meine Tochter, dein
Glaube hat dir geholfen. Und die Frau
wurde gesund zu derselben Stunde.
23 Und als er in das Haus des Vor-
stehers kam und sah die Flötenspieler
und das Getümmel des Volkes, 24 sprach
er: Geht hinaus! Denn [a]das Mädchen ist
nicht tot, sondern es schläft. Und sie
verlachten ihn. 25 Als aber das Volk hin-
ausgetrieben war, ging er hinein und er-
griff sie bei der Hand. Da stand das
Mädchen auf. 26 Und diese Kunde er-
scholl durch dieses ganze Land.

Die Heilung zweier Blinder und eines Stummen

27 Und als Jesus von dort weiterging,
folgten ihm zwei Blinde, die schrien: Ach,
du Sohn Davids, erbarme dich unser![a]
28 Und als er heimkam, traten die Blin-
den zu ihm. Und Jesus sprach zu ihnen:
[a]Glaubt ihr, dass ich das tun kann? Da
sprachen sie zu ihm: Ja, Herr. 29 Da be-
rührte er ihre Augen und sprach: Euch
[a]geschehe nach eurem Glauben! 30 Und
ihre Augen wurden geöffnet. Und Jesus
drohte ihnen und sprach: [a]Seht zu, dass
es niemand erfahre! 31 Aber sie gingen
hinaus und verbreiteten die Kunde von
ihm in diesem ganzen Lande.
32 Als diese nun hinausgegangen wa-
ren, siehe, da brachten sie zu ihm einen
Menschen, der war stumm und besessen.
33 Als aber der böse Geist ausgetrieben
war, redete der Stumme. Und das Volk
verwunderte sich und sprach: So etwas
ist noch nie in Israel gesehen worden.
34 Aber die Pharisäer sprachen: Er treibt
die bösen Geister aus durch ihren
Obersten.[a]

Die große Ernte

35 Und Jesus ging ringsum in alle Städte
und Dörfer, lehrte in ihren Synagogen
und predigte das Evangelium von dem
Reich und heilte alle Krankheiten und
alle Gebrechen. 36 Und als er das Volk
sah, jammerte es ihn; denn sie waren
verschmachtet und [a]zerstreut wie die
Schafe, die keinen Hirten haben.[b] 37 Da
sprach er zu seinen Jüngern: **Die Ernte
ist groß, aber wenige sind der Arbeiter.
38 Darum bittet den Herrn der Ernte, dass
er Arbeiter in seine Ernte sende.**[a]

Die Berufung der Zwölf

(Mk 6,7; 3,13-19; Lk 9,1; 6,12-16)

10 Und er rief seine zwölf Jünger zu
sich und gab ihnen Macht über die
unreinen Geister, dass sie die austrieben
und heilten alle Krankheiten und alle
Gebrechen.
2 [a]Die Namen aber der zwölf Apostel
sind diese: zuerst Simon, genannt Petrus,
und Andreas, sein Bruder; Jakobus, der
Sohn des Zebedäus, und Johannes, sein
Bruder; 3 Philippus und Bartholomäus;
Thomas und Matthäus, der Zöllner; Ja-
kobus, der Sohn des Alphäus, und
Thaddäus; 4 Simon Kananäus und Judas
Iskariot, der ihn verriet.

Die Aussendung der Zwölf

(Mk 6,7-13; Lk 9,2-6)

5 Diese Zwölf sandte Jesus aus, gebot ih-
nen und sprach: Geht nicht den Weg zu
den Heiden und zieht in keine Stadt der
Samariter, 6 sondern geht hin zu den ver-
lorenen Schafen aus dem Hause Israel.[a]
7 [a]Geht aber und predigt und sprecht:
[b]Das Himmelreich ist nahe herbeige-
kommen. 8 Macht Kranke gesund, weckt
Tote auf, macht Aussätzige rein, [a]treibt
böse Geister aus. Umsonst habt ihr's
empfangen, umsonst gebt es auch. 9 Ihr
sollt [a]weder Gold noch Silber noch Kup-
fer in euren Gürteln haben, 10 auch keine
Reisetasche, auch nicht zwei Hemden,
keine Schuhe, auch keinen Stecken. Denn
[a]ein Arbeiter ist seiner Speise wert.
11 Wenn ihr aber in eine Stadt oder ein
Dorf geht, da erkundigt euch, ob jemand
darin ist, der es wert ist; und bei dem
bleibt, bis ihr weiterzieht. 12 Wenn ihr
aber in ein Haus geht, so grüßt es; 13 und
wenn es das Haus wert ist, wird euer

9,21: *a* Kap 14,36 **9,24:** *a* Joh 11,11.14.25 **9,27:** *a* Kap 20,30 **9,28:** *a* Apg 14,9 **9,29:** *a* Kap 8,13 **9,30:** *a* Kap 8,4 **9,34:** *a* Kap 12,24-32 **9,36:** *a* 1. Kön 22,17; Hes 34,5; *b* Mk 6,34 **9,38:** *a* Lk 10,2 **10,2:** *a (2-4)* Mk 3,16-19; Lk 6,14-16; Apg 1,13 **10,6:** *a* Kap 15,24; Apg 13,46 **10,7:** *a (7-15)* Lk 10,1-12; *b* Kap 4,17 **10,8:** *a* Mk 16,17 **10,9:** *a* Apg 20,33 **10,10:** *a* 4. Mose 18,31; 1. Kor 9,14; 1. Tim 5,18

Friede auf sie kommen. Ist es aber nicht
wert, so wird sich euer Friede wieder zu
euch wenden. 14 Und wenn euch jemand
nicht aufnehmen und eure Rede nicht
hören wird, so geht heraus aus diesem
Hause oder dieser Stadt und [a]schüttelt
den Staub von euren Füßen. 15 Wahrlich,
ich sage euch: Dem Land der [a]Sodomer
und Gomorrer wird es erträglicher er-
gehen am Tage des Gerichts als dieser
Stadt.

Die Ansage kommender Verfolgungen

(Mk 13,9-13; Lk 21,12-17)

16 [a]Siehe, ich sende euch wie Schafe mit-
ten unter die Wölfe. Darum [b]**seid klug
wie die Schlangen und ohne Falsch wie die
Tauben.**

17 Hütet euch aber vor den Menschen;
denn [a]sie werden euch den Gerichten
überantworten und werden euch geißeln
in ihren Synagogen. 18 Und man wird
euch vor Statthalter und Könige führen
um meinetwillen, [a]ihnen und den Heiden
zum Zeugnis. 19 Wenn sie euch nun über-
antworten werden, so sorgt nicht, wie
oder was ihr reden sollt; denn es soll
euch zu der Stunde gegeben werden, was
ihr reden sollt.[a] 20 Denn nicht ihr seid es,
die da reden, sondern [a]eures Vaters
Geist ist es, der durch euch redet. 21 Es
wird aber ein Bruder den andern dem
Tod preisgeben und der Vater den Sohn,
und die Kinder werden sich empören ge-
gen ihre Eltern und werden sie töten hel-
fen.[a] 22 Und ihr werdet gehasst werden
von jedermann um meines Namens wil-
len. Wer aber [a]bis an das Ende beharrt,
der wird selig werden.[b]

23 [a]Wenn sie euch aber in einer Stadt
verfolgen, so flieht in eine andere. Wahr-
lich, ich sage euch: [b]Ihr werdet mit den
Städten Israels nicht zu Ende kommen,
bis der Menschensohn kommt.

24 Der Jünger steht nicht über dem
Meister und der Knecht nicht über sei-
nem Herrn.[a] 25 Es ist für den Jünger ge-
nug, dass er ist wie sein Meister und der
Knecht wie sein Herr. Haben sie [a]den
Hausherrn Beelzebul genannt, wie viel
mehr werden sie seine Hausgenossen so
nennen! 26 Darum fürchtet euch nicht vor
ihnen.

Menschenfurcht und Gottesfurcht

(Lk 12,2-9)

Es ist nichts verborgen, was nicht offen-
bar wird, und nichts geheim, was man
nicht wissen wird.[a] 27 Was ich euch sage
in der Finsternis, das redet im Licht; und
was euch gesagt wird in das Ohr, das
predigt auf den Dächern.

28 Und fürchtet euch nicht vor denen,
die den Leib töten, doch die Seele nicht
töten können; [a]fürchtet euch aber viel
mehr vor dem, der Leib und Seele ver-
derben kann in der Hölle. 29 Kauft man
nicht zwei Sperlinge für einen Groschen?
Dennoch fällt keiner von ihnen auf die
Erde ohne euren Vater. 30 Nun aber sind
auch eure Haare auf dem Haupt alle ge-
zählt.[a] 31 Darum fürchtet euch nicht; ihr
seid besser als viele Sperlinge.[a]

32 **Wer nun mich bekennt vor den Men-
schen, den will ich auch bekennen vor
meinem himmlischen Vater.**[a] 33 **Wer mich
aber verleugnet vor den Menschen, den
will ich auch verleugnen vor meinem
himmlischen Vater.**[a]

Entzweiungen um Jesu willen

34 [a]Ihr sollt nicht meinen, dass ich ge-
kommen bin, Frieden zu bringen auf die
Erde. Ich bin nicht gekommen, Frieden
zu bringen, sondern das Schwert. 35 Denn
ich bin gekommen, den Menschen zu
entzweien mit seinem Vater und die
Tochter mit ihrer Mutter und die Schwie-
gertochter mit ihrer Schwiegermutter.
36 Und des Menschen Feinde werden
seine eigenen Hausgenossen sein.

37 Wer Vater oder Mutter mehr liebt
als mich, der ist meiner nicht wert; und
wer Sohn oder Tochter mehr liebt als
mich, der ist meiner nicht wert.[a] 38 Und
wer nicht sein Kreuz auf sich nimmt und
folgt mir nach, der ist meiner nicht

10,14: *a* Apg 13,51 **10,15:** *a* 1. Mose 19,1-29 **10,16:** *a* Lk 10,3; *b* Röm 16,19; Eph 5,15 **10,17:** *a* Apg 5,40; 2. Kor 11,24 **10,18:** *a* Apg 25,23; 27,24 **10,19:** *a* 2. Mose 4,12; Lk 12,11-12; Apg 4,8 **10,20:** *a* 1. Kor 2,4 **10,21:** *a* Mi 7,6 **10,22:** *a* 2. Tim 2,12; *b* Kap 24,9-13 **10,23:** *a* Apg 8,1; *b* Kap 16,28 **10,24:** *a* Lk 6,40; Joh 13,16; 15,20 **10,25:** *a* Kap 12,24 **10,26:** *a* Mk 4,22; Lk 8,17 **10,28:** *a* Hebr 10,31; Jak 4,12 **10,30:** *a* Apg 27,34 **10,31:** *a* Kap 6,26 **10,32:** *a* Offb 3,5 **10,33:** *a* Mk 8,38; Lk 9,26; 2. Tim 2,12 **10,34:** *a (34-36)* Lk 12,51-53; Mi 7,6 **10,37:** *a* 5. Mose 13,7-12; 33,9; Lk 14,26-27

wert.[a] 39 **Wer sein Leben findet, der wird's
verlieren; und wer sein Leben verliert um
meinetwillen, der wird's finden.**[a]

Aufnahme um Jesu willen

40 **Wer euch aufnimmt, der nimmt mich
auf; und wer mich aufnimmt, der nimmt
den auf, der mich gesandt hat.**[a] 41 Wer
einen Propheten aufnimmt, weil es ein
Prophet ist, der wird den Lohn eines Pro-
pheten empfangen. [a]Wer einen Gerech-
ten aufnimmt, weil es ein Gerechter ist,
der wird den Lohn eines Gerechten emp-
fangen. 42 Und wer einem dieser Gerin-
gen auch nur einen Becher kalten Was-
sers zu trinken gibt, weil es ein Jünger ist,
wahrlich, ich sage euch: Es wird ihm
nicht unbelohnt bleiben.[a]

Die Anfrage des Täufers

(Lk 7,18-23)

11 Und es begab sich, als Jesus diese
Gebote an seine zwölf Jünger be-
endet hatte, dass er von dort weiterging,
um in ihren Städten zu lehren und zu
predigen. 2 Als aber Johannes im [a]Ge-
fängnis von den Werken Christi hörte,
sandte er seine Jünger 3 und ließ ihn fra-
gen: [a]Bist du es, der da kommen soll,
oder sollen wir auf einen andern warten?
4 Jesus antwortete und sprach zu ihnen:
Geht hin und sagt Johannes wieder, was
ihr hört und seht: 5 Blinde sehen und
Lahme gehen, Aussätzige werden rein
und Taube hören, Tote stehen auf und
Armen wird das Evangelium gepredigt;[a]
6 und **selig ist, wer sich nicht an mir
ärgert.**[a]

Jesu Zeugnis über den Täufer

(Lk 7,24-35)

7 Als sie fortgingen, fing Jesus an, zu dem
Volk von Johannes zu reden: Was seid ihr
[a]hinausgegangen in die Wüste zu sehen?
Wolltet ihr ein Rohr sehen, das der Wind
hin und her weht? 8 Oder was seid ihr
hinausgegangen zu sehen? Wolltet ihr ei-
nen Menschen in weichen Kleidern se-
hen? Siehe, die weiche Kleider tragen,
sind in den Häusern der Könige. 9 Oder
was seid ihr hinausgegangen zu sehen?
Wolltet ihr einen [a]Propheten sehen? Ja,
ich sage euch: Er ist mehr als ein Pro-
phet. 10 Dieser ist's, von dem geschrieben
steht (Maleachi 3,1): »Siehe, ich sende
meinen Boten vor dir her, der deinen
Weg vor dir bereiten soll.«

11 Wahrlich, ich sage euch: Unter allen,
die von einer Frau geboren sind, ist kei-
ner aufgetreten, der größer ist als Jo-
hannes der Täufer; [a]der aber der Kleins-
te ist im Himmelreich, ist größer als er.
12 Aber von den Tagen Johannes des Täu-
fers bis heute leidet das Himmelreich Ge-
walt, und die Gewalttätigen reißen es an
sich.[a] 13 Denn alle Propheten und das
Gesetz haben geweissagt bis hin zu Jo-
hannes; 14 und wenn ihr's annehmen
wollt: er ist [a]Elia, der da kommen soll.
15 Wer Ohren hat, der höre!

16 Mit wem soll ich aber dieses Ge-
schlecht vergleichen? Es gleicht den Kin-
dern, die auf dem Markt sitzen und rufen
den andern zu: 17 Wir haben euch auf-
gespielt und ihr wolltet nicht tanzen;
wir haben Klagelieder gesungen und
ihr wolltet nicht weinen.[a] 18 Johannes ist
gekommen, [a]aß nicht und trank nicht;
so sagen sie: Er ist besessen. 19 Der
Menschensohn ist gekommen, [a]isst und
trinkt; so sagen sie: Siehe, was ist dieser
Mensch für ein Fresser und Weinsäufer,
ein Freund der Zöllner und Sünder! Und
doch ist die [b]Weisheit gerechtfertigt wor-
den aus ihren Werken.

Jesu Weheruf über galiläische Städte

(Lk 10,13-15)

20 Da fing er an, die Städte zu schelten, in
denen die meisten seiner Taten geschehen
waren; denn sie hatten nicht Buße ge-
tan:

21 Wehe dir, Chorazin! Weh dir, Bet-
saida! Wären solche Taten in Tyrus und
Sidon geschehen, wie sie bei euch ge-
schehen sind, sie hätten längst [a]in Sack
und Asche Buße getan. 22 Doch ich sage
euch: Es wird Tyrus und Sidon erträg-
licher ergehen am Tage des Gerichts als
euch. 23 Und du, [a]Kapernaum, wirst du

10,38: *a* Kap 16,24-25 **10,39:** *a* Lk 9,24; Joh 12,25 **10,40:** *a* Lk 9,48; Joh 13,20; Gal 4,14 **10,41:** *a* 1.Kön 17,8-24 **10,42:** *a* Kap 25,40; Mk 9,41 **11,2:** *a* Kap 14,3 **11,3:** *a* Kap 3,11; Mal 3,1 **11,5:** *a* Jes 35,5-6; 61,1 **11,6:** *a* Kap 13,57; 26,31 **11,7:** *a* Kap 3,1.5 **11,9:** *a* Lk 1,76; 20,6 **11,11:** *a* Kap 13,17 **11,12:** *a* Lk 16,16 **11,14:** *a* Kap 17,10-13; Mal 3,23 **11,17:** *a* Joh 5,35 **11,18:** *a* Kap 3,4 **11,19:** *a* Kap 9,10-15; Joh 2,2; *b* 1.Kor 1,24-30 **11,21:** *a* Jona 3,6 **11,23:** *a* Kap 4,13; 8,5; 9,1

[b]bis zum Himmel erhoben werden? Du
wirst bis in die Hölle hinuntergestoßen
werden. Denn wenn in Sodom die Taten
geschehen wären, die in dir geschehen
sind, es stünde noch heutigen Tages.
24 Doch ich sage euch: Es wird dem Land
der Sodomer erträglicher ergehen am
Tage des Gerichts als dir.[a]

Jesu Lobpreis und Heilandsruf

25 [a]Zu der Zeit fing Jesus an und sprach:
Ich preise dich, Vater, Herr des Himmels
und der Erde, weil du dies den Weisen
und Klugen verborgen hast und hast es
den Unmündigen offenbart.[b] 26 Ja, Vater;
denn so hat es dir wohlgefallen. 27 [a]Alles
ist mir übergeben von meinem Vater; und
niemand kennt den Sohn als nur der Va-
ter; und niemand kennt den Vater als nur
der Sohn und wem es der Sohn offen-
baren will.

28 **Kommt her zu mir, alle, die ihr müh-
selig und beladen seid; ich will euch er-
quicken.**[a] 29 **Nehmt auf euch mein Joch
und lernt von mir; denn ich bin sanftmütig
und von Herzen demütig; so werdet ihr
[a]Ruhe finden für eure Seelen.** 30 **Denn
mein Joch ist sanft, und meine Last ist
leicht.**[a]

Das Ährenraufen am Sabbat

(Mk 2,23-28; Lk 6,1-5)

12 Zu der Zeit ging Jesus durch ein
Kornfeld am Sabbat; und seine Jün-
ger waren hungrig und fingen an, [a]Äh-
ren auszuraufen und zu essen. 2 Als das
die Pharisäer sahen, sprachen sie zu ihm:
Siehe, deine Jünger tun, [a]was am Sabbat
nicht erlaubt ist.

3 [a]Er aber sprach zu ihnen: Habt ihr
nicht gelesen, was David tat, als ihn und
die bei ihm waren hungerte? 4 Wie er in
das Gotteshaus ging und aß die Schau-
brote, die doch weder er noch die bei ihm
waren essen durften, sondern [a]allein die
Priester? 5 Oder habt ihr nicht gelesen im
Gesetz, wie die Priester am Sabbat im
Tempel den Sabbat brechen und sind
doch ohne Schuld? 6 Ich sage euch aber:
Hier ist Größeres als der Tempel. 7 Wenn
ihr aber wüsstet, was das heißt (Hosea
6,6): [a]»Ich habe Wohlgefallen an Barm-
herzigkeit und nicht am Opfer«, dann
hättet ihr die Unschuldigen nicht ver-
dammt. 8 **Der Menschensohn ist ein Herr
über den Sabbat.**

Die Heilung eines Mannes am Sabbat

(Mk 3,1-6; Lk 6,6-11)

9 Und er ging von dort weiter und kam in
ihre Synagoge. 10 Und siehe, da war ein
Mensch, der hatte eine verdorrte Hand.
Und sie fragten ihn und sprachen: Ist's
erlaubt, am Sabbat zu heilen?, damit sie
ihn verklagen könnten. 11 Aber er sprach
zu ihnen: Wer ist unter euch, der sein
einziges Schaf, wenn es ihm am Sabbat in
eine Grube fällt, nicht ergreift und ihm
heraushilft?[a] 12 Wie viel mehr ist nun ein
Mensch als ein Schaf! Darum darf man
am Sabbat Gutes tun.

13 Da sprach er zu dem Menschen:
Strecke deine Hand aus! Und er streckte
sie aus; und sie wurde ihm wieder gesund
wie die andere. 14 Da gingen die Phari-
säer hinaus und hielten Rat über ihn, wie
sie ihn umbrächten.[a]

Der Gottesknecht

(Mk 3,7-12; Lk 6,17-19)

15 Aber als Jesus das erfuhr, entwich er
von dort. Und eine große Menge folgte
ihm, und er heilte sie alle 16 und gebot
ihnen, dass sie ihn nicht offenbar mach-
ten,[a] 17 damit erfüllt würde, was gesagt
ist durch den Propheten Jesaja, der da
spricht (Jesaja 42,1-4):

18 »Siehe, [a]das ist mein Knecht, den
ich erwählt habe, und mein Geliebter,
[b]an dem meine Seele Wohlgefallen hat;
ich will meinen Geist auf ihn legen, und
er soll den Heiden das Recht verkündi-
gen. 19 Er wird nicht streiten noch
schreien, und man wird seine Stimme
nicht hören auf den Gassen; 20 das ge-
knickte Rohr wird er nicht zerbrechen,
und den glimmenden Docht wird er nicht
auslöschen, bis er das Recht hinausführt
zum Sieg; 21 und die Heiden werden auf
seinen Namen hoffen.«

11,23: *b* Jes 14,13.15 **11,24:** *a* Kap 10,15 **11,25:** *a (25-27)* Jes 29,14; Lk 10,21-22; Joh 17,25; *b* 1. Kor 1,18-29 **11,27:** *a* Kap 28,18; Joh 3,35; 17,2; Phil 2,9 **11,28:** *a* Kap 12,20; 23,4; Jer 31,25 **11,29:** *a* Jes 28,12; Jer 6,16 **11,30:** *a* Lk 11,46; 1. Joh 5,3 **12,1:** *a* 5. Mose 23,26 **12,2:** *a* 2. Mose 20,10 **12,3:** *a (3-4)* 1. Sam 21,7 **12,4:** *a* 3. Mose 24,9 **12,7:** *a* Kap 9,13 **12,11:** *a* Lk 14,3-5 **12,14:** *a* Joh 5,16 **12,16:** *a* Kap 8,4 **12,18:** *a* Apg 3,13.26; *b* Kap 3,17

Jesu Macht über die bösen Geister

(Mk 3,22-27; Lk 11,14-23)

22 Da wurde ein Besessener zu Jesus ge-
bracht, der war blind und stumm; und er
heilte ihn, sodass der Stumme redete und
sah. 23 Und alles Volk entsetzte sich und
fragte: Ist dieser nicht [a]Davids Sohn?
24 Aber als die Pharisäer das hörten,
sprachen sie: [a]Er treibt die bösen Geister
nicht anders aus als durch Beelzebul, ih-
ren Obersten.
25 Jesus erkannte aber ihre Gedanken
und sprach zu ihnen: Jedes Reich, das
mit sich selbst uneins ist, wird verwüstet;
und jede Stadt oder jedes Haus, das mit
sich selbst uneins ist, kann nicht beste-
hen. 26 Wenn nun der Satan den Satan
austreibt, so muss er mit sich selbst un-
eins sein; wie kann dann sein Reich be-
stehen? 27 Wenn ich aber die bösen Geis-
ter durch Beelzebul austreibe, durch wen
treiben eure Söhne sie aus? Darum wer-
den sie eure Richter sein. 28 Wenn ich
aber [a]die bösen Geister durch den Geist
Gottes austreibe, so ist ja das Reich Got-
tes zu euch gekommen. 29 Oder wie kann
jemand in das Haus eines Starken ein-
dringen und ihm seinen Hausrat rauben,
wenn er nicht zuvor den Starken fesselt?
Erst dann kann er sein Haus berauben.[a]
30 [a]Wer nicht mit mir ist, der ist gegen
mich; und wer nicht mit mir sammelt,
der zerstreut.

Die Sünde gegen den Heiligen Geist

(Mk 3,28-30; Lk 12,10)

31 Darum sage ich euch: Alle Sünde und
Lästerung wird den Menschen vergeben;
aber die Lästerung gegen den Geist wird
nicht vergeben.[a] 32 Und [a]wer etwas redet
gegen den Menschensohn, dem wird es
vergeben; aber wer etwas redet gegen den
Heiligen Geist, dem wird's nicht verge-
ben, weder in dieser noch in jener Welt.

Vom Baum und seinen Früchten

(Lk 6,43-45)

33 Nehmt an, ein Baum ist gut, so wird
auch seine Frucht gut sein; oder nehmt
an, ein Baum ist faul, so wird auch seine
Frucht faul sein. Denn an der Frucht
erkennt man den Baum.[a] 34 Ihr [a]Schlan-
genbrut, wie könnt ihr Gutes reden, die
ihr böse seid? Wes das Herz voll ist, des
geht der Mund über. 35 Ein guter Mensch
bringt Gutes hervor aus dem guten
Schatz seines Herzens; und ein böser
Mensch bringt Böses hervor aus seinem
bösen Schatz. 36 **Ich sage euch aber, dass
die Menschen Rechenschaft geben müssen
am Tage des Gerichts von jedem nichts-
nutzigen Wort, das sie geredet haben.**[a]
37 Aus deinen Worten wirst du gerechtfer-
tigt werden, und aus deinen Worten wirst
du verdammt werden.

Die Zeichenforderung der Pharisäer

(Mk 8,11-12; Lk 11,29-32)

38 Da fingen einige von den Schriftge-
lehrten und Pharisäern an und sprachen
zu ihm: Meister, wir möchten gern ein
Zeichen von dir sehen. 39 Und er ant-
wortete und sprach zu ihnen: Ein böses
und abtrünniges Geschlecht fordert ein
Zeichen, aber es wird ihm kein Zeichen
gegeben werden, es sei denn das Zeichen
des Propheten Jona. 40 Denn [a]wie Jona
drei Tage und drei Nächte im Bauch des
Fisches war, so wird der Menschensohn
drei Tage und drei Nächte [b]im Schoß der
Erde sein.
41 Die Leute von Ninive werden auf-
treten beim Jüngsten Gericht mit diesem
Geschlecht und werden es verdammen;
denn [a]sie taten Buße nach der Predigt
des Jona. Und siehe, hier ist mehr als
Jona. 42 Die Königin vom Süden wird
auftreten beim Jüngsten Gericht mit die-
sem Geschlecht und wird es verdammen;
denn [a]sie kam vom Ende der Erde, um
Salomos Weisheit zu hören. Und siehe,
hier ist mehr als Salomo.

Von der Rückkehr des bösen Geistes

(Lk 11,24-26)

43 Wenn der unreine Geist von einem
Menschen ausgefahren ist, so durch-
streift er dürre Stätten, sucht Ruhe und
findet sie nicht. 44 Dann spricht er: Ich
will wieder zurückkehren in mein Haus,
aus dem ich fortgegangen bin. Und wenn

12,23: *a* Kap 21,9; Joh 7,42 **12,24:** *a* Kap 9,34 **12,28:** *a* 1.Joh 3,8 **12,29:** *a* Kap 4,1-11; Jes 49,24 **12,30:** *a* Mk 9,40 **12,31:** *a* 1.Joh 5,16; Hebr 6,4-6; 10,26 **12,32:** *a* 1.Tim 1,13 **12,33:** *a* Kap 7,16-18 **12,34:** *a* Kap 3,7 **12,36:** *a* Jak 3,6; Jud 15 **12,40:** *a* Jona 2,1; *b* Eph 4,9; 1.Petr 3,19 **12,41:** *a* Jona 3,5 **12,42:** *a* 1.Kön 10,1-10

er kommt, so findet er's leer, gekehrt und
geschmückt. 45 Dann geht er hin und
nimmt mit sich sieben andre Geister, die
böser sind als er selbst; und wenn sie
hineinkommen, wohnen sie darin; und
[a]es wird mit diesem Menschen hernach
ärger, als es vorher war. So wird's auch
diesem bösen Geschlecht ergehen.

Jesu wahre Verwandte

(Mk 3,31-35; Lk 8,19-21)

46 Als er noch zu dem Volk redete, siehe,
da standen [a]seine Mutter und seine Brü-
der draußen, die wollten mit ihm reden.
47 Da sprach einer zu ihm: Siehe, deine
Mutter und deine Brüder stehen draußen
und wollen mit dir reden.
48 Er antwortete aber und sprach zu
dem, der es ihm ansagte: Wer ist meine
Mutter und wer sind meine Brüder?[a]
49 Und er streckte die Hand aus über
seine Jünger und sprach: Siehe da, das ist
meine Mutter und das sind meine Brü-
der![a] 50 Denn **wer den Willen tut meines**
Vaters im Himmel, [a]der ist mir Bruder
und Schwester und Mutter.

Vom Sämann

(Mk 4,1-9; Lk 8,4-8)

13 An demselben Tage ging Jesus aus
dem Hause und setzte sich an den
See. 2 Und es versammelte sich eine große
Menge bei ihm, sodass er in ein Boot
stieg und sich setzte, und alles Volk stand
am Ufer. 3 Und er redete vieles zu ihnen
in Gleichnissen und sprach:
Siehe, es ging ein Sämann aus zu säen.
4 Und indem er säte, fiel einiges auf den
Weg; da kamen die Vögel und fraßen's
auf. 5 Einiges fiel auf felsigen Boden, wo
es nicht viel Erde hatte, und ging bald
auf, weil es keine tiefe Erde hatte. 6 Als
aber die Sonne aufging, verwelkte es, und
weil es keine Wurzel hatte, verdorrte es.
7 Einiges fiel unter die Dornen; und die
Dornen wuchsen empor und erstickten's.
8 Einiges fiel auf gutes Land und trug
Frucht, einiges hundertfach, einiges sech-
zigfach, einiges dreißigfach. 9 Wer Ohren
hat, der höre!

Vom Sinn der Gleichnisse

(Mk 4,10-12; Lk 8,9-10)

10 Und die Jünger traten zu ihm und
sprachen: Warum redest du zu ihnen
in Gleichnissen? 11 Er antwortete und
sprach zu ihnen: [a]Euch ist's gegeben, die
Geheimnisse des Himmelreichs zu ver-
stehen, diesen aber ist's nicht gegeben.
12 Denn [a]wer da hat, dem wird gegeben,
dass er die Fülle habe; wer aber nicht
hat, dem wird auch das genommen, was
er hat.[b] 13 Darum [a]rede ich zu ihnen
in Gleichnissen. Denn [b]mit sehenden
Augen sehen sie nicht und mit hörenden
Ohren hören sie nicht; und sie verstehen
es nicht. 14 Und an ihnen wird die Weis-
sagung Jesajas erfüllt, die da sagt (Jesaja
6,9-10): »Mit den Ohren werdet ihr hören
und werdet es nicht verstehen; und mit
sehenden Augen werdet ihr sehen und
werdet es nicht erkennen. 15 Denn das
Herz dieses Volkes ist verstockt: Ihre Oh-
ren hören schwer und ihre Augen sind
geschlossen, damit sie nicht etwa mit den
Augen sehen und mit den Ohren hören
und mit dem Herzen verstehen und sich
bekehren, und ich ihnen helfe.«[a] 16 Aber
selig sind eure Augen, dass sie sehen, und
eure Ohren, dass sie hören.[a] 17 Wahrlich,
ich sage euch: Viele Propheten und Ge-
rechte haben begehrt, zu sehen, was ihr
seht, und haben's nicht gesehen, und zu
hören, was ihr hört, und haben's nicht
gehört.[a]

Die Deutung des Gleichnisses vom Sämann

(Mk 4,13-20; Lk 8,11-15)

18 So hört nun ihr dies Gleichnis von dem
Sämann: 19 Wenn jemand das Wort von
dem Reich hört und nicht versteht, so
kommt der Böse und reißt hinweg, was in
sein Herz gesät ist; das ist der, bei dem
auf den Weg gesät ist. 20 Bei dem aber auf
felsigen Boden gesät ist, das ist, der das
Wort hört und es gleich mit Freuden auf-
nimmt; 21 aber er hat keine Wurzel in
sich, sondern er ist wetterwendisch; wenn
sich Bedrängnis oder Verfolgung erhebt
um des Wortes willen, so fällt er gleich
ab. 22 Bei dem aber unter die Dornen

12,45: *a* 2. Petr 2,20 **12,46:** *a* Kap 13,55 **12,48:** *a* Kap 10,37; Lk 2,49 **12,49:** *a* Hebr 2,11 **12,50:** *a* Röm 8,29 **13,11:** *a* 1. Kor 2,10 **13,12:** *a* Spr 9,9; *b* Kap 25,28-29; Mk 4,25; Lk 8,18 **13,13:** *a* Joh 16,25; *b* 5. Mose 29,3 **13,15:** *a* Joh 9,39 **13,16:** *a* Lk 10,23-24 **13,17:** *a* 1. Petr 1,10

gesät ist, das ist, der das Wort hört, und
[a]die Sorge der Welt und der betrüge-
rische Reichtum ersticken das Wort, und
er bringt keine Frucht. 23 Bei dem aber
auf gutes Land gesät ist, das ist, der das
Wort hört und versteht und dann auch
Frucht bringt; und der eine trägt hun-
dertfach, der andere sechzigfach, der
dritte dreißigfach.

Vom Unkraut unter dem Weizen

24 Er legte ihnen ein anderes Gleichnis
vor und sprach: Das Himmelreich gleicht
einem Menschen, der guten Samen auf
seinen Acker säte. 25 Als aber die Leute
schliefen, kam sein Feind und säte Un-
kraut zwischen den Weizen und ging da-
von. 26 Als nun die Saat wuchs und
Frucht brachte, da fand sich auch das
Unkraut. 27 Da traten die Knechte zu
dem Hausvater und sprachen: Herr, hast
du nicht guten Samen auf deinen Acker
gesät? Woher hat er denn das Unkraut?
28 Er sprach zu ihnen: Das hat ein Feind
getan. Da sprachen die Knechte: Willst
du denn, dass wir hingehen und es aus-
jäten? 29 Er sprach: Nein! Damit ihr nicht
zugleich den Weizen mit ausrauft, wenn
ihr das Unkraut ausjätet. 30 Lasst beides
miteinander wachsen bis zur Ernte; und
um die Erntezeit will ich zu den Schnit-
tern sagen: Sammelt zuerst das Unkraut
und bindet es in Bündel, damit man es
verbrenne; aber den Weizen sammelt mir
in meine Scheune.[a]

Von Senfkorn und Sauerteig

(Mk 4,30-32; Lk 13,18-21)

31 Ein anderes Gleichnis legte er ihnen
vor und sprach: Das Himmelreich gleicht
einem Senfkorn, das ein Mensch nahm
und auf seinen Acker säte; 32 das ist das
kleinste unter allen Samenkörnern; wenn
es aber gewachsen ist, so ist es größer als
alle Kräuter und [a]wird ein Baum, sodass
die Vögel unter dem Himmel kommen
und wohnen in seinen Zweigen.

33 Ein anderes Gleichnis sagte er ihnen:
Das Himmelreich gleicht einem Sauer-
teig, den eine Frau nahm und unter einen
halben Zentner Mehl mengte, bis es ganz
durchsäuert war.[a]

Die Bedeutung der Gleichnisse

(Mk 4,33-34)

34 Das alles redete Jesus in Gleichnissen
zu dem Volk, und ohne Gleichnisse re-
dete er nichts zu ihnen,[a] 35 damit erfüllt
würde, was gesagt ist durch den Prophe-
ten, der da spricht (Psalm 78,2): »Ich will
meinen Mund auftun in Gleichnissen
und will aussprechen, was verborgen war
vom Anfang der Welt an.«

Die Deutung des Gleichnisses vom Unkraut

36 Da ließ Jesus das Volk gehen und kam
heim. Und seine Jünger traten zu ihm
und sprachen: Deute uns das Gleichnis
vom Unkraut auf dem Acker.

37 Er antwortete und sprach zu ihnen:
Der Menschensohn ist's, der den guten
Samen sät. 38 Der [a]Acker ist die Welt.
Der gute Same sind die Kinder des
Reichs. Das Unkraut sind die [b]Kinder
des Bösen. 39 Der Feind, der es sät, ist der
Teufel. Die Ernte ist das Ende der Welt.
Die Schnitter sind die Engel. 40 Wie man
nun das Unkraut ausjätet und mit Feuer
verbrennt, so wird's auch am Ende der
Welt gehen. 41 Der Menschensohn wird
seine Engel senden, und sie werden sam-
meln aus seinem Reich alles, was zum
Abfall verführt, und die da Unrecht
tun,[a] 42 und werden sie in den Feuerofen
werfen; da wird Heulen und Zähneklap-
pern sein. 43 Dann werden die Gerechten
[a]leuchten wie die Sonne in ihres Vaters
Reich. Wer Ohren hat, der höre!

Vom Schatz im Acker und der kostbaren Perle

44 Das Himmelreich gleicht einem Schatz,
verborgen im Acker, den ein Mensch
fand und verbarg; und in seiner Freude
ging er hin und [a]verkaufte alles, was er
hatte, und kaufte den Acker.

45 Wiederum gleicht das Himmelreich
einem Kaufmann, der gute Perlen suchte,
46 und als er eine kostbare Perle fand,
ging er hin und verkaufte alles, was er
hatte, und kaufte sie.

13,22: *a* Kap 6,19-34; 1.Tim 6,9 **13,30:** *a* Kap 3,12; 15,13; Offb 14,15 **13,32:** *a* Hes 17,23 **13,33:** *a* Lk 13,20-21 **13,34:** *a* Mk 4,33-34 **13,38:** *a* 1.Kor 3,9; *b* Joh 8,44 **13,41:** *a* Kap 24,31 **13,43:** *a* Dan 12,3 **13,44:** *a* Kap 19,29; Lk 14,33; Phil 3,7

Vom Fischnetz

47Wiederum gleicht das Himmelreich
einem Netz, das ins Meer geworfen ist
und Fische aller Art fängt.[a] 48Wenn es
aber voll ist, ziehen sie es heraus an das
Ufer, setzen sich und lesen die guten in
Gefäße zusammen, aber die schlechten
werfen sie weg. 49So wird es auch am
Ende der Welt gehen: Die Engel werden
ausgehen und [a]die Bösen von den Ge-
rechten scheiden 50und werden sie in den
Feuerofen werfen; da wird Heulen und
Zähneklappern sein.
51Habt ihr das alles verstanden? Sie
antworteten: Ja. 52Da sprach er: Darum
gleicht jeder Schriftgelehrte, der ein Jün-
ger des Himmelreichs geworden ist,
einem Hausvater, der aus seinem Schatz
Neues und Altes hervorholt.

Die Verwerfung Jesu in Nazareth

(Mk 6,1-6; Lk 4,16-30)

53Und es begab sich, als Jesus diese
Gleichnisse vollendet hatte, dass er da-
vonging 54und kam in seine Vaterstadt
und lehrte sie in ihrer Synagoge, sodass
sie sich entsetzten und fragten: Woher
hat dieser solche Weisheit und solche Ta-
ten? 55Ist er nicht der Sohn des Zimmer-
manns? Heißt nicht seine Mutter Maria
und seine Brüder Jakobus und Josef und
Simon und Judas? 56Und seine Schwes-
tern, sind sie nicht alle bei uns? [a]Woher
kommt ihm denn das alles? 57Und sie
ärgerten sich an ihm.
Jesus aber sprach zu ihnen: [a]Ein Pro-
phet gilt nirgends weniger als in seinem
Vaterland und in seinem Hause. 58Und
er tat dort nicht viele Zeichen wegen
ihres Unglaubens.

Das Ende Johannes des Täufers

(Mk 6,14-29; Lk 3,19-20; 9,7-9)

14 Zu der Zeit kam die Kunde von
Jesus vor den Landesfürsten Hero-
des. 2Und er sprach zu seinen Leuten:
Das ist Johannes der Täufer; er ist von
den Toten auferstanden, darum tut er
solche Taten. 3Denn Herodes hatte Jo-
hannes ergriffen, gefesselt und [a]in das
Gefängnis geworfen wegen der Herodias,
der Frau seines Bruders Philippus.
4Denn Johannes hatte zu ihm gesagt:
[a]Es ist nicht recht, dass du sie hast.
5Und er hätte ihn gern getötet, fürchtete
sich aber vor dem Volk; denn [a]sie hielten
ihn für einen Propheten.
6Als aber Herodes seinen Geburtstag
beging, da tanzte die Tochter der Hero-
dias vor ihnen. Das gefiel dem Herodes
gut. 7Darum versprach er ihr mit einem
Eid, er wolle ihr geben, was sie fordern
würde. 8Und wie sie zuvor von ihrer
Mutter angestiftet war, sprach sie: Gib
mir hier auf einer Schale das Haupt Jo-
hannes des Täufers! 9Und der König
wurde traurig; doch wegen des Eides und
derer, die mit ihm zu Tisch saßen, befahl
er, es ihr zu geben, 10und schickte hin
und ließ Johannes im Gefängnis ent-
haupten. 11Und sein Haupt wurde her-
eingetragen auf einer Schale und dem
Mädchen gegeben; und sie brachte es
ihrer Mutter. 12Da kamen seine Jünger
und nahmen seinen Leichnam und be-
gruben ihn; und sie kamen und verkün-
deten das Jesus.

Die Speisung der Fünftausend

(Mk 6,31-44; Lk 9,10-17; Joh 6,1-13)

13Als das Jesus hörte, fuhr er von dort
weg in einem Boot in eine einsame Ge-
gend allein. Und als das Volk das hörte,
folgte es ihm zu Fuß aus den Städten.
14Und Jesus stieg aus und sah die große
Menge; und sie jammerten ihn und er
heilte ihre Kranken.
15Am Abend aber traten seine Jünger
zu ihm und sprachen: Die Gegend ist öde
und die Nacht bricht herein; lass das
Volk gehen, damit sie in die Dörfer ge-
hen und sich zu essen kaufen. 16Aber
Jesus sprach zu ihnen: Es ist nicht nötig,
dass sie fortgehen; gebt ihr ihnen zu es-
sen. 17Sie sprachen zu ihm: Wir haben
hier nichts als fünf Brote und zwei Fi-
sche. 18Und er sprach: Bringt sie mir her!
19Und er ließ das Volk sich auf das
Gras lagern und nahm die fünf Brote
und die zwei Fische, sah auf zum Him-
mel, dankte und brach's und gab die
Brote den Jüngern, und die Jünger gaben
sie dem Volk. 20Und sie aßen alle und

13,47: *a* Kap 22,9-10 **13,49:** *a* Kap 25,32 **13,56:** *a* Joh 6,42; 7,15.52 **13,57:** *a* Joh 4,44 **14,3:** *a* Kap 11,2 **14,4:** *a* 2.Mose 20,14 **14,5:** *a* Kap 21,26

wurden satt und sammelten auf, was an
Brocken übrig blieb, zwölf Körbe voll.[a]
21 Die aber gegessen hatten, waren etwa
fünftausend Mann, ohne Frauen und
Kinder.

Jesus und der sinkende Petrus auf dem See

(Mk 6,45-52; Joh 6,15-21)

22 Und alsbald trieb Jesus seine Jünger, in
das Boot zu steigen und vor ihm hinüber-
zufahren, bis er das Volk gehen ließe.
23 Und als er das Volk hatte gehen lassen,
[a]stieg er allein auf einen Berg, um zu
beten. Und am Abend war er dort allein.
24 Und das Boot war schon weit vom
Land entfernt und kam in Not durch die
Wellen; denn der Wind stand ihm ent-
gegen.

25 Aber in der vierten Nachtwache kam
Jesus zu ihnen und ging auf dem See.
26 Und als ihn die Jünger sahen auf dem
See gehen, erschraken sie und riefen: [a]Es
ist ein Gespenst!, und schrien vor Furcht.
27 Aber sogleich redete Jesus mit ihnen
und sprach: **Seid getrost, ich bin's; fürch-
tet euch nicht!**

28 Petrus aber antwortete ihm und
sprach: Herr, bist du es, so befiehl mir, zu
dir zu kommen auf dem Wasser. 29 Und
er sprach: Komm her! Und Petrus stieg
aus dem Boot und ging auf dem Wasser
und kam auf Jesus zu. 30 Als er aber den
starken Wind sah, erschrak er und be-
gann zu sinken und schrie: Herr, hilf mir!
31 Jesus aber streckte sogleich die Hand
aus und ergriff ihn und sprach zu ihm:
Du Kleingläubiger, warum hast du ge-
zweifelt?

32 Und sie traten in das Boot und der
Wind legte sich. 33 Die aber im Boot wa-
ren, fielen vor ihm nieder und sprachen:
[a]Du bist wahrhaftig Gottes Sohn!

Krankenheilungen in Genezareth

(Mk 6,53-56)

34 Und sie fuhren hinüber und kamen ans
Land in Genezareth. 35 Und als die Leute
an diesem Ort ihn erkannten, schickten
sie Botschaft ringsum in das ganze Land
und brachten alle Kranken zu ihm 36 und
baten ihn, dass sie nur [a]den Saum seines
Gewandes berühren dürften. Und alle,
die ihn berührten, wurden gesund.

Von Reinheit und Unreinheit

(Mk 7,1-23)

15 Da kamen zu Jesus Pharisäer und
Schriftgelehrte aus Jerusalem und
sprachen: 2 Warum übertreten deine Jün-
ger die Satzungen der Ältesten? Denn sie
[a]waschen ihre Hände nicht, wenn sie
Brot essen.

3 Er antwortete und sprach zu ihnen:
Warum übertretet denn ihr Gottes Gebot
um eurer Satzungen willen? 4 Denn Gott
hat geboten (2. Mose 20,12; 21,17): »Du
sollst Vater und Mutter ehren; wer aber
Vater und Mutter flucht, der soll des
Todes sterben.« 5 [a]Aber ihr lehrt: Wer zu
Vater oder Mutter sagt: Eine Opfergabe
soll sein, was dir von mir zusteht, 6 der
braucht seinen Vater nicht zu ehren. Da-
mit habt ihr Gottes Gebot aufgehoben
um eurer Satzungen willen. 7 Ihr Heuch-
ler, wie fein hat Jesaja von euch geweis-
sagt und gesprochen (Jesaja 29,13):
8 »Dies Volk ehrt mich mit seinen Lip-
pen, aber ihr Herz ist fern von mir; 9 ver-
geblich dienen sie mir, weil sie lehren
solche Lehren, die nichts als Menschen-
gebote sind.«

10 Und er rief das Volk zu sich und
sprach zu ihnen: Hört zu und begreift's:
11 [a]Was zum Mund hineingeht, das
macht den Menschen nicht unrein; son-
dern was aus dem Mund herauskommt,
das macht den Menschen unrein. 12 Da
traten seine Jünger zu ihm und fragten:
Weißt du auch, dass die Pharisäer an
dem Wort Anstoß nahmen, als sie es hör-
ten? 13 Aber er antwortete und sprach:
Alle Pflanzen, die mein himmlischer Va-
ter nicht gepflanzt hat, die werden ausge-
rissen.[a] 14 Lasst sie, sie sind [a]blinde Blin-
denführer! Wenn aber ein Blinder den
andern führt, so fallen sie beide in die
Grube.

15 Da antwortete Petrus und sprach zu
ihm: Deute uns dies Gleichnis! 16 Und
Jesus sprach zu ihnen: Seid denn auch ihr
noch immer unverständig? 17 Merkt ihr
nicht, dass alles, was zum Mund hinein-
geht, das geht in den Bauch und wird

14,20: *a* 2. Kön 4,44 **14,23:** *a* Lk 6,12; 9,18 **14,26:** *a* Lk 24,37 **14,33:** *a* Kap 16,16; Joh 1,49 **14,36:** *a* Kap 9,21; Lk 6,19 **15,2:** *a* Lk 11,38 **15,5:** *a (5-6)* Spr 28,24; 1. Tim 5,8 **15,11:** *a* Apg 10,15; 1. Tim 4,4; Tit 1,15 **15,13:** *a* Apg 5,38 **15,14:** *a* Kap 23,24; Lk 6,39; Röm 2,19 danach in die Grube ausgeleert? 18 Was aber aus dem Mund herauskommt, das kommt aus dem Herzen, und das macht den Menschen unrein. 19 Denn [a]aus dem Herzen kommen böse Gedanken, Mord, Ehebruch, Unzucht, Diebstahl, falsches Zeugnis, Lästerung. 20 Das sind die Dinge, die den Menschen unrein machen. Aber mit ungewaschenen Händen essen macht den Menschen nicht unrein.

Die kanaanäische Frau

(Mk 7,24-30)

21 Und Jesus ging weg von dort und zog sich zurück in die Gegend von Tyrus und Sidon. 22 Und siehe, eine kanaanäische Frau kam aus diesem Gebiet und schrie: Ach Herr, du Sohn Davids, erbarme dich meiner! Meine Tochter wird von einem bösen Geist übel geplagt. 23 Und er antwortete ihr kein Wort. Da traten seine Jünger zu ihm, baten ihn und sprachen: Lass sie doch gehen*, denn sie schreit uns nach. 24 Er antwortete aber und sprach: Ich bin nur gesandt zu den verlorenen Schafen des Hauses Israel.[a]

25 Sie aber kam und fiel vor ihm nieder und sprach: Herr, hilf mir! 26 Aber er antwortete und sprach: Es ist nicht recht, dass man den Kindern ihr Brot nehme und werfe es vor die Hunde. 27 Sie sprach: Ja, Herr; aber doch fressen die Hunde von den Brosamen, die vom Tisch ihrer Herren fallen. 28 Da antwortete Jesus und sprach zu ihr: **Frau, [a]dein Glaube ist groß. Dir geschehe, wie du willst!** Und ihre Tochter wurde gesund zu derselben Stunde.

Weitere Heilungen

29 Und Jesus ging von dort weiter und kam an das Galiläische Meer und ging auf einen Berg und setzte sich dort. 30 Und es kam eine große Menge zu ihm; die hatten bei sich Gelähmte, Verkrüppelte, Blinde, Stumme und viele andere Kranke und legten sie Jesus vor die Füße, und er heilte sie, 31 sodass sich das Volk verwunderte, als sie sahen, dass die Stummen redeten, die Verkrüppelten gesund waren, die Gelähmten gingen, die Blinden sahen; und sie priesen den Gott Israels.[a]

Die Speisung der Viertausend

(Mk 8,1-10)

32 [a]Und Jesus rief seine Jünger zu sich und sprach: Das Volk jammert mich; denn sie harren nun schon drei Tage bei mir aus und haben nichts zu essen; und ich will sie nicht hungrig gehen lassen, damit sie nicht verschmachten auf dem Wege. 33 Da sprachen seine Jünger zu ihm: Woher sollen wir so viel Brot nehmen in der Wüste, um eine so große Menge zu sättigen? 34 Und Jesus sprach zu ihnen: Wie viele Brote habt ihr? Sie antworteten: Sieben und ein paar Fische.

35 Und er ließ das Volk sich auf die Erde lagern 36 und nahm die sieben Brote und die Fische, dankte, brach sie und gab sie seinen Jüngern, und die Jünger gaben sie dem Volk. 37 Und sie aßen alle und wurden satt; und sie sammelten auf, was an Brocken übrig blieb, sieben Körbe voll. 38 Und die gegessen hatten, waren viertausend Mann, ausgenommen Frauen und Kinder. 39 Und als er das Volk hatte gehen lassen, stieg er ins Boot und kam in das Gebiet von Magadan.

Die Zeichenforderung der Pharisäer

(Mk 8,11-12; Lk 12,54-56)

16 Da traten die Pharisäer und Sadduzäer zu ihm; die versuchten ihn und forderten ihn auf, sie [a]ein Zeichen vom Himmel sehen zu lassen. 2 Aber er antwortete und sprach: Des Abends sprecht ihr: Es wird ein schöner Tag werden, denn der Himmel ist rot. 3 Und des Morgens sprecht ihr: Es wird heute ein Unwetter kommen, denn der Himmel ist rot und trübe. Über das Aussehen des Himmels könnt ihr urteilen; könnt ihr dann nicht auch über die [a]Zeichen der Zeit urteilen?** 4 Ein böses und abtrünniges Geschlecht fordert ein Zeichen; doch [a]soll ihm kein Zeichen gegeben werden, es sei denn das Zeichen des Jona⁺. Und er ließ sie stehen und ging davon.

* Es kann auch übersetzt werden: »Stell sie zufrieden«.

** Verse 2b-3 (»Des Abends ... urteilen?«) finden sich bei einigen wichtigen Textzeugen nicht.

⁺ Siehe Sach- und Worterklärungen.

15,19: *a* 1. Mose 8,21 **15,24:** *a* Kap 10,5-6; Röm 15,8 **15,28:** *a* Kap 8,10.13 **15,31:** *a* Mk 7,37 **15,32:** *a (32-39)* Kap 14,13-21 **16,1:** *a* Kap 12,38 **16,3:** *a* Kap 11,4 **16,4:** *a* Kap 12,39-40

Warnung vor der Lehre der Pharisäer und Sadduzäer

(Mk 8,14-21)

5Und als die Jünger ans andre Ufer ge-
kommen waren, hatten sie vergessen,
Brot mitzunehmen. 6Jesus aber sprach zu
ihnen: [a]Seht zu und hütet euch vor dem
Sauerteig der Pharisäer und Sadduzäer!
7Da dachten sie bei sich selbst und spra-
chen: Das wird's sein, dass wir kein Brot
mitgenommen haben.
8Als das Jesus merkte, sprach er zu
ihnen: Ihr Kleingläubigen, was beküm-
mert ihr euch doch, dass ihr kein Brot
habt? 9Versteht ihr noch nicht? Denkt ihr
nicht an die [a]fünf Brote für die fünftau-
send und wie viel Körbe voll ihr da auf-
gesammelt habt? 10Auch nicht an die
[a]sieben Brote für die viertausend und
wie viel Körbe voll ihr da aufgesammelt
habt? 11Wieso versteht ihr denn nicht,
dass ich nicht vom Brot zu euch gere-
det habe? Hütet euch vielmehr vor dem
Sauerteig der Pharisäer und Sadduzäer!
12Da verstanden sie, dass er nicht ge-
sagt hatte, sie sollten sich hüten vor dem
Sauerteig des Brotes, sondern vor der
Lehre der Pharisäer und Sadduzäer.

Das Bekenntnis des Petrus und die Verheißung an ihn

(Mk 8,27-30; Lk 9,18-21)

13Da kam Jesus in die Gegend von Cäsa-
rea Philippi und fragte seine Jünger und
sprach: Wer sagen die Leute, dass der
Menschensohn sei? 14Sie sprachen:
Einige sagen, du seist [a]Johannes der
Täufer, andere, du seist [b]Elia, wieder an-
dere, du seist Jeremia oder [c]einer der
Propheten. 15Er fragte sie: Wer sagt denn
ihr, dass ich sei? 16Da antwortete Simon
Petrus und sprach: [a]**Du bist Christus, des
lebendigen Gottes Sohn!**
17Und Jesus antwortete und sprach zu
ihm: Selig bist du, Simon, Jonas Sohn;
[a]denn Fleisch und Blut haben dir das
nicht offenbart, sondern mein Vater im
Himmel. 18Und ich sage dir auch: Du
bist Petrus, und auf diesen [a]Felsen will
ich meine Gemeinde bauen, und die
Pforten der Hölle sollen sie nicht über-
wältigen. **19Ich will dir die Schlüssel des
Himmelreichs geben: [a]Alles, was du auf
Erden binden wirst, soll auch im Himmel
gebunden sein, und alles, was du auf Erden
lösen wirst, soll auch im Himmel gelöst
sein.**
20Da gebot er seinen Jüngern, nieman-
dem zu sagen, dass er der Christus sei.[a]

Die erste Ankündigung von Jesu Leiden und Auferstehung

(Mk 8,31-33; Lk 9,22)

21Seit der Zeit fing Jesus an, seinen Jün-
gern zu zeigen, wie er nach Jerusalem
gehen und viel leiden müsse von den Äl-
testen und Hohenpriestern und Schrift-
gelehrten und getötet werden und [a]am
dritten Tage auferstehen.
22Und Petrus nahm ihn beiseite und
fuhr ihn an und sprach: Gott bewahre
dich, Herr! Das widerfahre dir nur nicht!
23Er aber wandte sich um und sprach zu
Petrus: Geh weg von mir, Satan! Du bist
mir ein Ärgernis; denn du meinst nicht,
was göttlich, sondern was menschlich
ist.

Von der Nachfolge

(Mk 8,34–9,1; Lk 9,23-27)

24[a]Da sprach Jesus zu seinen Jüngern:
**Will mir jemand nachfolgen, der verleugne
sich selbst und nehme sein Kreuz auf sich
und folge mir.**[b] **25Denn wer sein Leben
erhalten will, der wird's verlieren; [a]wer
aber sein Leben verliert um meinetwillen,
der wird's finden. 26Was hülfe es dem
Menschen, [a]wenn er die ganze Welt ge-
wönne und nähme doch Schaden an seiner
Seele? Oder was kann der Mensch geben,
womit er [b]seine Seele auslöse?**
27Denn es wird geschehen, dass der
Menschensohn kommt in der Herrlich-
keit seines Vaters mit seinen Engeln, und
dann wird er [a]einem jeden vergelten
nach seinem Tun. 28Wahrlich, ich sage
euch: Es stehen einige hier, die werden
den Tod nicht schmecken, bis sie den
Menschensohn kommen sehen in seinem
Reich.[a]

16,6: *a* Lk 12,1 **16,9:** *a* Kap 14,17-21 **16,10:** *a* Kap 15,34-38 **16,14:** *a* Kap 14,2; *b* Kap 17,10; *c* Lk 7,16 **16,16:** *a* Joh 6,69 **16,17:** *a* Kap 11,27; Gal 1,15-16 **16,18:** *a* Joh 1,42; Eph 2,20 **16,19:** *a* Kap 18,18 **16,20:** *a* Kap 17,9 **16,21:** *a* Kap 12,40; Joh 2,19 **16,24:** *a (24-25)* Kap 10,38-39; *b* 1.Petr 2,21 **16,25:** *a* Offb 12,11 **16,26:** *a* Lk 12,20; *b* Ps 49,9 **16,27:** *a* Röm 2,6 **16,28:** *a* Kap 10,23

Die Verklärung Jesu

(Mk 9,2-13; Lk 9,28-36)

17 Und nach sechs Tagen [a]nahm Je-
sus mit sich Petrus und Jakobus
und Johannes, dessen Bruder, und führte
sie allein auf einen hohen Berg. 2 [a]Und er
wurde verklärt vor ihnen, und [b]sein An-
gesicht leuchtete wie die Sonne, und seine
Kleider wurden weiß wie das Licht.
3 Und siehe, da erschienen ihnen Mose
und Elia; die redeten mit ihm.

4 Petrus aber fing an und sprach zu
Jesus: Herr, hier ist gut sein! Willst du, so
will ich hier drei Hütten bauen, dir eine,
Mose eine und Elia eine. 5 Als er noch so
redete, siehe, da überschattete sie eine
lichte Wolke. Und siehe, eine Stimme aus
der Wolke sprach: [a]**Dies ist mein lieber
Sohn, an dem ich Wohlgefallen habe; den
sollt ihr hören!**

6 Als das die Jünger hörten, fielen sie
auf ihr Angesicht und erschraken sehr.
7 Jesus aber trat zu ihnen, rührte sie an
und sprach: Steht auf und fürchtet euch
nicht! 8 Als sie aber ihre Augen aufhoben,
sahen sie niemand als Jesus allein. 9 Und
als sie vom Berge hinabgingen, gebot ih-
nen Jesus und sprach: Ihr sollt von dieser
Erscheinung [a]niemandem sagen, bis der
Menschensohn von den Toten auferstan-
den ist.

10 Und seine Jünger fragten ihn und
sprachen: Warum sagen denn die Schrift-
gelehrten, zuerst müsse [a]Elia kommen?
11 Jesus antwortete und sprach zu ihnen:
Elia soll freilich kommen und alles zu-
rechtbringen. 12 Doch ich sage euch: Elia
ist schon gekommen, aber sie haben ihn
nicht erkannt, sondern [a]haben mit ihm
getan, was sie wollten. So wird auch der
Menschensohn durch sie leiden müssen.
13 Da verstanden die Jünger, dass er von
Johannes dem Täufer zu ihnen geredet
hatte.[a]

Die Heilung eines mondsüchtigen Knaben

(Mk 9,14-29; Lk 9,37-42)

14 Und als sie zu dem Volk kamen, trat
ein Mensch zu ihm, fiel ihm zu Füßen
15 und sprach: Herr, erbarme dich über
meinen Sohn! Denn er ist mondsüchtig
und hat schwer zu leiden; er fällt oft ins
Feuer und oft ins Wasser; 16 und ich habe
ihn zu deinen Jüngern gebracht und sie
konnten ihm nicht helfen. 17 Jesus aber
antwortete und sprach: O du ungläubiges
und verkehrtes Geschlecht, wie lange soll
ich bei euch sein? Wie lange soll ich euch
erdulden? Bringt ihn mir her! 18 Und Je-
sus bedrohte ihn; und der böse Geist fuhr
aus von ihm und der Knabe wurde ge-
sund zu derselben Stunde.

19 Da traten seine Jünger zu ihm, als
sie allein waren, und fragten: [a]Warum
konnten **wir** ihn nicht austreiben? 20 Er
aber sprach zu ihnen: Wegen eures Klein-
glaubens. Denn wahrlich, ich sage euch:
[a]Wenn ihr Glauben habt wie ein Senf-
korn, so könnt ihr sagen zu diesem
Berge: Heb dich dorthin!, so wird er sich
heben; und euch wird nichts unmöglich
sein.*

Die zweite Ankündigung von Jesu Leiden und Auferstehung

(Mk 9,30-32; Lk 9,43-45)

22 [a]Als sie aber beieinander waren in Ga-
liläa, sprach Jesus zu ihnen: Der Men-
schensohn wird überantwortet werden
in die Hände der Menschen 23 und sie
werden ihn töten, und am dritten Tag
wird er auferstehen. Und sie wurden sehr
betrübt.

Von der Zahlung der Tempelsteuer

24 Als sie nun nach Kapernaum kamen,
traten zu Petrus, die den Tempelgroschen
einnehmen, und sprachen: Pflegt euer
Meister nicht den [a]Tempelgroschen zu
geben? 25 Er sprach: Ja.

Und als er heimkam, kam ihm Jesus
zuvor und fragte: Was meinst du, Simon?
Von wem nehmen die Könige auf Erden
Zoll oder Steuern: von ihren Kindern
oder von den Fremden? 26 Als er ant-
wortete: Von den Fremden, sprach Jesus
zu ihm: So sind die Kinder frei. 27 Damit
wir ihnen aber keinen Anstoß geben, geh
hin an den See und wirf die Angel aus,

* Vers 21 findet sich erst in der späteren Überlieferung: »Aber diese Art fährt nur aus durch Beten und Fasten« (vgl. Mk 9,29).

17,1: *a* Kap 26,37; Mk 5,37; 13,3; 14,33; Lk 8,51 **17,2:** *a (2.5)* 2. Petr 1,16-18; *b* Offb 1,16 **17,5:** *a* Kap 3,17 **17,9:** *a* Kap 16,20 **17,10:** *a* Kap 11,14 **17,12:** *a* Kap 14,9-10 **17,13:** *a* Lk 1,17 **17,19:** *a* Kap 10,1 **17,20:** *a* Kap 21,21; Lk 17,6; 1. Kor 13,2 **17,22:** *a (22-23)* Kap 16,21; 20,18-19 **17,24:** *a* 2. Mose 30,13; 2. Kön 12,5-6

und den ersten Fisch, der heraufkommt,
den nimm; und wenn du sein Maul auf-
machst, wirst du ein Zweigroschenstück
finden; das nimm und gib's ihnen für
mich und dich.

Der Rangstreit der Jünger

(Mk 9,33-37; Lk 9,46-48)

18 Zu derselben Stunde traten die Jün-
ger zu Jesus und fragten: Wer ist
doch der Größte im Himmelreich? 2 Jesus
rief ein Kind zu sich und stellte es mitten
unter sie 3 und sprach: Wahrlich, ich sage
euch: **Wenn ihr nicht umkehrt und werdet
wie die Kinder, so werdet ihr nicht ins
Himmelreich kommen.**[a] 4 Wer nun sich
selbst erniedrigt und wird wie dies Kind,
der ist der Größte im Himmelreich.
5 Und wer ein solches Kind aufnimmt in
meinem Namen, der nimmt mich auf.[a]

Warnung vor Verführung zum Abfall

(Mk 9,42-48; Lk 17,1-3a)

6 Wer aber einen dieser Kleinen, die an
mich glauben, zum Abfall verführt, für
den wäre es besser, dass ein Mühlstein an
seinen Hals gehängt und er ersäuft
würde im Meer, wo es am tiefsten ist.
7 Weh der Welt der Verführungen wegen!
Es müssen ja Verführungen kommen;
doch weh dem Menschen, der zum Ab-
fall verführt!

8 [a]Wenn aber deine Hand oder dein
Fuß dich zum Abfall verführt, so hau sie
ab und wirf sie von dir. Es ist besser für
dich, dass du lahm oder verkrüppelt zum
Leben eingehst, als dass du zwei Hände
oder zwei Füße hast und wirst in das
ewige Feuer geworfen. 9 Und wenn dich
dein Auge zum Abfall verführt, reiß es
aus und wirf's von dir. Es ist besser für
dich, dass du einäugig zum Leben ein-
gehst, als dass du zwei Augen hast und
wirst in das höllische Feuer geworfen.

Vom verlorenen Schaf

(Lk 15,4-7)

10 Seht zu, dass ihr nicht einen von diesen
Kleinen verachtet. Denn ich sage euch:
[a]Ihre Engel im Himmel sehen allezeit
das Angesicht meines Vaters im Him-
mel.*

12 Was meint ihr? Wenn ein Mensch
hundert Schafe hätte und eins unter ih-
nen sich verirrte: lässt er nicht die neun-
undneunzig auf den Bergen, geht hin und
sucht das verirrte? 13 Und wenn es ge-
schieht, dass er's findet, wahrlich, ich
sage euch: Er freut sich darüber mehr als
über die neunundneunzig, die sich nicht
verirrt haben. 14 So ist's auch nicht der
Wille bei eurem Vater im Himmel, dass
auch nur eines von diesen Kleinen ver-
loren werde.

Zurechtweisung und Gebet in der Gemeinde

15 Sündigt aber dein Bruder an dir, so geh
hin und [a]weise ihn zurecht zwischen dir
und ihm allein. Hört er auf dich, so hast
du deinen Bruder gewonnen. 16 Hört er
nicht auf dich, so nimm noch einen oder
zwei zu dir, damit [a]jede Sache durch den
Mund von zwei oder drei Zeugen bestä-
tigt werde. 17 Hört er auf die nicht, so
sage es der Gemeinde. Hört er auch auf
die Gemeinde nicht, so sei er für dich wie
ein Heide und Zöllner.[a] 18 Wahrlich, ich
sage euch: **Was ihr auf Erden binden wer-
det, soll auch im Himmel gebunden sein,
und was ihr auf Erden lösen werdet, soll
auch im Himmel gelöst sein.**[a]

19 Wahrlich, ich sage euch auch: Wenn
zwei unter euch eins werden auf Erden,
worum sie bitten wollen, so soll es ihnen
widerfahren von meinem Vater im Him-
mel.[a] 20 Denn **wo zwei oder drei versam-
melt sind in meinem Namen, [a]da bin ich
mitten unter ihnen.**

Von der Vergebung (»Der Schalksknecht«)

21 Da trat Petrus zu ihm und fragte: Herr,
wie oft muss ich denn meinem Bruder,
der an mir sündigt, vergeben? Genügt es
siebenmal? 22 Jesus sprach zu ihm: Ich
sage dir: nicht siebenmal, sondern sieb-
zigmal siebenmal.[a]

* Vers 11 findet sich erst in der späteren Überlieferung: »Denn der Menschensohn ist gekommen, selig zu machen, was verloren ist« (vgl. Lk 19,10).

18,3: *a* Kap 19,14 **18,5:** *a* Kap 10,40 **18,8:** *a (8-9)* Kap 5,29-30 **18,10:** *a* Hebr 1,14 **18,15:** *a* 3. Mose 19,17; Lk 17,3; Gal 6,1 **18,16:** *a* 5. Mose 19,15 **18,17:** *a* 1. Kor 5,13; 2. Thess 3,6; Tit 3,10 **18,18:** *a* Kap 16,19; Joh 20,23 **18,19:** *a* Mk 11,24 **18,20:** *a* Kap 28,20 **18,22:** *a* 1. Mose 4,24; Lk 17,4; Eph 4,32

23 Darum gleicht das Himmelreich
einem König, der mit seinen Knechten
abrechnen wollte. 24 Und als er anfing
abzurechnen, wurde einer vor ihn ge-
bracht, der war ihm zehntausend Zent-
ner Silber schuldig. 25 Da er's nun nicht
bezahlen konnte, befahl der Herr, ihn
und seine Frau und [a]seine Kinder und
alles, was er hatte, zu verkaufen und da-
mit zu bezahlen. 26 Da fiel ihm der
Knecht zu Füßen und flehte ihn an und
sprach: Hab Geduld mit mir; ich will
dir's alles bezahlen. 27 Da hatte der Herr
Erbarmen mit diesem Knecht und ließ
ihn frei und die Schuld erließ er ihm
auch.

28 Da ging dieser Knecht hinaus und
traf einen seiner Mitknechte, der war ihm
hundert Silbergroschen schuldig; und er
packte und würgte ihn und sprach: Be-
zahle, was du mir schuldig bist! 29 Da fiel
sein Mitknecht nieder und bat ihn und
sprach: Hab Geduld mit mir; ich will
dir's bezahlen. 30 Er wollte aber nicht,
sondern ging hin und warf ihn ins Ge-
fängnis, bis er bezahlt hätte, was er schul-
dig war.

31 Als aber seine Mitknechte das sahen,
wurden sie sehr betrübt und kamen und
brachten bei ihrem Herrn alles vor, was
sich begeben hatte. 32 Da forderte ihn sein
Herr vor sich und sprach zu ihm: Du
böser Knecht! Deine ganze Schuld habe
ich dir erlassen, [a]weil du mich gebeten
hast; 33 hättest du dich da nicht auch
erbarmen sollen über deinen Mitknecht,
wie ich mich über dich erbarmt habe?[a]
34 Und sein Herr wurde zornig und über-
antwortete ihn den Peinigern, [a]bis er al-
les bezahlt hätte, was er ihm schuldig
war.

35 So wird auch mein himmlischer Va-
ter an euch tun, wenn ihr einander nicht
von Herzen vergebt, ein jeder seinem
Bruder.[a]

Von Ehe, Ehescheidung, Ehelosigkeit

(Mk 10,1-12)

19 Und es begab sich, als Jesus diese
Reden vollendet hatte, dass er sich
aufmachte aus Galiläa und kam in das
Gebiet von Judäa jenseits des Jordans;
2 und eine große Menge folgte ihm nach
und er heilte sie dort.

3 Da traten Pharisäer zu ihm und ver-
suchten ihn und sprachen: Ist's erlaubt,
dass sich ein Mann aus irgendeinem
Grund von seiner Frau scheidet? 4 Er
aber antwortete und sprach: Habt ihr
nicht gelesen: Der im Anfang den Men-
schen geschaffen hat, [a]schuf sie als
Mann und Frau 5 und sprach (1. Mose
2,24): »Darum wird ein Mann Vater und
Mutter verlassen und an seiner Frau
hängen, und die zwei werden **ein** Fleisch
sein«? 6 So sind sie nun nicht mehr zwei,
sondern **ein** Fleisch*. **Was nun Gott zu-
sammengefügt hat, das [a]soll der Mensch
nicht scheiden!**

7 Da fragten sie: Warum hat dann
Mose geboten, ihr einen [a]Scheidebrief zu
geben und sich von ihr zu scheiden? 8 Er
sprach zu ihnen: Mose hat euch erlaubt,
euch zu scheiden von euren Frauen, eu-
res Herzens Härte wegen; von Anfang an
aber ist's nicht so gewesen. 9 Ich aber sage
euch: Wer sich von seiner Frau scheidet,
es sei denn wegen Ehebruchs, und hei-
ratet eine andere, der bricht die Ehe.[a]

10 Da sprachen seine Jünger zu ihm:
Steht die Sache eines Mannes mit seiner
Frau so, dann ist's nicht gut zu heiraten.
11 Er sprach aber zu ihnen: Dies Wort
fassen nicht alle, sondern nur die, denen
es gegeben ist.[a] 12 Denn einige sind von
Geburt an zur Ehe unfähig; andere sind
von Menschen zur Ehe unfähig gemacht;
und wieder andere haben sich selbst zur
Ehe unfähig gemacht um des Himmel-
reichs willen. Wer es fassen kann, der
fasse es!

Die Segnung der Kinder

(Mk 10,13-16; Lk 18,15-17)

13 Da wurden Kinder zu ihm gebracht,
damit er die Hände auf sie legte und
betete. Die Jünger aber fuhren sie an.
14 Aber Jesus sprach: **Lasset die Kinder
und wehret ihnen nicht, zu mir zu kom-
men; denn solchen gehört das Himmel-
reich.**[a] 15 Und er legte die Hände auf sie
und zog von dort weiter.

* Siehe Sach- und Worterklärungen zu »Fleisch«.

18,25: *a* Neh 5,5 **18,32:** *a* Lk 6,36 **18,33:** *a* 1. Joh 4,11 **18,34:** *a* Kap 5,26 **18,35:** *a* Kap 6,14-15; Jak 2,13 **19,4:** *a* 1. Mose 1,27 **19,6:** *a* 1. Kor 7,10-11 **19,7:** *a* Kap 5,31 **19,9:** *a* Kap 5,32; Lk 16,18 **19,11:** *a* 1. Kor 7,7 **19,14:** *a* Kap 18,2-3

Die Gefahr des Reichtums (»Der reiche Jüngling«)

(Mk 10,17-27; Lk 18,18-27)

16 Und siehe, einer trat zu ihm und fragte:
Meister, was soll ich Gutes tun, damit ich
das ewige Leben habe? 17 Er aber sprach
zu ihm: Was fragst du mich nach dem,
was gut ist? Gut ist nur Einer. Willst
du aber zum Leben eingehen, so halte
die Gebote. 18 Da fragte er ihn: Welche?
Jesus aber sprach: »Du sollst nicht tö-
ten; du sollst nicht ehebrechen; du sollst
nicht stehlen; du sollst nicht falsch Zeug-
nis geben; 19 ehre Vater und Mutter«
(2. Mose 20,12-16); und: »Du sollst dei-
nen Nächsten lieben wie dich selbst«
(3. Mose 19,18).
20 Da sprach der Jüngling zu ihm: Das
habe ich alles gehalten; was fehlt mir
noch? 21 Jesus antwortete ihm: Willst du
vollkommen sein, so geh hin, verkaufe,
was du hast, und gib's den Armen, so
wirst du einen [a]Schatz im Himmel haben;
und komm und folge mir nach! 22 Als
der Jüngling das Wort hörte, ging er be-
trübt davon; denn er hatte viele Güter.[a]
23 Jesus aber sprach zu seinen Jüngern:
Wahrlich, ich sage euch: Ein Reicher
wird schwer ins Himmelreich kommen.
24 Und weiter sage ich euch: Es ist leich-
ter, dass ein Kamel durch ein Nadelöhr
gehe, als dass ein Reicher ins Reich Got-
tes komme. 25 Als das seine Jünger hör-
ten, entsetzten sie sich sehr und spra-
chen: Ja, wer kann dann selig werden?
26 Jesus aber sah sie an und sprach zu
ihnen: Bei den Menschen ist's unmöglich;
aber [a]bei Gott sind alle Dinge möglich.

Der Lohn der Nachfolge

(Mk 10,28-31; Lk 18,28-30)

27 Da fing Petrus an und sprach zu ihm:
Siehe, [a]wir haben alles verlassen und
sind dir nachgefolgt; was wird uns dafür
gegeben? 28 Jesus aber sprach zu ihnen:
Wahrlich, ich sage euch: Ihr, die ihr mir
nachgefolgt seid, werdet bei der Wieder-
geburt, wenn der Menschensohn sitzen
wird auf dem Thron seiner Herrlichkeit,
auch [a]sitzen auf zwölf Thronen und
[b]richten die zwölf Stämme Israels.
29 Und wer Häuser oder Brüder oder
Schwestern oder Vater oder Mutter oder
Kinder oder Äcker verlässt um meines
Namens willen, der wird's hundertfach
empfangen und das ewige Leben ererben.
30 Aber viele, die die Ersten sind, werden
die Letzten und die Letzten werden die
Ersten sein.

Von den Arbeitern im Weinberg

20 Denn das Himmelreich gleicht
einem Hausherrn, der früh am
Morgen ausging, um Arbeiter für seinen
Weinberg einzustellen. 2 Und als er mit
den Arbeitern einig wurde über einen Sil-
bergroschen als Tagelohn, sandte er sie in
seinen Weinberg.
3 Und er ging aus um die dritte Stunde
und sah andere müßig auf dem Markt
stehen 4 und sprach zu ihnen: Geht ihr
auch hin in den Weinberg; ich will euch
geben, was recht ist. 5 Und sie gingen hin.
Abermals ging er aus um die sechste und
um die neunte Stunde und tat dasselbe.
6 Um die elfte Stunde aber ging er aus
und fand andere und sprach zu ihnen:
Was steht ihr den ganzen Tag müßig da?
7 Sie sprachen zu ihm: Es hat uns nie-
mand eingestellt. Er sprach zu ihnen:
Geht ihr auch hin in den Weinberg.
8 Als es nun Abend wurde, sprach der
Herr des Weinbergs zu seinem Verwalter:
Ruf die Arbeiter und gib ihnen den Lohn
und fang an bei den letzten bis zu den
ersten. 9 Da kamen, die um die elfte
Stunde eingestellt waren, und jeder emp-
fing seinen Silbergroschen. 10 Als aber die
Ersten kamen, meinten sie, sie würden
mehr empfangen; und auch sie empfin-
gen ein jeder seinen Silbergroschen.
11 Und als sie den empfingen, murrten sie
gegen den Hausherrn 12 und sprachen:
Diese Letzten haben nur eine Stunde ge-
arbeitet, doch du hast sie uns gleichge-
stellt, die wir des Tages Last und Hitze
getragen haben.
13 Er antwortete aber und sagte zu
einem von ihnen: Mein Freund, ich tu dir
nicht Unrecht. Bist du nicht mit mir einig
geworden über einen Silbergroschen?
14 Nimm, was dein ist, und geh! Ich will
aber diesem Letzten dasselbe geben wie

19,21: *a* Kap 6,20; Lk 12,33 **19,22:** *a* Ps 62,11 **19,26:** *a* Hiob 42,2 **19,27:** *a* Kap 4,20-22 **19,28:** *a* Lk 22,30; Offb 3,21; *b* 1. Kor 6,2

dir. 15 Oder [a] habe ich nicht Macht zu tun,
was ich will, mit dem, was mein ist? Siehst
du scheel drein, weil ich so gütig bin?
16 **So werden die Letzten die Ersten und**
die Ersten die Letzten sein.*

Die dritte Ankündigung von Jesu Leiden und Auferstehung

(Mk 10,32-34; Lk 18,31-33)

17 Und Jesus zog hinauf nach Jerusalem
und nahm die zwölf Jünger beiseite und
sprach zu ihnen auf dem Wege: 18 Siehe,
wir [a] ziehen hinauf nach Jerusalem, und
[b] der Menschensohn wird den Hohen-
priestern und Schriftgelehrten überant-
wortet werden; und sie werden ihn zum
Tode verurteilen 19 und werden ihn den
Heiden überantworten, damit sie ihn ver-
spotten und geißeln und kreuzigen; und
am dritten Tage wird er auferstehen.

Vom Herrschen und vom Dienen (»Die Söhne des Zebedäus«)

(Mk 10,35-45)

20 Da trat zu ihm die Mutter der [a] Söhne
des Zebedäus mit ihren Söhnen, fiel vor
ihm nieder und wollte ihn um etwas bit-
ten. 21 Und er sprach zu ihr: Was willst
du? Sie sprach zu ihm: Lass diese meine
beiden Söhne sitzen in deinem Reich,
einen zu deiner Rechten und den andern
zu deiner Linken. [a] 22 Aber Jesus ant-
wortete und sprach: Ihr wisst nicht, was
ihr bittet. Könnt ihr den [a] Kelch trinken,
den ich trinken werde?** Sie antworteten
ihm: Ja, das können wir. 23 Er sprach zu
ihnen: [a] Meinen Kelch werdet ihr zwar
trinken,⁺ aber das Sitzen zu meiner
Rechten und Linken zu geben steht mir
nicht zu. Das wird denen zuteil, für die es
bestimmt ist von meinem Vater.
24 [a] Als das die Zehn hörten, wurden
sie unwillig über die zwei Brüder. 25 Aber
Jesus rief sie zu sich und sprach: Ihr
wisst, dass die Herrscher ihre Völker nie-
derhalten und die Mächtigen ihnen Ge-
walt antun. 26 So soll es nicht sein unter
euch; sondern wer unter euch groß sein
will, der [a] sei euer Diener; 27 und wer un-
ter euch der Erste sein will, der sei euer
Knecht, [a] 28 so wie **der Menschensohn**
nicht gekommen ist, dass er sich dienen
lasse, sondern [a] dass er diene und [b] gebe
sein Leben zu einer Erlösung für viele.

Die Heilung von zwei Blinden bei Jericho

(Mk 10,46-52; Lk 18,35-43)

29 Und als sie von Jericho fortgingen,
folgte ihm eine große Menge. 30 Und
siehe, zwei Blinde saßen am Wege; und
als sie hörten, dass Jesus vorüberging,
schrien sie: Ach Herr, du Sohn Davids,
erbarme dich unser! 31 Aber das Volk
fuhr sie an, dass sie schweigen sollten.
Doch sie schrien noch viel mehr: Ach
Herr, du Sohn Davids, erbarme dich
unser!
32 Jesus aber blieb stehen, rief sie und
sprach: Was wollt ihr, dass ich für euch
tun soll? 33 Sie sprachen zu ihm: Herr,
dass unsere Augen aufgetan werden.
34 Und es jammerte Jesus und er berührte
ihre Augen; und sogleich wurden sie wie-
der sehend, und sie folgten ihm nach.

Jesu Einzug in Jerusalem

(Mk 11,1-10; Lk 19,29-38; Joh 12,12-19)

21 Als sie nun in die Nähe von Jeru-
salem kamen, nach Betfage an den
Ölberg, sandte Jesus zwei Jünger voraus
2 und sprach zu ihnen: Geht hin in das
Dorf, das vor euch liegt, und gleich wer-
det ihr eine Eselin angebunden finden
und ein Füllen bei ihr; bindet sie los und
führt sie zu mir! 3 Und wenn euch jemand
etwas sagen wird, so sprecht: Der Herr
bedarf ihrer. Sogleich wird er sie euch
überlassen. [a] 4 Das geschah aber, damit
erfüllt würde, was gesagt ist durch den
Propheten, der da spricht (Sacharja 9,9):
5 »Sagt der Tochter Zion: Siehe, dein Kö-
nig kommt zu dir sanftmütig und reitet
auf einem Esel und auf einem Füllen,
dem Jungen eines Lasttiers.«

* In der späteren Überlieferung finden sich zusätzlich die Worte: »Denn viele sind berufen, aber wenige sind auserwählt« (vgl. 22,14).
** In der späteren Überlieferung finden sich zusätzlich die Worte: »und euch taufen lassen mit der Taufe, mit der ich getauft werde?« (vgl. Mk 10,38).
⁺ In der späteren Überlieferung finden sich zusätzlich die Worte: »und mit der Taufe, mit der ich getauft werde, werdet ihr getauft werden« (vgl. Mk 10,39).

20,15: *a* Röm 9,16.21 **20,18:** *a* Joh 2,13; *b* Kap 16,21; 17,22-23 **20,20:** *a* Kap 10,2 **20,21:** *a* Kap 19,28 **20,22:** *a* Kap 26,39 **20,23:** *a* Apg 12,2; Offb 1,9 **20,24:** *a (24-28)* Lk 22,24-27 **20,26:** *a* Kap 23,11; 1. Kor 9,19 **20,27:** *a* Mk 9,35 **20,28:** *a* Phil 2,7; *b* 1. Petr 1,18-19 **21,3:** *a* Kap 26,18

6 Die Jünger gingen hin und taten, wie
ihnen Jesus befohlen hatte, 7 und brach-
ten die Eselin und das Füllen und legten
ihre Kleider darauf und er setzte sich
darauf. 8 Aber eine sehr große Menge
[a]breitete ihre Kleider auf den Weg; an-
dere hieben Zweige von den Bäumen und
streuten sie auf den Weg. 9 Die Menge
aber, die ihm voranging und nachfolgte,
schrie: [a]**Hosianna dem Sohn Davids! Ge-
lobt sei, der da kommt in dem Namen des
Herrn! Hosianna in der Höhe!**
10 Und als er in Jerusalem einzog, er-
regte sich die ganze Stadt und fragte:
Wer ist der? 11 Die Menge aber sprach:
Das ist Jesus, der Prophet aus Nazareth
in Galiläa.

Die Tempelreinigung

(Mk 11,15-19; Lk 19,45-48; Joh 2,13-16)

12 Und Jesus ging in den Tempel hinein
und trieb heraus alle Verkäufer und Käu-
fer im Tempel und stieß die Tische der
Geldwechsler um und die Stände der
Taubenhändler 13 und sprach zu ihnen:
Es steht geschrieben (Jesaja 56,7): »Mein
Haus soll ein Bethaus heißen«; ihr aber
macht eine [a]Räuberhöhle daraus.
14 Und es gingen zu ihm Blinde und
Lahme im Tempel und er heilte sie. 15 Als
aber die Hohenpriester und Schriftge-
lehrten die Wunder sahen, die er tat, und
die Kinder, die im Tempel schrien: Ho-
sianna dem Sohn Davids!, entrüsteten sie
sich 16 und sprachen zu ihm: Hörst du
auch, was diese sagen? Jesus antwortete
ihnen: Ja! Habt ihr nie gelesen (Psalm
8,3): »Aus dem Munde der Unmündigen
und Säuglinge hast du dir Lob bereitet«?
17 Und er ließ sie stehen und ging zur
Stadt hinaus nach Betanien und blieb
dort über Nacht.

Der verdorrte Feigenbaum

(Mk 11,12-14; 11,20-24)

18 Als er aber am Morgen wieder in die
Stadt ging, hungerte ihn. 19 Und er sah
einen Feigenbaum an dem Wege, ging
hin und [a]fand nichts daran als Blätter
und sprach zu ihm: Nun wachse auf dir
niemals mehr Frucht! Und der Feigen-
baum verdorrte sogleich.
20 Und als das die Jünger sahen, ver-
wunderten sie sich und fragten: Wie ist
der Feigenbaum so rasch verdorrt? 21 Je-
sus aber antwortete und sprach zu ihnen:
Wahrlich, ich sage euch: Wenn ihr Glau-
ben habt und nicht zweifelt, so werdet ihr
nicht allein Taten wie die mit dem Fei-
genbaum tun, sondern, [a]wenn ihr zu die-
sem Berge sagt: Heb dich und wirf dich
ins Meer!, so wird's geschehen. 22 Und
**alles, was ihr bittet im Gebet, wenn ihr
glaubt, so werdet ihr's empfangen.**

Die Frage nach Jesu Vollmacht

(Mk 11,27-33; Lk 20,1-8)

23 Und als er in den Tempel kam und
lehrte, traten die Hohenpriester und die
Ältesten des Volkes zu ihm und fragten:
[a]Aus welcher Vollmacht tust du das und
wer hat dir diese Vollmacht gegeben?
24 Jesus aber antwortete und sprach zu
ihnen: Ich will euch auch eine Sache fra-
gen; wenn ihr mir die sagt, will ich euch
auch sagen, aus welcher Vollmacht ich
das tue. 25 Woher war die Taufe des Jo-
hannes? War sie vom Himmel oder von
den Menschen?
Da bedachten sie's bei sich selbst und
sprachen: Sagen wir, sie war vom Him-
mel, so wird er zu uns sagen: Warum
habt ihr ihm dann nicht geglaubt? 26 Sa-
gen wir aber, sie war von Menschen, so
müssen wir uns vor dem Volk fürchten,
denn sie [a]halten alle Johannes für einen
Propheten. 27 Und sie antworteten Jesus
und sprachen: Wir wissen's nicht. Da
sprach er zu ihnen: So sage ich euch auch
nicht, aus welcher Vollmacht ich das tue.

Von den ungleichen Söhnen

28 Was meint ihr aber? Es hatte ein Mann
zwei Söhne und ging zu dem ersten und
sprach: Mein Sohn, geh hin und arbeite
heute im Weinberg. 29 Er antwortete aber
und sprach: Nein, ich will nicht. Danach
reute es ihn und er ging hin. 30 Und der
Vater ging zum zweiten Sohn und sagte
dasselbe. Der aber antwortete und
sprach: [a]Ja, Herr!, und ging nicht hin.
31 Wer von den beiden hat des Vaters Wil-
len getan?

21,8: *a* 2. Kön 9,13 **21,9:** *a* Ps 118,25-26 **21,13:** *a* Jer 7,11 **21,19:** *a* Lk 13,6 **21,21:** *a* Kap 17,20 **21,23:** *a* Joh 2,18; Apg 4,7 **21,26:** *a* Kap 14,5 **21,30:** *a* Kap 7,21

Sie antworteten: Der erste. Jesus
sprach zu ihnen: Wahrlich, ich sage euch:
Die [a]Zöllner und Huren kommen eher
ins Reich Gottes als ihr. 32 Denn Johan-
nes kam zu euch und lehrte euch den
rechten Weg, und ihr glaubtet ihm nicht;
aber [a]die Zöllner und Huren glaubten
ihm. Und obwohl ihr's saht, tatet ihr
dennoch nicht Buße, sodass ihr ihm dann
auch geglaubt hättet.

Von den bösen Weingärtnern

(Mk 12,1-12; Lk 20,9-19)

33 Hört ein anderes Gleichnis: Es war ein
Hausherr, der [a]pflanzte einen Weinberg
und zog einen Zaun darum und grub
eine Kelter darin und baute einen Turm
und verpachtete ihn an Weingärtner und
ging außer Landes. 34 Als nun die Zeit der
Früchte herbeikam, sandte er seine
Knechte zu den Weingärtnern, damit sie
seine Früchte holten. 35 Da nahmen die
Weingärtner seine Knechte: den einen
schlugen sie, den zweiten töteten sie, den
dritten steinigten sie. 36 Abermals sandte
er andere Knechte, mehr als das erste
Mal; und sie taten mit ihnen dasselbe.
37 Zuletzt aber sandte er seinen Sohn zu
ihnen und sagte sich: Sie werden sich vor
meinem Sohn scheuen. 38 Als aber die
Weingärtner den Sohn sahen, sprachen
sie zueinander: Das ist der Erbe; kommt,
lasst uns ihn töten und sein Erbgut an
uns bringen![a] 39 Und sie nahmen ihn und
stießen ihn zum Weinberg hinaus und
töteten ihn.

40 Wenn nun der Herr des Weinbergs
kommen wird, was wird er mit diesen
Weingärtnern tun? 41 Sie antworteten
ihm: Er wird den Bösen ein böses Ende
bereiten und seinen Weinberg andern
Weingärtnern verpachten, die ihm die
Früchte zur rechten Zeit geben.

42 Jesus sprach zu ihnen: Habt ihr nie
gelesen in der Schrift (Psalm 118,22-23):
»Der [a]Stein, den die Bauleute verworfen
haben, der ist zum Eckstein geworden.
Vom Herrn ist das geschehen und ist ein
Wunder vor unsern Augen«? 43 Darum
sage ich euch: Das Reich Gottes wird
von euch genommen und einem Volk ge-
geben werden, das seine Früchte bringt.
44 Und wer auf diesen Stein fällt, der wird
zerschellen; auf wen aber er fällt, den
wird er zermalmen.*

45 Und als die Hohenpriester und Pha-
risäer seine Gleichnisse hörten, erkann-
ten sie, dass er von ihnen redete. 46 Und
sie trachteten danach, ihn zu ergreifen;
aber sie fürchteten sich vor dem Volk,
denn es hielt ihn für einen Propheten.

Die königliche Hochzeit

(Lk 14,16-24)

22 Und Jesus fing an und redete
abermals in Gleichnissen zu ihnen
und sprach: 2 Das Himmelreich gleicht
einem König, der seinem Sohn die Hoch-
zeit ausrichtete.[a] 3 Und er sandte seine
Knechte aus, die Gäste zur Hochzeit zu
laden; doch sie wollten nicht kommen.
4 Abermals sandte er andere Knechte aus
und sprach: Sagt den Gästen: Siehe,
meine Mahlzeit habe ich bereitet, meine
Ochsen und mein Mastvieh ist geschlach-
tet und alles ist bereit; kommt zur Hoch-
zeit! 5 Aber sie verachteten das und
gingen weg, einer auf seinen Acker, der
andere an sein Geschäft. 6 Einige aber
ergriffen seine Knechte, verhöhnten und
töteten sie.[a] 7 Da wurde der König zor-
nig und schickte seine Heere aus und
brachte diese Mörder um und zündete
ihre Stadt an.[a]

8 Dann sprach er zu seinen Knechten:
Die Hochzeit ist zwar bereit, aber die
Gäste waren's nicht wert. 9 Darum geht
hinaus auf die Straßen und ladet zur
Hochzeit ein, wen ihr findet. 10 Und die
Knechte gingen auf die Straßen hinaus
und brachten zusammen, [a]wen sie fan-
den, Böse und Gute; und die Tische wur-
den alle voll.

11 Da ging der König hinein, sich die
Gäste anzusehen, und sah da einen Men-
schen, der hatte [a]kein hochzeitliches Ge-
wand an, 12 und sprach zu ihm: Freund,
wie bist du hier hereingekommen und
hast doch kein hochzeitliches Gewand
an? Er aber verstummte. 13 Da sprach der
König zu seinen Dienern: Bindet ihm die
Hände und Füße und werft ihn in die
Finsternis hinaus! Da wird Heulen und
Zähneklappern sein.

* Dieser Vers findet sich bei einigen alten Textzeugen nicht.

21,31: *a* Lk 18,9-14 **21,32:** *a* Lk 7,29 **21,33:** *a* Jes 5,1-2 **21,38:** *a* Kap 26,3-5; Joh 1,11 **21,42:** *a* Apg 4,11; 1. Petr 2,4-8 **22,2:** *a* Joh 3,29 **22,6:** *a* Kap 21,35 **22,7:** *a* Kap 24,2 **22,10:** *a* Kap 13,47 **22,11:** *a* Offb 19,8

14 Denn **viele sind berufen, aber wenige
sind auserwählt.**

Die Frage nach der Steuer (»Der Zinsgroschen«)

(Mk 12,13-17; Lk 20,20-26)

15 Da gingen die Pharisäer hin und hiel-
ten Rat, wie sie ihn in seinen Worten
fangen könnten; 16 und sandten zu ihm
ihre Jünger samt den Anhängern des He-
rodes. Die sprachen: [a]Meister, wir wis-
sen, dass du wahrhaftig bist und lehrst
den Weg Gottes recht und fragst nach
niemand; denn du achtest nicht das An-
sehen der Menschen. 17 Darum sage uns,
was meinst du: Ist's recht, dass man dem
Kaiser Steuern zahlt, oder nicht?
18 Als nun Jesus ihre Bosheit merkte,
sprach er: Ihr Heuchler, was versucht ihr
mich? 19 Zeigt mir die Steuermünze! Und
sie reichten ihm einen Silbergroschen.
20 Und er sprach zu ihnen: Wessen Bild
und Aufschrift ist das? 21 Sie sprachen zu
ihm: Des Kaisers. Da sprach er zu ihnen:
**So gebt dem Kaiser, was des Kaisers ist,
und Gott, was Gottes ist!**[a] 22 Als sie das
hörten, wunderten sie sich, ließen von
ihm ab und gingen davon.

Die Frage nach der Auferstehung

(Mk 12,18-27; Lk 20,27-40)

23 An demselben Tage traten die Saddu-
zäer zu ihm, [a]die lehren, es gebe keine
Auferstehung, und fragten ihn 24 und
sprachen: Meister, Mose hat gesagt
(5. Mose 25,5-6): »Wenn einer stirbt und
hat keine Kinder, so soll sein Bruder die
Frau heiraten und seinem Bruder Nach-
kommen erwecken.« 25 Nun waren bei
uns sieben Brüder. Der erste heiratete
und starb; und weil er keine Nachkom-
men hatte, hinterließ er seine Frau sei-
nem Bruder; 26 desgleichen der zweite
und der dritte bis zum siebenten. 27 Zu-
letzt nach allen starb die Frau. 28 Nun in
der Auferstehung: wessen Frau wird sie
sein von diesen sieben? Sie haben sie ja
alle gehabt.
29 Jesus aber antwortete und sprach zu
ihnen: Ihr irrt, weil ihr weder die Schrift
kennt noch die Kraft Gottes. 30 Denn in
der Auferstehung werden sie weder heira-
ten noch sich heiraten lassen, sondern sie
sind wie Engel im Himmel. 31 Habt ihr
denn nicht gelesen von der Auferstehung
der Toten, was euch gesagt ist von Gott,
der da spricht (2. Mose 3,6): 32 »Ich bin
der Gott Abrahams und der Gott Isaaks
und der Gott Jakobs«? **Gott ist nicht ein
Gott der Toten, sondern der Lebenden.**
33 Und als das Volk das hörte, entsetz-
ten sie sich über seine Lehre.

Die Frage nach dem höchsten Gebot

(Mk 12,28-31; Lk 10,25-28)

34 Als aber die Pharisäer hörten, dass er
den Sadduzäern das Maul gestopft hatte,
versammelten sie sich. 35 Und einer von
ihnen, ein Schriftgelehrter, versuchte ihn
und fragte: 36 Meister, welches ist das
höchste Gebot im Gesetz? 37 Jesus aber
antwortete ihm: **»Du sollst den Herrn,
deinen Gott, lieben von ganzem Her-
zen, von ganzer Seele und von ganzem
Gemüt*«** (5. Mose 6,5). 38 Dies ist das
höchste und größte Gebot. 39 Das andere
aber ist dem gleich: **»Du sollst deinen
Nächsten lieben wie dich selbst«** (3. Mose
19,18). 40 In diesen beiden Geboten hängt
das ganze Gesetz und die Propheten.[a]

Die Frage nach dem Davidssohn

(Mk 12,35-37; Lk 20,41-44)

41 Als nun die Pharisäer beieinander wa-
ren, fragte sie Jesus: 42 Was denkt ihr von
dem Christus? Wessen Sohn ist er? Sie
antworteten: [a]Davids. 43 Da fragte er sie:
Wie kann ihn dann David durch den
Geist Herr nennen, wenn er sagt (Psalm
110,1): 44 »Der Herr sprach zu meinem
Herrn: [a]Setze dich zu meiner Rechten,
bis ich deine Feinde unter deine Füße
lege«? 45 Wenn nun David ihn Herr
nennt, wie ist er dann sein Sohn? 46 Und
niemand konnte ihm ein Wort antwor-
ten, auch wagte niemand von dem Tage
an, ihn hinfort zu fragen.

Gegen die Schriftgelehrten und Pharisäer

(Mk 12,38-40; Lk 20,45-47; 11,39-52)

23 Da redete Jesus zu dem Volk und
zu seinen Jüngern 2 und sprach:
Auf dem Stuhl des Mose sitzen die
Schriftgelehrten und Pharisäer. 3 Alles

* Siehe Sach- und Worterklärungen.

22,16: *a* Joh 3,2 **22,21:** *a* Röm 13,1.7 **22,23:** *a* Apg 4,2; 23,6.8 **22,40:** *a* Röm 13,9-10 **22,42:** *a* Jes 11,1; Joh 7,42 **22,44:** *a* Kap 26,64

nun, was sie euch sagen, das tut und
haltet; aber nach ihren Werken sollt ihr
nicht handeln; denn [a]sie sagen's zwar,
tun's aber nicht. 4 [a]Sie binden schwere
und unerträgliche Bürden und legen sie
den Menschen auf die Schultern; aber sie
selbst wollen keinen Finger dafür krüm-
men.

5 Alle ihre Werke aber tun sie, [a]damit
sie von den Leuten gesehen werden. Sie
machen ihre [b]Gebetsriemen* breit und
die Quasten* an ihren Kleidern groß.
6 Sie [a]sitzen gern obenan bei Tisch und
in den Synagogen 7 und haben's gern,
dass sie auf dem Markt gegrüßt und von
den Leuten Rabbi genannt werden.
8 Aber ihr sollt euch nicht Rabbi nennen
lassen; denn **einer ist euer Meister; ihr
aber seid alle Brüder.** 9 Und ihr sollt nie-
manden unter euch Vater nennen auf Er-
den; denn einer ist euer Vater, der im
Himmel ist. 10 Und ihr sollt euch nicht
Lehrer nennen lassen; denn einer ist euer
Lehrer: Christus. 11 Der Größte unter
euch soll euer Diener sein.[a] 12 Denn **wer
sich selbst erhöht, der wird erniedrigt; und
wer sich selbst erniedrigt, der wird er-
höht.**[a]

13 Weh euch, Schriftgelehrte und Pha-
risäer, ihr Heuchler, die ihr das Himmel-
reich zuschließt vor den Menschen! Ihr
geht nicht hinein und die hineinwollen,
lasst ihr nicht hineingehen.**

15 Weh euch, Schriftgelehrte und Pha-
risäer, ihr Heuchler, die ihr Land und
Meer durchzieht, damit ihr einen Juden-
genossen⁺ gewinnt; und wenn er's gewor-
den ist, macht ihr aus ihm ein Kind der
Hölle, doppelt so schlimm wie ihr.

16 [a]Weh euch, ihr [b]verblendeten Füh-
rer, die ihr sagt: Wenn einer schwört bei
dem Tempel, das gilt nicht; wenn aber
einer schwört bei dem Gold des Tempels,
der ist gebunden. 17 Ihr Narren und Blin-
den! Was ist mehr: das Gold oder der
Tempel, der das Gold heilig macht?
18 Oder: Wenn einer schwört bei dem
Altar, das gilt nicht; wenn aber einer
schwört bei dem Opfer, das darauf liegt,
der ist gebunden. 19 Ihr Blinden! Was ist
mehr: das Opfer oder der Altar, der das
Opfer heilig macht? 20 Darum, wer
schwört bei dem Altar, der schwört bei
ihm und bei allem, was darauf liegt.
21 Und wer schwört bei dem Tempel, der
schwört bei ihm und bei dem, der darin
wohnt. 22 Und wer schwört bei dem Him-
mel, der schwört bei dem Thron Gottes
und bei dem, der darauf sitzt.

23 Weh euch, Schriftgelehrte und Pha-
risäer, ihr Heuchler, die ihr den [a]Zehnten
gebt von Minze, Dill und Kümmel und
lasst das [b]Wichtigste im Gesetz beiseite,
nämlich das Recht, die Barmherzigkeit
und den Glauben! Doch dies sollte man
tun und jenes nicht lassen. 24 Ihr ver-
blendeten Führer, die ihr Mücken aus-
siebt, aber Kamele verschluckt!

25 Weh euch, Schriftgelehrte und Pha-
risäer, ihr Heuchler, [a]die ihr die Becher
und Schüsseln außen reinigt, innen aber
sind sie voller Raub und Gier! 26 Du
[a]blinder Pharisäer, reinige zuerst das In-
nere des Bechers, damit auch das Äußere
rein wird![b]

27 Weh euch, Schriftgelehrte und Pha-
risäer, ihr Heuchler, die ihr seid wie die
übertünchten Gräber, die von außen
hübsch aussehen, aber innen sind sie vol-
ler Totengebeine und lauter Unrat! 28 So
auch ihr: von außen scheint ihr vor den
Menschen fromm, aber innen seid ihr
voller Heuchelei und Unrecht.

29 Weh euch, Schriftgelehrte und Pha-
risäer, ihr Heuchler, die ihr den Prophe-
ten Grabmäler baut und die Gräber der
Gerechten schmückt 30 und sprecht: Hät-
ten wir zu Zeiten unserer Väter gelebt, so
wären wir nicht mit ihnen schuldig ge-
worden am Blut der Propheten! 31 Damit
bezeugt ihr von euch selbst, dass ihr Kin-
der derer seid, [a]die die Propheten getötet
haben. 32 Wohlan, macht auch ihr das
Maß eurer Väter voll! 33 Ihr Schlangen,

* Siehe Sach- und Worterklärungen.
** Vers 14 findet sich erst in der späteren Überlieferung: »Weh euch, Schriftgelehrte und Pharisäer, ihr Heuchler, die ihr die Häuser der Witwen fresst und zum Schein lange Gebete verrichtet! Darum werdet ihr ein umso härteres Urteil empfangen« (vgl. Mk 12,40).
⁺ Siehe Sach- und Worterklärungen zu »Gottesfürchtige«.

23,3: *a* Mal 2,7-8; Röm 2,21-23 **23,4:** *a* Kap 11,28-30; Apg 15,10.28 **23,5:** *a* Kap 6,1; *b* 4. Mose 15,38-39 **23,6:** *a* Lk 14,7 **23,11:** *a* Kap 20,26-27 **23,12:** *a* Hiob 22,29; Spr 29,23; Hes 21,31; Lk 18,14; 1. Petr 5,5 **23,16:** *a (16-22)* Kap 5,34-37; *b* Kap 15,14 **23,23:** *a* 3. Mose 27,30; Lk 18,12; *b* Mi 6,8 **23,25:** *a* Mk 7,4.8 **23,26:** *a* Joh 9,40; *b* Tit 1,15 **23,31:** *a* Jer 26,20-23; Kap 5,12; Apg 7,52

ihr Otternbrut! Wie wollt ihr der höl-
lischen Verdammnis entrinnen?
34 Darum: siehe, ich sende zu euch Pro-
pheten und Weise und Schriftgelehrte;
und von ihnen werdet ihr einige töten
und kreuzigen, und einige werdet ihr gei-
ßeln in euren Synagogen und werdet sie
verfolgen von einer Stadt zur andern,
35 damit über euch komme all das ge-
rechte Blut, das vergossen ist auf Erden,
von dem Blut des gerechten [a]Abel an bis
auf das Blut des [b]Secharja, des Sohnes
Berechjas, den ihr getötet habt zwischen
Tempel und Altar. 36 Wahrlich, ich sage
euch: Das alles wird über dieses Ge-
schlecht kommen.

Klage über Jerusalem

(Lk 13,34-35)

37 Jerusalem, Jerusalem, die du tötest die
Propheten und steinigst, die zu dir ge-
sandt sind! Wie oft habe ich deine Kin-
der versammeln wollen, wie eine Henne
ihre Küken versammelt unter ihre Flügel;
und ihr habt nicht gewollt! 38 Siehe, »euer
Haus soll euch wüst gelassen werden«
[a](Jeremia 22,5; Psalm 69,26). 39 Denn ich
sage euch: Ihr werdet mich von jetzt an
nicht sehen, bis ihr sprecht: [a]Gelobt sei,
der da kommt im Namen des Herrn!

Jesu Rede über die Endzeit
(Kapitel 24,1–25,46)

Das Ende des Tempels

(Mk 13,1-2; Lk 21,5-6)

24 Und Jesus ging aus dem Tempel
fort und seine Jünger traten zu
ihm und zeigten ihm die Gebäude des
Tempels. 2 Er aber sprach zu ihnen: Seht
ihr nicht das alles? Wahrlich, ich sage
euch: [a]Es wird hier nicht ein Stein auf
dem andern bleiben, der nicht zerbro-
chen werde.

Der Anfang der Wehen

(Mk 13,3-13; Lk 21,7-19)

3 Und als er auf dem Ölberg saß, traten
seine Jünger zu ihm und sprachen, als sie
allein waren: Sage uns, wann wird das
geschehen? Und was wird das Zeichen
sein für dein Kommen und für das Ende
der Welt?[a] 4 Jesus aber antwortete und
sprach zu ihnen: Seht zu, dass euch nicht
jemand verführe. 5 Denn es werden viele
[a]kommen unter meinem Namen und sa-
gen: [b]Ich bin der Christus, und sie wer-
den viele verführen. 6 Ihr werdet hören
von Kriegen und Kriegsgeschrei; seht zu
und erschreckt nicht. Denn das muss so
geschehen; aber es ist noch nicht das
Ende da. 7 Denn es wird sich ein Volk
gegen das andere erheben und ein König-
reich gegen das andere; und es werden
Hungersnöte sein und Erdbeben hier und
dort. 8 Das alles aber ist der Anfang der
Wehen.
9 [a]Dann werden sie euch der Bedräng-
nis preisgeben und euch töten. Und ihr
werdet gehasst werden um meines Na-
mens willen von allen Völkern. 10 Dann
werden viele abfallen und werden sich
untereinander verraten und werden sich
untereinander hassen. 11 Und es werden
sich viele [a]falsche Propheten erheben
und werden viele verführen. 12 Und weil
die Ungerechtigkeit überhand nehmen
wird, wird die Liebe in vielen erkalten.[a]
13 **Wer aber beharrt bis ans Ende, der wird
selig werden.**[a] 14 Und es wird gepredigt
werden dies Evangelium vom Reich in
der ganzen Welt zum Zeugnis für [a]alle
Völker, und dann wird das Ende kom-
men.

Die große Bedrängnis

(Mk 13,14-23; Lk 21,20-24)

15 Wenn ihr nun sehen werdet das Gräu-
elbild der Verwüstung stehen an der
heiligen Stätte, wovon gesagt ist durch
den Propheten Daniel (Daniel 9,27;
11,31) – wer das liest, der merke auf! –,
16 alsdann fliehe auf die Berge, wer in
Judäa ist; 17 [a]und wer auf dem Dach ist,
der steige nicht hinunter, etwas aus sei-
nem Hause zu holen; 18 und wer auf dem
Feld ist, der kehre nicht zurück, seinen
Mantel zu holen. 19 Weh aber den
Schwangeren und den Stillenden zu jener
Zeit![a] 20 Bittet aber, dass eure Flucht
nicht geschehe im Winter oder am Sab-

23,35: *a* 1.Mose 4,8; *b* 2.Chr 24,20-21 **23,38:** *a* 1.Kön 9,7-8 **23,39:** *a* Kap 21,9; 26,64 **24,2:** *a* Lk 19,44 **24,3:** *a* Apg 1,6-8 **24,5:** *a* Joh 5,43; *b* 1.Joh 2,18 **24,9:** *a (9-10)* Kap 10,21-22; Joh 16,2 **24,11:** *a* 2.Petr 2,1; 1.Joh 4,1 **24,12:** *a* 2.Tim 3,1-5 **24,13:** *a* Kap 10,22; Offb 13,10 **24,14:** *a* Kap 28,19 **24,17:** *a (17-18)* Lk 17,31 **24,19:** *a* Lk 23,29 bat. 21 Denn [a]es wird dann eine große Bedrängnis sein, wie sie nicht gewesen ist vom Anfang der Welt bis jetzt und auch nicht wieder werden wird. 22 Und wenn diese Tage nicht verkürzt würden, so würde kein Mensch selig werden; aber um der Auserwählten willen werden diese Tage verkürzt.

23 Wenn dann jemand zu euch sagen wird: Siehe, hier ist der Christus!, oder: Da!, so sollt ihr's nicht glauben. 24 Denn es werden falsche Christusse und [a]falsche Propheten aufstehen und [b]große Zeichen und Wunder tun, sodass sie, wenn es möglich wäre, auch die Auserwählten verführten. 25 Siehe, ich habe es euch vorausgesagt. 26 [a]Wenn sie also zu euch sagen werden: Siehe, er ist in der Wüste!, so geht nicht hinaus; siehe, er ist drinnen im Haus!, so glaubt es nicht. 27 Denn wie der Blitz ausgeht vom Osten und leuchtet bis zum Westen, so wird auch das Kommen des Menschensohns sein. 28 Wo das Aas ist, da sammeln sich die Geier.[a]

Das Kommen des Menschensohns

(Mk 13,24-27; Lk 21,25-28)

29 Sogleich aber nach der Bedrängnis jener Zeit wird die [a]Sonne sich verfinstern und der Mond seinen Schein verlieren, und die Sterne werden vom Himmel fallen und [b]die Kräfte der Himmel werden ins Wanken kommen. 30 Und dann wird erscheinen das Zeichen des Menschensohns am Himmel. Und dann werden [a]wehklagen alle Geschlechter auf Erden und werden [b]sehen den Menschensohn kommen auf den Wolken des Himmels mit großer Kraft und Herrlichkeit. 31 Und er wird seine Engel senden mit hellen [a]Posaunen, und sie werden seine Auserwählten sammeln von den vier Winden, von einem Ende des Himmels bis zum andern.

Mahnung zur Wachsamkeit

(Mk 13,28-32; Lk 21,29-33; 12,39-40)

32 An dem Feigenbaum lernt ein Gleichnis: Wenn seine Zweige jetzt saftig werden und Blätter treiben, so wisst ihr, dass der Sommer nahe ist. 33 Ebenso auch: Wenn ihr das alles seht, so wisst, dass er nahe vor der Tür ist. 34 Wahrlich, ich sage euch: Dieses Geschlecht wird nicht vergehen, bis dies alles geschieht. 35 **Himmel und Erde werden vergehen; aber meine Worte werden nicht vergehen.**[a] 36 Von dem Tage aber und von der Stunde weiß niemand, auch die Engel im Himmel nicht, auch der Sohn nicht, sondern allein der Vater.[a]

37 [a]Denn wie es in den Tagen Noahs war, so wird auch sein das Kommen des Menschensohns. 38 Denn wie sie waren in den Tagen vor der Sintflut – sie aßen, sie tranken, sie heirateten und ließen sich heiraten bis an den Tag, an dem Noah in die Arche hineinging; 39 und sie beachteten es nicht, bis die Sintflut kam und raffte sie alle dahin –, so wird es auch sein beim Kommen des Menschensohns. 40 Dann werden zwei auf dem Felde sein; der eine wird angenommen, der andere wird preisgegeben. 41 Zwei Frauen werden mahlen mit der Mühle; die eine wird angenommen, die andere wird preisgegeben.[a]

42 Darum **wachet; denn ihr wisst nicht, an welchem Tag euer Herr kommt.**[a] 43 Das sollt ihr aber wissen: Wenn ein Hausvater wüsste, [a]zu welcher Stunde in der Nacht der Dieb kommt, so würde er ja wachen und nicht in sein Haus einbrechen lassen. 44 Darum seid auch ihr bereit! Denn der Menschensohn kommt zu einer Stunde, da ihr's nicht meint.

Vom treuen und vom bösen Knecht

(Lk 12,41-46)

45 Wer ist nun der treue und kluge Knecht, den der Herr über seine Leute gesetzt hat, damit er ihnen zur rechten Zeit zu essen gebe? 46 Selig ist der Knecht, den sein Herr, wenn er kommt, das tun sieht. 47 Wahrlich, ich sage euch: Er wird ihn über alle seine Güter setzen.[a] 48 Wenn aber jener als ein böser Knecht in seinem Herzen sagt: [a]Mein Herr kommt noch lange nicht, 49 und

24,21: *a* Dan 12,1 **24,24:** *a* 5. Mose 13,2-4; *b* 2. Thess 2,8-9; Offb 13,13 **24,26:** *a (26-27)* Lk 17,23-24 **24,28:** *a* Lk 17,37; Offb 19,17-18 **24,29:** *a* Jes 13,10; Offb 6,12-13; *b* 2. Petr 3,10 **24,30:** *a* Offb 1,7; *b* Kap 26,64; Dan 7,13-14; Offb 19,11-13 **24,31:** *a* 1. Kor 15,52; Offb 8,2 **24,35:** *a* Kap 5,18; Jes 51,6 **24,36:** *a* Apg 1,7 **24,37:** *a (37-38)* Lk 17,26-27; 1. Mose 6,9–7,23 **24,41:** *a* Lk 17,35 **24,42:** *a* Kap 25,13 **24,43:** *a* 1. Thess 5,2 **24,47:** *a* Kap 25,21.23 **24,48:** *a* 2. Petr 3,4

fängt an, seine Mitknechte zu schlagen,
isst und trinkt mit den Betrunkenen:
50 dann wird der Herr dieses Knechts
kommen an einem Tage, an dem er's
nicht erwartet, und zu einer Stunde, die
er nicht kennt, 51 und er wird ihn in
Stücke hauen lassen und ihm sein Teil
geben bei den Heuchlern; da wird sein
Heulen und Zähneklappern.

Von den klugen und törichten Jungfrauen

25 Dann wird das Himmelreich glei-
chen zehn Jungfrauen, die ihre
Lampen nahmen und gingen hinaus, dem
Bräutigam entgegen.[a] 2 Aber fünf von ih-
nen waren töricht und fünf waren klug.
3 Die törichten nahmen ihre Lampen,
aber sie nahmen kein Öl mit. 4 Die klugen
aber nahmen Öl mit in ihren Gefäßen,
samt ihren Lampen.

5 Als nun der Bräutigam lange aus-
blieb, wurden sie alle schläfrig und
schliefen ein. 6 Um Mitternacht aber er-
hob sich lautes Rufen: Siehe, der Bräuti-
gam kommt! Geht hinaus, ihm entgegen!
7 Da standen diese Jungfrauen alle auf
und machten ihre Lampen fertig.

8 Die törichten aber sprachen zu den
klugen: Gebt uns von eurem Öl, denn
unsre Lampen verlöschen. 9 Da antworte-
ten die klugen und sprachen: Nein, sonst
würde es für uns und euch nicht genug
sein; geht aber zum Kaufmann und kauft
für euch selbst.

10 [a]Und als sie hingingen zu kaufen,
kam der Bräutigam; und die bereit wa-
ren, gingen mit ihm hinein zur Hochzeit,
und die Tür wurde verschlossen. 11 Später
kamen auch die andern Jungfrauen und
sprachen: Herr, Herr, tu uns auf! 12 Er
antwortete aber und sprach: Wahrlich,
ich sage euch: [a]Ich kenne euch nicht.

13 Darum wachet! Denn ihr wisst we-
der Tag noch Stunde.[a]*

Von den anvertrauten Zentnern

(Lk 19,12-27)

14 Denn es ist wie mit einem Menschen,
der außer Landes ging: Er rief seine
Knechte und vertraute ihnen sein Ver-
mögen an; 15 dem einen gab er fünf Zent-
ner Silber, dem andern zwei, dem dritten
einen, [a]jedem nach seiner Tüchtigkeit,
und zog fort. 16 Sogleich ging der hin, der
fünf Zentner empfangen hatte, und han-
delte mit ihnen und gewann weitere fünf
dazu. 17 Ebenso gewann der, der zwei
Zentner empfangen hatte, zwei weitere
dazu. 18 Der aber einen empfangen hatte,
ging hin, grub ein Loch in die Erde und
verbarg das Geld seines Herrn.

19 Nach langer Zeit kam der Herr die-
ser Knechte und forderte Rechenschaft
von ihnen. 20 Da trat herzu, der fünf
Zentner empfangen hatte, und legte wei-
tere fünf Zentner dazu und sprach: Herr,
du hast mir fünf Zentner anvertraut;
siehe da, ich habe damit weitere fünf
Zentner gewonnen. 21 Da sprach sein
Herr zu ihm: **Recht so, du tüchtiger und**
[a]treuer Knecht, du bist über wenigem treu
gewesen, ich will dich über viel setzen; geh
hinein zu deines Herrn Freude!

22 Da trat auch herzu, der zwei Zentner
empfangen hatte, und sprach: Herr, du
hast mir zwei Zentner anvertraut; siehe
da, ich habe damit zwei weitere gewon-
nen. 23 Sein Herr sprach zu ihm: Recht
so, du tüchtiger und treuer Knecht, du
bist über wenigem treu gewesen, ich will
dich über viel setzen; geh hinein zu
deines Herrn Freude!

24 Da trat auch herzu, der einen Zent-
ner empfangen hatte, und sprach: Herr,
ich wusste, dass du ein harter Mann bist:
Du erntest, wo du nicht gesät hast, und
sammelst ein, wo du nicht ausgestreut
hast; 25 und ich fürchtete mich, ging hin
und verbarg deinen Zentner in der Erde.
Siehe, da hast du das Deine. 26 Sein Herr
aber antwortete und sprach zu ihm: Du
böser und fauler Knecht! Wusstest du,
dass ich ernte, wo ich nicht gesät habe,
und einsammle, wo ich nicht ausgestreut
habe? 27 Dann hättest du mein Geld zu
den Wechslern bringen sollen, und wenn
ich gekommen wäre, hätte ich das Meine
wiederbekommen mit Zinsen. 28 Darum
nehmt ihm den Zentner ab und gebt ihn
dem, der zehn Zentner hat. 29 Denn wer
da hat, dem wird gegeben werden, und er
wird die Fülle haben; wer aber nicht hat,

* In der späteren Überlieferung finden sich zusätzlich die Worte: »in der der Menschensohn kommen wird« (vgl. 24,44).

25,1: *a* Lk 12,35-36; Offb 19,7 **25,10:** *a (10-12)* Lk 13,25 **25,12:** *a* Kap 7,23 **25,13:** *a* Kap 24,42.44 **25,15:** *a* Röm 12,6 **25,21:** *a* Kap 24,45-47

dem wird auch, was er hat, genommen
werden.[a] 30 Und den unnützen Knecht
werft in die Finsternis hinaus; da wird
sein Heulen und Zähneklappern.

Vom Weltgericht

31 Wenn aber [a]der Menschensohn kom-
men wird in seiner Herrlichkeit und alle
Engel mit ihm, dann [b]wird er sitzen auf
dem Thron seiner Herrlichkeit, 32 und
[a]alle Völker werden vor ihm versammelt
werden. Und [b]er wird sie voneinander
scheiden, wie ein Hirt die Schafe von den
Böcken scheidet, 33 und wird die Schafe
zu seiner Rechten stellen und die Böcke
zur Linken.[a]

34 Da wird dann der König sagen zu
denen zu seiner Rechten: Kommt her, ihr
Gesegneten meines Vaters, ererbt das
Reich, das euch bereitet ist von Anbe-
ginn der Welt! 35 [a]Denn ich bin hungrig
gewesen und ihr habt mir zu essen gege-
ben. Ich bin durstig gewesen und ihr habt
mir zu trinken gegeben. Ich bin ein
Fremder gewesen und ihr habt mich auf-
genommen. 36 Ich bin nackt gewesen und
ihr habt mich gekleidet. Ich bin krank
gewesen und ihr habt mich besucht. Ich
bin im Gefängnis gewesen und ihr seid
zu mir gekommen.

37 Dann werden ihm die Gerechten
antworten und sagen: Herr, wann haben
wir dich hungrig gesehen und haben dir
zu essen gegeben, oder durstig und haben
dir zu trinken gegeben? 38 Wann haben
wir dich als Fremden gesehen und haben
dich aufgenommen, oder nackt und ha-
ben dich gekleidet? 39 Wann haben wir
dich krank oder im Gefängnis gesehen
und sind zu dir gekommen? 40 Und der
König wird antworten und zu ihnen sa-
gen: Wahrlich, ich sage euch: [a]**Was ihr**
getan habt einem von diesen meinen ge-
ringsten Brüdern, das habt ihr mir getan.

41 Dann wird er auch sagen zu denen
zur Linken: Geht weg von mir, ihr Ver-
fluchten, in das [a]ewige Feuer, das be-
reitet ist dem Teufel und seinen Engeln!
42 Denn ich bin hungrig gewesen und ihr
habt mir nicht zu essen gegeben. Ich bin
durstig gewesen und ihr habt mir nicht
zu trinken gegeben. 43 Ich bin ein Frem-
der gewesen und ihr habt mich nicht auf-
genommen. Ich bin nackt gewesen und
ihr habt mich nicht gekleidet. Ich bin
krank und im Gefängnis gewesen und ihr
habt mich nicht besucht.

44 Dann werden sie ihm auch antwor-
ten und sagen: Herr, wann haben wir
dich hungrig oder durstig gesehen oder
als Fremden oder nackt oder krank oder
im Gefängnis und haben dir nicht ge-
dient? 45 Dann wird er ihnen antworten
und sagen: Wahrlich, ich sage euch: Was
ihr nicht getan habt einem von diesen
Geringsten, das habt ihr mir auch nicht
getan. 46 Und sie werden hingehen: diese
zur ewigen Strafe, aber die Gerechten in
das ewige Leben.[a]

LEIDEN, STERBEN UND AUFERSTEHUNG JESU

(Kapitel 26,1–28,20)

(Mk 14,1–16,20; Lk 22,1–24,53; Joh 18,1–21,25)

Der Plan der Hohenpriester und Ältesten

26 Und es begab sich, als Jesus alle
diese Reden vollendet hatte, dass
er zu seinen Jüngern sprach: 2 Ihr wisst,
dass in zwei Tagen [a]Passa ist; und [b]der
Menschensohn wird überantwortet wer-
den, dass er gekreuzigt werde.

3 Da versammelten sich die Hohen-
priester und die Ältesten des Volkes im
Palast des Hohenpriesters, der hieß
[a]Kaiphas, 4 und hielten Rat, wie sie Jesus
mit List ergreifen und töten könnten.
5 Sie sprachen aber: Ja nicht bei dem
Fest, damit es nicht einen Aufruhr gebe
im Volk.

Die Salbung in Betanien

(Lk 7,36-50; Joh 12,1-8)

6 Als nun Jesus in Betanien war im Hause
Simons des Aussätzigen, 7 trat zu ihm
eine Frau, die hatte ein Glas mit kostba-
rem Salböl und goss es auf sein Haupt,
als er zu Tisch saß. 8 Als das die Jünger
sahen, wurden sie unwillig und sprachen:
Wozu diese Vergeudung? 9 Es hätte teuer
verkauft und das Geld den Armen gege-
ben werden können.

10 Als Jesus das merkte, sprach er zu

25,29: *a* Kap 13,12; Spr 11,24-25 **25,31:** *a* Kap 16,27; *b* Offb 20,11-13 **25,32:** *a* Röm 14,10; *b* Kap 13,49 **25,33:** *a* Hes 34,17 **25,35:** *a (35-36)* Jes 58,7 **25,40:** *a* Kap 10,42; Spr 19,17; Hebr 2,11 **25,41:** *a* Offb 20,10.15 **25,46:** *a* Joh 5,29; Jak 2,13 **26,2:** *a* 2. Mose 12,1-20; *b* Kap 20,18 **26,3:** *a* Lk 3,1-2

ihnen: Was betrübt ihr die Frau? Sie hat
ein gutes Werk an mir getan. 11 Denn
[a]Arme habt ihr allezeit bei euch, mich
aber habt ihr nicht allezeit. 12 Dass sie
das Öl auf meinen Leib gegossen hat,
das hat sie für mein Begräbnis getan.
13 Wahrlich, ich sage euch: Wo dies Evan-
gelium gepredigt wird in der ganzen
Welt, da wird man auch sagen zu ihrem
Gedächtnis, was sie getan hat.

Der Verrat des Judas

14 Da ging einer von den Zwölfen, mit
Namen Judas Iskariot, hin zu den Ho-
henpriestern 15 und sprach: [a]Was wollt
ihr mir geben? Ich will ihn euch verraten.
Und sie boten ihm [b]dreißig Silberlinge.
16 Und von da an suchte er eine Gelegen-
heit, dass er ihn verriete.

Das Abendmahl

(Joh 13,21-26)

17 Aber am ersten [a]Tage der Ungesäu-
erten Brote traten die Jünger zu Jesus
und fragten: Wo willst du, dass wir dir
das Passalamm zum Essen bereiten? 18 Er
sprach: Geht hin in die Stadt zu einem
und sprecht zu ihm: Der Meister lässt dir
sagen: Meine Zeit ist nahe; ich will bei
dir das Passa feiern mit meinen Jün-
gern.[a] 19 Und die Jünger taten, wie ihnen
Jesus befohlen hatte, und bereiteten das
Passalamm.

20 Und am Abend setzte er sich zu
Tisch mit den Zwölfen. 21 Und als sie
aßen, sprach er: Wahrlich, ich sage euch:
Einer unter euch wird mich verraten.
22 Und sie wurden sehr betrübt und fin-
gen an, jeder einzeln, ihn zu fragen: Herr,
bin ich's? 23 Er antwortete und sprach:
Der die Hand mit mir in die Schüssel
taucht, der wird mich verraten. 24 Der
Menschensohn geht zwar dahin, wie von
ihm geschrieben steht; doch [a]weh dem
Menschen, durch den der Menschensohn
verraten wird! Es wäre für diesen Men-
schen besser, wenn er nie geboren wäre.
25 Da antwortete Judas, der ihn verriet,
und sprach: Bin ich's, Rabbi? Er sprach
zu ihm: Du sagst es.

26 [a]**Als sie aber aßen, nahm Jesus das**
Brot, dankte und brach's und gab's den
Jüngern und sprach: Nehmet, esset; das ist
mein Leib. 27 **Und er nahm den Kelch und**
dankte, gab ihnen den und sprach: Trinket
alle daraus; 28 **das ist mein** [a]**Blut des**
[b]**Bundes,* das vergossen wird für viele zur**
Vergebung der Sünden. 29 Ich sage euch:
Ich werde von nun an nicht mehr von
diesem Gewächs des Weinstocks trinken
bis an den Tag, an dem ich von neuem
davon trinken werde mit euch in meines
Vaters Reich. 30 Und als sie den [a]Lobge-
sang gesungen hatten, gingen sie hinaus
an den Ölberg.

Die Ankündigung der Verleugnung des Petrus

31 Da sprach Jesus zu ihnen: In dieser
Nacht werdet ihr alle Ärgernis nehmen
an mir. Denn es steht geschrieben (Sa-
charja 13,7): »Ich werde den Hirten
schlagen, und [a]die Schafe der Herde
werden sich zerstreuen.« 32 Wenn ich aber
auferstanden bin, will ich vor euch hinge-
hen nach [a]Galiläa.

33 Petrus aber antwortete und sprach
zu ihm: Wenn sie auch alle Ärgernis neh-
men, so will ich doch niemals Ärgernis
nehmen an dir. 34 Jesus sprach zu ihm:
Wahrlich, ich sage dir: In dieser Nacht,
ehe der Hahn kräht, wirst du mich drei-
mal verleugnen.[a] 35 Petrus sprach zu
ihm: Und wenn ich mit dir sterben müss-
te, will ich dich nicht verleugnen. Das
Gleiche sagten auch alle Jünger.

Jesus in Gethsemane

36 Da kam Jesus mit ihnen zu einem Gar-
ten, der hieß Gethsemane, und sprach zu
den Jüngern: Setzt euch hier, solange ich
dorthin gehe und bete. 37 Und [a]er nahm
mit sich Petrus und die zwei Söhne des
Zebedäus und [b]fing an zu trauern und
zu zagen. 38 Da sprach Jesus zu ihnen:
[a]Meine Seele ist betrübt bis an den Tod;
bleibt hier und wacht mit mir!

39 Und er ging ein wenig weiter, fiel
nieder auf sein Angesicht und betete und

* Luther übersetzte: »des neuen Testaments«.

26,11: *a* 5.Mose 15,11 **26,15:** *a* Joh 11,57; *b* Sach 11,12 **26,17:** *a* 2.Mose 12,18-20 **26,18:** *a* Kap 21,3 **26,24:** *a* Lk 17,1-2 **26,26:** *a (26-28)* 1.Kor 10,16; 11,23-25 **26,28:** *a* 2.Mose 24,8; *b* Jer 31,31; Hebr 9,15-16 **26,30:** *a* Ps 113,1–118,29 **26,31:** *a* Joh 16,32 **26,32:** *a* Kap 28,7 **26,34:** *a* Joh 13,38 **26,37:** *a* Kap 17,1; *b* Hebr 5,7 **26,38:** *a* Joh 12,27

sprach: **Mein Vater, ist’s möglich, so gehe**
dieser [a]Kelch an mir vorüber; doch [b]nicht
wie ich will, sondern wie du willst! 40 Und
er kam zu seinen Jüngern und fand sie
schlafend und sprach zu Petrus: Könnt
ihr denn nicht eine Stunde mit mir wa-
chen? 41 **[a]Wachet und betet, dass ihr nicht**
in [b]Anfechtung fallt! Der Geist ist willig;
aber das Fleisch ist schwach.
42 Zum zweiten Mal ging er wieder hin,
betete und sprach: Mein Vater, ist’s nicht
möglich, dass dieser Kelch an mir vor-
übergehe, ohne dass ich ihn trinke, so
geschehe dein Wille! 43 Und er kam und
fand sie abermals schlafend, und ihre
Augen waren voller Schlaf. 44 Und er ließ
sie und ging abermals hin und [a]betete
zum dritten Mal und redete dieselben
Worte. 45 Dann kam er zu seinen Jüngern
und sprach zu ihnen: Ach, wollt ihr wei-
ter schlafen und ruhen? Siehe, die Stunde
ist da, dass der Menschensohn in die
Hände der Sünder überantwortet wird.
46 Steht auf, lasst uns gehen! Siehe, er ist
da, der mich verrät.

Jesu Gefangennahme

47 Und als er noch redete, siehe, da kam
Judas, einer von den Zwölfen, und mit
ihm eine große Schar mit Schwertern
und mit Stangen, von den Hohenpries-
tern und Ältesten des Volkes. 48 Und der
Verräter hatte ihnen ein Zeichen genannt
und gesagt: Welchen ich küssen werde,
der ist’s; den ergreift. 49 Und alsbald trat
er zu Jesus und sprach: Sei gegrüßt,
Rabbi!, und küsste ihn. 50 Jesus aber
sprach zu ihm: Mein Freund, dazu bist
du gekommen? Da traten sie heran und
legten Hand an Jesus und ergriffen ihn.
51 Und siehe, einer von denen, die bei
Jesus waren, streckte die Hand aus und
zog sein Schwert und schlug nach dem
Knecht des Hohenpriesters und hieb ihm
ein Ohr ab. 52 Da sprach Jesus zu ihm:
Stecke dein Schwert an seinen Ort! Denn
[a]wer das Schwert nimmt, der soll durchs
Schwert umkommen. 53 Oder meinst du,
ich könnte meinen Vater nicht bitten,
dass er mir sogleich mehr als zwölf
Legionen [a]Engel schickte? 54 Wie würde
dann aber die Schrift erfüllt, dass es so
geschehen muss?
55 Zu der Stunde sprach Jesus zu der
Schar: Ihr seid ausgezogen wie gegen
einen Räuber mit Schwertern und mit
Stangen, mich zu fangen. Habe ich doch
täglich im Tempel gesessen und gelehrt,
und ihr habt mich nicht ergriffen. 56 Aber
das ist alles geschehen, damit erfüllt wür-
den die Schriften der Propheten. Da ver-
ließen ihn alle Jünger und flohen.

Jesus vor dem Hohen Rat

57 Die aber Jesus ergriffen hatten, führten
ihn zu dem Hohenpriester Kaiphas, wo
die Schriftgelehrten und Ältesten sich
versammelt hatten. 58 Petrus aber folgte
ihm von ferne bis zum Palast des Hohen-
priesters und ging hinein und setzte sich
zu den Knechten, um zu sehen, worauf es
hinauswollte.
59 Die Hohenpriester aber und der
ganze Hohe Rat suchten falsches Zeugnis
gegen Jesus, dass sie ihn töteten. 60 Und
obwohl viele falsche Zeugen herzutraten,
fanden sie doch nichts. Zuletzt traten
zwei herzu 61 und sprachen: Er hat ge-
sagt: Ich kann [a]den Tempel Gottes ab-
brechen und in drei Tagen aufbauen.[b]
62 Und der Hohepriester stand auf und
sprach zu ihm: Antwortest du nichts auf
das, was diese gegen dich bezeugen?
63 Aber Jesus [a]schwieg still. Und der Ho-
hepriester sprach zu ihm: **Ich beschwöre**
dich bei dem lebendigen Gott, [b]dass du
uns sagst, ob du der Christus bist, der
Sohn Gottes. 64 **Jesus sprach zu ihm: Du**
sagst es. Doch sage ich euch: Von nun an
werdet ihr sehen den Menschensohn [a]sit-
zen zur Rechten der Kraft und [b]kommen
auf den Wolken des Himmels.
65 [a]Da zerriss der Hohepriester seine
Kleider und sprach: Er hat Gott geläs-
tert! Was bedürfen wir weiterer Zeugen?
Siehe, jetzt habt ihr die Gotteslästerung
gehört. 66 Was ist euer Urteil? Sie ant-
worteten und sprachen: Er ist des Todes
schuldig. 67 Da spien sie ihm ins An-
gesicht und schlugen ihn mit Fäusten.
Einige aber schlugen ihn ins Angesicht[a]
68 und sprachen: Weissage uns, Christus,
wer ist’s, der dich schlug?

26,39: *a* Joh 18,11; *b* Joh 6,38; Hebr 5,8 **26,41:** *a* Eph 6,18; *b* Hebr 2,18 **26,44:** *a* 2. Kor 12,8 **26,52:** *a* 1. Mose 9,6 **26,53:** *a* Kap 4,11 **26,61:** *a* Apg 6,14; *b* Joh 2,19-21 **26,63:** *a* Kap 27,12; *b* Joh 10,24 **26,64:** *a* Ps 110,1; *b* Kap 16,27; 24,30; Dan 7,13 **26,65:** *a (65-66)* 3. Mose 24,16; Joh 10,33; 19,7 **26,67:** *a* Jes 50,6

Die Verleugnung des Petrus

69 Petrus aber saß draußen im Hof; da
trat eine Magd zu ihm und sprach: Und
du warst auch mit dem Jesus aus Galiläa.
70 Er leugnete aber vor ihnen allen und
sprach: Ich weiß nicht, was du sagst.
71 Als er aber hinausging in die Torhalle,
sah ihn eine andere und sprach zu denen,
die da waren: Dieser war auch mit dem
Jesus von Nazareth. 72 Und er leugnete
abermals und schwor dazu: Ich kenne
den Menschen nicht.
73 Und nach einer kleinen Weile traten
hinzu, die da standen, und sprachen zu
Petrus: Wahrhaftig, du bist auch einer
von denen, denn deine Sprache verrät
dich. 74 Da fing er an, sich zu verfluchen
und zu schwören: Ich kenne den Men-
schen nicht. Und alsbald krähte der
Hahn. 75 Da dachte Petrus an das Wort,
das Jesus zu ihm gesagt hatte: Ehe der
Hahn kräht, wirst du mich dreimal ver-
leugnen. Und er ging hinaus und weinte
bitterlich.

Jesus vor Pilatus. Das Ende des Judas

27 Am Morgen aber fassten alle Ho-
henpriester und die Ältesten des
Volkes den Beschluss über Jesus, ihn zu
töten, 2 und sie banden ihn, führten ihn
ab und überantworteten ihn dem Statt-
halter Pilatus.
3 Als Judas, der ihn verraten hatte, sah,
dass er zum Tode verurteilt war, reute es
ihn, und er brachte die dreißig Silber-
linge den Hohenpriestern und Ältesten
zurück[a] 4 und sprach: Ich habe Unrecht
getan, dass ich unschuldiges Blut ver-
raten habe. Sie aber sprachen: Was geht
uns das an? Da sieh du zu! 5 Und er warf
die Silberlinge in den Tempel, ging fort
und [a]erhängte sich.
6 Aber die Hohenpriester nahmen die
Silberlinge und sprachen: [a]Es ist nicht
recht, dass wir sie in den Gotteskasten
legen; denn es ist Blutgeld. 7 Sie beschlos-
sen aber, den Töpferacker davon zu kau-
fen zum Begräbnis für Fremde. 8 Daher
heißt dieser Acker Blutacker bis auf den
heutigen Tag. 9 Da wurde erfüllt, was ge-
sagt ist durch den Propheten Jeremia, der
da spricht: »Sie haben die dreißig Silber-
linge genommen, den Preis für den Ver-
kauften, der geschätzt wurde bei den
Israeliten, 10 und sie haben das Geld für
den Töpferacker gegeben, wie mir der
Herr befohlen hat« (Jeremia 32,9; Sa-
charja 11,12-13).
11 Jesus aber stand vor dem Statthalter;
und der Statthalter fragte ihn und
sprach: Bist du der König der Juden?
Jesus aber sprach: Du sagst es. 12 Und als
er von den Hohenpriestern und Ältesten
verklagt wurde, [a]antwortete er nichts.
13 Da sprach Pilatus zu ihm: Hörst du
nicht, wie hart sie dich verklagen? 14 Und
er antwortete ihm nicht auf ein einziges
Wort, sodass sich der Statthalter sehr
verwunderte.[a]

Jesu Verurteilung und Verspottung

15 Zum Fest aber hatte der Statthalter die
Gewohnheit, dem Volk einen Gefange-
nen loszugeben, welchen sie wollten.
16 Sie hatten aber zu der Zeit einen be-
rüchtigten Gefangenen, der hieß Jesus
Barabbas. 17 Und als sie versammelt wa-
ren, sprach Pilatus zu ihnen: Welchen
wollt ihr? Wen soll ich euch losgeben,
Jesus Barabbas oder Jesus, von dem ge-
sagt wird, er sei der Christus? 18 Denn er
wusste, dass sie ihn [a]aus Neid überant-
wortet hatten.
19 Und als er auf dem Richterstuhl saß,
schickte seine Frau zu ihm und ließ ihm
sagen: Habe du nichts zu schaffen mit
diesem Gerechten; denn ich habe heute
viel erlitten im Traum um seinetwillen.
20 Aber die Hohenpriester und Ältesten
überredeten das Volk, dass sie um Bar-
abbas bitten, Jesus aber umbringen soll-
ten. 21 Da fing der Statthalter an und
sprach zu ihnen: Welchen wollt ihr? Wen
von den beiden soll ich euch losgeben?
Sie sprachen: Barabbas! 22 Pilatus sprach
zu ihnen: Was soll ich denn machen mit
Jesus, von dem gesagt wird, er sei der
Christus? Sie sprachen alle: Lass ihn
kreuzigen! 23 Er aber sagte: Was hat er
denn Böses getan? Sie schrien aber noch
mehr: Lass ihn kreuzigen! 24 Als aber Pi-
latus sah, dass er nichts ausrichtete, son-
dern das Getümmel immer größer wurde,

27,3: *a* Kap 26,15 **27,5:** *a* Apg 1,18-19 **27,6:** *a* 5.Mose 23,19 **27,12:** *a* Kap 26,63; Jes 53,7 **27,14:** *a* Joh 19,9
27,18: *a* Joh 12,19

nahm er Wasser und [a]wusch sich die
Hände vor dem Volk und sprach: Ich bin
unschuldig an seinem Blut; seht ihr zu!
25 Da antwortete das ganze Volk und
sprach: [a]Sein Blut komme über uns und
unsere Kinder!

26 Da gab er ihnen Barabbas los, aber
Jesus ließ er geißeln und überantwortete
ihn, dass er gekreuzigt werde.

27 Da nahmen die Soldaten des Statt-
halters Jesus mit sich in das Prätorium
und sammelten die ganze Abteilung um
ihn. 28 Und zogen ihn aus und legten ihm
einen Purpurmantel an 29 und flochten
eine Dornenkrone und setzten sie ihm
aufs Haupt und gaben ihm ein Rohr in
seine rechte Hand und beugten die Knie
vor ihm und verspotteten ihn und spra-
chen: Gegrüßet seist du, der Juden Kö-
nig!, 30 und spien ihn an und nahmen das
Rohr und schlugen damit sein Haupt.[a]

Jesu Kreuzigung und Tod

31 Und als sie ihn verspottet hatten, zo-
gen sie ihm den Mantel aus und zogen
ihm seine Kleider an und führten ihn ab,
um ihn zu kreuzigen. 32 Und als sie hin-
ausgingen, fanden sie einen Menschen
aus Kyrene mit Namen Simon; den
zwangen sie, dass er ihm sein Kreuz
trug.

33 Und als sie an die Stätte kamen mit
Namen Golgatha, das heißt: Schädel-
stätte, 34 gaben sie ihm Wein zu trinken
mit [a]Galle vermischt; und als er's
schmeckte, wollte er nicht trinken. 35 Als
sie ihn aber gekreuzigt hatten, [a]verteilten
sie seine Kleider und warfen das Los
darum.* 36 Und sie saßen da und be-
wachten ihn. 37 Und oben über sein
Haupt setzten sie eine Aufschrift mit der
Ursache seines Todes: Dies ist Jesus, der
Juden König.

38 Und da wurden zwei [a]Räuber mit
ihm gekreuzigt, einer zur Rechten und
einer zur Linken.

39 Die aber vorübergingen, lästerten
ihn und [a]schüttelten ihre Köpfe 40 und
sprachen: [a]Der du den Tempel abbrichst
und baust ihn auf in drei Tagen, hilf dir
selber, wenn du Gottes Sohn bist, und
steig herab vom Kreuz! 41 Desgleichen
spotteten auch die Hohenpriester mit
den Schriftgelehrten und Ältesten und
sprachen: 42 Andern hat er geholfen und
kann sich selber nicht helfen. Ist er der
König von Israel, so steige er nun vom
Kreuz herab. Dann wollen wir an ihn
glauben. 43 Er hat [a]Gott vertraut; der
erlöse ihn nun, wenn er Gefallen an ihm
hat; denn er hat gesagt: Ich bin Gottes
Sohn.[b] 44 Desgleichen schmähten ihn
auch die Räuber, die mit ihm gekreuzigt
waren.

45 Und von der sechsten Stunde an
kam eine Finsternis über das ganze Land
bis zur neunten Stunde. 46 Und um die
neunte Stunde schrie Jesus laut: Eli, Eli,
lama asabtani? Das heißt: [a]**Mein Gott,
mein Gott, warum hast du mich verlas-
sen?**

47 Einige aber, die da standen, als sie
das hörten, sprachen sie: Der ruft nach
Elia. 48 Und sogleich lief einer von ihnen,
nahm einen Schwamm und füllte ihn
mit [a]Essig und steckte ihn auf ein Rohr
und gab ihm zu trinken. 49 Die andern
aber sprachen: Halt, lass sehen, ob Elia
komme und ihm helfe! 50 Aber Jesus
schrie abermals laut und verschied.

51 Und siehe, der [a]Vorhang im Tempel
zerriss in zwei Stücke von oben an bis
unten aus. 52 Und die Erde erbebte und
die Felsen zerrissen, und die Gräber ta-
ten sich auf und viele Leiber der ent-
schlafenen Heiligen standen auf 53 und
gingen aus den Gräbern nach seiner Auf-
erstehung und kamen in die heilige Stadt
und erschienen vielen. 54 Als aber der
Hauptmann und die mit ihm Jesus be-
wachten das Erdbeben sahen und was da
geschah, erschraken sie sehr und spra-
chen: **Wahrlich, dieser ist Gottes Sohn
gewesen!**

55 Und es waren viele Frauen da, die
von ferne zusahen; die waren Jesus aus
Galiläa nachgefolgt und hatten ihm ge-
dient;[a] 56 unter ihnen war Maria von

* In der späteren Überlieferung finden sich zusätzlich die Worte: »damit erfüllt werde, was gesagt ist durch den Propheten (Psalm 22,19): Sie haben meine Kleider unter sich geteilt und haben über mein Gewand das Los geworfen« (vgl. Joh 19,24).

27,24: *a* 5. Mose 21,6 **27,25:** *a* Apg 5,28 **27,30:** *a* Jes 50,6 **27,34:** *a* Ps 69,22 **27,35:** *a* Joh 19,24 **27,38:** *a* Jes 53,12 **27,39:** *a* Ps 22,8 **27,40:** *a* Kap 26,61; Joh 2,19 **27,43:** *a* Ps 22,9; *b* Weish 2,13.16-20 **27,46:** *a* Ps 22,2 **27,48:** *a* Ps 69,22 **27,51:** *a* 2. Mose 26,31-33; 2. Chr 3,14 **27,55:** *a* Lk 8,2-3

Magdala und Maria, die Mutter des Ja-
kobus und Josef, und die Mutter der
Söhne des Zebedäus.

Jesu Grablegung

57 [a]Am Abend aber kam ein reicher
Mann aus Arimathäa, der hieß Josef und
war auch ein Jünger Jesu. 58 Der ging zu
Pilatus und bat um den Leib Jesu. Da
befahl Pilatus, man sollte ihm ihn geben.
59 Und Josef nahm den Leib und wickelte
ihn in ein reines Leinentuch 60 und legte
ihn in sein eigenes neues Grab, das er in
einen Felsen hatte hauen lassen, und
wälzte einen großen Stein vor die Tür des
Grabes und ging davon.
61 Es waren aber dort Maria von Mag-
dala und die andere Maria; die saßen
dem Grab gegenüber.

Die Bewachung des Grabes

62 Am nächsten Tag, der auf den [a]Rüst-
tag folgt, kamen die Hohenpriester mit
den Pharisäern zu Pilatus 63 und spra-
chen: Herr, wir haben daran gedacht,
dass dieser Verführer [a]sprach, als er
noch lebte: Ich will nach drei Tagen auf-
erstehen. 64 Darum befiehl, dass man das
Grab bewache bis zum dritten Tag, damit
nicht seine Jünger kommen und ihn steh-
len und zum Volk sagen: Er ist aufer-
standen von den Toten, und der letzte
Betrug ärger wird als der erste. 65 Pilatus
sprach zu ihnen: Da habt ihr die Wache;
geht hin und bewacht es, so gut ihr
könnt. 66 Sie gingen hin und sicherten das
Grab mit der Wache und versiegelten den
Stein.

Jesu Auferstehung

(Mk 16,1-10; Lk 24,1-10; Joh 20,1-18)

28 Als aber der Sabbat vorüber war
und [a]der erste Tag der Woche an-
brach, kamen Maria von Magdala und
die andere Maria, um nach dem Grab zu
sehen. 2 Und siehe, es geschah ein großes
Erdbeben. Denn der Engel des Herrn
kam vom Himmel herab, trat hinzu und
wälzte den Stein weg und setzte sich dar-
auf. 3 Seine Gestalt war wie der Blitz und
[a]sein Gewand weiß wie der Schnee. 4 Die
Wachen aber erschraken aus Furcht vor
ihm und wurden, als wären sie tot.
5 Aber der Engel sprach zu den
Frauen: Fürchtet euch nicht! Ich weiß,
dass ihr Jesus, den Gekreuzigten, sucht.
6 Er ist nicht hier; [a]er ist auferstanden,
wie er gesagt hat. Kommt her und seht
die Stätte, wo er gelegen hat; 7 und geht
eilends hin und sagt seinen Jüngern, dass
er auferstanden ist von den Toten. Und
siehe, er wird vor euch hingehen nach
[a]Galiläa; dort werdet ihr ihn sehen.
Siehe, ich habe es euch gesagt. 8 Und sie
gingen eilends weg vom Grab mit Furcht
und großer Freude und liefen, um es sei-
nen Jüngern zu verkündigen.
9 Und siehe, da begegnete ihnen Jesus
und sprach: Seid gegrüßt! Und sie traten
zu ihm und umfassten seine Füße und
fielen vor ihm nieder. 10 Da sprach Jesus
zu ihnen: Fürchtet euch nicht! Geht
hin und verkündigt es meinen [a]Brüdern,
dass sie nach Galiläa gehen: Dort werden
sie mich sehen.
11 Als sie aber hingingen, siehe, da ka-
men einige von der Wache in die Stadt
und verkündeten den Hohenpriestern al-
les, was geschehen war. 12 Und sie kamen
mit den Ältesten zusammen, hielten Rat
und gaben den Soldaten viel Geld 13 und
sprachen: Sagt, seine Jünger sind in der
Nacht gekommen und haben ihn gestoh-
len, während wir schliefen.[a] 14 Und wenn
es dem Statthalter zu Ohren kommt, wol-
len wir ihn beschwichtigen und dafür
sorgen, dass ihr sicher seid. 15 Sie nahmen
das Geld und taten, wie sie angewiesen
waren. Und so ist dies zum Gerede ge-
worden bei den Juden bis auf den heu-
tigen Tag.

Der Missionsbefehl

16 Aber die elf Jünger gingen nach Gali-
läa auf den Berg, wohin Jesus sie be-
schieden hatte. 17 Und als sie ihn sahen,
fielen sie vor ihm nieder; einige aber
zweifelten.
18 Und Jesus trat herzu und sprach zu
ihnen: [a]**Mir ist gegeben alle Gewalt im
Himmel und auf Erden. 19 Darum gehet**

27,57: *a (57-58)* 5. Mose 21,22-23 **27,62:** *a* Mk 15,42 **27,63:** *a* Kap 20,19 **28,1:** *a* Apg 20,7; 1. Kor 16,2; Offb 1,10 **28,3:** *a* Kap 17,2; Apg 1,10 **28,6:** *a* Kap 12,40; 16,21; 17,23; 20,19 **28,7:** *a* Kap 26,32 **28,10:** *a* Hebr 2,11 **28,13:** *a* Kap 27,64 **28,18:** *a* Kap 11,27; Eph 1,20-22

**hin und [a]machet zu Jüngern alle Völker:
Taufet sie auf den Namen des Vaters und
des Sohnes und des Heiligen Geistes 20 und
lehret sie halten alles, was ich euch be-
fohlen habe. Und siehe, [a]ich bin bei euch
alle Tage bis an der Welt Ende.**

DAS EVANGELIUM NACH MARKUS

Inhaltsübersicht

Johannes der Täufer

(Mt 3,1-12; Lk 3,1-18; Joh 1,19-27)

1 Dies ist der Anfang des Evangeliums
von Jesus Christus, dem Sohn Gottes.
2 Wie geschrieben steht im Propheten
Jesaja: [a]»Siehe, ich sende meinen Boten
vor dir her, der deinen Weg bereiten
soll.« 3 »Es ist eine Stimme eines Predi-
gers in der Wüste: Bereitet den Weg des
Herrn, macht seine Steige eben!« (Malea-
chi 3,1; Jesaja 40,3):
4 Johannes der Täufer war in der Wüste
und predigte die Taufe der Buße zur Ver-
gebung der Sünden. 5 Und es ging zu ihm
hinaus das ganze jüdische Land und alle
Leute von Jerusalem und ließen sich von
ihm taufen im Jordan und bekannten
ihre Sünden.
6 Johannes aber trug ein Gewand aus
Kamelhaaren und einen ledernen Gürtel
um seine Lenden und aß Heuschrecken
und wilden Honig 7 und predigte und
sprach: Es kommt einer nach mir, der ist
stärker als ich; und ich bin nicht wert,
dass ich mich vor ihm bücke und die
Riemen seiner Schuhe löse. 8 Ich taufe
euch mit Wasser; aber er wird euch mit
dem Heiligen Geist taufen.

Jesu Taufe und Versuchung

(Mt 3,13–4,11; Lk 3,21-22; 4,1-13; Joh 1,32-34)

9 Und es begab sich zu der Zeit, dass
Jesus aus [a]Nazareth in Galiläa kam und
ließ sich taufen von Johannes im Jordan.
10 Und alsbald, als er aus dem Wasser
stieg, sah er, dass sich der Himmel auftat
und der Geist wie eine Taube herabkam
auf ihn. 11 Und da geschah eine Stimme
vom Himmel: **Du bist mein lieber Sohn,
an dir habe ich Wohlgefallen.**[a]
12 Und alsbald trieb ihn der Geist in
die Wüste; 13 und er war in der Wüste
vierzig Tage und wurde versucht von
dem Satan und war bei den wilden Tie-
ren, und die Engel dienten ihm.

Der Beginn des Wirkens Jesu in Galiläa

(Mt 4,12-17; Lk 4,14-15)

14 Nachdem aber Johannes gefangen ge-
setzt war, kam Jesus nach Galiläa und
predigte das Evangelium Gottes 15 und
sprach: [a]**Die Zeit ist erfüllt und das Reich
Gottes ist herbeigekommen. Tut Buße und
glaubt an das Evangelium!**

Die Berufung der ersten Jünger

(Mt 4,18-22; Lk 5,1-11; Joh 1,35-51)

16 Als er aber am Galiläischen Meer ent-
langging, sah er Simon und Andreas, Si-
mons Bruder, wie sie ihre Netze ins Meer
warfen; denn sie waren Fischer. 17 Und
Jesus sprach zu ihnen: Folgt mir nach;
ich will euch zu Menschenfischern ma-
chen! 18 Sogleich verließen sie ihre Netze
und folgten ihm nach.
19 Und als er ein wenig weiterging, sah
er Jakobus, den Sohn des Zebedäus, und
Johannes, seinen Bruder, wie sie im Boot
die Netze flickten. 20 Und alsbald rief er
sie und sie ließen ihren Vater Zebedäus
im Boot mit den Tagelöhnern und folg-
ten ihm nach.

28,19: *a* Kap 24,14; Mk 16,15-16; 2. Kor 5,20 **28,20:** *a* Kap 18,20 **1,2:** *a* Mt 11,10 **1,9:** *a* Lk 2,51 **1,11:** *a* Kap 9,7 **1,15:** *a* Gal 4,4

Jesus in Kapernaum

(Mt 8,14-17; Lk 4,31-44)

21 Und sie gingen hinein nach Kaper-
naum; und alsbald am Sabbat ging er in
die Synagoge und lehrte. 22 Und sie ent-
setzten sich über seine Lehre; denn er
lehrte mit Vollmacht und nicht wie die
Schriftgelehrten.[a]
23 Und alsbald war in ihrer Synagoge
ein Mensch, besessen von einem unrei-
nen Geist*; der schrie: 24 [a]Was willst du
von uns, Jesus von Nazareth? Du bist
gekommen, uns zu vernichten. Ich weiß,
wer du bist: der Heilige Gottes! 25 Und
Jesus bedrohte ihn und sprach: Ver-
stumme und fahre aus von ihm! 26 Und
der unreine Geist riss ihn und schrie laut
und fuhr aus von ihm.[a] 27 Und sie ent-
setzten sich alle, sodass sie sich unterein-
ander befragten und sprachen: Was ist
das? Eine neue Lehre in Vollmacht! Er
gebietet auch den unreinen Geistern und
sie gehorchen ihm! 28 Und die Kunde von
ihm erscholl alsbald überall im ganzen
galiläischen Land.
29 Und alsbald gingen sie aus der Syn-
agoge und kamen in das Haus des Simon
und Andreas mit Jakobus und Johannes.
30 Und die Schwiegermutter Simons lag
darnieder und hatte das Fieber; und als-
bald sagten sie ihm von ihr. 31 Da trat er
zu ihr, fasste sie bei der Hand und rich-
tete sie auf; und das Fieber verließ sie
und sie diente ihnen.
32 Am Abend aber, als die Sonne unter-
gegangen war, brachten sie zu ihm alle
Kranken und Besessenen. 33 Und die
ganze Stadt war versammelt vor der Tür.
34 Und er half vielen Kranken, die mit
mancherlei Gebrechen beladen waren,
und trieb viele böse Geister aus und [a]ließ
die Geister nicht reden; denn sie kannten
ihn.
35 Und am Morgen, noch vor Tage,
stand er auf und ging hinaus. Und [a]er
ging an eine einsame Stätte und betete
dort. 36 Simon aber und die bei ihm wa-
ren, eilten ihm nach. 37 Und als sie ihn
fanden, sprachen sie zu ihm: Jedermann
sucht dich. 38 Und er sprach zu ihnen:
Lasst uns anderswohin gehen, in die
nächsten Städte, dass ich auch dort pre-
dige; denn dazu bin ich gekommen.
39 Und er kam und predigte in ihren Syn-
agogen in ganz Galiläa und trieb die bö-
sen Geister aus.

Die Heilung eines Aussätzigen

(Mt 8,2-4; Lk 5,12-16)

40 Und es kam zu ihm ein Aussätziger,
der bat ihn, kniete nieder und sprach zu
ihm: Willst du, so kannst du mich reini-
gen. 41 Und es jammerte ihn und er
streckte die Hand aus, rührte ihn an und
sprach zu ihm: Ich will's tun; sei rein!
42 Und sogleich wich der Aussatz von
ihm und er wurde rein. 43 Und Jesus
drohte ihm und trieb ihn alsbald von
sich[a] 44 und sprach zu ihm: Sieh zu, dass
du [a]niemandem etwas sagst; sondern
geh hin und zeige dich dem Priester und
[b]opfere für deine Reinigung, was Mose
geboten hat, ihnen zum Zeugnis.
45 Er aber ging fort und fing an, viel
davon zu reden und die Geschichte be-
kannt zu machen, sodass Jesus hinfort
nicht mehr öffentlich in eine Stadt gehen
konnte; sondern er war draußen an ein-
samen Orten; doch sie kamen zu ihm von
allen Enden.

Die Heilung eines Gelähmten (»Der Gichtbrüchige«)

(Mt 9,1-8; Lk 5,17-26)

2 Und nach einigen Tagen ging er wie-
der nach Kapernaum; und es wurde
bekannt, dass er im Hause war. 2 Und es
versammelten sich viele, sodass sie nicht
Raum hatten, auch nicht draußen vor
der Tür; und er sagte ihnen das Wort.
3 Und es kamen einige zu ihm, die brach-
ten einen Gelähmten, von vieren getra-
gen. 4 Und da sie ihn nicht zu ihm brin-
gen konnten wegen der Menge, deckten
sie das Dach auf, wo er war, machten ein
Loch und ließen das Bett herunter, auf
dem der Gelähmte lag. 5 Als nun Jesus
ihren Glauben sah, sprach er zu dem
Gelähmten: **Mein Sohn, deine Sünden
sind dir vergeben.**
6 Es saßen da aber einige Schriftge-
lehrte und dachten in ihren Herzen: 7 Wie
redet der so? Er lästert Gott! [a]Wer kann

* Siehe Sach- und Worterklärungen.

1,22: *a* Mt 7,28-29 **1,24:** *a* Kap 5,7 **1,26:** *a* Kap 9,26 **1,34:** *a* Apg 16,17-18 **1,35:** *a* Mt 14,23; 26,36; Lk 5,16; 11,1 **1,43:** *a* Kap 3,12 **1,44:** *a* Kap 7,36; *b* 3.Mose 14,2-32 **2,7:** *a* Ps 130,4; Jes 43,25

Sünden vergeben als Gott allein? 8 Und
Jesus erkannte sogleich in seinem Geist,
dass sie so bei sich selbst dachten, und
sprach zu ihnen: Was denkt ihr solches in
euren Herzen? 9 Was ist leichter, zu dem
Gelähmten zu sagen: Dir sind deine Sün-
den vergeben, oder zu sagen: Steh auf,
nimm dein Bett und geh umher? 10 Damit
ihr aber wisst, dass der Menschensohn
Vollmacht hat, Sünden zu vergeben auf
Erden – sprach er zu dem Gelähmten:
11 Ich sage dir, steh auf, nimm dein Bett
und geh heim!

12 Und er stand auf, nahm sein Bett
und ging alsbald hinaus vor aller Augen,
sodass sie sich alle entsetzten und Gott
priesen und sprachen: Wir haben so et-
was noch nie gesehen.

Die Berufung des Levi und das Mahl mit den Zöllnern

(Mt 9,9-13; Lk 5,27-32)

13 Und er ging wieder hinaus an den See;
und alles Volk kam zu ihm und er lehrte
sie. 14 Und als er vorüberging, sah er
Levi, den Sohn des Alphäus, am Zoll
sitzen und sprach zu ihm: Folge mir
nach! Und er stand auf und folgte ihm
nach.

15 Und es begab sich, dass er zu Tisch
saß in seinem Hause, da setzten sich viele
Zöllner und Sünder zu Tisch mit Jesus
und seinen Jüngern; denn es waren viele,
die ihm nachfolgten. 16 Und als die
Schriftgelehrten unter den Pharisäern sa-
hen, dass er mit den Sündern und Zöll-
nern aß, sprachen sie zu seinen Jüngern:
Isst er mit den Zöllnern und Sündern?
17 Als das Jesus hörte, sprach er zu ihnen:
Die Starken bedürfen keines Arztes, son-
dern die Kranken. **Ich bin gekommen, die**
Sünder zu rufen und nicht die Gerechten.

Die Frage nach dem Fasten

(Mt 9,14-17; Lk 5,33-38)

18 Und die Jünger des Johannes und die
Pharisäer fasteten viel; und es kamen
einige, die sprachen zu ihm: Warum fas-
ten die Jünger des Johannes und die Jün-
ger der Pharisäer, und deine Jünger fas-
ten nicht? 19 Und Jesus sprach zu ihnen:
Wie können die Hochzeitsgäste fasten,
während der Bräutigam bei ihnen ist?
Solange der Bräutigam bei ihnen ist,
können sie nicht fasten. 20 Es wird aber
die Zeit kommen, dass der Bräutigam
von ihnen genommen wird; dann werden
sie fasten, an jenem Tage.

21 Niemand flickt einen Lappen von
neuem Tuch auf ein altes Kleid; sonst
reißt der neue Lappen vom alten ab und
der Riss wird ärger. 22 Und niemand füllt
neuen Wein in alte Schläuche; sonst zer-
reißt der Wein die Schläuche und der
Wein ist verloren und die Schläuche
auch; sondern man soll neuen Wein in
neue Schläuche füllen.

Das Ährenraufen am Sabbat

(Mt 12,1-8; Lk 6,1-5)

23 Und es begab sich, dass er am Sabbat
durch ein Kornfeld ging, und seine Jün-
ger fingen an, während sie gingen, Ähren
auszuraufen. 24 Und die Pharisäer spra-
chen zu ihm: Sieh doch! Warum tun
deine Jünger am Sabbat, was nicht er-
laubt ist?

25 Und er sprach zu ihnen: Habt ihr nie
gelesen, was David tat, als er in Not war
und ihn hungerte, ihn und die bei ihm
waren: 26 wie er [a]ging in das Haus Gottes
zur Zeit Abjatars, des Hohenpriesters,
und aß die Schaubrote, die [b]niemand
essen darf als die Priester, und gab sie
auch denen, die bei ihm waren? 27 Und er
sprach zu ihnen: [a]Der Sabbat ist um des
Menschen willen gemacht und nicht der
Mensch um des Sabbats willen. **28 So ist**
der Menschensohn ein Herr auch über den
Sabbat.

Die Heilung eines Mannes am Sabbat

(Mt 12,9-14; Lk 6,6-11)

3 Und er ging abermals in die Synago-
ge. Und es war dort ein Mensch, der
hatte eine verdorrte Hand. 2 Und sie lau-
erten darauf, ob er auch am Sabbat ihn
heilen würde, damit sie ihn verklagen
könnten. 3 Und er sprach zu dem Men-
schen mit der verdorrten Hand: Tritt her-
vor! 4 Und er sprach zu ihnen: Soll man
am Sabbat Gutes tun oder Böses tun,
Leben erhalten oder töten? Sie aber
schwiegen still.

5 Und er sah sie ringsum an mit Zorn
und war betrübt über ihr verstocktes

2,26: *a* 1. Sam 21,7; *b* 3. Mose 24,9 **2,27:** *a* 2. Mose 20,10

Herz und sprach zu dem Menschen:
Strecke deine Hand aus! Und er streckte
sie aus; und seine Hand wurde gesund.
6 Und die Pharisäer gingen hinaus und
hielten alsbald Rat über ihn mit den An-
hängern des Herodes, wie sie ihn um-
brächten.

Zulauf des Volkes und viele Heilungen

(Mt 12,15-16; Lk 6,17-19)

7 [a]Aber Jesus entwich mit seinen Jüngern
an den See und eine große Menge aus
Galiläa folgte ihm; auch aus Judäa 8 und
Jerusalem, aus Idumäa und von jenseits
des Jordans und aus der Umgebung von
Tyrus und Sidon kam eine große Menge
zu ihm, die von seinen Taten gehört
hatte. 9 Und er sagte zu seinen Jüngern,
sie sollten ihm ein kleines Boot bereit-
halten, damit die Menge ihn nicht be-
dränge. 10 Denn er heilte viele, sodass
alle, die geplagt waren, über ihn herfie-
len, um ihn anzurühren. 11 Und wenn ihn
die unreinen Geister sahen, fielen sie vor
ihm nieder und schrien: [a]Du bist Gottes
Sohn! 12 Und [a]er gebot ihnen streng,
dass sie ihn nicht offenbar machten.

Die Berufung der Zwölf

(Mt 10,1-4; Lk 6,12-16)

13 Und er ging auf einen Berg und rief zu
sich, welche er wollte, und die gingen hin
zu ihm. 14 Und er setzte zwölf ein, die er
auch Apostel nannte, dass sie bei ihm
sein sollten und dass er sie aussendete zu
predigen 15 und dass sie Vollmacht hät-
ten, die bösen Geister auszutreiben.
16 Und er setzte die Zwölf ein und gab
Simon den Namen Petrus; 17 weiter: Ja-
kobus, den Sohn des Zebedäus, und Jo-
hannes, den Bruder des Jakobus, und
[a]gab ihnen den Namen Boanerges, das
heißt: Donnersöhne; 18 weiter: Andreas
und Philippus und Bartholomäus und
Matthäus und Thomas und Jakobus, den
Sohn des Alphäus, und Thaddäus und
Simon Kananäus 19 und Judas Iskariot,
der ihn dann verriet.

Jesus und seine Angehörigen

20 Und er ging in ein Haus. Und da kam
abermals das Volk zusammen, sodass sie
nicht einmal essen konnten. 21 Und als es
die Seinen hörten, machten sie sich auf
und wollten ihn festhalten; denn sie spra-
chen: Er ist von Sinnen. [a]

Jesus und die bösen Geister

(Mt 12,24-32; Lk 11,14-23)

22 Die Schriftgelehrten aber, die von Jeru-
salem herabgekommen waren, sprachen:
Er hat den Beelzebul, und: [a]Er treibt die
bösen Geister aus durch ihren Obersten.
23 Jesus aber rief sie zusammen und
sprach zu ihnen in Gleichnissen: Wie
kann der Satan den Satan austreiben?
24 Wenn ein Reich mit sich selbst uneins
wird, kann es nicht bestehen. 25 Und
wenn ein Haus mit sich selbst uneins
wird, kann es nicht bestehen. 26 Erhebt
sich nun der Satan gegen sich selbst und
ist mit sich selbst uneins, so kann er nicht
bestehen, sondern es ist aus mit ihm.
27 Niemand kann aber in das Haus eines
Starken eindringen und seinen Hausrat
rauben, wenn er nicht zuvor den Starken
fesselt; erst dann kann er sein Haus be-
rauben.
28 Wahrlich, ich sage euch: Alle Sün-
den werden den Menschenkindern verge-
ben, auch die Lästerungen, wie viel sie
auch lästern mögen; 29 wer aber den Hei-
ligen Geist lästert, der hat keine Ver-
gebung in Ewigkeit, sondern ist ewiger
Sünde schuldig. [a] 30 Denn sie sagten: Er
hat einen unreinen Geist. [a]

Jesu wahre Verwandte

(Mt 12,46-50; Lk 8,19-21)

31 Und es kamen seine Mutter und seine
Brüder und standen draußen, schickten
zu ihm und ließen ihn rufen. 32 Und das
Volk saß um ihn. Und sie sprachen zu
ihm: Siehe, deine Mutter und deine Brü-
der und deine Schwestern draußen fragen
nach dir.
33 Und er antwortete ihnen und
sprach: Wer ist meine Mutter und meine
Brüder? 34 Und er sah ringsum auf die,
die um ihn im Kreise saßen, und sprach:
Siehe, das ist meine Mutter und das sind
meine Brüder! 35 Denn **wer Gottes Willen
tut, der ist mein Bruder und meine
Schwester und meine Mutter.**

3,7: *a (7-8)* Mt 4,25 **3,11:** *a* Lk 4,41 **3,12:** *a* Kap 1,43-44 **3,17:** *a* Lk 9,54 **3,21:** *a* Kap 6,4; Joh 7,5; 8,48 **3,22:** *a* Mt 9,34 **3,29:** *a* Hebr 6,4-6 **3,30:** *a* Joh 10,20

Vom Sämann

(Mt 13,1-9; Lk 8,4-8)

4 Und er fing abermals an, am See zu
lehren. Und es versammelte sich eine
sehr große Menge bei ihm, sodass er in
ein Boot steigen musste, das im Wasser
lag; er setzte sich, und alles Volk stand
auf dem Lande am See. 2 Und er lehrte
sie vieles in Gleichnissen; und in seiner
Predigt sprach er zu ihnen:
3 Hört zu! Siehe, es ging ein Sämann
aus zu säen. 4 Und es begab sich, indem
er säte, dass einiges auf den Weg fiel; da
kamen die Vögel und fraßen's auf. 5 Eini-
ges fiel auf felsigen Boden, wo es nicht
viel Erde hatte, und ging alsbald auf, weil
es keine tiefe Erde hatte. 6 Als nun die
Sonne aufging, verwelkte es, und weil es
keine Wurzel hatte, verdorrte es. 7 Und
einiges fiel unter die Dornen, und die
Dornen wuchsen empor und erstickten's,
und es brachte keine Frucht. 8 Und eini-
ges fiel auf gutes Land, ging auf und
wuchs und brachte Frucht, und einiges
trug dreißigfach und einiges sechzigfach
und einiges hundertfach. 9 Und er
sprach: Wer Ohren hat zu hören, der
höre!

Vom Sinn der Gleichnisse

(Mt 13,10-17; Lk 8,9-10)

10 Und als er allein war, fragten ihn, die
um ihn waren, samt den Zwölfen, nach
den Gleichnissen. 11 Und er sprach zu
ihnen: Euch ist das Geheimnis des Rei-
ches Gottes gegeben; denen aber draußen
widerfährt es alles in Gleichnissen, 12 da-
mit sie es mit sehenden Augen sehen und
doch nicht erkennen, und mit hörenden
Ohren hören und doch nicht verstehen,
damit sie sich nicht etwa bekehren und
ihnen vergeben werde.[a]

Die Deutung des Gleichnisses vom Sämann

(Mt 13,18-23; Lk 8,11-15)

13 Und er sprach zu ihnen: Versteht ihr
dies Gleichnis nicht, wie wollt ihr dann
die andern alle verstehen? 14 Der Sämann
sät das Wort. 15 Das aber sind die auf
dem Wege: wenn das Wort gesät wird
und sie es gehört haben, kommt sogleich
der Satan und nimmt das Wort weg, das
in sie gesät war. 16 Desgleichen auch die,
bei denen auf felsigen Boden gesät ist:
wenn sie das Wort gehört haben, nehmen
sie es sogleich mit Freuden auf, 17 aber sie
haben keine Wurzel in sich, sondern sind
wetterwendisch; wenn sich Bedrängnis
oder Verfolgung um des Wortes willen
erhebt, so fallen sie sogleich ab. 18 Und
andere sind die, bei denen unter die Dor-
nen gesät ist: die hören das Wort, 19 und
die Sorgen der Welt und der betrüge-
rische Reichtum und die Begierden nach
allem andern dringen ein und ersticken
das Wort, und es bleibt ohne Frucht.
20 Diese aber sind's, bei denen auf gutes
Land gesät ist: die hören das Wort und
nehmen's an und bringen Frucht, einige
dreißigfach und einige sechzigfach und
einige hundertfach.

Vom Licht und vom rechten Maß

(Lk 8,16-18)

21 Und er sprach zu ihnen: Zündet man
etwa ein Licht an, um es unter den Schef-
fel oder unter die Bank zu setzen? Kei-
neswegs, sondern um es auf den Leuchter
zu setzen.[a] 22 Denn es ist nichts verbor-
gen, was nicht offenbar werden soll, und
ist nichts geheim, was nicht an den Tag
kommen soll.[a] 23 Wer Ohren hat zu
hören, der höre!
24 Und er sprach zu ihnen: Seht zu,
was ihr hört! Mit welchem Maß ihr
messt, wird man euch wieder messen,
und man wird euch noch dazugeben.[a]
25 Denn wer da hat, dem wird gegeben;
und wer nicht hat, dem wird man auch
das nehmen, was er hat.[a]

Vom Wachsen der Saat

26 Und er sprach: Mit dem Reich Gottes
ist es so, wie wenn ein Mensch Samen
aufs Land wirft 27 und schläft und auf-
steht, Nacht und Tag; und der Same geht
auf und wächst – er weiß nicht wie.[a]
28 Denn von selbst bringt die Erde
Frucht, zuerst den Halm, danach die
Ähre, danach den vollen Weizen in der
Ähre. 29 Wenn sie aber die Frucht
gebracht hat, so schickt er alsbald die
Sichel hin; denn die Ernte ist da.

4,12: *a* Jes 6,9-10 **4,21:** *a* Mt 5,15 **4,22:** *a* Mt 10,26-27; Lk 12,2 **4,24:** *a* Mt 7,2 **4,25:** *a* Mt 13,12-13 **4,27:** *a* Jak 5,7

Vom Senfkorn

(Mt 13,31-32; 13,34; Lk 13,18-19)

30 Und er sprach: Womit wollen wir das
Reich Gottes vergleichen, und durch wel-
ches Gleichnis wollen wir es abbilden?
31 Es ist wie ein Senfkorn: wenn das gesät
wird aufs Land, so ist's das kleinste unter
allen Samenkörnern auf Erden; 32 und
wenn es gesät ist, so geht es auf und wird
größer als alle Kräuter und treibt große
Zweige, sodass die Vögel unter dem Him-
mel unter seinem Schatten wohnen kön-
nen.

33 Und durch viele solche Gleichnisse
sagte er ihnen das Wort so, wie sie es zu
hören vermochten. 34 Und ohne Gleich-
nisse redete er nicht zu ihnen; aber wenn
sie allein waren, legte er seinen Jüngern
alles aus.

Die Stillung des Sturmes

(Mt 8,23-27; Lk 8,22-25)

35 Und am Abend desselben Tages sprach
er zu ihnen: Lasst uns hinüberfahren.
36 Und sie ließen das Volk gehen und
nahmen ihn mit, wie er im Boot war, und
es waren noch andere Boote bei ihm.
37 Und es erhob sich ein großer Wind-
wirbel und die Wellen schlugen in das
Boot, sodass das Boot schon voll wurde.
38 Und er war hinten im Boot und schlief
auf einem Kissen. Und sie weckten ihn
auf und sprachen zu ihm: Meister, fragst
du nichts danach, dass wir umkommen?
39 Und er stand auf und bedrohte den
Wind und sprach zu dem Meer: Schweig
und verstumme! Und der Wind legte sich
und es entstand eine große Stille. 40 Und
er sprach zu ihnen: Was seid ihr so
furchtsam? Habt ihr noch keinen Glau-
ben?

41 Sie aber fürchteten sich sehr und
sprachen untereinander: Wer ist der?
Auch Wind und Meer sind ihm gehor-
sam!

Die Heilung des besessenen Geraseners

(Mt 8,28-34; Lk 8,26-39)

5 Und sie kamen ans andre Ufer des
Sees in die Gegend der Gerasener.
2 Und als er aus dem Boot trat, lief ihm
alsbald von den Gräbern her ein Mensch
entgegen mit einem unreinen Geist, 3 der
hatte seine Wohnung in den Grabhöhlen.
Und niemand konnte ihn mehr binden,
auch nicht mit Ketten; 4 denn er war oft
mit Fesseln und Ketten gebunden gewe-
sen und hatte die Ketten zerrissen und
die Fesseln zerrieben; und niemand
konnte ihn bändigen. 5 Und er war alle-
zeit, Tag und Nacht, in den Grabhöhlen
und auf den Bergen, schrie und schlug
sich mit Steinen. 6 Als er aber Jesus sah
von ferne, lief er hinzu und fiel vor ihm
nieder 7 und schrie laut: Was willst du
von mir, Jesus, du Sohn Gottes, des
Allerhöchsten? Ich beschwöre dich bei
Gott: Quäle mich nicht![a] 8 Denn er hatte
zu ihm gesagt: Fahre aus, du unreiner
Geist, von dem Menschen! 9 Und er
fragte ihn: Wie heißt du? Und er sprach:
Legion heiße ich; denn wir sind viele.
10 Und er bat Jesus sehr, dass er sie nicht
aus der Gegend vertreibe.

11 Es war aber dort an den Bergen eine
große Herde Säue auf der Weide. 12 Und
die unreinen Geister baten ihn und spra-
chen: Lass uns in die Säue fahren! 13 Und
er erlaubte es ihnen. Da fuhren die un-
reinen Geister aus und fuhren in die
Säue, und die Herde stürmte den Ab-
hang hinunter in den See, etwa zweitau-
send, und sie ersoffen im See.

14 Und die Sauhirten flohen und ver-
kündeten das in der Stadt und auf dem
Lande. Und die Leute gingen hinaus, um
zu sehen, was geschehen war, 15 und ka-
men zu Jesus und sahen den Besessenen,
wie er dasaß, bekleidet und vernünftig,
den, der die Legion unreiner Geister ge-
habt hatte; und sie fürchteten sich.
16 Und die es gesehen hatten, erzählten
ihnen, was mit dem Besessenen gesche-
hen war und das von den Säuen. 17 Und
sie fingen an und baten Jesus, aus ihrem
Gebiet fortzugehen.

18 Und als er in das Boot trat, bat ihn
der Besessene, dass er bei ihm bleiben
dürfe. 19 Aber er ließ es ihm nicht zu,
sondern sprach zu ihm: Geh hin in dein
Haus zu den Deinen und verkünde ih-
nen, welch große Wohltat dir der Herr
getan und wie er sich deiner erbarmt hat.
20 Und er ging hin und fing an, in den
[a]Zehn Städten auszurufen, welch große

5,7: *a* Kap 1,24 **5,20:** *a* Kap 7,31

Wohltat ihm Jesus getan hatte; und jeder-
mann verwunderte sich.

Die Heilung einer blutflüssigen Frau und die Auferweckung der Tochter des Jaïrus

(Mt 9,18-26; Lk 8,40-56)

21Und als Jesus wieder herübergefahren
war im Boot, versammelte sich eine
große Menge bei ihm, und er war am See.
22Da kam einer von den Vorstehern der
Synagoge, mit Namen Jaïrus. Und als er
Jesus sah, fiel er ihm zu Füßen 23und bat
ihn sehr und sprach: Meine Tochter liegt
in den letzten Zügen; komm doch und
lege deine Hände auf sie, damit sie ge-
sund werde und lebe. 24Und er ging hin
mit ihm.

Und es folgte ihm eine große Menge
und sie umdrängten ihn. 25Und da war
eine Frau, die hatte den Blutfluss seit
zwölf Jahren 26und hatte viel erlitten von
vielen Ärzten und all ihr Gut dafür auf-
gewandt; und es hatte ihr nichts gehol-
fen, sondern es war noch schlimmer mit
ihr geworden. 27Als die von Jesus hörte,
kam sie in der Menge von hinten heran
und berührte sein Gewand. 28Denn sie
sagte sich: Wenn ich nur seine Kleider
berühren könnte, so würde ich gesund.
29Und sogleich versiegte die Quelle ihres
Blutes, und sie spürte es am Leibe, dass
sie von ihrer Plage geheilt war. 30Und
Jesus spürte sogleich an sich selbst, dass
[a]eine Kraft von ihm ausgegangen war,
und wandte sich um in der Menge und
sprach: Wer hat meine Kleider berührt?
31Und seine Jünger sprachen zu ihm: Du
siehst, dass dich die Menge umdrängt,
und fragst: Wer hat mich berührt? 32Und
er sah sich um nach der, die das getan
hatte. 33Die Frau aber fürchtete sich und
zitterte, denn sie wusste, was an ihr ge-
schehen war; sie kam und fiel vor ihm
nieder und sagte ihm die ganze Wahrheit.
34Er aber sprach zu ihr: Meine Tochter,
dein Glaube hat dich gesund gemacht;
geh hin in Frieden und sei gesund von
deiner Plage!

35Als er noch so redete, kamen einige
aus dem Hause des Vorstehers der Syn-
agoge und sprachen: Deine Tochter ist
gestorben; was bemühst du weiter den
Meister? 36Jesus aber hörte mit an,* was
gesagt wurde, und sprach zu dem Vor-
steher: Fürchte dich nicht, glaube nur!
37Und er ließ niemanden mit sich gehen
als Petrus und Jakobus und Johannes,
den Bruder des Jakobus.[a]

38Und sie kamen in das Haus des Vor-
stehers, und er sah das Getümmel und
wie sehr sie weinten und heulten. 39Und
er ging hinein und sprach zu ihnen: Was
lärmt und weint ihr? [a]Das Kind ist nicht
gestorben, sondern es schläft. 40Und sie
verlachten ihn. Er aber trieb sie alle hin-
aus und nahm mit sich den Vater des
Kindes und die Mutter und die bei ihm
waren und ging hinein, wo das Kind lag,
41und ergriff das Kind bei der Hand und
sprach zu ihm: Talita kum! – das heißt
übersetzt: Mädchen, [a]ich sage dir, steh
auf! 42Und sogleich stand das Mädchen
auf und ging umher; es war aber zwölf
Jahre alt. Und sie entsetzten sich sogleich
über die Maßen.

43Und er gebot ihnen streng, dass es
niemand wissen sollte, und sagte, sie soll-
ten ihr zu essen geben.

Die Verwerfung Jesu in Nazareth

(Mt 13,53-58; Lk 4,16-30)

6 Und er ging von dort weg und kam
in seine Vaterstadt, und seine Jünger
folgten ihm nach. 2Und als der Sabbat
kam, fing er an zu lehren in der Synago-
ge. Und viele, die zuhörten, verwunder-
ten sich und sprachen: [a]Woher hat er
das? Und was ist das für eine Weisheit,
die ihm gegeben ist? Und solche mächti-
gen Taten, die durch seine Hände ge-
schehen? 3Ist er nicht der Zimmermann,
Marias Sohn, und der Bruder des Jako-
bus und Joses und Judas und Simon?
Sind nicht auch seine Schwestern hier bei
uns? Und sie ärgerten sich an ihm.[a]

4Jesus aber sprach zu ihnen: Ein Pro-
phet gilt nirgends weniger als in seinem
Vaterland und bei seinen Verwandten
und in seinem Hause. 5Und er konnte
dort nicht eine einzige Tat tun, außer
dass er wenigen Kranken die Hände auf-
legte und sie heilte. 6Und er wunderte
sich über ihren Unglauben. Und er ging
rings umher in die Dörfer und lehrte.

* Es kann auch übersetzt werden: »Jesus aber überhörte . . . «.

5,30: *a* Lk 6,19 **5,37:** *a* Mt 17,1 **5,39:** *a* Joh 11,11 **5,41:** *a* Lk 7,14; Apg 9,40 **6,2:** *a* Joh 7,15 **6,3:** *a* Joh 6,42

Die Aussendung der Zwölf

(Mt 10,1; 10,5-14; Lk 9,1-6)

7 Und er rief die Zwölf zu sich und fing
an, sie auszusenden [a]je zwei und zwei,
und gab ihnen Macht über die unreinen
Geister 8 und gebot ihnen, nichts mitzu-
nehmen auf den Weg als allein einen
Stab, kein Brot, keine Tasche, kein Geld
im Gürtel, 9 wohl aber Schuhe, und nicht
zwei Hemden anzuziehen.
10 Und er sprach zu ihnen: Wo ihr in
ein Haus gehen werdet, da bleibt, bis ihr
von dort weiterzieht. 11 Und wo man
euch nicht aufnimmt und nicht hört, da
geht hinaus und schüttelt den Staub von
euren Füßen zum Zeugnis gegen sie.
12 Und sie zogen aus und predigten, man
solle Buße tun, 13 und trieben viele böse
Geister aus und [a]salbten viele Kranke
mit Öl und machten sie gesund.

Das Ende Johannes des Täufers

(Mt 14,1-12; Lk 9,7-9; 3,19-20)

14 Und es kam dem König Herodes zu
Ohren; denn der Name Jesu war nun
bekannt. Und die Leute sprachen: Jo-
hannes der Täufer ist von den Toten auf-
erstanden; darum tut er solche Taten.
15 Einige aber sprachen: Er ist Elia; an-
dere aber: Er ist ein Prophet wie einer der
Propheten. 16 Als es aber Herodes hörte,
sprach er: Es ist Johannes, den ich ent-
hauptet habe, der ist auferstanden.
17 Denn er, Herodes, hatte ausgesandt
und Johannes ergriffen und ins Gefäng-
nis geworfen um der Herodias willen, der
Frau seines Bruders Philippus; denn er
hatte sie geheiratet. 18 Johannes hatte
nämlich zu Herodes gesagt: [a]Es ist nicht
recht, dass du die Frau deines Bruders
hast. 19 Herodias aber stellte ihm nach
und wollte ihn töten und konnte es nicht.
20 Denn Herodes fürchtete Johannes, weil
er wusste, dass er ein frommer und hei-
liger Mann war, und hielt ihn in Gewahr-
sam; und wenn er ihn hörte, wurde er
sehr unruhig; doch hörte er ihn gern.
21 Und es kam ein gelegener Tag, als
Herodes an seinem Geburtstag ein Fest-
mahl gab für seine Großen und die
Obersten und die Vornehmsten von Gali-
läa. 22 Da trat herein die Tochter der
Herodias und tanzte und gefiel Herodes
und denen, die mit am Tisch saßen. Da
sprach der König zu dem Mädchen: Bitte
von mir, was du willst, ich will dir's ge-
ben. 23 Und er schwor ihr einen Eid: Was
du von mir bittest, will ich dir geben,
[a]bis zur Hälfte meines Königreichs.
24 Und sie ging hinaus und fragte ihre
Mutter: Was soll ich bitten? Die sprach:
Das Haupt Johannes des Täufers. 25 Da
ging sie sogleich eilig hinein zum König,
bat ihn und sprach: Ich will, dass du mir
gibst, jetzt gleich auf einer Schale, das
Haupt Johannes des Täufers.
26 Und der König wurde sehr betrübt.
Doch wegen des Eides und derer, die mit
am Tisch saßen, wollte er sie keine Fehl-
bitte tun lassen. 27 Und sogleich schickte
der König den Henker hin und befahl,
das Haupt des Johannes herzubringen.
Der ging hin und enthauptete ihn im
Gefängnis 28 und trug sein Haupt herbei
auf einer Schale und gab's dem Mädchen
und das Mädchen gab's seiner Mutter.
29 Und als das seine Jünger hörten, ka-
men sie und nahmen seinen Leichnam
und legten ihn in ein Grab.

Die Speisung der Fünftausend

(Mt 14,13-21; Lk 9,10-17; Joh 6,1-13)

30 Und die Apostel kamen bei Jesus zu-
sammen und verkündeten ihm alles, was
sie getan und gelehrt hatten.[a] 31 Und er
sprach zu ihnen: Geht ihr allein an eine
einsame Stätte und ruht ein wenig. Denn
es waren viele, die kamen und gingen,
und sie hatten nicht Zeit genug zum Es-
sen. 32 Und sie fuhren in einem Boot an
eine einsame Stätte für sich allein. 33 Und
man sah sie wegfahren, und viele merk-
ten es und liefen aus allen Städten zu
Fuß dorthin zusammen und kamen ih-
nen zuvor. 34 Und Jesus stieg aus und sah
die große Menge; und [a]sie jammerten
ihn, denn sie waren wie Schafe, die kei-
nen Hirten haben. Und er fing eine lange
Predigt an.
35 [a]Als nun der Tag fast vorüber war,
traten seine Jünger zu ihm und sprachen:
Es ist öde hier und der Tag ist fast vor-
über; 36 lass sie gehen, damit sie in die

6,7: *a* Lk 10,1 **6,13:** *a* Jak 5,14-15 **6,18:** *a* 2.Mose 20,14; 3.Mose 18,16 **6,23:** *a* Est 5,3.6 **6,30:** *a* Lk 9,10; 10,17
6,34: *a* Mt 9,36 **6,35:** *a (35-44)* Kap 8,1-9

Höfe und Dörfer ringsum gehen und sich
Brot kaufen. 37Er aber antwortete und
sprach zu ihnen: Gebt ihr ihnen zu essen!
Und sie sprachen zu ihm: Sollen wir
denn hingehen und für zweihundert Sil-
bergroschen Brot kaufen und ihnen zu
essen geben? 38Er aber sprach zu ihnen:
Wie viel Brote habt ihr? Geht hin und
seht! Und als sie es erkundet hatten,
sprachen sie: Fünf und zwei Fische.
39Und er gebot ihnen, dass sie sich alle
lagerten, tischweise, auf das grüne Gras.
40Und sie setzten sich, in Gruppen zu
hundert und zu fünfzig.

41Und er nahm die fünf Brote und
zwei Fische und [a]sah auf zum Himmel,
dankte und brach die Brote und gab sie
den Jüngern, damit sie unter ihnen aus-
teilten, und die zwei Fische teilte er unter
sie alle. 42Und sie aßen alle und wurden
satt. 43Und sie sammelten die Brocken
auf, zwölf Körbe voll, und von den Fi-
schen. 44Und die die Brote gegessen hat-
ten, waren fünftausend Mann.

Jesus kommt zu seinen Jüngern auf dem See

(Mt 14,22-33; Joh 6,15-21)

45Und alsbald trieb er seine Jünger, in
das Boot zu steigen und vor ihm hinüber-
zufahren nach Betsaida, bis er das Volk
gehen ließe. 46Und als er sie fortgeschickt
hatte, ging er hin auf einen Berg, um zu
beten. 47Und am Abend war das Boot
mitten auf dem See und er auf dem Land
allein. 48Und er sah, dass sie sich ab-
plagten beim Rudern, denn der Wind
stand ihnen entgegen.

Um die vierte Nachtwache kam er zu
ihnen und ging auf dem See und wollte
an ihnen vorübergehen. 49Und als sie ihn
sahen auf dem See gehen, meinten sie, es
wäre ein Gespenst, und schrien; 50denn
sie sahen ihn alle und erschraken. Aber
sogleich redete er mit ihnen und sprach
zu ihnen: Seid getrost, ich bin's; fürchtet
euch nicht!, 51und trat zu ihnen ins Boot,
und [a]der Wind legte sich. Und sie ent-
setzten sich über die Maßen; 52denn sie
waren um nichts verständiger geworden
angesichts der Brote, sondern [a]ihr Herz
war verhärtet.

Krankenheilungen in Genezareth

(Mt 14,34-36)

53Und als sie hinübergefahren waren ans
Land, kamen sie nach Genezareth und
legten an. 54Und als sie aus dem Boot
stiegen, erkannten ihn die Leute alsbald
55und liefen im ganzen Land umher und
fingen an, die Kranken auf Bahren über-
all dorthin zu tragen, wo sie hörten, dass
er war. 56Und wo er in Dörfer, Städte
und Höfe hineinging, da legten sie die
Kranken auf den Markt und baten ihn,
dass diese auch nur [a]den Saum seines
Gewandes berühren dürften; und alle, die
ihn berührten, wurden gesund.

Von Reinheit und Unreinheit

(Mt 15,1-20)

7 Und es versammelten sich bei ihm die
Pharisäer und einige von den Schrift-
gelehrten, die aus Jerusalem gekommen
waren. 2Und sie sahen einige seiner Jün-
ger mit unreinen, das heißt: ungewasche-
nen Händen das Brot essen. 3Denn die
Pharisäer und alle Juden essen nicht,
wenn sie nicht die Hände mit einer Hand
voll Wasser gewaschen haben, und halten
so die Satzungen der Ältesten*; 4und
wenn sie vom Markt kommen, essen sie
nicht, wenn sie sich nicht gewaschen
haben. Und es gibt viele andre Dinge, die
sie zu halten angenommen haben, wie:
[a]Trinkgefäße und Krüge und Kessel und
Bänke zu waschen. 5Da fragten ihn die
Pharisäer und Schriftgelehrten: Warum
leben deine Jünger nicht nach den Sat-
zungen der Ältesten, sondern essen das
Brot mit unreinen Händen?

6Er aber sprach zu ihnen: Wie fein hat
von euch Heuchlern Jesaja geweissagt,
wie geschrieben steht (Jesaja 29,13):
»Dies Volk ehrt mich mit den Lippen;
aber ihr Herz ist fern von mir. 7Vergeb-
lich dienen sie mir, weil sie lehren solche
Lehren, die nichts sind als Menschen-
gebote.« 8Ihr verlasst Gottes Gebot und
haltet der Menschen Satzungen. 9Und er
sprach zu ihnen: Wie fein hebt ihr Gottes
Gebot auf, damit ihr eure Satzungen auf-
richtet! 10Denn Mose hat gesagt (2. Mose
20,12; 21,17): »Du sollst deinen Vater

* Siehe Sach- und Worterklärungen zu »Älteste«.

6,41: *a* Kap 7,34 **6,51:** *a* Kap 4,39 **6,52:** *a* Kap 8,17 **6,56:** *a* Kap 5,27-28; Apg 5,15; 19,11-12 **7,4:** *a* Mt 23,25

und deine Mutter ehren«, und: »Wer Va-
ter oder Mutter flucht, der soll des Todes
sterben.« 11 Ihr aber lehrt: Wenn einer zu
Vater oder Mutter sagt: Korban* – das
heißt: Opfergabe soll sein, was dir von
mir zusteht –, 12 so lasst ihr ihn nichts
mehr tun für seinen Vater oder seine
Mutter 13 und hebt so Gottes Wort auf
durch eure Satzungen, die ihr überliefert
habt; und dergleichen tut ihr viel.

14 Und er rief das Volk wieder zu sich
und sprach zu ihnen: Hört mir alle zu
und begreift's! 15 Es [a]gibt nichts, was von
außen in den Menschen hineingeht, das
ihn unrein machen könnte; sondern was
aus dem Menschen herauskommt, das
ist's, was den Menschen unrein macht.**

17 Und als er von dem Volk ins Haus
kam, fragten ihn seine Jünger nach die-
sem Gleichnis. 18 Und er sprach zu ihnen:
Seid ihr denn auch so unverständig?
Merkt ihr nicht, dass alles, was von
außen in den Menschen hineingeht, ihn
nicht unrein machen kann? 19 Denn es
geht nicht in sein Herz, sondern in den
Bauch und kommt heraus in die Grube.
Damit erklärte er alle Speisen für rein.
20 Und er sprach: Was aus dem Men-
schen herauskommt, das macht den
Menschen unrein; 21 denn von innen, aus
dem Herzen der Menschen, kommen
heraus böse Gedanken, Unzucht, Dieb-
stahl, Mord, 22 Ehebruch, Habgier, Bos-
heit, Arglist, Ausschweifung, Missgunst,
Lästerung, Hochmut, Unvernunft. 23 Alle
diese bösen Dinge kommen von innen
heraus und machen den Menschen un-
rein.

Die Frau aus Syrophönizien

(Mt 15,21-28)

24 Und er stand auf und ging von dort in
das Gebiet von Tyrus. Und er ging in ein
Haus und wollte es niemanden wissen
lassen und konnte doch nicht verborgen
bleiben, 25 sondern alsbald hörte eine
Frau von ihm, deren Töchterlein einen
unreinen Geist hatte. Und sie kam und
fiel nieder zu seinen Füßen 26 – die Frau
war aber eine Griechin aus Syrophöni-
zien – und bat ihn, dass er den bösen
Geist von ihrer Tochter austreibe.

27 Jesus aber sprach zu ihr: Lass zuvor
die Kinder satt werden; es ist nicht recht,
dass man den Kindern das Brot weg-
nehme und werfe es vor die Hunde. 28 Sie
antwortete aber und sprach zu ihm: Ja,
Herr; aber doch fressen die Hunde unter
dem Tisch von den Brosamen der Kin-
der. 29 Und er sprach zu ihr: Um dieses
Wortes willen geh hin, der böse Geist ist
von deiner Tochter ausgefahren. 30 Und
sie ging hin in ihr Haus und fand das
Kind auf dem Bett liegen, und der böse
Geist war ausgefahren.

Die Heilung eines Taubstummen

31 [a]Und als er wieder fortging aus dem
Gebiet von Tyrus, kam er durch Sidon an
das Galiläische Meer, mitten in das Ge-
biet der [b]Zehn Städte. 32 Und sie brach-
ten zu ihm einen, der taub und stumm
war, und baten ihn, dass er die Hand auf
ihn lege. 33 Und er nahm ihn aus der
Menge beiseite und legte ihm die Finger
in die Ohren und berührte seine Zunge
mit Speichel und 34 sah auf zum Himmel
und seufzte und sprach zu ihm: Hefata!,
das heißt: Tu dich auf! 35 Und sogleich
taten sich seine Ohren auf und die Fessel
seiner Zunge löste sich, und er redete
richtig.

36 Und er gebot ihnen, sie sollten's nie-
mandem sagen. Je mehr er's aber verbot,
desto mehr breiteten sie es aus.[a] 37 Und
sie wunderten sich über die Maßen und
sprachen: **Er hat alles wohl gemacht; die
Tauben macht er hörend und die Sprach-
losen redend.**

Die Speisung der Viertausend

(Mt 15,32-39)

8 Zu der Zeit, als wieder eine große
Menge da war und sie nichts zu essen
hatten, rief Jesus die Jünger zu sich und
sprach zu ihnen: 2 [a]Mich jammert das
Volk, denn sie haben nun drei Tage bei
mir ausgeharrt und haben nichts zu es-
sen. 3 Und wenn ich sie hungrig heim-
gehen ließe, würden sie auf dem Wege
verschmachten; denn einige sind von
ferne gekommen. 4 Seine Jünger ant-
worteten ihm: Wie kann sie jemand hier
in der Wüste mit Brot sättigen? 5 Und er

* Siehe Sach- und Worterklärungen.
** Vers 16 findet sich erst in der späteren Überlieferung: »Hat jemand Ohren zu hören, der höre!« (vgl. 4,9.23).

7,15: *a* Apg 10,14-15 **7,31:** *a (31-37)* Mt 15,29-31; *b* Kap 5,20 **7,36:** *a* Kap 1,43-45 **8,2:** *a (2-9)* Kap 6,34-44

fragte sie: Wie viel Brote habt ihr? Sie
sprachen: Sieben.
6 Und er gebot dem Volk, sich auf die
Erde zu lagern. Und er nahm die sieben
Brote, dankte und brach sie und gab sie
seinen Jüngern, damit sie sie austeilten,
und sie teilten sie unter das Volk aus.
7 Und sie hatten auch einige Fische, und
er dankte und ließ auch diese austeilen.
8 Sie aßen aber und wurden satt und sam-
melten die übrigen Brocken auf, sieben
Körbe voll. 9 Und es waren etwa viertau-
send; und er ließ sie gehen.

Die Zeichenforderung der Pharisäer

(Mt 16,1-4)

10 Und alsbald stieg er in das Boot mit
seinen Jüngern und kam in die Gegend
von Dalmanuta. 11 Und die Pharisäer ka-
men heraus und fingen an, mit ihm zu
streiten, versuchten ihn und [a]forderten
von ihm ein Zeichen vom Himmel.
12 Und er seufzte in seinem Geist und
sprach: Was fordert doch dieses Ge-
schlecht ein Zeichen? Wahrlich, ich sage
euch: Es wird diesem Geschlecht kein
Zeichen gegeben werden! 13 Und er ver-
ließ sie und stieg wieder in das Boot und
fuhr hinüber.

Warnung vor den Pharisäern und vor Herodes

(Mt 16,5-12)

14 Und sie hatten vergessen, Brot mitzu-
nehmen, und hatten nicht mehr mit sich
im Boot als ein Brot. 15 Und er gebot
ihnen und sprach: Schaut zu und [a]seht
euch vor vor dem Sauerteig der Pharisäer
und vor dem Sauerteig des [b]Herodes.
16 Und sie bedachten hin und her, dass sie
kein Brot hätten.
17 Und er merkte das und sprach zu
ihnen: Was bekümmert ihr euch doch,
dass ihr kein Brot habt? Versteht ihr
noch nicht, und begreift ihr noch nicht?
[a]Habt ihr noch ein verhärtetes Herz in
euch? 18 [a]Habt Augen und seht nicht,
und habt Ohren und hört nicht, und
denkt nicht daran: 19 Als ich die fünf
Brote brach für die fünftausend, wie viel
Körbe voll Brocken habt ihr da aufge-
sammelt? Sie sagten: Zwölf.[a] 20 Und als
ich die sieben brach für die viertausend,
wie viel Körbe voll Brocken habt ihr
da aufgesammelt? Sie sagten: Sieben.[a]
21 Und er sprach zu ihnen: Begreift ihr
denn noch nicht?

Die Heilung eines Blinden

22 Und sie kamen nach Betsaida. Und sie
brachten zu ihm einen Blinden und baten
ihn, dass er ihn [a]anrühre. 23 Und er
nahm den Blinden bei der Hand und
führte ihn hinaus vor das Dorf, [a]tat
Speichel auf seine Augen, legte seine
Hände auf ihn und fragte ihn: Siehst du
etwas? 24 Und er sah auf und sprach: Ich
sehe die Menschen, als sähe ich Bäume
umhergehen. 25 Danach legte er abermals
die Hände auf seine Augen. Da sah er
deutlich und wurde wieder zurechtge-
bracht, sodass er alles scharf sehen
konnte. 26 Und er schickte ihn heim und
sprach: Geh nicht hinein in das Dorf!

Das Bekenntnis des Petrus

(Mt 16,13-20; Lk 9,18-21; Joh 6,67-69)

27 Und Jesus ging fort mit seinen Jüngern
in die Dörfer bei Cäsarea Philippi. Und
auf dem Wege fragte er seine Jünger und
sprach zu ihnen: Wer, sagen die Leute,
dass ich sei? 28 Sie antworteten ihm:
Einige sagen, du seist Johannes der Täu-
fer; einige sagen, du seist Elia; andere, du
seist einer der Propheten.[a] 29 Und er
fragte sie: Ihr aber, wer, sagt ihr, dass ich
sei? Da antwortete Petrus und sprach zu
ihm: **Du bist der Christus!** 30 Und er gebot
ihnen, dass sie niemandem von ihm
sagen sollten.[a]

Die erste Ankündigung von Jesu Leiden und Auferstehung

(Mt 16,21-23; Lk 9,22)

31 Und er fing an, sie zu lehren: Der
Menschensohn muss viel leiden und ver-
worfen werden von den Ältesten und Ho-
henpriestern und Schriftgelehrten und
getötet werden und nach drei Tagen auf-
erstehen.[a] 32 Und er redete das Wort frei
und offen. Und Petrus nahm ihn beiseite
und fing an, ihm zu wehren. 33 Er aber
wandte sich um, sah seine Jünger an und
bedrohte Petrus und sprach: Geh weg

8,11: *a* Joh 6,30 **8,15:** *a* Lk 12,1; *b* Kap 3,6 **8,17:** *a* Kap 6,52 **8,18:** *a* Mt 13,13.16 **8,19:** *a* Kap 6,41-44 **8,20:** *a* Verse 8-9 **8,22:** *a* Kap 6,56 **8,23:** *a* Joh 9,6 **8,28:** *a* Kap 6,15 **8,30:** *a* Kap 9,9 **8,31:** *a* Kap 9,31; 10,32-34

von mir, Satan! Denn du meinst nicht,
was göttlich, sondern was menschlich
ist.

Von der Nachfolge

(Mt 16,24-28; Lk 9,23-27)

34 Und er rief zu sich das Volk samt sei-
nen Jüngern und sprach zu ihnen: **Wer**
mir nachfolgen will, der verleugne sich
selbst und nehme sein Kreuz auf sich und
folge mir nach. 35 **Denn wer sein Leben**
erhalten will, der wird's verlieren; und wer
sein Leben verliert um meinetwillen und
um des Evangeliums willen, der wird's er-
halten.[a] 36 **Denn was hülfe es dem Men-**
schen, wenn er die ganze Welt gewönne
und nähme an seiner Seele Schaden?
37 **Denn was kann der Mensch geben, wo-**
mit er seine Seele auslöse?

38 Wer sich aber meiner und meiner
Worte schämt unter diesem abtrünnigen
und sündigen Geschlecht, dessen wird
sich auch der Menschensohn schämen,
wenn er kommen wird in der Herrlichkeit
seines Vaters mit den heiligen Engeln.[a]

9 Und er sprach zu ihnen: Wahrlich,
ich sage euch: Es stehen einige hier,
die werden den Tod nicht schmecken, bis
sie sehen das Reich Gottes kommen mit
Kraft.

Die Verklärung Jesu

(Mt 17,1-13; Lk 9,28-36)

2 Und nach sechs Tagen nahm Jesus mit
sich Petrus, Jakobus und Johannes und
führte sie auf einen hohen Berg, nur sie
allein. Und er wurde vor ihnen verklärt;
3 und seine Kleider wurden hell und sehr
weiß, wie sie kein Bleicher auf Erden so
weiß machen kann. 4 Und es erschien ih-
nen Elia mit Mose und sie redeten mit
Jesus.

5 Und Petrus fing an und sprach zu
Jesus: Rabbi, hier ist für uns gut sein.
Wir wollen drei Hütten bauen, dir eine,
Mose eine und Elia eine. 6 Er wusste aber
nicht, was er redete; denn sie waren ganz
verstört. 7 Und es kam eine Wolke, die
überschattete sie. Und eine Stimme ge-
schah aus der Wolke: [a]**Das ist mein lieber**
Sohn; den sollt ihr hören!

8 Und auf einmal, als sie um sich blick-
ten, sahen sie niemand mehr bei sich als
Jesus allein. 9 Als sie aber vom Berge hin-
abgingen, gebot ihnen Jesus, [a]dass sie
niemandem sagen sollten, was sie gese-
hen hatten, bis der Menschensohn auf-
erstünde von den Toten. 10 Und sie be-
hielten das Wort und befragten sich un-
tereinander: Was ist das, auferstehen von
den Toten?

11 Und sie fragten ihn und sprachen:
Sagen nicht die Schriftgelehrten, dass zu-
vor Elia kommen muss? 12 Er aber sprach
zu ihnen: Elia [a]soll ja zuvor kommen
und alles wieder zurechtbringen. Und
wie steht dann geschrieben von dem
Menschensohn, dass er [b]viel leiden und
verachtet werden soll? 13 Aber ich sage
euch: [a]Elia ist gekommen und sie haben
ihm angetan, was sie wollten, wie [b]von
ihm geschrieben steht.

Die Heilung eines besessenen Knaben

(Mt 17,14-20; Lk 9,37-42)

14 Und sie kamen zu den Jüngern und
sahen eine große Menge um sie herum
und Schriftgelehrte, die mit ihnen strit-
ten. 15 Und sobald die Menge ihn sah,
entsetzten sich alle, liefen herbei und
grüßten ihn. 16 Und er fragte sie: Was
streitet ihr mit ihnen? 17 Einer aber aus
der Menge antwortete: Meister, ich habe
meinen Sohn hergebracht zu dir, der hat
einen sprachlosen Geist*. 18 Und wo er
ihn erwischt, reißt er ihn; und er hat
Schaum vor dem Mund und knirscht mit
den Zähnen und wird starr. Und ich habe
mit deinen Jüngern geredet, dass sie ihn
austreiben sollen, und sie konnten's
nicht. 19 Er aber antwortete ihnen und
sprach: O du ungläubiges Geschlecht,
wie lange soll ich bei euch sein? Wie
lange soll ich euch ertragen? Bringt ihn
her zu mir!

20 Und sie brachten ihn zu ihm. Und
sogleich, als ihn der Geist sah, riss er ihn.
Und er fiel auf die Erde, wälzte sich und
hatte Schaum vor dem Mund. 21 Und Je-
sus fragte seinen Vater: Wie lange ist's,
dass ihm das widerfährt? Er sprach: Von
Kind auf. 22 Und oft hat er ihn ins Feuer
und ins Wasser geworfen, dass er ihn
umbrächte. Wenn du aber etwas kannst,

Mk

* Siehe Sach- und Worterklärungen (»Geister, böse«).

8,35: *a* Mt 10,39 **8,38:** *a* Mt 10,33 **9,7:** *a* Kap 1,11; 2. Petr 1,17 **9,9:** *a* Kap 8,30 **9,12:** *a* Mal 3,23; *b* Jes 53,3-5 **9,13:** *a* Mt 11,14; *b* 1. Kön 19,2.10

so erbarme dich unser und hilf uns! 23Je-
sus aber sprach zu ihm: Du sagst: Wenn
du kannst – **alle Dinge sind möglich dem,**
der da glaubt. 24Sogleich schrie der Vater
des Kindes: **Ich glaube; hilf meinem Un-**
glauben!

25Als nun Jesus sah, dass das Volk
herbeilief, bedrohte er den unreinen
Geist und sprach zu ihm: Du sprachloser
und tauber Geist, ich gebiete dir: Fahre
von ihm aus und fahre nicht mehr in ihn
hinein! 26Da [a]schrie er und riss ihn sehr
und fuhr aus. Und der Knabe lag da wie
tot, sodass die Menge sagte: Er ist tot.
27Jesus aber ergriff ihn bei der Hand und
richtete ihn auf, und er stand auf.

28Und als er heimkam, fragten ihn
seine Jünger für sich allein: Warum
konnten **wir** ihn nicht austreiben? 29Und
er sprach: Diese Art kann durch nichts
ausfahren als durch Beten.*

Die zweite Ankündigung von Jesu Leiden und Auferstehung

(Mt 17,22-23; Lk 9,43-45)

30Und sie gingen von dort weg und zo-
gen durch Galiläa; und er wollte nicht,
dass es jemand wissen sollte. 31Denn er
lehrte seine Jünger und sprach zu ihnen:
Der Menschensohn wird überantwortet
werden in die Hände der Menschen und
sie werden ihn töten; und wenn er getötet
ist, so wird er nach drei Tagen aufer-
stehen.[a] 32Sie aber [a]verstanden das
Wort nicht und fürchteten sich, ihn zu
fragen.

Der Rangstreit der Jünger

(Mt 18,1-5; Lk 9,46-48)

33Und sie kamen nach Kapernaum. Und
als er daheim war, fragte er sie: Was habt
ihr auf dem Weg verhandelt? 34Sie aber
schwiegen; denn sie hatten auf dem Weg
miteinander verhandelt, wer der Größte
sei. 35Und er setzte sich und rief die
Zwölf und sprach zu ihnen: [a]Wenn je-
mand will der Erste sein, der soll der
Letzte sein von allen und aller Diener.
36Und er nahm ein Kind, stellte es mit-
ten unter sie und herzte es und sprach zu
ihnen: 37Wer ein solches Kind in meinem
Namen aufnimmt, der nimmt mich auf;
und wer mich aufnimmt, der nimmt
nicht mich auf, sondern den, der mich
gesandt hat.[a]

Der fremde Wundertäter

(Lk 9,49-50)

38Johannes sprach zu ihm: Meister, wir
sahen einen, der trieb böse Geister in
deinem Namen aus, und wir verboten's
ihm, weil er uns nicht nachfolgt.[a] 39Jesus
aber sprach: Ihr sollt's ihm nicht ver-
bieten. Denn [a]niemand, der ein Wunder
tut in meinem Namen, kann so bald übel
von mir reden. 40Denn wer nicht gegen
uns ist, der ist für uns.[a]

41Denn wer euch einen Becher Wasser
zu trinken gibt deshalb, weil ihr Christus
angehört, wahrlich, ich sage euch: Es
wird ihm nicht unvergolten bleiben.[a]

Warnung vor Verführung zum Abfall

(Mt 18,6-9; Lk 17,1-2)

42Und wer einen dieser Kleinen, die an
mich glauben, zum Abfall verführt, für
den wäre es besser, dass ihm ein Mühl-
stein an den Hals gehängt und er ins
Meer geworfen würde.

43Wenn dich aber deine Hand zum
Abfall verführt, so haue sie ab! Es ist
besser für dich, dass du verkrüppelt zum
Leben eingehst, als dass du zwei Hände
hast und fährst in die Hölle, in das Feuer,
das nie verlöscht.[a]** 45Wenn dich dein
Fuß zum Abfall verführt, so haue ihn ab!
Es ist besser für dich, dass du lahm zum
Leben eingehst, als dass du zwei Füße
hast und wirst in die Hölle geworfen.**
47Wenn dich dein Auge zum Abfall ver-
führt, so wirf's von dir! Es ist besser für
dich, dass du einäugig in das Reich Got-
tes gehst, als dass du zwei Augen hast
und wirst in die Hölle geworfen,[a] 48wo
ihr Wurm nicht stirbt und das Feuer
nicht verlöscht.[a]

49Denn jeder wird mit Feuer gesalzen
werden. 50Das Salz ist gut; [a]wenn aber

* In der späteren Überlieferung finden sich zusätzlich die Worte: »und Fasten«.

** In der späteren Überlieferung wird als Vers 44 und 46 der Text von Vers 48 eingefügt.

9,26: *a* Kap 1,26 **9,31:** *a* Kap 8,31; 10,32-34 **9,32:** *a* Lk 18,34 **9,35:** *a* Kap 10,43-44; Mt 23,11; Lk 22,26-27 **9,37:** *a* Mt 10,40 **9,38:** *a* 4. Mose 11,27-28 **9,39:** *a* 1. Kor 12,3 **9,40:** *a* Mt 12,30; Lk 11,23 **9,41:** *a* Mt 10,42 **9,43:** *a* Mt 5,30 **9,47:** *a* Mt 5,29 **9,48:** *a* Jes 66,24 **9,50:** *a* Mt 5,13; Lk 14,34

das Salz nicht mehr salzt, womit wird
man's würzen? [b]Habt Salz bei euch und
habt Frieden untereinander!

Von der Ehescheidung

(Mt 19,1-9)

10 Und er machte sich auf und kam
von dort in das Gebiet von Judäa
und jenseits des Jordans. Und abermals
lief das Volk in Scharen bei ihm zusam-
men, und wie es seine Gewohnheit war,
lehrte er sie abermals.
2 Und Pharisäer traten zu ihm und
fragten ihn, ob ein Mann sich scheiden
dürfe von seiner Frau; und sie versuchten
ihn damit. 3 Er antwortete aber und
sprach zu ihnen: Was hat euch Mose
geboten? 4 Sie sprachen: Mose hat zu-
gelassen, einen Scheidebrief zu schreiben
und sich zu scheiden.[a] 5 Jesus aber sprach
zu ihnen: Um eures Herzens Härte willen
hat er euch dieses Gebot geschrieben;
6 aber von Beginn der Schöpfung an hat
Gott sie geschaffen als Mann und Frau.[a]
7 [a]Darum wird ein Mann seinen Vater
und seine Mutter verlassen und wird an
seiner Frau hängen, 8 und die zwei wer-
den **ein** Fleisch sein. So sind sie nun nicht
mehr zwei, sondern **ein** Fleisch.* 9 **Was
nun Gott zusammengefügt hat, soll der
Mensch nicht scheiden**.
10 Und daheim fragten ihn abermals
seine Jünger danach. 11 Und er sprach zu
ihnen: Wer sich scheidet von seiner Frau
und heiratet eine andere, der bricht ihr
gegenüber die Ehe;[a] 12 und wenn sich
eine Frau scheidet von ihrem Mann und
heiratet einen andern, bricht sie ihre Ehe.

Die Segnung der Kinder

(Mt 19,13-15; Lk 18,15-17)

13 Und sie brachten Kinder zu ihm, da-
mit er sie anrühre. Die Jünger aber fuh-
ren sie an. 14 Als es aber Jesus sah, wurde
er unwillig und sprach zu ihnen: **Lasst
die Kinder zu mir kommen und wehret
ihnen nicht; denn solchen gehört das Reich
Gottes.** 15 Wahrlich, ich sage euch: Wer
das Reich Gottes nicht empfängt wie ein
Kind, der wird nicht hineinkommen.[a]
16 Und [a]er herzte sie und legte die Hände
auf sie und segnete sie.

Die Gefahr des Reichtums (»Der reiche Jüngling«)

(Mt 19,16-26; Lk 18,18-27)

17 Und als er sich auf den Weg machte,
lief einer herbei, kniete vor ihm nieder
und fragte ihn: Guter Meister, was soll
ich tun, damit ich das ewige Leben er-
erbe? 18 Aber Jesus sprach zu ihm: Was
nennst du mich gut? Niemand ist gut als
Gott allein. 19 Du kennst die Gebote:
[a]»Du sollst nicht töten; du sollst nicht
ehebrechen; du sollst nicht stehlen; du
sollst nicht falsch Zeugnis reden; du
sollst niemanden berauben; ehre Vater
und Mutter.«
20 Er aber sprach zu ihm: Meister, das
habe ich alles gehalten von meiner Ju-
gend auf. 21 Und Jesus sah ihn an und
gewann ihn lieb und sprach zu ihm:
Eines fehlt dir. Geh hin, verkaufe alles,
was du hast, und gib's den Armen, so
wirst du einen Schatz im Himmel haben,
und komm und [a]folge mir nach!** 22 Er
aber wurde unmutig über das Wort und
ging traurig davon; denn er hatte viele
Güter.
23 Und Jesus sah um sich und sprach
zu seinen Jüngern: [a]Wie schwer werden
die Reichen in das Reich Gottes kom-
men! 24 Die Jünger aber entsetzten sich
über seine Worte. Aber Jesus antwortete
wiederum und sprach zu ihnen: Liebe
Kinder, wie schwer ist's, ins Reich Gottes
zu kommen! 25 Es ist leichter, dass ein
Kamel durch ein Nadelöhr gehe, als dass
ein Reicher ins Reich Gottes komme.
26 Sie entsetzten sich aber noch viel mehr
und sprachen untereinander: Wer kann
dann selig werden? 27 Jesus aber sah sie
an und sprach: Bei den Menschen ist's
unmöglich, aber nicht bei Gott; denn alle
Dinge sind möglich bei Gott.

Der Lohn der Nachfolge

(Mt 19,27-30; Lk 18,28-30)

28 Da fing Petrus an und sagte zu ihm:
Siehe, wir haben alles verlassen und sind

* Siehe Sach- und Worterklärungen zu »Fleisch«.
** In der späteren Überlieferung finden sich zusätzlich die Worte: »und nimm das Kreuz auf dich«.

9,50: *b* Kol 4,6 **10,4:** *a* 5.Mose 24,1; Mt 5,31-32 **10,6:** *a* 1.Mose 1,27 **10,7:** *a (7-8)* 1.Mose 2,24 **10,11:** *a* Lk 16,18; 1.Kor 7,10-11 **10,15:** *a* Mt 18,3 **10,16:** *a* Kap 9,36 **10,19:** *a* 2.Mose 20,12-17 **10,21:** *a* Kap 8,34; Mt 10,38 **10,23:** *a* Ps 62,11; 1.Tim 6,17

dir nachgefolgt. 29 Jesus sprach: Wahr-
lich, ich sage euch: Es ist niemand, der
Haus oder Brüder oder Schwestern oder
Mutter oder Vater oder Kinder oder
Äcker verlässt um meinetwillen und um
des Evangeliums willen, 30 der nicht hun-
dertfach empfange: jetzt in dieser Zeit
Häuser und Brüder und Schwestern und
Mütter und Kinder und Äcker mitten
unter Verfolgungen – und in der zukünf-
tigen Welt das ewige Leben. 31 Viele aber
werden die Letzten sein, die die Ersten
sind, und die Ersten sein, die die Letzten
sind.

Die dritte Ankündigung von Jesu Leiden und Auferstehung

(Mt 20,17-19; Lk 18,31-34)

32 Sie waren aber auf dem Wege hinauf
nach Jerusalem und Jesus ging ihnen
voran; und sie entsetzten sich; die ihm
aber nachfolgten, fürchteten sich. Und er
nahm abermals die Zwölf zu sich und
[a]fing an, ihnen zu sagen, was ihm wider-
fahren werde: 33 Siehe, wir gehen hinauf
nach Jerusalem, und der Menschensohn
wird überantwortet werden den Hohen-
priestern und Schriftgelehrten, und sie
werden ihn zum Tode verurteilen und
den Heiden überantworten. 34 Die wer-
den ihn verspotten und anspeien und gei-
ßeln und töten, und nach drei Tagen wird
er auferstehen.

Vom Herrschen und vom Dienen (»Die Söhne des Zebedäus«)

(Mt 20,20-28)

35 Da gingen zu ihm Jakobus und Jo-
hannes, die Söhne des Zebedäus, und
sprachen: Meister, wir wollen, dass du
für uns tust, um was wir dich bitten wer-
den. 36 Er sprach zu ihnen: Was wollt ihr,
dass ich für euch tue? 37 Sie sprachen zu
ihm: Gib uns, dass wir sitzen einer zu
deiner Rechten und einer zu deiner Lin-
ken in deiner Herrlichkeit. 38 Jesus aber
sprach zu ihnen: Ihr wisst nicht, was ihr
bittet. Könnt ihr den [a]Kelch trinken, den
ich trinke, oder [b]euch taufen lassen mit
der Taufe, mit der ich getauft werde?
39 Sie sprachen zu ihm: Ja, das können
wir. Jesus aber sprach zu ihnen: [a]Ihr
werdet zwar den Kelch trinken, den ich
trinke, und getauft werden mit der Taufe,
mit der ich getauft werde; 40 zu sitzen
aber zu meiner Rechten oder zu meiner
Linken, das steht mir nicht zu, euch zu
geben, sondern das wird denen zuteil, für
die es bestimmt ist.

41 Und als das die Zehn hörten, wur-
den sie unwillig über Jakobus und Jo-
hannes. 42 [a]Da rief Jesus sie zu sich und
sprach zu ihnen: Ihr wisst, die als Herr-
scher gelten, halten ihre Völker nieder,
und ihre Mächtigen tun ihnen Gewalt
an. 43 Aber so ist es unter euch nicht;
sondern wer groß sein will unter euch,
der soll euer Diener sein; 44 und wer un-
ter euch der Erste sein will, der soll aller
Knecht sein.[a] 45 Denn auch **der Men-
schensohn ist nicht gekommen, dass er
sich dienen lasse, sondern dass er diene
und sein Leben gebe als Lösegeld für
viele.**

Die Heilung eines Blinden bei Jericho

(Mt 20,29-34; Lk 18,35-43)

46 Und sie kamen nach Jericho. Und als
er aus Jericho wegging, er und seine Jün-
ger und eine große Menge, da saß ein
blinder Bettler am Wege, Bartimäus, der
Sohn des Timäus. 47 Und als er hörte,
dass es Jesus von Nazareth war, fing er
an, zu schreien und zu sagen: Jesus, du
Sohn Davids, erbarme dich meiner!
48 Und viele fuhren ihn an, er solle still-
schweigen. Er aber schrie noch viel mehr:
Du Sohn Davids, erbarme dich meiner!

49 Und Jesus blieb stehen und sprach:
Ruft ihn her! Und sie riefen den Blinden
und sprachen zu ihm: Sei getrost, steh
auf! Er ruft dich! 50 Da warf er seinen
Mantel von sich, sprang auf und kam zu
Jesus. 51 Und Jesus antwortete und
sprach zu ihm: Was willst du, dass ich für
dich tun soll? Der Blinde sprach zu ihm:
Rabbuni, dass ich sehend werde. 52 Jesus
aber sprach zu ihm: Geh hin, dein
Glaube hat dir geholfen. Und sogleich
wurde er sehend und folgte ihm nach auf
dem Wege.

Jesu Einzug in Jerusalem

(Mt 21,1-11; Lk 19,29-40; Joh 12,12-19)

11 Und als sie in die Nähe von Jeru-
salem kamen, nach Betfage und Be-

10,32: *a* Kap 9,31 **10,38:** *a* Kap 14,36; *b* Lk 12,50 **10,39:** *a* Apg 12,2; Offb 1,9 **10,42:** *a (42-45)* Lk 22,25-27
10,44: *a* Kap 9,35; 1. Petr 5,3

tanien an den Ölberg, sandte er zwei sei-
ner Jünger 2 und sprach zu ihnen: Geht
hin in das Dorf, das vor euch liegt. Und
sobald ihr hineinkommt, werdet ihr ein
Füllen angebunden finden, auf dem noch
nie ein Mensch gesessen hat; bindet es los
und führt es her! 3 Und wenn jemand zu
euch sagen wird: Warum tut ihr das?, so
sprecht: Der Herr bedarf seiner, und er
sendet es alsbald wieder her. 4 Und sie
gingen hin und fanden das Füllen ange-
bunden an einer Tür draußen am Weg
und banden's los. 5 Und einige, die dort
standen, sprachen zu ihnen: Was macht
ihr da, dass ihr das Füllen losbindet?
6 Sie sagten aber zu ihnen, wie ihnen Je-
sus geboten hatte, und die ließen's zu.

7 Und sie führten das Füllen zu Jesus
und legten ihre Kleider darauf, und er
setzte sich darauf. 8 Und viele breiteten
ihre Kleider auf den Weg, andere aber
grüne Zweige, die sie auf den Feldern
abgehauen hatten. 9 Und die voran gingen
und die nachfolgten, schrien: [a] **Hosianna!
Gelobt sei, der da kommt in dem Namen
des Herrn!** 10 Gelobt sei das Reich un-
seres Vaters David, das da kommt! Ho-
sianna in der Höhe!

11 Und Jesus ging hinein nach Jeru-
salem in den Tempel und er besah
ringsum alles, und spät am Abend ging
er hinaus nach Betanien mit den
Zwölfen.

Der verdorrte Feigenbaum. Die Tempelreinigung

(Mt 21,12-22; Lk 19,45-48; Joh 2,13-16)

12 Und am nächsten Tag, als sie von Be-
tanien weggingen, hungerte ihn. 13 Und
er sah einen Feigenbaum von ferne, der
Blätter hatte; da ging er hin, ob er etwas
darauf fände. Und als er zu ihm kam,
fand er nichts als Blätter; denn es war
nicht die Zeit für Feigen. 14 Da fing Jesus
an und sprach zu ihm: Nun esse niemand
mehr eine Frucht von dir in Ewigkeit!
Und seine Jünger hörten das.

15 Und sie kamen nach Jerusalem. Und
Jesus ging in den Tempel und fing an
auszutreiben die Verkäufer und Käufer
im Tempel; und die Tische der Geld-
wechsler und die Stände der Tauben-
händler stieß er um 16 und ließ nicht zu,
dass jemand etwas durch den Tempel
trage. 17 Und er lehrte und sprach zu
ihnen: Steht nicht geschrieben (Jesaja
56,7): »Mein Haus soll ein Bethaus hei-
ßen für alle Völker«? Ihr aber habt eine
[a] Räuberhöhle daraus gemacht. 18 Und es
kam vor die Hohenpriester und Schrift-
gelehrten, und sie trachteten danach, wie
sie ihn umbrächten. Sie fürchteten sich
nämlich vor ihm; denn alles Volk ver-
wunderte sich über seine Lehre. 19 Und
abends gingen sie hinaus vor die Stadt.

20 Und als sie am Morgen an dem Fei-
genbaum vorbeigingen, sahen sie, dass er
verdorrt war bis zur Wurzel. 21 Und Pe-
trus dachte daran und sprach zu ihm:
Rabbi, sieh, der Feigenbaum, den du ver-
flucht hast, ist verdorrt. 22 Und Jesus ant-
wortete und sprach zu ihnen: Habt Glau-
ben an Gott! 23 Wahrlich, ich sage euch:
Wer zu diesem Berge spräche: Heb dich
und wirf dich ins Meer!, und zweifelte
nicht in seinem Herzen, sondern glaubte,
dass geschehen werde, was er sagt, so
wird's ihm geschehen.[a] 24 Darum sage
ich euch: **Alles, was ihr bittet in eurem
Gebet, glaubt nur, dass ihr's empfangt, so
wird's euch zuteil werden.**[a] 25 Und wenn
ihr steht und betet, so vergebt, wenn ihr
etwas gegen jemanden habt, damit auch
euer Vater im Himmel euch vergebe eure
Übertretungen.[a] *

Die Frage nach Jesu Vollmacht

(Mt 21,23-27; Lk 20,1-8)

27 Und sie kamen wieder nach Jerusalem.
Und als er im Tempel umherging, kamen
zu ihm die Hohenpriester und Schrift-
gelehrten und Ältesten 28 und fragten ihn:
Aus welcher Vollmacht tust du das? Oder
wer hat dir diese Vollmacht gegeben,
dass du das tust? 29 Jesus aber sprach zu
ihnen: Ich will euch auch eine Sache fra-
gen; antwortet mir, so will ich euch sa-
gen, aus welcher Vollmacht ich das tue.
30 Die Taufe des Johannes – war sie vom
Himmel oder von Menschen? Antwortet
mir!

31 Und sie bedachten bei sich selbst

* Vers 26 findet sich erst in der späteren Überlieferung: »Wenn ihr aber nicht vergebt, so wird euer Vater, der im Himmel ist, eure Übertretungen auch nicht vergeben« (vgl. Mt 6,15).

11,9: *a* Ps 118,25-26 **11,17:** *a* Jer 7,11 **11,23:** *a* Kap 9,23; Mt 17,20 **11,24:** *a* Mt 7,7; Joh 14,13; 1.Joh 5,14-15 **11,25:** *a* Mt 5,23-24; 6,14-15

und sprachen: Sagen wir, sie war vom
Himmel, so wird er sagen: Warum habt
ihr ihm dann nicht geglaubt? 32 Oder sol-
len wir sagen, sie war von Menschen? –
da fürchteten sie sich vor dem Volk.
Denn [a]sie hielten alle Johannes wirklich
für einen Propheten. 33 Und sie antworte-
ten und sprachen zu Jesus: Wir wissen's
nicht. Und Jesus sprach zu ihnen: So
sage ich euch auch nicht, aus welcher
Vollmacht ich das tue.

Von den bösen Weingärtnern

(Mt 21,33-46; Lk 20,9-19)

12 Und er fing an, zu ihnen in Gleich-
nissen zu reden: Ein Mensch
[a]pflanzte einen Weinberg und zog einen
Zaun darum und grub eine Kelter und
baute einen Turm und verpachtete ihn an
Weingärtner und ging außer Landes.
2 Und er sandte, als die Zeit kam, einen
Knecht zu den Weingärtnern, damit er
von den Weingärtnern seinen Anteil an
den Früchten des Weinbergs hole. 3 Sie
nahmen ihn aber, schlugen ihn und
schickten ihn mit leeren Händen fort.
4 Abermals sandte er zu ihnen einen an-
dern Knecht; dem schlugen sie auf den
Kopf und [a]schmähten ihn. 5 Und er
sandte noch einen andern, den töteten
sie; und viele andere: die einen schlugen
sie, die andern töteten sie. 6 Da hatte er
noch einen, seinen geliebten Sohn; den
sandte er als Letzten auch zu ihnen und
sagte sich: Sie werden sich vor meinem
Sohn scheuen. 7 Sie aber, die Weingärtner,
sprachen untereinander: Dies ist der
Erbe; kommt, lasst uns ihn töten, so wird
das Erbe unser sein! 8 Und sie nahmen
ihn und töteten ihn und [a]warfen ihn hin-
aus vor den Weinberg.

9 Was wird nun der Herr des Weinbergs
tun? Er wird kommen und die Weingärt-
ner umbringen und den Weinberg andern
geben. 10 Habt ihr denn nicht dieses
Schriftwort gelesen (Psalm 118,22-23):
»Der Stein, den die Bauleute verworfen
haben, der ist zum Eckstein geworden.
11 Vom Herrn ist das geschehen und ist
ein Wunder vor unsern Augen«? 12 Und
sie trachteten danach, ihn zu ergreifen,
und fürchteten sich doch vor dem Volk;
denn sie verstanden, dass er auf sie hin
dies Gleichnis gesagt hatte. Und sie lie-
ßen ihn und gingen davon.

Die Frage nach der Steuer (»Der Zinsgroschen«)

(Mt 22,15-22; Lk 20,20-26)

13 Und sie sandten zu ihm einige von den
Pharisäern und von den Anhängern des
Herodes, dass sie ihn fingen in Worten.
14 Und sie kamen und sprachen zu ihm:
Meister, wir wissen, dass du wahrhaftig
bist und fragst nach niemand; denn du
achtest nicht das Ansehen der Menschen,
sondern du lehrst den Weg Gottes recht.
Ist's recht, dass man dem Kaiser Steuern
zahlt, oder nicht? Sollen wir sie zahlen
oder nicht zahlen?

15 Er aber merkte ihre Heuchelei und
sprach zu ihnen: Was versucht ihr mich?
Bringt mir einen Silbergroschen, dass ich
ihn sehe! 16 Und sie brachten einen. Da
sprach er: Wessen Bild und Aufschrift ist
das? Sie sprachen zu ihm: Des Kaisers.
17 Da sprach Jesus zu ihnen: So [a]**gebt
dem Kaiser, was des Kaisers ist, und Gott,
was Gottes ist!** Und sie wunderten sich
über ihn.

Die Frage nach der Auferstehung

(Mt 22,23-33; Lk 20,27-38)

18 Da traten die Sadduzäer zu ihm, die
lehren, es gebe keine Auferstehung; die
fragten ihn und sprachen: 19 Meister,
Mose hat uns vorgeschrieben (5. Mose
25,5-6): »Wenn jemand stirbt und hinter-
lässt eine Frau, aber keine Kinder, so soll
sein Bruder sie zur Frau nehmen und
seinem Bruder Nachkommen erwecken.«
20 Nun waren sieben Brüder. Der erste
nahm eine Frau; der starb und hinterließ
keine Kinder. 21 Und der zweite nahm sie
und starb und hinterließ auch keine Kin-
der. Und der dritte ebenso. 22 Und alle
sieben hinterließen keine Kinder. Zuletzt
nach allen starb die Frau auch. 23 Nun in
der Auferstehung, wenn sie auferstehen:
wessen Frau wird sie sein unter ihnen?
Denn alle sieben haben sie zur Frau ge-
habt.

24 Da sprach Jesus zu ihnen: Ist's nicht
so? Ihr irrt, weil ihr weder die Schrift

11,32: *a* Lk 7,29-30 **12,1:** *a* Jes 5,1-2 **12,4:** *a* 2. Chr 36,16 **12,8:** *a* Hebr 13,12 **12,17:** *a* Röm 13,1.7

kennt noch die Kraft Gottes. **25** Wenn sie
von den Toten auferstehen werden, so
werden sie weder heiraten noch sich hei-
raten lassen, sondern sie sind wie die
Engel im Himmel. **26** Aber von den Toten,
dass sie auferstehen, habt ihr nicht ge-
lesen im Buch des Mose, bei dem Dorn-
busch, wie Gott zu ihm sagte und sprach
(2. Mose 3,6): »Ich bin der Gott Abra-
hams und der Gott Isaaks und der Gott
Jakobs«? **27** Gott ist nicht ein Gott der
Toten, sondern der Lebenden. Ihr irrt
sehr.

Die Frage nach dem höchsten Gebot

(Mt 22,35-40; Lk 10,25-28)

28 Und es trat zu ihm einer von den
Schriftgelehrten, der ihnen zugehört
hatte, wie sie miteinander stritten. Und
als er sah, dass er ihnen gut geantwortet
hatte, fragte er ihn: Welches ist das
höchste Gebot von allen? **29** Jesus aber
antwortete ihm: Das höchste Gebot ist
das: »Höre, Israel, der Herr, unser Gott,
ist der Herr allein, **30** und **du sollst den
Herrn, deinen Gott, lieben von ganzem
Herzen, von ganzer Seele, von ganzem
Gemüt* und von allen deinen Kräften**«
(5. Mose 6,4-5). **31** Das andre ist dies: **»Du
sollst deinen Nächsten lieben wie dich
selbst«** (3. Mose 19,18). Es ist kein an-
deres Gebot größer als diese.
32 [a]Und der Schriftgelehrte sprach zu
ihm: Meister, du hast wahrhaftig recht
geredet! Er ist nur **einer**, und ist kein
anderer außer ihm; **33** und ihn lieben von
ganzem Herzen, von ganzem Gemüt und
von allen Kräften, und seinen Nächsten
lieben wie sich selbst, [a]das ist mehr als
alle Brandopfer und Schlachtopfer. **34** Als
Jesus aber sah, dass er verständig ant-
wortete, sprach er zu ihm: [a]Du bist nicht
fern vom Reich Gottes. Und niemand
wagte mehr, ihn zu fragen.

Die Frage nach dem Davidssohn

(Mt 22,41-46; Lk 20,41-44)

35 Und Jesus fing an und sprach, als er im
Tempel lehrte: Wieso sagen die Schrift-
gelehrten, [a]der Christus sei Davids
Sohn? **36** David selbst hat [a]durch den
Heiligen Geist gesagt (Psalm 110,1): »Der
Herr sprach zu meinem Herrn: Setze
dich zu meiner Rechten, bis ich deine
Feinde unter deine Füße lege.« **37** Da
nennt ihn ja David selbst seinen Herrn.
Woher ist er dann sein Sohn? Und alles
Volk hörte ihn gern.

Warnung vor den Schriftgelehrten

(Mt 23,5-14; Lk 20,45-47)

38 Und er lehrte sie und sprach zu ihnen:
Seht euch vor vor den Schriftgelehrten,
die gern in langen Gewändern gehen und
lassen sich auf dem Markt grüßen **39** und
sitzen gern obenan in den Synagogen
und am Tisch beim Mahl; **40** sie [a]fressen
die Häuser der Witwen und verrichten
zum Schein lange Gebete. Die werden ein
umso härteres Urteil empfangen.

Das Scherflein der Witwe

(Lk 21,1-4)

41 Und Jesus setzte sich dem [a]Gottes-
kasten gegenüber und sah zu, wie das
Volk Geld einlegte in den Gotteskasten.
Und viele Reiche legten viel ein. **42** Und
es kam eine arme Witwe und legte zwei
Scherflein ein; das macht zusammen
einen Pfennig. **43** Und er rief seine Jünger
zu sich und sprach zu ihnen: Wahrlich,
ich sage euch: Diese arme Witwe hat
mehr in den Gotteskasten gelegt als alle,
die etwas eingelegt haben. **44** Denn sie ha-
ben alle etwas von ihrem Überfluss ein-
gelegt; diese aber hat von ihrer Armut
ihre ganze Habe eingelegt, alles, was sie
zum Leben hatte.

Jesu Rede über die Endzeit (Kapitel 13,1-37)

(Mt 24,1-51; Lk 21,5-36; 17,23-37)

Das Ende des Tempels

13 Und als er aus dem Tempel ging,
sprach zu ihm einer seiner Jünger:
Meister, siehe, was für Steine und was für
Bauten! **2** Und Jesus sprach zu ihm:
Siehst du diese großen Bauten? Nicht ein
Stein wird auf dem andern bleiben, der
nicht zerbrochen werde.

* Siehe Sach- und Worterklärungen.

12,32: *a (32-34)* Lk 20,39-40 **12,33:** *a* 1. Sam 15,22; Hos 6,6; Mt 9,13 **12,34:** *a* Apg 26,27-29 **12,35:** *a* Jes 11,1; Joh 7,42; Röm 1,3 **12,36:** *a* 2. Sam 23,2 **12,40:** *a* Jak 1,27 **12,41:** *a* 2. Kön 12,10

Der Anfang der Wehen

3 Und als er auf dem Ölberg saß gegen-
über dem Tempel, fragten ihn [a]Petrus
und Jakobus und Johannes und Andreas,
als sie allein waren: 4 Sage uns, wann wird
das geschehen? Und was wird das Zei-
chen sein, wenn das alles vollendet wer-
den soll? 5 Jesus fing an und sagte zu
ihnen: Seht zu, dass euch nicht jemand
verführe! 6 Es werden viele kommen un-
ter meinem Namen und sagen: Ich bin's,
und werden viele verführen.[a] 7 Wenn ihr
aber hören werdet von Kriegen und
Kriegsgeschrei, so fürchtet euch nicht. Es
muss so geschehen. Aber das Ende ist
noch nicht da. 8 Denn es wird sich ein
Volk gegen das andere erheben und ein
Königreich gegen das andere. Es werden
Erdbeben geschehen hier und dort, es
werden Hungersnöte sein. Das ist der
Anfang der Wehen.

9 Ihr aber seht euch vor! Denn sie wer-
den euch den Gerichten überantworten,
und in den Synagogen werdet ihr gegei-
ßelt werden, und vor Statthalter und Kö-
nige werdet ihr geführt werden um mei-
netwillen, ihnen zum Zeugnis. 10 Und das
Evangelium muss zuvor gepredigt wer-
den unter allen Völkern.[a] 11 Und wenn
sie euch hinführen und überantworten
werden, so sorgt euch nicht vorher, was
ihr reden sollt; sondern was euch in jener
Stunde gegeben wird, das redet. Denn ihr
seid's nicht, die da reden, sondern der
Heilige Geist. 12 Und es wird ein Bruder
den andern dem Tod preisgeben und der
Vater den Sohn, und die Kinder werden
sich empören gegen die Eltern und wer-
den sie töten helfen. 13 Und [a]ihr werdet
gehasst sein von jedermann um meines
Namens willen. **Wer aber beharrt bis an
das Ende, der wird selig.**

Die große Bedrängnis

14 Wenn ihr aber sehen werdet das
[a]Gräuelbild der Verwüstung stehen, wo
es nicht soll – wer es liest, der merke
auf! –, alsdann, wer in Judäa ist, der
fliehe auf die Berge. 15 Wer auf dem Dach
ist, der steige nicht hinunter und gehe
nicht hinein, etwas aus seinem Hause zu
holen. 16 Und wer auf dem Feld ist, der
wende sich nicht um, seinen Mantel zu
holen. 17 Weh aber den Schwangeren und
den Stillenden zu jener Zeit! 18 Bittet
aber, dass es nicht im Winter geschehe.
19 Denn in diesen Tagen wird [a]eine sol-
che Bedrängnis sein, wie sie nie gewesen
ist bis jetzt vom Anfang der Schöpfung,
die Gott geschaffen hat, und auch nicht
wieder werden wird. 20 Und wenn der
Herr diese Tage nicht verkürzt hätte,
würde kein Mensch selig; aber um der
Auserwählten willen, die er auserwählt
hat, hat er diese Tage verkürzt.

21 Wenn dann jemand zu euch sagen
wird: Siehe, hier ist der Christus; siehe,
da ist er!, so glaubt es nicht. 22 Denn es
werden sich erheben falsche Christusse
und falsche Propheten, die Zeichen und
Wunder tun, sodass sie die Auserwählten
verführen würden, wenn es möglich wäre.
23 Ihr aber seht euch vor! Ich habe euch
alles zuvor gesagt!

Das Kommen des Menschensohns

24 Aber zu jener Zeit, nach dieser Be-
drängnis, wird die Sonne sich verfinstern
und der Mond seinen Schein verlieren,
25 und die Sterne werden vom Himmel
fallen, und die Kräfte der Himmel wer-
den ins Wanken kommen.[a] 26 Und dann
werden sie [a]sehen den Menschensohn
kommen in den Wolken mit großer Kraft
und Herrlichkeit. 27 Und dann [a]wird er
die Engel senden und wird seine Auser-
wählten versammeln von den vier Win-
den, vom Ende der Erde bis zum Ende
des Himmels.

Mahnung zur Wachsamkeit

28 An dem Feigenbaum aber lernt ein
Gleichnis: Wenn jetzt seine Zweige saftig
werden und Blätter treiben, so wisst ihr,
dass der Sommer nahe ist. 29 Ebenso
auch: wenn ihr seht, dass dies geschieht,
so wisst, dass er nahe vor der Tür ist.
30 Wahrlich, ich sage euch: Dieses Ge-
schlecht wird nicht vergehen, bis dies al-
les geschieht. **31 Himmel und Erde werden
vergehen; meine Worte aber werden nicht
vergehen.** 32 Von dem Tage aber und der
Stunde weiß niemand, auch die Engel im

13,3: *a* Mt 17,1 **13,6:** *a* Joh 5,43 **13,10:** *a* Kap 16,15 **13,13:** *a* Joh 15,18.21 **13,14:** *a* Dan 9,27; 11,31 **13,19:** *a* Dan 12,1 **13,25:** *a* Hebr 12,26 **13,26:** *a* Dan 7,13 **13,27:** *a* Mt 13,41

Himmel nicht, auch der Sohn nicht, son-
dern allein der Vater.
33 Seht euch vor, wachet! Denn ihr
wisst nicht, wann die Zeit da ist.[a] 34 Wie
bei einem Menschen, der über Land zog
und verließ sein Haus und gab seinen
Knechten Vollmacht, einem jeden seine
Arbeit, und gebot dem Türhüter, er solle
wachen: 35 so wacht nun; denn ihr wisst
nicht, wann der Herr des Hauses kommt,
ob am Abend oder zu Mitternacht oder
um den Hahnenschrei oder am Morgen,[a]
36 damit er euch nicht schlafend finde,
wenn er plötzlich kommt. 37 Was ich aber
euch sage, das sage ich allen: Wachet!

Leiden, Sterben und Auferstehung Jesu

(Kapitel 14,1–16,20)

(Mt 26,1–28,20; Lk 22,1–24,53; Joh 18,1–21,25)

Der Plan der Hohenpriester und Schriftgelehrten

14 Es waren noch zwei Tage bis zum
Passafest und den Tagen der Unge-
säuerten Brote. Und die Hohenpriester
und Schriftgelehrten suchten, wie sie ihn
mit List ergreifen und töten könnten.
2 Denn sie sprachen: Ja nicht bei dem
Fest, damit es nicht einen Aufruhr im
Volk gebe.

Die Salbung in Betanien

3 Und als er in Betanien war im Hause
Simons des Aussätzigen und saß zu
Tisch, da kam eine Frau, die hatte ein
Glas mit unverfälschtem und kostbarem
Nardenöl, und sie zerbrach das Glas und
goss es auf sein Haupt. 4 Da wurden
einige unwillig und sprachen unterein-
ander: Was soll diese Vergeudung des
Salböls? 5 Man hätte dieses Öl für mehr
als dreihundert Silbergroschen verkaufen
können und das Geld den Armen geben.
Und sie fuhren sie an.
6 Jesus aber sprach: Lasst sie in Frie-
den! Was betrübt ihr sie? Sie hat ein
gutes Werk an mir getan. 7 Denn [a]ihr
habt allezeit Arme bei euch, und wenn
ihr wollt, könnt ihr ihnen Gutes tun;
mich aber habt ihr nicht allezeit. 8 Sie hat
getan, was sie konnte; sie hat meinen
Leib im Voraus gesalbt für mein Begräb-
nis. 9 Wahrlich, ich sage euch: Wo das
Evangelium gepredigt wird in aller Welt,
da wird man auch das sagen zu ihrem
Gedächtnis, was sie jetzt getan hat.

Der Verrat des Judas

10 Und Judas Iskariot, einer von den
Zwölfen, ging hin zu den Hohenpries-
tern, dass er ihn an sie verriete. 11 Als die
das hörten, wurden sie froh und verspra-
chen, ihm Geld zu geben. Und er suchte,
wie er ihn bei guter Gelegenheit verraten
könnte.

Das Abendmahl

12 Und am ersten Tage der Ungesäuerten
Brote, als man das Passalamm opferte,
sprachen seine Jünger zu ihm: Wo willst
du, dass wir hingehen und das Passa-
lamm bereiten, damit du es essen kannst?
13 Und er sandte zwei seiner Jünger und
sprach zu ihnen: Geht hin in die Stadt,
und es wird euch ein Mensch begegnen,
der trägt einen Krug mit Wasser; folgt
ihm 14 und wo er hineingeht, da sprecht
zu dem Hausherrn: Der Meister lässt dir
sagen: Wo ist der Raum, in dem ich das
Passalamm essen kann mit meinen Jün-
gern?[a] 15 Und er wird euch einen großen
Saal zeigen, der mit Polstern versehen
und vorbereitet ist; dort richtet für uns
zu. 16 Und die Jünger gingen hin und
kamen in die Stadt und fanden's, wie er
ihnen gesagt hatte, und bereiteten das
Passalamm.
17 Und am Abend kam er mit den
Zwölfen. 18 [a]Und als sie bei Tisch waren
und aßen, sprach Jesus: Wahrlich, ich
sage euch: Einer unter euch, der mit mir
isst, wird mich verraten. 19 Und sie wur-
den traurig und fragten ihn, einer nach
dem andern: Bin ich's? 20 Er aber sprach
zu ihnen: Einer von den Zwölfen, der mit
mir seinen Bissen in die Schüssel taucht.
21 Der Menschensohn geht zwar hin, wie
von ihm geschrieben steht; weh aber dem
Menschen, durch den der Menschensohn
verraten wird! Es wäre für diesen Men-
schen besser, wenn er nie geboren wäre.
22 [a]**Und als sie aßen, nahm Jesus das**

13,33: *a* Lk 12,35-40; 21,36 **13,35:** *a* Lk 12,38 **14,7:** *a* 5.Mose 15,11 **14,14:** *a* Kap 11,3 **14,18:** *a (18-20)* Joh 13,21-26 **14,22:** *a (22-24)* 1.Kor 11,23-25

Brot, dankte und brach's und gab's ihnen
und sprach: Nehmet; das ist mein Leib.
23 **Und er nahm den Kelch, dankte und gab**
ihnen den; und sie tranken alle daraus.
24 **Und er sprach zu ihnen: Das ist mein**
[a] **Blut des Bundes,* das für viele vergossen**
wird. 25 Wahrlich, ich sage euch, dass ich
nicht mehr trinken werde vom Gewächs
des Weinstocks bis an den Tag, an dem
ich aufs Neue davon trinke im Reich
Gottes.

Die Ankündigung der Verleugnung des Petrus

26 Und als sie den [a] Lobgesang gesungen
hatten, gingen sie hinaus an den Ölberg.
27 Und Jesus sprach zu ihnen: Ihr werdet
alle Ärgernis nehmen; denn es steht ge-
schrieben (Sacharja 13,7): »Ich werde den
Hirten schlagen, und [a] die Schafe werden
sich zerstreuen.« 28 Wenn ich aber aufer-
standen bin, will ich vor euch hingehen
nach [a] Galiläa.
29 Petrus aber sagte zu ihm: Und wenn
sie alle Ärgernis nehmen, so doch ich
nicht! 30 Und Jesus sprach zu ihm: Wahr-
lich, ich sage dir: Heute, in dieser Nacht,
ehe der Hahn zweimal kräht, wirst du
mich dreimal verleugnen.[a] 31 Er aber re-
dete noch weiter: Auch wenn ich mit dir
sterben müsste, werde ich dich nicht ver-
leugnen! Das Gleiche sagten sie alle.

Jesus in Gethsemane

32 Und sie kamen zu einem Garten mit
Namen Gethsemane. Und er sprach zu
seinen Jüngern: Setzt euch hierher, bis
ich gebetet habe. 33 Und er [a] nahm mit
sich Petrus und Jakobus und Johannes
und fing an zu zittern und zu zagen
34 und sprach zu ihnen: [a] Meine Seele ist
betrübt bis an den Tod; bleibt hier und
wachet!
35 Und er ging ein wenig weiter, warf
sich auf die Erde und betete, dass, wenn
es möglich wäre, die Stunde an ihm
vorüberginge, 36 und sprach: **Abba, mein**
Vater, alles ist dir möglich; nimm [a] **diesen**
Kelch von mir; doch nicht, was ich will,
sondern was du willst! 37 Und er kam und
fand sie schlafend und sprach zu Petrus:
Simon, schläfst du? Vermochtest du
nicht, **eine** Stunde zu wachen? 38 **Wachet**
und betet, dass ihr nicht in Versuchung
fallt! Der Geist ist willig; aber das Fleisch
ist schwach.
39 Und er ging wieder hin und betete
und sprach dieselben Worte 40 und kam
zurück und fand sie abermals schlafend;
denn ihre Augen waren voller Schlaf, und
sie wussten nicht, was sie ihm antworten
sollten. 41 Und er kam zum dritten Mal
und sprach zu ihnen: Ach, wollt ihr wei-
ter schlafen und ruhen? Es ist genug; die
Stunde ist gekommen. Siehe, der Men-
schensohn wird überantwortet in die
Hände der Sünder. 42 Steht auf, lasst uns
gehen! Siehe, der mich verrät, ist nahe.

Jesu Gefangennahme

43 Und alsbald, während er noch redete,
kam herzu Judas, einer von den Zwölfen,
und mit ihm eine Schar mit Schwertern
und mit Stangen, von den Hohenpries-
tern und Schriftgelehrten und Ältesten.
44 Und der Verräter hatte ihnen ein Zei-
chen genannt und gesagt: Welchen ich
küssen werde, der ist's; den ergreift und
führt ihn sicher ab. 45 Und als er kam,
trat er alsbald zu ihm und sprach:
Rabbi!, und küsste ihn. 46 Die aber legten
Hand an ihn und ergriffen ihn. 47 Einer
aber von denen, die dabeistanden, zog
sein Schwert und schlug nach dem
Knecht des Hohenpriesters und hieb ihm
ein Ohr ab.
48 Und Jesus antwortete und sprach zu
ihnen: Ihr seid ausgezogen wie gegen
einen Räuber mit Schwertern und mit
Stangen, mich zu fangen. 49 Ich bin täg-
lich bei euch im Tempel gewesen und
habe gelehrt, und ihr habt mich nicht
ergriffen. Aber so muss die Schrift erfüllt
werden. 50 Da verließen ihn alle und flo-
hen. 51 Ein junger Mann aber folgte ihm
nach, der war mit einem Leinengewand
bekleidet auf der bloßen Haut; und sie
griffen nach ihm. 52 Er aber ließ das Ge-
wand fahren und [a] floh nackt davon.

Jesus vor dem Hohen Rat

53 Und sie führten Jesus zu dem Hohen-
priester; und es versammelten sich alle
Hohenpriester und Ältesten und Schrift-

* Luther übersetzte: »des neuen Testaments«.

14,24: *a* 2. Mose 24,8; Hebr 9,15-16 **14,26:** *a* Ps 113,1–118,29 **14,27:** *a* Joh 16,32 **14,28:** *a* Kap 16,7 **14,30:** *a* Joh 13,38 **14,33:** *a* Mt 17,1 **14,34:** *a* Joh 12,27 **14,36:** *a* Kap 10,38 **14,52:** *a* Am 2,16

gelehrten. 54 Petrus aber folgte ihm nach
von ferne, bis hinein in den Palast des
Hohenpriesters, und saß da bei den
Knechten und wärmte sich am Feuer.
55 Aber die Hohenpriester und der
ganze Hohe Rat suchten Zeugnis gegen
Jesus, dass sie ihn zu Tode brächten, und
fanden nichts. 56 Denn viele gaben fal-
sches Zeugnis ab gegen ihn; aber ihr
Zeugnis stimmte nicht überein. 57 Und
einige standen auf und gaben falsches
Zeugnis ab gegen ihn und sprachen:
58 Wir haben gehört, dass er gesagt hat:
[a] Ich will diesen Tempel, der mit Händen
gemacht ist, abbrechen und in drei Tagen
einen andern bauen, der nicht mit Hän-
den gemacht ist. 59 Aber ihr Zeugnis
stimmte auch so nicht überein. 60 Und
der Hohepriester stand auf, trat in die
Mitte und fragte Jesus und sprach: Ant-
wortest du nichts auf das, was diese ge-
gen dich bezeugen? 61 Er aber [a] schwieg
still und antwortete nichts. Da fragte ihn
der Hohepriester abermals und sprach
zu ihm: **Bist du der Christus, der Sohn
des Hochgelobten?** 62 **Jesus aber sprach:
Ich bin's; und [a] ihr werdet sehen den
Menschensohn sitzen zur Rechten der
Kraft und kommen mit den Wolken des
Himmels.**
63 Da zerriss der Hohepriester seine
Kleider und sprach: Was bedürfen wir
weiterer Zeugen? 64 Ihr habt die Gottes-
lästerung gehört. Was ist euer Urteil? Sie
aber verurteilten ihn alle, [a] dass er des
Todes schuldig sei. 65 Da fingen einige an,
ihn anzuspeien und sein Angesicht zu
verdecken und ihn mit Fäusten zu schla-
gen und zu ihm zu sagen: Weissage uns!
Und die Knechte schlugen ihn ins Ange-
sicht.

Die Verleugnung des Petrus

66 Und Petrus war unten im Hof. Da kam
eine von den Mägden des Hohenpries-
ters; 67 und als sie Petrus sah, wie er sich
wärmte, schaute sie ihn an und sprach:
Und du warst auch mit dem Jesus von
Nazareth. 68 Er leugnete aber und sprach:
Ich weiß nicht und verstehe nicht, was du
sagst. Und er ging hinaus in den Vorhof,
und der Hahn krähte. 69 Und die Magd
sah ihn und fing abermals an, denen zu
sagen, die dabeistanden: Das ist einer
von denen. 70 Und er leugnete abermals.
Und nach einer kleinen Weile sprachen
die, die dabeistanden, abermals zu Pe-
trus: Wahrhaftig, du bist einer von de-
nen; denn du bist auch ein Galiläer. 71 Er
aber fing an, sich zu verfluchen und zu
schwören: Ich kenne den Menschen
nicht, von dem ihr redet. 72 Und alsbald
krähte der Hahn zum zweiten Mal. Da
gedachte Petrus an das Wort, das Jesus
zu ihm gesagt hatte: Ehe der Hahn zwei-
mal kräht, wirst du mich dreimal ver-
leugnen. Und er fing an zu weinen.

Jesus vor Pilatus

15 Und alsbald am Morgen hielten die
Hohenpriester Rat mit den Ältesten
und Schriftgelehrten und dem ganzen
Hohen Rat, und sie banden Jesus, führ-
ten ihn ab und überantworteten ihn Pila-
tus. 2 Und Pilatus fragte ihn: Bist du der
König der Juden? Er aber antwortete und
sprach zu ihm: Du sagst es. 3 Und die
Hohenpriester beschuldigten ihn hart.
4 Pilatus aber fragte ihn abermals: Ant-
wortest du nichts? Siehe, wie hart sie dich
verklagen! 5 Jesus aber [a] antwortete nichts
mehr, sodass sich Pilatus verwunderte.

Jesu Verurteilung und Verspottung

6 Er pflegte ihnen aber zum Fest einen
Gefangenen loszugeben, welchen sie er-
baten. 7 Es war aber einer, genannt Bar-
abbas, gefangen mit den Aufrührern, die
beim Aufruhr einen Mord begangen hat-
ten. 8 Und das Volk ging hinauf und bat,
dass er tue, wie er zu tun pflegte. 9 Pilatus
aber antwortete ihnen: Wollt ihr, dass
ich euch den König der Juden losgebe?
10 Denn er erkannte, dass ihn die Hohen-
priester aus Neid überantwortet hatten.[a]
11 Aber die Hohenpriester reizten das
Volk auf, dass er ihnen viel lieber den
Barabbas losgebe. 12 Pilatus aber fing
wiederum an und sprach zu ihnen: Was
wollt ihr denn, dass ich tue mit dem, den
ihr den König der Juden nennt? 13 Sie
schrien abermals: Kreuzige ihn! 14 Pilatus
aber sprach zu ihnen: Was hat er denn
Böses getan? Aber sie schrien noch viel
mehr: Kreuzige ihn! 15 Pilatus aber wollte
dem Volk zu Willen sein und gab ihnen

14,58: *a* Joh 2,19-21 **14,61:** *a* Kap 15,5; Jes 53,7 **14,62:** *a* Ps 110,1; Dan 7,13-14 **14,64:** *a* Joh 19,7 **15,5:** *a* Kap 14,61; Jes 53,7 **15,10:** *a* Joh 11,48

Barabbas los und ließ Jesus geißeln und
überantwortete ihn, dass er gekreuzigt
werde.
16 Die Soldaten aber führten ihn hinein
in den Palast, das ist ins Prätorium, und
riefen die ganze Abteilung zusammen
17 und zogen ihm einen Purpurmantel an
und flochten eine Dornenkrone und setz-
ten sie ihm auf 18 und fingen an, ihn zu
grüßen: Gegrüßet seist du, der Juden Kö-
nig! 19 Und sie schlugen ihn mit einem
Rohr auf das Haupt und spien ihn an
und fielen auf die Knie und huldigten
ihm. 20 Und als sie ihn verspottet hatten,
zogen sie ihm den Purpurmantel aus und
zogen ihm seine Kleider an.

Jesu Kreuzigung und Tod

Und sie führten ihn hinaus, dass sie ihn
kreuzigten. 21 Und zwangen einen, der
vorüberging, mit Namen Simon von Ky-
rene, der vom Feld kam, den Vater des
Alexander und des [a]Rufus, dass er ihm
das Kreuz trage. 22 Und sie brachten ihn
zu der Stätte Golgatha, das heißt über-
setzt: Schädelstätte. 23 Und sie gaben ihm
Myrrhe in Wein zu trinken; aber er
nahm's nicht.
24 Und sie kreuzigten ihn. Und sie teil-
ten seine Kleider und warfen das Los,
wer was bekommen solle.[a] 25 Und es war
die dritte Stunde, als sie ihn kreuzigten.
26 Und es stand über ihm geschrieben,
welche Schuld man ihm gab, nämlich:
Der König der Juden.
27 Und sie kreuzigten mit ihm zwei
Räuber, einen zu seiner Rechten und
einen zu seiner Linken.*
29 Und die vorübergingen, lästerten ihn
und schüttelten ihre Köpfe und sprachen:
Ha, [a]der du den Tempel abbrichst und
baust ihn auf in drei Tagen, 30 hilf dir nun
selber und steig herab vom Kreuz! 31 Des-
gleichen verspotteten ihn auch die Ho-
henpriester untereinander samt den
Schriftgelehrten und sprachen: Er hat
andern geholfen und kann sich selber
nicht helfen. 32 Ist er der Christus, der
König von Israel, so steige er nun vom
Kreuz, [a]damit wir sehen und glauben.
Und die mit ihm gekreuzigt waren,
schmähten ihn auch.
33 Und zur sechsten Stunde kam eine
Finsternis über das ganze Land bis zur
neunten Stunde. 34 Und zu der neunten
Stunde rief Jesus laut: Eli, Eli, lama asab-
tani? Das heißt übersetzt: [a]**Mein Gott,
mein Gott, warum hast du mich verlas-
sen?**
35 Und einige, die dabeistanden, als sie
das hörten, sprachen sie: Siehe, er ruft
den Elia. 36 Da lief einer und füllte einen
Schwamm mit Essig, steckte ihn auf ein
Rohr, gab ihm zu trinken und sprach:
Halt, lasst sehen, ob Elia komme und ihn
herabnehme! 37 Aber Jesus schrie laut
und verschied.
38 Und der [a]Vorhang im Tempel zer-
riss in zwei Stücke von oben an bis unten
aus. 39 Der Hauptmann aber, der dabei-
stand, ihm gegenüber, und sah, dass er
so verschied, sprach: **Wahrlich, dieser
Mensch ist Gottes Sohn gewesen!**
40 Und es waren auch Frauen da, die
von ferne zuschauten, unter ihnen Maria
von Magdala und Maria, die Mutter Ja-
kobus' des Kleinen und des Joses, und
Salome, 41 [a]die ihm nachgefolgt waren,
als er in Galiläa war, und ihm gedient hat-
ten, und viele andere Frauen, die mit ihm
hinauf nach Jerusalem gegangen waren.

Jesu Grablegung

42 Und als es schon Abend wurde und
weil Rüsttag war, das ist der Tag vor dem
Sabbat, 43 kam Josef von Arimathäa, ein
angesehener Ratsherr, der auch auf das
Reich Gottes wartete, der wagte es und
ging hinein zu Pilatus und bat um den
Leichnam Jesu. 44 Pilatus aber wunderte
sich, dass er schon tot sei, und rief den
Hauptmann und fragte ihn, ob er schon
lange gestorben sei. 45 Und als er's er-
kundet hatte von dem Hauptmann, gab
er Josef den Leichnam. 46 Und der kaufte
ein Leinentuch und nahm ihn ab und
wickelte ihn in das Tuch und legte ihn in
ein Grab, das war in einen Felsen ge-
hauen, und wälzte einen Stein vor des
Grabes Tür.
47 Aber Maria von Magdala und Maria,

* Vers 28 findet sich erst in der späteren Überlieferung: »Da wurde die Schrift erfüllt: Er ist zu den Übeltätern gerechnet worden.«

15,21: *a* Röm 16,13 **15,24:** *a* Ps 22,19 **15,29:** *a* Kap 14,58 **15,32:** *a* Mt 16,1.4 **15,34:** *a* Ps 22,2 **15,38:** *a* 2.Mose 26,31-33; 2.Chr 3,14 **15,41:** *a* Lk 8,2-3

die Mutter des Joses, sahen, wo er hinge-
legt wurde.

Jesu Auferstehung

(Mt 28,1-10; Lk 24,1-12; Joh 20,1-10)

16 Und als der Sabbat vergangen war,
kauften Maria von Magdala und
Maria, die Mutter des Jakobus, und Sa-
lome wohlriechende Öle, um hinzugehen
und ihn zu salben. 2 Und sie kamen zum
Grab am ersten Tag der Woche, sehr früh,
als die Sonne aufging. 3 Und sie sprachen
untereinander: Wer wälzt uns den Stein
von des Grabes Tür? 4 Und sie sahen hin
und wurden gewahr, dass der Stein weg-
gewälzt war; denn er war sehr groß.
5 Und sie gingen hinein in das Grab
und sahen einen Jüngling zur rechten
Hand sitzen, der hatte ein langes weißes
Gewand an, und sie entsetzten sich. 6 Er
aber sprach zu ihnen: Entsetzt euch
nicht! Ihr sucht Jesus von Nazareth, den
Gekreuzigten. Er ist auferstanden, er ist
nicht hier. Siehe da die Stätte, wo sie ihn
hinlegten. 7 Geht aber hin und sagt seinen
Jüngern und Petrus, [a]dass er vor euch
hingehen wird nach Galiläa; dort werdet
ihr ihn sehen, wie er euch gesagt hat.
8 Und sie gingen hinaus und flohen von
dem Grab; denn Zittern und Entsetzen
hatte sie ergriffen. Und sie sagten nie-
mandem etwas; denn sie fürchteten sich.

Erscheinungen des Auferstandenen und Himmelfahrt

(Lk 24,36-49; Joh 20,19-23)

9 Als aber Jesus auferstanden war früh
am ersten Tag der Woche, erschien er
zuerst [a]Maria von Magdala, von der er
sieben böse Geister ausgetrieben hatte.
10 Und sie ging hin und verkündete es
denen, die mit ihm gewesen waren und
Leid trugen und weinten. 11 Und als diese
hörten, dass er lebe und sei ihr erschie-
nen, glaubten sie es nicht. 12 Danach of-
fenbarte er sich in anderer Gestalt zweien
von ihnen unterwegs, als sie über Land
gingen.[a] 13 Und die gingen auch hin und
verkündeten es den andern. Aber auch
denen glaubten sie nicht.
14 Zuletzt, als die Elf zu Tisch saßen,
[a]offenbarte er sich ihnen und schalt ih-
ren Unglauben und ihres Herzens Härte,
dass sie nicht geglaubt hatten denen, die
ihn gesehen hatten als Auferstandenen.
15 Und er sprach zu ihnen: **Gehet hin in
alle Welt und predigt das Evangelium aller
Kreatur.**[a] 16 **Wer da [a]glaubt und getauft
wird, der wird selig werden; wer aber nicht
glaubt, der wird verdammt werden.** 17 Die
Zeichen aber, die folgen werden denen,
die da glauben, sind diese: In mei-
nem Namen werden sie [a]böse Geister
austreiben, [b]in neuen Zungen reden,
18 [a]Schlangen mit den Händen hochhe-
ben, und wenn sie etwas Tödliches trin-
ken, wird's ihnen nicht schaden; [b]auf
Kranke werden sie die Hände legen, so
wird's besser mit ihnen werden.
19 Nachdem der Herr Jesus mit ihnen
geredet hatte, [a]wurde er aufgehoben gen
Himmel und [b]setzte sich zur Rechten
Gottes. 20 Sie aber zogen aus und predig-
ten an allen Orten. Und der Herr [a]wirkte
mit ihnen und bekräftigte das Wort
durch die mitfolgenden Zeichen.*

* Nach den ältesten Textzeugen endet das Markus-Evangelium mit Vers 8. Die Verse 9-20 sind im 2. Jahrhundert hinzugefügt worden, vermutlich um dem Markus-Evangelium einen den andern Evangelien entsprechenden Abschluss zu geben.

16,7: *a* Kap 14,28 **16,9:** *a* Lk 8,2; Joh 20,11-18 **16,12:** *a* Lk 24,13-35 **16,14:** *a* 1. Kor 15,5 **16,15:** *a* Kap 13,10; Mt 28,18-20 **16,16:** *a* Apg 2,38; 16,31.33 **16,17:** *a* Apg 16,18; *b* Apg 10,46; 19,6 **16,18:** *a* Lk 10,19; Apg 28,3-6; *b* Jak 5,14-15 **16,19:** *a* Apg 1,2; *b* Ps 110,1; Apg 7,55 **16,20:** *a* Apg 14,3; Hebr 2,4

DAS EVANGELIUM NACH LUKAS

Inhaltsübersicht

1 Viele haben es schon unternommen,
Bericht zu geben von den Geschich-
ten, die unter uns geschehen sind, 2wie
uns das überliefert haben, die es von An-
fang an selbst gesehen haben und Diener
des Worts gewesen sind.[a] 3So habe auch
ich's für gut gehalten, nachdem ich alles
von Anfang an sorgfältig erkundet habe,
[a]es für dich, hochgeehrter Theophilus, in
guter Ordnung aufzuschreiben, 4damit
du den sicheren Grund der Lehre er-
fährst, in der du unterrichtet bist.

Die Ankündigung der Geburt Johannes des Täufers

5Zu der Zeit des Herodes, des Königs
von Judäa, lebte ein Priester von der
[a]Ordnung Abija, mit Namen Zacharias,
und seine Frau war aus dem Geschlecht
Aaron und hieß Elisabeth. 6Sie waren
aber alle beide fromm vor Gott und leb-
ten in allen Geboten und Satzungen des
Herrn untadelig. 7Und sie hatten kein
Kind; denn Elisabeth war unfruchtbar
und beide waren hochbetagt.

8Und es begab sich, als Zacharias den
Priesterdienst vor Gott versah, da seine
Ordnung an der Reihe war, 9dass ihn
nach dem Brauch der Priesterschaft das
Los traf, das [a]Räucheropfer darzubrin-
gen; und er ging in den Tempel des Herrn.
10Und die ganze Menge des Volkes
stand draußen und betete zur Stunde des
Räucheropfers. 11Da erschien ihm der
Engel des Herrn und stand an der rech-
ten Seite des Räucheraltars. 12Und als
Zacharias ihn sah, erschrak er, und es
kam Furcht über ihn. 13Aber der Engel
sprach zu ihm: Fürchte dich nicht, Za-
charias, denn dein Gebet ist erhört, und
deine Frau Elisabeth wird dir einen Sohn
gebären, und du sollst ihm den Namen
Johannes geben. 14Und du wirst Freude
und Wonne haben, und viele werden sich
über seine Geburt freuen. 15Denn er wird
groß sein vor dem Herrn; [a]Wein und
starkes Getränk wird er nicht trinken
und wird schon von Mutterleib an erfüllt
werden mit dem Heiligen Geist. 16Und er
wird vom Volk Israel viele zu dem Herrn,
ihrem Gott, bekehren. 17Und er wird vor
ihm hergehen im Geist und in der Kraft
[a]Elias, zu bekehren die Herzen der Väter
zu den Kindern und die Ungehorsamen
zu der Klugheit der Gerechten, zuzurich-
ten dem Herrn ein Volk, das wohl vorbe-
reitet ist.

18Und Zacharias sprach zu dem En-
gel: Woran soll ich das erkennen? Denn
[a]ich bin alt und meine Frau ist betagt.
19Der Engel antwortete und sprach zu
ihm: Ich bin [a]Gabriel, der vor Gott
steht, und bin gesandt, mit dir zu reden
und dir dies zu verkündigen. 20Und
siehe, du wirst stumm werden und nicht
reden können bis zu dem Tag, an dem
dies geschehen wird, weil du meinen
Worten nicht geglaubt hast, die erfüllt
werden sollen zu ihrer Zeit.

21Und das Volk wartete auf Zacharias
und wunderte sich, dass er so lange im
Tempel blieb. 22Als er aber herauskam,
konnte er nicht mit ihnen reden; und sie
merkten, dass er eine Erscheinung gehabt
hatte im Tempel. Und er winkte ihnen
und blieb stumm.

23Und es begab sich, als die Zeit seines
Dienstes um war, da ging er heim in sein

1,2: *a* 1.Joh 1,1-4 **1,3:** *a* Apg 1,1; Kol 4,14 **1,5:** *a* 1.Chr 24,10.19 **1,9:** *a* 2.Mose 30,7 **1,15:** *a* Ri 13,4-5 **1,17:** *a* Mal 3,1.23-24; Mt 17,11-13 **1,18:** *a* 1.Mose 18,11 **1,19:** *a* Dan 8,16

Haus. 24 Nach diesen Tagen wurde seine
Frau Elisabeth schwanger und hielt sich
fünf Monate verborgen und sprach: 25 So
hat der Herr an mir getan in den Tagen,
als er mich angesehen hat, [a]um meine
Schmach unter den Menschen von mir
zu nehmen.

Die Ankündigung der Geburt Jesu

26 Und im sechsten Monat wurde der En-
gel Gabriel von Gott gesandt in eine
Stadt in Galiläa, die heißt Nazareth, 27 zu
einer Jungfrau, die vertraut* war [a]einem
Mann mit Namen Josef vom Hause Da-
vid; und die Jungfrau hieß Maria. 28 Und
der Engel kam zu ihr hinein und sprach:
Sei gegrüßt, du Begnadete! Der Herr ist
mit dir! 29 Sie aber erschrak über die
Rede und dachte: Welch ein Gruß ist
das? 30 Und der Engel sprach zu ihr:
Fürchte dich nicht, Maria, du hast
Gnade bei Gott gefunden. 31 **Siehe, [a]du**
wirst schwanger werden und einen Sohn
gebären, und [b]du sollst ihm den Namen
Jesus geben. 32 Der wird groß sein und
Sohn des Höchsten genannt werden; und
Gott der Herr wird ihm den [a]Thron seines
Vaters David geben, 33 und er wird König
sein über das Haus Jakob in Ewigkeit, und
sein Reich wird kein Ende haben.
34 Da sprach Maria zu dem Engel: Wie
soll das zugehen, da ich doch von keinem
Mann weiß? 35 Der Engel antwortete und
sprach zu ihr: [a]Der Heilige Geist wird
über dich kommen, und die Kraft des
Höchsten wird dich überschatten; darum
wird auch das Heilige, das geboren wird,
Gottes Sohn genannt werden. 36 Und
siehe, Elisabeth, deine Verwandte, ist
auch schwanger mit einem Sohn, in ih-
rem Alter, und ist jetzt im sechsten Mo-
nat, von der man sagt, dass sie unfrucht-
bar sei. 37 Denn bei Gott ist kein Ding
unmöglich.[a] 38 Maria aber sprach: Siehe,
ich bin des Herrn Magd; mir geschehe,
wie du gesagt hast. Und der Engel schied
von ihr.

Marias Besuch bei Elisabeth

39 Maria aber machte sich auf in diesen
Tagen und ging eilends in das Gebirge zu
einer Stadt in Juda 40 und kam in das
Haus des Zacharias und begrüßte Elisa-
beth. 41 Und es begab sich, als Elisabeth
den Gruß Marias hörte, hüpfte das Kind
in ihrem Leibe. Und Elisabeth wurde
vom Heiligen Geist erfüllt 42 und rief laut
und sprach: Gepriesen bist du unter den
Frauen, und gepriesen ist die Frucht dei-
nes Leibes! 43 Und wie geschieht mir das,
dass die Mutter meines Herrn zu mir
kommt? 44 Denn siehe, als ich die Stimme
deines Grußes hörte, hüpfte das Kind
vor Freude in meinem Leibe. 45 Und [a]se-
lig bist du, die du geglaubt hast! Denn es
wird vollendet werden, was dir gesagt ist
von dem Herrn.

Marias Lobgesang

46 [a]Und Maria sprach:

Meine Seele erhebt den Herrn,
47 und mein Geist freut sich Gottes,
meines Heilandes;
48 denn er hat die Niedrigkeit seiner
Magd angesehen.
Siehe, von nun an werden mich
selig preisen alle Kindeskinder.
49 Denn er hat große Dinge an mir
getan,
der da mächtig ist und dessen
Name heilig ist.
50 Und seine Barmherzigkeit währt
von Geschlecht zu Geschlecht
bei denen, die ihn fürchten.[a]
51 Er übt Gewalt mit seinem Arm
und [a]zerstreut, die hoffärtig sind
in ihres Herzens Sinn.
52 Er stößt die Gewaltigen vom Thron
und erhebt die Niedrigen.[a]
53 Die Hungrigen füllt er mit Gütern
und lässt die Reichen leer
ausgehen.[a]
54 Er gedenkt der Barmherzigkeit
und hilft seinem Diener Israel auf,
55 wie er geredet hat zu unsern Vätern,
Abraham und seinen Kindern in
Ewigkeit.[a]

56 Und Maria blieb bei ihr etwa drei
Monate; danach kehrte sie wieder heim.

Lk

* Siehe Sach- und Worterklärungen zu »Verlobung«.

1,25: *a* 1. Mose 30,23 **1,27:** *a* Mt 1,16.18 **1,31:** *a* Jes 7,14; *b* Mt 1,21-23 **1,32:** *a* Jes 9,6 **1,35:** *a* Mt 1,18.20 **1,37:** *a* 1. Mose 18,14 **1,45:** *a* Kap 11,27-28 **1,46:** *a (46-55)* 1. Sam 2,1-10 **1,50:** *a* Ps 103,13.17 **1,51:** *a* 1. Mose 11,8 **1,52:** *a* Ps 147,6 **1,53:** *a* Ps 34,11; 107,9 **1,55:** *a* 1. Mose 17,7; 18,18

Die Geburt Johannes des Täufers

57 Und für Elisabeth kam die Zeit, dass
sie gebären sollte; und sie gebar einen
Sohn. 58 Und ihre Nachbarn und Ver-
wandten hörten, dass der Herr große
Barmherzigkeit an ihr getan hatte, und
freuten sich mit ihr. 59 Und es begab sich
[a]am achten Tag, da kamen sie, das
Kindlein zu beschneiden, und wollten es
nach seinem Vater Zacharias nennen.
60 Aber seine Mutter antwortete und
sprach: Nein, sondern er soll Johannes
heißen. 61 Und sie sprachen zu ihr: Ist
doch niemand in deiner Verwandtschaft,
der so heißt. 62 Und sie winkten seinem
Vater, wie er ihn nennen lassen wollte.
63 Und er forderte eine kleine Tafel und
schrieb: Er heißt Johannes. Und sie wun-
derten sich alle. 64 Und sogleich wurde
sein Mund aufgetan und seine Zunge ge-
löst, und er redete und lobte Gott.

65 Und es kam Furcht über alle Nach-
barn; und diese ganze Geschichte wurde
bekannt auf dem ganzen Gebirge Judäas.
66 Und alle, die es hörten, nahmen's zu
Herzen und sprachen: Was, meinst du,
will aus diesem Kindlein werden? Denn
die Hand des Herrn war mit ihm.

Der Lobgesang des Zacharias

67 Und sein Vater Zacharias wurde vom
Heiligen Geist erfüllt, weissagte und
sprach:

68 Gelobt sei der Herr, der Gott Israels!
Denn [a]er hat besucht und erlöst sein Volk
69 und hat uns aufgerichtet eine Macht des Heils
im Hause seines Dieners David
70 – wie er vorzeiten geredet hat
durch den Mund seiner heiligen Propheten –,
71 dass er uns errettete von unsern Feinden
und aus der Hand aller, die uns hassen,
72 und Barmherzigkeit erzeigte unsern Vätern
und gedächte [a]an seinen heiligen Bund
73 und an den [a]Eid, den er geschworen hat unserm Vater Abraham,
uns zu geben, 74 dass wir, erlöst aus der Hand unsrer Feinde,
75 ihm dienten ohne Furcht unser Leben lang
in Heiligkeit und Gerechtigkeit
vor seinen Augen.[a]
76 Und du, Kindlein, wirst ein Prophet des Höchsten heißen.
Denn [a]du wirst dem Herrn vorangehen, dass du seinen Weg bereitest
77 und Erkenntnis des Heils gebest seinem Volk
in der Vergebung ihrer Sünden,[a]
78 durch die herzliche Barmherzigkeit unseres Gottes,
durch die uns besuchen wird [a]das aufgehende Licht aus der Höhe,
79 damit es erscheine denen, die [a]sitzen in Finsternis und Schatten des Todes,
und richte unsere Füße auf den Weg des Friedens.

80 Und das Kindlein wuchs und wurde
stark im Geist. Und er [a]war in der Wüste
bis zu dem Tag, an dem er vor das Volk
Israel treten sollte.

Jesu Geburt

2 Es begab sich aber zu der Zeit, dass
ein Gebot von dem Kaiser Augustus
ausging, dass alle Welt geschätzt würde.
2 Und diese Schätzung* war die allererste
und geschah zur Zeit, da Quirinius Statt-
halter in Syrien war. 3 Und jedermann
ging, dass er sich schätzen ließe, ein jeder
in seine Stadt.

4 Da machte sich auf auch Josef aus
Galiläa, aus der Stadt Nazareth, in das
jüdische Land zur Stadt Davids, die da
heißt Bethlehem, weil er aus dem Hause
und Geschlechte Davids war, 5 damit er
sich schätzen ließe mit Maria, seinem
vertrauten Weibe;** die war schwanger.
6 Und als sie dort waren, kam die Zeit,
dass sie gebären sollte. 7 Und [a]sie gebar

* Siehe Sach- und Worterklärungen.
** Siehe Sach- und Worterklärungen zu »Verlobung«.

1,59: *a* 1. Mose 17,12 **1,68:** *a* Kap 7,16 **1,72:** *a* 1. Mose 17,7 **1,73:** *a* 1. Mose 22,16-18; Mi 7,20 **1,75:** *a* Tit 2,12.14 **1,76:** *a* Mal 3,1 **1,77:** *a* Jer 31,34 **1,78:** *a* Jes 60,1-2 **1,79:** *a* Jes 9,1 **1,80:** *a* Mt 3,1 **2,7:** *a* Mt 1,25 ihren ersten Sohn und wickelte ihn in Windeln und legte ihn in eine Krippe; denn sie hatten sonst keinen Raum in der Herberge.

8 Und es waren Hirten in derselben Gegend auf dem Felde bei den Hürden, die hüteten des Nachts ihre Herde. 9 Und der Engel des Herrn trat zu ihnen, und die Klarheit des Herrn leuchtete um sie; und sie fürchteten sich sehr. 10 Und der Engel sprach zu ihnen: **Fürchtet euch nicht! Siehe, ich verkündige euch große Freude, die allem Volk widerfahren wird; 11 denn euch ist heute der Heiland geboren, welcher ist Christus, der Herr, in der Stadt Davids.** 12 Und das habt zum Zeichen: Ihr werdet finden das Kind in Windeln gewickelt und in einer Krippe liegen. 13 Und alsbald war da bei dem Engel [a]die Menge der himmlischen Heerscharen, die lobten Gott und sprachen: **14 [a]Ehre sei Gott in der Höhe und [b]Friede auf Erden bei den Menschen seines Wohlgefallens.***

15 Und als die Engel von ihnen gen Himmel fuhren, sprachen die Hirten untereinander: Lasst uns nun gehen nach Bethlehem und die Geschichte sehen, die da geschehen ist, die uns der Herr kundgetan hat. 16 Und sie kamen eilend und fanden beide, Maria und Josef, dazu das Kind in der Krippe liegen. 17 Als sie es aber gesehen hatten, breiteten sie das Wort aus, das zu ihnen von diesem Kinde gesagt war. 18 Und alle, vor die es kam, wunderten sich über das, was ihnen die Hirten gesagt hatten. 19 Maria aber behielt alle diese Worte und bewegte sie in ihrem Herzen. 20 Und die Hirten kehrten wieder um, priesen und lobten Gott für alles, was sie gehört und gesehen hatten, wie denn zu ihnen gesagt war.

21 Und als acht Tage um waren und [a]man das Kind beschneiden musste, [b]gab man ihm den Namen Jesus, wie er genannt war von dem Engel, ehe er im Mutterleib empfangen war.

Jesu Darstellung im Tempel. Simeon und Hanna

22 Und als die [a]Tage ihrer Reinigung nach dem Gesetz des Mose um waren, brachten sie ihn nach Jerusalem, [b]um ihn dem Herrn darzustellen, 23 wie geschrieben steht im Gesetz des Herrn (2. Mose 13,2; 13,15): »Alles Männliche, das zuerst den Mutterschoß durchbricht, soll dem Herrn geheiligt heißen«, 24 und um das Opfer darzubringen, wie es gesagt ist im Gesetz des Herrn: »ein Paar Turteltauben oder zwei junge Tauben« (3. Mose 12,6-8).

25 Und siehe, ein Mann war in Jerusalem, mit Namen Simeon; und dieser Mann war fromm und gottesfürchtig und [a]wartete auf den Trost Israels, und der Heilige Geist war mit ihm. 26 Und ihm war ein Wort zuteil geworden von dem Heiligen Geist, er solle den Tod nicht sehen, er habe denn zuvor den Christus des Herrn gesehen. 27 Und er kam auf Anregen des Geistes in den Tempel. Und als die Eltern das Kind Jesus in den Tempel brachten, um mit ihm zu tun, wie es Brauch ist nach dem Gesetz, 28 da nahm er ihn auf seine Arme und lobte Gott und sprach:

29 Herr, nun lässt du deinen Diener in Frieden fahren,
wie du gesagt hast;
30 denn meine Augen haben deinen Heiland gesehen,
31 den du bereitet hast vor allen Völkern,
32 ein [a]Licht, zu erleuchten die Heiden
und zum Preis deines Volkes Israel.

33 Und sein Vater und seine Mutter wunderten sich über das, was von ihm gesagt wurde. 34 Und Simeon segnete sie und sprach zu Maria, seiner Mutter: Siehe, dieser ist gesetzt zum Fall und zum Aufstehen für viele in Israel und zu einem Zeichen, dem widersprochen wird[a] 35 – und [a]auch durch deine Seele wird ein Schwert dringen –, damit vieler Herzen Gedanken offenbar werden.

36 Und es war eine Prophetin, Hanna, eine Tochter Phanuëls, aus dem Stamm Asser; die war hochbetagt. Sie hatte sieben Jahre mit ihrem Mann gelebt, nach-

* Luther übersetzte nach anderer Überlieferung: »... und den Menschen ein Wohlgefallen«.

2,13: *a* Ps 103,20-21 **2,14:** *a* Kap 19,38; *b* 4. Mose 6,26; Eph 2,14.17 **2,21:** *a* Kap 1,59; 1. Mose 17,12; *b* Kap 1,31 **2,22:** *a* 3. Mose 12,1-4; *b* 4. Mose 18,15 **2,25:** *a* 1. Mose 49,18 **2,32:** *a* Jes 49,6 **2,34:** *a* Kap 20,17-18; Apg 28,22; 1. Kor 1,23 **2,35:** *a* Joh 19,25

dem sie geheiratet hatte, 37 und war nun
eine Witwe an die vierundachtzig Jahre;
die wich nicht vom Tempel und [a]diente
Gott mit Fasten und Beten Tag und
Nacht. 38 Die trat auch hinzu zu dersel-
ben Stunde und pries Gott und redete
von ihm zu allen, die auf die Erlösung
Jerusalems warteten.

39 Und als sie alles vollendet hatten
nach dem Gesetz des Herrn, kehrten sie
wieder zurück nach Galiläa in ihre Stadt
Nazareth. 40 Das Kind aber wuchs und
wurde stark, voller Weisheit, und Gottes
Gnade war bei ihm.

Der zwölfjährige Jesus im Tempel

41 Und seine Eltern [a]gingen alle Jahre
nach Jerusalem zum Passafest. 42 Und als
er zwölf Jahre alt war, gingen sie hinauf
nach dem Brauch des Festes. 43 Und als
[a]die Tage vorüber waren und sie wieder
nach Hause gingen, blieb der Knabe Je-
sus in Jerusalem und seine Eltern wuss-
ten's nicht. 44 Sie meinten aber, er wäre
unter den Gefährten, und kamen eine
Tagereise weit und suchten ihn unter den
Verwandten und Bekannten. 45 Und da
sie ihn nicht fanden, gingen sie wieder
nach Jerusalem und suchten ihn.

46 Und es begab sich nach drei Tagen,
da fanden sie ihn im Tempel sitzen, mit-
ten unter den Lehrern, wie er ihnen zu-
hörte und sie fragte. 47 Und alle, die ihm
zuhörten, verwunderten sich über seinen
Verstand und seine Antworten. 48 Und
als sie ihn sahen, entsetzten sie sich. Und
seine Mutter sprach zu ihm: Mein Sohn,
warum hast du uns das getan? Siehe, dein
Vater und ich haben dich mit Schmerzen
gesucht. 49 Und er sprach zu ihnen:
Warum habt ihr mich gesucht? Wisst ihr
nicht, dass ich sein muss in dem, [a]was
meines Vaters ist? 50 Und sie verstanden
das Wort nicht, das er zu ihnen sagte.
51 Und er ging mit ihnen hinab und kam
nach Nazareth und war ihnen untertan.
Und seine Mutter behielt alle diese
Worte in ihrem Herzen. 52 Und Jesus
nahm zu an Weisheit, Alter und Gnade
bei Gott und den Menschen.[a]

Johannes der Täufer

(Mt 3,1-12; Mk 1,1-8)

3 Im fünfzehnten Jahr der Herrschaft
des Kaisers Tiberius, als Pontius Pila-
tus Statthalter in Judäa war und Herodes
Landesfürst von Galiläa und sein Bruder
Philippus Landesfürst von Ituräa und
der Landschaft Trachonitis und Lysanias
Landesfürst von Abilene, 2 als Hannas
und Kaiphas Hohepriester waren, da
[a]geschah das Wort Gottes zu Johannes,
dem Sohn des Zacharias, in der Wüste.
3 Und er kam in die ganze Gegend um
den Jordan und predigte die Taufe der
Buße zur Vergebung der Sünden, 4 wie
geschrieben steht im Buch der Reden des
Propheten Jesaja (Jesaja 40,3-5): »Es ist
eine Stimme eines Predigers in der Wüs-
te: Bereitet den Weg des Herrn und
macht seine Steige eben! 5 Alle Täler sol-
len erhöht werden, und alle Berge und
Hügel sollen erniedrigt werden; und was
krumm ist, soll gerade werden, und was
uneben ist, soll ebener Weg werden.
6 Und alle Menschen werden den Heiland
Gottes sehen.«

7 Da sprach Johannes zu der Menge,
die hinausging, um sich von ihm taufen
zu lassen: Ihr Schlangenbrut, wer hat
denn euch gewiss gemacht, dass ihr dem
künftigen Zorn entrinnen werdet? 8 Seht
zu, bringt rechtschaffene Früchte der
Buße; und nehmt euch nicht vor zu sa-
gen: Wir haben Abraham zum Vater.
Denn ich sage euch: Gott kann dem Ab-
raham aus diesen Steinen Kinder erwe-
cken. 9 Es ist schon die Axt den Bäumen
an die Wurzel gelegt; jeder Baum, der
nicht gute Frucht bringt, wird abgehauen
und ins Feuer geworfen.

10 Und die Menge fragte ihn und
sprach: Was sollen wir denn tun? 11 Er
antwortete und sprach zu ihnen: Wer
zwei Hemden hat, der gebe dem, der kei-
nes hat; und wer zu essen hat, tue ebenso.
12 Es kamen auch die Zöllner, um sich
taufen zu lassen, und sprachen zu ihm:
Meister, was sollen denn wir tun? 13 Er
sprach zu ihnen: Fordert nicht mehr, als
euch vorgeschrieben ist! 14 Da fragten ihn
auch die Soldaten und sprachen: Was

2,37: *a* 1.Tim 5,5 **2,41:** *a* 5.Mose 16,1-8 **2,43:** *a* 2.Mose 12,18 **2,49:** *a* Joh 2,16 **2,52:** *a* 1.Sam 2,26 **3,2:** *a* Hes 1,3; Hos 1,1

sollen denn wir tun? Und er sprach zu
ihnen: Tut niemandem Gewalt oder Un-
recht und lasst euch genügen an eurem
Sold!
15 Als aber das Volk voll Erwartung
war und alle dachten in ihren Herzen von
Johannes, [a]ob er vielleicht der Christus
wäre, 16 antwortete Johannes und sprach
zu allen: Ich taufe euch mit Wasser; es
kommt aber einer, der ist stärker als ich,
und ich bin nicht wert, dass ich ihm die
Riemen seiner Schuhe löse; der wird
euch mit dem Heiligen Geist und mit
Feuer taufen. 17 In seiner Hand ist die
Worfschaufel, und er wird seine Tenne
fegen und wird den Weizen in seine
Scheune sammeln, die Spreu aber wird er
mit unauslöschlichem Feuer verbrennen.
18 Und mit vielem andern mehr ermahnte
er das Volk und verkündigte ihm das
Heil.
19 [a]Der Landesfürst Herodes aber, der
von Johannes zurechtgewiesen wurde we-
gen der Herodias, der Frau seines Bru-
ders, und wegen alles Bösen, das er getan
hatte, 20 fügte zu dem allen noch dies
hinzu: er warf Johannes ins Gefängnis.

Jesu Taufe

(Mt 3,13-17; Mk 1,9-11)

21 Und es begab sich, als alles Volk sich
taufen ließ und Jesus auch getauft wor-
den war und betete, da tat sich der Him-
mel auf, 22 und [a]der Heilige Geist fuhr
hernieder auf ihn in leiblicher Gestalt wie
eine Taube, und eine Stimme kam aus
dem Himmel: [b]**Du bist mein lieber Sohn,
an dir habe ich Wohlgefallen.**

Jesu Stammbaum

(Mt 1,1-17)

23 Und Jesus war, als er auftrat, etwa
dreißig Jahre alt und [a]wurde gehalten für
einen Sohn Josefs, der war ein Sohn Elis,
24 der war ein Sohn Mattats, der war ein
Sohn Levis, der war ein Sohn Melchis,
der war ein Sohn Jannais, der war ein
Sohn Josefs, 25 der war ein Sohn Mattit-
jas, der war ein Sohn des Amos, der war
ein Sohn Nahums, der war ein Sohn Hes-
lis, der war ein Sohn Naggais, 26 der war
ein Sohn Mahats, der war ein Sohn Mat-
titjas, der war ein Sohn Schimis, der war
ein Sohn Josechs, der war ein Sohn Jo-
das, 27 der war ein Sohn Johanans, der
war ein Sohn Resas, der war ein Sohn
Serubbabels, der war ein Sohn Scheal-
tiëls, der war ein Sohn Neris, 28 der war
ein Sohn Melchis, der war ein Sohn Ad-
dis, der war ein Sohn Kosams, der war
ein Sohn Elmadams, der war ein Sohn
Ers, 29 der war ein Sohn Joschuas, der
war ein Sohn Eliësers, der war ein Sohn
Jorims, der war ein Sohn Mattats, der
war ein Sohn Levis, 30 der war ein Sohn
Simeons, der war ein Sohn Judas, der
war ein Sohn Josefs, der war ein Sohn
Jonams, der war ein Sohn Eljakims,
31 der war ein Sohn Meleas, der war ein
Sohn Mennas, der war ein Sohn Matta-
tas, der war ein Sohn [a]Nathans, der war
ein Sohn Davids, 32 der war ein Sohn
[a]Isais, der war ein Sohn Obeds, der war
ein Sohn des Boas, der war ein Sohn
Salmons, der war ein Sohn Nachschons,
33 [a]der war ein Sohn Amminadabs, der
war ein Sohn Admins, der war ein Sohn
Arnis, der war ein Sohn Hezrons, der war
ein Sohn des Perez, der war ein Sohn
Judas, 34 der war ein Sohn Jakobs, der
war ein Sohn Isaaks, der war ein Sohn
Abrahams, der war ein Sohn Terachs, der
war ein Sohn Nahors, 35 der war ein Sohn
Serugs, der war ein Sohn Regus, der war
ein Sohn Pelegs, der war ein Sohn Ebers,
der war ein Sohn Schelachs, 36 der war
ein Sohn Kenans, der war ein Sohn Ar-
pachschads, der war ein Sohn Sems, der
war ein Sohn Noahs, der war ein Sohn
Lamechs, 37 der war ein Sohn Metusche-
lachs, der war ein Sohn Henochs, der war
ein Sohn Jereds, der war ein Sohn Maha-
lalels, der war ein Sohn Kenans, 38 der
war ein Sohn des Enosch, der war ein
Sohn Sets, der war ein Sohn Adams, der
war Gottes.

Jesu Versuchung

(Mt 4,1-11; Mk 1,12-13)

4 Jesus aber, voll Heiligen Geistes, kam
zurück vom Jordan und wurde vom
Geist in die Wüste geführt 2 und vierzig
Tage lang von dem Teufel versucht. Und
er aß nichts in diesen Tagen, und als sie

3,15: *a* Joh 1,19-28 **3,19:** *a (19-20)* Mt 14,3-4; Mk 6,17-18 **3,22:** *a* Joh 1,32; *b* Kap 9,35 **3,23:** *a* Kap 4,22
3,31: *a* 2.Sam 5,14 **3,32:** *a* Rut 4,17-22 **3,33:** *a (33-38)* 1.Mose 5,1-32; 11,10-26; 21,2-3; 29,35

ein Ende hatten, hungerte ihn. 3 Der Teu-
fel aber sprach zu ihm: Bist du Gottes
Sohn, so sprich zu diesem Stein, dass er
Brot werde. 4 Und Jesus antwortete ihm:
Es steht geschrieben (5. Mose 8,3): **»Der**
Mensch lebt nicht allein vom Brot.«*

5 Und der Teufel führte ihn hoch hin-
auf und zeigte ihm alle Reiche der Welt
in einem Augenblick 6 und sprach zu ihm:
Alle diese Macht will ich dir geben und
ihre Herrlichkeit; denn sie ist mir über-
geben und ich gebe sie, wem ich will.
7 Wenn du mich nun anbetest, so soll
sie ganz dein sein. 8 Jesus antwortete
ihm und sprach: Es steht geschrieben
(5. Mose 6,13): **»Du sollst den Herrn, dei-**
nen Gott, anbeten und ihm allein dienen.«

9 Und er führte ihn nach Jerusalem
und stellte ihn auf die Zinne des Tempels
und sprach zu ihm: Bist du Gottes Sohn,
so wirf dich von hier hinunter; 10 denn es
steht geschrieben (Psalm 91,11-12): »Er
wird seinen Engeln deinetwegen befeh-
len, dass sie dich bewahren. 11 Und sie
werden dich auf den Händen tragen, da-
mit du deinen Fuß nicht an einen Stein
stößt.« 12 Jesus antwortete und sprach zu
ihm: Es ist gesagt (5. Mose 6,16): **»Du**
sollst den Herrn, deinen Gott, nicht versu-
chen.« 13 Und [a]als der Teufel alle Ver-
suchungen vollendet hatte, wich er von
ihm eine Zeit lang.

Der Beginn des Wirkens Jesu in Galiläa

(Mt 4,12-17; Mk 1,14-15)

14 Und Jesus kam in der Kraft des Geis-
tes wieder nach Galiläa und die Kunde
von ihm erscholl durch alle umliegenden
Orte. 15 Und er lehrte in ihren Synagogen
und wurde von jedermann gepriesen.

Jesu Predigt in Nazareth

(Mt 13,53-58; Mk 6,1-6)

16 Und er kam nach Nazareth, wo er auf-
gewachsen war, und ging nach seiner Ge-
wohnheit am Sabbat in die Synagoge und
stand auf und wollte lesen. 17 Da wurde
ihm das Buch des Propheten Jesaja ge-
reicht. Und als er das Buch auftat, fand
er die Stelle, wo geschrieben steht (Jesaja
61,1-2): 18 **»Der Geist des Herrn ist auf**
mir, weil er mich gesalbt hat, zu verkündi-
gen das Evangelium den Armen; er hat
mich gesandt, [a]zu predigen den Gefan-
genen, dass sie frei sein sollen, und den
Blinden, dass sie sehen sollen, und den
Zerschlagenen, dass sie frei und ledig sein
sollen, 19 **zu verkündigen das [a]Gnadenjahr**
des Herrn.«

20 Und als er das Buch zutat, gab er's
dem Diener und setzte sich. Und aller
Augen in der Synagoge sahen auf ihn.
21 Und er fing an, zu ihnen zu reden:
Heute ist dieses Wort der Schrift erfüllt
vor euren Ohren.

22 Und sie gaben alle Zeugnis von ihm
und wunderten sich, dass solche Worte
der Gnade aus seinem Munde kamen,
und sprachen: [a]Ist das nicht Josefs
Sohn? 23 Und er sprach zu ihnen: Ihr
werdet mir freilich dies Sprichwort sagen:
Arzt, hilf dir selber! Denn wie große
Dinge haben wir gehört, die in Kaper-
naum geschehen sind! Tu so auch hier in
deiner Vaterstadt! 24 Er sprach aber:
Wahrlich, ich sage euch: [a]Kein Prophet
gilt etwas in seinem Vaterland. 25 [a]Aber
wahrhaftig, ich sage euch: Es waren viele
Witwen in Israel zur Zeit des Elia, als der
Himmel verschlossen war drei Jahre und
sechs Monate und eine große Hungers-
not herrschte im ganzen Lande, 26 und zu
keiner von ihnen wurde Elia gesandt als
allein zu einer Witwe nach Sarepta im
Gebiet von Sidon. 27 Und viele Aus-
sätzige waren in Israel zur Zeit des Pro-
pheten Elisa, und keiner von ihnen
wurde rein als allein [a]Naaman aus Sy-
rien.

28 Und alle, die in der Synagoge waren,
wurden von Zorn erfüllt, als sie das hör-
ten. 29 Und sie standen auf und stießen
ihn zur Stadt hinaus und führten ihn an
den Abhang des Berges, auf dem ihre
Stadt gebaut war, um ihn hinabzustürzen.
30 Aber er ging mitten durch sie hinweg.

Jesus in Kapernaum

(Mt 8,14-17; Mk 1,21-39)

31 Und er ging hinab nach [a]Kapernaum,
einer Stadt in Galiläa, und lehrte sie am

* In der späteren Überlieferung finden sich zusätzlich die Worte: »sondern von einem jeden Wort Gottes« (vgl. Mt 4,4).

4,13: *a* Hebr 4,15 **4,18:** *a* Jes 42,7 **4,19:** *a* 3. Mose 25,10 **4,22:** *a* Kap 3,23 **4,24:** *a* Joh 4,44 **4,25:** *a (25-26)* 1. Kön 17,1.9-24 **4,27:** *a* 2. Kön 5,1-14 **4,31:** *a* Mt 4,13; Joh 2,12

Sabbat. 32 Und sie verwunderten sich
über seine Lehre; denn [a] er predigte mit
Vollmacht.

33 Und es war ein Mensch in der Syn-
agoge, besessen von einem unreinen
Geist, und der schrie laut: 34 Halt, was
willst du von uns, Jesus von Nazareth?
Du bist gekommen, uns zu vernichten.
Ich weiß, wer du bist: der Heilige Gottes!
35 Und Jesus bedrohte ihn und sprach:
Verstumme und fahre aus von ihm! Und
der böse Geist warf ihn mitten unter sie
und fuhr von ihm aus und tat ihm keinen
Schaden. 36 Und es kam eine Furcht über
sie alle, und sie redeten miteinander und
sprachen: Was ist das für ein Wort? Er
gebietet mit Vollmacht und Gewalt den
unreinen Geistern und sie fahren aus.
37 Und die Kunde von ihm erscholl in alle
Orte des umliegenden Landes.

38 Und er machte sich auf aus der Syn-
agoge und kam in Simons Haus. Und
Simons Schwiegermutter hatte hohes
Fieber und sie baten ihn für sie. 39 Und er
trat zu ihr und gebot dem Fieber und es
verließ sie. Und sogleich stand sie auf
und diente ihnen.

40 Und als die Sonne untergegangen
war, brachten alle ihre Kranken mit man-
cherlei Leiden zu ihm. Und er legte die
Hände auf einen jeden und machte sie
gesund. 41 Von vielen fuhren auch die bö-
sen Geister aus und schrien: [a] Du bist der
Sohn Gottes! Und er bedrohte sie und
ließ sie nicht reden; denn sie wussten,
dass er der Christus war.

42 Als es aber Tag wurde, ging er hin-
aus an eine einsame Stätte; und das Volk
suchte ihn, und sie kamen zu ihm und
wollten ihn festhalten, damit er nicht von
ihnen ginge. 43 Er sprach aber zu ihnen:
Ich muss auch den andern Städten das
Evangelium predigen vom Reich Gottes;
denn dazu bin ich gesandt. 44 Und er
predigte in den Synagogen Judäas. [a]

Der Fischzug des Petrus

(Mt 4,18-22; Mk 1,16-20)

5 Es begab sich aber, als sich die Menge
zu ihm drängte, um das Wort Gottes
zu hören, da stand er am See Genezareth
2 und sah zwei Boote am Ufer liegen; die
Fischer aber waren ausgestiegen und wu-
schen ihre Netze. 3 Da stieg er in eines
der Boote, das Simon gehörte, und bat
ihn, ein wenig vom Land wegzufahren.
Und er setzte sich und lehrte die Menge
vom Boot aus.

4 Und als er aufgehört hatte zu reden,
sprach er zu Simon: Fahre hinaus, wo es
tief ist, und [a] werft eure Netze zum Fang
aus! 5 Und Simon antwortete und sprach:
Meister, wir haben die ganze Nacht gear-
beitet und nichts gefangen; aber auf dein
Wort will ich die Netze auswerfen. 6 Und
als sie das taten, fingen sie eine große
Menge Fische und ihre Netze begannen
zu reißen. 7 Und sie winkten ihren Ge-
fährten, die im andern Boot waren, sie
sollten kommen und mit ihnen ziehen.
Und sie kamen und füllten beide Boote
voll, sodass sie fast sanken. 8 Als das Si-
mon Petrus sah, fiel er Jesus zu Füßen
und sprach: Herr, geh weg von mir! [a] Ich
bin ein sündiger Mensch. 9 Denn ein
Schrecken hatte ihn erfasst und alle, die
bei ihm waren, über diesen Fang, den sie
miteinander getan hatten, 10 ebenso auch
Jakobus und Johannes, die Söhne des Ze-
bedäus, Simons Gefährten. Und Jesus
sprach zu Simon: Fürchte dich nicht!
Von nun an wirst du Menschen fangen.
11 Und sie brachten die Boote ans Land
und verließen alles und folgten ihm
nach.

Die Heilung eines Aussätzigen

(Mt 8,1-4; Mk 1,40-45)

12 Und es begab sich, als er in einer Stadt
war, siehe, da war ein Mann voller Aus-
satz. Als der Jesus sah, fiel er nieder auf
sein Angesicht und bat ihn und sprach:
Herr, willst du, so kannst du mich reini-
gen. 13 Und er streckte die Hand aus und
rührte ihn an und sprach: Ich will's tun,
sei rein! Und sogleich wich der Aussatz
von ihm. 14 Und er gebot ihm, dass er's
niemandem sagen sollte. [a] Geh aber hin
und zeige dich dem Priester und opfere
für deine Reinigung, wie Mose geboten
hat, ihnen zum Zeugnis.

15 Aber die Kunde von ihm breitete
sich immer weiter aus, und es kam eine
große Menge zusammen, zu hören und

4,32: *a* Mt 7,28-29; Joh 7,46 **4,41:** *a* Mt 8,29; Mk 3,11-12 **4,44:** *a* Mt 4,23 **5,4:** *a* Joh 21,6 **5,8:** *a* Kap 18,13 **5,14:** *a* 3. Mose 14,2-32

gesund zu werden von ihren Krankhei-
ten. 16 Er aber zog sich zurück in die
Wüste und betete.[a]

Die Heilung eines Gelähmten (»Der Gichtbrüchige«)

(Mt 9,1-8; Mk 2,1-12)

17 Und es begab sich eines Tages, als er
lehrte, dass auch Pharisäer und Schrift-
gelehrte dasaßen, die gekommen waren
aus allen Orten in Galiläa und Judäa und
aus Jerusalem. Und die Kraft des Herrn
war mit ihm, dass er heilen konnte.
18 Und siehe, einige Männer brachten
einen Menschen auf einem Bett; der war
gelähmt. Und sie versuchten, ihn hinein-
zubringen und vor ihn zu legen. 19 Und
weil sie wegen der Menge keinen Zugang
fanden, ihn hineinzubringen, stiegen sie
auf das Dach und ließen ihn durch die
Ziegel hinunter mit dem Bett mitten un-
ter sie vor Jesus. 20 Und als er ihren Glau-
ben sah, sprach er: **Mensch, deine Sünden**
sind dir vergeben.

21 Und die Schriftgelehrten und Phari-
säer fingen an zu überlegen und spra-
chen: Wer ist der, dass er Gotteslästerun-
gen redet? [a]Wer kann Sünden vergeben
als allein Gott? 22 Als aber Jesus ihre Ge-
danken merkte, antwortete er und sprach
zu ihnen: Was denkt ihr in euren Herzen?
23 Was ist leichter, zu sagen: Dir sind
deine Sünden vergeben, oder zu sagen:
Steh auf und geh umher? 24 [a]Damit ihr
aber wisst, dass der Menschensohn Voll-
macht hat, auf Erden Sünden zu verge-
ben – sprach er zu dem Gelähmten: Ich
sage dir, steh auf, nimm dein Bett und
geh heim!

25 Und sogleich stand er auf vor ihren
Augen und nahm das Bett, auf dem er
gelegen hatte, und ging heim und pries
Gott. 26 Und sie entsetzten sich alle und
priesen Gott und wurden von Furcht er-
füllt und sprachen: Wir haben heute selt-
same Dinge gesehen.

Die Berufung des Levi und das Mahl mit den Zöllnern

(Mt 9,9-13; Mk 2,13-17)

27 Und danach ging er hinaus und sah
einen Zöllner mit Namen Levi am Zoll
sitzen und sprach zu ihm: Folge mir
nach! 28 Und er verließ alles, stand auf
und folgte ihm nach.

29 Und Levi richtete ihm ein großes
Mahl zu in seinem Haus, und [a]viele Zöll-
ner und andre saßen mit ihm zu Tisch.
30 Und die Pharisäer und ihre Schrift-
gelehrten murrten und sprachen zu sei-
nen Jüngern: Warum esst und trinkt ihr
mit den Zöllnern und Sündern? 31 Und
Jesus antwortete und sprach zu ihnen:
Die Gesunden bedürfen des Arztes nicht,
sondern die Kranken. 32 Ich bin gekom-
men, die Sünder zur Buße zu rufen und
nicht die Gerechten.

Die Frage nach dem Fasten

(Mt 9,14-17; Mk 2,18-22)

33 Sie aber sprachen zu ihm: Die Jünger
des Johannes fasten oft und beten viel,
ebenso die Jünger der Pharisäer; aber
deine Jünger essen und trinken. 34 Jesus
sprach aber zu ihnen: Ihr könnt die
Hochzeitsgäste nicht fasten lassen, so-
lange der Bräutigam bei ihnen ist. 35 Es
wird aber die Zeit kommen, dass der
Bräutigam von ihnen genommen wird;
dann werden sie fasten, in jenen Tagen.

36 Und er sagte zu ihnen ein Gleichnis:
Niemand reißt einen Lappen von einem
neuen Kleid und flickt ihn auf ein altes
Kleid; sonst zerreißt man das neue und
der Lappen vom neuen passt nicht auf
das alte. 37 Und niemand füllt neuen
Wein in alte Schläuche; sonst zerreißt der
neue Wein die Schläuche und wird ver-
schüttet und die Schläuche verderben.
38 Sondern neuen Wein soll man in neue
Schläuche füllen. 39 Und niemand, der
vom alten Wein trinkt, will neuen; denn
er spricht: Der alte ist milder.

Das Ährenraufen am Sabbat

(Mt 12,1-8; Mk 2,23-28)

6 [a]Und es begab sich an einem Sabbat,
dass er durch ein Kornfeld ging; und
seine Jünger rauften Ähren aus und zer-
rieben sie mit den Händen und aßen.
2 Einige der Pharisäer aber sprachen:
Warum tut ihr, was am Sabbat nicht er-
laubt ist?

5,16: *a* Mk 1,35 **5,21:** *a* Kap 7,49; Ps 130,4; Jes 43,25 **5,24:** *a* Joh 5,36 **5,29:** *a* Kap 15,1 **6,1:** *a (1-11)* Kap 13,10-17; 14,1-6

3Und Jesus antwortete und sprach zu
ihnen: Habt ihr nicht das gelesen, [a]was
David tat, als ihn hungerte, und die, die
bei ihm waren? 4Wie er in das Haus
Gottes ging und die Schaubrote nahm
und aß, [a]die doch niemand essen durfte
als die Priester allein, und wie er sie auch
denen gab, die bei ihm waren? 5Und er
sprach zu ihnen: Der Menschensohn ist
ein Herr über den Sabbat.

Die Heilung eines Mannes am Sabbat

(Mt 12,9-14; Mk 3,1-6)

6Es geschah aber an einem andern Sab-
bat, dass er in die Synagoge ging und
lehrte. Und da war ein Mensch, dessen
rechte Hand war verdorrt. 7Aber die
Schriftgelehrten und Pharisäer lauerten
darauf, ob er auch am Sabbat heilen
würde, damit sie etwas fänden, ihn zu
verklagen. 8Er aber merkte ihre Gedan-
ken und sprach zu dem Mann mit der
verdorrten Hand: Steh auf und tritt her-
vor! Und er stand auf und trat vor. 9Da
sprach Jesus zu ihnen: Ich frage euch:
Ist's erlaubt, am Sabbat Gutes zu tun
oder Böses, Leben zu erhalten oder zu
vernichten?

10Und er sah sie alle ringsum an und
sprach zu ihm: Strecke deine Hand aus!
Und er tat's; da wurde seine Hand wieder
zurechtgebracht. 11Sie aber wurden ganz
von Sinnen und beredeten sich mitein-
ander, was sie Jesus tun wollten.

Die Berufung der Zwölf

(Mt 10,1-4; Mk 3,13-19)

12Es begab sich aber zu der Zeit, dass er
auf einen Berg ging, um zu beten; und er
blieb die Nacht über im Gebet zu Gott.[a]
13[a]Und als es Tag wurde, rief er seine
Jünger und erwählte zwölf von ihnen, die
er auch Apostel nannte: 14Simon, den er
auch Petrus nannte, und Andreas, seinen
Bruder, Jakobus und Johannes; Philippus
und Bartholomäus; 15Matthäus und
Thomas; Jakobus, den Sohn des Al-
phäus, und Simon, genannt der Zelot;
16Judas, den Sohn des Jakobus, und Ju-
das Iskariot, der zum Verräter wurde.

Die Predigt auf dem Felde
(Verse 17-49)

17Und er ging mit ihnen hinab und trat
auf ein ebenes Feld. Und um ihn war
eine große Schar seiner Jünger und eine
große Menge des Volkes aus ganz Judäa
und Jerusalem und aus dem Küstenland
von Tyrus und Sidon, 18die gekommen
waren, ihn zu hören und von ihren
Krankheiten geheilt zu werden; und die
von unreinen Geistern umgetrieben wa-
ren, wurden gesund. 19Und alles Volk
suchte ihn anzurühren; denn es ging
Kraft von ihm aus und er heilte sie alle.

Die Seligpreisungen

(Mt 5,3-12)

20Und er hob seine Augen auf über seine
Jünger und sprach:

[a]**Selig seid ihr Armen; denn das Reich**
Gottes ist euer. 21Selig seid ihr, die ihr
jetzt hungert; denn ihr sollt satt werden.
Selig seid ihr, die ihr jetzt weint; denn ihr
werdet lachen.[a] **22Selig seid ihr, wenn**
euch die Menschen hassen und euch aus-
stoßen und schmähen und verwerfen euren
Namen als böse um des Menschensohnes
willen.[a] 23Freut euch an jenem Tage und
springt vor Freude; denn siehe, euer
Lohn ist groß im Himmel. Denn das
Gleiche haben ihre Väter den Propheten
getan.

Die Weherufe

24Aber dagegen: Weh euch Reichen!
Denn ihr habt euren Trost schon ge-
habt.[a] 25Weh euch, die ihr jetzt satt seid!
Denn ihr werdet hungern. Weh euch, die
ihr jetzt lacht! Denn ihr werdet weinen
und klagen. 26Weh euch, wenn euch je-
dermann wohlredet! Denn das Gleiche
haben ihre Väter den falschen Propheten
getan.

Von der Feindesliebe

(Mt 5,39-48)

27Aber ich sage euch, die ihr zuhört:
Liebt eure Feinde; tut wohl denen, die euch
hassen; 28segnet, die euch verfluchen; bit-
tet für die, die euch beleidigen.[a] 29Und

6,3: *a* 1.Sam 21,7 **6,4:** *a* 3.Mose 24,9 **6,12:** *a* Mk 1,35 **6,13:** *a (13-16)* Mt 10,2-4; Apg 1,13 **6,20:** *a* Jak 2,5 **6,21:** *a* Offb 7,16-17 **6,22:** *a* Joh 15,18-19 **6,24:** *a* Mt 19,23; Jak 5,1 **6,28:** *a* 1.Kor 4,12

wer dich auf die eine Backe schlägt, dem
biete die andere auch dar; und wer dir
den Mantel nimmt, dem verweigere auch
den Rock nicht. 30 Wer dich bittet, dem
gib; und wer dir das Deine nimmt, von
dem fordere es nicht zurück. 31 Und **wie
ihr wollt, dass euch die Leute tun sollen,
so tut ihnen auch!**[a]
32 Und wenn ihr die liebt, die euch
lieben, welchen Dank habt ihr davon?
Denn auch die Sünder lieben ihre
Freunde. 33 Und wenn ihr euren Wohl-
tätern wohltut, welchen Dank habt ihr
davon? Denn die Sünder tun dasselbe
auch. 34 Und wenn ihr denen leiht, von
denen ihr etwas zu bekommen hofft, wel-
chen Dank habt ihr davon? Auch die
Sünder leihen den Sündern, damit sie das
Gleiche bekommen.[a] 35 Vielmehr liebt
eure Feinde; tut Gutes und leiht, wo ihr
nichts dafür zu bekommen hofft. So wird
euer Lohn groß sein und ihr werdet Kin-
der des Allerhöchsten sein; denn er ist
gütig gegen die Undankbaren und Bö-
sen.

Von der Stellung zum Nächsten

(Mt 7,1-5)

36 **Seid barmherzig, wie auch euer Vater
barmherzig ist**. 37 Und richtet nicht, so
werdet ihr auch nicht gerichtet. Ver-
dammt nicht, so werdet ihr nicht ver-
dammt. Vergebt, so wird euch verge-
ben.[a]
38 Gebt, so wird euch gegeben. Ein vol-
les, gedrücktes, gerütteltes und überflie-
ßendes Maß wird man in euren Schoß
geben; denn [a]eben mit dem Maß, mit
dem ihr messt, wird man euch wieder
messen.
39 Er sagte ihnen aber auch ein Gleich-
nis: Kann auch ein Blinder einem Blin-
den den Weg weisen? Werden sie nicht
alle beide in die Grube fallen?[a] 40 Der
Jünger steht nicht über dem Meister;
wenn er vollkommen ist, so ist er wie sein
Meister.[a]
41 Was siehst du aber den Splitter in
deines Bruders Auge und den Balken in
deinem Auge nimmst du nicht wahr?
42 Wie kannst du sagen zu deinem Bru-
der: Halt still, Bruder, ich will den Split-
ter aus deinem Auge ziehen, und du
siehst selbst nicht den Balken in deinem
Auge? Du Heuchler, zieh zuerst den Bal-
ken aus deinem Auge und sieh dann zu,
dass du den Splitter aus deines Bruders
Auge ziehst!

Vom Baum und seinen Früchten

(Mt 12,33-35)

43 [a]Denn es gibt keinen guten Baum, der
faule Frucht trägt, und keinen faulen
Baum, der gute Frucht trägt. 44 Denn je-
der Baum wird an seiner eigenen Frucht
erkannt. Man pflückt ja nicht Feigen
von den Dornen, auch liest man nicht
Trauben von den Hecken. 45 Ein guter
Mensch bringt Gutes hervor aus dem gu-
ten Schatz seines Herzens; und ein böser
bringt Böses hervor aus dem bösen.
Denn wes das Herz voll ist, des geht der
Mund über.
46 Was nennt ihr mich aber Herr, Herr,
und tut nicht, was ich euch sage?[a]

Vom Hausbau

(Mt 7,24-27)

47 Wer zu mir kommt und hört meine
Rede und tut sie – ich will euch zeigen,
wem er gleicht. 48 Er gleicht einem Men-
schen, der ein Haus baute und grub tief
und legte den Grund auf Fels. Als aber
eine Wasserflut kam, da riss der Strom
an dem Haus und konnte es nicht be-
wegen; denn es war gut gebaut.
49 Wer aber hört und nicht tut, der
gleicht einem Menschen, der ein Haus
baute auf die Erde, ohne Grund zu legen;
und der Strom riss an ihm und es fiel
gleich zusammen und sein Einsturz war
groß.

Der Hauptmann von Kapernaum

(Mt 8,5-13; Joh 4,46-53)

7 Nachdem Jesus seine Rede vor dem
Volk vollendet hatte, ging er nach
Kapernaum. 2 Ein Hauptmann aber hatte
einen Knecht, der ihm lieb und wert war;
der lag todkrank. 3 Als er aber von Jesus
hörte, sandte er die Ältesten der Juden zu
ihm und bat ihn, zu kommen und seinen

6,31: *a* Mt 7,12 **6,34:** *a* 5.Mose 15,7-8 **6,37:** *a* Mt 6,14 **6,38:** *a* Mk 4,24 **6,39:** *a* Mt 15,14 **6,40:** *a* Mt 10,24-25; Joh 15,20 **6,43:** *a (43-44)* Mt 7,16-18 **6,46:** *a* Mal 1,6; Mt 7,21

Knecht gesund zu machen. 4 Als sie aber
zu Jesus kamen, baten sie ihn sehr und
sprachen: Er ist es wert, dass du ihm die
Bitte erfüllst; 5 denn er hat unser Volk
lieb, und die Synagoge hat er uns erbaut.
6 Da ging Jesus mit ihnen. Als er aber
nicht mehr fern von dem Haus war,
sandte der Hauptmann Freunde zu ihm
und ließ ihm sagen: Ach Herr, bemühe
dich nicht; ich bin nicht wert, dass du
unter mein Dach gehst; 7 darum habe ich
auch mich selbst nicht für würdig ge-
achtet, zu dir zu kommen; sondern sprich
ein Wort, so wird mein Knecht gesund.
8 Denn auch ich bin ein Mensch, der Ob-
rigkeit untertan, und habe Soldaten unter
mir; und wenn ich zu einem sage: Geh
hin!, so geht er hin; und zu einem an-
dern: Komm her!, so kommt er; und zu
meinem Knecht: Tu das!, so tut er's.
9 Als aber Jesus das hörte, wunderte er
sich über ihn und wandte sich um und
sprach zu dem Volk, das ihm nachfolgte:
Ich sage euch: Solchen Glauben habe ich
in Israel nicht gefunden. 10 Und als die
Boten wieder nach Hause kamen, fanden
sie den Knecht gesund.

Der Jüngling zu Nain

11 Und es begab sich danach, dass er in
eine Stadt mit Namen Nain ging; und
seine Jünger gingen mit ihm und eine
große Menge. 12 Als er aber nahe an das
Stadttor kam, siehe, da trug man einen
Toten heraus, der der einzige Sohn seiner
Mutter war, und sie war eine Witwe; und
eine große Menge aus der Stadt ging mit
ihr. 13 Und als sie der Herr sah, jammerte
sie ihn und er sprach zu ihr: Weine nicht!
14 Und trat hinzu und berührte den Sarg,
und die Träger blieben stehen. Und er
sprach: Jüngling, [a]ich sage dir, steh auf!
15 Und der Tote richtete sich auf und fing
an zu reden, und [a]Jesus gab ihn seiner
Mutter.
16 Und Furcht ergriff sie alle, und sie
priesen Gott und sprachen: [a]Es ist ein
großer Prophet unter uns aufgestanden,
und: [b]Gott hat sein Volk besucht. 17 Und
diese Kunde von ihm erscholl in ganz
Judäa und im ganzen umliegenden
Land.

Die Anfrage des Täufers

(Mt 11,2-6)

18 Und die Jünger des Johannes verkün-
deten ihm das alles. Und Johannes rief
zwei seiner Jünger zu sich 19 und sandte
sie zum Herrn und ließ ihn fragen: Bist
du, der da kommen soll, oder sollen wir
auf einen andern warten? 20 Als aber die
Männer zu ihm kamen, sprachen sie: Jo-
hannes der Täufer hat uns zu dir gesandt
und lässt dich fragen: Bist du, der da
kommen soll, oder sollen wir auf einen
andern warten? 21 Zu der Stunde machte
Jesus viele gesund von Krankheiten und
Plagen und bösen Geistern, und vielen
Blinden schenkte er das Augenlicht.
22 Und Jesus antwortete und sprach zu
ihnen: Geht und verkündet Johannes,
was ihr gesehen und gehört habt: Blinde
sehen, Lahme gehen, Aussätzige werden
rein, Taube hören, Tote stehen auf,
Armen wird das Evangelium gepredigt;
23 und **selig ist, wer sich nicht ärgert an
mir.**

Jesu Zeugnis über den Täufer

(Mt 11,7-19)

24 Als aber die Boten des Johannes fort-
gingen, fing Jesus an, zu dem Volk über
Johannes zu reden: Was seid ihr hinaus-
gegangen in die Wüste zu sehen? Wolltet
ihr ein Rohr sehen, das vom Wind be-
wegt wird? 25 Oder was seid ihr hinaus-
gegangen zu sehen? Wolltet ihr einen
Menschen sehen in weichen Kleidern?
Seht, die herrliche Kleider tragen und
üppig leben, die sind an den königlichen
Höfen. 26 Oder was seid ihr hinausgegan-
gen zu sehen? Wolltet ihr einen Prophe-
ten sehen? Ja, ich sage euch: Er ist mehr
als ein Prophet.[a] 27 Er ist's, von dem ge-
schrieben steht (Maleachi 3,1): »Siehe,
ich sende meinen Boten vor dir her, der
deinen Weg vor dir bereiten soll.« 28 Ich
sage euch, dass unter denen, die von
einer Frau geboren sind, [a]keiner größer
ist als Johannes; der aber der Kleinste ist
im Reich Gottes, der ist größer als er.
29 Und alles Volk, das ihn hörte, und
[a]die Zöllner gaben Gott Recht und
ließen sich taufen mit der Taufe des

7,14: *a* Mk 5,41 **7,15:** *a* 1. Kön 17,23; 2. Kön 4,36 **7,16:** *a* Mt 16,14; *b* Kap 1,68 **7,26:** *a* Kap 1,76 **7,28:** *a* Kap 1,15 **7,29:** *a* Kap 3,7.12; Mt 21,32

Johannes. 30 Aber [a]die Pharisäer und
Schriftgelehrten verachteten, was Gott
ihnen zugedacht hatte, und ließen sich
nicht von ihm taufen.

31 Mit wem soll ich die Menschen die-
ses Geschlechts vergleichen, und wem
sind sie gleich? 32 Sie sind den Kindern
gleich, die auf dem Markt sitzen und
rufen einander zu: Wir haben euch aufge-
spielt und ihr habt nicht getanzt; wir ha-
ben Klagelieder gesungen und ihr habt
nicht geweint. 33 Denn Johannes der Täu-
fer ist gekommen und [a]aß kein Brot und
trank keinen Wein; so sagt ihr: Er ist
besessen. 34 Der Menschensohn ist ge-
kommen, isst und trinkt; so sagt ihr:
Siehe, dieser Mensch ist ein Fresser und
Weinsäufer, ein [a]Freund der Zöllner und
Sünder! 35 Und doch ist die Weisheit ge-
rechtfertigt worden von allen ihren Kin-
dern.[a]

Jesu Salbung durch die Sünderin

36 Es bat ihn aber einer der Pharisäer, bei
ihm zu essen. Und er ging hinein in das
Haus des Pharisäers und setzte sich zu
Tisch.[a] 37 Und siehe, eine Frau war in
der Stadt, die war eine Sünderin. Als die
vernahm, dass er zu Tisch saß im Haus
des Pharisäers, [a]brachte sie ein Glas mit
Salböl 38 und trat von hinten zu seinen
Füßen, weinte und fing an, seine Füße
mit Tränen zu benetzen und mit den
Haaren ihres Hauptes zu trocknen, und
küsste seine Füße und salbte sie mit
Salböl.

39 Als aber das der Pharisäer sah, der
ihn eingeladen hatte, sprach er bei sich
selbst und sagte: Wenn dieser ein Prophet
wäre, so wüsste er, wer und was für eine
Frau das ist, die ihn anrührt; denn sie ist
eine Sünderin. 40 Jesus antwortete und
sprach zu ihm: Simon, ich habe dir etwas
zu sagen. Er aber sprach: Meister, sag es!
41 Ein Gläubiger hatte zwei Schuldner.
Einer war fünfhundert Silbergroschen
schuldig, der andere fünfzig. 42 Da sie
aber nicht bezahlen konnten, schenkte
er's beiden. Wer von ihnen wird ihn am
meisten lieben? 43 Simon antwortete und
sprach: Ich denke, der, dem er am meis-
ten geschenkt hat. Er aber sprach zu ihm:
Du hast recht geurteilt.

44 Und er wandte sich zu der Frau und
sprach zu Simon: Siehst du diese Frau?
Ich bin in dein Haus gekommen; [a]du
hast mir kein Wasser für meine Füße
gegeben; diese aber hat meine Füße mit
Tränen benetzt und mit ihren Haaren
getrocknet. 45 Du [a]hast mir keinen Kuss
gegeben; diese aber hat, seit ich herein-
gekommen bin, nicht abgelassen, meine
Füße zu küssen. 46 Du hast mein Haupt
nicht mit Öl gesalbt; sie aber hat meine
Füße mit Salböl gesalbt. 47 Deshalb sage
ich dir: Ihre vielen Sünden sind vergeben,
denn sie hat viel Liebe gezeigt; wem aber
wenig vergeben wird, der liebt wenig.

48 Und er sprach zu ihr: Dir sind deine
Sünden vergeben. 49 Da fingen die an, die
mit zu Tisch saßen, und sprachen bei
sich selbst: Wer ist dieser, [a]der auch die
Sünden vergibt? 50 Er aber sprach zu der
Frau: [a]**Dein Glaube hat dir geholfen; geh
hin in Frieden!**

Jüngerinnen Jesu

8 Und es begab sich danach, dass er
durch Städte und Dörfer zog und
predigte und verkündigte das Evange-
lium vom Reich Gottes; und die Zwölf
waren mit ihm, 2 dazu einige Frauen, die
er gesund gemacht hatte von bösen Geis-
tern und Krankheiten, nämlich [a]Maria,
genannt Magdalena, von der sieben böse
Geister ausgefahren waren, 3 und Jo-
hanna, die Frau des Chuzas, eines Ver-
walters des Herodes, und Susanna und
[a]viele andere, die ihnen dienten mit ihrer
Habe.

Vom Sämann

(Mt 13,1-9; Mk 4,1-9)

4 Als nun eine große Menge beieinander
war und sie aus den Städten zu ihm eil-
ten, redete er in einem Gleichnis: 5 Es
ging ein Sämann aus zu säen seinen Sa-
men. Und indem er säte, fiel einiges auf
den Weg und wurde zertreten, und die
Vögel unter dem Himmel fraßen's auf.
6 Und einiges fiel auf den Fels; und als
es aufging, verdorrte es, weil es keine

7,30: *a* Apg 13,46 **7,33:** *a* Mt 3,4 **7,34:** *a* Kap 15,2 **7,35:** *a* 1.Kor 1,24-30 **7,36:** *a* Kap 11,37 **7,37:** *a* Mk 14,3 **7,44:** *a* 1.Mose 18,4 **7,45:** *a* Röm 16,16 **7,49:** *a* Kap 5,21 **7,50:** *a* Kap 8,48; 17,19; 18,42 **8,2:** *a* Joh 20,1.11-18 **8,3:** *a* Mk 15,40-41

Feuchtigkeit hatte. 7 Und einiges fiel mit-
ten unter die Dornen; und die Dornen
gingen mit auf und erstickten's. 8 Und
einiges fiel auf gutes Land; und es ging
auf und trug hundertfach Frucht. Als
er das sagte, rief er: Wer Ohren hat zu
hören, der höre!

Vom Sinn der Gleichnisse

(Mt 13,10-17; Mk 4,10-12)

9 Es fragten ihn aber seine Jünger, was
dies Gleichnis bedeute. 10 Er aber sprach:
Euch ist's gegeben, die Geheimnisse des
Reiches Gottes zu verstehen, den andern
aber in Gleichnissen, [a]damit sie es nicht
sehen, auch wenn sie es sehen, und nicht
verstehen, auch wenn sie es hören.

Die Deutung des Gleichnisses vom Sämann

(Mt 13,18-23; Mk 4,13-20)

11 Das Gleichnis aber bedeutet dies: Der
Same ist das Wort Gottes. 12 Die aber auf
dem Weg, das sind die, die es hören;
danach kommt der Teufel und nimmt das
Wort aus ihrem Herzen, damit sie nicht
glauben und selig werden. 13 Die aber auf
dem Fels sind die: wenn sie es hören,
nehmen sie das Wort mit Freuden an.
Doch sie haben keine Wurzel; eine Zeit
lang glauben sie und zu der Zeit der
Anfechtung fallen sie ab. 14 Was aber un-
ter die Dornen fiel, sind die, die es hören
und gehen hin und ersticken unter den
Sorgen, dem Reichtum und den Freuden
des Lebens und bringen keine Frucht.
**15 Das aber auf dem guten Land sind
die, die das Wort hören und behalten [a]in
einem feinen, guten Herzen und bringen
Frucht in Geduld.**

Vom Licht und vom rechten Hören

(Mk 4,21-25)

16 Niemand aber zündet ein Licht an und
bedeckt es mit einem Gefäß oder setzt es
unter eine Bank; sondern er setzt es auf
einen Leuchter, damit, wer hineingeht,
das Licht sehe.[a] 17 Denn es ist nichts ver-
borgen, was nicht offenbar werden soll,
auch nichts geheim, was nicht bekannt
werden und an den Tag kommen soll.[a]
18 So seht nun darauf, wie ihr zuhört;
denn [a]wer da hat, dem wird gegeben; wer
aber nicht hat, dem wird auch das ge-
nommen, was er meint zu haben.

Jesu wahre Verwandte

(Mt 12,46-50; Mk 3,31-35)

19 Es kamen aber seine Mutter und seine
Brüder zu ihm und konnten wegen der
Menge nicht zu ihm gelangen. 20 Da
wurde ihm gesagt: Deine Mutter und
deine Brüder stehen draußen und wollen
dich sehen. 21 Er aber antwortete und
sprach zu ihnen: Meine Mutter und
meine Brüder sind diese, die Gottes Wort
hören und tun.

Die Stillung des Sturms

(Mt 8,23-27; Mk 4,35-41)

22 Und es begab sich an einem der Tage,
dass er in ein Boot stieg mit seinen Jün-
gern; und er sprach zu ihnen: Lasst uns
über den See fahren. Und sie stießen vom
Land ab. 23 Und als sie fuhren, schlief er
ein. Und es kam ein Windwirbel über
den See und die Wellen überfielen sie,
und sie waren in großer Gefahr. 24 Da
traten sie zu ihm und weckten ihn auf
und sprachen: Meister, Meister, wir kom-
men um! Da stand er auf und bedrohte
den Wind und die Wogen des Wassers,
und sie legten sich und es entstand eine
Stille. 25 Er sprach aber zu ihnen: Wo ist
euer Glaube?

Sie aber fürchteten sich und verwun-
derten sich und sprachen zueinander:
Wer ist dieser? Auch dem Wind und dem
Wasser gebietet er und sie sind ihm ge-
horsam.

Die Heilung des besessenen Geraseners

(Mt 8,28-34; Mk 5,1-20)

26 Und sie fuhren weiter in die Gegend
der Gerasener, die Galiläa gegenüber-
liegt. 27 Und als er ans Land trat, be-
gegnete ihm ein Mann aus der Stadt, der
hatte böse Geister; er trug seit langer Zeit
keine Kleider mehr und blieb in keinem
Hause, sondern in den Grabhöhlen.
28 Als er aber Jesus sah, schrie er auf und
fiel vor ihm nieder und rief laut: Was
willst du von mir, Jesus, du Sohn Gottes
des Allerhöchsten? Ich bitte dich: Quäle

8,10: *a* Jes 6,9-10 **8,15:** *a* Apg 16,14 **8,16:** *a* Mt 5,15 **8,17:** *a* Mt 10,26; 1. Kor 4,5 **8,18:** *a* Mt 25,29

mich nicht! 29Denn er hatte dem un-
reinen Geist geboten, aus dem Menschen
auszufahren. Denn der hatte ihn lange
Zeit geplagt; und er wurde mit Ketten
und Fesseln gebunden und gefangen ge-
halten, doch er zerriss seine Fesseln und
wurde von dem bösen Geist in die Wüste
getrieben. 30Und Jesus fragte ihn: Wie
heißt du? Er antwortete: Legion. Denn es
waren viele böse Geister in ihn gefahren.
31Und sie baten ihn, dass er ihnen nicht
gebiete, in den Abgrund zu fahren.

32Es war aber dort auf dem Berg eine
große Herde Säue auf der Weide. Und sie
baten ihn, dass er ihnen erlaube, in die
Säue zu fahren. Und er erlaubte es ihnen.
33Da fuhren die bösen Geister von dem
Menschen aus und fuhren in die Säue;
und die Herde stürmte den Abhang hin-
unter in den See und ersoff.

34Als aber die Hirten sahen, was da
geschah, flohen sie und verkündeten es in
der Stadt und in den Dörfern. 35Da gin-
gen die Leute hinaus, um zu sehen, was
geschehen war, und kamen zu Jesus und
fanden den Menschen, von dem die bö-
sen Geister ausgefahren waren, sitzend
zu den Füßen Jesu, bekleidet und ver-
nünftig, und sie erschraken. 36Und die
es gesehen hatten, verkündeten ihnen,
wie der Besessene gesund geworden war.
37Und die ganze Menge aus dem um-
liegenden Land der Gerasener bat ihn,
von ihnen fortzugehen; denn es hatte sie
große Furcht ergriffen. Und er stieg ins
Boot und kehrte zurück.

38Aber der Mann, von dem die bösen
Geister ausgefahren waren, bat ihn, dass
er bei ihm bleiben dürfe. Aber Jesus
schickte ihn fort und sprach: 39Geh wie-
der heim und sage, wie große Dinge Gott
an dir getan hat. Und er ging hin und
verkündigte überall in der Stadt, wie
große Dinge Jesus an ihm getan hatte.

Die Heilung einer blutflüssigen Frau und die Auferweckung der Tochter des Jaïrus

(Mt 9,18-26; Mk 5,21-43)

40Als Jesus zurückkam, nahm ihn das
Volk auf; denn sie warteten alle auf ihn.
41Und siehe, da kam ein Mann mit Na-
men Jaïrus, der ein Vorsteher der Syn-
agoge war, und fiel Jesus zu Füßen und
bat ihn, in sein Haus zu kommen; 42denn
er hatte eine einzige Tochter von etwa
zwölf Jahren, die lag in den letzten Zü-
gen. Und als er hinging, umdrängte ihn
das Volk.

43Und eine Frau hatte den Blutfluss
seit zwölf Jahren; die hatte alles, was sie
zum Leben hatte, für die Ärzte aufge-
wandt und* konnte von keinem geheilt
werden. 44Die trat von hinten an ihn
heran und berührte den Saum seines Ge-
wandes; und sogleich hörte ihr Blutfluss
auf. 45Und Jesus fragte: Wer hat mich
berührt? Als es aber alle abstritten,
sprach Petrus: Meister, das Volk drängt
und drückt dich. 46Jesus aber sprach: Es
hat mich jemand berührt; denn ich habe
gespürt, dass eine Kraft von mir ausge-
gangen ist. 47Als aber die Frau sah, dass
es nicht verborgen blieb, kam sie mit Zit-
tern und fiel vor ihm nieder und ver-
kündete vor allem Volk, warum sie ihn
angerührt hatte und wie sie sogleich ge-
sund geworden war. 48Er aber sprach zu
ihr: Meine Tochter, [a]dein Glaube hat dir
geholfen. Geh hin in Frieden!

49Als er noch redete, kam einer von
den Leuten des Vorstehers der Synagoge
und sprach: Deine Tochter ist gestorben;
bemühe den Meister nicht mehr. 50Als
aber Jesus das hörte, antwortete er ihm:
Fürchte dich nicht; glaube nur, so wird
sie gesund!

51Als er aber in das Haus kam, ließ er
niemanden mit hineingehen [a]als Petrus
und Johannes und Jakobus und den Va-
ter und die Mutter des Kindes. 52Sie
weinten aber alle und klagten um sie. Er
aber sprach: [a]Weint nicht! Sie ist nicht
gestorben, sondern sie schläft. 53Und sie
verlachten ihn, denn sie wussten, dass sie
gestorben war. 54Er aber nahm sie bei
der Hand und rief: Kind, steh auf!
55Und ihr Geist kam wieder und sie
stand sogleich auf. Und er befahl, man
solle ihr zu essen geben. 56Und ihre
Eltern entsetzten sich.

[a]Er aber gebot ihnen, niemandem zu
sagen, was geschehen war.

* Der Versteil »hatte alles ... aufgewandt und« findet sich bei einigen wichtigen Textzeugen nicht.

8,48: *a* Kap 7,50 **8,51:** *a* Mt 17,1 **8,52:** *a* Kap 7,13 **8,56:** *a* Kap 5,14; Mk 7,36

Die Aussendung der Zwölf

(Mt 10,1; 10,5-14; Mk 6,7-13)

9 [a]Er rief aber die Zwölf zusammen
und gab ihnen Gewalt und Macht
über alle bösen Geister und dass sie
Krankheiten heilen konnten 2und sandte
sie aus, zu predigen das Reich Gottes
und die Kranken zu heilen. 3Und er
sprach zu ihnen: Ihr sollt nichts mit auf
den Weg nehmen, weder Stab noch Ta-
sche noch Brot noch Geld; es soll auch
einer nicht zwei Hemden haben. 4Und
wenn ihr in ein Haus geht, dann bleibt
dort, bis ihr weiterzieht. 5Und wenn sie
euch nicht aufnehmen, dann geht fort
aus dieser Stadt und schüttelt den Staub
von euren Füßen zu einem Zeugnis gegen
sie. 6Und sie gingen hinaus und zogen
von Dorf zu Dorf, predigten das Evan-
gelium und machten gesund an allen
Orten.

Herodes und Jesus

(Mt 14,1-2; Mk 6,14-16)

7Es kam aber vor Herodes, den Landes-
fürsten, alles, was geschah; und er wurde
unruhig, weil von einigen gesagt wurde:
Johannes ist von den Toten auferstanden;
8von einigen aber: Elia ist erschienen;
von andern aber: Einer von den alten
Propheten ist auferstanden. 9Und Hero-
des sprach: Johannes, den habe ich ent-
hauptet; wer ist aber dieser, über den ich
solches höre? Und [a]er begehrte ihn zu
sehen.

Die Speisung der Fünftausend

(Mt 14,13-21; Mk 6,31-44; Joh 6,1-13)

10Und die Apostel kamen zurück und
erzählten Jesus, wie große Dinge sie ge-
tan hatten. Und er nahm sie zu sich, und
er zog sich mit ihnen allein in die Stadt
zurück, die heißt Betsaida. 11Als die
Menge das merkte, zog sie ihm nach.
Und er ließ sie zu sich und sprach zu
ihnen vom Reich Gottes und machte ge-
sund, die der Heilung bedurften. 12Aber
der Tag fing an, sich zu neigen.

Da traten die Zwölf zu ihm und spra-
chen: Lass das Volk gehen, damit sie
hingehen in die Dörfer und Höfe
ringsum und Herberge und Essen finden;
denn wir sind hier in der Wüste. 13Er
aber sprach zu ihnen: Gebt ihr ihnen zu
essen. Sie sprachen: Wir haben nicht
mehr als fünf Brote und zwei Fische, es
sei denn, dass wir hingehen sollen und
für alle diese Leute Essen kaufen.
14Denn es waren etwa fünftausend
Mann. Er sprach aber zu seinen Jüngern:
Lasst sie sich setzen in Gruppen zu je
fünfzig. 15Und sie taten das und ließen
alle sich setzen.

16Da nahm er die fünf Brote und zwei
Fische und sah auf zum Himmel und
dankte, brach sie und gab sie den Jün-
gern, damit sie dem Volk austeilten.
17Und sie aßen und wurden alle satt; und
es wurde aufgesammelt, was sie an Bro-
cken übrig ließen, zwölf Körbe voll.

Das Bekenntnis des Petrus

(Mt 16,13-19; Mk 8,27-29; Joh 6,67-69)

18Und es begab sich, als Jesus allein war
und betete und nur seine Jünger bei ihm
waren, da fragte er sie und sprach: Wer,
sagen die Leute, dass ich sei? 19Sie ant-
worteten und sprachen: [a]Sie sagen, du
seist Johannes der Täufer; einige aber, du
seist Elia; andere aber, es sei einer der
alten Propheten auferstanden. 20Er aber
sprach zu ihnen: Wer, sagt ihr aber,
dass ich sei? Da antwortete Petrus und
sprach: **Du bist der Christus Gottes!**

Die erste Ankündigung von Jesu Leiden und Auferstehung

(Mt 16,20-21; Mk 8,30-31)

21Er aber gebot ihnen, dass sie das nie-
mandem sagen sollten, 22und sprach:
Der Menschensohn muss viel leiden und
verworfen werden von den Ältesten und
Hohenpriestern und Schriftgelehrten und
getötet werden und am dritten Tag auf-
erstehen.[a]

Von der Nachfolge

(Mt 16,24-28; Mk 8,34–9,1)

23Da sprach er zu ihnen allen: **Wer mir
folgen will, der verleugne sich selbst und
nehme sein Kreuz auf sich täglich und
folge mir nach. 24Denn wer sein Leben
erhalten will, der wird es verlieren; wer
aber sein Leben verliert um meinetwillen,
der wird's erhalten.**[a] **25Denn welchen Nut-**

9,1: *a (1-6)* Kap 10,1-12 **9,9:** *a* Kap 23,8 **9,19:** *a* Verse 7-8 **9,22:** *a* Verse 44-45; Kap 18,31-34 **9,24:** *a* Kap 17,33; Mt 10,39; Joh 12,25

**zen hätte der Mensch, wenn er die ganze
Welt gewönne und verlöre sich selbst oder
nähme Schaden an sich selbst?**
26 Wer sich aber meiner und meiner
Worte schämt, dessen wird sich der Men-
schensohn auch schämen, wenn er kom-
men wird in seiner Herrlichkeit und der
des Vaters und der heiligen Engel.[a] 27 Ich
sage euch aber wahrlich: Einige von
denen, die hier stehen, werden den Tod
nicht schmecken, bis sie das Reich Gottes
sehen.

Die Verklärung Jesu

(Mt 17,1-8; Mk 9,2-8)

28 Und es begab sich, etwa acht Tage
nach diesen Reden, dass er mit sich
nahm Petrus, Johannes und Jakobus und
ging auf einen Berg, um zu beten. 29 Und
als er betete, wurde das Aussehen seines
Angesichts anders, und sein Gewand
wurde weiß und glänzte. 30 Und siehe,
zwei Männer redeten mit ihm; das waren
Mose und Elia. 31 Sie erschienen verklärt
und redeten von seinem Ende, das er in
Jerusalem erfüllen sollte.
32 Petrus aber und die bei ihm waren,
waren voller Schlaf. Als sie aber auf-
wachten, sahen sie, wie er verklärt war,
und die zwei Männer, die bei ihm stan-
den. 33 Und es begab sich, als sie von ihm
schieden, da sprach Petrus zu Jesus:
Meister, hier ist für uns gut sein! Lasst
uns drei Hütten bauen, dir eine, Mose
eine und Elia eine. Er wusste aber nicht,
was er redete. 34 Als er aber dies redete,
kam eine Wolke und überschattete sie;
und sie erschraken, als sie in die Wolke
hineinkamen. 35 Und es geschah eine
Stimme aus der Wolke, die sprach: [a]**Die-
ser ist mein auserwählter Sohn; [b]den sollt
ihr hören!**
36 Und als die Stimme geschah, fanden
sie Jesus allein. Und sie schwiegen davon
und verkündeten in jenen Tagen nieman-
dem, was sie gesehen hatten.

Die Heilung eines besessenen Knaben

(Mt 17,14-21; Mk 9,14-29)

37 Es begab sich aber, als sie am nächsten
Tag von dem Berg kamen, da kam ihm
eine große Menge entgegen. 38 Und siehe,
ein Mann aus der Menge rief: Meister,
ich bitte dich, sieh doch nach meinem
Sohn; denn er ist mein einziger Sohn.
39 Siehe, ein Geist ergreift ihn, dass er
plötzlich aufschreit, und er reißt ihn,
dass er Schaum vor dem Mund hat, und
lässt kaum von ihm ab und reibt ihn ganz
auf. 40 Und ich habe deine Jünger ge-
beten, dass sie ihn austrieben, und sie
konnten es nicht. 41 Da antwortete Jesus
und sprach: O du ungläubiges und ver-
kehrtes Geschlecht, wie lange soll ich bei
euch sein und euch erdulden? Bring dei-
nen Sohn her!
42 Und als er zu ihm kam, riss ihn der
böse Geist und zerrte ihn. Jesus aber be-
drohte den unreinen Geist und machte
den Knaben gesund und [a]gab ihn seinem
Vater wieder. 43 Und sie entsetzten sich
alle über die Herrlichkeit Gottes.

Die zweite Ankündigung von Jesu Leiden und Auferstehung

(Mt 17,22-23; Mk 9,30-32)

Als sie sich aber alle verwunderten über
alles, was er tat, sprach er zu seinen Jün-
gern: 44 Lasst diese Worte in eure Ohren
dringen: Der Menschensohn wird über-
antwortet werden in die Hände der Men-
schen.[a] 45 Aber dieses Wort verstanden
sie nicht, und [a]es war vor ihnen ver-
borgen, sodass sie es nicht begriffen. Und
sie fürchteten sich, ihn nach diesem Wort
zu fragen.

Der Rangstreit der Jünger

(Mt 18,1-5; Mk 9,33-37)

46 Es kam aber unter ihnen der Gedanke
auf, wer von ihnen der Größte sei. 47 Als
aber Jesus den Gedanken ihres Herzens
erkannte, nahm er ein Kind und stellte
es neben sich 48 und sprach zu ihnen:
Wer dieses Kind aufnimmt in meinem
Namen, der nimmt mich auf; und [a]wer
mich aufnimmt, der nimmt den auf, der
mich gesandt hat. Denn wer der Kleinste
ist unter euch allen, der ist groß.

Der fremde Wundertäter

(Mk 9,38-40)

49 Da fing Johannes an und sprach: Meis-
ter, wir sahen einen, der trieb böse Geis-
ter aus in deinem Namen; und wir wehr-

9,26: *a* Mt 10,33; 2.Tim 1,8 **9,35:** *a* Kap 3,22; Ps 2,7; *b* 5.Mose 18,15 **9,42:** *a* Kap 7,15 **9,44:** *a* Vers 22; Kap 18,31-34 **9,45:** *a* Kap 24,45 **9,48:** *a* Mt 10,40

ten ihm, denn er folgt dir nicht nach mit
uns. 50 Und Jesus sprach zu ihm: Wehrt
ihm nicht! Denn [a]wer nicht gegen euch
ist, der ist für euch.

Aufbruch nach Jerusalem. Ablehnung Jesu durch Samariter

51 Es begab sich aber, als die Zeit erfüllt
war, dass er hinweggenommen werden
sollte, da wandte er sein Angesicht,
stracks [a]nach Jerusalem zu wandern.
52 Und er sandte Boten vor sich her;
die gingen hin und kamen in ein Dorf der
Samariter, ihm Herberge zu bereiten.
53 Und [a]sie nahmen ihn nicht auf, weil er
sein Angesicht gewandt hatte, nach Jeru-
salem zu wandern. 54 Als aber das seine
Jünger Jakobus und Johannes sahen,
sprachen sie: Herr, willst du, so wollen
wir sagen, [a]dass Feuer vom Himmel falle
und sie verzehre. 55 Jesus aber wandte
sich um und wies sie zurecht.* 56 Und sie
gingen in ein andres Dorf.

Vom Ernst der Nachfolge

(Mt 8,19-22)

57 Und als sie auf dem Wege waren,
sprach einer zu ihm: Ich will dir folgen,
wohin du gehst. 58 Und Jesus sprach zu
ihm: **Die Füchse haben Gruben und die
Vögel unter dem Himmel haben Nester;
aber der Menschensohn hat nichts, wo er
sein Haupt hinlege.**
59 Und er sprach zu einem andern:
Folge mir nach! Der sprach aber: Herr,
erlaube mir, dass ich zuvor hingehe und
meinen Vater begrabe. 60 Aber Jesus
sprach zu ihm: **Lass die Toten ihre Toten
begraben; du aber geh hin und verkündige
das Reich Gottes!**
61 Und ein andrer sprach: Herr, ich will
dir nachfolgen; aber erlaube mir zuvor,
dass ich Abschied nehme von denen, die
in meinem Haus sind.[a] 62 Jesus aber
sprach zu ihm: **Wer seine Hand an den
Pflug legt und sieht zurück, der ist nicht
geschickt für das Reich Gottes.**[a]

Die Aussendung der zweiundsiebzig Jünger

(Mt 10,7-16)

10 Danach setzte der Herr [a]weitere
zweiundsiebzig** Jünger ein und
sandte sie [b]je zwei und zwei vor sich her
in alle Städte und Orte, wohin er gehen
wollte, 2 und sprach zu ihnen: **Die Ernte
ist groß, der Arbeiter aber sind wenige.
Darum bittet den Herrn der Ernte, dass er
Arbeiter aussende in seine Ernte.**[a]
3 Geht hin; siehe, ich sende euch wie
Lämmer mitten unter die Wölfe. 4 [a]Tragt
keinen Geldbeutel bei euch, keine Tasche
und keine Schuhe, und [b]grüßt nieman-
den unterwegs. 5 Wenn ihr in ein Haus
kommt, sprecht zuerst: [a]Friede sei die-
sem Hause! 6 Und wenn dort ein Kind
des Friedens ist, so wird euer Friede auf
ihm ruhen; wenn aber nicht, so wird sich
euer Friede wieder zu euch wenden. 7 In
demselben Haus aber bleibt, esst und
trinkt, was man euch gibt; denn ein Ar-
beiter ist seines Lohnes wert. Ihr sollt
nicht von einem Haus zum andern ge-
hen.
8 Und wenn ihr in eine Stadt kommt
und sie euch aufnehmen, dann esst, was
euch vorgesetzt wird, 9 und heilt die
Kranken, die dort sind, und sagt ihnen:
Das Reich Gottes ist nahe zu euch ge-
kommen. 10 Wenn ihr aber in eine Stadt
kommt und sie euch nicht aufnehmen, so
geht hinaus auf ihre Straßen und sprecht:
11 Auch den Staub aus eurer Stadt, der
sich an unsre Füße gehängt hat, schüt-
teln wir ab auf euch. Doch sollt ihr wis-
sen: das Reich Gottes ist nahe herbei-
gekommen. 12 Ich sage euch: Es wird
[a]Sodom erträglicher ergehen an jenem
Tage als dieser Stadt.

Jesu Weherufe über galiläische Städte

(Mt 11,20-24)

13 Weh dir, Chorazin! Weh dir, Betsaida!
Denn wären solche Taten in Tyrus und
Sidon geschehen, wie sie bei euch ge-
schehen sind, sie hätten längst in Sack

* Die Versteile 55b und 56a finden sich erst in der späteren Überlieferung: »und sprach: Wisst ihr nicht, welches Geistes Kinder ihr seid? Der Menschensohn ist nicht gekommen, das Leben der Menschen zu vernichten, sondern zu erhalten.«

** Statt »zweiundsiebzig« haben andere Textzeugen »siebzig«.

9,50: *a* Kap 11,23; Phil 1,18 **9,51:** *a* Mk 10,32 **9,53:** *a* Joh 4,9 **9,54:** *a* 2. Kön 1,10-12 **9,61:** *a* 1. Kön 19,20 **9,62:** *a* Phil 3,13 **10,1:** *a* Kap 6,13-16; 9,1; *b* Mk 6,7 **10,2:** *a* Mt 9,37-38; Joh 4,35 **10,4:** *a (4-11)* Kap 9,3-5; *b* 2. Kön 4,29 **10,5:** *a* Joh 20,19 **10,12:** *a* 1. Mose 19,1-29

und Asche gesessen und Buße getan.
14 Doch es wird Tyrus und Sidon erträg-
licher ergehen im Gericht als euch.
15 Und du, Kapernaum, wirst du bis zum
Himmel erhoben werden? Du wirst bis in
die Hölle hinuntergestoßen werden.
16 **Wer euch hört, der hört mich; und wer
euch verachtet, der verachtet mich; wer
aber mich verachtet, der verachtet den, der
mich gesandt hat.**[a]

Jesu Jubelruf

(Mt 11,25-27)

17 Die Zweiundsiebzig* aber kamen zu-
rück voll Freude und sprachen: Herr,
auch die bösen Geister sind uns untertan
in deinem Namen. 18 Er sprach aber zu
ihnen: Ich sah den Satan vom Himmel
fallen wie einen Blitz.[a] 19 Seht, ich habe
euch Macht gegeben, [a]zu treten auf
Schlangen und Skorpione, und Macht
über alle Gewalt des Feindes; und nichts
wird euch schaden. 20 Doch **darüber freut
euch nicht, dass euch die Geister untertan
sind. Freut euch aber, dass [a]eure Namen
im Himmel geschrieben sind.**
21 Zu der Stunde freute sich Jesus im
Heiligen Geist und sprach: Ich preise
dich, Vater, Herr des Himmels und der
Erde, [a]weil du dies den Weisen und Klu-
gen verborgen hast und hast es den Un-
mündigen offenbart. Ja, Vater, so hat es
dir wohlgefallen. 22 Alles ist mir überge-
ben von meinem Vater. Und niemand
weiß, wer der Sohn ist, als nur der Vater,
noch, wer der Vater ist, als nur der Sohn
und wem es der Sohn offenbaren will.
23 Und er wandte sich zu seinen Jün-
gern und sprach zu ihnen allein: [a]Selig
sind die Augen, die sehen, was ihr seht.
24 Denn ich sage euch: [a]Viele Propheten
und Könige wollten sehen, was ihr seht,
und haben's nicht gesehen, und hören,
was ihr hört, und haben's nicht gehört.

Der barmherzige Samariter

25 [a]Und siehe, da stand ein Schriftgelehr-
ter auf, versuchte ihn und sprach: Meis-
ter, was muss ich tun, dass ich das ewige
Leben ererbe? 26 Er aber sprach zu ihm:
Was steht im Gesetz geschrieben? Was
liest du? 27 Er antwortete und sprach:
**»Du sollst den Herrn, deinen Gott, lieben
von ganzem Herzen, von ganzer Seele, von
allen Kräften und von ganzem Gemüt**,
und deinen Nächsten wie dich selbst«**
(5. Mose 6,5; 3. Mose 19,18). 28 Er aber
sprach zu ihm: Du hast recht geantwor-
tet; [a]tu das, so wirst du leben.
29 Er aber wollte sich selbst rechtferti-
gen und sprach zu Jesus: Wer ist denn
mein Nächster? 30 Da antwortete Jesus
und sprach: Es war ein Mensch, der ging
von Jerusalem hinab nach Jericho und
fiel unter die Räuber; die zogen ihn aus
und schlugen ihn und machten sich da-
von und ließen ihn halb tot liegen.
31 Es traf sich aber, dass ein Priester
dieselbe Straße hinabzog; und als er ihn
sah, ging er vorüber. 32 Desgleichen auch
ein Levit: Als er zu der Stelle kam und
ihn sah, ging er vorüber. 33 Ein Samariter
aber, der auf der Reise war, kam dahin;
und als er ihn sah, jammerte er ihn;
34 und er ging zu ihm, goss Öl und Wein
auf seine Wunden und verband sie ihm,
hob ihn auf sein Tier und brachte ihn in
eine Herberge und pflegte ihn. 35 Am
nächsten Tag zog er zwei Silbergroschen
heraus, gab sie dem Wirt und sprach:
Pflege ihn; und wenn du mehr ausgibst,
will ich dir's bezahlen, wenn ich wieder-
komme.
36 Wer von diesen dreien, meinst du, ist
der Nächste gewesen dem, der unter die
Räuber gefallen war? 37 Er sprach: Der
die Barmherzigkeit an ihm tat. Da
sprach Jesus zu ihm: So geh hin und tu
desgleichen![a]

Maria und Marta

38 Als sie aber weiterzogen, kam er in ein
Dorf. Da war [a]eine Frau mit Namen
Marta, die nahm ihn auf. 39 Und sie hatte
eine Schwester, die hieß Maria; die setzte
sich dem Herrn zu Füßen und hörte sei-
ner Rede zu. 40 Marta aber machte sich

* Statt »zweiundsiebzig« haben andere Textzeugen »siebzig«.

** Siehe Sach- und Worterklärungen.

10,16: *a* Mt 10,40; Joh 5,23 **10,18:** *a* Joh 12,31; Offb 12,8-9 **10,19:** *a* Ps 91,13; Mk 16,18 **10,20:** *a* 2. Mose 32,32; Jes 4,3; Phil 4,3; Offb 3,5 **10,21:** *a* 1. Kor 2,7 **10,23:** *a* Mt 13,16-17 **10,24:** *a* 1. Petr 1,10 **10,25:** *a (25-27)* Mt 22,35-40; Mk 12,28-34; Kap 18,18-20 **10,28:** *a* 3. Mose 18,5; Mt 19,17 **10,37:** *a* Joh 13,17 **10,38:** *a* Joh 11,1; 12,2-3

viel zu schaffen, ihm zu dienen. Und sie
trat hinzu und sprach: Herr, fragst du
nicht danach, dass mich meine Schwester
lässt allein dienen? Sage ihr doch, dass
sie mir helfen soll! 41 Der Herr aber ant-
wortete und sprach zu ihr: Marta,
Marta, du hast viel Sorge und Mühe.
42 **Eins aber ist Not. Maria hat das gute
Teil erwählt; das soll nicht von ihr ge-
nommen werden.** [a]

Das Vaterunser

(Mt 6,9-13)

11 Und es begab sich, dass er an einem
Ort war und betete. Als er aufge-
hört hatte, sprach einer seiner Jünger zu
ihm: Herr, lehre uns beten, wie auch
Johannes seine Jünger lehrte. 2 Er aber
sprach zu ihnen: Wenn ihr betet, so
sprecht:

Vater!
Dein Name werde geheiligt.
Dein Reich komme.*
3 **Unser tägliches Brot gib uns**
Tag für Tag
4 **und vergib uns unsre Sünden;**
denn auch wir vergeben allen,
die an uns schuldig werden.
Und führe uns nicht in Versuchung.*

Der bittende Freund

(Mt 7,7-11)

5 Und er sprach zu ihnen: Wenn jemand
unter euch einen Freund hat und ginge
zu ihm um Mitternacht und spräche zu
ihm: Lieber Freund, leih mir drei Brote;
6 denn mein Freund ist zu mir gekommen
auf der Reise, und ich habe nichts, was
ich ihm vorsetzen kann, 7 und der drin-
nen würde antworten und sprechen:
Mach mir keine Unruhe! Die Tür ist
schon zugeschlossen und meine Kinder
und ich liegen schon zu Bett; ich kann
nicht aufstehen und dir etwas geben.
8 Ich sage euch: Und wenn er schon nicht
aufsteht und ihm etwas gibt, weil er sein
Freund ist, dann wird er doch wegen
seines unverschämten Drängens aufste-
hen und ihm geben, soviel er bedarf.
9 Und ich sage euch auch: **Bittet, so
wird euch gegeben; suchet, so werdet ihr
finden; klopfet an, so wird euch aufgetan.**
10 **Denn wer da bittet, der empfängt; und
wer da sucht, der findet; und** [a]**wer da an-
klopft, dem wird aufgetan.**
11 Wo ist unter euch ein Vater, der sei-
nem Sohn, wenn der ihn** um einen
Fisch bittet, eine Schlange für den Fisch
biete? 12 Oder der ihm, wenn er um ein
Ei bittet, einen Skorpion dafür biete?
13 Wenn nun ihr, die ihr böse seid, euren
Kindern gute Gaben geben könnt, wie
viel mehr wird der Vater im Himmel
den Heiligen Geist geben denen, die ihn
bitten!

Jesus und die bösen Geister

(Mt 12,22-30; Mk 3,22-27)

14 Und er trieb einen bösen Geist aus, der
war stumm. Und es geschah, als der
Geist ausfuhr, da redete der Stumme.
Und die Menge verwunderte sich. 15 Eini-
ge aber unter ihnen sprachen: Er treibt
die bösen Geister aus durch Beelzebul,
ihren Obersten. 16 Andere aber versuch-
ten ihn und [a]forderten von ihm ein Zei-
chen vom Himmel.
17 Er aber erkannte ihre Gedanken und
sprach zu ihnen: Jedes Reich, das mit
sich selbst uneins ist, wird verwüstet und
ein Haus fällt über das andre. 18 Ist aber
der Satan auch mit sich selbst uneins, wie
kann sein Reich bestehen? Denn ihr sagt,
ich treibe die bösen Geister aus durch
Beelzebul. 19 Wenn aber ich die bösen
Geister durch Beelzebul austreibe, durch
wen treiben eure Söhne sie aus? Darum
werden sie eure Richter sein. 20 Wenn ich
aber [a]durch Gottes Finger die bösen
Geister austreibe, so ist ja das Reich Got-
tes zu euch gekommen. 21 Wenn ein Star-
ker gewappnet seinen Palast bewacht, so
bleibt, was er hat, in Frieden. 22 Wenn
aber ein Stärkerer über ihn kommt und
überwindet ihn, so nimmt er ihm seine
Rüstung, auf die er sich verließ, und ver-
teilt die Beute. [a] 23 Wer nicht mit mir ist,

* In der späteren Überlieferung finden sich zusätzliche Versteile: Vers 2: »Dein Wille geschehe auf Erden wie im Himmel«, Vers 4: »sondern erlöse uns von dem Bösen« (entsprechend Mt 6,10.13).

** In der späteren Überlieferung finden sich zusätzlich die Worte: »... ums Brot bittet, dafür einen Stein biete? Oder wenn er ...« (vgl. Mt 7,9).

10,42: *a* Mt 6,33 **11,10:** *a* Kap 13,25 **11,16:** *a* Mk 8,11 **11,20:** *a* 2. Mose 8,15 **11,22:** *a* Kol 2,15; 1. Joh 4,4

der ist gegen mich; und wer nicht mit mir
sammelt, der zerstreut.[a]

Von der Rückkehr des bösen Geistes

(Mt 12,43-45)

24 Wenn der unreine Geist von einem
Menschen ausgefahren ist, so durch-
streift er dürre Stätten, sucht Ruhe und
findet sie nicht; dann spricht er: Ich will
wieder zurückkehren in mein Haus, aus
dem ich fortgegangen bin. 25 Und wenn
er kommt, so findet er's gekehrt und ge-
schmückt. 26 Dann geht er hin und
nimmt sieben andre Geister mit sich, die
böser sind als er selbst; und wenn sie
hineinkommen, wohnen sie darin, und
[a]es wird mit diesem Menschen hernach
ärger als zuvor.

Eine Seligpreisung Jesu

27 Und es begab sich, als er so redete, da
erhob eine Frau im Volk ihre Stimme
und sprach zu ihm: [a]Selig ist der Leib,
der dich getragen hat, und die Brüste, an
denen du gesogen hast. 28 Er aber sprach:
**Ja, selig sind, die das Wort Gottes hören
und bewahren.**[a]

Ablehnung der Zeichenforderung

(Mt 12,38-42)

29 Die Menge aber drängte herzu. Da fing
er an und sagte: Dies Geschlecht ist ein
böses Geschlecht; [a]es fordert ein Zei-
chen, aber es wird ihm kein Zeichen ge-
geben werden als nur das Zeichen des
Jona. 30 Denn wie Jona ein Zeichen war
für die Leute von Ninive,* so wird es
auch der Menschensohn sein für dieses
Geschlecht. 31 Die Königin vom Süden
wird auftreten beim Jüngsten Gericht mit
den Leuten dieses Geschlechts und wird
sie verdammen; denn [a]sie kam vom
Ende der Welt, zu hören die Weisheit
Salomos. Und siehe, hier ist mehr als
Salomo. 32 Die Leute von Ninive werden
auftreten beim Jüngsten Gericht mit die-
sem Geschlecht und werden's verdam-
men; denn [a]sie taten Buße nach der Pre-
digt des Jona. Und siehe, hier ist mehr als
Jona.

Bildworte vom Licht

(Mt 5,15; 6,22-23)

33 Niemand zündet ein Licht an und setzt
es in einen Winkel, auch nicht unter
einen Scheffel, sondern auf den Leuchter,
damit, wer hineingeht, das Licht sehe.[a]
34 Dein Auge ist das Licht des Leibes.
Wenn nun dein Auge lauter ist, so ist
dein ganzer Leib licht; wenn es aber böse
ist, so ist auch dein Leib finster. 35 So
schaue darauf, dass nicht das Licht in dir
Finsternis sei. 36 Wenn nun dein Leib
ganz licht ist und kein Teil an ihm finster
ist, dann wird er ganz licht sein, wie
wenn dich das Licht erleuchtet mit hel-
lem Schein.

Weherufe gegen die Pharisäer und Schriftgelehrten

(Mt 23,1-36)

37 Als er noch redete, bat ihn ein Phari-
säer, mit ihm zu essen. Und er ging hin-
ein und setzte sich zu Tisch.[a] 38 Als das
der Pharisäer sah, wunderte er sich, dass
er sich nicht [a]vor dem Essen gewaschen
hatte. 39 Der Herr aber sprach zu ihm: Ihr
Pharisäer, ihr haltet die Becher und
Schüsseln außen rein; aber euer Inneres
ist voll Raubgier und Bosheit. 40 Ihr Nar-
ren, hat nicht der, der das Äußere ge-
schaffen hat, auch das Innere geschaffen?
41 Gebt doch, was drinnen ist, als Almo-
sen, siehe, dann ist euch alles rein.
42 Aber weh euch Pharisäern! Denn ihr
gebt den Zehnten von Minze und Raute
und allerlei Gemüse, aber am Recht und
[a]an der Liebe Gottes geht ihr vorbei.
Doch dies sollte man tun und jenes nicht
lassen.
43 Weh euch Pharisäern! Denn [a]ihr
sitzt gern obenan in den Synagogen und
wollt gegrüßt sein auf dem Markt.
44 Weh euch! Denn ihr seid wie die
verdeckten Gräber, über die die Leute
laufen und wissen es nicht.
45 Da antwortete einer von den Schrift-
gelehrten und sprach zu ihm: Meister,
mit diesen Worten schmähst du uns
auch. 46 Er aber sprach: Weh auch euch
Schriftgelehrten! Denn ihr beladet die

* Siehe Sach- und Worterklärungen zu »Jona«.

11,23: *a* Kap 9,50 **11,26:** *a* Joh 5,14 **11,27:** *a* Kap 1,28.48 **11,28:** *a* Kap 8,15.21 **11,29:** *a* Vers 16 **11,31:** *a* 1. Kön 10,1 **11,32:** *a* Jona 3,5 **11,33:** *a* Kap 8,16 **11,37:** *a* Kap 7,36; 14,1 **11,38:** *a* Mt 15,2 **11,42:** *a* Joh 5,42 **11,43:** *a* Kap 14,7

Menschen mit unerträglichen Lasten und
ihr selbst rührt sie nicht mit einem Fin-
ger an.
47 Weh euch! Denn ihr baut den Pro-
pheten Grabmäler; [a]eure Väter aber ha-
ben sie getötet. 48 So bezeugt ihr und
billigt die Taten eurer Väter; denn sie
haben sie getötet, und ihr baut ihnen
Grabmäler! 49 Darum spricht die Weis-
heit Gottes: Ich will Propheten und
Apostel zu ihnen senden, und einige von
ihnen werden sie töten und verfolgen,
50 damit gefordert werde von diesem Ge-
schlecht das Blut aller Propheten, das
vergossen ist seit Erschaffung der Welt,
51 von Abels Blut an bis hin zum Blut des
Secharja, der umkam zwischen Altar und
Tempel. Ja, ich sage euch: Es wird ge-
fordert werden von diesem Geschlecht.
52 Weh euch Schriftgelehrten! Denn ihr
habt den Schlüssel der Erkenntnis weg-
genommen. Ihr selbst seid nicht hinein-
gegangen und habt auch denen gewehrt,
die hineinwollten.
53 Und als er von dort hinausging, fin-
gen die Schriftgelehrten und Pharisäer
an, heftig auf ihn einzudringen und ihn
mit vielen Fragen auszuhorchen, 54 und
belauerten ihn, ob sie etwas aus seinem
Mund erjagen könnten.[a]

Mahnung zum furchtlosen Bekennen

(Mt 10,26-33)

12 Unterdessen kamen einige tausend
Menschen zusammen, sodass sie
sich untereinander traten. Da fing er an
und sagte zuerst zu seinen Jüngern: [a]Hü-
tet euch vor dem Sauerteig der Pharisäer,
das ist die Heuchelei.
2 Es ist aber [a]nichts verborgen, was
nicht offenbar wird, und nichts geheim,
was man nicht wissen wird. 3 Darum, was
ihr in der Finsternis sagt, das wird man
im Licht hören; und was ihr ins Ohr
flüstert in der Kammer, das wird man
auf den Dächern predigen.
4 Ich sage aber euch, meinen Freunden:
Fürchtet euch nicht vor denen, die den
Leib töten und danach nichts mehr tun
können. 5 Ich will euch aber zeigen, vor
wem ihr euch fürchten sollt: Fürchtet
euch vor dem, der, nachdem er getötet
hat, auch Macht hat, in die Hölle zu
werfen. Ja, ich sage euch, vor dem fürch-
tet euch.[a] 6 Verkauft man nicht fünf
Sperlinge für zwei Groschen? Dennoch
ist vor Gott nicht einer von ihnen ver-
gessen. 7 Aber [a]auch die Haare auf eu-
rem Haupt sind alle gezählt. Darum
fürchtet euch nicht; ihr seid besser als
viele Sperlinge.
8 Ich sage euch aber: **Wer mich bekennt
vor den Menschen, den wird auch der
Menschensohn bekennen vor den Engeln
Gottes. 9 Wer mich aber verleugnet vor den
Menschen, der wird verleugnet werden vor
den Engeln Gottes.**[a] 10 Und wer ein Wort
gegen den Menschensohn sagt, dem soll
es vergeben werden; wer aber den Hei-
ligen Geist lästert, dem soll es nicht ver-
geben werden.[a]
11 [a]Wenn sie euch aber führen werden
in die Synagogen und vor die Macht-
haber und die Obrigkeit, so sorgt nicht,
wie oder womit ihr euch verantworten
oder was ihr sagen sollt; 12 denn der Hei-
lige Geist wird euch in dieser Stunde leh-
ren, was ihr sagen sollt.

Warnung vor Habgier

13 Es sprach aber einer aus dem Volk zu
ihm: Meister, sage meinem Bruder, dass
er mit mir das Erbe teile. 14 Er aber
sprach zu ihm: Mensch, wer hat mich
zum Richter oder Erbschlichter über
euch gesetzt? 15 Und er sprach zu ihnen:
Seht zu und [a]hütet euch vor aller Hab-
gier; denn **niemand lebt davon, dass er
viele Güter hat.**

Der reiche Kornbauer

16 Und er sagte ihnen ein Gleichnis und
sprach: Es war ein reicher Mensch, des-
sen Feld hatte gut getragen. 17 Und er
dachte bei sich selbst und sprach: Was
soll ich tun? Ich habe nichts, wohin ich
meine Früchte sammle. 18 Und sprach:
Das will ich tun: Ich will meine Scheunen
abbrechen und größere bauen und will
darin sammeln all mein Korn und meine
Vorräte 19 [a]und will sagen zu meiner
Seele: Liebe Seele, du hast einen großen
Vorrat für viele Jahre; habe nun Ruhe,
iss, trink und habe guten Mut! 20 Aber

11,47: *a* Apg 7,52 **11,54:** *a* Kap 20,20 **12,1:** *a* Mt 16,6; Mk 8,15 **12,2:** *a* Kap 8,17 **12,5:** *a* Hebr 12,29 **12,7:** *a* Kap 21,18 **12,9:** *a* Kap 9,26; 1.Sam 2,30 **12,10:** *a* Mt 12,32; Mk 3,28-29 **12,11:** *a (11-12)* Kap 21,12-15; Mt 10,17-20 **12,15:** *a* Pred 5,9; 1.Tim 6,9-10 **12,19:** *a (19-20)* Ps 49,17-20

Gott sprach zu ihm: Du Narr! Diese
Nacht wird man deine Seele von dir for-
dern; und wem wird dann gehören, was
du angehäuft hast? 21 So geht es dem, der
sich Schätze sammelt und ist nicht reich
bei Gott.[a]

Vom falschen und rechten Sorgen

(Mt 6,25-33; 6,20-21)

22 Er sprach aber zu seinen Jüngern:
Darum sage ich euch: Sorgt nicht um
euer Leben, was ihr essen sollt, auch
nicht um euren Leib, was ihr anziehen
sollt. 23 Denn das Leben ist mehr als die
Nahrung und der Leib mehr als die Klei-
dung. 24 Seht die Raben an: sie säen
nicht, sie ernten auch nicht, sie haben
auch keinen Keller und keine Scheune,
und Gott ernährt sie doch. Wie viel bes-
ser seid ihr als die Vögel! 25 Wer ist unter
euch, der, wie sehr er sich auch darum
sorgt, seines Lebens Länge eine Spanne
zusetzen könnte? 26 Wenn ihr nun auch
das Geringste nicht vermögt, warum
sorgt ihr euch um das andre?

27 Seht die Lilien an, wie sie wachsen:
sie spinnen nicht, sie weben nicht. Ich
sage euch aber, dass auch Salomo in aller
seiner Herrlichkeit nicht gekleidet gewe-
sen ist wie eine von ihnen. 28 Wenn nun
Gott das Gras, das heute auf dem Feld
steht und morgen in den Ofen geworfen
wird, so kleidet, wie viel mehr wird
er euch kleiden, ihr Kleingläubigen!
29 Darum auch ihr, fragt nicht danach,
was ihr essen oder was ihr trinken sollt,
und macht euch keine Unruhe. 30 Nach
dem allen trachten die Heiden in der
Welt; aber euer Vater weiß, dass ihr
dessen bedürft. 31 **Trachtet vielmehr nach
seinem Reich, so wird euch das alles
zufallen.**

32 **Fürchte dich nicht, du kleine Herde!
Denn es hat eurem Vater wohlgefallen,
euch [a]das Reich zu geben**.

33 Verkauft, was ihr habt, und gebt Al-
mosen. Macht euch Geldbeutel, die nicht
veralten, einen [a]Schatz, der niemals ab-
nimmt, im Himmel, wo kein Dieb hin-
kommt, und den keine Motten fressen.
34 Denn wo euer Schatz ist, da wird auch
euer Herz sein.

Vom Warten auf das Kommen Christi

(Mt 24,43-51)

35 [a]Lasst eure Lenden umgürtet sein und
[b]eure Lichter brennen 36 und seid gleich
den Menschen, die auf ihren Herrn war-
ten, wann er aufbrechen wird von der
Hochzeit, damit, [a]wenn er kommt und
anklopft, sie ihm sogleich auftun. 37 Selig
sind die Knechte, die der Herr, wenn er
kommt, wachend findet. Wahrlich, ich
sage euch: Er wird sich schürzen und
wird sie zu Tisch bitten und kommen
und ihnen dienen. 38 Und wenn er kommt
in der zweiten oder in der dritten Nacht-
wache und findet's so: selig sind sie.

39 Das sollt ihr aber wissen: Wenn ein
Hausherr wüsste, [a]zu welcher Stunde der
Dieb kommt, so ließe er nicht in sein
Haus einbrechen. 40 **Seid auch ihr bereit!
Denn der Menschensohn kommt zu einer
Stunde, da ihr's nicht meint.**

41 Petrus aber sprach: Herr, sagst du
dies Gleichnis zu uns oder auch zu allen?
42 Der Herr aber sprach: Wer ist denn der
treue und kluge Verwalter, den der Herr
über seine Leute setzt, damit er ihnen zur
rechten Zeit gibt, was ihnen zusteht?
43 Selig ist der Knecht, den sein Herr,
wenn er kommt, das tun sieht. 44 Wahr-
lich, ich sage euch: Er wird ihn über alle
seine Güter setzen. 45 Wenn aber jener
Knecht in seinem Herzen sagt: Mein
Herr kommt noch lange nicht, und fängt
an, die Knechte und Mägde zu schlagen,
auch zu essen und zu trinken und sich
voll zu saufen, 46 dann wird der Herr
dieses Knechtes kommen an einem Tage,
an dem er's nicht erwartet, und zu einer
Stunde, die er nicht kennt, und wird ihn
in Stücke hauen lassen und wird ihm sein
Teil geben bei den Ungläubigen.

47 Der Knecht aber, der den Willen sei-
nes Herrn kennt, hat aber nichts vorbe-
reitet noch nach seinem Willen getan, der
wird viel Schläge erleiden müssen.[a]
48 Wer ihn aber nicht kennt und getan
hat, was Schläge verdient, wird wenig
Schläge erleiden. Denn **wem viel gegeben
ist, bei dem wird man viel suchen; und
wem viel anvertraut ist, von dem wird man
umso mehr fordern.**

12,21: *a* Mt 6,20 **12,32:** *a* Kap 22,29 **12,33:** *a* Kap 18,22 **12,35:** *a* 2. Mose 12,11; 1. Petr 1,13; *b* Mt 25,1-13 **12,36:** *a* Offb 3,20 **12,39:** *a* 1. Thess 5,2 **12,47:** *a* Jak 4,17

Entzweiungen um Jesu willen

(Mt 10,34-36)

49 **Ich bin gekommen, ein Feuer anzuzün-
den auf Erden; was wollte ich lieber, als
dass es schon brennte**! 50 Aber ich muss
mich zuvor taufen lassen mit einer Taufe,
und wie ist mir so bange, bis sie voll-
bracht ist![a]
51 Meint ihr, dass ich gekommen bin,
Frieden zu bringen auf Erden? Ich sage:
Nein, sondern Zwietracht. 52 Denn von
nun an werden fünf in einem Hause un-
eins sein, drei gegen zwei und zwei gegen
drei. 53 Es wird der Vater gegen den Sohn
sein und der Sohn gegen den Vater, die
Mutter gegen die Tochter und die Toch-
ter gegen die Mutter, die Schwiegermut-
ter gegen die Schwiegertochter und die
Schwiegertochter gegen die Schwieger-
mutter.

Beurteilung der Zeit

54 [a]Er sprach aber zu der Menge: Wenn
ihr eine Wolke aufsteigen seht vom Wes-
ten her, so sagt ihr gleich: Es gibt Regen.
Und es geschieht so. 55 Und wenn der
Südwind weht, so sagt ihr: Es wird heiß
werden. Und es geschieht so. 56 Ihr
Heuchler! Über das Aussehen der Erde
und des Himmels könnt ihr urteilen;
warum aber könnt ihr über diese Zeit
nicht urteilen?
57 Warum aber urteilt ihr nicht auch
von euch aus darüber, was recht ist?
58 [a]Denn wenn du mit deinem Gegner
zum Gericht gehst, so bemühe dich auf
dem Wege, von ihm loszukommen, damit
er nicht etwa dich vor den Richter ziehe,
und der Richter überantworte dich dem
Gerichtsdiener, und der Gerichtsdiener
werfe dich ins Gefängnis. 59 Ich sage dir:
Du wirst von dort nicht herauskommen,
bis du den allerletzten Heller bezahlt
hast.

Der Untergang der Galiläer. Der Turm von Siloah

13 Es kamen aber zu der Zeit einige,
die berichteten ihm von den Gali-
läern, deren Blut Pilatus mit ihren Op-
fern vermischt hatte. 2 Und Jesus ant-
wortete und sprach zu ihnen: Meint ihr,
dass diese Galiläer mehr gesündigt haben
als alle andern Galiläer, weil sie das er-
litten haben?[a] 3 Ich sage euch: Nein; son-
dern wenn ihr nicht Buße tut, werdet ihr
alle auch so umkommen. 4 Oder meint
ihr, dass die achtzehn, auf die der Turm
in Siloah fiel und erschlug sie, schuldiger
gewesen sind als alle andern Menschen,
die in Jerusalem wohnen? 5 Ich sage euch:
Nein; sondern wenn ihr nicht Buße tut,
werdet ihr alle auch so umkommen.

Das Gleichnis vom Feigenbaum

6 Er sagte ihnen aber dies Gleichnis: Es
hatte einer einen Feigenbaum, der war
gepflanzt in seinem Weinberg, und er
kam und [a]suchte Frucht darauf und
fand keine. 7 Da sprach er zu dem Wein-
gärtner: Siehe, ich bin nun drei Jahre
lang gekommen und habe Frucht gesucht
an diesem Feigenbaum und finde keine.
So hau ihn ab! Was nimmt er dem Boden
die Kraft? 8 Er aber antwortete und
sprach zu ihm: Herr, lass ihn noch dies
Jahr, bis ich um ihn grabe und ihn dün-
ge;[a] 9 vielleicht bringt er doch noch
Frucht; wenn aber nicht, so hau ihn ab.[a]

Die Heilung einer verkrümmten Frau am Sabbat

10 [a]Und er lehrte in einer Synagoge am
Sabbat. 11 Und siehe, eine Frau war da,
die hatte seit achtzehn Jahren einen
Geist, der sie krank machte; und sie war
verkrümmt und konnte sich nicht mehr
aufrichten. 12 Als aber Jesus sie sah, rief
er sie zu sich und sprach zu ihr: Frau, sei
frei von deiner Krankheit! 13 Und legte
die Hände auf sie; und sogleich richtete
sie sich auf und pries Gott.
14 Da antwortete der Vorsteher der
Synagoge, denn er war unwillig, dass Je-
sus am Sabbat heilte, und sprach zu dem
Volk: Es sind [a]sechs Tage, an denen man
arbeiten soll; an denen kommt und lasst
euch heilen, aber nicht am Sabbattag.
15 Da antwortete ihm der Herr und
sprach: Ihr Heuchler! Bindet nicht jeder
von euch am Sabbat seinen Ochsen oder
seinen Esel von der Krippe los und führt
ihn zur Tränke?[a] 16 Sollte dann nicht

12,50: *a* Kap 18,31; Mt 20,22; 26,38 **12,54:** *a (54-56)* Mt 16,2-3 **12,58:** *a (58-59)* Mt 5,25-26 **13,2:** *a* Joh 9,2 **13,6:** *a* Mt 21,19 **13,8:** *a* 2. Petr 3,9.15 **13,9:** *a* Kap 3,9 **13,10:** *a (10-17)* Kap 6,6-11 **13,14:** *a* 2. Mose 20,9-10 **13,15:** *a* Kap 14,5

diese, die doch [a]Abrahams Tochter ist,
die der Satan schon achtzehn Jahre ge-
bunden hatte, am Sabbat von dieser Fes-
sel gelöst werden? 17 Und als er das sagte,
mussten sich schämen alle, die gegen ihn
gewesen waren. Und alles Volk freute
sich über alle herrlichen Taten, die durch
ihn geschahen.

Vom Senfkorn und vom Sauerteig

(Mt 13,31-33; Mk 4,30-32)

18 Er aber sprach: Wem gleicht das Reich
Gottes, und womit soll ich's vergleichen?
19 Es gleicht einem Senfkorn, das ein
Mensch nahm und in seinen Garten säte;
und es wuchs und wurde ein Baum, und
die Vögel des Himmels wohnten in seinen
Zweigen.

20 Und wiederum sprach er: Womit soll
ich das Reich Gottes vergleichen? 21 Es
gleicht einem Sauerteig, den eine Frau
nahm und unter einen halben Zentner
Mehl mengte, bis es ganz durchsäuert
war.

Von der engen Pforte und der verschlossenen Tür

22 Und er ging durch Städte und Dörfer
und lehrte und nahm seinen Weg nach
Jerusalem. 23 Es sprach aber einer zu ihm:
Herr, meinst du, dass nur wenige selig
werden? Er aber sprach zu ihnen: 24 Ringt
darum, [a]dass ihr durch die enge Pforte
hineingeht; denn viele, das sage ich euch,
werden danach trachten, wie sie hinein-
kommen, und werden's nicht können.

25 Wenn der Hausherr aufgestanden ist
und die Tür verschlossen hat und ihr
anfangt, draußen zu stehen und an die
Tür zu klopfen und zu sagen: Herr, tu
uns auf!, dann wird er antworten und zu
euch sagen: [a]Ich kenne euch nicht; wo
seid ihr her? 26 [a]Dann werdet ihr an-
fangen zu sagen: Wir haben vor dir ge-
gessen und getrunken und auf unsern
Straßen hast du gelehrt. 27 Und er wird
zu euch sagen: Ich kenne euch nicht; wo
seid ihr her? Weicht alle von mir, ihr
Übeltäter!

28 [a]Da wird Heulen und Zähneklap-
pern sein, wenn ihr sehen werdet Ab-
raham, Isaak und Jakob und alle Pro-
pheten im Reich Gottes, euch aber hin-
ausgestoßen. 29 Und **es werden kommen
von Osten und von Westen, von Norden
und von Süden, die [a]zu Tisch sitzen wer-
den im Reich Gottes.** 30 Und siehe, es sind
Letzte, die werden die Ersten sein, und
sind Erste, die werden die Letzten sein.[a]

Die Feindschaft des Herodes

31 Zu dieser Stunde kamen einige Phari-
säer und sprachen zu ihm: Mach dich auf
und geh weg von hier; denn Herodes will
dich töten. 32 Und er sprach zu ihnen:
Geht hin und sagt diesem Fuchs: Siehe,
ich treibe böse Geister aus und mache
gesund heute und morgen, und am drit-
ten Tage werde ich vollendet sein.
33 Doch muss ich heute und morgen und
am folgenden Tage noch wandern; denn
es geht nicht an, dass ein Prophet um-
komme außerhalb von Jerusalem.

Jesu Klage über Jerusalem

(Mt 23,37-39)

34 [a]Jerusalem, Jerusalem, die du tötest
die Propheten und steinigst, die zu dir
gesandt werden, wie oft habe ich deine
Kinder versammeln wollen wie eine
Henne ihre Küken unter ihre Flügel und
ihr habt nicht gewollt! 35 Seht, »euer
Haus soll euch wüst gelassen werden«
(Jeremia 22,5; Psalm 69,26). Aber ich
sage euch: Ihr werdet mich nicht mehr
sehen, bis die Zeit kommt, da ihr sagen
werdet: [a]Gelobt ist, der da kommt in
dem Namen des Herrn!

Die Heilung eines Wassersüchtigen am Sabbat

14 Und es begab sich, dass er an einem
Sabbat in das Haus eines Oberen
der Pharisäer kam, das Brot zu essen,
und sie belauerten ihn.[a] 2 Und siehe, da
war ein Mensch vor ihm, der war wasser-
süchtig. 3 Und Jesus fing an und sagte zu
den Schriftgelehrten und Pharisäern: Ist's
erlaubt, am Sabbat zu heilen oder nicht?
4 Sie aber schwiegen still. Und er fasste
ihn an und heilte ihn und ließ ihn gehen.
5 Und er sprach zu ihnen: Wer ist unter
euch, dem sein Sohn oder sein Ochse
in den Brunnen fällt und der ihn nicht

13,16: *a* Kap 19,9 **13,24:** *a* Mt 7,13-14 **13,25:** *a* Mt 25,11-12 **13,26:** *a (26-27)* Mt 7,22-23 **13,28:** *a (28-29)* Mt 8,11-12 **13,29:** *a* Kap 14,15 **13,30:** *a* Mt 19,30 **13,34:** *a (34-35)* Kap 19,41-44 **13,35:** *a* Ps 118,26 **14,1:** *a* Kap 6,6-11; 11,37

alsbald herauszieht, auch am Sabbat?[a]
6 Und sie konnten ihm darauf keine Antwort geben.

Von Rangordnung und Auswahl der Gäste

7 Er sagte aber ein Gleichnis zu den Gäs-
ten, als er merkte, [a]wie sie suchten,
obenan zu sitzen, und sprach zu ihnen:
8 [a]Wenn du von jemandem zur Hochzeit
geladen bist, so setze dich nicht obenan;
denn es könnte einer eingeladen sein, der
vornehmer ist als du, 9 und dann kommt
der, der dich und ihn eingeladen hat, und
sagt zu dir: Weiche diesem!, und du
musst dann beschämt untenan sitzen.
10 Sondern wenn du eingeladen bist, so
geh hin und setz dich untenan, damit,
wenn der kommt, der dich eingeladen
hat, er zu dir sagt: Freund, rücke hinauf!
Dann wirst du Ehre haben vor allen, die
mit dir zu Tisch sitzen. 11 Denn **wer sich
selbst erhöht, der soll erniedrigt werden;
und wer sich selbst erniedrigt, der soll
erhöht werden.**[a]

12 Er sprach aber auch zu dem, der ihn
eingeladen hatte: Wenn du ein Mittags-
oder Abendmahl machst, so lade weder
deine Freunde noch deine Brüder noch
deine Verwandten noch reiche Nachbarn
ein, damit sie dich nicht etwa wieder
einladen und dir vergolten wird. 13 [a]Son-
dern wenn du ein Mahl machst, so lade
Arme, Verkrüppelte, Lahme und Blinde
ein, 14 dann wirst du selig sein, denn sie
haben nichts, um es dir zu vergelten; es
wird dir aber vergolten werden bei der
[a]Auferstehung der Gerechten.

Das große Abendmahl

(Mt 22,1-10)

15 Als aber einer das hörte, der mit zu
Tisch saß, sprach er zu Jesus: Selig ist,
der das [a]Brot isst im Reich Gottes!

16 Er aber sprach zu ihm: Es war ein
Mensch, der machte ein großes Abend-
mahl und lud viele dazu ein. 17 Und er
sandte seinen Knecht aus zur Stunde des
Abendmahls, den Geladenen zu sagen:
Kommt, denn es ist alles bereit! 18 Und sie
fingen an alle nacheinander, sich zu ent-
schuldigen. Der erste sprach zu ihm: Ich
habe einen Acker gekauft und muss hin-
ausgehen und ihn besehen; ich bitte dich,
entschuldige mich. 19 Und der zweite
sprach: Ich habe fünf Gespanne Ochsen
gekauft und ich gehe jetzt hin, sie zu
besehen; ich bitte dich, entschuldige
mich. 20 Und der dritte sprach: Ich habe
eine Frau genommen; darum kann ich
nicht kommen.[a]

21 Und der Knecht kam zurück und
sagte das seinem Herrn. Da wurde der
Hausherr zornig und sprach zu seinem
Knecht: Geh schnell hinaus auf die Stra-
ßen und Gassen der Stadt und führe
die Armen, Verkrüppelten, Blinden und
Lahmen herein. 22 Und der Knecht
sprach: Herr, es ist geschehen, was du
befohlen hast; es ist aber noch Raum da.
23 Und der Herr sprach zu dem Knecht:
Geh hinaus auf die Landstraßen und an
die Zäune und nötige sie hereinzukom-
men, dass mein Haus voll werde. 24 Denn
ich sage euch, dass keiner der Männer,
die eingeladen waren, mein Abendmahl
schmecken wird.

Von Nachfolge und Selbstverleugnung

25 Es ging aber eine große Menge mit
ihm; und er wandte sich um und sprach
zu ihnen: 26 Wenn jemand zu mir kommt
und hasst nicht seinen Vater, Mutter,
Frau, Kinder, Brüder, Schwestern und
dazu sich selbst, der kann nicht mein
Jünger sein.[a] 27 Und wer nicht sein
Kreuz trägt und mir nachfolgt, der kann
nicht mein Jünger sein.[a]

28 Denn wer ist unter euch, der einen
Turm bauen will und setzt sich nicht zu-
vor hin und überschlägt die Kosten, ob
er genug habe, um es auszuführen, –
29 damit nicht, wenn er den Grund gelegt
hat und kann's nicht ausführen, alle, die
es sehen, anfangen, über ihn zu spotten,
30 und sagen: Dieser Mensch hat ange-
fangen zu bauen und kann's nicht aus-
führen?

31 Oder welcher König will sich auf
einen Krieg einlassen gegen einen andern
König und setzt sich nicht zuvor hin
und hält Rat, ob er mit zehntausend
dem begegnen kann, der über ihn kommt
mit zwanzigtausend? 32 Wenn nicht, so
schickt er eine Gesandtschaft, solange je-

14,5: *a* Kap 13,15; Mt 12,11 **14,7:** *a* Mt 23,6 **14,8:** *a (8-10)* Spr 25,6-7 **14,11:** *a* Kap 18,14; Mt 23,12; Jak 4,6.10 **14,13:** *a (13-14)* 5.Mose 14,29 **14,14:** *a* Weish 5,16; 1.Kor 15,23; Apg 24,15 **14,15:** *a* Kap 13,29 **14,20:** *a* 1.Kor 7,33 **14,26:** *a* Kap 18,29-30; 5.Mose 33,9; 1.Kor 7,29 **14,27:** *a* Kap 9,23

ner noch fern ist, und bittet um Frieden.
33 So auch jeder unter euch, der sich
nicht lossagt von allem, was er hat, der
kann nicht mein Jünger sein.[a]
34 Das Salz ist etwas Gutes; wenn aber
das Salz nicht mehr salzt, womit soll man
würzen?[a] 35 Es ist weder für den Acker
noch für den Mist zu gebrauchen, son-
dern man wird's wegwerfen. Wer Ohren
hat zu hören, der höre!

Vom verlorenen Schaf

15 Es nahten sich ihm aber allerlei
Zöllner und Sünder, um ihn zu hö-
ren. 2 Und die Pharisäer und Schriftge-
lehrten murrten und sprachen: [a]Dieser
nimmt die Sünder an und isst mit ihnen.
3 Er sagte aber zu ihnen dies Gleichnis
und sprach: 4 [a]Welcher Mensch ist unter
euch, der hundert Schafe hat und, wenn
er **eins** von ihnen verliert, nicht die neun-
undneunzig in der Wüste lässt und geht
dem verlorenen nach, bis er's findet?[b]
5 Und wenn er's gefunden hat, so legt er
sich's auf die Schultern voller Freude.
6 Und wenn er heimkommt, ruft er seine
Freunde und Nachbarn und spricht zu
ihnen: Freut euch mit mir; denn ich habe
mein Schaf gefunden, das verloren war.
7 Ich sage euch: So wird auch Freude im
Himmel sein über **einen** Sünder, der Buße
tut, mehr als über neunundneunzig Ge-
rechte, die der Buße nicht bedürfen.

Vom verlorenen Groschen

8 Oder welche Frau, die zehn Silbergro-
schen hat und **einen** davon verliert, zün-
det nicht ein Licht an und kehrt das
Haus und sucht mit Fleiß, bis sie ihn
findet? 9 Und wenn sie ihn gefunden hat,
ruft sie ihre Freundinnen und Nachba-
rinnen und spricht: Freut euch mit mir;
denn ich habe meinen Silbergroschen ge-
funden, den ich verloren hatte. 10 **So, sage
ich euch, wird Freude sein vor den Engeln
Gottes über einen Sünder, der Buße tut.**

Vom verlorenen Sohn

11 Und er sprach: Ein Mensch hatte zwei
Söhne. 12 Und der jüngere von ihnen
sprach zu dem Vater: Gib mir, Vater, das
Erbteil, das mir zusteht. Und er teilte
Hab und Gut unter sie. 13 Und nicht
lange danach sammelte der jüngere Sohn
alles zusammen und zog in ein fernes
Land; und dort [a]brachte er sein Erbteil
durch mit Prassen.
14 Als er nun all das Seine verbraucht
hatte, kam eine große Hungersnot über
jenes Land und er fing an zu darben
15 und ging hin und hängte sich an einen
Bürger jenes Landes; der schickte ihn auf
seinen Acker, die Säue zu hüten. 16 Und
er begehrte, seinen Bauch zu füllen mit
den Schoten, die die Säue fraßen; und
niemand gab sie ihm.[a] 17 Da ging er in
sich und sprach: Wie viele Tagelöhner
hat mein Vater, die Brot in Fülle haben,
und ich verderbe hier im Hunger! 18 Ich
will mich aufmachen und zu meinem Va-
ter gehen und zu ihm sagen: Vater, ich
habe gesündigt gegen den Himmel und
vor dir.[a] 19 Ich bin hinfort nicht mehr
wert, dass ich dein Sohn heiße; mache
mich zu einem deiner Tagelöhner! 20 Und
er machte sich auf und kam zu seinem
Vater.
Als er aber noch weit entfernt war, sah
ihn sein Vater und es jammerte ihn; er
lief und fiel ihm um den Hals und küsste
ihn. 21 Der Sohn aber sprach zu ihm: **Va-
ter, ich habe gesündigt gegen den Himmel
und vor dir; ich bin hinfort nicht mehr
wert, dass ich dein Sohn heiße.** 22 Aber der
Vater sprach zu seinen Knechten: Bringt
schnell das beste Gewand her und zieht
es ihm an und gebt ihm einen Ring an
seine Hand und Schuhe an seine Füße
23 und bringt das gemästete Kalb und
schlachtet's; lasst uns essen und fröhlich
sein! 24 Denn **dieser [a]mein Sohn war tot
und ist wieder lebendig geworden; er war
verloren und ist gefunden worden.** Und sie
fingen an, fröhlich zu sein.
25 Aber der ältere Sohn war auf dem
Feld. Und als er nahe zum Hause kam,
hörte er Singen und Tanzen 26 und rief zu
sich einen der Knechte und fragte, was
das wäre. 27 Der aber sagte ihm: Dein
Bruder ist gekommen und dein Vater hat
das gemästete Kalb geschlachtet, weil er
ihn gesund wiederhat. 28 [a]Da wurde er
zornig und wollte nicht hineingehen. Da
ging sein Vater heraus und bat ihn. 29 Er

14,33: *a* Kap 9,62 **14,34:** *a* Mt 5,13; Mk 9,50 **15,2:** *a* Kap 5,30; 19,7 **15,4:** *a (4-7)* Mt 18,12-14; *b* Kap 19,10; Hes 34,12; Joh 10,11-12 **15,13:** *a* Spr 29,3 **15,16:** *a* Spr 23,21 **15,18:** *a* Ps 51,6; Jer 3,12-13 **15,24:** *a* Eph 2,5 **15,28:** *a (28-32)* Mt 20,15

antwortete aber und sprach zu seinem
Vater: Siehe, so viele Jahre diene ich dir
und habe dein Gebot noch nie übertre-
ten, und du hast mir nie einen Bock
gegeben, dass ich mit meinen Freunden
fröhlich gewesen wäre. 30 Nun aber, da
dieser dein Sohn gekommen ist, der dein
Hab und Gut mit Huren verprasst hat,
hast du ihm das gemästete Kalb ge-
schlachtet. 31 Er aber sprach zu ihm:
Mein Sohn, du bist allezeit bei mir und
alles, was mein ist, das ist dein. 32 Du
solltest aber fröhlich und guten Mutes
sein; denn dieser dein Bruder war tot und
ist wieder lebendig geworden, er war ver-
loren und ist wiedergefunden.

Vom unehrlichen Verwalter

16 Er sprach aber auch zu den Jün-
gern: Es war ein reicher Mann, der
hatte einen Verwalter; der wurde bei ihm
beschuldigt, er verschleudere ihm seinen
Besitz. 2 Und er ließ ihn rufen und sprach
zu ihm: Was höre ich da von dir? Gib
Rechenschaft über deine Verwaltung;
denn du kannst hinfort nicht Verwalter
sein. 3 Der Verwalter sprach bei sich
selbst: Was soll ich tun? Mein Herr
nimmt mir das Amt; graben kann ich
nicht, auch schäme ich mich zu betteln.
4 Ich weiß, was ich tun will, damit sie
mich in ihre Häuser aufnehmen, wenn
ich von dem Amt abgesetzt werde. 5 Und
er rief zu sich die Schuldner seines Herrn,
einen jeden für sich, und fragte den ers-
ten: Wie viel bist du meinem Herrn
schuldig? 6 Er sprach: Hundert Eimer Öl.
Und er sprach zu ihm: Nimm deinen
Schuldschein, setz dich hin und schreib
flugs fünfzig. 7 Danach fragte er den
zweiten: Du aber, wie viel bist du schul-
dig? Er sprach: Hundert Sack Weizen.
Und er sprach zu ihm: Nimm deinen
Schuldschein und schreib achtzig.

8 Und der Herr lobte den ungetreuen
Verwalter, weil er klug gehandelt hatte;
denn die [a]Kinder dieser Welt sind unter
ihresgleichen klüger als die Kinder des
Lichts. 9 Und ich sage euch: Macht euch
Freunde mit dem ungerechten Mammon,
damit, wenn er zu Ende geht, sie euch
aufnehmen in die ewigen Hütten.[a]

Von der Treue

**10 Wer [a]im Geringsten treu ist, der ist
auch im Großen treu; und wer im Gerings-
ten ungerecht ist, der ist auch im Großen
ungerecht.** 11 Wenn ihr nun mit dem un-
gerechten Mammon nicht treu seid, wer
wird euch das wahre Gut anvertrauen?
12 Und wenn ihr mit dem fremden Gut
nicht treu seid, wer wird euch geben, was
euer ist? 13 Kein Knecht kann zwei Her-
ren dienen; entweder er wird den einen
hassen und den andern lieben, oder er
wird an dem einen hängen und den an-
dern verachten. Ihr könnt nicht Gott die-
nen und dem Mammon.[a]

Die Selbstgerechtigkeit der Pharisäer. Das Gesetz

14 Das alles hörten die Pharisäer. Die wa-
ren geldgierig und spotteten über ihn.
15 Und er sprach zu ihnen: Ihr seid's, die
ihr [a]euch selbst rechtfertigt vor den
Menschen; aber Gott kennt eure Herzen;
denn was hoch ist bei den Menschen, das
ist ein Gräuel vor Gott.

16 [a]Das Gesetz und die Propheten rei-
chen bis zu Johannes. Von da an wird das
Evangelium vom Reich Gottes gepredigt,
und jedermann drängt sich mit Gewalt
hinein. 17 Es ist aber leichter, dass Him-
mel und Erde vergehen, als dass ein
[a]Tüpfelchen vom Gesetz fällt.

18 Wer sich scheidet von seiner Frau
und heiratet eine andere, der bricht die
Ehe; und wer die von ihrem Mann Ge-
schiedene heiratet, der bricht auch die
Ehe.[a]

Vom reichen Mann und armen Lazarus

19 Es war aber ein reicher Mann, der klei-
dete sich in Purpur und kostbares Leinen
und lebte alle Tage herrlich und in Freu-
den. 20 Es war aber ein Armer mit Na-
men Lazarus, der lag vor seiner Tür voll
von Geschwüren 21 und begehrte sich zu
sättigen mit dem, was von des Reichen
Tisch fiel; dazu kamen auch die Hunde
und leckten seine Geschwüre. 22 Es begab
sich aber, dass der Arme starb, und er
wurde von den Engeln getragen in Ab-
rahams Schoß. Der Reiche aber starb
auch und wurde begraben.

16,8: *a* Eph 5,8-9 **16,9:** *a* Kap 14,14; Mt 6,20; 19,21 **16,10:** *a* Kap 19,17 **16,13:** *a* Mt 6,24 **16,15:** *a* Kap 18,9-14
16,16: *a* Mt 11,12-13 **16,17:** *a* Mt 5,18 **16,18:** *a* Mt 5,32; 19,9

23Als er nun in der Hölle war, hob er
seine Augen auf in seiner Qual und sah
Abraham von ferne und Lazarus in sei-
nem Schoß. 24Und er rief: Vater Ab-
raham, erbarme dich meiner und sende
Lazarus, damit er die Spitze seines Fin-
gers ins Wasser tauche und mir die
Zunge kühle; denn ich leide Pein in die-
sen Flammen. 25Abraham aber sprach:
Gedenke, Sohn, dass du [a]dein Gutes
empfangen hast in deinem Leben, Laza-
rus dagegen hat Böses empfangen; nun
wird er hier getröstet und du wirst ge-
peinigt. 26Und überdies besteht zwischen
uns und euch eine große Kluft, dass nie-
mand, der von hier zu euch hinüberwill,
dorthin kommen kann und auch nie-
mand von dort zu uns herüber.

27Da sprach er: So bitte ich dich, Va-
ter, dass du ihn sendest in meines Vaters
Haus; 28denn ich habe noch fünf Brüder,
die soll er warnen, damit sie nicht auch
kommen an diesen Ort der Qual. 29Ab-
raham sprach: Sie haben Mose und die
Propheten; die sollen sie hören.[a] 30Er
aber sprach: Nein, Vater Abraham, son-
dern wenn einer von den Toten zu ihnen
ginge, so würden sie Buße tun. 31Er
sprach zu ihm: Hören sie Mose und die
Propheten nicht, so werden sie sich auch
nicht überzeugen lassen, wenn jemand
von den Toten auferstünde.

Von Verführung zum Abfall. Von der Vergebung

(Mt 18,6-7; 18,15; 18,21-22; Mk 9,42)

17 [a]Er sprach aber zu seinen Jüngern:
Es ist unmöglich, dass keine Ver-
führungen kommen; aber weh dem,
durch den sie kommen! 2Es wäre besser
für ihn, dass man einen Mühlstein an
seinen Hals hängte und würfe ihn ins
Meer, als dass er einen dieser Kleinen
zum Abfall verführt. 3Hütet euch!

Wenn dein Bruder sündigt, so weise
ihn zurecht; und wenn er es bereut, ver-
gib ihm.[a] 4Und wenn er siebenmal am
Tag an dir sündigen würde und sieben-
mal wieder zu dir käme und spräche: Es
reut mich!, so sollst du ihm vergeben.[a]

Von der Kraft des Glaubens

5Und die Apostel sprachen zu dem
Herrn: Stärke uns den Glauben! 6Der
Herr aber sprach: Wenn ihr Glauben hät-
tet so groß wie ein Senfkorn, dann könn-
tet ihr zu diesem Maulbeerbaum sagen:
Reiß dich aus und versetze dich ins
Meer!, und er würde euch gehorchen.[a]

Vom Knechtslohn

7Wer unter euch hat einen Knecht, der
pflügt oder das Vieh weidet, und sagt
ihm, wenn der vom Feld heimkommt:
Komm gleich her und setz dich zu Tisch?
8Wird er nicht vielmehr zu ihm sagen:
Bereite mir das Abendessen, schürze dich
und diene mir, bis ich gegessen und ge-
trunken habe; danach sollst du auch es-
sen und trinken? 9Dankt er etwa dem
Knecht, dass er getan hat, was befohlen
war? 10So auch ihr! Wenn ihr alles getan
habt, was euch befohlen ist, so sprecht:
Wir sind unnütze Knechte; [a]wir haben
getan, was wir zu tun schuldig waren.

Die zehn Aussätzigen

11Und es begab sich, [a]als er nach Jeru-
salem wanderte, dass er durch Samarien
und Galiläa hin zog. 12Und als er in ein
Dorf kam, begegneten ihm zehn aus-
sätzige Männer; [a]die standen von ferne
13und erhoben ihre Stimme und spra-
chen: Jesus, lieber Meister, erbarme dich
unser! 14Und als er sie sah, sprach er zu
ihnen: [a]Geht hin und zeigt euch den
Priestern! Und es geschah, als sie hin-
gingen, da wurden sie rein.

15Einer aber unter ihnen, als er sah,
dass er gesund geworden war, kehrte er
um und pries Gott mit lauter Stimme
16und fiel nieder auf sein Angesicht zu
Jesu Füßen und dankte ihm. Und das
war ein Samariter. 17Jesus aber ant-
wortete und sprach: Sind nicht die zehn
rein geworden? Wo sind aber die neun?
18Hat sich sonst keiner gefunden, der
wieder umkehrte, um Gott die Ehre zu
geben, als nur dieser Fremde? 19Und er
sprach zu ihm: Steh auf, geh hin; [a]dein
Glaube hat dir geholfen.

16,25: *a* Kap 6,24 **16,29:** *a* 2.Tim 3,16 **17,1:** *a (1-2)* Mt 18,6-7 **17,3:** *a* Mt 18,15 **17,4:** *a* Mt 18,21-22 **17,6:** *a* Mt 17,20; 21,21 **17,10:** *a* 1.Kor 9,16 **17,11:** *a* Kap 9,51; 13,22 **17,12:** *a* 3.Mose 13,45-46 **17,14:** *a* Kap 5,14 **17,19:** *a* Kap 7,50

Vom Kommen des Gottesreiches

(Mt 24,1-51; Mk 13,1-37)

20 Als er aber von den Pharisäern gefragt
wurde: Wann kommt das Reich Gottes?,
antwortete er ihnen und sprach: [a]Das
Reich Gottes kommt nicht so, dass man’s
beobachten kann; 21 man wird auch nicht
sagen: Siehe, hier ist es!, oder: Da ist es!
**Denn siehe, das Reich Gottes ist mitten
unter euch.***

22 Er sprach aber zu den Jüngern: Es
wird die Zeit kommen, in der ihr begehren werdet, zu sehen einen der Tage des
Menschensohns, und werdet ihn nicht sehen.
23 Und sie werden zu euch sagen:
Siehe, da!, oder: Siehe, hier! Geht nicht
hin und lauft ihnen nicht nach![a] 24 Denn
wie der Blitz aufblitzt und leuchtet von
einem Ende des Himmels bis zum andern, so wird der Menschensohn an seinem Tage sein.
25 Zuvor aber muss er viel
leiden und verworfen werden von diesem
Geschlecht.[a]

26 Und wie es geschah [a]zu den Zeiten
Noahs, so wird’s auch geschehen in den
Tagen des Menschensohns: 27 Sie aßen,
sie tranken, sie heirateten, sie ließen sich
heiraten bis zu dem Tag, an dem Noah in
die Arche ging und die Sintflut kam und
brachte sie alle um. 28 Ebenso, wie es geschah
[a]zu den Zeiten Lots: Sie aßen, sie
tranken, sie kauften, sie verkauften, sie
pflanzten, sie bauten; 29 an dem Tage
aber, als Lot aus Sodom ging, da regnete
es Feuer und Schwefel vom Himmel und
brachte sie alle um. 30 Auf diese Weise
wird’s auch gehen an dem Tage, wenn der
Menschensohn wird offenbar werden.

31 Wer an jenem Tage auf dem Dach ist
und seine Sachen im Haus hat, der steige
nicht hinunter, um sie zu holen. Und
ebenso, wer auf dem Feld ist, der wende
sich nicht um nach dem, was hinter ihm
ist. 32 Denkt an [a]Lots Frau! 33 Wer sein
Leben zu erhalten sucht, der wird es verlieren; und wer es verlieren wird, der wird
es gewinnen.[a] 34 Ich sage euch: In jener
Nacht werden zwei auf **einem** Bett liegen; der eine wird angenommen, der andere wird preisgegeben werden. 35 Zwei
Frauen werden miteinander Korn mahlen; die eine wird angenommen, die andere wird preisgegeben werden.** 37 Und
sie fingen an und fragten ihn: Herr, wo?
Er aber sprach zu ihnen: Wo das Aas ist,
da sammeln sich auch die Geier.

Von der bittenden Witwe

18 Er sagte ihnen aber ein Gleichnis
darüber, dass sie [a]allezeit beten
und nicht nachlassen sollten, 2 und
sprach: Es war ein Richter in einer Stadt,
der fürchtete sich nicht vor Gott und
scheute sich vor keinem Menschen. 3 Es
war aber eine Witwe in derselben Stadt,
die kam zu ihm und sprach: Schaffe mir
Recht gegen meinen Widersacher! 4 Und
er wollte lange nicht. Danach aber
dachte er bei sich selbst: Wenn ich mich
schon vor Gott nicht fürchte noch vor
keinem Menschen scheue, 5 will ich doch
dieser Witwe, [a]weil sie mir so viel Mühe
macht, Recht schaffen, damit sie nicht
zuletzt komme und mir ins Gesicht
schlage.

6 Da sprach der Herr: Hört, was der
ungerechte Richter sagt! 7 **Sollte Gott
nicht auch Recht schaffen seinen Auserwählten, die zu ihm Tag und Nacht rufen,
und sollte er’s bei ihnen lange hinziehen?
8 Ich sage euch: Er wird ihnen Recht schaffen in Kürze.** Doch wenn der Menschensohn kommen wird, meinst du, er werde
Glauben finden auf Erden?

Vom Pharisäer und Zöllner

9 Er sagte aber zu einigen, die [a]sich anmaßten, fromm zu sein, und verachteten
die andern, dies Gleichnis: 10 Es gingen
zwei Menschen hinauf in den Tempel,
um zu beten, der eine ein Pharisäer, der
andere ein Zöllner. 11 [a]Der Pharisäer
stand für sich und betete so: Ich danke
dir, Gott, dass ich nicht bin wie die andern Leute, Räuber, Betrüger, Ehebre-

* Luther übersetzte die Verse 20b-21: »Das Reich Gottes kommt nicht mit äußerlichen Gebärden ... sehet, das Reich Gottes ist inwendig in euch«.

** Vers 36 findet sich erst in der späteren Überlieferung: »Zwei werden auf dem Felde sein; der eine wird angenommen, der andere wird preisgegeben werden« (vgl. Mt 24,40).

17,20: *a* Joh 18,36 **17,23:** *a* Kap 21,8 **17,25:** *a* Kap 9,22 **17,26:** *a* 1.Mose 6,9–7,23 **17,28:** *a* 1.Mose 19,15.24-25 **17,32:** *a* 1.Mose 19,26 **17,33:** *a* Kap 9,24 **18,1:** *a* 1.Thess 5,17 **18,5:** *a* Kap 11,7-8 **18,9:** *a* Röm 10,3 **18,11:** *a (11-12)* Jes 58,2-3

Lk

cher oder auch wie dieser Zöllner. 12 Ich faste zweimal in der Woche und [a]gebe den Zehnten von allem, was ich einnehme. 13 Der Zöllner aber stand ferne, wollte auch die Augen nicht aufheben zum Himmel, sondern schlug an seine Brust und sprach: **Gott, sei mir Sünder gnädig!**[a]

14 Ich sage euch: [a]Dieser ging gerechtfertigt hinab in sein Haus, nicht jener. Denn **wer sich selbst erhöht, der wird erniedrigt werden; und** [b]**wer sich selbst erniedrigt, der wird erhöht werden.**

Die Segnung der Kinder

(Mt 19,13-15; Mk 10,13-16)

15 Sie brachten auch kleine Kinder zu ihm, damit er sie anrühren sollte. Als das aber die Jünger sahen, fuhren sie sie an. 16 Aber Jesus rief sie zu sich und sprach: **Lasset die Kinder zu mir kommen und wehret ihnen nicht, denn solchen gehört das Reich Gottes.** 17 Wahrlich, ich sage euch: Wer nicht das Reich Gottes annimmt wie ein Kind, der wird nicht hineinkommen.

Die Gefahr des Reichtums (»Der reiche Jüngling«)

(Mt 19,16-26; Mk 10,17-27)

18 Und es fragte ihn ein Oberer und sprach: Guter Meister, was muss ich tun, damit ich das ewige Leben ererbe?[a] 19 Jesus aber sprach zu ihm: Was nennst du mich gut? Niemand ist gut als Gott allein. 20 Du kennst die Gebote: [a]»Du sollst nicht ehebrechen; du sollst nicht töten; du sollst nicht stehlen; du sollst nicht falsch Zeugnis reden; du sollst deinen Vater und deine Mutter ehren!« 21 Er aber sprach: Das habe ich alles gehalten von Jugend auf.

22 Als Jesus das hörte, sprach er zu ihm: Es fehlt dir noch eines. Verkaufe alles, was du hast, und gib's den Armen, so wirst du einen [a]Schatz im Himmel haben, und komm und folge mir nach! 23 Als er das aber hörte, wurde er traurig; denn er war sehr reich.

24 Als aber Jesus sah, dass er traurig geworden war, sprach er: Wie schwer kommen die Reichen in das Reich Gottes![a] 25 Denn es ist leichter, dass ein Kamel durch ein Nadelöhr gehe, als dass ein Reicher in das Reich Gottes komme. 26 Da sprachen, die das hörten: Wer kann dann selig werden? 27 Er aber sprach: Was bei den Menschen unmöglich ist, das ist bei Gott möglich.

Der Lohn der Nachfolge

(Mt 19,27-30; Mk 10,28-31)

28 Da sprach Petrus: Siehe, wir haben, was wir hatten, verlassen und sind dir nachgefolgt. 29 Er aber sprach zu ihnen: Wahrlich, ich sage euch: Es ist niemand, der Haus oder Frau oder Brüder oder Eltern oder Kinder verlässt um des Reiches Gottes willen, 30 der es nicht vielfach wieder empfange in dieser Zeit und in der zukünftigen Welt das ewige Leben.

Die dritte Ankündigung von Jesu Leiden und Auferstehung

(Mt 20,17-19; Mk 10,32-34)

31 [a]Er nahm aber zu sich die Zwölf und sprach zu ihnen: Seht, wir gehen hinauf nach Jerusalem, und es wird alles vollendet werden, [b]was geschrieben ist durch die Propheten von dem Menschensohn. 32 Denn er wird überantwortet werden den Heiden, und er wird verspottet und misshandelt und angespien werden, 33 und sie werden ihn geißeln und töten; und am dritten Tage wird er auferstehen. 34 Sie aber begriffen nichts davon, und [a]der Sinn der Rede war ihnen verborgen, und sie verstanden nicht, was damit gesagt war.

Die Heilung eines Blinden bei Jericho

(Mt 20,29-34; Mk 10,46-52)

35 Es begab sich aber, als er in die Nähe von Jericho kam, dass ein Blinder am Wege saß und bettelte. 36 Als er aber die Menge hörte, die vorbeiging, forschte er, was das wäre. 37 Da berichteten sie ihm, Jesus von Nazareth gehe vorbei. 38 Und er rief: Jesus, du Sohn Davids, erbarme dich meiner! 39 Die aber vornean gingen, fuhren ihn an, er solle schweigen. Er aber schrie noch viel mehr: Du Sohn Davids, erbarme dich meiner!

40 Jesus aber blieb stehen und ließ ihn

18,12: *a* Mt 23,23 **18,13:** *a* Ps 51,3.19 **18,14:** *a* Mt 21,31; *b* Kap 14,11; Mt 23,12 **18,18:** *a* Kap 10,25-28 **18,20:** *a* 2.Mose 20,12-16 **18,22:** *a* Mt 6,20 **18,24:** *a* Kap 19,9 **18,31:** *a (31-33)* Kap 9,22.44-45; *b* Jes 52,13–53,12 **18,34:** *a* Kap 9,45; 24,45

zu sich führen. Als er aber näher kam,
fragte er ihn: 41 Was willst du, dass ich
für dich tun soll? Er sprach: Herr, dass
ich sehen kann. 42 Und Jesus sprach zu
ihm: Sei sehend! [a] Dein Glaube hat dir
geholfen. 43 Und sogleich wurde er se-
hend und folgte ihm nach und pries
Gott. Und alles Volk, das es sah, lobte
Gott.

Zachäus

19 Und er ging nach Jericho hinein
und zog hindurch. 2 Und siehe, da
war ein Mann mit Namen Zachäus, der
war ein Oberer der Zöllner und war
reich. 3 Und er begehrte, Jesus zu sehen,
wer er wäre, und konnte es nicht wegen
der Menge; denn er war klein von Ge-
stalt. 4 Und er lief voraus und stieg auf
einen Maulbeerbaum, um ihn zu sehen;
denn dort sollte er durchkommen. 5 Und
als Jesus an die Stelle kam, sah er auf
und sprach zu ihm: Zachäus, steig eilend
herunter; denn ich muss heute in deinem
Haus einkehren. 6 Und er stieg eilend
herunter und nahm ihn auf mit Freuden.
7 Als sie das sahen, murrten sie alle und
sprachen: Bei einem Sünder ist er ein-
gekehrt.[a] 8 Zachäus aber trat vor den
Herrn und sprach: Siehe, Herr, die Hälfte
von meinem Besitz gebe ich den Armen,
und wenn ich jemanden betrogen habe,
so gebe ich es vierfach zurück.[a] 9 Jesus
aber sprach zu ihm: Heute ist diesem
Hause Heil widerfahren, denn [a] auch er
ist Abrahams Sohn. 10 Denn **der Men-
schensohn ist gekommen, zu suchen und
selig zu machen, was verloren ist.**[a]

Von den anvertrauten Pfunden

(Mt 25,14-30)

11 Als sie nun zuhörten, sagte er ein wei-
teres Gleichnis; denn er war nahe bei
Jerusalem und sie meinten, das Reich
Gottes werde sogleich offenbar werden.
12 Und er sprach: Ein Fürst zog in ein
fernes Land, um ein Königtum zu er-
langen und dann zurückzukommen.
13 Der ließ zehn seiner Knechte rufen und
gab ihnen zehn Pfund und sprach zu
ihnen: Handelt damit, bis ich wieder-
komme! 14 Seine Bürger aber waren ihm
Feind und schickten eine Gesandtschaft
hinter ihm her und ließen sagen: [a] Wir
wollen nicht, dass dieser über uns herr-
sche.
15 Und es begab sich, als er wiederkam,
nachdem er das Königtum erlangt hatte,
da ließ er die Knechte rufen, denen er
das Geld gegeben hatte, um zu erfahren,
was ein jeder erhandelt hätte. 16 Da trat
der erste herzu und sprach: Herr, dein
Pfund hat zehn Pfund eingebracht.
17 Und er sprach zu ihm: Recht so, du
tüchtiger Knecht; [a] weil du im Gerings-
ten treu gewesen bist, sollst du Macht
haben über zehn Städte.
18 Der zweite kam auch und sprach:
Herr, dein Pfund hat fünf Pfund er-
bracht. 19 Zu dem sprach er auch: Und
du sollst über fünf Städte sein.
20 Und der dritte kam und sprach:
Herr, siehe, hier ist dein Pfund, das ich in
einem Tuch verwahrt habe; 21 denn ich
fürchtete mich vor dir, weil du ein harter
Mann bist; du nimmst, was du nicht an-
gelegt hast, und erntest, was du nicht
gesät hast. 22 Er sprach zu ihm: Mit dei-
nen eigenen Worten richte ich dich, du
böser Knecht. Wusstest du, dass ich ein
harter Mann bin, nehme, was ich nicht
angelegt habe, und ernte, was ich nicht
gesät habe: 23 warum hast du dann mein
Geld nicht zur Bank gebracht? Und
wenn ich zurückgekommen wäre, hätte
ich's mit Zinsen eingefordert. 24 Und er
sprach zu denen, die dabeistanden:
Nehmt das Pfund von ihm und gebt's
dem, der zehn Pfund hat. 25 Und sie spra-
chen zu ihm: Herr, er hat doch schon
zehn Pfund. 26 Ich sage euch aber: Wer da
hat, dem wird gegeben werden; von dem
aber, der nicht hat, wird auch das ge-
nommen werden, was er hat.[a] 27 Doch
diese meine Feinde, die nicht wollten,
dass ich ihr König werde, bringt her und
macht sie vor mir nieder.

Jesu Einzug in Jerusalem

(Mt 21,1-11; Mk 11,1-10; Joh 12,12-16)

28 Und als er das gesagt hatte, ging er
voran und zog hinauf nach Jerusalem.
29 Und es begab sich, als er nahe von
Betfage und Betanien an den Berg kam,
der Ölberg heißt, da sandte er zwei Jün-
ger 30 und sprach: Geht hin in das Dorf,

18,42: *a* Kap 17,19 **19,7:** *a* Kap 15,2 **19,8:** *a* 2. Mose 21,37; Hes 33,14-16 **19,9:** *a* Kap 13,16 **19,10:** *a* Kap 5,32; Hes 34,16; 1. Tim 1,15 **19,14:** *a* Joh 1,11 **19,17:** *a* Kap 16,10 **19,26:** *a* Kap 8,18; Mt 13,12

das vor uns liegt. Und wenn ihr hinein-
kommt, werdet ihr ein Füllen angebun-
den finden, auf dem noch nie ein Mensch
gesessen hat; bindet es los und bringt's
her! 31 Und wenn euch jemand fragt:
Warum bindet ihr es los?, dann sagt: Der
Herr bedarf seiner. 32 Und die er gesandt
hatte, gingen hin und fanden's, wie er
ihnen gesagt hatte. 33 Als sie aber das
Füllen losbanden, sprachen seine Herren
zu ihnen: Warum bindet ihr das Füllen
los? 34 Sie aber sprachen: Der Herr be-
darf seiner.

35 Und sie brachten's zu Jesus und war-
fen ihre Kleider auf das Füllen und setz-
ten Jesus darauf. 36 Als er nun hinzog,
breiteten sie ihre Kleider auf den Weg.
37 Und als er schon nahe am Abhang des
Ölbergs war, fing die ganze Menge der
Jünger an, mit Freuden Gott zu loben
mit lauter Stimme über alle Taten, die sie
gesehen hatten, 38 und sprachen: [a] **Gelobt
sei, der da kommt, der König, in dem
Namen des Herrn!** [b] Friede sei im Him-
mel und Ehre in der Höhe!

39 Und einige Pharisäer in der Menge
sprachen zu ihm: Meister, weise doch
deine Jünger zurecht! 40 Er antwortete
und sprach: Ich sage euch: Wenn diese
schweigen werden, so werden die Steine
schreien.

Jesus weint über Jerusalem

41 Und als er nahe hinzukam, sah er die
Stadt und weinte über sie 42 und sprach:
[a] Wenn doch auch du erkenntest zu die-
ser Zeit, was zum Frieden dient! [b] Aber
nun ist's vor deinen Augen verborgen.
43 Denn es wird eine Zeit über dich kom-
men, da werden deine Feinde um dich
einen Wall aufwerfen, dich belagern und
von allen Seiten bedrängen 44 und werden
dich dem Erdboden gleichmachen samt
deinen Kindern in dir und [a] keinen Stein
auf dem andern lassen in dir, weil du die
Zeit nicht erkannt hast, in der du heim-
gesucht worden bist.

Die Tempelreinigung

(Mt 21,12-16; Mk 11,15-18; Joh 2,13-16)

45 Und er ging in den Tempel und fing
an, die Händler auszutreiben, 46 und
sprach zu ihnen: Es steht geschrieben
(Jesaja 56,7): »Mein Haus soll ein Bet-
haus sein«; ihr aber habt es zur [a] Räuber-
höhle gemacht. 47 Und er lehrte täglich
im Tempel. Aber die Hohenpriester und
Schriftgelehrten und die Angesehensten
des Volkes trachteten danach, dass sie
ihn umbrächten, 48 und fanden nicht, wie
sie es machen sollten; denn das ganze
Volk hing ihm an und hörte ihn.

Die Frage nach Jesu Vollmacht

(Mt 21,23-27; Mk 11,27-33)

20 Und es begab sich eines Tages, als
er das Volk lehrte im Tempel und
predigte das Evangelium, da traten zu
ihm die Hohenpriester und Schriftgelehr-
ten mit den Ältesten 2 und sprachen zu
ihm: Sage uns, aus welcher Vollmacht
tust du das? Oder wer hat dir diese Voll-
macht gegeben? 3 Er aber antwortete und
sprach zu ihnen: Ich will euch auch eine
Sache fragen; sagt mir: 4 Die Taufe des
Johannes – war sie vom Himmel oder
von Menschen?

5 Sie aber bedachten's bei sich selbst
und sprachen: Sagen wir, vom Himmel,
so wird er sagen: Warum habt ihr ihm
nicht geglaubt?[a] 6 Sagen wir aber, von
Menschen, so wird uns alles Volk stei-
nigen; denn sie sind überzeugt, dass Jo-
hannes ein Prophet war. 7 Und sie ant-
worteten, sie wüssten nicht, wo sie her
wäre. 8 Und Jesus sprach zu ihnen: So
sage ich euch auch nicht, aus welcher
Vollmacht ich das tue.

Von den bösen Weingärtnern

(Mt 21,33-46; Mk 12,1-12)

9 Er fing aber an, dem Volk dies Gleich-
nis zu sagen: Ein Mensch pflanzte einen
Weinberg und verpachtete ihn an Wein-
gärtner und ging außer Landes für eine
lange Zeit. 10 [a] Und als die Zeit kam,
sandte er einen Knecht zu den Wein-
gärtnern, damit sie ihm seinen Anteil gä-
ben an der Frucht des Weinbergs. Aber
die Weingärtner schlugen ihn und schick-
ten ihn mit leeren Händen fort. 11 Und er
sandte noch einen zweiten Knecht; sie
aber schlugen den auch und verhöhnten
ihn und schickten ihn mit leeren Händen

19,38: *a* Ps 118,26; *b* Kap 2,14 **19,42:** *a* Kap 13,34; *b* Mt 13,13-14 **19,44:** *a* Kap 21,6 **19,46:** *a* Jer 7,11 **20,5:** *a* Kap 7,29-30 **20,10:** *a (10-12)* 2.Chr 36,15-16

fort. 12 Und er sandte noch einen dritten;
sie aber schlugen auch den blutig und
stießen ihn hinaus. 13 Da sprach der Herr
des Weinbergs: Was soll ich tun? Ich will
meinen lieben Sohn senden; vor dem
werden sie sich doch scheuen.
14 Als aber die Weingärtner den Sohn
sahen, dachten sie bei sich selbst und
sprachen: Das ist der Erbe; lasst uns ihn
töten, damit das Erbe unser sei! 15 Und
sie stießen ihn hinaus vor den Weinberg
und töteten ihn. Was wird nun der Herr
des Weinbergs mit ihnen tun? 16 Er wird
kommen und diese Weingärtner umbrin-
gen und seinen Weinberg andern geben.
Als sie das hörten, sprachen sie: Nur das
nicht! 17 Er aber sah sie an und sprach:
Was bedeutet dann das, was geschrieben
steht (Psalm 118,22): »Der Stein, den die
Bauleute verworfen haben, der ist zum
Eckstein geworden«? 18 Wer auf diesen
Stein fällt, der wird zerschellen; [a] auf wen
er aber fällt, den wird er zermalmen.
19 Und die Schriftgelehrten und Ho-
henpriester trachteten danach, Hand an
ihn zu legen noch in derselben Stunde,
und [a] fürchteten sich doch vor dem Volk;
denn sie hatten verstanden, dass er auf
sie hin dies Gleichnis gesagt hatte.

Die Frage nach der Steuer (»Der Zinsgroschen«)

(Mt 22,15-22; Mk 12,13-17)

20 Und sie belauerten ihn und sandten
Leute aus, die sich stellen sollten, als wä-
ren sie fromm; [a] die sollten ihn fangen in
seinen Worten, damit man ihn überant-
worten könnte der Obrigkeit und Gewalt
des Statthalters. 21 Und sie fragten ihn
und sprachen: Meister, wir wissen, dass
du aufrichtig redest und lehrst und ach-
test nicht das Ansehen der Menschen,
sondern du lehrst den Weg Gottes recht.
22 Ist's recht, dass wir dem Kaiser Steuern
zahlen, oder nicht?
23 Er aber merkte ihre List und sprach
zu ihnen: 24 Zeigt mir einen Silbergro-
schen! Wessen Bild und Aufschrift hat er?
Sie sprachen: Des Kaisers. 25 Er aber
sprach zu ihnen: **So gebt dem Kaiser, was
des Kaisers ist, und Gott, was Gottes ist!** [a]
26 Und sie konnten ihn in seinen Worten
nicht fangen vor dem Volk und wunder-
ten sich über seine Antwort und schwie-
gen still.

Die Frage nach der Auferstehung

(Mt 22,23-33; 22,46; Mk 12,18-27; 12,34)

27 Da traten zu ihm einige der Sadduzäer,
die lehren, es gebe keine Auferstehung,
und fragten ihn und sprachen: 28 Meister,
Mose hat uns vorgeschrieben (5. Mose
25,5-6): »Wenn jemand stirbt, der eine
Frau hat, aber keine Kinder, so soll sein
Bruder sie zur Frau nehmen und seinem
Bruder Nachkommen erwecken.« 29 Nun
waren sieben Brüder. Der erste nahm
eine Frau und starb kinderlos. 30 Und der
zweite nahm sie 31 und der dritte; des-
gleichen alle sieben, sie hinterließen keine
Kinder und starben. 32 Zuletzt starb auch
die Frau. 33 Nun in der Auferstehung:
wessen Frau wird sie sein unter ihnen?
Denn alle sieben haben sie zur Frau ge-
habt.
34 Und Jesus sprach zu ihnen: Die Kin-
der dieser Welt heiraten und lassen sich
heiraten; 35 welche aber gewürdigt wer-
den, jene Welt zu erlangen und die Aufer-
stehung von den Toten, die werden weder
heiraten noch sich heiraten lassen.
36 Denn sie können hinfort auch nicht
sterben; denn sie sind den Engeln gleich
und [a] Gottes Kinder, weil sie Kinder der
Auferstehung sind. 37 Dass aber die Toten
auferstehen, darauf hat auch Mose ge-
deutet beim Dornbusch, wo er den Herrn
nennt Gott Abrahams und Gott Isaaks
und Gott Jakobs (2. Mose 3,6). 38 **Gott
aber ist nicht ein Gott der Toten, sondern
der Lebenden; denn** [a] **ihm leben sie alle**.
39 Da antworteten einige der Schrift-
gelehrten und sprachen: Meister, du hast
recht geredet. 40 Und sie wagten nicht
mehr, ihn etwas zu fragen.

Die Frage nach dem Davidssohn

(Mt 22,41-44; Mk 12,35-37)

41 Er sprach aber zu ihnen: Wieso sagen
sie, der Christus sei Davids Sohn?
42 Denn David selbst sagt im Psalmbuch
(Psalm 110,1): »Der Herr sprach zu mei-
nem Herrn: Setze dich zu meiner Rech-
ten, 43 bis ich deine Feinde zum Schemel

20,18: *a* Dan 2,34-35.44-45 **20,19:** *a* Kap 19,48 **20,20:** *a* Kap 11,54; 23,2 **20,25:** *a* Röm 13,1.7 **20,36:** *a* 1. Joh 3,1-2 **20,38:** *a* Röm 14,8

deiner Füße mache.« 44 David nennt ihn
also einen Herrn; wie ist er dann sein
Sohn?

Warnung vor den Schriftgelehrten

(Mt 23,5-7)

45 Als aber alles Volk zuhörte, sprach er
zu seinen Jüngern: 46 Hütet euch vor den
Schriftgelehrten, die es lieben, in langen
Gewändern einherzugehen, und lassen
sich gern grüßen auf dem Markt und
[a] sitzen gern obenan in den Synagogen
und bei Tisch; 47 sie fressen die Häuser
der Witwen und verrichten zum Schein
lange Gebete. Die werden ein umso härteres Urteil empfangen.

Das Scherflein der Witwe

(Mk 12,41-44)

21 Er blickte aber auf und sah, wie
die Reichen ihre Opfer in den Got-
teskasten einlegten. 2 Er sah aber auch
eine arme Witwe, die legte dort zwei
Scherflein ein. 3 Und er sprach: Wahrlich,
ich sage euch: Diese arme Witwe hat
mehr als sie alle eingelegt. 4 Denn diese
alle haben etwas von ihrem Überfluss zu
den Opfern eingelegt; sie aber hat von
ihrer Armut alles eingelegt, was sie zum
Leben hatte.[a]

Jesu Rede über die Endzeit (Verse 5-36)

(Mt 24,1-36; Mk 13,1-32)

Das Ende des Tempels

5 Und als einige von dem Tempel sagten,
dass er mit schönen Steinen und Kleinoden geschmückt sei, sprach er: 6 Es wird
die Zeit kommen, in der von allem, was
ihr seht, nicht ein Stein auf dem andern gelassen wird, der nicht zerbrochen
werde.[a]

Die Vorzeichen

7 Sie fragten ihn aber: Meister, wann wird
das geschehen? Und was wird das Zeichen sein, wenn das geschehen wird? 8 Er
aber sprach: Seht zu, lasst euch nicht
verführen. Denn viele werden kommen
unter meinem Namen und sagen: Ich
bin's, und: Die Zeit ist herbeigekommen.
– Folgt ihnen nicht nach! 9 Wenn ihr aber
hören werdet von Kriegen und Aufruhr,
so entsetzt euch nicht. Denn das muss
zuvor geschehen; aber das Ende ist noch
nicht so bald da. 10 Dann sprach er zu
ihnen: Ein Volk wird sich erheben gegen
das andere und ein Reich gegen das andere, 11 und es werden geschehen große
Erdbeben und hier und dort Hungersnöte und Seuchen; auch werden Schrecknisse und vom Himmel her große Zeichen geschehen.

Die Verfolgung der Gemeinde

12 [a] Aber vor diesem allen werden sie
Hand an euch legen und euch verfolgen
und werden euch überantworten den
Synagogen und Gefängnissen und euch
vor Könige und Statthalter führen um
meines Namens willen. 13 Das wird euch
widerfahren zu einem Zeugnis. 14 So
nehmt nun zu Herzen, [a] dass ihr euch
nicht vorher sorgt, wie ihr euch verantworten sollt. 15 Denn ich will euch Mund
und Weisheit geben, der alle eure Gegner
nicht widerstehen noch widersprechen
können.[a] 16 Ihr werdet aber verraten werden von Eltern, Brüdern, Verwandten und
Freunden; und man wird einige von euch
töten. 17 Und ihr werdet gehasst sein von
jedermann um meines Namens willen.
18 Und kein Haar von eurem Haupt soll
verloren gehen.[a] 19 Seid standhaft und
ihr werdet euer Leben gewinnen.[a] *

Das Ende Jerusalems

20 Wenn ihr aber sehen werdet, dass Jerusalem von einem Heer belagert wird,
dann erkennt, dass seine Verwüstung
nahe herbeigekommen ist. 21 Alsdann,
wer in Judäa ist, der fliehe ins Gebirge,
und wer in der Stadt ist, gehe hinaus,
und wer auf dem Lande ist, komme nicht
herein. 22 Denn das sind die [a] Tage der
Vergeltung, dass erfüllt werde alles, was
geschrieben ist. 23 Weh aber den Schwangeren und den Stillenden in jenen Tagen!
Denn es wird große Not auf Erden sein
und Zorn über dies Volk kommen, 24 und
sie werden fallen durch die Schärfe des

* Luther übersetzte: »Fasset eure Seelen mit Geduld.«

20,46: *a* Kap 11,43 **21,4:** *a* 2. Kor 8,12 **21,6:** *a* Kap 19,44 **21,12:** *a (12-18)* Mt 10,18-22.30 **21,14:** *a* Kap 12,11 **21,15:** *a* Apg 6,10 **21,18:** *a* Kap 12,7 **21,19:** *a* Hebr 10,36 **21,22:** *a* 5. Mose 32,35

Schwertes und gefangen weggeführt un-
ter alle Völker, und [a]Jerusalem wird zer-
treten werden von den Heiden, [b]bis die
Zeiten der Heiden erfüllt sind.

Das Kommen des Menschensohns

25 [a]Und es werden Zeichen geschehen an
Sonne und Mond und Sternen, und auf
Erden wird den Völkern bange sein, und
sie werden verzagen vor dem Brausen
und Wogen des Meeres, 26 und die Men-
schen werden vergehen vor Furcht und in
Erwartung der Dinge, die kommen sollen
über die ganze Erde; denn die Kräfte der
Himmel werden ins Wanken kommen.
27 Und alsdann [a]werden sie sehen den
Menschensohn kommen in einer Wol-
ke mit großer Kraft und Herrlichkeit.
28 **Wenn aber dieses anfängt zu geschehen,
dann seht auf und erhebt eure Häupter,
[a]weil sich eure Erlösung naht.**

Vom Feigenbaum

29 Und er sagte ihnen ein Gleichnis: Seht
den Feigenbaum und alle Bäume an:
30 wenn sie jetzt ausschlagen und ihr seht
es, so wisst ihr selber, dass jetzt der Som-
mer nahe ist. 31 So auch ihr: wenn ihr
seht, dass dies alles geschieht, so wisst,
dass das Reich Gottes nahe ist.

Ermahnung zur Wachsamkeit

32 Wahrlich, ich sage euch: Dieses Ge-
schlecht wird nicht vergehen, bis es alles
geschieht. 33 **Himmel und Erde werden
vergehen; aber meine Worte vergehen
nicht.**
34 Hütet euch aber, dass [a]eure Herzen
nicht beschwert werden mit Fressen und
Saufen und mit täglichen Sorgen und
dieser Tag nicht [b]plötzlich über euch
komme wie ein Fallstrick; 35 denn er wird
über alle kommen, die auf der ganzen
Erde wohnen. 36 So seid allezeit wach
und betet, dass ihr stark werdet, zu ent-
fliehen diesem allen, was geschehen soll,
und zu stehen vor dem Menschensohn.
37 Er lehrte des Tags im Tempel; des
Nachts aber ging er hinaus und blieb an
dem Berg, den man den Ölberg nennt.
38 Und alles Volk machte sich früh auf zu
ihm, ihn im Tempel zu hören.

Leiden, Sterben und Auferstehung Jesu
(Kapitel 22,1–24,53)

(Mt 26,1–28,20; Mk 14,1–16,20; Joh 18,1–21,25)

Der Verrat des Judas

22 Es war aber nahe das Fest der
Ungesäuerten Brote, das Passa
heißt. 2 Und [a]die Hohenpriester und
Schriftgelehrten trachteten danach, wie
sie ihn töten könnten; denn sie fürchteten
sich vor dem Volk.
3 Es fuhr aber [a]der Satan in Judas,
genannt Iskariot, der zur Zahl der Zwölf
gehörte. 4 Und er ging hin und redete mit
den Hohenpriestern und mit den Haupt-
leuten darüber, wie er ihn an sie verraten
könnte. 5 Und sie wurden froh und ver-
sprachen, ihm Geld zu geben. 6 Und er
sagte es zu und suchte eine Gelegenheit,
dass er ihn an sie verriete ohne Auf-
sehen.

Das Abendmahl

7 Es kam nun der [a]Tag der Ungesäuer-
ten Brote, an dem man das Passalamm
opfern musste. 8 Und er sandte Petrus
und Johannes und sprach: Geht hin und
bereitet uns das Passalamm, damit
wir's essen. 9 Sie aber fragten ihn: Wo
willst du, dass wir's bereiten? 10 Er
sprach zu ihnen: Siehe, wenn ihr hinein-
kommt in die Stadt, wird euch ein
Mensch begegnen, der trägt einen Was-
serkrug; folgt ihm in das Haus, in das er
hineingeht, 11 und sagt zu dem Haus-
herrn: Der Meister lässt dir sagen: Wo ist
der Raum, in dem ich das Passalamm
essen kann mit meinen Jüngern? 12 Und
er wird euch einen großen Saal zeigen,
der mit Polstern versehen ist; dort be-
reitet es. 13 Sie gingen hin und [a]fanden's,
wie er ihnen gesagt hatte, und bereiteten
das Passalamm.
14 Und als die Stunde kam, setzte er
sich nieder und die Apostel mit ihm.
15 Und er sprach zu ihnen: Mich hat
herzlich verlangt, dies Passalamm mit
euch zu essen, ehe ich leide. 16 Denn ich
sage euch, dass ich es nicht mehr essen
werde, bis es erfüllt wird im Reich Got-

21,24: *a* Jes 63,18; Offb 11,2; *b* Röm 11,25 **21,25:** *a* Offb 6,12-13 **21,27:** *a* Dan 7,13 **21,28:** *a* Phil 4,4-5 **21,34:** *a* Mk 4,19; *b* 1. Thess 5,3 **22,2:** *a* Kap 20,19 **22,3:** *a* Joh 13,2.27 **22,7:** *a* 2. Mose 12,18-20 **22,13:** *a* Kap 19,32

tes.[a] 17 Und er nahm den Kelch, dankte
und sprach: Nehmt ihn und teilt ihn un-
ter euch; 18 denn ich sage euch: Ich werde
von nun an nicht trinken von dem Ge-
wächs des Weinstocks, bis das Reich
Gottes kommt.

19 [a] **Und er nahm das Brot, dankte und**
brach's und gab's ihnen und sprach: Das
ist mein Leib, der für euch gegeben wird;
das tut zu meinem Gedächtnis. 20 Desglei-
chen auch den Kelch nach dem Mahl und
sprach: Dieser Kelch ist der neue Bund* in
meinem Blut, das für euch vergossen
wird!

21 Doch siehe, die Hand meines Verrä-
ters ist mit mir am Tisch.[a] 22 Denn der
Menschensohn geht zwar dahin, wie es
beschlossen ist; doch weh dem Men-
schen, durch den er verraten wird! 23 Und
sie fingen an, untereinander zu fragen,
wer es wohl wäre unter ihnen, der das
tun würde.

Gespräche mit den Jüngern

24 [a] Es erhob sich auch ein Streit unter
ihnen, [b] wer von ihnen als der Größte
gelten solle. 25 Er aber sprach zu ihnen:
Die Könige herrschen über ihre Völker,
und ihre Machthaber lassen sich Wohl-
täter nennen. 26 Ihr aber nicht so! Son-
dern der Größte unter euch soll sein wie
der Jüngste und der Vornehmste wie ein
Diener. 27 Denn wer ist größer: der zu
Tisch sitzt oder der dient? Ist's nicht der,
der zu Tisch sitzt? [a] Ich aber bin unter
euch wie ein Diener.

28 Ihr aber seid's, die ihr ausgeharrt
habt bei mir in meinen Anfechtungen.[a]
29 Und ich will euch das Reich zueignen,
wie mir's mein Vater zugeeignet hat,
30 dass ihr essen und trinken sollt an mei-
nem Tisch in meinem Reich und [a] sitzen
auf Thronen und richten die zwölf
Stämme Israels.

31 Simon, Simon, siehe, der Satan hat
begehrt, euch zu sieben wie den Weizen.[a]
32 Ich aber habe [a] für dich gebeten, dass
dein Glaube nicht aufhöre. Und wenn du
dereinst dich bekehrst, so stärke deine
Brüder. 33 Er aber sprach zu ihm: Herr,
ich bin bereit, mit dir ins Gefängnis und
in den Tod zu gehen. 34 Er aber sprach:
Petrus, ich sage dir: Der Hahn wird heute
nicht krähen, ehe du dreimal geleugnet
hast, dass du mich kennst.

35 Und er sprach zu ihnen: [a] Als ich
euch ausgesandt habe ohne Geldbeutel,
ohne Tasche und ohne Schuhe, habt ihr
da je Mangel gehabt? Sie sprachen: Nie-
mals. 36 Da sprach er zu ihnen: Aber nun,
wer einen Geldbeutel hat, der nehme ihn,
desgleichen auch die Tasche, und wer's
nicht hat, verkaufe seinen Mantel und
kaufe ein Schwert. 37 Denn ich sage euch:
Es muss das an mir vollendet werden,
was geschrieben steht (Jesaja 53,12): »Er
ist zu den Übeltätern gerechnet worden.«
Denn was von mir geschrieben ist, das
wird vollendet. 38 Sie sprachen aber:
Herr, siehe, hier sind zwei Schwerter. Er
aber sprach zu ihnen: Es ist genug.

Jesus in Gethsemane

39 Und er ging nach seiner Gewohnheit
hinaus an den Ölberg. Es folgten ihm
aber auch die Jünger. 40 Und als er dahin
kam, sprach er zu ihnen: **Betet, damit ihr**
nicht in Anfechtung fallt!

41 Und er riss sich von ihnen los, etwa
einen Steinwurf weit, und kniete nieder,
betete 42 und sprach: Vater, willst du, so
nimm diesen Kelch von mir; **doch nicht**
mein, sondern [a] dein Wille geschehe! 43 Es
erschien ihm aber ein Engel vom Himmel
und stärkte ihn. 44 Und er rang mit dem
Tode und betete heftiger. Und sein
Schweiß wurde wie Blutstropfen, die auf
die Erde fielen.**

45 Und er stand auf von dem Gebet
und kam zu seinen Jüngern und fand sie
schlafend vor Traurigkeit 46 und sprach
zu ihnen: Was schlaft ihr? Steht auf und
betet, damit ihr nicht in Anfechtung
fallt!

Jesu Gefangennahme

47 Als er aber noch redete, siehe, da kam
eine Schar; und einer von den Zwölfen,

* Luther übersetzte: »das neue Testament«.
** Die Verse 43-44 finden sich in einigen wichtigen Textzeugen nicht.

22,16: *a* Kap 13,29 **22,19:** *a (19-20)* 1.Kor 11,23-25 **22,21:** *a* Joh 13,21-22 **22,24:** *a (24-30)* Mt 20,25-28; Mk 10,42-45; *b* Kap 9,46 **22,27:** *a* Joh 13,4-14 **22,28:** *a* Joh 6,67-68 **22,30:** *a* Mt 19,28 **22,31:** *a* 2.Kor 2,11 **22,32:** *a* Joh 17,11.15 **22,35:** *a* Kap 9,3; 10,4 **22,42:** *a* Mt 6,10

der mit dem Namen Judas, ging vor
ihnen her und nahte sich zu Jesus, um
ihn zu küssen. 48Jesus aber sprach zu
ihm: Judas, verrätst du den Menschen-
sohn mit einem Kuss? 49Als aber, die um
ihn waren, sahen, was geschehen würde,
sprachen sie: Herr, sollen wir mit dem
Schwert dreinschlagen? 50Und einer von
ihnen schlug nach dem Knecht des Ho-
henpriesters und hieb ihm sein rechtes
Ohr ab. 51Da sprach Jesus: Lasst ab!
Nicht weiter! Und er rührte sein Ohr an
und heilte ihn.

52Jesus aber sprach zu den Hohen-
priestern und Hauptleuten des Tempels
und den Ältesten, die zu ihm hergekom-
men waren: Ihr seid wie gegen einen
Räuber mit Schwertern und mit Stangen
ausgezogen. 53Ich bin täglich bei euch im
Tempel gewesen und [a]ihr habt nicht
Hand an mich gelegt. Aber dies ist eure
Stunde und die Macht der Finsternis.

Die Verleugnung des Petrus

54Sie ergriffen ihn aber und führten ihn
ab und brachten ihn in das Haus des
Hohenpriesters. Petrus aber folgte von
ferne. 55Da zündeten sie ein Feuer an
mitten im Hof und setzten sich zusam-
men; und Petrus setzte sich mitten unter
sie. 56Da sah ihn eine Magd am Feuer
sitzen und sah ihn genau an und sprach:
Dieser war auch mit ihm. 57Er aber leug-
nete und sprach: Frau, ich kenne ihn
nicht. 58Und nach einer kleinen Weile
sah ihn ein anderer und sprach: Du bist
auch einer von denen. Petrus aber
sprach: Mensch, ich bin's nicht.

59Und nach einer Weile, etwa nach
einer Stunde, bekräftigte es ein anderer
und sprach: Wahrhaftig, dieser war auch
mit ihm; denn er ist ein Galiläer. 60Petrus
aber sprach: Mensch, ich weiß nicht, was
du sagst. Und alsbald, während er noch
redete, krähte der Hahn. 61Und der Herr
wandte sich und sah Petrus an. Und Pe-
trus gedachte an des Herrn Wort, wie er
zu ihm gesagt hatte: Ehe heute der Hahn
kräht, wirst du mich dreimal verleugnen.
62Und Petrus ging hinaus und weinte
bitterlich.[a]

Jesus vor dem Hohen Rat

63Die Männer aber, die Jesus gefangen
hielten, verspotteten ihn und schlugen
ihn, 64verdeckten sein Angesicht und
fragten: Weissage, wer ist's, der dich
schlug? 65Und noch mit vielen andern
Lästerungen schmähten sie ihn.

66Und als es Tag wurde, versammelten
sich die Ältesten des Volkes, die Hohen-
priester und Schriftgelehrten und führten
ihn vor ihren Rat 67und sprachen: Bist
du der Christus, so sage es uns! Er sprach
aber zu ihnen: [a]Sage ich's euch, so glaubt
ihr's nicht; 68frage ich aber, so antwortet
ihr nicht. 69Aber von nun an wird der
Menschensohn [a]sitzen zur Rechten der
Kraft Gottes. 70Da sprachen sie alle: **Bist**
du denn Gottes Sohn? Er sprach zu ihnen:
Ihr sagt es, ich bin es. 71Sie aber spra-
chen: Was bedürfen wir noch eines Zeug-
nisses? Wir haben's selbst gehört aus sei-
nem Munde.

Jesus vor Pilatus

23 Und die ganze Versammlung
stand auf, und sie führten ihn vor
Pilatus 2und fingen an, ihn zu verklagen,
und sprachen: [a]Wir haben gefunden,
dass dieser unser Volk aufhetzt und [b]ver-
bietet, dem Kaiser Steuern zu geben, und
spricht, er sei Christus, ein König. 3Pila-
tus aber fragte ihn und sprach: Bist du
der Juden König? Er antwortete ihm und
sprach: Du sagst es. 4Pilatus sprach zu
den Hohenpriestern und zum Volk: Ich
finde keine Schuld an diesem Menschen.
5Sie aber wurden noch ungestümer und
sprachen: Er wiegelt das Volk auf damit,
dass er lehrt hier und dort in ganz Judäa,
angefangen von Galiläa bis hierher.

Jesus vor Herodes

6Als aber Pilatus das hörte, fragte er, ob
der Mensch aus Galiläa wäre. 7Und als
er vernahm, dass er ein [a]Untertan des
Herodes war, sandte er ihn zu Herodes,
der in diesen Tagen auch in Jerusalem
war. 8Als aber Herodes Jesus sah, freute
er sich sehr; denn [a]er hätte ihn längst
gerne gesehen; denn er hatte von ihm

22,53: *a* Joh 7,30; 8,20 **22,62:** *a* Ps 51,19 **22,67:** *a* Joh 3,12 **22,69:** *a* Ps 110,1 **23,2:** *a* Apg 24,5; *b* Kap 20,25
23,7: *a* Kap 3,1 **23,8:** *a* Kap 9,9

gehört und hoffte, er würde ein Zeichen
von ihm sehen. 9 Und er fragte ihn viel.
Er aber antwortete ihm nichts. 10 Die
Hohenpriester aber und Schriftgelehrten
standen dabei und verklagten ihn hart.
11 Aber Herodes mit seinen Soldaten ver-
achtete und verspottete ihn, legte ihm ein
weißes Gewand an und sandte ihn zu-
rück zu Pilatus.
12 An dem Tag wurden Herodes und
Pilatus Freunde; denn vorher waren sie
einander Feind.

Jesu Verurteilung

13 Pilatus aber rief die Hohenpriester und
die Oberen und das Volk zusammen
14 und sprach zu ihnen: Ihr habt diesen
Menschen zu mir gebracht als einen, der
das Volk aufwiegelt; und siehe, ich habe
ihn vor euch verhört und habe an diesem
Menschen keine Schuld gefunden, de-
rentwegen ihr ihn anklagt; 15 Herodes
auch nicht, denn er hat ihn uns zurück-
gesandt. Und siehe, er hat nichts getan,
was den Tod verdient. 16 Darum will ich
ihn schlagen lassen und losgeben.*
18 Da schrien sie alle miteinander: Hin-
weg mit diesem, gib uns Barabbas los!
19 Der war wegen eines Aufruhrs, der in
der Stadt geschehen war, und wegen
eines Mordes ins Gefängnis geworfen
worden. 20 Da redete Pilatus abermals
auf sie ein, weil er Jesus losgeben wollte.
21 Sie riefen aber: Kreuzige, kreuzige ihn!
22 Er aber sprach zum dritten Mal zu
ihnen: Was hat denn dieser Böses getan?
Ich habe nichts an ihm gefunden, was
den Tod verdient; darum will ich ihn
schlagen lassen und losgeben. 23 Aber sie
setzten ihm zu mit großem Geschrei und
forderten, dass er gekreuzigt würde. Und
ihr Geschrei nahm überhand. 24 Und
Pilatus urteilte, dass ihre Bitte erfüllt
werde, 25 und ließ den los, der wegen Auf-
ruhr und Mord ins Gefängnis geworfen
war, um welchen sie baten; aber Jesus
übergab er ihrem Willen.

Jesu Weg nach Golgatha

26 Und als sie ihn abführten, ergriffen sie
einen Mann, Simon von Kyrene, der vom
Feld kam, und legten das Kreuz auf ihn,
dass er's Jesus nachtrüge.
27 Es folgte ihm aber eine große Volks-
menge und Frauen, die klagten und be-
weinten ihn. 28 Jesus aber wandte sich um
zu ihnen und sprach: Ihr Töchter von
Jerusalem, weint nicht über mich, son-
dern weint über euch selbst und über
eure Kinder. 29 Denn siehe, es wird die
Zeit kommen, in der man sagen wird:
Selig sind die Unfruchtbaren und die
Leiber, die nicht geboren haben, und
die Brüste, die nicht genährt haben![a]
30 Dann werden sie anfangen zu sagen zu
den Bergen: Fallt über uns!, und zu den
Hügeln: Bedeckt uns![a] 31 Denn wenn
man das tut am grünen Holz, was wird
am dürren werden?[a]

Jesu Kreuzigung und Tod

32 Es wurden aber auch andere hinge-
führt, zwei Übeltäter, dass sie mit ihm
hingerichtet würden.
33 Und als sie kamen an die Stätte, die
da heißt Schädelstätte, kreuzigten sie ihn
dort und die Übeltäter mit ihm, einen
zur Rechten und einen zur Linken. 34 Je-
sus aber sprach: [a]**Vater, vergib ihnen;
denn** [b]**sie wissen nicht, was sie tun!** Und
[c]sie verteilten seine Kleider und warfen
das Los darum.
35 Und das Volk stand da und sah zu.
Aber die Oberen spotteten und sprachen:
Er hat andern geholfen; er helfe sich sel-
ber, ist er der Christus, der Auserwählte
Gottes. 36 Es verspotteten ihn auch die
Soldaten, traten herzu und brachten ihm
Essig 37 und sprachen: Bist du der Juden
König, so hilf dir selber! 38 Es war aber
über ihm auch eine Aufschrift: Dies ist
der Juden König.
39 Aber einer der Übeltäter, die am
Kreuz hingen, lästerte ihn und sprach:
Bist du nicht der Christus? Hilf dir selbst
und uns! 40 Da wies ihn der andere zu-
recht und sprach: Und du fürchtest dich
auch nicht vor Gott, der du doch in glei-
cher Verdammnis bist? 41 Wir sind es
zwar mit Recht, denn wir empfangen,
was unsre Taten verdienen; dieser aber

* Vers 17 findet sich erst in der späteren Überlieferung: »Er musste ihnen aber zum Fest einen Gefangenen losgeben.«

23,29: *a* Kap 21,23 **23,30:** *a* Hos 10,8; Offb 6,16; 9,6 **23,31:** *a* 1.Petr 4,17 **23,34:** *a* Jes 53,12; Apg 7,60; *b* Apg 3,17; *c* Ps 22,19

hat nichts Unrechtes getan. 42 Und er
sprach: Jesus, gedenke an mich, [a]wenn
du in dein Reich kommst! 43 Und Jesus
sprach zu ihm: **Wahrlich, ich sage dir:
Heute wirst du mit mir [a]im Paradies
sein.**
44 Und es war schon um die sechste
Stunde, und es kam eine Finsternis über
das ganze Land bis zur neunten Stunde,
45 und die Sonne verlor ihren Schein, und
der [a]Vorhang des Tempels riss mitten
entzwei. 46 Und Jesus rief laut: **Vater,
[a]ich befehle meinen Geist in deine Hände!**
Und als er das gesagt hatte, verschied er.
47 Als aber der Hauptmann sah, was
da geschah, pries er Gott und sprach:
Fürwahr, dieser ist ein frommer Mensch
gewesen! 48 Und als alles Volk, das dabei
war und zuschaute, sah, was da geschah,
schlugen sie sich an ihre Brust und kehrten wieder um.
49 Es standen aber alle seine Bekannten
von ferne, auch die [a]Frauen, die ihm aus
Galiläa nachgefolgt waren, und sahen
das alles.

Jesu Grablegung

50 Und siehe, da war ein Mann mit Namen Josef, ein Ratsherr, der war ein guter, frommer Mann
51 und hatte ihren Rat
und ihr Handeln nicht gebilligt. Er war
aus Arimathäa, einer Stadt der Juden,
und [a]wartete auf das Reich Gottes.
52 Der ging zu Pilatus und bat um den
Leib Jesu 53 und nahm ihn ab, wickelte
ihn in ein Leinentuch und legte ihn in ein
Felsengrab, in dem noch nie jemand gelegen hatte.
54 Und es war Rüsttag und
der Sabbat brach an.
55 Es folgten aber die Frauen nach, die
mit ihm gekommen waren aus Galiläa,
und beschauten das Grab und wie sein
Leib hineingelegt wurde. 56 Sie kehrten
aber um und bereiteten wohlriechende
Öle und Salben. [a]Und den Sabbat über
ruhten sie nach dem Gesetz.

Jesu Auferstehung

(Mt 28,1-10; Mk 16,1-8; Joh 20,1-10)

24 Aber am ersten Tag der Woche
sehr früh kamen sie zum Grab
und trugen bei sich die wohlriechenden
Öle, die sie bereitet hatten. 2 Sie fanden
aber den Stein weggewälzt von dem Grab
3 und gingen hinein und fanden den Leib
des Herrn Jesus nicht.
4 Und als sie darüber bekümmert waren, siehe, da traten zu ihnen zwei Männer mit glänzenden Kleidern.
5 Sie aber
erschraken und neigten ihr Angesicht zur
Erde. Da sprachen die zu ihnen: **Was
sucht ihr den Lebenden bei den Toten? 6 Er
ist nicht hier, er ist auferstanden.** Gedenkt
daran, wie er euch gesagt hat, als er noch
in Galiläa war: 7 Der Menschensohn
muss überantwortet werden in die Hände
der Sünder und gekreuzigt werden und
am dritten Tage auferstehen.[a] 8 Und sie
gedachten an seine Worte.
9 Und sie gingen wieder weg vom Grab
und verkündigten das alles den elf Jüngern und den andern allen.
10 Es waren
aber [a]Maria von Magdala und Johanna
und Maria, des Jakobus Mutter, und die
andern mit ihnen; die sagten das den
Aposteln. 11 Und es erschienen ihnen
diese Worte, als wär's Geschwätz, und sie
glaubten ihnen nicht. 12 Petrus aber stand
auf und lief zum Grab und bückte sich
hinein und sah nur die Leinentücher und
ging davon und wunderte sich über das,
was geschehen war.[a]

Die Emmausjünger

(Mk 16,12-13)

13 Und siehe, zwei von ihnen gingen an
demselben Tage in ein Dorf, das war von
Jerusalem etwa zwei Wegstunden entfernt; dessen Name ist Emmaus.
14 Und
sie redeten miteinander von allen diesen
Geschichten. 15 Und es geschah, als sie so
redeten und sich miteinander besprachen, da nahte sich Jesus selbst und ging
mit ihnen. 16 Aber ihre Augen wurden
gehalten, dass sie ihn nicht erkannten.
17 Er sprach aber zu ihnen: Was sind
das für Dinge, die ihr miteinander verhandelt unterwegs? Da blieben sie traurig
stehen. 18 Und der eine, mit Namen
Kleopas, antwortete und sprach zu ihm:
Bist du der Einzige unter den Fremden in
Jerusalem, der nicht weiß, was in diesen
Tagen dort geschehen ist? 19 Und er
sprach zu ihnen: Was denn? Sie aber

23,42: *a* Mt 20,21 **23,43:** *a* 2. Kor 12,4 **23,45:** *a* 2. Mose 26,31-33; 2. Chr 3,14 **23,46:** *a* Ps 31,6; Apg 7,59 **23,49:** *a* Kap 8,2-3 **23,51:** *a* Kap 2,25.38 **23,56:** *a* 2. Mose 20,10 **24,7:** *a* Kap 9,22 **24,10:** *a* Kap 8,2-3 **24,12:** *a* Joh 20,6-10

sprachen zu ihm: Das mit Jesus von Na-
zareth, der [a]ein Prophet war, mächtig in
Taten und Worten vor Gott und allem
Volk; 20 wie ihn unsre Hohenpriester und
Oberen zur Todesstrafe überantwortet
und gekreuzigt haben. 21 Wir aber hoff-
ten, er sei es, der [a]Israel erlösen werde.
Und über das alles ist heute der dritte
Tag, dass dies geschehen ist. 22 Auch ha-
ben uns erschreckt einige Frauen aus un-
serer Mitte, die sind früh bei dem Grab
gewesen, 23 haben seinen Leib nicht ge-
funden, kommen und sagen, sie haben
eine Erscheinung von Engeln gesehen,
die sagen, er lebe. 24 Und einige von uns
gingen hin zum Grab und fanden's so,
wie die Frauen sagten; aber ihn sahen sie
nicht.

25 Und er sprach zu ihnen: O ihr To-
ren, zu trägen Herzens, all dem zu glau-
ben, was die Propheten geredet haben!
26 **Musste nicht Christus dies erleiden und
in seine Herrlichkeit eingehen**? 27 Und er
fing an bei Mose und allen Propheten
und legte ihnen aus, was in der ganzen
Schrift von ihm gesagt war.[a] 28 Und sie
kamen nahe an das Dorf, wo sie hin-
gingen. Und er stellte sich, als wollte er
weitergehen. 29 Und sie nötigten ihn und
sprachen: [a]**Bleibe bei uns; denn es will
Abend werden und der Tag hat sich ge-
neigt.** Und er ging hinein, bei ihnen zu
bleiben.

30 Und es geschah, als er mit ihnen zu
Tisch saß, nahm er das Brot, dankte,
brach's und gab's ihnen.[a] 31 Da wurden
ihre Augen geöffnet und sie erkannten
ihn. Und er verschwand vor ihnen.
32 Und sie sprachen untereinander:
Brannte nicht unser Herz in uns, als er
mit uns redete auf dem Wege und uns die
Schrift öffnete?

33 Und sie standen auf zu derselben
Stunde, kehrten zurück nach Jerusalem
und fanden die Elf versammelt und die
bei ihnen waren; 34 die sprachen: **Der
Herr ist wahrhaftig auferstanden** und
Simon erschienen.[a] 35 Und sie erzählten
ihnen, was auf dem Wege geschehen
war und wie er von ihnen erkannt wurde,
als er das Brot brach.

Jesu Erscheinung vor den Jüngern

(Mk 16,14-19; Joh 20,19-23; Apg 1,1-14; 1.Kor 15,5)

36 Als sie aber davon redeten, trat er
selbst, Jesus, mitten unter sie und sprach
zu ihnen: Friede sei mit euch! 37 Sie er-
schraken aber und fürchteten sich und
[a]meinten, sie sähen einen Geist. 38 Und
er sprach zu ihnen: Was seid ihr so er-
schrocken, und warum kommen solche
Gedanken in euer Herz? 39 Seht meine
Hände und meine Füße, ich bin's selber.
Fasst mich an und seht; denn ein Geist
hat nicht Fleisch und Knochen, wie ihr
seht, dass ich sie habe. 40 Und als er das
gesagt hatte, zeigte er ihnen die Hände
und Füße.[a] 41 Als sie aber noch nicht
glaubten vor Freude und sich verwunder-
ten, sprach er zu ihnen: Habt ihr hier
etwas zu essen? 42 Und sie legten ihm ein
Stück gebratenen Fisch vor.[a] 43 Und er
nahm's und aß vor ihnen.

44 Er sprach aber zu ihnen: Das sind
meine Worte, [a]die ich zu euch gesagt
habe, als ich noch bei euch war: [b]Es
muss alles erfüllt werden, was von mir
geschrieben steht im Gesetz des Mose, in
den Propheten und in den Psalmen. 45 Da
öffnete er ihnen das Verständnis, sodass
sie die Schrift verstanden,[a] 46 und sprach
zu ihnen: **So steht's geschrieben, dass
Christus leiden wird und auferstehen von
den Toten [a]am dritten Tage; 47 und [a]dass
gepredigt wird in seinem Namen Buße zur
Vergebung der Sünden unter allen Völ-
kern.** Fangt an in Jerusalem 48 und seid
dafür Zeugen. 49 Und siehe, ich will [a]auf
euch herabsenden, was mein Vater ver-
heißen hat. Ihr aber sollt in der Stadt
bleiben, bis ihr ausgerüstet werdet [b]mit
Kraft aus der Höhe.

Jesu Himmelfahrt

50 Er führte sie aber hinaus bis nach Be-
tanien und hob die Hände auf und seg-
nete sie. 51 Und es geschah, als er sie
segnete, schied er von ihnen und fuhr auf
gen Himmel. 52 Sie aber beteten ihn an
und kehrten zurück nach Jerusalem mit
großer Freude 53 und waren allezeit im
Tempel und priesen Gott.

24,19: *a* Mt 21,11 **24,21:** *a* Apg 1,6 **24,27:** *a* 5.Mose 18,15; Ps 22,1-32; Jes 52,13–53,12 **24,29:** *a* Ri 19,9 **24,30:** *a* Kap 9,16; 22,19 **24,34:** *a* 1.Kor 15,4-5 **24,37:** *a* Mt 14,26 **24,40:** *a* Joh 20,20 **24,42:** *a* Joh 21,5.10; Apg 10,41 **24,44:** *a* Kap 18,31-33; *b* Verse 26-27; Kap 18,31 **24,45:** *a* Kap 9,45; Joh 12,16 **24,46:** *a* Hos 6,2 **24,47:** *a* Apg 2,38; 17,30 **24,49:** *a* Joh 15,26; 16,7; *b* Apg 2,1-4

DAS EVANGELIUM NACH JOHANNES

Inhaltsübersicht

Das Wort ward Fleisch

1 Im Anfang war das Wort, und das
Wort war bei Gott, und Gott war das
Wort.[a] 2 Dasselbe war im Anfang bei
Gott. 3 Alle Dinge sind durch dasselbe
gemacht, und ohne dasselbe ist nichts
gemacht, was gemacht ist.[a]* 4 In ihm
war das Leben, und das Leben war das
[a]Licht der Menschen. 5 Und das Licht
scheint in der Finsternis, und die Finsternis hat's nicht ergriffen.[a]

6 Es war ein Mensch, von Gott gesandt, der hieß [a]Johannes. 7 Der kam zum
Zeugnis, um von dem Licht zu zeugen,
damit sie alle durch ihn glaubten.[a] 8 Er
war nicht das Licht, sondern er sollte zeugen von dem Licht.

9 Das war das wahre Licht, das alle
Menschen erleuchtet, die in diese Welt
kommen. 10 Er war in der Welt, und die
Welt ist durch ihn gemacht; aber die Welt
erkannte ihn nicht. 11 Er kam [a]in sein
Eigentum; und die Seinen nahmen ihn
nicht auf. 12 Wie viele ihn aber aufnahmen, denen gab er Macht, [a]Gottes Kinder zu werden, denen, die an seinen Namen glauben, 13 die nicht [a]aus dem Blut
noch aus dem Willen des Fleisches noch
aus dem Willen eines Mannes, sondern
[b]von Gott geboren sind.

14 Und [a]das Wort ward Fleisch und
**wohnte unter uns, und wir sahen [b]seine
Herrlichkeit, eine Herrlichkeit als des eingeborenen Sohnes vom Vater, voller Gnade
und Wahrheit.**

15 Johannes gibt Zeugnis von ihm und
ruft: Dieser war es, von dem ich gesagt
habe: Nach mir wird kommen, der vor
mir gewesen ist; denn er war eher als
ich.

**16 Und von [a]seiner Fülle haben wir alle
genommen Gnade um Gnade. 17 Denn [a]das
Gesetz ist durch Mose gegeben; die Gnade
und Wahrheit ist durch Jesus Christus
geworden.** 18 [a]Niemand hat Gott je gesehen; der Eingeborene, der Gott ist und
in des Vaters Schoß ist,+ [b]der hat ihn
uns verkündigt.

Das Zeugnis des Täufers über sich selbst

(Mt 3,1-12; Mk 1,1-8; Lk 3,1-18)

19 Und dies ist das Zeugnis des Johannes,
als die Juden zu ihm sandten Priester und
Leviten von Jerusalem, dass sie ihn fragten: Wer bist du? 20 Und er bekannte und
leugnete nicht, und er bekannte: Ich bin
nicht der Christus. 21 Und sie fragten ihn:
Was dann? Bist du [a]Elia? Er sprach: Ich
bin's nicht. Bist du der [b]Prophet? Und er
antwortete: Nein. 22 Da sprachen sie zu
ihm: Wer bist du dann?, dass wir Antwort geben denen, die uns gesandt haben. Was sagst du von dir selbst? 23 Er
sprach: »Ich bin eine Stimme eines Predigers in der Wüste: Ebnet den Weg des
Herrn!«, wie der Prophet Jesaja gesagt
hat (Jesaja 40,3).

24 Und sie waren von den Pharisäern
abgesandt 25 und sie fragten ihn und
sprachen zu ihm: Warum taufst du denn,
wenn du nicht der Christus bist noch
Elia noch der Prophet? 26 Johannes antwortete ihnen und sprach: Ich taufe mit

* Mögliche andere Satzeinteilung aufgrund alter Überlieferung: »Was geworden ist – in ihm war das Leben.«
** Siehe Sach- und Worterklärungen.
\+ Luther übersetzte aufgrund anderer Textzeugen: »der eingeborene Sohn, der in des Vaters Schoß ist«.

1,1: *a* Kap 17,5; 1. Mose 1,1; 1. Joh 1,1-2; Offb 19,13 **1,3:** *a* 1. Kor 8,6; Kol 1,16-17; Hebr 1,2 **1,4:** *a* Kap 8,12 **1,5:** *a* Kap 3,19 **1,6:** *a* Mt 3,1; Mk 1,4 **1,7:** *a* Apg 19,4 **1,11:** *a* Ps 24,1 **1,12:** *a* Gal 3,26 **1,13:** *a* Weish 7,2; *b* Kap 3,5-6 **1,14:** *a* 1. Tim 3,16; *b* 2. Mose 33,18; Jes 60,1; 2. Petr 1,16-17 **1,16:** *a* Kap 3,34; Kol 1,19 **1,17:** *a* Röm 10,4 **1,18:** *a* Kap 6,46; *b* Mt 11,27 **1,21:** *a* Mal 3,23; Mt 17,10-13; *b* 5. Mose 18,15

Wasser; aber er ist [a]mitten unter euch
getreten, den ihr nicht kennt. 27Der wird
nach mir kommen, und ich bin nicht
wert, dass ich seine Schuhriemen löse.
28Dies geschah in Betanien jenseits des
Jordans, wo Johannes taufte.

Das Zeugnis des Täufers vom Lamm Gottes

(Mt 3,13-17; Mk 1,9-11; Lk 3,21-22)

29Am nächsten Tag sieht Johannes, dass
Jesus zu ihm kommt, und spricht: **Sie-
he, das ist [a]Gottes Lamm, das der Welt
Sünde trägt!** 30Dieser ist's, von dem ich
gesagt habe: Nach mir kommt ein Mann,
der vor mir gewesen ist, denn er war eher
als ich. 31Und ich kannte ihn nicht. Aber
damit er Israel offenbart werde, darum
bin ich gekommen zu taufen mit Wasser.

32Und Johannes bezeugte und sprach:
Ich sah, dass der Geist herabfuhr wie
eine Taube vom Himmel und blieb auf
ihm. 33Und ich kannte ihn nicht. Aber
der mich sandte zu taufen mit Wasser,
der sprach zu mir: Auf wen du siehst den
Geist herabfahren und auf ihm bleiben,
der ist's, der mit dem Heiligen Geist
tauft. 34Und ich habe es gesehen und
bezeugt: Dieser ist Gottes Sohn.

Die ersten Jünger

35Am nächsten Tag stand Johannes aber-
mals da und zwei seiner Jünger; 36und als
er Jesus vorübergehen sah, sprach er:
Siehe, das ist Gottes Lamm! 37Und die
zwei Jünger hörten ihn reden und folgten
Jesus nach. 38Jesus aber wandte sich um
und sah sie nachfolgen und sprach zu
ihnen: Was sucht ihr? Sie aber sprachen
zu ihm: Rabbi – das heißt übersetzt:
Meister –, wo ist deine Herberge? 39Er
sprach zu ihnen: Kommt und seht! Sie
kamen und sahen's und blieben diesen
Tag bei ihm. Es war aber um die zehnte
Stunde.

40Einer von den zweien, die Johannes
gehört hatten und Jesus nachgefolgt wa-
ren, war [a]Andreas, der Bruder des Simon
Petrus. 41Der findet zuerst seinen Bruder
Simon und spricht zu ihm: Wir haben
den Messias gefunden, das heißt über-
setzt: der Gesalbte. 42Und er führte ihn
zu Jesus. Als Jesus ihn sah, sprach er: Du
bist Simon, der Sohn des Johannes; du
sollst [a]Kephas heißen, das heißt über-
setzt: Fels.

43Am nächsten Tag wollte Jesus nach
Galiläa gehen und findet Philippus und
spricht zu ihm: Folge mir nach! 44Phil-
ippus aber war aus Betsaida, der Stadt
des Andreas und Petrus. 45[a]Philippus
findet Nathanael und spricht zu ihm: Wir
haben den gefunden, [b]von dem Mose im
Gesetz und die Propheten geschrieben
haben, Jesus, Josefs Sohn, aus Nazareth.
46Und Nathanael sprach zu ihm: [a]Was
kann aus Nazareth Gutes kommen! Phil-
ippus spricht zu ihm: Komm und sieh es!

47Jesus sah Nathanael kommen und
sagt von ihm: Siehe, ein rechter Israelit,
in dem kein Falsch ist. 48Nathanael
spricht zu ihm: Woher kennst du mich?
Jesus antwortete und sprach zu ihm: Be-
vor Philippus dich rief, als du unter dem
Feigenbaum warst, sah ich dich. 49Na-
thanael antwortete ihm: Rabbi, du bist
Gottes Sohn, du bist der König von Is-
rael![a] 50Jesus antwortete und sprach zu
ihm: Du glaubst, weil ich dir gesagt habe,
dass ich dich gesehen habe unter dem
Feigenbaum. Du wirst noch Größeres als
das sehen. 51Und er spricht zu ihm:
Wahrlich, wahrlich, ich sage euch: Ihr
werdet den Himmel offen sehen und [a]die
Engel Gottes hinauf- und herabfahren
über dem Menschensohn.

Die Hochzeit zu Kana

2 Und am dritten Tage war eine Hoch-
zeit in Kana in Galiläa, und die Mut-
ter Jesu war da. 2Jesus aber und seine
Jünger waren auch zur Hochzeit geladen.

3Und als der Wein ausging, spricht die
Mutter Jesu zu ihm: Sie haben keinen
Wein mehr. 4Jesus spricht zu ihr: Was
geht's dich an, Frau, was ich tue? Meine
Stunde ist noch nicht gekommen. 5Seine
Mutter spricht zu den Dienern: Was er
euch sagt, das tut. 6Es standen aber dort
sechs steinerne Wasserkrüge [a]für die
Reinigung nach jüdischer Sitte, und in
jeden gingen zwei oder drei Maße*.

* Siehe Sach- und Worterklärungen.

1,26: *a* Lk 17,21 **1,29:** *a* Jes 53,7 **1,40:** *a* Mt 4,18-20 **1,42:** *a* Mt 16,18 **1,45:** *a (45-46)* Jes 53,2; *b* 5. Mose 18,18; Jer 23,5; Hes 34,23 **1,46:** *a* Kap 7,41 **1,49:** *a* Kap 6,69; Ps 2,7; Jer 23,5; Mt 14,33; 16,16 **1,51:** *a* 1. Mose 28,12; Mt 4,11 **2,6:** *a* Mk 7,3-4

7 Jesus spricht zu ihnen: Füllt die Was-
serkrüge mit Wasser! Und sie füllten sie
bis obenan. 8 Und er spricht zu ihnen:
Schöpft nun und bringt's dem Speise-
meister! Und sie brachten's ihm. 9 Als
aber der Speisemeister den Wein kostete,
der Wasser gewesen war, und nicht wuss-
te, woher er kam – die Diener aber wuss-
ten's, die das Wasser geschöpft hatten –,
ruft der Speisemeister den Bräutigam
10 und spricht zu ihm: Jedermann gibt
zuerst den guten Wein und, wenn sie be-
trunken werden, den geringeren; du aber
hast den guten Wein bis jetzt zurück-
behalten. 11 Das ist das erste Zeichen, das
Jesus tat, geschehen in Kana in Galiläa,
und [a]er offenbarte seine Herrlichkeit.
Und seine Jünger glaubten an ihn.

12 Danach [a]ging Jesus hinab nach Ka-
pernaum, er, [b]seine Mutter, seine Brüder
und seine Jünger, und sie blieben nicht
lange da.

Die Tempelreinigung

(Mt 21,12-17; Mk 11,15-19; Lk 19,45-48)

13 Und das Passafest der Juden war nahe,
und Jesus zog hinauf nach Jerusalem.[a]
14 Und er fand im Tempel die Händler,
die Rinder, Schafe und Tauben verkauf-
ten, und die Wechsler, die da saßen.
15 Und er machte eine Geißel aus Stri-
cken und trieb sie alle zum Tempel hin-
aus samt den Schafen und Rindern und
schüttete den Wechslern das Geld aus
und stieß die Tische um 16 und sprach zu
denen, die die Tauben verkauften: Tragt
das weg und macht nicht meines Vaters
Haus zum Kaufhaus! 17 Seine Jünger
aber dachten daran, dass geschrieben
steht (Psalm 69,10): »Der Eifer um dein
Haus wird mich fressen.«

18 Da fingen die Juden an und spra-
chen zu ihm: [a]Was zeigst du uns für ein
Zeichen, dass du dies tun darfst? 19 Jesus
antwortete und sprach zu ihnen: Brecht
diesen Tempel ab und in drei Tagen will
ich ihn aufrichten.[a] 20 Da sprachen die
Juden: Dieser Tempel ist in sechsund-
vierzig Jahren erbaut worden, und du
willst ihn in drei Tagen aufrichten? 21 Er
aber redete von dem Tempel seines Lei-
bes.[a] 22 Als er nun auferstanden war von
den Toten, dachten seine Jünger daran,
dass er dies gesagt hatte, und glaubten
der [a]Schrift und dem Wort, das Jesus
gesagt hatte.

23 Als er aber am Passafest in Jeru-
salem war, glaubten viele an seinen Na-
men, da sie die Zeichen sahen, die er tat.
24 Aber Jesus vertraute sich ihnen nicht
an; denn er kannte sie alle 25 und be-
durfte nicht, dass ihm jemand Zeugnis
gab vom Menschen; denn [a]er wusste,
was im Menschen war.

Jesus und Nikodemus

3 Es war aber ein Mensch unter den
Pharisäern mit Namen Nikodemus,
einer von den Oberen der Juden.[a] 2 Der
kam zu Jesus bei Nacht und sprach zu
ihm: Meister, wir wissen, du bist ein Leh-
rer, von Gott gekommen; denn niemand
kann die Zeichen tun, die du tust, es sei
denn Gott mit ihm. 3 Jesus antwortete
und sprach zu ihm: Wahrlich, wahrlich,
ich sage dir: **Es sei denn, dass jemand**
[a]von neuem geboren werde,* so kann er
das Reich Gottes nicht sehen.

4 Nikodemus spricht zu ihm: Wie kann
ein Mensch geboren werden, wenn er alt
ist? Kann er denn wieder in seiner Mut-
ter Leib gehen und geboren werden? 5 Je-
sus antwortete: Wahrlich, wahrlich, ich
sage dir: **Es sei denn, dass jemand geboren**
werde [a]aus Wasser und Geist, so kann er
nicht in das Reich Gottes kommen. 6 Was
[a]vom Fleisch geboren ist, das ist Fleisch;
und was vom Geist geboren ist, das ist
Geist.[b] 7 Wundere dich nicht, dass ich dir
gesagt habe: Ihr müsst von neuem ge-
boren werden. 8 Der Wind bläst, wo er
will, und du hörst sein Sausen wohl; aber
du weißt nicht, woher er kommt und
wohin er fährt. So ist es bei jedem, der
aus dem Geist geboren ist.

9 Nikodemus antwortete und sprach zu
ihm: Wie kann dies geschehen? 10 Jesus
antwortete und sprach zu ihm: Bist du
Israels Lehrer und weißt das nicht?
11 Wahrlich, wahrlich, ich sage dir: Wir
reden, was wir wissen, und bezeugen,
was wir gesehen haben; ihr aber nehmt

* d.h.: Wenn jemand nicht von neuem geboren wird (ebenso V. 5).

2,11: *a* Kap 1,14 **2,12:** *a* Kap 7,3; *b* Mt 13,55 **2,13:** *a* Kap 5,1; 7,10; Mt 20,18; Mk 11,1; Lk 19,28 **2,18:** *a* Mt 21,23 **2,19:** *a* Mt 26,61; 27,40 **2,21:** *a* 1. Kor 6,19 **2,22:** *a* Hos 6,2 **2,25:** *a* Mk 2,8 **3,1:** *a* Kap 7,50; 19,39 **3,3:** *a* 1. Petr 1,23 **3,5:** *a* Hes 36,25-27; Mt 3,11; Tit 3,5 **3,6:** *a* Kap 1,13; *b* Röm 8,5-9

unser Zeugnis nicht an. 12 Glaubt ihr
nicht, wenn ich euch von irdischen Din-
gen sage, wie werdet ihr glauben, wenn
ich euch von himmlischen Dingen sage?
13 Und niemand ist gen Himmel auf-
gefahren außer dem, der vom Himmel
herabgekommen ist, nämlich der Men-
schensohn.

14 Und wie [a]Mose in der Wüste die
Schlange erhöht hat, so muss der Men-
schensohn erhöht werden, 15 damit alle,
die an ihn glauben, das ewige Leben ha-
ben. 16 Denn **also hat Gott die Welt ge-
liebt, dass er seinen eingeborenen Sohn
gab, damit alle, die an ihn glauben, nicht
verloren werden, sondern das ewige Leben
haben.**[a] 17 Denn Gott hat seinen Sohn
nicht in die Welt gesandt, dass er die
Welt richte, sondern [a]dass die Welt
durch ihn gerettet werde.

18 Wer an ihn glaubt, der wird nicht
gerichtet; wer aber nicht glaubt, der ist
schon gerichtet, denn er glaubt nicht an
den Namen des eingeborenen Sohnes
Gottes.[a] 19 Das ist aber das Gericht, dass
das Licht in die Welt gekommen ist, und
die Menschen liebten die Finsternis mehr
als das Licht, denn ihre Werke waren
böse.[a] 20 Wer Böses tut, der hasst das
Licht und [a]kommt nicht zu dem Licht, da-
mit seine Werke nicht aufgedeckt werden.
21 Wer aber die Wahrheit tut, der kommt
zu dem Licht, damit offenbar wird, dass
seine Werke in Gott getan sind.[a]

Das letzte Zeugnis des Täufers von Jesus

22 Danach kam Jesus mit seinen Jüngern
in das Land Judäa und blieb dort eine
Weile mit ihnen und [a]taufte. 23 Johannes
aber taufte auch noch in Änon, nahe bei
Salim, denn es war da viel Wasser; und
sie kamen und ließen sich taufen. 24 Denn
Johannes war noch nicht ins Gefängnis
geworfen.[a]

25 Da erhob sich ein Streit zwischen
den Jüngern des Johannes und einem Ju-
den über die Reinigung. 26 Und sie ka-
men zu Johannes und sprachen zu ihm:
Meister, der bei dir war jenseits des Jor-
dans, [a]von dem du Zeugnis gegeben
hast, siehe, der tauft, und jedermann
kommt zu ihm. 27 Johannes antwortete
und sprach: Ein Mensch kann nichts
nehmen, wenn es ihm nicht vom Himmel
gegeben ist.[a] 28 Ihr selbst seid meine Zeu-
gen, dass ich gesagt habe: Ich bin nicht
der Christus, sondern vor ihm her ge-
sandt.[a] 29 Wer die Braut hat, der ist der
[a]Bräutigam; der Freund des Bräutigams
aber, der dabeisteht und ihm zuhört,
freut sich sehr über die Stimme des Bräu-
tigams. Diese meine Freude ist nun er-
füllt. 30 **Er muss wachsen, ich aber muss
abnehmen.**

31 Der [a]von oben her kommt, ist über
allen. Wer von der Erde ist, der ist von
der Erde und redet von der Erde. Der
vom Himmel kommt, der ist über allen
32 und bezeugt, was er gesehen und ge-
hört hat; und sein Zeugnis nimmt nie-
mand an. 33 Wer es aber annimmt, der
besiegelt, dass Gott wahrhaftig ist.
34 Denn der, den Gott gesandt hat, redet
Gottes Worte; denn [a]Gott gibt den Geist
ohne Maß. 35 [a]Der Vater hat den Sohn
lieb und [b]hat ihm alles in seine Hand
gegeben. 36 **Wer an den Sohn glaubt, der
hat das ewige Leben.** Wer aber dem Sohn
nicht gehorsam ist, der wird das Leben
nicht sehen, sondern der Zorn Gottes
bleibt über ihm.

Jesus und die Samariterin

4 Als nun Jesus erfuhr, dass den Phari-
säern zu Ohren gekommen war, dass
er mehr zu Jüngern machte und [a]taufte
als Johannes 2 – obwohl Jesus nicht selber
taufte, sondern seine Jünger –, 3 verließ er
Judäa und ging wieder nach Galiläa. 4 Er
musste aber durch Samarien reisen.

5 Da kam er in eine Stadt Samariens,
die heißt Sychar, nahe bei dem Feld, das
[a]Jakob seinem Sohn Josef gab. 6 Es war
aber dort Jakobs Brunnen. Weil nun Je-
sus müde war von der Reise, setzte er sich
am Brunnen nieder; es war um die sechs-
te Stunde. 7 Da kommt eine Frau aus
Samarien, um Wasser zu schöpfen. Jesus
spricht zu ihr: Gib mir zu trinken! 8 Denn
seine Jünger waren in die Stadt gegan-
gen, um Essen zu kaufen. 9 Da spricht die
samaritische Frau zu ihm: Wie, du bittest

3,14: *a* 4. Mose 21,8-9 **3,16:** *a* Röm 5,8; 8,32; 1. Joh 4,9 **3,17:** *a* Lk 19,10 **3,18:** *a* Kap 5,24 **3,19:** *a* Kap 1,5.9-11 **3,20:** *a* Eph 5,13 **3,21:** *a* 1. Joh 1,6-7 **3,22:** *a* Kap 4,1-2 **3,24:** *a* Mk 1,14 **3,26:** *a* Kap 1,26-34 **3,27:** *a* Hebr 5,4 **3,28:** *a* Kap 1,20.23.27 **3,29:** *a* Mt 9,15 **3,31:** *a* Kap 8,23 **3,34:** *a* Kap 1,16 **3,35:** *a* Kap 5,20; *b* Mt 11,27 **4,1:** *a* Kap 3,22.26 **4,5:** *a* 1. Mose 48,22; Jos 24,32

mich um etwas zu trinken, der du ein
Jude bist und ich eine samaritische Frau?
[a]Denn die Juden haben keine Gemein-
schaft mit den Samaritern. – 10 Jesus ant-
wortete und sprach zu ihr: Wenn du er-
kenntest die Gabe Gottes und wer der ist,
der zu dir sagt: Gib mir zu trinken!, du
bätest ihn und er gäbe dir [a]lebendiges
Wasser.

11 Spricht zu ihm die Frau: Herr, hast
du doch nichts, womit du schöpfen könn-
test, und der Brunnen ist tief; woher hast
du dann lebendiges Wasser? 12 Bist du
mehr als unser Vater Jakob, der uns die-
sen Brunnen gegeben hat? Und er hat
daraus getrunken und seine Kinder und
sein Vieh. 13 Jesus antwortete und sprach
zu ihr: Wer von diesem Wasser trinkt,
den wird wieder dürsten;[a] 14 wer aber
von dem Wasser trinken wird, das ich
ihm gebe, den wird in Ewigkeit nicht
dürsten, sondern das Wasser, das ich ihm
geben werde, das wird in ihm eine Quelle
des Wassers werden, das in das ewige
Leben quillt.[a]

15 Spricht die Frau zu ihm: Herr, gib
mir solches Wasser, damit mich nicht
dürstet und ich nicht herkommen muss,
um zu schöpfen! 16 Jesus spricht zu ihr:
Geh hin, ruf deinen Mann und komm
wieder her! 17 Die Frau antwortete und
sprach zu ihm: Ich habe keinen Mann.
Jesus spricht zu ihr: Du hast recht geant-
wortet: Ich habe keinen Mann. 18 Fünf
Männer hast du gehabt, und der, den du
jetzt hast, ist nicht dein Mann; das hast
du recht gesagt.

19 Die Frau spricht zu ihm: Herr, ich
sehe, dass du ein Prophet bist. 20 Unsere
Väter haben auf diesem Berge angebetet,
und ihr sagt, in Jerusalem sei die Stätte,
wo man anbeten soll.[a] 21 Jesus spricht zu
ihr: Glaube mir, Frau, es kommt die Zeit,
dass ihr weder auf diesem Berge noch in
Jerusalem den Vater anbeten werdet.
22 Ihr [a]wisst nicht, was ihr anbetet; wir
wissen aber, was wir anbeten; denn [b]das
Heil kommt von den Juden. 23 Aber es
kommt die Zeit und ist schon jetzt, in der
die wahren Anbeter den Vater anbeten
werden im Geist und in der Wahrheit;
denn auch der Vater will solche Anbeter
haben. 24 [a]**Gott ist Geist, und die ihn an-
beten, die [b]müssen ihn im Geist und in der
Wahrheit anbeten.** 25 Spricht die Frau zu
ihm: Ich weiß, dass der [a]Messias kommt,
der da Christus heißt. Wenn dieser
kommt, wird er uns alles verkündigen.
26 Jesus spricht zu ihr: Ich bin's, der mit
dir redet.

27 Unterdessen kamen seine Jünger,
und sie wunderten sich, dass er mit einer
Frau redete; doch sagte niemand: Was
fragst du?, oder: Was redest du mit ihr?
28 Da ließ die Frau ihren Krug stehen
und ging in die Stadt und spricht zu den
Leuten: 29 Kommt, seht einen Menschen,
der mir alles gesagt hat, was ich getan
habe, ob er nicht der Christus sei! 30 Da
gingen sie aus der Stadt heraus und ka-
men zu ihm.

31 Inzwischen mahnten ihn die Jünger
und sprachen: Rabbi, iss! 32 Er aber
sprach zu ihnen: Ich habe eine Speise zu
essen, von der ihr nicht wisst. 33 Da spra-
chen die Jünger untereinander: Hat ihm
jemand zu essen gebracht? 34 Jesus spricht
zu ihnen: Meine Speise ist die, dass ich
[a]tue den Willen dessen, der mich gesandt
hat, und [b]vollende sein Werk. 35 Sagt ihr
nicht selber: Es sind noch vier Monate,
dann kommt die Ernte? Siehe, ich sage
euch: Hebt eure Augen auf und seht auf
die Felder, denn [a]sie sind reif zur Ernte.
36 Wer erntet, empfängt schon seinen
Lohn und sammelt Frucht zum ewigen
Leben, damit sich miteinander freuen,
der da sät und der da erntet. 37 Denn hier
ist der Spruch wahr: Der eine sät, der
andere erntet. 38 Ich habe euch gesandt
zu ernten, wo ihr nicht gearbeitet habt;
andere haben gearbeitet, und euch ist
ihre Arbeit zugute gekommen.

39 Es glaubten aber an ihn viele der
Samariter aus dieser Stadt um der Rede
der Frau willen, die bezeugte: Er hat mir
alles gesagt, was ich getan habe. 40 Als
nun die Samariter zu ihm kamen, baten
sie ihn, bei ihnen zu bleiben; und er blieb
zwei Tage da. 41 Und noch viel mehr
glaubten um seines Wortes willen 42 und
sprachen zu der Frau: Von nun an glau-
ben wir nicht mehr um deiner Rede wil-
len; denn [a]wir haben selber gehört und

4,9: *a* Lk 9,52-53 **4,10:** *a* Kap 7,38-39 **4,13:** *a* Kap 6,58 **4,14:** *a* Kap 6,35; 7,38-39; Ps 36,10 **4,20:** *a* 5. Mose 12,5; Ps 122,1-9 **4,22:** *a* 2. Kön 17,29-41; *b* Jes 2,3 **4,24:** *a* 2. Kor 3,17; *b* Röm 12,1 **4,25:** *a* Kap 1,41 **4,34:** *a* Kap 6,38; *b* Kap 17,4 **4,35:** *a* Mt 9,37 **4,42:** *a* Apg 8,5-8

erkannt: **Dieser ist wahrlich der Welt
Heiland.**

Heilung des Sohnes eines königlichen Beamten

(Mt 8,5-13; Lk 7,1-10)

43Aber nach zwei Tagen ging er von dort
weiter [a]nach Galiläa. 44Denn er selber,
Jesus, bezeugte, dass ein Prophet daheim
nichts gilt.[a] 45Als er nun nach Galiläa
kam, nahmen ihn die Galiläer auf, die
[a]alles gesehen hatten, was er in Jeru-
salem auf dem Fest getan hatte; denn sie
waren auch zum Fest gekommen.
46Und Jesus kam abermals nach Kana
in Galiläa, [a]wo er das Wasser zu Wein
gemacht hatte. Und es war ein Mann im
Dienst des Königs; dessen Sohn lag
krank in Kapernaum. 47Dieser hörte,
dass Jesus aus Judäa nach Galiläa kam,
und ging hin zu ihm und bat ihn, herab-
zukommen und seinem Sohn zu helfen;
denn der war todkrank. 48Und Jesus
sprach zu ihm: Wenn ihr nicht Zeichen
und Wunder seht, so glaubt ihr nicht.[a]
49Der Mann sprach zu ihm: Herr,
komm herab, ehe mein Kind stirbt! 50Je-
sus spricht zu ihm: Geh hin, dein Sohn
lebt! Der Mensch glaubte dem Wort, das
Jesus zu ihm sagte, und ging hin. 51Und
während er hinabging, begegneten ihm
seine Knechte und sagten: Dein Kind
lebt. 52Da erforschte er von ihnen die
Stunde, in der es besser mit ihm gewor-
den war. Und sie antworteten ihm: Ges-
tern um die siebente Stunde verließ ihn
das Fieber. 53Da merkte der Vater, dass
es die Stunde war, in der Jesus zu ihm
gesagt hatte: Dein Sohn lebt. Und er
glaubte mit seinem ganzen Hause.
54Das ist nun [a]das zweite Zeichen, das
Jesus tat, als er aus Judäa nach Galiläa
kam.

Die Heilung eines Kranken am Teich Betesda

5 Danach war ein Fest der Juden, und
Jesus zog hinauf nach Jerusalem.[a]
2Es ist aber in Jerusalem beim [a]Schaftor
ein Teich, der heißt auf hebräisch Be-
tesda. Dort sind fünf Hallen; 3in denen
lagen viele Kranke, Blinde, Lahme, Aus-
gezehrte.*
5Es war aber dort ein Mensch, der lag
achtunddreißig Jahre krank. 6Als Jesus
den liegen sah und vernahm, dass er
schon so lange gelegen hatte, spricht er
zu ihm: Willst du gesund werden? 7Der
Kranke antwortete ihm: Herr, ich habe
keinen Menschen, der mich in den Teich
bringt, wenn das Wasser sich bewegt;
wenn ich aber hinkomme, so steigt ein
anderer vor mir hinein. 8Jesus spricht zu
ihm: Steh auf, nimm dein Bett und geh
hin! 9Und sogleich wurde der Mensch
gesund und nahm sein Bett und ging hin.
Es war aber an dem Tag Sabbat. 10Da
sprachen die Juden zu dem, der gesund
geworden war: Es ist heute Sabbat; du
darfst dein Bett nicht tragen.[a] 11Er ant-
wortete ihnen: Der mich gesund gemacht
hat, sprach zu mir: Nimm dein Bett und
geh hin! 12Da fragten sie ihn: Wer ist der
Mensch, der zu dir gesagt hat: Nimm
dein Bett und geh hin? 13Der aber ge-
sund geworden war, wusste nicht, wer es
war; denn Jesus war entwichen, da so viel
Volk an dem Ort war.
14Danach fand ihn Jesus im Tempel
und sprach zu ihm: Siehe, du bist gesund
geworden; [a]sündige hinfort nicht mehr,
dass dir nicht etwas Schlimmeres wider-
fahre. 15Der Mensch ging hin und be-
richtete den Juden, es sei Jesus, der ihn
gesund gemacht habe. 16Darum verfolg-
ten die Juden Jesus, weil er dies am Sab-
bat getan hatte.[a] 17Jesus aber antwortete
ihnen: Mein Vater wirkt bis auf diesen
Tag, und [a]ich wirke auch. 18Darum
[a]trachteten die Juden noch viel mehr da-
nach, ihn zu töten, weil er nicht allein
den Sabbat brach, sondern auch sagte,
Gott sei sein Vater, und machte sich
selbst Gott gleich.

Die Vollmacht des Sohnes

19Da antwortete Jesus und sprach zu ih-
nen: Wahrlich, wahrlich, ich sage euch:

* Die Verse 3b und 4 finden sich erst in der späteren Überlieferung: »Sie warteten darauf, dass sich das Wasser bewegte. 4Denn der Engel des Herrn fuhr von Zeit zu Zeit herab in den Teich und bewegte das Wasser. Wer nun zuerst hineinstieg, nachdem sich das Wasser bewegt hatte, der wurde gesund, an welcher Krankheit er auch litt.«

4,43: *a* Mt 4,12 **4,44:** *a* Mt 13,57 **4,45:** *a* Kap 2,23 **4,46:** *a* Kap 2,1.9 **4,48:** *a* Kap 2,18; 1. Kor 1,22 **4,54:** *a* Kap 2,11 **5,1:** *a* Kap 2,13 **5,2:** *a* Neh 3,1 **5,10:** *a* 2. Mose 20,10; Jer 17,21-22 **5,14:** *a* Kap 8,11 **5,16:** *a* Mt 12,14 **5,17:** *a* Kap 9,4 **5,18:** *a* Kap 7,30; 10,33

Der Sohn kann nichts von sich aus tun,
sondern nur, [a]was er den Vater tun sieht;
denn was dieser tut, das tut gleicherweise
auch der Sohn. 20 Denn [a]der Vater hat
den Sohn lieb und zeigt ihm alles, was er
tut, und wird ihm noch größere Werke
zeigen, sodass ihr euch verwundern wer-
det. 21 Denn wie der Vater die Toten auf-
erweckt und macht sie lebendig, so
macht auch der Sohn lebendig, welche er
will. 22 [a]Denn der Vater richtet niemand,
sondern [b]hat alles Gericht dem Sohn
übergeben, 23 damit sie [a]alle den Sohn
ehren, wie sie den Vater ehren. [b]Wer den
Sohn nicht ehrt, der ehrt den Vater nicht,
der ihn gesandt hat.

24 Wahrlich, wahrlich, ich sage euch:
Wer mein Wort hört und glaubt dem, der
mich gesandt hat, der hat das ewige Leben
und kommt nicht in das Gericht, sondern
er ist vom Tode zum Leben hindurchge-
drungen.[a] 25 Wahrlich, wahrlich, ich sage
euch: Es kommt die Stunde und [a]ist
schon jetzt, dass die Toten hören werden
die Stimme des Sohnes Gottes, und die
sie hören werden, die werden leben.
26 Denn wie der Vater das Leben hat in
sich selber, so hat er auch dem Sohn
gegeben, das Leben zu haben in sich sel-
ber;[a] 27 und er hat ihm Vollmacht gege-
ben, das Gericht zu halten, weil er [a]der
Menschensohn ist. 28 Wundert euch dar-
über nicht. Denn **es kommt die Stunde, in**
der alle, die in den Gräbern sind, seine
Stimme hören werden 29 und werden her-
vorgehen, die Gutes getan haben, zur Auf-
erstehung des Lebens, die aber Böses
getan haben, zur Auferstehung des Ge-
richts.[a]

30 Ich kann nichts von mir aus tun.
Wie ich höre, so richte ich und mein
Gericht ist gerecht; denn [a]ich suche
nicht meinen Willen, sondern den Willen
dessen, der mich gesandt hat.

Das Zeugnis für den Sohn

31 Wenn ich von mir selbst zeuge, so ist
mein Zeugnis nicht wahr. 32 Ein anderer
ist's, der von mir zeugt; und ich weiß,
dass das Zeugnis wahr ist, das er von mir
gibt. 33 Ihr habt zu Johannes geschickt,
und er hat die Wahrheit bezeugt.[a] 34 Ich
aber nehme nicht Zeugnis von einem
Menschen; sondern ich sage das, damit
ihr selig werdet. 35 Er war ein brennendes
und scheinendes Licht; ihr aber wolltet
eine kleine Weile fröhlich sein in seinem
Licht. 36 Ich aber habe ein größeres Zeug-
nis als das des Johannes; denn [a]die
Werke, die mir der Vater gegeben hat,
damit ich sie vollende, eben diese Werke,
die ich tue, bezeugen von mir, dass mich
der Vater gesandt hat. 37 Und der Vater,
der mich gesandt hat, hat von mir Zeug-
nis gegeben.

Ihr habt niemals [a]seine Stimme gehört
noch seine Gestalt gesehen 38 und sein
Wort habt ihr nicht in euch wohnen;
denn ihr glaubt dem nicht, den er ge-
sandt hat. 39 Ihr sucht in der Schrift,
denn ihr meint, ihr habt das ewige Leben
darin; und sie ist's, die von mir zeugt;[a]
40 aber ihr wollt nicht zu mir kommen,
dass ihr das Leben hättet.

41 Ich nehme nicht Ehre von Men-
schen; 42 aber ich kenne euch, dass ihr
nicht Gottes Liebe in euch habt. 43 Ich
bin gekommen in meines Vaters Namen
und ihr nehmt mich nicht an. Wenn ein
anderer kommen wird in seinem eigenen
Namen, den werdet ihr annehmen.[a]
44 Wie könnt ihr glauben, [a]die ihr Ehre
voneinander annehmt, und die Ehre, die
von dem alleinigen Gott ist, sucht ihr
nicht?

45 Ihr sollt nicht meinen, dass ich euch
vor dem Vater verklagen werde; [a]es ist
einer, der euch verklagt: Mose, auf den
ihr hofft. 46 Wenn ihr Mose glaubtet, so
glaubtet ihr auch mir; denn [a]er hat von
mir geschrieben. 47 Wenn ihr aber seinen
Schriften nicht glaubt, wie werdet ihr
meinen Worten glauben?[a]

Die Speisung der Fünftausend

(Mt 14,13-21; Mk 6,30-44; Lk 9,10-17)

6 Danach fuhr Jesus weg über das Ga-
liläische Meer, das auch See von Ti-
berias heißt. 2 Und es zog ihm viel Volk
nach, weil sie die Zeichen sahen, die er

5,19: *a* Kap 3,11.32 **5,20:** *a* Kap 3,35 **5,22:** *a (22-23)* Dan 7,13-14; *b* Apg 10,42 **5,23:** *a* Phil 2,10-11; *b* 1. Joh 2,23
5,24: *a* Kap 3,16.18 **5,25:** *a* Eph 2,5-6 **5,26:** *a* Kap 1,1-4 **5,27:** *a* Dan 7,13-14 **5,29:** *a* Dan 12,2; Mt 25,46; 2. Kor
5,10 **5,30:** *a* Kap 6,38 **5,33:** *a* Kap 1,19-34 **5,36:** *a* Kap 3,2; 10,25.38 **5,37:** *a* Mt 3,17 **5,39:** *a* Lk 24,27.44; 2. Tim
3,15-17 **5,43:** *a* Mt 24,5 **5,44:** *a* Kap 12,42-43; 1. Thess 2,6 **5,45:** *a* 5. Mose 31,24-27 **5,46:** *a* 1. Mose 3,15; 49,10;
5. Mose 18,15 **5,47:** *a* Lk 16,31

an den Kranken tat. 3Jesus aber ging auf
einen Berg und setzte sich dort mit seinen
Jüngern. 4Es war aber kurz vor dem
Passa, dem Fest der Juden.[a]

5Da hob Jesus seine Augen auf und
sieht, dass viel Volk zu ihm kommt, und
spricht zu Philippus: Wo kaufen wir
Brot, damit diese zu essen haben? 6Das
sagte er aber, um ihn zu prüfen; denn er
wusste wohl, was er tun wollte. 7Phil-
ippus antwortete ihm: Für zweihundert
Silbergroschen Brot ist nicht genug für
sie, dass jeder ein wenig bekomme.
8Spricht zu ihm einer seiner Jünger, An-
dreas, der Bruder des Simon Petrus: 9Es
ist ein Kind hier, das hat fünf Gersten-
brote und zwei Fische; aber was ist das
für so viele? 10Jesus aber sprach: Lasst
die Leute sich lagern. Es war aber viel
Gras an dem Ort. Da lagerten sich etwa
fünftausend Männer.

11Jesus aber nahm die Brote, dankte
und gab sie denen, die sich gelagert hat-
ten; desgleichen auch von den Fischen,
soviel sie wollten. 12Als sie aber satt wa-
ren, sprach er zu seinen Jüngern: Sam-
melt die übrigen Brocken, damit nichts
umkommt. 13Da sammelten sie und füll-
ten von den fünf Gerstenbroten zwölf
Körbe mit Brocken, die denen übrig blie-
ben, die gespeist worden waren.

14Als nun die Menschen das Zeichen
sahen, das Jesus tat, sprachen sie: Das ist
wahrlich [a]der Prophet, der in die Welt
kommen soll. 15Als Jesus nun merkte,
dass sie kommen würden und ihn er-
greifen, [a]um ihn zum König zu machen,
entwich er wieder auf den Berg, er selbst
allein.

Jesus auf dem See

(Mt 14,22-33; Mk 6,45-52)

16Am Abend aber gingen seine Jünger
hinab an den See, 17stiegen in ein Boot
und fuhren über den See nach Kaper-
naum. Und es war schon finster gewor-
den und Jesus war noch nicht zu ihnen
gekommen. 18Und der See wurde aufge-
wühlt von einem starken Wind. 19Als sie
nun etwa eine Stunde gerudert hatten,
sahen sie Jesus auf dem See gehen und
nahe an das Boot kommen; und sie
fürchteten sich. 20Er aber sprach zu ih-
nen: Ich bin's; fürchtet euch nicht! 21Da
wollten sie ihn ins Boot nehmen; und
sogleich war das Boot am Land, wohin
sie fahren wollten.

Jesus das Brot des Lebens

22Am nächsten Tag sah das Volk, das am
andern Ufer des Sees stand, dass kein
anderes Boot da war als das eine und
dass Jesus nicht mit seinen Jüngern in
das Boot gestiegen war, sondern seine
Jünger waren allein weggefahren. 23Es
kamen aber andere Boote von Tiberias
nahe an den Ort, wo sie das Brot ge-
gessen hatten unter der Danksagung des
Herrn. 24Als nun das Volk sah, dass Je-
sus nicht da war und seine Jünger auch
nicht, stiegen sie in die Boote und fuhren
nach Kapernaum und suchten Jesus.
25Und als sie ihn fanden am andern Ufer
des Sees, fragten sie ihn: Rabbi, wann
bist du hergekommen? 26Jesus antwortete
ihnen und sprach: Wahrlich, wahrlich,
ich sage euch: Ihr sucht mich nicht, weil
ihr Zeichen gesehen habt, sondern weil
ihr von dem Brot gegessen habt und satt
geworden seid. 27Schafft euch Speise, die
nicht vergänglich ist, sondern die bleibt
zum ewigen Leben. Die wird euch der
Menschensohn geben; denn [a]auf dem ist
das Siegel Gottes des Vaters.

28Da fragten sie ihn: Was sollen wir
tun, dass wir Gottes Werke wirken? 29Je-
sus antwortete und sprach zu ihnen: **Das
ist Gottes Werk, dass ihr an den glaubt,
den er gesandt hat.** 30Da sprachen sie zu
ihm: Was tust du für ein Zeichen, damit
wir sehen und dir glauben? Was für ein
Werk tust du? 31Unsre Väter haben in
der Wüste das Manna gegessen, wie ge-
schrieben steht (Psalm 78,24): »Er gab
ihnen Brot vom Himmel zu essen.«[a]
32Da sprach Jesus zu ihnen: Wahrlich,
wahrlich, ich sage euch: Nicht Mose hat
euch das Brot vom Himmel gegeben,
sondern mein Vater gibt euch das wahre
Brot vom Himmel. 33Denn Gottes Brot
ist das, das vom Himmel kommt und gibt
der Welt das Leben. 34Da sprachen sie zu
ihm: Herr, gib uns allezeit solches Brot.

35Jesus aber sprach zu ihnen: **Ich bin
das Brot des Lebens. Wer zu mir kommt,**

6,4: *a* Kap 2,13; 11,55 **6,14:** *a* 5. Mose 18,15 **6,15:** *a* Kap 18,36 **6,27:** *a* Kap 5,36 **6,31:** *a* 2. Mose 16,13-15

den wird nicht hungern; und wer an mich
glaubt, den wird nimmermehr dürsten.[a]
36 Aber ich habe euch gesagt: Ihr habt
mich gesehen und glaubt doch nicht.
37 Alles, was mir mein Vater gibt, das
kommt zu mir; und [a]**wer zu mir kommt,**
den werde ich nicht hinausstoßen. 38 Denn
ich bin vom Himmel gekommen, nicht
damit ich meinen Willen tue, sondern
[a]den Willen dessen, der mich gesandt
hat. 39 Das ist aber der Wille dessen, der
mich gesandt hat, [a]dass ich nichts ver-
liere von allem, was er mir gegeben hat,
sondern dass ich's auferwecke am Jüngs-
ten Tage. 40 Denn das ist der Wille meines
Vaters, dass, wer den Sohn sieht und
glaubt an ihn, das ewige Leben habe; und
[a]ich werde ihn auferwecken am Jüngsten
Tage.

41 Da murrten die Juden über ihn, weil
er sagte: Ich bin das Brot, das vom Him-
mel gekommen ist, 42 und sprachen: Ist
dieser nicht Jesus, [a]Josefs Sohn, dessen
Vater und Mutter wir kennen? Wieso
spricht er dann: Ich bin vom Himmel ge-
kommen? 43 Jesus antwortete und sprach
zu ihnen: Murrt nicht untereinander.
44 Es kann niemand zu mir kommen, es
sei denn, ihn ziehe der Vater, der mich
gesandt hat, und ich werde ihn auferwe-
cken am Jüngsten Tage. 45 Es steht geschrie-
ben in den Propheten (Jesaja 54,13): »Sie
werden alle von Gott gelehrt sein.« Wer es
vom Vater hört und lernt, der kommt zu
mir. 46 Nicht als ob jemand den Vater ge-
sehen hätte außer dem, der von Gott
gekommen ist; der hat den Vater gese-
hen.[a] 47 Wahrlich, wahrlich, ich sage euch:
Wer glaubt, der hat das ewige Leben.[a]

48 Ich bin das Brot des Lebens.[a]
49 Eure Väter haben in der Wüste das
Manna gegessen und sind gestorben.[a]
50 Dies ist das Brot, das vom Himmel
kommt, damit, wer davon isst, nicht
sterbe. 51 Ich bin das lebendige Brot, das
vom Himmel gekommen ist. Wer von
diesem Brot isst, der wird leben in Ewig-
keit. Und [a]dieses Brot ist mein Fleisch,
das ich geben werde für das Leben der
Welt.

52 Da stritten die Juden untereinander
und sagten: Wie kann der uns sein
Fleisch zu essen geben? 53 Jesus sprach zu
ihnen: Wahrlich, wahrlich, ich sage euch:
Wenn ihr nicht das Fleisch des Men-
schensohns esst und sein Blut trinkt, so
habt ihr kein Leben in euch. 54 Wer
[a]mein Fleisch isst und mein Blut trinkt,
der hat das ewige Leben, und ich werde
ihn am Jüngsten Tage auferwecken.
55 Denn mein Fleisch ist die wahre Speise,
und mein Blut ist der wahre Trank.
56 Wer mein Fleisch isst und mein Blut
trinkt, der [a]bleibt in mir und ich in ihm.
57 Wie mich der lebendige Vater gesandt
hat und ich lebe um des Vaters willen, so
wird auch, wer mich isst, leben um mei-
netwillen. 58 Dies ist das Brot, das vom
Himmel gekommen ist. Es ist nicht wie
bei den Vätern, die gegessen haben und
gestorben sind. Wer dies Brot isst, der
wird leben in Ewigkeit.

59 Das sagte er in der Synagoge, als er
in Kapernaum lehrte.

Scheidung unter den Jüngern

60 Viele nun seiner Jünger, die das hörten,
sprachen: Das ist eine harte Rede; wer
kann sie hören? 61 Da Jesus aber bei sich
selbst merkte, dass seine Jünger darüber
murrten, sprach er zu ihnen: Ärgert euch
das? 62 Wie, wenn ihr nun sehen werdet
den Menschensohn [a]auffahren dahin,
wo er zuvor war? 63 [a]Der Geist ist's, der
lebendig macht; das Fleisch* ist nichts
nütze. Die Worte, die ich zu euch geredet
habe, die sind Geist und sind Leben.
64 Aber es gibt einige unter euch, die
glauben nicht. Denn Jesus wusste von
Anfang an, wer die waren, die nicht
glaubten, und wer ihn verraten würde.
65 Und er sprach: Darum habe ich euch
gesagt: Niemand kann zu mir kommen,
es sei ihm denn vom Vater gegeben.

Das Bekenntnis des Petrus

66 Von da an wandten sich viele seiner
Jünger ab und gingen hinfort nicht mehr
mit ihm. 67 Da fragte Jesus die Zwölf:
Wollt ihr auch weggehen? 68 Da ant-

* Siehe Sach- und Worterklärungen.

6,35: *a* Kap 4,14; 7,37 **6,37:** *a* Mt 11,28 **6,38:** *a* Kap 4,34 **6,39:** *a* Kap 10,28-29; 17,12 **6,40:** *a* Kap 5,29; 11,24 **6,42:** *a* Lk 4,22 **6,46:** *a* Kap 1,18 **6,47:** *a* Kap 3,16 **6,48:** *a* Vers 35 **6,49:** *a* 1. Kor 10,3-5 **6,51:** *a* Mk 14,22 **6,54:** *a* Mt 26,26-28 **6,56:** *a* Kap 15,4; 1. Joh 3,24 **6,62:** *a* Lk 24,50-51 **6,63:** *a* Kap 3,6; 2. Kor 3,6

wortete ihm Simon Petrus: **Herr, wohin**
sollen wir gehen? Du hast Worte des ewi-
gen Lebens; 69 **und wir haben geglaubt und**
erkannt: Du bist der Heilige Gottes.[a]
70 Jesus antwortete ihnen: Habe ich
nicht euch Zwölf erwählt? Und einer von
euch ist ein Teufel. 71 Er redete aber von
Judas, dem Sohn des Simon Iskariot.
Der verriet ihn hernach und war einer
der Zwölf.

Die Reise zum Laubhüttenfest

7 Danach zog Jesus umher in [a]Galiläa;
denn er wollte nicht in Judäa umher-
ziehen, weil ihm die Juden nach dem Le-
ben trachteten. 2 Es war aber nahe das
[a]Laubhüttenfest der Juden. 3 Da spra-
chen seine [a]Brüder zu ihm: Mach dich
auf von hier und geh nach Judäa, damit
auch deine Jünger die Werke sehen, die
du tust. 4 Niemand tut etwas im Verbor-
genen und will doch öffentlich etwas gel-
ten. Willst du das, so offenbare dich vor
der Welt. 5 Denn auch seine Brüder
glaubten nicht an ihn.
6 Da spricht Jesus zu ihnen: [a]Meine
Zeit ist noch nicht da, eure Zeit ist alle-
wege. 7 Die Welt kann euch nicht hassen.
[a]Mich aber hasst sie, denn ich bezeuge
von ihr, dass ihre Werke böse sind. 8 Geht
ihr hinauf zum Fest! Ich will nicht hin-
aufgehen zu diesem Fest, denn meine
Zeit ist noch nicht erfüllt. 9 Das sagte er
und blieb in Galiläa.
10 Als aber seine Brüder hinaufgegan-
gen waren zum Fest, da ging auch er
hinauf, nicht öffentlich, sondern heim-
lich.[a] 11 Da suchten ihn die Juden auf
dem Fest und fragten: Wo ist er? 12 Und
es war ein großes Gemurmel über ihn im
Volk. Einige sprachen: Er ist gut; andere
aber sprachen: Nein, sondern er verführt
das Volk. 13 Niemand aber redete offen
über ihn [a]aus Furcht vor den Juden.

Jesus auf dem Fest

14 Aber mitten im Fest ging Jesus hinauf
in den Tempel und lehrte. 15 Und die Ju-
den verwunderten sich und sprachen:
Wie kann dieser die Schrift verstehen,
wenn er es doch nicht gelernt hat?[a] 16 Je-
sus antwortete ihnen und sprach: **Meine**
Lehre ist nicht von mir, sondern von dem,
der mich gesandt hat. 17 **Wenn jemand des-**
sen Willen tun will, wird er innewerden, ob
diese Lehre von Gott ist oder ob ich von
mir selbst aus rede. 18 Wer von sich selbst
aus redet, der [a]sucht seine eigene Ehre;
wer aber die Ehre dessen sucht, der ihn
gesandt hat, der ist wahrhaftig, und keine
Ungerechtigkeit ist in ihm.
19 Hat euch nicht Mose das Gesetz
gegeben? Und [a]niemand unter euch tut
das Gesetz. [b]Warum sucht ihr mich zu
töten? 20 Das Volk antwortete: [a]Du bist
besessen; wer sucht dich zu töten? 21 Jesus
antwortete und sprach zu ihnen: Ein ein-
ziges Werk habe ich getan und es wun-
dert euch alle.[a] 22 Mose hat euch doch
die [a]Beschneidung gegeben – nicht dass
sie von Mose kommt, sondern von den
Vätern –, und ihr beschneidet den Men-
schen auch am Sabbat. 23 Wenn nun ein
Mensch am Sabbat die Beschneidung
empfängt, damit nicht das Gesetz des
Mose gebrochen werde, was zürnt ihr
dann mir, weil ich am Sabbat den ganzen
Menschen gesund gemacht habe? 24 Rich-
tet nicht nach dem, was vor Augen ist,
sondern richtet gerecht.
25 Da sprachen einige aus Jerusalem:
Ist das nicht der, den sie zu töten suchen?
26 Und siehe, er redet frei und offen und
sie sagen ihm nichts. Sollten unsere Obe-
ren nun wahrhaftig erkannt haben, dass
er der Christus ist? 27 Doch wir wissen,
woher dieser ist; wenn aber der Christus
kommen wird, so wird niemand wissen,
woher er ist.[a] 28 Da rief Jesus, der im
Tempel lehrte: Ihr kennt mich und wisst,
woher ich bin. Aber nicht von mir selbst
aus bin ich gekommen, sondern es ist ein
Wahrhaftiger, der mich gesandt hat, den
ihr nicht kennt. 29 [a]Ich aber kenne ihn;
denn ich bin von ihm, und er hat mich
gesandt. 30 Da suchten sie ihn zu ergrei-
fen; aber niemand legte Hand an ihn,
denn seine Stunde war noch nicht ge-
kommen.[a] 31 Aber viele aus dem Volk
glaubten an ihn und sprachen: Wenn der
Christus kommen wird, wird er etwa
mehr Zeichen tun, als dieser getan hat?

6,69: *a* Mt 16,16 **7,1:** *a* Kap 4,43 **7,2:** *a* 3. Mose 23,34-36 **7,3:** *a* Kap 2,12; Mt 12,46; Apg 1,14 **7,6:** *a* Kap 2,4 **7,7:** *a* Kap 15,18 **7,10:** *a* Kap 2,13 **7,13:** *a* Kap 9,22; 12,42; 19,38 **7,15:** *a* Mt 13,56 **7,18:** *a* Kap 5,41.44 **7,19:** *a* Röm 2,17-24; *b* Kap 5,16.18 **7,20:** *a* Kap 10,20 **7,21:** *a* Kap 5,16 **7,22:** *a* 1. Mose 17,10-12; 3. Mose 12,3 **7,27:** *a* Hebr 7,3 **7,29:** *a* Mt 11,27 **7,30:** *a* Kap 8,20; Lk 22,53

32 Und es kam den Pharisäern zu Oh-
ren, dass im Volk solches Gemurmel
über ihn war. Da sandten die Hohen-
priester und Pharisäer Knechte aus, die
ihn ergreifen sollten. 33 Da sprach Jesus
zu ihnen: [a]Ich bin noch eine kleine Zeit
bei euch, und dann gehe ich hin zu dem,
der mich gesandt hat. 34 [a]Ihr werdet
mich suchen und nicht finden; und wo
ich bin, könnt ihr nicht hinkommen.
35 Da sprachen die Juden untereinander:
Wo will dieser hingehen, dass wir ihn
nicht finden könnten? Will er zu denen
gehen, die in der Zerstreuung unter den
Griechen wohnen, und die Griechen leh-
ren? 36 Was ist das für ein Wort, dass er
sagt: Ihr werdet mich suchen und nicht
finden; und wo ich bin, da könnt ihr
nicht hinkommen?

37 Aber [a]am letzten Tag des Festes,
der der höchste war, trat Jesus auf und
rief: [b]Wen da dürstet, der komme zu mir
und trinke! 38 **Wer an mich glaubt, [a]wie
die Schrift sagt, von dessen Leib werden
Ströme lebendigen Wassers fließen.** 39 Das
sagte er aber von dem Geist, den die
empfangen sollten, die an ihn glaubten;
denn [a]der Geist war noch nicht da; denn
Jesus war noch nicht verherrlicht.

Zwiespalt im Volk

40 Einige nun aus dem Volk, die diese
Worte hörten, sprachen: [a]Dieser ist
wahrhaftig der Prophet. 41 Andere spra-
chen: Er ist der Christus. Wieder andere
sprachen: [a]Soll der Christus aus Galiläa
kommen? 42 Sagt nicht die Schrift: [a]Aus
dem Geschlecht Davids und [b]aus dem
Ort Bethlehem, wo David war, soll der
Christus kommen? 43 So entstand seinet-
wegen Zwietracht im Volk.[a] 44 Es wollten
aber einige ihn ergreifen; aber niemand
legte Hand an ihn.

45 Die Knechte kamen zu den Hohen-
priestern und Pharisäern; und die fragten
sie: Warum habt ihr ihn nicht gebracht?
46 Die Knechte antworteten: Noch nie
hat ein Mensch [a]so geredet wie dieser.
47 Da antworteten ihnen die Pharisäer:
Habt ihr euch auch verführen lassen?
48 Glaubt denn einer von den Oberen
oder Pharisäern an ihn? 49 Nur das Volk
tut's, das nichts vom Gesetz weiß; ver-
flucht ist es. 50 Spricht zu ihnen [a]Nikode-
mus, der vormals zu ihm gekommen war
und der einer von ihnen war: 51 Richtet
denn unser Gesetz einen Menschen, ehe
man ihn verhört und erkannt hat, was er
tut?[a] 52 Sie antworteten und sprachen zu
ihm: Bist du auch ein Galiläer? Forsche
und sieh: Aus Galiläa steht kein Prophet
auf.

Jesus und die Ehebrecherin

53 Und jeder ging heim.*

8 Jesus aber ging zum Ölberg. 2 Und
frühmorgens kam er wieder in den
Tempel, und alles Volk kam zu ihm, und
er setzte sich und lehrte sie.

3 Aber die Schriftgelehrten und Phari-
säer brachten eine Frau, beim Ehebruch
ergriffen, und stellten sie in die Mitte
4 und sprachen zu ihm: Meister, diese
Frau ist auf frischer Tat beim Ehebruch
ergriffen worden. 5 [a]Mose aber hat uns
im Gesetz geboten, solche Frauen zu stei-
nigen. Was sagst du? 6 Das sagten sie
aber, ihn zu versuchen, damit sie ihn ver-
klagen könnten. Aber Jesus bückte sich
und schrieb mit dem Finger auf die Erde.
7 Als sie nun fortfuhren, ihn zu fragen,
richtete er sich auf und sprach zu ihnen:
[a]**Wer unter euch ohne Sünde ist, der werfe
den ersten Stein auf sie.** 8 Und er bückte
sich wieder und schrieb auf die Erde.
9 Als sie aber das hörten, gingen sie weg,
einer nach dem andern, die Ältesten zu-
erst; und Jesus blieb allein mit der Frau,
die in der Mitte stand.

10 Jesus aber richtete sich auf und
fragte sie: Wo sind sie, Frau? Hat dich
niemand verdammt? 11 Sie antwortete:
Niemand, Herr. Und Jesus sprach: So
verdamme ich dich auch nicht; geh hin
und [a]sündige hinfort nicht mehr.

Jesus das Licht der Welt

12 Da redete Jesus abermals zu ihnen und
sprach: **Ich bin das [a]Licht der Welt. Wer**

* Der Bericht 7,53–8,11 ist in den ältesten Textzeugen des Johannes-Evangeliums nicht enthalten.

7,33: *a* Kap 13,33 **7,34:** *a* Kap 8,21 **7,37:** *a* 3. Mose 23,36; *b* Kap 4,10; Jes 55,1; Offb 22,17 **7,38:** *a* Jes 58,11 **7,39:** *a* Kap 16,7 **7,40:** *a* Kap 6,14 **7,41:** *a* Kap 1,46 **7,42:** *a* Mt 22,42; *b* Mi 5,1; Mt 2,5-6 **7,43:** *a* Kap 9,16 **7,46:** *a* Mt 7,28-29 **7,50:** *a* Kap 3,1-2 **7,51:** *a* 5. Mose 1,16 **8,5:** *a* 3. Mose 20,10 **8,7:** *a* Röm 2,1 **8,11:** *a* Kap 5,14 **8,12:** *a* Kap 1,5.9; Jes 49,6; 60,20; Mt 5,14-16

mir nachfolgt, der wird nicht wandeln in
der Finsternis, sondern wird das Licht des
Lebens haben.
13 Da sprachen die Pharisäer zu ihm:
Du gibst Zeugnis von dir selbst; dein
Zeugnis ist nicht wahr. 14 Jesus ant-
wortete und sprach zu ihnen: Auch
[a]wenn ich von mir selbst zeuge, ist mein
Zeugnis wahr; denn [b]ich weiß, woher ich
gekommen bin und wohin ich gehe; ihr
aber wisst nicht, woher ich komme oder
wohin ich gehe. 15 Ihr richtet nach dem
Fleisch*, [a]ich richte niemand. 16 Wenn
ich aber richte, so ist mein Richten ge-
recht; denn ich bin's nicht allein, sondern
ich und der Vater, der mich gesandt hat.
17 Auch steht in eurem Gesetz geschrie-
ben, dass zweier Menschen Zeugnis wahr
sei.[a] 18 Ich bin's, der von sich selbst
zeugt; und der Vater, der mich gesandt
hat, zeugt auch von mir. 19 Da fragten sie
ihn: Wo ist dein Vater? Jesus antwortete:
Ihr kennt weder mich noch meinen Vater;
[a]wenn ihr mich kenntet, so kenntet ihr
auch meinen Vater.
20 Diese Worte redete Jesus an dem
Gotteskasten, als er lehrte im Tempel;
[a]und niemand ergriff ihn, denn seine
Stunde war noch nicht gekommen.

Jesu Weg zur Erhöhung

21 [a]Da sprach Jesus abermals zu ihnen:
Ich gehe hinweg und ihr werdet mich
suchen und in eurer Sünde sterben. Wo
ich hingehe, da könnt ihr nicht hinkom-
men. 22 Da sprachen die Juden: Will er
sich denn selbst töten, dass er sagt: Wo-
hin ich gehe, da könnt ihr nicht hin-
kommen? 23 Und er sprach zu ihnen: Ihr
seid von unten her, ich bin [a]von oben
her; ihr seid von dieser Welt, ich bin nicht
von dieser Welt. 24 Darum habe ich euch
gesagt, dass ihr sterben werdet in euren
Sünden; denn [a]wenn ihr nicht glaubt,
dass ich es bin, werdet ihr sterben in
euren Sünden.
25 Da fragten sie ihn: Wer bist du
denn? Und Jesus sprach zu ihnen: Zuerst
das, was ich euch auch sage. 26 Ich habe
viel von euch zu reden und zu richten.
Aber der mich gesandt hat, ist wahr-
haftig, und was ich von ihm gehört habe,
das rede ich zu der Welt. 27 Sie verstan-
den aber nicht, dass er zu ihnen vom
Vater sprach. 28 Da sprach Jesus zu ih-
nen: [a]Wenn ihr den Menschensohn erhö-
hen werdet, dann werdet ihr erkennen,
dass ich es bin und nichts von mir selber
tue, sondern, wie mich der Vater gelehrt
hat, so rede ich. 29 Und der mich gesandt
hat, ist mit mir. Er lässt mich nicht allein;
denn ich tue allezeit, was ihm gefällt.

Die wahre Freiheit

30 Als er das sagte, glaubten viele an ihn.
31 Da sprach nun Jesus zu den Juden,
die an ihn glaubten: [a]**Wenn ihr bleiben**
werdet an meinem Wort, so seid ihr
wahrhaftig meine Jünger 32 und werdet
die Wahrheit erkennen, und die Wahrheit
wird euch frei machen.
33 Da antworteten sie ihm: [a]Wir sind
Abrahams Kinder und sind niemals je-
mandes Knecht gewesen. Wie sprichst du
dann: Ihr sollt frei werden? 34 Jesus ant-
wortete ihnen und sprach: Wahrlich,
wahrlich, ich sage euch: **Wer Sünde tut,**
der ist der Sünde Knecht. 35 Der Knecht
bleibt nicht ewig im Haus; der Sohn
bleibt ewig. 36 **Wenn euch nun der Sohn**
frei macht, so seid ihr wirklich frei.[a]

Abrahamskinder und Teufelskinder

37 Ich weiß wohl, dass ihr Abrahams Kin-
der seid; aber ihr sucht mich zu töten,
denn mein Wort findet bei euch keinen
Raum. 38 Ich rede, was ich von meinem
Vater gesehen habe; und ihr tut, was ihr
von eurem Vater gehört habt. 39 Sie ant-
worteten und sprachen zu ihm: Abraham
ist unser Vater. Spricht Jesus zu ihnen:
Wenn ihr Abrahams Kinder wärt, so tä-
tet ihr Abrahams Werke. 40 Nun aber
sucht ihr mich zu töten, einen Menschen,
der euch die Wahrheit gesagt hat, wie ich
sie von Gott gehört habe. Das hat Ab-
raham nicht getan. 41 Ihr tut die Werke
eures Vaters.
Da sprachen sie zu ihm: Wir sind nicht

* Siehe Sach- und Worterklärungen.

8,14: *a* Kap 5,31; *b* Kap 7,28 **8,15:** *a* Kap 3,17 **8,17:** *a* 5. Mose 19,15 **8,19:** *a* Kap 14,7 **8,20:** *a* Kap 7,30 **8,21:** *a (21-22)* Kap 7,34-35; 13,33 **8,23:** *a* Kap 3,31 **8,24:** *a* Jes 43,10 **8,28:** *a* Kap 3,14; 12,32 **8,31:** *a* Kap 15,7 **8,33:** *a* Mt 3,9 **8,36:** *a* Röm 6,16.18.22

unehelich geboren; wir haben **einen** Vater: Gott. 42 Jesus sprach zu ihnen: Wäre Gott euer Vater, so liebtet ihr mich; denn ich bin von Gott ausgegangen und komme von ihm; denn ich bin nicht von selbst gekommen, sondern er hat mich gesandt. 43 Warum versteht ihr denn meine Sprache nicht? [a]Weil ihr mein Wort nicht hören könnt! 44 Ihr [a]habt den Teufel zum Vater, und nach eures Vaters Gelüste wollt ihr tun. Der ist [b]ein Mörder von Anfang an und steht nicht in der Wahrheit; denn die Wahrheit ist nicht in ihm. Wenn er Lügen redet, so spricht er aus dem Eigenen; denn er ist ein Lügner und der Vater der Lüge. 45 Weil ich aber die Wahrheit sage, glaubt ihr mir nicht.

Der Streit um Jesu Ehre

46 [a]Wer von euch kann mich einer Sünde zeihen? Wenn ich aber die Wahrheit sage, warum glaubt ihr mir nicht? 47 [a]Wer von Gott ist, der hört Gottes Worte; ihr hört darum nicht, weil ihr nicht von Gott seid.

48 Da antworteten die Juden und sprachen zu ihm: Sagen wir nicht mit Recht, dass du ein Samariter bist und [a]einen bösen Geist hast? 49 Jesus antwortete: Ich habe keinen bösen Geist, sondern ich ehre meinen Vater, aber ihr nehmt mir die Ehre. 50 Ich suche nicht meine Ehre; es ist aber einer, der sie sucht, und er richtet. 51 Wahrlich, wahrlich, ich sage euch: **Wer mein Wort hält, der [a]wird den Tod nicht sehen in Ewigkeit.**

52 Da sprachen die Juden zu ihm: Nun erkennen wir, dass du einen bösen Geist hast. Abraham ist gestorben und die Propheten, und du sprichst: Wer mein Wort hält, der wird den Tod nicht schmecken in Ewigkeit. 53 Bist du mehr als unser Vater Abraham, der gestorben ist? Und die Propheten sind gestorben. Was machst du aus dir selbst? 54 Jesus antwortete: Wenn ich mich selber ehre, so ist meine Ehre nichts. Es ist aber mein Vater, der mich ehrt, von dem ihr sagt: [a]Er ist unser Gott; 55 und [a]ihr kennt ihn nicht; ich aber kenne ihn. Und wenn ich sagen wollte: Ich kenne ihn nicht, so würde ich ein Lügner, wie ihr seid. Aber ich kenne ihn und halte sein Wort. 56 Abraham, euer Vater, wurde froh, dass er meinen Tag sehen sollte, und er sah ihn und freute sich.

57 Da sprachen die Juden zu ihm: Du bist noch nicht fünfzig Jahre alt und hast Abraham gesehen? 58 Jesus sprach zu ihnen: Wahrlich, wahrlich, ich sage euch: [a]Ehe Abraham wurde, bin ich. 59 Da [a]hoben sie Steine auf, um auf ihn zu werfen. Aber Jesus verbarg sich und ging zum Tempel hinaus.

Die Heilung eines Blindgeborenen

9 Und Jesus ging vorüber und sah einen Menschen, der blind geboren war. 2 Und seine Jünger fragten ihn und sprachen: Meister, [a]wer hat gesündigt, dieser oder seine Eltern, dass er blind geboren ist? 3 Jesus antwortete: Es hat weder dieser gesündigt noch seine Eltern, sondern [a]es sollen die Werke Gottes offenbar werden an ihm. 4 Wir [a]müssen die Werke dessen wirken, der mich gesandt hat, solange es Tag ist; [b]es kommt die Nacht, da niemand wirken kann. 5 Solange ich in der Welt bin, bin ich das [a]Licht der Welt. 6 Als er das gesagt hatte, spuckte er auf die Erde, machte daraus einen [a]Brei und strich den Brei auf die Augen des Blinden. 7 Und er sprach zu ihm: Geh zum Teich Siloah – das heißt übersetzt: gesandt – und wasche dich! Da ging er hin und wusch sich und kam sehend wieder.

8 Die Nachbarn nun und die, die ihn früher als Bettler gesehen hatten, sprachen: Ist das nicht der Mann, der dasaß und bettelte? 9 Einige sprachen: Er ist's; andere: Nein, aber er ist ihm ähnlich. Er selbst aber sprach: Ich bin's. 10 Da fragten sie ihn: Wie sind deine Augen aufgetan worden? 11 Er antwortete: Der Mensch, der Jesus heißt, machte einen Brei und strich ihn auf meine Augen und sprach: Geh zum Teich Siloah und wasche dich! Ich ging hin und wusch mich und wurde sehend. 12 Da fragten sie ihn: Wo ist er? Er antwortete: Ich weiß es nicht.

8,43: *a* 1. Kor 2,14 **8,44:** *a* 1. Joh 3,8-10; *b* 1. Mose 3,4.19 **8,46:** *a* 2. Kor 5,21; 1. Petr 2,22; 1. Joh 3,5; Hebr 4,15 **8,47:** *a* Kap 18,37 **8,48:** *a* Kap 7,20 **8,51:** *a* Kap 6,40.47 **8,54:** *a* Jes 63,16 **8,55:** *a* Kap 7,28-29 **8,58:** *a* Kap 1,1-2 **8,59:** *a* Kap 10,31 **9,2:** *a* Lk 13,2 **9,3:** *a* Kap 11,4 **9,4:** *a* Kap 5,17; *b* Jer 13,16 **9,5:** *a* Kap 8,12; 12,35 **9,6:** *a* Mk 8,23

13 Da führten sie ihn, der vorher blind
gewesen war, zu den Pharisäern. 14 Es
war aber Sabbat an dem Tag, als Jesus
den Brei machte und seine Augen öff-
nete. 15 Da fragten ihn auch die Phari-
säer, wie er sehend geworden wäre. Er
aber sprach zu ihnen: Einen Brei legte er
mir auf die Augen, und ich wusch mich
und bin nun sehend. 16 Da sprachen
einige der Pharisäer: Dieser Mensch ist
nicht von Gott, weil er den Sabbat nicht
hält. Andere aber sprachen: Wie kann
ein sündiger Mensch solche Zeichen tun?
Und es entstand Zwietracht unter ihnen.
17 Da sprachen sie wieder zu dem Blin-
den: Was sagst du von ihm, dass er deine
Augen aufgetan hat? Er aber sprach: Er
ist ein Prophet.

18 Nun glaubten die Juden nicht von
ihm, dass er blind gewesen und sehend
geworden war, bis sie die Eltern dessen
riefen, der sehend geworden war, 19 und
sie fragten sie und sprachen: Ist das euer
Sohn, von dem ihr sagt, er sei blind ge-
boren? Wieso ist er nun sehend? 20 Seine
Eltern antworteten ihnen und sprachen:
Wir wissen, dass dieser unser Sohn ist
und dass er blind geboren ist. 21 Aber
wieso er nun sehend ist, wissen wir nicht,
und wer ihm seine Augen aufgetan hat,
wissen wir auch nicht. Fragt ihn, er ist alt
genug; lasst ihn für sich selbst reden.
22 Das sagten seine Eltern, denn [a]sie
fürchteten sich vor den Juden. Denn die
Juden hatten sich schon geeinigt: wenn
jemand ihn als den Christus bekenne, der
solle [b]aus der Synagoge ausgestoßen
werden. 23 Darum sprachen seine Eltern:
Er ist alt genug, fragt ihn selbst.

24 Da riefen sie noch einmal den Men-
schen, der blind gewesen war, und spra-
chen zu ihm: Gib Gott die Ehre! Wir
wissen, dass dieser Mensch ein Sünder
ist. 25 Er antwortete: Ist er ein Sünder?
Das weiß ich nicht; eins aber weiß ich:
dass ich blind war und bin nun sehend.
26 Da fragten sie ihn: Was hat er mit dir
getan? Wie hat er deine Augen aufgetan?
27 Er antwortete ihnen: Ich habe es euch
schon gesagt und ihr habt's nicht gehört!
Was wollt ihr's abermals hören? Wollt ihr
auch seine Jünger werden? 28 Da schmäh-
ten sie ihn und sprachen: Du bist sein
Jünger; wir aber sind Moses Jünger.
29 Wir wissen, dass Gott mit Mose ge-
redet hat; woher aber dieser ist, wissen
wir nicht.

30 Der Mensch antwortete und sprach
zu ihnen: Das ist verwunderlich, dass ihr
nicht wisst, woher er ist, und er hat
meine Augen aufgetan. 31 Wir wissen,
[a]dass Gott die Sünder nicht erhört; son-
dern [b]den, der gottesfürchtig ist und sei-
nen Willen tut, den erhört er. 32 Von An-
beginn der Welt an hat man nicht gehört,
dass jemand einem Blindgeborenen die
Augen aufgetan habe. 33 Wäre dieser nicht
von Gott, er könnte nichts tun. 34 Sie ant-
worteten und sprachen zu ihm: Du bist
ganz in Sünden geboren und lehrst uns?
Und sie stießen ihn hinaus.

35 Es kam vor Jesus, dass sie ihn ausge-
stoßen hatten. Und als er ihn fand, fragte
er: Glaubst du an den Menschensohn?
36 Er antwortete und sprach: Herr, wer
ist's?, dass ich an ihn glaube. 37 Jesus
sprach zu ihm: Du hast ihn gesehen, und
[a]der mit dir redet, der ist's. 38 Er aber
sprach: Herr, ich glaube, und betete ihn
an.

39 Und Jesus sprach: Ich bin zum Ge-
richt in diese Welt gekommen, damit, die
nicht sehen, sehend werden, und die se-
hen, blind werden.[a] 40 Das hörten einige
der Pharisäer, die bei ihm waren, und
fragten ihn: Sind wir denn auch blind?
41 Jesus sprach zu ihnen: Wärt ihr blind,
so hättet ihr keine Sünde; weil ihr aber
sagt: Wir sind sehend, bleibt eure Sünde.[a]

Der gute Hirte

10 Wahrlich, wahrlich, ich sage euch:
Wer nicht zur Tür hineingeht in den
Schafstall, sondern steigt anderswo hin-
ein, der ist ein Dieb und ein Räuber.
2 Der aber zur Tür hineingeht, der ist der
Hirte der Schafe. 3 Dem macht der Tür-
hüter auf, und die Schafe hören seine
Stimme; und er ruft seine Schafe mit
Namen und führt sie hinaus. 4 Und wenn
er alle seine Schafe hinausgelassen hat,
geht er vor ihnen her, und die Schafe
folgen ihm nach; denn sie kennen seine
Stimme. 5 Einem Fremden aber folgen sie

9,22: *a* Kap 7,13; *b* Kap 12,42 **9,31:** *a* Ps 66,18; Jes 1,15; *b* Spr 15,29 **9,37:** *a* Kap 4,26 **9,39:** *a* Mt 13,11-15 **9,41:** *a* Kap 15,22

nicht nach, sondern fliehen vor ihm;
denn sie kennen die Stimme der Fremden
nicht. 6 Dies Gleichnis sagte Jesus zu ih-
nen; sie verstanden aber nicht, was er
ihnen damit sagte.
7 Da sprach Jesus wieder: Wahrlich,
wahrlich, ich sage euch: Ich bin die Tür
zu den Schafen. 8 Alle, die vor mir ge-
kommen sind, die sind Diebe und Räu-
ber; aber die Schafe haben ihnen nicht
gehorcht. 9 **Ich bin die Tür; wenn jemand**
durch mich hineingeht, wird er selig wer-
den und wird ein- und ausgehen und
Weide finden.[a] 10 Ein Dieb kommt nur, um
zu stehlen, zu schlachten und umzubrin-
gen. Ich bin gekommen, damit sie das
Leben und volle Genüge haben sollen.
11 **Ich bin** [a]**der gute Hirte. Der gute**
Hirte [b]**lässt sein Leben für die Schafe.**
12 Der Mietling aber, der nicht Hirte ist,
dem die Schafe nicht gehören, sieht den
Wolf kommen und verlässt die Schafe
und flieht – und der Wolf stürzt sich auf
die Schafe und zerstreut sie –, 13 denn er
ist ein Mietling und kümmert sich nicht
um die Schafe. 14 **Ich bin der gute Hirte**
und [a]**kenne die Meinen und die Meinen**
kennen mich, 15 **wie mich mein Vater kennt**
und ich kenne den Vater. Und ich lasse
mein Leben für die Schafe.
16 Und ich habe noch andere Schafe,
die sind nicht aus diesem Stall; auch
sie muss ich herführen, und sie werden
meine Stimme hören, und es wird **eine**
Herde und **ein** Hirte werden.[a] 17 Darum
liebt mich mein Vater, weil ich mein Le-
ben lasse, dass ich's wieder nehme. 18 Nie-
mand nimmt es von mir, sondern ich
selber lasse es. [a]Ich habe Macht, es zu
lassen, und habe Macht, es wieder zu
nehmen. Dies Gebot habe ich empfangen
von meinem Vater.
19 Da entstand abermals Zwietracht
unter den Juden wegen dieser Worte.[a]
20 Viele unter ihnen sprachen: [a]Er hat
einen bösen Geist und ist von Sinnen;
was hört ihr ihm zu? 21 Andere sprachen:
Das sind nicht Worte eines Besessenen;
kann denn ein böser Geist die Augen der
Blinden auftun?
22 Es war damals das Fest der Tempel-
weihe in Jerusalem und es war Winter.
23 Und Jesus ging umher im Tempel in
der [a]Halle Salomos. 24 Da umringten ihn
die Juden und sprachen zu ihm: Wie
lange hältst du uns im Ungewissen? Bist
du der Christus, so sage es frei heraus.
25 Jesus antwortete ihnen: Ich habe es
euch gesagt und ihr glaubt nicht. [a]Die
Werke, die ich tue in meines Vaters Na-
men, die zeugen von mir. 26 Aber [a]ihr
glaubt nicht, denn ihr seid nicht von mei-
nen Schafen. 27 [a]**Meine Schafe hören**
meine Stimme, und ich kenne sie und sie
folgen mir; 28 **und ich gebe ihnen das ewige**
Leben, und sie werden nimmermehr um-
kommen, und niemand wird sie aus meiner
Hand reißen. 29 Mein Vater, der mir sie
gegeben hat, ist größer als alles, und nie-
mand kann sie aus des Vaters Hand rei-
ßen. 30 **Ich und der Vater sind eins.**

Der Vorwurf der Gotteslästerung

31 Da [a]hoben die Juden abermals Steine
auf, um ihn zu steinigen. 32 Jesus sprach
zu ihnen: Viele gute Werke habe ich euch
erzeigt vom Vater; um welches dieser
Werke willen wollt ihr mich steinigen?
33 Die Juden antworteten ihm und spra-
chen: Um eines guten Werkes willen stei-
nigen wir dich nicht, sondern [a]um der
Gotteslästerung willen, [b]denn du bist ein
Mensch und machst dich selbst zu Gott.
34 Jesus antwortete ihnen: Steht nicht
geschrieben in eurem Gesetz (Psalm
82,6): »Ich habe gesagt: Ihr seid Götter«?
35 Wenn er **die** Götter nennt, zu denen
das Wort Gottes geschah – und die
Schrift kann doch nicht [a]gebrochen wer-
den –, 36 wie sagt ihr dann zu dem, den
der Vater geheiligt und in die Welt ge-
sandt hat: Du lästerst Gott –, weil ich
sage: Ich bin Gottes Sohn?[a] 37 Tue ich
nicht die Werke meines Vaters, so glaubt
mir nicht; 38 tue ich sie aber, so glaubt
doch den Werken, wenn ihr mir nicht
glauben wollt, damit ihr erkennt und
wisst, dass der Vater in mir ist und ich
in ihm. 39 Da [a]suchten sie abermals, ihn
zu ergreifen. Aber [b]er entging ihren
Händen.

10,9: *a* Kap 14,6 **10,11:** *a* Ps 23,1-6; Jes 40,11; Hes 34,11-23; *b* Kap 15,13; Hebr 13,20 **10,14:** *a* 2.Tim 2,19 **10,16:** *a* Kap 11,52; Apg 10,34-35 **10,18:** *a* Kap 5,26 **10,19:** *a* Kap 7,43; 9,16 **10,20:** *a* Kap 7,20; Mk 3,21 **10,23:** *a* Apg 3,11 **10,25:** *a* Kap 5,36 **10,26:** *a* Kap 8,45.47 **10,27:** *a (27-28)* Ps 95,7 **10,31:** *a* Kap 8,59 **10,33:** *a* Mt 9,3; 26,65; *b* Kap 5,18 **10,35:** *a* Mt 5,17 **10,36:** *a* Kap 5,17-20 **10,39:** *a* Kap 8,59; *b* Lk 4,30

40 Dann ging er wieder fort auf die
andere Seite des Jordans an den Ort, [a]wo
Johannes zuvor getauft hatte, und blieb
dort. 41 Und viele kamen zu ihm und
sprachen: Johannes hat kein Zeichen ge-
tan; aber alles, was Johannes von diesem
gesagt hat, das ist wahr. 42 Und es glaub-
ten dort viele an ihn.

Die Auferweckung des Lazarus

11 Es lag aber einer krank, Lazarus
aus Betanien, dem Dorf [a]Marias
und ihrer Schwester Marta. 2 Maria aber
war es, die [a]den Herrn mit Salböl gesalbt
und seine Füße mit ihrem Haar getrock-
net hatte. Deren Bruder Lazarus war
krank. 3 Da sandten die Schwestern zu
Jesus und ließen ihm sagen: Herr, siehe,
der, den du lieb hast, liegt krank. 4 Als
Jesus das hörte, sprach er: Diese Krank-
heit ist nicht zum Tode, sondern [a]zur
Verherrlichung Gottes, damit der Sohn
Gottes dadurch verherrlicht werde. 5 Je-
sus aber hatte Marta lieb und ihre
Schwester und Lazarus.

6 Als er nun hörte, dass er krank war,
blieb er noch zwei Tage an dem Ort, wo
er war; 7 danach spricht er zu seinen Jün-
gern: Lasst uns wieder nach Judäa zie-
hen! 8 Seine Jünger aber sprachen zu ihm:
Meister, [a]eben noch wollten die Juden
dich steinigen, und du willst wieder dort-
hin ziehen? 9 Jesus antwortete: Hat nicht
der Tag zwölf Stunden? Wer bei Tag um-
hergeht, der stößt sich nicht; denn er
sieht [a]das Licht dieser Welt. 10 Wer aber
bei Nacht umhergeht, der stößt sich;
denn es ist kein Licht in ihm.[a]

11 Das sagte er und danach spricht
er zu ihnen: Lazarus, unser Freund,
[a]schläft, aber ich gehe hin, ihn aufzu-
wecken. 12 Da sprachen seine Jünger:
Herr, wenn er schläft, wird's besser mit
ihm. 13 Jesus aber sprach von seinem
Tode; sie meinten aber, er rede vom leib-
lichen Schlaf. 14 Da sagte es ihnen Jesus
frei heraus: Lazarus ist gestorben; 15 und
ich bin froh um euretwillen, dass ich
nicht da gewesen bin, damit ihr glaubt.
Aber lasst uns zu ihm gehen! 16 Da
sprach [a]Thomas, der Zwilling genannt
wird, zu den Jüngern: Lasst uns mit ihm
gehen, dass wir mit ihm sterben!

17 Als Jesus kam, fand er Lazarus
schon vier Tage im Grabe liegen. 18 Be-
tanien aber war nahe bei Jerusalem, etwa
eine halbe Stunde entfernt. 19 Und viele
Juden waren zu Marta und Maria ge-
kommen, sie zu trösten wegen ihres Bru-
ders.

20 Als Marta nun hörte, dass Jesus
kommt, geht sie ihm entgegen; Maria
aber blieb daheim sitzen. 21 Da sprach
Marta zu Jesus: Herr, wärst du hier ge-
wesen, mein Bruder wäre nicht gestor-
ben. 22 Aber auch jetzt weiß ich: Was du
bittest von Gott, das wird dir Gott ge-
ben. 23 Jesus spricht zu ihr: Dein Bruder
wird auferstehen. 24 Marta spricht zu
ihm: Ich weiß wohl, dass er auferstehen
wird – bei der [a]Auferstehung am Jüngs-
ten Tage. 25 Jesus spricht zu ihr: **Ich bin
die Auferstehung und das Leben. Wer an
mich glaubt, der wird leben, auch wenn
er stirbt;** 26 **und wer da lebt und glaubt
an mich, der [a]wird nimmermehr sterben.**
Glaubst du das? 27 Sie spricht zu ihm: Ja,
Herr, ich glaube, dass du der Christus
bist, der Sohn Gottes, der in die Welt
gekommen ist.[a]

28 Und als sie das gesagt hatte, ging sie
hin und rief ihre Schwester Maria heim-
lich und sprach zu ihr: Der Meister ist da
und ruft dich. 29 Als Maria das hörte,
stand sie eilend auf und kam zu ihm.
30 Jesus aber war noch nicht in das Dorf
gekommen, sondern war noch dort, wo
ihm Marta begegnet war. 31 Als die Ju-
den, die bei ihr im Hause waren und sie
trösteten, sahen, dass Maria eilend auf-
stand und hinausging, folgten sie ihr, weil
sie dachten: Sie geht zum Grab, um dort
zu weinen.

32 Als nun Maria dahin kam, wo Jesus
war, und sah ihn, fiel sie ihm zu Füßen
und sprach zu ihm: Herr, wärst du hier
gewesen, mein Bruder wäre nicht gestor-
ben. 33 Als Jesus sah, wie sie weinte und
wie auch die Juden weinten, die mit ihr
gekommen waren, ergrimmte er im Geist
und wurde [a]sehr betrübt 34 und sprach:
Wo habt ihr ihn hingelegt? Sie antworte-
ten ihm: Herr, komm und sieh es! 35 Und

10,40: *a* Kap 1,28 **11,1:** *a* Lk 10,38-39 **11,2:** *a* Kap 12,3 **11,4:** *a* Kap 9,3 **11,8:** *a* Kap 10,31 **11,9:** *a* Kap 9,4-5 **11,10:** *a* Kap 12,35 **11,11:** *a* Mt 9,24 **11,16:** *a* Kap 20,24-28 **11,24:** *a* Kap 5,28-29; 6,40; Mt 22,23-33 **11,26:** *a* Kap 8,51 **11,27:** *a* Mt 16,16 **11,33:** *a* Kap 13,21

Jesus gingen die Augen über. 36 Da spra-
chen die Juden: Siehe, wie hat er ihn lieb
gehabt! 37 Einige aber unter ihnen spra-
chen: [a]Er hat dem Blinden die Augen
aufgetan; konnte er nicht auch machen,
dass dieser nicht sterben musste? 38 Da
ergrimmte Jesus abermals und kam zum
Grab. Es war aber eine Höhle und
[a]ein Stein lag davor. 39 Jesus sprach: Hebt
den Stein weg! Spricht zu ihm Marta,
die Schwester des Verstorbenen: Herr, er
stinkt schon; denn er liegt seit vier Tagen.
40 Jesus spricht zu ihr: Habe ich dir nicht
gesagt: Wenn du glaubst, wirst du die
Herrlichkeit Gottes sehen? 41 Da hoben
sie den Stein weg.

Jesus aber hob seine Augen auf und
sprach: Vater, ich danke dir, dass du mich
erhört hast. 42 Ich weiß, dass du mich
allezeit hörst; aber [a]um des Volkes wil-
len, das umhersteht, sage ich's, damit sie
glauben, dass du mich gesandt hast.
43 Als er das gesagt hatte, rief er mit lau-
ter Stimme: Lazarus, komm heraus!
44 Und der Verstorbene kam heraus, ge-
bunden mit Grabtüchern an Füßen und
Händen, und sein Gesicht war verhüllt
mit einem Schweißtuch. Jesus spricht zu
ihnen: Löst die Binden und lasst ihn ge-
hen! 45 Viele nun von den Juden, die zu
Maria gekommen waren und sahen, was
Jesus tat, glaubten an ihn.

Der Entschluss zur Tötung Jesu

46 Einige aber von ihnen gingen hin zu
den Pharisäern und sagten ihnen, was
Jesus getan hatte. 47 Da [a]versammelten
die Hohenpriester und die Pharisäer den
Hohen Rat und sprachen: Was tun wir?
Dieser Mensch tut viele Zeichen. 48 Las-
sen wir ihn so, dann werden sie alle an
ihn glauben, und dann kommen die Rö-
mer und nehmen uns Land und Leute.
49 Einer aber von ihnen, Kaiphas, der in
dem Jahr Hoherpriester war, sprach zu
ihnen: Ihr wisst nichts; 50 ihr bedenkt
auch nicht: Es ist besser für euch, ein
Mensch sterbe für das Volk, als dass das
ganze Volk verderbe.[a]

51 Das sagte er aber nicht von sich aus,
sondern weil er in dem Jahr Hoherpries-
ter war, weissagte er. Denn Jesus sollte
sterben für das Volk 52 und nicht für das
Volk allein, sondern auch, um die [a]ver-
streuten Kinder Gottes [b]zusammenzu-
bringen. 53 Von dem Tage an war es für
sie beschlossen, dass sie ihn töteten. 54 Je-
sus aber ging nicht mehr frei umher unter
den Juden, sondern ging von dort weg in
eine Gegend nahe der Wüste, in eine
Stadt mit Namen [a]Ephraim, und blieb
dort mit den Jüngern.

55 Es war aber nahe das Passafest der
Juden; und viele aus der Gegend gingen
hinauf nach Jerusalem vor dem Fest,
[a]dass sie sich reinigten. 56 Da fragten sie
nach Jesus und redeten miteinander, als
sie im Tempel standen: Was meint ihr? Er
wird doch nicht zum Fest kommen?
57 Die Hohenpriester und Pharisäer aber
hatten Befehl gegeben: Wenn jemand
weiß, wo er ist, soll er's anzeigen, damit
sie ihn ergreifen könnten.

Die Salbung in Betanien

(Mt 26,6-13; Mk 14,3-9)

12 Sechs Tage vor dem Passafest kam
Jesus nach Betanien, wo Lazarus
war, den Jesus auferweckt hatte von den
Toten.[a] 2 Dort machten sie ihm ein Mahl
und Marta diente ihm; Lazarus aber war
einer von denen, die mit ihm zu Tisch
saßen. 3 Da nahm Maria ein Pfund Salb-
öl von unverfälschter, kostbarer Narde
und salbte die Füße Jesu und trocknete
mit ihrem Haar seine Füße; das Haus
aber wurde erfüllt vom Duft des Öls.[a]

4 Da sprach einer seiner Jünger, Judas
Iskariot, der ihn hernach verriet: 5 War-
um ist dieses Öl nicht für dreihundert
Silbergroschen verkauft worden und den
Armen gegeben? 6 Das sagte er aber
nicht, weil er nach den Armen fragte,
sondern er war ein Dieb, denn [a]er hatte
den Geldbeutel und nahm an sich, was
gegeben war. 7 Da sprach Jesus: Lass sie
in Frieden! Es soll gelten für den Tag
meines Begräbnisses. 8 Denn [a]Arme habt
ihr allezeit bei euch; mich aber habt ihr
nicht allezeit.

9 Da erfuhr eine große Menge der Ju-
den, dass er dort war, und sie kamen

11,37: *a* Kap 9,7 **11,38:** *a* Mt 27,60 **11,42:** *a* Kap 12,30 **11,47:** *a* Mt 26,3-4 **11,50:** *a* Kap 18,14 **11,52:** *a* Kap 7,35; *b* Kap 10,16; 1.Joh 2,2 **11,54:** *a* 2.Sam 13,23; 1.Makk 11,34 **11,55:** *a* 2.Chr 30,17-18 **12,1:** *a* Kap 11,1.43 **12,3:** *a* Lk 7,38 **12,6:** *a* Kap 13,29 **12,8:** *a* 5.Mose 15,11

nicht allein um Jesu willen, sondern um
auch Lazarus zu sehen, den er von den
Toten erweckt hatte. 10 Aber die Hohen-
priester beschlossen, auch Lazarus zu tö-
ten; 11 denn um seinetwillen gingen viele
Juden hin und glaubten an Jesus.

Der Einzug in Jerusalem

(Mt 21,1-11; Mk 11,1-10; Lk 19,29-40)

12 Als am nächsten Tag die große Menge,
die aufs Fest gekommen war, hörte, dass
Jesus nach Jerusalem käme, 13 nahmen
sie Palmzweige und gingen hinaus ihm
entgegen und riefen: [a]**Hosianna! Gelobt**
sei, der da kommt in dem Namen des
Herrn, der König von Israel! 14 Jesus aber
fand einen jungen Esel und ritt darauf,
wie geschrieben steht (Sacharja 9,9):
15 »Fürchte dich nicht, du Tochter Zion!
Siehe, dein König kommt und reitet auf
einem Eselsfüllen.« 16 Das verstanden
seine Jünger zuerst nicht; doch als Jesus
verherrlicht war, da dachten sie daran,
dass dies von ihm geschrieben stand und
man so mit ihm getan hatte.
17 Das Volk aber, das bei ihm war, als
er Lazarus aus dem Grabe rief und von
den Toten auferweckte, rühmte die Tat.
18 Darum ging ihm auch die Menge ent-
gegen, weil sie hörte, er habe dieses Zei-
chen getan. 19 Die Pharisäer aber spra-
chen untereinander: Ihr seht, dass ihr
nichts ausrichtet; siehe, [a]alle Welt läuft
ihm nach.

Die Ankündigung der Verherrlichung

20 Es waren aber einige Griechen unter
denen, die heraufgekommen waren, um
anzubeten auf dem Fest. 21 Die traten zu
[a]Philippus, der von Betsaida aus Galiläa
war, und baten ihn und sprachen: Herr,
wir wollten Jesus gerne sehen. 22 Philip-
pus kommt und sagt es Andreas, und
Philippus und Andreas sagen's Jesus wei-
ter. 23 Jesus aber antwortete ihnen und
sprach: Die Zeit ist gekommen, dass
der Menschensohn verherrlicht werde.
24 Wahrlich, wahrlich, ich sage euch:
Wenn das Weizenkorn nicht in die Erde
fällt und erstirbt, bleibt es allein; [a]wenn es
aber erstirbt, bringt es viel Frucht. 25 **Wer**
sein Leben lieb hat, der wird's verlieren;
und wer sein Leben auf dieser Welt hasst,
der wird's erhalten zum ewigen Leben.[a]
26 **Wer mir dienen will, der folge mir nach;**
und [a]wo ich bin, da soll mein Diener auch
sein. Und wer mir dienen wird, den wird
mein Vater ehren.
27 Jetzt [a]ist meine Seele betrübt. Und
was soll ich sagen? Vater, hilf mir aus
dieser Stunde? Doch darum bin ich in
diese Stunde gekommen. 28 Vater, ver-
herrliche deinen Namen! Da kam eine
Stimme vom Himmel: Ich habe ihn ver-
herrlicht und will ihn abermals verherr-
lichen.[a]
29 Da sprach das Volk, das dabeistand
und zuhörte: Es hat gedonnert. Die an-
dern sprachen: Ein Engel hat mit ihm
geredet. 30 Jesus antwortete und sprach:
Diese Stimme ist nicht um meinetwil-
len geschehen, sondern [a]um euretwillen.
31 Jetzt ergeht das Gericht über diese
Welt; nun [a]wird der Fürst dieser Welt
ausgestoßen werden. 32 **Und ich, wenn ich**
[a]erhöht werde von der Erde, so will ich
alle zu mir ziehen. 33 Das sagte er aber,
um anzuzeigen, welchen Todes er sterben
würde.
34 Da antwortete ihm das Volk: Wir
haben aus dem Gesetz gehört, dass [a]der
Christus in Ewigkeit bleibt; wieso sagst
du dann: Der Menschensohn muss er-
höht werden? Wer ist dieser Menschen-
sohn? 35 Da sprach Jesus zu ihnen: Es ist
das Licht noch eine kleine Zeit bei euch.
Wandelt, solange ihr das Licht habt, da-
mit euch die Finsternis nicht überfalle.
[a]Wer in der Finsternis wandelt, der weiß
nicht, wo er hingeht. 36 **Glaubt an das**
Licht, solange ihr's habt, damit ihr [a]Kin-
der des Lichtes werdet. Das redete Jesus
und ging weg und verbarg sich vor
ihnen.

Der Unglaube des Volkes

37 Und obwohl er solche Zeichen vor ih-
ren Augen tat, glaubten sie doch nicht an
ihn, 38 damit erfüllt werde der Spruch des
Propheten Jesaja, den er sagte (Jesaja
53,1): »Herr, wer glaubt unserm Predi-
gen? Und wem ist der Arm des Herrn

12,13: *a* Ps 118,25-26 **12,19:** *a* Kap 11,48 **12,21:** *a* Kap 1,44 **12,24:** *a* Röm 14,9; 1. Kor 15,36 **12,25:** *a* Mt 10,39; 16,25; Lk 17,33 **12,26:** *a* Kap 17,24 **12,27:** *a* Mt 26,38 **12,28:** *a* Kap 13,31; Mt 3,17; 17,5 **12,30:** *a* Kap 11,42 **12,31:** *a* Kap 14,30; 16,11; Lk 10,18 **12,32:** *a* Kap 8,28 **12,34:** *a* Ps 110,4; Dan 7,14 **12,35:** *a* Kap 11,10 **12,36:** *a* Eph 5,8 offenbart?« 39 Darum konnten sie nicht glauben, denn Jesaja hat wiederum gesagt (Jesaja 6,9-10): 40 »Er hat ihre Augen verblendet und ihr Herz verstockt, damit sie nicht etwa mit den Augen sehen und mit dem Herzen verstehen und sich bekehren und ich ihnen helfe.«[a] 41 Das hat Jesaja gesagt, [a]weil er seine Herrlichkeit sah und redete von ihm. 42 Doch auch von den Oberen glaubten viele an ihn; aber um der Pharisäer willen bekannten sie es nicht, um nicht [a]aus der Synagoge ausgestoßen zu werden. 43 Denn [a]sie hatten lieber Ehre bei den Menschen als Ehre bei Gott.

44 Jesus aber rief: Wer an mich glaubt, der glaubt nicht an mich, sondern an den, der mich gesandt hat. 45 Und [a]wer mich sieht, der sieht den, der mich gesandt hat. 46 **Ich bin in die Welt gekommen als ein [a]Licht, damit, wer an mich glaubt, nicht in der Finsternis bleibe.** 47 Und wer meine Worte hört und bewahrt sie nicht, den werde ich nicht richten; denn [a]ich bin nicht gekommen, dass ich die Welt richte, sondern dass ich die Welt rette. 48 Wer mich verachtet und nimmt meine Worte nicht an, der hat schon seinen Richter: Das Wort, das ich geredet habe, das wird ihn richten am Jüngsten Tage. 49 Denn ich habe nicht aus mir selbst geredet, sondern der Vater, der mich gesandt hat, der hat mir ein Gebot gegeben, was ich tun und reden soll. 50 Und ich weiß: sein Gebot ist das ewige Leben. Darum: was ich rede, das rede ich so, wie es mir der Vater gesagt hat.

Jesu Abschiedsreden
(Kapitel 13,1–17,26)

Die Fußwaschung

13 Vor dem Passafest aber erkannte Jesus, [a]dass seine Stunde gekommen war, dass er aus dieser Welt ginge zum Vater; und wie er die Seinen geliebt hatte, die in der Welt waren, so liebte er sie bis ans Ende. 2 Und beim Abendessen, als schon [a]der Teufel dem Judas, Simons Sohn, dem Iskariot, ins Herz gegeben hatte, ihn zu verraten, 3 Jesus aber wusste, dass ihm [a]der Vater alles in seine Hände gegeben hatte und dass er [b]von Gott gekommen war und zu Gott ging, 4 da stand er vom Mahl auf, legte sein Obergewand ab und nahm einen Schurz und umgürtete sich. 5 Danach goss er Wasser in ein Becken, fing an, den Jüngern die Füße zu waschen, und trocknete sie mit dem Schurz, mit dem er umgürtet war.

6 Da kam er zu Simon Petrus; der sprach zu ihm: Herr, solltest du mir die Füße waschen? 7 Jesus antwortete und sprach zu ihm: Was ich tue, das verstehst du jetzt nicht; du wirst es aber hernach erfahren. 8 Da sprach Petrus zu ihm: Nimmermehr sollst du mir die Füße waschen! Jesus antwortete ihm: Wenn ich dich nicht wasche, so hast du kein Teil an mir. 9 Spricht zu ihm Simon Petrus: Herr, nicht die Füße allein, sondern auch die Hände und das Haupt! 10 Spricht Jesus zu ihm: Wer gewaschen ist, bedarf nichts, als dass ihm die Füße gewaschen werden; denn er ist ganz rein. Und [a]ihr seid rein, aber nicht alle. 11 Denn er kannte seinen Verräter; darum sprach er: Ihr seid nicht alle rein.

12 Als er nun ihre Füße gewaschen hatte, nahm er seine Kleider und setzte sich wieder nieder und sprach zu ihnen: Wisst ihr, was ich euch getan habe? 13 Ihr nennt mich Meister und Herr und sagt es mit Recht, denn ich bin's auch.[a] 14 Wenn nun ich, euer Herr und Meister, euch [a]die Füße gewaschen habe, so sollt auch ihr euch untereinander die Füße waschen. 15 **Ein Beispiel habe ich euch gegeben, damit ihr tut, wie ich euch getan habe.**[a] 16 Wahrlich, wahrlich, ich sage euch: [a]Der Knecht ist nicht größer als sein Herr und der Apostel nicht größer als der, der ihn gesandt hat. 17 Wenn ihr dies wisst – selig seid ihr, wenn ihr's tut.[a]

18 Das sage ich nicht von euch allen; ich weiß, welche ich erwählt habe. Aber es muss die Schrift erfüllt werden (Psalm 41,10): »Der mein Brot isst, tritt mich mit Füßen.« 19 Jetzt sage ich's euch, ehe es geschieht, damit ihr, wenn es gesche-

12,40: *a* Mt 13,14-15 **12,41:** *a* Jes 6,1 **12,42:** *a* Kap 9,22 **12,43:** *a* Kap 5,44 **12,45:** *a* Kap 14,9 **12,46:** *a* Kap 8,12 **12,47:** *a* Kap 3,17; Lk 9,56 **13,1:** *a* Kap 7,30; 17,1 **13,2:** *a* Lk 22,3 **13,3:** *a* Kap 3,35; *b* Kap 16,28 **13,10:** *a* Kap 15,3 **13,13:** *a* Mt 23,8.10 **13,14:** *a* Lk 22,27 **13,15:** *a* Phil 2,5; 1.Petr 2,21 **13,16:** *a* Mt 10,24 **13,17:** *a* Mt 7,24

hen ist, glaubt, dass ich es bin. 20Wahr-
lich, wahrlich, ich sage euch: Wer jeman-
den aufnimmt, den ich senden werde, der
nimmt mich auf; wer aber mich auf-
nimmt, der nimmt den auf, der mich ge-
sandt hat.[a]

Jesus und der Verräter

(Mt 26,21-25; Mk 14,18-21; Lk 22,21-23)

21Als Jesus das gesagt hatte, wurde er
[a]betrübt im Geist und bezeugte und
sprach: Wahrlich, wahrlich, ich sage
euch: Einer unter euch wird mich ver-
raten. 22Da sahen sich die Jünger unter-
einander an, und ihnen wurde bange, von
wem er wohl redete. 23Es war aber [a]einer
unter seinen Jüngern, den Jesus lieb
hatte, der lag bei Tisch an der Brust Jesu.
24Dem winkte Simon Petrus, dass er fra-
gen sollte, wer es wäre, von dem er re-
dete. 25Da lehnte der sich an die Brust
Jesu und fragte ihn: Herr, wer ist's? 26Je-
sus antwortete: Der ist's, dem ich den
Bissen eintauche und gebe. Und er nahm
den Bissen, tauchte ihn ein und gab ihn
Judas, dem Sohn des Simon Iskariot.
27Und als der den Bissen nahm, fuhr der
Satan in ihn. Da sprach Jesus zu ihm:
Was du tust, das tue bald!

28Aber niemand am Tisch wusste,
wozu er ihm das sagte. 29Einige meinten,
weil Judas den Beutel hatte, spräche Je-
sus zu ihm: Kaufe, was wir zum Fest
nötig haben!, oder dass er den Armen
etwas geben sollte. 30Als er nun den Bis-
sen genommen hatte, ging er alsbald hin-
aus. Und es war Nacht.

Die Verherrlichung und das neue Gebot

31Als Judas nun hinausgegangen war,
spricht Jesus: [a]Jetzt ist der Menschen-
sohn verherrlicht, und Gott ist verherr-
licht in ihm. 32Ist Gott verherrlicht in
ihm, so [a]wird Gott ihn auch verherrli-
chen in sich und wird ihn bald verherrli-
chen. 33Liebe Kinder, ich bin noch eine
kleine Weile bei euch. Ihr werdet mich
suchen. Und [a]wie ich zu den Juden sagte,
sage ich jetzt auch zu euch: Wo ich hin-
gehe, da könnt ihr nicht hinkommen.
34**Ein neues Gebot gebe ich euch, dass**
ihr euch untereinander liebt, wie ich euch
geliebt habe, damit auch ihr einander lieb
habt.[a] 35**Daran wird jedermann erkennen,**
dass ihr meine Jünger seid, wenn ihr Liebe
untereinander habt.

Die Ankündigung der Verleugnung des Petrus

(Mt 26,33-35; Mk 14,29-31; Lk 22,31-34)

36Spricht Simon Petrus zu ihm: Herr, wo
gehst du hin? Jesus antwortete ihm: Wo
ich hingehe, kannst du mir diesmal nicht
folgen; aber [a]du wirst mir später folgen.
37Petrus spricht zu ihm: Herr, warum
kann ich dir diesmal nicht folgen? Ich
will mein Leben für dich lassen. 38Jesus
antwortete ihm: Du willst dein Leben für
mich lassen? Wahrlich, wahrlich, ich sage
dir: Der Hahn wird nicht krähen, bis du
mich dreimal verleugnet hast.

Jesus der Weg zum Vater

14 **Euer Herz erschrecke nicht! Glaubt**
an Gott und glaubt an mich! 2In
meines Vaters Hause sind viele Wohnun-
gen. Wenn's nicht so wäre, hätte ich dann
zu euch gesagt: Ich gehe hin, euch die
Stätte zu bereiten? 3Und wenn ich hin-
gehe, euch die Stätte zu bereiten, will ich
wiederkommen und [a]euch zu mir neh-
men, damit ihr seid, wo ich bin. 4Und wo
ich hingehe, den Weg wisst ihr.

5Spricht zu ihm Thomas: Herr, wir
wissen nicht, wo du hingehst; wie können
wir den Weg wissen? 6Jesus spricht zu
ihm: **Ich bin der Weg und die Wahrheit**
und das Leben; [a]**niemand kommt zum Va-**
ter denn durch mich. 7Wenn ihr mich er-
kannt habt, so werdet ihr auch meinen
Vater erkennen. Und von nun an kennt
ihr ihn und habt ihn gesehen.

8Spricht zu ihm Philippus: Herr, zeige
uns den Vater und es genügt uns. 9Jesus
spricht zu ihm: So lange bin ich bei euch
und du kennst mich nicht, Philippus?
[a]**Wer mich sieht, der sieht den Vater!** Wie
sprichst du dann: Zeige uns den Vater?
10Glaubst du nicht, dass ich im Vater bin
und der Vater in mir? [a]Die Worte, die ich
zu euch rede, die rede ich nicht von mir
selbst aus. Und der Vater, der in mir
wohnt, der tut seine Werke. 11Glaubt

13,20: *a* Mt 10,40 **13,21:** *a* Kap 12,27 **13,23:** *a* Kap 19,26; 20,2; 21,20 **13,31:** *a* Kap 12,23.28 **13,32:** *a* Kap 17,1-5 **13,33:** *a* Kap 8,21 **13,34:** *a* Kap 15,12-13.17 **13,36:** *a* Kap 21,18-19 **14,3:** *a* Kap 12,26; 17,24 **14,6:** *a* Kap 10,9; Mt 11,27; Röm 5,1-2; Hebr 10,20 **14,9:** *a* Kap 12,45; Hebr 1,3 **14,10:** *a* Kap 12,49

mir, dass ich im Vater bin und der Vater
in mir; wenn nicht, so [a]glaubt doch um
der Werke willen.
12 Wahrlich, wahrlich, ich sage euch:
Wer an mich glaubt, der [a]wird die Werke
auch tun, die ich tue, und er wird noch
größere als diese tun; denn ich gehe zum
Vater. 13 [a]Und was ihr bitten werdet in
meinem Namen, das will ich tun, damit
der Vater verherrlicht werde im Sohn.
14 Was ihr mich bitten werdet in meinem
Namen, das will ich tun.

Die Verheißung des Heiligen Geistes

15 Liebt ihr mich, so werdet ihr meine
Gebote halten.[a] 16 Und ich will den Va-
ter bitten und er wird euch einen andern
[a]Tröster* geben, dass er bei euch sei in
Ewigkeit: 17 den [a]Geist der Wahrheit,
den die Welt nicht empfangen kann,
denn sie sieht ihn nicht und kennt ihn
nicht. Ihr kennt ihn, denn er bleibt bei
euch und wird in euch sein.
18 Ich will euch nicht als Waisen zu-
rücklassen; ich komme zu euch. 19 Es ist
noch eine kleine Zeit, dann wird mich die
Welt nicht mehr sehen. [a]Ihr aber sollt
mich sehen, denn **ich lebe und ihr sollt**
auch leben. 20 An jenem Tage werdet ihr
erkennen, dass ich in meinem Vater bin
und ihr in mir und ich in euch. 21 Wer
[a]meine Gebote hat und hält sie, der ist's,
der mich liebt. Wer mich aber liebt, der
[b]wird von meinem Vater geliebt werden,
und ich werde ihn lieben und mich ihm
offenbaren.
22 Spricht zu ihm Judas, nicht der Iska-
riot: Herr, was bedeutet es, dass du dich
uns offenbaren willst und nicht der Welt?
23 Jesus antwortete und sprach zu ihm:
[a]**Wer mich liebt, der wird mein Wort hal-**
ten; und mein Vater wird ihn lieben, und
wir werden zu ihm kommen und Wohnung
bei ihm nehmen. 24 Wer aber mich nicht
liebt, der hält meine Worte nicht. Und
[a]das Wort, das ihr hört, ist nicht mein
Wort, sondern das des Vaters, der mich
gesandt hat.
25 Das habe ich zu euch geredet, so-
lange ich bei euch gewesen bin. 26 Aber
der Tröster, der Heilige Geist, den mein
Vater senden wird in meinem Namen, der
wird euch alles lehren und euch an alles
erinnern, was ich euch gesagt habe.

Der Friede Christi

27 **Den Frieden lasse ich euch, [a]meinen**
Frieden gebe ich euch. Nicht gebe ich
euch, wie die Welt gibt. Euer Herz er-
schrecke nicht und fürchte sich nicht.
28 Ihr habt gehört, dass ich euch gesagt
habe: Ich gehe hin und komme wieder zu
euch. Hättet ihr mich lieb, so würdet ihr
euch freuen, dass ich zum Vater gehe;
denn der Vater ist größer als ich. 29 Und
jetzt habe ich's euch gesagt, ehe es ge-
schieht, damit ihr glaubt, wenn es nun
geschehen wird.
30 Ich werde nicht mehr viel mit euch
reden, denn es kommt [a]der Fürst dieser
Welt. Er hat keine Macht über mich;
31 aber die Welt soll erkennen, dass ich
den Vater liebe und [a]tue, wie mir der
Vater geboten hat. Steht auf und lasst
uns von hier weggehen.

Der wahre Weinstock

15 [a]Ich bin der wahre Weinstock und
mein Vater der Weingärtner. 2 Eine
jede Rebe an mir, die keine Frucht bringt,
wird er wegnehmen; und eine jede, die
Frucht bringt, wird er reinigen, dass sie
mehr Frucht bringe. 3 Ihr seid schon rein
um des Wortes willen, das ich zu euch
geredet habe.[a] 4 Bleibt in mir und ich in
euch. Wie die Rebe keine Frucht bringen
kann aus sich selbst, wenn sie nicht am
Weinstock bleibt, so auch ihr nicht, wenn
ihr nicht in mir bleibt.
5 **Ich bin der Weinstock, ihr seid die**
Reben. Wer in mir bleibt und ich in ihm,
der bringt viel Frucht; denn [a]ohne mich
könnt ihr nichts tun. 6 Wer nicht in mir
bleibt, der wird weggeworfen wie eine
Rebe und verdorrt, und man sammelt sie
und wirft sie ins Feuer und sie müssen
brennen. 7 Wenn ihr in mir bleibt und
meine Worte in euch bleiben, [a]werdet ihr

Joh

* Andere Übersetzungen: »Fürsprecher«, »Beistand« (vgl. 15,26; 16,7).

14,11: *a* Kap 10,25.38 **14,12:** *a* Mt 28,19 **14,13:** *a (13-14)* Kap 15,7; 16,24; Mk 11,24; 1.Joh 5,14-15 **14,15:** *a* Kap 15,10; 1.Joh 5,3 **14,16:** *a* Kap 15,26; 16,7 **14,17:** *a* Kap 16,13 **14,19:** *a* Kap 20,20 **14,21:** *a* 1.Joh 5,3; *b* Kap 16,27 **14,23:** *a* Spr 8,17; Eph 3,17 **14,24:** *a* Kap 7,16-17 **14,27:** *a* Kap 16,33; Phil 4,7 **14,30:** *a* Kap 12,31; Eph 2,2 **14,31:** *a* Kap 10,18 **15,1:** *a (1-6)* Ps 80,9-12; Jes 5,1-7; Jer 2,21 **15,3:** *a* Kap 13,10; 1.Petr 1,23 **15,5:** *a* 2.Kor 3,5-6 **15,7:** *a* Mk 11,24

bitten, was ihr wollt, und es wird euch
widerfahren. 8 Darin wird mein Vater
verherrlicht, dass ihr viel Frucht bringt
und werdet meine Jünger.[a]

Das Gebot der Liebe

9 Wie mich mein Vater liebt, so liebe ich
euch auch. Bleibt in meiner Liebe!
10 Wenn ihr meine Gebote haltet, so
bleibt ihr in meiner Liebe, wie ich meines
Vaters Gebote halte und bleibe in seiner
Liebe. 11 Das sage ich euch, damit meine
Freude in euch bleibe und eure Freude
vollkommen werde.[a]

12 **Das ist mein Gebot, dass ihr euch
untereinander liebt, wie ich euch liebe.**[a]
13 Niemand hat größere Liebe als die,
[a]dass er sein Leben lässt für seine
Freunde. 14 Ihr seid meine Freunde, wenn
ihr tut, was ich euch gebiete.[a] 15 Ich sage
hinfort nicht, dass ihr Knechte seid; denn
ein Knecht weiß nicht, was sein Herr tut.
Euch aber habe ich gesagt, dass ihr
Freunde seid; denn alles, was ich von
meinem Vater gehört habe, habe ich euch
kundgetan.

16 **Nicht ihr habt mich erwählt, sondern
ich habe euch erwählt und bestimmt, dass
ihr hingeht und Frucht bringt und eure
Frucht bleibt, damit, wenn ihr den Vater
bittet in meinem Namen, er's euch gebe.**

17 Das gebiete ich euch, dass ihr euch
untereinander liebt.

Der Hass der Welt

18 Wenn euch die Welt hasst, so wisst,
dass sie mich vor euch gehasst hat.[a]
19 Wäret ihr von der Welt, so hätte die
Welt das Ihre lieb. Weil ihr aber nicht von
der Welt seid, sondern ich euch aus der
Welt erwählt habe, darum hasst euch die
Welt.[a] 20 Gedenkt an das Wort, das ich
euch gesagt habe: [a]Der Knecht ist nicht
größer als sein Herr. Haben sie mich ver-
folgt, so werden sie euch auch verfolgen;
haben sie mein Wort gehalten, so werden
sie eures auch halten. 21 Aber das alles
werden sie euch tun um meines Namens
willen; denn [a]sie kennen den nicht, der
mich gesandt hat.
22 Wenn ich nicht gekommen wäre und
hätte es ihnen gesagt, so hätten sie keine
Sünde; nun aber können sie nichts vor-
wenden, um ihre Sünde zu entschuldi-
gen.[a] 23 Wer mich hasst, der hasst auch
meinen Vater.[a] 24 Hätte ich nicht die
Werke getan unter ihnen, die kein an-
derer getan hat, so hätten sie keine
Sünde. Nun aber haben sie es gesehen,
und doch hassen sie mich und meinen
Vater. 25 Aber es muss das Wort erfüllt
werden, das in ihrem Gesetz geschrieben
steht: »Sie hassen mich ohne Grund«
(Psalm 69,5).

26 Wenn aber der [a]Tröster kommen
wird, [b]den ich euch senden werde vom
Vater, der Geist der Wahrheit, der vom
Vater ausgeht, der wird Zeugnis geben
von mir. 27 Und auch ihr seid [a]meine
Zeugen, denn ihr seid von Anfang an bei
mir gewesen.

16 Das habe ich zu euch geredet,
damit ihr nicht abfallt. 2 Sie wer-
den euch [a]aus der Synagoge ausstoßen.
Es kommt aber die Zeit, dass, wer euch
[b]tötet, meinen wird, er tue Gott einen
Dienst damit. 3 Und das werden sie
darum tun, weil sie weder meinen Vater
noch mich erkennen.[a] 4 Aber dies habe
ich zu euch geredet, damit, wenn ihre
Stunde kommen wird, ihr daran denkt,
dass ich's euch gesagt habe. Zu Anfang
aber habe ich es euch nicht gesagt, denn
ich war bei euch.

Das Werk des Heiligen Geistes

5 Jetzt aber gehe ich hin zu dem, der mich
gesandt hat; und niemand von euch fragt
mich: Wo gehst du hin? 6 Doch weil ich
das zu euch geredet habe, ist euer Herz
voll Trauer. 7 Aber ich sage euch die
Wahrheit: Es ist gut für euch, dass ich
weggehe. Denn wenn ich nicht weggehe,
kommt der [a]Tröster nicht zu euch. Wenn
ich aber gehe, will ich ihn zu euch sen-
den. 8 Und wenn er kommt, wird er der
Welt die Augen auftun über die Sünde
und über die Gerechtigkeit und über das
Gericht; 9 über die Sünde: dass sie nicht
an mich glauben;[a] 10 über die [a]Gerech-

15,8: *a* Mt 5,16 **15,11:** *a* Kap 17,13 **15,12:** *a* Kap 13,34 **15,13:** *a* Kap 10,11; 1. Joh 3,16 **15,14:** *a* Kap 8,31; Mt 12,50 **15,18:** *a* Kap 7,7 **15,19:** *a* Kap 17,14; 1. Joh 4,4-5 **15,20:** *a* Kap 13,16; Mt 10,24-25 **15,21:** *a* Kap 16,3 **15,22:** *a* Kap 9,41 **15,23:** *a* Lk 10,16 **15,26:** *a* Kap 14,16.26; *b* Lk 24,49 **15,27:** *a* Apg 1,8.21-22; 5,32 **16,2:** *a* Mt 10,17.22; *b* Mt 24,9 **16,3:** *a* Kap 15,21 **16,7:** *a* Kap 14,16.26 **16,9:** *a* Kap 15,22.24 **16,10:** *a* Apg 5,31; Röm 4,25

tigkeit: dass ich zum Vater gehe und ihr
mich hinfort nicht seht; 11 über das Ge-
richt: dass der Fürst dieser Welt gerichtet
ist.[a]

12 Ich habe euch noch viel zu sagen;
aber ihr könnt es jetzt nicht ertragen.[a]
13 Wenn aber jener, der Geist der Wahr-
heit, kommen wird, [a]wird er euch in alle
Wahrheit leiten. Denn er wird nicht aus
sich selber reden; sondern was er hören
wird, das wird er reden, und was zukünf-
tig ist, wird er euch verkündigen. 14 Er
wird mich verherrlichen; denn von dem
Meinen wird er's nehmen und euch ver-
kündigen. 15 [a]Alles, was der Vater hat,
das ist mein. Darum habe ich gesagt: Er
wird's von dem Meinen nehmen und
euch verkündigen.

Trauer und Hoffnung bei Jesu Abschied

16 Noch eine kleine Weile, dann werdet
ihr mich nicht mehr sehen; und abermals
eine kleine Weile, dann werdet ihr mich
sehen.[a] 17 Da sprachen einige seiner Jün-
ger untereinander: Was bedeutet das, was
er zu uns sagt: Noch eine kleine Weile,
dann werdet ihr mich nicht sehen; und
abermals eine kleine Weile, dann werdet
ihr mich sehen; und: Ich gehe zum Vater?
18 Da sprachen sie: Was bedeutet das, was
er sagt: Noch eine kleine Weile? Wir wis-
sen nicht, was er redet.

19 Da merkte Jesus, dass sie ihn fragen
wollten, und sprach zu ihnen: Danach
fragt ihr euch untereinander, dass ich ge-
sagt habe: Noch eine kleine Weile, dann
werdet ihr mich nicht sehen; und aber-
mals eine kleine Weile, dann werdet ihr
mich sehen? 20 Wahrlich, wahrlich, ich
sage euch: Ihr werdet weinen und klagen,
aber die Welt wird sich freuen; ihr werdet
traurig sein, doch eure Traurigkeit soll
in Freude verwandelt werden.[a] 21 Eine
Frau, wenn sie gebiert, so [a]hat sie
Schmerzen, denn ihre Stunde ist gekom-
men. Wenn sie aber das Kind geboren
hat, denkt sie nicht mehr an die Angst
um der Freude willen, dass ein Mensch
zur Welt gekommen ist. 22 **Und auch ihr
habt nun Traurigkeit; aber ich will euch
wiedersehen, und euer Herz soll sich
freuen, und eure Freude soll niemand von
euch nehmen.** 23 An dem Tag werdet ihr
mich nichts fragen.

Wahrlich, wahrlich, ich sage euch:
[a]Wenn ihr den Vater um etwas bitten
werdet in meinem Namen, wird er's euch
geben. 24 Bisher habt ihr um nichts ge-
beten in meinem Namen. Bittet, so wer-
det ihr nehmen, dass [a]eure Freude voll-
kommen sei.

25 Das habe ich euch in Bildern gesagt.
Es kommt die Zeit, dass ich nicht mehr
in Bildern mit euch reden werde, sondern
euch frei heraus verkündigen von mei-
nem Vater. 26 An jenem Tage werdet ihr
bitten in meinem Namen. Und ich sage
euch nicht, dass ich den Vater für euch
bitten will; 27 denn [a]er selbst, der Vater,
hat euch lieb, weil ihr mich liebt und
glaubt, dass ich von Gott ausgegangen
bin. 28 Ich bin vom Vater ausgegangen
und in die Welt gekommen; ich verlasse
die Welt wieder und gehe zum Vater.

29 Sprechen zu ihm seine Jünger: Siehe,
nun redest du frei heraus und nicht mehr
in Bildern. 30 Nun wissen wir, dass du alle
Dinge weißt und bedarfst dessen nicht,
dass dich jemand fragt. Darum glauben
wir, dass du von Gott ausgegangen bist.
31 Jesus antwortete ihnen: Jetzt glaubt
ihr? 32 Siehe, es kommt die Stunde und ist
schon gekommen, dass ihr [a]zerstreut
werdet, ein jeder in das Seine, und mich
allein lasst. Aber ich bin nicht allein,
denn der Vater ist bei mir. 33 Das habe
ich mit euch geredet, damit ihr in mir
[a]Frieden habt. **In der Welt habt ihr Angst;
aber seid getrost, [b]ich habe die Welt über-
wunden.**

Das hohepriesterliche Gebet

17 So redete Jesus und hob seine
Augen auf zum Himmel und sprach:
Vater, die Stunde ist da: verherrliche dei-
nen Sohn, damit der Sohn dich verherr-
liche; 2 denn du hast ihm [a]Macht gege-
ben über alle Menschen, damit er das
ewige Leben gebe allen, die du ihm gege-
ben hast. 3 **Das ist aber das ewige Leben,
dass sie dich, der du allein [a]wahrer Gott
bist, und den du gesandt hast, Jesus Chris-
tus, erkennen.** 4 Ich habe dich verherrlicht
auf Erden und das Werk vollendet, das

16,11: *a* Kap 12,31 **16,12:** *a* 1.Kor 3,1 **16,13:** *a* Kap 14,26; 1.Joh 2,27 **16,15:** *a* Kap 3,35; 17,10 **16,16:** *a* Kap 14,19 **16,20:** *a* Mk 16,10 **16,21:** *a* Jes 26,17 **16,23:** *a* Kap 14,13-14 **16,24:** *a* Kap 15,11 **16,27:** *a* Kap 14,21 **16,32:** *a* Sach 13,7; Mt 26,31 **16,33:** *a* Kap 14,27; Röm 5,1; *b* 1.Joh 5,4 **17,2:** *a* Mt 11,27 **17,3:** *a* 1.Joh 5,20

du mir gegeben hast, damit ich es tue.
5 Und nun, Vater, verherrliche du mich
bei dir mit der Herrlichkeit, die ich bei
dir hatte, ehe die Welt war.[a]

6 Ich habe deinen Namen den Men-
schen offenbart, die du mir aus der Welt
gegeben hast. Sie waren dein und du hast
sie mir gegeben, und sie haben dein Wort
bewahrt. 7 Nun wissen sie, dass alles, was
du mir gegeben hast, von dir kommt.
8 Denn die Worte, die du mir gegeben
hast, habe ich ihnen gegeben, und sie
haben sie angenommen und wahrhaftig
[a]erkannt, dass ich von dir ausgegangen
bin, und sie glauben, dass du mich ge-
sandt hast. 9 Ich bitte für sie und bitte
nicht für die Welt, sondern für die, [a]die
du mir gegeben hast; denn sie sind dein.
10 Und alles, [a]was mein ist, das ist dein,
und was dein ist, das ist mein; und ich
bin in ihnen verherrlicht. 11 Ich bin nicht
mehr in der Welt; sie aber sind in der
Welt, und ich komme zu dir.

Heiliger Vater, erhalte sie in deinem
Namen, den du mir gegeben hast, dass
sie eins seien wie wir. 12 Solange ich bei
ihnen war, erhielt ich sie in deinem Na-
men, den du mir gegeben hast, und ich
habe sie bewahrt, und [a]keiner von ihnen
ist verloren [b]außer dem Sohn des Ver-
derbens, damit die Schrift erfüllt werde.
13 Nun aber komme ich zu dir und rede
dies in der Welt, damit meine Freude in
ihnen vollkommen sei.[a] 14 Ich habe ihnen
dein Wort gegeben und die Welt hat sie
gehasst; denn [a]sie sind nicht von der
Welt, wie auch ich nicht von der Welt
bin. 15 Ich bitte dich nicht, dass du sie aus
der Welt nimmst, sondern [a]dass du sie
bewahrst vor dem Bösen. 16 Sie sind nicht
von der Welt, wie auch ich nicht von der
Welt bin.

17 **Heilige sie in der Wahrheit; [a]dein
Wort ist die Wahrheit.** 18 Wie du mich
gesandt hast in die Welt, so sende ich sie
auch in die Welt.[a] 19 Ich heilige mich
selbst für sie, [a]damit auch sie geheiligt
seien in der Wahrheit.

20 Ich bitte aber nicht allein für sie,
sondern auch für die, [a]die durch ihr
Wort an mich glauben werden, 21 **damit
sie alle [a]eins seien.** Wie du, Vater, in mir
bist und ich in dir, so sollen auch sie in
uns sein, damit die Welt glaube, dass du
mich gesandt hast. 22 Und ich habe ihnen
die Herrlichkeit gegeben, die du mir ge-
geben hast, [a]damit sie eins seien, wie wir
eins sind, 23 [a]ich in ihnen und du in mir,
damit sie vollkommen eins seien und die
Welt erkenne, dass du mich gesandt hast
und sie liebst, wie du mich liebst.

24 Vater, ich will, [a]dass, wo ich bin,
auch die bei mir seien, die du mir gege-
ben hast, damit sie meine Herrlichkeit
sehen, die du mir gegeben hast; denn [b]du
hast mich geliebt, ehe der Grund der
Welt gelegt war. 25 Gerechter Vater, die
Welt kennt dich nicht; ich aber kenne
dich und diese haben erkannt, dass du
mich gesandt hast. 26 Und ich habe ihnen
deinen Namen kundgetan und werde ihn
kundtun, damit die Liebe, mit der du
mich liebst, in ihnen sei und ich in ihnen.

Leiden, Sterben und Auferstehung Jesu

(Kapitel 18,1–21,25; vgl. Kapitel 13,1-35)

(Mt 26,1–28,20; Mk 14,1–16,20; Lk 22,1–24,53)

Jesu Gefangennahme

18 Als Jesus das geredet hatte, ging
er hinaus mit seinen Jüngern über
den Bach Kidron; da war ein Garten, in
den gingen Jesus und seine Jünger.
2 Judas aber, der ihn verriet, kannte den
Ort auch, denn Jesus versammelte sich
oft [a]dort mit seinen Jüngern. 3 Als nun
Judas die Schar der Soldaten mit sich
genommen hatte und Knechte von den
Hohenpriestern und Pharisäern, kommt
er dahin mit Fackeln, Lampen und
mit Waffen.

4 Da nun Jesus alles wusste, was ihm
begegnen sollte, ging er hinaus und
sprach zu ihnen: Wen sucht ihr? 5 Sie ant-
worteten ihm: Jesus von Nazareth. Er
spricht zu ihnen: Ich bin's! Judas aber,
der ihn verriet, stand auch bei ihnen.
6 Als nun Jesus zu ihnen sagte: Ich bin's!,
wichen sie zurück und fielen zu Boden.

7 Da fragte er sie abermals: Wen sucht

17,5: *a* Kap 1,1; Phil 2,6 **17,8:** *a* Kap 16,30 **17,9:** *a* Kap 6,37.44 **17,10:** *a* Kap 16,15 **17,12:** *a* Kap 6,39; *b* Ps 41,10 **17,13:** *a* Kap 15,11 **17,14:** *a* Kap 15,19 **17,15:** *a* Mt 6,13; 2. Thess 3,3 **17,17:** *a* Ps 119,160 **17,18:** *a* Kap 20,21 **17,19:** *a* Hebr 10,10 **17,20:** *a* Röm 10,17 **17,21:** *a* Gal 3,28 **17,22:** *a* Apg 4,32 **17,23:** *a* 1. Kor 6,17 **17,24:** *a* Kap 12,26; *b* Spr 8,22-31 **18,2:** *a* Lk 21,37

ihr? Sie aber sprachen: Jesus von Naza-
reth. 8 Jesus antwortete: Ich habe euch
gesagt, dass ich es bin. Sucht ihr mich, so
lasst diese gehen! 9 Damit sollte das Wort
erfüllt werden, das er gesagt hatte: Ich
habe keinen von denen verloren, die du
mir gegeben hast.[a]

10 Simon Petrus aber hatte ein Schwert
und zog es und schlug nach dem Knecht
des Hohenpriesters und hieb ihm sein
rechtes Ohr ab. Und der Knecht hieß
Malchus. 11 Da sprach Jesus zu Petrus:
Steck dein Schwert in die Scheide! Soll
ich den Kelch nicht trinken, den mir
mein Vater gegeben hat?

Jesu Verhör vor Hannas und Kaiphas und die Verleugnung des Petrus

12 Die Schar aber und ihr Anführer und
die Knechte der Juden nahmen Jesus und
banden ihn 13 und führten ihn zuerst zu
Hannas; der war der Schwiegervater des
Kaiphas, der in jenem Jahr Hoherpries-
ter war. 14 [a]Kaiphas aber war es, der
den Juden geraten hatte, es wäre gut, **ein**
Mensch stürbe für das ganze Volk.[b]

15 Simon Petrus aber folgte Jesus nach
und ein anderer Jünger. Dieser Jünger
war dem Hohenpriester bekannt und
ging mit Jesus hinein in den Palast des
Hohenpriesters. 16 Petrus aber stand drau-
ßen vor der Tür. Da kam der andere
Jünger, der dem Hohenpriester bekannt
war, heraus und redete mit der Tür-
hüterin und führte Petrus hinein. 17 Da
sprach die Magd, die Türhüterin, zu Pe-
trus: Bist du nicht auch einer von
den Jüngern dieses Menschen? Er sprach:
Ich bin's nicht. 18 Es standen aber die
Knechte und Diener und hatten ein Koh-
lenfeuer gemacht, denn es war kalt und
sie wärmten sich. Aber auch Petrus stand
bei ihnen und wärmte sich.

19 Der Hohepriester befragte nun Jesus
über seine Jünger und über seine Lehre.
20 Jesus antwortete ihm: Ich habe frei und
offen vor aller Welt geredet. Ich habe
allezeit gelehrt in der Synagoge und im
Tempel, wo alle Juden zusammenkom-
men, und habe nichts im Verborgenen
geredet.[a] 21 Was fragst du mich? Frage
die, die gehört haben, was ich zu ihnen
geredet habe. Siehe, sie wissen, was ich
gesagt habe. 22 Als er so redete, schlug
einer von den Knechten, die dabeistan-
den, Jesus ins Gesicht und sprach: Sollst
du dem Hohenpriester so antworten?
23 Jesus antwortete: Habe ich übel gere-
det, so beweise, dass es böse ist; habe ich
aber recht geredet, was schlägst du mich?
24 Und Hannas sandte ihn gebunden zu
dem Hohenpriester Kaiphas.

25 Simon Petrus aber stand da und
wärmte sich. Da sprachen sie zu ihm:
Bist du nicht einer seiner Jünger? Er
leugnete und sprach: Ich bin's nicht.
26 Spricht einer von den Knechten des
Hohenpriesters, ein Verwandter dessen,
dem Petrus das Ohr abgehauen hatte:
Sah ich dich nicht im Garten bei ihm?
27 Da leugnete Petrus abermals, und als-
bald krähte der Hahn.

Jesu Verhör vor Pilatus

28 Da führten sie Jesus von Kaiphas zum
Prätorium; es war früh am Morgen. Und
sie gingen nicht hinein, damit sie nicht
unrein würden, sondern das Passamahl
essen könnten. 29 Da kam Pilatus zu
ihnen heraus und fragte: Was für eine
Klage bringt ihr gegen diesen Menschen
vor? 30 Sie antworteten und sprachen zu
ihm: Wäre dieser nicht ein Übeltäter, wir
hätten ihn dir nicht überantwortet. 31 Da
sprach Pilatus zu ihnen: So nehmt ihr ihn
hin und [a]richtet ihn nach eurem Gesetz.
Da sprachen die Juden zu ihm: Wir dür-
fen niemand töten. 32 So sollte das Wort
Jesu erfüllt werden, das er gesagt hatte,
[a]um anzuzeigen, welchen Todes er ster-
ben würde.

33 Da ging Pilatus wieder hinein ins
Prätorium und rief Jesus und fragte ihn:
Bist du der König der Juden? 34 Jesus
antwortete: Sagst du das von dir aus oder
haben dir's andere über mich gesagt?
35 Pilatus antwortete: Bin ich ein Jude?
Dein Volk und die Hohenpriester haben
dich mir überantwortet. Was hast du ge-
tan? 36 Jesus antwortete: **Mein Reich ist
nicht von dieser Welt.** Wäre mein Reich
von dieser Welt, meine Diener würden
darum kämpfen, dass ich den Juden
nicht überantwortet würde; nun aber ist

18,9: *a* Kap 17,12 **18,14:** *a* Lk 3,1-2; *b* Kap 11,49-50 **18,20:** *a* Kap 7,14.26 **18,31:** *a* Kap 19,6-7 **18,32:** *a* Kap 12,32-33; Mt 20,19

mein Reich nicht von dieser Welt. 37Da
fragte ihn Pilatus: So bist du dennoch ein
König? Jesus antwortete: Du sagst es, **ich
bin ein König. Ich bin dazu geboren und in
die Welt gekommen, dass ich die Wahrheit
bezeugen soll. Wer aus der Wahrheit ist,
der hört meine Stimme.**[a] 38Spricht Pila-
tus zu ihm: Was ist Wahrheit?

Und als er das gesagt hatte, ging er
wieder hinaus zu den Juden und spricht
zu ihnen: Ich finde keine Schuld an ihm.
39Es besteht aber die Gewohnheit bei
euch, dass ich euch einen zum Passafest
losgebe; wollt ihr nun, dass ich euch den
König der Juden losgebe? 40Da schrien
sie wiederum: Nicht diesen, sondern Bar-
abbas! Barabbas aber war ein Räuber.

Jesu Geißelung und Verspottung

19 Da nahm Pilatus Jesus und ließ ihn
geißeln. 2Und die Soldaten floch-
ten eine Krone aus Dornen und setzten
sie auf sein Haupt und legten ihm ein
Purpurgewand an 3und traten zu ihm
und sprachen: Sei gegrüßt, König der
Juden!, und schlugen ihm ins Gesicht.

4Da ging Pilatus wieder hinaus und
sprach zu ihnen: Seht, ich führe ihn her-
aus zu euch, damit ihr erkennt, dass ich
keine Schuld an ihm finde. 5Und Jesus
kam heraus und trug die Dornenkrone
und das Purpurgewand. Und Pilatus
spricht zu ihnen: Seht, welch ein
Mensch!

Jesu Verurteilung

6Als ihn die Hohenpriester und die Knech-
te sahen, schrien sie: Kreuzige! Kreuzige!
Pilatus spricht zu ihnen: Nehmt ihr ihn
hin und kreuzigt ihn, denn ich finde
keine Schuld an ihm. 7Die Juden ant-
worteten ihm: Wir haben ein Gesetz und
nach dem Gesetz muss er sterben, denn
[a]er hat sich selbst zu Gottes Sohn ge-
macht.

8Als Pilatus dies Wort hörte, fürchtete
er sich noch mehr 9und ging wieder hin-
ein in das Prätorium und spricht zu Je-
sus: Woher bist du? Aber Jesus gab ihm
keine Antwort. 10Da sprach Pilatus zu
ihm: Redest du nicht mit mir? Weißt du
nicht, dass ich Macht habe, dich loszuge-
ben, und Macht habe, dich zu kreuzigen?
11Jesus antwortete: Du hättest keine
Macht über mich, wenn es dir nicht von
oben her gegeben wäre. Darum: der mich
dir überantwortet hat, der hat größere
Sünde.

12Von da an trachtete Pilatus danach,
ihn freizulassen. Die Juden aber schrien:
Lässt du diesen frei, so bist du [a]des Kai-
sers Freund nicht; denn [b]wer sich zum
König macht, der ist gegen den Kaiser.
13Als Pilatus diese Worte hörte, führte er
Jesus heraus und setzte sich auf den
Richterstuhl an der Stätte, die da heißt
Steinpflaster, auf hebräisch Gabbata.
14Es war aber am Rüsttag für das Passa-
fest um die sechste Stunde. Und er
spricht zu den Juden: Seht, das ist euer
König! 15Sie schrien aber: Weg, weg mit
dem! Kreuzige ihn! Spricht Pilatus zu
ihnen: [a]Soll ich euren König kreuzigen?
Die Hohenpriester antworteten: Wir ha-
ben keinen König als den Kaiser. 16Da
überantwortete er ihnen Jesus, dass er
gekreuzigt würde.

Jesu Kreuzigung und Tod

Sie nahmen ihn aber 17und er trug sein
Kreuz und ging hinaus zur Stätte, die da
heißt Schädelstätte, auf hebräisch Golga-
tha. 18Dort kreuzigten sie ihn und mit
ihm zwei andere zu beiden Seiten, Jesus
aber in der Mitte.

19Pilatus aber schrieb eine Aufschrift
und setzte sie auf das Kreuz; und es war
geschrieben: Jesus von Nazareth, der Kö-
nig der Juden. 20Diese Aufschrift lasen
viele Juden, denn die Stätte, wo Jesus
gekreuzigt wurde, war nahe bei der
Stadt. Und es war geschrieben in he-
bräischer, lateinischer und griechischer
Sprache. 21Da sprachen die Hohenpries-
ter der Juden zu Pilatus: Schreib nicht:
Der König der Juden, sondern dass er
gesagt hat: Ich bin der König der Juden.
22Pilatus antwortete: Was ich geschrie-
ben habe, das habe ich geschrieben.

23Als aber die Soldaten Jesus gekreu-
zigt hatten, nahmen sie seine Kleider und
machten vier Teile, für jeden Soldaten
einen Teil, dazu auch das Gewand. Das
war aber ungenäht, von oben an gewebt

18,37: *a* 1.Tim 6,13 **19,7:** *a* Kap 10,33; 3.Mose 24,16 **19,12:** *a* St zu Dan 2,1; *b* Apg 17,7 **19,15:** *a* Kap 18,37

in einem Stück. 24 Da sprachen sie unter-
einander: Lasst uns das nicht zerteilen,
sondern darum losen, wem es gehören
soll. So sollte die Schrift erfüllt werden,
die sagt (Psalm 22,19): »Sie haben meine
Kleider unter sich geteilt und haben über
mein Gewand das Los geworfen.« Das
taten die Soldaten.

25 Es standen aber bei dem Kreuz Jesu
seine Mutter und seiner Mutter Schwes-
ter, Maria, die Frau des Klopas, und Ma-
ria von Magdala. 26 Als nun Jesus seine
Mutter sah und bei ihr den Jünger, [a]den
er lieb hatte, spricht er zu seiner Mutter:
Frau, siehe, das ist dein Sohn! 27 Danach
spricht er zu dem Jünger: **Siehe, das ist
deine Mutter!** Und von der Stunde an
nahm sie der Jünger zu sich.

28 Danach, als Jesus wusste, dass schon
alles vollbracht war, spricht er, [a]damit
die Schrift erfüllt würde: **Mich dürstet.**
29 Da stand ein Gefäß voll Essig. Sie aber
[a]füllten einen Schwamm mit Essig und
steckten ihn auf ein Ysoprohr und hielten
es ihm an den Mund. 30 Als nun Jesus den
Essig genommen hatte, sprach er: **Es ist
vollbracht!,** und neigte das Haupt und
verschied.

31 Weil es aber Rüsttag war und [a]die
Leichname nicht am Kreuz bleiben soll-
ten den Sabbat über – denn dieser Sabbat
war ein hoher Festtag –, baten die Juden
Pilatus, dass ihnen die Beine gebrochen
und sie abgenommen würden. 32 Da ka-
men die Soldaten und brachen dem Ers-
ten die Beine und auch dem andern, der
mit ihm gekreuzigt war. 33 Als sie aber zu
Jesus kamen und sahen, dass er schon
gestorben war, brachen sie ihm die Beine
nicht; 34 sondern einer der Soldaten stieß
mit dem Speer in seine Seite, und so-
gleich kam Blut und Wasser heraus.

35 Und der das gesehen hat, der hat es
bezeugt, und sein Zeugnis ist wahr, und
er weiß, dass er die Wahrheit sagt, damit
auch ihr glaubt. 36 Denn das ist gesche-
hen, damit die Schrift erfüllt würde
(2. Mose 12,46): »Ihr sollt ihm kein Bein
zerbrechen.« 37 Und wiederum sagt die
Schrift an einer andern Stelle (Sacharja
12,10): [a]»Sie werden den sehen, den sie
durchbohrt haben.«

Jesu Grablegung

38 Danach bat Josef von Arimathäa, der
ein Jünger Jesu war, doch heimlich, [a]aus
Furcht vor den Juden, den Pilatus, dass
er den Leichnam Jesu abnehmen dürfe.
Und Pilatus erlaubte es. Da kam er und
nahm den Leichnam Jesu ab. 39 Es kam
aber auch [a]Nikodemus, der vormals in
der Nacht zu Jesus gekommen war, und
brachte Myrrhe gemischt mit Aloe, etwa
hundert Pfund. 40 Da nahmen sie den
Leichnam Jesu und banden ihn in Lei-
nentücher mit wohlriechenden Ölen, wie
die Juden zu begraben pflegen. 41 Es war
aber an der Stätte, wo er gekreuzigt
wurde, ein Garten und im Garten ein
neues Grab, in das noch nie jemand ge-
legt worden war. 42 Dahin legten sie Jesus
wegen des Rüsttags der Juden, weil das
Grab nahe war.

Der Ostermorgen

(Mt 28,1-10; Mk 16,1-8; Lk 24,1-12)

20 Am ersten Tag der Woche kommt
Maria von Magdala früh, als es
noch finster war, zum Grab und sieht,
dass der Stein vom Grab weg war. 2 Da
läuft sie und kommt zu Simon Petrus
und zu dem andern Jünger, [a]den Jesus
lieb hatte, und spricht zu ihnen: Sie ha-
ben den Herrn weggenommen aus dem
Grab, und wir wissen nicht, wo sie ihn
hingelegt haben.

3 Da ging Petrus und der andere Jün-
ger hinaus und sie kamen zum Grab. 4 Es
liefen aber die zwei miteinander und der
andere Jünger lief voraus, schneller als
Petrus, und kam zuerst zum Grab,
5 schaut hinein und sieht die Leinen-
tücher liegen; er ging aber nicht hinein.
6 Da kam Simon Petrus ihm nach und
ging in das Grab hinein und sieht die
Leinentücher liegen, 7 aber das [a]Schweiß-
tuch, das Jesus um das Haupt gebunden
war, nicht bei den Leinentüchern liegen,
sondern daneben, zusammengewickelt an
einem besonderen Ort. 8 Da ging auch
der andere Jünger hinein, der zuerst zum
Grab gekommen war, und sah und
glaubte. 9 Denn [a]sie verstanden die
Schrift noch nicht, dass er von den Toten

19,26: *a* Kap 13,23 **19,28:** *a* Ps 22,16 **19,29:** *a* Ps 69,22 **19,31:** *a* 5. Mose 21,23 **19,37:** *a* Offb 1,7 **19,38:** *a* Kap 7,13 **19,39:** *a* Kap 3,2 **20,2:** *a* Kap 13,23 **20,7:** *a* Kap 11,44 **20,9:** *a* Lk 24,25-27; Apg 2,24-32; 1. Kor 15,4

auferstehen müsste. 10 Da gingen die Jün-
ger wieder heim.

Maria von Magdala

11 Maria aber stand draußen vor dem
Grab und weinte. Als sie nun weinte,
schaute sie in das Grab 12 und sieht zwei
Engel in weißen Gewändern sitzen, einen
zu Häupten und den andern zu den Fü-
ßen, wo sie den Leichnam Jesu hingelegt
hatten. 13 Und die sprachen zu ihr: Frau,
was weinst du? Sie spricht zu ihnen: Sie
haben meinen Herrn weggenommen, und
ich weiß nicht, wo sie ihn hingelegt
haben.

14 Und als sie das sagte, wandte sie sich
um und sieht Jesus stehen und weiß
nicht, dass es Jesus ist. 15 Spricht Jesus zu
ihr: Frau, was weinst du? Wen suchst du?
Sie meint, es sei der Gärtner, und spricht
zu ihm: Herr, hast du ihn weggetragen,
so sage mir, wo du ihn hingelegt hast;
dann will ich ihn holen. 16 Spricht Jesus
zu ihr: Maria! Da wandte sie sich um
und spricht zu ihm auf Hebräisch: Rab-
buni!, das heißt: Meister!

17 Spricht Jesus zu ihr: Rühre mich
nicht an! Denn ich bin noch nicht aufge-
fahren zum Vater. Geh aber hin zu mei-
nen [a] Brüdern und sage ihnen: Ich fahre
auf zu meinem Vater und zu eurem Vater,
zu meinem Gott und zu eurem Gott.
18 Maria von Magdala geht und verkün-
digt den Jüngern: Ich habe den Herrn
gesehen, und das hat er zu mir gesagt.

Die Vollmacht der Jünger

(Mk 16,14-18; Lk 24,36-49)

19 Am Abend aber dieses ersten Tages der
Woche, als die Jünger versammelt und
die Türen verschlossen waren aus Furcht
vor den Juden, kam Jesus und trat mitten
unter sie und spricht zu ihnen: Friede sei
mit euch! 20 Und als er das gesagt hatte,
[a] zeigte er ihnen die Hände und seine
Seite. Da wurden die Jünger froh, dass
sie den Herrn sahen.

21 Da sprach Jesus abermals zu ihnen:
Friede sei mit euch! [a] **Wie mich der Vater
gesandt hat, so sende ich euch.** 22 Und als
er das gesagt hatte, blies er sie an und
spricht zu ihnen: **Nehmt hin den Heiligen
Geist!** 23 **Welchen ihr die Sünden erlasst,
denen sind sie erlassen; und welchen ihr sie
behaltet, denen sind sie behalten.** [a]

Thomas

24 [a] Thomas aber, der Zwilling genannt
wird, einer der Zwölf, war nicht bei ih-
nen, als Jesus kam. 25 Da sagten die an-
dern Jünger zu ihm: Wir haben den
Herrn gesehen. Er aber sprach zu ihnen:
Wenn ich nicht in seinen Händen die
Nägelmale sehe und meinen Finger in die
Nägelmale lege und meine Hand in seine
[a] Seite lege, kann ich's nicht glauben.

26 Und nach acht Tagen waren seine
Jünger abermals drinnen versammelt und
Thomas war bei ihnen. Kommt Jesus, als
die Türen verschlossen waren, und tritt
mitten unter sie und spricht: **Friede sei
mit euch**! 27 Danach spricht er zu Tho-
mas: Reiche deinen Finger her und sieh
meine Hände, und reiche deine Hand her
und lege sie in meine Seite, und sei nicht
ungläubig, sondern gläubig! 28 Thomas
antwortete und sprach zu ihm: **Mein
Herr und** [a] **mein Gott!** 29 Spricht Jesus zu
ihm: Weil du mich gesehen hast, Tho-
mas, darum glaubst du. **Selig sind,** [a] **die
nicht sehen und doch glauben!**

30 Noch viele andere Zeichen tat Jesus
vor seinen Jüngern, die nicht geschrieben
sind in diesem Buch. [a] 31 Diese aber sind
geschrieben, damit ihr glaubt, dass Jesus
der Christus ist, der Sohn Gottes, und
damit ihr [a] durch den Glauben das Le-
ben habt in seinem Namen.

Der Auferstandene am See Tiberias

21 Danach offenbarte sich Jesus aber-
mals den Jüngern am See Tiberias.
Er offenbarte sich aber so:

2 Es waren beieinander Simon Petrus
und Thomas, der Zwilling genannt wird,
und [a] Nathanael aus Kana in Galiläa
und die Söhne des Zebedäus und zwei
andere seiner Jünger. 3 Spricht Simon
Petrus zu ihnen: Ich will fischen gehen.
Sie sprechen zu ihm: So wollen wir mit
dir gehen. Sie gingen hinaus und stiegen
in das Boot, und in dieser Nacht fingen
sie nichts.

4 Als es aber schon Morgen war, stand

20,17: *a* Hebr 2,11-12 **20,20:** *a* 1.Joh 1,1 **20,21:** *a* Kap 17,18 **20,23:** *a* Mt 18,18 **20,24:** *a* Kap 11,16; 14,5; 21,2
20,25: *a* Kap 19,34 **20,28:** *a* Kap 1,1 **20,29:** *a* 1.Petr 1,8; Hebr 11,1 **20,30:** *a* Kap 21,24-25 **20,31:** *a* 1.Joh 5,13
21,2: *a* Kap 1,45

Jesus am Ufer, aber [a]die Jünger wussten
nicht, dass es Jesus war. 5Spricht Jesus
zu ihnen: Kinder, [a]habt ihr nichts zu
essen? Sie antworteten ihm: Nein. 6Er
aber sprach zu ihnen: Werft das Netz aus
zur Rechten des Bootes, so werdet ihr
finden. Da warfen sie es aus und konn-
ten's nicht mehr ziehen wegen der Menge
der Fische.[a]

7Da spricht der Jünger, [a]den Jesus lieb
hatte, zu Petrus: Es ist der Herr! Als
Simon Petrus hörte, dass es der Herr war,
gürtete er sich das Obergewand um, denn
er war nackt, und warf sich ins Wasser.
8Die andern Jünger aber kamen mit dem
Boot, denn sie waren nicht fern vom
Land, nur etwa zweihundert Ellen, und
zogen das Netz mit den Fischen.

9Als sie nun ans Land stiegen, sahen
sie ein Kohlenfeuer und Fische darauf
und Brot. 10Spricht Jesus zu ihnen:
Bringt von den Fischen, die ihr jetzt ge-
fangen habt! 11Simon Petrus stieg hinein
und zog das Netz an Land, voll großer
Fische, hundertdreiundfünfzig. Und ob-
wohl es so viele waren, zerriss doch das
Netz nicht.

12Spricht Jesus zu ihnen: Kommt und
haltet das Mahl! Niemand aber unter
den Jüngern wagte, ihn zu fragen: Wer
bist du? Denn sie wussten, dass es der
Herr war. 13Da kommt Jesus und
[a]nimmt das Brot und gibt's ihnen, des-
gleichen auch die Fische.

14Das ist nun das dritte Mal, dass Je-
sus den Jüngern offenbart wurde, nach-
dem er von den Toten auferstanden war.

Petrus und Johannes

15Als sie nun das Mahl gehalten hatten,
spricht Jesus zu Simon Petrus: [a]Simon,
Sohn des Johannes, hast du mich lieber,
als mich diese haben? Er spricht zu ihm:
Ja, Herr, du weißt, dass ich dich lieb
habe. Spricht Jesus zu ihm: Weide meine
Lämmer!

16Spricht er zum zweiten Mal zu ihm:
Simon, Sohn des Johannes, hast du mich
lieb? Er spricht zu ihm: Ja, Herr, du
weißt, dass ich dich lieb habe. Spricht
Jesus zu ihm: [a]Weide meine Schafe!

17Spricht er zum dritten Mal zu ihm:
Simon, Sohn des Johannes, hast du mich
lieb? Petrus wurde traurig, weil er [a]zum
dritten Mal zu ihm sagte: Hast du mich
lieb?, und sprach zu ihm: Herr, du weißt
alle Dinge, [b]du weißt, dass ich dich lieb
habe. Spricht Jesus zu ihm: Weide meine
Schafe!

18Wahrlich, wahrlich, ich sage dir: Als
du jünger warst, gürtetest du dich selbst
und gingst, wo du hinwolltest; wenn du
aber alt wirst, wirst du deine Hände aus-
strecken und ein anderer wird dich gür-
ten und führen, wo du nicht hinwillst.
19Das sagte er aber, um anzuzeigen, mit
welchem Tod er Gott preisen würde. Und
als er das gesagt hatte, spricht er zu ihm:
Folge mir nach![a]

20Petrus aber wandte sich um und sah
den Jünger folgen, [a]den Jesus lieb hatte,
der auch beim Abendessen an seiner
Brust gelegen und gesagt hatte: Herr, wer
ist's, der dich verrät? 21Als Petrus diesen
sah, spricht er zu Jesus: Herr, was wird
aber mit diesem? 22Jesus spricht zu ihm:
Wenn ich will, dass er bleibt, bis ich
komme, was geht es dich an? Folge du
mir nach! 23Da kam unter den Brüdern
die Rede auf: Dieser Jünger stirbt nicht.
Aber Jesus hatte nicht zu ihm gesagt: Er
stirbt nicht, sondern: Wenn ich will, dass
er bleibt, bis ich komme, was geht es dich
an?

24Dies ist der Jünger, [a]der dies alles
bezeugt und aufgeschrieben hat, und wir
wissen, dass sein Zeugnis wahr ist. 25Es
sind noch viele andere Dinge, die Jesus
getan hat. Wenn aber eins nach dem an-
dern aufgeschrieben werden sollte, so
würde, meine ich, die Welt die Bücher
nicht fassen, die zu schreiben wären.[a]

21,4: *a* Kap 20,14; Lk 24,16 **21,5:** *a* Lk 24,41 **21,6:** *a* Lk 5,4-7 **21,7:** *a* Kap 13,23 **21,13:** *a* Kap 6,11 **21,15:** *a* Kap 1,42 **21,16:** *a* 1. Petr 5,2.4 **21,17:** *a* Kap 13,38; *b* Kap 16,30 **21,19:** *a* Kap 13,36 **21,20:** *a* Kap 13,23.25 **21,24:** *a* Kap 15,27 **21,25:** *a* Kap 20,30; Ps 106,2

DIE APOSTELGESCHICHTE DES LUKAS

Inhaltsübersicht

Christi Himmelfahrt

1 Den [a]ersten Bericht habe ich gegeben,
lieber Theophilus, von all dem, was
Jesus von Anfang an tat und lehrte 2 bis
zu dem Tag, an dem er aufgenommen
wurde, [a]nachdem er den Aposteln, die er
erwählt hatte, durch den Heiligen Geist
Weisung gegeben hatte. 3 Ihnen zeigte er
sich nach seinem Leiden durch viele Be-
weise als der Lebendige und ließ sich
sehen unter ihnen vierzig Tage lang und
redete mit ihnen vom Reich Gottes.
4 Und als er mit ihnen zusammen war,
befahl er ihnen, Jerusalem nicht zu ver-
lassen, sondern [a]zu warten auf die Ver-
heißung des Vaters, die ihr, so sprach er,
von mir gehört habt; 5 denn Johannes hat
mit Wasser getauft, ihr aber sollt mit
dem Heiligen Geist getauft werden nicht
lange nach diesen Tagen.[a]
6 Die nun zusammengekommen waren,
fragten ihn und sprachen: Herr, wirst du
in dieser Zeit [a]wieder aufrichten das
Reich für Israel? 7 Er sprach aber zu
ihnen: Es gebührt euch nicht, Zeit oder
Stunde zu wissen, die der Vater in seiner
Macht bestimmt hat;[a] 8 aber **ihr werdet
die Kraft des Heiligen Geistes empfangen,
der auf euch kommen wird, und** [a]**werdet
meine Zeugen sein** in Jerusalem und [b]in
ganz Judäa und Samarien und bis an das
Ende der Erde.
9 Und als er das gesagt hatte, [a]wurde
er zusehends aufgehoben, und eine
Wolke nahm ihn auf vor ihren Augen
weg. 10 Und als sie ihm nachsahen, wie er
gen Himmel fuhr, siehe, da standen bei
ihnen [a]zwei Männer in weißen Gewän-
dern. 11 Die sagten: Ihr Männer von Ga-
liläa, was steht ihr da und seht zum Him-
mel? Dieser Jesus, der von euch weg gen
Himmel aufgenommen wurde, wird so
[a]wiederkommen, wie ihr ihn habt gen
Himmel fahren sehen.
12 Da kehrten sie nach Jerusalem zu-
rück von dem Berg, der heißt Ölberg und
liegt nahe bei Jerusalem, einen Sabbat-
weg entfernt. 13 Und als sie hineinkamen,
stiegen sie hinauf in das Obergemach des
Hauses, wo sie sich aufzuhalten pflegten:
[a]Petrus, Johannes, Jakobus und Andreas,
Philippus und Thomas, Bartholomäus
und Matthäus, Jakobus, der Sohn des
Alphäus, und Simon der Zelot und Ju-
das, der Sohn des Jakobus. 14 Diese alle
waren stets beieinander einmütig im Ge-
bet samt den Frauen und Maria, der
Mutter Jesu, und [a]seinen Brüdern.

Die Nachwahl des zwölften Apostels

15 Und in den Tagen trat [a]Petrus auf un-
ter den Brüdern – es war aber eine
Menge beisammen von etwa hundert-
zwanzig – und sprach: 16 Ihr Männer und
Brüder, es musste das Wort der Schrift
erfüllt werden, das der Heilige Geist
durch den Mund Davids vorausgesagt
hat über Judas, der denen den Weg
zeigte, die Jesus gefangen nahmen;[a]
17 denn er gehörte zu uns und hatte dieses

1,1: *a* Lk 1,3 **1,2:** *a* Mt 28,19-20 **1,4:** *a* Lk 24,29; Joh 15,26 **1,5:** *a* Mt 3,11 **1,6:** *a* Lk 19,11; 24,21 **1,7:** *a* Mt 24,36 **1,8:** *a* Lk 24,48; *b* Kap 8,1 **1,9:** *a* Mk 16,19; Lk 24,51 **1,10:** *a* Lk 24,4 **1,11:** *a* Lk 21,27 **1,13:** *a* Lk 6,13-16 **1,14:** *a* Joh 7,3 **1,15:** *a* Joh 21,15-19 **1,16:** *a* Ps 41,10

Amt mit uns empfangen. 18 Der hat einen Acker erworben mit dem Lohn für seine Ungerechtigkeit. Aber er ist vornüber gestürzt und mitten entzweigeborsten, sodass alle seine Eingeweide hervorquollen.[a] 19 Und es ist allen bekannt geworden, die in Jerusalem wohnen, sodass dieser Acker in ihrer Sprache genannt wird: Hakeldamach, das heißt Blutacker. 20 Denn es steht geschrieben im Psalmbuch (Psalm 69,26; 109,8): »Seine Behausung soll verwüstet werden, und niemand wohne darin«, und: »Sein Amt empfange ein andrer.« 21 So muss nun einer von diesen Männern, die bei uns gewesen sind [a]die ganze Zeit über, als der Herr Jesus unter uns ein- und ausgegangen ist 22 – von der Taufe des Johannes an bis zu dem Tag, an dem er von uns genommen wurde –, mit uns Zeuge seiner Auferstehung werden.

23 Und sie stellten zwei auf: Josef, genannt Barsabbas, mit dem Beinamen Justus, und Matthias, 24 und [a]beteten und sprachen: Herr, der du aller Herzen kennst, zeige an, welchen du erwählt hast von diesen beiden, 25 damit er diesen Dienst und das Apostelamt empfange, das Judas verlassen hat, um an den Ort zu gehen, wohin er gehört. 26 Und sie [a]warfen das Los über sie und das Los fiel auf Matthias; und er wurde zugeordnet zu den elf Aposteln.[b]

Das Pfingstwunder

2 Und als der [a]Pfingsttag gekommen war, waren sie alle an **einem** Ort beieinander. 2 Und es geschah plötzlich ein Brausen vom Himmel wie von einem gewaltigen Wind und erfüllte das ganze Haus, in dem sie saßen. 3 Und es erschienen ihnen Zungen, zerteilt wie von Feuer; und er setzte sich auf einen jeden von ihnen,[a] 4 und [a]sie wurden alle erfüllt von dem Heiligen Geist und fingen an zu predigen in andern Sprachen,* wie der Geist ihnen gab auszusprechen.

5 Es wohnten aber in Jerusalem Juden, die waren [a]gottesfürchtige Männer aus allen Völkern unter dem Himmel. 6 Als nun dieses Brausen geschah, kam die Menge zusammen und wurde bestürzt; denn ein jeder hörte sie in seiner eigenen Sprache reden. 7 Sie entsetzten sich aber, verwunderten sich und sprachen: Siehe, sind nicht diese alle, die da reden, aus Galiläa? 8 Wie hören wir denn jeder seine eigene Muttersprache? 9 Parther und Meder und Elamiter und die wir wohnen in Mesopotamien und Judäa, Kappadozien, Pontus und der Provinz Asien, 10 Phrygien und Pamphylien, Ägypten und der Gegend von Kyrene in Libyen und Einwanderer aus Rom, 11 Juden und Judengenossen, Kreter und Araber: wir hören sie in unsern Sprachen von den großen Taten Gottes reden.

12 Sie entsetzten sich aber alle und wurden ratlos und sprachen einer zu dem andern: Was will das werden? 13 Andere aber hatten ihren Spott und sprachen: Sie sind voll von süßem Wein.

Die Pfingstpredigt des Petrus

14 Da trat Petrus auf mit den Elf, erhob seine Stimme und redete zu ihnen: Ihr Juden, liebe Männer, und alle, die ihr in Jerusalem wohnt, das sei euch kundgetan, und lasst meine Worte zu euren Ohren eingehen! 15 Denn diese sind nicht betrunken, wie ihr meint, ist es doch erst die dritte Stunde am Tage; 16 sondern das ist's, was durch den Propheten Joel gesagt worden ist (Joel 3,1-5):

17 »Und es soll geschehen in den letzten Tagen, spricht Gott, da will ich ausgießen von meinem Geist auf alles Fleisch; und eure Söhne und eure Töchter sollen weissagen, und eure Jünglinge sollen Gesichte sehen, und eure Alten sollen Träume haben; 18 und auf meine Knechte und auf meine Mägde will ich in jenen Tagen von meinem Geist ausgießen, und sie sollen weissagen. 19 Und ich will Wunder tun oben am Himmel und Zeichen unten auf Erden, Blut und Feuer und Rauchdampf; 20 die Sonne soll in Finsternis und der Mond in Blut verwandelt werden, ehe der große Tag der Offenbarung des Herrn kommt. 21 Und es soll geschehen: wer den Namen des Herrn anrufen wird, der soll gerettet werden.«

22 Ihr Männer von Israel, hört diese

* Wörtlich: »in andern Zungen«; vgl. Sach- und Worterklärungen unter »Zungenrede« (siehe auch 10,46; 19,6).

1,18: *a* Mt 27,3-10 **1,21:** *a* Joh 15,27 **1,24:** *a* Kap 6,6 **1,26:** *a* Spr 16,33; *b* Ri 21,17 **2,1:** *a* 3. Mose 23,15-21 **2,3:** *a* Mt 3,11 **2,4:** *a* Kap 4,31; 10,44-46 **2,5:** *a* Kap 13,26

Worte: Jesus von Nazareth, von Gott un-
ter euch ausgewiesen durch Taten und
Wunder und Zeichen, die Gott durch ihn
in eurer Mitte getan hat, wie ihr selbst
wisst – 23 diesen Mann, der [a]durch Got-
tes Ratschluss und Vorsehung dahingege-
ben war, habt ihr durch die Hand der
Heiden ans Kreuz geschlagen und umge-
bracht. 24 Den hat Gott auferweckt und
hat aufgelöst die Schmerzen des Todes,
wie es denn unmöglich war, dass er vom
Tode festgehalten werden konnte. 25 Denn
David spricht von ihm (Psalm 16,8-11):
»Ich habe den Herrn allezeit vor Augen,
denn er steht mir zur Rechten, damit ich
nicht wanke. 26 Darum ist mein Herz
fröhlich, und meine Zunge frohlockt;
auch mein Leib wird ruhen in Hoffnung.
27 Denn du wirst mich nicht dem Tod
überlassen und nicht zugeben, dass dein
Heiliger die Verwesung sehe. 28 Du hast
mir kundgetan die Wege des Lebens; du
wirst mich erfüllen mit Freude vor dei-
nem Angesicht.«

29 Ihr Männer, liebe Brüder, lasst mich
freimütig zu euch reden von dem Erz-
vater David. [a]Er ist gestorben und be-
graben, und sein Grab ist bei uns bis auf
diesen Tag. 30 Da er nun ein Prophet war
und wusste, dass ihm Gott verheißen
hatte mit einem Eid, dass [a]ein Nach-
komme von ihm auf seinem Thron sitzen
sollte, 31 hat er's vorausgesehen und von
der Auferstehung des Christus gesagt: Er
ist nicht dem Tod überlassen, und sein
Leib hat die Verwesung nicht gesehen.
32 Diesen Jesus hat Gott auferweckt; des-
sen sind wir alle Zeugen. 33 Da er nun
durch die rechte Hand Gottes erhöht ist
und empfangen hat den verheißenen Hei-
ligen Geist vom Vater, [a]hat er diesen
ausgegossen, wie ihr hier seht und hört.
34 Denn David ist nicht gen Himmel ge-
fahren; sondern er sagt selbst (Psalm
110,1): »Der Herr sprach zu meinem
Herrn: Setze dich zu meiner Rechten,
35 bis ich deine Feinde zum Schemel dei-
ner Füße mache.« 36 So wisse nun das
ganze Haus Israel gewiss, dass Gott die-
sen Jesus, den ihr gekreuzigt habt, zum
Herrn und Christus gemacht hat.[a]

Die erste Gemeinde

37 Als sie aber das hörten, ging's ihnen
durchs Herz und sie sprachen zu Petrus
und den andern Aposteln: Ihr Männer,
liebe Brüder, [a]was sollen wir tun? 38 Pe-
trus sprach zu ihnen: [a]**Tut Buße und
jeder von euch lasse sich taufen auf den
Namen Jesu Christi zur Vergebung eurer
Sünden, so werdet ihr empfangen die Gabe
des Heiligen Geistes.** 39 Denn euch und
euren Kindern gilt diese Verheißung und
allen, die fern sind, so viele der Herr,
unser Gott, herzurufen wird.[a]

40 Auch mit vielen andern Worten be-
zeugte er das und ermahnte sie und
sprach: Lasst euch erretten aus diesem
[a]verkehrten Geschlecht! 41 Die nun sein
Wort annahmen, ließen sich taufen; und
an diesem Tage wurden hinzugefügt etwa
dreitausend Menschen.

42 **Sie blieben aber beständig in der
Lehre der Apostel und in der Gemein-
schaft und im [a]Brotbrechen und im Gebet.**
43 Es kam aber Furcht über alle Seelen
und es geschahen auch viele Wunder und
Zeichen durch die Apostel. 44 Alle aber,
die gläubig geworden waren, waren bei-
einander und hatten alle Dinge gemein-
sam.[a] 45 Sie verkauften Güter und Habe
und teilten sie aus unter alle, je nachdem
es einer nötig hatte. 46 Und sie waren täg-
lich einmütig beieinander im Tempel und
brachen das Brot hier und dort in den
Häusern, hielten die Mahlzeiten mit
Freude und lauterem Herzen 47 und lob-
ten Gott und fanden Wohlwollen beim
ganzen Volk. [a]Der Herr aber fügte täg-
lich zur Gemeinde hinzu, die gerettet
wurden.

Die Heilung des Gelähmten

3 Petrus aber und Johannes gingen hin-
auf in den Tempel um die neunte
Stunde, zur Gebetszeit. 2 Und es wurde
ein Mann herbeigetragen, lahm von
Mutterleibe; den setzte man täglich vor
die Tür des Tempels, die da heißt die
Schöne, damit er um Almosen bettelte
bei denen, die in den Tempel gingen. 3 Als
er nun Petrus und Johannes sah, wie sie

2,23: *a* Kap 4,28 **2,29:** *a* 1. Kön 2,10 **2,30:** *a* 2. Sam 7,12-13; Ps 89,4-5 **2,33:** *a* Joh 15,26 **2,36:** *a* Kap 5,31 **2,37:** *a* Kap 16,30; Lk 3,10 **2,38:** *a* Kap 3,17-19; Lk 24,47 **2,39:** *a* Joel 3,5 **2,40:** *a* Mt 17,17; Phil 2,15 **2,42:** *a* Kap 20,7 **2,44:** *a* Kap 4,32-35 **2,47:** *a* Kap 4,4; 5,14; 6,7; 11,21; 14,1

in den Tempel hineingehen wollten, bat
er um ein Almosen.
4 Petrus aber blickte ihn an mit Jo-
hannes und sprach: Sieh uns an! 5 Und er
sah sie an und wartete darauf, dass er
etwas von ihnen empfinge. 6 Petrus aber
sprach: Silber und Gold habe ich nicht;
was ich aber habe, das gebe ich dir: Im
Namen Jesu Christi von Nazareth steh
auf und geh umher! 7 Und er ergriff ihn
bei der rechten Hand und richtete ihn
auf. Sogleich wurden seine Füße und
Knöchel fest, 8 er sprang auf, konnte ge-
hen und stehen und ging mit ihnen in
den Tempel, lief und sprang umher und
lobte Gott.
9 Und es sah ihn alles Volk umher-
gehen und Gott loben. 10 Sie erkannten
ihn auch, dass er es war, der vor der
Schönen Tür des Tempels gesessen und
um Almosen gebettelt hatte; und Ver-
wunderung und Entsetzen erfüllte sie
über das, was ihm widerfahren war. 11 Als
er sich aber zu Petrus und Johannes hielt,
lief alles Volk zu ihnen in die [a]Halle, die
da heißt Salomos, und sie wunderten sich
sehr.
12 Als Petrus das sah, sprach er zu dem
Volk: Ihr Männer von Israel, was wun-
dert ihr euch darüber oder was seht ihr
auf uns, als hätten wir durch eigene
Kraft oder Frömmigkeit bewirkt, dass
dieser gehen kann? 13 Der Gott Abra-
hams und Isaaks und Jakobs, der Gott
unsrer Väter, hat seinen Knecht Jesus
verherrlicht, den ihr überantwortet und
verleugnet habt vor Pilatus, als der ihn
loslassen wollte. 14 Ihr aber habt den Hei-
ligen und Gerechten verleugnet und
darum [a]gebeten, dass man euch den
Mörder schenke; 15 aber den Fürsten des
Lebens habt ihr getötet. Den hat Gott
auferweckt von den Toten; dessen sind
wir Zeugen. 16 Und durch den Glauben
an seinen Namen hat sein Name diesen,
den ihr seht und kennt, stark gemacht;
und der Glaube, der durch ihn gewirkt
ist, hat diesem die Gesundheit gegeben
vor euer aller Augen.
17 Nun, liebe Brüder, ich weiß, dass
ihr's aus Unwissenheit getan habt wie
auch eure Oberen.[a] 18 Gott aber hat er-
füllt, was er durch den Mund aller seiner
Propheten zuvor verkündigt hat: dass
sein Christus leiden sollte.[a] 19 So tut nun
Buße und bekehrt euch, dass eure Sün-
den getilgt werden,[a] 20 damit die Zeit der
Erquickung komme von dem Angesicht
des Herrn und er den sende, der euch
zuvor zum Christus bestimmt ist: Jesus.
21 Ihn muss der Himmel aufnehmen bis
zu der Zeit, in der alles wiedergebracht
wird, wovon Gott geredet hat durch den
Mund seiner heiligen Propheten von An-
beginn. 22 Mose hat gesagt (5. Mose
18,15; 18,19): »Einen Propheten wie mich
wird euch der Herr, euer Gott, erwecken
aus euren Brüdern; den sollt ihr hören in
allem, was er zu euch sagen wird. 23 Und
es wird geschehen, wer diesen Propheten
nicht hören wird, der soll vertilgt werden
aus dem Volk.« 24 Und alle Propheten
von Samuel an, wie viele auch danach
geredet haben, die haben auch diese Tage
verkündigt. 25 Ihr seid die Söhne der Pro-
pheten und des Bundes, den Gott ge-
schlossen hat mit euren Vätern, als er zu
Abraham sprach (1. Mose 22,18): »Durch
dein Geschlecht sollen gesegnet werden
alle Völker auf Erden.« 26 [a]Für euch zu-
erst hat Gott seinen Knecht Jesus er-
weckt und hat ihn zu euch gesandt, euch
zu segnen, dass ein jeder sich bekehre
von seiner Bosheit.

Petrus und Johannes vor dem Hohen Rat

4 Während sie zum Volk redeten, tra-
ten zu ihnen die Priester und der
[a]Hauptmann des Tempels und die Sad-
duzäer, 2 die verdross, dass sie das Volk
lehrten und [a]verkündigten an Jesus die
Auferstehung von den Toten. 3 Und sie
legten Hand an sie und setzten sie ge-
fangen bis zum Morgen; denn es war
schon Abend. 4 Aber viele von denen, die
das Wort gehört hatten, wurden gläubig;
und die Zahl der Männer stieg auf etwa
fünftausend.[a]
5 Als nun der Morgen kam, versam-
melten sich ihre Oberen und Ältesten
und Schriftgelehrten in Jerusalem, 6 auch
[a]Hannas, der Hohepriester, und Kaiphas
und Johannes und Alexander und alle,
die vom Hohenpriestergeschlecht waren;

3,11: *a* Kap 5,12; Joh 10,23 **3,14:** *a* Mt 27,20-21 **3,17:** *a* Lk 23,34 **3,18:** *a* Lk 24,44 **3,19:** *a* Kap 2,38 **3,26:** *a* Kap 13,46 **4,1:** *a* Lk 22,4.52 **4,2:** *a* Kap 23,8 **4,4:** *a* Kap 2,47 **4,6:** *a* Lk 3,1-2

7 und sie stellten sie vor sich und fragten
sie: Aus welcher Kraft oder in welchem
Namen habt ihr das getan?[a] 8 Petrus,
[a]voll des Heiligen Geistes, sprach zu
ihnen: Ihr Oberen des Volkes und ihr
Ältesten! 9 Wenn wir heute verhört wer-
den wegen dieser Wohltat an dem kran-
ken Menschen, durch wen er gesund ge-
worden ist, 10 so sei euch und dem ganzen
Volk Israel kundgetan: [a]Im Namen Jesu
Christi von Nazareth, den ihr gekreuzigt
habt, den Gott von den Toten auf-
erweckt hat; durch ihn steht dieser hier
gesund vor euch. 11 Das ist der Stein, von
euch Bauleuten verworfen, der zum Eck-
stein geworden ist.[a] 12 Und **in keinem
andern ist das Heil, auch ist [a]kein andrer
Name unter dem Himmel den Menschen
gegeben, durch den wir sollen selig wer-
den.**

13 Sie sahen aber den Freimut des Pe-
trus und Johannes und wunderten sich;
denn sie merkten, dass sie ungelehrte und
einfache Leute waren, und wussten auch
von ihnen, dass sie mit Jesus gewesen
waren. 14 Sie sahen aber den Menschen,
[a]der gesund geworden war, bei ihnen ste-
hen und wussten nichts dagegen zu sa-
gen. 15 Da hießen sie sie hinausgehen aus
dem Hohen Rat und verhandelten mit-
einander und sprachen: 16 Was wollen wir
mit diesen Menschen tun? Denn dass ein
offenkundiges Zeichen durch sie gesche-
hen ist, ist allen bekannt, die in Jeru-
salem wohnen, und wir können's nicht
leugnen.[a] 17 Aber damit es nicht weiter
einreiße unter dem Volk, wollen wir ih-
nen drohen, dass sie hinfort zu keinem
Menschen in diesem Namen reden.
18 Und sie riefen sie und geboten ihnen,
keinesfalls zu reden oder zu lehren in
dem Namen Jesu. 19 Petrus aber und Jo-
hannes antworteten und sprachen zu ih-
nen: Urteilt selbst, [a]ob es vor Gott recht
ist, dass wir euch mehr gehorchen als
Gott. 20 **Wir können's ja nicht lassen, von
dem zu reden, was wir gesehen und gehört
haben.**

21 Da drohten sie ihnen und ließen sie
gehen um des Volkes willen, weil sie
nichts fanden, was Strafe verdient hätte;
denn alle lobten Gott für das, was ge-
schehen war. 22 Denn der Mensch war
über vierzig Jahre alt, an dem dieses Zei-
chen der Heilung geschehen war.

Das Gebet der Gemeinde

23 Und als man sie hatte gehen lassen,
kamen sie zu den Ihren und berichteten,
was die Hohenpriester und Ältesten zu
ihnen gesagt hatten. 24 Als sie das hörten,
erhoben sie ihre Stimme einmütig zu
Gott und sprachen: Herr, du hast Him-
mel und Erde und das Meer und alles,
was darin ist, gemacht, 25 du hast durch
den Heiligen Geist, durch den Mund un-
seres Vaters David, deines Knechtes, ge-
sagt (Psalm 2,1-2): »Warum toben die
Heiden, und die Völker nehmen sich vor,
was umsonst ist? 26 Die Könige der Erde
treten zusammen, und die Fürsten ver-
sammeln sich wider den Herrn und sei-
nen Christus.« 27 Wahrhaftig, sie haben
sich versammelt in dieser Stadt gegen
deinen heiligen Knecht Jesus, den du ge-
salbt hast, [a]Herodes und Pontius Pilatus
mit den Heiden und den Stämmen Is-
raels, 28 zu tun, was deine Hand und dein
Ratschluss zuvor bestimmt hatten, dass
es geschehen solle.[a] 29 Und nun, Herr,
sieh an ihr Drohen und **gib deinen Knech-
ten, [a]mit allem Freimut zu reden dein
Wort;** 30 strecke deine Hand aus, dass
Heilungen und Zeichen und Wunder ge-
schehen durch den Namen deines hei-
ligen Knechtes Jesus.

31 Und als sie gebetet hatten, erbebte
die Stätte, wo sie versammelt waren; und
sie wurden alle vom Heiligen Geist erfüllt
und redeten das Wort Gottes mit Frei-
mut.

Die Gütergemeinschaft der ersten Christen

32 Die Menge der Gläubigen aber war ein
Herz und eine Seele; auch nicht einer
sagte von seinen Gütern, dass sie sein
wären, sondern [a]es war ihnen alles ge-
meinsam. 33 Und mit großer Kraft be-
zeugten die Apostel die Auferstehung des
Herrn Jesus, und große [a]Gnade war bei
ihnen allen. 34 Es war auch [a]keiner unter
ihnen, der Mangel hatte; denn wer von
ihnen Äcker oder Häuser besaß, ver-

4,7: *a* Mt 21,23 **4,8:** *a* Mt 10,19-20 **4,10:** *a* Kap 3,6.13-16 **4,11:** *a* Mt 21,42 **4,12:** *a* Kap 10,43; Mt 1,21 **4,14:** *a* Kap 3,8-9 **4,16:** *a* Joh 11,47 **4,19:** *a* Kap 5,28-29 **4,27:** *a* Lk 23,12 **4,28:** *a* Kap 2,23 **4,29:** *a* Eph 6,19 **4,32:** *a* Kap 2,44 **4,33:** *a* Kap 2,47 **4,34:** *a* Kap 2,45

kaufte sie und brachte das Geld für das
Verkaufte 35 und legte es den Aposteln zu
Füßen; und man gab einem jeden, was er
nötig hatte.
36 Josef aber, der von den Aposteln [a] Bar-
nabas genannt wurde – das heißt über-
setzt: Sohn des Trostes –, ein Levit, aus
Zypern gebürtig, 37 der hatte einen Acker
und verkaufte ihn und brachte das Geld
und legte es den Aposteln zu Füßen.

Hananias und Saphira

5 Ein Mann aber mit Namen Hananias
samt seiner Frau Saphira verkaufte
einen Acker, 2 doch er hielt mit Wissen
seiner Frau etwas von dem Geld zurück
und brachte nur einen Teil und [a] legte ihn
den Aposteln zu Füßen. 3 Petrus aber
sprach: Hananias, warum hat der Satan
dein Herz erfüllt, dass du den Heiligen
Geist belogen und etwas vom Geld für
den Acker zurückbehalten hast? 4 Hättest
du den Acker nicht behalten können, als
du ihn hattest? Und konntest du nicht
auch, als er verkauft war, noch tun, was
du wolltest? Warum hast du dir dies in
deinem Herzen vorgenommen? Du hast
nicht Menschen, sondern Gott belogen.
5 Als Hananias diese Worte hörte, fiel er
zu Boden und gab den Geist auf. Und es
kam eine große Furcht über alle, die dies
hörten. 6 Da standen die jungen Männer
auf und deckten ihn zu und trugen ihn
hinaus und begruben ihn.
7 Es begab sich nach einer Weile, etwa
nach drei Stunden, da kam seine Frau
herein und wusste nicht, was geschehen
war. 8 Aber Petrus sprach zu ihr: Sag mir,
habt ihr den Acker für diesen Preis ver-
kauft? Sie sprach: Ja, für diesen Preis.
9 Petrus aber sprach zu ihr: Warum seid
ihr euch denn einig geworden, den Geist
des Herrn zu versuchen? Siehe, die Füße
derer, die deinen Mann begraben haben,
sind vor der Tür und werden auch dich
hinaustragen. 10 Und sogleich fiel sie zu
Boden, ihm vor die Füße, und gab den
Geist auf. Da kamen die jungen Männer
und fanden sie tot, trugen sie hinaus und
begruben sie neben ihrem Mann. 11 Und
es kam eine große Furcht über die ganze
Gemeinde und über alle, die das hörten.

Wundertaten der Apostel

12 Es geschahen aber viele Zeichen und
Wunder im Volk durch die Hände der
Apostel; und sie waren alle in der [a] Halle
Salomos einmütig beieinander. 13 Von
den andern aber wagte keiner, ihnen zu
nahe zu kommen; doch das Volk hielt
viel von ihnen. 14 Desto mehr aber wuchs
die Zahl derer, die an den Herrn glaubten
– eine Menge Männer und Frauen –,[a]
15 sodass sie die Kranken sogar auf die
Straßen hinaustrugen und sie auf Betten
und Bahren legten, damit, wenn Petrus
käme, wenigstens sein Schatten auf einige
von ihnen fiele.[a] 16 Es kamen auch viele
aus den Städten rings um Jerusalem und
brachten Kranke und solche, die von un-
reinen Geistern geplagt waren; und alle
wurden gesund.

Die Apostel vor dem Hohen Rat

17 Es erhoben sich aber [a] der Hohepries-
ter und alle, die mit ihm waren, nämlich
die Partei der Sadduzäer, von Eifersucht
erfüllt, 18 und legten Hand an die Apostel
und warfen sie in das öffentliche Gefäng-
nis. 19 Aber [a] der Engel des Herrn tat in
der Nacht die Türen des Gefängnisses
auf und führte sie heraus und sprach:
20 Geht hin und tretet im Tempel auf und
redet zum Volk alle Worte des Lebens.
21 Als sie das gehört hatten, gingen sie
frühmorgens in den Tempel und lehrten.
Der Hohepriester aber und die mit
ihm waren, kamen und riefen den Hohen
Rat und alle Ältesten in Israel zusammen
und sandten zum Gefängnis, sie zu ho-
len. 22 Die Knechte gingen hin und fan-
den sie nicht im Gefängnis, kamen zu-
rück und berichteten: 23 Das Gefängnis
fanden wir fest verschlossen und die
Wächter vor den Türen stehen; aber als
wir öffneten, fanden wir niemanden
darin. 24 Als der Hauptmann des Tempels
und die Hohenpriester diese Worte hör-
ten, wurden sie betreten und wussten
nicht, was daraus werden sollte. 25 Da
kam jemand, der berichtete ihnen: Siehe,
die Männer, die ihr ins Gefängnis gewor-
fen habt, stehen im Tempel und lehren
das Volk. 26 Da ging der Hauptmann mit

Apg

4,36: *a* Kap 11,22-26; 12,25; 15,2; Gal 2,1; Kol 4,10 **5,2:** *a* Kap 4,34-37 **5,12:** *a* Kap 3,11 **5,14:** *a* Kap 2,47 **5,15:** *a* Kap 19,11-12 **5,17:** *a* Kap 4,1.6 **5,19:** *a* Kap 12,7 den Knechten hin und holte sie, doch nicht mit Gewalt; denn sie fürchteten sich vor dem Volk, dass sie gesteinigt würden.

27 Und sie brachten sie und stellten sie vor den Hohen Rat. Und der Hohepriester fragte sie 28 und sprach: [a]Haben wir euch nicht streng geboten, in diesem Namen nicht zu lehren? Und seht, ihr habt Jerusalem erfüllt mit eurer Lehre und [b]wollt das Blut dieses Menschen über uns bringen. 29 Petrus aber und die Apostel antworteten und sprachen: **Man muss Gott mehr gehorchen als den Menschen.**[a] 30 Der Gott unsrer Väter hat Jesus auferweckt, den ihr an das Holz gehängt und getötet habt.[a] 31 Den hat Gott [a]durch seine rechte Hand erhöht zum Fürsten und Heiland, um Israel Buße und Vergebung der Sünden zu geben. 32 Und [a]wir sind Zeugen dieses Geschehens und mit uns [b]der Heilige Geist, den Gott denen gegeben hat, die ihm gehorchen. 33 Als sie das hörten, ging's ihnen durchs Herz und sie wollten sie töten.

Der Rat des Gamaliel

34 Da stand aber im Hohen Rat ein Pharisäer auf mit Namen [a]Gamaliel, ein Schriftgelehrter, vom ganzen Volk in Ehren gehalten, und ließ die Männer für kurze Zeit hinausführen. 35 Und er sprach zu ihnen: Ihr Männer von Israel, seht genau zu, was ihr mit diesen Menschen tun wollt. 36 Denn vor einiger Zeit stand Theudas auf und gab vor, er wäre etwas, und ihm hing eine Anzahl Männer an, etwa vierhundert. Der wurde erschlagen und alle, die ihm folgten, wurden zerstreut und vernichtet. 37 Danach stand Judas der Galiläer auf in den Tagen der Volkszählung und brachte eine Menge Volk hinter sich zum Aufruhr; und der ist auch umgekommen und alle, die ihm folgten, wurden zerstreut. 38 Und nun sage ich euch: Lasst ab von diesen Menschen und lasst sie gehen! [a]Ist dies Vorhaben oder dies Werk von Menschen, so wird's untergehen; 39 ist es aber von Gott, so könnt ihr sie nicht vernichten – damit ihr nicht dasteht als solche, die gegen Gott streiten wollen.

Da stimmten sie ihm zu 40 und riefen die Apostel herein, [a]ließen sie geißeln und geboten ihnen, sie sollten nicht mehr im Namen Jesu reden, und ließen sie gehen. 41 Sie gingen aber [a]fröhlich von dem Hohen Rat fort, weil sie würdig gewesen waren, um Seines Namens willen Schmach zu leiden, 42 und sie hörten nicht auf, alle Tage im Tempel und hier und dort in den Häusern zu lehren und zu predigen das Evangelium von Jesus Christus.

Die Wahl der sieben Armenpfleger

6 In diesen Tagen aber, als die Zahl der Jünger zunahm, erhob sich ein Murren unter den griechischen Juden in der Gemeinde gegen die hebräischen, weil ihre Witwen übersehen wurden bei der [a]täglichen Versorgung. 2 Da riefen die Zwölf die Menge der Jünger zusammen und sprachen: Es ist nicht recht, dass wir für die Mahlzeiten sorgen und darüber das Wort Gottes vernachlässigen. 3 Darum, ihr lieben Brüder, seht euch um nach sieben Männern in eurer Mitte, die [a]einen guten Ruf haben und voll Heiligen Geistes und Weisheit sind, die wir bestellen wollen zu diesem Dienst. 4 Wir aber wollen ganz beim Gebet und beim Dienst des Wortes bleiben.

5 Und die Rede gefiel der ganzen Menge gut; und sie wählten Stephanus, einen Mann voll Glaubens und Heiligen Geistes, und [a]Philippus und Prochorus und Nikanor und Timon und Parmenas und Nikolaus, den Judengenossen aus Antiochia. 6 Diese Männer stellten sie vor die Apostel; die [a]beteten und legten die Hände auf sie. 7 Und das Wort Gottes breitete sich aus und die Zahl der Jünger wurde sehr groß in Jerusalem. Es wurden auch viele Priester dem Glauben gehorsam.[a]

Stephanus vor dem Hohen Rat

8 Stephanus aber, voll Gnade und Kraft, tat Wunder und große Zeichen unter dem Volk. 9 Da standen einige auf von der Synagoge der Libertiner und der Kyrenäer und der Alexandriner und einige von denen aus Zilizien und der Provinz

5,28: *a* Kap 4,18; *b* Mt 27,25 **5,29:** *a* Kap 4,19; Dan 3,17-18 **5,30:** *a* Kap 3,15 **5,31:** *a* Kap 2,33 **5,32:** *a* Lk 24,48; *b* Joh 15,26-27 **5,34:** *a* Kap 22,3 **5,38:** *a* Mt 15,13 **5,40:** *a* Mt 10,17 **5,41:** *a* Mt 5,10-12; 1.Petr 4,13 **6,1:** *a* Kap 4,35 **6,3:** *a* 1.Tim 3,8-10 **6,5:** *a* Kap 8,5 **6,6:** *a* Kap 1,24; 13,3; 14,23 **6,7:** *a* Kap 2,47; 19,20

Asien und stritten mit Stephanus.
10 Doch sie vermochten nicht zu wider-
stehen der Weisheit und dem Geist, in
dem er redete.[a]
11 Da stifteten sie einige Männer an,
die sprachen: Wir haben ihn Lästerworte
reden hören gegen Mose und gegen
Gott.[a] 12 Und sie brachten das Volk und
die Ältesten und die Schriftgelehrten auf,
traten herzu und ergriffen ihn und führ-
ten ihn vor den Hohen Rat 13 und stellten
falsche Zeugen auf, die sprachen: Dieser
Mensch hört nicht auf, zu reden [a]gegen
diese heilige Stätte und das Gesetz.
14 Denn wir haben ihn sagen hören: Die-
ser Jesus von Nazareth [a]wird diese Stätte
zerstören und die Ordnungen ändern, die
uns Mose gegeben hat. 15 Und alle, die im
Rat saßen, blickten auf ihn und sahen
sein Angesicht wie eines Engels Ange-
sicht.

Die Rede des Stephanus

7 Da fragte der Hohepriester: Ist das
so? 2 [a]Er aber sprach: Liebe Brüder
und Väter, hört zu. Der Gott der Herr-
lichkeit erschien unserm Vater Abraham,
als er noch in Mesopotamien war, ehe er
in Haran wohnte, 3 und sprach zu ihm
(1. Mose 12,1): »Geh aus deinem Land
und von deiner Verwandtschaft und zieh
in das Land, das ich dir zeigen will.« 4 Da
ging er aus dem Land der Chaldäer und
wohnte in Haran. Und als sein Vater
gestorben war, brachte Gott ihn von dort
herüber in dies Land, in dem ihr nun
wohnt, 5 aber er gab ihm kein Eigentum
darin, auch nicht einen Fußbreit, und
verhieß ihm, er wolle es ihm und seinen
Nachkommen zum Besitz geben, obwohl
er noch kein Kind hatte. 6 Denn so
sprach Gott (1. Mose 15,13-14): »Deine
Nachkommen werden Fremdlinge sein in
einem fremden Lande, und man wird sie
knechten und misshandeln [a]vierhundert
Jahre lang. 7 Aber das Volk, dem sie als
Knechte dienen müssen, will ich rich-
ten«, sprach Gott, »und danach werden
sie ausziehen und mir dienen an dieser
Stätte.« 8 Und er gab ihm den Bund der
Beschneidung. Und so zeugte er Isaak
und beschnitt ihn am achten Tage, und
Isaak den Jakob, und Jakob die zwölf
Erzväter.
9 Und die Erzväter beneideten Josef
und verkauften ihn nach Ägypten. Aber
Gott war mit ihm 10 und errettete ihn aus
aller seiner Bedrängnis und gab ihm
Gnade und Weisheit vor dem Pharao,
dem König von Ägypten; der setzte ihn
zum Regenten über Ägypten und über
sein ganzes Haus. 11 Es kam aber eine
Hungersnot über ganz Ägypten und Ka-
naan und eine große Bedrängnis, und
unsre Väter fanden keine Nahrung. 12 Ja-
kob aber hörte, dass es in Ägypten Ge-
treide gäbe, und sandte unsre Väter aus
zum ersten Mal. 13 Und beim zweiten
Mal gab sich Josef seinen Brüdern zu
erkennen; so wurde dem Pharao Josefs
Herkunft bekannt. 14 Josef aber sandte
aus und ließ seinen Vater Jakob holen
und seine ganze Verwandtschaft, fünf-
undsiebzig Menschen. 15 Und Jakob zog
hinab nach Ägypten und starb, er und
unsre Väter; 16 und sie wurden nach Si-
chem herübergebracht und in das Grab
gelegt, das Abraham für Geld gekauft
hatte von den Söhnen Hamors in Si-
chem.
17 [a]Als nun die Zeit der Verheißung
sich nahte, die Gott dem Abraham zuge-
sagt hatte, wuchs das Volk und mehrte
sich in Ägypten, 18 bis ein andrer König
über Ägypten aufkam, der nichts wusste
von Josef. 19 Dieser ging mit Hinterlist
vor gegen unser Volk und misshandelte
unsre Väter und ließ ihre kleinen Kinder
aussetzen, damit sie nicht am Leben blie-
ben. 20 Zu der Zeit wurde Mose geboren
und er war ein schönes Kind vor Gott
und wurde drei Monate ernährt im
Hause seines Vaters. 21 Als er aber ausge-
setzt wurde, nahm ihn die Tochter des
Pharao auf und zog ihn auf als ihren
Sohn. 22 Und Mose wurde in aller Weis-
heit der Ägypter gelehrt und war mäch-
tig in Worten und Werken.
23 Als er aber vierzig Jahre alt wurde,
gedachte er, nach seinen Brüdern, den
Israeliten, zu sehen. 24 Und sah einen
Unrecht leiden; da stand er ihm bei und
rächte den, dem Leid geschah, und er-
schlug den Ägypter. 25 Er meinte aber,

6,10: *a* Lk 21,15 **6,11:** *a* Mt 26,60-66 **6,13:** *a* Jer 26,9.11 **6,14:** *a* Joh 2,19 **7,2:** *a (2-16)* 1. Mose 11,27–50,26; Jos 24,32 **7,6:** *a* 2. Mose 12,40 **7,17:** *a (17-35)* 2. Mose 1,6–3,22

seine Brüder sollten's verstehen, dass
Gott durch seine Hand ihnen Rettung
bringe; aber sie verstanden's nicht. 26 Und
am nächsten Tag kam er zu ihnen, als sie
miteinander stritten, und ermahnte sie,
Frieden zu halten, und sprach: Liebe
Männer, ihr seid doch Brüder; warum tut
einer dem andern Unrecht? 27 Der aber
seinem Nächsten Unrecht getan hatte,
stieß ihn von sich und sprach (2. Mose
2,14): »Wer hat dich zum Aufseher und
Richter über uns gesetzt? 28 Willst du
mich auch töten, wie du gestern den
Ägypter getötet hast?« 29 Mose aber floh
wegen dieser Rede und lebte als Fremd-
ling im Lande Midian; dort [a]zeugte er
zwei Söhne.

30 Und nach vierzig Jahren erschien
ihm in der Wüste am Berge Sinai ein
Engel in einer Feuerflamme im Dorn-
busch. 31 Als aber Mose das sah, wun-
derte er sich über die Erscheinung. Als er
aber hinzuging zu schauen, geschah die
Stimme des Herrn zu ihm (2. Mose
3,5-10): 32 »Ich bin der Gott deiner Väter,
der Gott Abrahams und Isaaks und Ja-
kobs.« Mose aber fing an zu zittern und
wagte nicht hinzuschauen. 33 Aber der
Herr sprach zu ihm: »Zieh die Schuhe
aus von deinen Füßen; denn die Stätte,
auf der du stehst, ist heiliges Land! 34 Ich
habe gesehen das Leiden meines Volkes,
das in Ägypten ist, und habe sein Seuf-
zen gehört und bin herabgekommen, es
zu erretten. Und nun komm her, ich will
dich nach Ägypten senden.« 35 Diesen
Mose, den sie verleugnet hatten, als sie
sprachen: »Wer hat dich als Aufseher
und Richter eingesetzt?«, den sandte
Gott als Anführer und Retter durch den
Engel, der ihm im Dornbusch erschienen
war. 36 Dieser Mose führte sie heraus und
tat Wunder und Zeichen [a]in Ägypten,
[b]im Roten Meer und in der Wüste vier-
zig Jahre lang. 37 Dies ist der Mose, der
zu den Israeliten gesagt hat (5. Mose
18,15): »Einen Propheten wie mich wird
euch der Herr, euer Gott, erwecken aus
euren Brüdern.« 38 Dieser ist's, der in der
Gemeinde in der Wüste stand zwischen
dem Engel, der mit ihm redete [a]auf dem
Berge Sinai, und unsern Vätern. [b]Dieser
empfing Worte des Lebens, um sie uns
weiterzugeben.

39 Ihm wollten unsre Väter nicht gehor-
sam werden, sondern sie stießen ihn von
sich und wandten sich in ihrem Herzen
wieder Ägypten zu 40 und sprachen zu
Aaron (2. Mose 32,1): »Mache uns Göt-
ter, die vor uns hergehen; denn wir wis-
sen nicht, was diesem Mose, der uns aus
dem Lande Ägypten geführt hat, wider-
fahren ist.« 41 Und sie machten zu der
Zeit ein Kalb und opferten dem Götzen-
bild und freuten sich über das Werk ihrer
Hände. 42 Aber Gott wandte sich ab und
gab sie dahin, sodass sie dem Heer des
Himmels dienten, wie geschrieben steht
im Buch der Propheten (Amos 5,25-27):
»Habt ihr vom Hause Israel die vierzig
Jahre in der Wüste mir je Opfer und
Gaben dargebracht? 43 Ihr trugt die
Hütte Molochs umher und den Stern des
Gottes Räfan, die Bilder, die ihr gemacht
hattet, sie anzubeten. Und ich will euch
wegführen bis über Babylon hinaus.«

44 Es hatten unsre Väter die Stiftshütte
in der Wüste, wie der es angeordnet
hatte, der zu Mose redete, [a]dass er sie
machen sollte nach dem Vorbild, das er
gesehen hatte. 45 Diese übernahmen unsre
Väter und [a]brachten sie mit Josua in das
Land, das die Heiden innehatten, die
Gott vertrieb vor dem Angesicht unsrer
Väter, bis zur Zeit Davids. 46 Der fand
Gnade bei Gott und bat darum, [a]dass er
eine Stätte finden möge für das Haus
Jakob. 47 Salomo aber baute ihm ein
Haus. [a]

48 Aber der Allerhöchste wohnt nicht
in Tempeln, die mit Händen gemacht
sind, wie der Prophet spricht (Jesaja
66,1-2): 49 »Der Himmel ist mein Thron
und die Erde der Schemel meiner Füße;
was wollt ihr mir denn für ein Haus
bauen«, spricht der Herr, »oder was ist
die Stätte meiner Ruhe? 50 Hat nicht
meine Hand das alles gemacht?«

51 Ihr [a]Halsstarrigen, mit [b]verstockten
Herzen und tauben Ohren,* ihr wider-
strebt allezeit dem Heiligen Geist, wie
eure Väter, so auch ihr. 52 Welchen Pro-

* Luther übersetzte wörtlich: »unbeschnitten an Herzen und Ohren«.

7,29: *a* 2. Mose 18,3-4 **7,36:** *a* 2. Mose 7,10; *b* 2. Mose 14,21 **7,38:** *a* 2. Mose 19,16-25; 20,18-21; *b* 5. Mose 9,10 **7,44:** *a* 2. Mose 25,9 **7,45:** *a* Jos 3,14; 18,1 **7,46:** *a* 2. Sam 7,1-16; Ps 132,3-5 **7,47:** *a* 1. Kön 6,1-38 **7,51:** *a* 2. Mose 32,9; *b* 3. Mose 26,41; Röm 2,28-29

pheten haben eure Väter nicht verfolgt?
Und [a]sie haben getötet, die zuvor ver-
kündigten das Kommen des Gerechten,
dessen Verräter und Mörder ihr nun ge-
worden seid. 53 Ihr habt [a]das Gesetz
empfangen [b]durch Weisung von Engeln
und habt's nicht gehalten.

Der Tod des Stephanus

54 Als sie das hörten, ging's ihnen durchs
Herz und sie knirschten mit den Zähnen
über ihn. 55 Er aber, voll Heiligen Geistes,
sah auf zum Himmel und sah die Herr-
lichkeit Gottes und Jesus stehen zur
Rechten Gottes 56 und sprach: Siehe, ich
sehe den Himmel offen und [a]den Men-
schensohn zur Rechten Gottes stehen.
57 Sie schrien aber laut und hielten sich
ihre Ohren zu und stürmten einmütig auf
ihn ein, 58 stießen ihn zur Stadt hinaus
und [a]steinigten ihn. Und die Zeugen leg-
ten ihre Kleider ab zu den Füßen eines
jungen Mannes, der hieß [b]Saulus, 59 und
sie steinigten Stephanus; der rief den
Herrn an und sprach: [a]**Herr Jesus, nimm
meinen Geist auf!** 60 Er fiel auf die Knie
und schrie laut: **Herr, [a]rechne ihnen diese
Sünde nicht an!** Und als er das gesagt
hatte, verschied er.

8 Saulus aber hatte Gefallen an seinem
Tode.

Die Verfolgung der Gemeinde in Jerusalem

Es erhob sich aber an diesem Tag eine
große Verfolgung über die Gemeinde in
Jerusalem; da [a]zerstreuten sich alle in die
Länder Judäa und Samarien, außer den
Aposteln. 2 Es bestatteten aber den Ste-
phanus gottesfürchtige Männer und hiel-
ten eine große Klage über ihn. 3 Saulus
aber suchte die Gemeinde zu zerstören,
ging von Haus zu Haus, schleppte Män-
ner und Frauen fort und warf sie ins
Gefängnis.[a]

Philippus in Samaria. Der Zauberer Simon

4 Die nun zerstreut worden waren, zogen
umher und predigten das Wort. 5 [a]Philip-
pus aber kam hinab in die Hauptstadt
Samariens und predigte ihnen von Chris-
tus. 6 Und das Volk neigte einmütig dem
zu, was Philippus sagte, als sie ihm zu-
hörten und die Zeichen sahen, die er tat.
7 Denn [a]die unreinen Geister fuhren aus
mit großem Geschrei aus vielen Beses-
senen, auch viele Gelähmte und Verkrüp-
pelte wurden gesund gemacht; 8 und es
entstand große Freude in dieser Stadt.
9 Es war aber ein Mann mit Namen
Simon, der zuvor in der Stadt Zauberei
trieb und das Volk von Samaria in seinen
Bann zog, weil er vorgab, er wäre etwas
Großes. 10 Und alle hingen ihm an, Klein
und Groß, und sprachen: Dieser ist die
Kraft Gottes, die die Große genannt
wird. 11 Sie hingen ihm aber an, weil er
sie lange Zeit mit seiner Zauberei in sei-
nen Bann gezogen hatte. 12 Als sie aber
den Predigten des Philippus von dem
Reich Gottes und von dem Namen Jesu
Christi glaubten, ließen sich taufen Män-
ner und Frauen. 13 Da wurde auch Simon
gläubig und ließ sich taufen und hielt
sich zu Philippus. Und als er die Zeichen
und großen Taten sah, die geschahen,
geriet er außer sich vor Staunen.
14 Als aber die Apostel in Jerusalem
hörten, dass Samarien das Wort Gottes
angenommen hatte, sandten sie zu ihnen
Petrus und Johannes. 15 Die kamen hinab
und beteten für sie, dass sie den Heiligen
Geist empfingen. 16 Denn er war noch
auf keinen von ihnen gefallen, sondern
sie waren allein getauft auf den Namen
des Herrn Jesus. 17 Da legten sie die
Hände auf sie und sie empfingen den
Heiligen Geist.
18 Als aber Simon sah, dass der Geist
gegeben wurde, wenn die Apostel die
Hände auflegten, bot er ihnen Geld an
19 und sprach: Gebt auch mir die Macht,
damit jeder, dem ich die Hände auflege,
den Heiligen Geist empfange. 20 Petrus
aber sprach zu ihm: Dass du verdammt
werdest mitsamt deinem Geld, weil du
meinst, Gottes Gabe werde durch Geld
erlangt. 21 Du hast weder Anteil noch
Anrecht an dieser Sache; denn dein Herz
ist nicht rechtschaffen vor Gott. 22 Dar-
um tu Buße für diese deine Bosheit und
flehe zum Herrn, ob dir das Trachten
deines Herzens vergeben werden könne.

7,52: *a* 2.Chr 36,16; Mt 23,31 **7,53:** *a* 2.Mose 20,1-21; *b* Gal 3,19; Hebr 2,2 **7,56:** *a* Lk 22,69 **7,58:** *a* 3.Mose 24,16; *b* Kap 22,20 **7,59:** *a* Lk 23,46 **7,60:** *a* Lk 23,34 **8,1:** *a* Kap 1,8; 11,19 **8,3:** *a* Kap 9,1; 22,4; 1.Kor 15,9 **8,5:** *a* Kap 6,5 **8,7:** *a* Mk 16,17

23 Denn ich sehe, dass du voll bitterer
Galle bist und verstrickt in Ungerechtig-
keit. 24 Da antwortete Simon und sprach:
Bittet ihr den Herrn für mich, dass nichts
von dem über mich komme, was ihr ge-
sagt habt.

25 Als sie nun das Wort des Herrn be-
zeugt und geredet hatten, kehrten sie wie-
der um nach Jerusalem und predigten
das Evangelium in vielen Dörfern der
Samariter.

Der Kämmerer aus Äthiopien

26 Aber der Engel des Herrn redete zu
Philippus und sprach: Steh auf und geh
nach Süden auf die Straße, die von Jeru-
salem nach Gaza hinabführt und öde ist.
27 Und er stand auf und ging hin. Und
siehe, ein Mann aus Äthiopien, ein Käm-
merer und Mächtiger am Hof der Kan-
dake, der Königin von Äthiopien, wel-
cher ihren ganzen Schatz verwaltete, der
war nach Jerusalem gekommen, um an-
zubeten. 28 Nun zog er wieder heim und
saß auf seinem Wagen und las den Pro-
pheten Jesaja.

29 Der Geist aber sprach zu Philippus:
Geh hin und halte dich zu diesem Wa-
gen! 30 Da lief Philippus hin und hörte,
dass er den Propheten Jesaja las, und
fragte: Verstehst du auch, was du liest?
31 Er aber sprach: Wie kann ich, wenn
mich nicht jemand anleitet? Und er bat
Philippus, aufzusteigen und sich zu ihm
zu setzen. 32 Der Inhalt aber der Schrift,
die er las, war dieser (Jesaja 53,7-8): »Wie
ein Schaf, das zur Schlachtung geführt
wird, und wie ein Lamm, das vor seinem
Scherer verstummt, so tut er seinen
Mund nicht auf. 33 In seiner Erniedri-
gung wurde sein Urteil aufgehoben. Wer
kann seine Nachkommen aufzählen?
Denn sein Leben wird von der Erde weg-
genommen.« 34 Da antwortete der Käm-
merer dem Philippus und sprach: Ich
bitte dich, von wem redet der Prophet
das, von sich selber oder von jemand
anderem? 35 Philippus aber tat seinen
Mund auf und fing mit diesem Wort der
Schrift an und predigte ihm das Evange-
lium von Jesus.

36 Und als sie auf der Straße dahin-
fuhren, kamen sie an ein Wasser. Da
sprach der Kämmerer: Siehe, da ist Was-
ser; was hindert's, dass ich mich taufen
lasse?* 38 Und er ließ den Wagen halten
und beide stiegen in das Wasser hinab,
Philippus und der Kämmerer, und er
taufte ihn. 39 Als sie aber aus dem Wasser
heraufstiegen, [a]entrückte der Geist des
Herrn den Philippus und der Kämmerer
sah ihn nicht mehr; er zog aber seine
Straße fröhlich. 40 Philippus aber fand
sich in Aschdod wieder und zog umher
und predigte in allen Städten das Evan-
gelium, bis er nach [a]Cäsarea kam.

Die Bekehrung des Saulus

9 [a]Saulus aber [b]schnaubte noch mit
Drohen und Morden gegen die Jün-
ger des Herrn und ging zum Hohenpries-
ter 2 und bat ihn um Briefe nach Damas-
kus an die Synagogen, damit er Anhän-
ger des neuen Weges, Männer und
Frauen, wenn er sie dort fände, gefesselt
nach Jerusalem führe.

3 [a]Als er aber auf dem Wege war und
in die Nähe von Damaskus kam, um-
leuchtete ihn plötzlich ein Licht vom
Himmel; 4 und er fiel auf die Erde und
hörte eine Stimme, die sprach zu ihm:
Saul, Saul, was verfolgst du mich? 5 Er
aber sprach: Herr, wer bist du? Der
sprach: Ich bin Jesus, den du verfolgst.
6 Steh auf und geh in die Stadt; da wird
man dir sagen, was du tun sollst. 7 Die
Männer aber, die seine Gefährten waren,
standen sprachlos da; denn sie hörten
zwar die Stimme, aber sahen niemanden.
8 Saulus aber richtete sich auf von der
Erde; und als er seine Augen aufschlug,
sah er nichts. Sie nahmen ihn aber bei der
Hand und führten ihn nach Damaskus;
9 und er konnte drei Tage nicht sehen und
aß nicht und trank nicht.

10 Es war aber ein Jünger in Damaskus
mit Namen Hananias; dem erschien der
Herr und sprach: Hananias! Und er
sprach: Hier bin ich, Herr. 11 Der Herr
sprach zu ihm: Steh auf und geh in die
Straße, die die Gerade heißt, und frage in
dem Haus des Judas nach einem Mann
mit Namen Saulus von Tarsus. Denn
siehe, er betet 12 und hat in einer Erschei-

* Vers 37 findet sich erst in der späteren Überlieferung: »Philippus aber sprach: Wenn du von ganzem Herzen glaubst, so kann es geschehen. Er aber antwortete und sprach: Ich glaube, dass Jesus Christus Gottes Sohn ist.«

8,39: *a* 1. Kön 18,12 **8,40:** *a* Kap 21,8-9 **9,1:** *a (1-19)* Kap 22,3-16; 26,9-18; *b* Kap 8,3 **9,3:** *a (3-6)* 1. Kor 15,8

nung einen Mann gesehen mit Namen
Hananias, der zu ihm hereinkam und die
Hand auf ihn legte, damit er wieder se-
hend werde. 13 Hananias aber antwortete:
Herr, ich habe von vielen gehört über
diesen Mann, wie viel Böses er deinen
Heiligen in Jerusalem angetan hat; 14 und
hier hat er Vollmacht von den Hohen-
priestern, alle gefangen zu nehmen, die
deinen Namen anrufen. 15 Doch der Herr
sprach zu ihm: Geh nur hin; denn dieser
ist mein auserwähltes Werkzeug, dass er
meinen Namen trage [a]vor Heiden und
[b]vor Könige und vor das Volk Israel.
16 Ich will ihm zeigen, wie viel er leiden
muss um meines Namens willen.[a]

17 Und Hananias ging hin und kam in
das Haus und legte die Hände auf ihn
und sprach: Lieber Bruder Saul, der Herr
hat mich gesandt, Jesus, der dir auf dem
Wege hierher erschienen ist, dass du wie-
der sehend und mit dem Heiligen Geist
erfüllt werdest. 18 Und sogleich fiel es von
seinen Augen wie Schuppen und er
wurde wieder sehend; und er stand auf,
ließ sich taufen 19 und nahm Speise zu
sich und stärkte sich.

Saulus in Damaskus und Jerusalem

Saulus blieb aber einige Tage bei den
Jüngern in Damaskus. 20 Und alsbald
predigte er in den Synagogen von Jesus,
dass dieser Gottes Sohn sei. 21 Alle aber,
die es hörten, entsetzten sich und spra-
chen: Ist das nicht der, [a]der in Jerusalem
alle vernichten wollte, die diesen Namen
anrufen, und ist er nicht deshalb hierher
gekommen, dass er sie gefesselt zu den
Hohenpriestern führe? 22 Saulus aber
[a]gewann immer mehr an Kraft und trieb
die Juden in die Enge, die in Damaskus
wohnten, und bewies, dass Jesus der
Christus ist. 23 Nach mehreren Tagen
aber hielten die Juden Rat und beschlos-
sen, ihn zu töten. 24 Aber es wurde Saulus
bekannt, dass sie ihm nachstellten. Sie
bewachten Tag und Nacht auch die Tore,
um ihn zu töten. 25 Da nahmen ihn seine
Jünger bei Nacht und [a]ließen ihn in
einem Korb die Mauer hinab.

26 Als er aber nach Jerusalem kam, ver-
suchte er, sich zu den Jüngern zu halten;
doch sie fürchteten sich alle vor ihm und
glaubten nicht, dass er ein Jünger wäre.[a]
27 Barnabas aber nahm ihn zu sich und
führte ihn zu den Aposteln und erzählte
ihnen, wie Saulus auf dem Wege den
Herrn gesehen und dass der mit ihm ge-
redet und wie er in Damaskus im Namen
Jesu frei und offen gepredigt hätte.
28 Und er ging bei ihnen in Jerusalem ein
und aus und predigte im Namen des
Herrn frei und offen. 29 Er redete und
stritt auch mit den griechischen Juden;
aber sie stellten ihm nach, um ihn zu
töten. 30 Als das die Brüder erfuhren, ge-
leiteten sie ihn nach Cäsarea und schick-
ten ihn weiter [a]nach Tarsus.

31 So hatte nun die Gemeinde Frieden
in ganz Judäa und Galiläa und Samarien
und baute sich auf und lebte in der
Furcht des Herrn und mehrte sich unter
dem Beistand des Heiligen Geistes.

Petrus in Lydda

32 Es geschah aber, als Petrus überall im
Land umherzog, dass er auch zu den
Heiligen kam, die in Lydda wohnten.
33 Dort fand er einen Mann mit Namen
Äneas, seit acht Jahren ans Bett gebun-
den; der war gelähmt. 34 Und Petrus
sprach zu ihm: Äneas, Jesus Christus
macht dich gesund; steh auf und mach
dir selber das Bett. Und sogleich stand er
auf. 35 Da sahen ihn alle, die in Lydda
und in Scharon wohnten, und bekehrten
sich zu dem Herrn.

Die Auferweckung der Tabita

36 In Joppe war eine Jüngerin mit Namen
Tabita, das heißt übersetzt: Reh. Die tat
viele gute Werke und gab reichlich Almo-
sen. 37 Es begab sich aber zu der Zeit,
dass sie krank wurde und starb. Da wu-
schen sie sie und legten sie in das Ober-
gemach. 38 Weil aber Lydda nahe bei
Joppe ist, sandten die Jünger, als sie hör-
ten, dass Petrus dort war, zwei Männer
zu ihm und baten ihn: Säume nicht, zu
uns zu kommen! 39 Petrus aber stand auf
und ging mit ihnen. Und als er hinge-
kommen war, führten sie ihn hinauf in
das Obergemach und es traten alle Wit-
wen zu ihm, weinten und zeigten ihm die

9,15: *a* Kap 13,46; *b* Kap 26,2; 27,24 **9,16:** *a* 2.Kor 11,23-28 **9,21:** *a* Kap 8,1; 26,10 **9,22:** *a* Kap 18,28 **9,25:** *a* 2.Kor 11,32-33 **9,26:** *a* Gal 1,17-19 **9,30:** *a* Gal 1,21

Röcke und Kleider, die Tabita gemacht
hatte, als sie noch bei ihnen war.
40 Und als Petrus sie alle hinausgetrie-
ben hatte, kniete er nieder, betete und
wandte sich zu dem Leichnam und
sprach: Tabita, [a]steh auf! Und sie schlug
ihre Augen auf; und als sie Petrus sah,
setzte sie sich auf. 41 Er aber gab ihr die
Hand und ließ sie aufstehen und rief die
Heiligen und die Witwen und stellte sie
lebendig vor sie. 42 Und das wurde in
ganz Joppe bekannt und viele kamen zum
Glauben an den Herrn. 43 Und es geschah,
dass Petrus lange Zeit in Joppe blieb bei
einem Simon, der ein Gerber war.

Der Hauptmann Kornelius

10 Es war aber ein Mann in Cäsarea
mit Namen Kornelius, ein Haupt-
mann der Abteilung, die die Italische ge-
nannt wurde. 2 Der war fromm und got-
tesfürchtig mit seinem ganzen Haus und
gab dem Volk viele Almosen und betete
immer zu Gott. 3 Der hatte eine Erschei-
nung um die neunte Stunde am Tage und
sah deutlich einen Engel Gottes bei sich
eintreten; der sprach zu ihm: Kornelius!
4 Er aber sah ihn an, erschrak und fragte:
Herr, was ist? Der sprach zu ihm: [a]Deine
Gebete und deine Almosen sind vor Gott
gekommen und er hat ihrer gedacht.
5 Und nun sende Männer nach Joppe und
lass holen Simon mit dem Beinamen Pe-
trus. 6 Der ist zu Gast bei einem [a]Gerber
Simon, dessen Haus am Meer liegt.
7 Und als der Engel, der mit ihm redete,
hinweggegangen war, rief Kornelius zwei
seiner Knechte und einen frommen Sol-
daten von denen, die ihm dienten, 8 und
erzählte ihnen alles und [a]sandte sie nach
Joppe.
9 Am nächsten Tag, als diese auf dem
Wege waren und in die Nähe der Stadt
kamen, stieg Petrus auf das Dach, zu
beten um die sechste Stunde. 10 Und als
er hungrig wurde, wollte er essen. Wäh-
rend sie ihm aber etwas zubereiteten, ge-
riet er in Verzückung 11 und sah den
Himmel aufgetan und etwas wie ein gro-
ßes leinenes Tuch herabkommen, an vier
Zipfeln niedergelassen auf die Erde.
12 Darin waren allerlei vierfüßige und
kriechende Tiere der Erde und Vögel des
Himmels. 13 Und es geschah eine Stimme
zu ihm: Steh auf, Petrus, schlachte und
iss! 14 Petrus aber sprach: O nein, Herr;
denn ich habe noch nie etwas Verbotenes
und Unreines gegessen.[a] 15 Und die
Stimme sprach zum zweiten Mal zu ihm:
Was Gott rein gemacht hat, das nenne du
nicht verboten.[a] 16 Und das geschah
dreimal; und alsbald wurde das Tuch
wieder hinaufgenommen gen Himmel.
17 Als aber Petrus noch ratlos war, was
die Erscheinung bedeute, die er gesehen
hatte, siehe, da fragten die Männer, von
Kornelius gesandt, nach dem Haus Si-
mons und standen an der Tür, 18 riefen
und fragten, ob Simon mit dem Bei-
namen Petrus hier zu Gast wäre. 19 Wäh-
rend aber Petrus nachsann über die Er-
scheinung, sprach der Geist zu ihm:
Siehe, drei Männer suchen dich; 20 so
steh auf, steig hinab und geh mit ihnen
und zweifle nicht, denn ich habe sie ge-
sandt.
21 Da stieg Petrus hinab zu den Män-
nern und sprach: Siehe, ich bin's, den ihr
sucht; warum seid ihr hier? 22 Sie aber
sprachen: Der Hauptmann Kornelius,
ein frommer und gottesfürchtiger Mann
mit gutem Ruf bei dem ganzen Volk der
Juden, hat Befehl empfangen von einem
heiligen Engel, dass er dich sollte holen
lassen in sein Haus und hören, was du zu
sagen hast. 23 Da rief er sie herein und
beherbergte sie.
Am nächsten Tag machte er sich auf
und zog mit ihnen, und einige Brüder aus
Joppe gingen mit ihm. 24 Und am folgen-
den Tag kam er nach Cäsarea. Kornelius
aber wartete auf sie und hatte seine Ver-
wandten und nächsten Freunde zusam-
mengerufen. 25 Und als Petrus herein-
kam, ging ihm Kornelius entgegen und
fiel ihm zu Füßen und betete ihn an.
26 Petrus aber richtete ihn auf und
sprach: Steh auf, [a]ich bin auch nur ein
Mensch. 27 Und während er mit ihm
redete, ging er hinein und fand viele,
die zusammengekommen waren. 28 Und
er sprach zu ihnen: Ihr wisst, dass es
einem jüdischen Mann nicht erlaubt ist,
mit einem Fremden umzugehen oder zu

9,40: *a* Mk 5,41 **10,4:** *a* Tob 3,24-25 **10,6:** *a* Kap 9,43 **10,8:** *a* Kap 11,5-17 **10,14:** *a* 3. Mose 11,1-47; Hes 4,14
10,15: *a* Röm 14,14 **10,26:** *a* Kap 14,15; Offb 19,10

ihm zu kommen; aber Gott hat mir ge-
zeigt, dass ich keinen Menschen meiden
oder unrein nennen soll. 29 Darum habe
ich mich nicht geweigert zu kommen, als
ich geholt wurde. So frage ich euch nun,
warum ihr mich habt holen lassen.
30 Kornelius sprach: Vor vier Tagen um
diese Zeit betete ich um die neunte
Stunde in meinem Hause. Und siehe, da
stand ein Mann vor mir in einem leuch-
tenden Gewand 31 und sprach: Kornelius,
dein Gebet ist erhört und deiner Almo-
sen ist gedacht worden vor Gott. 32 So
sende nun nach Joppe und lass herrufen
Simon mit dem Beinamen Petrus, der zu
Gast ist im Hause des Gerbers Simon am
Meer. 33 Da sandte ich sofort zu dir; und
du hast recht getan, dass du gekommen
bist. Nun sind wir alle hier vor Gott
zugegen, um alles zu hören, was dir vom
Herrn befohlen ist.
34 Petrus aber tat seinen Mund auf und
sprach: **Nun erfahre ich in Wahrheit,**
[a]**dass Gott die Person nicht ansieht;**
35 sondern in jedem Volk, wer ihn fürchtet
und recht tut, der ist ihm angenehm.[a]
36 Er hat das Wort dem Volk Israel ge-
sandt und [a]Frieden verkündigt durch Je-
sus Christus, welcher ist Herr über alle.
37 Ihr wisst, was in ganz Judäa gesche-
hen ist, [a]angefangen von Galiläa nach
der Taufe, die Johannes predigte, 38 wie
Gott Jesus von Nazareth [a]gesalbt hat
mit Heiligem Geist und Kraft; der ist
umhergezogen und hat Gutes getan und
alle gesund gemacht, die in der Gewalt
des Teufels waren, denn Gott war mit
ihm. 39 Und wir sind Zeugen für alles,
was er getan hat im jüdischen Land und
in Jerusalem. Den haben sie an das Holz
gehängt und getötet. 40 Den hat Gott auf-
erweckt am dritten Tag und [a]hat ihn
erscheinen lassen, 41 [a]nicht dem ganzen
Volk, sondern uns, den von Gott vorher
erwählten Zeugen, die wir [b]mit ihm ge-
gessen und getrunken haben, nachdem er
auferstanden war von den Toten. 42 Und
er hat uns geboten, dem Volk zu predigen
und zu bezeugen, [a]dass er von Gott be-
stimmt ist zum Richter der Lebenden
und der Toten. 43 Von diesem [a]bezeugen
alle Propheten, dass durch seinen Namen
alle, die an ihn glauben, Vergebung der
Sünden empfangen sollen.
44 Während Petrus noch diese Worte
redete, fiel der Heilige Geist auf alle, die
dem Wort zuhörten. 45 Und die gläubig
gewordenen Juden, die mit Petrus ge-
kommen waren, entsetzten sich, weil
auch auf die Heiden die Gabe des Hei-
ligen Geistes ausgegossen wurde; 46 denn
sie hörten, dass sie in [a]Zungen redeten
und Gott hoch priesen. Da antwortete
Petrus: 47 Kann auch jemand denen das
Wasser zur Taufe verwehren, die den
Heiligen Geist empfangen haben ebenso
wie wir? 48 Und er befahl, sie zu taufen in
dem Namen Jesu Christi. Da baten sie
ihn, noch einige Tage dazubleiben.

Petrus in Jerusalem

11 Es kam aber den Aposteln und Brü-
dern in Judäa zu Ohren, dass auch
die Heiden Gottes Wort angenommen
hatten. 2 Und als Petrus hinaufkam nach
Jerusalem, stritten die gläubig geworde-
nen Juden mit ihm 3 und sprachen: Du
bist zu Männern gegangen, die nicht Ju-
den sind, und hast mit ihnen gegessen![a]
4 Petrus aber fing an und erzählte es
ihnen der Reihe nach und sprach: 5 [a]Ich
war in der Stadt Joppe im Gebet und
geriet in Verzückung und hatte eine Er-
scheinung; ich sah etwas wie ein großes
leinenes Tuch herabkommen, an vier
Zipfeln niedergelassen vom Himmel; das
kam bis zu mir. 6 Als ich hineinsah, er-
blickte ich vierfüßige Tiere der Erde und
wilde Tiere und kriechende Tiere und
Vögel des Himmels. 7 Ich hörte aber auch
eine Stimme, die sprach zu mir: Steh auf,
Petrus, schlachte und iss! 8 Ich aber
sprach: O nein, Herr; denn es ist nie
etwas Verbotenes oder Unreines in mei-
nen Mund gekommen. 9 Aber die Stimme
antwortete zum zweiten Mal vom Him-
mel: Was Gott rein gemacht hat, das
nenne du nicht verboten. 10 Das geschah
aber dreimal; und alles wurde wieder gen
Himmel hinaufgezogen. 11 Und siehe, auf
einmal standen drei Männer vor dem
Hause, in dem wir waren, von Cäsarea zu
mir gesandt. 12 Der Geist aber sprach zu
mir, ich solle mit ihnen gehen und nicht

10,34: *a* 5. Mose 10,17; 1. Sam 16,7; Röm 2,11 **10,35:** *a* Joh 10,16 **10,36:** *a* Eph 2,17 **10,37:** *a* Mt 4,12-17 **10,38:** *a* Mt 3,16 **10,40:** *a* 1. Kor 15,4-7 **10,41:** *a* Joh 14,19.22; *b* Lk 24,30.43 **10,42:** *a* Joh 5,22 **10,43:** *a* Jes 53,5-6; Jer 31,34 **10,46:** *a* Kap 2,4 **11,3:** *a* Gal 2,12 **11,5:** *a (5-17)* Kap 10,9-48

zweifeln. Es kamen aber mit mir auch
diese sechs Brüder und wir gingen in das
Haus des Mannes. 13 Der berichtete uns,
wie er den Engel in seinem Haus gesehen
habe, der zu ihm sagte: Sende Männer
nach Joppe und lass holen Simon, mit
dem Beinamen Petrus; 14 der wird dir die
Botschaft sagen, durch die du selig wirst
und dein ganzes Haus. 15 Als ich aber
anfing zu reden, fiel der Heilige Geist auf
sie [a]ebenso wie am Anfang auf uns.
16 Da dachte ich an das Wort des Herrn,
als er sagte: Johannes hat mit Wasser
getauft; ihr aber sollt mit dem Heiligen
Geist getauft werden.[a] 17 Wenn nun Gott
ihnen die gleiche Gabe gegeben hat wie
auch uns, die wir zum Glauben gekom-
men sind an den Herrn Jesus Christus:
wer war ich, dass ich Gott wehren
konnte?

18 Als sie das hörten, schwiegen sie still
und lobten Gott und sprachen: So hat
Gott auch den Heiden die Umkehr gege-
ben, die zum Leben führt!

Erste Christen in Antiochia

19 Die aber [a]zerstreut waren wegen der
Verfolgung, die sich wegen Stephanus er-
hob, gingen bis nach Phönizien und Zy-
pern und Antiochia und verkündigten
das Wort niemandem als allein den Ju-
den. 20 Es waren aber einige unter ihnen,
Männer aus Zypern und Kyrene, die ka-
men nach Antiochia und redeten auch zu
den Griechen und predigten das Evange-
lium vom Herrn Jesus. 21 Und die Hand
des Herrn war mit ihnen und eine große
Zahl wurde gläubig und bekehrte sich
zum Herrn.[a]

22 Es kam aber die Kunde davon der
Gemeinde von Jerusalem zu Ohren; und
sie sandten [a]Barnabas, dass er nach An-
tiochia ginge. 23 Als dieser dort hinge-
kommen war und die Gnade Gottes sah,
wurde er froh und ermahnte sie alle, mit
festem Herzen an dem Herrn zu bleiben;
24 denn er war ein bewährter Mann, voll
Heiligen Geistes und Glaubens. Und
[a]viel Volk wurde für den Herrn gewon-
nen. 25 Barnabas aber zog aus nach Tar-
sus, [a]Saulus zu suchen. 26 Und als er ihn
fand, brachte er ihn nach [a]Antiochia.
Und sie blieben ein ganzes Jahr bei der
Gemeinde und lehrten viele. In Antiochia
wurden die Jünger zuerst Christen ge-
nannt.

27 In diesen Tagen kamen [a]Propheten
von Jerusalem nach Antiochia. 28 Und
einer von ihnen mit Namen [a]Agabus
trat auf und sagte durch den Geist eine
große Hungersnot voraus, die über den
ganzen Erdkreis kommen sollte; dies
geschah unter dem Kaiser Klaudius.
29 Aber unter den Jüngern beschloss ein
jeder, nach seinem Vermögen den Brü-
dern, die in Judäa wohnten, eine Gabe zu
senden. 30 Das taten sie auch und schick-
ten sie zu den Ältesten durch Barnabas
und Saulus.[a]

Der Tod des Jakobus und die Befreiung des Petrus

12 Um diese Zeit legte der König He-
rodes Hand an einige von der Ge-
meinde, sie zu misshandeln. 2 Er tötete
aber [a]Jakobus, den Bruder des Johannes,
mit dem Schwert.

3 Und als er sah, dass es den Juden
gefiel, fuhr er fort und nahm auch Petrus
gefangen. Es waren aber eben die Tage
der Ungesäuerten Brote. 4 Als er ihn nun
ergriffen hatte, warf er ihn ins Gefängnis
und überantwortete ihn vier Wachen von
je vier Soldaten, ihn zu bewachen. Denn
er gedachte, ihn nach dem Fest vor das
Volk zu stellen. 5 So wurde nun Petrus im
Gefängnis festgehalten; aber die Ge-
meinde betete ohne Aufhören für ihn zu
Gott.

6 Und in jener Nacht, als ihn Herodes
vorführen lassen wollte, schlief Petrus
zwischen zwei Soldaten, mit zwei Ketten
gefesselt, und die Wachen vor der Tür
bewachten das Gefängnis. 7 Und siehe,
der Engel des Herrn kam herein und
Licht leuchtete auf in dem Raum; und er
stieß Petrus in die Seite und weckte ihn
und sprach: Steh schnell auf! Und die
Ketten fielen ihm von seinen Händen.[a]
8 Und der Engel sprach zu ihm: Gürte
dich und zieh deine Schuhe an! Und er
tat es. Und er sprach zu ihm: Wirf deinen
Mantel um und folge mir!

9 Und er ging hinaus und folgte ihm

11,15: *a* Kap 2,1-4 **11,16:** *a* Kap 1,5 **11,19:** *a* Kap 8,1-4 **11,21:** *a* Kap 2,47 **11,22:** *a* Kap 4,36 **11,24:** *a* Kap 5,14 **11,25:** *a* Kap 9,30 **11,26:** *a* Gal 2,11 **11,27:** *a* Kap 13,1; 15,32 **11,28:** *a* Kap 21,10 **11,30:** *a* Kap 12,25; 1.Kor 16,1-4 **12,2:** *a* Mt 20,20-23 **12,7:** *a* Kap 5,19

und wusste nicht, dass ihm das wahr-
haftig geschehe durch den Engel, son-
dern meinte, eine Erscheinung zu sehen.
10 Sie gingen aber durch die erste und
zweite Wache und kamen zu dem eiser-
nen Tor, das zur Stadt führt; das tat sich
ihnen von selber auf. Und sie traten hin-
aus und gingen eine Straße weit, und
alsbald verließ ihn der Engel. 11 Und als
Petrus zu sich gekommen war, sprach er:
Nun weiß ich wahrhaftig, dass der Herr
seinen Engel gesandt und mich aus der
Hand des Herodes errettet hat und von
allem, was das jüdische Volk erwartete.

12 Und als er sich besonnen hatte, ging
er zum Haus Marias, der Mutter des
[a]Johannes mit dem Beinamen Markus,
wo viele beieinander waren und beteten.
13 Als er aber an das Hoftor klopfte, kam
eine Magd mit Namen Rhode, um zu
hören, wer da wäre. 14 Und als sie die
Stimme des Petrus erkannte, tat sie vor
Freude das Tor nicht auf, lief hinein und
verkündete, Petrus stünde vor dem Tor.
15 Sie aber sprachen zu ihr: Du bist von
Sinnen. Doch sie bestand darauf, es wäre
so. Da sprachen sie: Es ist sein Engel.
16 Petrus aber klopfte weiter an. Als sie
nun aufmachten, sahen sie ihn und ent-
setzten sich. 17 Er aber winkte ihnen mit
der Hand, dass sie schweigen sollten, und
erzählte ihnen, wie ihn der Herr aus dem
Gefängnis geführt hatte, und sprach:
Verkündet dies dem Jakobus und den
Brüdern. Dann ging er hinaus und zog
an einen andern Ort.

Das Ende des Herodes Agrippa

18 Als es aber Tag wurde, entstand eine
nicht geringe Verwirrung unter den Sol-
daten, was wohl mit Petrus geschehen
sei.[a] 19 Als aber Herodes ihn holen lassen
wollte und ihn nicht fand, verhörte er die
Wachen und ließ sie abführen. Dann zog
er von Judäa hinab nach Cäsarea und
blieb dort eine Zeit lang.

20 Er war aber zornig auf die Einwoh-
ner von Tyrus und Sidon. Sie aber kamen
einmütig zu ihm und überredeten Blas-
tus, den Kämmerer des Königs, und ba-
ten um Frieden, [a]weil ihr Land seine
Nahrung aus dem Land des Königs be-
kam. 21 Und an einem festgesetzten Tag
legte Herodes das königliche Gewand an,
setzte sich auf den Thron und hielt eine
Rede an sie. 22 Das Volk aber rief ihm
zu: Das ist Gottes Stimme und nicht die
eines Menschen![a] 23 Alsbald schlug ihn
der Engel des Herrn, [a]weil er Gott nicht
die Ehre gab. Und [b]von Würmern zer-
fressen, gab er den Geist auf.

24 Und das Wort Gottes wuchs und
breitete sich aus.[a] 25 Barnabas und Sau-
lus aber kehrten zurück, nachdem sie in
Jerusalem [a]die Gabe überbracht hatten,
und [b]nahmen mit sich Johannes, der den
Beinamen Markus hat.

Der Beginn der ersten Missionsreise

13 Es waren aber in Antiochia in der
Gemeinde [a]Propheten und Lehrer,
nämlich Barnabas und Simeon, genannt
Niger, und Luzius von Kyrene und Ma-
naën, der mit dem Landesfürsten Hero-
des erzogen worden war, und Saulus.
2 Als sie aber dem Herrn dienten und
fasteten, sprach der Heilige Geist: Son-
dert mir aus Barnabas und Saulus zu
dem Werk, [a]zu dem ich sie berufen habe.
3 Da fasteten sie und [a]beteten und legten
die Hände auf sie und ließen sie ziehen.

Auf der Insel Zypern

4 Nachdem sie nun ausgesandt waren
vom Heiligen Geist, kamen sie nach Se-
leuzia und von da zu Schiff nach Zypern.
5 Und als sie in die Stadt Salamis kamen,
verkündigten sie das Wort Gottes in den
Synagogen der Juden; sie hatten aber
auch [a]Johannes als Gehilfen bei sich.

6 Als sie die ganze Insel bis nach Pa-
phos durchzogen hatten, trafen sie einen
Zauberer und falschen Propheten, einen
Juden, der hieß Barjesus; 7 der war bei
dem Statthalter Sergius Paulus, einem
verständigen Mann. Dieser rief Barnabas
und Saulus zu sich und begehrte, das
Wort Gottes zu hören. 8 Da widerstand
ihnen der Zauberer Elymas – denn so
wird sein Name übersetzt – und ver-
suchte, den Statthalter vom Glauben ab-
zuhalten. 9 Saulus aber, der auch Paulus
heißt, voll Heiligen Geistes, sah ihn an
10 und sprach: Du Sohn des Teufels, voll

12,12: *a* Vers 25; Kap 13,5.13; 15,37 **12,18:** *a* Kap 5,21-22 **12,20:** *a* Hes 27,17 **12,22:** *a* Hes 28,2 **12,23:** *a* Dan 5,20; *b* 2. Makk 9,9 **12,24:** *a* Kap 6,7 **12,25:** *a* Kap 11,29-30; *b* Kap 13,5 **13,1:** *a* Kap 11,27; 1. Kor 12,28 **13,2:** *a* Kap 9,15 **13,3:** *a* Kap 6,6 **13,5:** *a* Kap 12,12.25

aller List und aller Bosheit, du Feind
aller Gerechtigkeit, hörst du nicht auf,
krumm zu machen die geraden Wege des
Herrn? 11 Und nun siehe, die Hand des
Herrn kommt über dich, und du sollst
blind sein und die Sonne eine Zeit lang
nicht sehen! Auf der Stelle fiel Dunkel-
heit und Finsternis auf ihn, und er ging
umher und suchte jemanden, der ihn an
der Hand führte.

12 Als der Statthalter sah, was gesche-
hen war, wurde er gläubig und verwun-
derte sich über die Lehre des Herrn.

In Antiochia in Pisidien

13 Paulus aber und die um ihn waren,
fuhren von Paphos ab und kamen nach
Perge in Pamphylien. [a]Johannes aber
trennte sich von ihnen und kehrte zurück
nach Jerusalem. 14 Sie aber zogen von
Perge weiter und kamen nach Antiochia
in Pisidien und gingen am Sabbat in die
Synagoge und setzten sich. 15 Nach der
[a]Lesung des Gesetzes und der Propheten
aber schickten die Vorsteher der Syn-
agoge zu ihnen und ließen ihnen sagen:
Liebe Brüder, wollt ihr etwas reden und
das Volk ermahnen, so sagt es.

16 Da stand Paulus auf und winkte mit
der Hand und sprach: Ihr Männer von
Israel und ihr Gottesfürchtigen*, hört
zu! 17 Der Gott dieses Volkes Israel hat
unsre Väter erwählt und das Volk groß
gemacht, als sie Fremdlinge waren im
Lande Ägypten, und [a]mit starkem Arm
führte er sie von dort heraus. 18 Und vier-
zig Jahre lang ertrug er sie in der Wüste[a]
19 und [a]vernichtete sieben Völker in dem
Land Kanaan und [b]gab ihnen deren
Land zum Erbe; 20 das geschah in etwa
vierhundertfünfzig Jahren. Danach gab
er ihnen [a]Richter bis zur Zeit des [b]Pro-
pheten Samuel. 21 Und von da an [a]baten
sie um einen König; und Gott gab ihnen
[b]Saul, den Sohn des Kisch, einen Mann
aus dem Stamm Benjamin, für vierzig
Jahre. 22 Und als er diesen verstoßen
hatte, erhob er David zu ihrem König,
von dem er bezeugte (1. Samuel 13,14):
»Ich habe David gefunden, den Sohn
Isais, einen Mann nach meinem Herzen,
der soll meinen ganzen Willen tun.«
23 Aus dessen Geschlecht hat Gott, [a]wie
er verheißen hat, Jesus kommen lassen
als Heiland für das Volk Israel, 24 nach-
dem Johannes, bevor Jesus auftrat, dem
ganzen Volk Israel die Taufe der Buße
gepredigt hatte.[a] 25 Als aber Johannes
seinen Lauf vollendete, sprach er: [a]Ich
bin nicht der, für den ihr mich haltet;
aber siehe, er kommt nach mir, [b]dessen
Schuhriemen zu lösen ich nicht wert bin.

26 Ihr Männer, liebe Brüder, ihr Söhne
aus dem Geschlecht Abrahams und ihr
Gottesfürchtigen, uns ist das Wort dieses
Heils gesandt. 27 Denn die Einwohner
von Jerusalem und ihre Oberen haben,
[a]weil sie Jesus nicht erkannten, die
Worte der Propheten, die an jedem Sab-
bat vorgelesen werden, mit ihrem Urteils-
spruch erfüllt. 28 Und obwohl sie nichts
an ihm fanden, das den Tod verdient
hätte, [a]baten sie doch Pilatus, ihn zu
töten. 29 Und als sie alles vollendet hat-
ten, was von ihm geschrieben steht, nah-
men sie ihn von dem Holz und [a]legten
ihn in ein Grab. 30 Aber Gott hat ihn
auferweckt von den Toten;[a] 31 und er ist
[a]an vielen Tagen denen erschienen, die
mit ihm von Galiläa hinauf nach Jeru-
salem gegangen waren; die sind jetzt
seine Zeugen vor dem Volk. 32 Und wir
verkündigen euch die Verheißung, die an
die Väter ergangen ist, 33 dass Gott sie
uns, ihren Kindern, erfüllt hat, indem er
Jesus auferweckte; wie denn im zweiten
Psalm geschrieben steht (Psalm 2,7): »Du
bist mein Sohn, heute habe ich dich ge-
zeugt.« 34 Dass er ihn aber von den Toten
auferweckt hat und ihn nicht der Verwe-
sung überlassen wollte, hat er so gesagt
(Jesaja 55,3): »Ich will euch die Gnade,
die David verheißen ist, treu bewahren.«
35 Darum sagt er auch an einer andern
Stelle (Psalm 16,10): [a]»Du wirst nicht
zugeben, dass dein Heiliger die Verwe-
sung sehe.« 36 Denn nachdem David zu
seiner Zeit dem Willen Gottes gedient
hatte, ist er entschlafen und zu seinen
Vätern versammelt worden und hat die

* Siehe Sach- und Worterklärungen.

13,13: *a* Kap 15,38 **13,15:** *a* Kap 15,21 **13,17:** *a* 2. Mose 12,37.40-41; 14,8 **13,18:** *a* Ps 106,13-33 **13,19:** *a* 5. Mose 7,1; *b* Jos 14,2 **13,20:** *a* Ri 2,16; *b* 1. Sam 3,20 **13,21:** *a* 1. Sam 8,5; *b* 1. Sam 10,21-24 **13,23:** *a* Jes 11,1 **13,24:** *a* Lk 3,3 **13,25:** *a* Joh 1,20; *b* Mk 1,7; Lk 3,16; Joh 1,27 **13,27:** *a* Joh 16,3 **13,28:** *a* Mt 27,22-23 **13,29:** *a* Mt 27,59-60 **13,30:** *a* Kap 3,15 **13,31:** *a* Kap 1,3 **13,35:** *a* Kap 2,27

Verwesung gesehen. 37 Der aber, den Gott
auferweckt hat, der hat die Verwesung
nicht gesehen.

38 So sei euch nun kundgetan, liebe
Brüder, dass euch durch ihn Vergebung
der Sünden verkündigt wird; und in all
dem, worin ihr durch das Gesetz des
Mose nicht gerecht werden konntet,[a]
39 ist der [a]gerecht gemacht, der an ihn
glaubt. 40 Seht nun zu, dass nicht über
euch komme, was in den Propheten ge-
sagt ist (Habakuk 1,5): 41 »Seht, ihr Ver-
ächter, und wundert euch und werdet zu-
nichte! Denn ich tue ein Werk zu euren
Zeiten, das ihr nicht glauben werdet,
wenn es euch jemand erzählt.«

42 Als sie aber aus der Synagoge hin-
ausgingen, baten die Leute, dass sie am
nächsten Sabbat noch einmal von diesen
Dingen redeten. 43 Und als die Gemeinde
auseinander ging, folgten viele Juden und
gottesfürchtige Judengenossen dem Pau-
lus und Barnabas. Diese sprachen mit
ihnen und ermahnten sie, dass sie bleiben
sollten in der Gnade Gottes.

44 Am folgenden Sabbat aber kam fast
die ganze Stadt zusammen, das Wort
Gottes zu hören. 45 Als aber die Juden die
Menge sahen, wurden sie neidisch und
widersprachen dem, was Paulus sagte,
und lästerten. 46 Paulus und Barnabas
aber sprachen frei und offen: [a]Euch
musste das Wort Gottes zuerst gesagt
werden; da ihr es aber von euch stoßt
und haltet euch selbst nicht für würdig
des ewigen Lebens, siehe, so wenden wir
uns zu den Heiden. 47 Denn so hat uns
der Herr geboten (Jesaja 49,6): »Ich habe
dich zum Licht der Heiden gemacht, da-
mit du das Heil seist bis an die Enden der
Erde.«

48 Als das die Heiden hörten, wurden
sie froh und priesen das Wort des Herrn,
und alle wurden gläubig, [a]die zum ewi-
gen Leben bestimmt waren. 49 Und das
Wort des Herrn breitete sich aus in
der ganzen Gegend. 50 Aber die Juden
hetzten die gottesfürchtigen vornehmen
Frauen und die angesehensten Männer
der Stadt auf und stifteten eine Verfol-
gung an gegen Paulus und Barnabas und
vertrieben sie aus ihrem Gebiet. 51 Sie
aber [a]schüttelten den Staub von ihren
Füßen zum Zeugnis gegen sie und kamen
nach Ikonion. 52 Die Jünger aber wurden
erfüllt von Freude und Heiligem Geist.

In Ikonion

14 Es geschah aber in Ikonion, dass sie
wieder in die Synagoge der Juden
gingen und so predigten, dass eine große
Menge Juden und Griechen gläubig
wurde. 2 Die Juden aber, die ungläubig
blieben, stifteten Unruhe und hetzten die
Seelen der Heiden auf gegen die Brüder.
3 Dennoch blieben sie eine lange Zeit dort
und lehrten frei und offen im Vertrauen
auf den Herrn, der das Wort seiner
Gnade bezeugte und [a]ließ Zeichen und
Wunder geschehen durch ihre Hände.
4 Die Menge in der Stadt aber spaltete
sich; die einen hielten's mit den Juden
und die andern mit den Aposteln. 5 Als
sich aber ein Sturm erhob bei den Hei-
den und Juden und ihren Oberen und sie
sie misshandeln und steinigen wollten,[a]
6 merkten sie es und entflohen in die
Städte Lykaoniens, nach Lystra und
Derbe, und in deren Umgebung 7 und
predigten dort das Evangelium.

In Lystra

8 Und es war ein Mann in Lystra, der
hatte schwache Füße und konnte nur sit-
zen; er war gelähmt von Mutterleib an
und hatte noch nie gehen können. 9 Der
hörte Paulus reden. Und als dieser ihn
ansah und merkte, dass [a]er glaubte, ihm
könne geholfen werden, 10 sprach er mit
lauter Stimme: Stell dich aufrecht auf
deine Füße! Und er sprang auf und ging
umher. 11 Als aber das Volk sah, was Pau-
lus getan hatte, erhoben sie ihre Stimme
und riefen auf Lykaonisch: [a]Die Götter
sind den Menschen gleich geworden und
zu uns herabgekommen. 12 Und sie nann-
ten Barnabas Zeus und Paulus Hermes,
weil er das Wort führte. 13 Und der Pries-
ter des Zeus aus dem Tempel vor ihrer
Stadt brachte Stiere und Kränze vor das
Tor und wollte opfern samt dem Volk.

14 Als das die Apostel Barnabas und
Paulus hörten, zerrissen sie ihre Kleider
und sprangen unter das Volk und

13,38: *a* Röm 8,3-4 **13,39:** *a* Röm 10,4 **13,46:** *a* Kap 3,25-26; Mt 10,5-6 **13,48:** *a* Röm 8,29-30 **13,51:** *a* Kap 18,6; Mt 10,14 **14,3:** *a* Kap 19,11; Hebr 2,4 **14,5:** *a* 2. Tim 3,11 **14,9:** *a* Mt 9,28 **14,11:** *a* Kap 28,6 schrien: 15 Ihr Männer, was macht ihr da? [a]Wir sind auch sterbliche Menschen wie ihr und predigen euch das Evangelium, dass ihr euch bekehren sollt von diesen falschen Göttern zu dem lebendigen Gott, der Himmel und Erde und das Meer und alles, was darin ist, gemacht hat. 16 Zwar hat er in den vergangenen Zeiten alle Heiden ihre eigenen Wege gehen lassen;[a] 17 und doch hat er sich selbst nicht unbezeugt gelassen, hat viel Gutes getan und euch vom Himmel Regen und fruchtbare Zeiten gegeben, hat euch ernährt und eure Herzen mit Freude erfüllt. – 18 Und obwohl sie das sagten, konnten sie kaum das Volk davon abbringen, ihnen zu opfern.

19 Es kamen aber von Antiochia und Ikonion Juden dorthin und überredeten das Volk und [a]steinigten Paulus und schleiften ihn zur Stadt hinaus und meinten, er wäre gestorben. 20 Als ihn aber die Jünger umringten, stand er auf und ging in die Stadt.

Die Rückkehr nach Antiochia in Syrien

Am nächsten Tag zog er mit Barnabas weiter nach Derbe; 21 und sie predigten dieser Stadt das Evangelium und machten viele zu Jüngern. Dann kehrten sie zurück nach Lystra und Ikonion und Antiochia, 22 stärkten die Seelen der Jünger und ermahnten sie, im Glauben zu bleiben, und sagten: **Wir müssen durch viele [a]Bedrängnisse in das Reich Gottes eingehen.** 23 Und sie setzten in jeder Gemeinde Älteste ein, [a]beteten und fasteten und befahlen sie dem Herrn, an den sie gläubig geworden waren. 24 Und sie zogen durch Pisidien und kamen nach Pamphylien 25 und sagten das Wort in Perge und zogen hinab nach Attalia.

26 Und von da fuhren sie mit dem Schiff nach Antiochia, [a]wo sie der Gnade Gottes befohlen worden waren zu dem Werk, das sie nun ausgerichtet hatten. 27 Als sie aber dort ankamen, versammelten sie die Gemeinde und verkündeten, wie viel Gott durch sie getan und wie er den Heiden [a]die Tür des Glaubens aufgetan hätte. 28 Sie blieben aber dort eine nicht geringe Zeit bei den Jüngern.

Die Apostelversammlung in Jerusalem

15 Und einige kamen herab von Judäa und lehrten die Brüder: Wenn ihr euch nicht beschneiden lasst nach der Ordnung des Mose, könnt ihr nicht selig werden.[a] 2 Als nun Zwietracht entstand und Paulus und Barnabas einen nicht geringen Streit mit ihnen hatten, ordnete man an, [a]dass Paulus und Barnabas und einige andre von ihnen nach Jerusalem hinaufziehen sollten zu den Aposteln und Ältesten um dieser Frage willen. 3 Und sie wurden von der Gemeinde geleitet und zogen durch Phönizien und Samarien und erzählten von der Bekehrung der Heiden und machten damit allen Brüdern große Freude.

4 Als sie aber nach Jerusalem kamen, wurden sie empfangen von der Gemeinde und von den Aposteln und von den Ältesten. Und sie verkündeten, wie viel Gott durch sie getan hatte. 5 Da traten einige von der Partei der Pharisäer auf, die gläubig geworden waren, und sprachen: Man muss sie beschneiden und ihnen gebieten, das Gesetz des Mose zu halten. 6 Da kamen die Apostel und die Ältesten zusammen, über diese Sache zu beraten.

7 Als man sich aber lange gestritten hatte, stand Petrus auf und sprach zu ihnen: Ihr Männer, liebe Brüder, ihr wisst, dass Gott vor langer Zeit unter euch bestimmt hat, dass [a]durch meinen Mund die Heiden das Wort des Evangeliums hörten und glaubten. 8 Und Gott, der die Herzen kennt, hat es bezeugt und ihnen den Heiligen Geist gegeben wie auch uns, 9 und er hat keinen Unterschied gemacht zwischen uns und ihnen, nachdem er ihre Herzen gereinigt hatte durch den Glauben. 10 Warum versucht ihr denn nun Gott dadurch, dass ihr [a]ein Joch auf den Nacken der Jünger legt, das weder unsre Väter noch wir haben tragen können? 11 Vielmehr glauben wir, [a]durch die Gnade des Herrn Jesus selig zu werden, ebenso wie auch sie.

14,15: *a* Kap 10,26 **14,16:** *a* Kap 17,30 **14,19:** *a* 2.Kor 11,25; 2.Tim 3,11 **14,22:** *a* Röm 5,3-5; 1.Thess 3,3 **14,23:** *a* Kap 6,6 **14,26:** *a* Kap 13,1-2 **14,27:** *a* 1.Kor 16,9 **15,1:** *a* Gal 5,2 **15,2:** *a* Gal 2,1 **15,7:** *a* Kap 10,44; 11,15 **15,10:** *a* Mt 23,4; Gal 5,1 **15,11:** *a* Gal 2,16; Eph 2,4-10

12 Da schwieg die ganze Menge still und
hörte Paulus und Barnabas zu, die er-
zählten, wie große Zeichen und Wunder
Gott durch sie getan hatte unter den
Heiden.
13 Danach, als sie schwiegen, ant-
wortete [a]Jakobus und sprach: Ihr Män-
ner, liebe Brüder, hört mir zu! 14 Simon
hat erzählt, wie Gott zum ersten Mal die
Heiden gnädig heimgesucht hat, um aus
ihnen ein Volk für seinen Namen zu ge-
winnen. 15 Und dazu stimmen die Worte
der Propheten, wie geschrieben steht
(Amos 9,11-12): 16 »Danach will ich mich
wieder zu ihnen wenden und will die zer-
fallene Hütte Davids wieder bauen, und
ihre Trümmer will ich wieder aufbauen
und will sie aufrichten, 17 damit die Men-
schen, die übrig geblieben sind, nach dem
Herrn fragen, dazu alle Heiden, über die
mein Name genannt ist, spricht der Herr,
18 der tut, was von alters her bekannt
ist.« 19 Darum meine ich, dass man denen
von den Heiden, die sich zu Gott be-
kehren, nicht Unruhe mache, 20 sondern
ihnen vorschreibe, dass sie sich enthalten
sollen [a]von Befleckung durch Götzen
und [b]von Unzucht* und vom Erstick-
ten* und [c]vom Blut. 21 Denn Mose hat
von alten Zeiten her in allen Städten sol-
che, die ihn predigen, und [a]wird alle Sab-
battage in den Synagogen gelesen.

Die Beschlüsse der Apostelversammlung

22 Und die Apostel und Ältesten be-
schlossen samt der ganzen Gemeinde,
aus ihrer Mitte Männer auszuwählen
und mit Paulus und Barnabas nach An-
tiochia zu senden, nämlich Judas mit
dem Beinamen Barsabbas und Silas, an-
gesehene Männer unter den Brüdern.
23 Und sie gaben ein Schreiben in ihre
Hand, also lautend:
Wir, die Apostel und Ältesten, eure
Brüder, wünschen Heil den Brüdern aus
den Heiden in Antiochia und Syrien und
Zilizien. 24 Weil wir gehört haben, dass
einige von den Unsern, denen wir doch
nichts befohlen hatten, euch mit Lehren
irregemacht und eure Seelen verwirrt
haben, 25 so haben wir, einmütig versam-
melt, beschlossen, Männer auszuwählen
und zu euch zu senden mit unsern ge-
liebten Brüdern Barnabas und Paulus,
26 Männer, die ihr Leben eingesetzt haben
für den Namen unseres Herrn Jesus
Christus. 27 So haben wir Judas und Silas
gesandt, die euch mündlich dasselbe mit-
teilen werden. 28 Denn es gefällt dem Hei-
ligen Geist und uns, euch weiter keine
Last aufzuerlegen als nur diese notwen-
digen Dinge: 29 dass ihr euch enthaltet
vom Götzenopfer und vom Blut und vom
Erstickten und von Unzucht. Wenn ihr
euch davor bewahrt, tut ihr recht. Lebt
wohl!

Die Benachrichtigung der Gemeinde in Antiochia

30 Als man sie hatte gehen lassen, kamen
sie nach Antiochia und versammelten die
Gemeinde und übergaben den Brief.
31 Als sie ihn lasen, wurden sie über den
Zuspruch froh. 32 Judas aber und Silas,
die selbst [a]Propheten waren, ermahnten
die Brüder mit vielen Reden und stärkten
sie. 33 Und als sie eine Zeit lang dort
verweilt hatten, ließen die Brüder sie mit
Frieden gehen zu denen, die sie gesandt
hatten.** 35 Paulus und Barnabas aber
blieben in Antiochia, lehrten und predig-
ten mit vielen andern das Wort des
Herrn.

Der Beginn der zweiten Missionsreise

36 Nach einigen Tagen sprach Paulus zu
Barnabas: Lass uns wieder aufbrechen
und nach unsern Brüdern sehen in allen
Städten, in denen wir das Wort des
Herrn verkündigt haben, wie es um sie
steht. 37 Barnabas aber wollte, dass sie
auch [a]Johannes mit dem Beinamen Mar-
kus mitnähmen. 38 Paulus aber hielt es
nicht für richtig, jemanden mitzuneh-
men, der sie [a]in Pamphylien verlassen
hatte und nicht mit ihnen ans Werk ge-
gangen war. 39 Und sie kamen scharf an-
einander, sodass sie sich trennten. Barna-
bas nahm Markus mit sich und fuhr
nach Zypern. 40 Paulus aber wählte Silas
und zog fort, von den Brüdern der

* Siehe Sach- und Worterklärungen.
** Vers 34 findet sich erst in der späteren Überlieferung: »Es gefiel aber Silas, dort zu bleiben.«

15,13: *a* Kap 21,18; Gal 2,9 **15,20:** *a* 3. Mose 19,4; *b* 3. Mose 19,29; *c* 3. Mose 3,17 **15,21:** *a* Kap 13,15 **15,32:** *a* Kap 11,27; 13,1 **15,37:** *a* Kap 12,12.25 **15,38:** *a* Kap 13,13

Gnade Gottes befohlen. 41 Er zog aber durch Syrien und Zilizien und stärkte die Gemeinden.

In Kleinasien

16 Er kam auch nach Derbe und Lystra; und siehe, dort war ein Jünger mit Namen [a]Timotheus, der Sohn [b]einer jüdischen Frau, die gläubig war, und eines griechischen Vaters. 2 Der hatte einen guten Ruf bei den Brüdern in Lystra und Ikonion. 3 Diesen wollte Paulus mit sich ziehen lassen und er nahm ihn und [a]beschnitt ihn wegen der Juden, die in jener Gegend waren; denn sie wussten alle, dass sein Vater ein Grieche war.

4 Als sie aber durch die Städte zogen, übergaben sie ihnen [a]die Beschlüsse, die von den Aposteln und Ältesten in Jerusalem gefasst worden waren, damit sie sich daran hielten. 5 Da wurden die Gemeinden im Glauben gefestigt und nahmen täglich zu an Zahl.

6 Sie zogen aber [a]durch Phrygien und das Land Galatien, da ihnen vom Heiligen Geist verwehrt wurde, das Wort zu predigen in der Provinz Asien. 7 Als sie aber bis nach Mysien gekommen waren, versuchten sie, nach Bithynien zu reisen; doch der Geist Jesu ließ es ihnen nicht zu. 8 Da zogen sie durch Mysien und kamen hinab nach Troas.

Der Ruf nach Mazedonien

9 Und Paulus sah eine Erscheinung bei Nacht: Ein Mann aus Mazedonien stand da und bat ihn: Komm herüber nach Mazedonien und hilf uns! 10 Als er aber die Erscheinung gesehen hatte, da suchten wir sogleich nach Mazedonien zu reisen, gewiss, dass uns Gott dahin berufen hatte, ihnen das Evangelium zu predigen.

In Philippi

11 Da fuhren wir von Troas ab und kamen geradewegs nach Samothrake, am nächsten Tag nach Neapolis 12 und von da nach Philippi, das ist eine Stadt des ersten Bezirks von Mazedonien, eine römische Kolonie. Wir blieben aber einige Tage in dieser Stadt. 13 Am Sabbattag gingen wir hinaus vor die Stadt an den Fluss, wo wir dachten, dass man zu beten pflegte, und wir setzten uns und redeten mit den Frauen, die dort zusammenkamen.

Die Bekehrung der Lydia

14 Und eine gottesfürchtige Frau mit Namen Lydia, eine Purpurhändlerin aus der Stadt Thyatira, hörte zu; der tat der Herr das Herz auf, sodass sie darauf Acht hatte, was von Paulus geredet wurde. 15 Als sie aber mit ihrem Hause getauft war, bat sie uns und sprach: Wenn ihr anerkennt, dass ich an den Herrn glaube, so kommt in mein Haus und bleibt da. Und sie nötigte uns.

Die Magd mit dem Wahrsagegeist

16 Es geschah aber, als wir zum Gebet gingen, da begegnete uns eine Magd, die hatte einen Wahrsagegeist und brachte ihren Herren viel Gewinn ein mit ihrem Wahrsagen. 17 Die folgte Paulus und uns überall hin und schrie: Diese Menschen sind Knechte des allerhöchsten Gottes, die euch den Weg des Heils verkündigen.[a] 18 Das tat sie viele Tage lang. Paulus war darüber so aufgebracht, dass er sich umwandte und zu dem Geist sprach: Ich gebiete dir im Namen Jesu Christi, dass du von ihr ausfährst. [a]Und er fuhr aus zu derselben Stunde.

19 Als aber ihre Herren sahen, dass damit ihre Hoffnung auf Gewinn ausgefahren war, ergriffen sie Paulus und Silas, schleppten sie auf den Markt vor die Oberen 20 [a]und führten sie den Stadtrichtern vor und sprachen: Diese Menschen bringen unsre Stadt in Aufruhr; sie sind Juden 21 und verkünden Ordnungen, die wir weder annehmen noch einhalten dürfen, weil wir Römer sind. 22 Und das Volk wandte sich gegen sie; und die Stadtrichter ließen ihnen die Kleider herunterreißen und befahlen, sie [a]mit Stöcken zu schlagen.

Paulus und Silas im Gefängnis

23 Nachdem man sie hart geschlagen hatte, warf man sie ins Gefängnis und befahl dem Aufseher, sie gut zu bewa-

16,1: *a* Kap 17,14; 19,22; 20,4; Phil 2,19-22; 1. Thess 3,2.6; *b* 2. Tim 1,5 **16,3:** *a* Gal 2,3 **16,4:** *a* Kap 15,23-29 **16,6:** *a* Kap 18,23 **16,17:** *a* Mk 1,24.34 **16,18:** *a* Mk 16,17 **16,20:** *a* Kap 17,6 **16,22:** *a* 2. Kor 11,25; Phil 1,30; 1. Thess 2,2

chen. 24 Als er diesen Befehl empfangen
hatte, warf er sie in das innerste Gefäng-
nis und legte ihre Füße in den Block.
25 Um Mitternacht aber beteten Paulus
und Silas und lobten Gott. Und die Ge-
fangenen hörten sie. 26 Plötzlich aber ge-
schah ein großes Erdbeben, sodass die
Grundmauern des Gefängnisses wank-
ten. Und sogleich öffneten sich alle
Türen und von allen fielen die Fesseln ab.
27 Als aber der Aufseher aus dem Schlaf
auffuhr und sah die Türen des Gefäng-
nisses offen stehen, zog er das Schwert
und wollte sich selbst töten; denn er
meinte, die Gefangenen wären entflohen.
28 Paulus aber rief laut: Tu dir nichts an;
denn wir sind alle hier!
29 Da forderte der Aufseher ein Licht
und stürzte hinein und fiel zitternd Pau-
lus und Silas zu Füßen. 30 Und er führte
sie heraus und sprach: Liebe Herren,
[a]was muss ich tun, dass ich gerettet
werde? 31 Sie sprachen: **Glaube an den
Herrn Jesus, so wirst du und dein Haus
selig!** 32 Und sie sagten ihm das Wort des
Herrn und allen, die in seinem Hause
waren. 33 Und er nahm sie zu sich in
derselben Stunde der Nacht und wusch
ihnen die Striemen. Und er ließ sich und
alle die Seinen sogleich taufen 34 und
führte sie in sein Haus und deckte ihnen
den Tisch und freute sich mit seinem
ganzen Hause, dass er zum Glauben an
Gott gekommen war.
35 Als es aber Tag geworden war, sand-
ten die Stadtrichter die Amtsdiener und
ließen sagen: Lass diese Männer frei!
36 Und der Aufseher überbrachte Paulus
diese Botschaft: Die Stadtrichter haben
hergesandt, dass ihr frei sein sollt. Nun
kommt heraus und geht hin in Frieden!
37 Paulus aber sprach zu ihnen: Sie haben
uns ohne Recht und Urteil öffentlich ge-
schlagen, die wir doch [a]römische Bürger
sind, und in das Gefängnis geworfen,
und sollten uns nun heimlich fortschi-
cken? Nein! Sie sollen selbst kommen
und uns hinausführen! 38 Die Amtsdiener
berichteten diese Worte den Stadtrich-
tern. Da fürchteten sie sich, als sie hör-
ten, dass sie römische Bürger seien,
39 und kamen und redeten ihnen zu, führ-
ten sie heraus und baten sie, die Stadt zu
verlassen. 40 Da gingen sie aus dem Ge-
fängnis und gingen zu der Lydia. Und als
sie die Brüder gesehen und sie getröstet
hatten, zogen sie fort.

In Thessalonich

17 Nachdem sie aber durch Amphipo-
lis und Apollonia gereist waren, ka-
men sie nach [a]Thessalonich; da war eine
Synagoge der Juden. 2 Wie nun Paulus
gewohnt war, ging er zu ihnen hinein und
redete mit ihnen an drei Sabbaten von
der Schrift, 3 tat sie ihnen auf und legte
ihnen dar, [a]dass Christus leiden musste
und von den Toten auferstehen und dass
dieser Jesus, den ich – so sprach er – euch
verkündige, der Christus ist. 4 Einige von
ihnen ließen sich überzeugen und schlos-
sen sich Paulus und [a]Silas an, auch eine
große Menge von gottesfürchtigen Grie-
chen, dazu nicht wenige von den angese-
hensten Frauen.
5 Aber die Juden ereiferten sich und
holten sich einige üble Männer aus dem
Pöbel, rotteten sich zusammen und rich-
teten einen Aufruhr in der Stadt an und
zogen vor das Haus Jasons und suchten
sie, um sie vor das Volk zu führen. 6 Sie
fanden sie aber nicht. Da schleiften sie
Jason und einige Brüder vor die Oberen
der Stadt und schrien: Diese, [a]die den
ganzen Weltkreis erregen, sind jetzt auch
hierher gekommen; 7 die beherbergt Ja-
son. Und diese alle handeln gegen des
Kaisers Gebote und sagen, [a]ein anderer
sei König, nämlich Jesus. 8 So brachten
sie das Volk auf und die Oberen der
Stadt, die das hörten. 9 Und erst nach-
dem ihnen von Jason und den andern
Bürgschaft geleistet war, ließen sie sie
frei.

In Beröa

10 Die Brüder aber schickten noch in der-
selben Nacht Paulus und Silas nach Be-
röa. Als sie dahin kamen, gingen sie in
die Synagoge der Juden. 11 Diese aber
waren freundlicher als die in Thessalo-
nich; sie nahmen das Wort bereitwillig
auf und [a]forschten täglich in der Schrift,
ob sich's so verhielte. 12 So glaubten nun

16,30: *a* Kap 2,37 **16,37:** *a* Kap 22,25 **17,1:** *a* 1. Thess 2,2 **17,3:** *a* Lk 24,26-27.45-46 **17,4:** *a* 1. Thess 1,1; 2. Thess 1,1 **17,6:** *a* Kap 16,20 **17,7:** *a* Lk 23,2 **17,11:** *a* Joh 5,39

viele von ihnen, darunter nicht wenige
von den vornehmen griechischen Frauen
und Männern. 13 Als aber die Juden von
Thessalonich erfuhren, dass auch in Be-
röa das Wort Gottes von Paulus ver-
kündigt wurde, kamen sie und erregten
Unruhe und verwirrten auch dort das
Volk.

14 Da schickten die Brüder Paulus so-
gleich weiter bis an das Meer; Silas und
[a]Timotheus aber blieben zurück. 15 Die
aber Paulus geleiteten, brachten ihn bis
nach Athen. Und nachdem sie den Auf-
trag empfangen hatten, dass Silas und
Timotheus so schnell wie möglich zu ihm
kommen sollten, kehrten sie zurück.

In Athen

16 Als aber Paulus in Athen auf sie war-
tete, ergrimmte sein Geist in ihm, als er
die Stadt voller Götzenbilder sah. 17 Und
er redete zu den Juden und den Gottes-
fürchtigen in der Synagoge und täglich
auf dem Markt zu denen, die sich ein-
fanden. 18 Einige Philosophen aber, Epi-
kureer und Stoiker, stritten mit ihm. Und
einige von ihnen sprachen: Was will die-
ser Schwätzer sagen? Andere aber: Es
sieht so aus, als wolle er fremde Götter
verkündigen. Er hatte ihnen nämlich
[a]das Evangelium von Jesus und von der
Auferstehung verkündigt. 19 Sie nahmen
ihn aber mit und führten ihn auf den
Areopag* und sprachen: Können wir er-
fahren, was das für eine neue Lehre ist,
die du lehrst? 20 Denn du bringst etwas
Neues vor unsere Ohren; nun wollen wir
gerne wissen, was das ist. 21 Alle Athener
nämlich, auch die Fremden, die bei ihnen
wohnten, hatten nichts anderes im Sinn,
als etwas Neues zu sagen oder zu hören.

22 Paulus aber stand mitten auf dem
Areopag und sprach: Ihr Männer von
Athen, ich sehe, dass ihr die Götter in
allen Stücken sehr verehrt. 23 Ich bin um-
hergegangen und habe eure Heiligtümer
angesehen und fand einen Altar, auf dem
stand geschrieben: Dem unbekannten
Gott. Nun verkündige ich euch, was ihr
unwissend verehrt.
24 Gott, der die Welt gemacht hat und
alles, was darin ist, er, der Herr des Him-
mels und der Erde, [a]wohnt nicht in Tem-
peln, die mit Händen gemacht sind.
25 Auch lässt er sich nicht von Menschen-
händen dienen wie einer, [a]der etwas nö-
tig hätte, da er doch selber jedermann
Leben und Odem und alles gibt. 26 Und
er hat aus einem Menschen das ganze
Menschengeschlecht gemacht, damit sie
auf dem ganzen Erdboden wohnen, und
[a]er hat festgesetzt, wie lange sie bestehen
und in welchen Grenzen sie wohnen sol-
len, 27 damit sie Gott suchen sollen, ob
sie ihn wohl fühlen und finden könnten;
und **fürwahr, [a]er ist nicht ferne von einem
jeden unter uns. 28 Denn in ihm leben, we-
ben und sind wir;** wie auch einige Dichter
bei euch gesagt haben: Wir sind seines
Geschlechts. 29 Da wir nun [a]göttlichen
Geschlechts sind, sollen wir nicht mei-
nen, [b]die Gottheit sei gleich den gol-
denen, silbernen und steinernen Bildern,
durch menschliche Kunst und Gedanken
gemacht.

30 Zwar hat Gott über die [a]Zeit der
Unwissenheit hinweggesehen; nun aber
[b]gebietet er den Menschen, dass alle an
allen Enden Buße tun. 31 Denn er hat
einen Tag festgesetzt, an dem er den Erd-
kreis [a]richten will mit Gerechtigkeit
durch einen Mann, den er dazu bestimmt
hat, und hat jedermann den Glauben an-
geboten, indem er ihn von den Toten
auferweckt hat.

32 Als sie von der Auferstehung der
Toten hörten, begannen die einen zu
spotten; die andern aber sprachen: Wir
wollen dich darüber ein andermal weiter-
hören. 33 So ging Paulus von ihnen.
34 Einige Männer schlossen sich ihm an
und wurden gläubig; unter ihnen war
auch Dionysius, einer aus dem Rat, und
eine Frau mit Namen Damaris und an-
dere mit ihnen.

In Korinth

18 Danach verließ Paulus Athen und
kam nach Korinth 2 und fand einen
Juden mit Namen [a]Aquila, aus Pontus
gebürtig; der war mit seiner Frau Pris-

* Siehe Sach- und Worterklärungen.

17,14: *a* Kap 16,1 **17,18:** *a* 1.Kor 4,12 **17,24:** *a* 1.Kön 8,27 **17,25:** *a* Ps 50,9-12 **17,26:** *a* 5.Mose 32,8 **17,27:** *a* Jes 55,6 **17,29:** *a* 1.Mose 1,27; *b* Jes 40,18 **17,30:** *a* Kap 14,16; *b* Lk 24,47 **17,31:** *a* Kap 10,42; Mt 25,31-33 **18,2:** *a* Röm 16,3

zilla kürzlich aus Italien gekommen, weil
Kaiser Klaudius allen Juden geboten
hatte, Rom zu verlassen. Zu denen ging
Paulus. 3 Und weil er das gleiche Hand-
werk hatte, blieb er bei ihnen und [a]ar-
beitete mit ihnen; sie waren nämlich von
Beruf Zeltmacher. 4 Und er lehrte in der
Synagoge an allen Sabbaten und über-
zeugte Juden und Griechen. 5 Als aber
[a]Silas und Timotheus aus Mazedonien
kamen, richtete sich Paulus ganz auf die
Verkündigung des Wortes und bezeugte
den Juden, dass Jesus der Christus ist.
6 Als sie aber widerstrebten und lästerten,
[a]schüttelte er die Kleider aus und sprach
zu ihnen: Euer Blut komme über euer
Haupt; [b]ohne Schuld gehe ich von nun
an zu den Heiden.

7 Und er machte sich auf von dort und
kam in das Haus eines Mannes mit Na-
men Titius Justus, eines Gottesfürchti-
gen; dessen Haus war neben der Syn-
agoge. 8 [a]Krispus aber, der Vorsteher der
Synagoge, kam zum Glauben an den
Herrn mit seinem ganzen Hause, und
auch viele Korinther, die zuhörten, wur-
den gläubig und ließen sich taufen.

9 [a]Es sprach aber der Herr durch eine
Erscheinung in der Nacht zu Paulus:
[b]**Fürchte dich nicht, sondern rede und
schweige nicht**! 10 **Denn ich bin mit dir, und
niemand soll sich unterstehen, dir zu scha-
den; denn [a]ich habe ein großes Volk in
dieser Stadt.** 11 Er blieb aber dort ein Jahr
und sechs Monate und lehrte unter ihnen
das Wort Gottes.

12 Als aber Gallio Statthalter in Achaja
war, empörten sich die Juden einmütig
gegen Paulus und führten ihn vor den
Richterstuhl 13 und sprachen: Dieser
Mensch überredet die Leute, Gott zu die-
nen dem Gesetz zuwider. 14 [a]Als aber
Paulus den Mund auftun wollte, sprach
Gallio zu den Juden: Wenn es um einen
Frevel oder ein Vergehen ginge, ihr Ju-
den, so würde ich euch anhören, wie es
recht ist; 15 weil es aber Fragen sind über
Lehre und Namen und das Gesetz bei
euch, so seht ihr selber zu; ich gedenke,
darüber nicht Richter zu sein.[a] 16 Und er
trieb sie weg von dem Richterstuhl. 17 Da
ergriffen sie alle Sosthenes, den Vorsteher
der Synagoge, und schlugen ihn vor dem
Richterstuhl und Gallio kümmerte sich
nicht darum.

Die Rückkehr nach Antiochia

18 Paulus aber blieb noch eine Zeit lang
dort. Danach nahm er Abschied von den
Brüdern und wollte nach Syrien fahren
und mit ihm Priszilla und Aquila. Zuvor
[a]ließ er sich in Kenchreä sein Haupt
scheren, denn er hatte ein Gelübde ge-
tan.

19 Und sie kamen nach Ephesus und er
ließ die beiden dort zurück; er aber ging
in die Synagoge und redete mit den Ju-
den. 20 Sie baten ihn aber, dass er längere
Zeit bei ihnen bleibe. Doch er willigte
nicht ein, 21 sondern nahm Abschied von
ihnen und sprach: [a]Will's Gott, so will
ich wieder zu euch kommen. Und er fuhr
weg von Ephesus 22 und kam nach Cäsa-
rea und [a]ging hinauf nach Jerusalem und
grüßte die Gemeinde und zog hinab nach
Antiochia.

Der Beginn der dritten Missionsreise

23 Und nachdem er einige Zeit geblieben
war, brach er wieder auf und durchzog
nacheinander das galatische Land und
Phrygien und stärkte alle Jünger.

Apollos in Ephesus

24 Es kam aber nach Ephesus ein Jude
mit Namen [a]Apollos, aus Alexandria ge-
bürtig, ein beredter Mann und gelehrt in
der Schrift. 25 Dieser war unterwiesen im
Weg des Herrn und redete brennend im
Geist und lehrte richtig von Jesus, wusste
aber nur von der [a]Taufe des Johannes.
26 Er fing an, frei und offen zu predigen
in der Synagoge. Als ihn Aquila und
Priszilla hörten, nahmen sie ihn zu sich
und legten ihm den Weg Gottes noch
genauer aus. 27 Als er aber nach Achaja
reisen wollte, schrieben die Brüder an die
Jünger dort und empfahlen ihnen, ihn
aufzunehmen. Und als er dahin gekom-
men war, half er denen viel, die gläubig
geworden waren durch die Gnade.

18,3: *a* Kap 20,34; 1. Kor 4,12 **18,5:** *a* Kap 17,14-15; 2. Kor 1,19 **18,6:** *a* Kap 13,51; Neh 5,15; *b* Kap 20,26 **18,8:** *a* 1. Kor 1,14 **18,9:** *a (9-10)* Jer 1,8; *b* 1. Kor 2,3 **18,10:** *a* Joh 10,16 **18,14:** *a (14-15)* Kap 25,18-20 **18,15:** *a* Joh 18,31 **18,18:** *a* Kap 21,24.26 **18,21:** *a* Jak 4,15 **18,22:** *a* Kap 21,15 **18,24:** *a* 1. Kor 3,5-6 **18,25:** *a* Kap 19,3

28 Denn er widerlegte die Juden kräftig
und [a]erwies öffentlich durch die Schrift,
dass Jesus der Christus ist.

Paulus in Ephesus

19 Es geschah aber, als Apollos in Ko-
rinth war, dass Paulus durch das
Hochland zog und nach Ephesus kam
und einige Jünger fand. 2 Zu denen
sprach er: [a]Habt ihr den Heiligen Geist
empfangen, als ihr gläubig wurdet? Sie
sprachen zu ihm: Wir haben noch nie
gehört, dass es einen Heiligen Geist gibt.
3 Und er fragte sie: Worauf seid ihr denn
getauft? Sie antworteten: Auf die Taufe
des Johannes. 4 Paulus aber sprach: Jo-
hannes hat getauft mit der Taufe der
Buße und dem Volk gesagt, sie sollten an
den glauben, der nach ihm kommen
werde, nämlich an Jesus.[a] 5 Als sie das
hörten, ließen sie sich taufen auf den
Namen des Herrn Jesus. 6 Und als Paulus
die Hände auf sie legte, kam der Heilige
Geist auf sie und sie redeten in Zungen
und weissagten.[a] 7 Es waren aber zusam-
men etwa zwölf Männer.

8 Er ging aber in die Synagoge und
predigte frei und offen drei Monate lang,
lehrte und überzeugte sie von dem Reich
Gottes. 9 Als aber einige verstockt waren
und nicht glaubten und vor der Menge
übel redeten von der Lehre, trennte er
sich von ihnen und sonderte auch die
Jünger ab und redete täglich in der
Schule des Tyrannus. 10 Und das geschah
zwei Jahre lang, sodass alle, die in der
Provinz Asien wohnten, das Wort des
Herrn hörten, Juden und Griechen.

11 Und Gott wirkte nicht geringe Taten
durch die Hände des Paulus.[a] 12 So hiel-
ten sie auch die Schweißtücher und an-
dere Tücher, die er auf seiner Haut ge-
tragen hatte, über die Kranken, und die
Krankheiten wichen von ihnen und die
bösen Geister fuhren aus.[a]

13 Es [a]unterstanden sich aber einige
von den Juden, die als Beschwörer um-
herzogen, den Namen des Herrn Jesus zu
nennen über denen, die böse Geister hat-
ten, und sprachen: Ich beschwöre euch
bei dem Jesus, den Paulus predigt. 14 Es
waren aber sieben Söhne eines jüdischen
Hohenpriesters mit Namen Skevas, die
dies taten. 15 Aber der böse Geist ant-
wortete und sprach zu ihnen: Jesus kenne
ich wohl und von Paulus weiß ich wohl;
aber wer seid ihr? 16 Und der Mensch, in
dem der böse Geist war, stürzte sich auf
sie und überwältigte sie alle und richtete
sie so zu, dass sie nackt und verwundet
aus dem Haus flohen. 17 Das aber wurde
allen bekannt, die in Ephesus wohnten,
Juden und Griechen; und Furcht befiel
sie alle und der Name des Herrn Jesus
wurde hoch gelobt.

18 Es kamen auch viele von denen, die
gläubig geworden waren, und bekannten
und verkündeten, was sie getan hatten.
19 Viele aber, die Zauberei getrieben hat-
ten, brachten die Bücher zusammen und
verbrannten sie öffentlich und berechne-
ten, was sie wert waren, und kamen auf
fünfzigtausend Silbergroschen. 20 So brei-
tete sich das Wort aus durch die Kraft
des Herrn und wurde mächtig.[a]

21 Als das geschehen war, nahm sich
Paulus im Geist vor, durch Mazedonien
und Achaja zu ziehen und nach Jeru-
salem zu reisen, und sprach: Wenn ich
dort gewesen bin, muss ich auch [a]Rom
sehen. 22 Und er sandte zwei, die ihm
dienten, Timotheus und [a]Erastus, nach
Mazedonien; er aber blieb noch eine
Weile in der Provinz Asien.

Der Aufruhr des Demetrius

23 Es erhob sich aber um diese Zeit [a]eine
nicht geringe Unruhe über den neuen
Weg. 24 Denn einer mit Namen Deme-
trius, ein Goldschmied, machte silberne
Tempel der Diana* und verschaffte de-
nen vom Handwerk nicht geringen Ge-
winn. 25 Diese und die Zuarbeiter dieses
Handwerks versammelte er und sprach:
Liebe Männer, ihr wisst, dass wir großen
Gewinn von diesem Gewerbe haben;
26 und ihr seht und hört, dass nicht allein
in Ephesus, sondern auch fast in der gan-
zen Provinz Asien dieser Paulus viel Volk
abspenstig macht, überredet und spricht:
Was mit Händen gemacht ist, das sind
keine Götter. 27 Aber es droht nicht nur

* Siehe Sach- und Worterklärungen.

18,28: *a* Kap 9,22; 17,3 **19,2:** *a* Kap 2,38 **19,4:** *a* Mt 3,11 **19,6:** *a* Kap 8,17; 10,44.46 **19,11:** *a* Kap 14,3; 2.Kor 12,12 **19,12:** *a* Kap 5,15 **19,13:** *a* Lk 9,49 **19,20:** *a* Kap 12,24 **19,21:** *a* Kap 23,11 **19,22:** *a* 2.Tim 4,20 **19,23:** *a* 2.Kor 1,8-9

unser Gewerbe in Verruf zu geraten, son-
dern auch der Tempel der großen Göttin
Diana wird für nichts geachtet werden
und zudem wird ihre göttliche Majestät
untergehen, der doch die ganze Provinz
Asien und der Weltkreis Verehrung er-
weist. 28 Als sie das hörten, wurden sie
von Zorn erfüllt und schrien: Groß ist
die Diana der Epheser! 29 Und die ganze
Stadt wurde voll Getümmel; sie stürmten
einmütig zum Theater und ergriffen
[a]Gajus und Aristarch aus Mazedonien,
die Gefährten des Paulus.
30 Als aber Paulus unter das Volk ge-
hen wollte, ließen's ihm die Jünger nicht
zu. 31 Auch einige der Oberen der Provinz
Asien, die ihm freundlich gesinnt waren,
sandten zu ihm und ermahnten ihn, sich
nicht zum Theater zu begeben. 32 Dort
schrien die einen dies, die andern das, und
die Versammlung war in Verwirrung,
und die meisten wussten nicht, warum
sie zusammengekommen waren. 33 Einige
aber aus der Menge unterrichteten den
Alexander, den die Juden vorschickten.
Alexander aber winkte mit der Hand und
wollte sich vor dem Volk verantworten.
34 Als sie aber innewurden, dass er ein
Jude war, schrie alles wie aus einem
Munde fast zwei Stunden lang: Groß ist
die Diana der Epheser!
35 Als aber der Kanzler das Volk be-
ruhigt hatte, sprach er: Ihr Männer von
Ephesus, wo ist ein Mensch, der nicht
weiß, dass die Stadt Ephesus eine Hü-
terin der großen Diana ist und ihres Bil-
des, das vom Himmel gefallen ist? 36 Weil
das nun unwidersprechlich ist, sollt ihr
euch ruhig verhalten und nichts Unbe-
dachtes tun. 37 Ihr habt diese Menschen
hergeführt, die weder Tempelräuber noch
Lästerer unserer Göttin sind. 38 Haben
aber Demetrius und die mit ihm vom
Handwerk sind einen Anspruch an je-
manden, so gibt es Gerichte und Statt-
halter; da lasst sie sich untereinander ver-
klagen. 39 Wollt ihr aber darüber hinaus
noch etwas, so kann man es in einer
ordentlichen Versammlung entscheiden.
40 Denn wir stehen in Gefahr, wegen der
heutigen Empörung verklagt zu werden,
ohne dass ein Grund vorhanden ist, mit
dem wir diesen Aufruhr entschuldigen
könnten. Und als er dies gesagt hatte,
ließ er die Versammlung gehen.

Paulus in Mazedonien und Griechenland

20 Als nun das Getümmel aufgehört
hatte, rief Paulus die Jünger zu
sich und tröstete sie, nahm Abschied und
brach auf, um nach [a]Mazedonien zu rei-
sen. 2 Und als er diese Gegenden durch-
zogen und die Gemeinden mit vielen
Worten ermahnt hatte, kam er nach
Griechenland 3 und blieb dort drei Mo-
nate. Da ihm aber die Juden nachstellten,
als er zu Schiff nach Syrien fahren wollte,
beschloss er, durch Mazedonien zurück-
zukehren. 4 Es zogen aber mit ihm So-
pater aus [a]Beröa, der Sohn des Pyrrhus,
aus Thessalonich aber Aristarch und
Sekundus und [b]Gajus aus Derbe und
[c]Timotheus, aus der Provinz Asien aber
[d]Tychikus und [e]Trophimus. 5 Diese reis-
ten voraus und warteten auf uns in
Troas.

In Troas

6 Wir aber fuhren nach den Tagen der
Ungesäuerten Brote mit dem Schiff von
Philippi ab und kamen am fünften Tag
zu ihnen nach Troas und blieben dort
sieben Tage.
7 [a]Am ersten Tag der Woche aber, als
wir versammelt waren, [b]das Brot zu bre-
chen, predigte ihnen Paulus, und da er
am nächsten Tag weiterreisen wollte, zog
er die Rede hin bis Mitternacht. 8 Und es
waren viele Lampen in dem Oberge-
mach, wo wir versammelt waren. 9 Es saß
aber ein junger Mann mit Namen Euty-
chus in einem Fenster und sank in einen
tiefen Schlaf, weil Paulus so lange redete;
und vom Schlaf überwältigt fiel er hinun-
ter vom dritten Stock und wurde tot auf-
gehoben. 10 Paulus aber ging hinab und
[a]warf sich über ihn, umfing ihn und
sprach: Macht kein Getümmel; denn es
ist Leben in ihm. 11 Dann ging er hinauf
und brach das Brot und aß und redete
viel mit ihnen, bis der Tag anbrach; und
so zog er hinweg. 12 Sie brachten aber den
jungen Mann lebend herein und wurden
nicht wenig getröstet.

19,29: *a* Kap 20,4 **20,1:** *a* 2. Kor 2,13 **20,4:** *a* Kap 17,10; *b* Kap 19,29; *c* Kap 16,1; *d* Eph 6,21; *e* Kap 21,29 **20,7:** *a* Mt 28,1; *b* Kap 2,42.46 **20,10:** *a* 1. Kön 17,21

Die Reise nach Milet

13 Wir aber zogen voraus zum Schiff und
fuhren nach Assos und wollten dort Pau-
lus zu uns nehmen; denn er hatte es so
befohlen, weil er selbst zu Fuß gehen
wollte. 14 Als er uns nun traf in Assos,
nahmen wir ihn zu uns und kamen nach
Mitylene. 15 Und von dort fuhren wir
weiter und kamen am nächsten Tag auf
die Höhe von Chios; am folgenden Tag
gelangten wir nach Samos und am
nächsten Tag kamen wir nach Milet.
16 Denn Paulus hatte beschlossen, an
[a]Ephesus vorüberzufahren, um in der
Provinz Asien keine Zeit zu verlieren;
denn er eilte, am Pfingsttag in Jerusalem
zu sein, wenn es ihm möglich wäre.

Die Abschiedsrede des Paulus an die Ältesten von Ephesus

17 Aber von Milet sandte er nach Ephesus
und ließ die Ältesten der Gemeinde ru-
fen. 18 Als aber die zu ihm kamen, sprach
er zu ihnen: Ihr wisst, wie ich mich vom
ersten Tag an, als ich in die Provinz
Asien gekommen bin, die ganze Zeit bei
euch verhalten habe,[a] 19 wie ich dem
Herrn gedient habe in aller Demut und
mit Tränen und unter Anfechtungen, die
mir durch die Nachstellungen der Juden
widerfahren sind. 20 Ich habe euch nichts
vorenthalten, was nützlich ist, dass ich's
euch nicht verkündigt und gelehrt hätte,
öffentlich und in den Häusern, 21 und
habe Juden und Griechen bezeugt die
Umkehr zu Gott und den Glauben an
unsern Herrn Jesus.

22 Und nun siehe, durch den Geist ge-
bunden, [a]fahre ich nach Jerusalem und
weiß nicht, was mir dort begegnen wird,
23 nur dass der Heilige Geist in allen
Städten mir bezeugt, dass Fesseln und
Bedrängnisse auf mich warten.[a] 24 Aber
[a]ich achte mein Leben nicht der Rede
wert, wenn ich nur [b]meinen Lauf voll-
ende und das Amt ausrichte, das ich von
dem Herrn Jesus empfangen habe, zu be-
zeugen das Evangelium von der Gnade
Gottes. 25 Und nun siehe, ich weiß, dass
ihr mein Angesicht nicht mehr sehen
werdet, ihr alle, zu denen ich hingekom-
men bin und das Reich gepredigt habe.
26 [a]Darum bezeuge ich euch am heutigen
Tage, [b]dass ich rein bin vom Blut aller;
27 denn ich habe nicht unterlassen, euch
den ganzen Ratschluss Gottes zu ver-
kündigen.

**28 So [a]habt nun Acht auf euch selbst
und [b]auf die ganze Herde, in der euch der
Heilige Geist eingesetzt hat zu Bischö-
fen*, zu weiden die Gemeinde Gottes, die
er durch sein eigenes Blut erworben hat.**
29 Denn das weiß ich, dass nach meinem
Abschied reißende [a]Wölfe zu euch kom-
men, die die Herde nicht verschonen wer-
den. 30 Auch aus eurer Mitte werden
Männer aufstehen, die Verkehrtes leh-
ren, um die Jünger an sich zu ziehen.[a]
31 Darum seid wachsam und denkt dar-
an, dass ich drei Jahre lang Tag und
Nacht nicht abgelassen habe, einen jeden
unter Tränen zu ermahnen.

32 Und nun befehle ich euch Gott und
dem Wort seiner Gnade, der da mächtig
ist, euch zu erbauen und euch das Erbe
zu geben mit allen, die geheiligt sind.
33 Ich habe von niemandem Silber oder
Gold oder Kleidung begehrt. 34 Denn ihr
wisst selber, dass mir diese Hände zum
Unterhalt gedient haben für mich und
die, die mit mir gewesen sind.[a] 35 Ich
habe euch in allem gezeigt, dass man so
arbeiten und sich der Schwachen anneh-
men muss im Gedenken an das Wort des
Herrn Jesus, der selbst gesagt hat: **Geben
ist seliger als nehmen.**

36 Und als er das gesagt hatte, [a]kniete
er nieder und betete mit ihnen allen.
37 Da begannen alle laut zu weinen und
sie fielen Paulus um den Hals und küss-
ten ihn, 38 am allermeisten betrübt über
das Wort, das er gesagt hatte, sie würden
sein Angesicht nicht mehr sehen. Und sie
geleiteten ihn auf das Schiff.

Von Milet nach Cäsarea

21 Als wir uns nun von ihnen los-
gerissen hatten und abgefahren
waren, kamen wir geradewegs nach Kos

* Siehe Sach- und Worterklärungen.

20,16: *a* Kap 18,21 **20,18:** *a* Kap 18,19; 19,10 **20,22:** *a* Kap 19,21 **20,23:** *a* Kap 9,16; 21,4.11 **20,24:** *a* Kap 21,13; *b* 2.Tim 4,7 **20,26:** *a (26-27)* Hes 3,17-19; *b* Kap 18,6 **20,28:** *a* 1.Tim 4,16; *b* 1.Petr 5,2-4 **20,29:** *a* Mt 7,15 **20,30:** *a* 1.Joh 2,18-19 **20,34:** *a* Kap 18,3; 1.Kor 4,12; 1.Thess 2,9 **20,36:** *a* Kap 21,5

und am folgenden Tage nach Rhodos
und von da nach Patara. 2 Und als wir
ein Schiff fanden, das nach Phönizien
fuhr, stiegen wir ein und fuhren ab. 3 Als
aber Zypern in Sicht kam, ließen wir es
linker Hand liegen und fuhren nach Sy-
rien und kamen in Tyrus an, denn dort
sollte das Schiff die Ware ausladen. 4 Als
wir nun die Jünger fanden, blieben wir
sieben Tage dort. Die sagten Paulus
[a]durch den Geist, er solle nicht nach
Jerusalem hinaufziehen.
5 Und es geschah, als wir die Tage zu-
gebracht hatten, da machten wir uns auf
und reisten weiter. Und sie geleiteten uns
alle mit Frauen und Kindern bis hinaus
vor die Stadt, und [a]wir knieten nieder
am Ufer und beteten. 6 Und als wir von-
einander Abschied genommen hatten,
stiegen wir ins Schiff; jene aber wandten
sich wieder heimwärts. 7 Wir beendeten
die Seefahrt und kamen von Tyrus nach
Ptolemaïs, begrüßten die Brüder und
blieben einen Tag bei ihnen.
8 Am nächsten Tag zogen wir weiter
und kamen nach Cäsarea und gingen in
das Haus des [a]Philippus, des Evangelis-
ten, der einer von den sieben war, und
blieben bei ihm. 9 Der hatte vier Töchter,
die waren Jungfrauen und weissagten.
10 Und als wir mehrere Tage dablieben,
kam ein Prophet mit Namen [a]Agabus
aus Judäa herab. 11 Und als er zu uns
kam, nahm er den Gürtel des Paulus und
band sich die Füße und Hände und
sprach: Das sagt der Heilige Geist: [a]Den
Mann, dem dieser Gürtel gehört, werden
die Juden in Jerusalem so binden und
überantworten in die Hände der Heiden.
12 Als wir aber das hörten, baten wir und
die aus dem Ort, dass er nicht hinauf
nach Jerusalem zöge.[a] 13 Paulus aber ant-
wortete: Was macht ihr, dass ihr weint
und brecht mir mein Herz? Denn [a]ich
bin bereit, nicht allein mich binden zu
lassen, sondern auch zu sterben in Jeru-
salem für den Namen des Herrn Jesus.
14 Da er sich aber nicht überreden ließ,
schwiegen wir und sprachen: [a]Des Herrn
Wille geschehe.

Die Ankunft in Jerusalem

15 Und nach diesen Tagen machten wir
uns fertig und zogen hinauf nach Jeru-
salem. 16 Es kamen aber mit uns auch
einige Jünger aus Cäsarea und führten
uns zu einem alten Jünger mit Namen
Mnason aus Zypern, bei dem wir zu
Gast sein sollten. 17 Als wir nun nach
Jerusalem kamen, nahmen uns die Brü-
der gerne auf.
18 Am nächsten Tag aber ging Paulus
mit uns zu [a]Jakobus und es kamen die
Ältesten alle dorthin. 19 Und als er sie
begrüßt hatte, erzählte er eins nach dem
andern, was Gott unter den Heiden
durch seinen Dienst getan hatte. 20 Als sie
aber das hörten, lobten sie Gott und
sprachen zu ihm: Bruder, du siehst, wie
viel tausend Juden gläubig geworden sind
und alle sind [a]Eiferer für das Gesetz.
21 Ihnen ist aber berichtet worden über
dich, dass du alle Juden, die unter den
Heiden wohnen, den Abfall von Mose
lehrst und sagst, sie sollen ihre Kinder
nicht beschneiden und auch nicht nach
den Ordnungen leben.[a] 22 Was nun? Auf
jeden Fall werden sie hören, dass du ge-
kommen bist.
23 So tu nun das, was wir dir sagen.
Wir haben vier Männer, die haben [a]ein
Gelübde auf sich genommen; 24 die nimm
zu dir und lass dich reinigen mit ihnen
und trage die Kosten für sie, dass sie ihr
Haupt scheren können;* so werden alle
erkennen, dass es nicht so ist, wie man
ihnen über dich berichtet hat, sondern
dass du selber auch nach dem Gesetz
lebst und es hältst. 25 Wegen der gläubig
gewordenen Heiden aber haben wir be-
schlossen und geschrieben, dass sie sich
hüten sollen vor dem Götzenopfer, vor
Blut, vor Ersticktem und vor Unzucht.[a]
26 Da nahm Paulus die Männer zu sich
und reinigte sich am nächsten Tag mit
ihnen und ging in den Tempel und zeigte
an, dass die Tage der Reinigung beendet
sein sollten, sobald für jeden von ihnen
das Opfer dargebracht wäre.[a]

* Siehe Sach- und Worterklärungen zu »Gottgeweihter«.

21,4: *a* Kap 20,23 **21,5:** *a* Kap 20,36 **21,8:** *a* Kap 6,5; 8,40 **21,10:** *a* Kap 11,28 **21,11:** *a* Kap 20,23 **21,12:** *a* Mt 16,22 **21,13:** *a* Kap 20,24 **21,14:** *a* Lk 22,42 **21,18:** *a* Kap 15,13 **21,20:** *a* Kap 15,1 **21,21:** *a* Kap 16,3 **21,23:** *a* Kap 18,18 **21,25:** *a* Kap 15,20.29 **21,26:** *a* 4. Mose 6,13-21; 1. Kor 9,20

Die Verhaftung des Paulus

27 Als aber die sieben Tage zu Ende gin-
gen, sahen ihn die Juden aus der Provinz
Asien im Tempel und erregten das ganze
Volk, legten die Hände an ihn 28 und
schrien: Ihr Männer von Israel, helft!
Dies ist der Mensch, der alle Menschen
an allen Enden lehrt gegen unser Volk,
[a]gegen das Gesetz und gegen diese
Stätte; dazu [b]hat er auch Griechen in
den Tempel geführt und diese heilige
Stätte entweiht. 29 Denn sie hatten [a]Tro-
phimus, den Epheser, mit ihm in der
Stadt gesehen; den, meinten sie, hätte
Paulus in den Tempel geführt. 30 Und die
ganze Stadt wurde erregt und es entstand
ein Auflauf des Volkes. Sie ergriffen aber
Paulus und zogen ihn zum Tempel hin-
aus. Und sogleich wurden die Tore zuge-
schlossen.

31 Als sie ihn aber töten wollten, kam
die Nachricht hinauf vor den Oberst der
Abteilung, dass ganz Jerusalem in Auf-
ruhr sei. 32 Der nahm sogleich Soldaten
und Hauptleute und lief hinunter zu ih-
nen. Als sie aber den Oberst und die
Soldaten sahen, hörten sie auf, Paulus zu
schlagen. 33 Als nun der Oberst herange-
kommen war, nahm er ihn fest und [a]ließ
ihn fesseln mit zwei Ketten und fragte,
wer er wäre und was er getan hätte.
34 Einer aber rief dies, der andre das im
Volk. Da er aber nichts Gewisses er-
fahren konnte wegen des Getümmels, ließ
er ihn in die Burg führen. 35 Und als er
an die Stufen kam, mussten ihn die Sol-
daten tragen wegen des Ungestüms des
Volkes; 36 denn die Menge folgte und
schrie: Weg mit ihm![a]

37 Als nun Paulus in die Burg geführt
werden sollte, fragte er den Oberst: Darf
ich mit dir reden? Er aber sprach: Kannst
du Griechisch? 38 Bist du nicht der Ägyp-
ter, der vor diesen Tagen einen Aufruhr
gemacht und viertausend von den Auf-
rührern in die Wüste hinausgeführt hat?
39 Paulus aber sprach: Ich bin ein jüdi-
scher Mann aus Tarsus in Zilizien, Bür-
ger einer namhaften Stadt. Ich bitte dich,
erlaube mir, zu dem Volk zu reden. 40 Als
er es ihm aber erlaubte, trat Paulus auf
die Stufen und winkte dem Volk mit der
Hand. Da entstand eine große Stille und
er redete zu ihnen auf Hebräisch und
sprach:

Die Verteidigungsrede des Paulus

22 Ihr Männer, liebe Brüder und Vä-
ter, hört mir zu, wenn ich mich
jetzt vor euch verantworte. 2 Als sie aber
hörten, dass er [a]auf Hebräisch zu ihnen
redete, wurden sie noch stiller. Und er
sprach: 3 [a]Ich bin ein jüdischer Mann,
geboren in Tarsus in Zilizien, aufgewach-
sen aber in dieser Stadt und mit aller
Sorgfalt unterwiesen im väterlichen Ge-
setz zu Füßen [b]Gamaliels, und war ein
Eiferer für Gott, wie ihr es heute alle
seid. 4 Ich habe die neue Lehre verfolgt
bis auf den Tod; ich band Männer und
Frauen und warf sie ins Gefängnis,[a] 5 wie
mir auch der Hohepriester und alle
Ältesten bezeugen. Von ihnen empfing
ich auch Briefe an die Brüder und reiste
nach Damaskus, um auch die, die dort
waren, gefesselt nach Jerusalem zu füh-
ren, damit sie bestraft würden.

6 Es geschah aber, als ich dorthin zog
und in die Nähe von Damaskus kam, da
umleuchtete mich plötzlich um die Mit-
tagszeit ein großes Licht vom Himmel.
7 Und ich fiel zu Boden und hörte eine
Stimme, die sprach zu mir: Saul, Saul,
was verfolgst du mich? 8 Ich antwortete
aber: Herr, wer bist du? Und er sprach zu
mir: Ich bin Jesus von Nazareth, den du
verfolgst. 9 Die aber mit mir waren, sahen
zwar das Licht, aber die Stimme dessen,
der mit mir redete, hörten sie nicht. 10 Ich
fragte aber: Herr, was soll ich tun? Und
der Herr sprach zu mir: Steh auf und geh
nach Damaskus. Dort wird man dir alles
sagen, was dir zu tun aufgetragen ist.
11 Als ich aber, geblendet von der Klar-
heit dieses Lichtes, nicht sehen konnte,
wurde ich an der Hand geleitet von de-
nen, die bei mir waren, und kam nach
Damaskus.

12 Da war aber ein gottesfürchtiger
Mann, der sich an das Gesetz hielt, mit
Namen Hananias, der einen guten Ruf
bei allen Juden hatte, die dort wohnten.
13 Der kam zu mir, trat vor mich hin und

21,28: *a* Kap 6,13; *b* Hes 44,7 **21,29:** *a* Kap 20,4; 2.Tim 4,20 **21,33:** *a* Kap 20,23 **21,36:** *a* Kap 22,22; Lk 23,18
22,2: *a* Kap 21,40 **22,3:** *a (3-21)* Kap 9,1-29; 26,9-20; *b* Kap 5,34 **22,4:** *a* Kap 8,3

sprach zu mir: Saul, lieber Bruder, sei
sehend. Und zur selben Stunde konnte
ich ihn sehen. 14 Er aber sprach: Der
Gott unserer Väter hat dich erwählt, dass
du seinen Willen erkennen sollst und den
Gerechten sehen und die Stimme aus sei-
nem Munde hören; 15 denn du wirst für
ihn vor allen Menschen Zeuge sein von
dem, was du gesehen und gehört hast.
16 Und nun, was zögerst du? Steh auf und
rufe seinen Namen an und lass dich tau-
fen und deine Sünden abwaschen.
17 Es geschah aber, als ich wieder nach
Jerusalem kam und im Tempel betete,
dass ich in Verzückung geriet 18 und ihn
sah. Da sprach er zu mir: Eile und mach
dich schnell auf aus Jerusalem; denn dein
Zeugnis von mir werden sie nicht an-
nehmen. 19 Und ich sprach: Herr, sie wis-
sen doch, dass ich die, die an dich glaub-
ten, gefangen nahm und in den Synago-
gen geißeln ließ. 20 Und als das Blut des
Stephanus, deines Zeugen, vergossen
wurde, [a]stand ich auch dabei und hatte
Gefallen daran und bewachte denen die
Kleider, die ihn töteten. 21 Und er sprach
zu mir: Geh hin; denn ich will dich in die
Ferne zu den Heiden senden.[a]

Paulus vor dem römischen Oberst

22 Sie hörten ihm aber zu bis zu diesem
Wort; dann erhoben sie ihre Stimme und
riefen: [a]Hinweg mit diesem von der
Erde! Denn er darf nicht mehr leben.
23 Als sie aber schrien und ihre Kleider
abwarfen und Staub in die Luft wirbel-
ten, 24 befahl der Oberst, ihn in die Burg
zu führen, und sagte, dass man ihn gei-
ßeln und verhören sollte, um zu erfahren,
aus welchem Grund sie so gegen ihn
schrien. 25 Als man ihn aber zum Geißeln
festband, sprach Paulus zu dem Haupt-
mann, der dabeistand: [a]Ist es erlaubt bei
euch, einen Menschen, der römischer
Bürger ist, ohne Urteil zu geißeln?
26 Als das der Hauptmann hörte, ging
er zu dem Oberst und berichtete ihm und
sprach: Was willst du tun? Dieser
Mensch ist römischer Bürger. 27 Da kam
der Oberst zu ihm und fragte ihn: Sage
mir, bist du römischer Bürger? Er aber
sprach: Ja. 28 Da sagte der Oberst: Ich
habe dies Bürgerrecht für viel Geld er-
worben. Paulus aber sprach: Ich aber bin
schon als römischer Bürger geboren.
29 Da ließen sogleich von ihm ab, die ihn
verhören sollten. Und der Oberst fürch-
tete sich, als er vernahm, dass es ein
römischer Bürger war, den er hatte fest-
binden lassen.
30 Am nächsten Tag wollte er genau
erkunden, warum Paulus von den Juden
verklagt wurde. Er ließ ihn von den Ket-
ten lösen und befahl den Hohenpriestern
und dem ganzen Hohen Rat zusammen-
zukommen und führte Paulus hinab und
stellte ihn vor sie.

Paulus vor dem Hohen Rat

23 Paulus aber sah den Hohen Rat an
und sprach: Ihr Männer, liebe
Brüder, ich habe mein Leben [a]mit gutem
Gewissen vor Gott geführt bis auf diesen
Tag. 2 Der Hohepriester Hananias aber
befahl denen, die um ihn standen, ihn
auf den Mund zu schlagen. 3 Da sprach
Paulus zu ihm: Gott wird dich schlagen,
[a]du getünchte Wand! Sitzt du da und
richtest mich nach dem Gesetz und lässt
mich schlagen gegen das Gesetz? 4 Aber
die dabeistanden, sprachen: Schmähst du
den Hohenpriester Gottes? 5 Und Paulus
sprach: Liebe Brüder, ich wusste es nicht,
dass er der Hohepriester ist. Denn es
steht geschrieben (2. Mose 22,27): »Dem
Obersten deines Volkes sollst du nicht
fluchen.«
6 Als aber Paulus erkannte, dass ein
Teil Sadduzäer war und der andere Teil
Pharisäer, rief er im Rat: Ihr Männer,
liebe Brüder, [a]ich bin ein Pharisäer und
ein Sohn von Pharisäern. Ich werde an-
geklagt um der Hoffnung und um der
Auferstehung der Toten willen. 7 Als er
aber das sagte, entstand Zwietracht zwi-
schen Pharisäern und Sadduzäern und
die Versammlung spaltete sich. 8 Denn
[a]die Sadduzäer sagen, es gebe keine Auf-
erstehung noch Engel und Geister; die
Pharisäer aber lehren beides. 9 Es ent-
stand aber ein großes Geschrei; und
einige Schriftgelehrte von der Partei der
Pharisäer standen auf, stritten und spra-
chen: [a]Wir finden nichts Böses an die-

22,20: *a* Kap 7,58; 8,1 **22,21:** *a* Kap 13,2 **22,22:** *a* Kap 21,36 **22,25:** *a* Kap 16,37; 23,27 **23,1:** *a* Kap 24,16 **23,3:** *a* Mt 23,27 **23,6:** *a* Kap 22,3; 26,5; Gal 1,14 **23,8:** *a* Mt 22,23 **23,9:** *a* Kap 25,25

sem Menschen; vielleicht hat ein Geist
oder ein Engel mit ihm geredet. 10 Als
aber die Zwietracht groß wurde, befürch-
tete der Oberst, sie könnten Paulus zer-
reißen, und ließ Soldaten hinabgehen
und Paulus ihnen entreißen und in die
Burg führen.
11 In der folgenden Nacht aber stand
der Herr bei ihm und sprach: Sei getrost!
Denn wie du für mich in Jerusalem
Zeuge warst, so musst du auch [a]in Rom
Zeuge sein.

Der Mordanschlag gegen Paulus

12 Als es aber Tag wurde, rotteten sich
einige Juden zusammen und verschworen
sich, weder zu essen noch zu trinken, bis
sie Paulus getötet hätten. 13 Es waren
aber mehr als vierzig, die diese Verschwö-
rung machten. 14 Die gingen zu den Ho-
henpriestern und Ältesten und sprachen:
Wir haben uns durch einen Eid gebun-
den, nichts zu essen, bis wir Paulus ge-
tötet haben. 15 So wirkt nun ihr mit dem
Hohen Rat bei dem Oberst darauf hin,
dass er ihn zu euch herunterführen lässt,
als wolltet ihr ihn genauer verhören; wir
aber sind bereit, ihn zu töten, ehe er vor
euch kommt.
16 Als aber der Sohn der Schwester des
Paulus von dem Anschlag hörte, ging er
und kam in die Burg und berichtete es
Paulus. 17 Paulus aber rief einen von den
Hauptleuten zu sich und sprach: Führe
diesen jungen Mann zu dem Oberst,
denn er hat ihm etwas zu sagen. 18 Der
nahm ihn und führte ihn zum Oberst und
sprach: Der Gefangene Paulus hat mich
zu sich rufen lassen und mich gebeten,
diesen jungen Mann zu dir zu führen, der
dir etwas zu sagen hat. 19 Da nahm ihn
der Oberst bei der Hand und führte ihn
beiseite und fragte ihn: Was ist's, das du
mir zu sagen hast? 20 Er aber sprach: Die
Juden sind übereingekommen, dich zu
bitten, dass du Paulus morgen vor den
Hohen Rat hinunterbringen lässt, so als
wollten sie ihn genauer verhören. 21 Du
aber traue ihnen nicht; denn mehr als
vierzig Männer von ihnen lauern ihm
auf; die haben sich verschworen, weder
zu essen noch zu trinken, bis sie ihn ge-
tötet hätten; und jetzt sind sie bereit und
warten auf deine Zusage. 22 Da ließ der
Oberst den jungen Mann gehen und ge-
bot ihm, niemandem zu sagen, dass er
ihm das eröffnet hätte.

Die Überführung des Paulus nach Cäsarea

23 Und der Oberst rief zwei Hauptleute
zu sich und sprach: Rüstet zweihundert
Soldaten, dass sie nach Cäsarea ziehen,
und siebzig Reiter und zweihundert
Schützen für die dritte Stunde der Nacht;
24 und haltet Tiere bereit, Paulus drauf-
zusetzen und wohlverwahrt zu bringen
zum Statthalter Felix. 25 Und er schrieb
einen Brief, der lautete:
26 Klaudius Lysias dem edlen Statthal-
ter Felix: Gruß zuvor! 27 Diesen Mann
hatten die Juden ergriffen und wollten
ihn töten. Da [a]kam ich mit Soldaten
dazu und entriss ihnen den und [b]erfuhr,
dass er ein römischer Bürger ist. 28 Da ich
aber erkunden wollte, weshalb sie ihn an-
klagten, führte ich ihn hinunter vor ihren
Hohen Rat.[a] 29 Da fand ich, dass er be-
schuldigt wird [a]wegen Fragen ihres Ge-
setzes, aber keine Anklage gegen sich
hatte, auf die Tod oder Gefängnis steht.
30 Und als vor mich kam, dass ein An-
schlag gegen den Mann geplant sei,
sandte ich ihn sogleich zu dir und [a]wies
auch die Kläger an, vor dir zu sagen, was
sie gegen ihn hätten.
31 Die Soldaten nahmen Paulus, wie ih-
nen befohlen war, und führten ihn in der
Nacht nach Antipatris. 32 Am nächsten
Tag aber ließen sie die Reiter mit ihm
ziehen und kehrten wieder in die Burg
zurück. 33 Als aber jene nach Cäsarea ka-
men, übergaben sie den Brief dem Statt-
halter und führten ihm auch Paulus vor.
34 Als der Statthalter den Brief gelesen
hatte, fragte er, aus welchem Land er sei.
Und als er erfuhr, dass er aus [a]Zilizien
sei, sprach er: 35 Ich will dich verhören,
wenn deine Ankläger auch da sind. Und
er ließ ihn in Gewahrsam halten im Pa-
last des Herodes.

Vor dem Statthalter Felix

24 Nach fünf Tagen kam der Hohe-
priester Hananias mit einigen Äl-
testen und dem Anwalt Tertullus herab;

23,11: *a* Kap 1,8; 25,11-12; 27,23-24 **23,27:** *a* Kap 21,33; *b* Kap 22,25 **23,28:** *a* Kap 22,30 **23,29:** *a* Kap 18,14-15 **23,30:** *a* Kap 24,8 **23,34:** *a* Kap 22,3

die erschienen vor dem Statthalter gegen
Paulus. 2Als der aber herbeigerufen wor-
den war, fing Tertullus an, ihn anzukla-
gen, und sprach: Dass wir in großem
Frieden leben unter dir und dass diesem
Volk viele Wohltaten widerfahren sind
durch deine Fürsorge, edelster Felix,
3das erkennen wir allezeit und überall
mit aller Dankbarkeit an. 4Damit ich
dich aber nicht zu lange aufhalte, bitte
ich dich, du wollest uns kurz anhören in
deiner Güte. 5Wir haben erkannt, dass
dieser Mann schädlich ist und [a]dass er
Aufruhr erregt unter allen Juden auf dem
ganzen Erdkreis und dass er ein Anfüh-
rer der Sekte der Nazarener ist. 6Er hat
auch versucht, [a]den Tempel zu entwei-
hen. Ihn haben wir ergriffen.* 8Wenn du
ihn verhörst, kannst du selbst das alles
von ihm erkunden, dessentwegen wir ihn
verklagen. 9Auch die Juden bekräftigten
das und sagten, es verhielte sich so.

10Paulus aber antwortete, als ihm der
Statthalter winkte zu reden: Weil ich
weiß, dass du in diesem Volk nun viele
Jahre Richter bist, will ich meine Sache
unerschrocken verteidigen. 11Du kannst
feststellen, dass es nicht mehr als zwölf
Tage sind, [a]seit ich nach Jerusalem hin-
aufzog, um anzubeten. 12Und sie haben
mich weder im Tempel noch in den Syn-
agogen noch in der Stadt dabei gefunden,
wie ich mit jemandem gestritten oder
einen Aufruhr im Volk gemacht hätte.
13Sie können dir auch nicht beweisen,
wessen sie mich jetzt verklagen. 14Das
bekenne ich dir aber, dass ich nach dem
Weg, den sie eine Sekte nennen, dem
Gott meiner Väter so diene, dass ich al-
lem glaube, was geschrieben steht im Ge-
setz und in den Propheten. 15Ich habe die
Hoffnung zu Gott, die auch sie selbst
haben, nämlich dass es [a]eine Auferste-
hung der Gerechten wie der Ungerechten
geben wird. 16**Darin übe ich mich, allezeit
ein [a]unverletztes Gewissen zu haben vor
Gott und den Menschen.**

17Nach mehreren Jahren aber bin ich
gekommen, um [a]Almosen für mein Volk
zu überbringen und zu opfern. 18[a]Als
ich mich im Tempel reinigte, ohne Auf-
lauf und Getümmel, fanden mich dabei
19einige Juden aus der Provinz Asien.
Die sollten jetzt hier sein vor dir und
mich verklagen, wenn sie etwas gegen
mich hätten. 20Oder lass diese hier selbst
sagen, was für ein Unrecht sie gefunden
haben, als ich vor dem Hohen Rat stand;
21es sei denn dies **eine** Wort, das ich rief,
als ich unter ihnen stand: Um der Aufer-
stehung der Toten willen werde ich von
euch heute angeklagt.[a]

Die Verschleppung des Prozesses

22Felix aber zog die Sache hin, denn er
wusste recht gut um diese Lehre und
sprach: Wenn der Oberst [a]Lysias herab-
kommt, so will ich eure Sache entschei-
den. 23Er befahl aber dem Hauptmann,
Paulus gefangen zu halten, doch in leich-
tem Gewahrsam, und niemandem von
den Seinen zu wehren, ihm zu dienen.[a]

24Nach einigen Tagen aber kam Felix
mit seiner Frau Drusilla, die eine Jüdin
war, und ließ Paulus kommen und hörte
ihn über den Glauben an Christus Jesus.
25Als aber Paulus von Gerechtigkeit und
Enthaltsamkeit und von dem zukünfti-
gen Gericht redete, erschrak Felix und
antwortete: Für diesmal geh! Zu gelege-
ner Zeit will ich dich wieder rufen las-
sen.

26Er hoffte aber nebenbei, dass ihm
von Paulus Geld gegeben werde; darum
ließ er ihn auch oft kommen und be-
sprach sich mit ihm. 27Als aber zwei
Jahre um waren, kam Porzius Festus als
Nachfolger des Felix. Felix aber wollte
den Juden eine Gunst erweisen und ließ
Paulus gefangen zurück.

Die Verhandlung vor Festus

25 Als nun Festus ins Land gekom-
men war, zog er nach drei Tagen
von Cäsarea hinauf nach Jerusalem. 2Da
[a]erschienen die Hohenpriester und die
Angesehensten der Juden vor ihm gegen

* Die Verse 6b-8a finden sich erst in der späteren Überlieferung: »und wollten ihn richten nach unserm Gesetz. 7Aber der Oberst Lysias kam dazu und riss ihn mit großer Gewalt aus unsern Händen 8und wies seine Ankläger an dich.«

24,5: *a* Kap 17,6 **24,6:** *a* Kap 21,28-29 **24,11:** *a* Kap 21,17 **24,15:** *a* Dan 12,2; Joh 5,28-29 **24,16:** *a* Kap 23,1 **24,17:** *a* Röm 15,25-26; Gal 2,10 **24,18:** *a (18-19)* Kap 21,27 **24,21:** *a* Kap 23,6 **24,22:** *a* Kap 23,26 **24,23:** *a* Kap 27,3 **25,2:** *a* Kap 24,1

Paulus und drangen in ihn 3und baten
ihn um die Gunst, dass er Paulus nach
Jerusalem kommen ließe; denn sie woll-
ten ihm einen Hinterhalt legen, um ihn
unterwegs umzubringen.[a] 4Da antwor-
tete Festus, Paulus werde weiter in Ge-
wahrsam gehalten in Cäsarea; er selber
aber werde in Kürze wieder dahin ziehen.
5Die nun unter euch ermächtigt sind,
sprach er, die lasst mit hinabziehen und
den Mann verklagen, wenn etwas Un-
rechtes an ihm ist.

6Nachdem aber Festus bei ihnen nicht
mehr als acht oder zehn Tage gewesen
war, zog er hinab nach Cäsarea. Und am
nächsten Tag setzte er sich auf den Rich-
terstuhl und ließ Paulus holen. 7Als der
aber vor ihn kam, umringten ihn die Ju-
den, die von Jerusalem herabgekommen
waren, und brachten viele und schwere
Klagen gegen ihn vor, die sie aber nicht
beweisen konnten. 8Paulus aber vertei-
digte sich: Ich habe mich weder am Ge-
setz der Juden noch am Tempel noch am
Kaiser versündigt.

Die Berufung auf den Kaiser

9Festus aber wollte den Juden eine Gunst
erweisen und antwortete Paulus und
sprach: Willst du hinauf nach Jerusalem
und dich dort in dieser Sache von mir
richten lassen? 10Paulus aber sprach: Ich
stehe vor des Kaisers Gericht; da muss
ich gerichtet werden. Den Juden habe ich
kein Unrecht getan, wie auch du sehr
wohl weißt. 11Habe ich aber Unrecht ge-
tan und todeswürdig gehandelt, so wei-
gere ich mich nicht zu sterben; ist aber
nichts an dem, dessentwegen sie mich
verklagen, so darf mich ihnen niemand
preisgeben. [a]Ich berufe mich auf den
Kaiser! 12Da besprach sich Festus mit
seinen Ratgebern und antwortete: Auf
den Kaiser hast du dich berufen, zum
Kaiser sollst du ziehen.

König Agrippa beim Statthalter Festus

13Nach einigen Tagen kamen König
Agrippa und Berenike nach Cäsarea,
Festus zu begrüßen. 14Und als sie meh-
rere Tage dort waren, legte Festus dem
König die Sache des Paulus vor und
sprach: [a]Da ist ein Mann von Felix
als Gefangener zurückgelassen worden;
15um dessentwillen erschienen die Ho-
henpriester und Ältesten der Juden vor
mir, als ich in Jerusalem war, und baten,
ich solle ihn richten lassen. 16Denen ant-
wortete ich: Es ist der Römer Art nicht,
einen Angeklagten preiszugeben, bevor
er seinen Klägern gegenüberstand und
Gelegenheit hatte, sich gegen die An-
klage zu verteidigen.[a] 17Als sie aber hier
zusammenkamen, duldete ich keinen
Aufschub, sondern hielt am nächsten Tag
Gericht und ließ den Mann vorführen.
18Als seine Ankläger auftraten, brachten
sie keine Anklage vor wegen Vergehen,
wie ich sie erwartet hatte. 19Sie hatten
aber Streit mit ihm über einige Fragen
ihres Glaubens und über einen verstorbe-
nen Jesus, von dem Paulus behauptete, er
lebe.[a] 20Da ich aber von diesem Streit
nichts verstand, fragte ich, ob er nach
Jerusalem reisen und sich dort deswegen
richten lassen wolle. 21Als aber Paulus
sich auf sein Recht berief, bis zur Ent-
scheidung des Kaisers in Gewahrsam zu
bleiben, ließ ich ihn gefangen halten, bis
ich ihn zum Kaiser senden könnte.
22Agrippa sprach zu Festus: [a]Ich möchte
den Menschen auch gerne hören. Er aber
sprach: Morgen sollst du ihn hören.

23Und am nächsten Tag kamen
Agrippa und Berenike mit großem Ge-
pränge und gingen in den Palast mit den
Hauptleuten und vornehmsten Männern
der Stadt. Und als Festus es befahl,
wurde Paulus gebracht. 24Und Festus
sprach: König Agrippa und all ihr Män-
ner, die ihr mit uns hier seid, da seht ihr
den, um dessentwillen die ganze Menge
der Juden in Jerusalem und auch hier in
mich drang und [a]schrie, er dürfe nicht
länger leben. 25Als ich aber erkannte,
dass er nichts getan hatte, das des Todes
würdig war, und er auch selber sich auf
den Kaiser berief, beschloss ich, ihn dort-
hin zu senden. 26Etwas Sicheres über ihn
aber habe ich nicht, das ich meinem
Herrn schreiben könnte. Darum habe ich
ihn vor euch bringen lassen, vor allem
aber vor dich, König Agrippa, damit ich
nach geschehenem Verhör etwas hätte,
was ich schreiben könnte. 27Denn es er-
scheint mir unsinnig, einen Gefangenen

25,3: *a* Kap 23,15 **25,11:** *a* Kap 23,11; 28,19 **25,14:** *a* Kap 24,27 **25,16:** *a* Kap 22,25 **25,19:** *a* Kap 18,15 **25,22:** *a* Lk 23,8 **25,24:** *a* Kap 22,22

zu schicken und keine Beschuldigung ge-
gen ihn anzugeben.

Paulus vor Agrippa und Festus

26 Agrippa aber sprach zu Paulus: Es
ist dir erlaubt, für dich selbst zu
reden. Da streckte Paulus die Hand aus
und verantwortete sich: 2 Es ist mir sehr
lieb, König Agrippa, dass ich mich heute
vor dir verantworten soll wegen all der
Dinge, deren ich von den Juden beschul-
digt werde, 3 vor allem weil du alle Ord-
nungen und Streitfragen der Juden
kennst. Darum bitte ich dich, mich ge-
duldig anzuhören.

4 Mein Leben von Jugend auf, wie ich
es von Anfang an unter meinem Volk
und in Jerusalem zugebracht habe, ist
allen Juden bekannt, 5 die mich von frü-
her kennen, wenn sie es bezeugen woll-
ten. Denn [a] nach der allerstrengsten
Richtung unsres Glaubens habe ich ge-
lebt als Pharisäer. 6 Und nun stehe ich
hier und werde angeklagt [a] wegen der
Hoffnung auf die Verheißung, die unsern
Vätern von Gott gegeben ist. 7 Auf ihre
Erfüllung hoffen die zwölf Stämme uns-
res Volkes, wenn sie Gott bei Tag und
Nacht beharrlich dienen. Wegen dieser
Hoffnung werde ich, o König, von den
Juden beschuldigt.[a] 8 Warum wird das
bei euch für unglaublich gehalten, [a] dass
Gott Tote auferweckt?

9 [a] Zwar meinte auch ich selbst, ich
müsste viel gegen den Namen Jesu von
Nazareth tun. 10 Das habe ich in Jeru-
salem auch getan; dort brachte ich viele
Heilige ins Gefängnis, wozu ich Voll-
macht von den Hohenpriestern empfan-
gen hatte. Und wenn sie getötet werden
sollten, gab ich meine Stimme dazu.
11 Und in allen Synagogen zwang ich sie
oft durch Strafen zur Lästerung und ich
wütete maßlos gegen sie, verfolgte sie
auch bis in die fremden Städte.

12 Als ich nun nach Damaskus reiste
mit Vollmacht und im Auftrag der Ho-
henpriester, 13 sah ich mitten am Tage, o
König, auf dem Weg ein Licht vom Him-
mel, heller als der Glanz der Sonne, das
mich und die mit mir reisten um-
leuchtete. 14 Als wir aber alle zu Boden
stürzten, hörte ich eine Stimme zu mir
reden, die sprach auf Hebräisch: Saul,
Saul, was verfolgst du mich? Es wird dir
schwer sein, wider den Stachel zu lö-
cken.* 15 Ich aber sprach: Herr, wer bist
du? Der Herr sprach: Ich bin Jesus, den
du verfolgst; 16 steh nun auf und stell dich
auf deine Füße. Denn dazu bin ich dir
erschienen, um dich zu erwählen zum
Diener und zum Zeugen für das, was du
von mir gesehen hast und was ich dir
noch zeigen will. 17 Und ich will dich
erretten von deinem Volk und von den
Heiden, zu denen ich dich sende, 18 um
ihnen die Augen aufzutun, dass sie sich
bekehren von der Finsternis zum Licht
und von der Gewalt des Satans zu Gott.
So werden sie Vergebung der Sünden
empfangen und [a] das Erbteil samt denen,
die geheiligt sind durch den Glauben an
mich.

19 Daher, König Agrippa, war ich der
himmlischen Erscheinung nicht ungehor-
sam,[a] 20 sondern verkündigte zuerst de-
nen in Damaskus und in Jerusalem und
im ganzen jüdischen Land und dann
auch den Heiden, sie sollten Buße tun
und sich zu Gott bekehren und recht-
schaffene Werke der Buße tun. 21 Des-
wegen haben mich die Juden im Tempel
ergriffen und versucht, mich zu töten.[a]
22 Aber Gottes Hilfe habe ich erfahren bis
zum heutigen Tag und stehe nun hier
und bin sein Zeuge bei Groß und Klein
und [a] sage nichts, als was die Propheten
und Mose vorausgesagt haben: 23 dass
Christus müsse leiden und [a] als Erster
auferstehen von den Toten und verkün-
digen das Licht seinem Volk und den
Heiden.

24 Als er aber dies zu seiner Verteidi-
gung sagte, sprach Festus mit lauter
Stimme: Paulus, du bist von Sinnen! Das
große Wissen macht dich wahnsinnig.
25 Paulus aber sprach: Edler Festus, ich
bin nicht von Sinnen, sondern ich rede
wahre und vernünftige Worte. 26 Der Kö-
nig, zu dem ich frei und offen rede, ver-
steht sich auf diese Dinge. Denn ich bin
gewiss, dass ihm nichts davon verborgen

* Dahinter steht das Bild widerspenstiger Zugtiere, die gegen den Treiber ausschlagen.

26,5: *a* Kap 23,6; Phil 3,5 **26,6:** *a* Kap 28,20 **26,7:** *a* Kap 24,15 **26,8:** *a* Kap 23,8 **26,9:** *a (9-20)* Kap 9,1-29; 22,3-21 **26,18:** *a* Kap 20,32 **26,19:** *a* Gal 1,16 **26,21:** *a* Kap 21,30-31 **26,22:** *a* Lk 24,44-47 **26,23:** *a* 1. Kor 15,20

ist; denn [a]dies ist nicht im Winkel ge-
schehen. 27 Glaubst du, König Agrippa,
den Propheten? Ich weiß, dass du
glaubst. 28 Agrippa aber sprach zu Pau-
lus: Es fehlt nicht viel, so wirst du mich
noch überreden und einen Christen aus
mir machen. 29 Paulus aber sprach: Ich
wünschte vor Gott, dass über kurz oder
lang nicht allein du, sondern alle, die
mich heute hören, das würden, was ich
bin, ausgenommen diese Fesseln.

30 Da stand der König auf und der
Statthalter und Berenike und die bei
ihnen saßen. 31 Und als sie sich zurück-
zogen, redeten sie miteinander und spra-
chen: Dieser Mensch hat nichts getan,
was Tod oder Gefängnis verdient hätte.
32 Agrippa aber sagte zu Festus: Dieser
Mensch könnte freigelassen werden,
wenn er sich nicht [a]auf den Kaiser be-
rufen hätte.

Paulus auf der Fahrt nach Rom

27 Als es aber [a]beschlossen war, dass
wir nach Italien fahren sollten,
übergaben sie Paulus und einige andre
Gefangene einem Hauptmann mit Na-
men Julius von einer kaiserlichen Ab-
teilung. 2 Wir bestiegen aber ein Schiff
aus Adramyttion, das die Küstenstädte
der Provinz Asien anlaufen sollte, und
fuhren ab; mit uns war auch [a]Aristarch,
ein Mazedonier aus Thessalonich. 3 Und
am nächsten Tag kamen wir in Sidon an;
und [a]Julius verhielt sich freundlich gegen
Paulus und erlaubte ihm, zu seinen
Freunden zu gehen und sich pflegen zu
lassen.

4 Und von da stießen wir ab und fuh-
ren im Schutz von Zypern hin, weil uns
die Winde entgegen waren, 5 und fuhren
über das Meer längs der Küste von Zili-
zien und Pamphylien und kamen nach
Myra in Lyzien. 6 Und dort fand der
Hauptmann ein Schiff aus Alexandria,
das nach Italien ging, und ließ uns dar-
auf übersteigen. 7 Wir kamen aber viele
Tage nur langsam vorwärts und gelang-
ten mit Mühe bis auf die Höhe von Kni-
dos, denn der Wind hinderte uns; und
wir fuhren im Schutz von Kreta hin, bis
auf die Höhe von Salmone, 8 und gelang-
ten kaum daran vorbei und kamen an
einen Ort, der »Guthafen« heißt; nahe
dabei lag die Stadt Lasäa.

9 Da nun viel Zeit vergangen war und
die Schifffahrt bereits [a]gefährlich wurde,
weil auch die [b]Fastenzeit schon vorüber
war, ermahnte sie Paulus 10 und sprach
zu ihnen: Liebe Männer, ich sehe, dass
diese Fahrt nur mit Leid und großem
Schaden vor sich gehen wird, nicht allein
für die Ladung und das Schiff, sondern
auch für unser Leben. 11 Aber der Haupt-
mann glaubte dem Steuermann und dem
Schiffsherrn mehr als dem, was Paulus
sagte. 12 Und da der Hafen zum Über-
wintern ungeeignet war, bestanden die
meisten von ihnen auf dem Plan, von
dort weiterzufahren und zu versuchen,
ob sie zum Überwintern bis nach Phönix
kommen könnten, einem Hafen auf
Kreta, der gegen Südwest und Nordwest
offen ist.

Seesturm und Schiffbruch

13 Als aber der Südwind wehte, meinten
sie, ihr Vorhaben ausführen zu können,
lichteten die Anker und fuhren nahe an
Kreta entlang. 14 Nicht lange danach
aber brach von der Insel her ein Sturm-
wind los, den man Nordost nennt. 15 Und
da das Schiff ergriffen wurde und nicht
mehr gegen den Wind gerichtet werden
konnte, gaben wir auf und ließen uns
treiben.

16 Wir fuhren aber vorbei an einer In-
sel, die Kauda heißt, da konnten wir mit
Mühe das Beiboot in unsre Gewalt be-
kommen. 17 Sie zogen es herauf und um-
spannten zum Schutz das Schiff mit Sei-
len. Da sie aber fürchteten, in die Syrte
zu geraten, ließen sie den Treibanker her-
unter und trieben so dahin. 18 Und da wir
großes Ungewitter erlitten, warfen sie am
nächsten Tag Ladung ins Meer. 19 Und
am dritten Tag warfen sie mit eigenen
Händen das Schiffsgerät hinaus. 20 Da
aber viele Tage weder Sonne noch Sterne
schienen und ein gewaltiges Ungewitter
uns bedrängte, war all unsre Hoffnung
auf Rettung dahin.

21 Und als man lange nichts gegessen
hatte, trat Paulus mitten unter sie und
sprach: Liebe Männer, man hätte auf
mich hören sollen und nicht von Kreta

26,26: *a* Joh 18,20 **26,32:** *a* Kap 25,11 **27,1:** *a* Kap 25,12 **27,2:** *a* Kap 20,4 **27,3:** *a* Kap 24,23; 28,16 **27,9:** *a* 2. Kor 11,25-26; *b* 3. Mose 16,29

aufbrechen, dann wäre uns Leid und
Schaden erspart geblieben. 22 Doch nun
ermahne ich euch: Seid unverzagt; denn
keiner von euch wird umkommen, nur
das Schiff. 23 Denn diese Nacht trat zu
mir der Engel des Gottes, dem ich gehöre
und dem ich diene, 24 und sprach:
Fürchte dich nicht, Paulus, [a]du musst
vor den Kaiser gestellt werden; und siehe,
Gott hat dir geschenkt alle, die mit dir
fahren. 25 Darum, liebe Männer, seid un-
verzagt; denn ich glaube Gott, es wird so
geschehen, wie mir gesagt ist. 26 Wir wer-
den aber auf eine Insel auflaufen.[a]

27 Als aber die vierzehnte Nacht kam,
seit wir in der Adria trieben, wähnten die
Schiffsleute um Mitternacht, sie kämen
an ein Land. 28 Und sie warfen das Senk-
blei aus und fanden es zwanzig Faden
tief; und ein wenig weiter loteten sie
abermals und fanden es fünfzehn Faden
tief. 29 Da fürchteten sie, wir würden auf
Klippen geraten, und warfen hinten vom
Schiff vier Anker aus und wünschten,
dass es Tag würde. 30 Als aber die Schiffs-
leute vom Schiff zu fliehen suchten und
das Beiboot ins Meer herabließen und
vorgaben, sie wollten auch vorne die An-
ker herunterlassen, 31 sprach Paulus zu
dem Hauptmann und zu den Soldaten:
Wenn diese nicht auf dem Schiff bleiben,
könnt ihr nicht gerettet werden. 32 Da
hieben die Soldaten die Taue ab und lie-
ßen das Beiboot ins Meer fallen.

33 Und als es anfing, hell zu werden,
ermahnte Paulus sie alle, Nahrung zu
sich zu nehmen, und sprach: Es ist heute
der vierzehnte Tag, dass ihr wartet und
ohne Nahrung geblieben seid und nichts
zu euch genommen habt. 34 Darum er-
mahne ich euch, etwas zu essen; denn das
dient zu eurer Rettung; [a]es wird keinem
von euch ein Haar vom Haupt fallen.
35 Und als er das gesagt hatte, nahm er
Brot, [a]dankte Gott vor ihnen allen und
brach's und fing an zu essen. 36 Da wur-
den sie alle guten Mutes und nahmen
auch Nahrung zu sich. 37 Wir waren aber
alle zusammen im Schiff zweihundert-
sechsundsiebzig. 38 Und nachdem sie satt
geworden waren, erleichterten sie das
Schiff und warfen das Getreide in das
Meer.

39 Als es aber Tag wurde, kannten sie
das Land nicht; eine Bucht aber wurden
sie gewahr, die hatte ein flaches Ufer.
Dahin wollten sie das Schiff treiben las-
sen, wenn es möglich wäre. 40 Und sie
hieben die Anker ab und ließen sie im
Meer, banden die Steuerruder los und
richteten das Segel nach dem Wind und
hielten auf das Ufer zu. 41 Und als sie auf
eine Sandbank gerieten, ließen sie das
Schiff auflaufen und das Vorderschiff
bohrte sich ein und saß fest, aber das
Hinterschiff zerbrach unter der Gewalt
der Wellen.

42 Die Soldaten aber hatten vor, die
Gefangenen zu töten, damit niemand
fortschwimmen und entfliehen könne.
43 Aber der Hauptmann wollte Paulus am
Leben erhalten und wehrte ihrem Vor-
haben und ließ die, die schwimmen konn-
ten, als Erste ins Meer springen und sich
ans Land retten, 44 die andern aber einige
auf Brettern, einige auf dem, was noch
vom Schiff da war. Und so geschah es,
[a]dass sie alle gerettet ans Land kamen.

Auf der Insel Malta

28 Und als wir gerettet waren, erfuh-
ren wir, dass die Insel Malta hieß.
2 Die Leute aber erwiesen uns nicht ge-
ringe Freundlichkeit, zündeten ein Feuer
an und nahmen uns alle auf wegen des
Regens, der über uns gekommen war,
und wegen der [a]Kälte.

3 Als nun Paulus einen Haufen Reisig
zusammenraffte und aufs Feuer legte,
fuhr wegen der Hitze eine Schlange her-
aus und biss sich an seiner Hand fest.
4 Als aber die Leute das Tier an seiner
Hand hängen sahen, sprachen sie unter-
einander: Dieser Mensch muss ein Mör-
der sein, den die Göttin der Rache nicht
leben lässt, obgleich er dem Meer ent-
kommen ist. 5 Er aber schlenkerte das
Tier ins Feuer und [a]es widerfuhr ihm
nichts Übles. 6 Sie aber warteten, dass er
anschwellen oder plötzlich tot umfallen
würde. Als sie nun lange gewartet hatten
und sahen, dass ihm nichts Schlimmes
widerfuhr, änderten sie ihre Meinung
und sprachen: [a]Er ist ein Gott.

7 In dieser Gegend hatte der angese-
henste Mann der Insel, mit Namen Pu-

27,24: *a* Kap 23,11 **27,26:** *a* Kap 28,1 **27,34:** *a* Mt 10,30 **27,35:** *a* Joh 6,11 **27,44:** *a* Verse 22-25 **28,2:** *a* 2.Kor 11,27 **28,5:** *a* Mk 16,18 **28,6:** *a* Kap 14,11

blius, Landgüter; der nahm uns auf und
beherbergte uns drei Tage lang freund-
lich. 8 Es geschah aber, dass der Vater des
Publius am Fieber und an der Ruhr dar-
nieder lag. Zu dem ging Paulus hinein
und betete und legte die Hände auf ihn
und machte ihn gesund. 9 Als das gesche-
hen war, kamen auch die andern Kran-
ken der Insel herbei und ließen sich ge-
sund machen. 10 Und sie erwiesen uns
große Ehre; und als wir abfuhren, gaben
sie uns mit, was wir nötig hatten.

Von Malta nach Rom

11 Nach drei Monaten aber fuhren wir ab
mit einem Schiff aus Alexandria, das bei
der Insel überwintert hatte und das Zei-
chen der Zwillinge führte. 12 Und als wir
nach Syrakus kamen, blieben wir drei
Tage da. 13 Von da fuhren wir die Küste
entlang und kamen nach Rhegion; und
da am nächsten Tag der Südwind sich
erhob, kamen wir in zwei Tagen nach
Puteoli. 14 Dort fanden wir Brüder und
wurden von ihnen gebeten, sieben Tage
dazubleiben. Und so kamen wir nach
Rom. 15 Dort hatten die Brüder von uns
gehört und kamen uns entgegen bis
Forum Appii und Tres-Tabernae. Als
Paulus sie sah, dankte er Gott und ge-
wann Zuversicht.

16 Als wir nun nach Rom hinein-
kamen,* [a]wurde dem Paulus erlaubt, für
sich allein zu wohnen mit dem Soldaten,
der ihn bewachte.

Paulus in Rom

17 Es geschah aber nach drei Tagen, dass
Paulus die Angesehensten der Juden bei
sich zusammenrief. Als sie zusammenge-
kommen waren, sprach er zu ihnen: Ihr
Männer, liebe Brüder, [a]ich habe nichts
getan gegen unser Volk und die Ordnun-
gen der Väter und bin doch als Gefan-
gener aus Jerusalem überantwortet in die
Hände der Römer. 18 Diese wollten mich
losgeben, nachdem sie mich verhört hat-
ten, weil nichts gegen mich vorlag, das
den Tod verdient hätte. 19 Da aber die
Juden widersprachen, war ich genötigt,
[a]mich auf den Kaiser zu berufen, nicht
als hätte ich mein Volk wegen etwas zu
verklagen. 20 Aus diesem Grund habe ich
darum gebeten, dass ich euch sehen und
zu euch sprechen könnte; denn [a]um der
Hoffnung Israels willen trage ich diese
Ketten.

21 Sie aber sprachen zu ihm: Wir haben
deinetwegen weder Briefe aus Judäa
empfangen noch ist ein Bruder gekom-
men, der über dich etwas Schlechtes be-
richtet oder gesagt hätte. 22 Doch wollen
wir von dir hören, was du denkst; denn
von dieser [a]Sekte ist uns bekannt, dass
ihr an allen Enden [b]widersprochen wird.
23 Und als sie ihm einen Tag bestimmt
hatten, kamen viele zu ihm in die Her-
berge. Da erklärte und bezeugte er ihnen
das Reich Gottes und predigte ihnen von
Jesus aus dem Gesetz des Mose und aus
den Propheten vom frühen Morgen bis
zum Abend. 24 Die einen stimmten dem
zu, was er sagte, die andern aber glaub-
ten nicht.

25 Sie waren aber untereinander uneins
und gingen weg, als Paulus dies eine
Wort gesagt hatte: Mit Recht hat der
Heilige Geist durch den Propheten Jesaja
zu euren Vätern gesprochen (Jesaja
6,9-10): 26 »Geh hin zu diesem Volk und
sprich: Mit den Ohren werdet ihr's hören
und nicht verstehen; und mit den Augen
werdet ihr's sehen und nicht erkennen.
27 Denn das Herz dieses Volkes ist ver-
stockt und ihre Ohren hören schwer und
ihre Augen sind geschlossen, damit sie
nicht etwa mit den Augen sehen und mit
den Ohren hören und mit dem Herzen
verstehen und sich bekehren, und ich ih-
nen helfe.« 28 **So [a]sei es euch kundgetan,**
dass den Heiden dies Heil Gottes gesandt
ist; und sie werden es hören.**

30 Paulus aber blieb zwei volle Jahre in
seiner eigenen Wohnung und nahm alle
auf, die zu ihm kamen, 31 predigte das
Reich Gottes und lehrte von dem Herrn
Jesus Christus [a]mit allem Freimut unge-
hindert.

* In der späteren Überlieferung finden sich zusätzlich die Worte: »übergab der Hauptmann die Gefangenen dem Oberst; aber es (wurde)«.

** Vers 29 findet sich erst in der späteren Überlieferung: »Und als er das gesagt hatte, gingen die Juden weg und stritten heftig untereinander.«

28,16: *a* Kap 27,3 **28,17:** *a* Kap 23,1 **28,19:** *a* Kap 25,11 **28,20:** *a* Kap 26,6-7 **28,22:** *a* Kap 24,14; *b* Lk 2,34 **28,28:** *a* Kap 13,46 **28,31:** *a* Eph 6,20

DER BRIEF DES PAULUS AN DIE RÖMER

Inhaltsübersicht

Paulus der Apostel der Heiden

1 Paulus, ein Knecht Christi Jesu, be-
rufen zum Apostel, [a]ausgesondert zu
predigen das Evangelium Gottes, **2**das er
zuvor verheißen hat durch seine Prophe-
ten in der Heiligen Schrift,[a] **3**von seinem
Sohn Jesus Christus, unserm Herrn, der
geboren ist [a]aus dem Geschlecht Davids
nach dem Fleisch, **4**und nach dem Geist,
der heiligt, [a]eingesetzt ist als Sohn Got-
tes in Kraft durch die Auferstehung von
den Toten. **5**Durch ihn haben wir emp-
fangen Gnade und Apostelamt, in sei-
nem Namen den [a]Gehorsam des Glau-
bens aufzurichten [b]unter allen Heiden,
6zu denen auch ihr gehört, die ihr be-
rufen seid von Jesus Christus.
7An alle Geliebten Gottes und [a]be-
rufenen Heiligen in Rom: [b]Gnade sei mit
euch und Friede von Gott, unserm Vater,
und dem Herrn Jesus Christus!

Der Wunsch des Paulus, nach Rom zu kommen

8Zuerst danke ich meinem Gott durch
Jesus Christus für euch alle, [a]dass man
von eurem Glauben in aller Welt spricht.
9Denn Gott ist mein Zeuge, dem ich in
meinem Geist diene am Evangelium von
seinem Sohn, dass ich [a]ohne Unterlass
euer gedenke **10**und allezeit in meinem
Gebet flehe, ob sich's wohl einmal fügen
möchte durch Gottes Willen, [a]dass ich
zu euch komme. **11**Denn mich verlangt
danach, euch zu sehen, damit ich euch
etwas mitteile an [a]geistlicher Gabe, um
euch zu stärken, **12**das heißt, damit ich
zusammen mit euch getröstet werde
[a]durch euren und meinen Glauben, den
wir miteinander haben.
13Ich will euch aber nicht verschwei-
gen, liebe Brüder, dass ich mir oft vor-
genommen habe, zu euch zu kommen –
wurde aber bisher gehindert –, damit ich
auch unter euch Frucht schaffe wie unter
andern Heiden. **14**Ich bin ein Schuldner
der Griechen und der Nichtgriechen, der
Weisen und der Nichtweisen; **15**darum,
soviel an mir liegt, bin ich willens, auch
euch in Rom das Evangelium zu pre-
digen.

Das Evangelium als Kraft Gottes

16Denn [a]**ich schäme mich des Evange-
liums nicht; denn es ist eine [b]Kraft Gottes,
die selig macht alle, die daran glauben, die
Juden zuerst und ebenso die Griechen.**
**17Denn darin wird offenbart die Gerech-
tigkeit, die vor Gott gilt, [a]welche kommt
aus Glauben in Glauben;* wie geschrieben
steht** (Habakuk 2,4): **»Der Gerechte wird
aus Glauben leben.«**

Die Gottlosigkeit der Heiden

18Denn Gottes Zorn wird vom Himmel
her offenbart über alles gottlose Wesen
und alle Ungerechtigkeit der Menschen,
die die Wahrheit durch Ungerechtigkeit
niederhalten. **19**Denn [a]was man von

* Wörtlich: »Denn die Gerechtigkeit Gottes wird in ihm offenbart aus Glauben zum Glauben« (vgl. 3,21). Siehe Sach- und Worterklärungen unter »Gerechtigkeit Gottes«.

1,1: *a* Apg 9,15; 13,2; Gal 1,15 **1,2:** *a* Kap 16,25-26; Lk 1,70; Tit 1,2 **1,3:** *a* Kap 9,5; 2.Sam 7,12; Mt 22,42 **1,4:** *a* Mt 28,18; Apg 13,33 **1,5:** *a* Kap 15,18; *b* Apg 26,16-18; Gal 2,7.9 **1,7:** *a* 1.Kor 1,2; 2.Kor 1,1-2; Eph 1,1; *b* 4.Mose 6,24-26 **1,8:** *a* Kap 16,19 **1,9:** *a* Eph 1,16 **1,10:** *a* Kap 15,23.32; Apg 19,21 **1,11:** *a* Kap 15,29 **1,12:** *a* 2.Petr 1,1 **1,16:** *a* Ps 119,46; 2.Tim 1,8; *b* 1.Kor 1,18.24 **1,17:** *a* Kap 3,21-22; Gal 3,11 **1,19:** *a* Apg 14,15-17; 17,24-28

Gott erkennen kann, ist unter ihnen of-
fenbar; denn Gott hat es ihnen offenbart.
20 Denn Gottes unsichtbares Wesen, das
ist seine ewige Kraft und Gottheit, wird
seit der Schöpfung der Welt ersehen [a]aus
seinen Werken, wenn man sie wahr-
nimmt, sodass sie keine Entschuldigung
haben. 21 Denn obwohl sie von Gott
wussten, haben sie ihn nicht als Gott
gepriesen noch ihm gedankt, sondern
sind dem Nichtigen verfallen in ihren
Gedanken, und [a]ihr unverständiges Herz
ist verfinstert. 22 Da sie sich für Weise
hielten, sind sie zu [a]Narren geworden
23 und haben die Herrlichkeit des unver-
gänglichen Gottes vertauscht mit einem
Bild gleich dem eines vergänglichen
Menschen und der Vögel und der vier-
füßigen und der kriechenden Tiere.[a]
24 Darum hat Gott sie in den Begier-
den ihrer Herzen dahingegeben in die
Unreinheit, sodass ihre Leiber durch sie
selbst geschändet werden,[a] 25 sie, die
Gottes Wahrheit in Lüge verkehrt und
das Geschöpf verehrt und ihm gedient
haben statt dem Schöpfer, der gelobt ist
in Ewigkeit. Amen.
26 Darum hat sie Gott dahingegeben in
schändliche Leidenschaften; denn ihre
Frauen haben den natürlichen Verkehr
vertauscht mit dem widernatürlichen;
27 desgleichen haben auch [a]die Männer
den natürlichen Verkehr mit der Frau
verlassen und sind in Begierde zueinan-
der entbrannt und haben Mann mit
Mann Schande getrieben und den Lohn
ihrer Verirrung, wie es ja sein musste, an
sich selbst empfangen.
28 Und wie sie es für nichts geachtet
haben, Gott zu erkennen, hat sie Gott
dahingegeben in verkehrten Sinn, sodass
sie tun, was nicht recht ist, 29 voll von
aller Ungerechtigkeit, Schlechtigkeit,
Habgier, Bosheit, voll Neid, Mord, Ha-
der, List, Niedertracht; Zuträger, 30 Ver-
leumder, Gottesverächter, Frevler, hoch-
mütig, prahlerisch, erfinderisch im Bö-
sen, den Eltern ungehorsam, 31 unver-
nünftig, treulos, lieblos, unbarmherzig.
32 Sie wissen, dass, die solches tun, nach
Gottes Recht den Tod verdienen; aber sie
tun es nicht allein, sondern haben auch
Gefallen an denen, die es tun.

Der Maßstab des göttlichen Gerichts

2 Darum, o Mensch, kannst du dich
nicht entschuldigen, wer du auch
bist, der du richtest. Denn [a]worin du den
andern richtest, verdammst du dich
selbst, weil du ebendasselbe tust, was du
richtest. 2 Wir wissen aber, dass Gottes
Urteil recht ist über die, die solches tun.
3 Denkst du aber, o Mensch, der du die
richtest, die solches tun, und tust auch
dasselbe, dass du dem Urteil Gottes ent-
rinnen wirst? 4 Oder verachtest du den
Reichtum seiner Güte, [a]Geduld und
Langmut? **Weißt du nicht, dass dich Got-
tes Güte zur Buße leitet?**
5 Du aber mit deinem verstockten und
unbußfertigen Herzen häufst dir selbst
Zorn an auf den Tag des Zorns und der
Offenbarung des gerechten Gerichtes
Gottes, 6 [a]der einem jeden geben wird
nach seinen Werken: 7 ewiges Leben de-
nen, die in aller Geduld mit guten Wer-
ken trachten nach Herrlichkeit, Ehre und
unvergänglichem Leben; 8 Ungnade und
Zorn aber denen, die streitsüchtig sind
und der Wahrheit nicht gehorchen,
gehorchen aber der Ungerechtigkeit;[a]
9 Trübsal und Angst über alle Seelen der
Menschen, die Böses tun, zuerst der Ju-
den und ebenso der Griechen; 10 Herr-
lichkeit aber und Ehre und Frieden allen
denen, die Gutes tun, zuerst den Juden
und ebenso den Griechen.
11 Denn [a]**es ist kein Ansehen der Per-
son vor Gott.** 12 Alle, die ohne Gesetz ge-
sündigt haben, werden auch ohne Gesetz
verloren gehen; und alle, die unter dem
Gesetz gesündigt haben, werden durchs
Gesetz verurteilt werden. 13 Denn vor
Gott sind nicht gerecht, die das Gesetz
hören, sondern [a]die das Gesetz **tun,** wer-
den gerecht sein. 14 Denn wenn Heiden,
die das Gesetz nicht haben, doch [a]von
Natur tun, was das Gesetz fordert, so
sind sie, obwohl sie das Gesetz nicht ha-
ben, sich selbst Gesetz. 15 Sie beweisen
damit, dass in ihr Herz geschrieben ist,

1,20: *a* Ps 19,2; Hebr 11,3 **1,21:** *a* Eph 4,18 **1,22:** *a* 1.Kor 1,20 **1,23:** *a* 2.Mose 20,4; 5.Mose 4,15-19; Ps 106,19-20; Jer 2,11 **1,24:** *a* Apg 14,16 **1,27:** *a* 3.Mose 18,22; 20,13; 1.Kor 6,9 **2,1:** *a* Mt 7,2; Joh 8,7; Jak 4,12 **2,4:** *a* 2.Petr 3,9.15 **2,6:** *a* Jer 32,19; Mt 16,27; 2.Kor 5,10 **2,8:** *a* 2.Thess 1,8 **2,11:** *a* 2.Chr 19,7; Apg 10,34; Kol 3,25; 1.Petr 1,17 **2,13:** *a* 5.Mose 6,25; Mt 7,21; Jak 1,22 **2,14:** *a* Apg 10,35 was das Gesetz fordert, zumal ihr Gewissen es ihnen bezeugt, dazu auch die Gedanken, die einander anklagen oder auch entschuldigen –[a] **16** an dem Tag, [a]an dem Gott das Verborgene der Menschen durch Christus Jesus richten wird, wie es mein Evangelium bezeugt.

Die Anklage gegen die Juden

17 Wenn du dich aber Jude nennst und verlässt dich aufs Gesetz und rühmst dich Gottes **18** und kennst seinen Willen und prüfst, weil du aus dem Gesetz unterrichtet bist, was das Beste zu tun sei, **19** und maßt dir an, ein Leiter der Blinden zu sein, ein Licht derer, die in Finsternis sind,[a] **20** ein Erzieher der Unverständigen, ein Lehrer der Unmündigen, weil du im Gesetz die Richtschnur der Erkenntnis und Wahrheit hast –: **21** Du lehrst nun andere und lehrst dich selber nicht? Du predigst, man solle nicht stehlen, und du stiehlst?[a] **22** Du sprichst, man solle nicht ehebrechen, und du brichst die Ehe? Du verabscheust die Götzen und beraubst ihre Tempel? **23** Du rühmst dich des Gesetzes und schändest Gott durch Übertretung des Gesetzes? **24** Denn »euretwegen wird Gottes Name gelästert unter den Heiden«, wie geschrieben steht (Jesaja 52,5).

25 Die Beschneidung nützt etwas, wenn du das Gesetz hältst; hältst du aber das Gesetz nicht, so bist du aus einem Beschnittenen schon ein Unbeschnittener geworden. **26** Wenn nun der Unbeschnittene hält, was nach dem Gesetz recht ist, meinst du nicht, [a]dass dann der Unbeschnittene vor Gott als Beschnittener gilt? **27** Und so wird der, der von Natur unbeschnitten ist und das Gesetz erfüllt, dir ein Richter sein, der du unter dem Buchstaben und der Beschneidung stehst und das Gesetz übertrittst. **28** [a]Denn nicht der ist ein Jude, der es äußerlich ist, auch ist nicht das die Beschneidung, die äußerlich am Fleisch geschieht; **29** sondern der ist ein Jude, der es inwendig verborgen ist, und [a]das ist die Beschneidung des Herzens, die im Geist und nicht im Buchstaben geschieht. Das Lob eines solchen ist nicht von Menschen, sondern von Gott.

Gottes unwandelbare Treue

3 Was haben dann die Juden für einen Vorzug oder was nützt die Beschneidung? **2** Viel in jeder Weise! Zum Ersten: ihnen ist anvertraut, was Gott geredet hat.[a] **3** Dass aber einige nicht treu waren, was liegt daran? [a]Sollte ihre Untreue Gottes Treue aufheben? **4** Das sei ferne! Es bleibe vielmehr so: Gott ist wahrhaftig und [a]alle Menschen sind Lügner; wie geschrieben steht (Psalm 51,6): »Damit du Recht behältst in deinen Worten und siegst, wenn man mit dir rechtet.«

5 Ist's aber so, dass unsre Ungerechtigkeit Gottes Gerechtigkeit ins Licht stellt, was sollen wir sagen? Ist Gott dann nicht ungerecht, wenn er zürnt? – Ich rede nach Menschenweise. – **6** Das sei ferne! Wie könnte sonst Gott die Welt richten? **7** Wenn aber die Wahrheit Gottes durch meine Lüge herrlicher wird zu seiner Ehre, warum sollte ich dann noch als ein Sünder gerichtet werden? **8** Ist es etwa so, wie wir verlästert werden und einige behaupten, dass wir sagen: [a]Lasst uns Böses tun, damit Gutes daraus komme? Deren Verdammnis ist gerecht.

Die Schuld aller vor Gott

9 Was sagen wir denn nun? Haben wir Juden einen Vorzug? Gar keinen. Denn [a]wir haben soeben bewiesen, dass alle, Juden wie Griechen, unter der Sünde sind, **10** wie geschrieben steht: [a]»Da ist keiner, der gerecht ist, auch nicht einer. **11** Da ist keiner, der verständig ist; da ist keiner, der nach Gott fragt. **12** Sie sind alle abgewichen und allesamt verdorben. Da ist keiner, der Gutes tut, auch nicht einer (Psalm 14,1-3). **13** Ihr Rachen ist ein offenes Grab; mit ihren Zungen betrügen sie (Psalm 5,10), Otterngift ist unter ihren Lippen (Psalm 140,4); **14** ihr Mund ist voll Fluch und Bitterkeit (Psalm 10,7). **15** Ihre Füße eilen, Blut zu vergießen; **16** auf ihren Wegen ist lauter Schaden und Jammer, **17** und [a]den Weg des Friedens kennen sie nicht (Jesaja 59,7-8). **18** Es

2,15: *a* Kap 1,32 **2,16:** *a* Lk 8,17 **2,19:** *a* Mt 15,14 **2,21:** *a* Ps 50,16-21; Mt 23,3-4 **2,26:** *a* Gal 5,6 **2,28:** *a (28-29)* Jer 4,4 **2,29:** *a* 5. Mose 30,6; Phil 3,3; Kol 2,11 **3,2:** *a* Kap 9,4; 5. Mose 4,7-8; Ps 147,19-20 **3,3:** *a* Kap 9,6; 11,29; 2. Tim 2,13 **3,4:** *a* Ps 116,11 **3,8:** *a* Kap 6,1 **3,9:** *a* Kap 1,18–2,24 **3,10:** *a* Hiob 4,17 **3,17:** *a* Lk 1,79

ist keine Gottesfurcht bei ihnen (Psalm
36,2).«
19 Wir wissen aber: was das Gesetz
sagt, das sagt es denen, die unter dem
Gesetz sind, damit allen der Mund ge-
stopft werde und [a]alle Welt vor Gott
schuldig sei, 20 weil [a]kein Mensch durch
die Werke des Gesetzes vor ihm gerecht
sein kann. Denn [b]**durch das Gesetz
kommt Erkenntnis der Sünde.**

Die Rechtfertigung allein durch Glauben

21 Nun aber ist ohne Zutun des Gesetzes
die Gerechtigkeit, die vor Gott gilt, of-
fenbart, bezeugt durch das Gesetz und
die Propheten.[a] 22 Ich rede aber von der
Gerechtigkeit vor Gott, [a]die da kommt
durch den Glauben an Jesus Christus zu
allen, die glauben. **Denn es ist hier kein
Unterschied: 23 [a]sie sind allesamt Sünder
und ermangeln des Ruhmes, den sie bei
Gott haben sollten,* 24 und werden ohne
Verdienst gerecht aus seiner Gnade durch
die Erlösung, die durch Christus Jesus ge-
schehen ist.**[a]
25 Den hat Gott für den Glauben hin-
gestellt als [a]Sühne in seinem Blut zum
Erweis seiner Gerechtigkeit, indem er die
Sünden vergibt, die früher 26 begangen
wurden in der Zeit seiner Geduld, um
nun in dieser Zeit seine Gerechtigkeit zu
erweisen, dass er selbst gerecht ist und
gerecht macht den, der da ist aus dem
Glauben an Jesus.
27 Wo bleibt nun [a]das Rühmen? Es ist
ausgeschlossen. Durch welches Gesetz?
Durch das Gesetz der Werke? Nein, son-
dern durch das Gesetz des Glaubens.
**28 So halten wir nun dafür, dass der
Mensch gerecht wird ohne des Gesetzes
Werke, allein durch den Glauben.**[a]
29 Oder ist Gott allein der Gott der Ju-
den? Ist er nicht auch der Gott der Hei-
den? Ja gewiss, auch der Heiden.[a]
30 Denn es ist der eine Gott, [a]der gerecht
macht die Juden aus dem Glauben und
die Heiden durch den Glauben. 31 Wie?
Heben wir denn das Gesetz auf durch
den Glauben? Das sei ferne! Sondern
[a]wir richten das Gesetz auf.

Abraham der Vater des Glaubens

4 Was sagen wir denn von Abraham,
unserm leiblichen Stammvater? Was
hat er erlangt? 2 Das sagen wir: Ist Ab-
raham durch Werke gerecht, so kann er
sich wohl rühmen, aber nicht vor Gott.
3 Denn was sagt die Schrift? [a]»Abraham
hat Gott geglaubt und das ist ihm zur
Gerechtigkeit gerechnet worden.« (1. Mo-
se 15,6) 4 Dem aber, der mit Werken um-
geht, wird der Lohn nicht aus Gnade
zugerechnet, sondern aus Pflicht.[a] **5 Dem
aber, der nicht mit Werken umgeht, glaubt
aber an den, der die Gottlosen gerecht
macht, [a]dem wird sein Glaube gerechnet
zur Gerechtigkeit.**
6 Wie ja auch David den Menschen
selig preist, dem Gott zurechnet die Ge-
rechtigkeit ohne Zutun der Werke (Psalm
32,1-2): 7 »Selig sind die, denen die Un-
gerechtigkeiten vergeben und denen die
Sünden bedeckt sind! 8 Selig ist der
Mann, dem der Herr die Sünde nicht
zurechnet!«
9 Diese Seligpreisung nun, gilt sie den
Beschnittenen oder auch den Unbe-
schnittenen? Wir sagen doch: »Abraham
ist sein Glaube zur Gerechtigkeit gerech-
net worden.« 10 Wie ist er ihm denn zuge-
rechnet worden? Als er beschnitten oder
als er unbeschnitten war? Ohne Zweifel:
nicht als er beschnitten, sondern als er
unbeschnitten war. 11 Das Zeichen der
Beschneidung aber empfing er [a]als Siegel
der Gerechtigkeit des Glaubens, den er
hatte, als er noch nicht beschnitten war.
So sollte er ein Vater werden aller, die
glauben, ohne beschnitten zu sein, damit
auch ihnen der Glaube gerechnet werde
zur Gerechtigkeit; 12 und ebenso ein Va-
ter der Beschnittenen, wenn sie nicht nur
beschnitten sind, sondern auch gehen in
den Fußtapfen des Glaubens, den [a]unser
Vater Abraham hatte, als er noch nicht
beschnitten war.
13 Denn die Verheißung, dass er der
Erbe der Welt sein solle, ist Abraham
oder seinen Nachkommen nicht zuteil
geworden durchs Gesetz, sondern durch

* Wörtlich: »Alle haben gesündigt und die Herrlichkeit verloren, die Gott ihnen zugedacht hatte.«

3,19: *a* Kap 2,12; Gal 3,22 **3,20:** *a* Ps 143,2; Gal 2,16; *b* Kap 7,7 **3,21:** *a* Kap 1,17; 4,1-25; Apg 10,43 **3,22:** *a* Phil 3,9 **3,23:** *a* 1. Mose 8,21 **3,24:** *a* Kap 5,1; 2. Kor 5,19; Eph 2,8 **3,25:** *a* Mt 26,28; Kol 1,20; Hebr 9,26-28 **3,27:** *a* 1. Kor 1,29.31 **3,28:** *a* Gal 2,16 **3,29:** *a* Kap 10,12 **3,30:** *a* Kap 4,11-12 **3,31:** *a* Mt 5,17 **4,3:** *a* Gal 3,6 **4,4:** *a* Kap 11,6 **4,5:** *a* Kap 3,26 **4,11:** *a* 1. Mose 17,10-11 **4,12:** *a* Mt 3,9

die Gerechtigkeit des Glaubens.[a] **14** Denn
wenn die vom Gesetz Erben sind, dann
ist der Glaube nichts und die Verheißung
ist dahin. **15** Denn das Gesetz richtet nur
Zorn an; [a]wo aber das Gesetz nicht ist,
da ist auch keine Übertretung. **16** Deshalb
muss die Gerechtigkeit durch den Glau-
ben kommen, damit sie aus Gnaden sei
und die Verheißung festbleibe für alle
Nachkommen, nicht allein für die, die
unter dem Gesetz sind, sondern auch für
die, die wie Abraham aus dem Glauben
leben.

Der ist unser aller Vater **17** – wie ge-
schrieben steht (1. Mose 17,5): »Ich habe
dich gesetzt zum Vater vieler Völker« –
vor Gott, dem er geglaubt hat, der [a]die
Toten lebendig macht und ruft das, was
nicht ist, dass es sei. **18** Er hat geglaubt
auf Hoffnung, wo nichts zu hoffen war,
dass er der Vater vieler Völker werde, wie
zu ihm gesagt ist (1. Mose 15,5): »So
zahlreich sollen deine Nachkommen
sein.« **19** Und er wurde nicht schwach im
Glauben, als er auf seinen eigenen Leib
sah, der schon erstorben war, weil er fast
hundertjährig war, und auf den erstorbe-
nen Leib der Sara.[a] **20** Denn er zweifelte
nicht an der Verheißung Gottes durch
Unglauben, sondern wurde stark im
Glauben und gab Gott die Ehre **21** und
wusste aufs allergewisseste: [a]Was Gott
verheißt, das kann er auch tun. **22** Darum
ist es ihm auch »zur Gerechtigkeit ge-
rechnet worden« (1. Mose 15,6). **23** Dass
es ihm zugerechnet worden ist, ist aber
nicht allein um seinetwillen geschrieben,
24 sondern auch um unsertwillen, denen
es zugerechnet werden soll, wenn wir
glauben an den, der unsern Herrn Jesus
auferweckt hat von den Toten, **25** [a]**wel-**
cher ist um unsrer Sünden willen dahin-
gegeben und um unsrer Rechtfertigung
willen auferweckt.

Frieden mit Gott

5 **Da wir nun [a]gerecht geworden sind**
durch den Glauben, haben wir [b]Frie-
den mit Gott durch unsern Herrn Jesus
Christus; **2** durch ihn haben wir auch
[a]den Zugang im Glauben zu dieser
Gnade, in der wir stehen, und rühmen
uns der Hoffnung der zukünftigen Herr-
lichkeit, die Gott geben wird. **3** Nicht al-
lein aber das, sondern [a]wir rühmen uns
auch der Bedrängnisse, weil **wir wissen,**
dass Bedrängnis Geduld bringt, 4 Geduld
aber [a]Bewährung, Bewährung aber Hoff-
nung, 5 [a]Hoffnung aber lässt nicht zu-
schanden werden; denn die Liebe Gottes
ist ausgegossen in unsre Herzen durch den
Heiligen Geist, der uns gegeben ist.

6 Denn Christus ist schon zu der Zeit,
als wir noch schwach waren, für uns
Gottlose gestorben. **7** Nun stirbt kaum
jemand um eines Gerechten willen; um
des Guten willen wagt er vielleicht sein
Leben. **8** Gott aber erweist seine Liebe zu
uns darin, dass Christus für uns gestor-
ben ist, als wir noch Sünder waren.[a]
9 Um wie viel mehr werden wir nun durch
ihn bewahrt werden vor dem [a]Zorn,
nachdem wir jetzt durch sein Blut ge-
recht geworden sind! **10** Denn wenn wir
[a]mit Gott versöhnt worden sind durch
den Tod seines Sohnes, als wir noch
[b]Feinde waren, um wie viel mehr werden
wir selig werden durch sein Leben, nach-
dem wir nun versöhnt sind. **11** Nicht al-
lein aber das, sondern wir rühmen uns
auch Gottes durch unsern Herrn Jesus
Christus, durch den wir jetzt die Versöh-
nung empfangen haben.

Adam und Christus

12 Deshalb, wie durch **einen** Menschen
[a]die Sünde in die Welt gekommen ist
und [b]der Tod durch die Sünde, so ist der
Tod zu allen Menschen durchgedrungen,
weil sie alle gesündigt haben. **13** Denn die
Sünde war wohl in der Welt, ehe das
Gesetz kam; aber [a]wo kein Gesetz ist, da
wird Sünde nicht angerechnet. **14** Den-
noch herrschte der Tod von Adam an bis
Mose auch über die, die nicht gesündigt
hatten durch die gleiche Übertretung wie
Adam, welcher ist ein Bild dessen, der
kommen sollte.

4,13: *a* 1. Mose 22,17-18 **4,15:** *a* Kap 3,20; 5,13; 7,8.10 **4,17:** *a* 2. Kor 1,9; Hebr 11,19 **4,19:** *a* 1. Mose 17,17 **4,21:** *a* Hebr 11,11 **4,25:** *a* Kap 8,32.34; Jes 53,4-6 **5,1:** *a* Kap 3,24.28; *b* Jes 53,5 **5,2:** *a* Joh 14,6; Eph 3,12 **5,3:** *a* Jak 1,2-3 **5,4:** *a* Jak 1,12 **5,5:** *a* Ps 22,6; 25,3.20; Hebr 6,18-19 **5,8:** *a* Joh 3,16; 1. Joh 4,10 **5,9:** *a* Kap 1,18; 2,5.8 **5,10:** *a* 2. Kor 5,18; *b* Kap 8,7; Kol 1,21 **5,12:** *a* 1. Mose 3,19; *b* Kap 6,23; 1. Mose 2,17 **5,13:** *a* Kap 4,15

15 Aber nicht verhält sich's mit der
Gabe wie mit der Sünde. Denn wenn
durch die Sünde des Einen die Vielen
gestorben sind, um wie viel mehr ist Got-
tes Gnade und Gabe den Vielen über-
reich zuteil geworden durch die Gnade
des einen Menschen Jesus Christus.
16 Und nicht verhält es sich mit der Gabe
wie mit dem, was durch den einen Sün-
der geschehen ist. Denn das Urteil hat
von dem Einen her zur Verdammnis ge-
führt, die Gnade aber hilft aus vielen
Sünden zur Gerechtigkeit. 17 Denn wenn
wegen der Sünde des Einen der Tod ge-
herrscht hat durch den Einen, um wie
viel mehr werden die, welche die Fülle
der Gnade und der Gabe der Gerechtig-
keit empfangen, herrschen im Leben
durch den Einen, Jesus Christus.

18 **Wie nun durch die Sünde des Einen
die Verdammnis über alle Menschen ge-
kommen ist, so ist auch durch die Gerech-
tigkeit des Einen für alle Menschen die
Rechtfertigung gekommen, die zum Leben
führt.**[a] 19 Denn wie durch den Ungehor-
sam des einen Menschen die Vielen zu
Sündern geworden sind, so [a]werden auch
durch den Gehorsam des Einen die Vie-
len zu Gerechten.

20 [a]Das Gesetz aber ist dazwischen
hineingekommen, damit die Sünde
mächtiger würde. Wo aber die Sünde
mächtig geworden ist, da ist doch die
Gnade noch viel mächtiger geworden,
21 damit, wie die Sünde geherrscht hat
zum Tode, [a]so auch die Gnade herrsche
durch die Gerechtigkeit zum ewigen Le-
ben durch Jesus Christus, unsern Herrn.

Taufe und neues Leben

6 Was sollen wir nun sagen? Sollen wir
denn in der Sünde beharren, damit
die Gnade umso mächtiger werde?[a]
2 Das sei ferne! Wie sollten wir in der
Sünde leben wollen, der wir doch ge-
storben sind? 3 Oder **wisst ihr nicht, dass
alle, die wir [a]auf Christus Jesus getauft
sind, die sind in seinen Tod getauft? 4 So
sind wir ja mit ihm begraben durch die
Taufe in den Tod, damit, wie Christus
auferweckt ist von den Toten durch die
Herrlichkeit des Vaters, auch wir in einem
neuen Leben wandeln.**[a]

5 Denn wenn wir mit ihm verbunden
und ihm gleich geworden sind in seinem
Tod, so werden wir ihm auch in der Auf-
erstehung gleich sein. 6 Wir wissen ja,
dass [a]unser alter Mensch mit ihm ge-
kreuzigt ist, damit der Leib der Sünde
vernichtet werde, sodass wir hinfort der
Sünde nicht dienen. 7 Denn wer gestor-
ben ist, der ist frei geworden von der
Sünde. 8 Sind wir aber mit Christus ge-
storben, so glauben wir, dass wir auch
mit ihm leben werden, 9 und wissen, dass
Christus, von den Toten erweckt, hinfort
nicht stirbt; der Tod kann hinfort über
ihn nicht herrschen. 10 Denn was er ge-
storben ist, das ist er der Sünde gestor-
ben [a]ein für alle Mal; was er aber lebt,
das lebt er Gott. 11 So auch ihr, haltet
dafür, dass ihr der Sünde gestorben seid
und lebt Gott in Christus Jesus.[a]

12 So lasst nun die Sünde nicht herr-
schen in eurem sterblichen Leibe, und
leistet seinen Begierden keinen Gehor-
sam.[a] 13 Auch gebt nicht der Sünde eure
Glieder hin als Waffen der Ungerechtig-
keit, sondern gebt euch selbst Gott hin
als solche, die tot waren und nun leben-
dig sind, und [a]eure Glieder Gott als
Waffen der Gerechtigkeit. 14 Denn die
Sünde wird nicht herrschen können über
euch, weil ihr ja nicht unter dem Gesetz
seid, sondern [a]unter der Gnade.[b]

15 Wie nun? Sollen wir sündigen, weil
wir nicht unter dem Gesetz, sondern un-
ter der Gnade sind? Das sei ferne!
16 Wisst ihr nicht: wem ihr euch zu
Knechten macht, um ihm zu gehorchen,
dessen Knechte seid ihr und müsst ihm
gehorsam sein, es sei der Sünde zum
Tode oder dem Gehorsam zur Gerechtig-
keit?[a] 17 Gott sei aber gedankt, dass ihr
Knechte der Sünde **gewesen** seid, aber
nun von Herzen gehorsam geworden der
Gestalt der Lehre, der ihr ergeben seid.
18 Denn indem ihr nun [a]frei geworden
seid von der Sünde, seid ihr Knechte ge-
worden der Gerechtigkeit.

19 Ich muss menschlich davon reden

5,18: *a* 1.Kor 15,21-22 **5,19:** *a* Kap 3,26; Jes 53,11 **5,20:** *a* Kap 7,8.13; Gal 3,19 **5,21:** *a* Kap 6,23 **6,1:** *a* Kap 3,5-8 **6,3:** *a* Gal 3,27 **6,4:** *a* Kol 2,12; 1.Petr 3,21 **6,6:** *a* Gal 5,24 **6,10:** *a* Hebr 9,26-28 **6,11:** *a* 2.Kor 5,15; 1.Petr 2,24 **6,12:** *a* 1.Mose 4,7 **6,13:** *a* Kap 12,1 **6,14:** *a* Kap 7,4-6; 1.Joh 3,6; *b* Kap 5,17.21 **6,16:** *a* Joh 8,34 **6,18:** *a* Joh 8,32

um der Schwachheit eures Fleisches wil-
len: Wie ihr eure Glieder hingegeben hat-
tet an den Dienst der Unreinheit und
Ungerechtigkeit zu immer neuer Unge-
rechtigkeit, so gebt nun eure Glieder hin
an den Dienst der Gerechtigkeit, dass sie
heilig werden. 20 Denn als ihr Knechte
der Sünde wart, da wart ihr frei von der
Gerechtigkeit. 21 Was hattet ihr nun da-
mals für Frucht? Solche, deren ihr euch
jetzt schämt; denn das Ende derselben ist
der [a]Tod. 22 Nun aber, da ihr von der
Sünde frei und Gottes Knechte geworden
seid, habt ihr darin eure Frucht, dass ihr
heilig werdet; das Ende aber ist das ewige
Leben. 23 Denn [a]**der Sünde Sold ist der**
Tod; die Gabe Gottes aber ist das ewige
Leben in Christus Jesus, unserm Herrn.

Freiheit vom Gesetz

7 Wisst ihr nicht, liebe Brüder – denn
ich rede mit denen, die das Gesetz
kennen –, dass das Gesetz nur herrscht
über den Menschen, solange er lebt?
2 Denn [a]eine Frau ist an ihren Mann
gebunden durch das Gesetz, solange der
Mann lebt; wenn aber der Mann stirbt,
so ist sie frei von dem Gesetz, das sie an
den Mann bindet. 3 Wenn sie nun bei
einem andern Mann ist, solange ihr
Mann lebt, wird sie eine Ehebrecherin
genannt; wenn aber ihr Mann stirbt, ist
sie frei vom Gesetz, sodass sie nicht eine
Ehebrecherin ist, wenn sie einen andern
Mann nimmt. 4 Also seid auch ihr, meine
Brüder, dem Gesetz getötet durch den
Leib Christi, sodass ihr einem andern
angehört, nämlich dem, der von den Toten
auferweckt ist, damit wir Gott Frucht
bringen.
5 Denn solange wir dem Fleisch ver-
fallen waren, da waren die sündigen Lei-
denschaften, die durchs Gesetz erregt
wurden, kräftig in unsern Gliedern, so-
dass wir [a]dem Tode Frucht brachten.
6 Nun aber sind wir [a]vom Gesetz frei
geworden und ihm abgestorben, das uns
gefangen hielt, sodass wir dienen [b]im
neuen Wesen des Geistes und nicht im
alten Wesen des Buchstabens.

Der Mensch unter dem Gesetz

7 Was sollen wir denn nun sagen? Ist das
Gesetz Sünde? Das sei ferne! Aber die
Sünde erkannte ich nicht außer durchs
Gesetz. Denn ich wusste nichts von der
Begierde, wenn das Gesetz nicht gesagt
hätte (2. Mose 20,17): »Du sollst nicht
begehren!« 8 Die Sünde aber nahm das
Gebot zum Anlass und erregte in mir
Begierden aller Art; denn [a]ohne das Ge-
setz war die Sünde tot. 9 Ich lebte einst
ohne Gesetz; als aber das Gebot kam,
wurde die Sünde lebendig, 10 ich aber
starb. Und so fand sich's, [a]dass das Ge-
bot mir den Tod brachte, das doch [b]zum
Leben gegeben war. 11 Denn die Sünde
nahm das Gebot zum Anlass und [a]be-
trog mich und tötete mich durch das Ge-
bot. 12 So ist also das Gesetz heilig, und
das Gebot ist heilig, gerecht und gut.[a]
13 Ist dann, was doch gut ist, mir zum
Tod geworden? Das sei ferne! Sondern
die Sünde, [a]damit sie als Sünde sichtbar
werde, hat mir durch das Gute den Tod
gebracht, damit die Sünde überaus sün-
dig werde durchs Gebot.
14 Denn wir wissen, dass das Gesetz
geistlich ist; [a]ich aber bin fleischlich, un-
ter die Sünde verkauft. 15 Denn ich weiß
nicht, was ich tue. Denn ich tue nicht,
was ich will; sondern was ich hasse, das
tue ich. 16 Wenn ich aber das tue, was ich
nicht will, so gebe ich zu, dass das Gesetz
gut ist. 17 So tue nun nicht ich es, sondern
die Sünde, die in mir wohnt. 18 Denn ich
weiß, dass in mir, das heißt in meinem
Fleisch*, [a]nichts Gutes wohnt. **Wollen**
habe ich wohl, aber das Gute vollbringen
kann ich nicht. 19 Denn das Gute, das ich
will, das tue ich nicht; sondern das Böse,
das ich nicht will, das tue ich. 20 Wenn ich
aber tue, was ich nicht will, so tue nicht
ich es, sondern die Sünde, die in mir
wohnt.
21 So finde ich nun das Gesetz, dass
mir, der ich das Gute tun will, das Böse
anhängt. 22 Denn ich habe Lust an Got-
tes Gesetz nach dem inwendigen Men-
schen. 23 Ich sehe aber ein anderes Gesetz
in meinen Gliedern, das widerstreitet

Röm

* Siehe Sach- und Worterklärungen (vgl. 7,25; 8,3-9).

6,21: *a* Kap 8,6.13 **6,23:** *a* Kap 5,12; 1. Mose 2,17; Jak 1,15 **7,2:** *a* 1. Kor 7,39 **7,5:** *a* Kap 6,21 **7,6:** *a* Kap 8,1-2; *b* Kap 6,2.4 **7,8:** *a* Kap 5,13; 1. Kor 15,56 **7,10:** *a* 3. Mose 18,5; *b* Jak 1,15 **7,11:** *a* Hebr 3,13 **7,12:** *a* 1. Tim 1,8 **7,13:** *a* Kap 5,20 **7,14:** *a* Joh 3,6 **7,18:** *a* 1. Mose 6,5; 8,21

dem Gesetz in meinem Gemüt* und hält
mich gefangen im Gesetz der Sünde,
das in meinen Gliedern ist.[a] 24 **Ich elen-**
der Mensch! Wer wird mich erlösen von
diesem todverfallenen Leibe? 25 Dank sei
Gott durch Jesus Christus, unsern Herrn![a]
So diene ich nun mit dem Gemüt dem
Gesetz Gottes, aber mit dem Fleisch dem
Gesetz der Sünde.

Das Leben im Geist

8 **So gibt es nun keine Verdammnis für**
die, die in Christus Jesus sind.[a]
2 Denn das Gesetz des Geistes, der leben-
dig macht in Christus Jesus, hat dich frei
gemacht von dem Gesetz der Sünde und
des Todes. 3 Denn was [a]dem Gesetz un-
möglich war, weil es durch das Fleisch
geschwächt war, das tat Gott: Er sandte
seinen Sohn [b]in der Gestalt des sündigen
Fleisches und um der Sünde willen und
verdammte die Sünde im Fleisch, 4 damit
die Gerechtigkeit, vom Gesetz gefordert,
in uns erfüllt würde, die wir nun nicht
nach dem Fleisch leben, sondern [a]nach
dem Geist.
5 Denn die da fleischlich sind, die sind
fleischlich gesinnt; die aber geistlich sind,
die sind geistlich gesinnt. 6 Aber fleisch-
lich gesinnt sein ist der [a]Tod, und geist-
lich gesinnt sein ist [b]Leben und Friede.
7 Denn fleischlich gesinnt sein ist [a]Feind-
schaft gegen Gott, weil das Fleisch dem
Gesetz Gottes nicht untertan ist; denn es
vermag's auch nicht. 8 Die aber fleischlich
sind, können Gott nicht gefallen. 9 Ihr
aber seid nicht fleischlich, sondern geist-
lich, wenn denn Gottes Geist in euch
wohnt. Wer aber Christi Geist nicht hat,
der ist nicht sein. 10 Wenn aber [a]Christus
in euch ist, so ist der Leib zwar tot um
der Sünde willen, der Geist aber ist Le-
ben um der Gerechtigkeit willen. 11 Wenn
nun der Geist dessen, der Jesus von den
Toten auferweckt hat, in euch wohnt, so
wird er, der Christus von den Toten auf-
erweckt hat, auch eure sterblichen Leiber
lebendig machen durch seinen Geist, der
in euch wohnt.
12 So sind wir nun, liebe Brüder, nicht
dem Fleisch schuldig, dass wir nach dem
Fleisch leben.[a] 13 Denn wenn ihr nach
dem Fleisch lebt, so werdet ihr sterben
müssen; wenn ihr aber durch den Geist
die Taten des Fleisches tötet, so werdet
ihr leben.[a]
14 Denn **welche der Geist Gottes treibt,**
die sind Gottes Kinder. 15 Denn ihr habt
nicht einen knechtischen Geist empfan-
gen, dass ihr euch abermals fürchten
müsstet; sondern ihr habt einen kindli-
chen Geist empfangen, durch den wir
rufen: Abba, lieber Vater![a] 16 Der [a]Geist
selbst gibt Zeugnis unserm Geist, dass
wir Gottes Kinder sind. 17 Sind wir aber
[a]Kinder, so sind wir auch [b]Erben, näm-
lich Gottes Erben und Miterben Christi,
wenn wir denn mit ihm leiden, damit wir
auch mit zur Herrlichkeit erhoben wer-
den.

Hoffnung für die Schöpfung und Gewissheit des Heils

18 Denn ich bin überzeugt, dass dieser
Zeit Leiden nicht ins Gewicht fallen ge-
genüber der Herrlichkeit, die an uns of-
fenbart werden soll.[a] 19 Denn das ängst-
liche Harren der Kreatur wartet darauf,
dass [a]die Kinder Gottes offenbar wer-
den. 20 [a]Die Schöpfung ist ja unterwor-
fen der Vergänglichkeit – ohne ihren Wil-
len, sondern durch den, der sie unterwor-
fen hat –, doch auf Hoffnung; 21 denn
auch die Schöpfung wird frei werden von
der Knechtschaft der Vergänglichkeit zu
der herrlichen Freiheit der Kinder Got-
tes.[a] 22 Denn wir wissen, dass die ganze
Schöpfung bis zu diesem Augenblick mit
uns seufzt und sich ängstet.
23 Nicht allein aber sie, sondern auch
wir selbst, die wir den Geist als Erst-
lingsgabe haben, [a]seufzen in uns selbst
und sehnen uns nach der Kindschaft, der
Erlösung unseres Leibes. 24 Denn **wir sind**
zwar gerettet, doch auf Hoffnung. Die
Hoffnung aber, die man sieht, ist nicht
Hoffnung; denn wie kann man auf das
hoffen, was man sieht?[a] 25 Wenn wir aber
auf das hoffen, was wir nicht sehen, so
warten wir darauf in Geduld.[a]

* Siehe Sach- und Worterklärungen.

7,23: *a* Gal 5,17 **7,25:** *a* 1. Kor 15,57 **8,1:** *a* Verse 33-34 **8,3:** *a* Apg 13,38; 15,10; *b* Hebr 2,17 **8,4:** *a* Gal 5,16.25 **8,6:** *a* Kap 6,21; *b* Gal 6,8 **8,7:** *a* Jak 4,4 **8,10:** *a* Gal 2,20 **8,12:** *a* Kap 6,7.18 **8,13:** *a* Kap 7,24; Gal 6,8; Eph 4,22-24 **8,15:** *a* Gal 4,5-6; 2. Tim 1,7 **8,16:** *a* 2. Kor 1,22 **8,17:** *a* Gal 4,7; *b* Offb 21,7 **8,18:** *a* 2. Kor 4,17 **8,19:** *a* Kol 3,4; 1. Joh 3,2 **8,20:** *a* Pred 1,4 **8,21:** *a* 2. Petr 3,13 **8,23:** *a* 2. Kor 5,2 **8,24:** *a* 2. Kor 5,7 **8,25:** *a* Gal 5,5

26 Desgleichen hilft auch der Geist uns-
rer Schwachheit auf. Denn wir wissen
nicht, was wir beten sollen, wie sich's
gebührt; sondern der Geist selbst vertritt
uns mit unaussprechlichem Seufzen.
27 Der aber die Herzen erforscht, der
weiß, worauf der Sinn des Geistes ge-
richtet ist; denn er vertritt die Heiligen,
wie es Gott gefällt.
28 **Wir wissen aber, dass denen, die Gott**
lieben, alle Dinge zum Besten dienen, de-
nen, die nach seinem [a] Ratschluss berufen
sind. 29 Denn die er ausersehen hat, die
hat er auch vorherbestimmt, dass sie
gleich sein sollten dem Bild seines Soh-
nes, damit dieser der [a] Erstgeborene sei
unter vielen Brüdern. 30 [a] Die er aber
vorherbestimmt hat, die hat er auch be-
rufen; die er aber berufen hat, die [b] hat
er auch gerecht gemacht; die er aber ge-
recht gemacht hat, die hat er auch ver-
herrlicht.
31 Was wollen wir nun hierzu sagen?
[a] Ist Gott für uns, wer kann wider uns
sein? 32 **Der auch [a] seinen eigenen Sohn**
nicht verschont hat, sondern hat ihn für
uns alle dahingegeben – wie sollte er uns
mit ihm nicht alles schenken?
33 **Wer will die Auserwählten Gottes be-**
schuldigen? Gott ist hier, der gerecht
macht. [a] 34 **Wer will verdammen? Christus**
Jesus ist hier, der gestorben ist, ja viel-
mehr, der auch auferweckt ist, der zur
Rechten Gottes ist und [a] uns vertritt.
35 [a] Wer will uns scheiden von der
Liebe Christi? Trübsal oder Angst oder
Verfolgung oder Hunger oder Blöße oder
Gefahr oder Schwert? 36 Wie geschrieben
steht (Psalm 44,23): »Um deinetwillen
[a] werden wir getötet den ganzen Tag; wir
sind geachtet wie Schlachtschafe.«
37 Aber [a] in dem allen überwinden wir
weit durch den, der uns geliebt hat.
38 Denn **ich bin gewiss, dass weder Tod**
noch Leben, weder Engel noch [a] Mächte
noch Gewalten, weder Gegenwärtiges
noch Zukünftiges, 39 **weder Hohes noch**
Tiefes noch eine andere Kreatur uns schei-
den kann von der Liebe Gottes, die in
Christus Jesus ist, unserm Herrn.

GOTTES WEG MIT ISRAEL
(Kapitel 9,1–11,36)

Israels Gotteskindschaft

9 Ich sage die Wahrheit in Christus und
lüge nicht, wie mir mein Gewissen
bezeugt im Heiligen Geist, 2 dass ich
große Traurigkeit und Schmerzen ohne
Unterlass in meinem Herzen habe. 3 Ich
selber [a] wünschte, verflucht und von
Christus getrennt zu sein für meine Brü-
der, die meine Stammverwandten sind
nach dem Fleisch, 4 die Israeliten sind,
denen die [a] Kindschaft gehört und die
[b] Herrlichkeit und die [c] Bundesschlüsse
und das [d] Gesetz und der Gottesdienst
und die Verheißungen, 5 denen auch die
Väter gehören und aus denen [a] Christus
herkommt nach dem Fleisch, der da ist
Gott über alles, gelobt in Ewigkeit.
Amen.

Die Kinder der Verheißung als das wahre Israel

6 Aber ich sage damit nicht, dass [a] Gottes
Wort hinfällig geworden sei. Denn [b] nicht
alle sind Israeliten, die von Israel stam-
men; 7 auch nicht alle, die Abrahams
Nachkommen sind, sind darum seine
Kinder. Sondern nur »was von Isaak
stammt, soll dein Geschlecht genannt
werden« (1. Mose 21,12), 8 das heißt: nicht
das sind Gottes Kinder, die nach dem
Fleisch Kinder sind; sondern nur die
Kinder der [a] Verheißung werden als seine
Nachkommenschaft anerkannt. 9 Denn
dies ist ein Wort der Verheißung, da er
spricht (1. Mose 18,10): »Um diese Zeit
will ich kommen und Sara soll einen
Sohn haben.«
10 Aber nicht allein hier ist es so, son-
dern auch bei Rebekka, die von dem ei-
nen, unserm Vater Isaak, schwanger
wurde. 11 Ehe die Kinder geboren waren
und weder Gutes noch Böses getan hat-
ten, da wurde, damit der Ratschluss Got-
tes bestehen bliebe und seine freie Wahl –
12 nicht aus Verdienst der Werke, sondern
durch die Gnade des Berufenden –, zu
ihr gesagt: »Der Ältere soll dienstbar

8,28: *a* Eph 1,11 **8,29:** *a* Kol 1,18; Hebr 1,6 **8,30:** *a* 2. Thess 2,13-14; *b* Kap 3,26 **8,31:** *a* Ps 118,6 **8,32:** *a* Joh 3,16 **8,33:** *a* Jes 50,8 **8,34:** *a* 1. Joh 2,1; Hebr 7,25 **8,35:** *a (35-39)* Ps 73,23-26 **8,36:** *a* 2. Kor 4,11 **8,37:** *a* 1. Joh 5,4 **8,38:** *a* Eph 6,12 **9,3:** *a* 2. Mose 32,32 **9,4:** *a* 2. Mose 4,22; 5. Mose 7,6; *b* 2. Mose 40,34; *c* 1. Mose 17,7; *d* 2. Mose 20,1-17 **9,5:** *a* Kap 1,3; Mt 1,1-16; Lk 3,23-34 **9,6:** *a* 4. Mose 23,19; *b* Kap 2,28 **9,8:** *a* Gal 4,23

werden dem Jüngeren« (1. Mose 25,23),
13 wie geschrieben steht (Maleachi 1,2-3):
»Jakob habe ich geliebt, aber Esau habe
ich gehasst.«

Gottes freie Gnadenwahl

14 Was sollen wir nun hierzu sagen? Ist
denn Gott ungerecht? Das sei ferne!
15 Denn er spricht zu Mose (2. Mose
33,19): »Wem ich gnädig bin, dem bin
ich gnädig; und wessen ich mich erbar-
me, dessen erbarme ich mich.« 16 **So liegt
es nun nicht an jemandes Wollen oder
Laufen, sondern an Gottes Erbarmen.**[a]
17 Denn die Schrift sagt zum Pharao
(2. Mose 9,16): »Eben dazu habe ich dich
erweckt, damit ich an dir meine Macht
erweise und damit mein Name auf der
ganzen Erde verkündigt werde.« 18 So er-
barmt er sich nun, wessen er will, und
[a]verstockt, wen er will.

19 Nun sagst du zu mir: Warum be-
schuldigt er uns dann noch? Wer kann
seinem Willen widerstehen? 20 Ja, lieber
Mensch, wer bist du denn, dass du mit
Gott rechten willst? [a]Spricht auch ein
Werk zu seinem Meister: Warum machst
du mich so? 21 Hat nicht ein Töpfer
Macht über den Ton, aus demselben
Klumpen ein Gefäß zu ehrenvollem und
ein anderes zu nicht ehrenvollem Ge-
brauch zu machen?[a] 22 Da Gott seinen
Zorn erzeigen und seine Macht kundtun
wollte, hat er [a]mit großer Geduld er-
tragen die Gefäße des Zorns, [b]die zum
Verderben bestimmt waren, 23 damit er
[a]den Reichtum seiner Herrlichkeit kund-
tue an den Gefäßen der Barmherzigkeit,
[b]die er zuvor bereitet hatte zur Herr-
lichkeit.

24 Dazu hat er uns berufen, nicht allein
aus den Juden, sondern auch aus den
Heiden. 25 Wie er denn auch durch Hosea
spricht (Hosea 2,25; 2,1): »Ich will das
mein Volk nennen, das nicht mein Volk
war, und meine Geliebte, die nicht meine
Geliebte war.« 26 »Und es soll geschehen:
Anstatt dass zu ihnen gesagt wurde: ›Ihr
seid nicht mein Volk‹, sollen sie Kinder
des lebendigen Gottes genannt werden.«
27 Jesaja aber ruft aus über Israel (Jesaja
10,22-23): »Wenn die Zahl der Israeliten
wäre wie der Sand am Meer, so wird
doch nur ein [a]Rest gerettet werden;
28 denn der Herr wird sein Wort, indem
er vollendet und scheidet, ausrichten auf
Erden.« 29 Und wie Jesaja vorausgesagt
hat (Jesaja 1,9): »Wenn uns nicht der
Herr Zebaoth Nachkommen übrig ge-
lassen hätte, so wären wir wie Sodom
geworden und wie Gomorra.«

Gesetzesgerechtigkeit und Glaubensgerechtigkeit

30 Was sollen wir nun hierzu sagen? Das
wollen wir sagen: [a]Die Heiden, die nicht
nach der Gerechtigkeit trachteten, haben
die Gerechtigkeit erlangt; ich rede aber
von der Gerechtigkeit, die aus dem Glau-
ben kommt. 31 Israel aber hat nach dem
Gesetz der Gerechtigkeit getrachtet und
hat es doch nicht erreicht.[a] 32 Warum
das? Weil es die Gerechtigkeit nicht aus
dem Glauben sucht, sondern als komme
sie aus den Werken. Sie haben sich gesto-
ßen an dem [a]Stein des Anstoßes, 33 wie
geschrieben steht (Jesaja 8,14; 28,16):
»Siehe, ich lege in Zion einen Stein des
Anstoßes und einen Fels des Ärgernisses;
und wer an ihn glaubt, der soll nicht
zuschanden werden.«

10 Liebe Brüder, meines Herzens
Wunsch ist und ich flehe auch zu
Gott für sie, dass sie gerettet werden.
2 Denn ich bezeuge ihnen, dass sie Eifer
für Gott haben, aber ohne Einsicht.
3 Denn sie erkennen die [a]Gerechtigkeit
nicht, die vor Gott gilt, und suchen ihre
eigene Gerechtigkeit aufzurichten und
sind so der Gerechtigkeit Gottes nicht
untertan. 4 Denn [a]**Christus ist des Ge-
setzes Ende;** [b]**wer an den glaubt, der ist
gerecht.**

5 Mose nämlich schreibt von der Ge-
rechtigkeit, die aus dem Gesetz kommt
(3. Mose 18,5): »Der Mensch, der das tut,
wird dadurch leben.« 6 Aber die Gerech-
tigkeit aus dem Glauben spricht so
(5. Mose 30,11-14): »Sprich nicht in dei-
nem Herzen: Wer will hinauf gen Him-
mel fahren?« – nämlich um Christus her-
abzuholen –, 7 oder: »Wer will hinab in
die Tiefe fahren?« – nämlich um Christus
von den Toten heraufzuholen –, 8 son-

9,16: *a* Eph 2,8 **9,18:** *a* 2. Mose 4,21; 1. Petr 2,8 **9,20:** *a* Jes 45,9 **9,21:** *a* Jer 18,4-6 **9,22:** *a* Kap 2,4; *b* Spr 16,4 **9,23:** *a* Eph 1,3-12; *b* Kap 8,29 **9,27:** *a* Kap 11,5 **9,30:** *a* Kap 10,20 **9,31:** *a* Kap 10,2-3 **9,32:** *a* Mt 21,42.44; 1. Petr 2,8 **10,3:** *a* Kap 1,17 **10,4:** *a* Mt 5,17; Hebr 8,13; *b* Joh 3,18; Gal 3,24-25

dern was sagt sie? »Das Wort ist dir nahe,
in deinem Munde und in deinem Her-
zen.« Dies ist das Wort vom Glauben,
das wir predigen.
9 Denn wenn du mit deinem Munde
[a]bekennst, dass Jesus der Herr ist, und in
deinem Herzen glaubst, dass ihn Gott
von den Toten auferweckt hat, so wirst
du gerettet. 10 Denn **wenn man von Her-
zen glaubt, so wird man gerecht; und wenn
man mit dem Munde bekennt, so wird man
gerettet.** 11 Denn die Schrift spricht (Je-
saja 28,16): »Wer an ihn glaubt, wird
nicht zuschanden werden.« 12 Es ist hier
[a]kein Unterschied zwischen Juden und
Griechen; es ist über alle derselbe Herr,
reich für alle, die ihn anrufen. 13 Denn
»wer den Namen des Herrn anrufen
wird, soll gerettet werden« (Joel 3,5).

Israel hat keine Entschuldigung

14 Wie sollen sie aber den anrufen, an den
sie nicht glauben? Wie sollen sie aber an
den glauben, von dem sie nichts gehört
haben? Wie sollen sie aber hören ohne
Prediger? 15 Wie sollen sie aber predigen,
wenn sie nicht gesandt werden? Wie denn
geschrieben steht (Jesaja 52,7): »Wie lieb-
lich sind die Füße der Freudenboten, die
das Gute verkündigen!« 16 Aber nicht alle
sind dem Evangelium gehorsam. Denn
Jesaja spricht (Jesaja 53,1): »Herr, wer
glaubt unserm Predigen?« 17 **So [a]kommt
der Glaube aus der Predigt, das Predigen
aber durch das Wort Christi.**
18 Ich frage aber: Haben sie es nicht
gehört? Doch, [a]es ist ja »in alle Lande
ausgegangen ihr Schall und ihr Wort bis
an die Enden der Welt« (Psalm 19,5).
19 Ich frage aber: Hat es Israel nicht
verstanden? Als Erster spricht Mose
(5. Mose 32,21): »Ich will euch eifersüch-
tig machen auf ein Nicht-Volk; und über
ein unverständiges Volk will ich euch zor-
nig machen.« 20 Jesaja aber wagt zu sagen
(Jesaja 65,1): »Ich ließ mich finden von
denen, die mich nicht suchten, und er-
schien denen, die nicht nach mir frag-
ten.«[a] 21 Zu Israel aber spricht er (Jesaja
65,2): »Den ganzen Tag habe ich meine
Hände ausgestreckt nach dem Volk, das
sich nichts sagen lässt und widerspricht.«

Nicht ganz Israel ist verstockt

11 So frage ich nun: [a]Hat denn Gott
sein Volk verstoßen? Das sei ferne!
Denn [b]ich bin auch ein Israelit, vom
Geschlecht Abrahams, aus dem Stamm
Benjamin. 2 Gott hat sein Volk nicht ver-
stoßen, das er zuvor erwählt hat. Oder
wisst ihr nicht, was die Schrift sagt von
Elia, wie er vor Gott tritt gegen Israel
und spricht (1. Könige 19,10): 3 »Herr, sie
haben deine Propheten getötet und ha-
ben deine Altäre zerbrochen, und ich bin
allein übrig geblieben und sie trachten
mir nach dem Leben«? 4 Aber was sagt
ihm die göttliche Antwort? (1. Könige
19,18): »Ich habe mir übrig gelassen sie-
bentausend Mann, die ihre Knie nicht
gebeugt haben vor dem Baal.« 5 So geht
es auch jetzt zu dieser Zeit, dass [a]einige
übrig geblieben sind nach der Wahl der
Gnade. 6 Ist's aber aus Gnade, so ist's
nicht aus Verdienst der Werke; sonst
wäre Gnade nicht Gnade.
7 Wie nun? [a]Was Israel sucht, das hat
es nicht erlangt; die Auserwählten aber
haben es erlangt. Die andern sind ver-
stockt, 8 wie geschrieben steht (Jesaja
29,10): »Gott hat ihnen einen Geist der
Betäubung gegeben, [a]Augen, dass sie
nicht sehen, und Ohren, dass sie nicht
hören, bis auf den heutigen Tag.« 9 Und
David spricht (Psalm 69,23-24): »Lass
ihren Tisch zur Falle werden und zu einer
Schlinge und ihnen zum Anstoß und zur
Vergeltung. 10 Ihre Augen sollen finster
werden, dass sie nicht sehen, und ihren
Rücken beuge allezeit.«

Die Berufung der Heiden als Hoffnung für Israel

11 So frage ich nun: Sind sie gestrauchelt,
damit sie fallen? Das sei ferne! Sondern
[a]durch ihren Fall ist den Heiden das Heil
widerfahren, damit Israel ihnen [b]nachei-
fern sollte. 12 Wenn aber schon ihr Fall
Reichtum für die Welt ist und ihr Schade
Reichtum für die Heiden, wie viel mehr
wird es Reichtum sein, wenn ihre Zahl
voll wird.
13 Euch Heiden aber sage ich: Weil ich
Apostel der Heiden bin, preise ich mein

10,9: *a* Mt 10,32; 2. Kor 4,5 **10,12:** *a* Apg 10,34-35; 15,9 **10,17:** *a* Joh 17,20 **10,18:** *a* Kap 15,19 **10,20:** *a* Kap 9,30 **11,1:** *a* Ps 94,14; Jer 31,37; *b* Phil 3,5 **11,5:** *a* Kap 9,27 **11,7:** *a* Kap 9,31 **11,8:** *a* 5. Mose 29,3 **11,11:** *a* Apg 13,46; *b* Kap 10,19

Amt, 14 ob ich vielleicht meine Stammver-
wandten zum Nacheifern reizen und eini-
ge von ihnen retten könnte.[a] 15 Denn wenn
ihre Verwerfung die Versöhnung der Welt
ist, was wird ihre Annahme anderes sein
als Leben aus den Toten! 16 Ist die [a]Erst-
lingsgabe vom Teig heilig, so ist auch der
ganze Teig heilig; und wenn die Wurzel
heilig ist, so sind auch die Zweige heilig.

Warnung an die Heidenchristen vor Überheblichkeit

17 Wenn aber nun einige von den Zweigen
ausgebrochen wurden und du, der du
[a]ein wilder Ölzweig warst, in den Öl-
baum eingepfropft worden bist und teil-
bekommen hast an der Wurzel und dem
Saft des Ölbaums, 18 so rühme dich nicht
gegenüber den Zweigen. Rühmst du dich
aber, so sollst du wissen, dass [a]nicht du
die Wurzel trägst, sondern die Wurzel
trägt dich.
19 Nun sprichst du: Die Zweige sind
ausgebrochen worden, damit ich einge-
pfropft würde. 20 Ganz recht! Sie wurden
ausgebrochen um ihres Unglaubens wil-
len; du aber stehst fest durch den Glau-
ben. Sei nicht stolz, sondern fürchte
dich![a] 21 Hat Gott die natürlichen Zweige
nicht verschont, wird er dich doch wohl
auch nicht verschonen. 22 Darum sieh die
Güte und den Ernst Gottes: den Ernst
gegenüber denen, die gefallen sind, die
Güte Gottes aber dir gegenüber, [a]sofern
du bei seiner Güte bleibst; sonst wirst du
auch abgehauen werden. 23 Jene aber, so-
fern sie nicht im Unglauben bleiben, wer-
den eingepfropft werden; denn Gott
kann sie wieder einpfropfen. 24 Denn
wenn du aus dem Ölbaum, der von Na-
tur wild war, abgehauen und wider die
Natur in den edlen Ölbaum eingepfropft
worden bist, wie viel mehr werden die
natürlichen Zweige wieder eingepfropft
werden in ihren eigenen Ölbaum.

Israels endliche Errettung

25 Ich will euch, liebe Brüder, dieses Ge-
heimnis nicht verhehlen, damit ihr euch
nicht selbst für klug haltet: Verstockung
ist einem Teil Israels widerfahren, so
lange [a]bis die Fülle der Heiden zum Heil
gelangt ist; 26 [a]und so wird ganz Israel
gerettet werden, wie geschrieben steht
(Jesaja 59,20; Jeremia 31,33): [b]»Es wird
kommen aus Zion der Erlöser, der ab-
wenden wird alle Gottlosigkeit von Ja-
kob. 27 Und dies ist mein Bund mit ihnen,
wenn ich ihre Sünden wegnehmen
werde.«
28 Im Blick auf das Evangelium sind sie
zwar Feinde um euretwillen; aber im
Blick auf die Erwählung sind sie Ge-
liebte um der Väter willen. 29 Denn **Gottes
Gaben und Berufung können ihn nicht
gereuen.**[a] 30 Denn wie ihr zuvor Gott un-
gehorsam gewesen seid, nun aber Barm-
herzigkeit erlangt habt wegen ihres Un-
gehorsams,* 31 so sind auch jene jetzt
ungehorsam geworden wegen der Barm-
herzigkeit, die euch widerfahren ist, da-
mit auch sie jetzt Barmherzigkeit erlan-
gen. 32 Denn [a]Gott hat alle eingeschlos-
sen in den Ungehorsam, damit er sich
[b]aller erbarme.

Lobpreis der Wunderwege Gottes

33 **O [a]welch eine Tiefe des Reichtums, bei-
des, der Weisheit und der Erkenntnis Got-
tes! [b]Wie unbegreiflich sind seine Gerich-
te und unerforschlich seine Wege!** 34 Denn
[a]»wer hat des Herrn Sinn erkannt, oder
[b]wer ist sein Ratgeber gewesen«? (Jesaja
40,13) 35 Oder »wer hat ihm etwas zu-
vor gegeben, dass Gott es ihm vergelten
müsste«? (Hiob 41,3) 36 **Denn von ihm
und durch ihn und zu ihm sind alle Dinge.
Ihm sei Ehre in Ewigkeit! Amen.**

Das Leben als Gottesdienst

12 Ich ermahne euch nun, liebe Brü-
der, durch die Barmherzigkeit Got-
tes, dass ihr [a]eure Leiber hingebt als ein
Opfer, das lebendig, heilig und Gott
wohlgefällig ist. Das sei euer vernünftiger
Gottesdienst. 2 Und stellt euch nicht die-
ser Welt gleich, sondern ändert euch
[a]durch Erneuerung eures Sinnes, [b]damit

* Luther übersetzte in den Versen 30-32 »ungehorsam sein« bzw. »Ungehorsam« mit »nicht glauben« bzw. »Unglaube«.

11,14: *a* 1. Kor 9,20-22; 1. Tim 4,16 **11,16:** *a* 4. Mose 15,20 **11,17:** *a* Eph 2,11-14 **11,18:** *a* Joh 4,22 **11,20:** *a* 1. Kor 10,12 **11,22:** *a* Joh 15,2.4; Hebr 3,14 **11,25:** *a* Joh 10,16 **11,26:** *a* Mt 23,39; *b* Ps 14,7 **11,29:** *a* 4. Mose 23,19 **11,32:** *a* Gal 3,22; *b* 1. Tim 2,4 **11,33:** *a* Jes 45,15; *b* Jes 55,8-9 **11,34:** *a* 1. Kor 2,16; *b* Jer 23,18 **12,1:** *a* Kap 6,13 **12,2:** *a* Eph 4,23; *b* Eph 5,10.17

ihr prüfen könnt, was Gottes Wille ist,
nämlich das Gute und Wohlgefällige und
Vollkommene.

Die Gnadengaben im Dienst der Gemeinde

3 Denn ich sage durch die Gnade, die mir
gegeben ist, jedem unter euch, dass nie-
mand [a]mehr von sich halte, als sich's
gebührt zu halten, sondern dass er maß-
voll von sich halte, ein jeder, [b]wie Gott
das Maß des Glaubens ausgeteilt hat.
4 Denn [a]wie wir an **einem** Leib viele
Glieder haben, aber nicht alle Glieder
dieselbe Aufgabe haben, 5 so sind wir
viele **ein** Leib in Christus, aber unterein-
ander ist einer des andern Glied,[a] 6 und
[a]haben verschiedene Gaben nach der
Gnade, die uns gegeben ist. Ist jemand
prophetische Rede gegeben, so übe er sie
dem Glauben gemäß. 7 Ist jemand ein
Amt gegeben, so diene er. Ist jemand
Lehre gegeben, so lehre er.[a] 8 Ist jemand
Ermahnung gegeben, so ermahne er.
[a]Gibt jemand, so gebe er mit lauterem
Sinn. Steht jemand der Gemeinde vor, so
sei er sorgfältig. Übt jemand Barmher-
zigkeit, [b]so tue er's gern.

Das Leben der Gemeinde

9 Die [a]Liebe sei ohne Falsch. [b]Hasst das
Böse, hängt dem Guten an. 10 [a]Die brü-
derliche Liebe untereinander sei herzlich.
[b]Einer komme dem andern mit Ehr-
erbietung zuvor. 11 [a]Seid nicht träge in
dem, was ihr tun sollt. [b]Seid brennend
im Geist. [c]Dient dem Herrn. 12 **Seid fröh-**
lich in Hoffnung, geduldig in Trübsal,
[a]**beharrlich im Gebet.** 13 Nehmt euch der
Nöte der Heiligen an. [a]Übt Gastfreund-
schaft.
14 Segnet, die euch verfolgen; [a]segnet,
und flucht nicht. 15 **Freut euch mit den**
Fröhlichen und [a]**weint mit den Weinen-**
den. 16 Seid [a]eines Sinnes untereinander.
Trachtet nicht nach hohen Dingen, son-
dern haltet euch herunter zu den gerin-
gen. [b]Haltet euch nicht selbst für klug.
17 [a]Vergeltet niemandem Böses mit
Bösem. [b]Seid auf Gutes bedacht gegen-
über jedermann. 18 **Ist's möglich, soviel an**
euch liegt, so [a]**habt mit allen Menschen**
Frieden. 19 [a]Rächt euch nicht selbst,
meine Lieben, sondern gebt Raum dem
Zorn Gottes; denn es steht geschrieben
(5. Mose 32,35): »Die Rache ist mein; ich
will vergelten, spricht der Herr.« 20 Viel-
mehr, [a]»wenn deinen Feind hungert, gib
ihm zu essen; dürstet ihn, gib ihm zu
trinken. Wenn du das tust, so wirst du
feurige Kohlen auf sein Haupt sammeln«
(Sprüche 25,21-22). 21 **Lass dich nicht vom**
Bösen überwinden, sondern überwinde das
Böse mit Gutem.

Die Stellung zur staatlichen Gewalt

13 [a]**Jedermann sei untertan der Obrig-**
keit*, die Gewalt über ihn hat. Denn
[b]**es ist keine Obrigkeit außer von Gott; wo**
aber Obrigkeit ist, die ist von Gott an-
geordnet. 2 Wer sich nun der Obrigkeit
widersetzt, der widerstrebt der Anord-
nung Gottes; die ihr aber widerstreben,
ziehen sich selbst das Urteil zu. 3 Denn
vor denen, die Gewalt haben, muss man
sich nicht fürchten wegen guter, son-
dern wegen böser Werke. [a]Willst du dich
aber nicht fürchten vor der Obrigkeit,
so tue Gutes; so wirst du Lob von ihr er-
halten. 4 Denn sie ist Gottes Dienerin, dir
zugut. Tust du aber Böses, so fürchte
dich; denn sie trägt das Schwert nicht
umsonst: Sie ist Gottes Dienerin und
vollzieht das Strafgericht an dem, der
Böses tut.[a]
5 Darum ist es notwendig, sich unter-
zuordnen, nicht allein um der Strafe,
sondern auch um des Gewissens willen.
6 Deshalb zahlt ihr ja auch Steuer; denn
sie sind Gottes Diener, auf diesen Dienst
beständig bedacht. 7 So gebt nun jedem,
was ihr schuldig seid: Steuer, dem die
Steuer gebührt; Zoll, dem der Zoll ge-
bührt; Furcht, dem die Furcht gebührt;
Ehre, dem die Ehre gebührt.[a]

* Siehe Sach- und Worterklärungen.

12,3: *a* Mt 20,26; 1. Kor 4,6; *b* 1. Kor 12,11; Eph 4,7 **12,4:** *a* 1. Kor 12,12 **12,5:** *a* 1. Kor 12,27; Eph 4,4.25 **12,6:** *a* 1. Kor 4,7; 12,4; 1. Petr 4,10 **12,7:** *a* 1. Petr 4,11 **12,8:** *a* Mt 6,3; *b* 2. Kor 8,2; 9,7 **12,9:** *a* 1. Tim 1,5; *b* Am 5,15 **12,10:** *a* Joh 13,4-15; *b* Phil 2,3 **12,11:** *a* Offb 3,15; *b* Apg 18,25; *c* Kol 3,23 **12,12:** *a* Lk 18,1-8; Kol 4,2; 1. Thess 5,17 **12,13:** *a* 3. Joh 5-8; Hebr 13,2 **12,14:** *a* Mt 5,44; Apg 7,59; 1. Kor 4,12 **12,15:** *a* Ps 35,13-14; 2. Kor 11,29 **12,16:** *a* Kap 15,5; Phil 2,2; *b* Jes 5,21 **12,17:** *a* Spr 20,22; 1. Thess 5,15; *b* 2. Kor 8,21 **12,18:** *a* Mk 9,50; Hebr 12,14 **12,19:** *a (19-21)* 3. Mose 19,18; Mt 5,38-44 **12,20:** *a* 2. Kön 6,22 **13,1:** *a* Tit 3,1; *b* Spr 8,15; Joh 19,11 **13,3:** *a* 1. Petr 2,13-14 **13,4:** *a* 2. Chr 19,6-7 **13,7:** *a* Mt 22,21

Die Liebe als Erfüllung des Gesetzes

8 Seid niemandem etwas schuldig, außer
dass ihr euch untereinander liebt; denn
[a] wer den andern liebt, der hat das Gesetz
erfüllt. 9 Denn was da gesagt ist (2. Mose
20,13-17): »Du sollst nicht ehebrechen;
du sollst nicht töten; du sollst nicht steh-
len; du sollst nicht begehren«, und was
da sonst an Geboten ist, das wird in
diesem Wort zusammengefasst (3. Mose
19,18): »Du sollst deinen Nächsten lieben
wie dich selbst.« 10 Die Liebe [a] tut dem
Nächsten nichts Böses. **So ist nun die**
Liebe [b] des Gesetzes Erfüllung.

Leben im Licht des kommenden Tages

11 [a] Und das tut, weil ihr die Zeit erkennt,
nämlich dass die Stunde da ist, [b] aufzu-
stehen vom Schlaf, denn unser Heil ist
jetzt näher als zu der Zeit, da wir gläubig
wurden. 12 **Die Nacht ist vorgerückt, [a] der**
Tag aber nahe herbeigekommen. So [b] lasst
uns ablegen die Werke der Finsternis und
anlegen die Waffen des Lichts. 13 Lasst
uns ehrbar leben wie am Tage, [a] nicht in
Fressen und Saufen, nicht in Unzucht
und Ausschweifung, nicht in Hader und
Eifersucht; 14 sondern [a] zieht an den
Herrn Jesus Christus und [b] sorgt für den
Leib nicht so, dass ihr den Begierden
verfallt.

Von den Schwachen und Starken im Glauben

14 Den Schwachen im Glauben nehmt
an und streitet nicht über Meinun-
gen.* [a] 2 Der eine glaubt, er dürfe alles
essen; wer aber schwach ist, der isst kein
Fleisch.[a] 3 Wer isst, der verachte den
nicht, der nicht isst; und [a] wer nicht isst,
der richte den nicht, der isst; denn Gott
hat ihn angenommen. 4 Wer bist du, dass
du einen fremden Knecht [a] richtest? Er
steht oder fällt seinem Herrn. Er wird
aber stehen bleiben; denn der Herr kann
ihn aufrecht halten.
5 Der eine [a] hält einen Tag für höher
als den andern; der andere aber hält alle
Tage für gleich. Ein jeder sei in seiner
Meinung gewiss. 6 Wer auf den Tag ach-
tet, der tut's im Blick auf den Herrn; wer
isst, der isst im Blick auf den Herrn,
denn er dankt Gott; und wer nicht isst,
der isst im Blick auf den Herrn nicht und
dankt Gott auch.
7 Denn **unser keiner lebt sich selber, und**
keiner stirbt sich selber. 8 **Leben wir, so**
leben wir dem Herrn; sterben wir, so ster-
ben wir dem Herrn. Darum: wir leben
oder sterben, so sind wir des Herrn. [a]
9 **Denn dazu ist Christus gestorben und**
wieder lebendig geworden, dass er über
Tote und Lebende Herr sei.
10 Du aber, was richtest du deinen Bru-
der? Oder du, was verachtest du deinen
Bruder? [a] Wir werden alle vor den Rich-
terstuhl Gottes gestellt werden. 11 Denn
es steht geschrieben (Jesaja 45,23): »So
wahr ich lebe, spricht der Herr, [a] mir sol-
len sich alle Knie beugen, und alle Zun-
gen sollen Gott bekennen.« 12 So wird
nun jeder von uns für sich selbst Gott
Rechenschaft geben.[a] 13 Darum lasst uns
nicht mehr einer den andern richten; son-
dern [a] richtet vielmehr darauf euren
Sinn, dass niemand seinem Bruder einen
Anstoss oder Ärgernis bereite.
14 Ich weiß und bin gewiss in dem
Herrn Jesus, dass [a] nichts unrein ist an
sich selbst; nur für den, der es für unrein
hält, ist es unrein. 15 Wenn aber dein Bru-
der wegen deiner Speise betrübt wird, so
handelst du nicht mehr nach der Liebe.
[a] Bringe nicht durch deine Speise den ins
Verderben, für den Christus gestorben
ist. 16 Es soll doch nicht verlästert wer-
den, was ihr Gutes habt. 17 Denn [a] **das**
Reich Gottes ist nicht Essen und Trinken,
sondern Gerechtigkeit und Friede und
Freude in dem Heiligen Geist. 18 Wer
darin Christus dient, der ist Gott wohl-
gefällig und bei den Menschen geachtet.
19 Darum lasst uns dem nachstreben,
was [a] zum Frieden dient und [b] zur Er-
bauung untereinander. 20 Zerstöre nicht
um der Speise willen Gottes Werk. Es ist
zwar alles rein; aber es ist nicht gut für

* Luther übersetzte: »und verwirrt die Gewissen nicht«.

13,8: *a* Gal 5,14; 1. Tim 1,5 **13,10:** *a* 1. Kor 13,4; *b* Mt 22,40 **13,11:** *a (11-12)* 1. Thess 5,6-8; *b* Eph 5,14 **13,12:** *a* 1. Joh 2,8; *b* Eph 5,11 **13,13:** *a* Lk 21,34; Eph 5,18 **13,14:** *a* Gal 3,27; *b* 1. Kor 9,27; Kol 2,23 **14,1:** *a* Kap 15,1; 1. Kor 8,9 **14,2:** *a* 1. Mose 1,29; 9,3 **14,3:** *a* Kol 2,16 **14,4:** *a* Mt 7,1; Jak 4,11-12 **14,5:** *a* Gal 4,10 **14,8:** *a* 2. Kor 5,15; Gal 2,20 **14,10:** *a* Mt 25,31-32; Apg 17,31; 2. Kor 5,10 **14,11:** *a* Phil 2,10-11 **14,12:** *a* Gal 6,5 **14,13:** *a* 1. Kor 10,33 **14,14:** *a* Mt 15,11; Apg 10,15; Tit 1,15 **14,15:** *a* 1. Kor 8,11-13 **14,17:** *a* 1. Kor 8,8; Hebr 13,9 **14,19:** *a* Kap 12,18; *b* Kap 15,2

den, der es mit schlechtem Gewissen isst.
21 Es ist besser, du isst kein Fleisch und
trinkst keinen Wein und tust nichts,
woran sich dein Bruder stößt.[a] 22 Den
Glauben, den du hast, behalte bei dir
selbst vor Gott. Selig ist, der sich selbst
nicht zu verurteilen braucht, wenn er sich
prüft. 23 Wer aber dabei zweifelt und den-
noch isst, der ist gerichtet, denn es
kommt nicht aus dem Glauben. **Was aber
nicht aus dem Glauben kommt, das ist
Sünde.**

15 Wir aber, die wir stark sind, sollen
[a]das Unvermögen der Schwachen
tragen und nicht Gefallen an uns selber
haben. 2 Jeder von uns lebe so, dass er
seinem Nächsten gefalle zum Guten und
zur Erbauung.[a] 3 Denn auch Christus
hatte nicht an sich selbst Gefallen, son-
dern wie geschrieben steht (Psalm 69,10):
»Die Schmähungen derer, die dich
schmähen, sind auf mich gefallen.«
4 Denn was zuvor geschrieben ist, [a]das
ist uns zur Lehre geschrieben, damit wir
durch Geduld und den Trost der Schrift
Hoffnung haben. 5 Der Gott aber der Ge-
duld und des Trostes gebe euch, dass ihr
[a]einträchtig gesinnt seid untereinander,
Christus Jesus gemäß, 6 damit ihr ein-
mütig mit **einem** Munde Gott lobt, den
Vater unseres Herrn Jesus Christus.

7 Darum **nehmt einander an, wie Chris-
tus euch angenommen hat zu Gottes Lob.**
8 Denn ich sage: [a]Christus ist ein Diener
der Juden geworden um der Wahrhaftig-
keit Gottes willen, [b]um die Verheißun-
gen zu bestätigen, die den Vätern gege-
ben sind; 9 die Heiden aber sollen Gott
loben um der Barmherzigkeit willen, wie
geschrieben steht (Psalm 18,50): »Darum
will ich dich loben unter den Heiden und
deinem Namen singen.« 10 Und wie-
derum heißt es (5. Mose 32,43): »Freut
euch, ihr Heiden, mit seinem Volk!«
11 Und wiederum (Psalm 117,1): »Lobet
den Herrn, alle Heiden, und preist ihn,
alle Völker!« 12 Und wiederum spricht Je-
saja (Jesaja 11,10): »Es wird kommen der
Spross aus der [a]Wurzel Isais und wird
aufstehen, um zu herrschen über die Hei-
den; auf den werden die Heiden hoffen.«

13 Der Gott der Hoffnung aber erfülle
euch mit aller Freude und Frieden im
Glauben, dass ihr immer reicher werdet
an Hoffnung durch die Kraft des Hei-
ligen Geistes.

Die Vollmacht des Apostels

14 Ich weiß aber selbst sehr wohl von
euch, liebe Brüder, dass auch ihr selber
voll Güte seid, erfüllt mit aller Erkennt-
nis, sodass ihr euch untereinander ermah-
nen könnt. 15 Ich habe es aber dennoch
gewagt und euch manches geschrieben,
um euch zu erinnern [a]kraft der Gnade,
die mir von Gott gegeben ist, 16 damit
ich ein [a]Diener Christi Jesu unter den
Heiden sei, um das Evangelium Gottes
priesterlich auszurichten, damit die Hei-
den ein Opfer werden, das Gott wohl-
gefällig ist, geheiligt durch den Heiligen
Geist.

17 Darum kann ich mich rühmen in
Christus Jesus vor Gott. 18 Denn ich
werde nicht wagen, von etwas zu reden,
[a]das nicht Christus durch mich gewirkt
hat, um die Heiden zum [b]Gehorsam zu
bringen durch Wort und Werk, 19 in der
Kraft von [a]Zeichen und Wundern und in
der Kraft des Geistes Gottes. So habe ich
von Jerusalem aus ringsumher bis nach
Illyrien das Evangelium von Christus voll
ausgerichtet. 20 Dabei habe ich meine
Ehre dareingesetzt, das Evangelium zu
predigen, wo Christi Name noch nicht
bekannt war, damit ich nicht auf einen
fremden Grund baute,[a] 21 sondern ich
habe getan, wie geschrieben steht (Jesaja
52,15): »Denen nichts von ihm verkün-
digt worden ist, die sollen sehen, und die
nichts gehört haben, sollen verstehen.«

Reisepläne des Apostels

22 Das ist auch der Grund, warum ich so
viele Male daran gehindert worden bin,
zu euch zu kommen.[a] 23 Nun aber habe
ich keine Aufgabe mehr in diesen Län-
dern, habe aber seit vielen Jahren das
[a]Verlangen, zu euch zu kommen, 24 wenn
ich nach Spanien reisen werde. Denn

14,21: *a* Vers 2; 1. Kor 10,25-27 **15,1:** *a* Kap 14,1 **15,2:** *a* 1. Kor 9,19; 10,24.33 **15,4:** *a* 1. Kor 10,11 **15,5:** *a* Phil 2,2 **15,8:** *a* Mt 15,24; *b* Apg 3,25 **15,12:** *a* Offb 5,5 **15,15:** *a* Kap 1,5; 12,3 **15,16:** *a* Kap 11,13 **15,18:** *a* 2. Kor 3,5; *b* Kap 1,5 **15,19:** *a* Mk 16,17; 2. Kor 12,12 **15,20:** *a* 2. Kor 10,15-16 **15,22:** *a* Kap 1,13 **15,23:** *a* Kap 1,10-11

Röm

ich hoffe, dass ich bei euch durchreisen
und euch sehen kann und von euch
dorthin weitergeleitet werde, doch so,
dass ich mich zuvor ein wenig an euch
erquicke.

25 Jetzt aber fahre ich hin nach Jeru-
salem, um den Heiligen zu dienen.[a]
26 Denn die in Mazedonien und Achaja
haben willig eine gemeinsame Gabe zu-
sammengelegt für die Armen unter den
Heiligen in Jerusalem.[a] 27 Sie haben's wil-
lig getan und sind auch ihre Schuldner.
[a]Denn wenn die Heiden an ihren geist-
lichen Gütern Anteil bekommen haben,
ist es recht und billig, dass sie ihnen auch
mit leiblichen Gütern Dienst erweisen.
28 Wenn ich das nun ausgerichtet und ih-
nen diesen Ertrag zuverlässig übergeben
habe, will ich von euch aus nach Spanien
ziehen. 29 Ich weiß aber, wenn ich zu euch
komme, dass ich mit dem vollen Segen
Christi kommen werde.

30 Ich ermahne euch aber, liebe Brüder,
durch unsern Herrn Jesus Christus und
durch die Liebe des Geistes, [a]dass ihr
mir kämpfen helft durch eure Gebete für
mich zu Gott, 31 damit ich [a]errettet
werde von den Ungläubigen in Judäa
und mein Dienst, den ich für Jerusalem
tue, den Heiligen willkommen sei, 32 da-
mit ich mit Freuden zu euch komme
nach Gottes Willen und mich mit euch
erquicke. 33 Der Gott des Friedens aber
sei mit euch allen! Amen.

Empfehlung der Phöbe. Grüße

16 Ich befehle euch unsere Schwester
Phöbe an, die im Dienst der Ge-
meinde von Kenchreä ist, 2 dass ihr sie
aufnehmt in dem Herrn, wie sich's ziemt
für die Heiligen, und ihr beisteht in jeder
Sache, in der sie euch braucht; denn auch
sie hat vielen beigestanden, auch mir
selbst.

3 Grüßt die [a]Priska und den Aquila,
meine Mitarbeiter in Christus Jesus, 4 die
für mein Leben ihren Hals hingehalten
haben, denen nicht allein ich danke, son-
dern alle Gemeinden unter den Heiden.
5 Grüßt auch die Gemeinde in ihrem
Hause.

Grüßt Epänetus, meinen Lieben, der
aus der Provinz Asien der Erstling für
Christus ist. 6 Grüßt Maria, die viel
Mühe und Arbeit um euch gehabt hat.
7 Grüßt Andronikus und Junias,* meine
Stammverwandten und Mitgefangenen,
die berühmt sind unter den Aposteln und
schon vor mir in Christus gewesen sind.
8 Grüßt Ampliatus, meinen Lieben in
dem Herrn. 9 Grüßt Urbanus, unsern
Mitarbeiter in Christus, und Stachys,
meinen Lieben. 10 Grüßt Apelles, den Be-
währten in Christus. Grüßt die aus dem
Haus des Aristobul. 11 Grüßt Herodion,
meinen Stammverwandten. Grüßt die
aus dem Haus des Narzissus, die in dem
Herrn sind. 12 Grüßt die Tryphäna und
die Tryphosa, die in dem Herrn arbeiten.
Grüßt die Persis, meine Liebe, die sich
viel gemüht hat im Dienst des Herrn.
13 Grüßt [a]Rufus, den Auserwählten in
dem Herrn, und seine Mutter, die auch
mir eine Mutter geworden ist. 14 Grüßt
Asynkritus, Phlegon, Hermes, Patrobas,
Hermas und die Brüder bei ihnen.
15 Grüßt Philologus und Julia, Nereus
und seine Schwester und Olympas und
alle Heiligen bei ihnen.

16 Grüßt euch untereinander mit dem
heiligen Kuss. Es grüßen euch alle Ge-
meinden Christi.[a]

Warnung vor Irrlehrern

17 Ich ermahne euch aber, liebe Brüder,
dass ihr euch in Acht nehmt vor denen,
die Zwietracht und Ärgernis anrichten
entgegen der Lehre, die ihr gelernt habt,
und euch von ihnen abwendet.[a] 18 Denn
solche dienen nicht unserm Herrn Chris-
tus, sondern [a]ihrem Bauch; und durch
[b]süße Worte und prächtige Reden ver-
führen sie die Herzen der Arglosen.
19 Denn euer [a]Gehorsam ist bei allen be-
kannt geworden. Deshalb freue ich mich
über euch; ich will aber, dass ihr [b]weise
seid zum Guten, aber geschieden vom
Bösen. 20 Der Gott des Friedens aber

* Wahrscheinlich lautete der Name ursprünglich (weiblich) Junia. In der alten Kirche und noch bis ins 13. Jahrhundert wurde er als Frauenname verstanden (vgl. das Ehepaar Priska und Aquila in Vers 3).

15,25: *a* Apg 18,21; 19,21; 20,22; 24,17 **15,26:** *a* 1. Kor 16,1; 2. Kor 8,1-4 **15,27:** *a* 1. Kor 9,11; Gal 6,6 **15,30:** *a* 2. Kor 1,11; 2. Thess 3,1 **15,31:** *a* 1. Thess 2,15 **16,3:** *a* Apg 18,2.18.26 **16,13:** *a* Mk 15,21 **16,16:** *a* 1. Kor 16,20 **16,17:** *a* Mt 7,15; 2. Thess 3,6; Tit 3,10 **16,18:** *a* Phil 3,19; *b* Kol 2,4 **16,19:** *a* Kap 1,8; *b* 1. Kor 14,20

wird den Satan unter eure Füße treten in
Kürze. Die Gnade unseres Herrn Jesus
Christus sei mit euch!

Grüße der Mitarbeiter

21 Es grüßen euch [a]Timotheus, mein
Mitarbeiter, und Luzius, [b]Jason und
[c]Sosipater, meine Stammverwandten.
22 Ich, Tertius, der ich diesen Brief ge-
schrieben habe, grüße euch in dem
Herrn. **23** Es grüßt euch [a]Gajus, mein
und der ganzen Gemeinde Gastgeber. Es
grüßt euch Erastus, der Stadtkämmerer,
und Quartus, der Bruder.*

Lobpreis Gottes

25 Dem aber, der euch stärken kann ge-
mäß meinem Evangelium und der Pre-
digt von Jesus Christus, durch die das
[a]Geheimnis offenbart ist, das seit ewigen
Zeiten verschwiegen war, **26** nun aber of-
fenbart und kundgemacht ist durch die
Schriften der Propheten nach dem Befehl
des ewigen Gottes, den [a]Gehorsam des
Glaubens aufzurichten unter allen Hei-
den: **27** dem Gott, der allein weise ist, sei
Ehre durch Jesus Christus in Ewigkeit!
Amen.

DER ERSTE BRIEF DES PAULUS AN DIE KORINTHER

Inhaltsübersicht

1 Paulus, berufen zum Apostel Christi
Jesu durch den Willen Gottes, und
Sosthenes, unser Bruder, **2** an die Ge-
meinde Gottes in Korinth, an die [a]Ge-
heiligten in Christus Jesus, die berufenen
Heiligen samt allen, die [b]den Namen
unsres Herrn Jesus Christus anrufen an
jedem Ort, bei ihnen und bei uns:
3 Gnade sei mit euch und Friede von
Gott, unserm Vater, und dem Herrn Je-
sus Christus!

Dank für Gottes reiche Gaben in Korinth

4 Ich danke meinem Gott allezeit euret-
wegen für die Gnade Gottes, die euch
gegeben ist in Christus Jesus, **5** dass ihr
durch ihn in allen Stücken reich gemacht
seid, in aller Lehre und in aller Erkennt-
nis. **6** Denn die Predigt von Christus ist in
euch kräftig geworden, **7** sodass ihr kei-
nen Mangel habt an irgendeiner Gabe
und [a]wartet nur auf die Offenbarung un-
seres Herrn Jesus Christus. **8** Der wird
euch auch [a]fest erhalten bis ans Ende,
dass ihr [b]untadelig seid am Tag unseres
Herrn Jesus Christus. **9** Denn [a]**Gott ist
treu, durch den ihr berufen seid zur Ge-
meinschaft seines Sohnes Jesus Christus,
unseres Herrn.**

Spaltungen in der Gemeinde

10 Ich ermahne euch aber, liebe Brüder,
im Namen unseres Herrn Jesus Christus,
dass ihr alle mit einer Stimme redet und
lasst keine [a]Spaltungen unter euch sein,
sondern haltet aneinander fest [b]in **einem**
Sinn und in **einer** Meinung. **11** Denn es ist
mir bekannt geworden über euch, liebe
Brüder, durch die Leute der Chloë, dass
Streit unter euch ist. **12** Ich meine aber
dies, dass unter euch der eine sagt: [a]Ich
gehöre zu Paulus, der andere: Ich zu
[b]Apollos, der Dritte: Ich zu [c]Kephas,
der Vierte: Ich zu Christus.
13 Wie? Ist Christus etwa zerteilt? Ist

* Der Schluss des Römerbriefes ist uneinheitlich überliefert: Der Vers 24 und die Verse 25-27 finden sich bei den Textzeugen an verschiedenen Stellen des Briefes. Vers 24 fehlt bei den ältesten Textzeugen an dieser Stelle; er lautet: »Die Gnade unseres Herrn Jesus Christus sei mit euch allen! Amen.«

16,21: *a* Apg 16,1-3; 19,22; Phil 2,19-22; *b* Apg 17,6; *c* Apg 20,4 **16,23:** *a* 1. Kor 1,14 **16,25:** *a* 1. Kor 2,7; Eph 1,9; 3,4-9 **16,26:** *a* Kap 1,5 **1,2:** *a* Kap 6,11; *b* Apg 9,14; 18,1-17 **1,7:** *a* Tit 2,13; 2. Petr 3,13-14 **1,8:** *a* Phil 1,6; *b* 1. Thess 3,13 **1,9:** *a* 1. Thess 5,24 **1,10:** *a* Kap 11,18; *b* Röm 15,5; Phil 2,2 **1,12:** *a* Kap 3,4; *b* Apg 18,24-27; *c* Joh 1,42

denn Paulus für euch gekreuzigt? Oder
seid ihr auf den Namen des Paulus ge-
tauft? 14 Ich danke Gott, dass ich nie-
manden unter euch getauft habe außer
[a]Krispus und [b]Gajus, 15 damit nicht je-
mand sagen kann, ihr wäret auf meinen
Namen getauft. 16 Ich habe aber auch
[a]Stephanas und sein Haus getauft; sonst
weiß ich nicht, ob ich noch jemanden
getauft habe. 17 Denn Christus hat mich
nicht gesandt zu taufen, sondern das
Evangelium zu predigen – nicht mit klu-
gen Worten, damit nicht das Kreuz
Christi zunichte werde.

Die Weisheit der Welt ist Torheit vor Gott

18 Denn **das Wort vom Kreuz ist eine Tor-
heit denen, [a]die verloren werden; uns aber,
die wir selig werden, ist's [b]eine Gottes-
kraft.** 19 Denn es steht geschrieben (Jesaja
29,14): »Ich will zunichte machen die
Weisheit der Weisen, und den Verstand
der Verständigen will ich verwerfen.«
20 Wo sind die Klugen? Wo sind die
Schriftgelehrten? Wo sind die Weisen die-
ser Welt? [a]Hat nicht Gott die Weisheit
der Welt zur Torheit gemacht? 21 Denn
weil die Welt, umgeben von der Weisheit
Gottes, Gott durch ihre Weisheit nicht
erkannte, gefiel es Gott wohl, durch die
Torheit der Predigt selig zu machen, die
daran glauben.

22 Denn [a]die Juden fordern Zeichen
und [b]die Griechen fragen nach Weisheit,
23 wir aber predigen den gekreuzigten
Christus, den Juden ein [a]Ärgernis und den
Griechen eine [b]Torheit; 24 denen aber, die
berufen sind, Juden und Griechen, pre-
digen wir Christus als Gottes Kraft und
[a]Gottes Weisheit. 25 Denn die Torheit
Gottes ist weiser, als die Menschen sind,
und die Schwachheit Gottes ist stärker,
als die Menschen sind.

26 Seht doch, liebe Brüder, auf eure Be-
rufung. Nicht viele Weise nach dem
Fleisch, nicht viele Mächtige, nicht viele
Angesehene sind berufen.[a] 27 Sondern
was töricht ist vor der Welt, das hat Gott
erwählt, damit er die Weisen zuschanden
mache; und was schwach ist vor der
Welt, das hat Gott erwählt, damit er zu-
schanden mache, was stark ist; 28 und das
Geringe vor der Welt und das Verachtete
hat Gott erwählt, das, was nichts ist, da-
mit er zunichte mache, was etwas ist,
29 damit sich kein Mensch vor Gott rüh-
me.[a] 30 Durch ihn aber seid ihr in Chris-
tus Jesus, **der uns von Gott gemacht ist zur
Weisheit und zur [a]Gerechtigkeit und zur
[b]Heiligung und zur [c]Erlösung,** 31 damit,
wie geschrieben steht (Jeremia 9,22-23):
[a]»Wer sich rühmt, der rühme sich des
Herrn!«

Die Predigt des Apostels vom Gekreuzigten

2 Auch ich, liebe Brüder, als ich zu
euch kam, kam ich nicht mit hohen
Worten und hoher Weisheit, euch das
Geheimnis Gottes zu verkündigen.
2 Denn ich hielt es für richtig, unter euch
nichts zu wissen als allein Jesus Christus,
den Gekreuzigten.[a] 3 Und ich war bei
euch [a]in Schwachheit und [b]in Furcht
und mit großem Zittern; 4 und mein
Wort und meine Predigt geschahen nicht
mit überredenden Worten menschlicher
Weisheit, sondern [a]in Erweisung des
Geistes und der Kraft, 5 damit euer
Glaube nicht stehe auf Menschenweis-
heit, sondern auf [a]Gottes Kraft.

Von der Weisheit Gottes

6 Wovon wir aber reden, das ist dennoch
Weisheit bei den Vollkommenen; nicht
eine Weisheit dieser Welt, auch nicht der
Herrscher dieser Welt, die vergehen.
7 Sondern wir reden von der Weisheit
Gottes, die [a]im Geheimnis verborgen ist,
die Gott vorherbestimmt hat vor aller
Zeit zu unserer Herrlichkeit, 8 die keiner
von den Herrschern dieser Welt erkannt
hat; denn wenn sie die erkannt hätten, so
hätten sie den Herrn der Herrlichkeit
nicht gekreuzigt. 9 Sondern es ist gekom-
men, wie geschrieben steht (Jesaja 64,3):
»Was kein Auge gesehen hat und kein
Ohr gehört hat und in keines Menschen

1,14: *a* Apg 18,8; *b* Röm 16,23 **1,16:** *a* Kap 16,15 **1,18:** *a* 2. Kor 4,3; *b* Röm 1,16 **1,20:** *a* Mt 11,25; Röm 1,22 **1,22:** *a* Mt 12,38; Joh 4,48; *b* Apg 17,18-21 **1,23:** *a* Apg 17,32; Gal 5,11; *b* Kap 2,14 **1,24:** *a* Kol 2,3 **1,26:** *a* Joh 7,48; Jak 2,1-5 **1,29:** *a* Röm 3,27; Eph 2,9 **1,30:** *a* Jer 23,5-6; 2. Kor 5,21; *b* Joh 17,19; *c* Mt 20,28 **1,31:** *a* 2. Kor 10,17 **2,2:** *a* Gal 6,14 **2,3:** *a* Gal 4,13; *b* Apg 18,9; 2. Kor 10,1 **2,4:** *a* Mt 10,20 **2,5:** *a* 1. Thess 1,5 **2,7:** *a* Mt 11,25; Röm 16,25

Herz gekommen ist, was Gott bereitet
hat denen, die ihn lieben.«
10 Uns aber [a]hat es Gott offenbart
durch seinen Geist; denn der Geist er-
forscht alle Dinge, auch die Tiefen der
Gottheit. 11 Denn welcher Mensch weiß,
was im Menschen ist, als allein der Geist
des Menschen, der in ihm ist? So weiß
auch niemand, was in Gott ist, als allein
der Geist Gottes. 12 Wir aber haben nicht
empfangen den Geist der Welt, sondern
[a]den Geist aus Gott, dass wir wissen
können, was uns von Gott geschenkt ist.
13 Und davon reden wir auch nicht mit
Worten, wie sie menschliche Weisheit leh-
ren kann, sondern mit Worten, die der
Geist lehrt, und deuten geistliche Dinge
für geistliche Menschen. 14 Der natür-
liche Mensch aber vernimmt nichts vom
Geist Gottes; es ist ihm eine [a]Torheit
und er kann es nicht erkennen; denn es
muss geistlich beurteilt werden. 15 Der
geistliche Mensch aber beurteilt alles und
wird doch selber von niemandem beur-
teilt. 16 Denn [a]»wer hat des Herrn Sinn
erkannt, oder wer will ihn unterweisen«?
(Jesaja 40,13) Wir aber haben Christi
Sinn.

Unmündigkeit der Korinther

3 Und ich, liebe Brüder, konnte nicht
zu euch reden wie zu geistlichen
Menschen, sondern wie zu fleischlichen,
[a]wie zu unmündigen Kindern in Chris-
tus. 2 [a]Milch habe ich euch zu trinken
gegeben und nicht feste Speise; denn ihr
konntet sie noch nicht vertragen. Auch
jetzt könnt ihr's noch nicht, 3 weil ihr
noch fleischlich seid. Denn [a]wenn Eifer-
sucht und Zank unter euch sind, seid ihr
da nicht fleischlich und lebt nach Men-
schenweise? 4 Denn wenn der eine sagt:
Ich gehöre zu Paulus, der andere aber:
Ich zu Apollos –, ist das nicht nach Men-
schenweise geredet?[a]

Mitarbeiter Gottes

5 Wer ist nun Apollos? Wer ist Paulus?
Diener sind sie, durch die ihr gläubig
geworden seid, und das, wie es der Herr
einem jeden gegeben hat: 6 Ich habe ge-
pflanzt, [a]Apollos hat begossen; aber
Gott hat das Gedeihen gegeben. 7 So ist
nun weder der pflanzt noch der begießt
etwas, sondern Gott, der das Gedeihen
gibt. 8 Der aber pflanzt und der begießt,
sind einer wie der andere. [a]Jeder aber
wird seinen Lohn empfangen nach seiner
Arbeit.
9 Denn wir sind Gottes Mitarbeiter;
ihr seid Gottes [a]Ackerfeld und Gottes
[b]Bau. 10 Ich nach Gottes Gnade, die mir
gegeben ist, habe den Grund gelegt als
ein weiser Baumeister; ein anderer baut
darauf. Ein jeder aber sehe zu, wie er
darauf baut. **11 Einen andern Grund kann
niemand legen als den, der gelegt ist, wel-
cher ist Jesus Christus.**[a]
12 Wenn aber jemand auf den Grund
baut Gold, Silber, Edelsteine, Holz, Heu,
Stroh, 13 so wird das Werk eines jeden
offenbar werden. [a]Der Tag des Gerichts
wird's klarmachen; denn mit Feuer wird
er sich offenbaren. Und von welcher Art
eines jeden Werk ist, wird das Feuer er-
weisen. 14 Wird jemandes Werk bleiben,
das er darauf gebaut hat, so wird er
Lohn empfangen. 15 Wird aber jemandes
Werk verbrennen, so wird er Schaden
leiden; er selbst aber wird gerettet wer-
den, doch so wie durchs Feuer hindurch.
16 Wisst ihr nicht, dass ihr Gottes Tem-
pel seid und der Geist Gottes in euch
wohnt?[a] 17 Wenn jemand den Tempel
Gottes verdirbt, den wird Gott verder-
ben, denn der Tempel Gottes ist heilig;
der seid ihr.

Kein Grund zum Ruhm

18 Niemand betrüge sich selbst. Wer un-
ter euch meint, weise zu sein in dieser
Welt, der werde ein Narr, dass er weise
werde.[a] 19 Denn die Weisheit dieser Welt
ist Torheit bei Gott. Denn es steht ge-
schrieben (Hiob 5,13): »Die Weisen fängt
er in ihrer Klugheit«, 20 und wiederum
(Psalm 94,11): »Der Herr kennt die Ge-
danken der Weisen, dass sie nichtig
sind.« 21 Darum rühme sich niemand ei-
nes Menschen; denn alles ist euer: 22 Es
sei Paulus oder Apollos oder Kephas, es
sei Welt oder Leben oder Tod, es sei
Gegenwärtiges oder Zukünftiges, **alles ist**

2,10: *a* Mt 13,11; Kol 1,26 **2,12:** *a* Joh 14,16-17 **2,14:** *a* Kap 1,23; Joh 8,47 **2,16:** *a* Röm 11,34 **3,1:** *a* Joh 16,12 **3,2:** *a* 1. Petr 2,2 **3,3:** *a* Kap 1,10-11; 11,18 **3,4:** *a* Kap 1,12 **3,6:** *a* Apg 18,24-28 **3,8:** *a* Kap 4,5 **3,9:** *a* Mt 13,3-9; *b* Eph 2,20 **3,11:** *a* 1. Petr 2,4-6 **3,13:** *a* Kap 4,5 **3,16:** *a* Kap 6,19; 2. Kor 6,16 **3,18:** *a* Offb 3,17-18

euer, 23 ihr aber seid Christi, Christus aber ist Gottes. [a]

Kein Recht zum Richten

4 Dafür halte uns jedermann: für Diener Christi und [a] Haushalter über Gottes Geheimnisse. 2 Nun fordert man nicht mehr von den Haushaltern, als dass sie für [a] treu befunden werden. 3 Mir aber ist's ein Geringes, dass ich von euch gerichtet werde oder von einem menschlichen Gericht; auch richte ich mich selbst nicht. 4 Ich bin mir zwar nichts bewusst, aber darin bin ich nicht gerechtfertigt; der Herr ist's aber, der mich richtet. 5 Darum richtet nicht vor der Zeit, bis der Herr kommt, der auch ans Licht bringen wird, was im Finstern verborgen ist, und wird das Trachten der Herzen offenbar machen. Dann [a] wird einem jeden von Gott sein Lob zuteil werden.

Gegen die Überheblichkeit der Korinther

6 Dies aber, liebe Brüder, habe ich im Blick auf mich selbst und Apollos gesagt um euretwillen, damit ihr an uns lernt, was das heißt: Nicht über das hinaus, was geschrieben steht!, [a] damit sich keiner für den einen gegen den andern aufblase. 7 Denn wer gibt dir einen Vorrang? Was hast du, das du nicht empfangen hast? Wenn du es aber empfangen hast, was rühmst du dich dann, als hättest du es nicht empfangen? 8 Ihr [a] seid schon satt geworden? Ihr seid schon reich geworden? Ihr [b] herrscht ohne uns? Ja, wollte Gott, ihr würdet schon herrschen, damit auch wir mit euch herrschen könnten!

9 Denn ich denke, Gott hat uns Apostel als die Allergeringsten hingestellt, wie [a] zum Tode Verurteilte. Denn wir sind ein [b] Schauspiel geworden der Welt und den Engeln und den Menschen. 10 Wir sind [a] Narren um Christi willen, ihr aber seid klug in Christus; wir schwach, ihr aber stark; ihr herrlich, wir aber verachtet. 11 Bis auf diese Stunde leiden wir Hunger und Durst und Blöße und werden geschlagen und haben keine feste Bleibe [a] 12 und [a] mühen uns ab mit unsrer Hände Arbeit. Man schmäht uns, so [b] segnen wir; man verfolgt uns, so dulden wir's; 13 man verlästert uns, so reden wir freundlich. Wir sind geworden wie der Abschaum der Menschheit, jedermanns Kehricht, bis heute.

Paulus der Vater der Gemeinde in Korinth

14 Nicht um euch zu beschämen, schreibe ich dies; sondern ich ermahne euch als meine lieben Kinder. 15 Denn wenn ihr auch zehntausend Erzieher hättet in Christus, so habt ihr doch nicht viele Väter; denn [a] ich habe euch gezeugt in Christus Jesus durchs Evangelium. 16 Darum ermahne ich euch: [a] Folgt meinem Beispiel!

17 Aus demselben Grund habe ich [a] Timotheus zu euch gesandt, der mein lieber und getreuer Sohn ist in dem Herrn, damit er euch erinnere an meine Weisungen in Christus Jesus, wie ich sie überall in allen Gemeinden lehre.

18 Es haben sich einige aufgebläht, als würde ich nicht zu euch kommen. 19 Ich werde aber, wenn der Herr will, recht bald zu euch kommen und nicht die Worte der Aufgeblasenen kennen lernen, sondern ihre Kraft. 20 Denn das Reich Gottes steht nicht in Worten, sondern in [a] Kraft. 21 Was wollt ihr? Soll ich mit dem Stock zu euch kommen oder mit Liebe und sanftmütigem Geist? [a]

Ausschluss der Unzüchtigen aus der Gemeinde

5 Überhaupt geht die Rede, dass Unzucht unter euch ist, und zwar eine solche Unzucht, wie es sie nicht einmal unter den Heiden gibt: dass einer [a] die Frau seines Vaters hat. 2 Und ihr seid [a] aufgeblasen und seid nicht vielmehr traurig geworden, sodass ihr den aus eurer Mitte verstoßen hättet, der diese Tat begangen hat? 3 Ich aber, [a] der ich nicht leiblich bei euch bin, doch mit dem Geist, habe schon, als wäre ich bei euch, beschlossen über den, der solches getan hat: 4 Wenn ihr in dem Namen unseres Herrn Jesus versammelt seid und mein

3,23: *a* Kap 11,3 **4,1:** *a* Tit 1,7 **4,2:** *a* Lk 12,42 **4,5:** *a* Kap 3,8 **4,6:** *a* Röm 12,3 **4,8:** *a* Offb 3,17; *b* Offb 3,21 **4,9:** *a* Röm 8,36; *b* Hebr 10,33 **4,10:** *a* Kap 3,18 **4,11:** *a* 2. Kor 11,23-27 **4,12:** *a* Kap 9,15; Apg 18,3; *b* Mt 5,44; Röm 12,14 **4,15:** *a* Kap 9,2; Gal 4,19 **4,16:** *a* Kap 11,1 **4,17:** *a* Apg 16,1-3 **4,20:** *a* Kap 2,4 **4,21:** *a* 2. Kor 10,2 **5,1:** *a* 3. Mose 18,8 **5,2:** *a* Kap 4,6-8 **5,3:** *a* Kol 2,5

Geist [a]samt der Kraft unseres Herrn
Jesus bei euch ist, 5soll dieser Mensch
[a]dem Satan übergeben werden zum Ver-
derben des Fleisches, damit der Geist ge-
rettet werde am Tage des Herrn.
6Euer Rühmen ist nicht gut. Wisst ihr
nicht, dass [a]ein wenig Sauerteig den gan-
zen Teig durchsäuert? 7[a]Darum schafft
den alten Sauerteig weg, damit ihr ein
neuer Teig seid, wie ihr ja ungesäuert
seid. Denn **auch wir haben ein Passa-
lamm, das ist Christus, der geopfert ist.**
8Darum lasst uns das Fest feiern nicht
im alten Sauerteig, auch nicht im Sau-
erteig der Bosheit und Schlechtigkeit,
sondern im ungesäuerten Teig der Lau-
terkeit und Wahrheit.
9Ich habe euch in dem Brief geschrie-
ben, dass ihr nichts zu schaffen haben
sollt mit den Unzüchtigen. 10Damit
meine ich nicht allgemein die Unzüchti-
gen in dieser Welt oder die Geizigen oder
Räuber oder Götzendiener; sonst müss-
tet ihr ja die Welt räumen. 11Vielmehr
habe ich euch geschrieben: Ihr sollt
nichts mit einem zu schaffen haben, der
sich Bruder nennen lässt und ist ein
Unzüchtiger oder ein Geiziger oder ein
Götzendiener oder ein Lästerer oder
ein Trunkenbold oder ein Räuber; mit so
einem sollt ihr auch nicht essen.[a] 12Denn
was gehen mich die draußen an, dass ich
sie richten sollte? Habt ihr nicht die zu
richten, die drinnen sind? 13Gott aber
wird die draußen sind richten. [a]Verstoßt
ihr den Bösen aus eurer Mitte!

Rechtssachen unter Christen

6 Wie kann jemand von euch wagen,
wenn er einen Streit hat mit einem
andern, sein Recht zu suchen vor den
Ungerechten und nicht vor den Heiligen?
2Wisst ihr nicht, dass [a]die Heiligen die
Welt richten werden? Wenn nun die Welt
von euch gerichtet werden soll, seid ihr
dann nicht gut genug, geringe Sachen zu
richten? 3Wisst ihr nicht, dass wir über
Engel richten werden? Wie viel mehr
über Dinge des täglichen Lebens.
4Ihr aber, wenn ihr über diese Dinge
rechtet, nehmt solche, die in der Ge-
meinde nichts gelten, und setzt sie zu
Richtern. 5Euch zur Schande muss ich
das sagen. Ist denn gar kein Weiser unter
euch, auch nicht einer, der zwischen Bru-
der und Bruder richten könnte? 6Viel-
mehr rechtet ein Bruder mit dem andern,
und das vor Ungläubigen! 7Es ist schon
schlimm genug, dass ihr miteinander
rechtet. Warum lasst ihr euch nicht lieber
Unrecht tun? Warum lasst ihr euch nicht
lieber übervorteilen?[a] 8Vielmehr tut ihr
Unrecht und übervorteilt, und das unter
Brüdern!
9[a]Oder wisst ihr nicht, dass die Unge-
rechten das Reich Gottes nicht ererben
werden? Lasst euch nicht irreführen! We-
der Unzüchtige noch Götzendiener, Ehe-
brecher, Lustknaben, Knabenschänder,
10Diebe, Geizige, Trunkenbolde, Lästerer
oder Räuber werden das Reich Gottes
ererben. 11Und solche sind einige von
euch gewesen. Aber ihr seid [a]reinge-
waschen, ihr seid [b]geheiligt, ihr seid [c]ge-
recht geworden durch den Namen des
Herrn Jesus Christus und durch den
Geist unseres Gottes.

Der Leib ein Tempel des Heiligen Geistes

12[a]**Alles ist mir erlaubt, aber nicht alles
dient zum Guten. Alles ist mir erlaubt,
aber es soll mich nichts gefangen nehmen.**
13Die Speise dem Bauch und der Bauch
der Speise; aber Gott wird das eine wie
das andere zunichte machen. [a]Der Leib
aber nicht der Hurerei, sondern dem
Herrn, und der Herr dem Leibe. 14Gott
aber [a]hat den Herrn auferweckt und
[b]wird auch uns auferwecken durch seine
Kraft.
15Wisst ihr nicht, dass eure Leiber
Glieder Christi sind? Sollte ich nun die
Glieder Christi nehmen und Hurenglie-
der daraus machen? Das sei ferne!
16Oder wisst ihr nicht: wer sich an die
Hure hängt, der ist **ein** Leib mit ihr?
Denn die Schrift sagt: »Die zwei werden
ein Fleisch sein« (1. Mose 2,24). 17Wer
aber dem Herrn anhängt, der ist [a]**ein**
Geist mit ihm. 18Flieht die Hurerei! Alle
Sünden, die der Mensch tut, bleiben
außerhalb des Leibes; wer aber Hurerei

5,4: *a* Mt 16,19; 18,18; 2. Kor 13,10 **5,5:** *a* 1. Tim 1,20 **5,6:** *a* Gal 5,9 **5,7:** *a (7-8)* 2. Mose 12,3-20; 13,7; Jes 53,7; 1. Petr 1,19 **5,11:** *a* 2. Thess 3,6 **5,13:** *a* 5. Mose 13,6; Mt 18,17 **6,2:** *a* Mt 19,28 **6,7:** *a* Mt 5,38-41; 1. Thess 5,15; 1. Petr 3,9 **6,9:** *a (9-11)* 1. Tim 1,9-11; Gal 5,19-21 **6,11:** *a* Tit 3,3-7; *b* Kap 1,2; *c* Röm 3,26 **6,12:** *a* Kap 10,23 **6,13:** *a* 1. Thess 4,3-5 **6,14:** *a* Kap 15,20; *b* 2. Kor 4,14 **6,17:** *a* Joh 17,21-22

treibt, der sündigt am eigenen Leibe.
19 Oder wisst ihr nicht, dass [a]euer Leib
ein Tempel des Heiligen Geistes ist, der
in euch ist und den ihr von Gott habt,
und dass ihr nicht euch selbst gehört?
20 Denn [a]**ihr seid teuer erkauft; darum**
[b]**preist Gott mit eurem Leibe.**

Ehe und Ehelosigkeit

7 Wovon ihr aber geschrieben habt,
darauf antworte ich: Es ist gut für
den Mann, keine Frau zu berühren.
2 Aber um Unzucht zu vermeiden, soll
jeder seine eigene Frau haben und jede
Frau ihren eigenen Mann. 3 Der Mann
leiste der Frau, was er ihr schuldig ist,
desgleichen die Frau dem Mann. 4 Die
Frau verfügt nicht über ihren Leib, son-
dern der Mann. Ebenso verfügt der
Mann nicht über seinen Leib, sondern
die Frau. 5 Entziehe sich nicht eins dem
andern, es sei denn eine Zeit lang, wenn
beide es wollen, damit ihr zum Beten
Ruhe habt; und dann kommt wieder zu-
sammen, damit euch der Satan nicht ver-
sucht, weil ihr euch nicht enthalten
könnt.
6 Das sage ich aber als Erlaubnis und
nicht als Gebot. 7 Ich wollte zwar lieber,
alle Menschen wären, wie ich bin, aber
jeder hat seine eigene Gabe von Gott, der
eine so, der andere so.[a]
8 Den Ledigen und Witwen sage ich:
Es ist gut für sie, wenn sie bleiben wie
ich. 9 Wenn sie sich aber nicht enthalten
können, sollen sie heiraten; denn es ist
besser zu heiraten, als sich in Begierde zu
verzehren.[a]

Ehescheidung

10 Den Verheirateten aber gebiete nicht
ich, sondern [a]der Herr, dass die Frau
sich nicht von ihrem Manne scheiden soll
11 – hat sie sich aber geschieden, soll sie
ohne Ehe bleiben oder sich mit ihrem
Mann versöhnen – und dass der Mann
seine Frau nicht verstoßen soll.
12 Den andern aber sage ich, nicht der
Herr: Wenn ein Bruder eine ungläubige
Frau hat und es gefällt ihr, bei ihm zu
wohnen, so soll er sich nicht von ihr
scheiden. 13 Und wenn eine Frau einen
ungläubigen Mann hat und es gefällt
ihm, bei ihr zu wohnen, so soll sie sich
nicht von ihm scheiden. 14 Denn der un-
gläubige Mann ist geheiligt durch die
Frau und die ungläubige Frau ist ge-
heiligt durch den gläubigen Mann. Sonst
wären eure Kinder unrein; [a]nun aber
sind sie heilig. 15 Wenn aber der Ungläu-
bige sich scheiden will, so lass ihn sich
scheiden. Der Bruder oder die Schwester
ist nicht gebunden in solchen Fällen.
[a]Zum Frieden hat euch Gott berufen.
16 Denn [a]was weißt du, Frau, ob du den
Mann retten wirst? Oder du, Mann, was
weißt du, ob du die Frau retten wirst?

Gottes Ruf und der Stand der Berufenen

17 Nur soll jeder so leben, wie der Herr es
ihm zugemessen, wie Gott einen jeden
berufen hat. Und so ordne ich es an in
allen Gemeinden. 18 Ist jemand als Be-
schnittener berufen, der bleibe bei der
Beschneidung. Ist jemand als Unbe-
schnittener berufen, der lasse sich nicht
beschneiden. 19 Beschnitten sein ist nichts
und unbeschnitten sein ist nichts, son-
dern: Gottes Gebote halten.[a] 20 Jeder
bleibe in der Berufung, in der er berufen
wurde.
21 Bist du als Knecht berufen, so sorge
dich nicht; doch kannst du frei werden,
so nutze es umso lieber. 22 Denn [a]wer als
Knecht berufen ist in dem Herrn, der ist
ein Freigelassener des Herrn; desgleichen
wer als Freier berufen ist, der ist ein
[b]Knecht Christi. 23 **Ihr seid teuer erkauft;**
werdet nicht der Menschen Knechte.[a]
24 Liebe Brüder, ein jeder bleibe vor Gott,
worin er berufen ist.

Von den Unverheirateten

25 Über die Jungfrauen habe ich kein Ge-
bot des Herrn; ich sage aber meine Mei-
nung als einer, der durch die Barmherzig-
keit des Herrn Vertrauen verdient. 26 So
meine ich nun, es sei gut [a]um der kom-
menden Not willen, es sei gut für den
Menschen, ledig zu sein. 27 Bist du an
eine Frau gebunden, so suche nicht, von
ihr loszukommen; bist du nicht gebun-
den, so suche keine Frau. 28 Wenn du

6,19: *a* Kap 3,16 **6,20:** *a* Kap 7,23; 1.Petr 1,18-19; *b* Phil 1,20 **7,7:** *a* Mt 19,12 **7,9:** *a* 1.Tim 5,14 **7,10:** *a* Mt 5,32 **7,14:** *a* Röm 11,16 **7,15:** *a* Röm 14,19 **7,16:** *a* 1.Petr 3,1 **7,19:** *a* Gal 5,6; 6,15 **7,22:** *a* Phlm 16; *b* Eph 6,6 **7,23:** *a* Kap 6,20 **7,26:** *a* Kap 10,11

aber doch heiratest, sündigst du nicht,
und wenn eine Jungfrau heiratet, sündigt
sie nicht; doch werden solche in äußere
Bedrängnis kommen. Ich aber möchte
euch gerne schonen.
29 Das sage ich aber, liebe Brüder: [a] **Die
Zeit ist kurz. Fortan sollen auch die, die
Frauen haben, sein, [b] als hätten sie keine;
und die weinen, als weinten sie nicht;
30 und die sich freuen, als freuten sie sich
nicht; und die kaufen, als behielten sie es
nicht; 31 und die diese Welt gebrauchen, als
brauchten sie sie nicht. [a] Denn das Wesen
dieser Welt vergeht.**
32 Ich möchte aber, dass ihr ohne Sorge
seid. Wer ledig ist, der sorgt sich um die
Sache des Herrn, wie er dem Herrn ge-
falle; 33 [a] wer aber verheiratet ist, der
sorgt sich um die Dinge der Welt, wie er
der Frau gefalle, und so ist er geteilten
Herzens. 34 Und die Frau, die keinen
Mann hat, und die Jungfrau sorgen sich
um die Sache des Herrn, dass sie heilig
seien am Leib und auch am Geist; aber
die verheiratete Frau sorgt sich um die
Dinge der Welt, wie sie dem Mann ge-
falle. 35 Das sage ich zu eurem eigenen
Nutzen; nicht um euch einen Strick um
den Hals zu werfen, sondern damit es
recht zugehe und ihr stets und ungehin-
dert dem Herrn dienen könnt.
36 Wenn aber jemand meint, er handle
unrecht an seiner Jungfrau*, wenn sie
erwachsen ist, und es kann nicht anders
sein, so tue er, was er will; er sündigt
nicht, sie sollen heiraten. 37 Wenn einer
aber in seinem Herzen fest ist, weil er
nicht unter Zwang ist und seinen freien
Willen hat, und beschließt in seinem Her-
zen, seine Jungfrau unberührt zu lassen,
so tut er gut daran. 38 Also, wer seine
Jungfrau heiratet, der handelt gut; wer
sie aber nicht heiratet, der handelt besser.

Von den Witwen

39 Eine Frau ist gebunden, solange ihr
Mann lebt; wenn aber der Mann ent-
schläft, ist sie frei, zu heiraten, wen sie
will; nur dass es in dem Herrn geschehe! [a]
40 Seliger ist sie aber, nach meiner Mei-
nung, wenn sie ledig bleibt. Ich meine
aber: ich habe auch den Geist Gottes.

Vom Essen des Götzenopferfleisches

8 Was aber das [a] Götzenopfer angeht,
so wissen wir, dass wir alle die Er-
kenntnis haben. Die Erkenntnis bläht
auf; aber die Liebe baut auf. 2 Wenn [a] je-
mand meint, er habe etwas erkannt, der
hat noch nicht erkannt, wie man erken-
nen soll. 3 Wenn aber jemand Gott liebt,
der ist [a] von ihm erkannt.
4 Was nun das Essen von Götzenopfer-
fleisch angeht, so wissen wir, dass es kei-
nen Götzen gibt in der Welt und [a] keinen
Gott als den einen. 5 Und [a] obwohl es
solche gibt, die Götter genannt werden,
es sei im Himmel oder auf Erden, wie es
ja viele Götter und viele Herren gibt, 6 **so
haben wir doch nur [a] einen Gott, den
Vater, von dem alle Dinge sind und wir zu
ihm; und einen Herrn, Jesus Christus,
[b] durch den alle Dinge sind und wir durch
ihn.**
7 Aber nicht jeder hat die Erkenntnis.
Denn einige, weil sie bisher an die Göt-
zen gewöhnt waren, essen's als Götzen-
opfer; dadurch [a] wird ihr Gewissen, weil
es schwach ist, befleckt. 8 Aber Speise
wird uns nicht vor Gottes Gericht brin-
gen. Essen wir nicht, so werden wir
darum nicht weniger gelten; essen wir, so
werden wir darum nicht besser sein. [a]
9 Seht aber zu, dass diese eure Freiheit
für die Schwachen nicht zum Anstoß
wird! [a] 10 Denn wenn jemand dich, der du
die Erkenntnis hast, im Götzentempel zu
Tisch sitzen sieht, wird dann nicht sein
Gewissen, da er doch schwach ist, ver-
leitet, das Götzenopfer zu essen? 11 Und
so wird durch deine Erkenntnis der
Schwache [a] zugrunde gehen, der Bruder,
für den doch Christus gestorben ist.
12 Wenn ihr aber so sündigt an den Brü-
dern und verletzt ihr schwaches Gewis-
sen, so sündigt ihr an Christus. 13 Darum,
wenn Speise meinen Bruder zu Fall
bringt, will ich nie mehr Fleisch essen,
damit ich meinen Bruder nicht zu Fall
bringe. [a]

* Siehe Sach- und Worterklärungen.

7,29: *a* Röm 13,11; *b* Lk 14,26 **7,31:** *a* 1. Joh 2,15-17 **7,33:** *a* Lk 14,20 **7,39:** *a* Röm 7,2 **8,1:** *a* Apg 15,29 **8,2:** *a* Gal 6,3 **8,3:** *a* Kap 13,12; Gal 4,9 **8,4:** *a* 5. Mose 6,4 **8,5:** *a* Kap 10,19-20; Ps 136,2-3; Röm 8,38-39 **8,6:** *a* Kap 12,5-6; 2. Mose 20,3; Mal 2,10; Eph 4,5-6; *b* Joh 1,3; Kol 1,16 **8,7:** *a* Kap 10,28 **8,8:** *a* Röm 14,17 **8,9:** *a* Gal 5,13 **8,11:** *a* Röm 14,15 **8,13:** *a* Röm 14,21

Recht und Freiheit des Apostels

9 Bin ich nicht frei? Bin ich nicht ein
Apostel? [a]Habe ich nicht unsern
Herrn Jesus gesehen? Seid nicht ihr mein
Werk in dem Herrn? 2 Bin ich für andere
kein Apostel, so bin ich's doch für euch;
denn [a]das Siegel meines Apostelamts
seid ihr in dem Herrn. 3 Denen, die mich
verurteilen, antworte ich so: 4 Haben wir
nicht das Recht, zu essen und zu trin-
ken?[a] 5 Haben wir nicht auch das Recht,
eine Schwester als Ehefrau mit uns zu
führen wie die andern Apostel und die
Brüder des Herrn und [a]Kephas? 6 Oder
haben allein ich und [a]Barnabas nicht das
Recht, nicht zu [b]arbeiten?
7 Wer zieht denn in den Krieg und
zahlt sich selbst den Sold? Wer pflanzt
einen Weinberg und isst nicht von seiner
Frucht? Oder wer weidet eine Herde und
nährt sich nicht von der Milch der
Herde? 8 Rede ich das nach menschli-
chem Gutdünken? Sagt das nicht auch
das Gesetz? 9 Denn im Gesetz des Mose
steht geschrieben (5. Mose 25,4): [a]»Du
sollst dem Ochsen, der da drischt, nicht
das Maul verbinden.« Sorgt sich Gott
etwa um die Ochsen? 10 Oder redet er
nicht überall um unsertwillen? Ja, um
unsertwillen ist es geschrieben: Wer
pflügt, soll auf Hoffnung pflügen; und
wer drischt, soll in der Hoffnung dre-
schen, dass er seinen Teil empfangen
wird. 11 Wenn wir euch zugut Geistliches
säen, ist es dann zu viel, wenn wir Leib-
liches von euch ernten?[a] 12 Wenn andere
dieses Recht an euch haben, warum nicht
viel mehr wir? Aber [a]wir haben von die-
sem Recht nicht Gebrauch gemacht, son-
dern wir ertragen alles, damit wir nicht
dem Evangelium von Christus ein Hin-
dernis bereiten. 13 Wisst ihr nicht, dass,
[a]die im Tempel dienen, vom Tempel le-
ben, und die am Altar dienen, vom Altar
ihren Anteil bekommen? 14 So hat auch
der Herr befohlen, dass, die das Evange-
lium verkündigen, sich vom Evangelium
nähren sollen.[a]
15 Ich aber habe [a]von alledem keinen
Gebrauch gemacht. Ich schreibe auch
nicht deshalb davon, damit es nun mit
mir so gehalten werden sollte. Lieber
würde ich sterben – nein, meinen Ruhm
soll niemand zunichte machen! 16 Denn
dass ich das Evangelium predige, dessen
darf ich mich nicht rühmen; denn ich
muss es tun. Und [a]**wehe mir, wenn ich das
Evangelium nicht predigte!** 17 Täte ich's
aus eigenem Willen, so erhielte ich Lohn.
Tue ich's aber nicht aus eigenem Willen,
so [a]ist mir doch das Amt anvertraut.
18 Was ist denn nun mein Lohn? Dass ich
das Evangelium predige ohne Entgelt
und von meinem Recht am Evangelium
nicht Gebrauch mache.
19 Denn obwohl ich frei bin von jeder-
mann, [a]habe ich doch mich selbst jeder-
mann zum Knecht gemacht, damit ich
möglichst viele gewinne. 20 [a]Den Juden
bin ich wie ein Jude geworden, damit ich
die Juden gewinne. Denen, die unter dem
Gesetz sind, bin ich wie einer unter dem
Gesetz geworden – obwohl ich selbst
nicht unter dem Gesetz bin –, damit ich
die, die unter dem Gesetz sind, gewinne.
21 Denen, die ohne Gesetz sind, [a]bin ich
wie einer ohne Gesetz geworden – ob-
wohl ich doch nicht ohne Gesetz bin vor
Gott, sondern bin in dem Gesetz Chris-
ti –, damit ich die, die ohne Gesetz sind,
gewinne. 22 Den Schwachen bin ich ein
Schwacher geworden, [a]damit ich die
Schwachen gewinne. Ich bin allen alles
geworden, damit ich auf alle Weise einige
rette. 23 Alles aber tue ich um des Evan-
geliums willen, um an ihm teilzuhaben.
24 Wisst ihr nicht, dass die, die [a]in der
Kampfbahn laufen, die laufen alle, aber
einer empfängt den [b]Siegespreis? Lauft
so, dass ihr ihn erlangt. 25 [a]Jeder aber,
der kämpft, enthält sich aller Dinge; jene
nun, damit sie einen vergänglichen Kranz
empfangen, wir aber einen [b]unvergäng-
lichen. 26 Ich aber laufe nicht wie aufs
Ungewisse; ich kämpfe mit der Faust,
nicht wie einer, der in die Luft schlägt,
27 sondern [a]ich bezwinge meinen Leib
und zähme ihn, damit ich nicht andern
predige und selbst verwerflich werde.

9,1: *a* Kap 15,8; Apg 9,3-5.15 **9,2:** *a* Kap 4,15; 2. Kor 3,2-3 **9,4:** *a* Lk 10,8 **9,5:** *a* Mt 8,14; Joh 1,42 **9,6:** *a* Apg 4,36; *b* 2. Thess 3,7-9 **9,9:** *a* 1. Tim 5,18 **9,11:** *a* Röm 15,27 **9,12:** *a* Apg 20,33-35; 2. Kor 11,9 **9,13:** *a* 4. Mose 18,18-19.31; 5. Mose 18,1-3 **9,14:** *a* Lk 10,7; Gal 6,6 **9,15:** *a* Apg 18,3 **9,16:** *a* Jer 20,9 **9,17:** *a* Kap 4,1 **9,19:** *a* Mt 20,27; Röm 15,2 **9,20:** *a (20-22)* Kap 10,33; Apg 16,3; 21,20-26 **9,21:** *a* Gal 2,3 **9,22:** *a* Röm 11,14 **9,24:** *a* 2. Tim 4,7; *b* Phil 3,14 **9,25:** *a* 2. Tim 2,4-5; *b* 1. Petr 5,4 **9,27:** *a* Röm 13,14

Das warnende Beispiel Israels

10 Ich will euch aber, liebe Brüder,
nicht in Unwissenheit darüber las-
sen, dass unsre Väter alle [a]unter der
Wolke gewesen und alle [b]durchs Meer
gegangen sind; 2 und alle sind auf Mose
getauft worden durch die Wolke und
durch das Meer 3 und haben alle dieselbe
geistliche Speise gegessen[a] 4 und haben
alle denselben geistlichen Trank getrun-
ken; sie tranken nämlich von dem geist-
lichen [a]Felsen, der ihnen folgte; der Fels
aber war Christus. 5 Aber an den meisten
von ihnen hatte Gott kein Wohlgefallen,
denn sie wurden in der Wüste erschlagen.[a]

6 Das ist aber geschehen uns zum Vor-
bild, damit wir nicht am Bösen unsre
Lust haben, [a]wie jene sie hatten. 7 Werdet
auch nicht Götzendiener, wie einige von
ihnen es wurden, wie geschrieben steht
(2. Mose 32,6): »Das Volk setzte sich nie-
der, um zu essen und zu trinken, und
stand auf, um zu tanzen.« 8 Auch lasst
uns nicht Hurerei treiben, [a]wie einige
von ihnen Hurerei trieben: und an einem
einzigen Tag kamen dreiundzwanzigtau-
send um. 9 Lasst uns auch nicht Christus
versuchen, wie einige von ihnen ihn ver-
suchten und [a]wurden von den Schlangen
umgebracht. 10 Murrt auch nicht, wie ei-
nige von ihnen murrten und wurden um-
gebracht durch den Verderber.[a] 11 Dies
widerfuhr ihnen als ein Vorbild. Es ist
aber geschrieben uns zur Warnung, auf
die [a]das Ende der Zeiten gekommen ist.

12 Darum, **wer meint, er stehe, mag zu-**
sehen, dass er nicht falle. 13 Bisher hat
euch nur menschliche Versuchung getrof-
fen. Aber **Gott ist treu, [a]der euch nicht**
versuchen lässt über eure Kraft, sondern
macht, dass die Versuchung so ein Ende
nimmt, dass ihr's ertragen könnt.

Die Unvereinbarkeit von Abendmahl und Götzendienst

14 Darum, meine Lieben, flieht den Göt-
zendienst![a] 15 Ich rede doch zu verstän-
digen Menschen; beurteilt ihr, was ich
sage. 16 **Der gesegnete Kelch, den wir seg-**
nen, ist der nicht die Gemeinschaft des
Blutes Christi? Das Brot, das wir brechen,
ist das nicht die Gemeinschaft des Leibes
Christi?[a] 17 **Denn ein Brot ist's: So [a]sind**
wir viele ein Leib, weil wir alle an einem
Brot teilhaben.

18 Seht an das Israel nach dem Fleisch!
Welche [a]die Opfer essen, stehen die nicht
in der Gemeinschaft des Altars? 19 Was
will ich nun damit sagen? Dass das Göt-
zenopfer etwas sei? Oder [a]dass der
Götze etwas sei? 20 Nein, sondern was
man da opfert, das opfert man den bösen
Geistern und nicht Gott. Nun will ich
nicht, dass ihr in der Gemeinschaft der
bösen Geister seid. 21 Ihr könnt nicht zu-
gleich den Kelch des Herrn trinken und
den Kelch der bösen Geister; ihr könnt
nicht zugleich am Tisch des Herrn teil-
haben und am Tisch der bösen Geister.[a]
22 Oder wollen wir den Herrn herausfor-
dern? Sind wir stärker als er?

Rücksicht auf das Gewissen

23 **Alles ist erlaubt, aber nicht alles dient**
zum Guten. Alles ist erlaubt, aber nicht
alles baut auf.[a] 24 **Niemand suche das**
Seine, sondern was dem andern dient.[a]
25 Alles, was auf dem Fleischmarkt ver-
kauft wird, das esst und forscht nicht
nach, damit ihr das Gewissen nicht
beschwert.[a] 26 Denn »die Erde ist des
Herrn und was darinnen ist« (Psalm
24,1). 27 Wenn euch einer von den Un-
gläubigen einlädt und ihr wollt hingehen,
so esst alles, was euch vorgesetzt wird,
und forscht nicht nach, damit ihr das
Gewissen nicht beschwert. 28 Wenn aber
jemand zu euch sagen würde: Das ist
[a]Opferfleisch, so esst nicht davon, um
dessentwillen, der es euch gesagt hat, und
damit ihr das Gewissen nicht beschwert.
29 Ich rede aber nicht von deinem eigenen
Gewissen, sondern von dem des andern.
Denn warum sollte ich das Gewissen
eines andern über meine Freiheit urtei-
len lassen? 30 Wenn ich's [a]mit Danksa-
gung genieße, was soll ich mich dann

10,1: *a* 2. Mose 13,21; *b* 2. Mose 14,22 **10,3:** *a* 2. Mose 16,4.35; 5. Mose 8,3 **10,4:** *a* 2. Mose 17,6 **10,5:** *a* 4. Mose 14,22-32 **10,6:** *a* 4. Mose 11,4 **10,8:** *a* 4. Mose 25,1.9 **10,9:** *a* 4. Mose 21,4-6 **10,10:** *a* 4. Mose 14,2.35-36; Hebr 3,11.17 **10,11:** *a* 1. Petr 4,7 **10,13:** *a* Ps 68,20; 2. Petr 2,9 **10,14:** *a* 1. Joh 5,21 **10,16:** *a* Kap 11,23-26; Mt 26,27; Apg 2,42 **10,17:** *a* Kap 12,27; Röm 12,5 **10,18:** *a* 3. Mose 7,6 **10,19:** *a* Kap 8,4 **10,21:** *a* Mt 6,24; 2. Kor 6,15-16 **10,23:** *a* Kap 6,12 **10,24:** *a* Röm 15,2; Phil 2,4 **10,25:** *a* Röm 14,2-10.22 **10,28:** *a* Kap 8,7 **10,30:** *a* 1. Tim 4,4

wegen etwas verlästern lassen, wofür
ich danke?

31 **Ob ihr nun esst oder trinkt oder was
ihr auch tut, das tut alles zu Gottes Ehre.** [a]
32 [a] Erregt keinen Anstoß, weder bei den
Juden noch bei den Griechen noch bei
der Gemeinde Gottes, 33 so wie [a] auch ich
jedermann in allem zu Gefallen lebe und
suche nicht, was mir, sondern was vielen
dient, damit sie gerettet werden.

11 Folgt meinem Beispiel wie ich dem
Beispiel Christi!

Die Frau im Gottesdienst

2 Ich lobe euch, weil ihr in allen Stücken
an mich denkt und an den Überlieferun-
gen festhaltet, wie ich sie euch gegeben
habe. 3 Ich lasse euch aber wissen, dass
Christus das Haupt eines jeden Mannes
ist; [a] der Mann aber ist das Haupt der
Frau; [b] Gott aber ist das Haupt Christi.
4 Ein jeder Mann, der betet oder pro-
phetisch redet und hat etwas auf dem
Haupt, der schändet sein Haupt. 5 Eine
Frau aber, die betet oder prophetisch re-
det mit unbedecktem Haupt, die schän-
det ihr Haupt; denn es ist gerade so, als
wäre sie geschoren. 6 Will sie sich nicht
bedecken, so soll sie sich doch das Haar
abschneiden lassen! Weil es aber für die
Frau eine Schande ist, dass sie das Haar
abgeschnitten hat oder geschoren ist, soll
sie das Haupt bedecken.

7 Der Mann aber soll das Haupt nicht
bedecken, denn er ist Gottes Bild und
Abglanz; die Frau aber ist des Mannes
Abglanz. 8 Denn der Mann ist nicht von
der Frau, sondern [a] die Frau von dem
Mann. 9 Und der Mann ist nicht geschaf-
fen um der Frau willen, sondern [a] die
Frau um des Mannes willen. 10 Darum
soll die Frau eine Macht* auf dem Haupt
haben um der Engel willen. 11 Doch in
dem Herrn ist weder die Frau etwas ohne
den Mann noch der Mann etwas ohne
die Frau; 12 denn wie die Frau von dem
Mann, so kommt auch der Mann durch
die Frau; aber alles von Gott.
13 Urteilt bei euch selbst, ob es sich
ziemt, dass eine Frau unbedeckt vor Gott
betet. 14 Lehrt euch nicht auch die Natur,
dass es für einen Mann eine Unehre ist,
wenn er langes Haar trägt, 15 aber für
eine Frau eine Ehre, wenn sie langes
Haar hat? Das Haar ist ihr als Schleier
gegeben. 16 Ist aber jemand unter euch,
der Lust hat, darüber zu streiten, so soll
er wissen, dass wir diese Sitte nicht ha-
ben, die Gemeinden Gottes auch nicht.

Vom Abendmahl des Herrn

17 Dies aber muss ich befehlen: Ich kann's
nicht loben, dass ihr nicht zu eurem Nut-
zen, sondern zu eurem Schaden zusam-
menkommt. 18 Zum Ersten höre ich:
Wenn ihr in der Gemeinde zusammen-
kommt, sind [a] Spaltungen unter euch;
und zum Teil glaube ich's. 19 Denn [a] es
müssen ja Spaltungen unter euch sein,
damit die Rechtschaffenen unter euch of-
fenbar werden. 20 Wenn ihr nun zusam-
menkommt, so hält man da nicht das
Abendmahl des Herrn. 21 Denn ein jeder
nimmt beim Essen sein eigenes Mahl
vorweg und der eine ist hungrig, der an-
dere ist betrunken. [a] 22 Habt ihr denn
nicht Häuser, wo ihr essen und trinken
könnt? Oder verachtet ihr die Gemeinde
Gottes und [a] beschämt die, die nichts ha-
ben? Was soll ich euch sagen? Soll ich
euch loben? Hierin lobe ich euch nicht.

23 [a] Denn ich habe von dem Herrn
empfangen, was ich euch weitergegeben
habe: **Der Herr Jesus, in der Nacht, da er
verraten ward, nahm er das Brot, 24 dankte
und brach's und sprach:** ** **Das ist mein
Leib, der für euch gegeben wird; das tut zu
meinem Gedächtnis. 25 Desgleichen nahm
er auch den Kelch nach dem Mahl und
sprach: Dieser Kelch ist der neue Bund+ in
meinem Blut; das tut, sooft ihr daraus
trinkt, zu meinem Gedächtnis.** 26 Denn so-
oft ihr von diesem Brot esst und aus dem
Kelch trinkt, verkündigt ihr den Tod des
Herrn, [a] bis er kommt.

27 Wer nun [a] unwürdig++ von dem Brot

* »Macht« bedeutet wohl »Schleier«.

** Spätere Textzeugen haben entsprechend Mt 26,26 die Worte »Nehmet, esset« eingefügt.

\+ Luther übersetzte: »das neue Testament«.

++ »Unwürdig«: d.h. in einer Weise, die die Heilstat Christi durch liebloses Verhalten missachtet (vgl. 11,21-22).

10,31: *a* Kol 3,17 **10,32:** *a* Röm 14,13 **10,33:** *a* Kap 9,20-22 **11,3:** *a* 1.Mose 3,16; Eph 5,23; *b* Kap 3,23 **11,8:** *a* 1.Mose 2,21-23 **11,9:** *a* 1.Mose 2,18 **11,18:** *a* Kap 1,12; 3,3 **11,19:** *a* Mt 18,7; 1.Joh 2,19 **11,21:** *a* Jud 12 **11,22:** *a* Jak 2,5-6 **11,23:** *a (23-25)* Mt 26,26-28; Mk 14,22-24; Lk 22,19-20 **11,26:** *a* Mt 26,29 **11,27:** *a* Verse 21-22

isst oder aus dem Kelch des Herrn trinkt,
der wird schuldig sein am Leib und Blut
des Herrn. 28 Der Mensch [a]prüfe aber
sich selbst, und so esse er von diesem
Brot und trinke aus diesem Kelch.
29 Denn wer so isst und trinkt, dass er
[a]den Leib des Herrn nicht achtet, der
isst und trinkt sich selber zum Gericht.
30 Darum sind auch viele Schwache und
Kranke unter euch, und nicht wenige
sind entschlafen. 31 Wenn wir uns selber
richteten, so würden wir nicht gerichtet.
32 Wenn wir aber von dem Herrn gerich-
tet werden, so werden wir gezüchtigt, da-
mit wir nicht samt der Welt verdammt
werden.[a]
33 Darum, meine lieben Brüder, wenn
ihr zusammenkommt, um zu essen, so
wartet aufeinander. 34 Hat jemand Hun-
ger, so esse er daheim, damit ihr nicht
zum Gericht zusammenkommt.

Das andre will ich ordnen, wenn ich komme.

Viele Gaben – ein Geist

12 Über die Gaben des Geistes aber
will ich euch, liebe Brüder, nicht in
Unwissenheit lassen. 2 Ihr wisst: als ihr
Heiden wart, zog es euch mit Macht zu
den [a]stummen Götzen. 3 Darum tue ich
euch kund, dass niemand Jesus verflucht,
der durch den Geist Gottes redet; und
[a]niemand kann Jesus den Herrn nennen
außer durch den Heiligen Geist.
4 [a]**Es sind** [b]**verschiedene Gaben; aber es**
ist ein Geist. 5 **Und es sind** [a]**verschiedene**
Ämter; aber es ist ein Herr. 6 **Und es sind**
verschiedene Kräfte; aber es ist ein Gott,
der da wirkt alles in allen. 7 In einem
jeden offenbart sich der Geist zum Nut-
zen aller;[a] 8 dem einen wird durch den
Geist gegeben, von der Weisheit zu re-
den; dem andern wird gegeben, von der
Erkenntnis zu reden, nach demselben
Geist; 9 einem andern Glaube, in demsel-
ben Geist; einem andern die Gabe, ge-
sund zu machen, in dem **einen** Geist;
10 einem andern die Kraft, Wunder zu
tun; einem andern prophetische Rede;
einem andern die Gabe, die Geister zu
unterscheiden; einem andern mancherlei
[a]Zungenrede; einem andern die Gabe,
sie auszulegen. 11 Dies alles aber wirkt
derselbe **eine** Geist und [a]teilt einem jeden
das Seine zu, wie er will.

Viele Glieder – ein Leib

12 Denn wie der Leib **einer** ist und doch
viele Glieder hat, alle Glieder des Leibes
aber, obwohl sie viele sind, doch **ein** Leib
sind: so auch Christus. 13 Denn [a]wir sind
durch **einen** Geist alle zu **einem** Leib ge-
tauft, wir seien Juden oder Griechen,
Sklaven oder Freie, und sind alle mit
einem Geist getränkt.
14 Denn auch der Leib ist nicht **ein**
Glied, sondern viele. 15 Wenn aber der
Fuß spräche: Ich bin keine Hand, darum
bin ich nicht Glied des Leibes, sollte er
deshalb nicht Glied des Leibes sein?
16 Und wenn das Ohr spräche: Ich bin
kein Auge, darum bin ich nicht Glied des
Leibes, sollte es deshalb nicht Glied des
Leibes sein? 17 Wenn der ganze Leib
Auge wäre, wo bliebe das Gehör? Wenn
er ganz Gehör wäre, wo bliebe der Ge-
ruch? 18 Nun aber hat Gott die Glieder
eingesetzt, ein jedes von ihnen im Leib,
so wie er gewollt hat. 19 Wenn aber alle
Glieder **ein** Glied wären, wo bliebe der
Leib? 20 Nun aber sind es viele Glieder,
aber der Leib ist **einer.**
21 Das Auge kann nicht sagen zu der
Hand: Ich brauche dich nicht; oder auch
das Haupt zu den Füßen: Ich brauche
euch nicht. 22 Vielmehr sind die Glieder
des Leibes, die uns die schwächsten zu
sein scheinen, die nötigsten; 23 und die
uns am wenigsten ehrbar zu sein schei-
nen, die umkleiden wir mit besonderer
Ehre; und bei den unanständigen achten
wir besonders auf Anstand; 24 denn die
anständigen brauchen's nicht. Aber Gott
hat den Leib zusammengefügt und dem
geringeren Glied höhere Ehre gegeben,
25 damit im Leib keine Spaltung sei, son-
dern die Glieder in gleicher Weise fürein-
ander sorgen. 26 **Und wenn ein Glied lei-**
det, so leiden alle Glieder mit, und wenn
ein Glied geehrt wird, so freuen sich alle
Glieder mit.
27 Ihr aber seid der Leib Christi und
jeder von euch ein Glied.[a] 28 Und Gott

11,28: *a* Mt 26,22 **11,29:** *a* Kap 10,16-17 **11,32:** *a* Spr 3,11-12 **12,2:** *a* Hab 2,18-19 **12,3:** *a* Mk 9,39; 1. Joh 4,2-3 **12,4:** *a (4-6)* Eph 4,4-6.11; *b* Röm 12,6 **12,5:** *a* Vers 28 **12,7:** *a* Kap 14,26 **12,10:** *a* Kap 14,1-40; Apg 2,4 **12,11:** *a* Röm 12,3; Eph 4,7 **12,13:** *a* Gal 3,28 **12,27:** *a* Röm 12,5 hat in der Gemeinde eingesetzt erstens Apostel, zweitens Propheten, drittens Lehrer, dann Wundertäter, dann Gaben, gesund zu machen, zu helfen, zu leiten und mancherlei Zungenrede.[a] 29 Sind alle Apostel? Sind alle Propheten? Sind alle Lehrer? Sind alle Wundertäter? 30 Haben alle die Gabe, gesund zu machen? Reden alle in Zungen? Können alle auslegen? 31 Strebt aber nach den größeren Gaben![a]

Und ich will euch einen noch besseren Weg zeigen.

Das Hohelied der Liebe

13 Wenn ich mit Menschen- und mit Engelzungen redete und hätte die Liebe nicht, so wäre ich ein tönendes Erz oder eine klingende Schelle. 2 Und wenn ich [a]prophetisch reden könnte und wüsste alle Geheimnisse und alle Erkenntnis und [b]hätte allen Glauben, sodass ich Berge versetzen könnte, und hätte die Liebe nicht, so wäre ich nichts. 3 Und [a]wenn ich alle meine Habe den Armen gäbe und ließe meinen Leib verbrennen* und hätte die Liebe nicht, so wäre mir's nichts nütze.

4 Die Liebe ist langmütig und freundlich, die Liebe eifert nicht, die Liebe treibt nicht Mutwillen, sie bläht sich nicht auf, 5 sie verhält sich nicht ungehörig, sie [a]sucht nicht das Ihre, sie lässt sich nicht erbittern, sie rechnet das Böse nicht zu, 6 sie freut sich nicht über die Ungerechtigkeit, sie freut sich aber an der Wahrheit;[a] 7 sie erträgt alles, sie glaubt alles, sie hofft alles, sie duldet alles.[a]

8 Die Liebe hört niemals auf, wo doch das prophetische Reden aufhören wird und das Zungenreden aufhören wird und die Erkenntnis aufhören wird. 9 Denn unser Wissen ist Stückwerk und unser prophetisches Reden ist Stückwerk. 10 Wenn aber kommen wird das Vollkommene, so wird das Stückwerk aufhören.

11 Als ich ein Kind war, da redete ich wie ein Kind und dachte wie ein Kind und war klug wie ein Kind; als ich aber ein Mann wurde, tat ich ab, was kindlich war. 12 Wir [a]sehen jetzt durch einen Spiegel ein dunkles Bild; dann aber von Angesicht zu Angesicht. Jetzt erkenne ich stückweise; dann aber werde ich erkennen, [b]wie ich erkannt bin.

13 Nun aber bleiben [a]Glaube, Hoffnung, [b]Liebe, diese drei; aber die Liebe ist die größte unter ihnen.

Zungenrede und prophetische Rede

14 Strebt nach der Liebe! Bemüht euch um die Gaben des Geistes, am meisten aber um die Gabe der prophetischen Rede! 2 Denn wer [a]in Zungen** redet, der redet nicht für Menschen, sondern für Gott; denn niemand versteht ihn, vielmehr redet er im Geist von Geheimnissen. 3 Wer aber prophetisch redet, der redet den Menschen zur Erbauung und zur Ermahnung und zur Tröstung. 4 Wer in Zungen redet, der erbaut sich selbst; wer aber prophetisch redet, der erbaut die Gemeinde. 5 Ich wollte, [a]dass ihr alle in Zungen reden könntet; aber noch viel mehr, dass ihr prophetisch reden könntet. Denn wer prophetisch redet, ist größer als der, der in Zungen redet; es sei denn, er legt es auch aus, damit die Gemeinde dadurch erbaut werde.

6 Nun aber, liebe Brüder, wenn ich zu euch käme und redete in Zungen, was würde ich euch nützen, wenn ich nicht mit euch redete in Worten der Offenbarung oder der [a]Erkenntnis oder der Prophetie oder der Lehre? 7 Verhält sich's doch auch so mit leblosen Dingen, die Töne hervorbringen, es sei eine Flöte oder eine Harfe: wenn sie nicht unterschiedliche Töne von sich geben, wie kann man erkennen, was auf der Flöte oder auf der Harfe gespielt wird? 8 Und wenn die Posaune einen undeutlichen Ton gibt, wer wird sich zum Kampf rüsten? 9 So auch ihr: wenn ihr in Zungen redet und nicht mit deutlichen Worten, wie kann man wissen, was gemeint ist?

* Alte wichtige Textzeugen haben: »und meinen Leib hingäbe, um Ruhm zu gewinnen«.
** Siehe Sach- und Worterklärungen zu »Zungenrede«.

12,28: *a* Eph 4,11-12 **12,31:** *a* Kap 14,1.12 **13,2:** *a* Mt 7,22; *b* Mt 17,20 **13,3:** *a* Mt 6,2 **13,5:** *a* Phil 2,4 **13,6:** *a* Röm 12,9 **13,7:** *a* Spr 10,12; Mt 18,21-22; Röm 15,1 **13,12:** *a* 4. Mose 12,8; 2. Kor 5,7; *b* Kap 8,3 **13,13:** *a* 1. Thess 1,3; *b* 1. Joh 4,16 **14,2:** *a* Apg 2,4; 10,46 **14,5:** *a* Kap 12,10 **14,6:** *a* Kap 12,8

Ihr werdet in den Wind reden. 10 Es gibt
so viele Arten von Sprache in der Welt
und nichts ist ohne Sprache. 11 Wenn ich
nun die Bedeutung der Sprache nicht
kenne, werde ich den nicht verstehen, der
redet, und der redet, wird mich nicht
verstehen.

12 So auch ihr: da ihr euch bemüht um
die Gaben des Geistes, so trachtet da-
nach, dass ihr die Gemeinde erbaut und
alles reichlich habt. 13 Wer also in Zungen
redet, der bete, dass er's auch auslegen
könne.[a] 14 Denn wenn ich in Zungen
bete, so betet mein Geist; aber was ich im
Sinn habe, bleibt ohne Frucht. 15 Wie soll
es denn nun sein? Ich will beten mit dem
Geist und will auch beten mit dem Ver-
stand; ich will [a] Psalmen singen mit dem
Geist und will auch Psalmen singen mit
dem Verstand. 16 Wenn du Gott lobst im
Geist, wie soll der, der als Unkundiger
dabeisteht, das Amen sagen auf dein
Dankgebet, da er doch nicht weiß, was
du sagst? 17 Dein Dankgebet mag schön
sein; aber der andere wird dadurch nicht
erbaut.

18 Ich danke Gott, dass ich mehr in
Zungen rede als ihr alle. 19 Aber ich will
in der Gemeinde lieber fünf Worte reden
mit meinem Verstand, damit ich auch
andere unterweise, als zehntausend Wor-
te in Zungen.

20 Liebe Brüder, seid nicht [a] Kinder,
wenn es ums Verstehen geht; sondern
seid Kinder, wenn es um Böses geht;
im Verstehen aber seid vollkommen.
21 Im Gesetz steht geschrieben (Jesaja
28,11-12): »Ich will in andern Zungen
und mit andern Lippen reden zu diesem
Volk, und sie werden mich auch so nicht
hören, spricht der Herr.« 22 Darum ist die
Zungenrede ein Zeichen nicht für die
Gläubigen, sondern für die Ungläubigen;
die prophetische Rede aber ein Zeichen
nicht für die Ungläubigen, sondern für
die Gläubigen.

23 Wenn nun die ganze Gemeinde an
einem Ort zusammenkäme und alle rede-
ten in Zungen, es kämen aber Unkundige
oder Ungläubige hinein, würden sie nicht
sagen, ihr seid von Sinnen? 24 Wenn sie
aber alle prophetisch redeten und es
käme ein Ungläubiger oder Unkundiger
hinein, der würde von allen geprüft und
von allen überführt; 25 [a] was in seinem
Herzen verborgen ist, würde offenbar,
und so würde er niederfallen auf sein
Angesicht, Gott anbeten und bekennen,
dass Gott wahrhaftig unter euch ist.

26 Wie ist es denn nun, liebe Brüder?
Wenn ihr zusammenkommt, [a] so hat ein
jeder einen Psalm, er hat eine Lehre, er
hat eine Offenbarung, er hat eine Zun-
genrede, er hat eine Auslegung. **Lasst es
alles geschehen [b] zur Erbauung!** 27 Wenn
jemand in Zungen redet, so seien es zwei
oder höchstens drei und einer nach dem
andern; und einer lege es aus. 28 Ist aber
kein Ausleger da, so schweige er in der
Gemeinde und rede für sich selber und
für Gott. 29 Auch von den Propheten lasst
zwei oder drei reden, und die andern
lasst [a] darüber urteilen. 30 Wenn aber
einem andern, der dabeisitzt, eine Offen-
barung zuteil wird, so schweige der
Erste. 31 Ihr könnt alle prophetisch reden,
doch einer nach dem andern, damit alle
lernen und alle ermahnt werden. 32 Die
Geister der Propheten sind den Prophe-
ten untertan. 33 Denn Gott ist nicht
ein Gott der [a] Unordnung, sondern des
Friedens.

Wie in allen Gemeinden der Heiligen
34 sollen [a] die Frauen schweigen in der
Gemeindeversammlung; denn es ist ih-
nen nicht gestattet zu reden, sondern [b] sie
sollen sich unterordnen, wie auch das
Gesetz sagt. 35 Wollen sie aber etwas ler-
nen, so sollen sie daheim ihre Männer
fragen. Es steht der Frau schlecht an, in
der Gemeinde zu reden. 36 Oder ist das
Wort Gottes von euch ausgegangen?
Oder ist's allein zu euch gekommen?

37 Wenn einer meint, er sei ein Prophet
oder vom Geist erfüllt, [a] der erkenne,
dass es des Herrn Gebot ist, was ich
euch schreibe. 38 Wer aber das nicht aner-
kennt, der wird auch nicht anerkannt.
39 Darum, liebe Brüder, bemüht euch um
die prophetische Rede und wehrt nicht
der Zungenrede. 40 Lasst aber alles ehr-
bar und [a] ordentlich zugehen.

14,13: *a* Kap 12,10 **14,15:** *a* Eph 5,19 **14,20:** *a* Eph 4,14 **14,25:** *a* Joh 16,8 **14,26:** *a* Kap 12,8-10; *b* Eph 4,12
14,29: *a* Apg 17,11; 1. Thess 5,21 **14,33:** *a* Vers 40 **14,34:** *a* 1. Tim 2,11-12; *b* 1. Mose 3,16 **14,37:** *a* 1. Joh 4,6
14,40: *a* Vers 33; Kol 2,5

Von der Auferstehung
(Kapitel 15,1-58)

Das Zeugnis von der Auferstehung Christi

15 Ich erinnere euch aber, liebe Brü-
der, an das Evangelium, das ich
euch verkündigt habe, das ihr auch ange-
nommen habt, in dem ihr auch fest steht,
2 durch das ihr auch selig werdet, wenn
ihr's festhaltet in der Gestalt, in der ich
es euch verkündigt habe; es sei denn,
dass ihr umsonst gläubig geworden wärt.
3 Denn als Erstes habe ich euch weiter-
gegeben, was ich auch empfangen habe:
**Dass Christus gestorben ist für unsre Sün-
den [a]nach der Schrift; 4 und dass er be-
graben worden ist; und dass er auferstan-
den ist am dritten Tage [a]nach der Schrift;
5 und dass er [a]gesehen worden ist von Ke-
phas, [b]danach von den Zwölfen.**
6 Danach ist er gesehen worden von
mehr als fünfhundert Brüdern auf ein-
mal, von denen die meisten noch heute
leben, einige aber sind entschlafen. 7 Da-
nach ist er gesehen worden von Jakobus,
danach [a]von allen Aposteln. 8 Zuletzt von
allen ist er [a]auch von mir als einer un-
zeitigen Geburt gesehen worden. 9 Denn
[a]ich bin der geringste unter den Apos-
teln, der ich nicht wert bin, dass ich ein
Apostel heiße, [b]weil ich die Gemeinde
Gottes verfolgt habe. 10 Aber [a]durch
Gottes Gnade bin ich, was ich bin. Und
seine Gnade an mir ist nicht vergeblich
gewesen, sondern ich habe viel mehr gear-
beitet als sie alle; nicht aber ich, sondern
Gottes Gnade, die mit mir ist. 11 Es sei
nun ich oder jene: so predigen wir und so
habt ihr geglaubt.

Gegen die Leugnung der Auferstehung der Toten

12 Wenn aber Christus gepredigt wird,
dass er von den Toten auferstanden ist,
wie sagen dann einige unter euch: Es gibt
keine Auferstehung der Toten? 13 Gibt es
keine Auferstehung der Toten, so ist auch
Christus nicht auferstanden. 14 **Ist aber
Christus nicht auferstanden, so ist unsre
Predigt vergeblich, so ist auch euer
Glaube vergeblich.** 15 Wir würden dann
auch als falsche [a]Zeugen Gottes befun-
den, weil wir gegen Gott bezeugt hätten,
er habe Christus auferweckt, den er nicht
auferweckt hätte, wenn doch die Toten
nicht auferstehen. 16 Denn wenn die To-
ten nicht auferstehen, so ist Christus
auch nicht auferstanden. 17 Ist Christus
aber nicht auferstanden, so ist euer
Glaube nichtig, so seid ihr noch in euren
Sünden; 18 so sind auch die, die in Chris-
tus entschlafen sind, verloren. 19 **Hoffen
wir allein in diesem Leben auf Christus, so
sind wir die elendesten unter allen Men-
schen.**

Christus ist auferstanden

20 **Nun aber [a]ist Christus auferstanden von
den Toten als [b]Erstling unter denen, die
entschlafen sind.** 21 Denn da durch **einen**
Menschen [a]der Tod gekommen ist, so
kommt auch durch **einen** Menschen die
Auferstehung der Toten.[b] 22 Denn wie sie
in Adam alle sterben, so werden sie in
Christus alle lebendig gemacht werden.
23 Ein jeder aber in seiner Ordnung: als
Erstling Christus; [a]danach, wenn er
kommen wird, die, die Christus ange-
hören; 24 danach das Ende, wenn er das
Reich Gott, dem Vater, übergeben wird,
nachdem er [a]alle Herrschaft und alle
Macht und Gewalt vernichtet hat.
25 Denn er muss herrschen, bis Gott
ihm [a]»alle Feinde unter seine Füße legt«
(Psalm 110,1). 26 **Der letzte Feind, der ver-
nichtet wird, ist der Tod.**[a] 27 Denn »alles
hat er unter seine Füße getan« (Psalm
8,7). Wenn es aber heißt, **alles** sei ihm
unterworfen, so ist offenbar, dass der
ausgenommen ist, der ihm alles unter-
worfen hat. 28 Wenn aber alles ihm unter-
tan sein wird, dann wird auch der Sohn
selbst untertan sein dem, der ihm alles
unterworfen hat, damit Gott sei alles in
allem.

Leben aus der Auferstehung

29 Was soll es sonst, dass sich einige für
die Toten taufen lassen? Wenn die Toten
gar nicht auferstehen, was lassen sie sich

15,3: *a* Jes 53,12 **15,4:** *a* Hos 6,2; Lk 24,27.44-46 **15,5:** *a* Lk 24,34; *b* Joh 20,19.26 **15,7:** *a* Lk 24,50 **15,8:** *a* Kap 9,1; Apg 9,3-6 **15,9:** *a* Eph 3,8; *b* Apg 8,3 **15,10:** *a* 2.Kor 11,5.23 **15,15:** *a* Apg 1,22 **15,20:** *a* Kap 6,14; *b* Kol 1,18 **15,21:** *a* 1.Mose 3,17-19; *b* Röm 5,18 **15,23:** *a* 1.Thess 4,16-17 **15,24:** *a* Röm 8,38 **15,25:** *a* Mt 22,44 **15,26:** *a* Offb 20,14; 21,4

dann für sie taufen? 30 Und was stehen
wir dann jede Stunde in Gefahr?[a] 31 So
wahr ihr, liebe Brüder, mein Ruhm seid,
den ich in Christus Jesus, unserm Herrn,
habe: [a]Ich sterbe täglich. 32 Habe ich nur
im Blick auf dieses Leben in Ephesus mit
wilden Tieren gekämpft, was hilft's mir?
Wenn die Toten nicht auferstehen, dann
»lasst uns essen und trinken; denn mor-
gen sind wir tot!« (Jesaja 22,13) 33 **Lasst
euch nicht verführen! Schlechter Umgang
verdirbt gute Sitten.** 34 Werdet doch ein-
mal recht [a]nüchtern und sündigt nicht!
Denn einige wissen nichts von Gott; das
sage ich euch zur Schande.

Der neue Leib bei der Auferstehung

35 Es könnte aber jemand fragen: Wie
werden die Toten auferstehen und mit
was für einem Leib werden sie kommen?
36 Du Narr: Was du säst, wird nicht le-
bendig, [a]wenn es nicht stirbt. 37 Und was
du säst, ist ja nicht der Leib, der wer-
den soll, sondern ein bloßes Korn, sei es
von Weizen oder etwas anderem. 38 Gott
aber gibt ihm einen Leib, wie er will,
einem jeden Samen seinen eigenen Leib.
39 Nicht alles Fleisch ist das gleiche
Fleisch, sondern ein anderes Fleisch ha-
ben die Menschen, ein anderes das Vieh,
ein anderes die Vögel, ein anderes die
Fische. 40 Und es gibt himmlische Körper
und irdische Körper; aber eine andere
Herrlichkeit haben die himmlischen und
eine andere die irdischen. 41 Einen andern
Glanz hat die Sonne, einen andern Glanz
hat der Mond, einen andern Glanz haben
die Sterne; denn ein Stern unterscheidet
sich vom andern durch seinen Glanz.

42 So auch die Auferstehung der Toten.
**Es wird gesät verweslich und wird auf-
erstehen unverweslich.** 43 **Es wird gesät
in Niedrigkeit und wird auferstehen in
[a]Herrlichkeit. Es wird gesät in Armselig-
keit und wird auferstehen in Kraft.** 44 **Es
wird gesät ein natürlicher Leib und wird
auferstehen ein geistlicher Leib.** Gibt es
einen natürlichen Leib, so gibt es auch
einen geistlichen Leib. 45 Wie geschrieben
steht: Der erste Mensch, Adam, »wurde
zu einem lebendigen Wesen« (1. Mose
2,7), und der letzte Adam zum [a]Geist,
der lebendig macht.

46 Aber der geistliche Leib ist nicht der
erste, sondern der natürliche; danach der
geistliche. 47 Der erste Mensch ist von der
Erde und irdisch; der zweite Mensch ist
vom Himmel. 48 Wie der irdische ist, so
sind auch die irdischen; und wie der
himmlische ist, so sind auch die himmli-
schen. 49 Und wie wir getragen haben
[a]das Bild des irdischen, so werden wir
auch tragen das Bild des himmlischen.

Verwandlung der Gläubigen und Sieg über den Tod

50 Das sage ich aber, liebe Brüder, dass
Fleisch und Blut das Reich Gottes nicht
ererben können; auch wird das Verwes-
liche nicht erben die Unverweslichkeit.
51 Siehe, ich sage euch ein Geheimnis:
Wir werden nicht alle entschlafen, [a]wir
werden aber alle verwandelt werden;
52 und das plötzlich, in einem Augen-
blick, zur Zeit der letzten Posaune. Denn
[a]es wird die Posaune erschallen und die
Toten werden auferstehen unverweslich,
und wir werden verwandelt werden.
53 Denn dies Verwesliche muss anziehen
die Unverweslichkeit, und dies Sterbliche
muss anziehen die Unsterblichkeit.[a]

54 Wenn aber dies Verwesliche anziehen
wird die Unverweslichkeit und dies Sterb-
liche anziehen wird die Unsterblichkeit,
dann wird erfüllt werden das Wort, das
geschrieben steht (Jesaja 25,8; Hosea
13,14): »Der Tod ist verschlungen vom
Sieg. 55 **Tod, wo ist dein Sieg? Tod, wo ist
dein Stachel?«*** 56 Der Stachel des Todes
aber ist die Sünde, [a]die Kraft aber der
Sünde ist das Gesetz. 57 **Gott aber sei
Dank, der uns den [a]Sieg gibt durch un-
sern Herrn Jesus Christus!**

58 Darum, meine lieben Brüder, seid
fest, unerschütterlich und nehmt immer
zu in dem Werk des Herrn, weil ihr wisst,
dass eure Arbeit nicht vergeblich ist in
dem Herrn.

* Luther übersetzte die Verse 54b-55 nach anderer Überlieferung: »Der Tod ist verschlungen in den Sieg. Tod, wo ist dein Stachel? Hölle, wo ist dein Sieg?«

15,30: *a* Röm 8,36; Gal 5,11 **15,31:** *a* 2. Kor 4,10 **15,34:** *a* 1. Thess 5,8 **15,36:** *a* Joh 12,24 **15,43:** *a* Phil 3,21; Kol 3,4 **15,45:** *a* 2. Kor 3,17 **15,49:** *a* 1. Mose 5,3 **15,51:** *a* 1. Thess 4,15-17 **15,52:** *a* Mt 24,31 **15,53:** *a* 2. Kor 5,4 **15,56:** *a* Röm 7,8.11.13 **15,57:** *a* 1. Joh 5,4

Geldsammlung für die Gemeinde in Jerusalem

16 Was aber die [a]Sammlung für die
Heiligen angeht: Wie ich in den
Gemeinden in Galatien angeordnet habe,
so sollt auch ihr tun! 2 An jedem [a]ersten
Tag der Woche lege ein jeder von euch
bei sich etwas zurück und sammle an,
so viel ihm möglich ist, damit die Samm-
lung nicht erst dann geschieht, wenn ich
komme. 3 Wenn ich aber gekommen bin,
will ich die, die ihr für bewährt haltet,
mit Briefen senden, damit sie eure Gabe
nach Jerusalem bringen. 4 Wenn es aber
die Mühe lohnt, dass ich auch hinreise,
sollen sie mit mir reisen.

Reisepläne

5 Ich will aber zu euch kommen, sobald
ich [a]durch Mazedonien gezogen bin;
denn durch Mazedonien werde ich nur
durchreisen. 6 Bei euch aber werde ich,
wenn möglich, eine Weile bleiben oder
auch den Winter zubringen, damit ihr
mich dann dahin geleitet, wohin ich zie-
hen werde. 7 Ich will euch jetzt nicht nur
sehen, wenn ich durchreise; denn ich
hoffe, [a]ich werde einige Zeit bei euch
bleiben, wenn es der Herr zulässt. 8 Ich
werde aber in [a]Ephesus bleiben bis
Pfingsten. 9 Denn mir ist [a]eine Tür auf-
getan zu reichem Wirken; aber auch viele
Widersacher sind da.
10 Wenn [a]Timotheus kommt, so seht
zu, dass er ohne Furcht bei euch sein
kann; denn [b]er treibt auch das Werk des
Herrn wie ich. 11 Dass ihn nur nicht je-
mand verachte! Geleitet ihn aber in Frie-
den, dass er zu mir komme; denn ich
warte auf ihn mit den Brüdern. 12 Von
[a]Apollos, dem Bruder, aber sollt ihr wis-
sen, dass ich ihn oft ermahnt habe, mit
den Brüdern zu euch zu kommen; aber es
war durchaus nicht sein Wille, jetzt zu
kommen; er wird aber kommen, wenn es
ihm gelegen sein wird.

Ermahnungen und Grüße

13 Wachet, steht im Glauben, seid mutig
und [a]seid stark! 14 Alle eure Dinge lasst in
der Liebe geschehen!
15 Ich ermahne euch aber, liebe Brüder:
Ihr kennt [a]das Haus des Stephanas, dass
sie die Erstlinge in Achaja sind und ha-
ben sich selbst bereitgestellt zum Dienst
für die Heiligen. 16 Ordnet auch ihr euch
solchen unter und allen, die mitarbeiten
und sich mühen! 17 Ich freue mich über
die Ankunft des Stephanas und Fortuna-
tus und Achaikus; denn sie haben mir
euch, die ihr nicht hier sein könnt, er-
setzt. 18 Sie haben meinen und euren
Geist erquickt. [a]Erkennt solche Leute
an!
19 Es grüßen euch die Gemeinden in
der Provinz Asien. Es grüßen euch viel-
mals in dem Herrn [a]Aquila und Priska
samt der Gemeinde in ihrem Hause. 20 Es
grüßen euch alle Brüder. Grüßt euch un-
tereinander mit dem heiligen Kuss.
21 Hier [a]mein, des Paulus, eigenhändiger
Gruß. 22 Wenn jemand den Herrn nicht
lieb hat, der sei verflucht. [a]Maranata!*
23 Die Gnade des Herrn Jesus sei mit
euch! 24 Meine Liebe ist mit euch allen in
Christus Jesus!

* Maranata bedeutet: »Unser Herr, komm!«, oder: »Unser Herr kommt!«

16,1: *a* 2. Kor 8,1–9,15; Gal 2,10 **16,2:** *a* Apg 20,7 **16,5:** *a* Apg 19,21 **16,7:** *a* Apg 20,2 **16,8:** *a* Apg 19,1.10 **16,9:** *a* 2. Kor 2,12; Kol 4,3 **16,10:** *a* Kap 4,17; *b* Phil 2,19-22 **16,12:** *a* Kap 1,12 **16,13:** *a* Eph 6,10 **16,15:** *a* Kap 1,16 **16,18:** *a* 1. Thess 5,12; Phil 2,29 **16,19:** *a* Apg 18,2; Röm 16,3.5 **16,21:** *a* Gal 6,11; Kol 4,18; 2. Thess 3,17 **16,22:** *a* Offb 22,20

DER ZWEITE BRIEF DES PAULUS AN DIE KORINTHER

Inhaltsübersicht

1 Paulus, ein [a]Apostel Christi Jesu
durch den Willen Gottes, und Timo-
theus, unser Bruder, an die Gemeinde
Gottes in Korinth samt allen Heiligen in
ganz Achaja:
2 Gnade sei mit euch und Friede von
Gott, unserm Vater, und dem Herrn Je-
sus Christus!

Dank für Gottes Trost in Trübsal

**3 Gelobt sei Gott, der Vater unseres Herrn
Jesus Christus, der Vater der Barmher-
zigkeit und [a]Gott allen Trostes, 4 der uns
tröstet in aller unserer Trübsal, damit wir
auch trösten können, die in allerlei Trübsal
sind, mit dem Trost, mit dem wir selber
getröstet werden von Gott.** 5 Denn wie die
[a]Leiden Christi reichlich über uns kom-
men, so werden wir auch [b]reichlich ge-
tröstet durch Christus.
6 [a]Haben wir aber Trübsal, so ge-
schieht es euch zu Trost und Heil. Haben
wir Trost, so geschieht es zu eurem Trost,
der sich wirksam erweist, wenn ihr mit
Geduld dieselben Leiden ertragt, die
auch wir leiden. 7 Und unsre Hoffnung
steht fest für euch, weil wir wissen: wie
ihr an den Leiden teilhabt, so werdet ihr
auch am Trost teilhaben.
8 Denn wir wollen euch, liebe Brüder,
nicht verschweigen die [a]Bedrängnis, die
uns in der Provinz Asien widerfahren ist,
wo wir über die Maßen beschwert waren
und über unsere Kraft, sodass wir auch
am Leben verzagten 9 und es bei uns
selbst für beschlossen hielten, wir müss-
ten sterben. Das geschah aber, damit wir
unser Vertrauen nicht auf uns selbst setz-
ten, sondern auf Gott, der die Toten auf-
erweckt, 10 der uns aus solcher Todesnot
errettet hat und erretten wird. Auf ihn
hoffen wir, er werde uns auch hinfort
erretten. 11 Dazu helft auch ihr durch
[a]eure Fürbitte für uns, damit unsert-
wegen für die Gabe, die uns gegeben ist,
durch viele Personen viel Dank darge-
bracht werde.

Gegen den Vorwurf der Unwahrhaftigkeit

12 Denn dies ist unser Ruhm: das [a]Zeug-
nis unseres Gewissens, dass wir in Ein-
falt und göttlicher Lauterkeit, nicht in
[b]fleischlicher Weisheit, sondern in der
Gnade Gottes unser Leben in der Welt
geführt haben, und das vor allem bei
euch. 13 Denn wir schreiben euch nichts
anderes, als was ihr lest und auch ver-
steht. Ich hoffe aber, ihr werdet es noch
völlig verstehen, 14 wie ihr uns zum Teil
auch schon verstanden habt, nämlich,
dass [a]wir euer Ruhm sind, wie auch [b]ihr
unser Ruhm seid am Tage unseres Herrn
Jesus.
15 Und in solchem Vertrauen wollte ich
zunächst zu euch kommen, damit ihr
abermals eine Wohltat empfinget. 16 Von
euch aus wollte ich nach Mazedonien
reisen, aus Mazedonien wieder zu euch
kommen und mich von euch geleiten las-
sen nach Judäa.[a] 17 Bin ich etwa leicht-
fertig gewesen, als ich dies wollte? Oder
ist mein Vorhaben fleischlich, sodass das
Ja Ja bei mir auch ein Nein Nein ist?
18 Gott ist mein Zeuge, dass unser
Wort an euch nicht Ja und Nein zugleich
ist. 19 Denn der Sohn Gottes, Jesus Chris-
tus, der unter euch durch uns gepredigt
worden ist, durch mich und [a]Silvanus
und Timotheus, der war nicht Ja und

1,1: *a* 1. Kor 1,1 **1,3:** *a* Röm 15,5 **1,5:** *a* Ps 34,20; Röm 8,17; *b* Ps 94,19 **1,6:** *a* Kap 4,8-11.15 **1,8:** *a* Apg 19,23-40; 1. Kor 15,32 **1,11:** *a* Phil 1,19 **1,12:** *a* Kap 2,17; Hebr 13,18; *b* 1. Kor 1,17 **1,14:** *a* Kap 5,12; *b* Phil 2,16 **1,16:** *a* 1. Kor 16,5-6 **1,19:** *a* Apg 18,5

Nein, sondern es war Ja in ihm. 20 Denn
**auf alle Gottesverheißungen ist in ihm das
Ja; darum sprechen wir auch durch ihn das
[a]Amen, Gott zum Lobe.** 21 Gott ist's aber,
der uns fest macht samt euch in Christus
und uns [a]gesalbt 22 und [a]versiegelt und
in unsre Herzen [b]als Unterpfand den
Geist gegeben hat.

23 Ich rufe aber Gott zum Zeugen an
bei meiner Seele, dass ich euch schonen
wollte und darum nicht wieder nach Ko-
rinth gekommen bin. 24 Nicht dass wir
[a]Herren wären über euren Glauben, son-
dern wir sind Gehilfen eurer Freude;
denn ihr steht im Glauben.

2 Ich hatte aber dies bei mir beschlos-
sen, dass ich nicht abermals in Trau-
rigkeit zu euch käme.[a] 2 Denn wenn ich
euch traurig mache, wer soll mich dann
fröhlich machen? Doch nur der, der von
mir betrübt wird. 3 Und eben dies habe
ich geschrieben, damit ich nicht, wenn
ich komme, über die traurig sein müsste,
über die ich mich freuen sollte. Habe ich
doch zu euch allen das Vertrauen, dass
meine Freude euer aller Freude ist.
4 Denn ich schrieb euch aus großer Trüb-
sal und Angst des Herzens unter vielen
Tränen; nicht damit ihr betrübt werden
sollt, sondern damit ihr die Liebe er-
kennt, die ich habe besonders zu euch.

Vergebung für ein bestraftes Gemeindeglied

5 Wenn aber jemand Betrübnis angerich-
tet hat, der hat nicht mich betrübt, son-
dern zum Teil – damit ich nicht zu viel
sage – euch alle. 6 Es ist aber genug, dass
derselbe von den meisten gestraft ist,
7 sodass ihr nun ihm desto mehr vergeben
und ihn trösten sollt, damit er nicht in
allzu große Traurigkeit versinkt. 8 Darum
ermahne ich euch, dass ihr ihm Liebe
erweist. 9 Denn darum habe ich auch ge-
schrieben, um eure Bewährung zu erken-
nen, ob ihr gehorsam seid in allen Stü-
cken. 10 Wem aber ihr etwas vergebt, dem
vergebe ich auch. Denn auch ich habe,
wenn ich etwas zu vergeben hatte, es ver-
geben um euretwillen [a]vor Christi Ange-
sicht, 11 damit wir nicht übervorteilt wer-
den vom Satan; denn uns ist wohl be-
wusst, [a]was er im Sinn hat.

Die Verkündigung des Evangeliums als Siegeszug Christi

12 Als ich aber nach Troas kam, zu pre-
digen das Evangelium Christi, und mir
[a]eine Tür aufgetan war in dem Herrn,
13 da hatte ich keine Ruhe in meinem
Geist, weil ich [a]Titus, meinen Bruder,
nicht fand; sondern [b]ich nahm Abschied
von ihnen und fuhr nach Mazedonien.

14 Gott aber sei gedankt, der uns alle-
zeit Sieg gibt in Christus und offenbart
den Wohlgeruch seiner Erkenntnis durch
uns an allen Orten! 15 Denn wir sind für
Gott ein Wohlgeruch Christi unter de-
nen, die gerettet werden, und unter de-
nen, die verloren werden:[a] 16 [a]diesen ein
Geruch des Todes zum Tode, jenen aber
ein Geruch des Lebens zum Leben. [b]Wer
aber ist dazu tüchtig? 17 Wir sind ja nicht
wie die vielen, die mit dem Wort Gottes
Geschäfte machen; sondern wie man
[a]aus Lauterkeit und aus Gott reden
muss, so reden wir vor Gott in Christus.

Die Herrlichkeit des Dienstes im neuen Bund

3 Fangen wir denn abermals an, [a]uns
selbst zu empfehlen? Oder brauchen
wir, wie gewisse Leute, Empfehlungs-
briefe an euch oder von euch? 2 Ihr seid
unser Brief, in unser Herz geschrieben,
erkannt und gelesen von allen Men-
schen![a] 3 Ist doch offenbar geworden,
dass ihr ein Brief Christi seid, durch un-
sern Dienst zubereitet, geschrieben nicht
mit Tinte, sondern mit dem Geist des
lebendigen Gottes, nicht auf [a]steinerne
Tafeln, sondern auf fleischerne Tafeln,
nämlich eure Herzen.

4 Solches Vertrauen aber haben wir
durch Christus zu Gott. 5 Nicht dass wir
tüchtig sind von uns selber, uns etwas
zuzurechnen als von uns selber; sondern
[a]dass wir tüchtig sind, ist von Gott, 6 der
uns auch tüchtig gemacht hat zu Dienern
des [a]neuen Bundes, nicht des [b]Buch-

1,20: *a* Offb 3,14 **1,21:** *a* 1. Joh 2,27 **1,22:** *a* Eph 1,13; *b* Kap 5,5; Röm 8,16 **1,24:** *a* Kap 4,5; 1. Petr 5,3 **2,1:** *a* Kap 12,21; 1. Kor 4,21 **2,10:** *a* Joh 20,23 **2,11:** *a* Lk 22,31; 1. Petr 5,8 **2,12:** *a* Apg 14,27; 1. Kor 16,9 **2,13:** *a* Kap 7,6; *b* Apg 20,1 **2,15:** *a* 1. Kor 1,18 **2,16:** *a* Lk 2,34; *b* Kap 3,5 **2,17:** *a* Kap 1,12; 4,2; 1. Petr 4,11 **3,1:** *a* Kap 5,12 **3,2:** *a* 1. Kor 9,2 **3,3:** *a* 2. Mose 24,12 **3,5:** *a* Kap 2,16 **3,6:** *a* Jer 31,31; 1. Kor 11,25; *b* Röm 7,6

stabens, sondern des Geistes. Denn **der
Buchstabe tötet, aber der [c]Geist macht
lebendig.**
7 [a]Wenn aber schon das Amt, das den
Tod bringt und das mit Buchstaben in
Stein gehauen war, Herrlichkeit hatte, so-
dass die Israeliten das Angesicht des
Mose nicht ansehen konnten wegen der
Herrlichkeit auf seinem Angesicht, die
doch aufhörte, 8 wie sollte nicht viel mehr
das Amt, das den Geist gibt, Herrlichkeit
haben?[a] 9 Denn wenn das Amt, das zur
Verdammnis führt, Herrlichkeit hatte,
wie viel mehr hat das Amt, das [a]zur
Gerechtigkeit führt, überschwängliche
Herrlichkeit. 10 Ja, jene Herrlichkeit ist
nicht für Herrlichkeit zu achten gegen-
über dieser überschwänglichen Herrlich-
keit. 11 Denn wenn das Herrlichkeit hatte,
was aufhört, wie viel mehr wird das
Herrlichkeit haben, was bleibt.
12 Weil wir nun solche Hoffnung ha-
ben, sind wir voll großer Zuversicht
13 und tun nicht wie Mose, der eine
Decke vor sein Angesicht hängte, damit
die Israeliten nicht sehen konnten das
Ende der Herrlichkeit, die aufhört.
14 Aber [a]ihre Sinne wurden verstockt.
Denn bis auf den heutigen Tag bleibt
diese Decke unaufgedeckt über dem
Alten Testament, wenn sie es lesen, weil
sie nur in Christus abgetan wird. 15 Aber
bis auf den heutigen Tag, wenn Mose
gelesen wird, hängt die Decke vor ihrem
Herzen. 16 Wenn Israel aber [a]sich be-
kehrt zu dem Herrn, so [b]wird die Decke
abgetan.
17 **Der Herr ist der Geist; wo aber der
Geist des Herrn ist, da ist Freiheit.** 18 Nun
aber schauen wir alle mit aufgedecktem
Angesicht die [a]Herrlichkeit des Herrn
wie in einem Spiegel, und wir werden
verklärt in sein Bild von einer Herrlich-
keit zur andern von dem Herrn, der der
Geist ist.

Das Licht des Evangeliums im Amt des Apostels

4 Darum, weil wir dieses [a]Amt haben
nach der [b]Barmherzigkeit, die uns
widerfahren ist, werden wir nicht müde,
2 sondern wir meiden schändliche Heim-
lichkeit und [a]gehen nicht mit List um,
fälschen auch nicht Gottes Wort, son-
dern durch Offenbarung der Wahrheit
empfehlen wir uns dem Gewissen aller
Menschen vor Gott. 3 Ist nun aber unser
Evangelium verdeckt, so ist's denen ver-
deckt, [a]die verloren werden, 4 den Un-
gläubigen, denen der Gott dieser Welt
den Sinn verblendet hat, dass sie nicht
sehen das helle Licht des Evangeliums
von der Herrlichkeit Christi, welcher ist
[a]das Ebenbild Gottes.
5 Denn wir predigen nicht uns selbst,
sondern Jesus Christus, dass er der Herr
ist, [a]wir aber eure Knechte um Jesu wil-
len. 6 Denn [a]**Gott, der sprach: Licht soll
aus der Finsternis hervorleuchten, der hat
einen [b]hellen Schein in unsre Herzen ge-
geben, dass durch uns entstünde die Er-
leuchtung zur Erkenntnis der Herrlichkeit
Gottes in dem Angesicht Jesu Christi.**

Leidensgemeinschaft mit Christus

7 [a]Wir haben aber diesen Schatz in irde-
nen Gefäßen, damit die überschwängli-
che Kraft von Gott sei und nicht von
uns. 8 Wir sind von allen Seiten bedrängt,
aber wir ängstigen uns nicht. Uns ist
bange, aber wir verzagen nicht. 9 Wir lei-
den Verfolgung, aber wir werden nicht
verlassen. Wir werden unterdrückt, aber
wir kommen nicht um. 10 Wir [a]tragen
allezeit das Sterben Jesu an unserm
Leibe, damit auch das Leben Jesu an
unserm Leibe offenbar werde. 11 Denn
wir, die wir leben, [a]werden immerdar in
den Tod gegeben um Jesu willen, [b]damit
auch das Leben Jesu offenbar werde an
unserm sterblichen Fleisch.
12 So ist nun der Tod mächtig in uns,
aber das Leben in euch. 13 Weil wir aber
denselben Geist des Glaubens haben, wie
geschrieben steht (Psalm 116,10): **»Ich
glaube, darum rede ich«,** so glauben wir
auch, darum reden wir auch; 14 denn wir
wissen, dass der, der den Herrn Jesus
auferweckt hat, wird uns auch auferwe-
cken mit Jesus und wird uns vor sich

3,6: *c* Joh 6,63 **3,7:** *a (7-13)* 2. Mose 34,29-35 **3,8:** *a* Gal 3,2.5 **3,9:** *a* Röm 1,17; 3,21 **3,14:** *a* Apg 28,27; Röm 11,25 **3,16:** *a* Röm 11,23.26; *b* 2. Mose 34,34 **3,18:** *a* Kap 4,6 **4,1:** *a* Kap 3,6; *b* 1. Kor 7,25 **4,2:** *a* Kap 2,17; 1. Thess 2,5 **4,3:** *a* 1. Kor 1,18 **4,4:** *a* Hebr 1,3 **4,5:** *a* Kap 1,24 **4,6:** *a* 1. Mose 1,3; *b* Kap 3,18 **4,7:** *a (7-10)* 1. Kor 4,11-13; Kap 11,23-27 **4,10:** *a* 1. Kor 15,31; Gal 6,17 **4,11:** *a* Röm 8,36; *b* Phil 3,21

stellen samt euch.[a] 15 Denn [a]es geschieht
alles um euretwillen, damit die über-
schwängliche Gnade durch die Danksa-
gung vieler noch reicher werde zur Ehre
Gottes.
16 Darum werden wir nicht müde; son-
dern wenn auch unser äußerer Mensch
verfällt, so wird doch [a]der innere von
Tag zu Tag erneuert. 17 Denn **unsre Trüb-
sal, die zeitlich und leicht ist, schafft eine
ewige und über alle Maßen gewichtige
Herrlichkeit,**[a] 18 **uns, die wir nicht sehen
auf das Sichtbare, sondern** [a]**auf das Un-
sichtbare. Denn was sichtbar ist, das ist
zeitlich; was aber unsichtbar ist, das ist
ewig.**

Sehnsucht nach der himmlischen Heimat

5 Denn wir wissen: wenn unser irdi-
sches Haus, diese [a]Hütte, abgebro-
chen wird, so haben wir einen Bau, von
Gott erbaut, ein Haus, nicht mit Händen
gemacht, das ewig ist im Himmel. 2 Denn
darum seufzen wir auch und sehnen uns
danach, dass wir mit unserer Behausung,
die vom Himmel ist, überkleidet werden,
3 weil wir dann bekleidet und nicht nackt
befunden werden. 4 Denn solange wir in
dieser Hütte sind, seufzen wir und sind
beschwert, weil wir lieber nicht entklei-
det, sondern [a]überkleidet werden wollen,
damit das Sterbliche verschlungen werde
von dem Leben. 5 Der uns aber dazu be-
reitet hat, das ist Gott, der uns [a]als Un-
terpfand den Geist gegeben hat.
6 So sind wir denn allezeit getrost und
wissen: solange wir im Leibe wohnen,
[a]weilen wir fern von dem Herrn; 7 denn
**wir wandeln im Glauben und nicht im
Schauen.**[a] 8 Wir sind aber getrost und
haben vielmehr Lust, den Leib zu ver-
lassen und daheim zu sein bei dem
Herrn.[a] 9 Darum setzen wir auch unsre
Ehre darein, ob wir daheim sind oder in
der Fremde, dass wir ihm wohlgefallen.
10 Denn [a]**wir müssen alle offenbar werden
vor dem Richterstuhl Christi, damit** [b]**jeder
seinen Lohn empfange für das, was er ge-
tan hat bei Lebzeiten, es sei gut oder
böse.**

Botschafter der Versöhnung

11 Weil wir nun wissen, dass der Herr zu
fürchten ist, suchen wir Menschen zu ge-
winnen; aber vor Gott sind wir offenbar.
Ich hoffe aber, dass wir auch vor eurem
Gewissen offenbar sind. 12 Damit [a]emp-
fehlen wir uns nicht abermals bei euch,
sondern geben euch Anlass, euch unser
zu rühmen, damit ihr antworten könnt
denen, die sich des Äußeren rühmen und
nicht des Herzens. 13 Denn wenn wir
außer uns waren, so war es für Gott; sind
wir aber besonnen, so sind wir's für euch.
14 Denn die Liebe Christi drängt uns, zu-
mal wir überzeugt sind, dass, wenn **einer**
für alle gestorben ist, so sind sie **alle**
gestorben. 15 Und er ist darum für alle
gestorben, damit, die da leben, hinfort
[a]nicht sich selbst leben, sondern dem,
der für sie gestorben und auferstanden
ist.
16 Darum kennen wir von nun an nie-
manden mehr nach dem Fleisch; und
auch wenn wir Christus gekannt haben
nach dem Fleisch, so kennen wir ihn
doch jetzt so nicht mehr. 17 Darum: [a]**Ist
jemand in Christus, so ist er eine neue
Kreatur; das Alte ist vergangen, siehe,**
[b]**Neues ist geworden.** 18 Aber das alles
von Gott, der uns [a]mit sich selber ver-
söhnt hat durch Christus und uns das
Amt gegeben, das die Versöhnung pre-
digt. 19 Denn **Gott war in Christus und
versöhnte die Welt mit sich selber und
rechnete ihnen ihre Sünden nicht zu und
hat unter uns aufgerichtet das Wort von
der Versöhnung.**[a]
20 **So sind wir nun** [a]**Botschafter an
Christi statt, denn Gott ermahnt durch
uns; so bitten wir nun an Christi statt:
Lasst euch versöhnen mit Gott!** 21 Denn er
hat den, der [a]von keiner Sünde wusste,
[b]für uns zur Sünde gemacht, damit wir
in ihm die [c]Gerechtigkeit würden, die
vor Gott gilt.

4,14: *a* 1. Kor 6,14 **4,15:** *a* Kap 1,6.11 **4,16:** *a* Eph 3,16 **4,17:** *a* Röm 8,17-18; 1. Petr 1,6 **4,18:** *a* Hebr 11,1 **5,1:** *a* 2. Petr 1,14 **5,4:** *a* 1. Kor 15,51-53 **5,5:** *a* Kap 1,22; Röm 8,16.23; Eph 1,13-14 **5,6:** *a* Hebr 11,13 **5,7:** *a* Röm 8,24; 1. Petr 1,8 **5,8:** *a* Phil 1,23 **5,10:** *a* Apg 17,31; Röm 2,16; 14,10; *b* Joh 5,29; Eph 6,8 **5,12:** *a* Kap 3,1; 10,12 **5,15:** *a* Röm 14,7-8 **5,17:** *a* Röm 8,10; Gal 2,20; 6,15; *b* Offb 21,5 **5,18:** *a* Röm 5,10 **5,19:** *a* Röm 3,24-25; Kol 1,19-20 **5,20:** *a* Lk 10,16 **5,21:** *a* Joh 8,46; *b* Jes 53,4-6; Gal 3,13; *c* Röm 1,17; 1. Kor 1,30

Die Bewährung des Apostels in seinem Dienst

6 Als [a]Mitarbeiter aber ermahnen wir
euch, dass ihr die Gnade Gottes nicht
vergeblich empfangt. 2 Denn er spricht
(Jesaja 49,8): »Ich habe dich zur Zeit der
Gnade erhört und habe dir am Tage des
Heils geholfen.« **Siehe, [a]jetzt ist die Zeit
der Gnade, siehe, jetzt ist der Tag des
Heils!**
3 Und wir geben in nichts irgendeinen
Anstoß, damit unser Amt nicht verlästert
werde; 4 sondern in allem erweisen wir
uns als Diener Gottes: in großer Geduld,
in Trübsalen, in Nöten, in Ängsten, 5 in
Schlägen, in Gefängnissen, in Verfolgun-
gen, in Mühen, im Wachen, im Fasten,[a]
6 in [a]Lauterkeit, in Erkenntnis, in Lang-
mut, in Freundlichkeit, im Heiligen
Geist, in ungefärbter Liebe, 7 in dem
[a]Wort der Wahrheit, in der [b]Kraft Got-
tes, mit den [c]Waffen der Gerechtigkeit
zur Rechten und zur Linken, 8 in Ehre
und Schande; in bösen Gerüchten und
guten Gerüchten, als Verführer und doch
wahrhaftig; **9 als die Unbekannten und
doch bekannt; als die [a]Sterbenden, und
siehe, wir leben; als die [b]Gezüchtigten und
doch nicht getötet; 10 als die Traurigen,
aber allezeit fröhlich**; **[a]als die Armen,
aber die doch viele reich machen; als die
nichts haben und doch alles haben.**

Werbung um die Gemeinde und Warnung vor Götzendienst

11 O ihr Korinther, unser Mund hat sich
euch gegenüber aufgetan, unser Herz ist
weit geworden. 12 Eng ist nicht der
Raum, den ihr in uns habt; eng aber ist's
in euren Herzen. 13 Ich rede mit euch als
[a]mit meinen Kindern; stellt euch doch
zu mir auch so und macht auch ihr euer
Herz weit.
14 Zieht nicht am fremden Joch mit den
Ungläubigen. Denn was hat die Gerech-
tigkeit zu schaffen mit der Ungerechtig-
keit? [a]Was hat das Licht für Gemein-
schaft mit der Finsternis? 15 Wie stimmt
Christus überein mit Beliar? Oder was
für ein Teil hat der Gläubige mit dem
Ungläubigen? 16 Was hat der Tempel
Gottes gemein mit den Götzen? [a]Wir
aber sind der Tempel des lebendigen
Gottes; wie denn Gott spricht (3. Mose
26,11-12; Hesekiel 37,27): »Ich will unter
ihnen wohnen und wandeln und will ihr
Gott sein und sie sollen mein Volk sein.«
17 Darum [a]»geht aus von ihnen und son-
dert euch ab«, spricht der Herr; »und
rührt nichts Unreines an, so will ich euch
annehmen 18 und euer Vater sein und ihr
sollt [a]meine Söhne und Töchter sein«,
spricht der allmächtige Herr (Jesaja
52,11; Hesekiel 20,41; 2. Samuel 7,14).

7 Weil wir nun solche Verheißungen
haben, meine Lieben, so lasst uns von
aller Befleckung des Fleisches und des
Geistes uns reinigen und die Heiligung
vollenden in der Furcht Gottes.
2 Gebt uns Raum in euren Herzen! Wir
haben niemand Unrecht getan, wir haben
niemand verletzt, [a]wir haben niemand
übervorteilt. 3 Nicht sage ich das, um
euch zu verurteilen; denn ich habe schon
zuvor gesagt, dass ihr in unserm Herzen
seid, mitzusterben und mitzuleben.[a] 4 Ich
rede mit großer Zuversicht zu euch; ich
rühme viel von euch; ich bin erfüllt mit
Trost; ich habe überschwängliche Freude
in aller unsrer Bedrängnis.

Die Freude des Paulus über die Reue der Gemeinde

5 Denn als wir nach [a]Mazedonien ka-
men, fanden wir keine Ruhe; sondern
von allen Seiten [b]waren wir bedrängt,
von außen mit Streit, von innen mit
Furcht. 6 Aber Gott, der die Geringen
tröstet, der tröstete uns durch die An-
kunft des [a]Titus; 7 nicht allein aber durch
seine Ankunft, sondern auch durch den
Trost, mit dem er bei euch getröstet wor-
den war. Er berichtete uns von eurem
Verlangen, eurem Weinen, eurem Eifer
für mich, sodass ich mich noch mehr
freute.
8 Denn wenn ich euch auch durch den
Brief traurig gemacht habe, reut es mich
nicht. Und wenn es mich reute – ich sehe
ja, dass jener Brief euch wohl eine Weile
betrübt hat –,[a] 9 so freue ich mich doch

6,1: *a* Kap 1,24 **6,2:** *a* Lk 4,19.21 **6,5:** *a* Kap 11,23-27; 1. Kor 4,11-13 **6,6:** *a* 1. Tim 4,12 **6,7:** *a* Kap 4,2; *b* 1. Kor 2,4; *c* Eph 6,14-17 **6,9:** *a* Kap 4,10-11; *b* Ps 118,18; Apg 14,19 **6,10:** *a* Phil 4,12-13 **6,13:** *a* 1. Kor 4,14 **6,14:** *a* Eph 5,11 **6,16:** *a* 1. Kor 3,16 **6,17:** *a* Offb 18,4 **6,18:** *a* Jes 43,6; Hos 2,1 **7,2:** *a* Kap 12,17; Apg 20,33 **7,3:** *a* Kap 6,11-13; Röm 6,8 **7,5:** *a* Apg 20,1-2; *b* Kap 4,8 **7,6:** *a* Kap 2,13 **7,8:** *a* Kap 2,4

jetzt nicht darüber, dass ihr betrübt wor-
den seid, sondern darüber, dass ihr be-
trübt worden seid zur Reue. Denn ihr
seid betrübt worden nach Gottes Willen,
sodass ihr von uns keinen Schaden er-
litten habt. 10 Denn [a] **die Traurigkeit nach**
Gottes Willen wirkt zur Seligkeit eine
Reue, die niemanden reut; [b] die Traurig-
keit der Welt aber wirkt den Tod.

11 Siehe: eben dies, dass ihr betrübt
worden seid nach Gottes Willen, welches
Mühen hat das in euch gewirkt, dazu
Verteidigung, Unwillen, Furcht, Verlan-
gen, Eifer, Bestrafung! Ihr habt in allen
Stücken bewiesen, dass ihr rein seid in
dieser Sache. 12 Darum, wenn ich euch
auch geschrieben habe, so ist's doch nicht
geschehen um dessentwillen, der belei-
digt hat, auch nicht um dessentwillen,
der beleidigt worden ist, sondern damit
euer Mühen für uns offenbar werde bei
euch vor Gott. 13 Dadurch sind wir ge-
tröstet worden.

Außer diesem unserm Trost aber ha-
ben wir uns noch überschwänglicher ge-
freut über die Freude des Titus; denn
sein Geist ist erquickt worden von euch
allen. 14 Denn was ich vor ihm von euch
gerühmt habe, darin bin ich nicht zu-
schanden geworden; sondern wie alles
wahr ist, was wir mit euch geredet haben,
so hat sich auch unser Rühmen vor Titus
als wahr erwiesen. 15 Und er ist überaus
herzlich gegen euch gesinnt, wenn er an
den Gehorsam von euch allen denkt,
wie ihr ihn mit Furcht und Zittern auf-
genommen habt. 16 Ich freue mich, dass
ich mich in allem auf euch verlassen
kann.

Die Geldsammlung für die Gemeinde in Jerusalem

8 Wir tun euch aber kund, liebe Brü-
der, die Gnade Gottes, die in den
Gemeinden Mazedoniens gegeben ist.[a]
2 Denn ihre Freude war überschwänglich,
als sie durch viel Bedrängnis bewährt
wurden, und obwohl sie sehr arm sind,
haben sie doch reichlich gegeben in aller
Einfalt. 3 Denn nach Kräften, das be-
zeuge ich, und sogar über ihre Kräfte
haben sie willig gegeben 4 und haben uns
mit vielem Zureden gebeten, dass sie mit-
helfen dürften an der Wohltat und der
Gemeinschaft des [a] Dienstes für die Hei-
ligen; 5 und das nicht nur, wie wir hoff-
ten, sondern sie gaben sich selbst, zuerst
dem Herrn und danach uns, nach dem
Willen Gottes. 6 So haben wir Titus zuge-
redet, dass er, wie er zuvor angefangen
hatte, nun auch diese Wohltat unter euch
vollends ausrichte.

7 Wie ihr aber [a] in allen Stücken reich
seid, im Glauben und im Wort und in der
Erkenntnis und in allem Eifer und in der
Liebe, die wir in euch erweckt haben, so
[b] gebt auch reichlich bei dieser Wohltat.
8 Nicht sage ich das als Befehl; sondern
weil andere so eifrig sind, prüfe ich auch
eure Liebe, ob sie rechter Art sei. 9 Denn
ihr kennt die Gnade unseres Herrn Jesus
Christus: obwohl er reich ist, wurde er
doch [a] arm um euretwillen, damit ihr
durch seine Armut reich würdet.

10 Und darin sage ich meine Meinung;
denn das ist euch nützlich, die ihr seit
vorigem Jahr angefangen habt nicht al-
lein mit dem Tun, sondern auch mit dem
Wollen. 11 Nun aber vollbringt auch das
Tun, damit, wie ihr geneigt seid zu wol-
len, ihr auch geneigt seid zu vollbringen
nach dem Maß dessen, was ihr habt.
12 Denn wenn der gute Wille da ist, so ist
er willkommen nach dem, was einer hat,
nicht nach dem, was er nicht hat.[a]
13 Nicht, dass die andern gute Tage haben
sollen und ihr Not leidet, sondern dass es
zu einem Ausgleich komme. 14 Jetzt helfe
euer Überfluss ihrem Mangel ab, damit
danach auch ihr Überfluss eurem Man-
gel abhelfe und so ein Ausgleich ge-
schehe, 15 wie geschrieben steht (2. Mose
16,18): »Wer viel sammelte, hatte keinen
Überfluss, und wer wenig sammelte,
hatte keinen Mangel.«

16 Gott aber sei Dank, der dem Titus
solchen Eifer für euch ins Herz gegeben
hat. 17 Denn [a] er ließ sich gerne zureden;
ja, weil er so sehr eifrig war, ist er von
selber zu euch gereist. 18 Wir haben aber
[a] den Bruder mit ihm gesandt, dessen
Lob wegen seines Dienstes am Evange-
lium durch alle Gemeinden geht. 19 Nicht
allein aber das, sondern er ist auch von

7,10: *a* Mt 26,75; Lk 15,17-24; *b* Mt 27,3-5 **8,1:** *a* Röm 15,26 **8,4:** *a* Apg 11,29 **8,7:** *a* 1. Kor 1,5; *b* 1. Kor 16,1-2
8,9: *a* Mt 8,20; Phil 2,7 **8,12:** *a* Spr 3,27-28; Mk 12,43 **8,17:** *a* Vers 6; Kap 7,7.15 **8,18:** *a* Kap 12,18

den Gemeinden dazu eingesetzt, uns zu
begleiten, [a]wenn wir diese Gabe über-
bringen dem Herrn zur Ehre und zum
Erweis unsres guten Willens. 20So ver-
hüten wir, dass uns jemand übel nach-
redet wegen dieser reichen Gabe, die
durch uns überbracht wird. 21Denn wir
sehen darauf, dass es redlich zugehe
nicht allein vor dem Herrn, sondern auch
vor den Menschen.

22Auch haben wir mit ihnen unsern
Bruder gesandt, dessen Eifer wir oft in
vielen Stücken erprobt haben, nun aber
ist er noch viel eifriger aus großem Ver-
trauen zu euch. 23Es sei nun [a]Titus, der
mein Gefährte und mein Mitarbeiter un-
ter euch ist, oder es seien unsere Brüder,
die Abgesandte der Gemeinden sind und
eine Ehre Christi: 24Erbringt den Beweis
eurer Liebe und zeigt, dass wir euch zu
Recht vor ihnen [a]gerühmt haben öffent-
lich vor den Gemeinden.

Der Segen der Geldsammlung

9 Von dem Dienst, der für die Heiligen
geschieht, brauche ich euch nicht zu
schreiben. 2Denn ich weiß von eurem
[a]guten Willen, den ich an euch rühme
bei denen aus Mazedonien, wenn ich
sage: Achaja ist schon voriges Jahr bereit
gewesen! Und euer Beispiel hat die meis-
ten angespornt. 3Ich habe aber die Brü-
der gesandt, damit nicht unser Rühmen
über euch zunichte werde in diesem
Stück und damit ihr vorbereitet seid, wie
ich von euch gesagt habe, 4dass nicht,
wenn die aus Mazedonien mit mir kom-
men und euch nicht vorbereitet finden,
wir, um nicht zu sagen: ihr, zuschanden
werden mit dieser unsrer Zuversicht. 5So
habe ich es nun für nötig angesehen, die
Brüder zu ermahnen, dass sie voranzö-
gen zu euch, um die von euch angekün-
digte Segensgabe vorher fertig zu ma-
chen, sodass sie bereitliegt als eine Gabe
des Segens und nicht des Geizes.

6Ich meine aber dies: **Wer da kärglich
sät, der wird auch kärglich ernten; und
wer da sät im Segen, der wird auch ernten
im Segen.**[a] 7Ein jeder, wie er's sich im
Herzen vorgenommen hat, [a]nicht mit
Unwillen oder aus Zwang; denn **einen
fröhlichen Geber hat Gott lieb.** 8Gott aber
kann machen, dass alle Gnade unter
euch reichlich sei, damit ihr in allen Din-
gen allezeit volle Genüge habt und noch
reich seid zu jedem guten Werk; 9wie
geschrieben steht (Psalm 112,9): »Er hat
ausgestreut und den Armen gegeben;
seine Gerechtigkeit bleibt in Ewigkeit.«

10Der aber Samen gibt dem Sämann
und Brot zur Speise, der wird auch euch
Samen geben und ihn mehren und wach-
sen lassen die Früchte eurer Gerechtig-
keit.[a] 11So werdet ihr reich sein in allen
Dingen, zu geben in aller Einfalt, die
durch uns wirkt Danksagung an Gott.
12Denn der Dienst dieser Sammlung hilft
nicht allein dem Mangel der Heiligen ab,
sondern wirkt auch überschwänglich
darin, dass viele Gott danken. 13Denn
für diesen treuen Dienst preisen sie Gott
über eurem Gehorsam im Bekenntnis
zum Evangelium Christi und über der
Einfalt eurer Gemeinschaft mit ihnen
und allen. 14Und in ihrem Gebet für
euch sehnen sie sich nach euch wegen der
überschwänglichen Gnade Gottes bei
euch. 15**Gott aber sei Dank für seine un-
aussprechliche Gabe!**

Verteidigung des Apostels gegen persönliche Angriffe

10 Ich selbst aber, Paulus, ermahne
euch bei der Sanftmut und Güte
Christi, der ich in eurer Gegenwart un-
terwürfig sein soll, aber mutig, wenn ich
fern von euch bin. 2Ich bitte aber, dass
ihr mich nicht zwingt, wenn ich bei euch
bin, mutig zu sein und [a]die Kühnheit zu
gebrauchen, mit der ich gegen einige vor-
zugehen gedenke, die unsern Wandel für
fleischlich halten.

3Denn obwohl wir im Fleisch leben,
kämpfen wir doch nicht auf fleischliche
Weise. 4Denn die [a]Waffen unsres Kamp-
fes sind nicht fleischlich, sondern mäch-
tig im Dienste Gottes, Festungen zu zer-
stören. 5Wir zerstören damit Gedanken
und alles Hohe, das sich erhebt gegen die
Erkenntnis Gottes, und nehmen gefan-
gen alles Denken in den Gehorsam gegen
Christus. 6So sind wir bereit, zu strafen

8,19: *a* Gal 2,10 **8,23:** *a* Kap 7,13; 12,18 **8,24:** *a* Kap 7,14 **9,2:** *a* Kap 8,19 **9,6:** *a* Spr 11,24-25; 19,17 **9,7:** *a* Röm 12,8 **9,10:** *a* Hos 10,12 **10,2:** *a* Kap 13,1-2; 1.Kor 4,21 **10,4:** *a* Eph 6,13-17

allen Ungehorsam, sobald euer Gehor-
sam vollkommen geworden ist.
7Seht, was vor Augen liegt! Verlässt
sich jemand darauf, dass er Christus an-
gehört, der bedenke wiederum auch dies
bei sich, dass, wie er Christus angehört,
so auch wir! 8Auch wenn ich mich noch
mehr [a]der Vollmacht rühmen würde, die
uns der Herr gegeben hat, euch zu er-
bauen und nicht euch zu zerstören, so
würde ich nicht zuschanden werden.
9Das sage ich aber, damit es nicht
scheint, als hätte ich euch mit den Brie-
fen schrecken wollen. 10Denn seine
Briefe, sagen sie, wiegen schwer und sind
stark; aber wenn er selbst anwesend ist,
ist er schwach und seine Rede kläglich.
11Wer so redet, der bedenke: wie wir aus
der Ferne in den Worten unsrer Briefe
sind, so werden wir, wenn wir anwesend
sind, auch mit der Tat sein.[a]

Der Maßstab für die Beurteilung des Apostels

12Denn wir wagen nicht, uns unter die zu
rechnen oder mit denen zu vergleichen,
die [a]sich selbst empfehlen; aber weil sie
sich nur an sich selbst messen und mit
sich selbst vergleichen, verstehen sie
nichts. 13[a]Wir aber wollen uns [b]nicht
über alles Maß hinaus rühmen, sondern
nur nach dem Maß, das uns Gott zuge-
messen hat, nämlich dass wir auch bis zu
euch gelangen sollten. 14Denn es ist nicht
so, dass wir uns zu viel anmaßen, als
wären wir nicht bis zu euch gelangt; denn
wir sind ja mit dem Evangelium Christi
bis zu euch gekommen 15und rühmen
uns nicht über alles Maß hinaus mit
dem, was andere gearbeitet haben.
Wir haben aber die Hoffnung, dass
wir, wenn euer Glaube in euch wächst,
nach dem Maß, das uns zugemessen ist,
überschwänglich zu Ehren kommen.
16Denn wir wollen das Evangelium auch
denen predigen, die jenseits von euch
wohnen, und rühmen uns nicht mit
dem, was andere nach ihrem Maß voll-
bracht haben. 17»Wer sich aber rühmt,
der rühme sich des Herrn« (Jeremia
9,22-23).[a] 18Denn nicht der ist tüchtig,
der sich selbst empfiehlt, sondern der,
[a]den der Herr empfiehlt.

Paulus und die falschen Apostel

11 Wollte Gott, ihr hieltet mir ein we-
nig Torheit zugut! Doch ihr haltet
mir's wohl zugut. 2Denn ich eifere um
euch mit göttlichem Eifer; denn ich habe
euch verlobt mit einem einzigen Mann,
damit ich Christus [a]eine reine Jungfrau
zuführte. 3Ich fürchte aber, dass wie [a]die
Schlange Eva verführte mit ihrer List, so
auch eure Gedanken abgewendet werden
von der Einfalt und Lauterkeit gegen-
über Christus. 4Denn wenn einer zu euch
kommt und [a]einen andern Jesus predigt,
den wir nicht gepredigt haben, oder ihr
einen andern Geist empfangt, den ihr
nicht empfangen habt, oder ein anderes
Evangelium, das ihr nicht angenommen
habt, so ertragt ihr das recht gern!
5Ich meine doch, ich sei nicht weniger
als die Überapostel.[a] 6Und wenn ich
schon [a]ungeschickt bin in der Rede, so
[b]bin ich's doch nicht in der Erkenntnis;
sondern in jeder Weise und vor allen ha-
ben wir sie bei euch kundgetan.
7Oder habe ich gesündigt, als ich mich
erniedrigt habe, damit ihr erhöht würdet?
Denn [a]ich habe euch das Evangelium
Gottes ohne Entgelt verkündigt. 8Andere
Gemeinden habe ich beraubt und Geld
von ihnen genommen, um euch dienen
zu können.[a] 9Und als ich bei euch war
und Mangel hatte, fiel ich niemandem
zur Last. Denn meinem Mangel halfen
die Brüder ab, die aus Mazedonien ka-
men. So bin ich euch in keiner Weise zur
Last gefallen und will es auch weiterhin
so halten. 10So gewiss die Wahrheit
Christi in mir ist, so soll mir dieser Ruhm
im Gebiet von Achaja nicht verwehrt
werden. 11Warum das? Weil ich euch
nicht lieb habe? Gott weiß es.
12Was ich aber tue, das will ich auch
weiterhin tun und denen den Anlass neh-
men, die einen Anlass suchen, sich zu
rühmen, sie seien wie wir. 13Denn solche
sind falsche Apostel, betrügerische Ar-

10,8: *a* Kap 13,10; 1.Kor 5,4-5 **10,11:** *a* Kap 13,2.10 **10,12:** *a* Kap 3,1; 5,12 **10,13:** *a (13-16)* Röm 15,20; *b* Röm 12,3 **10,17:** *a* 1.Kor 1,31 **10,18:** *a* 1.Kor 4,5 **11,2:** *a* Eph 5,26-27 **11,3:** *a* 1.Mose 3,4.13 **11,4:** *a* Gal 1,8-9 **11,5:** *a* Kap 12,11 **11,6:** *a* 1.Kor 2,1-2.13; *b* Eph 3,4 **11,7:** *a* Kap 12,13; Mt 10,8; 1.Kor 9,12-18 **11,8:** *a* Phil 4,10.15

beiter und verstellen sich als Apostel Christi.[a] 14 Und das ist auch kein Wunder; denn er selbst, der Satan, verstellt sich als Engel des Lichts. 15 Darum ist es nichts Großes, wenn sich auch seine Diener verstellen als Diener der Gerechtigkeit; deren Ende wird sein nach ihren Werken.

Die Leiden und Mühen des Apostels

16 Ich sage abermals: Niemand halte mich für töricht; wenn aber doch, so nehmt mich an als einen Törichten, damit auch ich mich ein wenig rühme.[a] 17 Was ich jetzt rede, das rede ich nicht dem Herrn gemäß, sondern wie in Torheit, weil wir so ins Rühmen gekommen sind. 18 Da viele sich rühmen nach dem Fleisch, will ich mich auch rühmen. 19 Denn ihr ertragt gerne die [a]Narren, ihr, die ihr klug seid! 20 Ihr ertragt es, wenn euch jemand knechtet, wenn euch jemand ausnützt, wenn euch jemand gefangen nimmt, wenn euch jemand erniedrigt, wenn euch jemand ins Gesicht schlägt. 21 Zu meiner Schande muss ich sagen, dazu waren wir zu schwach!

Wo einer kühn ist – ich rede in Torheit –, da bin ich auch kühn. 22 Sie sind Hebräer – ich auch! Sie sind Israeliten – ich auch! Sie sind Abrahams Kinder – ich auch![a] 23 Sie sind Diener Christi – ich rede töricht: ich bin's weit mehr! [a]Ich habe mehr gearbeitet, ich bin [b]öfter gefangen gewesen, ich habe mehr Schläge erlitten, ich bin oft in Todesnöten gewesen. 24 Von den Juden habe ich fünfmal erhalten [a]vierzig Geißelhiebe weniger einen; 25 ich bin dreimal [a]mit Stöcken geschlagen, einmal [b]gesteinigt worden; dreimal habe ich Schiffbruch erlitten, einen Tag und eine Nacht trieb ich auf dem tiefen Meer. 26 Ich bin oft gereist, ich bin in Gefahr gewesen durch Flüsse, in Gefahr unter Räubern, in Gefahr unter Juden, in Gefahr unter Heiden, in Gefahr in Städten, in Gefahr in Wüsten, in Gefahr auf dem Meer, in Gefahr unter falschen Brüdern; 27 in Mühe und Arbeit, in viel Wachen, in Hunger und Durst, in viel Fasten, in Frost und Blöße;[a] 28 und außer all dem noch das, was täglich auf mich einstürmt, und [a]die Sorge für alle Gemeinden. 29 Wer ist schwach, und ich werde nicht schwach? Wer wird zu Fall gebracht, und ich brenne nicht?

30 Wenn ich mich denn rühmen soll, [a]will ich mich meiner Schwachheit rühmen. 31 Gott, der Vater des Herrn Jesus, der gelobt sei in Ewigkeit, weiß, dass ich nicht lüge. 32 In Damaskus bewachte der Statthalter des Königs Aretas die Stadt der Damaszener und wollte mich gefangen nehmen, 33 und ich wurde in einem Korb durch ein Fenster die Mauer hinuntergelassen und entrann seinen Händen.[a]

Die Offenbarungen des Herrn und die Schwachheit des Apostels

12 Gerühmt muss werden; wenn es auch nichts nützt, so will ich doch kommen auf die Erscheinungen und Offenbarungen des Herrn. 2 Ich kenne einen Menschen in Christus; vor vierzehn Jahren – ist er im Leib gewesen? Ich weiß es nicht; oder ist er außer dem Leib gewesen? Ich weiß es auch nicht; Gott weiß es –, da wurde derselbe entrückt bis in den dritten Himmel. 3 Und ich kenne denselben Menschen – ob er im Leib oder außer dem Leib gewesen ist, weiß ich nicht; Gott weiß es –, 4 der wurde entrückt in das Paradies und hörte unaussprechliche Worte, die kein Mensch sagen kann. 5 Für denselben will ich mich rühmen; für mich selbst aber will ich mich nicht rühmen, [a]außer meiner Schwachheit. 6 [a]Und wenn ich mich rühmen wollte, wäre ich nicht töricht; denn ich würde die Wahrheit sagen. Ich enthalte mich aber dessen, damit nicht jemand mich höher achte, als er an mir sieht oder von mir hört.

7 Und damit ich mich wegen der hohen Offenbarungen nicht überhebe, ist mir gegeben ein Pfahl ins Fleisch, nämlich des Satans Engel, der mich mit Fäusten schlagen soll, damit ich mich nicht überhebe. 8 Seinetwegen habe ich dreimal zum Herrn gefleht, dass er von mir weiche. 9 Und er hat zu mir gesagt: **Lass dir an meiner Gnade genügen; denn meine Kraft ist in den Schwachen mächtig.** Darum will

11,13: *a* Kap 2,17 **11,16:** *a* Kap 12,6 **11,19:** *a* 1. Kor 4,10 **11,22:** *a* Phil 3,5 **11,23:** *a* 1. Kor 15,10; *b* Kap 6,4-5 **11,24:** *a* 5. Mose 25,3 **11,25:** *a* Apg 16,22; *b* Apg 14,19 **11,27:** *a* Kap 6,5 **11,28:** *a* Apg 20,18-21.31 **11,30:** *a* Kap 12,5 **11,33:** *a* Apg 9,24-25 **12,5:** *a* Kap 11,30 **12,6:** *a* Kap 10,8

ich mich am allerliebsten rühmen meiner
Schwachheit, damit die Kraft Christi bei
mir wohne. 10 Darum bin ich guten Mu-
tes in Schwachheit, in Misshandlungen,
in Nöten, in Verfolgungen und Ängsten
um Christi willen; denn wenn ich
schwach bin, so bin ich stark.[a]

Das Ringen des Apostels um seine Gemeinde

11 Ich bin ein Narr geworden! Dazu habt
ihr mich gezwungen. Denn ich sollte von
euch gelobt werden, da ich doch [a]nicht
weniger bin als die Überapostel, obwohl
ich nichts bin. 12 Denn es sind ja die Zei-
chen eines Apostels unter euch geschehen
in aller Geduld, mit Zeichen und mit
Wundern und mit Taten.[a] 13 Was ist's,
worin ihr zu kurz gekommen seid gegen-
über den andern Gemeinden, außer
[a]dass ich euch nicht zur Last gefallen
bin? Vergebt mir dieses Unrecht!
14 Siehe, ich bin jetzt bereit, zum drit-
ten Mal zu euch zu kommen, und will
euch nicht zur Last fallen; denn ich suche
nicht das Eure, sondern euch. Denn es
sollen nicht die Kinder den Eltern
Schätze sammeln, sondern die Eltern den
Kindern. 15 Ich aber will gern hingeben
und [a]hingegeben werden für eure Seelen.
Wenn ich euch mehr liebe, soll ich darum
weniger geliebt werden?
16 Nun gut, ich bin euch nicht zur Last
gefallen. Aber bin ich etwa heimtückisch
und habe euch mit Hinterlist gefangen?
17 Habe ich euch etwa übervorteilt durch
einen von denen, die ich zu euch gesandt
habe? 18 [a]Ich habe Titus zugeredet und
den Bruder mit ihm gesandt. Hat euch
etwa Titus übervorteilt? Haben wir nicht
beide in demselben Geist gehandelt? Sind
wir nicht in denselben Fußtapfen gegan-
gen?
19 Schon lange werdet ihr denken, dass
wir uns vor euch verteidigen. Wir reden
jedoch in Christus vor Gott! Aber das
alles geschieht, meine Lieben, zu eurer
Erbauung. 20 Denn ich fürchte, [a]wenn
ich komme, finde ich euch nicht, wie ich
will, und ihr findet mich auch nicht, wie
ihr wollt, sondern es gibt Hader, Neid,
Zorn, Zank, üble Nachrede, Verleum-
dung, Aufgeblasenheit, Unordnung. 21 Ich
fürchte, wenn ich abermals komme, wird
mein Gott mich demütigen bei euch und
ich muss Leid tragen über viele, die [a]zu-
vor gesündigt und nicht Buße getan
haben für die Unreinheit und Unzucht
und Ausschweifung, die sie getrieben
haben.

Mahnungen vor dem dritten Besuch

13 Jetzt komme ich zum dritten Mal
zu euch. [a]»Durch zweier oder drei-
er Zeugen Mund soll jede Sache bestätigt
werden.« (5. Mose 19,15) 2 Ich habe es
vorausgesagt und sage es abermals vor-
aus – wie bei meinem zweiten Besuch, so
auch nun aus der Ferne – denen, die
zuvor gesündigt haben, und den andern
allen: Wenn ich noch einmal komme,
dann will ich nicht schonen. 3 Ihr ver-
langt ja einen Beweis dafür, dass Christus
in mir redet, der euch gegenüber nicht
schwach ist, sondern ist mächtig unter
euch. 4 Denn wenn er auch gekreuzigt
worden ist in Schwachheit, so lebt er
doch in der Kraft Gottes. Und wenn wir
auch schwach sind in ihm, so werden wir
uns doch mit ihm lebendig erweisen an
euch in der Kraft Gottes.
5 Erforscht euch selbst, ob ihr im Glau-
ben steht; prüft euch selbst! Oder erkennt
ihr euch selbst nicht, dass Jesus Christus
in euch ist? Wenn nicht, dann wärt ihr ja
untüchtig. 6 Ich hoffe aber, ihr werdet er-
kennen, dass wir nicht untüchtig sind.
7 Wir bitten aber Gott, dass ihr nichts
Böses tut; nicht damit wir als tüchtig
angesehen werden, sondern damit ihr das
Gute tut und wir wie die Untüchtigen
seien. 8 Denn wir vermögen nichts wider
die Wahrheit, sondern nur etwas für die
Wahrheit. 9 Wir freuen uns ja, wenn wir
schwach sind und ihr mächtig seid. Um
dies beten wir auch, um eure Vollkom-
menheit. 10 Deshalb schreibe ich auch
dies aus der Ferne, [a]damit ich nicht,
wenn ich anwesend bin, Strenge gebrau-
chen muss nach der [b]Vollmacht, die mir
der Herr gegeben hat, zu erbauen, nicht
zu zerstören.
11 Zuletzt, liebe Brüder, [a]freut euch,
lasst euch zurechtbringen, lasst euch

12,10: *a* Phil 4,13 **12,11:** *a* Kap 11,5 **12,12:** *a* Röm 15,19; Hebr 2,4 **12,13:** *a* Kap 11,7-9 **12,15:** *a* Phil 2,17 **12,18:** *a* Kap 8,6.16-18 **12,20:** *a* Kap 10,2 **12,21:** *a* Kap 13,2 **13,1:** *a* Mt 18,16 **13,10:** *a* Kap 10,11; *b* Kap 10,8 **13,11:** *a* Phil 4,4

mahnen, habt einerlei Sinn, haltet Frie-
den! So [b]wird der Gott der Liebe und
des Friedens mit euch sein. 12 Grüßt euch
untereinander mit dem heiligen Kuss.
Es grüßen euch alle Heiligen. 13 **Die Gnade
unseres Herrn Jesus Christus und die
Liebe Gottes und die Gemeinschaft des
Heiligen Geistes sei mit euch allen!**

DER BRIEF DES PAULUS AN DIE GALATER

Inhaltsübersicht

1 Paulus, ein Apostel [a]nicht von Men-
schen, auch nicht durch einen Men-
schen, sondern durch Jesus Christus und
Gott, den Vater, der ihn auferweckt hat
von den Toten, 2 und alle Brüder, die bei
mir sind, an die Gemeinden in Galatien:
3 Gnade sei mit euch und Friede von
Gott, unserm Vater, und dem Herrn Je-
sus Christus, 4 der [a]sich selbst für unsre
Sünden dahingegeben hat, dass er uns
errette von dieser gegenwärtigen, [b]bösen
Welt nach dem Willen Gottes, unseres
Vaters; 5 dem sei Ehre von Ewigkeit zu
Ewigkeit! Amen.

Gegen die Verfälschung des Evangeliums

6 Mich wundert, dass ihr euch so bald
abwenden lasst von dem, der euch be-
rufen hat in die Gnade Christi, zu einem
andern Evangelium, 7 obwohl es doch
kein andres gibt; nur dass einige da
sind, die euch [a]verwirren und wollen
das Evangelium Christi verkehren. 8 Aber
auch wenn wir oder ein Engel vom Him-
mel euch ein Evangelium predigen wür-
den, das anders ist, als wir es euch ge-
predigt haben, der sei verflucht. 9 Wie wir
eben gesagt haben, so sage ich abermals:
[a]Wenn jemand euch ein Evangelium pre-
digt, anders als ihr es empfangen habt,
der sei verflucht.
10 Predige ich denn jetzt Menschen
oder Gott zuliebe? Oder [a]suche ich Men-
schen gefällig zu sein? Wenn ich noch
Menschen gefällig wäre, so wäre ich
Christi Knecht nicht.

Die Berufung des Paulus zum Apostel

11 Denn ich tue euch kund, liebe Brü-
der, dass das Evangelium, das von mir
gepredigt ist, nicht von menschlicher
Art ist. 12 [a]Denn ich habe es nicht von
einem Menschen empfangen oder ge-
lernt, sondern durch eine Offenbarung
Jesu Christi.
13 Denn ihr habt ja gehört von meinem
Leben früher im Judentum, wie ich über
die Maßen die Gemeinde Gottes ver-
folgte und sie zu zerstören suchte 14 und
übertraf im Judentum viele meiner Al-
tersgenossen in meinem Volk weit und
eiferte über die Maßen [a]für die Satzun-
gen der Väter.
15 Als es aber Gott wohlgefiel, der
mich [a]von meiner Mutter Leib an ausge-
sondert und durch seine Gnade berufen
hat, 16 dass er [a]seinen Sohn offenbarte in
mir, damit ich ihn durchs Evangelium
verkündigen sollte [b]unter den Heiden,
da besprach ich mich nicht erst mit
Fleisch und Blut, 17 ging auch nicht hin-
auf nach Jerusalem zu denen, die vor mir
Apostel waren, sondern zog nach Ara-
bien und kehrte wieder zurück nach Da-
maskus.
18 Danach, drei Jahre später, kam ich
hinauf nach Jerusalem, um [a]Kephas
kennen zu lernen, und blieb fünfzehn
Tage bei ihm. 19 Von den andern Apos-
teln aber sah ich keinen außer [a]Jakobus,
des Herrn Bruder. 20 Was ich euch aber

13,11: *b* Röm 15,33 **1,1:** *a* Verse 11-12 **1,4:** *a* Kap 2,20; 1. Tim 2,6; Tit 2,14; *b* 1. Joh 5,19 **1,7:** *a* Apg 15,1.24 **1,9:** *a* 1. Tim 6,3 **1,10:** *a* 1. Thess 2,4-6 **1,12:** *a (12-16)* Apg 9,1-15 **1,14:** *a* Apg 23,6; 26,5 **1,15:** *a* Jer 1,5; Röm 1,1 **1,16:** *a* Mt 16,17; *b* Kap 2,7 **1,18:** *a* Joh 1,42; Apg 9,26-27 **1,19:** *a* Mt 13,55

Gal

schreibe – siehe, Gott weiß, ich lüge
nicht! 21 Danach kam ich in die Länder
Syrien und Zilizien.[a] 22 Ich war aber un-
bekannt von Angesicht den christlichen
Gemeinden in Judäa. 23 Sie hatten nur
gehört: Der uns früher verfolgte, der pre-
digt jetzt den Glauben, den er früher zu
zerstören suchte, 24 und priesen Gott
über mir.

Die Anerkennung des Paulus durch die anderen Apostel

2 [a]Danach, vierzehn Jahre später, zog
ich abermals hinauf nach Jerusalem
mit Barnabas und nahm auch Titus mit
mir. 2 Ich zog aber hinauf aufgrund einer
Offenbarung und besprach mich mit ih-
nen über das Evangelium, das ich pre-
dige unter den Heiden, besonders aber
mit denen, die das Ansehen hatten, da-
mit ich nicht etwa vergeblich liefe oder
gelaufen wäre. 3 Aber selbst Titus, der bei
mir war, ein Grieche, wurde nicht ge-
zwungen, sich beschneiden zu lassen.[a]
4 Denn es hatten sich einige falsche Brü-
der mit eingedrängt und neben einge-
schlichen, um unsere Freiheit auszu-
kundschaften, die wir in Christus Jesus
haben, und uns zu knechten. 5 Denen
wichen wir auch nicht eine Stunde und
unterwarfen uns ihnen nicht, [a]damit
die Wahrheit des Evangeliums bei euch
bestehen bliebe.
6 Von denen aber, die das Ansehen hat-
ten – was sie früher gewesen sind, daran
liegt mir nichts; denn Gott achtet das
Ansehen der Menschen nicht –, mir ha-
ben die, die das Ansehen hatten, nichts
weiter auferlegt. 7 Im Gegenteil, da sie
sahen, dass mir [a]anvertraut war das
Evangelium an die Heiden so wie Petrus
das Evangelium an die Juden 8 – denn der
in Petrus wirksam gewesen ist zum Apos-
telamt unter den Juden, der ist auch in
mir wirksam gewesen unter den Heiden –,
9 und da sie die Gnade erkannten, die mir
gegeben war, gaben Jakobus und [a]Ke-
phas und Johannes, die als Säulen ange-
sehen werden, mir und Barnabas die
rechte Hand und wurden mit uns eins,
dass wir unter den Heiden, sie aber unter
den Juden predigen sollten, 10 nur dass
wir an die Armen dächten, was ich mich
auch eifrig bemüht habe zu tun.[a]

Die Auseinandersetzung des Paulus mit Petrus in Antiochia

11 Als aber Kephas nach Antiochia kam,
widerstand ich ihm ins Angesicht, denn
es war Grund zur Klage gegen ihn.
12 Denn bevor einige von Jakobus kamen,
[a]aß er mit den Heiden; als sie aber ka-
men, zog er sich zurück und sonderte
sich ab, weil er die aus dem Judentum
fürchtete. 13 Und mit ihm heuchelten
auch die andern Juden, sodass selbst
Barnabas verführt wurde, mit ihnen zu
heucheln. 14 Als ich aber sah, dass sie
nicht richtig handelten nach der Wahr-
heit des Evangeliums, sprach ich zu Ke-
phas öffentlich vor allen: Wenn du, der
du ein Jude bist, heidnisch lebst und
nicht jüdisch, warum zwingst du dann
die Heiden, jüdisch zu leben?
15 Wir sind von Geburt Juden und
nicht Sünder aus den Heiden. 16 Doch
weil wir wissen, dass [a]der Mensch durch
Werke des Gesetzes nicht gerecht wird,
sondern durch den Glauben an Jesus
Christus, sind auch wir zum Glauben an
Christus Jesus gekommen, damit wir ge-
recht werden durch den Glauben an
Christus und nicht durch Werke des Ge-
setzes; denn durch Werke des Gesetzes
wird kein Mensch gerecht. 17 Sollten wir
aber, die wir durch Christus gerecht zu
werden suchen, auch selbst als Sünder
befunden werden – ist dann Christus ein
Diener der Sünde? Das sei ferne! 18 Denn
wenn ich das, was ich abgebrochen habe,
wieder aufbaue, dann mache ich mich
selbst zu einem Übertreter.
19 Denn [a]ich bin durchs Gesetz dem
Gesetz gestorben, damit ich Gott lebe.
Ich bin mit Christus gekreuzigt. 20 **Ich
lebe, doch nun nicht ich, sondern [a]Chris-
tus lebt in mir. Denn was ich jetzt lebe im
Fleisch, das lebe ich im Glauben an den
Sohn Gottes, der mich geliebt hat und
[b]sich selbst für mich dahingegeben.** 21 Ich
werfe nicht weg die Gnade Gottes; denn
wenn die Gerechtigkeit durch das Gesetz

1,21: *a* Apg 9,30 **2,1:** *a (1-10)* Apg 15,1-29; 4,36 **2,3:** *a* Apg 16,3; 1. Kor 9,21 **2,5:** *a* Kap 3,1 **2,7:** *a* Eph 3,1-2 **2,9:** *a* Joh 1,42 **2,10:** *a* Apg 11,29-30; 2. Kor 8,1–9,15 **2,12:** *a* Apg 11,2-3 **2,16:** *a* Röm 3,20.28; Eph 2,8 **2,19:** *a* Röm 7,6 **2,20:** *a* Joh 17,23; *b* Kap 1,4

kommt, so ist Christus vergeblich gestor-
ben.

Die Gerechtigkeit aus dem Glauben

3 O ihr unverständigen Galater! Wer
hat euch bezaubert, denen doch Jesus
Christus vor die Augen gemalt war als
der Gekreuzigte? 2 Das allein will ich von
euch erfahren: Habt ihr den Geist emp-
fangen durch des Gesetzes Werke oder
durch die Predigt vom Glauben? 3 Seid
ihr so unverständig? Im Geist habt ihr
angefangen, wollt ihr's denn nun im
Fleisch vollenden? 4 Habt ihr denn so vie-
les vergeblich erfahren? Wenn es denn
vergeblich war! 5 Der euch nun den Geist
darreicht und tut solche Taten unter
euch, tut er's durch des Gesetzes Werke
oder durch die Predigt vom Glauben?

6 So war es mit Abraham: »Er hat Gott
geglaubt und es ist ihm zur Gerechtigkeit
gerechnet worden« (1. Mose 15,6).[a] 7 Er-
kennt also: die aus dem Glauben sind,
das sind Abrahams Kinder. 8 Die Schrift
aber hat es vorausgesehen, dass Gott die
Heiden durch den Glauben gerecht
macht. Darum verkündigte sie dem Ab-
raham (1. Mose 12,3): »In dir sollen alle
Heiden gesegnet werden.« 9 So werden
nun die, die aus dem Glauben sind, [a]ge-
segnet mit dem gläubigen Abraham.

10 Denn die aus den Werken des Ge-
setzes leben, die sind unter dem Fluch.
Denn es steht geschrieben (5. Mose
27,26): »Verflucht sei jeder, der nicht
bleibt bei alledem, was geschrieben steht
in dem Buch des Gesetzes, dass er's tue!«
11 Dass aber durchs Gesetz niemand ge-
recht wird vor Gott, ist offenbar; denn
[a]»der Gerechte wird aus Glauben leben«
(Habakuk 2,4). 12 Das Gesetz aber ist
nicht »aus Glauben«, sondern: »der
Mensch, der es tut, wird dadurch leben«
(3. Mose 18,5). 13 **Christus aber hat uns
erlöst von dem Fluch des Gesetzes, da er
[a]zum Fluch wurde für uns;** denn es steht
geschrieben (5. Mose 21,23): »Verflucht
ist jeder, der am Holz hängt«, 14 damit
der Segen Abrahams unter die Heiden
komme in Christus Jesus und wir den
verheißenen Geist empfingen durch den
Glauben.

Verheißung und Gesetz

15 Liebe Brüder, ich will nach mensch-
licher Weise reden: Man hebt doch das
Testament eines Menschen nicht auf,
wenn es bestätigt ist, und setzt auch
nichts dazu. 16 Nun ist die Verheißung
Abraham zugesagt und seinem Nach-
kommen. Es heißt nicht: und den Nach-
kommen, als gälte es vielen, sondern es
gilt einem: »und deinem Nachkommen«
(1. Mose 22,18), welcher ist Christus.
17 Ich meine aber dies: Das Testament,
das von Gott zuvor bestätigt worden ist,
wird nicht aufgehoben durch das Gesetz,
das [a]vierhundertdreißig Jahre danach ge-
geben worden ist, sodass die Verheißung
zunichte würde. 18 Denn wenn das Erbe
durch das Gesetz erworben würde, so
würde es nicht durch Verheißung gege-
ben; Gott aber hat es Abraham durch
Verheißung frei geschenkt.

19 Was soll dann das Gesetz? Es ist
[a]hinzugekommen um der Sünden willen,
bis der Nachkomme da sei, dem die Ver-
heißung gilt, und zwar ist es von [b]Engeln
verordnet durch die Hand eines [c]Mitt-
lers. 20 Ein Mittler aber ist nicht Mittler
eines Einzigen, Gott aber ist Einer.
21 Wie? Ist dann das Gesetz gegen Gottes
Verheißungen? Das sei ferne! Denn nur,
wenn ein Gesetz gegeben wäre, das [a]le-
bendig machen könnte, käme die Ge-
rechtigkeit wirklich aus dem Gesetz.
22 Aber die Schrift [a]hat alles eingeschlos-
sen unter die Sünde, damit die Verhei-
ßung durch den Glauben an Jesus Chris-
tus gegeben würde denen, die glauben.

23 Ehe aber der Glaube kam, waren wir
unter dem Gesetz verwahrt und ver-
schlossen auf den Glauben hin, der dann
offenbart werden sollte.[a] 24 So ist das
Gesetz unser Zuchtmeister gewesen auf
Christus hin, damit wir durch den Glau-
ben gerecht würden.

25 Nachdem aber der Glaube gekom-
men ist, [a]sind wir nicht mehr unter dem
Zuchtmeister. 26 Denn **ihr seid alle durch
den Glauben [a]Gottes Kinder in Christus
Jesus.** 27 Denn ihr alle, die ihr [a]auf Chris-
tus getauft seid, habt [b]Christus ange-
zogen. 28 **Hier ist [a]nicht Jude noch Grie-**

Gal

3,6: *a* Röm 4,3 **3,9:** *a* Röm 4,16 **3,11:** *a* Röm 1,17; Hebr 10,38 **3,13:** *a* 2. Kor 5,21 **3,17:** *a* 2. Mose 12,40 **3,19:** *a* Röm 5,20; *b* Apg 7,38.53; Hebr 2,2; *c* 5. Mose 5,5 **3,21:** *a* Röm 8,2-4 **3,22:** *a* Röm 3,9-20; 11,32 **3,23:** *a* Kap 4,3 **3,25:** *a* Röm 10,4 **3,26:** *a* Joh 1,12; Röm 8,17 **3,27:** *a* Röm 6,3; *b* Röm 13,14 **3,28:** *a* Röm 10,12

che, hier ist nicht Sklave noch Freier, hier
ist nicht Mann noch Frau; denn [b]ihr seid
allesamt einer in Christus Jesus. 29 Gehört
ihr aber Christus an, so seid ihr ja Ab-
rahams Kinder und nach der Verheißung
Erben.

Befreiung vom Gesetz durch Christus

4 Ich sage aber: Solange der Erbe un-
mündig ist, ist zwischen ihm und
einem Knecht kein Unterschied, obwohl
er Herr ist über alle Güter; 2 sondern er
untersteht Vormündern und Pflegern bis
zu der Zeit, die der Vater bestimmt hat.
3 So auch wir: Als wir unmündig waren,
waren wir in der Knechtschaft der
[a]Mächte der Welt.
4 **Als aber [a]die Zeit erfüllt war, sandte**
Gott seinen Sohn, geboren von einer Frau
und unter das Gesetz getan, 5 **damit er die,**
die unter dem Gesetz waren, erlöste, damit
wir die Kindschaft empfingen. 6 Weil ihr
nun Kinder seid, hat Gott den Geist sei-
nes Sohnes gesandt in unsre Herzen, der
da ruft: [a]Abba, lieber Vater! 7 So bist du
nun nicht mehr Knecht, sondern Kind;
wenn aber Kind, dann auch [a]Erbe durch
Gott.

Warnung vor Rückfall in die Gesetzlichkeit

8 Aber zu der Zeit, als ihr Gott noch
nicht kanntet, dientet ihr denen, die in
Wahrheit nicht Götter sind. 9 Nachdem
ihr aber Gott erkannt habt, ja vielmehr
von Gott erkannt seid, wie wendet ihr
euch dann wieder den schwachen und
dürftigen Mächten zu, denen ihr von
neuem dienen wollt? 10 Ihr haltet be-
stimmte Tage ein und Monate und Zei-
ten und Jahre.[a] 11 Ich fürchte für euch,
dass ich vielleicht [a]vergeblich an euch
gearbeitet habe.
12 Werdet doch wie ich, denn ich wurde
wie ihr, liebe Brüder, ich bitte euch. Ihr
habt mir kein Leid getan. 13 Ihr wisst
doch, dass ich euch [a]in Schwachheit des
Leibes das Evangelium gepredigt habe
[b]beim ersten Mal. 14 Und obwohl meine
leibliche Schwäche euch ein Anstoß war,
habt ihr mich nicht verachtet oder vor
mir ausgespuckt, sondern wie einen En-
gel Gottes nahmt ihr mich auf, ja wie
Christus Jesus. 15 Wo sind nun eure Selig-
preisungen geblieben? Denn ich bezeuge
euch, ihr hättet, wenn es möglich ge-
wesen wäre, eure Augen ausgerissen und
mir gegeben. 16 Bin ich denn damit euer
Feind geworden, dass ich euch die Wahr-
heit vorhalte?
17 Es ist nicht recht, wie sie [a]um euch
werben; sie wollen euch nur von mir ab-
spenstig machen, damit ihr um sie wer-
ben sollt. 18 Umworben zu werden ist gut,
wenn's im Guten geschieht, und zwar im-
mer und nicht nur in meiner Gegenwart,
wenn ich bei euch bin. 19 Meine lieben
Kinder, [a]die ich abermals unter Wehen
gebäre, bis Christus in euch Gestalt ge-
winne! – 20 Ich wollte aber, dass ich jetzt
bei euch wäre und mit andrer Stimme zu
euch reden könnte; denn ich bin irre an
euch.

Knechtschaft und Freiheit

21 Sagt mir, die ihr unter dem Gesetz sein
wollt: Hört ihr das Gesetz nicht? 22 Denn
es steht geschrieben, dass Abraham zwei
Söhne hatte, [a]den einen von der Magd,
[b]den andern von der Freien. 23 Aber der
von der Magd ist nach dem Fleisch ge-
zeugt worden, [a]der von der Freien aber
kraft der Verheißung.
24 Diese Worte haben tiefere Bedeu-
tung. Denn die beiden Frauen bedeuten
zwei Bundesschlüsse: einen vom Berg Si-
nai, der zur [a]Knechtschaft gebiert, das
ist Hagar; 25 denn Hagar bedeutet den
Berg Sinai in Arabien und ist ein Gleich-
nis für das jetzige Jerusalem, das mit
seinen Kindern in der Knechtschaft lebt.
26 Aber [a]das Jerusalem, das droben ist,
das ist die Freie; das ist unsre Mutter.
27 Denn es steht geschrieben (Jesaja 54,1):
»Sei fröhlich, du Unfruchtbare, die du
nicht gebierst! Brich in Jubel aus und
jauchze, die du nicht schwanger bist.
Denn die Einsame hat viel mehr Kinder,
als die den Mann hat.« 28 Ihr aber, liebe
Brüder, seid wie Isaak Kinder der Ver-
heißung.
29 Aber wie zu jener Zeit der, der nach

3,28: *b* 1.Kor 12,13 **4,3:** *a* Verse 8-10; Kap 5,1; Kol 2,20 **4,4:** *a* Mk 1,15; Eph 1,10 **4,6:** *a* Röm 8,15 **4,7:** *a* Röm 8,16-17 **4,10:** *a* Röm 14,5; Kol 2,16.20-21 **4,11:** *a* 2.Joh 8 **4,13:** *a* 1.Kor 2,3; *b* Apg 16,6 **4,17:** *a* Kap 1,7 **4,19:** *a* 1.Kor 4,15 **4,22:** *a* 1.Mose 16,15; *b* 1.Mose 21,2 **4,23:** *a* Röm 9,7-9 **4,24:** *a* Kap 5,1; Röm 8,15 **4,26:** *a* Hebr 12,22; Offb 21,2

dem Fleisch gezeugt war, den verfolgte,
der nach dem Geist gezeugt war, so geht
es auch jetzt. 30 Doch was spricht die
Schrift? »Stoß die Magd hinaus mit ih-
rem Sohn; denn der Sohn der Magd soll
nicht erben mit dem Sohn der Freien«
(1. Mose 21,10). 31 So sind wir nun, liebe
Brüder, nicht Kinder der Magd, sondern
der Freien.

Aufruf zur rechten Freiheit

5 **Zur [a] Freiheit hat uns Christus befreit!
So steht nun fest und [b] lasst euch nicht
wieder das Joch der Knechtschaft aufle-
gen!** 2 Siehe, ich, Paulus, sage euch: Wenn
ihr euch beschneiden lasst, so wird euch
Christus nichts nützen. 3 Ich bezeuge
abermals einem jeden, der sich beschnei-
den lässt, dass er das ganze Gesetz zu tun
schuldig ist. 4 Ihr habt Christus verloren,
die ihr durch das Gesetz gerecht werden
wollt, und seid aus der Gnade gefallen.
5 Denn wir warten im Geist durch den
Glauben auf die Gerechtigkeit, auf die
man hoffen muss. 6 Denn [a] **in Christus
Jesus gilt weder Beschneidung noch Unbe-
schnittensein etwas, sondern der Glaube,
der durch die Liebe tätig ist.**
7 Ihr lieft so gut. Wer hat euch aufge-
halten, der Wahrheit nicht zu gehorchen?
8 Solches Überreden kommt nicht von
dem, der euch berufen hat. 9 Ein wenig
Sauerteig durchsäuert den ganzen Teig. [a]
10 Ich habe das Vertrauen zu euch in dem
Herrn, ihr werdet nicht anders gesinnt
sein. Wer euch aber [a] irremacht, der wird
sein Urteil tragen, er sei, wer er wolle.
11 Ich aber, liebe Brüder, wenn ich die
Beschneidung noch predige, warum
[a] leide ich dann Verfolgung? Dann wäre
das [b] Ärgernis des Kreuzes aufgehoben.
12 Sollen sie sich doch gleich verschnei-
den lassen, die euch aufhetzen!
13 Ihr aber, liebe Brüder, seid zur Frei-
heit berufen. Allein [a] seht zu, dass ihr
durch die Freiheit nicht dem Fleisch*
Raum gebt; sondern durch die Liebe
diene einer dem andern. 14 Denn **das
ganze Gesetz ist in einem Wort erfüllt,
in dem** (3. Mose 19,18): **»Liebe deinen
Nächsten wie dich selbst!«** 15 Wenn ihr
euch aber untereinander beißt und fresst,
so seht zu, dass ihr nicht einer vom an-
dern aufgefressen werdet. [a]

Das Leben im Geist

16 Ich sage aber: Lebt im Geist, so werdet
ihr die Begierden des Fleisches nicht voll-
bringen. 17 Denn das Fleisch begehrt auf
gegen den Geist und der Geist gegen das
Fleisch; die sind gegeneinander, sodass
ihr nicht tut, was ihr wollt. [a] 18 Regiert
euch aber der Geist, so seid ihr nicht
unter dem Gesetz.
19 [a] Offenkundig sind aber die Werke
des Fleisches, als da sind: Unzucht, Un-
reinheit, Ausschweifung, 20 Götzendienst,
Zauberei, Feindschaft, Hader, Eifer-
sucht, Zorn, Zank, Zwietracht, Spaltun-
gen, 21 Neid, Saufen, Fressen und der-
gleichen. Davon habe ich euch voraus-
gesagt und sage noch einmal voraus:
[a] Die solches tun, werden das Reich Got-
tes nicht erben. **22 Die [a] Frucht aber des
Geistes ist Liebe, Freude, Friede, Geduld,
Freundlichkeit, Güte, Treue, 23 Sanftmut,
Keuschheit;** gegen all dies ist das Gesetz
nicht. [a]
24 Die aber Christus Jesus angehören,
die [a] haben ihr Fleisch gekreuzigt samt
den Leidenschaften und Begierden.
**25 Wenn wir [a] im Geist leben, so lasst uns
auch im Geist wandeln.** 26 Lasst uns nicht
nach [a] eitler Ehre trachten, einander
nicht herausfordern und beneiden.

Mahnung zur Brüderlichkeit

6 Liebe Brüder, [a] wenn ein Mensch
etwa von einer Verfehlung ereilt wird,
so helft ihm wieder zurecht mit sanftmü-
tigem Geist, ihr, die ihr geistlich seid; und
sieh auf dich selbst, dass du nicht auch
versucht werdest. 2 **Einer trage des andern
Last, so werdet ihr das Gesetz Christi
erfüllen.** [a]
3 Denn wenn jemand meint, er sei
etwas, obwohl er doch nichts ist, der
betrügt sich selbst. 4 Ein jeder aber
[a] prüfe sein eigenes Werk; und dann wird

* Siehe Sach- und Worterklärungen zu »Fleisch«.

5,1: *a* Kap 4,5; *b* Apg 15,10 **5,6:** *a* Kap 6,15; Röm 2,26; 1. Kor 7,19 **5,9:** *a* 1. Kor 5,6 **5,10:** *a* Kap 1,7 **5,11:** *a* 1. Kor 15,30; *b* Kap 6,12; 1. Kor 1,23 **5,13:** *a* 1. Petr 2,16; 2. Petr 2,19 **5,15:** *a* Jak 4,2 **5,17:** *a* Röm 7,15.23 **5,19:** *a (19-21)* 1. Kor 6,9-10 **5,21:** *a* Eph 5,5; Offb 22,15 **5,22:** *a* Eph 5,9 **5,23:** *a* 1. Tim 1,9 **5,24:** *a* Röm 6,6 **5,25:** *a* Röm 8,4 **5,26:** *a* Phil 2,3 **6,1:** *a* Mt 18,15; Jak 5,19 **6,2:** *a* 2. Kor 11,29 **6,4:** *a* 2. Kor 13,5 er seinen Ruhm bei sich selbst haben und nicht gegenüber einem andern. 5 Denn ein jeder wird seine eigene Last tragen.[a]

6 Wer aber unterrichtet wird im Wort, der gebe dem, der ihn unterrichtet, Anteil an allem Guten.[a] 7 **Irret euch nicht! Gott lässt sich nicht spotten. Denn [a]was der Mensch sät, das wird er ernten.** 8 Wer auf sein Fleisch sät, der wird von dem Fleisch das Verderben ernten; wer aber auf den Geist sät, der wird von dem Geist das ewige Leben ernten.[a] 9 Lasst uns aber [a]Gutes tun und nicht müde werden; denn zu seiner Zeit werden wir auch ernten, wenn wir nicht nachlassen. 10 Darum, solange wir noch Zeit haben, **lasst uns Gutes tun an jedermann, allermeist aber an des Glaubens Genossen.**[a]

Eigenhändiger Briefschluss

11 Seht, mit wie großen Buchstaben ich euch schreibe mit eigener Hand! 12 Die Ansehen haben wollen nach dem Fleisch, die zwingen euch zur Beschneidung, nur [a]damit sie nicht um des Kreuzes Christi willen verfolgt werden. 13 Denn auch sie selbst, die sich beschneiden lassen, halten das Gesetz nicht, sondern sie wollen, dass ihr euch beschneiden lasst, damit sie sich dessen rühmen können. 14 **Es sei aber fern von mir, [a]mich zu rühmen als allein des Kreuzes unseres Herrn Jesus Christus, durch den mir die Welt gekreuzigt ist und ich der Welt.** 15 Denn [a]in Christus Jesus gilt weder Beschneidung noch Unbeschnittensein etwas, sondern [b]eine neue Kreatur. 16 Und alle, die sich nach diesem Maßstab richten – [a]Friede und Barmherzigkeit über sie und über das Israel Gottes! 17 Hinfort mache mir niemand weiter Mühe; denn [a]ich trage die Malzeichen Jesu an meinem Leibe.

18 Die Gnade unseres Herrn Jesus Christus sei mit eurem Geist, liebe Brüder! Amen.

DER BRIEF DES PAULUS AN DIE EPHESER

Inhaltsübersicht

1 Paulus, ein Apostel Christi Jesu durch den Willen Gottes, an die Heiligen in Ephesus,* die Gläubigen in Christus Jesus:

2 Gnade sei mit euch und Friede von Gott, unserm Vater, und dem Herrn Jesus Christus!

Lobpreis Gottes für die Erlösung durch Christus

3 **Gelobt sei Gott, der Vater unseres Herrn Jesus Christus, der uns gesegnet hat mit allem geistlichen Segen im Himmel durch Christus.** 4 Denn in ihm [a]hat er uns erwählt, ehe der Welt Grund gelegt war, dass wir [b]heilig und untadelig vor ihm sein sollten; in seiner Liebe 5 hat er uns dazu vorherbestimmt, seine Kinder zu sein durch Jesus Christus nach dem Wohlgefallen seines Willens, 6 zum Lob seiner herrlichen Gnade, mit der er uns begnadet hat in dem [a]Geliebten.

7 In ihm haben wir die [a]Erlösung durch sein Blut, die Vergebung der Sünden, nach dem [b]Reichtum seiner Gnade, 8 die er uns reichlich hat widerfahren lassen in aller Weisheit und Klugheit. 9 Denn Gott hat uns wissen lassen das [a]Geheimnis seines Willens nach seinem Ratschluss, den er zuvor in Christus gefasst hatte, 10 um ihn auszuführen, [a]wenn

* In wichtigen alten Handschriften fehlt »in Ephesus«, aber auch sie haben die Briefüberschrift »An die Epheser«.

6,5: *a* Röm 14,12 **6,6:** *a* 1. Kor 9,14 **6,7:** *a* Jer 21,14 **6,8:** *a* Röm 8,13 **6,9:** *a* 2. Thess 3,13 **6,10:** *a* 2. Petr 1,7 **6,12:** *a* Kap 5,11 **6,14:** *a* 1. Kor 1,31; 2,2 **6,15:** *a* Kap 5,6; 1. Kor 7,19; *b* 2. Kor 5,17 **6,16:** *a* Ps 125,5 **6,17:** *a* 2. Kor 4,10 **1,4:** *a* Röm 8,28-30; *b* Kap 5,27 **1,6:** *a* Mt 3,17 **1,7:** *a* Kol 1,14; *b* Kap 2,7; 3,8.16 **1,9:** *a* Kap 3,3-6.9; Röm 16,25; Kol 1,26-27 **1,10:** *a* Gal 4,4

die Zeit erfüllt wäre, dass alles zusam-
mengefasst würde in Christus, was im
Himmel und auf Erden ist.
11 In ihm sind wir auch zu [a]Erben ein-
gesetzt worden, die wir dazu vorherbe-
stimmt sind nach dem Vorsatz dessen,
der alles wirkt nach dem Ratschluss sei-
nes Willens; 12 damit wir etwas seien zum
Lob seiner Herrlichkeit, die wir zuvor
auf Christus gehofft haben.
13 In ihm seid auch ihr, die ihr das
Wort der Wahrheit gehört habt, nämlich
das Evangelium von eurer Seligkeit – in
ihm seid auch ihr, als ihr gläubig wurdet,
[a]versiegelt worden mit dem Heiligen
Geist, der verheißen ist, 14 welcher ist das
[a]Unterpfand unsres Erbes, zu unsrer Er-
lösung, dass wir sein Eigentum würden
zum Lob seiner Herrlichkeit.

Gebet um Erkenntnis der Herrlichkeit Christi

15 Darum auch ich, nachdem ich gehört
habe von dem Glauben bei euch an den
Herrn Jesus und von eurer Liebe zu allen
Heiligen, 16 [a]höre ich nicht auf, zu dan-
ken für euch, und gedenke euer in mei-
nem Gebet, 17 dass der Gott unseres
Herrn Jesus Christus, der Vater der Herr-
lichkeit, euch gebe den Geist der Weisheit
und der Offenbarung, ihn zu erkennen.
18 Und er gebe euch erleuchtete Augen
des Herzens, damit ihr erkennt, zu wel-
cher Hoffnung ihr von ihm berufen seid,
wie reich die Herrlichkeit seines Erbes
für die Heiligen ist 19 und wie über-
schwänglich groß seine Kraft an uns, die
wir glauben, weil die Macht seiner Stärke
bei uns wirksam wurde, 20 mit der er in
Christus gewirkt hat.
Durch sie hat er ihn von den Toten
auferweckt und [a]eingesetzt zu seiner
Rechten im Himmel 21 über alle Reiche,
Gewalt, Macht, Herrschaft und alles,
was sonst einen Namen hat, nicht allein
in dieser Welt, sondern auch in der zu-
künftigen.[a] 22 [a]Und alles hat er unter
seine Füße getan und hat ihn gesetzt der
Gemeinde zum [b]Haupt über alles, 23 wel-
che sein [a]Leib ist, nämlich die [b]Fülle
dessen, der alles in allem erfüllt.

Das neue Leben als Geschenk der Gnade

2 Auch ihr wart tot durch eure Über-
tretungen und Sünden,[a] 2 in denen
ihr [a]früher gelebt habt nach der Art die-
ser Welt, unter dem [b]Mächtigen, der in
der Luft herrscht, nämlich dem Geist,
der zu dieser Zeit am Werk ist in den
Kindern des Ungehorsams. 3 Unter ihnen
haben auch wir alle einst unser Leben
geführt [a]in den Begierden unsres Flei-
sches und taten den Willen des Fleisches
und der Sinne und waren Kinder des
[b]Zorns von Natur wie auch die andern.
4 Aber Gott, der reich ist an Barmher-
zigkeit, hat in seiner großen Liebe, mit
der er uns geliebt hat, 5 auch uns, die wir
tot waren in den Sünden, mit Christus
lebendig gemacht – aus Gnade seid ihr
selig geworden –; 6 und er hat uns mit
auferweckt und mit eingesetzt im Him-
mel in Christus Jesus,[a] 7 damit er in den
kommenden Zeiten erzeige den über-
schwänglichen [a]Reichtum seiner Gnade
durch seine Güte gegen uns in Christus
Jesus. 8 Denn [a]**aus Gnade seid ihr selig
geworden durch Glauben, und** [b]**das nicht
aus euch: Gottes Gabe ist es,** 9 [a]**nicht aus
Werken,** [b]**damit sich nicht jemand rühme.**
10 Denn wir sind sein Werk, geschaffen in
Christus Jesus [a]zu guten Werken, die
Gott zuvor bereitet hat, dass wir darin
wandeln sollen.

Die Einheit der Gemeinde aus Juden und Heiden

11 Darum denkt daran, dass ihr, die ihr
von Geburt [a]einst Heiden wart und Un-
beschnittene genannt wurdet von denen,
die äußerlich beschnitten sind, 12 dass ihr
zu jener Zeit ohne Christus wart, [a]ausge-
schlossen vom Bürgerrecht Israels und
Fremde außerhalb des Bundes der Ver-
heißung; daher hattet ihr [b]keine Hoff-
nung und wart ohne Gott in der Welt.
13 Jetzt aber in Christus Jesus seid ihr, die
ihr einst Ferne wart, Nahe geworden
durch das Blut Christi.

1,11: *a* Kol 1,12 **1,13:** *a* Kap 4,30 **1,14:** *a* 2. Kor 1,22; 5,5 **1,16:** *a (16-17)* Kol 1,4.9 **1,20:** *a* Ps 110,1 **1,21:** *a* Röm 8,38-39; Phil 2,9; Kol 2,10 **1,22:** *a* Ps 8,7; Mt 28,18; *b* Kap 4,15 **1,23:** *a* Kap 5,30; 1. Kor 12,27; *b* Kol 1,19 **2,1:** *a* Lk 15,24.32; Kol 2,13 **2,2:** *a* Tit 3,3; *b* Kap 6,12; Joh 12,31 **2,3:** *a* 1. Petr 4,3; *b* Kol 3,6 **2,6:** *a* Phil 3,20 **2,7:** *a* Kap 1,7 **2,8:** *a* Röm 3,23-24; *b* Gal 2,16 **2,9:** *a* Röm 3,28; *b* 1. Kor 1,29 **2,10:** *a* Tit 2,14 **2,11:** *a* Kap 5,8 **2,12:** *a* Röm 9,4; *b* 1. Thess 4,13

14 Denn **er ist unser** [a]**Friede**, der aus
beiden [b]**eines** gemacht hat und den Zaun
abgebrochen hat, der dazwischen war,
nämlich die Feindschaft. Durch das Op-
fer seines Leibes 15 hat er [a]abgetan das
Gesetz mit seinen Geboten und Satzun-
gen, damit er in sich selber aus den
zweien **einen neuen** Menschen schaffe
und Frieden mache 16 und die beiden ver-
söhne mit Gott in **einem** Leib durch das
Kreuz, indem er die Feindschaft tötete
durch sich selbst. 17 Und er ist gekommen
und hat im Evangelium [a]Frieden ver-
kündigt euch, die ihr fern wart, und Frie-
den denen, die nahe waren. 18 Denn
durch ihn haben wir alle beide in **einem**
Geist den [a]Zugang zum Vater.

**19 So seid ihr nun nicht mehr Gäste und
Fremdlinge, sondern [a]Mitbürger der Hei-
ligen und Gottes Hausgenossen, 20 erbaut
auf den [a]Grund der Apostel und Prophe-
ten, da Jesus Christus der [b]Eckstein ist,**
21 auf welchem der ganze Bau ineinander
gefügt wächst zu einem heiligen Tempel
in dem Herrn. 22 Durch ihn werdet auch
ihr mit erbaut zu einer Wohnung Gottes
im Geist.

Das Amt des Apostels für die Heiden

3 Deshalb sage ich, Paulus, der [a]Ge-
fangene Christi Jesu für euch Heiden
– 2 ihr habt ja gehört, welches Amt die
Gnade Gottes mir [a]für euch gegeben
hat: 3 Durch Offenbarung ist mir [a]das
Geheimnis kundgemacht worden, wie ich
eben aufs kürzeste geschrieben habe.
4 Daran könnt ihr, wenn ihr's lest, meine
Einsicht in das Geheimnis Christi erken-
nen. 5 Dies war in früheren Zeiten den
Menschenkindern nicht kundgemacht,
wie es jetzt offenbart ist seinen heiligen
Aposteln und Propheten durch den
Geist;[a] 6 nämlich dass [a]die Heiden Mit-
erben sind und mit zu seinem Leib ge-
hören und Mitgenossen der Verheißung
in Christus Jesus sind durch das Evange-
lium, 7 dessen Diener ich geworden bin
durch die Gabe der Gnade Gottes, die
mir nach seiner mächtigen Kraft gegeben
ist.
8 Mir, dem [a]allergeringsten unter allen
Heiligen, ist die Gnade gegeben worden,
[b]den Heiden zu verkündigen den unaus-
forschlichen [c]Reichtum Christi 9 und für
alle ans Licht zu bringen, wie Gott sei-
nen geheimen Ratschluss ausführt, der
von Ewigkeit her verborgen war in ihm,
der alles geschaffen hat;[a] 10 damit jetzt
kundwerde die mannigfaltige Weisheit
Gottes den [a]Mächten und Gewalten im
Himmel durch die Gemeinde. 11 Diesen
ewigen Vorsatz hat Gott ausgeführt in
Christus Jesus, unserm Herrn, 12 durch
den wir [a]Freimut und Zugang haben in
aller Zuversicht durch den Glauben an
ihn. 13 Darum bitte ich, dass ihr nicht
müde werdet wegen der Bedrängnisse,
die ich [a]für euch erleide, die für euch
eine Ehre sind.

Die Fürbitte des Apostels für die Gemeinde

**14 Deshalb beuge ich meine Knie vor dem
Vater, 15 der der rechte Vater ist über al-
les, was da Kinder heißt im Himmel und
auf Erden, 16 dass er euch Kraft gebe
nach dem [a]Reichtum seiner Herrlichkeit,
[b]stark zu werden durch seinen Geist
an dem [c]inwendigen Menschen, 17 dass
[a]Christus durch den Glauben in euren
Herzen wohne und ihr in der Liebe [b]ein-
gewurzelt und gegründet seid.**
18 So könnt ihr mit allen Heiligen be-
greifen, welches die Breite und die Länge
und die Höhe und die Tiefe ist, 19 auch
die [a]Liebe Christi erkennen, die alle Er-
kenntnis übertrifft, damit ihr erfüllt wer-
det mit der ganzen Gottesfülle. 20 Dem
aber, der überschwänglich tun kann über
alles hinaus, was wir bitten oder verste-
hen, nach der Kraft, die in uns wirkt,
21 dem sei Ehre in der Gemeinde und in
Christus Jesus zu aller Zeit, von Ewigkeit
zu Ewigkeit! Amen.

Die Einheit im Geist und die Vielfalt der Gaben

4 So ermahne ich euch nun, ich, der
Gefangene in dem Herrn, dass ihr
[a]der Berufung würdig lebt, mit der ihr

2,14: *a* Jes 9,5; *b* Gal 3,28 **2,15:** *a* Kol 2,14 **2,17:** *a* Jes 57,19 **2,18:** *a* Kap 3,12 **2,19:** *a* Kap 3,6; Hebr 12,22-23 **2,20:** *a* Mt 16,18; *b* Jes 28,16; 1.Petr 2,4-6 **3,1:** *a* Phil 1,7.13 **3,2:** *a* Gal 2,7 **3,3:** *a* Kap 1,9-10; Gal 1,12 **3,5:** *a* Kol 1,26 **3,6:** *a* Kap 2,13.18-19; Apg 15,7-9 **3,8:** *a* 1.Kor 15,9-10; *b* Gal 1,16; *c* Kap 1,7 **3,9:** *a* Kap 1,9-10; Röm 16,25-26; Kol 1,16 **3,10:** *a* 1.Petr 1,12 **3,12:** *a* Röm 5,2 **3,13:** *a* Kol 1,24 **3,16:** *a* Kap 1,7; *b* Kap 6,10; *c* 2.Kor 4,16 **3,17:** *a* Joh 14,23; *b* Kol 2,7 **3,19:** *a* Kol 2,2-3 **4,1:** *a* Kol 1,10; 1.Thess 2,12

berufen seid, 2 in aller Demut und Sanft-
mut, in Geduld. [a]Ertragt einer den an-
dern in Liebe 3 [a]und **seid darauf bedacht,**
zu wahren die [b]Einigkeit im Geist durch
das Band des Friedens: 4 [a]ein Leib und
ein Geist, wie ihr auch berufen seid zu
einer Hoffnung eurer Berufung; 5 [a]ein
Herr, ein Glaube, eine Taufe; 6 ein Gott
und Vater aller, der da ist über allen und
durch alle und in allen.[a]
7 Einem jeden aber von uns ist die
[a]Gnade gegeben nach dem Maß der
Gabe Christi. 8 Darum heißt es (Psalm
68,19): »Er ist aufgefahren zur Höhe und
hat [a]Gefangene mit sich geführt* und
hat den Menschen Gaben gegeben.«
9 Dass er aber [a]aufgefahren ist, was heißt
das anderes, als dass er auch hinabge-
fahren ist in die Tiefen der Erde? 10 Der
hinabgefahren ist, das ist derselbe, der
aufgefahren ist über alle Himmel, damit
er alles erfülle.
11 Und er hat einige als [a]Apostel ein-
gesetzt, einige als Propheten, einige als
[b]Evangelisten, einige als Hirten und
Lehrer, 12 damit die Heiligen zugerüstet
werden zum Werk des Dienstes. Dadurch
soll der Leib Christi [a]erbaut werden,
13 bis wir alle hingelangen zur Einheit des
Glaubens und der Erkenntnis des Sohnes
Gottes, zum vollendeten Mann, zum vol-
len Maß der Fülle Christi, 14 damit wir
[a]nicht mehr unmündig seien und uns
[b]von jedem Wind einer Lehre bewegen
und umhertreiben lassen durch trügeri-
sches Spiel der Menschen, mit dem sie
uns arglistig verführen.
15 **Lasst uns aber wahrhaftig sein in der**
Liebe und wachsen in allen Stücken zu
dem hin, der [a]das Haupt ist, Christus,
16 [a]von dem aus der ganze Leib zusam-
mengefügt ist und ein Glied am andern
hängt durch alle Gelenke, wodurch jedes
Glied das andere unterstützt nach dem
Maß seiner Kraft und macht, dass der
Leib wächst und sich selbst aufbaut in
der Liebe.

Der alte und der neue Mensch

17 So sage ich nun und bezeuge in dem
Herrn, dass ihr nicht mehr leben dürft,
wie die Heiden leben [a]in der Nichtigkeit
ihres Sinnes. 18 Ihr Verstand ist verfins-
tert, und sie sind [a]entfremdet dem Le-
ben, das aus Gott ist, durch die Unwis-
senheit, die in ihnen ist, und durch die
Verstockung ihres Herzens. 19 Sie sind ab-
gestumpft und haben sich der Ausschwei-
fung ergeben, um allerlei unreine Dinge
zu treiben in Habgier.
20 Ihr aber habt Christus nicht so ken-
nen gelernt; 21 ihr habt doch von ihm
gehört und seid in ihm unterwiesen, wie
es Wahrheit in Jesus ist. 22 [a]Legt von
euch ab den alten Menschen mit seinem
früheren Wandel, der sich [b]durch trüge-
rische Begierden zugrunde richtet. 23 Er-
neuert euch aber in eurem Geist und
Sinn[a] 24 und **zieht den neuen Menschen**
an, [a]der nach Gott geschaffen ist in wah-
rer Gerechtigkeit und Heiligkeit.

Weisungen für das neue Leben

25 Darum legt die Lüge ab und [a]redet die
Wahrheit, ein jeder mit seinem Nächsten,
weil wir untereinander Glieder sind.
26 [a]Zürnt ihr, so sündigt nicht; [b]**lasst die**
Sonne nicht über eurem Zorn untergehen
27 und gebt nicht Raum dem Teufel.
28 Wer gestohlen hat, der [a]stehle nicht
mehr, sondern [b]arbeite und schaffe mit
eigenen Händen das nötige Gut, damit er
dem Bedürftigen abgeben kann. 29 Lasst
kein [a]faules Geschwätz aus eurem Mund
gehen, sondern redet, [b]was gut ist, was
erbaut und was notwendig ist, damit es
Segen bringe denen, die es hören.
30 [a]Und betrübt nicht den Heiligen Geist
Gottes, mit dem ihr [b]versiegelt seid für
den Tag der Erlösung. 31 Alle Bitterkeit
und Grimm und Zorn und Geschrei und
Lästerung seien fern von euch samt aller
Bosheit.[a] 32 Seid aber untereinander
freundlich und herzlich und [a]vergebt

* Luther übersetzte: »und hat das Gefängnis gefangen geführt«.

4,2: *a* Kol 3,12-13 **4,3:** *a (3-4)* Kol 3,15; *b* Phil 2,2 **4,4:** *a* Röm 12,5 **4,5:** *a* 1. Kor 8,6 **4,6:** *a* 1. Kor 12,6 **4,7:** *a* Röm 12,3.6; 1. Kor 12,11 **4,8:** *a* Kol 2,15 **4,9:** *a* Joh 3,13 **4,11:** *a* 1. Kor 12,28; *b* Apg 21,8 **4,12:** *a* 1. Kor 14,26; 1. Petr 2,5 **4,14:** *a* 1. Kor 14,20; *b* Hebr 13,9; Jak 1,6 **4,15:** *a* Kap 1,22; 5,23; Kol 1,18 **4,16:** *a* Kol 2,19 **4,17:** *a* Röm 1,21-24 **4,18:** *a* Kap 2,12 **4,22:** *a (22-25)* Kol 3,9-10; *b* Röm 8,13; Gal 6,8 **4,23:** *a* Röm 12,2 **4,24:** *a* 1. Mose 1,26-27 **4,25:** *a* Sach 8,16 **4,26:** *a* Ps 4,5; *b* Jak 1,19-20 **4,28:** *a* 2. Mose 20,15; *b* 1. Thess 4,11 **4,29:** *a* Kap 5,4; *b* Kol 4,6 **4,30:** *a* Jes 63,10; *b* Kap 1,13-14 **4,31:** *a* Kol 3,8 **4,32:** *a* Mt 6,14; 18,22-35; Kol 3,13

einer dem andern, wie auch Gott euch
vergeben hat in Christus.

Das Leben im Licht

5 So [a]folgt nun Gottes Beispiel als die
geliebten Kinder 2und lebt in der
Liebe, [a]wie auch Christus uns geliebt hat
und hat sich selbst für uns gegeben als
Gabe und Opfer, Gott zu einem lieb-
lichen Geruch.
3Von Unzucht aber und jeder Art Un-
reinheit oder Habsucht soll bei euch
nicht einmal die Rede sein, wie es sich für
die Heiligen gehört.[a] 4Auch [a]schand-
bare und närrische oder lose Reden ste-
hen euch nicht an, sondern vielmehr
Danksagung. 5Denn das sollt ihr wissen,
dass kein Unzüchtiger oder Unreiner
oder Habsüchtiger – das sind Götzen-
diener – ein Erbteil hat im Reich Christi
und Gottes.[a] 6Lasst euch von nieman-
dem verführen mit leeren Worten; denn
[a]um dieser Dinge willen kommt der
Zorn Gottes über die Kinder des Unge-
horsams. 7Darum seid nicht ihre Mitge-
nossen.
8Denn ihr wart früher Finsternis; nun
aber seid ihr Licht in dem Herrn.[a] Lebt
als [b]Kinder des Lichts; 9 [a]**die Frucht des
Lichts ist lauter Güte und Gerechtigkeit
und Wahrheit.** 10Prüft, was dem Herrn
wohlgefällig ist,[a] 11und habt nicht Ge-
meinschaft mit den unfruchtbaren Wer-
ken der Finsternis; deckt sie vielmehr
auf. 12Denn was von ihnen heimlich ge-
tan wird, davon auch nur zu reden ist
schändlich.[a] 13Das alles aber wird offen-
bar, wenn's vom Licht aufgedeckt wird;
14denn alles, was offenbar wird, das ist
Licht.[a] Darum heißt es: [b]**Wach auf, der
du schläfst, und steh auf von den Toten, so
wird dich Christus [c]erleuchten.**
15So seht nun sorgfältig darauf, wie ihr
euer Leben führt, nicht als Unweise, son-
dern als Weise,[a] 16und **kauft die Zeit aus;
denn es ist böse Zeit.** 17Darum werdet
nicht unverständig, sondern versteht, was
der Wille des Herrn ist. 18Und [a]sauft
euch nicht voll Wein, woraus ein unor-
dentliches Wesen folgt, sondern lasst
euch vom Geist erfüllen. 19Ermuntert
einander mit Psalmen und Lobgesängen
und geistlichen Liedern, singt und spielt
dem Herrn in eurem Herzen[a] 20und
[a]sagt Dank Gott, dem Vater, allezeit für
alles, im Namen unseres Herrn Jesus
Christus.

Die christliche Haustafel

(Kol 3,18–4,1; 1. Petr 2,18–3,7)

21 [a]Ordnet euch einander unter in der
Furcht Christi. 22Ihr Frauen, ordnet
euch euren Männern unter wie dem
Herrn.[a] 23Denn [a]der Mann ist das Haupt
der Frau, wie auch [b]Christus das Haupt
der Gemeinde ist, die er als seinen Leib
erlöst hat. 24Aber wie nun die Gemeinde
sich Christus unterordnet, so sollen sich
auch die Frauen ihren Männern unter-
ordnen in allen Dingen.
25Ihr Männer, liebt eure Frauen, wie
auch Christus die Gemeinde geliebt hat
und hat sich selbst für sie dahingegeben,
26um sie zu heiligen. Er hat sie [a]gereinigt
durch das Wasserbad im Wort, damit er
27sie vor sich stelle als eine Gemeinde,
die herrlich sei und keinen Flecken oder
Runzel oder etwas dergleichen habe, son-
dern die heilig und untadelig sei.[a] 28So
sollen auch die Männer ihre Frauen lie-
ben wie ihren eigenen Leib. Wer seine
Frau liebt, der liebt sich selbst. 29Denn
niemand hat je sein eigenes Fleisch ge-
hasst; sondern er nährt und pflegt es wie
auch Christus die Gemeinde. 30Denn
wir sind [a]Glieder seines Leibes. 31»Dar-
um wird ein Mann Vater und Mutter
verlassen und an seiner Frau hängen,
und die zwei werden **ein** Fleisch sein«
(1. Mose 2,24). 32Dies Geheimnis ist
groß; ich deute es aber auf Christus und
die Gemeinde. 33Darum auch ihr: ein
jeder habe lieb seine Frau wie sich selbst;
die Frau aber ehre den Mann.
6 [a]Ihr Kinder, seid gehorsam euren El-
tern in dem Herrn; denn das ist recht.
2»Ehre Vater und Mutter«, das ist das

5,1: *a* Lk 6,36 **5,2:** *a* Gal 2,20 **5,3:** *a* Kol 3,5 **5,4:** *a* Kap 4,29 **5,5:** *a* 1. Kor 6,9-10; Offb 21,8; 22,15 **5,6:** *a* Kol 3,6 **5,8:** *a* Kap 2,11; 1. Petr 2,9; *b* Mt 5,14; Joh 12,36; 1. Thess 5,5 **5,9:** *a* Gal 5,22; Phil 1,11 **5,10:** *a* Röm 12,2; Phil 1,10 **5,12:** *a* Röm 1,24 **5,14:** *a* Joh 3,20-21; *b* Röm 13,11; *c* Jes 60,1; Joh 8,12 **5,15:** *a* Mt 10,16; Kol 4,5 **5,18:** *a* Lk 21,34 **5,19:** *a* Ps 33,2-3; Kol 3,16 **5,20:** *a* 1. Thess 5,18 **5,21:** *a* 1. Petr 5,5 **5,22:** *a* 1. Mose 3,16; 1. Tim 2,11-12; Tit 2,5 **5,23:** *a* 1. Kor 11,3; *b* Kap 1,22-23 **5,26:** *a* Tit 3,5; Hebr 10,22 **5,27:** *a* 2. Kor 11,2; Kol 1,22 **5,30:** *a* Kap 1,23 **6,1:** *a (1-3)* Mk 7,10-13

erste Gebot, das [a]eine Verheißung hat:
3»auf dass dir's wohlgehe und du lange
lebest auf Erden« (5. Mose 5,16).
4Und ihr Väter, reizt eure Kinder nicht
zum Zorn, sondern [a]erzieht sie in der
Zucht und Ermahnung des Herrn.
5[a]Ihr Sklaven, seid gehorsam euren ir-
dischen Herren mit Furcht und Zittern,
in Einfalt eures Herzens als dem Herrn
Christus; 6nicht mit Dienst allein vor
Augen, um den Menschen zu gefallen,
sondern als Knechte Christi, die den Wil-
len Gottes tun von Herzen. 7Tut euren
Dienst mit gutem Willen als dem Herrn
und nicht den Menschen; 8denn ihr
wisst: Was ein jeder Gutes tut, das wird
er vom Herrn empfangen, er sei Sklave
oder Freier.[a]
9Und ihr Herren, tut ihnen gegenüber
das Gleiche und lasst das Drohen; denn
ihr wisst, dass euer und ihr Herr im Him-
mel ist, und bei ihm gilt kein Ansehen
der Person.

Die geistliche Waffenrüstung

10Zuletzt: [a]**Seid stark in dem Herrn und
in der Macht seiner Stärke.** 11Zieht an die
Waffenrüstung Gottes, damit ihr beste-
hen könnt gegen die listigen Anschläge
des Teufels. 12Denn wir haben nicht mit
Fleisch und Blut zu kämpfen, sondern
mit [a]Mächtigen und Gewaltigen, näm-
lich mit den Herren der Welt, die in die-
ser Finsternis herrschen, mit den bösen
Geistern unter dem Himmel. 13Deshalb
ergreift die Waffenrüstung Gottes, damit
ihr an dem bösen Tag Widerstand leisten
und alles überwinden und das Feld be-
halten könnt.
14So steht nun fest, [a]umgürtet an eu-
ren Lenden mit Wahrheit und [b]angetan
mit dem Panzer der Gerechtigkeit 15und
an den Beinen gestiefelt, bereit einzutre-
ten für das Evangelium des Friedens.
**16Vor allen Dingen aber ergreift den
Schild des [a]Glaubens, mit dem ihr aus-
löschen könnt alle feurigen Pfeile des Bö-
sen, 17und nehmt den [a]Helm des Heils
und das [b]Schwert des Geistes, welches ist
das Wort Gottes.**
18Betet allezeit mit Bitten und Flehen
im Geist und wacht dazu mit aller Be-
harrlichkeit im Gebet für alle Heiligen
19und [a]für mich, dass mir das Wort ge-
geben werde, wenn ich meinen Mund
auftue, [b]freimütig das Geheimnis des
Evangeliums zu verkündigen, 20dessen
[a]Bote ich bin in Ketten, dass ich mit
[b]Freimut davon rede, wie ich es muss.

Grüße und Segenswünsche

21Damit aber auch ihr wisst, wie es um
mich steht und was ich mache, wird euch
[a]Tychikus alles berichten, mein lieber
Bruder und treuer Diener in dem Herrn,
22den ich eben dazu gesandt habe zu
euch, dass ihr erfahrt, wie es um uns
steht, und dass er eure Herzen tröste.
23Friede sei mit den Brüdern und
Liebe mit Glauben von Gott, dem Vater,
und dem Herrn Jesus Christus! 24Die
Gnade sei mit allen, die lieb haben un-
sern Herrn Jesus Christus, in Unver-
gänglichkeit.

6,2: *a* 2. Mose 20,12 **6,4:** *a* 5. Mose 6,20-25 **6,5:** *a (5-6)* 1. Tim 6,1-2; Tit 2,9-10; 1. Petr 2,18 **6,8:** *a* 2. Kor 5,10 **6,10:** *a* Kap 3,16; 1. Kor 16,13; 2. Tim 2,1; 1. Joh 2,14 **6,12:** *a* Kap 2,2; Lk 22,31 **6,14:** *a* Lk 12,35; 1. Petr 1,13; *b* 1. Thess 5,8 **6,16:** *a* 1. Petr 5,9; 1. Joh 5,4 **6,17:** *a* 1. Thess 5,8; *b* Hebr 4,12 **6,19:** *a* Kol 4,3; 2. Thess 3,1; *b* Apg 4,29 **6,20:** *a* 2. Kor 5,20; *b* Apg 28,31 **6,21:** *a* Apg 20,4; Kol 4,7-8; 2. Tim 4,12; Tit 3,12

DER BRIEF DES PAULUS AN DIE PHILIPPER

Inhaltsübersicht

1 Paulus und [a]Timotheus, Knechte
Christi Jesu, an alle Heiligen in Chris-
tus Jesus in Philippi samt den Bischöfen
und Diakonen:*
2 Gnade sei mit euch und Friede von
Gott, unserm Vater, und dem Herrn Je-
sus Christus!

Dank und Fürbitte für die Gemeinde

3 Ich danke meinem Gott, sooft ich euer
gedenke – [a] 4 was ich allezeit tue in allen
meinen Gebeten für euch alle, und ich
tue das Gebet mit Freuden –, 5 für eure
Gemeinschaft am Evangelium vom ers-
ten Tage an bis heute; 6 und **ich bin darin
guter Zuversicht, dass der in euch ange-
fangen hat das gute Werk, der wird's auch
vollenden bis an den Tag Christi Jesu.** [a]
7 Wie es denn recht und billig ist, dass
ich so von euch allen denke, weil ich euch
in meinem Herzen habe, die ihr alle mit
mir an der Gnade teilhabt in meiner Ge-
fangenschaft und wenn ich das Evange-
lium verteidige und bekräftige. 8 Denn
Gott ist mein Zeuge, wie mich nach euch
allen verlangt von Herzensgrund in
Christus Jesus. 9 Und ich bete darum,
dass eure Liebe immer noch reicher
werde an Erkenntnis und aller Erfah-
rung,[a] 10 sodass ihr [a]prüfen könnt, was
das Beste sei, [b]damit ihr lauter und un-
anstößig seid für den Tag Christi, 11 er-
füllt mit [a]Frucht der Gerechtigkeit durch
Jesus Christus zur Ehre und zum Lobe
Gottes.

Die Gefangenschaft des Paulus und die Verkündigung des Evangeliums

12 Ich lasse euch aber wissen, liebe Brü-
der: [a]Wie es um mich steht, das ist nur
mehr zur Förderung des Evangeliums ge-
raten. 13 Denn dass ich meine Fesseln für
Christus trage, das ist [a]im ganzen Präto-
rium und bei allen andern offenbar ge-
worden, 14 und die meisten Brüder in
dem Herrn haben durch meine Gefan-
genschaft Zuversicht gewonnen und sind
umso kühner geworden, das Wort zu re-
den ohne Scheu.
15 Einige zwar predigen Christus aus
Neid und Streitsucht, einige aber auch in
guter Absicht: 16 diese aus Liebe, denn sie
wissen, dass ich zur Verteidigung des
Evangeliums hier liege; 17 jene aber ver-
kündigen Christus aus Eigennutz und
nicht lauter, denn sie möchten mir Trüb-
sal bereiten in meiner Gefangenschaft.
18 Was tut's aber? Wenn nur Christus ver-
kündigt wird auf jede Weise, es geschehe
zum Vorwand oder in Wahrheit, [a]so
freue ich mich darüber.
Aber ich werde mich auch weiterhin
freuen; 19 denn ich weiß, dass mir dies
zum Heil ausgehen wird [a]durch euer Ge-
bet und durch den Beistand des Geistes
Jesu Christi, 20 wie ich sehnlich warte und
hoffe, dass ich in keinem Stück zuschan-
den werde, sondern dass frei und offen,
wie allezeit so auch jetzt, Christus ver-
herrlicht werde an meinem Leibe, es sei
durch Leben oder durch Tod. 21 Denn
[a]**Christus ist mein Leben und Sterben ist
mein Gewinn.**
22 Wenn ich aber weiterleben soll im
Fleisch, so dient mir das dazu, mehr
Frucht zu schaffen; und so weiß ich
nicht, was ich wählen soll. 23 Denn es
setzt mir beides hart zu: [a]Ich habe Lust,

* Siehe Sach- und Worterklärungen zu »Bischof« und »Diakon«.

1,1: *a* Apg 16,1 **1,3:** *a* Röm 1,8; 1. Kor 1,4 **1,6:** *a* Kap 2,13; 1. Kor 1,8 **1,9:** *a* Phlm 6 **1,10:** *a* Röm 12,2; Eph 5,10; *b* 1. Thess 5,23 **1,11:** *a* Eph 5,9 **1,12:** *a* 2. Tim 2,9 **1,13:** *a* Kap 4,22 **1,18:** *a* Kap 2,17-18 **1,19:** *a* 2. Kor 1,11 **1,21:** *a* Gal 2,20 **1,23:** *a* 2. Kor 5,8

aus der Welt zu scheiden und bei Chris-
tus zu sein, was auch viel besser wäre;
24 aber es ist nötiger, im Fleisch zu blei-
ben um euretwillen. 25 Und in solcher
Zuversicht weiß ich, dass ich bleiben und
[a]bei euch allen sein werde, euch zur För-
derung und zur Freude im Glauben,
26 damit euer Rühmen in Christus Jesus
größer werde durch mich, wenn ich wie-
der zu euch komme.

Bereitschaft der Gemeinde zum Leiden für Christus

27 Wandelt nur würdig des Evangeliums
Christi, damit – ob ich komme und euch
sehe oder abwesend von euch höre – ihr
in **einem** Geist steht und einmütig mit
uns kämpft für den Glauben des Evan-
geliums 28 und euch in keinem Stück er-
schrecken lasst von den Widersachern,
was ihnen [a]ein Anzeichen der Verdamm-
nis ist, euch aber der Seligkeit, und das
von Gott. 29 Denn euch ist es gegeben
um Christi willen, nicht allein an ihn zu
glauben, sondern auch um seinetwillen
zu leiden, 30 habt ihr doch denselben
Kampf, den ihr an mir gesehen habt und
nun von mir hört.[a]

Leben in der Gemeinschaft mit Christus

2 Ist nun bei euch Ermahnung in
Christus, ist Trost der Liebe, ist Ge-
meinschaft des Geistes, ist herzliche Lie-
be und Barmherzigkeit, 2 so macht meine
Freude dadurch vollkommen, dass ihr
eines Sinnes seid, gleiche Liebe habt, ein-
mütig und einträchtig seid. 3 Tut nichts
aus Eigennutz oder [a]um eitler Ehre wil-
len, sondern in Demut [b]achte einer den
andern höher als sich selbst, 4 und ein
jeder sehe nicht auf das Seine, sondern
auch auf das, was dem andern dient.[a]

**5 Seid so unter euch gesinnt, wie es auch
der Gemeinschaft in Christus Jesus
entspricht:***
6 Er, der [a]in göttlicher Gestalt war,
hielt es nicht für einen Raub,
Gott gleich zu sein,
7 sondern entäußerte sich selbst
und nahm [a]Knechtsgestalt an,
[b]ward den Menschen gleich
und der Erscheinung nach als
Mensch erkannt.
8 Er [a]erniedrigte sich selbst
und ward [b]gehorsam bis zum Tode,
ja zum Tode am Kreuz.
9 Darum hat ihn auch Gott [a]erhöht
und hat ihm den Namen gegeben,
der über alle Namen ist,
10 dass in dem Namen Jesu sich beugen
sollen aller derer Knie,
die im Himmel und auf Erden
und unter der Erde sind,[a]
11 und alle Zungen bekennen sollen,
dass Jesus Christus der Herr ist,
zur Ehre Gottes, des Vaters.[a]

Sorge um das Heil

12 Also, meine Lieben, – wie ihr allezeit
gehorsam gewesen seid, nicht allein in
meiner Gegenwart, sondern jetzt noch
viel mehr in meiner Abwesenheit – **schaf-
fet, dass ihr selig werdet, [a]mit Furcht und
Zittern. 13 Denn Gott ist's, der in euch
wirkt beides, das Wollen und das Voll-
bringen, nach seinem Wohlgefallen.[a]**
14 Tut alles ohne Murren und ohne
Zweifel, 15 damit ihr ohne Tadel und
[a]lauter seid, Gottes Kinder, ohne Makel
mitten unter einem verdorbenen und ver-
kehrten Geschlecht, unter dem ihr
scheint als [b]Lichter in der Welt, 16 da-
durch dass ihr festhaltet am Wort des
Lebens, mir zum [a]Ruhm an dem Tage
Christi, sodass ich nicht vergeblich ge-
laufen bin noch vergeblich gearbeitet
habe. 17 Und wenn ich auch [a]geopfert
werde bei dem Opfer und Gottesdienst
eures Glaubens, so freue ich mich und
freue mich mit euch allen. 18 Darüber
[a]sollt ihr euch auch freuen und sollt
euch mit mir freuen.

Sendung des Timotheus und Rückkehr des Epaphroditus

19 Ich hoffe aber in dem Herrn Jesus, dass
ich Timotheus bald zu euch senden

* Luther übersetzte: »Ein jeder sei gesinnt, wie Jesus Christus auch war.«

1,25: *a* Kap 2,24 **1,28:** *a* 2. Thess 1,5 **1,30:** *a* Apg 16,22; 1. Thess 2,2 **2,3:** *a* Gal 5,26; *b* Röm 12,10 **2,4:** *a* 1. Kor 10,24; 13,5 **2,6:** *a* Joh 1,1-2; 17,5 **2,7:** *a* Jes 53,3; Mt 20,28; 2. Kor 8,9; *b* Hebr 2,14.17 **2,8:** *a* Lk 14,11; Hebr 12,2; *b* Hebr 5,8 **2,9:** *a* Apg 2,33; Eph 1,21; Hebr 1,3-4 **2,10:** *a* Jes 45,23; Joh 5,23; Offb 5,12-13 **2,11:** *a* Offb 5,13 **2,12:** *a* 1. Petr 1,17 **2,13:** *a* Kap 1,6 **2,15:** *a* Kap 1,10; *b* Mt 5,14; Eph 5,8-9 **2,16:** *a* 2. Kor 1,14; 1. Thess 2,19 **2,17:** *a* 2. Tim 4,6 **2,18:** *a* Kap 4,4

werde, damit ich auch erquickt werde,
wenn ich erfahre, wie es um euch steht.
20 Denn ich habe keinen, der [a]so ganz
meines Sinnes ist, der so herzlich für
euch sorgen wird. 21 Denn [a]sie suchen
alle das Ihre, nicht das, was Jesu Christi
ist. 22 Ihr aber wisst, dass er sich bewährt
hat; denn wie ein Kind dem Vater hat er
mit mir dem Evangelium gedient. 23 Ihn
hoffe ich zu senden, sobald ich erfahren
habe, wie es um mich steht. 24 Ich ver-
traue aber in dem Herrn darauf, dass
auch ich selbst bald kommen werde.[a]

25 Ich habe es aber für nötig angesehen,
den Bruder [a]Epaphroditus zu euch zu
senden, der mein Mitarbeiter und Mit-
streiter ist und euer Abgesandter und
Helfer in meiner Not; 26 denn er hatte
nach euch allen Verlangen und war tief
bekümmert, weil ihr gehört hattet, dass
er krank geworden war. 27 Und er war
auch todkrank, aber Gott hat sich über
ihn erbarmt; nicht allein aber über ihn,
sondern auch über mich, damit ich nicht
eine Traurigkeit zu der anderen hätte.
28 Ich habe ihn nun umso eiliger gesandt,
damit ihr ihn seht und wieder fröhlich
werdet und auch ich weniger Traurigkeit
habe. 29 So nehmt ihn nun auf in dem
Herrn mit aller Freude und haltet solche
Menschen in Ehren.[a] 30 Denn um des
Werkes Christi willen ist er dem Tode so
nahe gekommen, da er sein Leben nicht
geschont hat, um mir zu dienen an eurer
statt.

Warnung vor Rückfall in die Gesetzesgerechtigkeit

3 Weiter, liebe Brüder: [a]Freut euch in
dem Herrn! Dass ich euch immer
dasselbe schreibe, verdrießt mich nicht
und macht euch umso gewisser.

2 Nehmt euch in Acht vor den [a]Hun-
den, nehmt euch in Acht vor den bös-
willigen Arbeitern, nehmt euch in Acht
vor der [b]Zerschneidung!* 3 Denn **wir**
sind die Beschneidung, die wir [a]im Geist
Gottes dienen und uns Christi Jesu rüh-
men und uns nicht verlassen auf
Fleisch**, 4 obwohl ich mich auch des
Fleisches rühmen könnte. Wenn ein an-
derer meint, er könne sich auf Fleisch
verlassen, so könnte ich es viel mehr,[a]
5 der ich am achten Tag beschnitten bin,
[a]aus dem Volk Israel, vom Stamm Ben-
jamin, ein Hebräer von Hebräern, nach
dem Gesetz ein [b]Pharisäer, 6 nach dem
Eifer ein [a]Verfolger der Gemeinde, nach
der Gerechtigkeit, die das Gesetz fordert,
untadelig gewesen.

7 Aber **was mir Gewinn war, das habe
ich um Christi willen für Schaden erach-
tet.**[a] 8 Ja, ich erachte es noch alles für
Schaden gegenüber der überschwängli-
chen Erkenntnis Christi Jesu, meines
Herrn. Um seinetwillen ist mir das alles
ein Schaden geworden, und ich erachte es
für Dreck, damit ich Christus gewinne
9 und in ihm gefunden werde, dass ich
nicht habe meine Gerechtigkeit, die aus
dem Gesetz kommt, sondern die durch
den Glauben an Christus kommt, näm-
lich [a]die Gerechtigkeit, die von Gott
dem Glauben zugerechnet wird.+ 10 Ihn
möchte ich erkennen und die Kraft seiner
[a]Auferstehung und die [b]Gemeinschaft
seiner Leiden und so seinem Tode gleich
gestaltet werden, 11 damit ich gelange zur
Auferstehung von den Toten.

Das Ziel

12 Nicht, dass ich's schon ergriffen habe
oder schon vollkommen sei; [a]ich jage
ihm aber nach, ob ich's wohl ergreifen
könnte, weil ich [b]von Christus Jesus er-
griffen bin. 13 Meine Brüder, ich schätze
mich selbst noch nicht so ein, dass ich's
ergriffen habe. Eins aber sage ich: [a]**Ich
vergesse, was dahinten ist, und strecke
mich aus nach dem, was da vorne ist,
14 und [a]jage nach dem vorgesteckten Ziel,
dem Siegespreis der himmlischen Beru-
fung Gottes in Christus Jesus.**

15 Wie viele nun von uns vollkommen
sind, die lasst uns so gesinnt sein. Und
solltet ihr in einem Stück anders denken,

* Siehe Sach- und Worterklärungen zu »Beschneidung«.
** Siehe Sach- und Worterklärungen.
\+ Wörtlich: »… die Gerechtigkeit von Gott aufgrund des Glaubens.«

2,20: *a* 1. Kor 16,10 **2,21:** *a* 2. Tim 4,10.16 **2,24:** *a* Kap 1,25 **2,25:** *a* Kap 4,18 **2,29:** *a* 1. Kor 16,16 **3,1:** *a* Kap 2,18; 4,4 **3,2:** *a* Offb 22,15; *b* Gal 5,12 **3,3:** *a* Röm 2,29 **3,4:** *a* 2. Kor 11,18.22 **3,5:** *a* 2. Tim 1,3; *b* Apg 26,5 **3,6:** *a* Apg 8,3 **3,7:** *a* Mt 13,44-46 **3,9:** *a* Röm 3,22 **3,10:** *a* Röm 6,3-5; *b* Röm 8,17; Gal 6,17 **3,12:** *a* Kol 1,29; 1. Tim 6,12; *b* Apg 9,3-6 **3,13:** *a* Lk 9,62 **3,14:** *a* 1. Kor 9,24

so wird euch Gott auch das offenbaren.
16 Nur, was wir schon erreicht haben,
darin lasst uns auch leben.

17 Folgt mir, liebe Brüder, und seht auf
die, die so leben, wie ihr uns zum Vorbild
habt.[a] 18 Denn viele leben so, dass ich
euch oft von ihnen gesagt habe, nun aber
sage ich's auch unter Tränen: [a]Sie sind
die Feinde des Kreuzes Christi. 19 Ihr
Ende ist die Verdammnis, [a]ihr Gott ist
der Bauch und ihre Ehre ist in ihrer
Schande; sie sind irdisch gesinnt. 20 [a]Un-
ser Bürgerrecht aber ist im Himmel; wo-
her wir auch [b]erwarten den Heiland, den
Herrn Jesus Christus, 21 der [a]unsern
nichtigen Leib verwandeln wird, dass er
gleich werde seinem verherrlichten Leibe
nach der Kraft, mit der er sich alle Dinge
untertan machen kann.

Mahnung zur Einigkeit und zur Freude im Herrn

4 Also, meine lieben Brüder, nach de-
nen ich mich sehne, [a]meine Freude
und meine Krone, steht fest in dem
Herrn, ihr Lieben. 2 Evodia ermahne ich
und Syntyche ermahne ich, dass sie **eines**
Sinnes seien in dem Herrn. 3 Ja, ich bitte
auch dich, mein treuer Gefährte, steh
ihnen bei; sie haben mit mir für das
Evangelium gekämpft, zusammen mit
Klemens und meinen andern Mitarbei-
tern, [a]deren Namen im Buch des Lebens
stehen.

4 Freuet euch in dem Herrn allewege,
und abermals sage ich: Freuet euch![a]
5 Eure [a]Güte lasst kund sein allen Men-
schen! Der Herr ist nahe! 6 [a]Sorgt euch
um nichts, sondern in allen Dingen lasst
eure Bitten in Gebet und Flehen mit
Danksagung vor Gott kundwerden! 7 Und
der [a]Friede Gottes, der höher ist als alle
Vernunft, bewahre eure Herzen und Sinne
in Christus Jesus.

8 Weiter, liebe Brüder: Was wahrhaftig
ist, was ehrbar, was gerecht, was rein,
was liebenswert, was einen guten Ruf hat,
sei es eine Tugend, sei es ein Lob – dar-
auf seid bedacht! 9 Was ihr gelernt und
empfangen und gehört und gesehen habt
an mir, das tut; so wird der Gott des
Friedens mit euch sein.

Dank für die Gabe der Gemeinde

10 Ich bin aber hocherfreut in dem Herrn,
dass ihr wieder eifrig geworden seid, für
mich zu sorgen; ihr wart zwar immer
darauf bedacht, aber die Zeit hat's nicht
zugelassen. 11 Ich sage das nicht, weil ich
Mangel leide; denn ich habe gelernt, mir
[a]genügen zu lassen, wie's mir auch geht.
12 Ich kann niedrig sein und kann hoch
sein; mir ist alles und jedes vertraut: bei-
des, satt sein und hungern, beides, Über-
fluss haben und Mangel leiden;[a] **13 ich**
vermag alles durch den, der mich mächtig
macht.[a]

14 Doch ihr habt wohl daran getan,
dass ihr euch meiner Bedrängnis an-
genommen habt. 15 Denn ihr Philipper
wisst, dass am Anfang meiner Predigt
des Evangeliums, als ich auszog aus Ma-
zedonien, [a]keine Gemeinde mit mir Ge-
meinschaft gehabt hat im Geben und
Nehmen als ihr allein. 16 Denn auch nach
Thessalonich habt ihr etwas gesandt für
meinen Bedarf, einmal und danach noch
einmal. 17 Nicht, dass ich das Geschenk
suche, sondern ich suche die Frucht,
damit sie euch reichlich angerechnet
wird. 18 Ich habe aber alles erhalten und
habe Überfluss. Ich habe in Fülle, nach-
dem ich durch [a]Epaphroditus empfan-
gen habe, was von euch gekommen ist:
ein lieblicher Geruch, ein angenehmes
Opfer, Gott gefällig. 19 Mein Gott aber
wird all eurem Mangel abhelfen nach sei-
nem Reichtum in Herrlichkeit in Chris-
tus Jesus. 20 Gott aber, unserm Vater, sei
Ehre von Ewigkeit zu Ewigkeit! Amen.

Grüße und Segenswunsch

21 Grüßt alle Heiligen in Christus Jesus.
Es grüßen euch die Brüder, die bei mir
sind. 22 Es grüßen euch alle Heiligen,
besonders aber [a]die aus dem Haus des
Kaisers. 23 Die Gnade des Herrn Jesus
Christus sei mit eurem Geist!

Phil

3,17: *a* 1.Kor 11,1 **3,18:** *a* 1.Kor 1,23; Gal 6,12 **3,19:** *a* Röm 16,18 **3,20:** *a* Eph 2,6; Kol 3,1; Hebr 12,22; *b* Tit 2,13 **3,21:** *a* 1.Kor 15,49; 2.Kor 5,1; 1.Joh 3,2 **4,1:** *a* 2.Kor 1,14; 1.Thess 2,19-20 **4,3:** *a* Lk 10,20 **4,4:** *a* Kap 3,1; 2.Kor 13,11; 1.Thess 5,16 **4,5:** *a* Tit 3,2 **4,6:** *a* Mt 6,25-34; 1.Petr 5,7 **4,7:** *a* Joh 14,27; Kol 3,15 **4,11:** *a* 1.Tim 6,6 **4,12:** *a* 2.Kor 6,10 **4,13:** *a* 2.Kor 12,10 **4,15:** *a* 2.Kor 11,9 **4,18:** *a* Kap 2,25 **4,22:** *a* Kap 1,13

DER BRIEF DES PAULUS AN DIE KOLOSSER

Inhaltsübersicht

1 Paulus, ein Apostel Christi Jesu durch
den Willen Gottes, und Bruder Timo-
theus 2 an die Heiligen in Kolossä, die
gläubigen Brüder in Christus:
Gnade sei mit euch und Friede von
Gott, unserm Vater!

Dank und Fürbitte für die Gemeinde

3 Wir danken Gott, dem Vater unseres
Herrn Jesus Christus, allezeit, wenn wir
für euch beten, 4 da wir gehört haben von
eurem Glauben an Christus Jesus und
von der Liebe, die ihr zu allen Heiligen
habt, 5 um der [a]Hoffnung willen, die für
euch bereit ist im Himmel. Von ihr habt
ihr schon zuvor gehört durch das Wort
der Wahrheit, das Evangelium, 6 das zu
euch gekommen ist, wie es auch in aller
Welt Frucht bringt und auch bei euch
wächst von dem Tag an, da ihr's gehört
und die Gnade Gottes erkannt habt in
der Wahrheit. 7 So habt ihr's gelernt von
[a]Epaphras, unserm lieben Mitknecht,
der ein treuer Diener Christi für euch ist,
8 der uns auch berichtet hat von eurer
Liebe im Geist.
9 Darum [a]lassen wir auch von dem
Tag an, an dem wir's gehört haben, nicht
ab, für euch zu beten und zu bitten, dass
ihr erfüllt werdet mit der Erkenntnis sei-
nes Willens in aller geistlichen Weisheit
und Einsicht, 10 dass ihr [a]des Herrn wür-
dig lebt, ihm in allen Stücken gefallt und
Frucht bringt in jedem guten Werk und
wachst in der Erkenntnis Gottes 11 und
gestärkt werdet mit aller Kraft durch
seine herrliche Macht zu aller Geduld
und Langmut.
12 Mit Freuden sagt Dank dem Vater,
der euch tüchtig gemacht hat zu dem
[a]Erbteil der Heiligen im Licht. 13 Er hat
uns errettet von der [a]Macht der Finster-
nis und hat uns versetzt in das Reich
seines lieben Sohnes, 14 in dem wir die
Erlösung haben, nämlich die Vergebung
der Sünden.[a]

Christus, der Erste in Schöpfung und Erlösung

15 Er ist das [a]Ebenbild des unsichtbaren
Gottes,
der [b]Erstgeborene vor aller Schöpfung.
16 Denn **in ihm ist alles geschaffen,**
was im Himmel und auf Erden ist,
das Sichtbare und das Unsichtbare,
es seien Throne oder Herrschaften
oder Mächte oder Gewalten;
es ist alles durch ihn und zu ihm
geschaffen.[a]
17 Und er ist vor allem,
und es besteht alles in ihm.
18 Und er ist das [a]Haupt des Leibes,
nämlich der Gemeinde.

Er ist der Anfang,
der [b]Erstgeborene von den Toten,
damit er in allem der Erste sei.
19 [a]Denn es hat Gott wohlgefallen,
dass in ihm alle [b]Fülle wohnen sollte
20 und er durch ihn [a]alles mit sich
versöhnte,
es sei auf Erden oder im Himmel,
indem er Frieden machte durch sein
Blut am Kreuz.

21 Auch euch, die ihr einst [a]fremd und
[b]feindlich gesinnt wart in bösen Werken,
22 hat er nun versöhnt durch den Tod
seines sterblichen Leibes, damit er euch
[a]heilig und untadelig und makellos vor
sein Angesicht stelle; 23 wenn ihr nur

1,5: *a* 1. Petr 1,3-4 **1,7:** *a* Kap 4,12; Phlm 23 **1,9:** *a* Eph 1,15-17 **1,10:** *a* Eph 4,1; Phil 1,27 **1,12:** *a* Eph 1,11; 1. Petr 1,4 **1,13:** *a* Kap 2,15 **1,14:** *a* Eph 1,7 **1,15:** *a* Hebr 1,3; *b* Offb 3,14 **1,16:** *a* Joh 1,3.10; Hebr 1,2 **1,18:** *a* Eph 1,22; *b* Apg 26,23; 1. Kor 15,20; Offb 1,5 **1,19:** *a (19-20)* 2. Kor 5,19; *b* Kap 2,9; Joh 1,16; Eph 1,23 **1,20:** *a* 1. Joh 2,2 **1,21:** *a* Eph 2,12-13; 4,18; *b* Röm 5,10 **1,22:** *a* Eph 5,27

bleibt im Glauben, gegründet und fest,
und nicht weicht von der Hoffnung des
Evangeliums, das ihr gehört habt und
das gepredigt ist allen Geschöpfen unter
dem Himmel. Sein Diener bin ich,
Paulus, geworden.

Das Amt des Apostels unter den Heiden

24 Nun freue ich mich in den Leiden, die
ich [a]für euch leide, und erstatte an mei-
nem Fleisch, was an den Leiden Christi
noch fehlt, für seinen Leib, das ist die
Gemeinde. 25 Ihr Diener bin ich gewor-
den durch das Amt, das Gott mir gege-
ben hat, dass ich euch sein Wort reichlich
predigen soll, 26 nämlich das [a]Geheimnis,
das verborgen war seit ewigen Zeiten und
Geschlechtern, nun aber ist es offenbart
seinen Heiligen, 27 denen Gott kundtun
wollte, was der herrliche Reichtum dieses
Geheimnisses unter den Heiden ist, näm-
lich Christus in euch, die [a]Hoffnung der
Herrlichkeit. 28 Den verkündigen wir und
ermahnen alle Menschen und lehren alle
Menschen in aller Weisheit, damit wir
einen jeden Menschen in Christus voll-
kommen machen. 29 Dafür mühe ich
mich auch ab und ringe in der Kraft
dessen, der in mir kräftig wirkt.

Warnung vor den Irrlehrern

2 Ich will euch nämlich wissen lassen,
welchen Kampf ich um euch führe
und um die in Laodizea und um alle, die
mich nicht von Angesicht gesehen haben,
2 damit ihre Herzen gestärkt und zusam-
mengefügt werden in der Liebe und zu
allem Reichtum an Gewissheit und Ver-
ständnis, zu erkennen das Geheimnis
Gottes, das Christus ist, 3 **in welchem ver-
borgen liegen alle Schätze der [a]Weisheit
und der Erkenntnis.**

4 Ich sage das, damit euch niemand
[a]betrüge mit verführerischen Reden.
5 Denn obwohl ich leiblich abwesend bin,
so bin ich doch im Geist bei euch und
freue mich, wenn ich [a]eure Ordnung und
euren festen Glauben an Christus sehe.
6 Wie ihr nun den Herrn Christus Jesus
angenommen habt, so lebt auch in ihm
7 und seid in ihm [a]verwurzelt und ge-
gründet und fest im Glauben, wie ihr
gelehrt worden seid, und seid reichlich
dankbar.

8 Seht zu, dass euch niemand einfange
durch Philosophie und leeren Trug, ge-
gründet auf die Lehre von Menschen und
auf die Mächte der Welt und nicht auf
Christus. 9 Denn **in ihm wohnt die ganze
Fülle der Gottheit leibhaftig**[a] 10 und an
dieser Fülle habt ihr teil in ihm, der das
[a]Haupt aller Mächte und Gewalten ist.

11 In ihm seid ihr auch beschnitten
worden mit einer Beschneidung, die nicht
mit Händen geschieht, als ihr nämlich
euer fleischliches Wesen ablegtet in der
[a]Beschneidung durch Christus. 12 Mit
ihm seid ihr [a]begraben worden durch die
Taufe; mit ihm seid ihr auch [b]auferstan-
den durch den Glauben aus der Kraft
Gottes, der ihn auferweckt hat von den
Toten. 13 Und er hat euch mit ihm leben-
dig gemacht, die ihr [a]tot wart in den
Sünden und in der Unbeschnittenheit
eures Fleisches, und hat uns vergeben
alle Sünden. 14 **Er hat den Schuldbrief ge-
tilgt, der [a]mit seinen Forderungen gegen
uns war,** und hat ihn weggetan und an
das Kreuz geheftet. 15 Er hat die Mächte
und Gewalten ihrer Macht entkleidet
und sie öffentlich zur Schau gestellt und
hat einen Triumph aus ihnen gemacht in
Christus.[a]

16 [a]So lasst euch nun von niemandem
ein schlechtes Gewissen machen wegen
Speise und Trank oder wegen eines be-
stimmten Feiertages, Neumondes oder
Sabbats. 17 Das alles ist nur ein [a]Schatten
des Zukünftigen; leibhaftig aber ist es in
Christus. 18 Lasst euch den Siegespreis
von niemandem nehmen, der sich gefällt
in falscher Demut und Verehrung der
Engel und sich dessen rühmt, was er ge-
schaut hat, und ist ohne Grund aufge-
blasen in seinem fleischlichen Sinn 19 und
hält sich nicht an das Haupt, von dem
her der ganze Leib durch Gelenke und
Bänder gestützt und zusammengehalten
wird und wächst durch Gottes Wirken.[a]

20 Wenn ihr nun mit Christus den
Mächten der Welt gestorben seid, [a]was
lasst ihr euch dann Satzungen auferle-

1,24: *a* Eph 3,13; 2.Tim 2,10 **1,26:** *a* Röm 16,25; Eph 3,3-6 **1,27:** *a* 1.Tim 1,1 **2,3:** *a* 1.Kor 1,24.30 **2,4:** *a* Röm 16,18 **2,5:** *a* 1.Kor 14,40 **2,7:** *a* Eph 3,17 **2,9:** *a* Joh 1,14.16 **2,10:** *a* Eph 1,21 **2,11:** *a* Röm 2,29; 6,5; 1.Petr 3,21 **2,12:** *a* Röm 6,4; *b* Kap 3,1 **2,13:** *a* Eph 2,1.5 **2,14:** *a* Eph 2,15 **2,15:** *a* Kap 1,13; Eph 4,8 **2,16:** *a (16-19)* Röm 14,1-12 **2,17:** *a* Hebr 8,5; 10,1 **2,19:** *a* Eph 4,15-16 **2,20:** *a* Gal 4,9-10

gen, als lebtet ihr noch in der Welt: 21 Du
sollst das nicht anfassen, du sollst das
nicht kosten, du sollst das nicht anrüh-
ren? 22 Das alles soll doch verbraucht
und verzehrt werden. Es sind [a]Gebote
und Lehren von Menschen, 23 die zwar
einen Schein von Weisheit haben durch
[a]selbst erwählte Frömmigkeit und De-
mut und dadurch, dass sie [b]den Leib
nicht schonen; sie sind aber nichts wert
und befriedigen nur das Fleisch.

Der alte und der neue Mensch

3 Seid ihr nun [a]mit Christus auferstan-
den, so sucht, was droben ist, wo
Christus ist, sitzend zur Rechten Gottes.
2 [a]**Trachtet nach dem, was droben ist,
nicht nach dem, was auf Erden ist. 3 Denn
[a]ihr seid gestorben, und euer Leben ist
verborgen mit Christus in Gott. 4 Wenn
aber Christus, euer Leben, sich offenbaren
wird, dann werdet ihr auch offenbar wer-
den mit ihm [a]in Herrlichkeit.**

5 So tötet nun die Glieder, die auf Er-
den sind, Unzucht, Unreinheit, schänd-
liche Leidenschaft, böse Begierde und die
Habsucht, die Götzendienst ist.[a] 6 Um
solcher Dinge willen kommt der Zorn
Gottes über die Kinder des Ungehor-
sams.[a] 7 In dem allen seid auch ihr einst
gewandelt, als ihr noch darin lebtet.
8 Nun aber legt alles ab von euch: Zorn,
Grimm, Bosheit, Lästerung, schandbare
Worte aus eurem Munde;[a] 9 belügt ein-
ander nicht; denn ihr habt [a]den alten
Menschen mit seinen Werken ausgezogen
10 und [a]den neuen angezogen, der er-
neuert wird zur Erkenntnis nach dem
[b]Ebenbild dessen, der ihn geschaffen hat.

11 Da ist nicht mehr Grieche oder Jude,
Beschnittener oder Unbeschnittener,
Nichtgrieche, Skythe, Sklave, Freier, son-
dern alles und in allen Christus.[a]

12 So zieht nun an als die Auserwählten
Gottes, als die Heiligen und Geliebten,
herzliches Erbarmen, Freundlichkeit, De-
mut, Sanftmut, Geduld; 13 [a]und ertrage
einer den andern und [b]vergebt euch
untereinander, wenn jemand Klage hat
gegen den andern; wie der Herr euch
vergeben hat, so vergebt auch ihr! 14 Über
alles aber zieht an die Liebe, die da ist
das Band der Vollkommenheit.[a] 15 [a]Und
der Friede Christi, zu dem ihr auch be-
rufen seid [b]in **einem** Leibe, regiere in
euren Herzen; und seid dankbar.

**16 Lasst das Wort Christi reichlich unter
euch wohnen: Lehrt und ermahnt einander
in aller Weisheit; [a]mit Psalmen, Lobge-
sängen und geistlichen Liedern singt Gott
dankbar in euren Herzen. 17 Und [a]alles,
was ihr tut mit Worten oder mit Werken,
das tut alles im Namen des Herrn Jesus
und dankt Gott, dem Vater, durch ihn.**

Die christliche Haustafel

(Eph 5,22–6,9; 1. Petr 2,18–3,7)

18 Ihr Frauen, ordnet euch euren Män-
nern unter, wie sich's gebührt in dem
Herrn. 19 Ihr Männer, liebt eure Frauen
und seid nicht bitter gegen sie.[a]

20 Ihr Kinder, seid gehorsam den El-
tern in allen Dingen; denn das ist wohl-
gefällig in dem Herrn. 21 Ihr Väter, erbit-
tert eure Kinder nicht, damit sie nicht
scheu werden.

22 Ihr Sklaven, seid gehorsam in allen
Dingen euren irdischen Herren, nicht mit
Dienst vor Augen, um den Menschen zu
gefallen, sondern in Einfalt des Herzens
und in der Furcht des Herrn. 23 **Alles, was
ihr tut, das tut von Herzen als dem Herrn
und nicht den Menschen,** 24 denn ihr wisst,
dass ihr von dem Herrn als Lohn das
Erbe empfangen werdet. Ihr dient dem
Herrn Christus! 25 Denn wer unrecht tut,
der wird empfangen, was er unrecht ge-
tan hat; und [a]es gilt kein Ansehen der
Person.

4 Ihr Herren, was recht und billig ist,
das gewährt den Sklaven und be-
denkt, dass auch ihr einen Herrn im
Himmel habt.[a]

Ermahnung zum Gebet und zum rechten Wort

2 [a]Seid beharrlich im Gebet und wacht in
ihm mit Danksagung! 3 [a]Betet zugleich
auch für uns, dass Gott uns eine [b]Tür
für das Wort auftue und wir das [c]Ge-

2,22: *a* Mt 15,9 **2,23:** *a* 1. Tim 4,3; *b* Röm 13,14 **3,1:** *a* Kap 2,12 **3,2:** *a* Mt 6,33 **3,3:** *a* Röm 6,2 **3,4:** *a* 1. Kor 15,43 **3,5:** *a* Eph 5,3 **3,6:** *a* Eph 5,6 **3,8:** *a* Eph 4,29.31 **3,9:** *a* Eph 4,22-25 **3,10:** *a* Eph 4,24; *b* 1. Mose 1,26-27 **3,11:** *a* Gal 3,28 **3,13:** *a* Eph 4,2; *b* Mt 6,14; Eph 4,32 **3,14:** *a* Röm 13,8.10 **3,15:** *a* Phil 4,7; *b* 1. Kor 12,13.27; Eph 4,3-4 **3,16:** *a* Eph 5,19 **3,17:** *a* 1. Kor 10,31 **3,19:** *a* 1. Petr 3,7 **3,25:** *a* Röm 2,11 **4,1:** *a* 3. Mose 25,43.53 **4,2:** *a* Röm 12,12; 1. Thess 5,17 **4,3:** *a* Röm 15,30; Eph 6,19; 2. Thess 3,1; *b* 1. Kor 16,9; *c* Kap 1,26-27

heimnis Christi sagen können, um des-
sentwillen ich auch in Fesseln bin, 4da-
mit ich es offenbar mache, wie ich es
sagen muss.
5Verhaltet euch weise gegenüber de-
nen, die draußen sind, und kauft die Zeit
aus.[a] 6Eure Rede sei allezeit freundlich
und [a]mit Salz gewürzt, dass ihr wisst,
wie ihr einem jeden antworten sollt.[b]

Grüße und Segenswünsche

7Wie es um mich steht, wird euch alles
Tychikus berichten, der liebe Bruder und
treue Diener und Mitknecht in dem
Herrn, 8den ich darum zu euch sende,
dass ihr erfahrt, wie es uns ergeht, und
damit er eure Herzen tröste.[a] 9Mit ihm
sende ich [a]Onesimus, den treuen und lie-
ben Bruder, der einer der Euren ist. Alles,
wie es hier steht, werden sie euch be-
richten.
10Es grüßt euch [a]Aristarch, mein Mit-
gefangener, und [b]Markus, der Vetter des
Barnabas – seinetwegen habt ihr schon
Weisungen empfangen; wenn er zu euch
kommt, nehmt ihn auf –, 11und Jesus mit
dem Beinamen Justus. Von den Juden
sind diese allein meine Mitarbeiter am
Reich Gottes, und sie sind mir ein Trost
geworden.
12Es grüßt euch [a]Epaphras, der einer
von den Euren ist, ein Knecht Christi
Jesu, der allezeit in seinen Gebeten für
euch ringt, damit ihr fest steht, vollkom-
men und erfüllt mit allem, was Gottes
Wille ist. 13Ich bezeuge ihm, dass er viel
Mühe hat um euch und um die in [a]Lao-
dizea und in Hierapolis. 14Es grüßt euch
Lukas, der Arzt, der Geliebte, und De-
mas.[a]
15Grüßt die Brüder in Laodizea und
die Nympha und die Gemeinde in ihrem
Hause. 16Und wenn der Brief bei euch
gelesen ist, so sorgt dafür, dass er auch in
der Gemeinde von Laodizea gelesen wird
und dass ihr auch den von Laodizea lest.
17Und sagt dem [a]Archippus: Sieh auf
das Amt, das du empfangen hast in dem
Herrn, dass du es ausfüllst!
18[a]Mein Gruß mit meiner, des Paulus,
Hand. Gedenkt meiner Fesseln! Die
Gnade sei mit euch!

DER ERSTE BRIEF DES PAULUS AN DIE THESSALONICHER

Inhaltsübersicht

1 [a]Paulus und Silvanus und Timotheus
an die Gemeinde in Thessalonich in
Gott, dem Vater, und dem Herrn Jesus
Christus:
Gnade sei mit euch und Friede!

Der vorbildliche Glaube der Gemeinde

2Wir danken Gott allezeit für euch alle
und gedenken euer in unserm Gebet
3und denken ohne Unterlass vor Gott,
unserm Vater, an euer Werk im Glauben
und an eure Arbeit in der Liebe und an
eure Geduld in der Hoffnung auf unsern
Herrn Jesus Christus.[a]
4Liebe Brüder, von Gott geliebt, wir
wissen, dass ihr erwählt seid; 5denn un-
sere Predigt des Evangeliums kam zu
euch nicht allein im Wort, sondern auch
in der [a]Kraft und in dem Heiligen Geist
und in großer Gewissheit. Ihr wisst ja,
wie wir uns unter euch verhalten haben
um euretwillen. 6Und ihr seid [a]unserm
Beispiel gefolgt und dem des Herrn und
habt das Wort aufgenommen in großer
Bedrängnis mit Freuden im Heiligen

4,5: *a* Eph 5,15-16; 1.Thess 4,12 **4,6:** *a* Mk 9,50; *b* Eph 4,29 **4,8:** *a* Eph 6,21-22 **4,9:** *a* Phlm 10 **4,10:** *a* Apg 19,29; 27,2; *b* Apg 12,12.25 **4,12:** *a* Kap 1,7; Phlm 23 **4,13:** *a* Offb 1,11; 3,14 **4,14:** *a* 2.Tim 4,10-11; Phlm 24 **4,17:** *a* Phlm 2 **4,18:** *a* 1.Kor 16,21; Gal 6,11; 2.Thess 3,17 **1,1:** *a* Apg 15,40; 16,1-3.19; 17,1-9; 2.Thess 1,1 **1,3:** *a* 1.Kor 13,13 **1,5:** *a* 1.Kor 2,5 **1,6:** *a* 2.Thess 3,7

Geist, 7sodass ihr ein Vorbild geworden
seid für alle Gläubigen in Mazedonien
und Achaja. 8Denn von euch aus ist das
Wort des Herrn erschollen nicht allein in
Mazedonien und Achaja, sondern [a]an
allen Orten ist euer Glaube an Gott
bekannt geworden, sodass wir es nicht
nötig haben, etwas darüber zu sagen.
9Denn sie selbst berichten von uns, welchen Eingang wir bei euch gefunden haben und [a]wie ihr euch bekehrt habt zu
Gott von den Abgöttern, zu dienen dem
lebendigen und wahren Gott 10und [a]zu
warten auf seinen Sohn vom Himmel,
den er auferweckt hat von den Toten,
Jesus, der uns von dem zukünftigen Zorn
errettet.

Das Wirken des Apostels bei der Gründung der Gemeinde

2 Denn ihr wisst selbst, liebe Brüder,
wie wir Eingang gefunden haben bei
euch: Es war nicht vergeblich; 2denn obgleich wir zuvor [a]in Philippi gelitten hatten und misshandelt worden waren, wie
ihr wisst, fanden wir dennoch in unserm
Gott den Mut, [b]bei euch das Evangelium Gottes zu sagen unter viel Kampf.
3[a]Denn unsre Ermahnung kam nicht
aus betrügerischem oder unlauterem
Sinn noch geschah sie mit List, 4sondern
weil Gott uns für wert geachtet hat, uns
das Evangelium anzuvertrauen, darum
reden wir, [a]nicht, als wollten wir den
Menschen gefallen, sondern Gott, der
unsere Herzen prüft.
5Denn wir sind nie mit Schmeichelworten umgegangen, wie ihr wisst, noch
mit [a]versteckter Habsucht – Gott ist
Zeuge –; 6wir haben auch nicht Ehre gesucht bei den Leuten, weder bei euch
noch bei andern 7– obwohl wir unser
Gewicht als Christi Apostel hätten einsetzen können –, sondern wir sind unter
euch mütterlich gewesen: Wie eine Mutter ihre Kinder pflegt, 8so hatten wir
Herzenslust an euch und waren bereit,
euch nicht allein am Evangelium Gottes
teilzugeben, sondern auch an unserm Leben; denn [a]wir hatten euch lieb gewonnen. 9Ihr erinnert euch doch, liebe Brüder, an unsre Arbeit und unsre Mühe;
Tag und Nacht [a]arbeiteten wir, um niemand unter euch zur Last zu fallen, und
predigten unter euch das Evangelium
Gottes. 10Ihr und Gott seid Zeugen, wie
heilig und gerecht und untadelig wir bei
euch, den Gläubigen, gewesen sind.
11Denn ihr wisst, dass wir, wie ein Vater
seine Kinder, einen jeden von euch 12ermahnt und getröstet und beschworen haben, [a]euer Leben würdig des Gottes zu
führen, der euch berufen hat zu seinem
Reich und zu seiner Herrlichkeit.

Die Aufnahme des Evangeliums in der Gemeinde

13Und darum danken wir auch Gott
ohne Unterlass dafür, dass ihr das Wort
der göttlichen Predigt, das ihr von uns
empfangen habt, [a]nicht als Menschenwort aufgenommen habt, sondern als
das, was es in Wahrheit ist, als Gottes
Wort, das in euch wirkt, die ihr glaubt.
14Denn, liebe Brüder, ihr seid den Gemeinden Gottes in Judäa nachgefolgt,
die in Christus Jesus sind; denn [a]ihr habt
dasselbe erlitten von euren Landsleuten,
was jene von den Juden erlitten haben.
15Die haben [a]den Herrn Jesus getötet
und [b]die Propheten und haben uns verfolgt und gefallen Gott nicht und sind
allen Menschen Feind, 16indem sie, um
[a]das Maß ihrer Sünden allewege voll zu
machen, uns wehren, den Heiden zu predigen zu ihrem Heil. Aber der Zorn Gottes ist schon in vollem Maß über sie
gekommen.
17Wir aber, liebe Brüder, nachdem wir
eine Weile von euch geschieden waren –
von Angesicht, nicht im Herzen –, haben
wir uns umso mehr bemüht, euch von
Angesicht zu sehen mit großem Verlangen. 18Darum wollten wir zu euch kommen, ich, Paulus, einmal und noch einmal, doch der Satan hat uns gehindert.
19Denn wer ist unsre Hoffnung oder
Freude oder unser [a]Ruhmeskranz – seid
nicht auch ihr es vor unserm Herrn Jesus,
wenn er kommt? 20Ihr seid ja unsre Ehre
und Freude.

1,8: *a* Röm 1,8 **1,9:** *a* Apg 14,15; 1. Kor 12,2 **1,10:** *a* Tit 2,13 **2,2:** *a* Apg 16,20-24; *b* Apg 17,1-5 **2,3:** *a (3-7)* 2. Kor 4,2; 11,7; Joh 5,44 **2,4:** *a* Gal 1,10 **2,5:** *a* Mk 12,40; Apg 20,33 **2,8:** *a* 2. Kor 12,15 **2,9:** *a* Apg 18,3; 20,33-34; 1. Kor 4,12; 2. Thess 3,8 **2,12:** *a* Eph 4,1-2; Phil 1,27 **2,13:** *a* Gal 1,11-12 **2,14:** *a* Apg 8,1; 17,5-6 **2,15:** *a* Apg 2,23; *b* Mt 23,37; Apg 7,52 **2,16:** *a* Mt 23,32-33 **2,19:** *a* Phil 2,16; 4,1

Die Sendung des Timotheus

3 Darum ertrugen wir's nicht länger und beschlossen, [a]in Athen allein zurückzubleiben, 2 und [a]sandten Timotheus, unsern Bruder und Gottes Mitarbeiter am Evangelium Christi, euch zu stärken und zu ermahnen in eurem Glauben, 3 damit [a]nicht jemand wankend würde in diesen Bedrängnissen. Denn ihr wisst selbst, dass uns das [b]bestimmt ist. 4 Denn schon als wir bei euch waren, sagten wir's euch voraus, dass Bedrängnisse über uns kommen würden, wie es auch geschehen ist und wie ihr wisst. 5 Darum habe ich's auch nicht länger ertragen und habe ihn gesandt, um zu erfahren, wie es mit eurem Glauben steht, ob der Versucher euch etwa versucht hätte und [a]unsre Arbeit vergeblich würde.

6 Nun aber ist [a]Timotheus von euch wieder zu uns gekommen und hat uns Gutes berichtet von eurem Glauben und eurer Liebe und dass ihr uns allezeit in gutem Andenken habt und euch danach sehnt, uns zu sehen, wie auch wir uns nach euch sehnen. 7 Dadurch sind wir, liebe Brüder, euretwegen getröstet worden in aller unsrer Not und Bedrängnis durch euren Glauben; 8 denn nun sind wir wieder lebendig, wenn ihr fest steht in dem Herrn.

9 Denn wie können wir euretwegen Gott genug danken für all die Freude, die wir an euch haben vor unserm Gott? 10 Wir bitten Tag und Nacht inständig, dass wir euch von Angesicht sehen, um zu ergänzen, was an eurem Glauben noch fehlt. 11 Er selbst aber, Gott, unser Vater, und unser Herr Jesus lenke unsern Weg zu euch hin. 12 Euch aber lasse der Herr wachsen und immer reicher werden in der Liebe untereinander und zu jedermann, wie auch wir sie zu euch haben, 13 damit eure Herzen gestärkt werden und [a]untadelig seien in Heiligkeit vor Gott, unserm Vater, wenn unser Herr Jesus kommt mit allen seinen Heiligen. Amen.

Ermahnung zur Heiligung

4 Weiter, liebe Brüder, bitten und ermahnen wir euch in dem Herrn Jesus – da ihr von uns empfangen habt, wie ihr leben sollt, um Gott zu gefallen, was ihr ja auch tut –, dass ihr darin immer vollkommener werdet. 2 Denn ihr wisst, welche Gebote wir euch gegeben haben durch den Herrn Jesus.

3 Denn **das ist der Wille Gottes, eure Heiligung,** dass ihr meidet die Unzucht 4 und ein jeder von euch seine eigene Frau zu gewinnen suche in Heiligkeit und Ehrerbietung, 5 nicht in gieriger Lust wie die Heiden, die von Gott nichts wissen. 6 Niemand gehe zu weit und [a]übervorteile seinen Bruder im Handel; denn der Herr ist ein Richter über das alles, wie wir euch schon früher gesagt und bezeugt haben. 7 Denn Gott hat uns nicht berufen zur Unreinheit, sondern zur Heiligung. 8 Wer das nun verachtet, der [a]verachtet nicht Menschen, sondern Gott, der seinen Heiligen Geist in euch gibt.

9 Von der [a]brüderlichen Liebe aber ist es nicht nötig, euch zu schreiben; denn [b]ihr selbst seid von Gott gelehrt, euch untereinander zu lieben. 10 Und das tut ihr auch an allen Brüdern, die in ganz Mazedonien sind. Wir ermahnen euch aber, liebe Brüder, dass ihr darin noch vollkommener werdet, 11 und setzt eure Ehre darein, dass ihr ein stilles Leben führt und [a]das Eure schafft und mit euren eigenen Händen arbeitet, wie wir euch geboten haben, 12 damit ihr ehrbar lebt vor denen, [a]die draußen sind, und auf niemanden angewiesen seid.

Von der Auferstehung der Toten

13 Wir wollen euch aber, liebe Brüder, nicht im Ungewissen lassen über die, die [a]entschlafen sind, damit ihr nicht traurig seid wie die andern, die [b]keine Hoffnung haben. 14 Denn wenn wir glauben, dass Jesus gestorben und auferstanden ist, so wird Gott auch die, die entschlafen sind, durch Jesus mit ihm einherführen.[a]

15 [a]Denn das sagen wir euch mit einem Wort des Herrn, dass wir, die wir leben

3,1: *a* Apg 17,14-16 **3,2:** *a* Apg 16,1-3 **3,3:** *a* Apg 14,22; Eph 3,13; Hebr 10,39; *b* 2. Tim 3,12 **3,5:** *a* Phil 2,16 **3,6:** *a* Apg 18,5 **3,13:** *a* 1. Kor 1,8; Phil 1,10 **4,6:** *a* 3. Mose 19,11 **4,8:** *a* Lk 10,16 **4,9:** *a* Joh 13,34; *b* 3. Mose 19,18 **4,11:** *a* Kap 2,9; Eph 4,28; 2. Thess 3,8.12 **4,12:** *a* Kol 4,5 **4,13:** *a* 1. Kor 15,20; *b* Eph 2,12 **4,14:** *a* Röm 14,9; 1. Kor 15,3-4.12 **4,15:** *a (15-17)* Mt 16,28; 24,30-31; 1. Kor 15,51-52; Joh 17,24

und übrig bleiben bis zur Ankunft des
Herrn, denen nicht zuvorkommen wer-
den, die entschlafen sind. 16 Denn er
selbst, der Herr, wird, wenn der Befehl
ertönt, wenn die Stimme des Erzengels
und die Posaune Gottes erschallen, her-
abkommen vom Himmel, und zuerst
werden die Toten, die in Christus ge-
storben sind, auferstehen. 17 Danach wer-
den wir, die wir leben und übrig bleiben,
zugleich mit ihnen entrückt werden auf
den Wolken in die Luft, dem Herrn ent-
gegen; und [a]so werden wir bei dem
Herrn sein allezeit. 18 So tröstet euch mit
diesen Worten untereinander.

Leben im Licht des kommenden Tages

5 Von den [a]Zeiten und Stunden aber,
liebe Brüder, ist es nicht nötig, euch
zu schreiben; 2 denn ihr selbst wisst ge-
nau, dass der Tag des Herrn kommen
wird [a]wie ein Dieb in der Nacht. 3 Wenn
sie sagen werden: [a]Es ist Friede, es hat
keine Gefahr –, dann [b]wird sie das Ver-
derben schnell überfallen wie die Wehen
eine schwangere Frau und sie werden
nicht entfliehen.
4 Ihr aber, liebe Brüder, seid nicht in
der Finsternis, dass der Tag wie ein Dieb
über euch komme. 5 Denn ihr alle seid
[a]Kinder des Lichtes und Kinder des Ta-
ges. Wir sind nicht von der Nacht noch
von der Finsternis. 6 So lasst uns nun
nicht schlafen wie die andern, sondern
[a]lasst uns wachen und nüchtern sein.
7 Denn die schlafen, die schlafen des
Nachts, und die betrunken sind, die sind
des Nachts betrunken. 8 Wir aber, die wir
Kinder des Tages sind, wollen nüchtern
sein, angetan mit dem Panzer des Glau-
bens und der Liebe und mit dem Helm
der Hoffnung auf das Heil.[a] 9 Denn Gott
hat uns nicht bestimmt zum Zorn, son-
dern dazu, das Heil zu erlangen durch
unsern Herrn Jesus Christus, 10 der für
uns gestorben ist, damit, [a]ob wir wachen
oder schlafen, wir zugleich mit ihm le-
ben. 11 Darum [a]ermahnt euch unterein-
ander und einer erbaue den andern, wie
ihr auch tut.

Ermahnungen und Grüße

12 Wir bitten euch aber, liebe Brüder, [a]er-
kennt an, die an euch arbeiten und euch
vorstehen in dem Herrn und euch er-
mahnen; 13 habt sie umso lieber um ihres
Werkes willen. Haltet Frieden unterein-
ander. 14 Wir ermahnen euch aber, liebe
Brüder: [a]Weist die Unordentlichen zu-
recht, tröstet die Kleinmütigen, tragt die
Schwachen, seid geduldig gegen jeder-
mann. 15 Seht zu, dass keiner dem andern
[a]Böses mit Bösem vergelte, sondern jagt
allezeit dem Guten nach untereinander
und gegen jedermann.
16 **Seid allezeit fröhlich,**[a] 17 **betet ohne
Unterlass,**[a] 18 **seid** [a]**dankbar in allen Din-
gen;** denn das ist der Wille Gottes in
Christus Jesus an euch.
19 [a]Den Geist dämpft nicht. 20 Prophe-
tische Rede verachtet nicht. 21 [a]**Prüft
aber alles und das Gute behaltet.** 22 Mei-
det das Böse in jeder Gestalt.
23 **Er aber, der Gott des Friedens, hei-
lige euch durch und durch und bewahre
euren Geist samt Seele und Leib unver-
sehrt, untadelig für die Ankunft unseres
Herrn Jesus Christus.** 24 [a]Treu ist er, der
euch ruft; er wird's auch tun.
25 Liebe Brüder, betet auch für uns.
26 Grüßt alle Brüder mit dem heiligen
Kuss. 27 Ich beschwöre euch bei dem
Herrn, dass ihr diesen Brief lesen lasst
vor allen Brüdern.
28 Die Gnade unseres Herrn Jesus
Christus sei mit euch!

4,17: *a* Joh 12,26 **5,1:** *a* Mt 24,36 **5,2:** *a* Mt 24,42-44; 2. Petr 3,10; Offb 3,3; 16,15 **5,3:** *a* Jer 6,14; *b* Mt 24,39 **5,5:** *a* Röm 13,12; Eph 5,8 **5,6:** *a* 1. Petr 5,8 **5,8:** *a* Eph 6,14-17 **5,10:** *a* Röm 14,8-9 **5,11:** *a* Hebr 3,13 **5,12:** *a* 1. Kor 16,18 **5,14:** *a* 2. Thess 3,15 **5,15:** *a* Spr 20,22; Röm 12,17.21; 1. Petr 3,9 **5,16:** *a* Phil 4,4 **5,17:** *a* Lk 18,1-8; Röm 12,12; Eph 6,18; Kol 4,2 **5,18:** *a* Eph 5,20 **5,19:** *a (19-20)* 1. Kor 14,1.39 **5,21:** *a* 1. Kor 14,29 **5,24:** *a* 1. Kor 1,9; 2. Thess 3,3

DER ZWEITE BRIEF DES PAULUS AN DIE THESSALONICHER

Inhaltsübersicht

1 Paulus und Silvanus und Timotheus
an die Gemeinde in Thessalonich in
Gott, unserm Vater, und dem Herrn Je-
sus Christus:[a]
2 Gnade sei mit euch und Friede von
Gott, unserm Vater, und dem Herrn Je-
sus Christus!

Die Bedrängnis der Gemeinde und das gerechte Gericht Gottes

3 Wir müssen Gott allezeit für euch dan-
ken, liebe Brüder, wie sich's gebührt.
Denn euer Glaube wächst sehr und eure
gegenseitige Liebe nimmt zu bei euch al-
len.[a] 4 Darum [a]rühmen wir uns euer un-
ter den Gemeinden Gottes wegen eurer
Geduld und eures Glaubens in allen Ver-
folgungen und Bedrängnissen, die ihr er-
duldet, 5 ein Anzeichen dafür, dass Gott
recht richten wird und ihr gewürdigt wer-
det des Reiches Gottes, für das ihr auch
leidet.[a]
6 Denn [a]es ist gerecht bei Gott, mit
Bedrängnis zu vergelten denen, die euch
bedrängen, 7 [a]euch aber, die ihr Bedräng-
nis leidet, Ruhe zu geben mit uns, wenn
der Herr Jesus sich offenbaren wird vom
Himmel her mit den Engeln seiner
Macht 8 in Feuerflammen, Vergeltung zu
üben an denen, die Gott nicht kennen
und die [a]nicht gehorsam sind dem Evan-
gelium unseres Herrn Jesus. 9 Die werden
Strafe erleiden, das ewige Verderben,
vom Angesicht des Herrn her und von
seiner herrlichen Macht, 10 wenn er kom-
men wird, dass er verherrlicht werde bei
seinen Heiligen und wunderbar erscheine
bei allen Gläubigen an jenem Tage; denn
was wir euch bezeugt haben, das habt ihr
geglaubt.
11 Deshalb beten wir auch allezeit
für euch, dass unser Gott euch würdig
mache der Berufung und vollende alles
Wohlgefallen am Guten und das Werk
des Glaubens in Kraft, 12 damit in euch
verherrlicht werde der Name unseres
Herrn Jesus und ihr in ihm nach der
Gnade unseres Gottes und des Herrn
Jesus Christus.

Das Auftreten des Widersachers vor dem Kommen Christi

2 Was nun [a]das Kommen unseres
Herrn Jesus Christus angeht und
unsre Vereinigung mit ihm, so bitten wir
euch, liebe Brüder, 2 dass ihr euch in
eurem Sinn nicht so schnell wankend
machen noch erschrecken lasst – weder
durch eine Weissagung noch durch ein
Wort oder [a]einen Brief, die von uns sein
sollen –, als sei der Tag des Herrn schon
da. 3 Lasst euch [a]von niemandem ver-
führen, in keinerlei Weise; denn zuvor
muss der Abfall kommen und der
[b]Mensch der Bosheit offenbart werden,
der Sohn des Verderbens. 4 Er ist der Wi-
dersacher, der [a]sich erhebt über alles,
was Gott oder Gottesdienst heißt, sodass
er [b]sich in den Tempel Gottes setzt und
vorgibt, er sei Gott.
5 Erinnert ihr euch nicht daran, dass
ich euch dies sagte, als ich noch bei euch
war? 6 Und ihr wisst, was ihn noch auf-
hält, bis er offenbart wird zu seiner Zeit.
7 Denn es regt sich schon das Geheimnis
der Bosheit; nur muss der, der es jetzt
noch aufhält, weggetan werden, 8 und
dann wird der Böse offenbart werden.
Ihn wird der Herr Jesus [a]umbringen mit
dem Hauch seines Mundes und wird ihm

1,1: *a* 1.Thess 1,1 **1,3:** *a* 1.Thess 1,2-3 **1,4:** *a* 2.Kor 7,4 **1,5:** *a* Phil 1,28 **1,6:** *a* Röm 12,19; Offb 18,6-7 **1,7:** *a (7-10)* Mt 16,27; 25,31-46; 1.Thess 4,16 **1,8:** *a* Röm 2,8 **2,1:** *a* 1.Thess 4,13-17 **2,2:** *a* 2.Petr 3,15-16 **2,3:** *a* 1.Tim 4,1; *b* 1.Joh 2,18 **2,4:** *a* Dan 11,36; *b* Mt 24,15 **2,8:** *a* Jes 11,4; Offb 19,15.20

ein Ende machen durch seine Erschei-
nung, wenn er kommt. 9 Der Böse aber
wird in der Macht des Satans auftreten
mit großer Kraft und lügenhaften Zei-
chen und Wundern[a] 10 und mit jeglicher
Verführung zur Ungerechtigkeit bei de-
nen, die verloren werden, weil sie die
Liebe zur Wahrheit nicht angenommen
haben, dass sie gerettet würden. 11 Dar-
um sendet ihnen Gott die Macht der
Verführung, sodass sie der Lüge glau-
ben,[a] 12 damit gerichtet werden alle, die
der Wahrheit nicht glaubten, sondern
Lust hatten an der Ungerechtigkeit.

Mahnung zum Festhalten an der Lehre

13 [a]Wir aber müssen Gott allezeit für
euch danken, vom Herrn geliebte Brüder,
dass Gott euch als Erste zur Seligkeit
erwählt hat in der Heiligung durch den
Geist und im Glauben an die Wahrheit,
14 wozu er euch auch berufen hat durch
unser Evangelium, damit ihr die Herr-
lichkeit unseres Herrn Jesus Christus er-
langt.

15 So steht nun fest, liebe Brüder, und
[a]haltet euch an die Lehre, in der ihr
durch uns unterwiesen worden seid, es sei
durch Wort oder Brief von uns. 16 Er
aber, unser Herr Jesus Christus, und
Gott, unser Vater, der uns geliebt und
uns einen ewigen Trost gegeben hat und
eine gute Hoffnung durch Gnade, 17 der
tröste eure Herzen und stärke euch in
allem guten Werk und Wort.

Wünsche des Apostels für sich selbst und die Gemeinde

3 Weiter, liebe Brüder, betet für uns,
dass das Wort des Herrn laufe und
gepriesen werde wie bei euch[a] 2 und dass
wir erlöst werden von den falschen und
bösen Menschen; denn der Glaube ist
nicht jedermanns Ding. 3 Aber [a]**der Herr
ist treu; der wird euch stärken und** [b]**be-
wahren vor dem Bösen.** 4 Wir haben aber
das Vertrauen zu euch in dem Herrn,
dass ihr tut und tun werdet, was wir
gebieten.[a] 5 Der Herr aber richte eure
Herzen aus auf die Liebe Gottes und auf
die Geduld Christi.

Warnung vor Müßiggang

6 Wir gebieten euch aber, liebe Brüder, im
Namen unseres Herrn Jesus Christus,
dass ihr euch zurückzieht von jedem Bru-
der, der unordentlich lebt und nicht
[a]nach der Lehre, die ihr von uns emp-
fangen habt.

7 Denn ihr wisst, [a]wie ihr uns nach-
folgen sollt. Denn wir haben nicht un-
ordentlich bei euch gelebt, 8 haben auch
nicht umsonst Brot von jemandem ge-
nommen, sondern [a]mit Mühe und Plage
haben wir Tag und Nacht gearbeitet, um
keinem von euch zur Last zu fallen.
9 Nicht, dass wir dazu nicht das Recht
hätten, sondern [a]wir wollten uns selbst
euch zum Vorbild geben, damit ihr uns
nachfolgt. 10 Denn schon als wir bei euch
waren, geboten wir euch: Wer nicht ar-
beiten will, der soll auch nicht essen.
11 Denn wir hören, dass einige unter euch
unordentlich leben und nichts arbeiten,
sondern unnütze Dinge treiben. 12 Sol-
chen aber gebieten wir und ermahnen sie
in dem Herrn Jesus Christus, dass sie
[a]still ihrer Arbeit nachgehen und ihr
eigenes Brot essen. 13 Ihr aber, liebe Brü-
der, lasst's euch nicht verdrießen, Gutes
zu tun.[a]

14 Wenn aber jemand unserm Wort in
diesem Brief nicht gehorsam ist, den
merkt euch und habt nichts mit ihm zu
schaffen, damit er schamrot werde.
15 Doch haltet ihn nicht für einen Feind,
sondern [a]weist ihn zurecht als einen
Bruder.

16 [a]Er aber, der Herr des Friedens,
gebe euch Frieden allezeit und auf alle
Weise. Der Herr sei mit euch allen!

Gruß und Segenswunsch

17 Der Gruß mit meiner, des Paulus,
Hand. Das ist das Zeichen in allen Brie-
fen; so schreibe ich.[a] 18 Die Gnade un-
seres Herrn Jesus Christus sei mit euch
allen!

2,9: *a* Mt 24,24; Offb 13,11-14 **2,11:** *a* 2. Tim 4,4 **2,13:** *a (13-14)* Röm 8,30 **2,15:** *a* Kap 3,6 **3,1:** *a* Eph 6,18-19; Kol 4,3; 1. Thess 5,25 **3,3:** *a* 1. Thess 5,24; *b* Joh 17,15 **3,4:** *a* 2. Kor 7,16; Gal 5,10 **3,6:** *a* Kap 2,15; Mt 18,17; Röm 16,17 **3,7:** *a* 1. Thess 1,6 **3,8:** *a* 1. Thess 2,9 **3,9:** *a* Mt 10,10; Apg 20,35; Phil 3,17 **3,12:** *a* 1. Thess 4,11 **3,13:** *a* Gal 6,9 **3,15:** *a* 1. Thess 5,14 **3,16:** *a* Joh 14,27 **3,17:** *a* 1. Kor 16,21; Gal 6,11; Kol 4,18

DER ERSTE BRIEF DES PAULUS AN TIMOTHEUS

Inhaltsübersicht

1 Paulus, ein Apostel Christi Jesu nach
dem Befehl Gottes, unseres Heilands,
und Christi Jesu, der [a]unsre Hoffnung
ist, 2an [a]Timotheus, [b]meinen rechten
Sohn im Glauben:
Gnade, Barmherzigkeit, Friede von
Gott, dem Vater, und unserm Herrn
Christus Jesus!

Gegen falsche Gesetzeslehrer

3Du weißt, wie ich dich ermahnt habe, in
Ephesus zu bleiben, als ich nach [a]Maze-
donien zog, und einigen zu gebieten, dass
sie nicht anders lehren, 4auch nicht Acht
haben auf die [a]Fabeln und Geschlechts-
register, die kein Ende haben und eher
Fragen aufbringen, als dass sie dem Rat-
schluss Gottes im Glauben dienen.
5Die [a]Hauptsumme aller Unterwei-
sung aber ist Liebe aus reinem Herzen
und aus gutem Gewissen und aus unge-
färbtem Glauben. 6Davon sind einige
abgeirrt und haben sich hingewandt
zu [a]unnützem Geschwätz, 7wollen die
Schrift meistern und verstehen selber
nicht, was sie sagen oder was sie so fest
behaupten.
8Wir wissen aber, dass [a]das Gesetz gut
ist, wenn es jemand recht gebraucht,
9[a]weil er weiß, dass dem Gerechten kein
Gesetz gegeben ist, sondern den Unge-
rechten und Ungehorsamen, den Gott-
losen und Sündern, den Unheiligen und
Ungeistlichen, den Vatermördern und
Muttermördern, den Totschlägern, 10den
Unzüchtigen, den Knabenschändern, den
Menschenhändlern, den Lügnern, den
Meineidigen und wenn noch etwas an-
deres der heilsamen Lehre zuwider ist,
11nach dem Evangelium von der Herr-
lichkeit des seligen Gottes, das mir anver-
traut ist.

Lobpreis der göttlichen Barmherzigkeit

12[a]Ich danke unserm Herrn Christus Je-
sus, der mich stark gemacht und für treu
erachtet hat und in das Amt eingesetzt,
13mich, der ich früher ein Lästerer und
ein Verfolger und ein Frevler war; aber
mir ist Barmherzigkeit widerfahren, denn
ich habe es unwissend getan, im Unglau-
ben. 14Es ist aber desto reicher geworden
die Gnade unseres Herrn samt dem
Glauben und der Liebe, die in Christus
Jesus ist.
15**Das ist gewisslich wahr und ein Wort,
des Glaubens wert, dass Christus Jesus in
die Welt gekommen ist, [a]die Sünder selig
zu machen, unter denen ich der erste bin.**
16Aber darum ist mir Barmherzigkeit wi-
derfahren, dass Christus Jesus an mir als
Erstem alle Geduld erweise, zum Vorbild
denen, die an ihn glauben sollten zum
ewigen Leben. 17Aber Gott, dem ewigen
König, dem Unvergänglichen und Un-
sichtbaren, der allein Gott ist, sei Ehre
und Preis in Ewigkeit! Amen.
18Diese Botschaft vertraue ich dir an,
mein Sohn Timotheus, nach den [a]Weis-
sagungen, die früher über dich ergangen
sind, damit du in ihrer Kraft [b]einen gu-
ten Kampf kämpfst 19und den [a]Glauben
und ein gutes Gewissen hast. Das haben
einige von sich gestoßen und [b]am Glau-
ben Schiffbruch erlitten. 20Unter ihnen
sind [a]Hymenäus und Alexander, die ich
[b]dem Satan übergeben habe, damit sie in
Zucht genommen werden und nicht
mehr lästern.

1,1: *a* Kol 1,27 **1,2:** *a* Apg 16,1-2; *b* Tit 1,4 **1,3:** *a* Apg 20,1 **1,4:** *a* Kap 4,7 **1,5:** *a* Mt 22,37-40; Röm 13,10; Gal 5,6 **1,6:** *a* Kap 6,4.20 **1,8:** *a* Röm 7,12 **1,9:** *a (9-11)* 1. Kor 6,9-11 **1,12:** *a (12-16)* Apg 9,15; 1. Kor 15,9-10; Gal 1,13-16 **1,15:** *a* Lk 19,10 **1,18:** *a* Kap 4,14; *b* Kap 6,12; Jud 3 **1,19:** *a* Kap 3,9; *b* Kap 6,10 **1,20:** *a* 2. Tim 2,17; *b* 1. Kor 5,5

Das Gemeindegebet

2 So ermahne ich nun, dass man vor
allen Dingen tue Bitte, Gebet, Für-
bitte und Danksagung für alle Men-
schen, [2]für die Könige und für alle Ob-
rigkeit, damit wir ein ruhiges und stilles
Leben führen können in aller Frömmig-
keit und Ehrbarkeit. [3]Dies ist gut und
wohlgefällig vor Gott, unserm Heiland,
**[4]welcher will, dass allen Menschen ge-
holfen werde und sie zur Erkenntnis der
Wahrheit kommen.**[a] **[5]Denn es ist ein
Gott und ein [a]Mittler zwischen Gott und
den Menschen, nämlich der Mensch Chris-
tus Jesus, [6]der [a]sich selbst gegeben hat
für alle zur Erlösung,** dass dies zu seiner
Zeit gepredigt werde. [7]Dazu bin ich ein-
gesetzt [a]als Prediger und Apostel – ich
sage die Wahrheit und lüge nicht –, [b]als
Lehrer der Heiden im Glauben und in
der Wahrheit.

Männer und Frauen im Gottesdienst

[8]So will ich nun, dass die Männer beten
an allen Orten und aufheben heilige
Hände ohne Zorn und Zweifel. [9]Des-
gleichen, dass die Frauen in schicklicher
Kleidung sich schmücken mit Anstand
und Zucht, nicht mit Haarflechten und
Gold oder Perlen oder kostbarem Ge-
wand,[a] [10]sondern, wie sich's ziemt für
Frauen, die ihre Frömmigkeit bekunden
wollen, [a]mit guten Werken.

[11]Eine Frau lerne in der Stille [a]mit
aller Unterordnung. [12][a]Einer Frau ge-
statte ich nicht, dass sie lehre, auch nicht,
[b]dass sie über den Mann Herr sei, son-
dern sie sei still. [13]Denn Adam wurde
zuerst gemacht, danach Eva. [14]Und
Adam wurde nicht verführt, die Frau
aber hat sich zur Übertretung verführen
lassen.[a] [15]Sie wird aber selig werden da-
durch, dass sie Kinder zur Welt bringt,
wenn sie bleiben mit Besonnenheit im
Glauben und in der Liebe und in der
Heiligung.[a]

Von den Bischöfen

3 [a]Das ist gewisslich wahr: Wenn je-
mand ein Bischofsamt* begehrt, der
begehrt eine hohe Aufgabe. [2]Ein Bischof
aber soll untadelig sein, Mann einer ein-
zigen Frau, nüchtern, maßvoll, würdig,
gastfrei, geschickt im Lehren, [3]kein Säu-
fer, nicht gewalttätig, sondern gütig, nicht
streitsüchtig, nicht geldgierig, [4]einer, der
seinem eigenen Haus gut vorsteht und
gehorsame Kinder hat in aller Ehrbar-
keit. [5]Denn wenn jemand seinem eigenen
Haus nicht vorzustehen weiß, wie soll
er für die Gemeinde Gottes sorgen? [6]Er
soll kein Neugetaufter sein, damit er
sich nicht aufblase und dem Urteil des
Teufels verfalle. [7]Er muss aber auch einen
guten Ruf haben bei denen, die drau-
ßen sind, damit er nicht geschmäht werde
und sich nicht fange in der Schlinge
des Teufels.

Von den Diakonen

[8]Desgleichen sollen die [a]Diakone ehrbar
sein, nicht doppelzüngig, keine Säufer,
nicht schändlichen Gewinn suchen; [9]sie
sollen das Geheimnis des Glaubens
mit reinem Gewissen bewahren.[a] [10]Und
man soll sie zuvor prüfen und wenn sie
untadelig sind, sollen sie den Dienst ver-
sehen. [11]Desgleichen sollen ihre Frauen
ehrbar sein, [a]nicht verleumderisch, nüch-
tern, treu in allen Dingen. [12]Die Diakone
sollen ein jeder der Mann einer einzigen
Frau sein und ihren Kindern und ihrem
eigenen Haus gut vorstehen. [13]Welche
aber ihren Dienst gut versehen, die er-
werben sich selbst ein gutes Ansehen und
große Zuversicht im Glauben an Chris-
tus Jesus.

Das Geheimnis des Glaubens

[14]Dies schreibe ich dir und hoffe, bald zu
dir zu kommen; [15]wenn ich aber erst spä-
ter komme, sollst du wissen, wie man
sich verhalten soll im [a]Hause Gottes, das
ist die Gemeinde des lebendigen Gottes,

* Siehe Sach- und Worterklärungen zu »Bischof«.

2,4: *a* Hes 18,23; Röm 11,32; 2. Petr 3,9 **2,5:** *a* Hebr 9,15 **2,6:** *a* Gal 1,4; 2,20; Tit 2,14 **2,7:** *a* 2. Tim 1,11; *b* Gal 2,7-8 **2,9:** *a* 1. Petr 3,3-5 **2,10:** *a* Kap 5,10 **2,11:** *a* Eph 5,22 **2,12:** *a* 1. Kor 14,34; *b* 1. Mose 3,16 **2,14:** *a* 1. Mose 3,6 **2,15:** *a* Kap 5,14; Tit 2,4-5 **3,1:** *a (1-7)* Apg 20,28; Tit 1,5-9 **3,8:** *a* Apg 6,3; Phil 1,1 **3,9:** *a* Kap 1,19 **3,11:** *a* Tit 2,3 **3,15:** *a* Eph 2,19-22

ein Pfeiler und eine Grundfeste der
Wahrheit. 16 Und groß ist, wie jedermann
bekennen muss, das Geheimnis des
Glaubens:

Er ist [a]offenbart im Fleisch,
gerechtfertigt [b]im Geist,
erschienen den Engeln,
[c]gepredigt den Heiden,
geglaubt in der Welt,
[d]aufgenommen in die Herrlichkeit.

Falsche Enthaltsamkeit

4 Der Geist aber sagt deutlich, dass [a]in
den letzten Zeiten einige von dem
Glauben abfallen werden und verführeri-
schen Geistern und teuflischen Lehren
anhängen, 2 verleitet durch Heuchelei der
Lügenredner, die ein Brandmal in ihrem
Gewissen haben. 3 Sie gebieten, nicht zu
heiraten und [a]Speisen zu meiden, die
Gott geschaffen hat, dass sie mit Dank-
sagung empfangen werden von den
Gläubigen und denen, die die Wahrheit
erkennen. 4 **Denn alles, was Gott geschaf-**
fen hat, ist gut, und nichts ist verwerflich,
was mit Danksagung empfangen wird;[a]
5 **denn es wird geheiligt durch das Wort**
Gottes und Gebet.

Der Dienst des Timotheus

6 Wenn du die Brüder dies lehrst, so wirst
du [a]ein guter Diener Christi Jesu sein,
auferzogen in den Worten des Glaubens
und der guten Lehre, bei der du immer
geblieben bist. 7 [a]Die ungeistlichen Alt-
weiberfabeln aber weise zurück; **übe dich**
selbst aber in der Frömmigkeit! 8 Denn die
leibliche Übung ist wenig nütze; aber
[a]die Frömmigkeit ist zu allen Dingen
nütze und hat die Verheißung dieses und
des zukünftigen Lebens. 9 Das ist gewiss-
lich wahr und ein Wort, des Glaubens
wert. 10 Denn dafür arbeiten und kämp-
fen wir, weil wir unsre Hoffnung auf den
lebendigen Gott gesetzt haben, welcher
ist der Heiland aller Menschen, beson-
ders der Gläubigen. 11 Dies gebiete und
lehre.

12 [a]Niemand verachte dich wegen dei-
ner Jugend; du aber [b]sei den Gläubigen
ein Vorbild im Wort, im Wandel, in der
Liebe, im Glauben, in der Reinheit.
13 Fahre fort mit Vorlesen, mit Ermah-
nen, mit Lehren, bis ich komme. 14 Lass
nicht außer Acht die Gabe in dir, die
dir gegeben ist durch [a]Weissagung mit
[b]Handauflegung der Ältesten. 15 Dies
lass deine Sorge sein, damit gehe um,
damit dein Fortschreiten allen offenbar
werde. 16 Hab Acht auf dich selbst und
auf die Lehre; beharre in diesen Stücken!
Denn wenn du das tust, wirst du dich
selbst [a]retten und die, die dich hören.

Verhalten gegen Männer und Frauen in der Gemeinde

5 [a]Einen Älteren fahre nicht an, son-
dern ermahne ihn wie einen Vater, die
jüngeren Männer wie Brüder, 2 die älte-
ren Frauen wie Mütter, die jüngeren wie
Schwestern, mit allem Anstand.

Von den Witwen

3 Ehre die Witwen, die rechte Witwen
sind. 4 Wenn aber eine Witwe Kinder
oder Enkel hat, so sollen diese lernen,
zuerst im eigenen Hause fromm zu leben
und sich den Eltern dankbar zu erweisen;
denn das ist wohlgefällig vor Gott. 5 Das
ist aber eine rechte Witwe, die allein
steht, die ihre Hoffnung auf Gott setzt
und [a]beharrlich fleht und betet Tag und
Nacht. 6 Eine aber, die ausschweifend
lebt, ist lebendig tot. 7 Dies gebiete, damit
sie untadelig seien. 8 Wenn aber jemand
die Seinen, besonders seine Hausgenos-
sen, nicht versorgt, hat er den Glau-
ben verleugnet und ist schlimmer als ein
Heide.[a]

9 Es soll keine Witwe auserwählt wer-
den unter sechzig Jahren; sie soll eines
einzigen Mannes Frau gewesen sein
10 und ein Zeugnis guter Werke haben:
wenn sie Kinder aufgezogen hat, wenn
sie [a]gastfrei gewesen ist, wenn sie [b]den
Heiligen die Füße gewaschen hat, wenn
sie den Bedrängten beigestanden hat,

3,16: *a* Joh 1,14; *b* Röm 1,4; *c* Apg 28,28; *d* Mk 16,19; Eph 1,20-21 **4,1:** *a* Mt 24,24; 2. Thess 2,3; 2. Tim 3,1; 2. Petr 3,3; 1. Joh 2,18; Jud 18 **4,3:** *a* 1. Mose 9,3; 1. Kor 10,30-31; Kol 2,23 **4,4:** *a* 1. Mose 1,31; Mt 15,11; Apg 10,15 **4,6:** *a* 2. Tim 2,15 **4,7:** *a* Kap 6,20; 2. Tim 2,16.23; 4,4; Tit 1,14; 3,9 **4,8:** *a* Kap 6,6 **4,12:** *a* Tit 2,15; *b* 2. Tim 2,22 **4,14:** *a* Kap 1,18; *b* Kap 5,22; Apg 6,6; 8,17; 2. Tim 1,6 **4,16:** *a* Röm 11,14 **5,1:** *a* 3. Mose 19,32; Tit 2,2 **5,5:** *a* Lk 2,37 **5,8:** *a* Mt 15,5-6 **5,10:** *a* Hebr 13,2; *b* Joh 13,14

wenn sie allem guten Werk nachgekom-
men ist.
11 Jüngere Witwen aber weise ab; denn
wenn sie ihrer Begierde nachgeben Chris-
tus zuwider, so wollen sie heiraten 12 und
stehen dann unter dem Urteil, dass sie
die erste Treue gebrochen haben. 13 Da-
neben sind sie faul und lernen, von Haus
zu Haus zu laufen; und nicht nur faul
sind sie, sondern auch geschwätzig und
vorwitzig und reden, was nicht sein soll.
14 So will ich nun, dass die jüngeren Wit-
wen heiraten, [a]Kinder zur Welt bringen,
den Haushalt führen, [b]dem Widersacher
keinen Anlass geben zu lästern. 15 Denn
schon haben sich einige abgewandt und
folgen dem Satan. 16 Wenn aber einer
gläubigen Frau Witwen anbefohlen sind,
so versorge sie diese, die Gemeinde aber
soll nicht beschwert werden, [a]damit sie
für die rechten Witwen sorgen kann.

Von den Vorstehern der Gemeinde

17 Die [a]Ältesten, die der Gemeinde gut
vorstehen, die halte man zwiefacher Ehre
wert, besonders, die sich mühen im Wort
und in der Lehre. 18 Denn die Schrift sagt
(5. Mose 25,4): [a]»Du sollst dem Ochsen,
der da drischt, nicht das Maul verbin-
den«; und: [b]»Ein Arbeiter ist seines Loh-
nes wert«. 19 Gegen einen Ältesten nimm
keine Klage an ohne [a]zwei oder drei
Zeugen. 20 Die da sündigen, die [a]weise
zurecht vor allen, damit sich auch die
andern fürchten. 21 Ich ermahne dich in-
ständig vor Gott und Christus Jesus und
den auserwählten Engeln, dass du dich
daran hältst ohne Vorurteil und nieman-
den begünstigst. 22 [a]Die Hände lege nie-
mandem zu bald auf; habe nicht teil an
fremden Sünden! Halte dich selber rein!
23 Trinke nicht mehr nur Wasser, son-
dern nimm ein wenig Wein dazu um des
Magens willen und weil du oft krank
bist.
24 Bei einigen Menschen sind die Sün-
den offenbar und gehen ihnen zum Ge-
richt voran; bei einigen aber werden sie
hernach offenbar. 25 Desgleichen sind
auch die guten Werke einiger Menschen
zuvor offenbar, und wenn es anders ist,
können sie doch nicht verborgen blei-
ben.

Von den Sklaven

6 [a]Alle, die als Sklaven unter dem Joch
sind, sollen ihre Herren aller Ehre
wert halten, damit nicht der Name Got-
tes und [b]die Lehre verlästert werde.
2 Welche aber gläubige Herren haben,
sollen diese nicht weniger ehren, weil sie
[a]Brüder sind, sondern sollen ihnen umso
mehr dienstbar sein, weil sie gläubig und
geliebt sind und sich bemühen, Gutes zu
tun.

Mahnung an Timotheus und alle Brüder

Dies lehre und dazu ermahne! 3 Wenn
jemand anders lehrt und bleibt nicht bei
den [a]heilsamen Worten unseres Herrn
Jesus Christus und bei der Lehre, die
dem Glauben gemäß ist, 4 der ist aufge-
blasen und weiß nichts, sondern hat die
Seuche der Fragen und [a]Wortgefechte.
Daraus entspringen Neid, Hader, Läste-
rung, böser Argwohn, 5 Schulgezänk sol-
cher Menschen, die zerrüttete Sinne ha-
ben und der Wahrheit beraubt sind, die
meinen, Frömmigkeit sei ein Gewerbe.
**6 Die [a]Frömmigkeit aber ist ein großer
Gewinn für den, der [b]sich genügen lässt.
7 Denn [a]wir haben nichts in die Welt ge-
bracht; darum [b]werden wir auch nichts
hinausbringen. 8 Wenn wir aber Nahrung
und Kleider haben, so wollen wir uns
daran genügen lassen.**[a] 9 Denn die reich
werden wollen, die fallen in Versuchung
und Verstrickung und in viele törichte
und schädliche Begierden, welche die
Menschen versinken lassen in Verderben
und Verdammnis.[a] 10 Denn [a]Geldgier ist
eine Wurzel alles Übels; danach hat
einige gelüstet und sie sind [b]vom Glau-
ben abgeirrt und machen sich selbst viel
Schmerzen.
11 Aber du, [a]Gottesmensch, fliehe das!
[b]Jage aber nach der Gerechtigkeit, der
Frömmigkeit, dem Glauben, der Liebe,
der Geduld, der Sanftmut! 12 [a]**Kämpfe
den guten Kampf des Glaubens; ergreife**

5,14: *a* Kap 2,15; *b* 1. Kor 7,9 **5,16:** *a* Apg 6,1 **5,17:** *a* Apg 14,23; Röm 12,8 **5,18:** *a* 1. Kor 9,9; *b* Lk 10,7 **5,19:** *a* 5. Mose 19,15; Mt 18,16 **5,20:** *a* Gal 2,14; Mt 18,15-17 **5,22:** *a* Kap 4,14 **6,1:** *a (1-2)* Eph 6,5-8; *b* Tit 2,9-10 **6,2:** *a* Phlm 16 **6,3:** *a* 2. Tim 1,13 **6,4:** *a* 2. Tim 2,14; Tit 3,10-11 **6,6:** *a* Kap 4,8; *b* Mt 6,25-34; Phil 4,11-12; Hebr 13,5 **6,7:** *a* Hiob 1,21; *b* Ps 49,18; Pred 5,14 **6,8:** *a* Spr 30,8 **6,9:** *a* Spr 28,22; Mt 13,22 **6,10:** *a* Eph 5,5; *b* Kap 1,19 **6,11:** *a* 2. Tim 3,17; *b* 2. Tim 2,22 **6,12:** *a* Kap 1,18; 1. Kor 9,25-26; 2. Tim 4,7

das ewige Leben, wozu du [b]berufen bist
und bekannt hast [c]das gute Bekenntnis
vor vielen Zeugen.
13 Ich gebiete dir vor Gott, der alle
Dinge lebendig macht, und vor Christus
Jesus, der [a]unter Pontius Pilatus bezeugt
hat das gute Bekenntnis, 14 dass du das
Gebot unbefleckt, untadelig haltest bis
zur Erscheinung unseres Herrn Jesus
Christus, 15 welche uns zeigen wird zu
seiner Zeit der Selige und allein Gewal-
tige, [a]der König aller Könige und
Herr aller Herren, 16 der allein Unsterb-
lichkeit hat, der da wohnt in einem Licht,
zu dem niemand kommen kann, den
[a]kein Mensch gesehen hat noch sehen
kann. Dem sei Ehre und ewige Macht!
Amen.

Mahnung an die Reichen

17 Den Reichen in dieser Welt gebiete,
dass sie nicht stolz seien, auch [a]nicht
hoffen auf den unsicheren Reichtum,
sondern auf Gott, der uns alles reichlich
darbietet, es zu genießen; 18 dass sie Gu-
tes tun, reich werden an guten Werken,
gerne geben, behilflich seien, 19 sich selbst
einen Schatz sammeln als guten Grund
für die Zukunft, damit sie das wahre
Leben ergreifen.[a]
20 O Timotheus! [a]Bewahre, was dir
anvertraut ist, und [b]meide das ungeist-
liche lose Geschwätz und das Gezänk
der fälschlich so genannten Erkenntnis,*
21 zu der sich einige bekannt haben und
sind [a]vom Glauben abgeirrt. Die Gnade
sei mit euch!

DER ZWEITE BRIEF DES PAULUS AN TIMOTHEUS

Inhaltsübersicht

1 Paulus, ein Apostel Christi Jesu durch
den Willen Gottes nach der Verhei-
ßung des Lebens in Christus Jesus, 2 an
meinen lieben Sohn Timotheus:
Gnade, Barmherzigkeit, Friede von
Gott, dem Vater, und Christus Jesus, un-
serm Herrn!

Treue zum Evangelium

3 Ich danke Gott, [a]dem ich diene von
meinen Vorfahren her mit [b]reinem Ge-
wissen, wenn ich ohne Unterlass deiner
gedenke in meinem Gebet, Tag und
Nacht. 4 Und wenn ich an deine Tränen
denke, [a]verlangt mich, dich zu sehen, da-
mit ich mit Freude erfüllt werde. 5 Denn
ich erinnere mich an den ungefärbten
Glauben in dir, der zuvor schon gewohnt
hat in deiner Großmutter Lois und in
deiner Mutter Eunike; ich bin aber ge-
wiss, auch in dir.[a]
6 Aus diesem Grund erinnere ich dich
daran, dass du erweckest die Gabe Got-
tes, die in dir ist [a]durch die Auflegung
meiner Hände. 7 Denn **Gott hat uns nicht**
gegeben den Geist der Furcht, sondern der
Kraft und der Liebe und der Besonnen-
heit.[a] 8 Darum [a]schäme dich nicht des
Zeugnisses von unserm Herrn noch mei-
ner, der ich sein Gefangener bin, sondern
leide mit mir für das Evangelium in der
Kraft Gottes.
9 Er hat uns selig gemacht und berufen
mit einem heiligen Ruf, [a]nicht nach un-
sern Werken, sondern nach seinem Rat-
schluss und nach der Gnade, die uns ge-
geben ist in Christus Jesus vor der Zeit
der Welt, 10 jetzt aber offenbart ist durch
die Erscheinung unseres Heilands **Chris-**
tus Jesus, [a]der dem Tode die Macht ge-
nommen und das Leben und ein unver-

* Siehe Sach- und Worterklärungen.

6,12: *b* Kap 4,14; *c* Hebr 3,1 **6,13:** *a* Joh 18,36-37; Offb 1,5 **6,15:** *a* 5. Mose 10,17; Offb 17,14 **6,16:** *a* 2. Mose 33,20; Joh 1,18 **6,17:** *a* Ps 62,11; Lk 12,15-21 **6,19:** *a* Mt 6,20; Lk 16,9 **6,20:** *a* 2. Tim 1,12-14; *b* Kap 4,7 **6,21:** *a* Kap 1,6; 2. Tim 2,18 **1,3:** *a* Phil 3,5; *b* Apg 23,1; 24,16 **1,4:** *a* Kap 4,9 **1,5:** *a* Apg 16,1-3 **1,6:** *a* 1. Tim 4,14 **1,7:** *a* Röm 8,15 **1,8:** *a* Röm 1,16; 1. Petr 4,16 **1,9:** *a* Tit 3,5 **1,10:** *a* 1. Kor 15,55-57; Hebr 2,14

gängliches Wesen ans Licht gebracht hat
durch das Evangelium, 11 für das ich ein-
gesetzt bin als Prediger und Apostel und
Lehrer.[a]

12 Aus diesem Grund leide ich dies al-
les; aber ich schäme mich dessen nicht;
denn ich weiß, an wen ich glaube, und
bin gewiss, er kann mir bewahren, was
mir anvertraut ist, bis an jenen Tag.
13 Halte dich an das Vorbild der [a]heil-
samen Worte, die du von mir gehört hast,
im Glauben und in der Liebe in Christus
Jesus. 14 Dieses kostbare Gut, das dir an-
vertraut ist, [a]bewahre durch den Hei-
ligen Geist, der in uns wohnt.

15 Das weißt du, dass sich von mir ab-
gewandt haben alle, die in der Provinz
Asien sind, unter ihnen Phygelus und
Hermogenes.[a] 16 Der Herr gebe Barm-
herzigkeit dem Hause des [a]Onesiphorus;
denn er hat mich oft erquickt und hat
sich meiner Ketten nicht geschämt,
17 sondern als er in Rom war, suchte er
mich eifrig und fand mich. 18 Der Herr
gebe ihm, dass er Barmherzigkeit finde
bei dem Herrn an jenem Tage. Und wel-
che Dienste er in Ephesus geleistet hat,
weißt du am besten.

Kampf und Leiden

2 So [a]sei nun stark, mein Sohn, durch
die Gnade in Christus Jesus. 2 Und
was du von mir gehört hast vor vielen
Zeugen, das befiehl treuen Menschen an,
die tüchtig sind, auch andere zu lehren.
3 [a]Leide mit als ein guter Streiter Christi
Jesu. 4 Wer in den Krieg zieht, verwickelt
sich nicht in Geschäfte des täglichen Le-
bens, damit er dem gefalle, der ihn an-
geworben hat. 5 Und **wenn jemand auch**
kämpft, wird er doch nicht [a]gekrönt, er
kämpfe denn recht. 6 Es soll der Bauer,
der den Acker bebaut, die Früchte als
Erster genießen. 7 Bedenke, was ich sage!
Der Herr aber wird dir in allen Dingen
Verstand geben.

8 Halt im Gedächtnis Jesus Christus,
der [a]auferstanden ist von den Toten,
[b]aus dem Geschlecht Davids, nach mei-
nem Evangelium, 9 für welches ich leide
bis dahin, dass ich gebunden bin wie ein
Übeltäter; aber [a]Gottes Wort ist nicht
gebunden. 10 Darum [a]dulde ich alles um
der Auserwählten willen, damit auch sie
die Seligkeit erlangen in Christus Jesus
mit ewiger Herrlichkeit. 11 Das ist gewiss-
lich wahr:

Sterben wir mit, so werden wir mit
leben;[a]
12 **dulden wir, so werden wir mit**
herrschen;
[a]**verleugnen wir, so wird er uns auch**
verleugnen;
13 **sind wir untreu, so bleibt er doch treu;**
denn er kann sich selbst nicht
verleugnen.[a]

Warnung vor unnützem Streit

14 Daran erinnere sie und ermahne sie
inständig vor Gott, dass sie [a]nicht um
Worte streiten, was zu nichts nütze ist,
als die zu verwirren, die zuhören. 15 Be-
mühe dich darum, dich vor Gott zu er-
weisen [a]als einen rechtschaffenen und
untadeligen Arbeiter, der das Wort der
Wahrheit recht austeilt. 16 Halte dich fern
von [a]ungeistlichem losem Geschwätz;
denn es führt mehr und mehr zu un-
göttlichem Wesen, 17 und ihr Wort frisst
um sich wie der Krebs. Unter ihnen sind
[a]Hymenäus und Philetus, 18 die von der
Wahrheit abgeirrt sind und sagen, die
Auferstehung sei schon geschehen, und
bringen einige vom Glauben ab. 19 Aber
der feste Grund Gottes besteht und hat
dieses Siegel: [a]Der Herr kennt die Seinen;
und: Es lasse ab von Ungerechtigkeit, wer
den Namen des Herrn nennt.

20 In einem großen Haus aber sind
nicht allein goldene und silberne Gefäße,
sondern auch hölzerne und irdene, die
einen zu ehrenvollem, die andern zu
nicht ehrenvollem Gebrauch. 21 Wenn
nun jemand sich reinigt von solchen Leu-
ten, der wird ein Gefäß sein zu ehren-
vollem Gebrauch, geheiligt, für den
Hausherrn brauchbar und zu allem gu-
ten Werk bereitet.

1,11: *a* 1.Tim 2,7 **1,13:** *a* 1.Tim 6,3; Tit 2,1 **1,14:** *a* 1.Tim 6,20 **1,15:** *a* Kap 4,16 **1,16:** *a* Kap 4,19 **2,1:** *a* Eph 6,10 **2,3:** *a* Kap 1,8; 4,5 **2,5:** *a* Kap 4,8; 1.Kor 9,24-27 **2,8:** *a* 1.Kor 15,4.20; *b* Röm 1,3 **2,9:** *a* Phil 1,12-14 **2,10:** *a* Kol 1,24 **2,11:** *a* 2.Kor 4,11 **2,12:** *a* Mt 10,33 **2,13:** *a* 4.Mose 23,19; Ps 89,31-34; Röm 3,3-4; Tit 1,2 **2,14:** *a* 1.Tim 6,4; Tit 3,9 **2,15:** *a* 1.Tim 4,6; Tit 2,7-8 **2,16:** *a* 1.Tim 4,7 **2,17:** *a* 1.Tim 1,20 **2,19:** *a* 4.Mose 16,5; Mt 7,22-23; Joh 10,14.27

22 Fliehe die Begierden der Jugend!
[a]Jage aber nach der Gerechtigkeit, dem
Glauben, der Liebe, dem Frieden mit al-
len, die den Herrn anrufen aus reinem
Herzen.
23 Aber die törichten und unnützen
Fragen [a]weise zurück; denn du weißt,
dass sie nur Streit erzeugen. 24 Ein
Knecht des Herrn aber soll nicht streit-
süchtig sein, sondern freundlich gegen
jedermann, im Lehren geschickt, der
Böses ertragen kann[a] 25 und mit Sanft-
mut die Widerspenstigen zurechtweist,
ob ihnen Gott vielleicht Buße gebe, die
Wahrheit zu erkennen 26 und wieder
nüchtern zu werden aus der Verstrickung
des Teufels, von dem sie gefangen sind,
zu tun seinen Willen.

Der Verfall der Frömmigkeit in der Endzeit

3 Das sollst du aber wissen, dass in den
letzten Tagen schlimme Zeiten kom-
men werden.[a] 2 Denn die Menschen wer-
den viel von sich halten, geldgierig sein,
prahlerisch, hochmütig, Lästerer, den El-
tern ungehorsam, undankbar, gottlos,
3 lieblos, unversöhnlich, verleumderisch,
zuchtlos, wild, dem Guten Feind, 4 Ver-
räter, unbedacht, aufgeblasen. Sie lieben
die Wollust mehr als Gott; 5 sie haben
den [a]Schein der Frömmigkeit, aber de-
ren Kraft verleugnen sie; solche Men-
schen meide!
6 Zu ihnen gehören auch die, die sich in
die Häuser einschleichen und gewisse
Frauen einfangen, die mit Sünden be-
laden sind und von mancherlei Begierden
getrieben werden, 7 die immer auf neue
Lehren aus sind und nie zur Erkenntnis
der Wahrheit kommen können. 8 Wie
[a]Jannes und Jambres dem Mose wider-
standen, so widerstehen auch diese der
Wahrheit: Es sind Menschen mit zerrüt-
teten Sinnen, untüchtig zum Glauben.
9 Aber sie werden damit nicht weit kom-
men; denn ihre Torheit wird jedermann
offenbar werden, wie es auch bei jenen
geschah.

Das Vorbild des leidenden Apostels

10 Du aber bist mir gefolgt in der Lehre,
im Leben, im Streben, im Glauben, in der
Langmut, in der Liebe, in der Geduld,
11 in den Verfolgungen, in den Leiden,
die mir widerfahren sind [a]in Antiochia,
in Ikonion, in Lystra. Welche Verfol-
gungen ertrug ich da! Und [b]aus allen
hat mich der Herr erlöst.
12 Und **alle, die fromm leben wollen in
Christus Jesus, müssen Verfolgung lei-
den.**[a] 13 Mit den bösen Menschen aber
und Betrügern wird's je länger, desto är-
ger: [a]Sie verführen und werden verführt.

Die Bedeutung der Heiligen Schrift

14 Du aber bleibe bei dem, was du gelernt
hast und was dir anvertraut ist; du weißt
ja, von wem du gelernt hast 15 und dass
du von Kind auf die Heilige Schrift
kennst, [a]die dich unterweisen kann zur
Seligkeit durch den Glauben an Christus
Jesus. 16 [a]Denn **alle Schrift, von Gott ein-
gegeben, ist nütze zur Lehre, zur Zurecht-
weisung, zur Besserung, zur Erziehung in
der Gerechtigkeit,** 17 dass [a]der Mensch
Gottes vollkommen sei, zu allem guten
Werk geschickt.

Treue bis zum Ende

4 So ermahne ich dich inständig vor
Gott und Christus Jesus, der da kom-
men wird [a]zu richten die Lebenden und
die Toten, und bei seiner Erscheinung
und seinem Reich: 2 [a]Predige das Wort,
steh dazu, es sei zur Zeit oder zur Unzeit;
weise zurecht, drohe, ermahne mit aller
Geduld und Lehre. 3 Denn es wird eine
Zeit kommen, da sie die heilsame Lehre
nicht ertragen werden; sondern nach ih-
ren eigenen Gelüsten werden sie sich
selbst Lehrer aufladen, nach denen ihnen
die Ohren jucken,[a] 4 und werden die Oh-
ren von der Wahrheit abwenden und sich
den [a]Fabeln zukehren.
5 Du aber sei nüchtern in allen Dingen,
[a]leide willig, tu das Werk eines Predigers
des Evangeliums, richte dein Amt redlich

2,22: *a* 1. Tim 4,12; 6,11; Hebr 12,14 **2,23:** *a* 1. Tim 4,7 **2,24:** *a* Tit 1,7-9 **3,1:** *a* 1. Tim 4,1 **3,5:** *a* Mt 7,15.21; Tit 1,16 **3,8:** *a* 2. Mose 7,11.22 **3,11:** *a* Apg 13,13–14,22; *b* Ps 34,20 **3,12:** *a* Mt 16,24; Apg 14,22; 1. Thess 3,3 **3,13:** *a* 1. Tim 4,1 **3,15:** *a* Joh 5,39 **3,16:** *a* 2. Petr 1,19-21 **3,17:** *a* 1. Tim 6,11 **4,1:** *a* 1. Petr 4,5 **4,2:** *a* Apg 20,20.31 **4,3:** *a* 1. Tim 4,1 **4,4:** *a* 1. Tim 4,7; 2. Thess 2,11 **4,5:** *a* Kap 2,3

aus. 6 Denn [a]ich werde schon geopfert,
und die Zeit meines Hinscheidens ist ge-
kommen. 7 Ich habe [a]den guten Kampf
gekämpft, ich habe [b]den Lauf vollendet,
ich habe Glauben gehalten; 8 hinfort liegt
für mich bereit die [a]Krone der Gerech-
tigkeit, die mir der Herr, [b]der gerechte
Richter, an jenem Tag geben wird, nicht
aber mir allein, sondern auch allen, die
seine Erscheinung lieb haben.

Der Apostel und seine Mitarbeiter

9 Beeile dich, dass du [a]bald zu mir
kommst. 10 [a]Denn Demas hat mich ver-
lassen und diese Welt lieb gewonnen und
ist nach Thessalonich gezogen, Kreszens
nach Galatien, Titus nach Dalmatien.
11 Lukas ist allein bei mir. [a]Markus
nimm zu dir und bringe ihn mit dir; denn
er ist mir nützlich zum Dienst. 12 [a]Tychi-
kus habe ich nach Ephesus gesandt.
13 Den Mantel, den ich in Troas ließ bei
Karpus, bringe mit, wenn du kommst,
und die Bücher, besonders die Perga-
mente. 14 [a]Alexander, der Schmied, hat
mir viel Böses angetan; der Herr wird
ihm vergelten nach seinen Werken. 15 Vor
dem hüte du dich auch; denn er hat sich
unsern Worten sehr widersetzt.

16 Bei meinem ersten Verhör stand mir
niemand bei, sondern [a]sie verließen mich
alle. Es sei ihnen nicht zugerechnet.
17 [a]Der Herr aber stand mir bei und
stärkte mich, damit durch mich die Bot-
schaft ausgebreitet würde und alle Hei-
den sie hörten, so wurde ich erlöst aus
dem Rachen des Löwen. 18 Der Herr aber
wird mich erlösen von allem Übel und
mich retten in sein himmlisches Reich.
Ihm sei Ehre von Ewigkeit zu Ewigkeit!
Amen.

19 Grüße [a]Priska und Aquila und [b]das
Haus des Onesiphorus. 20 [a]Erastus blieb
in Korinth, [b]Trophimus aber ließ ich
krank in Milet. 21 Beeile dich, dass du
vor dem Winter kommst. Es grüßen dich
Eubulus und Pudens und Linus und
Klaudia und alle Brüder.

22 Der Herr sei mit deinem Geist! Die
Gnade sei mit euch!

DER BRIEF DES PAULUS AN TITUS

Inhaltsübersicht

1 Paulus, ein Knecht Gottes und ein
Apostel Jesu Christi, nach dem Glau-
ben der Auserwählten Gottes und der
Erkenntnis der Wahrheit, die dem Glau-
ben gemäß ist, 2 in der Hoffnung auf das
ewige Leben, das Gott, [a]der nicht lügt,
verheißen hat vor den Zeiten der Welt;
3 aber [a]zu seiner Zeit hat er sein Wort
offenbart durch die Predigt, die mir an-
vertraut ist nach dem Befehl Gottes, un-
seres Heilands;
4 an Titus, [a]meinen rechten Sohn nach
unser beider Glauben:
Gnade und Friede von Gott, dem Va-
ter, und Christus Jesus, unserm Heiland!

Von den Ältesten und Bischöfen

5 Deswegen ließ ich dich in Kreta, dass
du vollends ausrichten solltest, was noch
fehlt, und [a]überall in den Städten Älteste
einsetzen, wie ich dir befohlen habe:
6 [a]wenn einer untadelig ist, Mann einer
einzigen Frau, der gläubige Kinder hat,
die nicht im Ruf stehen, liederlich oder
ungehorsam zu sein. 7 Denn ein Bischof*
soll untadelig sein als ein [a]Haushalter
Gottes, nicht eigensinnig, nicht jähzor-

* Siehe Sach- und Worterklärungen.

4,6: *a* Phil 2,17 **4,7:** *a* 1. Kor 9,25; 1. Tim 6,12; *b* Apg 20,24; Phil 3,14 **4,8:** *a* Kap 2,5; 1. Petr 5,4; Jak 1,12; Offb 2,10; *b* Mt 25,21 **4,9:** *a* Kap 1,4 **4,10:** *a (10-12)* Kol 4,7.10.14 **4,11:** *a* Apg 15,37; Kol 4,10 **4,12:** *a* Eph 6,21 **4,14:** *a* 1. Tim 1,20 **4,16:** *a* Kap 1,15 **4,17:** *a* Apg 23,11; 27,23 **4,19:** *a* Apg 18,2; *b* Kap 1,16 **4,20:** *a* Apg 19,22; *b* Apg 20,4 **1,2:** *a* 2. Tim 2,13 **1,3:** *a* Eph 1,9-10 **1,4:** *a* 1. Tim 1,2 **1,5:** *a* Apg 14,23 **1,6:** *a (6-9)* 1. Tim 3,1-7 **1,7:** *a* 1. Kor 4,1

nig, kein Säufer, nicht streitsüchtig, nicht
schändlichen Gewinn suchen;[b] 8 son-
dern gastfrei, gütig, besonnen, gerecht,
fromm, enthaltsam; 9 er halte sich an das
Wort der Lehre, das gewiss ist, damit er
die Kraft habe, zu ermahnen mit der heil-
samen Lehre und zurechtzuweisen, die
widersprechen.

Gegen die Irrlehrer

10 Denn es gibt viele Freche, unnütze
Schwätzer und Verführer, besonders die
aus den Juden, 11 denen man das Maul
stopfen muss, weil sie ganze Häuser ver-
wirren und lehren, was nicht sein darf,
um schändlichen Gewinns willen. 12 Es
hat einer von ihnen gesagt, ihr eigener
Prophet: Die Kreter sind immer Lügner,
böse Tiere und faule Bäuche. 13 Dieses
Zeugnis ist wahr. Aus diesem Grund
[a]weise sie scharf zurecht, damit sie ge-
sund werden im Glauben 14 und nicht
achten auf die jüdischen [a]Fabeln und die
Gebote von Menschen, die sich von der
Wahrheit abwenden.
15 Den [a]Reinen ist alles rein; den Un-
reinen aber und Ungläubigen ist nichts
rein, sondern unrein ist beides, ihr Sinn
und ihr Gewissen. 16 Sie sagen, sie ken-
nen Gott, aber [a]mit den Werken ver-
leugnen sie ihn; ein Gräuel sind sie und
gehorchen nicht und sind zu allem guten
Werk untüchtig.

Das Zusammenleben in der Gemeinde

2 Du aber rede, [a]wie sich's ziemt nach
der heilsamen Lehre. 2 Den alten
Männern sage, dass sie nüchtern seien,
ehrbar, besonnen, gesund im Glauben, in
der Liebe, in der Geduld;[a] 3 desgleichen
den alten Frauen, dass sie sich verhal-
ten, wie es sich für Heilige ziemt, [a]nicht
verleumderisch, nicht dem Trunk erge-
ben. Sie sollen aber Gutes lehren 4 und
die jungen Frauen anhalten, dass sie
ihre Männer lieben, ihre Kinder lieben,
5 besonnen seien, keusch, häuslich, gütig
und [a]sich ihren Männern unterordnen,
damit nicht das Wort Gottes verlästert
werde.
6 Desgleichen ermahne die jungen
Männer, dass sie besonnen seien 7 [a]in
allen Dingen. Dich selbst aber mache
zum [b]Vorbild guter Werke mit unver-
fälschter Lehre, mit Ehrbarkeit, 8 mit
heilsamem und untadeligem Wort, damit
der Widersacher beschämt werde und
nichts Böses habe, das er uns nachsagen
kann.
9 [a]Den Sklaven sage, dass sie sich ihren
Herren in allen Dingen unterordnen, ih-
nen gefällig seien, nicht widersprechen,
10 nichts veruntreuen, sondern sich in
allem als gut und treu erweisen, damit sie
der Lehre Gottes, unseres Heilands, Ehre
machen in allen Stücken.

Die heilsame Gnade

11 Denn **es ist erschienen die heilsame
Gnade Gottes allen Menschen**[a] 12 und
nimmt uns in Zucht, dass wir absagen
dem ungöttlichen Wesen und den welt-
lichen Begierden und besonnen, gerecht
und fromm in dieser Welt leben 13 und
[a]warten auf die selige Hoffnung und
Erscheinung der Herrlichkeit des großen
Gottes und unseres Heilands Jesus Chris-
tus, 14 der [a]sich selbst für uns gegeben
hat, damit er uns erlöste von aller Unge-
rechtigkeit und reinigte sich selbst ein
Volk [b]zum Eigentum, das eifrig wäre [c]zu
guten Werken.
15 Das sage und ermahne und weise
zurecht mit ganzem Ernst. [a]Niemand
soll dich verachten.

Der Christ in der Welt

3 Erinnere sie daran, dass sie [a]der
Gewalt der Obrigkeit* untertan und
gehorsam seien, zu allem guten Werk be-
reit, 2 niemanden verleumden, nicht strei-
ten, [a]gütig seien, alle Sanftmut beweisen
gegen alle Menschen.
3 Denn auch wir waren [a]früher unver-
ständig, ungehorsam, gingen in die Irre,
waren mancherlei Begierden und Gelüs-

* Siehe Sach- und Worterklärungen.

1,7: *b* 2.Tim 2,24 **1,13:** *a* 2.Tim 4,2 **1,14:** *a* 1.Tim 4,7; 2.Tim 4,4 **1,15:** *a* Mt 15,11; Röm 14,20 **1,16:** *a* 2.Tim 3,5 **2,1:** *a* 2.Tim 1,13 **2,2:** *a* 1.Tim 5,1 **2,3:** *a* 1.Tim 3,11 **2,5:** *a* Eph 5,22 **2,7:** *a (7-8)* 2.Tim 2,15; 1.Petr 2,15; *b* 1.Tim 4,12; 1.Petr 5,3 **2,9:** *a (9-10)* Eph 6,5-6; 1.Tim 6,1-2; 1.Petr 2,18 **2,11:** *a* Kap 3,4 **2,13:** *a* 1.Kor 1,7; Phil 3,20; 1.Thess 1,10 **2,14:** *a* Gal 1,4; 1.Tim 2,6; *b* 2.Mose 19,5; *c* Eph 2,10 **2,15:** *a* 1.Tim 4,12 **3,1:** *a* Röm 13,1; 1.Petr 2,13 **3,2:** *a* Phil 4,5 **3,3:** *a* 1.Kor 6,11; Eph 2,2; 5,8; 1.Petr 4,3

ten dienstbar und lebten in Bosheit und
Neid, waren verhasst und hassten uns
untereinander. 4 Als aber [a]erschien die
Freundlichkeit und Menschenliebe Got-
tes, unseres Heilands, 5 [a]machte er uns
selig – nicht [b]um der Werke der Gerech-
tigkeit willen, die wir getan hatten, son-
dern nach seiner Barmherzigkeit – durch
das [c]Bad der Wiedergeburt und Erneue-
rung im Heiligen Geist, 6 den er über uns
reichlich ausgegossen hat durch Jesus
Christus, unsern Heiland, 7 damit wir,
[a]durch dessen Gnade gerecht geworden,
Erben des ewigen Lebens würden nach
unsrer Hoffnung. 8 Das ist gewisslich
wahr.

Und ich will, dass du dies mit Ernst
lehrst, damit alle, die zum Glauben an
Gott gekommen sind, darauf bedacht
sind, sich mit guten Werken hervorzutun.
Das ist gut und nützt den Menschen.
9 Von törichten Fragen aber, von [a]Ge-
schlechtsregistern, von [b]Zank und Streit
über das Gesetz halte dich fern; denn sie
sind unnütz und nichtig. 10 Einen [a]ketze-
rischen Menschen meide, wenn er einmal
und [b]noch einmal ermahnt ist, 11 und
wisse, dass ein solcher ganz verkehrt ist
und sündigt und sich selbst damit das
Urteil spricht.[a]

Aufträge und Grüße

12 Wenn ich Artemas oder [a]Tychikus zu
dir senden werde, so komm eilends zu
mir nach Nikopolis; denn ich habe be-
schlossen, dort den Winter über zu blei-
ben. 13 Zenas, den Rechtsgelehrten, und
[a]Apollos rüste gut aus zur Reise, damit
ihnen nichts fehle.

14 Lass aber auch die Unseren lernen,
[a]sich hervorzutun mit guten Werken, wo
sie nötig sind, damit sie kein fruchtloses
Leben führen.

15 Es grüßen dich alle, die bei mir sind.
Grüße alle, die uns lieben im Glauben.
Die Gnade sei mit euch allen!

DER BRIEF DES PAULUS AN PHILEMON

Inhaltsübersicht

Fürsprache für einen Sklaven Verse 1-25

1 Paulus, ein [a]Gefangener Christi Jesu,
und Timotheus, der Bruder, an Philemon,
den Lieben, unsern Mitarbeiter, 2 und an
Aphia, die Schwester, und [a]Archippus,
unsern Mitstreiter, und an die Gemeinde
in deinem Hause:

3 Gnade sei mit euch und Friede von
Gott, unserm Vater, und dem Herrn Je-
sus Christus!

Glaube und Liebe des Philemon

4 Ich danke meinem Gott allezeit, wenn
ich deiner gedenke in meinen Gebeten
5 – denn ich höre von der Liebe und dem
Glauben, die du hast an den Herrn Jesus
und gegenüber allen Heiligen –, 6 dass
der Glaube, den wir miteinander haben,
[a]in dir kräftig werde in Erkenntnis all
des Guten, das wir haben, in Christus.
7 Denn ich hatte [a]große Freude und
Trost durch deine Liebe, weil die Herzen
der Heiligen erquickt sind durch dich,
lieber Bruder.

Fürsprache für Onesimus

8 Darum, obwohl ich in Christus volle
Freiheit habe, dir zu gebieten, was sich
gebührt, 9 will ich um der Liebe willen
doch nur bitten, so wie ich bin: Paulus,
ein alter Mann, nun aber auch ein Ge-
fangener Christi Jesu. 10 So bitte ich dich
für meinen Sohn [a]Onesimus*, den ich

* »Onesimus« bedeutet »der Nützliche«.

3,4: *a* Kap 2,11 **3,5:** *a (5-6)* Joel 3,1; *b* 2. Tim 1,9; *c* Joh 3,5; Eph 5,26 **3,7:** *a* Röm 3,26 **3,9:** *a* 1. Tim 1,4; *b* 1. Tim 4,7; 2. Tim 2,14 **3,10:** *a* 2. Joh 10; *b* Mt 18,15-17 **3,11:** *a* 1. Tim 6,4-5 **3,12:** *a* Eph 6,21 **3,13:** *a* Apg 18,24; 1. Kor 3,5-6 **3,14:** *a* Kap 2,14; *b* Mt 7,19 Vers **1:** *a* Eph 3,1 Vers **2:** *a* Kol 4,17 Vers **6:** *a* Phil 1,9 Vers **7:** *a* 2. Kor 7,4 Vers **10:** *a* Kol 4,9

[b]gezeugt habe in der Gefangenschaft,
11 der dir früher unnütz war, jetzt aber dir
und mir sehr nützlich ist.
12 Den sende ich dir wieder zurück und
damit mein eigenes Herz. 13 Ich wollte
ihn gern bei mir behalten, [a]damit er mir
an deiner statt diene in der Gefangen-
schaft um des Evangeliums willen.
14 Aber ohne deinen Willen wollte ich
nichts tun, [a]damit das Gute dir nicht
abgenötigt wäre, sondern freiwillig ge-
schehe. 15 Denn vielleicht war er darum
eine Zeit lang von dir getrennt, damit
du ihn auf ewig wiederhättest, 16 nun
nicht mehr als einen Sklaven, sondern
als einen, der mehr ist als ein Sklave:
ein geliebter [a]Bruder, besonders für
mich, wie viel mehr aber für dich, sowohl
im leiblichen Leben wie auch in dem
Herrn.
17 Wenn du mich nun für deinen
Freund hältst, so nimm ihn auf wie mich
selbst. 18 Wenn er aber dir Schaden an-
getan hat oder etwas schuldig ist, das
rechne mir an. 19 Ich, Paulus, schreibe es
mit eigener Hand: Ich will's bezahlen; ich
schweige davon, dass du dich selbst mir
schuldig bist. 20 Ja, lieber Bruder, gönne
mir, dass ich mich an dir erfreue in dem
Herrn; erquicke mein Herz in Christus.
21 Im Vertrauen auf deinen Gehorsam
schreibe ich dir; denn ich weiß, du wirst
mehr tun, als ich sage. 22 Zugleich bereite
mir die Herberge; denn ich hoffe, [a]dass
ich durch eure Gebete euch geschenkt
werde.

Grüße und Segenswunsch

23 [a]Es grüßt dich Epaphras, mein Mitge-
fangener in Christus Jesus, 24 Markus,
Aristarch, Demas, Lukas, meine Mit-
arbeiter.
25 Die Gnade des Herrn Jesus Christus
sei mit eurem Geist!

Vers **10:** *b* 1. Kor 4,15; Gal 4,19 Vers **13:** *a* Phil 2,30 Vers **14:** *a* 2. Kor 9,7 Vers **16:** *a* 1. Tim 6,2 Vers **22:** *a* Phil 1,25; 2,24 Vers **23:** *a (23-24)* Kol 1,7; 4,10-14

DER ERSTE BRIEF DES PETRUS

Inhaltsübersicht

1 Petrus, ein Apostel Jesu Christi, an die auserwählten [a]Fremdlinge, die verstreut wohnen in Pontus, Galatien, Kappadozien, der Provinz Asien und Bithynien, 2die Gott, der Vater, [a]ausersehen hat durch die Heiligung des Geistes zum Gehorsam und zur Besprengung mit dem Blut Jesu Christi:

Gott gebe euch viel Gnade und Frieden!

Lebendige Hoffnung

3**Gelobt sei Gott, der Vater unseres Herrn Jesus Christus, der uns nach seiner großen Barmherzigkeit wiedergeboren hat zu einer lebendigen [a]Hoffnung durch die Auferstehung Jesu Christi von den Toten,** 4zu einem unvergänglichen und unbefleckten und unverwelklichen [a]Erbe, das aufbewahrt wird im Himmel für euch, 5die ihr aus Gottes Macht durch den Glauben [a]bewahrt werdet zur Seligkeit, die bereit ist, dass sie offenbar werde zu der letzten Zeit.

6Dann werdet ihr euch freuen, [a]die ihr jetzt eine kleine Zeit, wenn es sein soll, traurig seid in mancherlei Anfechtungen, 7damit euer Glaube als echt und viel kostbarer befunden werde als das vergängliche [a]Gold, das durchs Feuer geläutert wird, zu Lob, Preis und Ehre, wenn offenbart wird Jesus Christus. 8Ihn habt ihr nicht gesehen und habt ihn doch lieb; und nun [a]glaubt ihr an ihn, obwohl ihr ihn nicht seht; ihr werdet euch aber freuen mit unaussprechlicher und herrlicher Freude, 9wenn ihr das Ziel eures Glaubens erlangt, nämlich der Seelen Seligkeit.

10Nach dieser Seligkeit [a]haben gesucht und geforscht die Propheten, die von der Gnade geweissagt haben, die für euch bestimmt ist, 11und haben geforscht, auf welche und was für eine Zeit der Geist Christi deutete, der in ihnen war und zuvor bezeugt hat [a]die Leiden, die über Christus kommen sollten, und die Herrlichkeit danach. 12Ihnen ist offenbart worden, dass sie nicht sich selbst, sondern euch dienen sollten mit dem, was euch nun verkündigt ist durch die, die euch das Evangelium verkündigt haben durch den Heiligen Geist, der vom Himmel gesandt ist, – [a]was auch die Engel begehren zu schauen.

Geheiligtes Leben

13Darum [a]umgürtet die Lenden eures Gemüts, seid nüchtern und setzt eure Hoffnung ganz auf die Gnade, die euch angeboten wird in der Offenbarung Jesu Christi. 14[a]Als gehorsame Kinder gebt euch nicht den Begierden hin, denen ihr früher in der Zeit eurer Unwissenheit dientet; 15sondern wie der, der euch berufen hat, heilig ist, sollt auch ihr heilig sein in eurem ganzen Wandel.

16Denn es steht geschrieben (3. Mose 19,2): »Ihr sollt heilig sein, denn ich bin heilig.« 17Und da ihr den als Vater anruft, der [a]ohne Ansehen der Person einen jeden richtet nach seinem Werk, so [b]führt euer Leben, solange ihr hier in der Fremde weilt, in Gottesfurcht; 18[a]denn **ihr wisst, dass ihr nicht mit vergänglichem Silber oder Gold erlöst seid von eurem [b]nichtigen Wandel nach der Väter Weise,** 19**sondern mit dem teuren [a]Blut Christi als eines unschuldigen und unbefleckten [b]Lammes.** 20Er ist zwar zuvor auserse-

1,1: *a* Hebr 13,14 **1,2:** *a* Röm 8,29 **1,3:** *a* Kol 1,5 **1,4:** *a* Kol 1,12 **1,5:** *a* Joh 10,28 **1,6:** *a* Kap 5,10; 2. Kor 4,17 **1,7:** *a* Spr 17,3; Jes 48,10 **1,8:** *a* Joh 20,29; 2. Kor 5,7 **1,10:** *a* Lk 10,24 **1,11:** *a* Ps 22,2-32; Jes 52,13–53,12 **1,12:** *a* Eph 3,10 **1,13:** *a* Lk 12,35-36 **1,14:** *a* Röm 12,2 **1,17:** *a* Röm 2,11; *b* Phil 2,12 **1,18:** *a (18-19)* 1. Kor 6,20; 7,23; *b* Kap 4,3 **1,19:** *a* Hebr 9,14; *b* Jes 53,7; Joh 1,29

hen, ehe der Welt Grund gelegt wurde,
aber offenbart am Ende der Zeiten um
euretwillen,[a] 21 die ihr durch ihn glaubt
an Gott, der ihn auferweckt hat von den
Toten und ihm die Herrlichkeit gegeben,
damit ihr Glauben und Hoffnung zu
Gott habt.
22 Habt ihr eure Seelen gereinigt im
Gehorsam der Wahrheit zu ungefärbter
Bruderliebe, so habt euch untereinan-
der beständig lieb aus reinem Herzen.
23 Denn ihr seid [a]wiedergeboren nicht
aus vergänglichem, sondern aus unver-
gänglichem Samen, nämlich [b]aus dem
lebendigen Wort Gottes, das da bleibt.
24 Denn »alles Fleisch ist wie Gras und
alle seine Herrlichkeit wie des Grases
Blume. [a]Das Gras ist verdorrt und die
Blume abgefallen; 25 **aber des Herrn Wort
bleibt in Ewigkeit**« (Jesaja 40,6-8). Das ist
aber das Wort, welches unter euch ver-
kündigt ist.

Das neue Gottesvolk

2 So [a]legt nun ab alle Bosheit und al-
len Betrug und Heuchelei und Neid
und alle üble Nachrede 2 und [a]seid begie-
rig nach der vernünftigen lauteren Milch
wie die neugeborenen [b]Kindlein, damit
ihr durch sie zunehmt zu eurem Heil, 3 da
ihr ja geschmeckt habt, dass der Herr
freundlich ist.[a] 4 Zu ihm kommt als zu
dem lebendigen [a]Stein, der von den
Menschen verworfen ist, aber bei Gott
auserwählt und kostbar. 5 Und auch ihr
[a]als lebendige Steine erbaut euch zum
geistlichen Hause und zur heiligen Pries-
terschaft, zu opfern [b]geistliche Opfer,
die Gott wohlgefällig sind durch Jesus
Christus.
6 Darum steht in der Schrift (Jesaja
28,16): »Siehe, ich lege in Zion einen aus-
erwählten, kostbaren Eckstein; und wer
an ihn glaubt, der soll nicht zuschanden
werden.« 7 Für euch nun, die ihr glaubt,
ist er kostbar; für die Ungläubigen aber
ist »der Stein, den die Bauleute verwor-
fen haben und der zum Eckstein gewor-
den ist, 8 ein [a]Stein des Anstoßes und
ein Fels des Ärgernisses« (Psalm 118,22;
Jesaja 8,14); [b]sie stoßen sich an ihm, weil
sie nicht an das Wort glauben, wozu sie
auch bestimmt sind. 9 **Ihr aber seid das
auserwählte Geschlecht, die [a]königliche
Priesterschaft, das heilige Volk, das [b]Volk
des Eigentums, dass ihr verkündigen sollt
die Wohltaten dessen, der euch berufen
hat [c]von der Finsternis zu seinem wunder-
baren Licht;** 10 die ihr einst »nicht ein
Volk« wart, nun aber »Gottes Volk« seid,
und einst nicht in Gnaden wart, nun aber
in Gnaden seid (Hosea 2,25).[a]

Das Verhalten in der Welt

11 Liebe Brüder, ich ermahne euch als
[a]Fremdlinge und Pilger: Enthaltet euch
von fleischlichen Begierden, die gegen die
Seele streiten, 12 und führt ein rechtschaf-
fenes Leben unter den Heiden, damit die,
die euch verleumden als Übeltäter, [a]eure
guten Werke sehen und Gott preisen am
Tag der Heimsuchung.
13 [a]Seid untertan aller menschlichen
Ordnung um des Herrn willen, es sei dem
König als dem Obersten 14 oder den
Statthaltern als denen, die von ihm ge-
sandt sind zur Bestrafung der Übeltäter
und zum Lob derer, die Gutes tun.
15 Denn das ist der Wille Gottes, dass ihr
mit guten Taten den unwissenden und
törichten Menschen das Maul stopft –[a]
16 als die [a]Freien und nicht als hättet ihr
die Freiheit zum Deckmantel der Bos-
heit, sondern als die Knechte Gottes.
17 [a]**Ehrt jedermann, habt die Brüder lieb,
[b]fürchtet Gott, ehrt den König!**

Mahnungen an die Sklaven

18 Ihr [a]Sklaven, ordnet euch in aller
Furcht den Herren unter, nicht allein den
gütigen und freundlichen, sondern auch
den wunderlichen. 19 Denn das ist Gnade,
wenn jemand vor Gott um des Gewissens
willen das Übel erträgt und leidet das
Unrecht. 20 Denn was ist das für ein
Ruhm, wenn ihr um schlechter Taten wil-
len geschlagen werdet und es geduldig
ertragt? Aber [a]wenn ihr um guter Taten
willen leidet und es ertragt, das ist Gnade
bei Gott.

1,20: *a* Röm 16,25-26 **1,23:** *a* Joh 1,13; 3,5; *b* Jak 1,18 **1,24:** *a* Jak 1,10-11 **2,1:** *a* Jak 1,21 **2,2:** *a* Hebr 5,12-13; *b* Mt 18,3 **2,3:** *a* Ps 34,9 **2,4:** *a* Ps 118,22; Mt 21,42 **2,5:** *a* Eph 2,21-22; Hebr 3,6; *b* Röm 12,1 **2,8:** *a* Röm 9,33; *b* Lk 2,34 **2,9:** *a* 2.Mose 19,6; Jes 43,21; Offb 1,6; *b* 5.Mose 4,20; 7,6; *c* Eph 5,8 **2,10:** *a* Röm 9,24-26 **2,11:** *a* Ps 39,13 **2,12:** *a* Mt 5,16 **2,13:** *a* Röm 13,1-7; Tit 3,1 **2,15:** *a* Kap 3,16; Tit 2,8 **2,16:** *a* Gal 5,13; 2.Petr 2,19 **2,17:** *a* Röm 12,10; *b* Spr 24,21 **2,18:** *a* Eph 6,5; Tit 2,9 **2,20:** *a* Kap 3,14; Mt 5,10

21 [a]Denn dazu seid ihr berufen, da
auch Christus gelitten hat für euch und
euch ein Vorbild hinterlassen, dass ihr
sollt nachfolgen seinen Fußtapfen; 22 er,
der [a]keine Sünde getan hat und in dessen
Mund sich [b]kein Betrug fand; 23 der
nicht widerschmähte, als er geschmäht
wurde, nicht drohte, als er litt, er stellte
es aber dem anheim, der gerecht richtet;
24 **der [a]unsre Sünde selbst hinaufgetragen**
hat an seinem Leibe [b]auf das Holz, damit
wir, [c]der Sünde abgestorben, der Gerech-
tigkeit leben. Durch seine Wunden seid ihr
heil geworden. 25 **Denn ihr wart [a]wie die**
irrenden Schafe; aber ihr seid nun bekehrt
zu dem [b]Hirten und Bischof eurer See-
len.

Mahnungen an die Frauen und Männer

3 Desgleichen [a]sollt ihr Frauen euch
eurenMännern unterordnen, damit
auch die, die nicht an das Wort glauben,
[b]durch das Leben ihrer Frauen ohne
Worte gewonnen werden, 2 wenn sie se-
hen, wie ihr in Reinheit und Gottesfurcht
lebt. 3 Euer Schmuck soll nicht äußerlich
sein wie Haarflechten, goldene Ketten
oder prächtige Kleider,[a] 4 sondern der
verborgene Mensch des Herzens im un-
vergänglichen Schmuck des sanften und
stillen Geistes: das ist köstlich vor Gott.
5 Denn so haben sich vorzeiten auch die
heiligen Frauen geschmückt, die ihre
Hoffnung auf Gott setzten und sich ihren
Männern unterordneten, 6 wie Sara Ab-
raham gehorsam war und ihn [a]Herr
nannte; deren Töchter seid ihr geworden,
wenn ihr recht tut und euch durch nichts
beirren lasst.

7 Desgleichen ihr Männer, wohnt ver-
nünftig mit ihnen zusammen und gebt
dem weiblichen Geschlecht als dem
schwächeren seine Ehre. Denn auch die
Frauen sind Miterben der Gnade des Le-
bens, und euer gemeinsames Gebet soll
nicht behindert werden.[a]

Mahnungen an die ganze Gemeinde

8 Endlich aber seid allesamt gleich ge-
sinnt, mitleidig, brüderlich, barmherzig,
demütig. 9 [a]**Vergeltet nicht Böses mit Bö-**
sem oder Scheltwort mit Scheltwort, son-
dern segnet vielmehr, weil ihr dazu berufen
seid, dass ihr den Segen ererbt. 10 Denn
»wer das Leben lieben und gute Tage
sehen will, der [a]hüte seine Zunge, dass
sie nichts Böses rede, und seine Lippen,
dass sie nicht betrügen. 11 Er wende sich
ab vom Bösen und tue Gutes; er suche
Frieden und jage ihm nach. 12 Denn die
Augen des Herrn sehen auf die Gerech-
ten, und seine Ohren hören auf ihr
Gebet; das Angesicht des Herrn aber
steht wider die, die Böses tun« (Psalm
34,13-17).

13 Und wer ist's, der euch schaden
könnte, wenn ihr dem Guten nacheifert?
14 Und wenn ihr auch [a]leidet um der
Gerechtigkeit willen, so seid ihr doch se-
lig. Fürchtet euch nicht vor ihrem Dro-
hen und erschreckt nicht; 15 heiligt aber
den Herrn Christus in euren Herzen.
Seid allezeit bereit zur Verantwortung vor
jedermann, der von euch Rechenschaft for-
dert über die Hoffnung, die in euch ist,
16 und das mit Sanftmut und Gottes-
furcht, und habt ein gutes Gewissen, da-
mit die, die euch verleumden, zuschan-
den werden, wenn sie euren guten Wan-
del in Christus schmähen. 17 Denn es ist
besser, wenn es Gottes Wille ist, dass ihr
um guter Taten willen leidet als um böser
Taten willen.

Die Herrschaft Christi über alle

18 Denn auch Christus hat **einmal** [a]für
die Sünden gelitten, der Gerechte für die
Ungerechten, damit er euch zu Gott
führte, und ist getötet nach dem Fleisch,
aber lebendig gemacht nach dem Geist.
19 In ihm ist er auch hingegangen und hat
[a]gepredigt den Geistern im Gefängnis*,
20 die einst ungehorsam waren, als Gott
harrte und Geduld hatte zur Zeit Noahs,
als man die Arche baute, [a]in der wenige,
nämlich acht Seelen, gerettet wurden
durchs Wasser hindurch.

21 Das ist ein Vorbild der [a]Taufe, die
jetzt auch euch rettet. Denn in ihr wird

* Siehe Sach- und Worterklärungen zu »Gefängnis«.

2,21: *a (21-24)* Kap 3,18; Mt 16,24 **2,22:** *a* Joh 8,46; *b* Jes 53,9 **2,24:** *a* 1. Joh 3,5; *b* Gal 3,13; *c* Röm 6,8.11 **2,25:** *a* Jes 53,6; *b* Joh 10,11 **3,1:** *a* Eph 5,22; *b* 1. Kor 7,16 **3,3:** *a* Jes 3,18-23; 1. Tim 2,9 **3,6:** *a* 1. Mose 18,12 **3,7:** *a* 1. Kor 7,5; Eph 5,25 **3,9:** *a* 1. Thess 5,15 **3,10:** *a* Jak 1,26 **3,14:** *a* Kap 2,20; Mt 5,10 **3,18:** *a* Kap 2,21-24 **3,19:** *a* Kap 4,6 **3,20:** *a* 1. Mose 7,7; 2. Petr 2,5 **3,21:** *a* Eph 5,26

nicht der Schmutz vom Leib abgewa-
schen, sondern wir bitten Gott um [b]ein
gutes Gewissen, durch die Auferstehung
Jesu Christi, 22 welcher ist [a]zur Rechten
Gottes, aufgefahren gen Himmel, und es
sind ihm untertan die Engel und die
Gewaltigen und die Mächte.

Vom Leiden und Leben des Christen

4 Weil nun Christus im Fleisch gelitten
hat, so wappnet euch auch mit dem-
selben Sinn; denn wer im Fleisch gelitten
hat, der hat aufgehört mit der Sünde,
2 dass er hinfort die noch übrige Zeit im
Fleisch nicht den Begierden der Men-
schen, sondern dem Willen Gottes lebe.
3 Denn es ist genug, dass ihr [a]die vergan-
gene Zeit zugebracht habt nach heidni-
schem Willen, als ihr ein Leben führtet in
Ausschweifung, Begierden, Trunkenheit,
Fresserei, Sauferei und gräulichem Göt-
zendienst.

4 Das befremdet sie, dass ihr euch nicht
mehr mit ihnen stürzt in dasselbe wüste,
unordentliche Treiben, und sie lästern;
5 aber sie werden Rechenschaft geben
müssen dem, [a]der bereit ist, zu richten
die Lebenden und die Toten. 6 Denn dazu
ist auch [a]den Toten das Evangelium ver-
kündigt, dass sie zwar nach Menschen-
weise gerichtet werden im Fleisch, aber
nach Gottes Weise das Leben haben im
Geist.

7 Es ist aber nahe gekommen das Ende
aller Dinge. [a] So seid nun besonnen und
nüchtern zum Gebet. 8 Vor allen Dingen
habt untereinander beständige Liebe;
denn »die Liebe [a]deckt auch der Sünden
Menge« (Sprüche 10,12). 9 Seid [a]gastfrei
untereinander ohne Murren. 10 Und **dient
einander, ein jeder mit der Gabe, die er
empfangen hat, als die guten Haushalter
der mancherlei Gnade Gottes:** 11 Wenn je-
mand predigt, dass er's rede als Gottes
Wort; [a]wenn jemand dient, dass er's tue
aus der Kraft, die Gott gewährt, damit in
allen Dingen Gott gepriesen werde durch
Jesus Christus. Sein ist die Ehre und Ge-
walt von Ewigkeit zu Ewigkeit! Amen.

Vom Ausharren in der Verfolgung

12 Ihr Lieben, lasst euch durch die [a]Hitze
nicht befremden, die euch widerfährt zu
eurer Versuchung, als widerführe euch
etwas Seltsames, 13 sondern [a]freut euch,
dass ihr mit Christus leidet, [b]damit ihr
auch zur Zeit der Offenbarung seiner
Herrlichkeit Freude und Wonne haben
mögt. 14 [a]Selig seid ihr, wenn ihr ge-
schmäht werdet um des Namens Christi
willen, denn [b]der Geist, der ein Geist der
Herrlichkeit und Gottes ist, ruht auf
euch.

15 Niemand aber unter euch leide als
ein Mörder oder Dieb oder Übeltäter
oder als einer, der in ein fremdes Amt
greift. 16 Leidet er aber als ein Christ, so
schäme er sich nicht, sondern [a]ehre Gott
mit diesem Namen. 17 Denn die Zeit ist
da, dass das Gericht [a]anfängt an dem
Hause Gottes. Wenn aber zuerst an uns,
was wird es für ein Ende nehmen mit
denen, die dem Evangelium Gottes nicht
glauben? 18 Und wenn der Gerechte
kaum gerettet wird, wo wird dann der
Gottlose und Sünder bleiben?[a] 19 Darum
sollen auch die, die nach Gottes Willen
leiden, ihm [a]ihre Seelen anbefehlen als
dem treuen Schöpfer und Gutes tun.

Mahnungen an die Ältesten und die Gemeinde

5 Die Ältesten unter euch ermahne ich,
der [a]Mitälteste und [b]Zeuge der Lei-
den Christi, der ich auch [c]teilhabe an
der Herrlichkeit, die offenbart werden
soll: 2 [a]Weidet die Herde Gottes, die
euch anbefohlen ist; achtet auf sie, nicht
gezwungen, sondern freiwillig, wie es
Gott gefällt; [b]nicht um schändlichen
Gewinns willen, sondern von Herzens-
grund; 3 [a]nicht als Herren über die Ge-
meinde, sondern als [b]Vorbilder der Her-
de. 4 So werdet ihr, wenn erscheinen wird
der [a]Erzhirte, die unvergängliche [b]Kro-
ne der Herrlichkeit empfangen.

5 Desgleichen ihr Jüngeren, [a]ordnet
euch den Ältesten unter.

Alle aber miteinander haltet fest an

3,21: *b* Hebr 10,22 **3,22:** *a* Eph 1,20-21 **4,3:** *a* Eph 2,2-3; Tit 3,3 **4,5:** *a* 2.Tim 4,1 **4,6:** *a* Kap 3,19 **4,7:** *a* 1.Kor 10,11; 1.Joh 2,18 **4,8:** *a* Jak 5,20 **4,9:** *a* Hebr 13,2 **4,11:** *a* Röm 12,7 **4,12:** *a* Kap 1,6-7 **4,13:** *a* Apg 5,41; Jak 1,2; *b* Röm 8,17 **4,14:** *a* Mt 5,11; *b* Eph 1,13 **4,16:** *a* Phil 1,20 **4,17:** *a* Jer 25,29; Hes 9,6 **4,18:** *a* Spr 11,31 **4,19:** *a* Ps 31,6 **5,1:** *a* 2.Joh 1; *b* Mt 26,37.69; *c* Röm 8,17 **5,2:** *a* Joh 21,16; Apg 20,28; *b* 1.Tim 3,2-7 **5,3:** *a* Hes 34,2-4; 2.Kor 1,24; *b* Tit 2,7 **5,4:** *a* Hebr 13,20; *b* 1.Kor 9,25; 2.Tim 4,8 **5,5:** *a* Eph 5,21 der Demut; denn [b] **Gott widersteht den Hochmütigen, aber den Demütigen gibt er Gnade.** 6 So demütigt euch nun unter die gewaltige Hand Gottes, damit er euch erhöhe zu seiner Zeit.[a] 7 **Alle eure Sorge werft auf ihn; denn er sorgt für euch.**[a]

8 Seid [a] nüchtern und wacht; denn euer Widersacher, [b] der Teufel, geht umher wie ein brüllender Löwe und sucht, wen er verschlinge. 9 Dem widersteht, fest im Glauben, und wisst, dass ebendieselben Leiden über eure Brüder in der Welt gehen.

Segenswunsch und Grüße

10 Der Gott aller Gnade aber, der euch berufen hat zu seiner ewigen Herrlichkeit in Christus Jesus, der wird euch, die ihr [a] eine kleine Zeit leidet, aufrichten, stärken, kräftigen, gründen. 11 Ihm sei die Macht von Ewigkeit zu Ewigkeit! Amen.

12 Durch [a] Silvanus, den treuen Bruder, wie ich meine, habe ich euch wenige Worte geschrieben, zu ermahnen und zu bezeugen, dass das die rechte Gnade Gottes ist, in der ihr steht. 13 Es grüßt euch aus Babylon die Gemeinde, die mit euch auserwählt ist, und mein Sohn [a] Markus. 14 Grüßt euch untereinander mit dem Kuss der Liebe. Friede sei mit euch allen, die ihr in Christus seid!

DER ZWEITE BRIEF DES PETRUS

Inhaltsübersicht

Warnung vor falschen Lehrern	*Kap 1–2*
Christus kommt gewiss wieder	*3*

1 Simon Petrus, ein Knecht und Apostel Jesu Christi, an alle, die mit uns denselben teuren Glauben empfangen haben durch die Gerechtigkeit, die unser Gott gibt und der Heiland Jesus Christus:

2 Gott gebe euch viel Gnade und Frieden durch die Erkenntnis Gottes und Jesu, unseres Herrn!

Mahnung zu christlichem Leben

3 Alles, was zum Leben und zur Frömmigkeit dient, hat uns seine göttliche Kraft geschenkt durch die Erkenntnis dessen, [a] der uns berufen hat durch seine Herrlichkeit und Kraft. 4 Durch sie sind uns die teuren und allergrößten Verheißungen geschenkt, damit ihr dadurch Anteil bekommt an der göttlichen Natur, die ihr entronnen seid der verderblichen Begierde in der Welt.

5 So wendet alle Mühe daran und erweist in eurem [a] Glauben Tugend und in der Tugend Erkenntnis 6 und in der Erkenntnis Mäßigkeit und in der Mäßigkeit Geduld und in der Geduld Frömmigkeit 7 und in der Frömmigkeit brüderliche Liebe und in der brüderlichen Liebe die Liebe zu allen Menschen.[a] 8 Denn wenn dies alles reichlich bei euch ist, wird's euch nicht faul und unfruchtbar sein lassen in der Erkenntnis unseres Herrn Jesus Christus. 9 Wer dies aber nicht hat, der ist blind und [a] tappt im Dunkeln und hat vergessen, dass er rein geworden ist von seinen früheren Sünden. 10 Darum, liebe Brüder, bemüht euch desto mehr, eure Berufung und Erwählung festzumachen. Denn wenn ihr dies tut, werdet ihr nicht straucheln 11 und so wird euch reichlich gewährt werden der Eingang in das ewige Reich unseres Herrn und Heilands Jesus Christus.

12 Darum will ich's nicht lassen, euch allezeit daran zu erinnern, obwohl ihr's wisst und gestärkt seid in der Wahrheit, die unter euch ist. 13 Ich halte es aber für richtig, solange ich in dieser [a] Hütte bin, euch zu erwecken und zu erinnern; 14 denn ich weiß, dass ich meine Hütte

5,5: *b* Hiob 22,29; Spr 3,34; Mt 23,12; Jak 4,6 **5,6:** *a* Jak 4,10 **5,7:** *a* Ps 55,23; Mt 6,25; Phil 4,6 **5,8:** *a* 1. Thess 5,6; *b* Lk 22,31; 2. Kor 2,11 **5,10:** *a* Kap 1,6 **5,12:** *a* Apg 15,22 **5,13:** *a* 2. Tim 4,11 **1,3:** *a* 1. Petr 2,9 **1,5:** *a* Gal 5,6.22 **1,7:** *a* Gal 6,10 **1,9:** *a* 1. Joh 2,9.11 **1,13:** *a* 2. Kor 5,1

bald verlassen muss, [a]wie es mir auch
unser Herr Jesus Christus eröffnet hat.
15 Ich will mich aber bemühen, dass ihr
dies allezeit auch nach meinem Hinschei-
den im Gedächtnis behalten könnt.

Die Verklärung Jesu und das prophetische Wort

16 Denn wir sind nicht ausgeklügelten Fa-
beln gefolgt, als wir euch kundgetan ha-
ben die Kraft und das Kommen unseres
Herrn Jesus Christus; sondern wir haben
seine Herrlichkeit selber gesehen. 17 Denn
er empfing von Gott, dem Vater, Ehre
und Preis durch eine Stimme, die zu ihm
kam von der großen Herrlichkeit: [a]Dies
ist mein lieber Sohn, an dem ich Wohl-
gefallen habe. 18 Und diese Stimme haben
wir gehört vom Himmel kommen, als wir
mit ihm waren auf dem heiligen Berge.

19 Umso fester haben wir das prophe-
tische Wort, und ihr tut gut daran, dass ihr
darauf achtet als auf ein [a]Licht, das da
scheint an einem dunklen Ort, bis der Tag
anbreche und der Morgenstern aufgehe in
euren Herzen. 20 Und das sollt ihr vor
allem wissen, dass keine Weissagung in
der Schrift eine Sache eigener Auslegung
ist. 21 Denn es ist noch nie eine Weis-
sagung aus menschlichem Willen hervor-
gebracht worden, sondern [a]getrieben von
dem Heiligen Geist haben Menschen im
Namen Gottes geredet.

Gottes Gericht über die Irrlehrer

(vgl. Jud 3-19)

2 Es waren aber auch falsche Prophe-
ten unter dem Volk, wie auch unter
euch sein werden [a]falsche Lehrer, die
verderbliche Irrlehren einführen und ver-
leugnen den Herrn, der sie erkauft hat;
die werden über sich selbst herbeiführen
ein schnelles Verderben. 2 Und viele wer-
den ihnen folgen in ihren Ausschweifun-
gen; um ihretwillen wird der Weg der
Wahrheit verlästert werden. 3 Und aus
Habsucht werden sie euch mit erdichte-
ten Worten zu gewinnen suchen. Das Ge-
richt über sie bereitet sich seit langem
vor, und ihr Verderben schläft nicht.
4 Denn Gott hat selbst die Engel, die
gesündigt haben, nicht verschont, son-
dern hat sie mit Ketten der Finsternis in
die Hölle gestoßen und übergeben, damit
sie für das Gericht festgehalten werden;
5 und hat die frühere Welt nicht ver-
schont, sondern [a]bewahrte allein Noah,
den Prediger der Gerechtigkeit, mit sie-
ben andern, als er die [b]Sintflut über die
Welt der Gottlosen brachte; 6 und [a]hat
die Städte Sodom und Gomorra zu
Schutt und Asche gemacht und zum Un-
tergang verurteilt und damit ein Beispiel
gesetzt den Gottlosen, die hernach kom-
men würden; 7 und hat den gerechten Lot
errettet, dem die schändlichen Leute viel
Leid antaten mit ihrem ausschweifenden
Leben. 8 Denn der Gerechte, der unter
ihnen wohnte, musste alles mit ansehen
und anhören und seine gerechte Seele
von Tag zu Tag quälen lassen durch ihre
bösen Werke.

9 Der Herr [a]weiß die Frommen aus der
Versuchung zu erretten, die Ungerechten
aber festzuhalten für den Tag des Ge-
richts, um sie zu strafen, 10 am meisten
aber die, die nach dem Fleisch leben in
unreiner Begierde und jede Herrschaft
verachten. Frech und eigensinnig schre-
cken sie nicht davor zurück, himmlische
Mächte zu lästern, 11 wo doch die Engel,
die größere Stärke und Macht haben,
kein Verdammungsurteil gegen sie vor
den Herrn bringen.

12 Aber sie sind wie die unvernünftigen
Tiere, die von Natur dazu geboren sind,
dass sie gefangen und geschlachtet wer-
den; sie lästern das, wovon sie nichts ver-
stehen, und werden auch in ihrem ver-
dorbenen Wesen umkommen 13 und den
Lohn der Ungerechtigkeit davontragen.
Sie halten es für eine Lust, am hellen Tag
zu schlemmen, sie sind Schandflecken,
schwelgen in ihren Betrügereien, wenn
sie mit euch prassen, 14 haben Augen voll
Ehebruch, nimmer satt der Sünde, locken
an sich leichtfertige Menschen, haben ein
Herz getrieben von Habsucht – ver-
fluchte Leute! 15 [a]Sie verlassen den rich-
tigen Weg und gehen in die Irre und
folgen dem Weg Bileams, des Sohnes Be-
ors, der den Lohn der Ungerechtigkeit

1,14: *a* Joh 21,18-19 **1,17:** *a* Mt 17,5 **1,19:** *a* Ps 119,105 **1,21:** *a* 2. Tim 3,16-17 **2,1:** *a* Mt 24,11; 1. Tim 4,1 **2,5:** *a* 1. Mose 8,18; 1. Petr 3,20; *b* Kap 3,6 **2,6:** *a* 1. Mose 19,24-25 **2,9:** *a* 1. Kor 10,13 **2,15:** *a (15-16)* 4. Mose 22,7-35

liebte, 16empfing aber eine Strafe für
seine Übertretung: Das stumme Lasttier
redete mit Menschenstimme und wehrte
der Torheit des Propheten.
17Das sind Brunnen ohne Wasser und
Wolken, vom Wirbelwind umhergetrie-
ben, ihr Los ist die dunkelste Finsternis.
18Denn sie reden stolze Worte, hinter de-
nen nichts ist, und reizen durch Unzucht
zur fleischlichen Lust diejenigen, die kaum
entronnen waren denen, die im Irrtum
ihr Leben führen, 19und versprechen ih-
nen [a]Freiheit, obwohl sie selbst Knechte
des Verderbens sind. Denn von wem je-
mand überwunden ist, dessen Knecht ist
er geworden. 20Denn wenn sie durch die
Erkenntnis unseres Herrn und Heilands
Jesus Christus entflohen sind dem Unrat
der Welt, werden aber wiederum in die-
sen verstrickt und von ihm überwunden,
dann [a]ist's mit ihnen am Ende ärger ge-
worden als vorher. 21Denn es wäre besser
für sie gewesen, dass sie den Weg der
Gerechtigkeit nicht erkannt hätten, als
dass sie ihn kennen und sich abkehren
von dem heiligen Gebot, das ihnen gege-
ben ist.[a] 22An ihnen hat sich erwiesen
die Wahrheit des Sprichworts: [a]Der
Hund frisst wieder, was er gespien hat;
und: Die Sau wälzt sich nach der
Schwemme wieder im Dreck.

Gewissheit über das Kommen des Herrn

3 Dies ist nun der zweite Brief, den ich
euch schreibe, ihr Lieben, in welchem
ich euren lauteren Sinn erwecke und
[a]euch erinnere, 2dass ihr gedenkt an die
Worte, die zuvor gesagt sind von den
heiligen Propheten, und an das Gebot
des Herrn und Heilands, das verkündet
ist durch eure Apostel. 3Ihr sollt vor al-
lem wissen, dass [a]in den letzten Tagen
Spötter kommen werden, die ihren Spott
treiben, ihren eigenen Begierden nach-
gehen 4und sagen: [a]Wo bleibt die Verhei-
ßung seines Kommens? Denn nachdem
die Väter entschlafen sind, bleibt es alles,
wie es von Anfang der Schöpfung ge-
wesen ist.
5Denn [a]sie wollen nichts davon wis-
sen, dass der Himmel vorzeiten auch war,
dazu die [b]Erde, die aus Wasser und
durch Wasser Bestand hatte durch Got-
tes Wort; 6dennoch wurde damals die
Welt dadurch in der Sintflut vernichtet.[a]
7So werden auch der Himmel, der jetzt
ist, und die Erde durch dasselbe Wort
aufgespart für das Feuer, bewahrt für
den Tag des Gerichts und der Verdamm-
nis der gottlosen Menschen.
8Eins aber sei euch nicht verborgen,
ihr Lieben, dass [a]**ein** Tag vor dem Herrn
wie tausend Jahre ist und tausend Jahre
wie ein Tag. 9Der Herr [a]verzögert nicht
die Verheißung, wie es einige für eine
Verzögerung halten; sondern er hat Ge-
duld mit euch und [b]will nicht, dass
jemand verloren werde, sondern dass
jedermann zur Buße finde. 10[a]Es wird
aber des Herrn Tag kommen wie ein
Dieb; dann [b]werden die Himmel zerge-
hen mit großem Krachen; die Elemente
aber werden vor Hitze schmelzen, und
[c]die Erde und die Werke, die darauf sind,
werden ihr Urteil finden.
11Wenn nun das alles so zergehen
wird, wie müsst ihr dann dastehen in
heiligem Wandel und frommem Wesen,
12die ihr das Kommen des Tages Gottes
erwartet und erstrebt, an dem die Him-
mel vom Feuer zergehen und die Ele-
mente vor Hitze zerschmelzen werden.
13**Wir warten aber auf [a]einen neuen Him-
mel und eine neue Erde nach seiner Ver-
heißung, [b]in denen Gerechtigkeit wohnt.**

Folgerung und Ermahnung

14Darum, meine Lieben, während ihr
darauf wartet, seid bemüht, dass ihr vor
ihm unbefleckt und untadelig im Frieden
befunden werdet,[a] 15und [a]die Geduld
unseres Herrn erachtet für eure Rettung,
wie auch unser lieber Bruder Paulus nach
der Weisheit, die ihm gegeben ist, euch
geschrieben hat. 16Davon redet er in al-
len Briefen, in denen einige Dinge schwer
zu verstehen sind, welche die Unwissen-
den und Leichtfertigen verdrehen, wie
auch die andern Schriften, zu ihrer eige-
nen Verdammnis.
17Ihr aber, meine Lieben, weil ihr das

2,19: *a* Gal 5,13; 1. Petr 2,16 **2,20:** *a* Mt 12,45 **2,21:** *a* Lk 12,47-48 **2,22:** *a* Spr 26,11 **3,1:** *a* Kap 1,13 **3,3:** *a* 1. Tim 4,1; Jud 18 **3,4:** *a* Jes 5,19; Hes 12,22; Mt 24,48 **3,5:** *a* Mt 24,38; *b* 1. Mose 1,2.6.9; Ps 24,2 **3,6:** *a* Kap 2,5; 1. Mose 7,21 **3,8:** *a* Ps 90,4 **3,9:** *a* Hab 2,3; *b* 1. Tim 2,4 **3,10:** *a* 1. Thess 5,2-3; *b* Mt 24,29; Offb 20,11; *c* Jes 24,19 **3,13:** *a* Jes 65,17; Offb 21,1; *b* Offb 21,27 **3,14:** *a* 1. Kor 1,7-8 **3,15:** *a* Röm 2,4

im Voraus wisst, so hütet euch, dass ihr
nicht durch den Irrtum dieser ruchlosen
Leute samt ihnen verführt werdet und
fallt aus eurem festen Stand. 18 Wachset
aber in der Gnade und Erkenntnis unseres Herrn und Heilands Jesus Christus.
Ihm sei Ehre jetzt und für ewige Zeiten!
Amen.

DER ERSTE BRIEF DES JOHANNES

Die Grundlage christlicher Gemeinschaft

1 Was [a]von Anfang an war, was wir
gehört haben, was wir [b]gesehen haben
mit unsern Augen, was wir betrachtet
haben und unsre Hände betastet haben,
vom Wort des [c]Lebens – 2 und das Leben
ist erschienen, und wir haben gesehen
und bezeugen und verkündigen euch das
Leben, das ewig ist, das beim Vater war
und uns erschienen ist –, 3 was wir gesehen und gehört haben, das verkündigen wir auch euch, damit auch ihr mit
uns Gemeinschaft habt; und unsere Gemeinschaft ist mit dem Vater und mit
seinem Sohn Jesus Christus. 4 Und [a]das
schreiben wir, damit [b]unsere Freude vollkommen sei.

Das Leben im Licht

5 Und das ist die Botschaft, die wir von
ihm gehört haben und euch verkündigen:
[a]Gott ist Licht, und in ihm ist keine
Finsternis. 6 Wenn wir sagen, dass wir
Gemeinschaft mit ihm haben, und wandeln in der Finsternis, so lügen wir und
tun nicht die Wahrheit.[a] 7 Wenn wir aber
im Licht wandeln, wie er im Licht ist, so
haben wir Gemeinschaft untereinander,
und [a]das Blut Jesu, seines Sohnes, macht
uns rein von aller Sünde.

8 Wenn wir sagen, wir haben keine
Sünde, so betrügen wir uns selbst, und die
Wahrheit ist nicht in uns. 9 Wenn wir aber
[a]unsre Sünden bekennen, so ist er treu und
gerecht, dass er uns die Sünden vergibt
und reinigt uns von aller Ungerechtigkeit.
10 Wenn wir sagen, wir haben nicht gesündigt, so machen wir ihn zum Lügner,
und sein Wort ist nicht in uns.[a]

Christus der Versöhner

2 Meine Kinder, dies schreibe ich euch,
damit ihr nicht sündigt. Und **wenn**
jemand sündigt, so haben wir einen [a]Für-
sprecher bei dem Vater, Jesus Christus,
der gerecht ist. 2 Und er ist die [a]Versöh-
nung für unsre Sünden, nicht allein aber
für die unseren, sondern [b]auch für die der
ganzen Welt.

3 Und daran merken wir, dass wir ihn
kennen, wenn wir seine Gebote halten.
4 Wer sagt: Ich kenne ihn, und hält seine
Gebote nicht, der ist ein Lügner, und in
dem ist die Wahrheit nicht. 5 Wer aber
sein Wort hält, in dem ist wahrlich die
Liebe Gottes vollkommen. Daran erkennen wir, dass wir in ihm sind.[a] 6 Wer
sagt, dass er in ihm bleibt, der soll auch
leben, wie er gelebt hat.[a]

Die Bruderliebe

7 Meine Lieben, ich schreibe euch nicht
ein neues Gebot, sondern das alte Gebot,
[a]das ihr von Anfang an gehabt habt.
Das alte Gebot ist das Wort, das ihr
gehört habt. 8 Und doch schreibe ich
euch ein neues Gebot, das wahr ist in
ihm und in euch; denn die Finsternis
vergeht und [a]das wahre Licht scheint
jetzt. 9 Wer sagt, er sei im Licht, und
[a]hasst seinen Bruder, der ist noch in der
Finsternis. 10 Wer seinen Bruder liebt, der

1,1: *a* Joh 1,1; *b* Joh 1,14; *c* Joh 1,4 **1,4:** *a* Kap 5,13; *b* Joh 15,11; 16,24 **1,5:** *a* Jak 1,17 **1,6:** *a* Kap 2,4 **1,7:** *a* Hebr 9,14; Offb 1,5 **1,9:** *a* Spr 28,13 **1,10:** *a* Röm 3,10-18 **2,1:** *a* Röm 8,34; Hebr 7,25 **2,2:** *a* Kap 4,10; Kol 1,20; *b* Joh 11,51-52 **2,5:** *a* Joh 14,21.23 **2,6:** *a* Joh 13,15; 1. Petr 2,21-23 **2,7:** *a* Joh 13,34; 2. Joh 5 **2,8:** *a* Joh 8,12; Röm 13,12 **2,9:** *a* Kap 4,20

bleibt im Licht, und durch ihn kommt
niemand zu Fall. 11 Wer aber seinen Bru-
der hasst, der ist in der Finsternis und
wandelt in der Finsternis und weiß nicht,
wo er hingeht; denn die Finsternis hat
seine Augen verblendet.

Absage an die Welt

12 Liebe Kinder, ich schreibe euch, dass
euch die Sünden vergeben sind um seines
Namens willen. 13 Ich schreibe euch Vä-
tern; denn ihr kennt den, der [a]von An-
fang an ist. Ich schreibe euch jungen
Männern; denn ihr habt den Bösen über-
wunden. 14 Ich habe euch Kindern ge-
schrieben; denn ihr kennt den Vater. Ich
habe euch Vätern geschrieben; denn ihr
kennt den, der von Anfang an ist. Ich
habe euch jungen Männern geschrieben;
denn [a]ihr seid stark und das Wort Got-
tes bleibt in euch, und ihr habt den Bö-
sen überwunden.

15 Habt nicht lieb die Welt noch was in
der Welt ist. [a]Wenn jemand die Welt lieb
hat, in dem ist nicht die Liebe des Vaters.
16 Denn alles, was in der Welt ist, des
Fleisches Lust und der Augen Lust und
hoffärtiges Leben, ist nicht vom Vater,
sondern von der Welt. 17 Und **die Welt
vergeht mit ihrer Lust; wer aber den Wil-
len Gottes tut, der bleibt in Ewigkeit.**

Die Verführung durch den Antichrist

18 Kinder, [a]es ist die letzte Stunde! Und
wie ihr gehört habt, dass [b]der Antichrist
kommt, so sind nun schon viele Anti-
christen gekommen; daran erkennen wir,
dass es die letzte Stunde ist. 19 Sie sind
[a]von uns ausgegangen, aber sie waren
nicht von uns. Denn [b]wenn sie von uns
gewesen wären, so wären sie ja bei uns
geblieben; aber es sollte offenbar werden,
dass sie nicht alle von uns sind. 20 Doch
ihr habt die Salbung von dem, der heilig
ist, und habt alle das Wissen. 21 Ich habe
euch nicht geschrieben, als wüsstet ihr
die Wahrheit nicht, sondern ihr wisst sie
und wisst, dass keine Lüge aus der Wahr-
heit kommt. 22 Wer ist ein Lügner, wenn
nicht der, der leugnet, dass Jesus der
Christus ist? Das ist der Antichrist, der
den Vater und den Sohn leugnet. 23 [a]Wer
den Sohn leugnet, der hat auch den Vater
nicht; [b]wer den Sohn bekennt, der hat
auch den Vater.

24 Was ihr gehört habt von Anfang an,
das bleibe in euch. Wenn in euch bleibt,
was ihr von Anfang an gehört habt, so
werdet ihr auch im Sohn und im Vater
bleiben. 25 Und das ist die Verheißung,
die er uns verheißen hat: das ewige Le-
ben. 26 Dies habe ich euch geschrieben
von denen, die euch verführen. 27 Und
[a]die Salbung, die ihr von ihm empfangen
habt, bleibt in euch, und [b]ihr habt nicht
nötig, dass euch jemand lehrt; sondern
wie euch seine Salbung alles lehrt, so ist's
wahr und ist keine Lüge, und wie sie
euch gelehrt hat, so bleibt in ihm.

28 Und nun, Kinder, bleibt in ihm, da-
mit wir, wenn er offenbart wird, Zuver-
sicht haben und [a]nicht zuschanden wer-
den vor ihm, wenn er kommt. 29 Wenn ihr
wisst, dass er gerecht ist, so erkennt ihr
auch, dass, [a]wer recht tut, der ist von
ihm geboren.

Die Herrlichkeit der Gotteskindschaft

3 **Seht, welch eine Liebe hat uns der
Vater erwiesen, dass wir [a]Gottes Kin-
der heißen sollen – und wir sind es auch!**
Darum kennt uns die Welt nicht; denn
[b]sie kennt ihn nicht. 2 Meine Lieben, **wir
sind schon Gottes [a]Kinder; es ist aber
noch nicht offenbar geworden, was wir
sein werden. Wir wissen aber: wenn es
offenbar wird, [b]werden wir ihm gleich
sein; denn wir werden ihn sehen, wie er
ist.**

3 Und ein jeder, der solche Hoffnung
auf ihn hat, der reinigt sich, wie auch
jener rein ist. 4 Wer Sünde tut, der tut
auch Unrecht, und die Sünde ist das Un-
recht. 5 Und ihr wisst, dass er erschienen
ist, [a]damit er die Sünden wegnehme, und
[b]in ihm ist keine Sünde. 6 Wer in ihm
bleibt, der sündigt nicht; wer sündigt, der
hat ihn nicht gesehen und nicht er-
kannt.[a]

7 Kinder, lasst euch von niemandem
verführen! [a]Wer recht tut, der ist ge-

2,13: *a* Joh 1,1 **2,14:** *a* Eph 6,10 **2,15:** *a* Jak 4,4 **2,18:** *a* 1. Petr 4,7; *b* Mt 24,24; 2. Thess 2,3-4 **2,19:** *a* Apg 20,30; *b* 1. Kor 11,19 **2,23:** *a* Joh 5,23; *b* Kap 4,15 **2,27:** *a* Joh 16,13; 2. Kor 1,21-22; *b* Jer 31,34 **2,28:** *a* Kap 4,17 **2,29:** *a* Kap 3,7.10 **3,1:** *a* Joh 1,12; *b* Joh 16,3 **3,2:** *a* Röm 8,17; *b* Phil 3,21; Kol 3,4 **3,5:** *a* Jes 53,4-6; Joh 1,29; 1. Petr 2,24; *b* Jes 53,9; Joh 8,46 **3,6:** *a* Röm 6,11.14 **3,7:** *a* Kap 2,29

recht, wie auch jener gerecht ist. 8Wer
Sünde tut, der ist vom Teufel; denn [a]der
Teufel sündigt von Anfang an. **Dazu ist**
erschienen der Sohn Gottes, dass er die
Werke des Teufels zerstöre. 9[a]Wer aus
Gott geboren ist, der tut keine Sünde;
denn Gottes Kinder bleiben in ihm und
können nicht sündigen; denn sie sind von
Gott geboren. 10Daran wird offenbar,
welche die Kinder Gottes und welche die
Kinder des Teufels sind: Wer nicht recht
tut, der ist nicht von Gott, und wer nicht
seinen Bruder lieb hat.

11Denn das ist die Botschaft, die ihr
gehört habt von Anfang an, dass wir uns
untereinander lieben sollen,[a] 12nicht wie
Kain, der von dem Bösen stammte und
[a]seinen Bruder umbrachte. Und warum
brachte er ihn um? Weil seine Werke böse
waren und die seines Bruders gerecht.

13Wundert euch nicht, meine Brüder,
wenn euch die Welt hasst.[a] **14Wir wissen,**
dass wir [a]aus dem Tod in das Leben ge-
kommen sind; denn wir lieben die Brüder.
Wer nicht liebt, der bleibt im Tod. 15Wer
[a]seinen Bruder hasst, der ist ein Tot-
schläger, und ihr wisst, dass kein Tot-
schläger das ewige Leben bleibend in sich
hat.

16Daran haben wir die Liebe erkannt,
dass er sein Leben für uns gelassen hat;
und wir sollen auch das Leben für die
Brüder lassen.[a] 17Wenn aber jemand die-
ser Welt Güter hat und sieht seinen Bru-
der darben und [a]schließt sein Herz vor
ihm zu, wie bleibt dann die Liebe Gottes
in ihm?[b] 18Meine Kinder, lasst uns nicht
lieben mit Worten noch mit der Zunge,
sondern mit der Tat und mit der Wahr-
heit.[a]

19Daran erkennen wir, dass wir aus der
Wahrheit sind, und können unser Herz vor
ihm damit zum Schweigen bringen, 20dass,
wenn uns unser Herz verdammt, Gott grö-
ßer ist als unser Herz und erkennt alle
Dinge.[a]

21Ihr Lieben, wenn uns unser Herz
nicht verdammt, so haben wir Zuversicht
zu Gott, 22und [a]was wir bitten, werden
wir von ihm empfangen; denn wir halten
seine Gebote und tun, was vor ihm wohl-
gefällig ist. 23Und das ist sein Gebot,
dass wir [a]glauben an den Namen seines
Sohnes Jesus Christus und [b]lieben uns
untereinander, wie er uns das Gebot ge-
geben hat. 24Und wer seine Gebote hält,
der bleibt in Gott und Gott in ihm. Und
daran erkennen wir, dass er in uns bleibt:
[a]an dem Geist, den er uns gegeben hat.

Der Geist der Wahrheit und der Geist des Irrtums

4 Ihr Lieben, glaubt nicht einem jeden
Geist, sondern prüft die Geister, ob
sie von Gott sind; denn es sind viele
[a]falsche Propheten ausgegangen in die
Welt. 2Daran sollt ihr den Geist Gottes
erkennen: Ein jeder Geist, der bekennt,
dass Jesus Christus in das Fleisch ge-
kommen ist, der ist von Gott; 3und ein
jeder Geist, der Jesus nicht bekennt, der
ist nicht von Gott. Und das ist der Geist
des Antichrists, von dem ihr gehört habt,
dass er kommen werde, und er ist jetzt
schon in der Welt.

4Kinder, ihr seid von Gott und habt
jene überwunden; denn der in euch ist,
ist größer als der, der in der Welt ist. 5Sie
sind von der Welt; darum reden sie, wie
die Welt redet, und die Welt hört sie.[a]
6Wir [a]sind von Gott, und wer Gott er-
kennt, der hört uns; wer nicht von Gott
ist, der hört uns nicht. Daran [b]erkennen
wir den Geist der Wahrheit und den
Geist des Irrtums.

Die Liebe Gottes und die Liebe zum Bruder

7Ihr Lieben, lasst uns einander lieb ha-
ben; denn die Liebe ist von Gott, und
wer liebt, der ist von Gott geboren und
kennt Gott. 8Wer nicht liebt, der kennt
Gott nicht; denn Gott ist die Liebe.

9Darin ist erschienen die Liebe Gottes
unter uns, dass Gott seinen eingebornen
Sohn gesandt hat in die Welt, damit wir
durch ihn leben sollen.[a] **10Darin besteht**
die Liebe: nicht dass wir Gott geliebt ha-
ben, sondern dass er uns geliebt hat und
gesandt seinen Sohn zur Versöhnung für
unsre Sünden.

11Ihr Lieben, hat uns Gott so geliebt,

3,8: *a* Joh 8,44 **3,9:** *a* Kap 5,18 **3,11:** *a* Joh 13,34 **3,12:** *a* 1. Mose 4,8 **3,13:** *a* Mt 5,11; Joh 15,18-19 **3,14:** *a* Joh 5,24 **3,15:** *a* Mt 5,21-22 **3,16:** *a* Joh 15,13 **3,17:** *a* 5. Mose 15,7; *b* Kap 4,20 **3,18:** *a* Jak 2,15-16 **3,20:** *a* Lk 15,20-22 **3,22:** *a* Mk 11,24 **3,23:** *a* Joh 6,29; *b* Joh 15,17 **3,24:** *a* Kap 4,13; Röm 8,9 **4,1:** *a* Mt 7,15 **4,5:** *a* Joh 15,19 **4,6:** *a* Joh 8,47; *b* 1. Kor 14,37 **4,9:** *a* Joh 3,16

so sollen wir uns auch untereinander
lieben. 12 [a]Niemand hat Gott jemals
gesehen. Wenn wir uns untereinander
lieben, so bleibt Gott in uns, und seine
Liebe ist in uns vollkommen. 13 Daran
erkennen wir, dass wir in ihm bleiben
und er in uns, dass er uns von seinem
Geist gegeben hat.[a] 14 Und wir haben
gesehen und bezeugen, dass der Vater
den Sohn gesandt hat [a]als Heiland der
Welt. 15 Wer nun [a]bekennt, dass Jesus
Gottes Sohn ist, in dem bleibt Gott und
er in Gott. 16 Und wir haben erkannt und
geglaubt die Liebe, die Gott zu uns hat.

**Gott ist die Liebe; und wer in der Liebe
bleibt, der bleibt in Gott und Gott in ihm.**
17 Darin ist die Liebe bei uns vollkom-
men, dass wir [a]Zuversicht haben am Tag
des Gerichts; denn wie er ist, so sind
auch wir in dieser Welt. 18 **Furcht ist nicht
in der Liebe,** sondern die vollkommene
Liebe treibt die Furcht aus; denn die
Furcht rechnet mit Strafe. Wer sich aber
fürchtet, der ist nicht vollkommen in der
Liebe.

19 **Lasst uns lieben, denn er hat uns zu-
erst geliebt.** 20 Wenn jemand spricht: Ich
liebe Gott, und hasst seinen Bruder, der
ist ein Lügner. Denn [a]wer seinen Bruder
nicht liebt, den er sieht, der kann nicht
Gott lieben, den er nicht sieht. 21 Und
**dies Gebot haben wir von ihm, dass, wer
Gott liebt, dass der auch seinen Bruder
liebe.**[a]

Die Kraft des Glaubens

5 Wer glaubt, dass Jesus der Christus
ist, der ist von Gott geboren; und wer
den liebt, der ihn geboren hat, der liebt
auch den, der von ihm geboren ist.
2 Daran erkennen wir, dass wir Gottes
Kinder lieben, wenn wir Gott lieben und
seine Gebote halten. 3 Denn das ist die
Liebe zu Gott, dass wir [a]seine Gebote
halten; und seine Gebote [b]sind nicht
schwer. 4 Denn alles, was von Gott ge-
boren ist, [a]überwindet die Welt; **und un-
ser Glaube ist [b]der Sieg, der die Welt
überwunden hat.** 5 Wer ist es aber, der
[a]die Welt überwindet, wenn nicht der,
der glaubt, dass Jesus Gottes Sohn ist?

Gottes Zeugnis von seinem Sohn

6 Dieser ist's, der [a]gekommen ist durch
Wasser und Blut, Jesus Christus; nicht im
Wasser allein, sondern im Wasser und im
Blut; und der [b]Geist ist's, der das be-
zeugt, denn der Geist ist die Wahrheit.
7 Denn drei sind, die das bezeugen: 8 der
Geist und das Wasser und das Blut; und
die drei stimmen überein.

9 Wenn wir der Menschen Zeugnis an-
nehmen, so ist Gottes Zeugnis doch grö-
ßer; denn das ist Gottes Zeugnis, dass er
Zeugnis gegeben hat von seinem Sohn.
10 Wer an den Sohn Gottes glaubt, der
hat dieses Zeugnis in sich. Wer Gott
nicht glaubt, der macht ihn zum Lügner;
denn er glaubt nicht dem Zeugnis, das
Gott gegeben hat von seinem Sohn.[a]
11 Und das ist das Zeugnis, dass uns Gott
das ewige Leben gegeben hat, und dieses
Leben ist in seinem Sohn. 12 Wer den
Sohn hat, der hat das Leben; wer den
Sohn Gottes nicht hat, der hat das Leben
nicht.

Bitte und Fürbitte

13 Das habe ich euch geschrieben, damit
ihr wisst, dass ihr das ewige Leben habt,
die ihr glaubt an den Namen des Sohnes
Gottes.[a]

14 Und das ist die Zuversicht, die wir
haben zu Gott: [a]Wenn wir um etwas
bitten nach seinem Willen, so hört er uns.
15 Und wenn wir wissen, dass er uns hört,
worum wir auch bitten, so wissen wir,
dass wir erhalten, was wir von ihm er-
beten haben.

16 Wenn jemand seinen Bruder sündi-
gen sieht, eine Sünde nicht zum Tode, so
mag er bitten und Gott wird ihm das
Leben geben – denen, die nicht sündigen
zum Tode. [a]Es gibt aber eine Sünde zum
Tode; bei der sage ich nicht, dass jemand
bitten soll. 17 Jede Ungerechtigkeit ist
Sünde; aber es gibt Sünde nicht zum
Tode.

Die Bewahrung in Christus

18 Wir wissen, dass, [a]wer von Gott ge-
boren ist, der sündigt nicht, sondern wer

4,12: *a* Joh 1,18 **4,13:** *a* Kap 3,24 **4,14:** *a* Joh 3,17 **4,15:** *a* Kap 5,5 **4,17:** *a* Kap 2,28 **4,20:** *a* Kap 3,17 **4,21:** *a* Mk 12,29-31 **5,3:** *a* Joh 14,15.23-24; *b* Mt 11,30 **5,4:** *a* Joh 16,33; *b* 1. Kor 15,57 **5,5:** *a* Kap 4,4 **5,6:** *a* Kap 4,2; Mk 1,9; Joh 19,34-35; *b* Joh 1,33 **5,10:** *a* Joh 3,32-34; Röm 8,16 **5,13:** *a* Joh 20,31 **5,14:** *a* Joh 14,13 **5,16:** *a* Mk 3,28-30 **5,18:** *a* Kap 3,9

von Gott geboren ist, den [b]bewahrt er
und der Böse tastet ihn nicht an. 19 Wir
wissen, dass wir von Gott sind, und [a]die
ganze Welt liegt im Argen. 20 Wir wissen
aber, dass der Sohn Gottes gekommen ist
und uns den Sinn dafür gegeben hat,
dass wir den Wahrhaftigen erkennen.
Und wir sind in dem Wahrhaftigen, in
seinem Sohn Jesus Christus. Dieser ist
[a]der wahrhaftige Gott und das ewige
Leben.

21 Kinder, hütet euch vor den Abgöttern![a]

DER ZWEITE BRIEF DES JOHANNES

Inhaltsübersicht

Ermahnung zur Bruderliebe
und Warnung vor Irrlehrern Verse 1-13

1 Der Älteste an die auserwählte Her-
rin und ihre Kinder, [a]die ich lieb habe in
der Wahrheit, und nicht allein ich, son-
dern auch alle, die die Wahrheit erkannt
haben, 2 um der Wahrheit willen, die in
uns bleibt und bei uns sein wird in
Ewigkeit:

3 Gnade, Barmherzigkeit, Friede von
Gott, dem Vater, und von Jesus Christus,
dem Sohn des Vaters, sei mit uns in
Wahrheit und in Liebe!

Leben in Wahrheit und Liebe

4 Ich bin sehr erfreut, dass ich unter dei-
nen Kindern solche gefunden habe, die in
der Wahrheit leben, nach dem Gebot,
das wir vom Vater empfangen haben.
5 Und nun bitte ich dich, Herrin – ich
schreibe dir [a]kein neues Gebot, sondern
das, was wir gehabt haben von Anfang
an –, dass wir uns untereinander lieben.
6 Und das ist die Liebe, dass wir leben
nach seinen Geboten; das ist das Gebot,
wie ihr's gehört habt von Anfang an,
dass ihr darin lebt.

Warnung vor Irrlehrern

7 Denn viele Verführer sind in die Welt
ausgegangen, die nicht bekennen, dass
Jesus Christus in das Fleisch gekommen
ist. Das ist der Verführer und der [a]Anti-
christ.

8 Seht euch vor, [a]dass ihr nicht verliert,
was wir erarbeitet haben, sondern vollen
Lohn empfangt. 9 Wer darüber hinaus-
geht und [a]bleibt nicht in der Lehre
Christi, der hat Gott nicht; wer in dieser
Lehre bleibt, der hat den Vater und den
Sohn. 10 Wenn jemand zu euch kommt
und bringt diese Lehre nicht, so [a]nehmt
ihn nicht ins Haus und grüßt ihn auch
nicht. 11 Denn wer ihn grüßt, der hat teil
an seinen bösen Werken.

Schlussworte

12 Ich hätte euch viel zu schreiben, aber
[a]ich wollte es nicht mit Brief und Tinte
tun, sondern ich hoffe, zu euch zu kom-
men und mündlich mit euch zu reden,
damit unsre Freude vollkommen sei.
13 Es grüßen dich die Kinder deiner
Schwester, der Auserwählten.

5,18: *b* Joh 17,15 **5,19:** *a* Gal 1,4 **5,20:** *a* Joh 17,3 **5,21:** *a* 1.Kor 10,14 Vers **1:** *a* 3.Joh 1 Vers **5:** *a* 1.Joh 2,7 Vers **7:** *a* 1.Joh 2,18; 4,1-3 Vers **8:** *a* Gal 4,11 Vers **9:** *a* 1.Joh 2,23 Vers **10:** *a* 2.Thess 3,6 Vers **12:** *a* 3.Joh 13

DER DRITTE BRIEF DES JOHANNES

Inhaltsübersicht

1 Der Älteste an Gajus, den Lieben,
[a]den ich lieb habe in der Wahrheit.
2 Mein Lieber, ich wünsche, dass es dir
in allen Dingen gut gehe und du gesund
seist, so wie es deiner Seele gut geht.
3 Denn ich habe mich sehr gefreut, als
die Brüder kamen und Zeugnis gaben
von deiner Wahrheit, wie du ja [a]lebst in
der Wahrheit. 4 Ich habe keine größere
Freude als die, zu hören, dass meine Kin-
der in der Wahrheit leben.

Die Gastfreundschaft des Gajus

5 Mein Lieber, du handelst treu in dem,
was du an den Brüdern tust, zumal an
fremden, 6 die deine Liebe bezeugt haben
vor der Gemeinde; und du wirst gut
daran tun, wenn du sie weitergeleitest,
wie es würdig ist vor Gott.[a] 7 Denn um
seines Namens willen sind sie ausgezogen
und [a]nehmen von den Heiden nichts an.
8 Solche [a]sollen wir nun aufnehmen, da-
mit wir Gehilfen der Wahrheit werden.

Diotrephes und Demetrius

9 Ich habe der Gemeinde kurz geschrie-
ben; aber Diotrephes, der unter ihnen der
Erste sein will, nimmt uns nicht auf.
10 Darum will ich ihn, wenn ich komme,
erinnern an seine Werke, die er tut; denn
er macht uns schlecht mit bösen Worten
und begnügt sich noch nicht damit: Er
selbst nimmt die Brüder nicht auf und
hindert auch die, die es tun wollen, und
stößt sie aus der Gemeinde.
11 Mein Lieber, folge nicht dem Bösen
nach, sondern dem Guten. Wer Gutes
tut, der ist von Gott; wer Böses tut, der
hat Gott nicht gesehen. 12 Demetrius hat
ein gutes Zeugnis von jedermann und
von der Wahrheit selbst; und auch wir
sind Zeugen und du weißt, dass unser
Zeugnis wahr ist.

Schlussworte

13 Ich hätte dir viel zu schreiben; aber
[a]ich wollte nicht mit Tinte und Feder an
dich schreiben. 14 Ich hoffe aber, dich
bald zu sehen; dann wollen wir mündlich
miteinander reden. 15 Friede sei mit dir!
Es grüßen dich die Freunde. Grüße die
Freunde, jeden mit Namen.

Vers **1:** *a* 2. Joh 1 Vers **3:** *a* 2. Joh 4 Vers **6:** *a* Tit 3,13 Vers **7:** *a* 1. Kor 9,12 Vers **8:** *a* Hebr 13,2 Vers **13:** *a* 2. Joh 12

DER BRIEF AN DIE HEBRÄER

Inhaltsübersicht

1 **Nachdem Gott vorzeiten vielfach und
auf vielerlei Weise geredet hat zu den
Vätern durch die Propheten, 2hat er in
diesen letzten Tagen zu uns geredet durch
den Sohn,** den er eingesetzt hat zum [a]Er-
ben über alles, [b]durch den er auch die
Welt gemacht hat. 3Er ist der Abglanz
seiner Herrlichkeit und das [a]Ebenbild
seines Wesens und trägt alle Dinge mit
seinem kräftigen Wort und [b]hat voll-
bracht die Reinigung von den Sünden
und [c]hat sich gesetzt zur Rechten der
Majestät in der Höhe 4und ist [a]so viel
höher geworden als die Engel, wie der
Name, den er ererbt hat, [b]höher ist als
ihr Name.

Der Sohn höher als die Engel

5Denn zu welchem Engel hat Gott jemals
gesagt (Psalm 2,7): »Du bist mein Sohn,
heute habe ich dich gezeugt«? Und wie-
derum (2. Samuel 7,14): »Ich werde sein
Vater sein und er wird mein Sohn sein«?
6Und wenn er den [a]Erstgeborenen wie-
der einführt in die Welt, spricht er (Psalm
97,7): »Und es sollen ihn alle Engel Got-
tes anbeten.«
7Von den Engeln spricht er zwar
(Psalm 104,4): »Er macht seine Engel zu
Winden und seine Diener zu Feuerflam-
men«, 8aber von dem Sohn (Psalm
45,7-8): »Gott, dein Thron währt von
Ewigkeit zu Ewigkeit, und das Zepter der
Gerechtigkeit ist das Zepter deines Rei-
ches. 9Du hast geliebt die Gerechtigkeit
und gehasst die Ungerechtigkeit; darum
hat dich, o Gott, dein Gott gesalbt mit
Freudenöl wie keinen deinesgleichen.«
10Und (Psalm 102,26-28): »Du, Herr,
hast am Anfang die Erde gegründet, und
die Himmel sind deiner Hände Werk.
11Sie werden vergehen, du aber bleibst.
Sie werden alle veralten wie ein Gewand;
12und wie einen Mantel wirst du sie zu-
sammenrollen, wie ein Gewand werden
sie gewechselt werden. Du aber bist der-
selbe, und deine Jahre werden nicht auf-
hören.« 13Zu welchem Engel aber hat er
jemals gesagt (Psalm 110,1): »Setze dich
zu meiner Rechten, bis ich deine Feinde
zum Schemel deiner Füße mache«?
14Sind sie nicht allesamt [a]dienstbare
Geister, ausgesandt zum Dienst um derer
willen, die das Heil ererben sollen?

2 Darum sollen wir desto mehr achten
auf das Wort, das wir hören, damit
wir nicht am Ziel vorbeitreiben. 2Denn
wenn das Wort fest war, das [a]durch die
Engel gesagt ist, und jede Übertretung
und jeder Ungehorsam den rechten Lohn
empfing, 3wie wollen wir entrinnen,
[a]wenn wir ein so großes Heil nicht ach-
ten, das seinen Anfang nahm mit der
Predigt des Herrn und bei uns bekräftigt
wurde durch die, die es gehört haben?
4Und Gott hat dazu Zeugnis gegeben
durch [a]Zeichen, Wunder und [b]mancher-
lei mächtige Taten und durch die [c]Aus-
teilung des Heiligen Geistes nach seinem
Willen.

Die Erniedrigung und Erhöhung Christi

5Denn nicht den Engeln hat er untertan
gemacht die zukünftige Welt, von der wir
reden. 6Es bezeugt aber einer an einer
Stelle und spricht (Psalm 8,5-7): »Was ist
der Mensch, dass du seiner gedenkst,
und des Menschen Sohn, dass du auf ihn
achtest? 7Du hast ihn eine kleine Zeit
niedriger sein lassen als die Engel; mit

1,2: *a* Ps 2,8; *b* Joh 1,3; Kol 1,16 **1,3:** *a* Weish 7,26; 2. Kor 4,4; Kol 1,15; *b* Kap 9,14.26; *c* Mk 16,19 **1,4:** *a* 1. Petr 3,22; *b* Phil 2,9 **1,6:** *a* Röm 8,29 **1,14:** *a* Ps 34,8; 91,11-12 **2,2:** *a* Apg 7,53; Gal 3,19 **2,3:** *a* Kap 10,29; 12,25 **2,4:** *a* Mk 16,20; 2. Kor 12,12; *b* 1. Kor 12,4-11; *c* Apg 2,1-13; 10,44-45

Preis und Ehre hast du ihn gekrönt; 8al-
les hast du unter seine Füße getan.«
Wenn er ihm alles unter die Füße getan
hat, so hat er nichts ausgenommen, was
ihm nicht untertan wäre. Jetzt aber sehen
wir noch nicht, dass ihm alles untertan
ist. 9Den aber, der »eine kleine Zeit nied-
riger gewesen ist als die Engel«, Jesus,
sehen wir durch das Leiden des Todes
»gekrönt mit Preis und Ehre«; denn
durch Gottes Gnade sollte er für alle den
Tod schmecken.[a] 10Denn es ziemte sich
für den, um dessentwillen alle Dinge sind
und durch den alle Dinge sind, dass er
den, der viele Söhne zur Herrlichkeit ge-
führt hat, [a]den Anfänger ihres Heils,
durch Leiden vollendete.

11Denn weil sie alle von **einem** kom-
men, beide, [a]der heiligt und die geheiligt
werden, darum schämt er sich auch
nicht, [b]sie Brüder zu nennen, 12und
spricht (Psalm 22,23): »Ich will deinen
Namen verkündigen meinen Brüdern
und mitten in der Gemeinde dir lobsin-
gen.« 13Und wiederum (Jesaja 8,17): »Ich
will mein Vertrauen auf ihn setzen«; und
wiederum (Jesaja 8,18): »Siehe, hier bin
ich und die Kinder, die mir Gott gegeben
hat.« 14Weil nun die Kinder von Fleisch
und Blut sind, hat auch er's gleicher-
maßen angenommen, damit er durch sei-
nen Tod [a]die Macht nähme dem, der
Gewalt über den Tod hatte, nämlich dem
Teufel, 15und die erlöste, die durch
Furcht vor dem Tod im ganzen Leben
Knechte sein mussten. 16Denn er nimmt
sich nicht der Engel an, sondern der Kin-
der Abrahams nimmt er sich an. 17**Daher
musste er in allem [a]seinen Brüdern gleich
werden, damit er barmherzig würde und
ein treuer Hoherpriester vor Gott, zu süh-
nen die Sünden des Volkes.** 18Denn worin
er selber gelitten hat und [a]versucht wor-
den ist, kann er helfen denen, die ver-
sucht werden.

Christus höher als Mose

3 Darum, ihr heiligen Brüder, die ihr
teilhabt an der himmlischen Beru-
fung, schaut auf den Apostel und [a]Ho-
henpriester, den wir bekennen, Jesus,
2der da treu ist dem, der ihn gemacht
hat, wie auch [a]Mose in Gottes ganzem
Hause. 3Er ist aber größerer Ehre wert
als Mose, so wie der Erbauer des Hauses
größere Ehre hat als das Haus. 4Denn
jedes Haus wird von jemandem erbaut;
der aber alles erbaut hat, das ist Gott.
5Und Mose zwar war treu in Gottes gan-
zem Hause als Knecht, zum Zeugnis für
das, was später gesagt werden sollte,
6Christus aber war treu als Sohn über
Gottes Haus. [a]Sein Haus sind wir, wenn
wir das Vertrauen und den Ruhm der
Hoffnung festhalten.

Die verwirkte Gottesruhe

7Darum, wie der Heilige Geist spricht
(Psalm 95,7-11): [a]»**Heute, wenn ihr seine
Stimme hören werdet, 8so verstockt eure
Herzen nicht,** wie es geschah bei der Ver-
bitterung am Tage der [a]Versuchung in
der Wüste, 9wo mich eure Väter versuch-
ten und prüften und hatten doch meine
Werke gesehen vierzig Jahre lang.
10Darum wurde ich zornig über dieses
Geschlecht und sprach: Immer irren sie
im Herzen! Aber sie verstanden meine
Wege nicht, 11sodass ich schwor in mei-
nem Zorn: Sie sollen nicht zu meiner
Ruhe kommen.«[a]

12Seht zu, liebe Brüder, dass keiner
unter euch ein böses, ungläubiges Herz
habe, das abfällt von dem lebendigen
Gott; 13sondern [a]ermahnt euch selbst
alle Tage, solange es »heute« heißt, dass
nicht jemand unter euch verstockt werde
durch den Betrug der Sünde. 14Denn wir
haben an Christus Anteil bekommen,
wenn wir die Zuversicht [a]vom Anfang
bis zum Ende festhalten. 15Wenn es
heißt: »Heute, wenn ihr seine Stimme
hören werdet, so verstockt eure Herzen
nicht, wie es bei der Verbitterung ge-
schah« – 16wer hat sie denn gehört und
sich verbittert? Waren's nicht alle, die von
Ägypten auszogen mit Mose? 17Und
über wen war Gott zornig vierzig Jahre
lang? War's nicht über die, die sündigten
und [a]deren Leiber in der Wüste zerfie-
len? 18Wem aber schwor er, dass sie nicht

2,9: *a* Phil 2,8-9 **2,10:** *a* Kap 12,2 **2,11:** *a* Joh 17,19; *b* Mk 3,34-35; Joh 20,17 **2,14:** *a* 2.Tim 1,10; 1.Joh 3,8 **2,17:** *a* Phil 2,7 **2,18:** *a* Kap 4,15 **3,1:** *a* Kap 4,14 **3,2:** *a* 4.Mose 12,7 **3,6:** *a* Eph 2,19; 1.Petr 2,5 **3,7:** *a* Kap 4,7 **3,8:** *a* 2.Mose 17,7; 4.Mose 20,2-5 **3,11:** *a* Kap 4,3; 4.Mose 14,21-23 **3,13:** *a* 1.Thess 5,11 **3,14:** *a* Kap 6,11 **3,17:** *a* 4.Mose 14,29; 1.Kor 10,10

zu seiner Ruhe kommen sollten, wenn
nicht den Ungehorsamen? 19 Und wir se-
hen, dass sie nicht dahin kommen konn-
ten wegen des Unglaubens.

Die verheißene Gottesruhe

4 So lasst uns nun mit Furcht darauf
achten, dass keiner von euch etwa
zurückbleibe, solange die Verheißung
noch besteht, dass wir zu seiner Ruhe
kommen. 2 Denn es ist auch uns verkün-
digt wie jenen. Aber das Wort der Pre-
digt half jenen nichts, weil sie nicht
glaubten, als sie es hörten. 3 Denn wir,
die wir glauben, gehen ein in die Ruhe,
wie er gesprochen hat (Psalm 95,11):
[a]»Ich schwor in meinem Zorn: Sie sollen
nicht zu meiner Ruhe kommen.« Nun
waren ja die Werke von Anbeginn der
Welt fertig; 4 denn so hat er an einer an-
dern Stelle gesprochen vom siebenten
Tag (1. Mose 2,2): »Und Gott ruhte am
siebenten Tag von allen seinen Werken.«
5 Doch an dieser Stelle wiederum: »Sie
sollen nicht zu meiner Ruhe kommen.«

6 Da es nun bestehen bleibt, dass einige
zu dieser Ruhe kommen sollen, und die,
denen es zuerst verkündigt ist, nicht da-
hin gekommen sind wegen des Ungehor-
sams, 7 bestimmt er abermals einen Tag,
ein [a]»Heute«, und spricht nach so langer
Zeit durch David, wie eben gesagt:
»Heute, wenn ihr seine Stimme hören
werdet, so verstockt eure Herzen nicht.«
8 Denn [a]wenn Josua sie zur Ruhe geführt
hätte, würde Gott nicht danach von
einem andern Tag geredet haben. **9 Es ist
also noch eine Ruhe vorhanden für das
Volk Gottes.** 10 Denn wer zu Gottes Ruhe
gekommen ist, [a]der ruht auch von seinen
Werken so wie Gott von den seinen. 11 So
lasst uns nun bemüht sein, [a]zu dieser
Ruhe zu kommen, damit nicht jemand zu
Fall komme durch den gleichen Unge-
horsam.

12 Denn **das Wort Gottes ist lebendig
und kräftig und [a]schärfer als jedes zwei-
schneidige Schwert und dringt durch, bis
es scheidet Seele und Geist, auch Mark
und Bein, und ist ein Richter der Gedan-
ken und Sinne des Herzens.**[b] 13 Und kein
Geschöpf ist vor ihm verborgen, sondern
es ist alles bloß und aufgedeckt vor den
Augen Gottes, dem wir Rechenschaft ge-
ben müssen.

Christus der wahre Hohepriester

14 Weil wir denn einen großen [a]Hohen-
priester haben, Jesus, den Sohn Gottes,
der die Himmel durchschritten hat, so
[b]lasst uns festhalten an dem Bekenntnis.
15 Denn **wir haben nicht einen Hohenpries-
ter, der nicht könnte mit leiden mit unserer
Schwachheit, sondern der [a]versucht wor-
den ist in allem wie wir, [b]doch ohne
Sünde. 16 Darum lasst uns hinzutreten mit
Zuversicht zu dem Thron der Gnade, da-
mit wir Barmherzigkeit empfangen und
Gnade finden zu der Zeit, wenn wir Hilfe
nötig haben.**[a]

5 Denn jeder Hohepriester, der von den
Menschen genommen wird, der wird
eingesetzt für die Menschen zum Dienst
vor Gott, damit er Gaben und Opfer
darbringe für die Sünden. 2 Er kann mit-
fühlen mit denen, die unwissend sind und
irren, weil er auch selber Schwachheit an
sich trägt. 3 Darum muss er wie für das
Volk, so [a]auch für sich selbst opfern für
die Sünden. 4 Und niemand nimmt sich
selbst die hohepriesterliche Würde, son-
dern [a]er wird von Gott berufen wie auch
Aaron. 5 So hat auch Christus sich nicht
selbst die Ehre beigelegt, Hoherpriester
zu werden, sondern der, der zu ihm ge-
sagt hat (Psalm 2,7): »Du bist mein
Sohn, heute habe ich dich gezeugt.« 6 Wie
er auch an anderer Stelle spricht (Psalm
110,4): [a]»Du bist ein Priester in Ewigkeit
nach der Ordnung Melchisedeks.«

7 Und [a]er hat in den Tagen seines irdi-
schen Lebens Bitten und Flehen mit lau-
tem Schreien und mit Tränen dem darge-
bracht, der ihn vom Tod erretten konnte;
und er ist auch erhört worden, weil er
Gott in Ehren hielt. 8 So hat er, obwohl er
Gottes Sohn war, doch an dem, was er
litt, [a]Gehorsam gelernt. 9 Und als er voll-
endet war, ist er für alle, die ihm gehor-
sam sind, der Urheber des ewigen Heils
geworden, 10 genannt von Gott ein Ho-
herpriester nach der Ordnung Melchi-
sedeks.[a]

4,3: *a* Kap 3,11 **4,7:** *a* Kap 3,7 **4,8:** *a* 5. Mose 31,7; Jos 22,4 **4,10:** *a* Offb 14,13 **4,11:** *a* Kap 3,16-19 **4,12:** *a* Offb 2,12; *b* Jer 23,29 **4,14:** *a* Kap 3,1; 9,11-12; *b* Kap 10,23 **4,15:** *a* Kap 2,18; *b* Joh 8,46 **4,16:** *a* Röm 3,25; 5,2 **5,3:** *a* 3. Mose 9,7 **5,4:** *a* 2. Mose 28,1 **5,6:** *a* Kap 6,20 **5,7:** *a* Mt 26,39-46 **5,8:** *a* Phil 2,8 **5,10:** *a* Kap 7,1-28

Das Festhalten an der Verheißung

11 Darüber hätten wir noch viel zu sagen;
aber es ist schwer, weil ihr so harthörig
geworden seid. 12 Und ihr, die ihr längst
Lehrer sein solltet, habt es wieder nötig,
dass man euch die Anfangsgründe der
göttlichen Worte lehre und dass man
euch [a]Milch gebe und nicht feste Speise.
13 Denn wem man noch Milch geben
muss, der ist unerfahren in dem Wort der
Gerechtigkeit, denn [a]er ist ein kleines
Kind. 14 Feste Speise aber ist für die Voll-
kommenen, die durch den Gebrauch ge-
übte Sinne haben und Gutes und Böses
unterscheiden können.

6 Darum wollen wir jetzt lassen, was
am Anfang über Christus zu lehren
ist, und uns zum Vollkommenen wenden;
wir wollen nicht abermals den Grund
legen mit der Umkehr von den toten
Werken, mit dem Glauben an Gott, 2 mit
der Lehre vom Taufen, vom Händeauf-
legen, von der Auferstehung der Toten
und vom ewigen Gericht. 3 Das wollen
wir tun, wenn Gott es zulässt.

4 [a]Denn es ist unmöglich, die, die ein-
mal erleuchtet worden sind und ge-
schmeckt haben die himmlische Gabe
und Anteil bekommen haben am Hei-
ligen Geist und geschmeckt haben 5 das
gute Wort Gottes und die Kräfte der
zukünftigen Welt 6 und dann doch abge-
fallen sind, wieder zu erneuern zur Buße,
da sie für sich selbst den Sohn Gottes
abermals kreuzigen und zum Spott ma-
chen. 7 Denn die Erde, die den Regen
trinkt, der oft auf sie fällt, und nützliche
Frucht trägt denen, die sie bebauen,
empfängt Segen von Gott. 8 Wenn sie
aber Dornen und Disteln trägt, bringt sie
keinen Nutzen und ist dem Fluch nahe,
sodass man sie zuletzt abbrennt.

9 Obwohl wir aber so reden, ihr Lieben,
sind wir doch überzeugt, dass es besser
mit euch steht und ihr gerettet werdet.
10 Denn Gott ist nicht ungerecht, dass er
[a]vergäße euer Werk und die Liebe, die
ihr seinem Namen erwiesen habt, indem
ihr den Heiligen dientet und noch dient.
11 Wir wünschen aber, dass jeder von
euch denselben Eifer beweise, [a]die Hoff-
nung festzuhalten bis ans Ende, 12 damit
ihr nicht träge werdet, sondern Nach-
folger derer, die durch Glauben und Ge-
duld die Verheißungen ererben.

13 Denn als Gott dem Abraham die
Verheißung gab, schwor er bei sich selbst,
da er bei keinem Größeren schwören
konnte, 14 und sprach (1. Mose 22,16-17):
»Wahrlich, ich will dich segnen und meh-
ren.« 15 Und so wartete Abraham in Ge-
duld und erlangte die Verheißung. 16 Die
Menschen schwören ja bei einem Grö-
ßeren, als sie selbst sind; und [a]der Eid
dient ihnen zur Bekräftigung und macht
aller Widerrede ein Ende. 17 Darum hat
Gott, als er den Erben der Verheißung
noch kräftiger beweisen wollte, dass sein
Ratschluss nicht wankt, sich noch mit
einem Eid verbürgt. 18 So sollten wir
durch zwei Zusagen, die nicht wanken –
denn es ist unmöglich, dass Gott lügt –,
einen starken Trost haben, die wir unsre
Zuflucht dazu genommen haben, festzu-
halten an der angebotenen Hoffnung.
19 Diese haben wir als einen sicheren und
festen Anker unsrer Seele, der auch hin-
einreicht bis in das Innere [a]hinter dem
Vorhang. 20 Dahinein ist der Vorläufer
für uns gegangen, Jesus, der ein [a]Hoher-
priester geworden ist in Ewigkeit nach
der Ordnung Melchisedeks.

Christus, der Hohepriester nach der Ordnung Melchisedeks

7 [a]Dieser Melchisedek aber war König
von Salem, Priester Gottes des
Höchsten; er ging Abraham entgegen,
als der vom Sieg über die Könige zu-
rückkam, und segnete ihn; 2 ihm gab
Abraham auch den Zehnten von allem.
Erstens heißt er übersetzt: König der
Gerechtigkeit; dann aber auch: König
von Salem, das ist: König des Friedens.
3 Er ist ohne Vater, ohne Mutter, ohne
Stammbaum und hat weder Anfang der
Tage noch Ende des Lebens. [a]So gleicht
er dem Sohn Gottes und bleibt Priester
in Ewigkeit.

4 Seht aber, wie groß der ist, dem auch
Abraham, der Erzvater, den Zehnten gab
von der eroberten Beute. 5 Zwar [a]haben

5,12: *a* 1. Kor 3,1-3; 1. Petr 2,2 **5,13:** *a* Eph 4,14 **6,4:** *a (4-6)* Kap 10,26-29; 2. Petr 2,20 **6,10:** *a* Kap 10,32-34 **6,11:** *a* Kap 3,14; Phil 1,6 **6,16:** *a* 2. Mose 22,10 **6,19:** *a* 3. Mose 16,2.12 **6,20:** *a* Kap 5,6 **7,1:** *a (1-2)* 1. Mose 14,18-20 **7,3:** *a* Joh 7,27 **7,5:** *a* 4. Mose 18,21

auch die von den Söhnen Levis, die das
Priestertum empfangen, nach dem Ge-
setz das Recht, den Zehnten zu nehmen
vom Volk, also von ihren eigenen Brü-
dern, obwohl auch diese von Abraham
abstammen. 6 Der aber, der nicht von ih-
rem Stamm war, der nahm den Zehnten
von Abraham und segnete den, der die
Verheißungen hatte. 7 Nun ist aber un-
widersprochen, dass das Geringere vom
Höheren gesegnet wird. 8 Und hier neh-
men den Zehnten sterbliche Menschen,
dort aber einer, dem bezeugt wird, dass
er lebt. 9 Und sozusagen ist auch Levi,
der doch selbst den Zehnten nimmt, in
Abraham mit dem Zehnten belegt wor-
den. 10 Denn er sollte seinem Stammvater
ja erst noch geboren werden, als Mel-
chisedek diesem entgegenging.

11 Wäre nun die Vollendung durch das
levitische Priestertum gekommen – denn
unter diesem hat das Volk das Gesetz
empfangen –, wozu war es dann noch
nötig, einen andern als Priester nach der
Ordnung Melchisedeks einzusetzen, an-
statt einen nach der Ordnung Aarons zu
benennen? 12 Denn wenn das Priestertum
verändert wird, dann muss auch das Ge-
setz verändert werden. 13 Denn der, von
dem das gesagt wird, der ist von einem
andern Stamm, von dem nie einer am
Altar gedient hat. 14 Denn es ist ja offen-
bar, dass unser Herr [a]aus Juda hervor-
gegangen ist, zu welchem Stamm Mose
nichts gesagt hat vom Priestertum.

15 Und noch klarer ist es, wenn, in glei-
cher Weise wie Melchisedek, ein anderer
als Priester eingesetzt wird, 16 der es nicht
geworden ist nach dem Gesetz äußer-
licher Gebote, sondern nach der Kraft
unzerstörbaren Lebens. 17 Denn es wird
bezeugt (Psalm 110,4): [a]»Du bist ein
Priester in Ewigkeit nach der Ordnung
Melchisedeks.« 18 Denn damit wird das
frühere Gebot aufgehoben – weil es zu
schwach und nutzlos war; 19 denn das
Gesetz konnte nichts zur Vollendung
bringen –, und eingeführt wird eine bes-
sere Hoffnung, durch die wir uns zu Gott
nahen. 20 Und das geschah nicht ohne
Eid. Denn jene sind ohne Eid Priester
geworden, 21 dieser aber durch den Eid
dessen, der zu ihm spricht (Psalm 110,4):
»Der Herr hat geschworen und es wird
ihn nicht gereuen: Du bist ein Priester in
Ewigkeit.« 22 So ist Jesus Bürge eines
[a]viel besseren Bundes geworden.

23 Auch sind es viele, die Priester wur-
den, weil der Tod keinen bleiben ließ;
24 dieser aber hat, weil er ewig bleibt, ein
unvergängliches Priestertum. 25 Daher
kann er auch für immer selig machen, die
durch ihn zu Gott kommen; denn er lebt
für immer und [a]bittet für sie. 26 Denn
einen solchen Hohenpriester mussten wir
auch haben, der heilig, unschuldig, un-
befleckt, von den Sündern geschieden
und höher ist als der Himmel. 27 Er hat
es nicht nötig wie jene Hohenpriester,
täglich [a]zuerst für die eigenen Sünden
Opfer darzubringen und dann für die des
Volkes; denn das hat er ein für alle Mal
getan, als er sich selbst opferte. 28 Denn
das Gesetz macht Menschen zu Hohen-
priestern, die Schwachheit an sich haben;
dies Wort des Eides aber, das erst nach
dem Gesetz gesagt worden ist, setzt den
Sohn ein, der ewig und vollkommen ist.

Der Mittler des neuen Bundes

8 Das ist nun die Hauptsache bei dem,
wovon wir reden: Wir haben einen
solchen [a]Hohenpriester, der da sitzt zur
Rechten des Thrones der Majestät im
Himmel 2 und ist ein Diener am Heilig-
tum und an der wahren Stiftshütte, die
Gott aufgerichtet hat und nicht ein
Mensch. 3 Denn jeder Hohepriester wird
eingesetzt, um Gaben und Opfer darzu-
bringen. Darum muss auch dieser etwas
haben, was er opfern kann. 4 Wenn er
nun auf Erden wäre, so wäre er nicht
Priester, weil da schon solche sind, die
nach dem Gesetz die Gaben opfern. 5 Sie
dienen aber nur [a]dem Abbild und Schat-
ten des Himmlischen, wie die göttliche
Weisung an Mose erging, als er die Stifts-
hütte errichten sollte (2. Mose 25,40):
»Sieh zu«, sprach er, »dass du alles
machst nach dem Bilde, das dir auf dem
Berge gezeigt worden ist.«

6 Nun aber hat er ein höheres Amt
empfangen, wie er ja auch der Mittler
eines [a]besseren Bundes ist, der auf bes-
sere Verheißungen gegründet ist. 7 Denn
wenn der erste Bund untadelig gewesen

7,14: *a* 1. Mose 49,10; Mt 1,1-3 **7,17:** *a* Kap 5,6 **7,22:** *a* Kap 8,6; 12,24 **7,25:** *a* Röm 8,34; 1. Joh 2,1 **7,27:** *a* 3. Mose 9,7; 16,6.15 **8,1:** *a* Kap 4,14 **8,5:** *a* Kol 2,17 **8,6:** *a* Kap 7,22

wäre, würde nicht Raum für einen an-
dern gesucht.
8 Denn Gott tadelt sie und sagt (Jere-
mia 31,31-34): »Siehe, es kommen Tage,
spricht der Herr, da will ich mit dem
Haus Israel und mit dem Haus Juda
[a]einen neuen Bund schließen, 9 nicht wie
der Bund gewesen ist, [a]den ich mit ihren
Vätern schloss an dem Tage, als ich sie
bei der Hand nahm, um sie aus Ägypten-
land zu führen. Denn sie sind nicht ge-
blieben in meinem Bund; darum habe ich
auch nicht mehr auf sie geachtet, spricht
der Herr. 10 Denn **das ist der Bund, den**
ich schließen will mit dem Haus Israel
nach diesen Tagen, spricht der Herr: Ich
will mein Gesetz geben in ihren Sinn, und
in ihr Herz will ich es schreiben und will
ihr Gott sein und sie sollen mein Volk sein.
11 Und es wird keiner seinen Mitbürger
lehren oder seinen Bruder und sagen: Er-
kenne den Herrn! Denn sie werden mich
alle kennen von dem Kleinsten an bis zu
dem Größten. 12 Denn ich will gnädig
sein ihrer Ungerechtigkeit, und ihrer
Sünden will ich nicht mehr gedenken.«
13 Indem er sagt: »einen neuen Bund«,
erklärt er den ersten für veraltet. Was
aber veraltet und überlebt ist, das ist sei-
nem Ende nahe.[a]

Das einmalige Opfer Christi

9 Es hatte zwar auch der erste Bund
seine Satzungen für den Gottesdienst
und sein irdisches Heiligtum. 2 Denn es
war da aufgerichtet die Stiftshütte: der
vordere Teil, worin der [a]Leuchter war
und der [b]Tisch und die [c]Schaubrote,
und er heißt das Heilige; 3 hinter dem
zweiten Vorhang aber war der Teil der
Stiftshütte, der das [a]Allerheiligste heißt.
4 [a]Darin waren das goldene Räucherge-
fäß und die Bundeslade, ganz mit Gold
überzogen; in ihr waren der goldene
Krug mit dem Himmelsbrot und der
Stab Aarons, der gegrünt hatte, und die
Tafeln des Bundes. 5 Oben darüber aber
waren die Cherubim der Herrlichkeit, die
überschatteten den Gnadenthron. Von
diesen Dingen ist jetzt nicht im Einzelnen
zu reden.
6 Da dies alles so eingerichtet war,
[a]gingen die Priester allezeit in den vorde-
ren Teil der Stiftshütte und richteten den
Gottesdienst aus. 7 In den andern Teil
aber ging nur [a]**einmal** im Jahr allein der
Hohepriester, und das nicht ohne [b]Blut,
das er opferte für die unwissentlich be-
gangenen Sünden, die eigenen und die
des Volkes. 8 Damit macht der Heilige
Geist deutlich, dass der [a]Weg ins Heilige
noch nicht offenbart sei, solange der vor-
dere Teil der Stiftshütte noch bestehe;
9 der ist ein Gleichnis für die gegenwär-
tige Zeit: Es werden da Gaben und Opfer
dargebracht, [a]die nicht im Gewissen
vollkommen machen können den, der
den Gottesdienst ausrichtet. 10 Dies sind
nur äußerliche Satzungen über [a]Speise
und Trank und verschiedene [b]Waschun-
gen, die bis zu der Zeit einer besseren
Ordnung auferlegt sind.
11 Christus aber ist gekommen als ein
Hoherpriester der zukünftigen Güter
durch die größere und vollkommenere
Stiftshütte, die nicht mit Händen ge-
macht ist, das ist: die nicht von dieser
Schöpfung ist. 12 Er ist auch nicht durch
das Blut von Böcken oder Kälbern, son-
dern durch sein eigenes Blut ein für alle
Mal in das Heiligtum eingegangen und
hat eine ewige Erlösung erworben.
13 Denn wenn schon das Blut von Böcken
und Stieren und die [a]Asche von der Kuh
durch Besprengung die Unreinen heiligt,
sodass sie äußerlich rein sind, 14 um wie
viel mehr wird dann das [a]Blut Christi,
der sich selbst als Opfer ohne Fehl durch
den ewigen Geist Gott dargebracht hat,
unser Gewissen [b]reinigen von den toten
Werken, zu dienen dem lebendigen Gott!
15 Und darum ist er auch der [a]Mittler
des neuen Bundes, damit durch seinen
Tod, der geschehen ist zur Erlösung von
den Übertretungen unter dem ersten
Bund, die Berufenen das verheißene
ewige Erbe empfangen.
16 Denn wo ein Testament* ist, da

* Das griechische Wort für »Testament« und »Bund« ist das gleiche.

8,8: *a* Kap 10,16-17 **8,9:** *a* 2. Mose 19,5-6 **8,13:** *a* Röm 10,4 **9,2:** *a* 2. Mose 25,31; *b* 2. Mose 25,23; *c* 2. Mose 25,30 **9,3:** *a* 2. Mose 26,33 **9,4:** *a (4-5)* 2. Mose 16,33; 25,10-22; 4. Mose 17,23-25 **9,6:** *a* 4. Mose 18,3-4 **9,7:** *a* 2. Mose 30,10; *b* 3. Mose 16,2.14-15 **9,8:** *a* Kap 10,20 **9,9:** *a* Kap 7,19; 10,1-2 **9,10:** *a* 3. Mose 11,1-47; *b* 4. Mose 19,1-22 **9,13:** *a* 4. Mose 19,2.9.17 **9,14:** *a* 1. Petr 1,18-19; 1. Joh 1,7; Offb 1,5; *b* Kap 1,3 **9,15:** *a* Kap 12,24; 1. Tim 2,5

muss der Tod dessen geschehen sein, der
das Testament gemacht hat. 17 Denn ein
Testament tritt erst in Kraft mit dem
Tode; es ist noch nicht in Kraft, solange
der noch lebt, der es gemacht hat. 18 Da-
her wurde auch der erste Bund nicht
ohne Blut gestiftet. 19 Denn als Mose alle
Gebote gemäß dem Gesetz allem Volk
gesagt hatte, nahm er das Blut von Käl-
bern und Böcken mit Wasser und Schar-
lachwolle und Ysop und besprengte das
Buch und alles Volk[a] 20 und sprach
(2. Mose 24,8): »Das ist das Blut des
Bundes, den Gott euch geboten hat.«
21 Und die Stiftshütte und alle Geräte für
den Gottesdienst [a]besprengte er desglei-
chen mit Blut. 22 Und es wird fast alles
mit Blut gereinigt nach dem Gesetz, und
[a]ohne Blutvergießen geschieht keine
Vergebung.

23 So also mussten die Abbilder der
himmlischen Dinge gereinigt werden; die
himmlischen Dinge selbst aber müssen
bessere Opfer haben als jene. 24 Denn
Christus ist nicht eingegangen in das
Heiligtum, das mit Händen gemacht und
nur ein Abbild des wahren Heiligtums
ist, sondern in den Himmel selbst, um
jetzt [a]für uns vor dem Angesicht Gottes
zu erscheinen; 25 auch nicht, um sich oft-
mals zu opfern, wie der Hohepriester alle
Jahre mit fremdem Blut in das Heiligtum
geht; 26 sonst hätte er oft leiden müssen
vom Anfang der Welt an. Nun aber,
[a]am Ende der Welt, ist er ein für alle
Mal erschienen, durch sein eigenes Opfer
[b]die Sünde aufzuheben. 27 Und wie [a]den
Menschen bestimmt ist, **einmal** zu ster-
ben, danach aber das Gericht: 28 so ist
auch Christus **einmal** [a]geopfert worden,
die Sünden vieler wegzunehmen; zum
zweiten Mal wird er nicht der Sünde we-
gen erscheinen, sondern denen, die auf
ihn warten, zum Heil.

10 Denn das Gesetz hat nur einen
[a]Schatten von den zukünftigen
Gütern, nicht das Wesen der Güter
selbst. Deshalb kann es die, die opfern,
nicht für immer vollkommen machen, da
man alle Jahre die gleichen Opfer brin-
gen muss. 2 Hätte nicht sonst das Opfern
aufgehört, wenn die, die den Gottes-
dienst ausrichten, ein für alle Mal rein
geworden wären und sich kein Gewissen
mehr gemacht hätten über ihre Sünden?
3 Vielmehr geschieht dadurch [a]alle Jahre
nur eine Erinnerung an die Sünden.
4 Denn es ist unmöglich, durch das Blut
von Stieren und Böcken Sünden weg-
zunehmen.

5 Darum spricht er, wenn er in die Welt
kommt (Psalm 40,7-9): »Opfer und Ga-
ben hast du nicht gewollt; einen Leib
aber hast du mir geschaffen. 6 Brand-
opfer und Sündopfer gefallen dir nicht.
7 Da sprach ich: Siehe, ich komme – im
Buch steht von mir geschrieben –, dass
ich tue, Gott, deinen Willen.« 8 Zuerst
hatte er gesagt: »Opfer und Gaben,
Brandopfer und Sündopfer hast du nicht
gewollt, sie gefallen dir auch nicht«, ob-
wohl sie doch nach dem Gesetz geopfert
werden. 9 Dann aber sprach er: »Siehe,
ich komme, zu tun deinen Willen.« Da
hebt er das Erste auf, damit er das
Zweite einsetze. 10 Nach diesem Willen
sind wir [a]geheiligt ein für alle Mal durch
das Opfer des Leibes Jesu Christi.

11 Und jeder Priester steht [a]Tag für
Tag da und versieht seinen Dienst und
bringt oftmals die gleichen Opfer dar, die
doch niemals die Sünden wegnehmen
können. 12 Dieser aber hat **ein** Opfer für
die Sünden dargebracht und sitzt nun für
immer zur Rechten Gottes 13 und wartet
hinfort, bis [a]seine Feinde zum Schemel
seiner Füße gemacht werden. 14 Denn **mit
einem Opfer hat er für immer die voll-
endet, die geheiligt werden.**

15 Das bezeugt uns aber auch der Hei-
lige Geist. Denn nachdem der Herr ge-
sagt hat (Jeremia 31,33-34): 16 »Das ist
der [a]Bund, den ich mit ihnen schließen
will nach diesen Tagen«, spricht er: »Ich
will mein Gesetz in ihr Herz geben, und
in ihren Sinn will ich es schreiben, 17 und
ihrer Sünden und ihrer Ungerechtigkeit
will ich nicht mehr gedenken.« 18 [a]Wo
aber Vergebung der Sünden ist, da ge-
schieht kein Opfer mehr für die Sünde.

Das Bekenntnis der Hoffnung

19 Weil wir denn nun, liebe Brüder, durch
das Blut Jesu die Freiheit haben zum

9,19: *a* 4. Mose 19,6 **9,21:** *a* 3. Mose 8,15 **9,22:** *a* 3. Mose 17,11 **9,24:** *a* Kap 7,25; 1. Joh 2,1 **9,26:** *a* 1. Kor 10,11; Gal 4,4; *b* Kap 1,3 **9,27:** *a* 1. Mose 3,19 **9,28:** *a* Kap 10,10.12.14 **10,1:** *a* Kap 8,5 **10,3:** *a* 3. Mose 16,34 **10,10:** *a* Joh 17,19 **10,11:** *a* 2. Mose 29,38 **10,13:** *a* Ps 110,1 **10,16:** *a* Kap 8,10 **10,18:** *a* Kap 8,12

[a]Eingang in das Heiligtum, 20den er uns
aufgetan hat als neuen und lebendigen
[a]Weg durch den Vorhang, das ist: durch
das Opfer seines Leibes, 21und haben
einen Hohenpriester über das Haus Got-
tes, 22so [a]**lasst uns hinzutreten mit wahr-
haftigem Herzen in vollkommenem Glau-
ben, besprengt in unsern Herzen und los
von dem bösen Gewissen und** [b]**gewaschen
am Leib mit reinem Wasser.** 23 [a]**Lasst uns
festhalten an dem Bekenntnis der Hoff-
nung und nicht wanken; denn er ist treu,
der sie verheißen hat;** 24und lasst uns auf-
einander Acht haben und uns anreizen
zur Liebe und zu guten Werken 25und
nicht verlassen unsre Versammlungen,
wie einige zu tun pflegen, sondern [a]ein-
ander ermahnen, und das umso mehr, als
ihr seht, [b]dass sich der Tag naht.

26[a]Denn wenn wir mutwillig sündi-
gen, nachdem wir die Erkenntnis der
Wahrheit empfangen haben, haben wir
hinfort kein andres Opfer mehr für
die Sünden,[b] 27sondern nichts als ein
schreckliches Warten auf das Gericht
und das gierige Feuer, das die Wider-
sacher verzehren wird. 28Wenn jemand
das Gesetz des Mose bricht, [a]muss er
sterben ohne Erbarmen auf zwei oder
drei Zeugen hin. 29Eine wie viel härtere
Strafe, meint ihr, wird der verdienen, der
den Sohn Gottes mit Füßen tritt und das
Blut des Bundes für unrein hält, durch
das er doch geheiligt wurde, und den
Geist der Gnade schmäht?[a] 30Denn wir
kennen den, der gesagt hat (5. Mose
32,35-36): »Die Rache ist mein, ich will
vergelten«, und wiederum: »Der Herr
wird sein Volk richten.« 31Schrecklich
ist's, in die Hände des lebendigen Gottes
zu fallen.[a]

32Gedenkt aber der früheren Tage, an
denen ihr, [a]nachdem ihr erleuchtet wart,
erduldet habt einen großen Kampf des
Leidens, 33indem ihr zum Teil selbst
durch Schmähungen und Bedrängnisse
zum [a]Schauspiel geworden seid, zum
Teil Gemeinschaft hattet mit denen, wel-
chen es so erging. 34Denn ihr habt mit
den Gefangenen gelitten und den Raub
eurer Güter mit Freuden erduldet, weil
ihr wisst, dass ihr [a]eine bessere und blei-
bende Habe besitzt.

35Darum **werft euer Vertrauen nicht
weg, welches eine große Belohnung hat.**
36 [a]**Geduld aber habt ihr nötig, damit ihr
den Willen Gottes tut und das Verheißene
empfangt.** 37Denn »nur noch eine kleine
Weile, so wird kommen, der da kommen
soll, und wird nicht lange ausbleiben.
38Mein [a]Gerechter aber wird aus Glau-
ben leben. Wenn er aber zurückweicht,
hat meine Seele kein Gefallen an ihm«
(Habakuk 2,3-4). 39Wir aber [a]sind nicht
von denen, die zurückweichen und ver-
dammt werden, sondern von denen, die
glauben und die Seele erretten.

Der Glaubensweg im alten Bund

11 **Es ist aber der Glaube eine feste
Zuversicht auf das, was man hofft,
und ein Nichtzweifeln an dem, was man
nicht sieht.**[a] 2Durch diesen Glauben
haben die Vorfahren Gottes Zeugnis
empfangen. 3Durch den Glauben erken-
nen wir, dass [a]die Welt durch Gottes
Wort geschaffen ist, sodass alles, was
man sieht, aus nichts geworden ist.

4Durch den Glauben [a]hat **Abel** Gott
ein besseres Opfer dargebracht als Kain;
deshalb wurde ihm bezeugt, dass er ge-
recht sei, da Gott selbst es über seinen
Gaben bezeugte; und durch den Glauben
redet er noch, obwohl er gestorben ist.

5Durch den Glauben [a]wurde **Henoch**
entrückt, damit er den Tod nicht sehe,
und wurde nicht mehr gefunden, weil
Gott ihn entrückt hatte; denn vor sei-
ner Entrückung ist ihm bezeugt worden,
dass er Gott gefallen habe. 6Aber **ohne
Glauben ist's unmöglich, Gott zu gefallen;**
denn wer zu Gott kommen will, der muss
glauben, dass er ist und dass er denen,
die ihn suchen, ihren Lohn gibt.

7Durch den Glauben [a]hat **Noah** Gott
geehrt und die Arche gebaut zur Rettung
seines Hauses, als er ein göttliches Wort
empfing über das, was man noch nicht
sah; durch den Glauben sprach er der
Welt das Urteil und hat ererbt die Ge-

10,19: *a* Mt 27,51; Röm 5,2 **10,20:** *a* Kap 9,8 **10,22:** *a* Kap 4,16; *b* Eph 5,26; 1. Petr 3,21 **10,23:** *a* Kap 4,14 **10,25:** *a* Kap 3,13; *b* Röm 13,11-12 **10,26:** *a (26-29)* Kap 6,4-8; *b* 4. Mose 15,30 **10,28:** *a* 5. Mose 17,6 **10,29:** *a* Kap 2,3; 12,25 **10,31:** *a* Kap 12,29 **10,32:** *a* Kap 6,4 **10,33:** *a* 1. Kor 4,9 **10,34:** *a* Mt 6,20; 19,21.29 **10,36:** *a* Lk 21,19; Jak 5,7 **10,38:** *a* Röm 1,17 **10,39:** *a* 1. Thess 3,3 **11,1:** *a* 2. Kor 5,7 **11,3:** *a* 1. Mose 1,1–2,4; 2. Makk 7,28 **11,4:** *a* 1. Mose 4,3-4 **11,5:** *a* 1. Mose 5,24 **11,7:** *a* 1. Mose 6,8-9.13-22

rechtigkeit, die durch den Glauben
kommt.

8 [a]Durch den Glauben wurde **Abra-**
ham gehorsam, als er berufen wurde, in
ein Land zu ziehen, das er erben sollte;
und er zog aus und wusste nicht, wo er
hinkäme. 9 Durch den Glauben ist er ein
Fremdling gewesen in dem verheißenen
Lande wie in einem fremden und wohnte
in Zelten mit Isaak und Jakob, den Mit-
erben derselben Verheißung. 10 Denn er
wartete auf die Stadt, die einen festen
Grund hat, deren Baumeister und Schöp-
fer Gott ist.

11 Durch den Glauben empfing auch
Sara, die unfruchtbar war, Kraft, Nach-
kommen hervorzubringen trotz ihres Al-
ters; denn sie hielt den für treu, der es
verheißen hatte. 12 Darum sind auch von
dem einen, dessen Kraft schon erstorben
war, so viele gezeugt worden wie die
Sterne am Himmel und wie der Sand am
Ufer des Meeres, der unzählbar ist.

13 Diese alle sind gestorben im Glau-
ben und haben das Verheißene nicht er-
langt, sondern es nur von ferne gesehen
und gegrüßt und haben bekannt, dass sie
[a]Gäste und Fremdlinge auf Erden sind.
14 Wenn sie aber solches sagen, geben sie
zu verstehen, dass sie ein Vaterland su-
chen. 15 Und wenn sie das Land gemeint
hätten, von dem sie ausgezogen waren,
hätten sie ja Zeit gehabt, wieder umzu-
kehren. 16 Nun aber sehnen sie sich nach
einem besseren Vaterland, nämlich dem
himmlischen. Darum schämt sich Gott
ihrer nicht, ihr Gott zu heißen; denn er
hat ihnen eine Stadt gebaut.

17 Durch den Glauben [a]opferte **Abra-**
ham den Isaak, als er versucht wurde,
und gab den einzigen Sohn dahin, als er
schon die Verheißung empfangen hatte
18 und ihm gesagt worden war (1. Mose
21,12): »Was von Isaak stammt, soll
dein Geschlecht genannt werden.« 19 Er
dachte: Gott kann auch von den Toten
erwecken; deshalb bekam er ihn auch als
Gleichnis dafür wieder.

20 [a]Durch den Glauben segnete **Isaak**
den Jakob und den Esau im Blick auf die
zukünftigen Dinge.

21 Durch den Glauben segnete **Jakob,**
als er starb, die beiden Söhne Josefs und
[a]neigte sich anbetend über die Spitze sei-
nes Stabes.

22 Durch den Glauben redete **Josef,** als
er starb, vom Auszug der Israeliten und
befahl, was mit seinen Gebeinen gesche-
hen solle.

23 [a]Durch den Glauben wurde **Mose,**
als er geboren war, drei Monate verbor-
gen von seinen Eltern, weil sie sahen,
dass er ein schönes Kind war; und sie
fürchteten sich nicht vor des Königs Ge-
bot. 24 Durch den Glauben wollte Mose,
als er groß geworden war, nicht mehr als
Sohn der Tochter des Pharao gelten,
25 sondern wollte viel lieber mit dem Volk
Gottes zusammen misshandelt werden
als eine Zeit lang den Genuss der Sünde
haben, 26 und hielt die Schmach Christi
für größeren Reichtum als die Schätze
Ägyptens; denn er sah auf die Beloh-
nung. 27 Durch den Glauben verließ er
Ägypten und fürchtete nicht den Zorn
des Königs; denn er hielt sich an den, den
er nicht sah, als sähe er ihn. 28 Durch den
Glauben hielt er das Passa und das Be-
sprengen mit Blut, damit der Verderber
ihre Erstgeburten nicht anrühre. 29 Durch
den Glauben gingen sie durchs Rote
Meer wie über trockenes Land; das ver-
suchten die Ägypter auch und ertranken.

30 [a]Durch den Glauben fielen die
Mauern Jerichos, als Israel sieben Tage
um sie herumgezogen war. 31 Durch den
Glauben kam die [a]Hure **Rahab** nicht mit
den Ungehorsamen um, weil sie die
Kundschafter freundlich aufgenommen
hatte.

32 [a]Und was soll ich noch mehr sagen?
Die Zeit würde mir zu kurz, wenn ich
erzählen sollte von Gideon und Barak
und Simson und Jeftah und David und
Samuel und den Propheten. 33 Diese
haben durch den Glauben Königreiche
bezwungen, Gerechtigkeit geübt, Verhei-
ßungen erlangt, Löwen den Rachen ge-
stopft, 34 des Feuers Kraft ausgelöscht,
sind der Schärfe des Schwerts entronnen,
aus der Schwachheit zu Kräften gekom-
men, sind stark geworden im Kampf und

Hebr

11,8: *a (8-12)* 1. Mose 12,1–21,7 **11,13:** *a* 1. Mose 23,4; 47,9; 1. Chr 29,15 **11,17:** *a* 1. Mose 22,1-19; Jak 2,21 **11,20:** *a (20-22)* 1. Mose 27,1-40; 48,1-20; 50,24-26 **11,21:** *a* 1. Mose 47,31 **11,23:** *a (23-29)* 2. Mose 2,1-15; 12,21-23; 14,13-31 **11,30:** *a (30-31)* Jos 2,1-24; 6,1-25 **11,31:** *a* Jak 2,25 **11,32:** *a (32-34)* Ri 6,11–8,32; 4,4-24; 13,1–16,31; 11,1–12,7; 1. Sam 17,12-54; Dan 6,2-28

haben fremde Heere in die Flucht ge-
schlagen. 35 Frauen haben [a] ihre Toten
durch Auferstehung wiederbekommen.
Andere aber sind [b] gemartert worden und
haben die Freilassung nicht angenom-
men, damit sie die Auferstehung, die bes-
ser ist, erlangten. 36 Andere haben Spott
und Geißelung erlitten, dazu [a] Fesseln
und Gefängnis. 37 Sie sind [a] gesteinigt,
zersägt, durchs Schwert getötet worden;
sie sind umhergezogen in Schafpelzen
und Ziegenfellen; sie haben Mangel, Be-
drängnis, Misshandlung erduldet. 38 Sie,
deren die Welt nicht wert war, sind um-
hergeirrt in Wüsten, auf Bergen, in Höh-
len und Erdlöchern.

39 Diese alle [a] haben durch den Glau-
ben Gottes Zeugnis empfangen und doch
nicht erlangt, was verheißen war, 40 weil
Gott etwas Besseres für uns vorgesehen
hat; denn sie sollten nicht ohne uns voll-
endet werden.

Der Glaubensweg der Christen

12 Darum auch wir: Weil wir eine sol-
che Wolke von Zeugen um uns ha-
ben, [a] lasst uns ablegen alles, was uns
beschwert, und die Sünde, die uns stän-
dig umstrickt, und **lasst uns laufen mit
Geduld in dem Kampf, der uns bestimmt
ist, 2 und aufsehen zu Jesus, dem Anfänger
und Vollender des Glaubens,** der, obwohl
er hätte Freude haben können, das Kreuz
erduldete und die Schande gering achtete
und sich gesetzt hat zur Rechten des
Thrones Gottes.[a] 3 Gedenkt an den, der
so viel [a] Widerspruch gegen sich von den
Sündern erduldet hat, damit ihr nicht
matt werdet und den Mut nicht sinken
lasst.

4 Ihr habt noch nicht bis aufs Blut wi-
derstanden im Kampf gegen die Sünde
5 und habt bereits den Trost vergessen,
der zu euch redet wie zu seinen Kindern
(Sprüche 3,11-12): »Mein Sohn, achte
nicht gering die Erziehung des Herrn und
verzage nicht, wenn du von ihm gestraft
wirst. 6 Denn [a] **wen der Herr liebhat, den
züchtigt er,** und er schlägt jeden Sohn,
den er annimmt.«

7 Es dient zu eurer Erziehung, wenn ihr
dulden müsst. Wie mit seinen Kindern
geht Gott mit euch um; denn wo ist ein
Sohn, den der Vater nicht züchtigt? 8 Seid
ihr aber ohne Züchtigung, die doch alle
erfahren haben, so seid ihr Ausgestoßene
und nicht Kinder. 9 Wenn unsre leib-
lichen Väter uns gezüchtigt haben und
wir sie doch geachtet haben, sollten wir
uns dann nicht viel mehr unterordnen
dem geistlichen Vater, damit wir leben?
10 Denn jene haben uns gezüchtigt für
wenige Tage nach ihrem Gutdünken, die-
ser aber tut es zu unserm Besten, damit
wir an seiner Heiligkeit Anteil erlangen.
11 Jede Züchtigung aber, wenn sie da ist,
scheint uns nicht Freude, sondern Leid
zu sein; danach aber bringt sie als Frucht
denen, die dadurch geübt sind, Frieden
und Gerechtigkeit.[a]

12 Darum stärkt die müden Hände und
die wankenden Knie[a] 13 und [a] macht
sichere Schritte mit euren Füßen, damit
nicht jemand strauchle wie ein Lahmer,
sondern vielmehr gesund werde. 14 Jagt
dem [a] Frieden nach mit jedermann und
der Heiligung, ohne die niemand den
Herrn sehen wird, 15 und seht darauf,
dass nicht jemand Gottes Gnade ver-
säume; dass nicht etwa eine [a] bittere
Wurzel aufwachse und Unfrieden an-
richte und viele durch sie unrein werden;
16 dass nicht jemand sei ein Abtrünniger
oder Gottloser wie [a] Esau, der um der
einen Speise willen seine Erstgeburt ver-
kaufte. 17 Ihr wisst ja, dass er [a] hernach,
als er den Segen ererben wollte, verwor-
fen wurde, denn er fand keinen Raum
zur Buße, obwohl er sie mit Tränen
suchte.

18 Denn ihr seid nicht gekommen zu
dem Berg, den man anrühren konnte und
der mit Feuer brannte, und nicht in Dun-
kelheit und Finsternis und Ungewitter[a]
19 und nicht zum Schall der Posaune und
zum Ertönen der Worte, bei denen [a] die
Hörer baten, dass ihnen keine Worte
mehr gesagt würden; 20 denn sie konn-
ten's nicht ertragen, was da gesagt wurde
(2. Mose 19,13): »Und auch wenn ein

11,35: *a* 1. Kön 17,17-24; 2. Kön 4,8-37; *b* 2. Makk 6,18-31; 7,1-42 **11,36:** *a* 1. Kön 22,27; Jer 20,1-3; 37,11-16 **11,37:** *a* 2. Chr 24,21 **11,39:** *a* Verse 4-5 **12,1:** *a* 1. Kor 9,24 **12,2:** *a* Kap 5,8-9; Phil 2,8.10 **12,3:** *a* Mt 26,67; Lk 2,34 **12,6:** *a* Offb 3,19 **12,11:** *a* 2. Kor 4,17-18 **12,12:** *a* Jes 35,3 **12,13:** *a* Spr 4,26-27 **12,14:** *a* Röm 12,18; 2. Tim 2,22 **12,15:** *a* 5. Mose 29,17 **12,16:** *a* 1. Mose 25,33-34 **12,17:** *a* 1. Mose 27,30-40 **12,18:** *a* 2. Mose 19,12.16.18; 5. Mose 4,11 **12,19:** *a* 2. Mose 20,19

Tier den Berg anrührt, soll es gesteinigt
werden.« 21 Und so schrecklich war die
Erscheinung, dass Mose sprach (5. Mose
9,19): »Ich bin erschrocken und zittere.«
22 Sondern ihr seid gekommen zu dem
Berg Zion und zu der Stadt des leben-
digen Gottes, dem [a]himmlischen Jeru-
salem, und zu den [b]vielen tausend En-
geln und zu der Versammlung 23 und Ge-
meinde der Erstgeborenen, die [a]im Him-
mel aufgeschrieben sind, und zu Gott,
dem Richter über alle, und zu den Geis-
tern der vollendeten Gerechten 24 und zu
dem [a]Mittler des neuen Bundes, Jesus,
und zu dem Blut der Besprengung, das
besser [b]redet als Abels Blut.
25 Seht zu, dass ihr den nicht abweist,
der da redet. Denn wenn jene nicht ent-
ronnen sind, die den abwiesen, der auf
Erden redete, wie viel weniger werden wir
entrinnen, wenn wir den abweisen, der
vom Himmel redet.[a] 26 Seine Stimme hat
zu jener Zeit die Erde erschüttert, jetzt
aber verheißt er und spricht (Haggai 2,6):
»Noch einmal will ich erschüttern nicht
allein die Erde, sondern auch den Him-
mel.« 27 Dieses »Noch einmal« aber zeigt
an, dass das, was erschüttert werden
kann, weil es geschaffen ist, verwandelt
werden soll, damit allein das bleibe, was
nicht erschüttert werden kann. 28 Darum,
weil wir ein unerschütterliches Reich
empfangen, lasst uns dankbar sein und
so Gott dienen mit Scheu und Furcht,
wie es ihm gefällt; 29 denn unser Gott ist
ein verzehrendes Feuer.[a]

Letzte Ermahnungen

13 Bleibt fest in der [a]brüderlichen
Liebe. 2 [a]Gastfrei zu sein vergesst
nicht; denn dadurch haben einige ohne
ihr Wissen [b]Engel beherbergt. 3 Denkt
an die [a]Gefangenen, als wärt ihr Mitge-
fangene, und an die Misshandelten, weil
ihr auch noch im Leibe lebt.
4 Die Ehe soll in Ehren gehalten wer-
den bei allen und das Ehebett unbefleckt;
denn die Unzüchtigen und die Ehebre-
cher wird Gott richten.
5 Seid nicht geldgierig, und [a]lasst euch
genügen an dem, was da ist. Denn der
Herr hat gesagt (Josua 1,5): »Ich will
dich nicht verlassen und nicht von dir
weichen.« 6 So können auch wir getrost
sagen (Psalm 118,6): »Der Herr ist mein
Helfer, ich will mich nicht fürchten; was
kann mir ein Mensch tun?«
7 Gedenkt an eure Lehrer, die euch das
Wort Gottes gesagt haben; ihr Ende
schaut an und folgt ihrem Glauben nach.
8 **Jesus Christus gestern und heute und
derselbe auch in Ewigkeit.**[a]
9 Lasst euch nicht [a]durch mancherlei
und fremde Lehren umtreiben, denn **es
ist ein köstlich Ding, dass das Herz [b]fest
werde, welches geschieht durch Gnade,**
[c]nicht durch Speisegebote, von denen
keinen Nutzen haben, die damit umge-
hen.
10 Wir haben einen Altar, von dem zu
essen kein Recht haben, die der Stifts-
hütte dienen. 11 Denn die Leiber der
Tiere, deren Blut durch den Hohenpries-
ter als Sündopfer in das Heilige getragen
wird, werden [a]außerhalb des Lagers ver-
brannt. 12 Darum hat auch Jesus, damit
er das Volk heilige durch sein eigenes
Blut, gelitten [a]draußen vor dem Tor.
13 So lasst uns nun zu ihm hinausgehen
aus dem Lager und seine [a]Schmach
tragen. 14 Denn **wir haben hier keine
bleibende Stadt, sondern [a]die zukünftige
suchen wir.**
15 So lasst uns nun durch ihn Gott alle-
zeit [a]das Lobopfer darbringen, das ist die
[b]Frucht der Lippen, die seinen Namen
bekennen. 16 **Gutes zu tun und mit andern
zu teilen vergesst nicht; denn solche
Opfer gefallen Gott.**
17 [a]Gehorcht euren Lehrern und folgt
ihnen, denn sie wachen über eure Seelen
– und dafür müssen sie [b]Rechenschaft
geben –, damit sie das mit Freuden tun
und nicht mit Seufzen; denn das wäre
nicht gut für euch.
18 [a]Betet für uns. Unser Trost ist, dass
wir [b]ein gutes Gewissen haben, und wir
wollen in allen Dingen ein ordentliches

12,22: *a* Gal 4,26; Eph 2,6; Phil 3,20; Offb 21,2; *b* Offb 5,11 **12,23:** *a* Lk 10,20 **12,24:** *a* Kap 9,15; *b* 1. Mose 4,10 **12,25:** *a* Kap 2,2; 10,28-29 **12,29:** *a* Kap 10,31; 5. Mose 4,24 **13,1:** *a* Joh 13,34; 2. Petr 1,7 **13,2:** *a* Röm 12,13; 1. Petr 4,9; 3. Joh 5-8; *b* 1. Mose 18,2-3; 19,2-3 **13,3:** *a* Mt 25,36 **13,5:** *a* 1. Tim 6,6 **13,8:** *a* Jes 41,4; 1. Kor 3,11; Offb 1,17-18; 22,13 **13,9:** *a* Eph 4,14; *b* 2. Kor 1,21; *c* Röm 14,17; 1. Tim 4,8 **13,11:** *a* 3. Mose 16,27 **13,12:** *a* Mt 21,39; Joh 19,17 **13,13:** *a* Kap 11,26; 12,2 **13,14:** *a* Kap 11,10; 12,22 **13,15:** *a* Ps 50,14.23; *b* Hos 14,3 **13,17:** *a* 1. Thess 5,12; *b* Hes 3,17-19 **13,18:** *a* Röm 15,30; *b* 2. Kor 1,11-12

Leben führen. 19 Umso mehr aber er-
mahne ich euch, dies zu tun, damit ich
euch möglichst bald wiedergegeben
werde.

Segenswunsch und Grüße

20 Der Gott des Friedens aber, der den
großen [a]Hirten der Schafe, unsern Herrn
Jesus, von den Toten heraufgeführt hat
durch das Blut des ewigen Bundes, 21 der
mache euch tüchtig in allem Guten, zu
tun seinen Willen, und schaffe in uns,
was ihm gefällt, durch Jesus Christus,
welchem sei Ehre von Ewigkeit zu Ewig-
keit! Amen.

22 Ich ermahne euch aber, liebe Brüder,
nehmt dies Wort der Ermahnung an; ich
habe euch ja nur kurz geschrieben.
23 Wisst, dass unser Bruder Timotheus
wieder frei ist; mit ihm will ich euch,
wenn er bald kommt, besuchen. 24 Grüßt
alle eure Lehrer und alle Heiligen. Es
grüßen euch die Brüder aus Italien.
25 Die Gnade sei mit euch allen!

DER BRIEF DES JAKOBUS

Inhaltsübersicht

1 Jakobus, ein Knecht Gottes und des
Herrn Jesus Christus, an die zwölf
Stämme in der Zerstreuung: Gruß zu-
vor!

Der Christ in der Anfechtung

2 Meine lieben Brüder, erachtet es für lau-
ter Freude, wenn ihr in mancherlei An-
fechtungen fallt,[a] 3 und wisst, dass euer
Glaube, wenn er bewährt ist, Geduld
wirkt. 4 Die Geduld aber soll ihr Werk
tun bis ans Ende, damit ihr vollkommen
und unversehrt seid und kein Mangel an
euch sei.

5 Wenn es aber jemandem unter euch
an Weisheit mangelt, so bitte er Gott,
[a]der jedermann gern gibt und nieman-
den schilt; so wird sie ihm gegeben wer-
den. 6 Er [a]bitte aber im Glauben und
zweifle nicht; denn [b]wer zweifelt, der
gleicht einer Meereswoge, die vom Winde
getrieben und bewegt wird. 7 Ein solcher
Mensch denke nicht, dass er etwas von
dem Herrn empfangen werde. 8 Ein
Zweifler ist unbeständig auf allen seinen
Wegen.

9 Ein Bruder aber, der niedrig ist,
rühme sich seiner Höhe;[a] 10 [a]wer aber
reich ist, rühme sich seiner Niedrigkeit,
denn [b]wie eine Blume des Grases wird er
vergehen. 11 Die Sonne geht auf mit ihrer
Hitze und [a]das Gras verwelkt, und die
Blume fällt ab und ihre schöne Gestalt
verdirbt: so wird auch der Reiche dahin-
welken in dem, was er unternimmt.

12 **Selig ist der Mann, der die Anfech-
tung erduldet; denn nachdem er bewährt
ist, wird er die [a]Krone des Lebens emp-
fangen, die Gott verheißen hat denen, die
ihn lieb haben.**

Der Ursprung der Versuchung

13 Niemand sage, wenn er versucht wird,
dass er von Gott versucht werde. Denn
Gott kann nicht versucht werden zum
Bösen, und er selbst versucht niemand.
14 [a]Sondern ein jeder, der versucht wird,
wird [b]von seinen eigenen Begierden ge-
reizt und gelockt. 15 Danach, wenn die
Begierde empfangen hat, gebiert sie die
Sünde; die Sünde aber, wenn sie voll-
endet ist, [a]gebiert den Tod.

16 Irrt euch nicht, meine lieben Brüder.
17 **Alle [a]gute Gabe und alle vollkommene
Gabe kommt von oben herab, von dem
[b]Vater des Lichts, bei dem keine Verände-
rung ist noch Wechsel des Lichts und der**

13,20: *a* Joh 10,11; 1. Petr 2,25 **1,2:** *a* Röm 5,3-5; 1. Petr 4,13 **1,5:** *a* Kap 3,15; Spr 2,3-6 **1,6:** *a* Mk 11,24; *b* 1. Tim 2,8 **1,9:** *a* Kap 2,5 **1,10:** *a* 1. Tim 6,17; *b* 1. Petr 1,24 **1,11:** *a* Jes 40,6-7 **1,12:** *a* 2. Tim 4,8 **1,14:** *a (14-15)* 1. Mose 3,6; *b* Röm 7,7-8 **1,15:** *a* Röm 7,10 **1,17:** *a* Mt 7,11; *b* 1. Joh 1,5

Maria, Helferin der Christen, Mutter Jesu und unsere Mutter. Dein Mutterherz nimmt alle unsere Nöte und Hoffnungen wahr. Wir wenden uns an Dich mit vollem Vertrauen, wie es ein Kind zur Mutter hat.

Wir bitten Dich, hilf unserem Volk zur geistlichen und sittlichen Erneuerung. Mach unsere Familien zu Heilstätten des Lebens, damit sich in unseren Kindern das Gottesbild in seiner vollen Schönheit entwickelt. Lehre uns achten und schützen das Leben der ungeborenen Kinder, denn es sind auch Deine Kinder; Jungfrau Maria, und Gott schickt der Welt mit ihnen neue Hoffnung.

Wir wollen Dir unser Leben auf dieser Erde zu allen Zeiten anvertrauen, das gefährdet ist durch die venichtende Macht der Menschen, die sich vom Schöpfer abwenden.

Führe uns zur Buße und Versöhnung für Sünde und Unrecht. Hilf unsere Vergangengeit heilen und durchleuchte unsere Gegenwart. Vereine die Völker, damit sie die Zukunft der Welt formen nach Gottes Willen. Die Kirche Deines Sohnes sei Licht, Salz und Sauerteig, sie sei eine Familie, die Heimat aller Menschen, Gottes und Deiner Kinder.

Amen

Panna Maria Pomocná Zlaté Hory
Mariahilf bei Zuckmantel

Finsternis. 18 Er hat uns [a]geboren nach
seinem Willen durch das Wort der Wahr-
heit, damit wir Erstlinge seiner Ge-
schöpfe seien.

Hörer und Täter des Wortes

19 Ihr sollt wissen, meine lieben Brüder:
Ein jeder Mensch sei [a]schnell zum Hö-
ren, langsam zum Reden, langsam zum
Zorn. 20 Denn [a]des Menschen Zorn tut
nicht, was vor Gott recht ist. 21 Darum
[a]legt ab alle Unsauberkeit und alle Bos-
heit und nehmt das Wort an mit Sanft-
mut, das in euch gepflanzt ist und Kraft
hat, eure Seelen selig zu machen.
22 [a]**Seid aber Täter des Worts und nicht
Hörer allein;** sonst betrügt ihr euch
selbst. 23 Denn wenn jemand ein Hörer
des Worts ist und nicht ein Täter, der
gleicht einem Mann, der sein leibliches
Angesicht im Spiegel beschaut; 24 denn
nachdem er sich beschaut hat, geht er
davon und vergisst von Stund an, wie er
aussah. 25 Wer aber durchschaut in das
vollkommene [a]Gesetz der Freiheit und
dabei beharrt und ist nicht ein vergess-
licher Hörer, sondern ein Täter, [b]der
wird selig sein in seiner Tat.
26 Wenn jemand meint, er diene Gott,
und [a]hält seine Zunge nicht im Zaum,
sondern betrügt sein Herz, so ist sein
Gottesdienst nichtig. 27 Ein reiner und
unbefleckter Gottesdienst vor Gott, dem
Vater, ist der: die Waisen und Witwen in
ihrer Trübsal besuchen und sich selbst
von der Welt unbefleckt halten.

Kein Ansehen der Person in der Gemeinde

2 Liebe Brüder, haltet den Glauben an
Jesus Christus, unsern Herrn der
Herrlichkeit, frei von allem Ansehen der
Person. 2 Denn wenn in eure Versamm-
lung ein Mann käme mit einem goldenen
Ring und in herrlicher Kleidung, es
käme aber auch ein Armer in unsauberer
Kleidung, 3 und ihr sähet auf den, der
herrlich gekleidet ist, und sprächet zu
ihm: Setze du dich hierher auf den guten
Platz!, und sprächet zu dem Armen: Stell
du dich dorthin!, oder: Setze dich unten
zu meinen Füßen!, 4 ist's recht, dass ihr
solche Unterschiede bei euch macht und
urteilt mit bösen Gedanken?
5 Hört zu, meine lieben Brüder! Hat
nicht Gott [a]erwählt die Armen in der
Welt, die [b]im Glauben reich sind und
Erben des Reichs, das er verheißen hat
denen, die ihn lieb haben? 6 Ihr aber habt
dem Armen Unehre angetan. Sind es
nicht die Reichen, die Gewalt gegen euch
üben und euch vor Gericht ziehen? 7 Ver-
lästern sie nicht den guten [a]Namen, der
über euch genannt ist? 8 Wenn ihr das
königliche Gesetz erfüllt nach der Schrift
(3. Mose 19,18): »Liebe deinen Nächsten
wie dich selbst«, so tut ihr recht; 9 wenn
ihr aber [a]die Person anseht, tut ihr
Sünde und werdet überführt vom Gesetz
als Übertreter.
10 Denn wenn jemand das ganze Ge-
setz hält und sündigt gegen ein einziges
Gebot, der ist am ganzen Gesetz schul-
dig.[a] 11 Denn der gesagt hat (2. Mose
20,13-14): »Du sollst nicht ehebrechen«,
der hat auch gesagt: »Du sollst nicht tö-
ten.« Wenn du nun nicht die Ehe brichst,
tötest aber, bist du ein Übertreter des
Gesetzes. 12 Redet so und handelt so wie
Leute, die durchs Gesetz der Freiheit ge-
richtet werden sollen. 13 Denn es wird ein
unbarmherziges Gericht über den erge-
hen, [a]der nicht Barmherzigkeit getan
hat; Barmherzigkeit aber triumphiert
über das Gericht.

Glaube ohne Werke ist tot

14 [a]Was hilft's, liebe Brüder, [b]wenn je-
mand sagt, er habe Glauben, und hat
doch keine Werke? Kann denn der
Glaube ihn selig machen? 15 Wenn ein
Bruder oder eine Schwester Mangel hätte
an Kleidung und an der täglichen Nah-
rung 16 und jemand unter euch spräche
zu ihnen: Geht hin in Frieden, wärmt
euch und sättigt euch!, ihr gäbet ihnen
aber nicht, was der Leib nötig hat – was
könnte ihnen das helfen?[a] 17 **So ist auch
der Glaube, wenn er nicht Werke hat, tot
in sich selber.**
18 Aber es könnte jemand sagen: Du
hast Glauben und ich habe Werke. Zeige

Jak

1,18: *a* Joh 1,13; 1. Petr 1,23 **1,19:** *a* Spr 29,20; Pred 5,1-2; 7,9 **1,20:** *a* Spr 29,22; Eph 4,26 **1,21:** *a* 1. Petr 2,1 **1,22:** *a* Mt 7,21; Röm 2,13 **1,25:** *a* Kap 2,12; Röm 8,2; *b* Joh 13,17 **1,26:** *a* 1. Petr 3,10 **2,5:** *a* 1. Kor 1,26; 11,22; *b* Lk 12,21 **2,7:** *a* 1. Petr 4,14 **2,9:** *a* 5. Mose 1,17 **2,10:** *a* Mt 5,19 **2,13:** *a* Mt 5,7; 18,30.34; 25,45-46 **2,14:** *a (14-26)* Röm 3,21-31; *b* Mt 7,21 **2,16:** *a* 1. Joh 3,18

mir deinen Glauben ohne die Werke, so
[a]will ich dir meinen Glauben zeigen aus
meinen Werken. **19** Du glaubst, dass nur
einer Gott ist? Du tust recht daran; die
Teufel glauben's auch und zittern.
20 Willst du nun einsehen, du törichter
Mensch, dass der Glaube ohne Werke
nutzlos ist?

21 Ist nicht Abraham, unser Vater,
durch Werke gerecht geworden, als er
seinen Sohn Isaak auf dem Altar opfer-
te?[a] **22** Da siehst du, dass der Glaube
zusammengewirkt hat mit seinen Wer-
ken, und durch die Werke ist der Glaube
vollkommen geworden. **23** So ist die
Schrift erfüllt, die da spricht (1. Mose
15,6): »Abraham hat Gott geglaubt und
das ist ihm zur Gerechtigkeit gerechnet
worden«, und er wurde »ein Freund Got-
tes« genannt (Jesaja 41,8). **24** So seht ihr
nun, dass der Mensch durch Werke ge-
recht wird, nicht durch Glauben allein.
25 Desgleichen die [a]Hure Rahab, ist sie
nicht durch Werke gerecht geworden, als
sie [b]die Boten aufnahm und ließ sie auf
einem andern Weg hinaus? **26** Denn wie
der Leib ohne Geist tot ist, so ist auch
der Glaube ohne Werke tot.

Die Macht der Zunge

3 Liebe Brüder, nicht jeder von euch
soll ein Lehrer werden; und wisst,
dass wir ein desto strengeres Urteil emp-
fangen werden. **2** Denn wir verfehlen uns
alle mannigfaltig. Wer sich aber im Wort
nicht verfehlt, der ist ein vollkommener
Mann und kann auch den ganzen Leib
im Zaum halten.

3 Wenn wir den Pferden den Zaum ins
Maul legen, damit sie uns gehorchen, so
lenken wir ihren ganzen Leib. **4** Siehe,
auch die Schiffe, obwohl sie so groß sind
und von starken Winden getrieben wer-
den, werden sie doch gelenkt mit einem
kleinen Ruder, wohin der will, der es
führt. **5** So ist auch die Zunge ein kleines
Glied und richtet große Dinge an. Siehe,
ein kleines Feuer, welch einen Wald zün-
det's an! **6** Auch die Zunge ist ein [a]Feuer,
eine Welt voll Ungerechtigkeit. So ist die
Zunge unter unsern Gliedern: sie be-
fleckt den ganzen Leib und zündet die
ganze Welt an und ist selbst von der
Hölle entzündet.[b]

7 Denn jede Art von Tieren und Vögeln
und Schlangen und Seetieren wird ge-
zähmt und ist gezähmt vom Menschen,
8 aber die Zunge kann kein Mensch zäh-
men, das unruhige Übel, voll tödlichen
Giftes. **9** [a]Mit ihr loben wir den Herrn
und Vater, und mit ihr fluchen wir den
Menschen, [b]die nach dem Bilde Gottes
gemacht sind. **10** Aus **einem** Munde
kommt Loben und Fluchen. Das soll
nicht so sein, liebe Brüder.[a] **11** Lässt auch
die Quelle aus **einem** Loch süßes und
bitteres Wasser fließen? **12** Kann auch,
liebe Brüder, ein Feigenbaum Oliven
oder ein Weinstock Feigen tragen? So
kann auch eine salzige Quelle nicht süßes
Wasser geben.

Die Weisheit von oben

13 Wer ist weise und klug unter euch? Der
zeige mit seinem guten Wandel seine
Werke in Sanftmut und Weisheit. **14** Habt
ihr aber bittern Neid und Streit in eurem
Herzen, so rühmt euch nicht und lügt
nicht der Wahrheit zuwider. **15** Das ist
nicht die Weisheit, die [a]von oben herab-
kommt, sondern sie ist irdisch, niedrig
und teuflisch. **16** Denn wo Neid und Streit
ist, da sind Unordnung und lauter böse
Dinge. **17** Die Weisheit aber von oben her
ist zuerst lauter, dann friedfertig, gütig,
lässt sich etwas sagen, ist reich an Barm-
herzigkeit und guten Früchten, unpartei-
isch, ohne Heuchelei. **18** Die [a]Frucht der
Gerechtigkeit aber wird gesät in Frieden
für die, die [b]Frieden stiften.

Warnung vor Unfriede und Wankelmut

4 Woher kommt der Kampf unter
euch, woher der Streit? Kommt's
nicht daher, dass in euren Gliedern die
Gelüste gegeneinander streiten? **2** Ihr seid
begierig und erlangt's nicht; ihr mordet
und neidet und gewinnt nichts; [a]ihr strei-
tet und kämpft und habt nichts, weil ihr
nicht bittet; **3** ihr bittet und empfangt
nichts, weil ihr in übler Absicht bittet,
nämlich damit ihr's für eure Gelüste ver-
geuden könnt.

4 Ihr Abtrünnigen, wisst ihr nicht, dass

2,18: *a* Gal 5,6 **2,21:** *a* 1. Mose 22,1-19; Hebr 11,17; Röm 4,2-3 **2,25:** *a* Hebr 11,31; *b* Jos 2,1-24 **3,6:** *a* Spr 16,27; *b* Mt 12,36-37; 15,11.18 **3,9:** *a (9-10)* Ps 141,3; *b* 1. Mose 1,26-27 **3,10:** *a* Eph 4,29 **3,15:** *a* Kap 1,5 **3,18:** *a* Phil 1,11; *b* Mt 5,9 **4,2:** *a* Gal 5,15

[a]Freundschaft mit der Welt Feindschaft
mit Gott ist? Wer der Welt Freund sein
will, der wird Gottes Feind sein. 5 Oder
meint ihr, die Schrift sage umsonst: Mit
Eifer wacht Gott über den Geist, den er
in uns hat wohnen lassen, 6 und gibt
umso reichlicher Gnade? Darum heißt es
(Sprüche 3,34): »Gott widersteht den
Hochmütigen, aber [a]den Demütigen gibt
er Gnade.«

7 So seid nun Gott untertan. [a]Wider-
steht dem Teufel, so flieht er von euch.
8 [a]Naht euch zu Gott, so naht er sich zu
euch. [b]Reinigt die Hände, ihr Sünder,
und heiligt eure Herzen, ihr Wankelmü-
tigen. 9 Jammert und klagt und weint;
euer Lachen verkehre sich in Weinen und
eure Freude in Traurigkeit. 10 Demütigt
euch vor dem Herrn, so wird er euch
erhöhen.[a]

11 Verleumdet einander nicht, liebe
Brüder. Wer seinen Bruder verleumdet
oder verurteilt, der verleumdet und ver-
urteilt das Gesetz. Verurteilst du aber das
Gesetz, so bist du nicht ein Täter des
Gesetzes, sondern ein Richter. 12 Einer ist
der Gesetzgeber und Richter, der selig
machen und verdammen kann. [a]Wer
aber bist du, dass du den Nächsten ver-
urteilst?

Warnung vor Selbstsicherheit

13 Und nun ihr, die ihr sagt: Heute oder
morgen wollen wir in die oder die Stadt
gehen und wollen ein Jahr dort zubrin-
gen und Handel treiben und Gewinn ma-
chen –,[a] 14 und [a]wisst nicht, was morgen
sein wird. Was ist euer Leben? Ein Rauch
seid ihr, der eine kleine Zeit bleibt und
dann verschwindet. 15 Dagegen solltet ihr
sagen: [a]Wenn der Herr will, werden wir
leben und dies oder das tun. 16 Nun aber
rühmt ihr euch in eurem Übermut. All
solches Rühmen ist böse.

**17 Wer nun weiß, Gutes zu tun, und tut's
nicht, dem ist's Sünde.**[a]

Das Gericht über die Reichen

5 Und nun, ihr Reichen: Weint und
heult über das Elend, das über euch
kommen wird![a] 2 Euer Reichtum ist ver-
fault, eure Kleider sind [a]von Motten zer-
fressen. 3 Euer Gold und Silber ist ver-
rostet und ihr Rost wird gegen euch
Zeugnis geben und wird euer Fleisch
fressen wie Feuer. Ihr habt euch Schätze
gesammelt in diesen letzten Tagen!
4 Siehe, [a]der Lohn der Arbeiter, die euer
Land abgeerntet haben, den ihr ihnen
vorenthalten habt, der schreit, und das
Rufen der Schnitter ist gekommen vor
die Ohren des Herrn Zebaoth. 5 Ihr habt
[a]geschlemmt auf Erden und geprasst
und eure Herzen gemästet am Schlacht-
tag. 6 Ihr habt den Gerechten verurteilt
und getötet, und er hat euch nicht wi-
derstanden.[a]

Mahnung zur Geduld

**7 So seid nun [a]geduldig, liebe Brüder, bis
zum Kommen des Herrn.** Siehe, der Bauer
wartet auf die kostbare Frucht der Erde
und ist dabei geduldig, bis sie empfange
den Frühregen und Spätregen. 8 Seid
auch ihr geduldig und stärkt eure Her-
zen; denn das Kommen des Herrn ist
nahe.

9 Seufzt nicht widereinander, liebe Brü-
der, damit ihr nicht gerichtet werdet.
Siehe, der Richter steht vor der Tür.
10 Nehmt, liebe Brüder, zum Vorbild des
Leidens und der Geduld die [a]Propheten,
die geredet haben in dem Namen des
Herrn. 11 Siehe, wir preisen selig, die er-
duldet haben. Von der [a]Geduld Hiobs
habt ihr gehört und habt gesehen, [b]zu
welchem Ende es der Herr geführt hat;
denn der Herr ist barmherzig und ein
Erbarmer.

12 Vor allen Dingen aber, meine Brü-
der, schwört nicht, weder bei dem Him-
mel noch bei der Erde noch mit einem
andern Eid. Es sei aber euer Ja ein Ja und
euer Nein ein Nein, damit ihr nicht dem
Gericht verfallt.[a]

Das Gebet für die Kranken

13 [a]Leidet jemand unter euch, der bete;
ist jemand guten Mutes, der [b]singe Psal-
men. 14 Ist jemand unter euch krank, der

Jak

4,4: *a* Lk 6,26; Röm 8,7; 1.Joh 2,15 **4,6:** *a* Hiob 22,29; Mt 23,12; 1.Petr 5,5 **4,7:** *a* 1.Petr 5,8-9 **4,8:** *a* Sach 1,3; *b* Jes 1,16 **4,10:** *a* 1.Petr 5,6 **4,12:** *a* Mt 7,1; Röm 14,4 **4,13:** *a* Spr 27,1 **4,14:** *a* Lk 12,20 **4,15:** *a* Apg 18,21; 1.Kor 4,19 **4,17:** *a* Lk 12,47 **5,1:** *a* Lk 6,24-25 **5,2:** *a* Mt 6,19 **5,4:** *a* 5.Mose 24,14-15 **5,5:** *a* Lk 16,19.25 **5,6:** *a* Kap 2,6 **5,7:** *a* Lk 21,19; Hebr 10,36 **5,10:** *a* Mt 5,12 **5,11:** *a* Hiob 1,21; *b* Hiob 42,10-16 **5,12:** *a* Mt 5,34-37 **5,13:** *a* Ps 50,15; *b* Kol 3,16

rufe zu sich die Ältesten der Gemeinde,
dass sie über ihm beten und [a]ihn salben
mit Öl in dem Namen des Herrn. 15 Und
[a]das Gebet des Glaubens wird dem
Kranken helfen, und der Herr wird ihn
aufrichten; und wenn er Sünden getan
hat, wird ihm vergeben werden.
16 Bekennt also einander eure Sünden
und betet füreinander, dass ihr gesund
werdet. [a]**Des Gerechten Gebet vermag
viel, wenn es ernstlich ist.** 17 Elia war ein
schwacher Mensch wie wir; und er betete
ein Gebet, [a]dass es nicht regnen sollte,
und es regnete nicht auf Erden drei Jahre
und sechs Monate. 18 Und er betete aber-
mals, und der Himmel gab den Regen
und die Erde brachte ihre Frucht.[a]

Verantwortung für die Irrenden

19 Liebe Brüder, [a]wenn jemand unter
euch abirren würde von der Wahrheit
und jemand bekehrte ihn, 20 der soll wis-
sen: [a]wer den Sünder bekehrt hat von
seinem Irrweg, der wird seine Seele vom
Tode erretten und wird [b]bedecken die
Menge der Sünden.

DER BRIEF DES JUDAS

Inhaltsübersicht

Warnung vor Irrlehrern *Verse 1-25*

1 Judas, ein Knecht Jesu Christi und Bru-
der des [a]Jakobus, an die Berufenen, die
geliebt sind in Gott, dem Vater, und be-
wahrt für Jesus Christus:
2 Gott gebe euch viel Barmherzigkeit
und Frieden und Liebe!

Gottes Gericht über die Irrlehrer

(vgl. 2. Petr 2,1-22)

3 Ihr Lieben, nachdem ich ernstlich vor-
hatte, euch zu schreiben von unser aller
Heil, hielt ich's für nötig, euch in meinem
Brief zu ermahnen, [a]dass ihr für den
Glauben kämpft, der ein für alle Mal den
Heiligen überliefert ist. 4 Denn es haben
sich einige Menschen eingeschlichen,
über die schon längst das Urteil geschrie-
ben ist; Gottlose sind sie, missbrauchen
die Gnade unseres Gottes für ihre Aus-
schweifung und verleugnen unsern alleini-
gen Herrscher und Herrn Jesus Christus.
5 Ich will euch aber erinnern, obwohl
ihr dies alles schon wisst, dass der Herr,
nachdem er dem Volk das eine Mal aus
Ägypten geholfen hatte, [a]das andere
Mal die umbrachte, die nicht glaubten.
6 Auch die Engel, die ihren himmlischen
Rang nicht bewahrten, sondern [a]ihre Be-
hausung verließen, hat er für das Gericht
des großen Tages festgehalten mit ewigen
Banden in der Finsternis. 7 So sind auch
Sodom und Gomorra und die umliegen-
den Städte, die gleicherweise wie sie Un-
zucht getrieben haben und [a]anderem
Fleisch nachgegangen sind, zum Beispiel
gesetzt und leiden die Pein des ewigen
Feuers.
8 Ebenso sind auch diese Träumer, die
ihr Fleisch beflecken, jede Herrschaft
verachten und die himmlischen Mächte
lästern. 9 Als aber [a]Michael, der Erz-
engel, mit dem Teufel stritt und mit ihm
rechtete um den Leichnam des Mose,
wagte er nicht, über ihn ein Verdam-
mungsurteil zu fällen, sondern sprach:
[b]Der Herr strafe dich! 10 Diese aber läs-
tern alles, wovon sie nichts verstehen;
was sie aber von Natur aus kennen wie
die unvernünftigen Tiere, daran verder-
ben sie.
11 Weh ihnen! Denn sie gehen den Weg
[a]Kains und fallen in den Irrtum des
[b]Bileam um Gewinnes willen und kom-
men um in dem [c]Aufruhr Korachs. 12 Sie

5,14: *a* Mk 6,13 **5,15:** *a* Mk 16,18 **5,16:** *a* Apg 12,5 **5,17:** *a* 1. Kön 17,1; Lk 4,25 **5,18:** *a* 1. Kön 18,41-45 **5,19:** *a* Gal 6,1 **5,20:** *a* Ps 51,15; *b* Spr 10,12; 1. Petr 4,8 Vers **1:** *a* Mt 13,55 Vers **3:** *a* 1. Tim 1,18 Vers **5:** *a* 4. Mose 14,35; 1. Kor 10,5 Vers **6:** *a* 1. Mose 6,2-4 Vers **7:** *a* 1. Mose 19,1.4-11 Vers **9:** *a* Dan 12,1; *b* Sach 3,2 Vers **11:** *a* 1. Mose 4,8; *b* 4. Mose 31,16; *c* 4. Mose 16,1-34

sind Schandflecken bei euren Liebesmah-
len*, [a]prassen ohne Scheu, weiden sich
selbst; sie sind Wolken ohne Wasser, vom
Wind umhergetrieben, kahle, unfrucht-
bare Bäume, zweimal abgestorben und
entwurzelt, 13 wilde Wellen des Meeres,
[a]die ihre eigene Schande ausschäumen,
umherirrende Sterne; deren Los ist die
dunkelste Finsternis in Ewigkeit.
14 Es hat aber auch von diesen geweis-
sagt [a]Henoch, der Siebente von Adam
an, und gesprochen: Siehe, der Herr
kommt mit seinen vielen tausend Hei-
ligen, 15 Gericht zu halten über alle und
zu strafen alle Menschen für alle Werke
ihres gottlosen Wandels, mit denen sie
gottlos gewesen sind, und für all das Fre-
che, das die gottlosen Sünder gegen ihn
geredet haben. 16 Diese murren und ha-
dern mit ihrem Geschick; sie leben nach
ihren Begierden und ihr Mund redet
stolze Worte, und um ihres Nutzens wil-
len schmeicheln sie den Leuten.
17 Ihr aber, meine Lieben, erinnert euch
der Worte, die zuvor gesagt sind von den
Aposteln unseres Herrn Jesus Christus,
18 als sie euch sagten, [a]dass zu der letzten
Zeit Spötter sein werden, die nach ihren
eigenen gottlosen Begierden leben. 19 Die-
se sind es, die Spaltungen hervorrufen,
niedrig Gesinnte, [a]die den Geist nicht
haben.

Mahnung und Gotteslob

20 Ihr aber, meine Lieben, [a]erbaut euch
auf euren allerheiligsten Glauben und
betet im Heiligen Geist, 21 und erhaltet
euch in der Liebe Gottes und wartet auf
die Barmherzigkeit unseres Herrn Jesus
Christus zum ewigen Leben. 22 Und er-
barmt euch derer, die zweifeln; 23 andere
reißt aus dem Feuer und [a]rettet sie; an-
derer erbarmt euch in Furcht und [b]hasst
auch das Gewand, das befleckt ist vom
Fleisch.
24 Dem aber, der euch vor dem Strau-
cheln behüten kann und euch untadelig
stellen kann vor das Angesicht seiner
Herrlichkeit mit Freuden,[a] 25 dem allei-
nigen Gott, unserm Heiland, sei durch
Jesus Christus, unsern Herrn, Ehre und
Majestät und Gewalt und Macht vor
aller Zeit, jetzt und in alle Ewigkeit!
Amen.

* Siehe Sach- und Worterklärungen.

Vers **12:** *a* 1. Kor 11,21 Vers **13:** *a* Jes 57,20 Vers **14:** *a* 1. Mose 5,21 Vers **18:** *a* 1. Tim 4,1; 2. Petr 3,3 Vers **19:** *a* 1. Kor 2,14 Vers **20:** *a* Kol 2,7; 1. Thess 5,11 Vers **23:** *a* Jak 5,9; *b* Offb 3,4 Vers **24:** *a* 1. Thess 5,23

DIE OFFENBARUNG DES JOHANNES

Inhaltsübersicht

1 Dies ist die Offenbarung Jesu Christi,
die ihm Gott gegeben hat, seinen
Knechten zu zeigen, was in Kürze ge-
schehen soll; und er hat sie durch seinen
Engel gesandt und seinem Knecht Jo-
hannes kundgetan, 2 der bezeugt hat das
Wort Gottes und das Zeugnis von Jesus
Christus, alles, was er gesehen hat. 3 Selig
ist, der da liest und die da [a]hören die
Worte der Weissagung und behalten, was
darin [b]geschrieben ist; denn [c]die Zeit ist
nahe.

Gruß an die sieben Gemeinden

4 Johannes an die sieben Gemeinden in
der Provinz Asien: Gnade sei mit euch
und Friede von dem, [a]der da ist und der
da war und der da kommt, und von den
[b]sieben Geistern, die vor seinem Thron
sind, 5 und von Jesus Christus, welcher ist
[a]der treue Zeuge, der [b]Erstgeborene von
den Toten und Herr über die Könige auf
Erden! Ihm, der uns liebt und uns erlöst
hat von unsern Sünden mit seinem Blut
6 und uns [a]zu Königen und Priestern ge-
macht hat vor Gott, seinem Vater, ihm
sei Ehre und Gewalt von Ewigkeit zu
Ewigkeit! Amen.
7 Siehe, [a]er kommt mit den Wolken,
und es werden ihn sehen alle Augen und
[b]alle, die ihn durchbohrt haben, und es
werden wehklagen um seinetwillen alle
Geschlechter der Erde. Ja, Amen.
8 Ich bin [a]das A und das O, spricht Gott
der Herr, [b]der da ist und der da war und
der da kommt, der Allmächtige.

Der Auftrag an Johannes

9 Ich, Johannes, euer Bruder und Mitge-
nosse an der Bedrängnis und am Reich
und an der Geduld in Jesus, war auf der
Insel, die Patmos heißt, um des Wortes
Gottes willen und des Zeugnisses von
Jesus. 10 Ich wurde vom Geist ergriffen
am Tag des Herrn und hörte hinter mir
eine große Stimme wie von einer Po-
saune, 11 die sprach: Was du siehst, das
schreibe in ein Buch und sende es an die
sieben Gemeinden: nach Ephesus und
nach Smyrna und nach Pergamon und
nach Thyatira und nach Sardes und nach
Philadelphia und nach Laodizea.
12 Und ich wandte mich um, zu sehen
nach der Stimme, die mit mir redete. Und
als ich mich umwandte, sah ich sieben
goldene Leuchter 13 und [a]mitten unter
den Leuchtern einen, der war [b]einem
Menschensohn gleich, angetan mit einem
langen Gewand und gegürtet um die
Brust mit einem goldenen Gürtel. 14 Sein
Haupt aber und sein Haar war weiß wie
weiße Wolle, wie der Schnee, und [a]seine
Augen wie eine Feuerflamme 15 und seine
Füße wie Golderz, das im Ofen glüht,
und seine Stimme wie großes Wasser-
rauschen; 16 und er hatte sieben Sterne in
seiner rechten Hand, und aus seinem
Munde ging ein scharfes, zweischneidiges
Schwert, und sein Angesicht leuchtete,
wie die Sonne scheint in ihrer Macht.
17 Und als ich ihn sah, [a]fiel ich zu seinen
Füßen wie tot; und er legte seine rechte
Hand auf mich und sprach zu mir:
Fürchte dich nicht! Ich bin der Erste und
der Letzte 18 und der Lebendige. Ich war

1,3: *a* 1. Joh 1,1-2; *b* Joh 21,24; *c* Kap 22,10 **1,4:** *a* 2. Mose 3,14-15; *b* Kap 3,1; 5,6 **1,5:** *a* Kap 3,14; Joh 18,37; 1. Tim 6,13; *b* Kol 1,18 **1,6:** *a* Kap 5,10; 2. Mose 19,6; 1. Petr 2,5.9 **1,7:** *a* Mt 24,30; *b* Sach 12,10; Joh 19,37 **1,8:** *a* Kap 21,6; Jes 41,4; *b* Kap 4,8 **1,13:** *a* Kap 2,1; *b* Dan 7,13 **1,14:** *a* Kap 2,18; 19,12 **1,17:** *a* Dan 8,18

**tot, und siehe, ich bin lebendig von Ewig-
keit zu Ewigkeit und habe die Schlüssel
des Todes und der Hölle.** 19 Schreibe, was
du gesehen hast und was ist und was
geschehen soll danach.
20 Das Geheimnis der sieben Sterne,
die du gesehen hast in meiner rechten
Hand, und der sieben goldenen Leuchter
ist dies: Die sieben Sterne sind Engel
der sieben Gemeinden, und die sieben
Leuchter sind sieben Gemeinden.

Die sieben Sendschreiben

2 Dem Engel der Gemeinde in [a]**Ephe-
sus** schreibe: Das sagt, der da hält die
sieben Sterne in seiner Rechten, der da
wandelt mitten unter den sieben golde-
nen Leuchtern: 2 Ich kenne deine Werke
und deine Mühsal und deine Geduld und
weiß, dass du die Bösen nicht ertragen
kannst; und du [a]hast die geprüft, die
sagen, sie seien Apostel und sind's nicht,
und hast sie als Lügner befunden 3 und
hast Geduld und hast um meines Na-
mens willen die Last getragen und bist
nicht müde geworden. 4 Aber ich habe
gegen dich, dass du die [a]erste Liebe ver-
lässt. 5 So denke nun daran, wovon du
abgefallen bist, und tue Buße und tue die
ersten Werke! Wenn aber nicht, werde ich
über dich kommen und deinen Leuchter
wegstoßen von seiner Stätte – wenn du
nicht Buße tust. 6 Aber das hast du für
dich, dass du die Werke der Nikolaïten
[a]hassest, die ich auch hasse.
7 Wer Ohren hat, der höre, was der
Geist den Gemeinden sagt! Wer über-
windet, dem will ich zu essen geben von
dem [a]Baum des Lebens, der im Paradies
Gottes ist.
8 Und dem Engel der Gemeinde in
[a]**Smyrna** schreibe: Das sagt der Erste
und der Letzte, [b]der tot war und ist
lebendig geworden: 9 Ich kenne deine Be-
drängnis und [a]deine Armut – du bist
aber reich – und die Lästerung von de-
nen, die sagen, sie seien Juden und sind's
nicht, sondern sind [b]die Synagoge des
Satans. 10 [a]Fürchte dich nicht vor dem,
was du leiden wirst! Siehe, der Teufel
wird einige von euch ins Gefängnis wer-
fen, damit ihr versucht werdet, und ihr
werdet in Bedrängnis sein zehn Tage. **Sei
getreu bis an den Tod, so will ich dir die
[b]Krone des Lebens geben.**
11 Wer Ohren hat, der höre, was der
Geist den Gemeinden sagt! Wer über-
windet, dem soll kein Leid geschehen von
dem [a]zweiten Tode.
12 Und dem Engel der Gemeinde in
Pergamon schreibe: Das sagt, der da
hat [a]das scharfe, zweischneidige Schwert:
13 Ich weiß, wo du wohnst: da, wo der
Thron des Satans* ist; und du hältst an
meinem Namen fest und hast den Glau-
ben an mich nicht verleugnet, auch nicht
in den Tagen, als Antipas, mein treuer
Zeuge, bei euch getötet wurde, da, wo
der Satan wohnt. 14 Aber einiges habe ich
gegen dich: Du hast Leute dort, die sich
an die Lehre [a]Bileams halten, der den
Balak lehrte, die Israeliten zu verführen,
vom Götzenopfer zu essen und Hurerei
zu treiben. 15 So hast du auch Leute, die
sich in gleicher Weise an die Lehre der
Nikolaïten halten. 16 Tue Buße; wenn
aber nicht, so werde ich bald über dich
kommen und gegen sie streiten mit dem
Schwert meines Mundes.
17 Wer Ohren hat, der höre, was der
Geist den Gemeinden sagt! Wer über-
windet, dem will ich geben von dem ver-
borgenen [a]Manna und will ihm geben
einen weißen Stein; und auf dem Stein ist
ein [b]neuer Name geschrieben, den nie-
mand kennt als der, der ihn empfängt.
18 Und dem Engel der Gemeinde in
[a]**Thyatira** schreibe: Das sagt der Sohn
Gottes, [b]der Augen hat wie Feuerflam-
men und seine Füße sind wie Golderz:
19 Ich kenne deine Werke und deine Liebe
und deinen Glauben und deinen Dienst
und deine Geduld und weiß, dass du je
länger je mehr tust. 20 Aber ich habe ge-
gen dich, dass du [a]Isebel duldest, diese
Frau, die sagt, sie sei eine Prophetin, und
lehrt und verführt meine Knechte, Hu-
rerei zu treiben und Götzenopfer zu es-
sen. 21 Und ich habe ihr Zeit gegeben,
Buße zu tun, und sie will sich nicht be-

* Siehe Sach- und Worterklärungen zu »Satan«.

2,1: *a* Apg 18,19 **2,2:** *a* 1. Joh 4,1 **2,4:** *a* 1. Tim 5,12 **2,6:** *a* Ps 139,21 **2,7:** *a* Kap 22,2; 1. Mose 2,9 **2,8:** *a* Kap 1,11; *b* Kap 1,18 **2,9:** *a* Jak 2,5; *b* Kap 3,9 **2,10:** *a* Mt 10,19.28; *b* Kap 3,11; 2. Tim 4,8 **2,11:** *a* Kap 20,14 **2,12:** *a* Hebr 4,12 **2,14:** *a* 4. Mose 31,16; 2. Petr 2,15; Jud 11 **2,17:** *a* Ps 78,24; *b* Jes 62,2 **2,18:** *a* Apg 16,14; *b* Kap 1,14-15 **2,20:** *a* 2. Kön 9,22 kehren von ihrer Hurerei. **22** Siehe, ich werfe sie aufs Bett und die mit ihr die Ehe gebrochen haben in große Trübsal, wenn sie sich nicht bekehren von ihren Werken, **23** und ihre Kinder will ich mit dem Tode schlagen. Und alle Gemeinden sollen erkennen, dass ich es bin, der [a]die Nieren und Herzen erforscht, und ich werde geben einem jeden von euch nach euren Werken. **24** Euch aber sage ich, den andern in Thyatira, die solche Lehre nicht haben und nicht erkannt haben die Tiefen* des Satans, wie sie sagen: Ich will nicht noch eine Last auf euch werfen; **25** doch [a]was ihr habt, das haltet fest, bis ich komme.

26 Und wer überwindet und hält meine Werke bis ans Ende, dem will ich Macht geben über die Heiden, **27** und er soll sie weiden mit eisernem Stabe, und wie die Gefäße eines Töpfers soll er sie zerschmeißen,[a] **28** wie auch ich Macht empfangen habe von meinem Vater; und ich will ihm geben den Morgenstern. **29** Wer Ohren hat, der höre, was der Geist den Gemeinden sagt!

3 Und dem Engel der Gemeinde in **Sardes** schreibe: Das sagt, der [a]die sieben Geister Gottes hat und die sieben Sterne: Ich kenne deine Werke: Du hast den Namen, dass du lebst, und bist tot. **2** Werde wach und [a]stärke das andre, das sterben will, denn ich habe deine Werke nicht als vollkommen befunden vor meinem Gott. **3** So denke nun daran, wie du empfangen und gehört hast, und halte es fest und tue Buße! Wenn du aber nicht wachen wirst, werde ich kommen [a]wie ein Dieb und du wirst nicht wissen, zu welcher Stunde ich über dich kommen werde. **4** Aber du hast einige in Sardes, die [a]ihre Kleider nicht besudelt haben; die werden mit mir einhergehen in weißen Kleidern, denn sie sind's wert.

5 Wer überwindet, der soll [a]mit weißen Kleidern angetan werden, und ich werde seinen Namen nicht austilgen aus dem [b]Buch des Lebens, und [c]ich will seinen Namen bekennen vor meinem Vater und vor seinen Engeln. **6** Wer Ohren hat, der höre, was der Geist den Gemeinden sagt!

7 Und dem Engel der Gemeinde in **Philadelphia** schreibe: Das sagt der Heilige, der Wahrhaftige, der da hat [a]den Schlüssel Davids, der auftut, und niemand schließt zu, der zuschließt, und niemand tut auf: **8** Ich kenne deine Werke. Siehe, ich habe vor dir eine Tür aufgetan und niemand kann sie zuschließen; denn du hast eine kleine Kraft und hast mein Wort bewahrt und hast meinen Namen nicht verleugnet. **9** Siehe, ich werde schicken einige [a]aus der Synagoge des Satans, die sagen, sie seien Juden und sind's nicht, sondern lügen; siehe, ich will sie dazu bringen, dass sie [b]kommen sollen und zu deinen Füßen niederfallen und erkennen, dass ich dich geliebt habe. **10** Weil du mein Wort von der [a]Geduld bewahrt hast, will auch ich dich bewahren vor der Stunde der [b]Versuchung, die kommen wird über den ganzen Weltkreis, zu versuchen, die auf Erden wohnen. **11** Siehe, ich komme bald; **halte, was du hast, dass niemand deine [a]Krone nehme!**

12 Wer überwindet, den will ich machen zum Pfeiler in dem Tempel meines Gottes, und er soll nicht mehr hinausgehen, und ich will auf ihn schreiben [a]den Namen meines Gottes und den Namen des [b]neuen Jerusalem, der Stadt meines Gottes, die vom Himmel herniederkommt von meinem Gott, und meinen Namen, den neuen. **13** Wer Ohren hat, der höre, was der Geist den Gemeinden sagt!

14 Und dem Engel der Gemeinde in [a]**Laodizea** schreibe: Das sagt, der [b]Amen heißt, [c]der treue und wahrhaftige Zeuge, der [d]Anfang der Schöpfung Gottes: **15** Ich kenne deine Werke, dass du weder kalt noch warm bist. Ach, dass du kalt oder warm wärest! **16** Weil du aber lau bist und weder warm noch kalt, werde ich dich ausspeien aus meinem Munde. **17** Du sprichst: Ich bin reich und habe genug und brauche nichts!, und weißt nicht, dass du elend und jämmerlich bist, arm, blind und bloß.[a] **18** Ich

* Siehe Sach- und Worterklärungen.

2,23: *a* Ps 7,10; Jer 17,10 **2,25:** *a* Kap 3,11 **2,27:** *a* Ps 2,8-9 **3,1:** *a* Kap 1,4 **3,2:** *a* Lk 22,32 **3,3:** *a* 1. Thess 5,2 **3,4:** *a* Jud 23 **3,5:** *a* Kap 7,13; *b* Lk 10,20; *c* Mt 10,32 **3,7:** *a* Jes 22,22 **3,9:** *a* Kap 2,9; *b* Jes 49,23; 60,14 **3,10:** *a* Kap 14,12; *b* Mt 6,13 **3,11:** *a* Kap 2,10 **3,12:** *a* Kap 14,1; 22,4; *b* Kap 21,2 **3,14:** *a* Kol 2,1; 4,13; *b* 2. Kor 1,20; *c* Kap 1,5; *d* Kol 1,15 **3,17:** *a* 1. Kor 3,18; 4,8

rate dir, dass du Gold von mir kaufst,
das im Feuer geläutert ist, damit du reich
werdest, und weiße Kleider, damit du sie
anziehst und die Schande deiner Blöße
nicht offenbar werde, und Augensalbe,
deine Augen zu salben, damit du sehen
mögest. 19 [a]Welche ich lieb habe, die
weise ich zurecht und züchtige ich. So sei
nun eifrig und tue Buße! 20 **Siehe, ich
stehe vor der Tür und klopfe an. Wenn
jemand meine Stimme hören wird und die
Tür auftun, zu dem werde ich hineingehen
und das Abendmahl mit ihm halten und er
mit mir.**[a]

21 Wer überwindet, dem will ich geben,
[a]mit mir auf meinem Thron zu sitzen,
wie auch ich überwunden habe und mich
gesetzt habe mit meinem Vater auf seinen
Thron. 22 Wer Ohren hat, der höre, was
der Geist den Gemeinden sagt!

Vor dem Thron Gottes

4 Danach sah ich, und siehe, eine Tür
war aufgetan im Himmel, und die
erste Stimme, [a]die ich mit mir hatte re-
den hören wie eine Posaune, die sprach:
Steig herauf, ich will dir zeigen, was nach
diesem geschehen soll.

2 [a]Alsbald wurde ich vom Geist ergrif-
fen. Und siehe, ein Thron stand im Him-
mel und auf dem Thron saß einer. 3 Und
der da saß, war anzusehen wie der Stein
Jaspis und Sarder; und ein Regenbogen
war um den Thron, anzusehen wie ein
Smaragd. 4 Und um den Thron waren
vierundzwanzig Throne und auf den
Thronen saßen vierundzwanzig Älteste,
mit weißen Kleidern angetan, und hatten
auf ihren Häuptern goldene Kronen.

5 Und von dem Thron gingen aus
[a]Blitze, Stimmen und Donner; und sie-
ben Fackeln mit Feuer brannten vor dem
Thron, das sind die [b]sieben Geister Got-
tes. 6 Und vor dem Thron war es wie ein
gläsernes Meer, gleich dem Kristall, und
in der Mitte am Thron und um den
Thron [a]vier himmlische Gestalten, voller
Augen vorn und hinten. 7 Und die erste
Gestalt war gleich einem Löwen, und die
zweite Gestalt war gleich einem Stier,
und die dritte Gestalt hatte ein Antlitz
wie ein Mensch, und die vierte Gestalt
war gleich einem fliegenden Adler.[a]
8 Und eine jede der vier Gestalten hatte
sechs Flügel, und sie waren außen und
innen voller Augen, und sie hatten keine
Ruhe Tag und Nacht und sprachen:
[a]Heilig, heilig, heilig ist Gott der Herr,
der Allmächtige, [b]der da war und der da
ist und der da kommt.

9 Und wenn die Gestalten Preis und
Ehre und Dank gaben dem, der auf dem
Thron saß, der da lebt von Ewigkeit
zu Ewigkeit, 10 fielen die vierundzwanzig
Ältesten nieder vor dem, der auf dem
Thron saß, und beteten den an, der da
lebt von Ewigkeit zu Ewigkeit, und leg-
ten ihre Kronen nieder vor dem Thron
und sprachen: 11 Herr, unser Gott, du
bist würdig, zu nehmen Preis und Ehre
und Kraft; denn du hast alle Dinge ge-
schaffen, und durch deinen Willen waren
sie und wurden sie geschaffen.

Das Buch mit den sieben Siegeln

5 Und ich sah in der rechten Hand
dessen, der [a]auf dem Thron saß, ein
Buch, [b]beschrieben innen und außen,
versiegelt mit sieben Siegeln. 2 Und ich
sah einen starken Engel, der rief mit gro-
ßer Stimme: Wer ist würdig, das Buch
aufzutun und seine Siegel zu brechen?
3 Und niemand, weder im Himmel noch
auf Erden noch unter der Erde, konnte
das Buch auftun und hineinsehen. 4 Und
ich weinte sehr, weil niemand für würdig
befunden wurde, das Buch aufzutun und
hineinzusehen.

5 Und einer von den Ältesten spricht
zu mir: Weine nicht! Siehe, es hat über-
wunden der [a]Löwe aus dem Stamm
Juda, die [b]Wurzel Davids, aufzutun das
Buch und seine sieben Siegel.

6 Und ich sah mitten zwischen dem
Thron und den vier Gestalten und mitten
unter den Ältesten ein [a]Lamm stehen,
wie geschlachtet; es hatte sieben Hörner
und sieben Augen, das sind die sieben
Geister Gottes, gesandt in alle Lande.
7 Und es kam und nahm das Buch aus

Offb

3,19: *a* Spr 3,12; 1. Kor 11,32; Hebr 12,6 **3,20:** *a* Joh 14,23 **3,21:** *a* Mt 19,28 **4,1:** *a* Kap 1,10 **4,2:** *a* Ps 47,9; Jes 6,1; Hes 1,26-28 **4,5:** *a* 2. Mose 19,16; *b* Kap 1,4 **4,6:** *a* Hes 1,5.10.22 **4,7:** *a* Hes 10,14 **4,8:** *a* Jes 6,2-3; *b* 2. Mose 3,14 **5,1:** *a* Kap 4,2; *b* Hes 2,9-10 **5,5:** *a* 1. Mose 49,9-10; *b* Jes 11,1 **5,6:** *a* Jes 53,7; Joh 1,29

der rechten Hand dessen, der auf dem
Thron saß. 8 Und als es das Buch nahm,
da fielen die vier Gestalten und die vier-
undzwanzig Ältesten nieder vor dem
Lamm, und ein jeder hatte eine Harfe
und goldene Schalen voll Räucherwerk,
das sind die Gebete der Heiligen, 9 und
sie sangen ein [a]neues Lied: Du bist wür-
dig, zu nehmen das Buch und aufzutun
seine Siegel; denn du bist geschlachtet
und hast mit deinem Blut Menschen für
Gott erkauft aus allen Stämmen und
Sprachen und Völkern und Nationen
10 und hast sie unserm Gott [a]zu Königen
und Priestern gemacht, und sie werden
herrschen auf Erden.

11 Und ich sah, und ich hörte eine
Stimme vieler Engel um den Thron und
um die Gestalten und um die Ältesten
her, und [a]ihre Zahl war vieltausendmal
tausend; 12 [a]die sprachen mit großer
Stimme: **Das Lamm, das geschlachtet ist,
ist würdig, zu nehmen Kraft und Reichtum
und Weisheit und Stärke und Ehre und
Preis und Lob.**

13 Und jedes Geschöpf, das im Himmel
ist und auf Erden und unter der Erde
und auf dem Meer und alles, was darin
ist, hörte ich sagen: Dem, der auf dem
Thron sitzt, und dem Lamm sei Lob und
Ehre und Preis und Gewalt von Ewigkeit
zu Ewigkeit! 14 Und die vier Gestalten
sprachen: Amen! Und die Ältesten fielen
nieder und beteten an.

Die Öffnung der ersten sechs Siegel

6 Und ich sah, dass das Lamm das
erste der sieben Siegel auftat, und ich
hörte eine der vier Gestalten sagen wie
mit einer Donnerstimme: Komm! 2 [a]Und
ich sah, und siehe, ein weißes Pferd. Und
der darauf saß, hatte einen Bogen, und
ihm wurde eine Krone gegeben, und er
zog aus sieghaft und um zu siegen.

3 Und als es das zweite Siegel auftat,
hörte ich die zweite Gestalt sagen:
Komm! 4 Und es kam heraus ein zweites
Pferd, das war feuerrot. Und dem, der
darauf saß, wurde Macht gegeben, den
Frieden von der Erde zu nehmen, dass
sie sich untereinander umbrächten, und
ihm wurde ein großes Schwert gegeben.

5 Und als es das dritte Siegel auftat,
hörte ich die dritte Gestalt sagen:
Komm! Und ich sah, und siehe, ein
schwarzes Pferd. Und der darauf saß,
hatte eine Waage in seiner Hand. 6 Und
ich hörte eine Stimme mitten unter den
vier Gestalten sagen: Ein Maß Weizen
für einen Silbergroschen und drei Maß
Gerste für einen Silbergroschen; aber
dem Öl und Wein tu keinen Schaden!

7 Und als es das vierte Siegel auftat,
hörte ich die Stimme der vierten Gestalt
sagen: Komm! 8 Und ich sah, und siehe,
ein fahles Pferd. Und der darauf saß,
dessen Name war: Der Tod, und die
Hölle folgte ihm nach. Und ihnen wurde
Macht gegeben über den vierten Teil der
Erde, zu töten [a]mit Schwert und Hunger
und Pest und durch die wilden Tiere auf
Erden.

9 Und als es das fünfte Siegel auftat,
sah ich unten am Altar die Seelen derer,
die umgebracht worden waren um des
Wortes Gottes und um ihres Zeugnisses
willen. 10 Und sie schrien mit lauter
Stimme: Herr, du Heiliger und Wahr-
haftiger, wie lange richtest du nicht und
rächst nicht unser Blut an denen, die auf
der Erde wohnen? 11 Und ihnen wurde
gegeben einem jeden ein weißes Gewand,
und ihnen wurde gesagt, dass sie ruhen
müssten noch eine kleine Zeit, bis voll-
zählig dazukämen ihre Mitknechte und
Brüder, die auch noch getötet werden
sollten wie sie.

12 [a]Und ich sah: Als es das sechste
Siegel auftat, da geschah ein großes Erd-
beben, und die Sonne wurde finster wie
ein schwarzer Sack, und der ganze Mond
wurde wie Blut, 13 und die Sterne des
Himmels fielen auf die Erde, wie ein Fei-
genbaum seine Feigen abwirft, wenn er
von starkem Wind bewegt wird. 14 Und
[a]der Himmel wich wie eine Schriftrolle,
die zusammengerollt wird, und alle Berge
und Inseln wurden wegbewegt von ihrem
Ort. 15 Und die Könige auf Erden und die
Großen und die Obersten und die Rei-
chen und die Gewaltigen und alle Skla-
ven und alle Freien [a]verbargen sich in
den Klüften und Felsen der Berge 16 und
[a]sprachen zu den Bergen und Felsen:

5,9: *a* Ps 33,3 **5,10:** *a* Kap 1,6; 2.Mose 19,6 **5,11:** *a* Hebr 12,22 **5,12:** *a (12-13)* 1.Chr 29,11; Phil 2,9-10 **6,2:** *a (2-8)* Sach 6,1-8 **6,8:** *a* Hes 14,21 **6,12:** *a (12-17)* Jes 24,21-23; Joel 3,3-4; Mt 24,29 **6,14:** *a* Jes 34,4 **6,15:** *a* Jes 2,10.19 **6,16:** *a* Lk 23,30

Fallt über uns und verbergt uns vor dem
Angesicht dessen, der auf dem Thron
sitzt, und vor dem Zorn des Lammes!
17 Denn es ist gekommen [a]der große Tag
ihres Zorns und [b]wer kann bestehen?

Die Versiegelten

7 Danach sah ich vier Engel stehen an
den vier Ecken der Erde, die hielten
die [a]vier Winde der Erde fest, damit
kein Wind über die Erde blase noch über
das Meer noch über irgendeinen Baum.
2 Und ich sah einen andern Engel auf-
steigen vom Aufgang der Sonne her, der
hatte das Siegel des lebendigen Gottes
und rief mit großer Stimme zu den vier
Engeln, denen Macht gegeben war, der
Erde und dem Meer Schaden zu tun:
3 [a]Tut der Erde und dem Meer und den
Bäumen keinen Schaden, bis wir [b]versie-
geln die Knechte unseres Gottes an ihren
Stirnen.

4 Und ich hörte die Zahl derer, die ver-
siegelt wurden: [a]hundertvierundvierzig-
tausend, die versiegelt waren aus allen
Stämmen Israels: 5 aus dem Stamm Juda
zwölftausend versiegelt, aus dem Stamm
Ruben zwölftausend, aus dem Stamm
Gad zwölftausend, 6 aus dem Stamm
Asser zwölftausend, aus dem Stamm
Naftali zwölftausend, aus dem Stamm
Manasse zwölftausend, 7 aus dem Stamm
Simeon zwölftausend, aus dem Stamm
Levi zwölftausend, aus dem Stamm Is-
sachar zwölftausend, 8 aus dem Stamm
Sebulon zwölftausend, aus dem Stamm
Josef zwölftausend, aus dem Stamm Ben-
jamin zwölftausend versiegelt.

Die große Schar aus allen Völkern

9 Danach sah ich, und siehe, eine große
Schar, die niemand zählen konnte, aus
allen Nationen und Stämmen und Völ-
kern und Sprachen; die standen vor dem
Thron und vor dem Lamm, angetan mit
weißen Kleidern und mit Palmzweigen in
ihren Händen, 10 und riefen mit großer
Stimme: Das Heil ist bei dem, der auf
dem Thron sitzt, unserm Gott, und dem
Lamm! 11 Und alle Engel standen rings
um den Thron und um die Ältesten und
um die vier Gestalten und fielen nieder
vor dem Thron auf ihr Angesicht und
beteten Gott an 12 und sprachen: Amen,
Lob und Ehre und Weisheit und Dank
und Preis und Kraft und Stärke sei un-
serm Gott von Ewigkeit zu Ewigkeit!
Amen.

13 Und einer der Ältesten fing an und
sprach zu mir: Wer sind diese, die mit
den weißen Kleidern angetan sind, und
woher sind sie gekommen? 14 Und ich
sprach zu ihm: Mein Herr, du weißt es.
Und er sprach zu mir: **Diese sind's, die
gekommen sind aus der [a]großen Trübsal
und haben ihre Kleider gewaschen und ha-
ben ihre Kleider hell gemacht [b]im Blut des
Lammes. 15 Darum sind sie vor dem Thron
Gottes und dienen ihm Tag und Nacht in
seinem Tempel; und der auf dem Thron
sitzt, wird über ihnen wohnen. 16 Sie wer-
den nicht mehr hungern noch dürsten; es
wird auch nicht auf ihnen lasten die Sonne
oder irgendeine Hitze;[a] 17 denn das Lamm
mitten auf dem Thron [a]wird sie weiden
und leiten zu den Quellen des lebendigen
Wassers, und [b]Gott wird abwischen alle
Tränen von ihren Augen.**

Das siebente Siegel

8 Und als das Lamm das siebente Sie-
gel auftat, entstand eine [a]Stille im
Himmel etwa eine halbe Stunde lang.

2 Und ich sah die sieben Engel, die vor
Gott stehen, und ihnen wurden sieben
[a]Posaunen gegeben. 3 Und ein anderer
Engel kam und trat an den Altar und
hatte ein goldenes Räuchergefäß; und
ihm wurde viel Räucherwerk gegeben,
dass er es darbringe mit den Gebeten
aller Heiligen auf dem goldenen Altar
vor dem Thron. 4 Und der Rauch des
Räucherwerks stieg mit den Gebeten der
Heiligen von der Hand des Engels hinauf
vor Gott. 5 Und der Engel nahm das
Räuchergefäß und füllte es mit Feuer
vom Altar und [a]schüttete es auf die
Erde. Und da geschahen Donner und
Stimmen und Blitze und Erdbeben.

Die ersten sechs Posaunen

6 Und die sieben Engel mit den sieben
Posaunen hatten sich gerüstet zu blasen.
7 Und der erste blies seine Posaune; und

6,17: *a* Am 5,18; Röm 2,5; *b* Mal 3,2 **7,1:** *a* Dan 7,2 **7,3:** *a* Kap 9,4; *b* Hes 9,4.6 **7,4:** *a* Kap 14,1.3 **7,14:** *a* Mt 24,21; *b* Kap 12,11 **7,16:** *a* Jes 49,10 **7,17:** *a* Ps 23,2; *b* Kap 21,4; Jes 25,8 **8,1:** *a* Hab 2,20 **8,2:** *a* Mt 24,31 **8,5:** *a* Hes 10,2

es kam [a]Hagel und Feuer, mit Blut ver-
mengt, und fiel auf die Erde; und der
dritte Teil der Erde verbrannte, und der
dritte Teil der Bäume verbrannte, und
alles grüne Gras verbrannte.
8Und der zweite Engel blies seine Po-
saune; und es stürzte etwas wie ein gro-
ßer Berg mit Feuer brennend ins Meer,
und der dritte Teil des Meeres wurde zu
[a]Blut, 9und der dritte Teil der leben-
digen Geschöpfe im Meer starb, und der
dritte Teil der Schiffe wurde vernichtet.
10Und der dritte Engel blies seine Po-
saune; und [a]es fiel ein großer Stern vom
Himmel, der brannte wie eine Fackel und
fiel auf den dritten Teil der Wasserströme
und auf die Wasserquellen. 11Und der
Name des Sterns heißt Wermut. Und der
dritte Teil der Wasser wurde zu Wermut,
und viele Menschen starben von den
Wassern, weil sie bitter geworden waren.
12Und der vierte Engel blies seine Po-
saune; und es wurde geschlagen der
dritte Teil der [a]Sonne und der dritte Teil
des Mondes und der dritte Teil der
Sterne, sodass ihr dritter Teil verfinstert
wurde und den [b]dritten Teil des Tages
das Licht nicht schien und in der Nacht
desgleichen.
13Und ich sah, und ich hörte, wie ein
Adler mitten durch den Himmel flog und
sagte mit großer Stimme: Weh, weh, weh
denen, die auf Erden wohnen wegen der
anderen Posaunen der drei Engel, die
noch blasen sollen!

9 Und der fünfte Engel blies seine Po-
saune; und ich sah einen Stern, ge-
fallen vom Himmel auf die Erde; und
ihm wurde der Schlüssel zum Brunnen
des Abgrunds gegeben. 2Und er tat den
Brunnen des Abgrunds auf, und es stieg
auf ein Rauch aus dem Brunnen wie der
Rauch eines großen Ofens, und [a]es wur-
den verfinstert die Sonne und die Luft
von dem Rauch des Brunnens. 3Und aus
dem Rauch kamen Heuschrecken auf die
Erde, und ihnen wurde Macht gegeben,
wie die Skorpione auf Erden Macht ha-
ben.
4Und es wurde ihnen gesagt, sie soll-
ten nicht Schaden tun dem Gras auf
Erden noch allem Grünen noch irgend-
einem Baum, sondern allein den Men-
schen, die nicht das [a]Siegel Gottes haben
an ihren Stirnen. 5Und ihnen wurde
Macht gegeben, nicht dass sie sie töteten,
sondern sie quälten fünf Monate lang;
und ihre Qual war wie eine Qual von
einem Skorpion, wenn er einen Men-
schen sticht. 6Und in jenen Tagen wer-
den die Menschen den Tod suchen und
nicht finden, sie werden begehren zu
sterben und der Tod wird von ihnen flie-
hen.[a]
7Und die Heuschrecken sahen aus wie
Rosse, die zum Krieg gerüstet sind, und
auf ihren Köpfen war etwas wie goldene
Kronen, und ihr Antlitz glich der Men-
schen Antlitz; 8und sie hatten Haar wie
Frauenhaar und Zähne wie Löwenzähne
9und hatten Panzer wie eiserne Panzer,
und das Rasseln ihrer Flügel war wie das
Rasseln der Wagen vieler Rosse, die in
den Krieg laufen, 10und hatten Schwänze
wie Skorpione und hatten Stacheln, und
in ihren Schwänzen war ihre Kraft, Scha-
den zu tun den Menschen fünf Monate
lang; 11sie hatten über sich einen König,
den Engel des Abgrunds; sein Name
heißt auf Hebräisch Abaddon und auf
Griechisch hat er den Namen Apollyon.
12Das erste Wehe ist vorüber; siehe, es
kommen noch zwei Wehe danach.
13Und der sechste Engel blies seine
Posaune; und ich hörte eine Stimme aus
den vier Ecken des [a]goldenen Altars vor
Gott; 14die sprach zu dem sechsten En-
gel, der die Posaune hatte: Lass los die
vier Engel, die gebunden sind an dem
[a]großen Strom Euphrat. 15Und es wur-
den losgelassen die vier Engel, die bereit
waren für die Stunde und den Tag und
den Monat und das Jahr, zu töten den
dritten Teil der Menschen.[a]
16Und die Zahl des reitenden Heeres
war vieltausendmal tausend; ich hörte
ihre Zahl. 17Und so sah ich in dieser
Erscheinung die Rosse und die darauf
saßen: Sie hatten feuerrote und blaue
und schwefelgelbe Panzer, und die Häup-
ter der Rosse waren wie die Häupter der
Löwen, und aus ihren Mäulern kam
Feuer und Rauch und Schwefel. 18Von
diesen drei Plagen wurde getötet der

8,7: *a* 2. Mose 9,23-26 **8,8:** *a* 2. Mose 7,20-21 **8,10:** *a* Jes 14,12 **8,12:** *a* Kap 6,12; *b* 2. Mose 10,21 **9,2:** *a* Joel 2,2.10 **9,4:** *a* Kap 7,3 **9,6:** *a* Kap 6,16 **9,13:** *a* Kap 8,3; 2. Mose 30,1-3 **9,14:** *a* Kap 16,12 **9,15:** *a* Kap 8,7-12

dritte Teil der Menschen, von dem Feuer
und Rauch und Schwefel, der aus ihren
Mäulern kam. 19 Denn die Kraft der
Rosse war in ihrem Maul und in ihren
Schwänzen; denn ihre Schwänze waren
den Schlangen gleich und hatten Häup-
ter, und mit denen taten sie Schaden.
20 Und die übrigen Leute, die nicht
getötet wurden von diesen Plagen, [a]be-
kehrten sich doch nicht von den Werken
ihrer Hände, dass sie nicht mehr anbete-
ten die bösen Geister und die goldenen,
silbernen, ehernen, steinernen und höl-
zernen Götzen, die weder sehen noch
hören noch gehen können, 21 und sie be-
kehrten sich auch nicht von ihren Mor-
den, ihrer Zauberei, ihrer Unzucht und
ihrer Dieberei.

Der Engel mit dem Büchlein

10 Und ich sah einen andern starken
Engel vom Himmel herabkommen,
mit einer Wolke bekleidet, und der Re-
genbogen auf seinem Haupt und sein
Antlitz wie die Sonne und seine Füße wie
Feuersäulen. 2 Und er hatte in seiner
Hand ein Büchlein, das war aufgetan.
Und er setzte seinen rechten Fuß auf das
Meer und den linken auf die Erde, 3 und
er [a]schrie mit großer Stimme, wie ein
Löwe brüllt. Und als er schrie, erhoben
die sieben Donner ihre Stimme. 4 Und als
die sieben Donner geredet hatten, wollte
ich es aufschreiben. Da hörte ich eine
Stimme vom Himmel zu mir sagen:
[a]Versiegle, was die sieben Donner ge-
redet haben, und schreib es nicht auf!
5 Und der Engel, den ich stehen sah
auf dem Meer und auf der Erde, hob
seine rechte Hand auf zum Himmel 6 und
[a]schwor bei dem, der da lebt von Ewig-
keit zu Ewigkeit, der den Himmel ge-
schaffen hat und was darin ist und die
Erde und was darin ist und das Meer und
was darin ist: Es soll hinfort keine Zeit
mehr sein, 7 sondern in den Tagen, [a]wenn
der siebente Engel seine Stimme erheben
und seine Posaune blasen wird, dann [b]ist
vollendet das Geheimnis Gottes, wie er
es verkündigt hat seinen Knechten, den
Propheten.
8 Und die Stimme, die ich vom Himmel
gehört hatte, redete abermals mit mir
und sprach: Geh hin, nimm das offene
Büchlein aus der Hand des Engels, der
auf dem Meer und auf der Erde steht!
9 Und ich ging hin zu dem Engel und
sprach zu ihm: Gib mir das Büchlein!
Und er sprach zu mir: [a]Nimm und ver-
schling's! Und es wird dir bitter im Ma-
gen sein, aber in deinem Mund wird's süß
sein wie Honig. 10 Und ich nahm das
Büchlein aus der Hand des Engels und
verschlang's. Und es war süß in meinem
Mund wie Honig, und als ich's gegessen
hatte, war es mir bitter im Magen. 11 Und
mir wurde gesagt: Du musst abermals
weissagen von [a]Völkern und Nationen
und Sprachen und vielen Königen.

Die beiden Zeugen

11 Und es wurde mir ein Rohr gege-
ben, einem [a]Messstab gleich, und
mir wurde gesagt: Steh auf und [b]miss
den Tempel Gottes und den Altar und
die dort anbeten. 2 Aber den äußeren
Vorhof des Tempels lass weg und miss
ihn nicht, denn er ist den Heiden ge-
geben; und [a]die heilige Stadt werden
sie zertreten zweiundvierzig Monate
lang.
3 Und ich will meinen zwei Zeugen
Macht geben, und sie sollen weissagen
[a]tausendzweihundertundsechzig Tage
lang, angetan mit Trauerkleidern. 4 Diese
sind die [a]zwei Ölbäume und die zwei
Leuchter, die vor dem Herrn der Erde
stehen. 5 Und wenn ihnen jemand Scha-
den tun will, so kommt Feuer aus ihrem
Mund und verzehrt ihre Feinde; und
wenn ihnen jemand Schaden tun will,
muss er so getötet werden. 6 Diese haben
Macht, [a]den Himmel zu verschließen,
damit es nicht regne in den Tagen ihrer
Weissagung, und haben Macht über die
Wasser, [b]sie in Blut zu verwandeln und
die Erde zu schlagen mit Plagen aller
Art, sooft sie wollen.
7 Und wenn sie ihr Zeugnis vollendet
haben, so wird [a]das Tier, das aus dem
Abgrund aufsteigt, mit ihnen kämpfen
und [b]wird sie überwinden und wird sie
töten. 8 Und ihre Leichname werden lie-
gen auf dem Marktplatz der großen

Offb

9,20: *a* Kap 16,9 **10,3:** *a* Ps 29,3-9 **10,4:** *a* Dan 12,4.9 **10,6:** *a* Dan 12,7 **10,7:** *a* Kap 11,15; *b* Apg 3,21 **10,9:** *a* Hes 3,1-3 **10,11:** *a* Jer 1,9-10 **11,1:** *a* Hes 40,3; Sach 2,5-6; *b* Hes 42,20 **11,2:** *a* Lk 21,24 **11,3:** *a* Kap 12,6 **11,4:** *a* Sach 4,3.11-14 **11,6:** *a* 1.Kön 17,1; *b* 2.Mose 7,19-20 **11,7:** *a* Kap 13,1; *b* Kap 13,7

Stadt, die heißt geistlich: Sodom und
Ägypten, wo auch ihr Herr gekreuzigt
wurde. 9 Und Menschen aus allen Völ-
kern und Stämmen und Sprachen und
Nationen sehen ihre Leichname drei
Tage und einen halben und lassen nicht
zu, dass ihre Leichname ins Grab gelegt
werden. 10 Und die auf Erden wohnen,
freuen sich darüber und sind fröhlich
und werden einander Geschenke senden;
denn diese zwei Propheten hatten ge-
quält, die auf Erden wohnten.
11 Und nach drei Tagen und einem hal-
ben fuhr in sie der Geist des Lebens von
Gott, und sie stellten sich auf ihre Füße;
und eine große Furcht fiel auf die, die
sie sahen. 12 Und sie hörten eine große
Stimme vom Himmel zu ihnen sagen:
Steigt herauf! Und sie stiegen auf in den
Himmel in einer Wolke, und es sahen sie
ihre Feinde. 13 Und zu derselben Stunde
geschah ein großes Erdbeben, und der
zehnte Teil der Stadt stürzte ein; und es
wurden getötet in dem Erdbeben sieben-
tausend Menschen, und die andern er-
schraken und gaben dem Gott des Him-
mels die Ehre. 14 Das [a]zweite Wehe ist
vorüber; siehe, das dritte Wehe kommt
schnell.

Die siebente Posaune

15 Und der siebente Engel blies seine Po-
saune; und es erhoben sich große Stim-
men im Himmel, die sprachen: **Es sind
die Reiche der Welt unseres Herrn und
seines Christus geworden, und er wird re-
gieren von Ewigkeit zu Ewigkeit.**
16 Und die [a]vierundzwanzig Ältesten,
die vor Gott auf ihren Thronen saßen,
fielen nieder auf ihr Angesicht und be-
teten Gott an 17 und sprachen: Wir dan-
ken dir, Herr, allmächtiger Gott, der du
bist und der du warst, dass du an dich
genommen hast deine große Macht und
herrschest! 18 Und [a]die Völker sind zor-
nig geworden; und es ist gekommen dein
Zorn und die Zeit, die Toten zu richten
und den Lohn zu geben deinen Knech-
ten, den Propheten und den Heiligen und
denen, die deinen Namen fürchten, den
Kleinen und den Großen, und zu ver-
nichten, die die Erde vernichten.
19 Und [a]der Tempel Gottes im Him-
mel wurde aufgetan, und die Lade seines
Bundes wurde in seinem Tempel sicht-
bar; und es geschahen Blitze und Stim-
men und Donner und Erdbeben und ein
großer Hagel.

Die Frau und der Drache

12 Und es erschien ein großes Zeichen
am Himmel: eine Frau, mit der
Sonne bekleidet, und der Mond unter
ihren Füßen und auf ihrem Haupt eine
Krone von zwölf Sternen. 2 Und sie war
schwanger und schrie in Kindsnöten und
hatte große Qual bei der Geburt.
3 Und es erschien ein anderes Zeichen
am Himmel, und siehe, ein großer, roter
Drache, der hatte sieben Häupter und
zehn Hörner und auf seinen Häuptern
sieben Kronen, 4 und sein Schwanz fegte
[a]den dritten Teil der Sterne des Himmels
hinweg und warf sie auf die Erde. Und
der Drache trat vor die Frau, die gebären
sollte, damit er, wenn sie geboren hätte,
ihr Kind fräße.
5 Und sie gebar einen Sohn, einen
Knaben, der alle Völker weiden sollte
[a]mit eisernem Stabe. Und ihr Kind
wurde entrückt zu Gott und seinem
Thron. 6 Und die Frau entfloh in die
Wüste, wo sie einen Ort hatte, bereitet
von Gott, dass sie dort ernährt werde
[a]tausendzweihundertundsechzig Tage.
7 Und es entbrannte ein Kampf im
Himmel: Michael und seine Engel
kämpften gegen den Drachen. Und der
Drache kämpfte und seine Engel, 8 und
sie siegten nicht und ihre Stätte wurde
nicht mehr gefunden im Himmel. 9 Und
es wurde hinausgeworfen der große
Drache, die alte Schlange, die da heißt:
Teufel und Satan, der die ganze Welt
verführt, und er wurde auf die Erde ge-
worfen, und seine Engel wurden mit ihm
dahin geworfen.[a]
10 Und ich hörte eine große Stimme,
die sprach im Himmel: **Nun ist das Heil
und die Kraft und [a]das Reich unseres Got-
tes geworden und die Macht seines Chris-
tus; denn der Verkläger unserer Brüder
ist verworfen, der sie verklagte Tag und
Nacht vor unserm Gott. 11 Und sie haben**

11,14: *a* Kap 9,12 **11,16:** *a* Kap 4,4.10 **11,18:** *a* Ps 2,1 **11,19:** *a* Kap 15,5 **12,4:** *a* Dan 8,10 **12,5:** *a* Ps 2,9 **12,6:** *a* Kap 11,3 **12,9:** *a* Kap 20,2; 1. Mose 3,1; Lk 10,18 **12,10:** *a* Kap 11,15

ihn überwunden [a]durch des Lammes Blut
und [b]durch das Wort ihres Zeugnisses und
haben ihr Leben nicht geliebt bis hin zum
Tod. 12 Darum freut euch, ihr Himmel
und die darin wohnen! Weh aber der
Erde und dem Meer! Denn der Teufel
kommt zu euch hinab und hat einen gro-
ßen Zorn und weiß, dass er wenig Zeit
hat.

13 Und als der Drache sah, dass er auf
die Erde geworfen war, verfolgte er die
Frau, die den Knaben geboren hatte.
14 Und es wurden der Frau gegeben die
zwei Flügel des großen Adlers, dass sie in
die Wüste flöge an ihren Ort, wo sie
ernährt werden sollte eine Zeit und zwei
Zeiten und eine halbe Zeit fern von dem
Angesicht der Schlange. 15 Und die
Schlange stieß aus ihrem Rachen Wasser
aus wie einen Strom hinter der Frau her,
um sie zu ersäufen. 16 Aber die Erde half
der Frau und tat ihren Mund auf und
verschlang den Strom, den der Drache
ausstieß aus seinem Rachen. 17 Und der
Drache wurde zornig über die Frau und
ging hin, zu kämpfen gegen die Übrigen
von ihrem Geschlecht, die Gottes Gebote
halten und haben das Zeugnis Jesu.
18 Und er trat an den Strand des Meeres.

Die beiden Tiere

13 Und ich sah [a]ein Tier aus dem
Meer steigen, das hatte zehn Hör-
ner und sieben Häupter und auf seinen
Hörnern zehn Kronen und auf seinen
Häuptern lästerliche Namen. 2 Und das
Tier, das ich sah, war gleich einem Pan-
ther und seine Füße wie Bärenfüße und
sein Rachen wie ein Löwenrachen. Und
der Drache gab ihm seine Kraft und sei-
nen Thron und große Macht. 3 Und ich
sah eines seiner Häupter, als wäre es
tödlich verwundet, und seine tödliche
Wunde wurde heil. Und die ganze Erde
wunderte sich über das Tier, 4 und sie
beteten den Drachen an, weil er dem Tier
die Macht gab, und beteten das Tier an
und sprachen: Wer ist dem Tier gleich
und wer kann mit ihm kämpfen?

5 Und es wurde ihm ein Maul gegeben,
zu reden große Dinge und Lästerungen,
und ihm wurde Macht gegeben, es zu tun
[a]zweiundvierzig Monate lang. 6 Und es
tat sein Maul auf zur Lästerung gegen
Gott, zu lästern seinen Namen und sein
Haus und die im Himmel wohnen. 7 Und
ihm wurde Macht gegeben, [a]zu kämpfen
mit den Heiligen und sie zu überwinden;
und ihm wurde Macht gegeben über alle
Stämme und Völker und Sprachen und
Nationen. 8 Und alle, die auf Erden woh-
nen, beten es an, deren Namen nicht vom
Anfang der Welt an geschrieben stehen
in dem Lebensbuch des Lammes, das ge-
schlachtet ist.

9 Hat jemand Ohren, der höre! 10 Wenn
jemand ins Gefängnis soll, dann wird er
ins Gefängnis kommen; [a]wenn jemand
mit dem Schwert getötet werden soll,
dann wird er mit dem Schwert getötet
werden. [b]**Hier ist Geduld und Glaube der**
Heiligen!

11 Und ich sah ein zweites Tier auf-
steigen aus der Erde; das hatte zwei Hör-
ner wie ein Lamm und redete wie ein
Drache. 12 Und es übt alle Macht des
ersten Tieres aus vor seinen Augen und
es macht, dass die Erde und die darauf
wohnen, das erste Tier anbeten, dessen
tödliche Wunde heil geworden war. 13 Und
[a]es tut große Zeichen, sodass es auch
Feuer vom Himmel auf die Erde fallen
lässt vor den Augen der Menschen;
14 und es verführt, die auf Erden wohnen,
durch die Zeichen, die zu tun vor den
Augen des Tieres ihm Macht gegeben ist;
und sagt denen, die auf Erden wohnen,
dass sie ein Bild machen sollen dem Tier,
das die Wunde vom Schwert hatte und
lebendig geworden war.

15 Und es wurde ihm Macht gegeben,
Geist zu verleihen dem Bild des Tieres,
damit das Bild des Tieres reden und ma-
chen könne, dass alle, die das Bild des
Tieres nicht anbeteten, getötet würden.
16 Und es macht, dass sie allesamt, die
Kleinen und Großen, die Reichen und
Armen, die Freien und Sklaven, sich [a]ein
Zeichen machen an ihre rechte Hand
oder an ihre Stirn 17 und dass niemand
kaufen oder verkaufen kann, wenn er
nicht das Zeichen hat, nämlich den
Namen des Tieres oder die Zahl seines
Namens.

12,11: *a* Kap 7,14; *b* Kap 6,9 **13,1:** *a* Dan 7,3-7 **13,5:** *a* Kap 11,2 **13,7:** *a* Kap 11,7; Dan 7,21 **13,10:** *a* 1. Mose 9,6; Mt 26,52; *b* Kap 14,12 **13,13:** *a* Mt 24,24; 2. Thess 2,9 **13,16:** *a* Kap 19,20

18 Hier ist Weisheit! Wer Verstand hat,
der überlege [a]die Zahl des Tieres; denn
es ist die Zahl eines Menschen, und sei-
ne Zahl ist sechshundertundsechsund-
sechzig.

Das Lamm und die Seinen

14 Und ich sah, und siehe, das Lamm
stand auf dem Berg Zion und mit
ihm [a]hundertvierundvierzigtausend, die
hatten seinen Namen und [b]den Namen
seines Vaters geschrieben auf ihrer Stirn.
2 Und ich hörte eine Stimme vom Him-
mel [a]wie die Stimme eines großen Was-
sers und wie die Stimme eines großen
Donners, und die Stimme, die ich hörte,
war wie von Harfenspielern, die auf ihren
Harfen spielen. 3 Und sie sangen ein
neues Lied vor dem Thron und vor den
vier Gestalten und den Ältesten; und
niemand konnte das Lied lernen außer
den hundertvierundvierzigtausend, die er-
kauft sind von der Erde. 4 Diese sind's,
[a]die sich mit Frauen nicht befleckt ha-
ben, denn sie sind jungfräulich; die fol-
gen dem Lamm nach, wohin es geht.
Diese sind erkauft aus den Menschen als
Erstlinge für Gott und das Lamm, 5 und
in ihrem Mund wurde kein Falsch ge-
funden; sie sind untadelig.

Die Botschaft der drei Engel

6 Und ich sah einen andern Engel fliegen
mitten durch den Himmel, der hatte ein
ewiges Evangelium zu verkündigen de-
nen, die auf Erden wohnen, allen Na-
tionen und Stämmen und Sprachen und
Völkern. 7 Und er sprach mit großer
Stimme: Fürchtet Gott und gebt ihm die
Ehre; denn die Stunde seines Gerichts ist
gekommen! Und betet an den, der ge-
macht hat Himmel und Erde und Meer
und die Wasserquellen!

8 [a]Und ein zweiter Engel folgte, der
sprach: Sie ist gefallen, sie ist gefallen,
Babylon, die große Stadt; denn sie hat
mit dem Zorneswein ihrer Hurerei ge-
tränkt alle Völker.

9 Und ein dritter Engel folgte ihnen
und sprach mit großer Stimme: [a]Wenn
jemand das Tier anbetet und sein Bild
und nimmt das Zeichen an seine Stirn
oder an seine Hand, 10 der wird von dem
[a]Wein des Zornes Gottes trinken, der
unvermischt eingeschenkt ist in den
Kelch seines Zorns, und er wird gequält
werden mit Feuer und Schwefel vor den
heiligen Engeln und vor dem Lamm.
11 Und der Rauch von ihrer Qual wird
aufsteigen von Ewigkeit zu Ewigkeit; und
sie haben keine Ruhe Tag und Nacht, die
das Tier anbeten und sein Bild und wer
das Zeichen seines Namens annimmt.
12 [a]Hier ist Geduld der Heiligen! Hier
sind, die da halten die Gebote Gottes
und den Glauben an Jesus!

13 Und ich hörte eine Stimme vom
Himmel zu mir sagen: Schreibe: [a]**Selig
sind die Toten, die in dem Herrn sterben
von nun an. Ja, spricht der Geist, sie sollen
[b]ruhen von ihrer Mühsal; denn [c]ihre
Werke folgen ihnen nach.**

Ernte und Weinlese

14 Und ich sah, und siehe, eine weiße
Wolke. Und [a]auf der Wolke saß einer,
der gleich war einem Menschensohn; der
hatte eine goldene Krone auf seinem
Haupt und in seiner Hand eine scharfe
Sichel. 15 Und ein andrer Engel kam aus
dem Tempel und rief dem, der auf der
Wolke saß, mit großer Stimme zu: Setze
deine [a]Sichel an und ernte; denn die Zeit
zu ernten ist gekommen, denn [b]die Ernte
der Erde ist reif geworden. 16 Und der auf
der Wolke saß, setzte seine Sichel an die
Erde und die Erde wurde abgeerntet.

17 Und ein andrer Engel kam aus dem
Tempel im Himmel, der hatte ein schar-
fes Winzermesser. 18 Und ein andrer En-
gel kam vom Altar, der hatte Macht über
das Feuer und rief dem, der das scharfe
Messer hatte, mit großer Stimme zu:
Setze dein scharfes Winzermesser an und
schneide die Trauben am Weinstock der
Erde, denn seine Beeren sind reif! 19 Und
der Engel setzte sein Winzermesser an
die Erde und schnitt die Trauben am
Weinstock der Erde und warf sie in die
große Kelter des Zornes Gottes. 20 Und
[a]die Kelter wurde draußen vor der Stadt
getreten, und das Blut ging von der Kel-

13,18: *a* Kap 15,2 **14,1:** *a* Kap 7,4; *b* Kap 3,12 **14,2:** *a* Kap 1,15 **14,4:** *a* 1. Kor 7,1.8 **14,8:** *a (8-10)* Kap 18,1-3; Jes 21,9; Jer 25,15-16; 51,7 **14,9:** *a* Kap 13,12-17 **14,10:** *a* Ps 75,9 **14,12:** *a* Kap 13,10 **14,13:** *a* Phil 1,23; *b* Jes 57,2; Hebr 4,10; *c* 1. Tim 5,24-25 **14,14:** *a* Dan 7,13; Mk 13,26 **14,15:** *a* Joel 4,13; *b* Mt 13,39 **14,20:** *a* Jes 63,3

ter bis an die Zäume der Pferde, tausend-
sechshundert Stadien weit.

Das Lied der Überwinder

15 Und ich sah ein andres Zeichen am
Himmel, das war groß und wunder-
bar: [a]sieben Engel, die hatten die letzten
sieben Plagen; denn mit ihnen ist voll-
endet der Zorn Gottes.
2 Und ich sah, und es war [a]wie ein
gläsernes Meer, mit Feuer vermengt; und
die den Sieg behalten hatten über das
Tier und sein Bild und über die Zahl
seines Namens, die standen an dem glä-
sernen Meer und hatten Gottes Harfen
3 und sangen das [a]Lied des Mose, des
Knechtes Gottes, und das Lied des Lam-
mes: [b]Groß und wunderbar sind deine
Werke, Herr, allmächtiger Gott! [c]Ge-
recht und wahrhaftig sind deine Wege, du
König der Völker. 4 Wer sollte dich, Herr,
nicht fürchten und deinen Namen nicht
preisen? Denn du allein bist heilig! Ja,
[a]alle Völker werden kommen und an-
beten vor dir, denn deine gerechten Ge-
richte sind offenbar geworden.

Die Schalen des Zorns

5 Danach sah ich: Es [a]wurde aufgetan
der Tempel, die Stiftshütte im Himmel,
6 und aus dem Tempel kamen die sieben
Engel, die die sieben Plagen hatten, ange-
tan mit reinem, hellem Leinen und ge-
gürtet um die Brust mit goldenen Gür-
teln. 7 Und [a]eine der vier Gestalten gab
den sieben Engeln sieben goldene Scha-
len voll vom [b]Zorn Gottes, der da lebt
von Ewigkeit zu Ewigkeit. 8 Und [a]der
Tempel wurde voll Rauch von der [b]Herr-
lichkeit Gottes und von seiner Kraft; und
niemand konnte in den Tempel gehen,
bis die sieben Plagen der sieben Engel
vollendet waren.

16 Und ich hörte eine große Stimme
aus dem Tempel, die sprach zu den
sieben Engeln: Geht hin und gießt aus
die sieben Schalen des Zornes Gottes auf
die Erde!
2 Und der erste ging hin und goss seine
Schale aus auf die Erde; und es entstand
ein [a]böses und schlimmes Geschwür an
den Menschen, die das Zeichen des Tie-
res hatten und die sein Bild anbeteten.
3 Und der zweite Engel goss aus seine
Schale ins Meer; und es wurde zu Blut
wie von einem Toten, und alle lebendigen
Wesen im Meer starben.
4 Und der dritte Engel goss aus seine
Schale in die Wasserströme und in die
Wasserquellen; und sie [a]wurden zu Blut.
5 Und ich hörte den Engel der Wasser
sagen: Gerecht bist du, der du bist und
der du warst, du Heiliger, dass du dieses
Urteil gesprochen hast; 6 denn sie haben
das Blut der Heiligen und der Propheten
vergossen, und Blut hast du ihnen zu
trinken gegeben; sie sind's wert.[a] 7 Und
[a]ich hörte den Altar sagen: Ja, Herr,
allmächtiger Gott, deine Gerichte sind
wahrhaftig und gerecht.[b]
8 Und der vierte Engel goss aus seine
Schale über die Sonne; und es wurde ihr
Macht gegeben, die Menschen zu versen-
gen mit Feuer. 9 Und die Menschen wur-
den versengt von der großen Hitze und
lästerten den Namen Gottes, der Macht
hat über diese Plagen, und bekehrten sich
nicht, ihm die Ehre zu geben.
10 Und der fünfte Engel goss aus seine
Schale auf den Thron des Tieres; und
sein Reich wurde verfinstert, und die
Menschen zerbissen ihre Zungen vor
Schmerzen 11 und lästerten Gott im Him-
mel wegen ihrer Schmerzen und wegen
ihrer Geschwüre und bekehrten sich
nicht von ihren Werken.
12 Und der sechste Engel goss aus seine
Schale auf den großen Strom Euphrat;
und [a]sein Wasser trocknete aus, damit
der Weg bereitet würde den Königen
vom Aufgang der Sonne. 13 Und ich sah
aus dem Rachen des [a]Drachen und aus
dem Rachen des Tieres und aus dem
Munde des falschen Propheten drei un-
reine Geister kommen, gleich Fröschen;
14 es sind Geister von Teufeln, die tun
Zeichen und gehen aus zu den Königen
der ganzen Welt, sie zu versammeln zum
Kampf am großen Tag Gottes, des All-
mächtigen. – 15 Siehe, [a]ich komme wie
ein Dieb. Selig ist, der da wacht und seine

15,1: *a* Kap 16,1 **15,2:** *a* Kap 4,6 **15,3:** *a* 2. Mose 15,1.11; *b* Jer 10,6-7; *c* 5. Mose 32,4; Ps 145,17 **15,4:** *a* Ps 86,9; Jer 16,19-21 **15,5:** *a* Kap 11,19 **15,7:** *a* Kap 4,6-8; *b* Kap 14,10 **15,8:** *a* Jes 6,4; *b* 2. Mose 40,34; 1. Kön 8,10-11; Hes 44,4 **16,2:** *a* 2. Mose 9,10-11 **16,4:** *a* 2. Mose 7,17-21 **16,6:** *a* Weish 11,16 **16,7:** *a* Kap 9,13; *b* Kap 6,9-10 **16,12:** *a* Jes 11,15-16 **16,13:** *a* Kap 12,3 **16,15:** *a* 1. Thess 5,2

Kleider bewahrt, damit er nicht nackt
gehe und man seine Blöße sehe. – 16 Und
er versammelte sie an einen Ort, der
heißt auf hebräisch Harmagedon.

17 Und der siebente Engel goss aus
seine Schale in die Luft; und es kam eine
große Stimme aus dem Tempel vom
Thron, die sprach: Es ist geschehen!
18 Und es geschahen Blitze und Stimmen
und Donner, und es geschah ein großes
Erdbeben, wie es noch nicht gewesen ist,
seit Menschen auf Erden sind – ein sol-
ches Erdbeben, so groß. 19 Und aus der
großen Stadt wurden drei Teile, und die
Städte der Heiden stürzten ein. Und
[a]Babylon, der großen, wurde gedacht
vor Gott, dass ihr gegeben werde der
Kelch mit dem Wein seines grimmigen
Zorns. 20 Und alle Inseln verschwanden,
und die Berge wurden nicht mehr ge-
funden.[a] 21 Und ein großer [a]Hagel wie
Zentnergewichte fiel vom Himmel auf die
Menschen; und die Menschen lästerten
Gott wegen der Plage des Hagels; denn
diese Plage ist sehr groß.

Die große Hure Babylon

17 Und es kam einer von den [a]sieben
Engeln, die die sieben Schalen hat-
ten, redete mit mir und sprach: Komm,
ich will dir zeigen das Gericht über die
große Hure, die an vielen Wassern sitzt,
2 mit der die Könige auf Erden Hurerei
getrieben haben; und die auf Erden woh-
nen, sind betrunken geworden von dem
Wein ihrer Hurerei.

3 Und er brachte mich im Geist in die
Wüste. Und ich sah eine Frau auf einem
scharlachroten Tier sitzen, das war voll
lästerlicher Namen und hatte sieben
Häupter und zehn Hörner. 4 Und die
Frau war bekleidet mit Purpur und
Scharlach und geschmückt mit Gold und
Edelsteinen und Perlen und hatte [a]einen
goldenen Becher in der Hand, voll von
Gräuel und Unreinheit ihrer Hurerei,
5 und auf ihrer Stirn war geschrieben ein
Name, ein Geheimnis: Das große Baby-
lon, die Mutter der Hurerei und aller
Gräuel auf Erden. 6 Und ich sah die
Frau, betrunken von dem [a]Blut der Hei-
ligen und von dem Blut der Zeugen Jesu.
Und ich wunderte mich sehr, als ich sie
sah.

7 Und der Engel sprach zu mir: Warum
wunderst du dich? Ich will dir sagen das
Geheimnis der Frau und des Tieres, das
sie trägt und sieben Häupter und zehn
Hörner hat. 8 Das Tier, das du gesehen
hast, ist gewesen und ist jetzt nicht und
wird wieder aufsteigen aus dem Abgrund
und wird in die Verdammnis fahren. Und
es werden sich wundern, die auf Erden
wohnen, deren Namen nicht geschrieben
stehen im Buch des Lebens vom Anfang
der Welt an, wenn sie das Tier sehen,
dass es gewesen ist und jetzt nicht ist und
wieder sein wird. 9 Hier ist Sinn, zu dem
[a]Weisheit gehört!

Die sieben Häupter sind sieben Berge,
auf denen die Frau sitzt, und es sind
sieben Könige. 10 Fünf sind gefallen,
einer ist da, der andre ist noch nicht ge-
kommen; und wenn er kommt, muss er
eine kleine Zeit bleiben. 11 Und das Tier,
das gewesen ist und jetzt nicht ist, das ist
der achte und ist einer von den sieben
und fährt in die Verdammnis. 12 Und die
[a]zehn Hörner, die du gesehen hast, das
sind zehn Könige, die ihr Reich noch
nicht empfangen haben; aber wie Könige
werden sie für eine Stunde Macht emp-
fangen zusammen mit dem Tier. 13 Diese
sind eines Sinnes und geben ihre Kraft
und Macht dem Tier. 14 Die werden ge-
gen das Lamm kämpfen und das Lamm
wird sie überwinden, denn es ist [a]der
Herr aller Herren und der König aller
Könige, und [b]die mit ihm sind, sind die
Berufenen und Auserwählten und Gläu-
bigen.

15 Und er sprach zu mir: Die [a]Wasser,
die du gesehen hast, an denen die Hure
sitzt, sind Völker und Scharen und Na-
tionen und Sprachen. 16 Und die zehn
Hörner, die du gesehen hast, und das
Tier, die werden die Hure hassen und
werden sie ausplündern und entblößen
und werden ihr Fleisch essen und werden
sie mit Feuer verbrennen. 17 Denn Gott
hat's ihnen in ihr Herz gegeben, nach
seinem Sinn zu handeln und eines Sinnes
zu werden und ihr Reich dem Tier zu
geben, bis vollendet werden die Worte

16,19: *a* Kap 14,8-10 **16,20:** *a* Kap 6,14 **16,21:** *a* 2. Mose 9,23 **17,1:** *a* Kap 15,1 **17,4:** *a* Jer 51,7 **17,6:** *a* Kap 18,24 **17,9:** *a* Kap 13,18 **17,12:** *a* Kap 13,1 **17,14:** *a* Kap 19,16; *b* Kap 19,14 **17,15:** *a* Jes 8,7; Jer 47,2

Gottes. 18 Und die Frau, die du gesehen hast, ist [a]die große Stadt, die die Herrschaft hat über die Könige auf Erden.

Der Untergang Babylons

18 Danach sah ich einen andern Engel herniederfahren vom Himmel, der hatte große Macht, und [a]die Erde wurde erleuchtet von seinem Glanz. 2 Und er rief mit mächtiger Stimme: [a]Sie ist gefallen, sie ist gefallen, Babylon, die Große, und ist eine Behausung der Teufel geworden und ein Gefängnis aller unreinen Geister und ein Gefängnis aller unreinen Vögel und [b]ein Gefängnis aller unreinen und verhassten Tiere. 3 Denn [a]von dem Zorneswein ihrer [b]Hurerei haben alle Völker getrunken, und die Könige auf Erden haben mit ihr Hurerei getrieben, und die Kaufleute auf Erden sind reich geworden von ihrer großen Üppigkeit.

4 Und ich hörte eine andre Stimme vom Himmel, die sprach: [a]Geht hinaus aus ihr, mein Volk, dass ihr nicht teilhabt an ihren Sünden und nichts empfangt von ihren Plagen! 5 Denn ihre Sünden [a]reichen bis an den Himmel und Gott denkt an ihren Frevel. 6 [a]Bezahlt ihr, wie sie bezahlt hat, und gebt ihr zweifach zurück nach ihren Werken! Und in den Kelch, in den sie euch eingeschenkt hat, schenkt ihr zweifach ein! 7 [a]Wie viel Herrlichkeit und Üppigkeit sie gehabt hat, so viel Qual und Leid schenkt ihr ein! Denn sie spricht in ihrem Herzen: Ich throne hier und bin eine Königin und bin keine Witwe, und Leid werde ich nicht sehen. 8 Darum werden ihre Plagen an **einem** Tag kommen, Tod, Leid und Hunger, und mit Feuer wird sie verbrannt werden; denn stark ist Gott der Herr, der sie richtet.

9 Und es werden sie beweinen und beklagen die Könige auf Erden, die mit ihr gehurt und geprasst haben, wenn sie sehen werden den Rauch von ihrem Brand, in dem sie verbrennt. 10 Sie werden fernab stehen aus Furcht vor ihrer Qual und sprechen: Weh, weh, du große Stadt Babylon, du starke Stadt, [a]in einer Stunde ist dein Gericht gekommen! 11 Und die Kaufleute auf Erden werden weinen und Leid tragen um sie, weil ihre Ware niemand mehr kaufen wird: 12 Gold und Silber und Edelsteine und Perlen und feines Leinen und Purpur und Seide und Scharlach und allerlei wohlriechende Hölzer und allerlei Gerät aus Elfenbein und allerlei Gerät aus kostbarem Holz und Erz und Eisen und Marmor 13 und Zimt und Balsam und Räucherwerk und Myrrhe und Weihrauch und Wein und Öl und feinstes Mehl und Weizen und Vieh und Schafe und Pferde und Wagen und Leiber und Seelen von Menschen.

14 Und das Obst, an dem deine Seele Lust hatte, ist dahin; und alles, was glänzend und herrlich war, ist für dich verloren und man wird es nicht mehr finden. 15 Die Kaufleute, die durch diesen Handel mit ihr reich geworden sind, werden fernab stehen aus Furcht vor ihrer Qual, werden weinen und klagen: 16 Weh, weh, du große Stadt, die [a]bekleidet war mit feinem Leinen und Purpur und Scharlach und geschmückt war mit Gold und Edelsteinen und Perlen, 17 [a]denn in **einer** Stunde ist verwüstet solcher Reichtum!

Und alle Schiffsherren und alle Steuerleute und die Seefahrer und die auf dem Meer arbeiten standen fernab 18 und schrien, als sie den Rauch von ihrem Brand sahen: Wer ist der großen Stadt gleich? 19 Und sie warfen Staub auf ihre Häupter und schrien, weinten und klagten: Weh, weh, du große Stadt, von deren Überfluss reich geworden sind alle, die Schiffe auf dem Meer hatten; denn in **einer** Stunde ist sie verwüstet!

20 [a]Freue dich über sie, Himmel, und ihr Heiligen und Apostel und Propheten! Denn Gott hat sie gerichtet um euretwillen.

21 Und ein starker Engel hob einen Stein auf, groß wie ein Mühlstein, warf ihn ins Meer und sprach: [a]So wird in einem Sturm niedergeworfen die große Stadt Babylon und nicht mehr gefunden werden. 22 Und [a]die Stimme der Sänger und Saitenspieler, Flötenspieler und Posaunenbläser soll nicht mehr in dir

17,18: *a* Kap 18,10 **18,1:** *a* Hes 43,2 **18,2:** *a* Kap 14,8; *b* Jer 50,39 **18,3:** *a* Jer 51,7; *b* Nah 3,4 **18,4:** *a* Jes 48,20; Jer 50,8; 51,6.45; 2.Kor 6,17 **18,5:** *a* 1.Mose 18,20-21; Jer 51,9 **18,6:** *a* Ps 137,8; Jer 50,15.29; 2.Thess 1,6 **18,7:** *a (7-8)* Jes 47,7-9 **18,10:** *a* Jer 51,8 **18,16:** *a* Kap 17,4 **18,17:** *a (17-19)* Hes 27,27-36 **18,20:** *a* Jer 51,48 **18,21:** *a* Jer 51,63-64 **18,22:** *a* Jes 24,8; Hes 26,13

gehört werden, und kein Handwerker
irgendeines Handwerks soll mehr in dir
gefunden werden, und das Geräusch der
Mühle soll nicht mehr in dir gehört wer-
den, 23 und [a]das Licht der Lampe soll
nicht mehr in dir leuchten, und die
Stimme des Bräutigams und der Braut
soll nicht mehr in dir gehört werden.
Denn [b]deine Kaufleute waren Fürsten
auf Erden, und durch deine Zauberei
sind verführt worden alle Völker; 24 und
[a]das Blut der Propheten und der Hei-
ligen ist in ihr gefunden worden und das
Blut aller derer, die auf Erden umge-
bracht worden sind.

Jubel über den Untergang Babylons

19 Danach hörte ich etwas wie eine
große Stimme einer großen Schar
im Himmel, die sprach: Halleluja! Das
Heil und die Herrlichkeit und die Kraft
sind unseres Gottes! 2 Denn wahrhaftig
und gerecht sind seine Gerichte, dass er
die große Hure verurteilt hat, die die
Erde mit ihrer Hurerei verdorben hat,
und hat [a]das Blut seiner Knechte ge-
rächt, das ihre Hand vergossen hat.
3 Und sie sprachen zum zweiten Mal:
Halleluja! Und ihr Rauch steigt auf in
Ewigkeit.
4 Und die [a]vierundzwanzig Ältesten
und die [b]vier Gestalten fielen nieder und
beteten Gott an, der auf dem Thron saß,
und sprachen: [c]Amen, Halleluja! 5 Und
eine Stimme ging aus von dem Thron:
Lobt unsern Gott, alle seine Knechte
und die ihn fürchten, Klein und Groß!
6 Und ich hörte etwas wie eine Stimme
einer großen Schar und wie eine Stimme
großer Wasser und wie eine Stimme star-
ker Donner, die sprachen: **Halleluja! Denn
der Herr, unser Gott, der Allmächtige, hat
das Reich eingenommen! 7 Lasst uns
freuen und fröhlich sein und ihm die Ehre
geben; denn [a]die Hochzeit des Lammes ist
gekommen, und seine Braut hat sich be-
reitet.** 8 Und es wurde ihr gegeben, [a]sich
anzutun mit schönem reinem Leinen.
Das Leinen aber ist die Gerechtigkeit der
Heiligen.
9 Und er sprach zu mir: Schreibe:
[a]**Selig sind, die zum Hochzeitsmahl des
Lammes berufen sind.** Und er sprach zu
mir: Dies sind wahrhaftige Worte Gottes.
10 Und ich [a]fiel nieder zu seinen Füßen,
ihn anzubeten. Und er sprach zu mir: Tu
es nicht! Ich bin dein und deiner Brüder
Mitknecht, die das Zeugnis Jesu haben.
Bete Gott an! Das Zeugnis Jesu aber ist
der Geist der Weissagung.

Der Reiter auf dem weißen Pferd

11 [a]Und ich sah den Himmel aufgetan;
und siehe, ein weißes Pferd. Und der
darauf saß, hieß: [b]Treu und Wahrhaftig,
und er richtet und kämpft [c]mit Gerech-
tigkeit. 12 Und [a]seine Augen sind wie
eine Feuerflamme, und auf seinem Haupt
sind viele Kronen; und er trug einen [b]Na-
men geschrieben, den niemand kannte
als er selbst. 13 Und er war angetan mit
einem Gewand, [a]das mit Blut getränkt
war, und sein Name ist: [b]Das Wort Got-
tes. 14 Und ihm folgte [a]das Heer des
Himmels auf weißen Pferden, angetan
mit weißem, reinem Leinen. 15 Und aus
seinem Munde ging ein scharfes Schwert,
dass er damit die Völker schlage; und [a]er
wird sie regieren mit eisernem Stabe; und
[b]er tritt die Kelter, voll vom Wein des
grimmigen Zornes Gottes, des Allmäch-
tigen, 16 und trägt einen Namen geschrie-
ben auf seinem Gewand und auf seiner
Hüfte: [a]König aller Könige und Herr
aller Herren.

Das Ende des Tieres und des falschen Propheten

17 Und ich sah einen Engel in der Sonne
stehen und er rief mit großer Stimme
[a]allen Vögeln zu, die hoch am Himmel
fliegen: Kommt, versammelt euch zu
dem großen Mahl Gottes 18 und esst das
Fleisch der Könige und der Hauptleute
und das Fleisch der Starken und der
Pferde und derer, die darauf sitzen, und
das Fleisch aller Freien und Sklaven, der
Kleinen und der Großen!
19 Und ich sah das Tier und die Könige
auf Erden und ihre Heere [a]versammelt,
Krieg zu führen mit dem, der auf dem
Pferd saß, und mit seinem Heer. 20 Und

18,23: *a* Jer 25,10; *b* Jes 23,8 **18,24:** *a* Kap 6,10; 17,6 **19,2:** *a* Kap 6,10; 5. Mose 32,43 **19,4:** *a* Kap 4,4; 5,11; *b* Kap 4,6; *c* Ps 106,48 **19,7:** *a* Kap 21,9 **19,8:** *a* Jes 61,10 **19,9:** *a* Lk 14,15 **19,10:** *a* Kap 22,8-9 **19,11:** *a (11-13)* Mt 24,30; *b* Kap 3,14; *c* Jes 11,4-5 **19,12:** *a* Kap 1,14; *b* Kap 3,12 **19,13:** *a* Jes 63,1-3; *b* Joh 1,1 **19,14:** *a* Kap 17,14 **19,15:** *a* Ps 2,9; *b* Kap 14,19-20 **19,16:** *a* Kap 1,5; 1. Tim 6,15 **19,17:** *a* Hes 39,4.17-20 **19,19:** *a* Kap 16,14.16

das Tier wurde ergriffen und mit ihm der
falsche Prophet, der vor seinen Augen
die Zeichen getan hatte, durch welche
er die verführte, die [a]das Zeichen des
Tieres angenommen und das Bild des
Tieres angebetet hatten. [b]Lebendig wur-
den diese beiden in den feurigen Pfuhl
geworfen, der mit Schwefel brannte.
21 Und die andern wurden erschlagen mit
dem Schwert, das aus dem Munde dessen
ging, der auf dem Pferd saß. Und alle
Vögel wurden satt von ihrem Fleisch.

Das tausendjährige Reich

20 Und ich sah einen Engel vom
Himmel herabfahren, der hatte
[a]den Schlüssel zum Abgrund und eine
große Kette in seiner Hand. 2 Und er
ergriff den [a]Drachen, die alte Schlange,
das ist der Teufel und der Satan, und
fesselte ihn für tausend Jahre 3 und warf
ihn in den Abgrund und verschloss ihn
und setzte ein Siegel oben darauf, damit
er die Völker nicht mehr verführen sollte,
bis vollendet würden die tausend Jahre.
Danach muss er losgelassen werden eine
kleine Zeit.

4 Und ich sah [a]Throne und sie setzten
sich darauf, und [b]ihnen wurde das Ge-
richt übergeben. Und ich sah die Seelen
derer, die enthauptet waren um des Zeug-
nisses von Jesus und um des Wortes Got-
tes willen und die nicht angebetet hatten
das Tier und sein Bild und die sein Zei-
chen nicht angenommen hatten an ihre
Stirn und auf ihre Hand; diese wurden
lebendig und regierten mit Christus tau-
send Jahre. 5 [a]Die andern Toten aber
wurden nicht wieder lebendig, bis die
tausend Jahre vollendet wurden. Dies ist
die erste Auferstehung. 6 Selig ist der und
heilig, der teilhat an der ersten Auferste-
hung. Über diese hat der zweite Tod
keine Macht; sondern sie werden Priester
Gottes und Christi sein und mit ihm
regieren tausend Jahre.

Der letzte Kampf

7 Und wenn die tausend Jahre vollendet
sind, wird der Satan losgelassen werden
aus seinem Gefängnis 8 und wird auszie-
hen, zu verführen die Völker an den vier
Enden der Erde, [a]Gog und Magog, und
sie zum Kampf zu versammeln; deren
Zahl ist wie der Sand am Meer. 9 Und sie
stiegen herauf auf die Ebene der Erde
und umringten das Heerlager der Hei-
ligen und die geliebte Stadt. Und es fiel
Feuer vom Himmel und verzehrte sie.
10 Und der Teufel, der sie verführte,
wurde geworfen in den Pfuhl von Feuer
und Schwefel, [a]wo auch das Tier und der
falsche Prophet waren; und sie werden
gequält werden Tag und Nacht, von
Ewigkeit zu Ewigkeit.

Das Weltgericht

11 Und ich sah einen großen, weißen
Thron und [a]den, der darauf saß; [b]vor
seinem Angesicht flohen die Erde und
der Himmel, und es wurde keine Stätte
für sie gefunden. 12 Und [a]ich sah die To-
ten, Groß und Klein, stehen vor dem
Thron, und [b]Bücher wurden aufgetan.
Und ein andres Buch wurde aufgetan,
welches ist das Buch des Lebens. Und die
Toten wurden gerichtet nach dem, was in
den Büchern geschrieben steht, nach ih-
ren Werken. 13 Und das Meer gab die
Toten heraus, die darin waren, und der
Tod und sein Reich gaben die Toten her-
aus, die darin waren; und sie wurden
gerichtet, ein jeder nach seinen Werken.
14 Und [a]der Tod und sein Reich wurden
geworfen in den feurigen Pfuhl. Das ist
der zweite Tod: der feurige Pfuhl. 15 Und
wenn jemand nicht gefunden wurde ge-
schrieben in dem Buch des Lebens, der
wurde geworfen in den feurigen Pfuhl.

Das neue Jerusalem

21 Und ich sah [a]einen neuen Himmel
und eine neue Erde; denn [b]der ers-
te Himmel und die erste Erde sind ver-
gangen, und das Meer ist nicht mehr.
2 Und ich sah die heilige Stadt, [a]das neue
Jerusalem, von Gott aus dem Himmel
herabkommen, bereitet [b]wie eine ge-
schmückte Braut für ihren Mann.

3 Und ich hörte eine große Stimme von
dem Thron her, die sprach: **Siehe da, die
Hütte Gottes bei den Menschen! Und [a]er**

Offb

19,20: *a* Kap 13,11-17; *b* 2. Thess 2,8 **20,1:** *a* Kap 9,1 **20,2:** *a* Kap 12,9 **20,4:** *a* Kap 3,21; Mt 19,28; *b* 1. Kor 6,2 **20,5:** *a* 1. Thess 4,16 **20,8:** *a* Hes 38,2 **20,10:** *a* Kap 19,20 **20,11:** *a* Mt 25,31-46; *b* 2. Petr 3,7.10.12 **20,12:** *a* Joh 5,28-29; *b* Dan 7,10 **20,14:** *a* 1. Kor 15,26.55 **21,1:** *a* Jes 65,17; *b* 2. Petr 3,13 **21,2:** *a* Gal 4,26; Hebr 12,22; *b* Kap 19,7-8 **21,3:** *a* 2. Mose 29,45

wird bei ihnen wohnen, und [b]sie werden
sein Volk sein und er selbst, Gott mit
ihnen, wird ihr Gott sein; 4 und [a]Gott wird
abwischen alle Tränen von ihren Augen,
und der Tod wird nicht mehr sein, [b]noch
Leid noch Geschrei noch Schmerz wird
mehr sein; denn das Erste ist vergangen.
5 Und der auf dem Thron saß, sprach:
Siehe, ich mache alles neu! Und er
spricht: Schreibe, denn diese Worte sind
wahrhaftig und gewiss! 6 Und er sprach
zu mir: Es ist geschehen. [a]Ich bin das A
und das O, der Anfang und das Ende.
Ich will dem Durstigen geben von der
Quelle des lebendigen Wassers umsonst.
7 **Wer überwindet, der wird es alles er-**
erben, und ich werde sein Gott sein und er
wird mein Sohn sein. 8 Die Feigen aber
und Ungläubigen und Frevler und Mör-
der und Unzüchtigen und Zauberer und
Götzendiener und alle Lügner, deren Teil
wird in dem Pfuhl sein, der mit Feuer
und Schwefel brennt; das ist der zweite
Tod.
9 Und es kam zu mir einer von den
[a]sieben Engeln, die die sieben Schalen
mit den letzten sieben Plagen hatten, und
redete mit mir und sprach: Komm, ich
will dir die Frau zeigen, die [b]Braut des
Lammes. 10 Und er führte mich hin im
Geist auf einen großen und hohen Berg
und zeigte mir die heilige Stadt Jeru-
salem herniederkommen aus dem Him-
mel von Gott, 11 die hatte die Herrlich-
keit Gottes; ihr Licht war gleich dem
alleredelsten Stein, einem Jaspis, klar wie
Kristall; 12 sie hatte eine große und hohe
Mauer und hatte [a]zwölf Tore und auf
den Toren zwölf Engel und Namen dar-
auf geschrieben, nämlich die Namen der
zwölf Stämme der Israeliten: 13 von Osten
drei Tore, von Norden drei Tore, von
Süden drei Tore, von Westen drei Tore.
14 Und die Mauer der Stadt hatte zwölf
Grundsteine und auf ihnen die zwölf Na-
men der zwölf Apostel des Lammes.
15 Und der mit mir redete, hatte einen
[a]Messstab, ein goldenes Rohr, um die
Stadt zu messen und ihre Tore und ihre
Mauer. 16 Und die Stadt ist viereckig an-
gelegt und ihre Länge ist so groß wie die
Breite. Und er maß die Stadt mit dem
Rohr: zwölftausend Stadien. Die Länge
und die Breite und die Höhe der Stadt
sind gleich. 17 Und er maß ihre Mauer:
hundertvierundvierzig Ellen nach Men-
schenmaß, das der Engel gebrauchte.
18 [a]Und ihr Mauerwerk war aus Jaspis
und die Stadt aus reinem Gold, gleich
reinem Glas. 19 Und die Grundsteine der
Mauer um die Stadt waren geschmückt
mit allerlei Edelsteinen. Der erste Grund-
stein war ein Jaspis, der zweite ein Saphir,
der dritte ein Chalzedon, der vierte ein
Smaragd, 20 der fünfte ein Sardonyx, der
sechste ein Sarder, der siebente ein Chry-
solith, der achte ein Beryll, der neunte
ein Topas, der zehnte ein Chrysopras, der
elfte ein Hyazinth, der zwölfte ein Ame-
thyst. 21 Und die zwölf Tore waren zwölf
Perlen, ein jedes Tor war aus einer ein-
zigen Perle, und der Marktplatz der Stadt
war aus reinem Gold wie durchscheinen-
des Glas.
22 Und ich sah keinen Tempel darin;
denn der Herr, der allmächtige Gott, ist
ihr Tempel, er und das Lamm. 23 [a]Und
die Stadt bedarf keiner Sonne noch des
Mondes, dass sie ihr scheinen; denn die
Herrlichkeit Gottes erleuchtet sie, und
ihre Leuchte ist das Lamm. 24 Und die
Völker werden wandeln in ihrem Licht;
und die Könige auf Erden werden ihre
Herrlichkeit in sie bringen. 25 Und ihre
Tore werden nicht verschlossen am Tage;
denn da wird [a]keine Nacht sein. 26 Und
man wird die Pracht und den Reichtum
der Völker in sie bringen. 27 Und nichts
Unreines wird hineinkommen und keiner,
der Gräuel tut und Lüge, sondern allein,
die geschrieben stehen in dem Lebens-
buch des Lammes.

22 [a]Und er zeigte mir einen Strom
lebendigen Wassers, klar wie Kris-
tall, der ausgeht von dem Thron Gottes
und des Lammes; 2 mitten auf dem Platz
und auf beiden Seiten des Stromes
Bäume des Lebens, die tragen zwölfmal
Früchte, jeden Monat bringen sie ihre
Frucht, und die Blätter der Bäume die-
nen zur Heilung der Völker. 3 Und es
wird [a]nichts Verfluchtes mehr sein. Und
der Thron Gottes und des Lammes wird
in der Stadt sein, und seine Knechte wer-

21,3: *b* Jer 7,23 **21,4:** *a* Kap 7,17; Jes 25,8; *b* Jes 35,10; 65,19 **21,6:** *a* Kap 1,8; 22,13 **21,9:** *a* Kap 15,1.6-7; *b* Kap 19,7 **21,12:** *a* Hes 48,31-35 **21,15:** *a* Hes 40,3 **21,18:** *a (18-21)* Jes 54,11-12 **21,23:** *a (23-25)* Jes 60,3.5.11.19-20 **21,25:** *a* Sach 14,7 **22,1:** *a (1-2)* Hes 47,1.12; Sach 14,8; 1. Mose 2,9-10 **22,3:** *a* Jos 7,11-13

den ihm dienen 4 und sein Angesicht se-
hen, und [a]sein Name wird an ihren Stir-
nen sein. 5 Und es wird keine Nacht mehr
sein, und sie bedürfen keiner Leuchte
und nicht des Lichts der Sonne; denn
Gott der Herr wird sie erleuchten, und
sie werden regieren von Ewigkeit zu
Ewigkeit.

Der Herr kommt

6 Und er sprach zu mir: Diese Worte sind
gewiss und wahrhaftig; und der Herr, der
Gott des Geistes der Propheten, hat [a]sei-
nen Engel gesandt, zu zeigen seinen
Knechten, was bald geschehen muss.

7 Siehe, ich komme bald. Selig ist, der
die Worte der Weissagung in diesem
Buch bewahrt.

8 Und ich, Johannes, bin es, der dies
gehört und gesehen hat. Und als ich's
gehört und gesehen hatte, fiel ich nieder,
um anzubeten zu den Füßen des Engels,
der mir dies gezeigt hatte. 9 Und er
spricht zu mir: Tu es nicht! Denn ich bin
dein Mitknecht und der Mitknecht dei-
ner Brüder, der Propheten, und derer, die
bewahren die Worte dieses Buches. Bete
Gott an!

10 Und er spricht zu mir: [a]Versiegle
nicht die Worte der Weissagung in die-
sem Buch; denn [b]die Zeit ist nahe! 11 Wer
Böses tut, der tue weiterhin Böses, und
wer unrein ist, der sei weiterhin unrein;
aber wer gerecht ist, der übe weiterhin
Gerechtigkeit, und wer heilig ist, der sei
weiterhin heilig.[a] 12 Siehe, ich komme
bald und mein Lohn mit mir, einem je-
den zu geben, wie seine Werke sind. 13 **Ich
bin das A und das O, der Erste und der
Letzte, der Anfang und das Ende.**[a] 14 Se-
lig sind, die [a]ihre Kleider waschen, dass
sie teilhaben an dem Baum des Lebens
und zu den Toren hineingehen in die
Stadt. 15 Draußen sind die Hunde und
die Zauberer und die Unzüchtigen und
die Mörder und die Götzendiener und
alle, die die Lüge lieben und tun.[a]

16 Ich, Jesus, habe meinen Engel ge-
sandt, euch dies zu bezeugen für die
Gemeinden. Ich bin die [a]Wurzel und
das Geschlecht Davids, [b]der helle Mor-
genstern. 17 **Und der Geist und die Braut
sprechen: Komm! Und wer es hört, der
spreche: Komm! Und [a]wen dürstet, der
komme; und wer da will, der nehme das
Wasser des Lebens umsonst.**

18 Ich bezeuge allen, die da hören die
Worte der Weissagung in diesem Buch:
[a]Wenn jemand etwas hinzufügt, so wird
Gott ihm die Plagen zufügen, die in die-
sem Buch geschrieben stehen. 19 Und
wenn jemand etwas wegnimmt von den
Worten des Buchs dieser Weissagung, so
wird Gott ihm seinen Anteil wegnehmen
am Baum des Lebens und an der heiligen
Stadt, von denen in diesem Buch ge-
schrieben steht.

20 **Es spricht, der dies bezeugt: Ja, ich
komme bald. – Amen, ja, [a]komm, Herr
Jesus!**

21 Die Gnade des Herrn Jesus sei mit
allen!

22,4: *a* Kap 3,12 **22,6:** *a* Kap 1,1 **22,10:** *a* Kap 10,4; *b* Kap 1,3 **22,11:** *a* Dan 12,10 **22,13:** *a* Kap 1,8; Hebr 13,8 **22,14:** *a* Kap 7,14 **22,15:** *a* Kap 21,8.27; 1. Kor 6,9-10 **22,16:** *a* Jes 11,10; *b* Lk 1,78 **22,17:** *a* Jes 55,1; Joh 7,37 **22,18:** *a* 5. Mose 4,2 **22,20:** *a* 1. Kor 16,22

DER PSALTER

Inhaltsübersicht

ERSTES BUCH

Der Weg des Frommen – der Weg des Gottlosen

1 Wohl dem, der nicht wandelt im Rat der Gottlosen /
noch tritt auf den Weg der Sünder
noch sitzt, wo die Spötter sitzen,[a]
2 sondern hat Lust am Gesetz des HERRN
und [a]sinnt über seinem Gesetz Tag und Nacht!

3 Der ist [a]wie ein Baum, gepflanzt an den Wasserbächen, /
der seine Frucht bringt zu seiner Zeit,
und seine Blätter verwelken nicht.
Und was er macht, das gerät wohl.

4 Aber so sind die Gottlosen nicht,
sondern wie Spreu, die der Wind verstreut.
5 Darum bestehen die Gottlosen nicht im Gericht
noch die Sünder in der Gemeinde der Gerechten.
6 Denn **der HERR kennt den Weg der Gerechten,**
aber der Gottlosen Weg vergeht.

Gottes Sieg und die Herrschaft seines Sohnes

2 [a]Warum toben die Heiden
und [b]murren die Völker so vergeblich?
2 Die Könige der Erde lehnen sich auf, /
und die Herren halten Rat miteinander
wider den HERRN und seinen Gesalbten:
3 »Lasset uns [a]zerreißen ihre Bande
und von uns werfen ihre Stricke!«

4 Aber [a]der im Himmel wohnt, lachet ihrer,
und der Herr spottet ihrer.
5 Einst wird er mit ihnen reden in seinem [a]Zorn,
und mit seinem Grimm wird er sie schrecken:
6 »Ich aber habe meinen König eingesetzt
auf meinem [a]heiligen Berg Zion.«
7 Kundtun will ich den Ratschluss des HERRN. Er hat zu mir gesagt:
[a]»**Du bist mein Sohn, heute habe ich dich gezeugt.**
8 Bitte mich, so will ich dir Völker zum Erbe geben
und der Welt Enden zum Eigentum.[a]
9 Du sollst sie mit einem [a]eisernen Zepter zerschlagen,
wie Töpfe sollst du sie zerschmeißen.«

10 So seid nun verständig, ihr Könige,
und lasst euch warnen, ihr Richter auf Erden!
11 Dienet dem HERRN mit Furcht
und küsst seine Füße mit Zittern,[a]
12 dass er nicht zürne
und ihr umkommt auf dem Wege;

1,1: *a* Ps 26,4; 119,1; Spr 4,14; Jer 15,17 **1,2:** *a* Ps 119,148; Jos 1,8 **1,3:** *a* Ps 92,13-15; Jer 17,8 **2,1:** *a (1-2)* Apg 4,25-26; *b* Offb 11,18 **2,3:** *a* Jer 5,5 **2,4:** *a* Ps 59,9 **2,5:** *a* Jes 34,2; Offb 6,15-17 **2,6:** *a* Sach 8,3 **2,7:** *a* Ps 89,27-28; 2. Sam 7,14; Apg 13,33; Hebr 1,5; 5,5 **2,8:** *a* Dan 7,13-14; Hebr 1,2 **2,9:** *a* Offb 2,27; 12,5; 19,15 **2,11:** *a* Phil 2,12; Hebr 12,28

denn sein Zorn wird bald entbrennen.
Wohl allen, die auf ihn trauen!

Morgenlied in böser Zeit

3 EIN PSALM DAVIDS, [a]ALS ER VOR SEINEM SOHN ABSALOM FLOH.
2 Ach HERR, wie sind meiner Feinde so viel
und erheben sich so viele gegen mich!
3 Viele sagen von mir:
Er hat keine Hilfe bei Gott. SELA.
4 Aber du, HERR, bist [a]der Schild für mich,
du bist meine Ehre und hebst mein Haupt empor.

5 Ich rufe mit meiner Stimme zum HERRN,
so erhört er mich von seinem heiligen Berge. SELA.
6 Ich liege und schlafe und erwache;
denn der HERR hält mich.[a]
7 Ich [a]fürchte mich nicht vor vielen Tausenden,
die sich ringsum wider mich legen.

8 [a]Auf, HERR, und hilf mir, mein Gott! / Denn du schlägst alle meine Feinde auf die Backe
und zerschmetterst der Gottlosen Zähne.
9 Bei dem HERRN findet man Hilfe.
Dein Segen komme über dein Volk! SELA.

Ein Abendgebet

4 EIN PSALM DAVIDS, VORZUSINGEN, BEIM SAITENSPIEL.
2 Erhöre mich, wenn ich rufe,
Gott meiner Gerechtigkeit,
der du mich tröstest in Angst;
sei mir gnädig und erhöre mein Gebet!
3 Ihr Herren, wie lange soll meine Ehre geschändet werden?
Wie habt ihr das Eitle so lieb und die Lüge so gern! SELA.
4 Erkennet doch, dass der HERR seine Heiligen wunderbar führt;
der HERR hört, wenn ich ihn anrufe.
5 [a]Zürnet ihr, so sündiget nicht;
redet in eurem Herzen auf eurem Lager und seid stille. SELA.
6 [a]Opfert, was recht ist,
und hoffet auf den HERRN.
7 Viele sagen: »Wer wird uns Gutes sehen lassen?«
HERR, [a]lass leuchten über uns das Licht deines Antlitzes!
8 Du erfreust mein Herz,
ob jene auch viel Wein und Korn haben.
9 Ich liege und schlafe ganz mit Frieden;
denn allein du, HERR, hilfst mir, dass ich sicher wohne.[a]

Gebet um Leitung und Bewahrung

5 EIN PSALM DAVIDS, VORZUSINGEN, ZUM FLÖTENSPIEL.
2 HERR, höre meine Worte,
merke auf mein Reden!
3 Vernimm mein Schreien, mein König und mein Gott;
denn ich will zu dir beten.
4 HERR, frühe wollest du meine Stimme hören,
frühe will ich mich zu dir wenden und aufmerken.
5 Denn du bist nicht ein Gott, dem gottloses Wesen gefällt;
wer böse ist, bleibt nicht vor dir.
6 Die Ruhmredigen bestehen nicht vor deinen Augen;
du bist Feind allen Übeltätern.
7 Du bringst die Lügner um;
dem HERRN sind ein Gräuel die Blutgierigen und Falschen.
8 Ich aber [a]darf in dein Haus gehen durch deine große Güte
und anbeten vor deinem heiligen Tempel in deiner Furcht.

9 HERR, leite mich in deiner Gerechtigkeit um meiner Feinde willen;
ebne vor mir deinen Weg!
10 Denn in ihrem Munde ist nichts Verlässliches;
ihr Inneres ist Bosheit.
[a]Ihr Rachen ist ein offenes Grab;

3,1: *a* 2. Sam 15,13-37 **3,4:** *a* 1. Mose 15,1 **3,6:** *a* Ps 4,9 **3,7:** *a* Ps 27,3 **3,8:** *a* 4. Mose 10,35 **4,5:** *a* Eph 4,26 **4,6:** *a* Ps 51,19.21; 1. Petr 2,5 **4,7:** *a* 4. Mose 6,25 **4,9:** *a* Ps 3,6 **5,8:** *a* Ps 26,8 **5,10:** *a* Röm 3,13

mit ihren Zungen heucheln sie.
11 Sprich sie schuldig, Gott,
dass sie zu Fall kommen durch ihre Ränke.
Stoße sie aus um ihrer vielen Übertretungen willen;
denn sie sind widerspenstig gegen dich.
12 Lass sich freuen alle, die auf dich trauen;
ewiglich lass sie rühmen, denn du beschirmest sie.
Fröhlich lass sein in dir,
die deinen Namen lieben!
13 Denn du, HERR, segnest die Gerechten,
du deckest sie mit Gnade wie mit einem Schilde.

Bußgebet in Anfechtung (Der erste Bußpsalm)

6 EIN PSALM DAVIDS, VORZUSINGEN, BEIM SAITENSPIEL AUF ACHT SAITEN.
2 Ach HERR, strafe mich nicht in deinem Zorn
und [a]züchtige mich nicht in deinem Grimm!
3 HERR, sei mir gnädig, denn ich bin schwach;
heile mich, HERR, denn meine Gebeine sind erschrocken
4 und meine Seele ist sehr erschrocken.
Ach du, HERR, wie lange!

5 Wende dich, HERR, und errette mich,
hilf mir um deiner Güte willen!
6 Denn im Tode gedenkt man deiner nicht;
[a]wer wird dir bei den Toten danken?
7 Ich bin so müde vom Seufzen; /
ich schwemme mein Bett die ganze Nacht
und netze mit meinen Tränen mein Lager.
8 Mein Auge ist trübe geworden vor Gram
und matt, weil meiner Bedränger so viele sind.

9 Weichet von mir, alle Übeltäter;
denn der HERR hört mein Weinen.
10 Der HERR hört mein Flehen;
mein Gebet nimmt der HERR an.
11 Es sollen alle meine Feinde zuschanden werden und sehr erschrecken;
sie sollen umkehren und zuschanden werden plötzlich.

Gebet eines unschuldig Verfolgten

7 EIN KLAGELIED DAVIDS, DAS ER DEM HERRN SANG WEGEN DER WORTE DES KUSCH, DES BENJAMINITERS.
2 Auf dich, HERR, mein Gott, traue ich!
Hilf mir von allen meinen Verfolgern und errette mich,
3 dass sie nicht wie Löwen mich packen
und zerreißen, weil kein Retter da ist.

4 HERR, mein Gott, hab ich solches getan
und ist [a]Unrecht an meinen Händen,
5 hab ich Böses vergolten denen, die friedlich mit mir lebten,
oder geschädigt, die mir ohne Ursache Feind waren,
6 so verfolge mich der Feind und ergreife mich /
und trete mein Leben zu Boden
und lege meine Ehre in den Staub. SELA.
7 Steh auf, HERR, in deinem Zorn,
erhebe dich wider den Grimm meiner Feinde!
Wache auf, mir zu helfen,
der du Gericht verordnet hast,
8 so werden die Völker sich um dich sammeln;
du aber throne über ihnen in der Höhe!

9 Der HERR ist Richter über die Völker.
Schaffe mir Recht, HERR, nach [a]meiner Gerechtigkeit und Unschuld!
10 [a]Lass der Gottlosen Bosheit ein Ende nehmen,
aber die Gerechten lass bestehen;
denn [b]du, gerechter Gott,
prüfest Herzen und Nieren.
11 Gott ist der Schild über mir,

6,2: *a* Jer 10,24 6,6: *a* Ps 30,10; 88,11; 115,17-18; Jes 38,18 7,4: *a* Hiob 31,7-34 7,9: *a* Ps 18,21-27 7,10: *a* Ps 104,35; *b* Ps 139,1; Jer 11,20; Offb 2,23

er, der den frommen Herzen hilft.
12 Gott ist ein gerechter Richter
und ein Gott, der täglich strafen kann.

13 Wahrlich, wieder hat einer sein [a]Schwert gewetzt
und seinen Bogen gespannt und zielt.
14 Doch sich selber hat er tödliche Waffen gerüstet
und feurige Pfeile bereitet.
15 Siehe, er hat Böses im Sinn,
mit Unrecht ist er schwanger und wird Lüge gebären.
16 Er hat eine Grube gegraben und ausgehöhlt –
und ist in die Grube gefallen, die er gemacht hat.[a]
17 Sein Unrecht wird auf seinen Kopf kommen
und sein Frevel auf seinen Scheitel fallen.

18 Ich danke dem HERRN um seiner Gerechtigkeit willen
und will loben den Namen des HERRN, des Allerhöchsten.

Offenbarung der Herrlichkeit Gottes am Menschen

8 EIN PSALM DAVIDS, VORZUSINGEN, AUF DER GITTIT.
2 HERR, unser Herrscher, wie herrlich ist [a]dein Name in allen Landen,
der du zeigst deine Hoheit am Himmel!
3 [a]Aus dem Munde der jungen Kinder und Säuglinge /
hast du eine Macht zugerichtet um deiner Feinde willen,
dass du vertilgest den Feind und den Rachgierigen.

4 Wenn ich sehe die Himmel, deiner Finger Werk,
den Mond und die Sterne, die du bereitet hast:
5 [a]was ist der Mensch, dass du seiner gedenkst,
und des Menschen Kind, dass du dich seiner annimmst?
6 Du hast ihn [a]wenig niedriger gemacht als Gott,
mit Ehre und Herrlichkeit hast du ihn gekrönt.
7 Du hast ihn zum Herrn gemacht über deiner Hände Werk,
[a]alles hast du unter seine Füße getan:
8 Schafe und Rinder allzumal,
dazu auch die wilden Tiere,
9 die Vögel unter dem Himmel und die Fische im Meer
und alles, was die Meere durchzieht.

10 HERR, unser Herrscher,
wie herrlich ist dein Name in allen Landen!

Danklied für Rettung aus Bedrängnis

9 EIN PSALM DAVIDS, VORZUSINGEN, NACH DER WEISE »SCHÖNE JUGEND«.
2 Ich danke dem HERRN von ganzem Herzen
und [a]erzähle alle deine Wunder.
3 Ich freue mich und bin fröhlich in dir
und lobe deinen Namen, du Allerhöchster,
4 dass meine Feinde zurückweichen mussten;
sie sind gestürzt und umgekommen vor dir.

5 Denn du führst mein Recht und meine Sache,
du sitzest auf dem Thron, ein rechter Richter.
6 Du schiltst die Heiden und bringst die Gottlosen um;
ihren Namen vertilgst du auf immer und ewig.
7 Der Feind ist vernichtet, zertrümmert für immer,
die Städte hast du zerstört; [a]jedes Gedenken an sie ist vergangen.

8 Der HERR aber bleibt ewiglich;
er hat seinen Thron bereitet zum Gericht,
9 er wird den Erdkreis richten mit Gerechtigkeit

7,13: *a* 5.Mose 32,41 **7,16:** *a* Spr 26,27 **8,2:** *a* 2.Mose 3,13-15 **8,3:** *a* Mt 21,16 **8,5:** *a (5-7)* Hebr 2,6-8 **8,6:** *a* 1.Mose 1,27 **8,7:** *a* 1.Kor 15,27 **9,2:** *a* Ps 44,2 **9,7:** *a* Ps 34,17

und die Völker regieren, wie es
recht ist.
10 Der HERR ist des Armen Schutz,
ein Schutz in Zeiten der Not.
11 Darum hoffen auf dich, die deinen
Namen kennen;
denn du verlässest nicht, die dich,
HERR, suchen.
12 Lobet den HERRN, der zu Zion wohnt;
verkündigt unter den Völkern sein
Tun!
13 Denn der nach [a]Blutschuld fragt,
[b]gedenkt der Elenden
und vergisst nicht ihr Schreien.

14 HERR, sei mir gnädig; /
sieh an mein Elend unter meinen
Feinden,
der du mich erhebst aus den Toren
des Todes,
15 dass ich [a]erzähle all deinen Ruhm,
in den Toren der Tochter Zion
[b]fröhlich sei über deine Hilfe.
16 Die Heiden sind versunken in der
Grube, die sie gegraben,
ihr Fuß ist gefangen im Netz, das
sie gestellt hatten.
17 Der HERR hat sich kundgetan und
Gericht gehalten.
Der Gottlose ist verstrickt in dem
Werk seiner Hände.
ZWISCHENSPIEL. SELA.

18 Die Gottlosen sollen zu den Toten
fahren,
alle Heiden, die Gott vergessen!
19 Denn er [a]wird den Armen nicht für
immer vergessen;
die Hoffnung der [b]Elenden wird
nicht ewig verloren sein.
20 [a]HERR, steh auf, dass nicht Menschen
die Oberhand gewinnen;
lass alle Heiden vor dir gerichtet
werden!
21 Lege, HERR, einen Schrecken auf sie,
dass die Heiden erkennen, dass sie
Menschen sind. SELA.

Klage und Zuversicht beim Übermut der Gottlosen

10 HERR, warum stehst du so ferne,
verbirgst dich zur Zeit der
Not?
2 Weil der Gottlose Übermut treibt,
müssen die Elenden leiden;
sie werden gefangen in den Ränken,
die er ersann.
3 Denn der Gottlose rühmt sich seines
Mutwillens,
und der Habgierige sagt dem
HERRN ab und lästert ihn.
4 Der Gottlose meint in seinem Stolz,
Gott frage nicht danach.
»Es ist kein Gott«, sind alle seine
Gedanken.
5 Er fährt fort in seinem Tun immerdar. /
[a]Deine Gerichte sind ferne von ihm,
er handelt gewaltsam an allen
seinen Feinden.
6 Er spricht in seinem Herzen:
»Ich werde nimmermehr wanken,
es wird für und für keine Not
haben.«[a]
7 Sein [a]Mund ist voll Fluchens,
voll Lug und Trug;
seine Zunge richtet Mühsal und
Unheil an.
8 Er sitzt und lauert in den Höfen, /
er mordet die Unschuldigen heimlich,
seine Augen spähen nach den
Armen.
9 Er lauert im Verborgenen wie ein Löwe
im Dickicht, /
er lauert, dass er den Elenden fange;
er fängt ihn und zieht ihn in sein
Netz.
10 Er duckt sich, kauert nieder,
und durch seine Gewalt fallen die
Unglücklichen.
11 Er spricht in seinem Herzen:
»Gott hat's vergessen,
er hat sein Antlitz verborgen,
[a]er wird's nimmermehr sehen.«

12 [a]Steh auf, HERR! Gott, erhebe deine
Hand!
Vergiss die Elenden nicht!
13 Warum soll der Gottlose Gott lästern

9,13: *a* 1. Mose 4,10; 9,5; *b* Ps 72,4; 1. Mose 16,11 **9,15:** *a* Ps 22,23; *b* Ps 13,6 **9,19:** *a* Ps 22,25; *b* Ps 10,17 **9,20:** *a* 4. Mose 10,35 **10,5:** *a* Am 6,3 **10,6:** *a* Ps 73,6-8 **10,7:** *a* Röm 3,14 **10,11:** *a* Ps 73,11; 94,7; Jes 29,15 **10,12:** *a* 4. Mose 10,35

und in seinem Herzen sprechen:
»Du fragst doch nicht danach«?
14 Du siehst es doch, /
denn du schaust das Elend und den Jammer;
es steht in deinen Händen.
Die Armen befehlen es dir;
[a] du bist der Waisen Helfer.
15 [a] Zerbrich den Arm des Gottlosen und Bösen /
und suche seine Bosheit heim,
dass man nichts mehr davon finde.

16 Der HERR ist König immer und ewig;
die Heiden sollen aus seinem Lande verschwinden.
17 Das Verlangen der [a] Elenden hörst du, HERR;
du machst ihr Herz gewiss,
dein Ohr merkt darauf,
18 dass du Recht schaffest den Waisen und Armen,
dass der Mensch nicht mehr trotze auf Erden.

Vertrauen auf Gottes Gerechtigkeit

11 VON DAVID, VORZUSINGEN.
Ich traue auf den HERRN. Wie sagt ihr denn zu mir:
»Flieh wie ein Vogel auf die Berge!
2 Denn siehe, die Gottlosen spannen den Bogen /
und legen ihre Pfeile auf die Sehnen,
damit heimlich zu schießen auf die Frommen.
3 Ja, sie reißen die Grundfesten um;
was kann da der Gerechte ausrichten?«

4 [a] Der HERR ist in seinem heiligen Tempel,
[b] des HERRN Thron ist im Himmel.
[c] Seine Augen sehen herab,
seine Blicke prüfen die Menschenkinder.
5 Der HERR prüft den Gerechten und den Gottlosen;
wer Unrecht liebt, den hasst seine Seele.
6 Er wird [a] regnen lassen über die Gottlosen Feuer und Schwefel
und Glutwind ihnen zum Lohne geben.

7 Denn der HERR ist gerecht und hat Gerechtigkeit lieb.
[a] Die Frommen werden schauen sein Angesicht.

Klage über die Macht der Bösen

12 EIN PSALM DAVIDS, VORZUSINGEN, AUF ACHT SAITEN.
2 Hilf, HERR! Die Heiligen haben abgenommen,
und gläubig sind wenige unter den Menschenkindern.
3 Einer redet mit dem andern Lug und Trug,
sie heucheln und reden aus zwiespältigem Herzen.

4 Der HERR wolle ausrotten alle Heuchelei
und die Zunge, die hoffärtig redet,
5 die da sagen: [a] »Durch unsere Zunge sind wir mächtig,
uns gebührt zu reden! [b] Wer ist unser Herr?«

6 »Weil die Elenden Gewalt leiden
und die Armen seufzen,
will ich jetzt aufstehen«, spricht der HERR,
»ich will Hilfe schaffen dem, der sich danach sehnt.«

7 Die Worte des HERRN sind lauter wie Silber,
im Tiegel geschmolzen, geläutert siebenmal.
8 Du, HERR, wollest sie bewahren
und uns behüten vor diesem Geschlecht ewiglich!
9 Denn Gottlose gehen allenthalben einher,
weil Gemeinheit herrscht unter den Menschenkindern.

Hilferuf eines Angefochtenen

13 EIN PSALM DAVIDS, VORZUSINGEN.
2 HERR, wie lange willst du mich so ganz vergessen?

10,14: *a* Ps 68,6; 2. Mose 22,22 **10,15:** *a* Hiob 38,15 **10,17:** *a* Ps 9,19 **11,4:** *a* Hab 2,20; *b* Jes 66,1; *c* Ps 33,13-14 **11,6:** *a* 1. Mose 19,24 **11,7:** *a* Mt 5,8 **12,5:** *a* Ps 73,8-9; *b* Hiob 21,14-15

Wie lange verbirgst du dein Antlitz
vor mir?[a]
3 Wie lange soll ich sorgen in meiner
Seele /
und mich ängsten in meinem Herzen
täglich?
Wie lange soll sich mein Feind über
mich erheben?

4 Schaue doch und erhöre mich, HERR,
mein Gott!
Erleuchte meine Augen, dass ich
nicht im Tode entschlafe,
5 dass nicht mein Feind sich rühme,
er sei meiner mächtig geworden,
und meine Widersacher sich freuen,
dass ich wanke.

6 Ich aber traue darauf, dass du so
gnädig bist; /
**mein Herz freut sich, dass du so gerne
hilfst.**
**Ich will dem HERRN singen, dass er
so wohl an mir tut.**

Die Torheit der Gottlosen

(vgl. Ps 53,1-7)

14 VON DAVID, VORZUSINGEN.
Die Toren sprechen in ihrem
Herzen:
»Es ist kein Gott.«
Sie taugen nichts; ihr Treiben ist ein
Gräuel;
da ist keiner, der Gutes tut.
2 Der HERR schaut vom Himmel auf
die Menschenkinder,
dass er sehe, ob jemand klug sei
und nach Gott frage.
3 Aber sie sind alle abgewichen und
allesamt verdorben;
da ist keiner, der Gutes tut, auch
nicht **einer.**[a]

4 Will denn das keiner der Übeltäter
begreifen, /
die [a]mein Volk fressen, dass sie sich
nähren,
aber den HERRN rufen sie nicht an?
5 Da erschrecken sie sehr;
denn Gott ist bei dem Geschlecht
der Gerechten.
6 Euer Anschlag wider den Armen wird
zuschanden werden;
denn der HERR ist seine
Zuversicht.[a]

7 Ach dass die Hilfe aus Zion über Israel
käme /
und [a]der HERR sein gefangenes Volk
erlöste!
So würde Jakob fröhlich sein und
Israel sich freuen.

Wen nimmt Gott an?

(vgl. Ps 24,3-6; Jes 33,14-16)

15 EIN PSALM DAVIDS.
HERR, [a]wer darf weilen in deinem
Zelt?
Wer darf wohnen auf deinem
heiligen Berge?

2 Wer untadelig lebt und tut, was recht
ist,
und die Wahrheit redet von Herzen,
3 wer mit seiner Zunge nicht verleumdet, /
wer seinem Nächsten nichts Arges tut
und seinen Nachbarn nicht
schmäht;
4 wer die Verworfenen für nichts achtet, /
aber ehrt die Gottesfürchtigen;
wer seinen Eid hält, auch wenn es
ihm schadet;
5 wer [a]sein Geld nicht auf Zinsen gibt /
und nimmt nicht Geschenke wider den
Unschuldigen.

Wer das tut, wird nimmermehr
wanken.

Das schöne Erbteil

16 EIN GÜLDENES KLEINOD DAVIDS.
Bewahre mich, Gott; denn ich
traue auf dich. /
2 Ich habe gesagt zu dem HERRN:
Du bist ja der Herr!
[a]Ich weiß von keinem Gut außer
dir.
3 An den Heiligen, die auf Erden sind,
an den Herrlichen hab ich all mein
Gefallen.
4 Aber jene, die einem andern nachlaufen,
werden viel Herzeleid haben.

13,2: *a* Ps 77,8; Hab 1,2 **14,3:** *a* 1. Mose 6,12; Röm 3,10-12 **14,4:** *a* Mi 3,3 **14,6:** *a* Ps 12,6 **14,7:** *a* Ps 126,1 **15,1:** *a* Pred 4,17 **15,5:** *a* 2. Mose 22,24; 5. Mose 23,20-21 **16,2:** *a* Ps 73,25

Ich will das Blut ihrer Trankopfer nicht opfern
noch ihren Namen in meinem Munde führen.

5 Der HERR ist mein Gut und mein Teil;
du erhältst mir mein Erbteil.[a]
6 Das Los ist mir gefallen auf liebliches Land;
mir ist ein schönes Erbteil geworden.
7 Ich lobe den HERRN, der mich beraten hat;
auch mahnt mich mein Herz des Nachts.
8 Ich habe den HERRN allezeit vor Augen;
steht er mir zur Rechten, so werde ich festbleiben.
9 Darum freut sich mein Herz, und meine Seele ist fröhlich;
auch mein Leib wird sicher liegen.
10 Denn du wirst mich nicht dem Tode überlassen
und nicht zugeben, dass dein Heiliger die Grube sehe.*
11 **Du tust mir kund den Weg zum Leben:**
Vor dir ist Freude die Fülle
und Wonne zu deiner Rechten ewiglich.

Hilferuf eines Unschuldigen

17 EIN GEBET DAVIDS.
HERR, höre die gerechte Sache,
merk auf mein Schreien,
vernimm mein Gebet
von Lippen, die nicht trügen.
2 [a]Sprich du in meiner Sache;
deine Augen sehen, was recht ist.
3 Du [a]prüfst mein Herz und suchst es heim bei Nacht;
du läuterst mich und findest nichts.
Ich habe mir vorgenommen,
dass mein Mund sich nicht vergehe.
4 Im Treiben der Menschen bewahre ich mich /
vor gewaltsamen Wegen
durch das Wort deiner Lippen.
5 Erhalte meinen Gang auf deinen Wegen,
dass meine Tritte nicht gleiten.

6 Ich rufe zu dir, denn du, Gott, wirst mich erhören;
neige deine Ohren zu mir, höre meine Rede!
7 Beweise deine wunderbare Güte,
du Heiland derer,
die dir vertrauen gegenüber denen,
die sich gegen deine rechte Hand erheben.
8 Behüte mich [a]wie einen Augapfel im Auge,
beschirme mich [b]unter dem Schatten deiner Flügel
9 vor den Gottlosen, die mir Gewalt antun,
vor meinen Feinden, die mir von allen Seiten nach dem Leben trachten.
10 Ihr Herz haben sie verschlossen,
mit ihrem Munde reden sie stolz.
11 Wo wir auch gehen, da umgeben sie uns;
ihre Augen richten sie darauf,
dass sie uns zu Boden stürzen,
12 gleichwie ein Löwe, der nach Raub lechzt,
wie ein junger Löwe, der im Versteck sitzt.

13 [a]HERR, mache dich auf, tritt ihm entgegen und demütige ihn!
Errette mich vor dem Gottlosen mit deinem Schwert,
14 vor den Leuten, HERR, mit deiner Hand,
vor den Leuten dieser Welt,
die ihr Teil haben schon im Leben,
denen du den Bauch füllst mit deinen Gütern,
deren Söhne auch noch satt werden
und ihren Kindern ein Übriges hinterlassen.

15 Ich aber will schauen dein Antlitz in Gerechtigkeit,
ich will satt werden, wenn ich erwache, an deinem Bilde.

* Luther übersetzte: »dass dein Heiliger verwese« im Anschluss an die griechische Übersetzung des Alten Testaments und Apg 2,27 und 13,35.

16,5: *a* Ps 73,26; 4. Mose 18,20; Klgl 3,24 **17,2:** *a* Ps 43,1 **17,3:** *a* Ps 139,1 **17,8:** *a* 5. Mose 32,10; *b* Ps 61,5; 63,8; 2. Mose 37,7-9 **17,13:** *a* 4. Mose 10,35

Dank des Königs für Rettung und Sieg
(vgl. 2. Sam 22,1-51)

18 VON DAVID, DEM KNECHT DES HERRN, DER ZUM HERRN DIE WORTE DIESES LIEDES REDETE, ALS IHN DER HERR ERRETTET HATTE VON DER HAND ALLER SEINER FEINDE UND VON DER HAND SAULS; VORZUSINGEN.
2 UND ER SPRACH:
Herzlich lieb habe ich dich, HERR, meine Stärke!
3 HERR, mein [a]Fels, meine Burg, mein Erretter;
mein Gott, mein Hort, auf den ich traue,
mein Schild und Berg meines Heiles und mein Schutz!
4 Ich rufe an den HERRN, den Hochgelobten,
so werde ich vor meinen Feinden errettet.

5 [a]Es umfingen mich des Todes Bande,
und die Fluten des Verderbens erschreckten mich.
6 Des Totenreichs Bande umfingen mich,
und des Todes Stricke überwältigten mich.
7 Als mir angst war, rief ich den HERRN an
und schrie zu meinem Gott.
Da erhörte er meine Stimme von seinem Tempel,
und mein Schreien kam vor ihn zu seinen Ohren.

8 Die Erde bebte und wankte,
und die Grundfesten der Berge bewegten sich und bebten, da er zornig war.
9 [a]Rauch stieg auf von seiner Nase / und verzehrend Feuer aus seinem Munde;
Flammen sprühten von ihm aus.
10 [a]Er neigte den Himmel und fuhr herab,
und Dunkel war unter seinen Füßen.
11 Und er fuhr auf dem [a]Cherub und flog daher,
er schwebte auf den Fittichen des Windes.
12 Er machte Finsternis ringsum zu seinem Zelt;
in schwarzen, dicken Wolken war er verborgen.
13 Aus dem Glanz vor ihm zogen seine Wolken dahin
mit Hagel und Blitzen.
14 Der HERR donnerte im Himmel,
und der Höchste ließ seine Stimme erschallen mit Hagel und Blitzen.
15 Er schoss seine Pfeile und streute sie aus,
sandte Blitze in Menge und jagte sie dahin.
16 Da sah man die Tiefen der Wasser,
und des Erdbodens Grund ward aufgedeckt
vor deinem Schelten, HERR,
vor dem Odem und Schnauben deines Zornes.

17 Er streckte seine Hand aus von der Höhe und fasste mich
und zog mich aus großen Wassern.
18 Er errettete mich von meinen starken Feinden,
von meinen Hassern, die mir zu mächtig waren;
19 sie überwältigten mich zur Zeit meines Unglücks;
aber der HERR ward meine Zuversicht.
20 Er führte mich hinaus ins Weite,
er riss mich heraus; denn er hatte Lust zu mir.

21 Der HERR tut wohl an mir nach meiner Gerechtigkeit,
er vergilt mir nach der Reinheit meiner Hände.
22 Denn ich halte die Wege des HERRN
und bin nicht gottlos wider meinen Gott.
23 Denn alle seine Rechte hab ich vor Augen,
und seine Gebote werfe ich nicht von mir,
24 sondern ich bin ohne Tadel vor ihm
und hüte mich vor Schuld.
25 Darum vergilt mir der HERR nach meiner Gerechtigkeit,
nach der Reinheit meiner Hände vor seinen Augen.

18,3: *a* 5. Mose 32,18 **18,5:** *a (5-6)* Ps 116,3 **18,9:** *a* 2. Mose 19,18 **18,10:** *a (10-17)* Ps 144,5-7 **18,11:** *a* Ps 99,1

26 Gegen die Heiligen bist du heilig,
und gegen die Treuen bist du treu,
27 gegen die Reinen bist du rein,
und gegen die Verkehrten bist du verkehrt.
28 Denn [a]du hilfst dem elenden Volk,
aber stolze Augen erniedrigst du.
29 Ja, du machst hell meine Leuchte,
der HERR, mein Gott, macht meine Finsternis licht.
30 Denn mit dir kann ich Kriegsvolk zerschlagen
und mit meinem Gott über Mauern springen.
31 Gottes Wege sind vollkommen, /
die Worte des HERRN sind durchläutert.
Er ist ein Schild allen, die ihm vertrauen.

32 Denn wer ist Gott, wenn nicht der HERR,
oder ein Fels, wenn nicht unser Gott?
33 Gott rüstet mich mit Kraft
und macht meine Wege ohne Tadel.
34 Er macht meine Füße gleich den Hirschen
und stellt mich auf meine Höhen.
35 Er lehrt meine Hände streiten
und meinen Arm den ehernen Bogen spannen.
36 Du gibst mir den Schild deines Heils, /
und deine Rechte stärkt mich,
und deine Huld macht mich groß.*
37 Du gibst meinen Schritten weiten Raum,
dass meine Knöchel nicht wanken.

38 Ich will meinen Feinden nachjagen und sie ergreifen
und nicht umkehren, bis ich sie umgebracht habe.
39 Ich will sie zerschmettern, dass sie nicht mehr aufstehen können;
sie müssen unter meine Füße fallen.
40 Du rüstest mich mit Stärke zum Streit;
du wirfst unter mich, die sich gegen mich erheben.
41 Du treibst meine Feinde in die Flucht,
dass ich vernichte, die mich hassen.
42 Sie rufen – aber da ist kein Helfer –
zum HERRN, aber er antwortet ihnen nicht.[a]
43 Ich will sie zerstoßen zu Staub vor dem Winde,
ich werfe sie weg wie Unrat auf die Gassen.
44 Du hilfst mir aus dem Streit des Volkes /
und machst mich zum Haupt über Heiden;
ein Volk, das ich nicht kannte, dient mir.
45 Es gehorcht mir mit gehorsamen Ohren;
Söhne der Fremde müssen mir huldigen.
46 Die Söhne der Fremde verschmachten
und kommen mit Zittern aus ihren Burgen.

47 Der HERR lebt! Gelobt sei mein Fels!
Der Gott meines Heils sei hoch erhoben,
48 der Gott, der mir Vergeltung schafft
und zwingt die Völker unter mich,
49 der mich errettet von meinen Feinden. /
Du erhöhst mich über die, die sich gegen mich erheben;
du hilfst mir von den Frevlern.

50 Darum will ich dir danken, HERR, unter den Heiden
und deinem Namen lobsingen,[a]
51 der seinem Könige großes Heil gibt /
und Gnade erweist seinem Gesalbten,
[a]David, und seinem Hause ewiglich.

Gottes Herrlichkeit in seiner Schöpfung und in seinem Gesetz

19 EIN PSALM DAVIDS, VORZUSINGEN.
2 **Die Himmel erzählen die Ehre Gottes,**
und die Feste verkündigt seiner Hände Werk.[a]
3 Ein Tag sagt's dem andern,
und eine Nacht tut's kund der andern,
4 ohne Sprache und ohne Worte;
unhörbar ist ihre Stimme.
5 Ihr Schall geht aus in alle Lande

* Luther übersetzte: »Und wenn du mich demütigst, machst du mich groß.«

18,28: *a* Hiob 22,29 **18,42:** *a* Spr 1,28 **18,50:** *a* Röm 15,9 **18,51:** *a* 2.Sam 7,12-16 **19,2:** *a* Röm 1,19-20 und ihr Reden bis an die Enden der Welt.[a]

Er hat der Sonne ein Zelt am Himmel gemacht; /
6 sie geht heraus wie ein Bräutigam aus seiner Kammer
und freut sich wie ein Held, zu laufen ihre Bahn.
7 Sie geht auf an einem Ende des Himmels /
und läuft um bis wieder an sein Ende,
und nichts bleibt vor ihrer Glut verborgen.

8 Das Gesetz des HERRN ist vollkommen
und erquickt die Seele.
Das Zeugnis des HERRN ist gewiss
und macht die Unverständigen weise.
9 Die Befehle des HERRN sind richtig
und erfreuen das Herz.
Die Gebote des HERRN sind lauter
und erleuchten die Augen.
10 Die Furcht des HERRN ist rein und bleibt ewiglich.
Die Rechte des HERRN sind Wahrheit, allesamt gerecht.
11 Sie sind köstlicher als Gold und viel feines Gold,
sie sind süßer als Honig und Honigseim.

12 Auch lässt dein Knecht sich durch sie warnen;
und wer sie hält, der hat großen Lohn.
13 **Wer kann merken, wie oft er fehlet?**
[a] **Verzeihe mir die verborgenen Sünden!**
14 Bewahre auch deinen Knecht vor den Stolzen,
dass sie nicht über mich herrschen;
so werde ich ohne Tadel sein
und rein bleiben von großer Missetat.

15 Lass dir wohlgefallen die Rede meines Mundes /
und das Gespräch meines Herzens vor dir,
HERR, mein Fels und mein Erlöser.

Gebet des Volkes für seinen König in Kriegsnot

20 EIN PSALM DAVIDS, VORZUSINGEN.
2 Der HERR erhöre dich in der Not,
[a] der Name des Gottes Jakobs schütze dich!
3 Er sende dir Hilfe vom Heiligtum
und stärke dich aus Zion!
4 Er gedenke all deiner Speisopfer,
und dein Brandopfer sei ihm angenehm! SELA.
5 Er [a] gebe dir, was dein Herz begehrt,
und erfülle alles, was du vorhast!
6 Dann wollen wir jubeln, weil er dir hilft; /
im Namen unsres Gottes erheben wir das Banner.
Der HERR gewähre dir alle deine Bitten!

7 Nun weiß ich, dass der HERR seinem Gesalbten hilft /
und ihn erhört von seinem heiligen Himmel,
[a] seine rechte Hand hilft mit Macht.
8 Jene [a] verlassen sich auf Wagen und Rosse;
wir aber denken an den Namen des HERRN, unsres Gottes.
9 Sie sind niedergestürzt und gefallen,
wir aber stehen und halten stand.

10 Hilf, HERR, du König!
Er wird uns erhören, wenn wir rufen.

Gottes Hilfe für den König

21 EIN PSALM DAVIDS, VORZUSINGEN.
2 HERR, der König freut sich in deiner Kraft,
und wie sehr fröhlich ist er über deine Hilfe!
3 Du [a] erfüllst ihm seines Herzens Wunsch
und verweigerst nicht, [b] was sein Mund bittet. SELA.
4 Denn du überschüttest ihn mit gutem Segen,
du setzest eine goldene Krone auf sein Haupt.

19,5: *a* Röm 10,18 **19,13:** *a* Hiob 42,3-6 **20,2:** *a* Spr 18,10 **20,5:** *a* Ps 21,3 **20,7:** *a* 2. Mose 15,6 **20,8:** *a* Ps 33,17; 5. Mose 20,1; Jes 31,1 **21,3:** *a* Ps 20,5; *b* Ps 37,4

5 Er bittet dich um Leben; du gibst es ihm,
[a]langes Leben für immer und ewig.
6 Er hat große Herrlichkeit durch deine Hilfe;
Pracht und Hoheit legst du auf ihn.
7 Denn du setzest ihn zum Segen ewiglich,
du erfreust ihn mit Freude vor deinem Antlitz.

8 Denn der König hofft auf den HERRN
und wird durch die Güte des Höchsten festbleiben.
9 Deine Hand wird finden alle deine Feinde,
deine Rechte wird finden, die dich hassen.
10 Du wirst es mit ihnen machen wie im Feuerofen,
wenn du erscheinen wirst.
Der HERR wird sie verschlingen in seinem Zorn;
Feuer wird sie fressen.
11 Ihre Nachkommen wirst du tilgen vom Erdboden
und ihre Kinder aus der Zahl der Menschen.
12 Denn sie gedachten dir Übles zu tun,
und machten Anschläge, die sie nicht ausführen konnten.[a]
13 Denn du wirst machen, dass sie den Rücken kehren;
mit deinem Bogen wirst du auf ihr Antlitz zielen.

14 HERR, erhebe dich in deiner Kraft,
so wollen wir singen und loben deine Macht.

Leiden und Herrlichkeit des Gerechten

(Jesu Leidenspsalm; vgl. Jes 53,1-12; Mt 27,35-46)

22 EIN PSALM DAVIDS, VORZUSINGEN, NACH DER WEISE »DIE HIRSCHKUH, DIE FRÜH GEJAGT WIRD«.
2 **Mein Gott, mein Gott, warum hast du mich verlassen?**
Ich schreie, aber meine Hilfe ist ferne.
3 Mein Gott, des Tages rufe ich,
doch antwortest du nicht,
und des Nachts, doch finde ich keine Ruhe.
4 Du aber bist heilig,
der du thronst über den Lobgesängen Israels.
5 Unsere Väter hofften auf dich;
und da sie hofften, halfst du ihnen heraus.
6 Zu dir schrien sie und wurden errettet,
sie hofften auf dich und [a]wurden nicht zuschanden.
7 Ich aber bin ein [a]Wurm und kein Mensch,
ein Spott der Leute und verachtet vom Volke.
8 Alle, die mich sehen, verspotten mich,
[a]sperren das Maul auf und schütteln den Kopf:
9 »Er klage es dem HERRN, der helfe ihm heraus
und rette ihn, hat er Gefallen an ihm.«

10 Du hast mich aus meiner Mutter Leibe gezogen;
du ließest mich geborgen sein an der Brust meiner Mutter.
11 Auf dich bin ich geworfen von Mutterleib an,
du bist mein Gott von meiner Mutter Schoß an.
12 Sei nicht ferne von mir, denn Angst ist nahe;
denn es ist hier kein Helfer.

13 Gewaltige Stiere haben mich umgeben,
mächtige Büffel haben mich umringt.
14 Ihren Rachen sperren sie gegen mich auf
wie ein brüllender und reißender Löwe.
15 Ich bin ausgeschüttet wie Wasser, /
alle meine Knochen haben sich voneinander gelöst;
mein Herz ist in meinem Leibe wie zerschmolzenes Wachs.
16 Meine Kräfte sind vertrocknet wie eine Scherbe, /
und [a]meine Zunge klebt mir am Gaumen,
und du legst mich in des Todes Staub.

21,5: *a* Ps 61,7 **21,12:** *a* Jes 8,10 **22,6:** *a* Ps 25,2-3 **22,7:** *a* Hiob 25,6; Jes 41,14 **22,8:** *a* Hiob 16,10 **22,16:** *a* Joh 19,28

17 Denn Hunde haben mich umgeben, /
und der Bösen Rotte hat mich umringt;
[a]sie haben meine Hände und Füße durchgraben.
18 Ich kann alle meine Knochen zählen;
sie aber schauen zu und sehen auf mich herab.
19 Sie [a]teilen meine Kleider unter sich
und werfen das Los um mein Gewand.

20 Aber du, HERR, sei nicht ferne;
meine Stärke, eile, mir zu helfen!
21 Errette meine Seele vom Schwert,
mein Leben von den Hunden!
22 Hilf mir aus dem [a]Rachen des Löwen /
und vor den Hörnern wilder Stiere –
du hast mich erhört!*

23 Ich will deinen Namen kundtun meinen Brüdern,
ich will dich in der Gemeinde rühmen:[a]
24 Rühmet den HERRN, die ihr ihn fürchtet;
ehret ihn, ihr alle vom Hause Jakob,
und vor ihm scheuet euch,
ihr alle vom Hause Israel!
25 Denn er hat nicht verachtet noch [a]verschmäht
das Elend des Armen
und sein Antlitz vor ihm nicht verborgen;
und als er zu ihm schrie, hörte er's.

26 Dich will ich preisen in der großen Gemeinde,
ich will mein Gelübde erfüllen vor denen, die ihn fürchten.
27 Die [a]Elenden sollen essen, dass sie satt werden; /
und die nach dem HERRN fragen, werden ihn preisen;
euer Herz soll ewiglich leben.
28 Es werden gedenken und sich zum HERRN bekehren aller Welt Enden
und vor ihm anbeten alle Geschlechter der Heiden.
29 Denn des HERRN ist das Reich,
und er herrscht unter den Heiden.
30 Ihn allein werden anbeten alle,
die in der Erde schlafen;
vor ihm werden die Knie beugen alle, /
die zum Staube hinabfuhren
und ihr Leben nicht konnten erhalten.
31 Er wird Nachkommen haben, die ihm dienen;
vom Herrn wird man verkündigen Kind und Kindeskind.
32 Sie werden kommen und seine Gerechtigkeit predigen
dem Volk, das geboren wird.
Denn er hat's getan.

Der gute Hirte

23 EIN PSALM DAVIDS.
Der HERR ist mein [a]Hirte,
mir wird nichts mangeln.
2 **Er [a]weidet mich auf einer grünen Aue**
und führet mich zum frischen Wasser.
3 **Er erquicket meine Seele.**
Er führet mich auf rechter Straße
um seines Namens willen.
4 **Und ob ich schon wanderte im finstern Tal,**
[a]fürchte ich kein Unglück;
denn du bist bei mir,
dein Stecken und Stab trösten mich.
5 **Du bereitest vor mir einen Tisch**
im Angesicht meiner Feinde.
Du salbest mein Haupt mit Öl
und [a]schenkest mir voll ein.
6 **Gutes und Barmherzigkeit werden mir folgen mein Leben lang,**
und [a]ich werde bleiben im Hause
des HERRN immerdar.

Einzug in das Heiligtum

24 EIN PSALM DAVIDS.
[a]Die Erde ist des HERRN und was darinnen ist,
der Erdkreis und die darauf wohnen.
2 Denn er hat ihn über den Meeren gegründet
und über den Wassern bereitet.

* Luther übersetzte: »und errette mich von den Einhörnern«.

22,17: *a* Joh 20,25.27 **22,19:** *a* Joh 19,24 **22,22:** *a* Dan 6,23 **22,23:** *a* Ps 26,12; Hebr 2,12 **22,25:** *a* Hebr 5,7 **22,27:** *a* Ps 69,33 **23,1:** *a* 1. Mose 48,15; Jes 40,11; Joh 10,11-30 **23,2:** *a* Hes 34,13-14; Offb 7,17 **23,4:** *a* Ps 46,3 **23,5:** *a* Ps 36,9 **23,6:** *a* Ps 84,5 **24,1:** *a* Joh 1,11; 1. Kor 10,26

3 [a]Wer darf auf des HERRN Berg gehen,
und wer darf stehen an seiner heiligen Stätte?
4 Wer unschuldige Hände hat
und reinen Herzens ist,
wer nicht bedacht ist auf Lug und Trug
und nicht falsche Eide schwört:
5 der wird den Segen vom HERRN empfangen
und [a]Gerechtigkeit von dem Gott seines Heiles.
6 Das ist das Geschlecht, das nach ihm fragt,
das da sucht dein Antlitz, Gott Jakobs. SELA.

7 Machet die Tore weit und die Türen in der Welt* hoch,
dass der König der Ehre einziehe![a]
8 Wer ist der König der Ehre?
Es ist der HERR, stark und mächtig,
der HERR, mächtig im Streit.
9 Machet die Tore weit und die Türen in der Welt hoch,
dass der König der Ehre einziehe!
10 Wer ist der König der Ehre?
Es ist der HERR Zebaoth; er ist der König der Ehre. SELA.

Gebet um Gottes Vergebung und Leitung

25 VON DAVID.
Nach dir, HERR, verlanget mich.
2 Mein Gott, ich hoffe auf dich;
lass mich nicht zuschanden werden,
dass meine Feinde nicht frohlocken über mich.
3 Denn keiner wird zuschanden, der auf dich harret;
aber zuschanden werden die leichtfertigen Verächter.

4 HERR, zeige mir deine Wege
und lehre mich deine Steige!
5 Leite mich in deiner Wahrheit und lehre mich!
Denn du bist der Gott, der mir hilft;
täglich harre ich auf dich.
6 Gedenke, HERR, an deine Barmherzigkeit und an deine Güte,
die von Ewigkeit her gewesen sind.
7 Gedenke nicht der Sünden meiner Jugend
und meiner Übertretungen,
gedenke aber meiner nach deiner Barmherzigkeit,
HERR, um deiner Güte willen!
8 Der HERR ist gut und gerecht;
darum weist er Sündern den Weg.
9 Er leitet die Elenden recht
und lehrt die Elenden seinen Weg.
10 Die Wege des HERRN sind lauter Güte und Treue
für alle, die seinen Bund und seine Gebote halten.
11 Um deines Namens willen, HERR,
[a]vergib mir meine Schuld, die so groß ist!

12 Wer ist der Mann, der den HERRN fürchtet?
Er wird ihm den Weg weisen,
den er wählen soll.
13 Er wird im Guten wohnen,
und [a]sein Geschlecht wird das Land besitzen.
14 Der HERR ist denen Freund, die ihn fürchten;
und seinen Bund lässt er sie wissen.
15 Meine Augen sehen stets auf den HERRN;
denn er wird meinen Fuß aus dem Netze ziehen.

16 Wende dich zu mir und sei mir gnädig;
denn ich bin einsam und elend.
17 Die Angst meines Herzens ist groß;
führe mich aus meinen Nöten!
18 Sieh an meinen Jammer und mein Elend
und vergib mir alle meine Sünden!
19 Sieh, wie meiner Feinde so viel sind
und [a]zu Unrecht mich hassen.
20 Bewahre meine Seele und errette mich;
lass mich nicht zuschanden werden,
denn ich traue auf dich!
21 Unschuld und Redlichkeit mögen mich behüten;
denn ich harre auf dich.
22 Gott, [a]erlöse Israel
aus aller seiner Not!

* Gemeint sind die Tore des Tempels – vielleicht: uralte Pforten.

24,3: *a (3-6)* Ps 15,1-5 **24,5:** *a* Jes 48,18 **24,7:** *a* 2.Sam 6,1-19; Jes 40,3-4 **25,11:** *a* 2.Mose 34,6-7 **25,13:** *a* Ps 37,9 **25,19:** *a* Ps 35,19 **25,22:** *a* Ps 130,8

Bekenntnis und Bitte eines Unschuldigen

26 VON DAVID.
HERR, schaffe mir Recht, denn ich bin unschuldig!
Ich hoffe auf den HERRN, darum werde ich nicht fallen.
2 Prüfe mich, HERR, und erprobe mich,
erforsche meine Nieren und mein Herz!

3 Denn deine Güte ist mir vor Augen,
und ich wandle in deiner Wahrheit.
4 [a]Ich sitze nicht bei heillosen Leuten
und habe nicht Gemeinschaft mit den Falschen.
5 Ich hasse die Versammlung der Boshaften
und sitze nicht bei den Gottlosen.
6 Ich [a]wasche meine Hände in Unschuld
und halte mich, HERR, zu deinem Altar,
7 dir zu danken mit lauter Stimme
und zu verkündigen alle deine Wunder.
8 **HERR, ich habe lieb [a]die Stätte deines Hauses**
und den Ort, da deine Ehre wohnt.

9 Raffe meine Seele nicht hin mit den Sündern
noch mein Leben mit den Blutdürstigen,
10 an deren Händen Schandtat klebt
und die gern Geschenke nehmen.
11 Ich aber gehe meinen Weg in Unschuld.
Erlöse mich und sei mir gnädig!
12 Mein Fuß steht fest auf rechtem Grund.
[a]Ich will den HERRN loben in den Versammlungen.

Gemeinschaft mit Gott

27 VON DAVID.
[a]**Der HERR ist mein Licht und mein Heil;**
[b]**vor wem sollte ich mich fürchten?**
Der HERR ist meines Lebens Kraft;
vor wem sollte mir grauen?
2 Wenn die Übeltäter an mich wollen,
um mich zu verschlingen,
meine Widersacher und Feinde,
sollen sie selber straucheln und fallen.
3 Wenn sich auch ein Heer wider mich lagert,
so fürchtet sich dennoch mein Herz nicht;
wenn sich Krieg wider mich erhebt,
so verlasse ich mich auf **ihn.**[a]

4 Eines bitte ich vom HERRN, das hätte ich gerne:
dass ich [a]im Hause des HERRN
bleiben könne mein Leben lang,
zu schauen die schönen Gottesdienste des HERRN*
und seinen Tempel zu betrachten.
5 Denn [a]er deckt mich in seiner Hütte zur bösen Zeit, /
er birgt mich im Schutz seines Zeltes
und erhöht mich auf einen Felsen.
6 Und nun erhebt sich mein Haupt
über meine Feinde, die um mich her sind;
darum will ich Lob opfern in seinem Zelt,
ich will singen und Lob sagen dem HERRN.

7 HERR, höre meine Stimme, wenn ich rufe;
sei mir gnädig und erhöre mich!
8 **Mein Herz hält dir vor dein Wort: /**
»Ihr sollt mein Antlitz suchen.«
Darum [a]suche ich auch, HERR, dein Antlitz.
9 Verbirg dein Antlitz nicht vor mir,
verstoße nicht im Zorn deinen Knecht!
Denn du bist meine Hilfe; verlass mich nicht
und tu die Hand nicht von mir ab,
Gott, mein Heil!
10 Denn mein Vater und meine Mutter verlassen mich,
aber der HERR nimmt mich auf.

11 HERR, [a]weise mir deinen Weg
und leite mich auf ebener Bahn um meiner Feinde willen.

* Wörtlich: zu schauen die Freundlichkeit des HERRN.

26,4: *a (4-5)* Ps 1,1 **26,6:** *a* 5.Mose 21,6-7; Mt 27,24 **26,8:** *a* Ps 27,4; 122,1-2 **26,12:** *a* Ps 22,23 **27,1:** *a* Mi 7,8; *b* Ps 56,5 **27,3:** *a* Ps 3,7 **27,4:** *a* Ps 26,8; 42,5; 63,3; 84,4-5.11 **27,5:** *a* Ps 31,21 **27,8:** *a* 5.Mose 4,29 **27,11:** *a* Ps 86,11; 139,24

12 Gib mich nicht preis dem Willen meiner Feinde!
Denn es stehen falsche Zeugen wider mich auf und tun mir Unrecht ohne Scheu.
13 Ich glaube aber doch, dass ich [a]sehen werde
die Güte des HERRN im Lande der Lebendigen.
14 Harre des HERRN!
Sei getrost und unverzagt und harre des HERRN!

Bitte um Verschonung – Dank für Errettung

28 VON DAVID.
Wenn ich rufe zu dir, HERR, mein Fels,
so schweige doch nicht,
dass ich nicht, wenn du schweigst,
gleich werde denen, die in die Grube fahren.
2 Höre die Stimme meines Flehens,
wenn ich zu dir schreie,
wenn ich meine Hände aufhebe
zu deinem heiligen Tempel.
3 Raffe mich nicht hin mit den Gottlosen
und mit den Übeltätern,
die [a]freundlich reden mit ihrem Nächsten
und haben Böses im Herzen.
4 Gib ihnen nach ihrem Tun
und nach ihren bösen Taten;
gib ihnen nach den Werken ihrer Hände;
vergilt ihnen, wie sie es verdienen.
5 Denn [a]sie wollen nicht achten auf das Tun des HERRN
noch auf die Werke seiner Hände;
darum wird er sie niederreißen
und nicht wieder aufbauen.

6 Gelobt sei der HERR; denn er hat erhört
die Stimme meines Flehens.
7 Der HERR ist meine Stärke und mein Schild;
auf ihn hofft mein Herz und mir ist geholfen.
Nun ist mein Herz fröhlich,
und ich will ihm danken mit meinem Lied.
8 Der HERR ist seines Volkes Stärke,
Hilfe und Stärke für seinen Gesalbten.
9 Hilf deinem Volk und segne dein Erbe
und weide und trage sie ewiglich!

Der große Lobpreis der Herrlichkeit Gottes

29 EIN PSALM DAVIDS.
Bringet dar dem HERRN, ihr Himmlischen,
bringet dar dem HERRN Ehre und Stärke![a]
2 Bringet dar dem HERRN die Ehre seines Namens,
betet an den HERRN in heiligem Schmuck!
3 Die Stimme des HERRN erschallt über den Wassern,
der Gott der Ehre donnert,
der HERR, über großen Wassern.
4 Die Stimme des HERRN ergeht mit Macht,
die Stimme des HERRN ergeht herrlich.
5 Die Stimme des HERRN zerbricht die Zedern,
der HERR zerbricht die Zedern des Libanon.
6 Er lässt hüpfen wie ein Kalb den Libanon,
den [a]Sirjon wie einen jungen Wildstier.
7 Die Stimme des HERRN sprüht Feuerflammen; /
8 die Stimme des HERRN lässt die Wüste erbeben;
der HERR lässt erbeben die Wüste Kadesch.
9 Die Stimme des HERRN lässt Eichen wirbeln* /
und reißt Wälder kahl.
In seinem Tempel ruft alles: »Ehre!«

10 Der HERR hat seinen Thron über der Flut;
der HERR bleibt ein König in Ewigkeit.
11 Der HERR wird seinem Volk Kraft geben;
der HERR wird sein Volk segnen mit Frieden.

* Luther übersetzte nach anderer Überlieferung: »erregt die Hinden«.

27,13: *a* Jes 38,11 **28,3:** *a* 2. Sam 20,9-10 **28,5:** *a* Jes 5,12-13 **29,1:** *a* Ps 103,20-21 **29,6:** *a* 5. Mose 3,8-9

Dank für Rettung aus Todesnot

30 EIN PSALM DAVIDS, EIN LIED ZUR [a]EINWEIHUNG DES TEMPELS.
2 Ich preise dich, HERR; denn du hast mich aus der Tiefe gezogen
und lässest meine Feinde sich nicht über mich freuen.
3 HERR, mein Gott, als ich schrie zu dir,
da [a]machtest du mich gesund.
4 HERR, du hast mich von den Toten heraufgeholt;
[a]du hast mich am Leben erhalten, aber sie mussten in die Grube fahren.

5 Lobsinget dem HERRN, ihr seine Heiligen,
und preiset seinen heiligen Namen!
6 Denn [a]sein Zorn währet einen Augenblick
und lebenslang seine Gnade.
Den Abend lang währet das Weinen,
aber des Morgens ist Freude.

7 Ich aber sprach, als es mir gut ging:
Ich werde nimmermehr wanken.
8 Denn, HERR, durch dein Wohlgefallen / hattest du mich auf einen hohen Fels gestellt.
Aber als du dein Antlitz verbargest, erschrak ich.
9 Zu dir, HERR, rief ich,
und zum Herrn flehte ich:
10 Was nützt dir mein Blut, wenn ich zur Grube fahre?
[a]Wird dir auch der Staub danken
und deine Treue verkündigen?
11 HERR, höre und sei mir gnädig!
HERR, sei mein Helfer!

12 Du hast mir meine Klage verwandelt in einen Reigen,
du hast mir den Sack der Trauer ausgezogen
und mich mit Freude gegürtet,
13 dass ich dir lobsinge und nicht stille werde.
HERR, mein Gott, ich will dir danken in Ewigkeit.

In Gottes Händen geborgen

31 EIN PSALM DAVIDS, VORZUSINGEN.
2 HERR, auf dich traue ich, /
lass mich nimmermehr zuschanden werden,
errette mich durch deine Gerechtigkeit!
3 [a]Neige deine Ohren zu mir, hilf mir eilends!
Sei mir ein starker Fels und eine Burg, dass du mir helfest!
4 Denn du bist mein Fels und meine Burg,
und um deines Namens willen
wollest du mich leiten und führen.
5 Du wollest mich aus dem Netze ziehen, /
das sie mir heimlich stellten;
denn du bist meine Stärke.
6 [a]**In deine Hände befehle ich meinen Geist;**
du hast mich erlöst, HERR, du treuer Gott.

7 Ich hasse, die sich halten an nichtige Götzen;
ich aber hoffe auf den HERRN.
8 Ich freue mich und bin fröhlich über deine Güte,
dass du mein Elend ansiehst
und nimmst dich meiner an in Not
9 und übergibst mich nicht in die Hände des Feindes;
du stellst meine Füße auf weiten Raum.

10 HERR, sei mir gnädig, denn mir ist angst!
Mein Auge ist trübe geworden vor Gram,
matt meine Seele und mein Leib.
11 Denn mein Leben ist hingeschwunden in Kummer
und meine Jahre in Seufzen.
Meine Kraft ist verfallen durch meine Missetat,
und meine Gebeine sind verschmachtet.
12 Vor all meinen Bedrängern bin ich ein Spott geworden,
eine Last meinen Nachbarn
und ein Schrecken meinen Bekannten.

30,1: *a* 1. Makk 4,52-54 **30,3:** *a* 2. Mose 15,26 **30,4:** *a* Ps 116,3-4.7-9 **30,6:** *a* Jes 54,7-8 **30,10:** *a* Ps 6,6 **31,3:** *a (3-4)* Ps 71,3 **31,6:** *a* Lk 23,46

Die mich sehen auf der Gasse,
fliehen vor mir.
13 Ich bin vergessen in ihrem Herzen wie ein Toter;
ich bin geworden wie ein zerbrochenes Gefäß.
14 Denn ich höre, wie viele über mich lästern:
[a] Schrecken ist um und um!
Sie halten Rat miteinander über mich
und trachten danach, mir das Leben zu nehmen.

15 Ich aber, HERR, hoffe auf dich
und spreche: Du bist mein Gott!
16 [a] **Meine Zeit steht in deinen Händen.**
Errette mich von der Hand meiner Feinde und von denen, die mich verfolgen.
17 [a] Lass leuchten dein Antlitz über deinem Knecht;
hilf mir durch deine Güte!
18 HERR, lass mich nicht zuschanden werden;
denn ich rufe dich an.
Die Gottlosen sollen zuschanden werden
und hinabfahren zu den Toten und schweigen.
19 Verstummen sollen die Lügenmäuler,
die da reden wider den Gerechten frech, stolz und höhnisch.

20 Wie groß ist deine Güte, HERR,
die du bewahrt hast denen, die dich fürchten,
und erweisest vor den Leuten
denen, die auf dich trauen!
21 Du [a] birgst sie in deinem Schutz vor den Rotten der Leute,
du deckst sie in der Hütte vor den zänkischen Zungen.

22 Gelobt sei der HERR; denn er hat seine wunderbare Güte
mir erwiesen in einer festen Stadt.
23 Ich sprach wohl in meinem Zagen:
Ich bin von deinen Augen verstoßen.
Doch du hörtest die Stimme meines Flehens,
als ich zu dir schrie.

24 Liebet den HERRN, alle seine Heiligen!
Die Gläubigen behütet der HERR
und vergilt reichlich dem, der Hochmut übt.
25 Seid getrost und unverzagt alle,
die ihr des HERRN harret!

Vom Segen der Sündenvergebung (Der zweite Bußpsalm)

32 EINE UNTERWEISUNG DAVIDS.
[a] **Wohl dem, dem die Übertretungen vergeben sind,**
dem die Sünde bedeckt ist!
2 **Wohl dem Menschen, dem der HERR die Schuld nicht zurechnet,**
in dessen Geist kein Trug ist!

3 Denn als ich es wollte verschweigen,
verschmachteten meine Gebeine
durch mein tägliches Klagen.
4 Denn deine Hand lag Tag und Nacht schwer auf mir,
dass mein Saft vertrocknete, wie es im Sommer dürre wird. SELA.
5 Darum [a] bekannte ich dir meine Sünde,
und meine Schuld verhehlte ich nicht.
Ich sprach: Ich will dem HERRN meine Übertretungen bekennen.
Da [b] vergabst du mir die Schuld meiner Sünde. SELA.

6 Deshalb werden alle Heiligen zu dir beten
zur Zeit der Angst.
Darum, wenn große Wasserfluten kommen,
werden sie nicht an sie gelangen.
7 Du bist mein Schirm, du wirst mich vor Angst behüten,
dass ich errettet gar fröhlich rühmen kann. SELA.
8 »Ich will dich unterweisen und dir den Weg zeigen, / den du gehen sollst;
ich will dich mit meinen Augen leiten.«
9 Seid nicht wie Rosse und Maultiere,
die ohne Verstand sind,
denen man Zaum und Gebiss anlegen muss;
sie werden sonst nicht zu dir kommen.

31,14: *a* Jer 20,3 **31,16:** *a* Ps 139,16; Pred 3,1-8 **31,17:** *a* Ps 80,4; 4 Mose 6,25 **31,21:** *a* Ps 27,5 **32,1:** *a (1-2)* Röm 4,6-8 **32,5:** *a* Ps 38,19; Spr 28,13; Jak 5,16; *b* Jes 38,17

10 Der Gottlose hat viel Plage;
wer aber auf den HERRN hofft,
den wird die Güte umfangen.
11 Freuet euch des HERRN und seid fröhlich, ihr Gerechten,
und jauchzet, alle ihr Frommen.

Ein Loblied auf Gottes Allmacht und Hilfe

33 Freuet euch des HERRN, ihr Gerechten;
die Frommen sollen ihn recht preisen.
2 Danket dem HERRN mit Harfen;
lobsinget ihm zum Psalter von zehn Saiten!
3 Singet ihm [a]ein neues Lied;
spielt schön auf den Saiten mit fröhlichem Schall!
4 Denn **des HERRN Wort ist wahrhaftig,**
und was er zusagt, das hält er gewiss.
5 Er liebt Gerechtigkeit und Recht;
die Erde ist voll der Güte des HERRN.

6 Der Himmel ist durch das Wort des HERRN gemacht
und all sein Heer durch den Hauch seines Mundes.[a]
7 Er [a]hält die Wasser des Meeres zusammen wie in einem Schlauch
und sammelt in Kammern die Fluten.
8 Alle Welt fürchte den HERRN,
und vor ihm scheue sich alles,
was auf dem Erdboden wohnet.
9 Denn **wenn er spricht, so geschieht's;**
[a]**wenn er gebietet, so steht's da.**
10 Der HERR macht zunichte der Heiden Rat
und wehrt den Gedanken der Völker.
11 Aber der Ratschluss des HERRN bleibt ewiglich,
seines Herzens Gedanken für und für.
12 Wohl dem Volk, [a]dessen Gott der HERR ist,
dem Volk, das er zum Erbe erwählt hat!
13 Der HERR schaut vom Himmel
und sieht alle Menschenkinder.
14 Von seinem festen Thron sieht er auf alle,
die auf Erden wohnen.
15 Er [a]lenkt ihnen allen das Herz,
er gibt Acht auf alle ihre Werke.
16 Einem König hilft nicht seine große Macht;
[a]ein Held kann sich nicht retten
durch seine große Kraft.
17 [a]Rosse helfen auch nicht;
da wäre man betrogen;
und ihre große Stärke errettet nicht.
18 Siehe, des HERRN Auge achtet auf alle, die ihn fürchten,
die auf seine Güte hoffen,
19 dass er sie errette vom Tode
und sie am Leben erhalte in Hungersnot.

20 Unsre Seele harrt auf den HERRN;
er ist uns Hilfe und Schild.
21 Denn unser Herz freut sich seiner,
und wir trauen auf seinen heiligen Namen.
22 Deine Güte, HERR, sei über uns,
wie wir auf dich hoffen.

Unter Gottes Schutz

34 VON DAVID, [a]ALS ER SICH WAHNSINNIG STELLTE VOR ABIMELECH UND DIESER IHN VON SICH TRIEB UND ER WEGGING.
2 **Ich will den HERRN loben allezeit;**
sein Lob soll immerdar in meinem Munde sein.
3 Meine Seele soll sich rühmen des HERRN,
dass es die Elenden hören und sich freuen.
4 Preiset mit mir den HERRN
und lasst uns miteinander seinen Namen erhöhen!

5 **Als ich den HERRN suchte, antwortete er mir**
und errettete mich aus aller meiner Furcht.
6 Die auf ihn sehen, werden strahlen vor Freude,

33,3: *a* Ps 40,4; 96,1; 98,1; 144,9; 149,1; Jes 42,10; Offb 5,9 **33,6:** *a* 1.Mose 1,6.14 **33,7:** *a* Ps 104,9 **33,9:** *a* Ps 148,5 **33,12:** *a* 5.Mose 33,29 **33,15:** *a* Spr 21,1 **33,16:** *a* 1.Sam 17,1-58 **33,17:** *a* Ps 20,8 **34,1:** *a* 1.Sam 21,14-16

und ihr Angesicht soll nicht
schamrot werden.
7 Als einer im Elend rief, hörte der HERR
und half ihm aus allen seinen
Nöten.
8 Der [a]Engel des HERRN lagert sich um
die her,
die ihn fürchten, und hilft ihnen
heraus.
9 [a]**Schmecket und sehet, wie freundlich
der HERR ist.
Wohl dem, der auf ihn trauet!**
10 Fürchtet den HERRN, ihr seine
Heiligen!
Denn die ihn fürchten, haben
keinen Mangel.
11 [a]Reiche müssen darben und hungern;
aber die den HERRN suchen, haben
keinen Mangel an irgendeinem Gut.

12 Kommt her, ihr Kinder, höret mir zu!
Ich will euch die Furcht des HERRN
lehren.
13 [a]Wer möchte gern gut leben
und schöne Tage sehen?
14 Behüte deine Zunge vor Bösem
und deine Lippen, dass sie nicht
Trug reden.
15 Lass ab vom Bösen und tu Gutes;
suche Frieden und jage ihm nach!

16 Die Augen des HERRN merken auf die
Gerechten
und seine Ohren auf ihr Schreien.
17 Das Angesicht des HERRN steht wider
alle, die Böses tun,
dass er [a]ihren Namen ausrotte von
der Erde.
18 Wenn die Gerechten schreien, so hört
der HERR
und errettet sie aus all ihrer Not.
19 Der HERR ist nahe denen, die
zerbrochenen Herzens sind,
und hilft denen, die ein
zerschlagenes Gemüt haben.[a]
20 Der Gerechte muss viel erleiden,
aber aus alledem hilft ihm der
HERR.[a]
21 Er bewahrt ihm alle seine Gebeine,
dass nicht eines zerbrochen wird.
22 Den Gottlosen wird das Unglück
töten,
und die den Gerechten hassen,
fallen in Schuld.
23 Der HERR erlöst das Leben seiner
Knechte,
und alle, die auf ihn trauen, werden
frei von Schuld.

Gebet um Errettung von boshaften Feinden

35 VON DAVID.
HERR, führe meine Sache wider
meine Widersacher,
bekämpfe, die mich bekämpfen!
2 Ergreife Schild und Waffen
und mache dich auf, mir zu helfen!
3 Zücke Speer und Streitaxt wider meine
Verfolger!
Sprich zu mir: Ich bin deine Hilfe!
4 Es sollen sich schämen und zum Spott
werden,
die mir nach dem Leben trachten;
es sollen zurückweichen und zuschanden
werden,
die mein Unglück wollen.
5 Sie sollen werden wie Spreu vor dem
Winde,
und der Engel des HERRN stoße sie
weg.
6 Ihr Weg soll finster und schlüpfrig
werden,
und der Engel des HERRN verfolge
sie.
7 Denn ohne Grund haben sie mir ihr
Netz gestellt,
ohne Grund mir eine Grube
gegraben.

8 Unversehens soll ihn Unheil überfallen; /
sein Netz, das er gestellt hat, fange ihn
selber,
zum eigenen Unheil stürze er
hinein.
9 Aber meine Seele soll sich freuen des
HERRN
und fröhlich sein über seine Hilfe.
10 Alle meine Gebeine sollen sagen:
HERR, wer ist dir gleich?
Der du den Elenden rettest /
vor dem, der ihm zu stark ist,
und den Elenden und Armen vor
seinen Räubern.

34,8: *a* Ps 91,11; 1. Mose 32,2-3; 2. Kön 6,17 **34,9:** *a* 1. Petr 2,3 **34,11:** *a* Lk 1,53 **34,13:** *a (13-17)* 1. Petr 3,10-12 **34,17:** *a* Spr 10,7 **34,19:** *a* Ps 51,19 **34,20:** *a* 2. Kor 1,5

11 Es treten falsche Zeugen auf;
sie fordern von mir, wovon ich nichts weiß.
12 Sie vergelten mir Gutes mit Bösem,
um mich in Herzeleid zu bringen.
13 Ich aber [a] zog einen Sack an, wenn sie krank waren, /
tat mir wehe mit Fasten
und betete immer wieder von Herzen.
14 Als wäre es mein Freund und Bruder,
so ging ich einher;
wie einer Leid trägt über seine Mutter,
so beugte ich mich in Trauer.[a]
15 Sie aber freuen sich, wenn ich wanke,
und rotten sich zusammen;
sie rotten sich heimlich zum Schlag wider mich,
sie lästern und hören nicht auf.
16 Sie lästern und spotten immerfort
und knirschen wider mich mit ihren Zähnen.

17 Herr, wie lange willst du zusehen?
Errette doch meine Seele vor ihrem Unheil,
mein Leben vor den jungen Löwen!
18 Ich will dir danken in großer Gemeinde;
unter vielem Volk will ich dich rühmen.
19 Lass sich nicht über mich freuen,
die [a] mir zu Unrecht Feind sind;
lass nicht mit den Augen spotten,
die [b] mich ohne Grund hassen!
20 Denn sie reden nicht, was zum Frieden dient,
und ersinnen falsche Anklagen
wider die Stillen im Lande.
21 Sie sperren das Maul weit auf wider mich
und sprechen: »Da, da, wir haben es gesehen!«
22 HERR, du hast es gesehen, schweige nicht;
HERR, sei nicht ferne von mir!
23 Wache auf, werde wach, mir Recht zu schaffen
und meine Sache zu führen,
mein Gott und Herr!
24 HERR, mein Gott, verhilf mir zum Recht nach deiner Gerechtigkeit,
dass sie sich nicht über mich freuen.
25 Lass sie nicht sagen in ihrem Herzen:
»Da, da! Das wollten wir.«
Lass sie nicht sagen:
»Wir haben ihn verschlungen.«

26 Sie sollen sich schämen und zuschanden werden,
alle, die sich meines Unglücks freuen;
sie sollen in Schmach und Schande sich kleiden,
die sich wider mich rühmen.
27 Jubeln und freuen sollen sich,
die mir gönnen, dass ich Recht behalte,
und immer sagen: Der HERR sei hoch gelobt,
der seinem Knecht so wohl will!
28 Und meine Zunge soll reden von deiner Gerechtigkeit
und dich täglich preisen.

Der Reichtum der Güte Gottes

36 VON DAVID, DEM KNECHT DES HERRN, VORZUSINGEN.
2 Es sinnen die Übertreter auf gottloses Treiben /
im Grund ihres Herzens.
[a] Es ist keine Gottesfurcht bei ihnen.
3 Und doch hat Gott den Weg vor ihnen geebnet,
um ihre Schuld aufzufinden und zu hassen.
4 Alle ihre Worte sind falsch und erlogen,
verständig und gut handeln sie nicht mehr.
5 Sie [a] trachten auf ihrem Lager nach Schaden
und stehen fest auf dem bösen Weg
und scheuen kein Arges.

6 HERR, deine Güte reicht, so weit der Himmel ist,
und deine Wahrheit, so weit die Wolken gehen.
7 Deine Gerechtigkeit steht wie die Berge Gottes /
und dein Recht wie die große Tiefe.
HERR, du hilfst Menschen und Tieren.
8 Wie köstlich ist deine Güte, Gott,

35,13: *a* Hiob 31,29 **35,14:** *a* Röm 12,15 **35,19:** *a* Ps 25,19; *b* Ps 69,5 **36,2:** *a* Röm 3,18 **36,5:** *a* Mi 2,1

dass Menschenkinder [a]unter dem Schatten deiner Flügel Zuflucht haben!
9Sie werden satt von den reichen Gütern deines Hauses,
und du tränkst sie mit Wonne wie mit einem Strom.
10Denn bei dir ist [a]die Quelle des Lebens,
und in deinem Lichte sehen wir das Licht.

11Breite deine Güte über die, die dich kennen,
und deine Gerechtigkeit über die Frommen.
12Lass mich nicht kommen unter den Fuß der Stolzen,
und die Hand der Gottlosen vertreibe mich nicht!
13Sieh da, sie sind gefallen, die Übeltäter,
sind gestürzt und können nicht wieder aufstehen.

Das scheinbare Glück der Gottlosen

37 VON DAVID.
[a]Entrüste dich nicht über die Bösen,
sei nicht neidisch auf die Übeltäter.
2Denn wie das Gras werden sie bald verdorren,
und wie das grüne Kraut werden sie verwelken.
3Hoffe auf den HERRN und tu Gutes,
bleibe im Lande und nähre dich redlich.
4Habe deine Lust am HERRN;
der [a]wird dir geben, was dein Herz wünscht.
5Befiehl dem HERRN deine Wege
und hoffe auf ihn, er wird's wohlmachen
6und wird deine [a]Gerechtigkeit heraufführen wie das Licht
und dein Recht wie den Mittag.
7Sei stille dem HERRN und warte auf ihn.
Entrüste dich nicht über den, dem es gut geht,
der seinen Mutwillen treibt.
8Steh ab vom Zorn und lass den Grimm,
entrüste dich nicht, damit du nicht Unrecht tust.
9Denn die Bösen werden ausgerottet;
die aber des HERRN harren, werden das Land erben.
10Noch eine kleine Zeit, so ist der Gottlose nicht mehr da;
und wenn du nach seiner Stätte siehst, ist er weg.
11Aber [a]die Elenden werden das Land erben
und ihre Freude haben an großem Frieden.

12Der Gottlose droht dem Gerechten
und knirscht mit seinen Zähnen wider ihn.
13Aber der Herr lacht seiner;
denn er sieht, dass [a]sein Tag kommt.
14Die Gottlosen ziehen das Schwert
und spannen ihren Bogen,
dass sie fällen den Elenden und Armen
und morden die Frommen.
15Aber ihr Schwert wird in ihr eigenes Herz dringen,
und ihr Bogen wird zerbrechen.

16Das Wenige, das ein Gerechter hat,
ist besser als der Überfluss vieler Gottloser.[a]
17Denn der Gottlosen Arm wird zerbrechen,
aber der HERR erhält die Gerechten.
18Der HERR kennt die Tage der Frommen,
und [a]ihr Gut wird ewiglich bleiben.
19Sie werden nicht zuschanden in böser Zeit,
und [a]in der Hungersnot werden sie genug haben.
20Denn die Gottlosen werden umkommen;
und die Feinde des HERRN,
wenn sie auch sind wie prächtige Auen,
werden sie doch vergehen, wie der Rauch vergeht.

21Der Gottlose muss borgen und bezahlt nicht,
aber der Gerechte ist barmherzig und kann geben.

36,8: *a* Ps 17,8 **36,10:** *a* Jer 2,13; Joh 4,14 **37,1:** *a* Spr 24,19 **37,4:** *a* Ps 20,5 **37,6:** *a* Mi 7,9 **37,11:** *a* Mt 5,5 **37,13:** *a* Hiob 18,20 **37,16:** *a* Spr 15,16 **37,18:** *a* Pred 8,12 **37,19:** *a* Spr 10,3

22 Denn die Gesegneten des HERRN erben das Land;
aber die er verflucht, werden ausgerottet.
23 Von dem HERRN kommt es, wenn eines Mannes Schritte fest werden,
und er hat Gefallen an seinem Wege.
24 Fällt er, so stürzt er doch nicht;
denn der HERR hält ihn fest an der Hand.[a]

25 Ich bin jung gewesen und alt geworden
und habe noch nie den Gerechten verlassen gesehen
und seine Kinder um Brot betteln.
26 Er ist allezeit barmherzig und leiht gerne,
und sein Geschlecht wird zum Segen sein.
27 Lass ab vom Bösen und tu Gutes,
so bleibst du wohnen immerdar.
28 Denn der HERR hat das Recht lieb
und verlässt seine Heiligen nicht.
Ewiglich werden sie bewahrt,
aber das Geschlecht der Gottlosen wird ausgerottet.
29 Die Gerechten werden das Land ererben
und darin wohnen allezeit.[a]

30 Der Mund des Gerechten redet Weisheit,
und seine Zunge lehrt das Recht.
31 Das Gesetz seines Gottes ist in seinem Herzen;
seine Tritte gleiten nicht.
32 Der Gottlose lauert dem Gerechten auf
und gedenkt, ihn zu töten.
33 Aber der HERR lässt ihn nicht in seinen Händen
und lässt ihn vor Gericht nicht zum Schuldigen werden.
34 Harre auf den HERRN und halte dich auf seinem Weg, /
so wird er dich erhöhen,
dass du das Land erbest;
du wirst es sehen, dass die Gottlosen ausgerottet werden.
35 [a] Ich sah einen Gottlosen, der pochte auf Gewalt
und machte sich breit und grünte wie eine Zeder.
36 Dann kam ich wieder vorbei; siehe, da war er dahin.
Ich fragte nach ihm; doch ward er nirgends gefunden.
37 **Bleibe fromm und halte dich recht;**
denn einem solchen wird es zuletzt gut gehen.
38 Die Übertreter aber werden miteinander vertilgt,
und die Gottlosen werden zuletzt ausgerottet.
39 Aber der HERR hilft den Gerechten,
er ist ihre Stärke in der Not.
40 Und [a] der HERR wird ihnen beistehen und sie erretten;
er wird sie von den Gottlosen erretten und ihnen helfen; denn sie trauen auf ihn.

In schwerer Heimsuchung
(Der dritte Bußpsalm)

38 EIN PSALM DAVIDS, ZUM GEDENKOPFER.
2 HERR, strafe mich nicht in deinem Zorn
und züchtige mich nicht in deinem Grimm!
3 Denn [a] deine Pfeile stecken in mir,
und deine Hand drückt mich.

4 Es ist nichts Gesundes an meinem Leibe wegen deines Drohens
und ist nichts Heiles an meinen Gebeinen wegen meiner Sünde.
5 Denn [a] meine Sünden gehen über mein Haupt;
wie eine schwere Last sind sie mir zu schwer geworden.
6 Meine Wunden stinken und eitern
um meiner Torheit willen.
7 Ich gehe krumm und sehr gebückt;
den ganzen Tag gehe ich traurig einher.
8 Denn meine Lenden sind ganz verdorrt;
es ist nichts Gesundes an meinem Leibe.

37,24: *a* Spr 24,16 **37,29:** *a* Jes 60,21 **37,35:** *a (35-36)* 1.Sam 25,2-38; Hes 31,3-14 **37,40:** *a* Lk 18,7-8 **38,3:** *a* Hiob 6,4 **38,5:** *a* Klgl 1,14

9 Ich bin matt geworden und ganz zerschlagen;
ich schreie vor Unruhe meines Herzens.

10 Herr, du kennst all mein Begehren,
und mein Seufzen ist dir nicht verborgen.
11 Mein Herz erbebt, meine Kraft hat mich verlassen,
und das Licht meiner Augen ist auch dahin.
12 Meine Lieben und Freunde scheuen zurück vor meiner Plage,
und meine Nächsten halten sich ferne.[a]
13 Die mir nach dem Leben trachten, stellen mir nach; /
und die mein Unglück suchen, bereden, wie sie mir schaden;
sie sinnen auf Trug den ganzen Tag.
14 Ich bin wie taub und höre nicht,
und [a]wie ein Stummer, der seinen Mund nicht auftut.
15 Ich muss sein wie einer, der nicht hört
und keine Widerrede in seinem Munde hat.
16 Aber ich harre, HERR, auf dich;
du, Herr, mein Gott, wirst erhören.
17 Denn ich denke: Dass sie sich ja nicht über mich freuen!
Wenn mein Fuß wankte, würden sie sich hoch rühmen wider mich.
18 Denn ich bin dem Fallen nahe,
und mein Schmerz ist immer vor mir.

19 So [a]bekenne ich denn meine Missetat
und sorge mich wegen meiner Sünde.
20 Aber meine Feinde leben und sind mächtig;
die mich zu Unrecht hassen, derer sind viele.
21 Die mir Gutes mit Bösem vergelten, feinden mich an,
weil ich mich an das Gute halte.
22 Verlass mich nicht, HERR,
mein Gott, sei nicht ferne von mir!
23 Eile, mir beizustehen,
Herr, du meine Hilfe!

Bittruf angesichts der menschlichen Vergänglichkeit

39 EIN PSALM DAVIDS, VORZUSINGEN, FÜR [a]JEDUTUN.
2 Ich habe mir vorgenommen: Ich will mich hüten,
dass ich nicht sündige mit meiner Zunge;
ich will meinem Mund einen Zaum anlegen,
solange ich den Gottlosen vor mir sehen muss.
3 Ich bin [a]verstummt und still und schweige fern der Freude
und muss mein Leid in mich fressen.
4 Mein Herz ist entbrannt in meinem Leibe; /
wenn ich daran denke, brennt es wie Feuer.
So rede ich denn mit meiner Zunge:

5 »HERR, lehre mich doch, /
dass es [a]ein Ende mit mir haben muss
und [b]mein Leben ein Ziel hat und ich davonmuss.
6 Siehe, [a]meine Tage sind eine Handbreit bei dir,
und mein Leben ist wie nichts vor dir.
WIE GAR NICHTS SIND ALLE MENSCHEN, DIE DOCH SO SICHER LEBEN! SELA.
7 Sie gehen daher wie ein Schatten /
und machen sich viel vergebliche Unruhe;
sie sammeln und wissen nicht, wer es einbringen wird.«[a]

8 Nun, Herr, wessen soll ich mich trösten?
Ich hoffe auf dich.
9 Errette mich aus aller meiner Sünde
und lass mich nicht den Narren zum Spott werden.
10 Ich will schweigen und meinen Mund nicht auftun;
denn du hast es getan.
11 Wende deine Plage von mir;
ich vergehe, weil deine Hand nach mir greift.
12 Wenn du den Menschen züchtigst um der Sünde willen, /

38,12: *a* Ps 69,9; 88,9; Hiob 19,13-19 **38,14:** *a* Ps 39,3 **38,19:** *a* Ps 32,5 **39,1:** *a* 1.Chr 25,1.3 **39,3:** *a* Ps 38,14 **39,5:** *a* Ps 90,12; *b* Hiob 14,5 **39,6:** *a* Ps 90,5-6 **39,7:** *a* Ps 49,17-21; Pred 2,18.21; Lk 12,15-21

so verzehrst du seine Schönheit wie
Motten ein Kleid.
WIE GAR NICHTS SIND DOCH ALLE
MENSCHEN. SELA.

13 Höre mein Gebet, HERR, und
vernimm mein Schreien,
schweige nicht zu meinen Tränen;
denn [a] ich bin ein Gast bei dir,
ein Fremdling wie alle meine Väter.
14 Lass ab von mir, dass ich mich
erquicke,
ehe ich dahinfahre und nicht mehr
bin.

Dank und Bitte

40 EIN PSALM DAVIDS, VORZUSINGEN.
2 Ich harrte des HERRN,
und er neigte sich zu mir und hörte
mein Schreien.
3 Er zog mich aus der grausigen Grube,
aus lauter Schmutz und Schlamm,
und stellte meine Füße auf einen Fels,
dass ich sicher treten kann;
4 er hat mir [a] ein neues Lied in meinen
Mund gegeben,
zu loben unsern Gott.
Das werden viele sehen und sich
fürchten
und auf den HERRN hoffen.
5 Wohl dem, der seine Hoffnung setzt
auf den HERRN
und sich nicht wendet zu den
Hoffärtigen und denen, die mit
Lügen umgehen!

6 HERR, mein Gott, groß sind deine
Wunder /
und deine Gedanken, die du an uns
beweisest;
dir ist nichts gleich!
Ich will sie verkündigen und davon
sagen,
wiewohl sie nicht zu zählen sind.[a]
7 [a] Schlachtopfer und Speisopfer gefallen
dir nicht, /
aber die Ohren hast du mir aufgetan.
Du willst weder Brandopfer noch
Sündopfer.
8 Da sprach ich: Siehe, ich komme;
im Buch ist von mir geschrieben:
9 Deinen Willen, mein Gott, tue ich
gern,
und dein Gesetz hab ich in meinem
Herzen.
10 Ich verkündige Gerechtigkeit in der
großen Gemeinde.
Siehe, ich will mir meinen Mund
nicht stopfen lassen;
HERR, das weißt du.
11 Deine Gerechtigkeit verberge ich nicht
in meinem Herzen;
von deiner Wahrheit und von
deinem Heil rede ich.
Ich verhehle deine Güte und Treue nicht
vor der großen Gemeinde.

12 Du aber, HERR, wollest deine
Barmherzigkeit nicht von mir wenden;
lass deine Güte und Treue allewege
mich behüten.
13 Denn es haben mich umgeben Leiden
ohne Zahl.
Meine Sünden haben mich ereilt;
ich kann sie nicht überblicken.
Ihrer sind mehr als Haare auf meinem
Haupt,
und mein Herz ist verzagt.
14 [a] Lass dir's gefallen, HERR, mich zu
erretten;
eile, HERR, mir zu helfen!
15 Schämen sollen sich und zuschanden
werden,
die mir nach dem Leben trachten,
mich umzubringen.
Es sollen zurückweichen und
zuschanden werden,
die mir mein Unglück gönnen.
16 Sie sollen in ihrer Schande
erschrecken,
die über mich schreien: Da, da!
17 Lass deiner sich freuen und fröhlich
sein
alle, die nach dir fragen;
und die dein Heil lieben, lass allewege
sagen:
Der HERR sei hoch gelobt!
18 Denn ich bin arm und elend;
der Herr aber sorgt für mich.
Du bist mein Helfer und Erretter;
mein Gott, säume doch nicht!

39,13: *a* Ps 119,19; 3. Mose 25,23; 1. Petr 2,11; Hebr 11,13 **40,4:** *a* Ps 33,3 **40,6:** *a* Ps 139,17-18 **40,7:** *a* Ps 50,8-13; 51,18; 1. Sam 15,22; Hebr 10,5-10 **40,14:** *a (14-18)* Ps 70,2-6

Gebet in Krankheit

41 EIN PSALM DAVIDS, VORZUSINGEN.
2 Wohl dem, der [a] sich des Schwachen annimmt!
Den wird der HERR erretten zur bösen Zeit.
3 Der HERR wird ihn bewahren und beim Leben erhalten /
und es ihm lassen wohlgehen auf Erden
und ihn nicht preisgeben dem Willen seiner Feinde.
4 Der HERR wird ihn erquicken auf seinem Lager;
du hilfst ihm auf von aller seiner Krankheit.

5 Ich sprach: HERR, sei mir gnädig! Heile mich;
denn ich habe an dir gesündigt.
6 Meine Feinde reden Arges wider mich:
»Wann wird er sterben und sein Name vergehen?«
7 Sie kommen, nach mir zu schauen,
und meinen's doch nicht von Herzen;
sondern sie suchen etwas, dass sie lästern können,
gehen hin und tragen's hinaus auf die Gasse.
8 Alle, die mich hassen, flüstern miteinander über mich
und denken Böses über mich:
9 »Unheil ist über ihn ausgegossen;
wer so daliegt, wird nicht wieder aufstehen.«
10 Auch mein Freund, dem ich vertraute,
der mein Brot aß, tritt mich mit Füßen.[a]
11 Du aber, HERR, sei mir gnädig und hilf mir auf,
so will ich ihnen vergelten.

12 Daran merke ich, dass du Gefallen an mir hast,
dass mein Feind über mich nicht frohlocken wird.
13 Mich aber hältst du um meiner Frömmigkeit willen
und stellst mich vor dein Angesicht für ewig.
14 Gelobt sei der HERR, der Gott Israels,
von Ewigkeit zu Ewigkeit!
Amen! Amen![a]

ZWEITES BUCH

Verlangen nach Gott aus fremdem Land

42 EINE UNTERWEISUNG DER [a] SÖHNE KORACH, VORZUSINGEN.
2 Wie der Hirsch lechzt nach frischem Wasser,
so schreit meine Seele, Gott, zu dir.
3 [a] Meine Seele dürstet nach Gott,
nach dem lebendigen Gott.
Wann werde ich dahin kommen,
dass ich Gottes Angesicht schaue?
4 Meine Tränen sind meine Speise Tag und Nacht,
weil man täglich zu mir sagt:
[a] Wo ist nun dein Gott?
5 Daran will ich denken
und ausschütten mein Herz bei mir selbst:
[a] wie ich einherzog in großer Schar,
mit ihnen zu wallen zum Hause Gottes
mit Frohlocken und Danken
in der Schar derer, die da feiern.
6 WAS BETRÜBST DU DICH, MEINE SEELE,
UND BIST SO UNRUHIG IN MIR?
HARRE AUF GOTT; DENN ICH WERDE IHM NOCH DANKEN,
DASS ER MEINES ANGESICHTS HILFE UND MEIN GOTT IST.[a]

7 Mein Gott, betrübt ist meine Seele in mir, /
darum gedenke ich an dich
aus dem Land am Jordan und Hermon, vom Berge Misar.
8 Deine Fluten rauschen daher, /
und eine Tiefe ruft die andere;
alle deine Wasserwogen und Wellen gehen über mich.
9 Am Tage sendet der HERR seine Güte,
und des Nachts singe ich ihm
und bete zu dem Gott meines Lebens.
10 Ich sage zu Gott, meinem [a] Fels:

41,2: *a* Spr 14,21; Mt 5,7 **41,10:** *a* Ps 55,13-15; Joh 13,18; Apg 1,16 **41,14:** *a* Ps 72,18; 89,53; 106,48; 150,6 **42,1:** *a* 1. Chr 6,16.22; 2. Chr 20,19 **42,3:** *a* Ps 63,2; 84,3; 143,6 **42,4:** *a* Ps 79,10 **42,5:** *a* Ps 27,4 **42,6:** *a* Ps 116,7 **42,10:** *a* 5. Mose 32,4

Warum hast du mich vergessen?
Warum muss ich so traurig gehen,
wenn mein Feind mich dränget?
11 Es ist wie Mord in meinen Gebeinen, /
wenn mich meine Feinde schmähen
und täglich zu mir sagen: Wo ist nun dein Gott?
12 WAS BETRÜBST DU DICH, MEINE SEELE,
UND BIST SO UNRUHIG IN MIR?
HARRE AUF GOTT; DENN ICH WERDE IHM NOCH DANKEN,
DASS ER MEINES ANGESICHTS HILFE UND MEIN GOTT IST.

43 Gott, schaffe mir Recht /
und führe meine Sache wider das unheilige Volk
und errette mich von den falschen und bösen Leuten!
2 Denn du bist der Gott meiner Stärke:
Warum hast du mich verstoßen?
Warum muss ich so traurig gehen,
wenn mein Feind mich dränget?
3 Sende dein Licht und deine Wahrheit, dass sie mich leiten
und bringen zu deinem heiligen Berg und zu deiner Wohnung,
4 dass ich hineingehe zum Altar Gottes, /
zu dem Gott, der meine Freude und Wonne ist,
und dir, Gott, auf der Harfe danke, mein Gott.
5 WAS BETRÜBST DU DICH, MEINE SEELE,
UND BIST SO UNRUHIG IN MIR?
HARRE AUF GOTT; DENN ICH WERDE IHM NOCH DANKEN,
DASS ER MEINES ANGESICHTS HILFE UND MEIN GOTT IST.

Hat Gott sein Volk verstoßen?

44 EINE UNTERWEISUNG DER SÖHNE KORACH, VORZUSINGEN.
2 Gott, wir haben mit unsern Ohren gehört, /
[a] unsre Väter haben's uns erzählt,
was du getan hast zu ihren Zeiten, in alten Tagen.
3 Du hast mit deiner Hand die Heiden vertrieben,
sie aber hast du eingesetzt;
du hast die Völker zerschlagen,
sie aber hast du ausgebreitet.
4 Denn sie haben das Land nicht eingenommen durch ihr Schwert,
und ihr Arm half ihnen nicht,
sondern deine Rechte, dein Arm
und das Licht deines Angesichts;
denn du hattest Wohlgefallen an ihnen.

5 Du bist es, mein König und mein Gott,
der du Jakob Hilfe verheißest.
6 Durch dich wollen wir unsre Feinde zu Boden stoßen,
in deinem Namen niedertreten, die sich gegen uns erheben.
7 Denn ich verlasse mich nicht auf meinen Bogen,
und mein Schwert kann mir nicht helfen;
8 sondern du hilfst uns von unsern Feinden
und machst zuschanden, die uns hassen.
9 Täglich [a] rühmen wir uns Gottes
und preisen deinen Namen ewiglich. SELA.

10 Warum verstößest du uns denn nun /
und lässest uns zuschanden werden
und ziehst nicht aus mit unserm Heer?
11 Du lässest uns fliehen vor unserm Feind,
dass uns berauben, die uns hassen.
12 Du gibst uns dahin wie Schlachtschafe
und zerstreust uns unter die Heiden.
13 Du verkaufst dein Volk um ein Nichts
und hast mit ihrem Kaufgeld nichts gewonnen.
14 Du machst uns zur Schmach bei unsern Nachbarn,
zu Spott und Hohn bei denen, die um uns her sind. [a]
15 Du machst uns zum Sprichwort unter den Heiden,
lässt die Völker das Haupt über uns schütteln.
16 Täglich ist meine Schmach mir vor Augen,
und mein Antlitz ist voller Scham,
17 weil ich sie höhnen und lästern höre

44,2: *a* 5. Mose 6,20-25 **44,9:** *a* Jer 9,22-23 **44,14:** *a* Ps 79,4; 1. Kön 9,7

und muss die Feinde und
Rachgierigen sehen.

18 Dies alles ist über uns gekommen;
und wir haben doch dich nicht
vergessen,
an deinem Bund nicht untreu
gehandelt.
19 Unser Herz ist nicht abgefallen
noch unser Schritt gewichen von
deinem Weg,
20 dass du uns so zerschlägst am Ort der
Schakale
und bedeckst uns mit Finsternis.
21 Wenn wir den Namen unsres Gottes
vergessen hätten
und unsre Hände aufgehoben zum
fremden Gott:
22 würde das Gott nicht erforschen?
Er kennt ja unsres Herzens Grund.
23 Doch um deinetwillen [a]werden wir
täglich getötet
und sind geachtet wie
Schlachtschafe.[b]

24 Wache auf, Herr! Warum schläfst du?
Werde wach und verstoß uns nicht
für immer!
25 Warum verbirgst du dein Antlitz,
vergissest unser Elend und unsre
Drangsal?
26 Denn unsre Seele ist gebeugt zum
Staube,
unser Leib liegt am Boden.
27 Mache dich auf, hilf uns
und erlöse uns um deiner Güte
willen!

Lied zur Hochzeit des Königs

45 EINE UNTERWEISUNG DER SÖHNE KORACH, VORZUSINGEN, NACH DER WEISE »LILIEN«, EIN BRAUTLIED.
2 Mein Herz dichtet ein feines Lied, /
einem König will ich es singen;
meine Zunge ist ein Griffel eines
guten Schreibers:
3 Du bist der Schönste unter den
Menschenkindern, /
voller Huld sind deine Lippen;
wahrlich, Gott hat dich gesegnet für
ewig.
4 Gürte dein Schwert an die Seite,
du Held, /
und schmücke dich herrlich!
5 Es möge dir gelingen in deiner
Herrlichkeit.
Zieh einher für die Wahrheit /
in Sanftmut und Gerechtigkeit,
so wird deine rechte Hand Wunder
vollbringen.
6 Scharf sind deine Pfeile, dass Völker
vor dir fallen;
sie dringen ins Herz der Feinde des
Königs.

7 [a]Gott, dein Thron bleibt immer und
ewig;
das Zepter deines Reichs ist ein
gerechtes Zepter.
8 Du liebst Gerechtigkeit
und hassest gottloses Treiben;
darum hat dich der Herr, dein Gott,
gesalbt
mit Freudenöl wie keinen
deinesgleichen.
9 Deine Kleider sind lauter Myrrhe, Aloe
und Kassia;
aus Elfenbeinpalästen erfreut dich
Saitenspiel.
10 In deinem Schmuck gehen Töchter
von Königen;
die Braut steht zu deiner Rechten in
Goldschmuck aus Ofir.

11 Höre, Tochter, sieh und neige dein
Ohr:
Vergiss dein Volk und dein
Vaterhaus!
12 Den König verlangt nach deiner
Schönheit;
denn er ist dein Herr und du sollst
ihm huldigen.
13 Die Tochter Tyrus kommt mit
Geschenken;
die Reichen im Volk suchen deine
Gunst.

14 Die Königstochter ist mit Perlen
geschmückt;
sie ist mit goldenen Gewändern
bekleidet.
15 Man führt sie in gestickten Kleidern
zum König;
Jungfrauen folgen ihr,

44,23: *a* 1. Kor 15,31; *b* Röm 8,36 **45,7:** *a (7-8)* Hebr 1,8-9

ihre Gespielinnen führt man zu dir.
16 Man führt sie hin mit Freude und Jubel;
sie ziehen ein in des Königs Palast.

17 An deiner Väter statt werden deine Söhne sein;
die wirst du zu Fürsten setzen in aller Welt.
18 Ich will deinen Namen kundmachen von Kind zu Kindeskind;
darum werden dir danken die Völker immer und ewig.

Ein feste Burg ist unser Gott

46 EIN LIED DER SÖHNE KORACH, VORZUSINGEN, NACH DER WEISE »JUNGFRAUEN«.
2 **Gott ist unsre Zuversicht und Stärke,**
eine Hilfe in den großen Nöten,
die uns getroffen haben.
3 Darum fürchten wir uns nicht,
wenngleich die Welt unterginge
und die Berge mitten ins Meer sänken,
4 wenngleich das Meer wütete und wallte
und von seinem Ungestüm die Berge einfielen. SELA.*
5 Dennoch soll die Stadt Gottes fein lustig bleiben
mit ihren [a] Brünnlein, da die heiligen Wohnungen des Höchsten sind.**
6 Gott ist bei ihr drinnen, darum wird sie festbleiben;
Gott hilft ihr früh am Morgen.
7 Die Heiden müssen verzagen und die Königreiche fallen,
das Erdreich muss vergehen, wenn er sich hören lässt.
8 DER HERR ZEBAOTH IST MIT UNS,
DER GOTT JAKOBS IST UNSER SCHUTZ. SELA.

9 [a] Kommt her und schauet die Werke des HERRN,
der auf Erden solch ein Zerstören anrichtet,
10 der den Kriegen steuert in aller Welt,
der [a] Bogen zerbricht,
Spieße zerschlägt und
Wagen mit Feuer verbrennt.
11 Seid stille und erkennet, dass ich Gott bin!
Ich will der Höchste sein unter den Heiden,
der Höchste auf Erden.
12 DER HERR ZEBAOTH IST MIT UNS,
DER GOTT JAKOBS IST UNSER SCHUTZ. SELA.

Gott ist König über alle Völker

47 EIN PSALM DER SÖHNE KORACH, VORZUSINGEN.
2 Schlagt froh in die Hände, alle Völker,
und jauchzet Gott mit fröhlichem Schall!
3 Denn der HERR, der Allerhöchste, ist heilig,
ein großer König über die ganze Erde.
4 Er beugt die Völker unter uns
und Völkerschaften unter unsere Füße.
5 Er erwählt uns unser Erbteil,
die Herrlichkeit [a] Jakobs, den er lieb hat. SELA.

6 Gott fährt auf unter Jauchzen,
der HERR beim Hall der Posaune.
7 Lobsinget, lobsinget Gott,
lobsinget, lobsinget unserm Könige!
8 Denn [a] Gott ist König über die ganze Erde;
lobsinget ihm mit Psalmen!

9 Gott ist König über die Völker,
Gott sitzt auf seinem heiligen Thron.
10 Die Fürsten der Völker sind versammelt
als Volk des Gottes Abrahams;
denn Gott gehören die Starken auf Erden;
er ist hoch erhaben.

* Vermutlich stand der Kehrvers von Vers 8 und 12 auch an dieser Stelle.
** Luther übersetzte ursprünglich wörtlicher: »Der Strom mit seinen Bächen erfreut die Stadt Gottes, die heiligen Wohnungen des Höchsten.«

46,5: *a* Jes 12,3 **46,9:** *a (9-10)* 2. Kön 19,35 **46,10:** *a* Ps 76,4 **47,5:** *a* 5. Mose 32,9 **47,8:** *a* Ps 93,1

Gottes Stadt

48 EIN PSALMLIED DER SÖHNE KORACH.
2 Groß ist der HERR und hoch zu rühmen
in der Stadt unsres Gottes, auf seinem heiligen Berge.[a]
3 Schön ragt empor der Berg Zion,
daran sich freut die ganze Welt,
der Gottesberg* fern im Norden,
[a]die Stadt des großen Königs.
4 Gott ist in ihren Palästen,
er ist bekannt als Schutz.

5 Denn siehe, Könige waren versammelt
und miteinander herangezogen.[a]
6 Sie haben sich verwundert, als sie solches sahen;
sie haben sich entsetzt und sind davongestürzt.
7 Zittern hat sie da erfasst,
Angst wie eine Gebärende.
8 Du zerbrichst die großen Schiffe
durch den Sturm vom Osten.

9 Wie wir es gehört haben,
so sehen wir es
an der Stadt des HERRN Zebaoth,
an der Stadt unsres Gottes:
Gott erhält sie ewiglich. SELA.

10 Gott, wir gedenken deiner Güte
in deinem Tempel.
11 Gott, [a]wie dein Name, so ist auch dein Ruhm
bis an der Welt Enden.
Deine Rechte ist voll Gerechtigkeit.
12 Dessen freue sich der Berg Zion,
und die Töchter Juda seien fröhlich,
weil du recht richtest.

13 Ziehet um Zion herum und umschreitet es,
zählt seine Türme;
14 habt gut Acht auf seine Mauern, /
durchwandert seine Paläste,
dass ihr den Nachkommen davon erzählt:
15 Wahrlich, [a]das ist Gott, unser Gott
für immer und ewig.
Er ist's, der uns führet.

Die Herrlichkeit der Reichen ist Trug und Schein

49 EIN PSALM DER SÖHNE KORACH, VORZUSINGEN, NACH DER WEISE »JUGEND«.
2 Höret zu, alle Völker;
merket auf, alle, die in dieser Zeit leben,
3 einfache Leute und Herren,
Reich und Arm, miteinander!
4 Mein Mund soll Weisheit reden,
und was mein Herz sagt, soll verständig sein.
5 Ich will einem Spruch mein Ohr neigen
und mein Rätselwort kundtun
beim Klang der Harfe.

6 Warum sollte ich mich fürchten in bösen Tagen,
wenn mich die Missetat meiner Widersacher umgibt,
7 die sich verlassen auf Hab und Gut
und pochen auf ihren großen Reichtum?
8 [a]Kann doch keiner einen andern auslösen
oder für ihn an Gott ein Sühnegeld geben
9 – denn es kostet zu viel, ihr Leben auszulösen;
er muss davon abstehen ewiglich –,
10 damit er immer weiterlebe
und die Grube nicht sehe.

11 Nein, er wird sehen:
[a]Auch die Weisen sterben, /
so wie die Toren und Narren umkommen;
[b]sie müssen ihr Gut andern lassen.
12 Gräber sind ihr Haus immerdar,
ihre Wohnung für und für,
und doch hatten sie große Ehre auf Erden.
13 EIN MENSCH IN SEINER HERRLICHKEIT KANN NICHT BLEIBEN,
SONDERN [a]MUSS DAVON WIE DAS VIEH.

14 Dies ist der Weg derer, die so voll Torheit sind,

* Siehe Sach- und Worterklärungen.

48,2: *a* Ps 46,5-6 **48,3:** *a* Klgl 2,15; Mt 5,35 **48,5:** *a* 2. Kön 18,17-18 **48,11:** *a* Mal 1,11 **48,15:** *a* Jes 25,9 **49,8:** *a (8-9)* Mi 6,6-8; Mt 16,26 **49,11:** *a* Pred 2,16; *b* Pred 6,2 **49,13:** *a* Pred 3,19

und das Ende aller, denen ihr
Gerede so wohl gefällt. SELA.
15 Sie liegen bei den Toten wie Schafe,
der Tod weidet sie;
aber die Frommen werden gar bald
über sie herrschen,
und ihr Trotz muss vergehen;
bei den Toten müssen sie bleiben.
16 Aber [a]Gott wird mich erlösen aus des
Todes Gewalt;
denn [b]er nimmt mich auf. SELA.

17 Lass es dich nicht anfechten,
wenn einer reich wird,
wenn die Herrlichkeit seines Hauses
groß wird.[a]
18 Denn [a]er wird nichts bei seinem
Sterben mitnehmen,
und seine Herrlichkeit wird ihm
nicht nachfahren.
19 Er [a]freut sich wohl dieses guten
Lebens,
und man preist dich, wenn es dir
gut geht.
20 Aber doch fahren sie ihren Vätern
nach
und sehen das Licht nimmermehr.
21 Ein Mensch in seiner
Herrlichkeit kann nicht bleiben,
sondern muss davon wie das
Vieh.

Der rechte Gottesdienst

50 Ein Psalm [a]Asafs.
Gott, der Herr, der Mächtige,
redet und ruft der Welt zu
vom Aufgang der Sonne bis zu
ihrem Niedergang.
2 **Aus Zion bricht an der schöne Glanz
Gottes.**[a]
3 **Unser Gott kommt und schweiget
nicht.**
Fressendes Feuer geht vor ihm her
und um ihn her ein mächtiges
Wetter.
4 Er [a]ruft Himmel und Erde zu,
dass er sein Volk richten wolle:
5 »Versammelt mir meine Heiligen,
die [a]den Bund mit mir schlossen
beim Opfer.«
6 Und die Himmel werden seine
Gerechtigkeit verkünden;
denn Gott selbst ist Richter. SELA.

7 »Höre, mein Volk, lass mich reden; /
Israel, ich will wider dich zeugen:
[a]Ich, Gott, bin dein Gott.
8 [a]Nicht deiner Opfer wegen klage ich
dich an
– sind doch deine Brandopfer
täglich vor mir.
9 Ich will von deinem Hause Stiere nicht
nehmen
noch Böcke aus deinen Ställen.
10 Denn alles Wild im Walde ist mein
und die Tiere auf den Bergen zu
Tausenden.
11 Ich kenne alle Vögel auf den Bergen;
und was sich regt auf dem Felde,
ist mein.
12 Wenn mich hungerte, wollte ich dir
nicht davon sagen;
denn der Erdkreis ist mein
und alles, was darauf ist.
13 Meinst du, dass ich Fleisch von
Stieren essen wolle
oder Blut von Böcken trinken?
14 Opfere Gott Dank
und erfülle dem Höchsten deine
Gelübde,[a]
15 und [a]**rufe mich an in der Not,
so will ich dich erretten und du sollst
mich preisen.**«

16 [a]Aber zum Gottlosen spricht Gott: /
»Was hast du von meinen Geboten zu
reden
und nimmst meinen Bund in deinen
Mund,
17 da du doch Zucht hassest
und wirfst meine Worte hinter dich?
18 Wenn du einen Dieb siehst, so läufst
du mit ihm
und hast Gemeinschaft mit den
Ehebrechern.
19 Deinen Mund lässest du Böses reden,
und deine Zunge treibt Falschheit.
20 [a]Du sitzest und redest wider deinen
Bruder;
deiner Mutter Sohn verleumdest
du.

49,16: *a* Hos 13,14; *b* Ps 73,24 **49,17:** *a* Hiob 21,7-15 **49,18:** *a* Pred 5,14; 1.Tim 6,7 **49,19:** *a* Lk 12,16-21; 16,19-31 **50,1:** *a* 1.Chr 25,1 **50,2:** *a* Jes 62,1 **50,4:** *a* 5.Mose 32,1; Jes 1,2 **50,5:** *a* 2.Mose 24,4-11 **50,7:** *a* 2.Mose 20,2 **50,8:** *a (8-13)* Ps 40,7; 1.Sam 15,22; Jes 1,11 **50,14:** *a* Jona 2,10 **50,15:** *a* Ps 91,15 **50,16:** *a (16-21)* Röm 2,21-23 **50,20:** *a (20-21)* 1.Mose 42,21

21 Das tust du und ich schweige;
da meinst du, ich sei so wie du.
Aber ich will dich zurechtweisen
und es dir vor Augen stellen.

22 Begreift es doch, die ihr Gott vergesset,
damit ich nicht hinraffe, und kein Retter ist da!
23 Wer Dank opfert, der preiset mich,
und da ist der Weg, dass ich ihm zeige das Heil Gottes.«

Gott, sei mir Sünder gnädig! (Der vierte Bußpsalm)

51 EIN PSALM DAVIDS, VORZUSINGEN, 2 ALS DER PROPHET [a] NATHAN ZU IHM KAM, NACHDEM ER ZU BATSEBA EINGEGANGEN WAR.
3 Gott, [a] sei mir gnädig nach deiner Güte,
und tilge meine Sünden nach deiner großen Barmherzigkeit.
4 Wasche mich rein von meiner Missetat,
und reinige mich von meiner Sünde;
5 denn [a] ich erkenne meine Missetat,
und meine Sünde ist immer vor mir.
6 An dir allein habe ich gesündigt
und übel vor dir getan,
[a] auf dass du Recht behaltest in deinen Worten
und rein dastehst, wenn du richtest.
7 Siehe, [a] ich bin als Sünder geboren,
und meine Mutter hat mich in Sünden empfangen.
8 Siehe, dir gefällt Wahrheit, die im Verborgenen liegt,
und im Geheimen tust du mir Weisheit kund.

9 Entsündige mich mit [a] Ysop, dass ich rein werde;
wasche mich, [b] dass ich schneeweiß werde.
10 Lass mich hören Freude und Wonne,
dass die Gebeine fröhlich werden,
die du zerschlagen hast.[a]
11 Verbirg dein Antlitz vor meinen Sünden,
und tilge alle meine Missetat.
12 **Schaffe in mir, Gott, ein [a] reines Herz,**
und gib mir einen [b] neuen, beständigen Geist.
13 **Verwirf mich nicht von deinem Angesicht,**
und nimm deinen Heiligen Geist nicht von mir.
14 **Erfreue mich wieder mit deiner Hilfe,**
und mit einem willigen Geist rüste mich aus.
15 Ich will die Übertreter deine Wege lehren,
dass sich die Sünder zu dir bekehren.

16 Errette mich von Blutschuld, /
Gott, der du mein Gott und Heiland bist,
dass meine Zunge deine Gerechtigkeit rühme.
17 Herr, tu meine Lippen auf,
dass mein Mund deinen Ruhm verkündige.
18 Denn Schlachtopfer willst du nicht, /
ich wollte sie dir sonst geben,
und Brandopfer gefallen dir nicht.[a]
19 Die Opfer, die Gott gefallen, sind ein geängsteter Geist,
ein geängstetes, zerschlagenes Herz
wirst du, Gott, nicht verachten.[a]

20 Tu wohl an Zion nach deiner Gnade,
baue die Mauern zu Jerusalem.
21 Dann werden dir gefallen rechte Opfer, /
Brandopfer und Ganzopfer;
dann wird man Stiere auf deinem Altar opfern.

Trostpsalm gegen einen Gewalttäter

52 EINE UNTERWEISUNG DAVIDS, VORZUSINGEN, 2 [a] ALS DOËG, DER EDOMITER, KAM UND ZEIGTE ES SAUL AN UND SPRACH: DAVID IST IN AHIMELECHS HAUS GEKOMMEN.
3 Was rühmst du dich der Bosheit, du Tyrann,
da doch Gottes Güte noch täglich währt?
4 Deine Zunge trachtet nach Schaden

51,2: *a* 2. Sam 12,1-15 **51,3:** *a* Lk 18,13 **51,5:** *a* Ps 32,5 **51,6:** *a* Röm 3,4 **51,7:** *a* Joh 3,6 **51,9:** *a* 2. Mose 12,22-23; *b* Jes 1,18 **51,10:** *a* Ps 32,3-4 **51,12:** *a* Mt 5,8; *b* Hes 36,26-27 **51,18:** *a* Ps 40,7 **51,19:** *a* Ps 34,19 **52,2:** *a* 1. Sam 22,9-19

wie ein scharfes Schermesser, du Betrüger!
5 Du liebst das Böse mehr als das Gute
und redest lieber Falsches als Rechtes. SELA.
6 Du redest gern alles, was zum Verderben dient,
mit falscher Zunge.

7 Darum wird dich auch Gott für immer zerstören, /
dich zerschlagen und aus deinem Zelte reißen
und aus dem Lande der Lebendigen ausrotten. SELA.
8 [a] Und die Gerechten werden es sehen und sich fürchten
und werden seiner lachen:
9 »Siehe, das ist der Mann,
der nicht auf Gott sein Vertrauen setzte,
sondern verließ sich auf seinen großen Reichtum
und war mächtig,
Schaden zu tun.«

10 Ich aber [a] werde bleiben wie ein grünender Ölbaum im Hause Gottes;
ich verlasse mich auf Gottes Güte immer und ewig.
11 Ich will dir danken ewiglich,
denn du hast es getan.
Ich will harren auf deinen Namen vor deinen Heiligen,
denn du bist gütig.

Die Torheit der Gottlosen

(vgl. Ps 14,1-7)

53 EINE UNTERWEISUNG DAVIDS, VORZUSINGEN, ZUM REIGENTANZ.
2 Die Toren sprechen in ihrem Herzen:
»Es ist kein Gott.«
Sie taugen nichts; ihr Freveln ist ein Gräuel;
da ist keiner, der Gutes tut.
3 Gott schaut vom Himmel auf die Menschenkinder,
dass er sehe, ob jemand klug sei
und nach Gott frage.
4 Aber sie sind alle abgefallen und allesamt verdorben;
da ist keiner, der Gutes tut, auch nicht **einer.**

5 Wollen denn die Übeltäter sich nichts sagen lassen,
die mein Volk fressen, dass sie sich nähren, Gott aber rufen sie nicht an?
6 Sie fürchten sich da,
wo nichts zu fürchten ist;
doch Gott zerstreut die Gebeine derer,
die dich bedrängen.
Du machst sie zuschanden,
denn Gott hat sie verworfen.
7 Ach dass die Hilfe aus Zion über Israel käme /
und Gott sein gefangenes Volk erlöste!
So würde Jakob sich freuen und Israel fröhlich sein.

Hilferuf eines Bedrohten

54 EINE UNTERWEISUNG DAVIDS, VORZUSINGEN, BEIM SAITENSPIEL,
2 [a] ALS DIE MÄNNER VON SIF KAMEN UND ZU SAUL SPRACHEN: DAVID HÄLT SICH BEI UNS VERBORGEN.
3 Hilf mir, Gott, durch deinen Namen
und schaffe mir Recht durch deine Kraft.
4 Gott, erhöre mein Gebet,
vernimm die Rede meines Mundes.
5 Denn Stolze erheben sich gegen mich, /
und Gewalttäter trachten mir nach dem Leben;
sie haben Gott nicht vor Augen. SELA.

6 Siehe, Gott steht mir bei,
der Herr erhält mein Leben.
7 Er wird die Bosheit meinen Feinden vergelten.
Vertilge sie um deiner Treue willen!
8 So will ich dir ein Freudenopfer bringen
und deinen Namen, HERR, preisen,
dass er so tröstlich ist.
9 Denn du errettest mich aus aller meiner Not,
dass mein Auge auf meine Feinde herabsieht.

52,8: *a (8-9)* Ps 91,8 **52,10:** *a* Ps 92,13-16 **54,2:** *a* 1.Sam 23,19; 26,1

Klage über falsche Brüder

55 EINE UNTERWEISUNG DAVIDS, VORZUSINGEN, BEIM SAITENSPIEL.
2 Gott, höre mein Gebet
und verbirg dich nicht vor meinem Flehen.
3 Merke auf mich und erhöre mich,
wie ich so ruhelos klage und heule,
4 da der Feind so schreit
und der Gottlose mich bedrängt;
denn sie wollen Unheil über mich bringen
und sind mir heftig gram.
5 Mein Herz ängstet sich in meinem Leibe,
und Todesfurcht ist auf mich gefallen.
6 Furcht und Zittern ist über mich gekommen,
und Grauen hat mich überfallen.
7 Ich sprach: O hätte ich Flügel wie Tauben,
dass ich wegflöge und Ruhe fände!
8 Siehe, so wollte ich in die Ferne fliehen
und in der Wüste bleiben. SELA.
9 Ich wollte eilen, dass ich entrinne
vor dem Sturmwind und Wetter.

10 Mache ihre Zunge uneins, Herr, und verwirre sie;
denn ich sehe Frevel und Hader in der Stadt.
11 Das geht Tag und Nacht um auf ihren Mauern,
und Mühsal und Unheil ist drinnen.
12 Verderbnis regiert darin,
Lügen und Trügen weicht nicht aus ihren Gassen.
13 [a]Wenn mein **Feind** mich schmähte,
wollte ich es ertragen;
wenn einer, der mich hasst, großtut wider mich,
wollte ich mich vor ihm verbergen.
14 Aber nun bist du es, mein Gefährte,
mein Freund und mein Vertrauter,
15 die wir freundlich miteinander waren,
die wir in Gottes Haus gingen
inmitten der Menge!
16 Der Tod übereile sie, dass sie
[a]lebendig zu den Toten fahren;
denn es ist lauter Bosheit bei ihnen.
17 Ich aber will zu Gott rufen
und der HERR wird mir helfen.
18 Abends und morgens und mittags will ich klagen und heulen;
so wird er meine Stimme hören.
19 Er erlöst mich von denen, die an mich wollen,
und schafft mir Ruhe; denn ihrer sind viele wider mich.
20 Gott wird hören und sie demütigen,
[a]der allewege bleibet. SELA.
Denn sie werden nicht anders
und wollen Gott nicht fürchten.
21 Sie legen ihre Hände an ihre Freunde
und entheiligen ihren Bund.
22 Ihr Mund ist glatter als Butter
und haben doch Krieg im Sinn;
ihre Worte sind linder als Öl
und sind doch gezückte Schwerter.[a]

23 **Wirf dein Anliegen auf den HERRN; /**
[a]der wird dich versorgen
und wird den Gerechten in Ewigkeit nicht wanken lassen.
24 Und du, Gott, wirst sie
hinunterstoßen in die tiefe Grube. /
Die Blutgierigen und Falschen werden
ihr Leben nicht [a]bis zur Hälfte bringen.
Ich aber hoffe auf dich.

Getrostes Vertrauen in schwerer Not

56 EIN GÜLDENES KLEINOD DAVIDS, VORZUSINGEN, NACH DER WEISE »DIE STUMME TAUBE UNTER DEN FREMDEN«, [a]ALS IHN DIE PHILISTER IN GAT ERGRIFFEN HATTEN.
2 Gott, sei mir gnädig, denn Menschen stellen mir nach;
täglich bekämpfen und bedrängen sie mich.
3 Meine Feinde stellen mir täglich nach;
denn viele kämpfen gegen mich voll Hochmut.
4 Wenn ich mich fürchte,
so hoffe ich auf dich.
5 ICH WILL GOTTES WORT RÜHMEN; /
AUF GOTT WILL ICH HOFFEN
UND [a]MICH NICHT FÜRCHTEN.
WAS KÖNNEN MIR MENSCHEN TUN?

6 Täglich fechten sie meine Sache an;

55,13: *a (13-15)* Ps 41,10 **55,16:** *a* 4.Mose 16,31-33 **55,20:** *a* Ps 102,27-28 **55,22:** *a* Jer 9,7 **55,23:** *a* 1.Petr 5,7 **55,24:** *a* Ps 102,25 **56,1:** *a* 1.Sam 21,11-16 **56,5:** *a* Ps 27,1; 118,6; Jes 12,2; 51,12; Mt 10,28

alle ihre Gedanken suchen mir
Böses zu tun.
7 Sie rotten sich zusammen, sie lauern /
und haben Acht auf meine Schritte,
wie sie mir nach dem Leben
trachten.
8 Sollten sie mit ihrer Bosheit entrinnen?
Gott, stoß diese Leute ohne alle
Gnade hinunter!

9 Zähle die Tage meiner Flucht, /
sammle meine Tränen in deinen Krug;
ohne Zweifel, du zählst sie.
10 Dann werden meine Feinde
zurückweichen, /
wenn ich dich anrufe.
Das weiß ich, dass du mein Gott bist.
11 ICH WILL RÜHMEN GOTTES WORT;
ICH WILL RÜHMEN DES HERRN
WORT.
12 AUF GOTT HOFFE ICH UND FÜRCHTE
MICH NICHT;
WAS KÖNNEN MIR MENSCHEN TUN?

13 Ich habe dir, Gott, gelobt,
dass ich dir danken will.
14 Denn [a] du hast mich vom Tode
errettet,
meine Füße vom Gleiten,
dass ich wandeln kann vor Gott
im Licht der Lebendigen.

Vertrauensvolle Bitte in der Anfechtung

57 EIN GÜLDENES KLEINOD DAVIDS,
VORZUSINGEN, NACH DER WEISE
»VERTILGE NICHT«, [a] ALS ER VOR SAUL
IN DIE HÖHLE FLOH.
2 Sei mir gnädig, Gott, sei mir gnädig!
Denn auf dich traut meine Seele,
und [a] unter dem Schatten deiner Flügel
habe ich Zuflucht,
bis das Unglück vorübergehe.
3 Ich rufe zu Gott, dem Allerhöchsten,
zu Gott, der meine Sache zum
guten Ende führt.
4 Er sende vom Himmel und helfe mir /
von der Schmähung dessen, der mir
nachstellt. SELA.
Gott sende seine Güte und Treue.
5 Ich liege mitten unter Löwen;
verzehrende Flammen sind die
Menschen,
ihre Zähne sind Spieße und Pfeile
und ihre Zungen scharfe Schwerter.
6 ERHEBE DICH, GOTT, ÜBER DEN
HIMMEL
UND DEINE HERRLICHKEIT ÜBER
ALLE WELT!

7 Sie haben meinen Schritten ein Netz
gestellt
und meine Seele gebeugt;
sie haben vor mir eine Grube gegraben –
und fallen doch selbst hinein. SELA.
8 [a] Mein Herz ist bereit, Gott,
mein Herz ist bereit, dass ich singe
und lobe.
9 Wach auf, meine Seele,
wach auf, Psalter und Harfe,
ich will das Morgenrot wecken!
10 Herr, ich will dir danken unter den
Völkern,
ich will dir lobsingen unter den
Leuten.
11 Denn deine Güte reicht, so weit der
Himmel ist,
und deine Wahrheit, so weit die
Wolken gehen.
12 ERHEBE DICH, GOTT, ÜBER DEN
HIMMEL
UND DEINE HERRLICHKEIT ÜBER
ALLE WELT!

Gott ist noch Richter auf Erden

58 EIN GÜLDENES KLEINOD DAVIDS,
VORZUSINGEN, NACH DER WEISE
»VERTILGE NICHT«.
2 [a] Sprecht ihr in Wahrheit Recht, ihr
Mächtigen?
Richtet ihr in Gerechtigkeit die
Menschenkinder?
3 Nein, mutwillig tut ihr Unrecht im
Lande,
und eure Hände treiben Frevel.
4 Die Gottlosen sind abtrünnig vom
Mutterschoß an,
die Lügner gehen irre von
Mutterleib an.
5 Sie sind voller Gift wie eine giftige
Schlange,
wie eine taube Otter, die ihr Ohr
verschließt,
6 dass sie nicht höre die Stimme des
Zauberers,

56,14: *a* Hiob 33,30 **57,1:** *a* 1.Sam 22,1 **57,2:** *a* Ps 17,8; 91,1-2 **57,8:** *a (8-12)* Ps 108,2-6 **58,2:** *a (2-3)* Ps 82,2-4

des Beschwörers, der gut
beschwören kann.

7 Gott, zerbrich ihnen die Zähne im Maul,
zerschlage, HERR, das Gebiss der jungen Löwen!
8 Sie werden vergehen wie Wasser, das verrinnt.
Zielen sie mit ihren Pfeilen,
so werden sie ihnen zerbrechen.
9 Sie gehen dahin, wie Wachs zerfließt,
wie eine Fehlgeburt, die die Sonne nicht sieht.
10 Ehe eure Töpfe das Dornfeuer spüren,
reißt alles der brennende Zorn hinweg.

11 Der Gerechte wird sich freuen, wenn er solche Vergeltung sieht,
und wird seine Füße baden in des Gottlosen Blut;
12 und die Leute werden sagen: /
Ja, der Gerechte empfängt seine Frucht,
ja, Gott ist noch Richter auf Erden.

Gebet mitten unter den Feinden

59 EIN GÜLDENES KLEINOD DAVIDS, VORZUSINGEN, NACH DER WEISE »VERTILGE NICHT«, [a] ALS SAUL HINSANDTE UND SEIN HAUS BEWACHEN LIESS, UM IHN ZU TÖTEN.
2 Errette mich, mein Gott, von meinen Feinden
und schütze mich vor meinen Widersachern.
3 Errette mich von den Übeltätern
und hilf mir von den Blutgierigen!
4 Denn siehe, HERR, sie lauern mir auf;
Starke rotten sich wider mich zusammen ohne meine Schuld und Missetat.
5 Ich habe nichts verschuldet; /
sie aber laufen herzu und machen sich bereit.
Erwache, komm herbei und sieh darein!
6 Du, HERR, Gott Zebaoth, Gott Israels,
wache auf und suche heim alle Völker!
Sei keinem von ihnen gnädig,
die so verwegene Übeltäter sind. SELA.

7 Jeden Abend kommen sie wieder,
heulen wie die Hunde und laufen in der Stadt umher.
8 Siehe, sie geifern mit ihrem Maul;
Schwerter sind auf ihren Lippen:
»Wer sollte es hören?«
9 Aber du, HERR, wirst ihrer lachen
und aller Völker spotten.
10 MEINE STÄRKE, ZU DIR WILL ICH MICH HALTEN;
DENN [a] GOTT IST MEIN SCHUTZ.

11 Gott erzeigt mir reichlich seine Güte,
Gott lässt mich auf meine Feinde herabsehen.
12 Bringe sie nicht um,
dass es mein Volk nicht vergesse;
zerstreue sie aber mit deiner Macht, Herr, unser Schild,
und stoß sie hinunter!
13 Das Wort ihrer Lippen ist nichts als Sünde;
darum sollen sie sich fangen in ihrer Hoffart mit all ihren Flüchen und Lügen.
14 Vertilge sie ohne alle Gnade, vertilge sie,
dass sie nicht mehr da sind!
Lass sie innewerden, dass Gott Herrscher ist in Jakob,
bis an die Enden der Erde. SELA.

15 Jeden Abend kommen sie wieder,
heulen wie die Hunde und laufen in der Stadt umher.
16 Sie laufen hin und her nach Speise
und murren, wenn sie nicht satt werden.

17 Ich aber will von deiner Macht singen /
und des Morgens rühmen deine Güte;
denn du bist mir Schutz
und Zuflucht in meiner Not.
18 MEINE STÄRKE, DIR WILL ICH LOBSINGEN;
DENN GOTT IST MEIN SCHUTZ,
MEIN GNÄDIGER GOTT.

59,1: *a* 1.Sam 19,11 **59,10:** *a* Ps 9,10-11

Gebet des verstoßenen Volkes

60 EIN GÜLDENES KLEINOD DAVIDS, VORZUSINGEN, NACH DER WEISE »LILIE DES ZEUGNISSES«, ZUR BELEHRUNG, 2 ALS ER MIT DEN ARAMÄERN VON MESOPOTAMIEN UND MIT DEN ARAMÄERN VON ZOBA KRIEG FÜHRTE; ALS JOAB UMKEHRTE UND DIE EDOMITER IM SALZTAL SCHLUG, ZWÖLFTAUSEND MANN.[a]

3 Gott, der du uns verstoßen und zerstreut hast
und zornig warst, tröste uns wieder;
4 der du die Erde erschüttert und zerrissen hast,
heile ihre Risse; denn sie wankt.
5 Du ließest deinem Volk Hartes widerfahren,
[a]du gabst uns einen Wein zu trinken, dass wir taumelten.
6 Du hast doch ein [a]Zeichen gegeben denen, die dich fürchten,
damit sie fliehen können vor dem Bogen. SELA.
7 [a]Dass deine Freunde errettet werden,
dazu hilf mit deiner Rechten und erhöre uns!

8 Gott hat in seinem Heiligtum geredet:
Ich will frohlocken;
ich will Sichem verteilen
und das Tal Sukkot ausmessen;
9 Gilead ist mein, mein ist Manasse, /
Ephraim ist der Schutz meines Hauptes,
[a]Juda ist mein Zepter.
10 Moab ist mein Waschbecken, /
meinen Schuh werfe ich auf Edom,
Philisterland, jauchze mir zu!

11 Wer wird mich führen in die feste Stadt?
Wer geleitet mich nach Edom?
12 Wirst du es nicht tun, Gott, der du uns verstoßen hast,
und ziehst nicht aus, Gott, mit unserm Heer?
13 Schaff uns Beistand in der Not;
denn Menschenhilfe ist nichts nütze.
14 Mit Gott wollen wir Taten tun.
Er wird unsre Feinde niedertreten.

Bitte und Fürbitte aus der Ferne

61 VON DAVID, VORZUSINGEN, BEIM SAITENSPIEL.

2 Höre, Gott, mein Schreien
und merke auf mein Gebet!
3 Vom Ende der Erde rufe ich zu dir,
denn mein Herz ist in Angst;
du wollest mich führen auf einen hohen Felsen.
4 Denn du bist meine Zuversicht,
ein starker Turm vor meinen Feinden.[a]
5 Lass mich wohnen in deinem Zelte ewiglich
und [a]Zuflucht haben unter deinen Fittichen. SELA.
6 Denn du, Gott, hörst mein Gelübde
und gibst mir teil am Erbe derer,
die deinen Namen fürchten.

7 Du wollest dem König [a]langes Leben geben,
dass seine Jahre währen für und für,
8 dass er [a]immer throne vor Gott.
Lass Güte und Treue ihn behüten!
9 So will ich deinem Namen lobsingen ewiglich,
dass ich meine Gelübde erfülle täglich.

Stille zu Gott

62 EIN PSALM DAVIDS, VORZUSINGEN, FÜR JEDUTUN.

2 MEINE SEELE IST [a]STILLE
ZU GOTT, DER MIR HILFT.
3 DENN ER IST MEIN [a]FELS,
MEINE HILFE, MEIN SCHUTZ,
DASS ICH GEWISS NICHT FALLEN WERDE.
4 Wie lange stellt ihr alle **einem** nach,
wollt alle ihn morden,
als wäre er eine hangende Wand
und eine rissige Mauer?
5 Sie denken nur, wie sie ihn stürzen,
haben Gefallen am Lügen;
mit dem Munde segnen sie,
aber im Herzen fluchen sie. SELA.

6 ABER SEI NUR STILLE ZU GOTT,
MEINE SEELE;

60,2: *a* 2. Sam 8,3.13; 10,13.18 **60,5:** *a* Ps 75,9 **60,6:** *a* 2. Mose 17,15 **60,7:** *a (7-14)* Ps 108,7-14 **60,9:** *a* 1. Mose 49,10 **61,4:** *a* Ps 71,3; Spr 18,10 **61,5:** *a* Ps 17,8 **61,7:** *a* Ps 21,5 **61,8:** *a* 2. Sam 7,16 **62,2:** *a* Jes 30,15 **62,3:** *a* Ps 18,3

DENN ER IST MEINE HOFFNUNG.
7 ER IST MEIN FELS, MEINE HILFE
UND MEIN SCHUTZ,
DASS ICH NICHT FALLEN WERDE.
8 Bei Gott ist mein Heil und meine Ehre, /
der Fels meiner Stärke,
meine Zuversicht ist bei Gott.
9 Hoffet auf ihn allezeit, liebe Leute, /
schüttet euer Herz vor ihm aus;
Gott ist unsre Zuversicht. SELA.

10 Aber Menschen sind ja nichts,
große Leute täuschen auch;
sie wiegen weniger als nichts,
so viel ihrer sind.
11 Verlasst euch nicht auf Gewalt
und setzt auf Raub nicht eitle
Hoffnung;
[a] fällt euch Reichtum zu,
so hängt euer Herz nicht daran.
12 Eines hat Gott geredet,
ein Zweifaches habe ich gehört:
Gott allein ist mächtig,
13 und du, Herr, bist gnädig;
denn [a] du vergiltst einem jeden,
wie er's verdient hat.

Sehnsucht nach Gott

63 EIN PSALM DAVIDS, [a] ALS ER IN DER WÜSTE JUDA WAR.
2 Gott, du bist mein Gott,
den ich suche.
[a] Es dürstet meine Seele nach dir,
mein ganzer Mensch verlangt nach dir
aus trockenem, dürrem Land, wo
kein Wasser ist.
3 So schaue ich aus nach dir in deinem
Heiligtum,
wollte gerne sehen deine Macht und
Herrlichkeit.
4 Denn deine Güte ist besser als Leben;
meine Lippen preisen dich.
5 So will ich dich loben mein Leben lang
und meine Hände in deinem
Namen aufheben.

6 Das ist meines Herzens Freude und
Wonne,
wenn ich dich mit fröhlichem
Munde loben kann;
**7 wenn ich mich zu Bette lege, so denke
ich an dich,
wenn ich wach liege, sinne ich über
dich nach.** [a]
8 Denn du bist mein Helfer,
und [a] unter dem Schatten deiner
Flügel frohlocke ich.
9 Meine Seele hängt an dir;
deine rechte Hand hält mich.

10 Sie aber trachten mir nach dem Leben,
mich zu verderben;
sie werden in die Tiefen der Erde
hinunterfahren.
11 Sie werden dem Schwert dahingegeben
und den Schakalen zur Beute
werden.
12 Aber der König freut sich in Gott. /
Wer bei ihm schwört, der darf sich
rühmen;
denn die Lügenmäuler sollen
verstopft werden.

Bitte um Schutz vor bösen Anschlägen

64 EIN PSALM DAVIDS, VORZUSINGEN.
2 Höre, Gott, meine Stimme in
meiner Klage,
behüte mein Leben vor dem
schrecklichen Feinde.
3 Verbirg mich vor den Anschlägen der
Bösen,
vor dem Toben der Übeltäter,
4 die ihre Zunge schärfen wie ein
Schwert,
mit ihren giftigen Worten zielen wie
mit Pfeilen,
5 dass sie heimlich schießen auf den
Frommen;
plötzlich schießen sie auf ihn ohne
alle Scheu.

6 Sie verstehen sich auf ihre bösen
Anschläge /
und reden davon, wie sie Stricke legen
wollen,
und sprechen: [a] Wer kann sie sehen?
7 Sie haben Böses im Sinn und halten's
geheim,
sind verschlagen und haben Ränke
im Herzen.

62,11: *a* Mt 19,22; Lk 12,15-21; 1.Tim 6,9.17 **62,13:** *a* Röm 2,6-11 **63,1:** *a* 1.Sam 22,5 **63,2:** *a* Ps 42,3 **63,7:** *a* Jes 26,9 **63,8:** *a* Ps 17,8 **64,6:** *a* Ps 94,7

8 Da trifft sie Gott mit dem Pfeil,
plötzlich sind sie zu Boden geschlagen.
9 Ihre eigene Zunge bringt sie zu Fall,
dass ihrer spotten wird, wer sie siehet.
10 Und alle Menschen werden sich fürchten /
und sagen: [a]Das hat Gott getan!,
und erkennen, dass es sein Werk ist.
11 Die Gerechten werden sich des HERRN freuen /
und auf ihn trauen,
und alle frommen Herzen werden sich seiner rühmen.

Danklied für geistlichen und leiblichen Segen

65 EIN PSALMLIED DAVIDS, VORZUSINGEN.
2 **Gott, man lobt dich in der Stille zu Zion,**
und dir hält man Gelübde.
3 **Du erhörst Gebet;**
darum kommt alles Fleisch zu dir.
4 Unsre Missetat drückt uns hart;
du wollest unsre Sünde vergeben.
5 Wohl dem, den du erwählst und zu dir lässest,
dass er in deinen Vorhöfen wohne;
der hat reichen Trost von deinem Hause,
deinem heiligen Tempel.[a]

6 Erhöre uns nach der wunderbaren Gerechtigkeit, Gott, unser Heil,
der du bist die Zuversicht aller auf Erden und fern am Meer;
7 der du die Berge festsetzest in deiner Kraft
und gerüstet bist mit Macht;
8 der du [a]stillst das Brausen des Meeres,
das Brausen seiner Wellen und das Toben der Völker,
9 dass sich entsetzen, die an den Enden wohnen, vor deinen Zeichen.
Du machst fröhlich, was da lebet im Osten wie im Westen.

10 Du [a]suchst das Land heim und bewässerst es /
und machst es sehr reich;
Gottes Brünnlein hat Wasser die Fülle.
Du lässest ihr Getreide gut geraten;
denn so baust du das Land.
11 Du [a]tränkst seine Furchen und feuchtest seine Schollen;
mit Regen machst du es weich
und segnest sein Gewächs.
12 Du krönst das Jahr mit deinem Gut,
und deine Fußtapfen triefen von Segen.
13 Es triefen auch die Auen in der Steppe,
und die Hügel sind erfüllt mit Jubel.
14 Die Anger sind voller Schafe, /
und die Auen stehen dick mit Korn,
dass man jauchzet und singet.

Danklied für Gottes wunderbare Führung

66 EIN PSALMLIED, VORZUSINGEN.
Jauchzet Gott, alle Lande! /
2 Lobsinget zur Ehre seines Namens;
rühmet ihn herrlich!
3 Sprecht zu Gott: Wie wunderbar sind deine Werke!
Deine Feinde müssen sich beugen vor deiner großen Macht.
4 Alles Land bete dich an und lobsinge dir,
lobsinge deinem Namen. SELA.

5 Kommt her und sehet an die Werke Gottes,
der so wunderbar ist in seinem Tun an den Menschenkindern.
6 Er [a]verwandelte das Meer in trockenes Land, /
sie konnten zu Fuß durch den Strom gehen.
Darum freuen wir uns seiner.
7 Er herrscht mit seiner Gewalt ewiglich, /
seine Augen schauen auf die Völker.
Die Abtrünnigen können sich nicht erheben. SELA.
8 Lobet, ihr Völker, unsern Gott,
lasst seinen Ruhm weit erschallen,
9 der unsre Seelen am Leben erhält
und lässt unsere Füße nicht gleiten.
10 Denn, Gott, du hast uns [a]geprüft und geläutert,

Ps

64,10: *a* 2. Mose 8,15 **65,5:** *a* Ps 63,3-4; 84,2-5; 5. Mose 4,7 **65,8:** *a* Ps 89,10 **65,10:** *a* Ps 67,7 **65,11:** *a* Ps 104,13-16 **66,6:** *a* 2. Mose 14,21-22; Jos 3,16-17 **66,10:** *a* Spr 17,3

wie das Silber geläutert wird;
11 du hast uns in den Turm werfen lassen,
du hast auf unsern Rücken eine Last gelegt,
12 du hast Menschen über unser Haupt kommen lassen, /
[a]wir sind in Feuer und Wasser geraten.
Aber du hast uns herausgeführt
und uns erquickt.

13 Darum will ich in dein Haus gehen mit Brandopfern
und dir meine Gelübde erfüllen,
14 wie ich meine Lippen aufgetan habe
und mein Mund geredet hat in meiner Not.
15 Ich will dir Brandopfer bringen von fetten Schafen /
mit dem Opferrauch von Widdern;
ich will opfern Rinder mit Böcken.
SELA.

16 Kommt her, höret zu, alle, die ihr Gott fürchtet;
ich will erzählen, was er an mir getan hat.
17 Zu ihm rief ich mit meinem Munde
und pries ihn mit meiner Zunge.
18 Wenn ich Unrechtes vorgehabt hätte in meinem Herzen,
so hätte der Herr nicht gehört.[a]
19 Aber Gott hat mich erhört
und gemerkt auf mein Flehen.
20 Gelobt sei Gott, der mein Gebet nicht verwirft
noch seine Güte von mir wendet.

Gottes Segen über alle Welt

67 EIN PSALMLIED, VORZUSINGEN, BEIM SAITENSPIEL.
2 Gott sei uns gnädig und segne uns,
er lasse uns sein Antlitz leuchten,[a]
– SELA –
3 dass man auf Erden erkenne seinen Weg,
unter allen Heiden sein Heil.
4 ES DANKEN DIR, GOTT, DIE VÖLKER,
ES DANKEN DIR ALLE VÖLKER.

5 Die Völker freuen sich und jauchzen,
dass du die Menschen recht richtest
und regierst die Völker auf Erden.
SELA.
6 ES DANKEN DIR, GOTT, DIE VÖLKER,
ES DANKEN DIR ALLE VÖLKER.

7 Das [a]Land gibt sein Gewächs;
es segne uns Gott, unser Gott!
8 Es segne uns Gott,
und alle Welt fürchte ihn!

Der Sieg Gottes

68 EIN PSALMLIED DAVIDS, VORZUSINGEN.
2 [a]Gott steht auf; so werden seine Feinde zerstreut,
und die ihn hassen, fliehen vor ihm.
3 Wie Rauch verweht, so verwehen sie;
wie Wachs zerschmilzt vor dem Feuer, so kommen die Gottlosen um vor Gott.
4 Die Gerechten aber freuen sich /
und sind fröhlich vor Gott
und freuen sich von Herzen.

5 Singet Gott, lobsinget seinem Namen! /
[a]Macht Bahn dem, der durch die Wüste einherfährt;
er heißt HERR. Freuet euch vor ihm!
6 Ein [a]Vater der Waisen und ein Helfer der Witwen
ist Gott in seiner heiligen Wohnung,
7 ein Gott, der die Einsamen nach Hause bringt, /
der die Gefangenen herausführt, dass es ihnen wohlgehe;
aber die Abtrünnigen lässt er bleiben in dürrem Lande.

8 Gott, [a]als du vor deinem Volk herzogst,
als du einhergingst in der Wüste,
– SELA –
9 da [a]bebte die Erde, /
und die Himmel troffen vor Gott – am Sinai –,
vor Gott, dem Gott Israels.
10 Du gabst, Gott, einen gnädigen Regen,
und dein Erbe, das dürre war,
erquicktest du,

66,12: *a* Jes 43,2 **66,18:** *a* Spr 28,9 **67,2:** *a* 4. Mose 6,24-25 **67,7:** *a* Ps 65,10 **68,2:** *a* 4. Mose 10,35 **68,5:** *a* Jes 57,14 **68,6:** *a* Ps 10,14 **68,8:** *a* 2. Mose 13,21 **68,9:** *a* 2. Mose 19,16-18

11 dass deine Herde darin wohnen konnte.
Gott, du labst die Elenden in deiner Güte.
12 Der Herr gibt ein Wort –
der [a]Freudenbotinnen ist eine große Schar –:*
13 Die Könige der Heerscharen fliehen, sie fliehen,
und die Frauen teilen die Beute aus.
14 Wenn ihr zu Felde liegt, /
glänzt es wie Flügel der Tauben,
die wie Silber und Gold schimmern.
15 Als der Allmächtige dort Könige zerstreute,
damals fiel Schnee auf dem Zalmon.
16 Ein Gottesberg ist Baschans Gebirge,
ein Gebirge, reich an Gipfeln, ist Baschans Gebirge.
17 Was seht ihr scheel, ihr Berge, ihr Gipfel, /
[a]auf den Berg, wo es Gott gefällt zu wohnen?
Ja, dort wird der HERR immerdar wohnen.
18 Gottes Wagen sind vieltausendmal tausend;
der Herr zieht ein ins Heiligtum vom Sinai her.
19 Du [a]bist aufgefahren zur Höhe
und führtest Gefangne gefangen;
du hast Gaben empfangen unter den Menschen;
auch die Abtrünnigen müssen sich, Gott, vor dir bücken.

20 **Gelobt sei der Herr täglich.**
[a]Gott legt uns eine Last auf, aber er hilft uns auch. SELA.
21 Wir haben einen Gott, der da hilft,
und den HERRN, der vom Tode errettet.
22 Ja, Gott wird den Kopf seiner Feinde zerschmettern,
den Schädel der Gottlosen,
die da fortfahren in ihrer Sünde.
23 Der Herr hat gesagt:
Aus Baschan will ich sie wieder holen,
aus der Tiefe des Meeres will ich sie holen,
24 dass du deinen Fuß im Blut der Feinde badest
und deine Hunde es lecken.

25 Man sieht, Gott, [a]wie du einherziehst,
wie du, mein Gott und König,
[b]einherziehst im Heiligtum.
26 Die Sänger gehen voran, am Ende die Spielleute,
in der Mitte die Jungfrauen, die da [a]Pauken schlagen.
27 »Lobet Gott in den Versammlungen,
den HERRN, [a]die ihr von Israel herstammt.«
28 Benjamin, der Jüngste, geht ihnen voran, /
die Fürsten Judas mit ihren Scharen,
die Fürsten Sebulons, die Fürsten Naftalis.

29 Entbiete, Gott, deine Macht,
die Macht, Gott, die du an uns bewiesen hast
30 von deinem Tempel her;
um Jerusalems willen
werden dir [a]Könige Geschenke bringen.
31 Bedrohe das Tier im Schilf,
die Rotte der Mächtigen,
die Gebieter der Völker;
tritt nieder, die das Silber lieb haben,
zerstreue die Völker, die gerne Krieg führen.
32 Aus Ägypten werden Gesandte kommen;
Mohrenland wird seine Hände ausstrecken zu Gott.[a]

33 Ihr Königreiche auf Erden, singet Gott,
lobsinget dem Herrn! SELA.
34 Er fährt einher durch die Himmel,
die von Anbeginn sind.
Siehe, er lässt seine Stimme erschallen,
eine gewaltige Stimme.
35 Gebt Gott die Macht!
Seine Herrlichkeit ist über Israel
und seine Macht in den Wolken.
36 Wundersam ist Gott in seinem Heiligtum; / er ist Israels Gott.
Er wird dem Volke Macht und Kraft geben.
Gelobt sei Gott!

* Luther übersetzte: »Der Herr gibt das Wort mit großen Scharen Evangelisten.«

68,12: *a* Jes 52,7 **68,17:** *a* Ps 132,13 **68,19:** *a* Eph 4,8-10 **68,20:** *a* 1. Kor 10,13 **68,25:** *a* Ps 24,7; *b* 2. Sam 6,13-15 **68,26:** *a* 2. Mose 15,20 **68,27:** *a* Jes 48,1 **68,30:** *a* Ps 72,10 **68,32:** *a* Jes 18,7; 19,21; 45,14; Apg 8,27

In Anfechtung und Schmach

69 VON DAVID, VORZUSINGEN, NACH DER WEISE »LILIEN«.
2 Gott, hilf mir!
Denn das Wasser geht mir bis an die Kehle.
3 Ich versinke in tiefem Schlamm,
wo kein Grund ist;
ich bin in tiefe Wasser geraten,
und die Flut will mich ersäufen.
4 Ich habe mich müde geschrien,
mein Hals ist heiser.
Meine Augen sind trübe geworden,
weil ich so lange harren muss auf meinen Gott.
5 Die [a] mich ohne Grund hassen,
sind mehr, als ich Haare auf dem Haupte habe.
Die mir zu Unrecht Feind sind /
und mich verderben wollen, sind mächtig.
Ich soll zurückgeben, was ich nicht geraubt habe.

6 Gott, du kennst meine Torheit,
und meine Schuld ist dir nicht verborgen.
7 Lass an mir nicht zuschanden werden,
die deiner harren, Herr, HERR Zebaoth!
Lass an mir nicht schamrot werden,
die dich suchen, Gott Israels!
8 Denn [a] um deinetwillen trage ich Schmach,
mein Angesicht ist voller Schande.
9 Ich [a] bin fremd geworden meinen Brüdern
und unbekannt den Kindern meiner Mutter;
10 denn [a] der Eifer um dein Haus hat mich gefressen,
und [b] die Schmähungen derer, die dich schmähen, sind auf mich gefallen.
11 Ich weine bitterlich und faste,
und man spottet meiner dazu.
12 Ich habe einen Sack angezogen,
aber sie treiben ihren Spott mit mir.
13 Die im Tor sitzen, schwatzen von mir,
und beim Zechen singt man von mir.[a]
14 Ich aber bete zu dir, HERR, [a] zur Zeit der Gnade;
Gott, nach deiner großen Güte
erhöre mich mit deiner treuen Hilfe.
15 Errette mich aus dem Schlamm,
dass ich nicht versinke,
dass ich errettet werde vor denen, die mich hassen,
und aus den tiefen Wassern;
16 dass mich die Flut nicht ersäufe /
und die Tiefe nicht verschlinge
und [a] das Loch des Brunnens sich nicht über mir schließe.

17 [a] Erhöre mich, HERR, denn deine Güte ist tröstlich;
wende dich zu mir nach deiner großen Barmherzigkeit
18 und verbirg dein Angesicht nicht vor deinem Knechte,
denn mir ist angst; erhöre mich eilends.
19 Nahe dich zu meiner Seele und erlöse sie,
erlöse mich um meiner Feinde willen.
20 Du kennst meine Schmach,
meine Schande und Scham;
meine Widersacher sind dir alle vor Augen.
21 Die Schmach bricht mir mein Herz
und macht mich krank.
Ich warte, ob jemand Mitleid habe,
aber da ist niemand,
und auf Tröster, aber ich finde keine.
22 Sie geben mir Galle zu essen
und Essig zu trinken für meinen Durst.[a]

23 [a] Ihr Tisch werde ihnen zur Falle,
zur Vergeltung und zum Strick.
24 Ihre Augen sollen finster werden, dass sie nicht sehen,
und ihre Hüften lass immerfort wanken.
25 Gieß deine Ungnade über sie aus,
und dein grimmiger Zorn ergreife sie.
26 Ihre Wohnstatt soll verwüstet werden,
und niemand wohne in ihren Zelten.[a]

69,5: *a* Joh 15,25 **69,8:** *a* Ps 44,23 **69,9:** *a* Ps 38,12 **69,10:** *a* Ps 119,139; Joh 2,17; *b* Röm 15,3 **69,13:** *a* Hiob 30,9 **69,14:** *a* Jes 49,8 **69,16:** *a* 1. Mose 29,3 **69,17:** *a (17-18)* 4. Mose 6,26 **69,22:** *a* Mt 27,34.48 **69,23:** *a (23-24)* Röm 11,9-10 **69,26:** *a* Apg 1,20

27 Denn sie verfolgen, den du geschlagen hast,
und reden gern von dem Schmerz dessen, den du hart getroffen hast.
28 Lass sie aus einer Schuld in die andre fallen,
dass sie nicht kommen zu deiner Gerechtigkeit.
29 Tilge sie aus dem [a] Buch des Lebens,
dass sie nicht geschrieben stehen bei den Gerechten.
30 Ich aber bin elend und voller Schmerzen.
Gott, deine Hilfe schütze mich!

31 Ich will den Namen Gottes loben mit einem Lied
und will ihn hoch ehren mit Dank.
32 Das [a] wird dem HERRN besser gefallen
als ein Stier, der Hörner und Klauen hat.
33 Die Elenden sehen es und freuen sich,
und die Gott suchen, denen [a] wird das Herz aufleben.
34 Denn der HERR hört die Armen
und verachtet seine Gefangenen nicht.

35 Es lobe ihn Himmel und Erde,
die Meere mit allem, was sich darin regt.
36 Denn Gott wird Zion helfen /
und die Städte Judas bauen,
dass man dort wohne und sie besitze.
37 Und die Kinder seiner Knechte werden sie erben,
und die seinen Namen lieben, werden darin bleiben.

Hilferuf gegen Widersacher

(vgl. Ps 40,14-18)

70 VON DAVID, VORZUSINGEN, ZUM GEDENKOPFER.
2 Eile, Gott, mich zu erretten,
HERR, mir zu helfen!
3 Es sollen sich schämen und zuschanden werden,
die mir nach dem Leben trachten;
sie sollen zurückweichen und zum Spott werden,
die mir Übles wünschen;
4 sie sollen umkehren um ihrer Schande willen,
die über mich schreien: Da, da!
5 Lass deiner sich freuen und fröhlich sein
alle, die nach dir fragen;
und die dein Heil lieben, lass allewege sagen:
Hoch gelobt sei Gott!
6 Ich aber bin elend und arm;
Gott, eile zu mir!
Du bist mein Helfer und Erretter;
HERR, säume nicht!

Bitte um Gottes Hilfe im Alter

71 HERR, ich traue auf dich,
lass mich nimmermehr zuschanden werden.
2 Errette mich durch deine Gerechtigkeit und hilf mir heraus,
neige deine Ohren zu mir und hilf mir!
3 Sei mir ein starker Hort, zu dem ich immer fliehen kann, /
der du zugesagt hast, mir zu helfen;
denn du bist mein [a] Fels und meine Burg.

4 Mein Gott, hilf mir aus der Hand des Gottlosen,
aus der Hand des Ungerechten und Tyrannen.
5 Denn du bist meine Zuversicht, HERR, mein Gott,
meine Hoffnung von meiner Jugend an.
6 Auf dich habe ich mich verlassen vom Mutterleib an; /
du hast mich aus meiner Mutter Leibe gezogen.
Dich rühme ich immerdar.
7 Ich bin für viele wie ein Zeichen;
aber du bist meine starke Zuversicht.
8 Lass meinen Mund deines Ruhmes
und deines Preises voll sein täglich.

9 Verwirf mich nicht in meinem Alter,
verlass mich nicht, wenn ich schwach werde.
10 Denn meine Feinde reden über mich,

69,29: *a* 2. Mose 32,32-33; Dan 12,1; Lk 10,20; Phil 4,3 **69,32:** *a* Ps 50,8-13 **69,33:** *a* Ps 22,27 **71,3:** *a* Ps 31,3-4

und die auf mich lauern, beraten
sich miteinander
11 und sprechen: Gott hat ihn verlassen;
jagt ihm nach und ergreift ihn, denn
da ist kein Erretter!

12 Gott, sei nicht ferne von mir;
mein Gott, eile, mir zu helfen!
13 Schämen sollen sich und umkommen,
die meiner Seele Feind sind;
mit Schimpf und Schande sollen
überschüttet werden,
die mein Unglück suchen.

14 Ich aber will immer harren
und mehren all deinen Ruhm.
15 Mein Mund soll verkündigen deine
Gerechtigkeit,
täglich deine Wohltaten,
die ich nicht zählen kann.
16 Ich gehe einher in der Kraft Gottes
des HERRN;
ich preise deine Gerechtigkeit allein.

17 Gott, du hast mich von Jugend auf
gelehrt,
und noch jetzt verkündige ich deine
Wunder.
18 Auch [a]im Alter, Gott, verlass mich
nicht,
und wenn ich grau werde,
bis ich deine Macht verkündige
Kindeskindern
und deine Kraft allen, die noch
kommen sollen.
19 Gott, deine Gerechtigkeit reicht bis
zum Himmel;
der du große Dinge tust, Gott, wer
ist dir gleich?
20 Du lässest mich erfahren viele und
große Angst
und [a]machst mich wieder lebendig
und holst mich wieder herauf
aus den Tiefen der Erde.
21 Du machst mich sehr groß
und tröstest mich wieder.

22 So will auch ich dir danken mit
Saitenspiel
für deine Treue, mein Gott;
ich will dir zur Harfe lobsingen,
du [a]Heiliger Israels.
23 Meine Lippen und meine Seele, die du
erlöst hast,
sollen fröhlich sein und dir
lobsingen.
24 Auch meine Zunge soll täglich reden
von deiner Gerechtigkeit;
denn zu Schmach und Schande werden,
die mein Unglück suchen.

Der Friedefürst und sein Reich

72 VON SALOMO.
Gott, gib dein Gericht dem König
und deine Gerechtigkeit dem
Königssohn,
2 dass er dein Volk richte mit
Gerechtigkeit
und deine Elenden rette.
3 Lass die Berge Frieden bringen
für das Volk
und die Hügel Gerechtigkeit.

4 Er soll den Elenden im Volk Recht
schaffen
und den Armen helfen
und die Bedränger zermalmen.
5 Er soll leben, solange die Sonne scheint
und solange der Mond währt,
von Geschlecht zu Geschlecht.
6 Er soll herabfahren wie der Regen auf
die Aue,
wie die Tropfen, die das Land
feuchten.
7 Zu seinen Zeiten soll blühen die
Gerechtigkeit
und großer Friede sein, bis der
Mond nicht mehr ist.
8 Er soll herrschen von einem Meer bis
ans andere
und von dem Strom* bis zu den
Enden der Erde.[a]
9 Vor ihm sollen sich neigen die Söhne
der Wüste,
und [a]seine Feinde sollen Staub
lecken.
10 Die Könige von [a]Tarsis und auf den
Inseln
sollen [b]Geschenke bringen,
die Könige aus [c]Saba und Seba
sollen Gaben senden.
11 Alle Könige sollen vor ihm
niederfallen

* d. i. der Euphrat.

71,18: *a* Jes 46,4 **71,20:** *a* 1. Sam 2,6 **71,22:** *a* 2. Kön 19,22; Jes 43,3 **72,8:** *a* Sach 9,10 **72,9:** *a* Jes 49,23 **72,10:** *a* Jes 60,9; *b* Ps 68,30; *c* 1. Kön 10,1-2 und alle Völker ihm dienen.

12 Denn er wird den Armen erretten,
der um Hilfe schreit,
und den [a] Elenden, der keinen Helfer hat.
13 Er wird gnädig sein den Geringen
und Armen,
und den Armen wird er helfen.
14 Er wird sie aus Bedrückung und
Frevel erlösen,
und [a] ihr Blut ist wert geachtet vor ihm.

15 Er soll leben und man soll ihm geben
vom Gold aus Saba.
Man soll immerdar für ihn beten
und ihn täglich segnen.
16 Voll stehe das Getreide im Land
bis oben auf den Bergen;
wie am Libanon rausche seine Frucht.
In den Städten sollen sie grünen
wie das Gras auf Erden.
17 Sein Name bleibe ewiglich;
solange die Sonne währt, blühe sein Name.
Und [a] durch ihn sollen gesegnet sein alle
Völker,
und sie werden ihn preisen.

18 [a] Gelobt sei Gott der HERR,
der Gott Israels,
der allein Wunder tut!
19 Gelobt sei sein herrlicher Name
ewiglich,
und [a] alle Lande sollen seiner Ehre voll werden!
Amen! Amen!
20 ZU ENDE SIND DIE GEBETE DAVIDS, DES
SOHNES ISAIS.

DRITTES BUCH

Anfechtung und Trost beim Glück des Gottlosen

73 EIN PSALM ASAFS.
Gott ist dennoch Israels Trost
für alle, die reinen Herzens sind.
2 Ich aber wäre fast gestrauchelt mit
meinen Füßen;
mein Tritt wäre beinahe geglitten.
3 Denn ich ereiferte mich über die
Ruhmredigen,
als ich sah, [a] dass es den Gottlosen so gut ging.

4 Denn für sie gibt es keine Qualen,
gesund und feist ist ihr Leib.
5 Sie sind nicht in Mühsal wie sonst die
Leute
und werden nicht wie andere Menschen geplagt.
6 Darum prangen sie in Hoffart
und hüllen sich in Frevel.
7 Sie brüsten sich wie ein fetter Wanst,
sie tun, was ihnen einfällt.
8 Sie achten alles für nichts und reden
böse,
sie reden und lästern hoch her.
9 Was sie reden, das soll vom Himmel
herab geredet sein;
was sie sagen, das soll gelten auf Erden.
10 Darum fällt ihnen der Pöbel zu
und läuft ihnen zu in Haufen wie Wasser.
11 Sie sprechen: [a] Wie sollte Gott es
wissen?
Wie sollte der Höchste etwas merken?
12 Siehe, das sind die Gottlosen;
die sind glücklich in der Welt und werden reich.

13 [a] Soll es denn umsonst sein,
dass ich mein Herz rein hielt
und meine Hände in Unschuld wasche?
14 Ich bin doch täglich geplagt,
und meine Züchtigung ist alle Morgen da.
15 Hätte ich gedacht: Ich will reden
wie sie,
siehe, dann hätte ich das Geschlecht deiner Kinder verleugnet.
16 So sann ich nach, ob ich's begreifen
könnte,
aber es war mir zu schwer,
17 bis ich ging in das Heiligtum Gottes
und merkte auf ihr Ende.

72,12: *a* Hiob 36,15 **72,14:** *a* Ps 9,13; 116,15 **72,17:** *a* 1. Mose 12,3; 22,18 **72,18:** *a (18-19)* Ps 41,14 **72,19:** *a* Jes 6,3 **73,3:** *a* Hiob 21,7 **73,11:** *a* Ps 10,11 **73,13:** *a (13-14)* Mal 3,14

18 Ja, du stellst sie auf schlüpfrigen Grund
und stürzest sie zu Boden.
19 Wie werden sie so plötzlich zunichte!
Sie gehen unter und nehmen ein Ende mit Schrecken.
20 Wie ein Traum verschmäht wird, wenn man erwacht,
so verschmähst du, Herr, ihr Bild, wenn du dich erhebst.
21 Als es mir wehe tat im Herzen
und mich stach in meinen Nieren,
22 da war ich ein Narr und wusste nichts,
ich war wie ein Tier vor dir.

23 Dennoch [a]bleibe ich stets an dir;
denn du hältst mich bei meiner rechten Hand,
24 du leitest mich nach deinem Rat
und [a]nimmst mich am Ende mit Ehren an.
25 Wenn ich nur dich habe,
so frage ich nichts nach Himmel und Erde.
26 Wenn mir gleich Leib und Seele verschmachtet,
so bist du doch, Gott, allezeit meines Herzens Trost und [a]mein Teil.

27 Denn siehe, die von dir weichen, werden umkommen;
du bringst um alle, die dir die Treue brechen.
28 Aber **das ist meine Freude, dass ich mich zu Gott halte /**
und meine Zuversicht setze auf Gott, den Herrn,
dass ich verkündige all dein Tun.

Klage vor dem entweihten Heiligtum

74 EINE UNTERWEISUNG ASAFS.
Gott, warum verstößest du uns für immer
und bist so zornig über die Schafe deiner Weide?
2 Gedenke an deine Gemeinde,
die du vorzeiten erworben
und dir zum Erbteil erlöst hast,
an den Berg [a]Zion, auf dem du wohnest.
3 Richte doch deine Schritte zu dem, /
was so lange wüste liegt.
Der Feind hat alles verheert im Heiligtum.
4 Deine Widersacher brüllen in deinem Hause
und stellen ihre Zeichen darin auf.
5 Hoch sieht man Äxte sich heben
wie im Dickicht des Waldes.
6 Sie zerschlagen all sein Schnitzwerk
mit Beilen und Hacken.
7 Sie [a]verbrennen dein Heiligtum,
bis auf den Grund entweihen sie
die Wohnung deines Namens.
8 Sie sprechen in ihrem Herzen: /
Lasst uns sie ganz unterdrücken!
Sie verbrennen alle Gotteshäuser im Lande.
9 Unsere Zeichen sehen wir nicht, /
kein Prophet ist mehr da,
und keiner ist bei uns, der etwas weiß.

10 Ach, Gott, wie lange soll der Widersacher noch schmähen
und der Feind deinen Namen immerfort lästern?
11 Warum ziehst du deine Hand zurück?
Nimm deine Rechte aus dem Gewand und mach ein Ende!

12 Gott ist ja mein König von alters her,
der alle Hilfe tut, die auf Erden geschieht.
13 Du hast [a]das Meer gespalten durch deine Kraft,
zerschmettert die Köpfe der [b]Drachen im Meer.
14 Du hast dem [a]Leviatan die Köpfe zerschlagen
und ihn zum Fraß gegeben dem wilden Getier.
15 Du hast Quellen und Bäche hervorbrechen lassen
und ließest starke Ströme versiegen.
16 Dein ist der Tag und dein ist die Nacht;
[a]du hast Gestirn und Sonne die Bahn gegeben.
17 Du hast dem Land seine Grenze gesetzt;
Sommer und Winter hast du gemacht.

73,23: *a* Röm 8,35-39 **73,24:** *a* Ps 49,16 **73,26:** *a* Ps 16,5 **74,2:** *a* Ps 76,3 **74,7:** *a* 2. Kön 25,9 **74,13:** *a* Ps 104,6-8; 2. Mose 14,21-22; *b* Jes 27,1 **74,14:** *a* Hiob 40,25 **74,16:** *a* Ps 104,19

18 So gedenke doch, HERR, wie der Feind schmäht
und ein törichtes Volk deinen Namen lästert.
19 Gib deine Taube* nicht den Tieren preis;
das Leben deiner Elenden vergiss nicht für immer.
20 Gedenke an den Bund;
denn die dunklen Winkel des Landes sind voll Frevel.
21 Lass den Geringen nicht beschämt davongehen,
lass die Armen und Elenden rühmen deinen Namen.
22 Mach dich auf, Gott, und führe deine Sache;
denk an die Schmach, die dir täglich [a]von den Toren widerfährt.
23 Vergiss nicht das Geschrei deiner Feinde;
das Toben deiner Widersacher wird je länger, je größer.

Gott ist Richter über die Stolzen

75 EIN PSALMLIED ASAFS, VORZUSINGEN, NACH DER WEISE »VERTILGE NICHT«.
2 Wir danken dir, Gott, wir danken dir
und verkündigen deine Wunder,
dass [a]dein Name so nahe ist.

3 »Wenn meine Zeit gekommen ist,
werde ich recht richten.
4 Die Erde mag wanken und alle, die darauf wohnen,
aber ich halte ihre Säulen fest.« SELA.

5 Ich sprach zu den Ruhmredigen: Rühmt euch nicht so!,
und zu den Gottlosen: Pochet nicht auf Gewalt!
6 Pocht nicht so hoch auf eure Gewalt,
redet nicht so halsstarrig!

7 Denn es kommt nicht vom Aufgang und nicht vom Niedergang,
nicht von der Wüste und nicht von den Bergen,
8 sondern Gott ist Richter,
der diesen [a]erniedrigt und jenen erhöht.

9 Denn der HERR hat einen Becher in der Hand,
mit starkem Wein voll eingeschenkt.
Er schenkt daraus ein, /
und [a]die Gottlosen auf Erden müssen alle trinken
und sogar die Hefe schlürfen.

10 Ich aber will verkündigen ewiglich
und lobsingen dem Gott Jakobs:
11 Er wird alle Gewalt der Gottlosen zerbrechen,
dass die Gewalt des Gerechten erhöht werde.

Gott, der furchtbare Richter

76 EIN PSALMLIED ASAFS, VORZUSINGEN, BEIM SAITENSPIEL.
2 Gott ist in Juda bekannt,
in Israel ist sein Name herrlich.
3 So erstand in Salem sein Zelt
und [a]seine Wohnung in Zion.
4 Dort [a]zerbricht er die Pfeile des Bogens,
Schild, Schwert und Streitmacht. SELA.

5 Du bist herrlicher und mächtiger
als die ewigen Berge.
6 Beraubt sind die Stolzen und in Schlaf gesunken,
und allen Kriegern versagen die Hände.
7 Von deinem Schelten, Gott Jakobs,
sinken in Schlaf Ross und Wagen.

8 Furchtbar bist du!
Wer kann vor dir bestehen, wenn du zürnest?
9 Wenn du das Urteil lässest hören vom Himmel,
erschrickt das Erdreich und wird [a]still,
10 wenn Gott sich aufmacht zu richten,
dass er helfe allen Elenden auf Erden. SELA.
11 Wenn Menschen wider dich wüten,
bringt es dir Ehre;

* d. i. Israel.

74,22: *a* Ps 14,1-3 **75,2:** *a* Jes 46,13 **75,8:** *a* 1. Sam 2,7 **75,9:** *a* Ps 60,5; Jer 25,15-16 **76,3:** *a* Ps 132,13 **76,4:** *a* Ps 46,10 **76,9:** *a* Ps 46,11; Hab 2,20

und wenn sie noch mehr wüten,
bist du auch noch gerüstet.

12 Tut Gelübde dem HERRN, eurem Gott, und haltet sie!
Alle, die ihr um ihn her seid,
bringt Geschenke dem Furchtbaren,
13 der den Fürsten den Mut nimmt
und furchtbar ist unter den Königen auf Erden.

Trost aus Gottes früheren Taten

77 EIN PSALM ASAFS, VORZUSINGEN, FÜR JEDUTUN.
2 Ich rufe zu Gott und schreie um Hilfe,
zu Gott rufe ich und er erhört mich.
3 In der Zeit meiner Not suche ich den Herrn; /
meine Hand ist des Nachts ausgereckt und lässt nicht ab;
denn meine Seele will sich nicht trösten lassen.
4 Ich denke an Gott – und bin betrübt;
ich sinne nach – und mein Herz ist in Ängsten. SELA.
5 Meine Augen hältst du, dass sie wachen müssen;
ich bin so voll Unruhe, dass ich nicht reden kann.

6 Ich [a]gedenke der alten Zeit,
der vergangenen Jahre.
7 Ich denke und sinne des Nachts /
und rede mit meinem Herzen,
mein Geist muss forschen.
8 Wird denn der Herr auf ewig verstoßen
und keine Gnade mehr erweisen?
9 Ist's denn ganz und gar aus mit seiner Güte,
und hat die Verheißung für immer ein Ende?
10 Hat Gott vergessen, gnädig zu sein,
oder sein Erbarmen im Zorn verschlossen? SELA.
11 Ich sprach: Darunter leide ich,
dass die rechte Hand des Höchsten sich so ändern kann.

12 Darum denke ich an die Taten des HERRN,
ja, ich denke an deine früheren Wunder
13 und sinne über alle deine Werke
und denke deinen Taten nach.
14 **Gott, dein Weg ist heilig.**
[a]Wo ist ein so mächtiger Gott,
wie du, Gott, bist?
15 Du bist der Gott, der Wunder tut,
du hast deine Macht bewiesen unter den Völkern.
16 Du hast dein Volk erlöst mit Macht,
die Kinder Jakobs und Josefs. SELA.

17 Die Wasser sahen dich, Gott,
die Wasser sahen dich und ängstigten sich,
ja, die Tiefen tobten.
18 Wasser ergossen sich aus dem Gewölk, /
die Wolken donnerten,
und deine Pfeile fuhren einher.
19 Dein Donner rollte, Blitze erhellten den Erdkreis,
die Erde erbebte und wankte.
20 [a]Dein Weg ging durch das Meer /
und dein Pfad durch große Wasser;
doch niemand sah deine Spur.
21 Du führtest dein Volk wie eine Herde
durch die Hand des Mose und Aaron.

Schuld, Gericht und Gnade in Israels Geschichte

(vgl. Ps 106,1-48)

78 EINE UNTERWEISUNG ASAFS.
Höre, mein Volk, meine Unterweisung,
neiget eure Ohren zu der Rede meines Mundes!
2 Ich [a]will meinen Mund auftun zu einem Spruch
und Geschichten verkünden aus alter Zeit.
3 [a]Was wir gehört haben und wissen
und unsre Väter uns erzählt haben,
4 das wollen wir nicht verschweigen ihren Kindern;
wir verkündigen dem kommenden Geschlecht
den Ruhm des HERRN und seine Macht
und seine Wunder, die er getan hat.

77,6: *a* Ps 143,5 **77,14:** *a* 2. Mose 15,11 **77,20:** *a (20-21)* 2. Mose 14,21-31 **78,2:** *a* Mt 13,35 **78,3:** *a (3-4)* 2. Mose 13,14; 5. Mose 4,9-10

5 Er richtete ein Zeugnis auf in Jakob
und gab ein Gesetz in Israel
und gebot unsern Vätern,
es ihre Kinder zu lehren,
6 damit es die Nachkommen lernten,
die Kinder, die noch geboren
würden;
die sollten aufstehen
und es auch ihren Kindern
verkündigen,
7 dass sie setzten auf Gott ihre
Hoffnung /
und nicht vergäßen die Taten Gottes,
sondern seine Gebote hielten
8 und nicht würden wie ihre Väter,
[a]ein abtrünniges und ungehorsames
Geschlecht,
dessen Herz nicht fest war
und dessen Geist sich nicht treu an
Gott hielt,
9 [a]wie die Söhne Ephraim, die den
Bogen führten,
abfielen zur Zeit des Streits;
10 sie hielten den Bund Gottes nicht
und wollten nicht in seinem Gesetz
wandeln
11 und vergaßen seine Taten und seine
Wunder,
die er ihnen erwiesen hatte.

12 Vor ihren Vätern tat er Wunder
in Ägyptenland, im Gefilde von
Zoan.
13 Er [a]zerteilte das Meer und ließ sie
hindurchziehen
und stellte das Wasser fest wie eine
Mauer.
14 Er leitete sie am Tage mit einer Wolke
und die ganze Nacht mit einem
hellen Feuer.[a]
15 [a]Er spaltete die Felsen in der Wüste
und tränkte sie mit Wasser in Fülle;
16 er ließ Bäche aus den Felsen kommen,
dass sie hinabflossen wie
Wasserströme.

17 Dennoch sündigten sie weiter wider
ihn
und empörten sich in der Wüste
gegen den Höchsten;
18 sie [a]versuchten Gott in ihrem Herzen,
[b]als sie Speise forderten für ihr
Gelüste,
19 und redeten wider Gott und sprachen:
Kann Gott wohl einen Tisch
bereiten in der Wüste?
20 Siehe, er hat wohl den Felsen
geschlagen,
dass Wasser strömten und Bäche
sich ergossen;
kann er aber auch Brot geben
und seinem Volk Fleisch
verschaffen?
21 Da der HERR das hörte, [a]entbrannte
er im Grimm,
und Feuer brach aus in Jakob,
und Zorn kam über Israel,
22 weil sie nicht glaubten an Gott
und nicht hofften auf seine Hilfe.
23 Und er gebot den Wolken droben
und tat auf die Türen des Himmels
24 und [a]ließ Manna auf sie regnen
zur Speise
und gab ihnen Himmelsbrot.
25 Brot der Engel aßen sie alle,
er sandte ihnen Speise in Fülle.
26 [a]Er ließ wehen den Ostwind unter
dem Himmel
und erregte durch seine Stärke den
Südwind
27 und ließ Fleisch auf sie regnen wie
Staub
und Vögel wie Sand am Meer;
28 mitten in das Lager fielen sie ein,
rings um seine Wohnung her.
29 Da aßen sie und wurden sehr satt;
und was sie verlangten, gewährte er
ihnen.
30 Sie hatten ihr Verlangen noch nicht
gestillt,
ihre Speise war noch in ihrem
Munde,
31 da kam der Zorn Gottes über sie /
und brachte ihre Vornehmsten um
und schlug die Besten in Israel
nieder.

32 Zu dem allen sündigten sie noch mehr
und glaubten nicht an seine
Wunder.
33 Darum [a]ließ er ihre Tage
dahinschwinden ins Nichts

78,8: *a* 5. Mose 32,5-6 **78,9:** *a (9-11)* Ri 2,11-13 **78,13:** *a* 2. Mose 14,21-22 **78,14:** *a* 2. Mose 13,21 **78,15:** *a (15-16)* 2. Mose 17,6; 4. Mose 20,7-11; 5. Mose 32,18 **78,18:** *a* 2. Mose 16,3; *b* 4. Mose 11,4 **78,21:** *a* 4. Mose 11,1 **78,24:** *a* 2. Mose 16,4.14-15 **78,26:** *a (26-31)* 4. Mose 11,31-33 **78,33:** *a* 4. Mose 14,22-23; 1. Kor 10,5

und ihre Jahre in Schrecken.
34 Wenn er den Tod unter sie brachte, suchten sie Gott
und fragten wieder nach ihm
35 und dachten daran, dass Gott ihr Hort ist
und Gott, der Höchste,
ihr Erlöser.
36 Doch betrogen sie ihn mit ihrem Munde
und belogen ihn mit ihrer Zunge.
37 Ihr Herz hing nicht fest an ihm,
und sie hielten nicht treu an seinem Bunde.
38 Er aber war barmherzig und vergab die Schuld
und vertilgte sie nicht
und wandte oft seinen Zorn ab
und ließ nicht seinen ganzen Grimm an ihnen aus.
39 Denn er dachte daran,
dass sie Fleisch sind,
ein [a]Hauch, der dahinfährt und nicht wiederkommt.

40 Wie oft trotzten sie ihm in der Wüste
und betrübten ihn in der Einöde!
41 Sie versuchten Gott immer wieder
und kränkten den Heiligen Israels.
42 Sie dachten nicht an die Taten seiner Hand,
an den Tag, als er sie erlöste von den Feinden,
43 wie er seine Zeichen in Ägypten getan hatte
und seine Wunder im Lande Zoan;
44 als er [a]ihre Ströme in Blut verwandelte,
dass sie aus ihren Flüssen nicht trinken konnten;
45 als er [a]Ungeziefer unter sie schickte, das sie fraß,
und [b]Frösche, die ihnen Verderben brachten,
46 und ihr Gewächs den Raupen gab
und ihre Saat den [a]Heuschrecken;
47 als er ihre Weinstöcke mit [a]Hagel schlug
und ihre Maulbeerbäume mit Schloßen;
48 als er ihr Vieh preisgab dem Hagel
und ihre Herden dem Wetterstrahl;
49 als er die Glut seines Zornes unter sie sandte,
Grimm und Wut und Drangsal,
eine Schar Verderben bringender Engel;
50 als er seinem Zorn freien Lauf ließ /
und ihre Seele vor dem Tode nicht bewahrte
und [a]ihr Leben preisgab der Pest;
51 als er [a]alle Erstgeburt in Ägypten schlug,
die Erstlinge ihrer Kraft in den Zelten Hams.
52 Er ließ sein Volk ausziehen wie Schafe
und [a]führte sie wie eine Herde in der Wüste;
53 und er leitete sie sicher, /
dass sie sich nicht fürchteten;
[a]aber ihre Feinde bedeckte das Meer.
54 Er brachte sie zu seinem heiligen Lande,
zu diesem [a]Berge, den seine Rechte erworben hat,
55 und vertrieb vor ihnen her die Völker /
und verteilte ihr Land als Erbe
und ließ in ihren Zelten die Stämme Israels wohnen.

56 Aber sie versuchten Gott und trotzten dem Höchsten
und hielten seine Gebote nicht;
57 sie wichen zurück und waren treulos wie ihre Väter
und versagten wie ein schlaffer Bogen;
58 sie erzürnten ihn mit ihren Höhen
und [a]reizten ihn zum Zorn mit ihren Götzen.
59 Als das Gott hörte, entbrannte sein Grimm,
und er verwarf Israel so sehr,
60 dass er [a]seine Wohnung in Silo dahingab,
das Zelt, in dem er unter Menschen wohnte;
61 er gab seine Macht* in Gefangenschaft

* Gemeint ist die Bundeslade (Ps 132,8).

78,39: *a* Ps 103,14-16 **78,44:** *a* 2.Mose 7,19-20 **78,45:** *a* 2.Mose 8,20; *b* 2.Mose 8,2 **78,46:** *a* 2.Mose 10,13 **78,47:** *a* 2.Mose 9,25 **78,50:** *a* 2.Mose 9,8-12 **78,51:** *a* 2.Mose 12,29 **78,52:** *a* Ps 77,21 **78,53:** *a* 2.Mose 14,19.22.27 **78,54:** *a* 2.Mose 15,17 **78,58:** *a* 5.Mose 32,21 **78,60:** *a* 1.Sam 1,3; 4,11; Jer 7,12

und seine Herrlichkeit* in die Hand
des Feindes;
62 er übergab sein Volk dem Schwert
und ergrimmte über sein Erbe.
63 Ihre junge Mannschaft fraß das Feuer,
und ihre Jungfrauen mussten
ungefreit bleiben.
64 Ihre [a]Priester fielen durchs Schwert,
und die Witwen konnten die Toten
nicht beweinen.

65 Da erwachte der Herr wie ein
Schlafender,
wie ein Starker, der beim Wein
fröhlich war,
66 und schlug seine Feinde hinten
und hängte ihnen ewige Schande
an.[a]
67 Er verwarf das Zelt Josefs
und erwählte nicht den Stamm
Ephraim,
68 sondern erwählte [a]den Stamm Juda,
den Berg Zion, den er lieb hat.
69 Er baute sein Heiligtum wie
Himmelshöhen,
wie die Erde, die er gegründet hat
für immer,
70 [a]und erwählte seinen Knecht David
und nahm ihn von den
Schafhürden;
71 von den säugenden Schafen holte er
ihn,
dass er sein Volk Jakob weide und
sein Erbe Israel.
72 Und er weidete sie mit aller Treue
und leitete sie mit kluger Hand.

Gebet des Volkes Gottes in schwerer Kriegsnot

79 EIN PSALM ASAFS.
Gott, es sind Heiden in dein Erbe
eingefallen; /
die haben deinen heiligen Tempel
entweiht
und aus Jerusalem einen
Steinhaufen gemacht.
2 Sie haben die Leichname deiner
Knechte /
den Vögeln unter dem Himmel zu
fressen gegeben
und das Fleisch deiner Heiligen den
Tieren im Lande.
3 Sie haben ihr Blut vergossen um
Jerusalem her wie Wasser,
und da war niemand, der sie
begrub.
4 Wir sind bei unsern Nachbarn eine
Schmach geworden,
zu Spott und Hohn bei denen, die
um uns her sind.[a]

5 HERR, wie lange willst du so sehr
zürnen
und deinen Eifer brennen lassen wie
Feuer?
6 [a]Schütte deinen Grimm auf die Völker,
die dich nicht kennen,
und auf die Königreiche, die deinen
Namen nicht anrufen.
7 Denn sie haben Jakob gefressen
und seine Stätte verwüstet.
8 Rechne uns die Schuld der Väter
nicht an,
erbarme dich unser bald, denn wir
sind sehr elend.

9 Hilf du uns, Gott, unser Helfer,
um deines Namens Ehre willen!
Errette uns und vergib uns unsre Sünden
um deines Namens willen!
10 Warum lässt du die Heiden sagen:
[a]»Wo ist nun ihr Gott?«
Lass unter den Heiden vor unsern
Augen kundwerden
die Vergeltung für das Blut deiner
Knechte, das vergossen ist.
11 Lass vor dich kommen das Seufzen
der Gefangenen;
durch deinen starken Arm erhalte
die Kinder des Todes
12 und [a]vergilt unsern Nachbarn
siebenfach auf ihr Haupt
ihr Schmähen, mit dem sie dich,
Herr, geschmäht haben.

13 Wir aber, dein Volk, die Schafe deiner
Weide,
danken dir ewiglich und verkünden
deinen Ruhm für und für.

Ps

* Gemeint ist die Bundeslade (1. Sam 4,21).

78,64: *a* 1. Sam 4,17-20 **78,66:** *a* 1. Sam 5,6-12 **78,68:** *a* 2. Chr 6,6 **78,70:** *a (70-71)* 1. Sam 16,11-12; 2. Sam 7,8 **79,4:** *a* Ps 44,14 **79,6:** *a* Jer 10,25 **79,10:** *a* Ps 115,12; Joel 2,17 **79,12:** *a* Ps 137,7-9

Gebet für den zerstörten »Weinstock Gottes«

80 EIN PSALM ASAFS, VORZUSINGEN, NACH DER WEISE »LILIEN DES ZEUGNISSES«.
2 Du Hirte Israels, höre, /
der du Josef hütest wie Schafe!
Erscheine, der du [a]thronst über den Cherubim,
3 vor Ephraim, Benjamin und Manasse!
Erwecke deine Kraft
und komm uns zu Hilfe!
4 GOTT, TRÖSTE UNS WIEDER
UND LASS LEUCHTEN DEIN ANTLITZ, SO GENESEN WIR.

5 HERR, Gott Zebaoth, wie lange willst du zürnen,
während dein Volk zu dir betet?
6 Du speisest sie mit Tränenbrot
und tränkest sie mit einem großen Krug voll Tränen.
7 Du lässest unsre Nachbarn sich um uns streiten,
und unsre Feinde verspotten uns.
8 GOTT ZEBAOTH, TRÖSTE UNS WIEDER;
LASS LEUCHTEN DEIN ANTLITZ, SO GENESEN WIR.

9 Du hast einen [a]Weinstock aus Ägypten geholt,
hast vertrieben die Völker und ihn eingepflanzt.
10 Du hast vor ihm Raum gemacht /
und hast ihn lassen einwurzeln,
dass er das Land erfüllt hat.
11 Berge sind mit seinem Schatten bedeckt
und mit seinen Reben die Zedern Gottes.
12 Du hast [a]seine Ranken ausgebreitet bis an das Meer
und seine Zweige bis an den Strom.
13 Warum hast du denn seine Mauer zerbrochen,
dass jeder seine Früchte abreißt, der vorübergeht?
14 Es haben ihn zerwühlt die wilden Säue
und die Tiere des Feldes ihn abgeweidet.
15 Gott Zebaoth, wende dich doch! /
Schaue vom Himmel und sieh darein,
nimm dich dieses Weinstocks an!
16 Schütze doch, was deine Rechte gepflanzt hat,
[a]den Sohn, den du dir großgezogen hast!
17 Sie haben ihn [a]mit Feuer verbrannt wie Kehricht;
vor dem Drohen deines Angesichts sollen sie umkommen.

18 Deine Hand schütze den Mann deiner Rechten,
den Sohn, den du dir großgezogen hast.
19 So wollen wir nicht von dir weichen.
Lass uns leben, so wollen wir deinen Namen anrufen.
20 HERR, GOTT ZEBAOTH, TRÖSTE UNS WIEDER;
LASS LEUCHTEN DEIN ANTLITZ, SO GENESEN WIR.

Die wahre Festfeier

81 VON ASAF, VORZUSINGEN, AUF DER GITTIT.
2 Singet fröhlich Gott, der unsre Stärke ist,
jauchzet dem Gott Jakobs!
3 Hebt an mit Psalmen und lasst hören die Pauken,
liebliche Zithern und Harfen!
4 [a]Blaset am Neumond die Posaune,
am Vollmond, am Tag unsres Festes!
5 Denn das ist eine Satzung für Israel
und eine Ordnung des Gottes Jakobs.
6 Das hat er zum Zeugnis gesetzt für Josef,
als Er auszog wider Ägyptenland.

Eine Sprache höre ich, die ich bisher nicht kannte:
7 Ich habe [a]ihre Schultern von der Last befreit
und ihre Hände vom Tragkorb erlöset.
8 Als du mich in der Not anriefst, half ich dir heraus

80,2: *a* Ps 18,11; 2 **80,9:** *a* Jes 5,1-7; Jer 2,21 **80,12:** *a* Hos 10,1 **80,16:** *a* Hos 11,1 **80,17:** *a* Hes 15,2-4 **81,4:** 3.Mose 23,24 **81,7:** *a* 2.Mose 6,6; Jes 9,3

und [a]antwortete dir aus der Wetterwolke
und prüfte dich am [b]Haderwasser. SELA.
9 Höre, mein Volk, ich will dich ermahnen.
Israel, du sollst mich hören!
10 Kein andrer Gott sei unter dir,
und einen fremden Gott sollst du nicht anbeten![a]
11 Ich bin der HERR, dein Gott, /
der dich aus Ägyptenland geführt hat:
Tu deinen Mund weit auf,
lass mich ihn füllen!

12 Aber mein Volk gehorcht nicht meiner Stimme,
und Israel will mich nicht.
13 So hab ich sie dahingegeben
in die Verstocktheit ihres Herzens,
dass sie wandeln nach eigenem Rat.

14 Wenn doch mein Volk mir gehorsam wäre
und Israel auf meinem Wege ginge!
15 Dann wollte ich seine Feinde bald demütigen
und meine Hand gegen seine Widersacher wenden!
16 Und die den HERRN hassen, müssten sich vor ihm beugen,
aber Israels Zeit würde ewiglich währen,
17 und ich würde es mit dem besten Weizen speisen
und mit [a]Honig aus dem Felsen sättigen.

Der höchste Richter

82 EIN PSALM ASAFS.
Gott steht [a]in der Gottesgemeinde
und ist Richter unter den Göttern.
2 »Wie lange wollt ihr [a]unrecht richten
und die Gottlosen vorziehen? SELA.
3 Schaffet Recht dem Armen und der Waise
und helft dem Elenden und Bedürftigen zum Recht.[a]
4 Errettet den Geringen und Armen
und erlöst ihn aus der Gewalt der Gottlosen.«

5 Sie lassen sich nichts sagen und sehen nichts ein, /
sie tappen dahin im Finstern.
Darum wanken alle Grundfesten der Erde.

6 »Wohl habe ich gesagt: [a]Ihr seid Götter
und allzumal Söhne des Höchsten;
7 aber ihr werdet sterben wie Menschen
und wie ein Tyrann zugrunde gehen.«

8 Gott, mache dich auf und [a]richte die Erde;
denn du bist Erbherr über alle Heiden!

Gebet gegen einen Bund von Feinden des Gottesvolkes

83 EIN PSALMLIED ASAFS.
2 Gott, schweige doch nicht!
Gott, bleib nicht so still und ruhig!

3 Denn siehe, deine Feinde toben,
und die dich hassen, erheben das Haupt.
4 Sie machen [a]listige Anschläge wider dein Volk
und halten Rat wider die, die bei dir sich bergen.
5 »Wohlan!«, sprechen sie, »Lasst uns sie ausrotten, /
dass sie kein Volk mehr seien
und des Namens Israel nicht mehr gedacht werde!«

6 Denn sie sind miteinander eins geworden
und haben einen Bund wider dich gemacht:
7 die in den Zelten von Edom und Ismael wohnen,
Moab und die Hagariter,
8 Gebal, Ammon und Amalek,
die Philister mit denen von Tyrus;
9 auch Assur hat sich zu ihnen geschlagen,
sie helfen den Söhnen Lot. SELA.

81,8: *a* 2. Mose 19,16; *b* 2. Mose 17,2.7; 4. Mose 20,13 **81,10:** *a* 2. Mose 20,2-3 **81,17:** *a* 5. Mose 32,13 **82,1:** *a* 1. Kön 22,19 **82,2:** *a* 5. Mose 1,17 **82,3:** *a* Jes 1,17 **82,6:** *a* Joh 10,34 **82,8:** *a* 1. Mose 18,25 **83,4:** *a* Ps 35,20

10 Mach's mit ihnen wie mit [a]Midian,
wie mit [b]Sisera, mit Jabin am Bach Kischon,
11 die vertilgt wurden bei En-Dor
und wurden zu Mist auf dem Acker.
12 Mache ihre Fürsten wie [a]Oreb und Seeb,
alle ihre Edlen wie [b]Sebach und Zalmunna,
13 die auch einmal sagten:
Wir wollen das Land Gottes einnehmen.

14 Mein Gott, mache sie wie verwehende Blätter,
wie Spreu vor dem Winde.
15 Wie ein Feuer den Wald verbrennt
und wie eine Flamme die Berge versengt,
16 so verfolge sie mit deinem Sturm
und erschrecke sie mit deinem Ungewitter.

17 Bedecke ihr Angesicht mit Schande,
dass sie, HERR, nach deinem Namen fragen müssen.
18 Schämen sollen sie sich und erschrecken für immer
und zuschanden werden und umkommen.
19 So werden sie erkennen, /
dass du allein [a]HERR heißest
und der Höchste bist in aller Welt.

Freude am Hause Gottes

84 EIN PSALM DER [a]SÖHNE KORACH, VORZUSINGEN, AUF DER GITTIT.
2 Wie lieb sind mir deine Wohnungen, HERR Zebaoth!
3 Meine Seele verlangt und sehnt sich nach den Vorhöfen des HERRN;
mein Leib und Seele freuen sich
in dem lebendigen Gott.[a]
4 Der Vogel hat ein Haus gefunden
und die Schwalbe ein Nest für ihre Jungen –
deine Altäre, HERR Zebaoth,
mein König und mein Gott.
5 Wohl denen, die [a]in deinem Hause wohnen;
die loben dich immerdar. SELA.
6 Wohl den Menschen, die dich für ihre Stärke halten
und von Herzen dir nachwandeln!
7 Wenn sie durchs dürre Tal ziehen, /
wird es ihnen zum Quellgrund,
und Frühregen hüllt es in Segen.
8 Sie gehen von einer Kraft zur andern
und schauen den wahren Gott in Zion.
9 HERR, Gott Zebaoth, höre mein Gebet;
vernimm es, Gott Jakobs! SELA.
10 Gott, unser Schild, schaue doch;
sieh doch an das Antlitz deines Gesalbten!

11 Denn **ein Tag in deinen Vorhöfen**
ist besser als sonst tausend.
Ich will lieber die Tür hüten in meines Gottes Hause
als wohnen in der Gottlosen Hütten.[a]
12 Denn Gott der HERR ist Sonne und Schild; /
der HERR gibt Gnade und Ehre.
Er wird kein Gutes mangeln lassen den Frommen.
13 HERR Zebaoth, wohl dem Menschen,
der sich auf dich verlässt!

Bitte um neuen Segen

85 EIN PSALM DER SÖHNE KORACH, VORZUSINGEN.
2 HERR, der du bist vormals gnädig gewesen deinem Lande
und hast erlöst die Gefangenen Jakobs;
3 der du die Missetat vormals vergeben hast deinem Volk
und alle seine Sünde bedeckt hast; – SELA –
4 der du vormals hast all deinen Zorn fahren lassen
und dich abgewandt von der Glut deines Zorns:
5 hilf uns, Gott, unser Heiland,
und lass ab von deiner Ungnade über uns!
6 Willst du denn ewiglich über uns zürnen
und deinen Zorn walten lassen für und für?

83,10: *a* Ri 7,14-15; Jes 9,3; *b* Ri 4,2.12-24 **83,12:** *a* Ri 7,25; *b* Ri 8,21 **83,19:** *a* Hos 12,6 **84,1:** *a* 1.Chr 26,1 **84,3:** *a* Ps 42,3 **84,5:** *a* Ps 65,5 **84,11:** *a* Ps 27,4

7 Willst du uns denn nicht wieder erquicken,
dass dein Volk sich über dich freuen kann?
8 HERR, erweise uns deine Gnade
und gib uns dein Heil!

9 Könnte ich doch hören,
was Gott der HERR redet,
dass er [a] Frieden zusagte seinem Volk und seinen Heiligen,
damit sie nicht in Torheit geraten.
10 Doch ist ja seine Hilfe nahe denen, die ihn fürchten,
dass in unserm Lande Ehre wohne;
11 dass Güte und Treue einander begegnen,
Gerechtigkeit und Friede sich küssen;
12 dass Treue auf der Erde wachse
und Gerechtigkeit vom Himmel schaue;
13 dass uns auch der HERR Gutes tue
und unser Land seine Frucht gebe;
14 dass Gerechtigkeit vor ihm her gehe
und seinen Schritten folge.

Gebet in Bedrängnis

86 EIN GEBET DAVIDS.
HERR, neige deine Ohren und erhöre mich;
denn ich bin elend und arm.
2 Bewahre meine Seele, denn ich bin dein.
Hilf du, mein Gott, deinem Knechte, der sich verlässt auf dich.
3 Herr, sei mir gnädig;
denn ich rufe täglich zu dir.
4 Erfreue die Seele deines Knechts;
denn nach dir, Herr, verlangt mich.
5 Denn du, Herr, bist gut und gnädig,
von großer Güte allen, die dich anrufen.
6 Vernimm, HERR, mein Gebet
und merke auf die Stimme meines Flehens!
7 [a] In der Not rufe ich dich an;
du wollest mich erhören!

8 Herr, [a] es ist dir keiner gleich unter den Göttern,
und niemand kann tun, was du tust.
9 Alle Völker, die du gemacht hast, werden kommen
und vor dir anbeten, Herr,
und deinen Namen ehren,
10 dass du so groß bist und Wunder tust
und du allein Gott bist.

11 [a] **Weise mir, HERR, deinen Weg,**
dass ich wandle in deiner Wahrheit;
erhalte mein Herz bei dem einen,
dass ich deinen Namen fürchte.

12 Ich danke dir, Herr, mein Gott, von ganzem Herzen
und ehre deinen Namen ewiglich.
13 Denn deine Güte ist groß gegen mich,
du hast mich errettet aus der Tiefe des Todes.

14 Gott, es erheben sich die Stolzen gegen mich, /
und eine Rotte von Gewalttätern trachtet mir nach dem Leben
und haben dich nicht vor Augen.
15 Du aber, Herr, Gott, bist barmherzig und gnädig,
geduldig und von großer Güte und Treue. [a]
16 Wende dich zu mir und sei mir gnädig;
stärke deinen Knecht mit deiner Kraft und hilf dem Sohn deiner Magd!
17 Tu ein Zeichen an mir,
dass du's gut mit mir meinst,
dass es sehen, die mich hassen, und sich schämen,
weil du mir beistehst, HERR,
und mich tröstest.

Zion wird die Mutter der Völker

87 EIN PSALMLIED DER SÖHNE KORACH.
Sie ist fest gegründet auf den heiligen Bergen.
2 Der HERR liebt die Tore Zions
mehr als alle Wohnungen in Jakob.
3 Herrliche Dinge werden in dir gepredigt,
du Stadt Gottes. SELA.

85,9: *a* Jer 29,11; Mi 5,4 **86,7:** *a* Ps 50,15 **86,8:** *a* Ps 135,5; 2. Mose 15,11 **86,11:** *a* Joh 14,6 **86,15:** *a* Ps 103,8; 2. Mose 34,6

4 Ich zähle Ägypten und Babel
zu denen, die mich kennen,
auch die Philister und Tyrer samt den Mohren:
»Die sind hier geboren.«[a]
5 Doch von Zion wird man sagen: /
»Mann für Mann ist darin geboren«;
und er selbst, der Höchste, erhält es.
6 Der HERR spricht, wenn er aufschreibt die Völker:
»Die sind hier geboren.« SELA.
7 Und sie singen beim Reigen:
[a]Alle meine Quellen sind in dir!

Gebet in großer Verlassenheit und Todesnähe

88 EIN PSALMLIED DER SÖHNE KORACH, VORZUSINGEN, ZUM REIGENTANZ IM WECHSEL*, EINE UNTERWEISUNG [a]HEMANS, DES ESRACHITERS.
2 HERR, Gott, mein Heiland,
ich schreie Tag und Nacht vor dir.
3 Lass mein Gebet vor dich kommen,
neige deine Ohren zu meinem Schreien.
4 Denn meine Seele ist übervoll an Leiden,
und mein Leben ist nahe dem Tode.
5 Ich bin denen gleich geachtet, die in die Grube fahren,
ich bin wie ein Mann, der keine Kraft mehr hat.
6 Ich liege unter den Toten verlassen,
wie die Erschlagenen, die im Grabe liegen,
derer du nicht mehr gedenkst
und die von deiner Hand geschieden sind.
7 Du hast mich hinunter in die Grube gelegt,
in die Finsternis und in die Tiefe.
8 Dein Grimm drückt mich nieder,
du bedrängst mich mit allen deinen Fluten. SELA.

9 [a]Meine Freunde hast du mir entfremdet,
du hast mich ihnen zum Abscheu gemacht.
Ich liege gefangen und kann nicht heraus,
10 mein Auge sehnt sich aus dem Elend.
HERR, ich rufe zu dir täglich;
ich breite meine Hände aus zu dir.
11 [a]Wirst du an den Toten Wunder tun,
oder werden die Verstorbenen aufstehen und dir danken? SELA.
12 Wird man im Grabe erzählen deine Güte
und deine Treue bei den Toten?
13 Werden denn deine Wunder in der Finsternis erkannt
oder deine Gerechtigkeit im Lande des Vergessens?

14 Aber ich schreie zu dir, HERR,
und mein Gebet kommt frühe vor dich:
15 Warum verstößt du, HERR, meine Seele
und verbirgst dein Antlitz vor mir?
16 Ich bin elend und dem Tode nahe von Jugend auf;
ich erleide deine Schrecken, dass ich fast verzage.
17 Dein Grimm geht über mich,
deine Schrecken vernichten mich.
18 Sie umgeben mich täglich wie Fluten
und umringen mich allzumal.
19 Meine Freunde und Nächsten hast du mir entfremdet,
und meine Verwandten hältst du fern von mir.

Israels Not und die Verheißung an David

89 EINE UNTERWEISUNG ETANS, DES ESRACHITERS.
2 Ich will singen von der Gnade des HERRN ewiglich
und seine Treue verkünden mit meinem Munde für und für;
3 denn ich sage: Für ewig steht die Gnade fest;
du gibst deiner Treue sicheren Grund im Himmel.
4 »Ich [a]habe einen Bund geschlossen mit meinem Auserwählten,

* Die Übersetzung ist unsicher. Luther übersetzte: »von der Schwachheit der Elenden«.

87,4: *a* Ps 67,4-5 **87,7:** *a* Ps 36,10 **88,1:** *a* 1.Chr 6,18 **88,9:** *a* Ps 38,12 **88,11:** *a (11-12)* Ps 6,6; Jes 38,18
89,4: *a* Jes 55,3

[b]ich habe David, meinem Knechte, geschworen:
5 Ich will deinem Geschlecht festen Grund geben auf ewig
und [a]deinen Thron bauen für und für.« SELA.
6 Und die Himmel werden, HERR, deine Wunder preisen
und deine Treue in der Gemeinde der Heiligen.

7 Denn wer in den Wolken könnte dem HERRN gleichen
und dem HERRN gleich sein unter [a]den Himmlischen?
8 Gott ist gefürchtet in der Versammlung der Heiligen,
groß und furchtbar über alle, die um ihn sind.
9 HERR, Gott Zebaoth, wer ist wie du?
Mächtig bist du, HERR, und deine Treue ist um dich her.
10 Du herrschest über das ungestüme Meer,
[a]du stillest seine Wellen, wenn sie sich erheben.
11 Du hast [a]Rahab* zu Tode geschlagen
und deine Feinde zerstreut mit deinem starken Arm.
12 [a]Himmel und Erde sind dein,
du hast gegründet den Erdkreis und was darinnen ist.
13 Nord und Süd hast du geschaffen,
Tabor und Hermon jauchzen über deinen Namen.
14 Du hast einen gewaltigen Arm,
stark ist deine Hand, und hoch ist deine Rechte.
15 Gerechtigkeit und Gericht sind deines Thrones Stütze,
Gnade und Treue gehen vor dir einher.

16 Wohl dem Volk, das jauchzen kann!
HERR, sie werden im Licht deines Antlitzes wandeln;
17 sie werden über deinen Namen täglich fröhlich sein
und in deiner Gerechtigkeit herrlich sein.
18 Denn du bist der Ruhm ihrer Stärke,
und durch deine Gnade wirst du unser Haupt erhöhen.
19 Denn dem HERRN gehört unser Schild**
und dem Heiligen in Israel unser König.

20 [a]Damals hast du geredet durch ein Gesicht
zu deinem Heiligen und gesagt:
Ich habe einen Helden erweckt, der helfen soll,
ich habe erhöht einen Auserwählten aus dem Volk.
21 Ich habe gefunden meinen Knecht David,
ich habe ihn gesalbt mit meinem heiligen Öl.
22 Meine Hand soll ihn erhalten,
und mein Arm soll ihn stärken.
23 Die Feinde sollen ihn nicht überwältigen
und die Ungerechten ihn nicht demütigen;
24 sondern ich will seine Widersacher vor ihm zerschlagen
und, die ihn hassen, zu Boden stoßen.
25 Aber meine Treue und Gnade soll bei ihm sein,
und sein Haupt soll erhöht sein in meinem Namen.
26 Seine Hand lass ich [a]herrschen über das Meer
und seine Rechte über die Ströme.
27 [a]Er wird mich nennen: Du bist mein Vater,
mein Gott und Hort, der mir hilft.
28 Und ich will ihn zum erstgeborenen Sohn machen,
zum Höchsten unter den Königen auf Erden.
29 Ich will ihm ewiglich bewahren meine Gnade,
und mein Bund soll ihm festbleiben.
30 Ich will ihm ewiglich Nachkommen geben
und seinen Thron erhalten, solange der Himmel währt.

Ps

* d.i. der Drache der Urzeit. ** Bezeichnung des Königs.

89,4: *b* Ps 132,11 **89,5:** *a* 2.Sam 7,16; Apg 2,30 **89,7:** *a* 1.Kön 22,19 **89,10:** *a* Ps 65,8; Mt 8,26 **89,11:** *a* Hiob 9,13; 26,12; Jes 30,7; 51,9 **89,12:** *a* Ps 24,1 **89,20:** *a (20-21)* 1.Sam 13,14; 16,13 **89,26:** *a* Ps 72,8 **89,27:** *a (27-28)* 2.Sam 7,14

31 Wenn aber seine Söhne mein Gesetz verlassen
und in meinen Rechten nicht wandeln,
32 wenn sie meine Ordnungen entheiligen
und meine Gebote nicht halten,
33 so will ich ihre Sünde mit der Rute heimsuchen
und ihre Missetat mit Plagen;
34 aber meine Gnade will ich nicht von ihm wenden
und meine Treue nicht brechen.
35 Ich will meinen Bund nicht entheiligen
und nicht ändern, was aus meinem Munde gegangen ist.
36 Ich habe **einmal** geschworen bei meiner Heiligkeit
und will David nicht belügen:
37 »Sein Geschlecht soll ewig bestehen
und [a]sein Thron vor mir wie die Sonne,
38 wie der Mond, der ewiglich bleibt,
und wie [a]der treue Zeuge in den Wolken.« SELA.

39 Aber nun hast du verstoßen und verworfen
und zürnst mit deinem Gesalbten!
40 Du hast zerbrochen den Bund mit deinem Knecht
und seine Krone entweiht in den Staub.
41 Du hast eingerissen alle seine Mauern
und hast zerstört seine Festungen.
42 Es berauben ihn alle, die vorübergehen;
er ist seinen Nachbarn ein Spott geworden.
43 Du erhöhst die Rechte seiner Widersacher
und erfreust alle seine Feinde.
44 Auch hast du die Kraft seines Schwerts weggenommen
und lässest ihn nicht siegen im Streit.
45 Du hast seinem Glanz ein Ende gemacht
und seinen Thron zu Boden geworfen.
46 Du hast die Tage seiner Jugend verkürzt
und ihn bedeckt mit Schande. SELA.

47 HERR, wie lange willst du dich so verbergen
und deinen Grimm wie Feuer brennen lassen?
48 Gedenke, wie kurz mein Leben ist,
wie vergänglich du alle Menschen geschaffen hast!
49 Wo ist jemand, der da lebt und den Tod nicht sähe,
der seine Seele errette aus des Todes Hand? SELA.

50 Herr, wo ist deine Gnade von einst,
die du David geschworen hast in deiner Treue?
51 Gedenke, Herr, an die [a]Schmach deiner Knechte,
die ich trage in meinem Herzen von all den vielen Völkern,
52 mit der, HERR, deine Feinde dich schmähen,
mit der sie schmähen hinter deinem Gesalbten her!

53 Gelobt sei der HERR ewiglich!
Amen! Amen![a]

VIERTES BUCH

Zuflucht in unserer Vergänglichkeit

90 EIN GEBET DES MOSE, DES MANNES GOTTES.
Herr, du bist unsre Zuflucht für und für. /
2 Ehe denn die Berge wurden und die Erde und die Welt geschaffen wurden,
bist du, Gott, von Ewigkeit zu Ewigkeit.

3 Der du [a]die Menschen lässest sterben
und sprichst: Kommt wieder, Menschenkinder![b]
4 Denn [a]tausend Jahre sind vor dir /
wie der Tag, der gestern vergangen ist,
und wie eine Nachtwache.
5 [a]Du lässest sie dahinfahren wie einen Strom, /

89,37: *a* Ps 72,17 **89,38:** *a* 1. Mose 9,13 **89,51:** *a* Ps 44,10-25 **89,53:** *a* Ps 41,14 **90,3:** *a* Ps 146,4; *b* Pred 1,4 **90,4:** *a* 2. Petr 3,8 **90,5:** *a (5-6)* Ps 102,12; 103,15; Hiob 14,2; Jes 40,6; 1. Petr 1,24-25

sie sind wie ein Schlaf,
wie ein Gras, das am Morgen noch sprosst,
6 das am Morgen blüht und sprosst
und des Abends welkt und verdorrt.

7 Das macht dein Zorn, dass wir so vergehen,
und dein Grimm, dass wir so plötzlich dahinmüssen.
8 Denn unsre Missetaten stellst du vor dich,
unsre unerkannte Sünde ins Licht vor deinem Angesicht.
9 Darum fahren alle unsre Tage dahin durch deinen Zorn,
wir bringen unsre Jahre zu wie ein Geschwätz.
10 Unser Leben währet siebzig Jahre,
und wenn's hoch kommt, so sind's achtzig Jahre,
und was daran köstlich scheint,
ist doch nur [a]vergebliche Mühe;*
denn es fähret schnell dahin,
als flögen wir davon.

11 Wer glaubt's aber, dass du so sehr zürnest,
und wer fürchtet sich vor dir in deinem Grimm?
12 [a]**Lehre uns bedenken, dass wir sterben müssen,**
auf dass wir klug werden.

13 HERR, kehre dich doch endlich wieder zu uns
und sei deinen Knechten gnädig!
14 Fülle uns frühe mit deiner Gnade,
so wollen wir rühmen und fröhlich sein unser Leben lang.
15 Erfreue uns nun wieder,
nachdem du uns so lange plagest,
nachdem wir so lange Unglück leiden.
16 Zeige deinen Knechten [a]deine Werke
und deine Herrlichkeit ihren Kindern.
17 Und der Herr, unser Gott, sei uns freundlich /
und fördere das Werk unsrer Hände bei uns.
Ja, das Werk unsrer Hände wollest du fördern!

Unter Gottes Schutz

91 **Wer unter dem Schirm des Höchsten sitzt**
und unter dem Schatten des Allmächtigen bleibt,
2 **der spricht zu dem HERRN: /**
Meine Zuversicht und meine Burg,
mein Gott, auf den ich hoffe.

3 Denn er errettet dich vom Strick des Jägers
und von der verderblichen Pest.
4 Er wird dich mit seinen Fittichen decken, /
und Zuflucht wirst du haben unter seinen Flügeln.
Seine Wahrheit ist Schirm und Schild,
5 dass du nicht erschrecken musst
vor dem Grauen der Nacht,
vor den Pfeilen, die des Tages fliegen,
6 vor der Pest, die im Finstern schleicht,
vor der Seuche, die am Mittag Verderben bringt.
7 Wenn auch tausend fallen zu deiner Seite /
und zehntausend zu deiner Rechten,
so wird es doch dich nicht treffen.
8 Ja, du wirst es mit eigenen Augen sehen
und schauen, wie den Gottlosen vergolten wird.

9 Denn der HERR ist deine Zuversicht,
der Höchste ist deine Zuflucht.
10 Es wird dir kein Übel begegnen,
und keine Plage wird sich deinem Hause nahen.
11 [a]Denn er hat seinen Engeln befohlen,
dass sie dich behüten auf allen deinen Wegen,
12 dass sie dich auf den Händen tragen
und du deinen Fuß nicht an einen Stein stoßest.
13 Über Löwen und Ottern wirst du gehen

Ps

* Luthers Übersetzung »und wenn's köstlich gewesen ist, so ist's Mühe und Arbeit gewesen« ist heute missverständlich.

90,10: *a* Pred 1,3 **90,12:** *a* Ps 39,5-7 **90,16:** *a* Jes 5,12 **91,11:** *a (11-12)* Mt 4,6 und junge Löwen und Drachen niedertreten.[a]

14 »Er liebt mich, darum will ich ihn erretten;
er kennt meinen Namen, darum will ich ihn schützen.
15 Er [a]ruft mich an, darum will ich ihn erhören; /
ich bin bei ihm in der Not,
ich will ihn herausreißen
und zu Ehren bringen.
16 Ich will ihn sättigen mit langem Leben
und will ihm zeigen mein [a]Heil.«

Freude am Lob Gottes

92 EIN PSALMLIED FÜR DEN SABBATTAG.
2 **Das ist ein köstlich Ding, dem HERRN danken**
und [a]lobsingen deinem Namen, du Höchster,
3 **des Morgens deine Gnade**
und des Nachts deine Wahrheit verkündigen
4 auf dem Psalter mit zehn Saiten,
mit Spielen auf der Harfe.
5 Denn, HERR, du lässest mich fröhlich singen von deinen Werken,
und ich rühme die Taten deiner Hände.

6 HERR, wie sind [a]deine Werke so groß!
[b]Deine Gedanken sind sehr tief.
7 Ein Törichter glaubt das nicht,
und ein Narr begreift es nicht.

8 Die Gottlosen grünen wie das Gras, /
und die Übeltäter blühen alle –
nur um vertilgt zu werden für immer!
9 Aber du, HERR, bist der Höchste
und bleibest ewiglich.

10 Denn siehe, deine Feinde, HERR, /
siehe, deine Feinde werden umkommen,
und alle Übeltäter sollen zerstreut werden.
11 Aber mich machst du stark wie den Wildstier
und [a]salbst mich mit frischem Öl.
12 Mit Freude sieht mein Auge auf meine Feinde herab
und hört mein Ohr von den Boshaften, die sich gegen mich erheben.

13 [a]Der Gerechte wird grünen wie ein Palmbaum,
er wird wachsen wie eine Zeder auf dem Libanon.
14 Die gepflanzt sind im Hause des HERRN,
werden in den Vorhöfen unsres Gottes grünen.
15 Und wenn sie auch alt werden,
werden sie dennoch blühen,
fruchtbar und frisch sein,
16 dass sie verkündigen, wie der HERR es recht macht;
[a]er ist mein Fels und kein Unrecht ist an ihm.

Der ewige König

93 Der HERR ist [a]König und herrlich geschmückt; /
der HERR ist geschmückt und umgürtet mit Kraft.
Er hat den Erdkreis gegründet, dass er nicht wankt.
2 Von Anbeginn steht dein Thron fest;
du bist ewig.

3 HERR, die Wasserströme erheben sich, /
die Wasserströme erheben ihr Brausen,
die Wasserströme heben empor die Wellen;
4 die Wasserwogen im Meer sind groß
und brausen mächtig;
der HERR aber ist noch größer in der Höhe.

5 Dein Wort ist wahrhaftig und gewiss;
Heiligkeit ist die Zierde deines Hauses, HERR, für alle Zeit.

91,13: *a* Lk 10,19 **91,15:** *a* Ps 50,15 **91,16:** *a* Jes 52,10 **92,2:** *a* Ps 147,1 **92,6:** *a* Ps 104,24; *b* Jes 55,9 **92,11:** *a* Ps 23,5 **92,13:** *a (13-15)* Ps 1,3; 52,10 **92,16:** *a* 5. Mose 32,4 **93,1:** *a* Ps 47,8; 96,10; 97,1; 98,6; 99,1; 146,10; 2. Mose 15,18

Hilferuf gegen die Unterdrücker des Volkes Gottes

94 HERR, du [a]Gott der Vergeltung,
du Gott der Vergeltung,
erscheine!
2 Erhebe dich, du [a]Richter der Welt;
vergilt den Hoffärtigen, was sie
verdienen!

3 HERR, wie lange sollen die Gottlosen,
wie lange sollen die Gottlosen
prahlen?
4 Es reden so trotzig daher,
es rühmen sich alle Übeltäter.
5 HERR, sie zerschlagen dein Volk
und plagen dein Erbe.
6 Witwen und Fremdlinge bringen sie um
und töten die Waisen
7 und sagen: [a]Der HERR sieht's nicht,
und der Gott Jakobs beachtet's
nicht.

8 Merkt doch auf, ihr Narren im Volk!
Und ihr Toren, wann wollt ihr klug
werden?
9 Der das Ohr gepflanzt hat, sollte der
nicht hören?
Der das Auge gemacht hat, sollte
der nicht sehen?[a]
10 Der die Völker in Zucht hält, /
sollte der nicht Rechenschaft fordern –
er, der die Menschen Erkenntnis
lehrt?
11 Aber der HERR kennt die Gedanken
der Menschen:
sie sind nur ein Hauch![a]

12 Wohl dem, den du, HERR, [a]in Zucht
nimmst
und lehrst ihn durch dein Gesetz,
13 ihm Ruhe zu schaffen vor bösen
Tagen,
bis dem Gottlosen die Grube
gegraben ist.
14 Denn [a]der HERR wird sein Volk nicht
verstoßen
noch sein Erbe verlassen.
15 Denn **Recht muss doch Recht bleiben,
und ihm werden alle frommen
Herzen zufallen.**
16 Wer steht mir bei wider die Boshaften?
Wer tritt zu mir wider die
Übeltäter?
17 Wenn der HERR mir nicht hülfe,
läge ich bald [a]am Orte des
Schweigens.
18 Wenn ich sprach: Mein Fuß ist
gestrauchelt,
so hielt mich, HERR, deine Gnade.
19 Ich hatte viel Kummer in meinem
Herzen,
aber [a]deine Tröstungen erquickten
meine Seele.

20 Du hast ja nicht Gemeinschaft mit
dem Richterstuhl der Bösen,
die das Gesetz missbrauchen und
Unheil schaffen.
21 Sie rotten sich zusammen wider den
Gerechten
und verurteilen unschuldiges Blut.

22 Aber der HERR ist mein Schutz,
mein Gott ist der Hort meiner
Zuversicht.
23 Und er wird ihnen ihr Unrecht
vergelten /
und sie um ihrer Bosheit willen
vertilgen;
der HERR, unser Gott, wird sie
vertilgen.

Aufruf zur Anbetung und zum Gehorsam

95 Kommt herzu, lasst uns dem
HERRN frohlocken
und jauchzen dem Hort unsres
Heils!
2 Lasst uns mit Danken vor sein
Angesicht kommen
und mit Psalmen ihm jauchzen!
3 Denn der HERR ist ein großer Gott
und [a]ein großer König über alle
Götter.
4 Denn in seiner Hand sind die Tiefen
der Erde,
und die Höhen der Berge sind auch
sein.
5 Denn sein ist das Meer, und er hat's
gemacht,
und seine Hände haben das
Trockene bereitet.

Ps

94,1: *a* 5.Mose 32,35 **94,2:** *a* 1.Mose 18,25 **94,7:** *a* Ps 10,11 **94,9:** *a* 2.Mose 4,11 **94,11:** *a* 1.Kor 3,20 **94,12:** *a* Hiob 5,17 **94,14:** *a* Jes 37,33-35 **94,17:** *a* Ps 115,17 **94,19:** *a* 2.Kor 1,4-5 **95,3:** *a* 2.Mose 15,11

6 Kommt, lasst uns anbeten und knien
und niederfallen vor dem HERRN,
der uns gemacht hat.
7 Denn er ist unser Gott
und wir das Volk seiner Weide
und Schafe seiner Hand.[a]

Wenn ihr doch heute auf seine Stimme hören wolltet:
8 [a]»Verstocket euer Herz nicht,
wie zu Meriba geschah,
wie zu Massa in der Wüste,
9 wo mich eure Väter [a]versuchten und prüften
und hatten doch mein Werk gesehen.
10 Vierzig Jahre war dies Volk mir zuwider, dass ich sprach: /
Es sind Leute, deren Herz immer den Irrweg will
und die meine Wege nicht lernen wollen,
11 sodass ich schwor in meinem Zorn:
Sie sollen nicht zu meiner Ruhe kommen.«[a]

Der Schöpfer und Richter aller Welt

(vgl. 1.Chr 16,23-33)

96 Singet dem HERRN [a]ein neues Lied;
singet dem HERRN, alle Welt!
2 Singet dem HERRN und lobet seinen Namen,
verkündet von Tag zu Tag sein Heil!
3 Erzählet unter den Heiden von seiner Herrlichkeit,
unter allen Völkern von seinen Wundern!
4 Denn der HERR ist groß und hoch zu loben,
mehr zu fürchten als alle Götter.
5 Denn alle Götter der Völker sind Götzen;
aber der HERR hat den Himmel gemacht.
6 Hoheit und Pracht sind vor ihm,
Macht und Herrlichkeit in seinem Heiligtum.

7 Ihr Völker, bringet dar dem HERRN,
bringet dar dem HERRN Ehre und Macht!
8 Bringet dar dem HERRN die Ehre seines Namens,
bringet Geschenke und kommt in seine Vorhöfe!
9 Betet an den HERRN in heiligem Schmuck;
es fürchte ihn alle Welt!
10 Sagt unter den Heiden: Der HERR ist [a]König.
Er hat den Erdkreis gegründet, dass er nicht wankt.
Er richtet die Völker recht.

11 [a]Der Himmel freue sich, und die Erde sei fröhlich,
das Meer brause und was darinnen ist;
12 das Feld sei fröhlich und alles, was darauf ist;
es sollen jauchzen alle Bäume im Walde
13 vor dem HERRN; denn er kommt,
denn er kommt, [a]zu richten das Erdreich.
Er [b]wird den Erdkreis richten mit Gerechtigkeit
und die Völker mit seiner Wahrheit.

Freude am Königtum Gottes

97 Der HERR ist [a]König; des freue sich das Erdreich
und seien fröhlich die Inseln, so viel ihrer sind.
2 Wolken und Dunkel sind um ihn her,
Gerechtigkeit und Gericht sind seines Thrones Stütze.
3 [a]Feuer geht vor ihm her
und verzehrt ringsum seine Feinde.
4 Seine Blitze erleuchten den Erdkreis,
das Erdreich sieht es und erschrickt.
5 Berge zerschmelzen wie Wachs vor dem HERRN,
vor dem [a]Herrscher der ganzen Erde.
6 Die Himmel verkündigen seine Gerechtigkeit,
und [a]seine Herrlichkeit sehen alle Völker.

95,7: *a* Ps 100,3; Joh 10,27-28 **95,8:** *a (8-11)* Hebr 3,7-8; 4,7 **95,9:** *a* 2.Mose 17,2.7 **95,11:** *a* 4.Mose 14,22-23; Hebr 4,3 **96,1:** *a* Ps 33,3 **96,10:** *a* Ps 93,1 **96,11:** *a (11-13)* Ps 98,7-9; Jes 49,13 **96,13:** *a* Ps 82,8; *b* Apg 17,31 **97,1:** *a* Ps 93,1 **97,3:** *a (3-4)* Hab 3,4 **97,5:** *a* Jos 3,13 **97,6:** *a* Ps 67,5-6; Jes 24,21-22

7 Schämen sollen sich alle, die den Bildern dienen /
und [a] sich der Götzen rühmen.
[b] Betet ihn an, alle Götter!
8 Zion hört es und ist froh,
und die Töchter Juda sind fröhlich,
weil du, HERR, recht regierest.
9 Denn du, HERR, bist der Höchste über allen Landen,
[a] du bist hoch erhöht über alle Götter.

10 Die ihr den HERRN liebet, hasset das Arge!
Der Herr bewahrt die Seelen seiner Heiligen;
aus der Hand der Gottlosen wird er sie erretten.
11 Dem Gerechten muss das Licht immer wieder aufgehen
und Freude den frommen Herzen.
12 Ihr Gerechten, freut euch des HERRN
und danket ihm und preiset seinen heiligen Namen!

Der königliche Richter aller Welt

98 EIN PSALM.
Singet dem HERRN [a] ein neues Lied,
denn er tut Wunder.
[b] Er schafft Heil mit seiner Rechten
und mit seinem heiligen Arm.
2 Der HERR lässt sein Heil kundwerden;
vor den Völkern macht er seine Gerechtigkeit offenbar.
3 Er gedenkt an seine Gnade und Treue für das Haus Israel,
[a] aller Welt Enden sehen das Heil unsres Gottes.

4 Jauchzet dem HERRN, alle Welt,
singet, rühmet und lobet!
5 Lobet den HERRN mit Harfen,
mit Harfen und mit Saitenspiel!
6 Mit Trompeten und Posaunen
jauchzet vor dem HERRN, dem [a] König!
7 Das Meer brause
und was darinnen ist,
der Erdkreis und die darauf wohnen. [a]
8 Die Ströme sollen frohlocken,
und alle Berge seien fröhlich
9 vor dem HERRN; denn er kommt,
das Erdreich zu richten.
Er wird den Erdkreis richten mit Gerechtigkeit
und die Völker, wie es recht ist.

Der heilige Gott

99 Der HERR ist [a] König, darum zittern die Völker;
[b] er sitzt über den Cherubim,
darum bebt die Welt.
2 Der HERR ist groß in Zion
und erhaben über alle Völker.

3 Preisen sollen sie deinen großen und wunderbaren Namen,
– DENN ER IST HEILIG –,
4 und die Macht des Königs,
der das Recht lieb hat.*
[a] Du hast bestimmt, was richtig ist,
du schaffest Gericht und Gerechtigkeit in Jakob.
5 ERHEBET DEN HERRN, UNSERN GOTT, /
BETET AN [a] VOR DEM SCHEMEL SEINER FÜSSE;
DENN ER IST HEILIG.

6 Mose und Aaron unter seinen Priestern /
und Samuel unter denen, die seinen Namen anrufen,
die riefen den HERRN an und er erhörte sie.
7 Er redete mit ihnen in der Wolkensäule;
sie hielten seine Gesetze und Gebote, die er ihnen gab.

8 HERR, du bist unser Gott, du erhörtest sie;
du, Gott, [a] vergabst ihnen und straftest ihr Tun.
9 ERHEBET DEN HERRN, UNSERN GOTT, /
UND BETET AN AUF SEINEM HEILIGEN BERGE;
DENN DER HERR, UNSER GOTT, IST HEILIG.

* Luther übersetzte: »Im Reich dieses Königs hat man das Recht lieb.«

97,7: *a* Jer 46,25; *b* Hebr 1,6 **97,9:** *a* 2. Mose 15,11 **98,1:** *a* Ps 33,3; *b* Jes 59,16; 63,5 **98,3:** *a* Jes 52,10 **98,6:** *a* Ps 93,1 **98,7:** *a* Ps 96,11-13 **99,1:** *a* Ps 93,1; *b* Ps 18,11 **99,4:** *a* Jes 9,6 **99,5:** *a* Ps 132,7-8; 1. Chr 28,2; Klgl 2,1 **99,8:** *a* 2. Mose 34,7

Ein Aufruf zum Lobe Gottes

100 EIN PSALM ZUM DANKOPFER.
Jauchzet dem HERRN, alle Welt!
2 Dienet dem HERRN mit Freuden,
kommt vor sein Angesicht mit
Frohlocken!
3 Erkennet, dass der HERR Gott ist!
Er hat uns gemacht und nicht wir selbst
zu seinem Volk und [a] zu Schafen
seiner Weide.

4 [a] Gehet zu seinen Toren ein mit
Danken, /
zu seinen Vorhöfen mit Loben;
danket ihm, lobet seinen Namen!
5 Denn der HERR ist freundlich, /
und seine Gnade währet ewig
und seine Wahrheit für und für.

Regentenspiegel

101 EIN PSALM DAVIDS.
Von Gnade und Recht will ich
singen
und dir, HERR, Lob sagen.
2 Ich handle umsichtig und redlich, /
dass du mögest zu mir kommen;
ich wandle mit redlichem Herzen in
meinem Hause.
3 [a] Ich nehme mir keine böse Sache vor;
ich hasse den Übertreter
und lasse ihn nicht bei mir bleiben.
4 Ein falsches Herz muss von mir
weichen.
Den Bösen kann ich nicht leiden.
5 Wer seinen Nächsten heimlich
verleumdet,
den bring ich zum Schweigen.
Ich mag den nicht, der stolze Gebärde
und hoffärtige Art hat.
6 Meine Augen sehen nach den Treuen
im Lande, /
dass sie bei mir wohnen;
[a] ich habe gerne fromme Diener.
7 Falsche Leute dürfen in meinem Hause
nicht bleiben,
die Lügner gedeihen nicht bei mir.
8 Jeden Morgen bring ich zum Schweigen
alle Gottlosen im Lande,
[a] dass ich alle Übeltäter ausrotte
aus der Stadt des HERRN.

Gebet um Wiederherstellung Zions (Der fünfte Bußpsalm)

102 EIN GEBET FÜR DEN ELENDEN,
WENN ER VERZAGT IST UND
SEINE KLAGE VOR DEM HERRN
AUSSCHÜTTET.
2 HERR, höre mein Gebet
und lass mein Schreien zu dir
kommen!
3 Verbirg dein Antlitz nicht vor mir in
der Not, /
neige deine Ohren zu mir;
wenn ich dich anrufe, so erhöre
mich bald!

4 Denn meine Tage sind vergangen wie
ein Rauch,
und meine Gebeine sind verbrannt
wie von Feuer.
5 Mein Herz ist geschlagen und verdorrt
wie Gras,
dass ich sogar vergesse, mein Brot
zu essen.
6 Mein Gebein klebt an meiner Haut
vor Heulen und Seufzen.
7 Ich bin wie die Eule in der Einöde,
wie das Käuzchen in den
Trümmern.
8 Ich wache und klage
wie ein einsamer Vogel auf dem
Dache.

9 Täglich schmähen mich meine Feinde,
und die mich verspotten, fluchen
mit meinem Namen.
10 Denn ich esse Asche wie Brot
und mische meinen Trank mit
Tränen
11 vor deinem Drohen und Zorn,
weil du mich hochgehoben und
zu Boden geworfen hast.
12 Meine Tage sind dahin wie ein
Schatten,
und [a] ich verdorre wie Gras.

13 Du aber, HERR, bleibst ewiglich
und [a] dein Name für und für.
14 Du wollest dich aufmachen und über
Zion erbarmen;
denn es ist Zeit, dass du ihm gnädig
seist, und die Stunde ist gekommen

100,3: *a* Ps 95,7 **100,4:** *a (4-5)* Ps 106,1 **101,3:** *a (3-6)* Spr 20,8.28 **101,6:** *a* Spr 22,11 **101,8:** *a* Spr 20,26 **102,12:** *a* Ps 90,5-6 **102,13:** *a* Ps 135,13

15– denn deine Knechte wollten gerne,
dass es gebaut würde,
und es jammert sie, dass es in
Trümmern liegt –,
16 dass die Heiden den Namen des
HERRN fürchten
und alle Könige auf Erden deine
Herrlichkeit.

17 Ja, der HERR baut Zion wieder
und erscheint in seiner Herrlichkeit.
18 Er wendet sich zum Gebet der
Verlassenen
und verschmäht ihr Gebet nicht.
19 Das werde geschrieben für die
Nachkommen;
und das Volk, das er schafft, wird
den HERRN loben.
20 Denn er schaut von seiner heiligen
Höhe,
[a]der HERR sieht vom Himmel auf
die Erde,
21 dass er das Seufzen der Gefangenen
höre
und losmache die Kinder des Todes,
22 dass sie in Zion verkünden den
Namen des HERRN
und sein Lob in Jerusalem,
23 wenn die Völker zusammenkommen
und die Königreiche, dem HERRN
zu dienen.[a]

24 Er demütigt auf dem Wege meine
Kraft,
er verkürzt meine Tage.
25 Ich sage: Mein Gott, nimm mich nicht
weg /
[a]in der Hälfte meiner Tage!
Deine Jahre währen für und für.
26 [a]Du hast vorzeiten die Erde
gegründet,
und die Himmel sind deiner Hände
Werk.
27 Sie [a]werden vergehen, du aber bleibst;
sie werden alle veralten wie ein
Gewand;
wie ein Kleid wirst du sie wechseln,
und sie werden verwandelt werden.
28 Du aber bleibst, wie du bist,
und deine Jahre nehmen kein Ende.
29 Die Söhne deiner Knechte bleiben
wohnen,
und ihr Geschlecht wird vor dir
gedeihen.

Das Hohelied der Barmherzigkeit Gottes

103 VON DAVID.
Lobe den HERRN, meine Seele,
und was in mir ist, seinen heiligen
Namen!
2 **Lobe den HERRN, meine Seele,**
und [a]vergiss nicht, was er dir Gutes
getan hat:
3 **der dir [a]alle deine Sünde vergibt**
und heilet alle deine Gebrechen,
4 **der dein Leben vom Verderben erlöst,**
der dich krönet mit Gnade und
Barmherzigkeit,
5 der deinen Mund fröhlich macht
und du wieder jung wirst [a]wie ein
Adler.

6 Der HERR schafft Gerechtigkeit und
Recht
allen, die Unrecht leiden.
7 Er [a]hat seine Wege Mose wissen
lassen,
die Kinder Israel sein Tun.
8 **Barmherzig und gnädig ist der HERR,**
geduldig und von großer Güte.[a]
9 Er wird nicht für immer hadern
noch ewig zornig bleiben.[a]
10 **Er handelt nicht mit uns nach unsern**
Sünden
und vergilt uns nicht nach unsrer
Missetat.
11 **Denn [a]so hoch der Himmel über der**
Erde ist,
lässt er seine Gnade walten über
denen, die ihn fürchten.
12 **So fern der Morgen ist vom Abend,**
lässt er unsre Übertretungen von uns
sein.
13 **Wie sich [a]ein Vater über Kinder**
erbarmt,
so erbarmt sich der HERR über die,
die ihn fürchten.

14 Denn er weiß, was für ein Gebilde wir
sind;
er gedenkt daran, [a]dass wir Staub
sind.

102,20: *a* Ps 14,2 **102,23:** *a* Ps 87,4; Jes 60,3-10; Lk 13,29-30 **102,25:** *a* Ps 55,24 **102,26:** *a (26-28)* Hebr 1,10-12 **102,27:** *a* 2. Petr 3,10 **103,2:** *a* 5. Mose 4,9 **103,3:** *a* Ps 32,1 **103,5:** *a* Jes 40,31 **103,7:** *a* 2. Mose 33,13 **103,8:** *a* Ps 86,15 **103,9:** *a* Jes 57,16 **103,11:** *a* Ps 36,6; Jes 55,8-9 **103,13:** *a* Lk 15,11-24 **103,14:** *a* 1. Mose 2,7; 3,19

15 [a]Ein Mensch ist in seinem Leben wie Gras,
er blüht wie eine Blume auf dem Felde;
16 wenn der Wind darüber geht, so ist sie nimmer da,
und ihre Stätte kennet sie nicht mehr.
17 [a]Die Gnade aber des HERRN währt von Ewigkeit zu Ewigkeit
über denen, die ihn fürchten,
und seine Gerechtigkeit auf Kindeskind
18 bei denen, die seinen Bund halten
und gedenken an seine Gebote,
dass sie danach tun.

19 Der HERR hat seinen Thron im Himmel errichtet,
und sein Reich herrscht über alles.
20 [a]Lobet den HERRN, ihr seine Engel, /
ihr starken Helden, die ihr seinen Befehl ausrichtet,
dass man höre auf die Stimme seines Wortes!
21 Lobet den HERRN, alle seine Heerscharen,
seine Diener, die ihr seinen Willen tut!
22 Lobet den HERRN, alle seine Werke, /
an allen Orten seiner Herrschaft!

Lobe den HERRN, meine Seele!

Lob des Schöpfers

104 Lobe den HERRN, meine Seele!
HERR, mein Gott, du bist sehr herrlich;
du bist schön und prächtig geschmückt.
2 Licht ist dein Kleid, das du anhast.
Du breitest den Himmel aus wie einen Teppich;
3 du baust deine Gemächer [a]über den Wassern.
Du fährst auf den Wolken wie auf einem Wagen
und [b]kommst daher auf den Fittichen des Windes,
4 der du machst Winde zu deinen Boten
und Feuerflammen zu deinen Dienern;[a]
5 der du das Erdreich gegründet hast auf festen Boden,
dass es bleibt immer und ewiglich.[a]
6 Mit Fluten decktest du es wie mit einem Kleide,
und die Wasser standen über den Bergen.
7 Aber vor deinem Schelten flohen sie,
vor deinem Donner fuhren sie dahin.
8 Die Berge stiegen hoch empor,
und die Täler senkten sich herunter
zum Ort, den du ihnen gegründet hast.
9 Du hast [a]eine Grenze gesetzt,
darüber kommen sie nicht
und dürfen nicht wieder das Erdreich bedecken.

10 Du lässest Wasser in den Tälern quellen,
dass sie zwischen den Bergen dahinfließen,
11 dass alle Tiere des Feldes trinken
und das Wild seinen Durst lösche.
12 Darüber sitzen die Vögel des Himmels
und singen unter den Zweigen.
13 Du feuchtest die Berge von oben her,
du machst das Land voll Früchte,
die du schaffest.
14 Du lässest Gras wachsen
für das Vieh
und Saat zu Nutz den Menschen,
dass du Brot aus der Erde hervorbringst,
15 dass der Wein erfreue des Menschen Herz
und sein Antlitz schön werde vom Öl
und das Brot des Menschen Herz stärke.
16 Die Bäume des HERRN stehen voll Saft,
die Zedern des Libanon, die er gepflanzt hat.
17 Dort nisten die Vögel,
und die Reiher wohnen in den Wipfeln.
18 Die hohen Berge geben dem Steinbock Zuflucht
und die Felsklüfte dem Klippdachs.

103,15: *a (15-16)* Ps 90,5-6; Hiob 7,10 **103,17:** *a* Lk 1,50 **103,20:** *a (20-22)* Jes 6,1-4; Ps 29,1; 148,1-14; Dan 7,10 **104,3:** *a* 1.Mose 1,6-8; *b* Ps 18,10-12 **104,4:** *a* Hebr 1,7 **104,5:** *a* Mt 24,35; Offb 21,1 **104,9:** *a* Hiob 38,8-11; Spr 8,29

19 Du hast den Mond gemacht, das Jahr danach zu teilen;
[a] die Sonne weiß ihren Niedergang.
20 Du machst Finsternis, dass es Nacht wird;
da regen sich alle wilden Tiere,
21 die jungen Löwen, die da brüllen nach Raub
und ihre Speise suchen von Gott.
22 Wenn aber die Sonne aufgeht, heben sie sich davon
und legen sich in ihre Höhlen.
23 So geht dann der Mensch aus an seine Arbeit
und an sein Werk bis an den Abend.

24 HERR, wie sind deine Werke so groß und viel!
Du hast sie alle weise geordnet,
und die Erde ist voll deiner Güter. [a]
25 Da ist das Meer, das so groß und weit ist,
da wimmelt's ohne Zahl, große und kleine Tiere.
26 Dort ziehen Schiffe dahin;
da sind große Fische, die du gemacht hast, damit zu spielen.

27 [a] Es warten alle auf dich,
dass du ihnen Speise gebest zur rechten Zeit.
28 Wenn du ihnen gibst, so sammeln sie;
wenn du deine Hand auftust,
so werden sie mit Gutem gesättigt.
29 Verbirgst du dein Angesicht,
so erschrecken sie;
nimmst du weg ihren Odem,
so vergehen sie
und [a] werden wieder Staub.
30 Du sendest aus deinen Odem,
so werden sie geschaffen,
und du machst neu die Gestalt der Erde.

31 Die Herrlichkeit des HERRN bleibe ewiglich,
der HERR freue sich seiner Werke!
32 Er schaut die Erde an, so bebt sie;
er rührt die Berge an, so rauchen sie.
33 Ich will dem HERRN singen mein Leben lang
und meinen Gott loben, solange ich bin.
34 Mein Reden möge ihm wohlgefallen.
Ich freue mich des HERRN.
35 Die Sünder sollen ein Ende nehmen auf Erden /
und die Gottlosen nicht mehr sein.

Lobe den HERRN, meine Seele!
Halleluja!

Lob Gottes für seine Heilstaten in Israels Frühzeit

105 [a] Danket dem HERRN und rufet an seinen Namen;
verkündigt sein Tun unter den Völkern!
2 Singet und spielet ihm,
redet von allen seinen Wundern!
3 Rühmet seinen heiligen Namen;
es freue sich das Herz derer, die den HERRN suchen!
4 Fraget nach dem HERRN und nach seiner Macht,
suchet sein Antlitz allezeit!
5 Gedenket seiner Wunderwerke, die er getan hat,
seiner Zeichen und der Urteile seines Mundes,
6 du Geschlecht Abrahams, seines Knechts,
ihr Söhne Jakobs, seine Auserwählten!

7 Er ist der HERR, unser Gott,
er richtet in aller Welt.
8 Er gedenkt ewiglich an seinen Bund,
an das Wort, das er verheißen hat für tausend Geschlechter, [a]
9 an den Bund, den er geschlossen hat mit Abraham,
und an den Eid, den er Isaak geschworen hat.
10 Er stellte ihn auf für Jakob als Satzung
und für Israel als ewigen Bund
11 und sprach: »Dir will ich das Land Kanaan geben,
das Los eures Erbteils«, [a]

104,19: *a* Ps 74,16 **104,24:** *a* 1.Mose 1,31 **104,27:** *a (27-28)* Ps 145,15-16 **104,29:** *a* 1.Mose 3,19 **105,1:** *a (1-15)* 1.Chr 16,8-22 **105,8:** *a* 5.Mose 7,9 **105,11:** *a* 1.Mose 12,7

12 als sie noch gering waren an Zahl,
nur wenige und Fremdlinge im Lande.

13 Und sie zogen von Volk zu Volk,
von einem Königreich zum andern.
14 Er ließ keinen Menschen ihnen Schaden tun
und wies Könige zurecht um ihretwillen:[a]
15 »Tastet meine Gesalbten nicht an,
und tut meinen Propheten kein Leid!«

16 Und er ließ eine [a]Hungersnot ins Land kommen
und nahm weg allen Vorrat an Brot.
17 Er sandte einen Mann vor ihnen hin;
[a]Josef wurde als Knecht verkauft.
18 Sie zwangen seine Füße in Fesseln,
sein Leib musste in Eisen liegen,
19 bis sein Wort eintraf
und die Rede des HERRN ihm Recht gab.
20 Da [a]sandte der König hin und ließ ihn losgeben,
der Herr über Völker, er gab ihn frei.
21 Er setzte ihn zum Herrn über sein Haus,
zum Herrscher über alle seine Güter,
22 dass er seine Fürsten unterwiese nach seinem Willen
und seine Ältesten Weisheit lehrte.
23 Und Israel zog nach Ägypten,
und Jakob ward ein Fremdling im Lande Hams.[a]

24 Und der Herr [a]ließ sein Volk sehr wachsen
und machte sie mächtiger als ihre Feinde.
25 Diesen verwandelte er das Herz, /
dass sie seinem Volk gram wurden
und Arglist übten an seinen Knechten.
26 Er sandte seinen Knecht [a]Mose
und [b]Aaron, den er erwählt hatte.
27 Die taten seine Zeichen unter ihnen
und seine Wunder im Lande Hams.[a]
28 Er ließ Finsternis kommen und machte es finster;
doch sie blieben ungehorsam seinen Worten.
29 Er verwandelte ihre Wasser in Blut
und tötete ihre Fische.
30 Ihr Land wimmelte von Fröschen
bis in die Kammern ihrer Könige.
31 Er gebot, da kam Ungeziefer,
Stechmücken in all ihr Gebiet.
32 Er gab ihnen Hagel statt Regen,
Feuerflammen in ihrem Lande
33 und schlug ihre Weinstöcke und Feigenbäume
und zerbrach die Bäume in ihrem Gebiet.
34 Er gebot, da kamen Heuschrecken geflogen
und gekrochen ohne Zahl;
35 sie fraßen alles, was da wuchs in ihrem Lande,
und fraßen auch die Frucht ihres Ackers.
36 Er schlug alle Erstgeburt in Ägypten,
alle Erstlinge ihrer Kraft.

37 Er führte sie heraus [a]mit Silber und Gold;
es war kein Gebrechlicher unter ihren Stämmen.
38 Ägypten wurde froh, dass sie auszogen;
denn Furcht vor ihnen war auf sie gefallen.
39 Er breitete eine Wolke aus, sie zu decken,
und ein Feuer, des Nachts zu leuchten.[a]
40 Sie baten, da ließ er [a]Wachteln kommen,
und er sättigte sie mit Himmelsbrot.
41 Er [a]öffnete den Felsen, da flossen Wasser heraus,
dass Bäche liefen in der dürren Wüste.
42 Denn er gedachte an sein heiliges Wort
und an Abraham, seinen Knecht.

105,14: *a* 4. Mose 23,7-10 **105,16:** *a* 1. Mose 41,54 **105,17:** *a* 1. Mose 37,28 **105,20:** *a* 1. Mose 41,14 **105,23:** *a* 1. Mose 46,1.7 **105,24:** *a* 2. Mose 1,7.12 **105,26:** *a* 2. Mose 3,10; *b* 2. Mose 4,14-16 **105,27:** *a* 2. Mose 7,1–12,51 **105,37:** *a* 2. Mose 12,35 **105,39:** *a* 2. Mose 14,20 **105,40:** *a* 2. Mose 16,13-15 **105,41:** *a* 2. Mose 17,6

43 So führte er sein Volk in Freuden heraus
und seine Auserwählten mit Jubel
44 und gab ihnen die Länder der Heiden,
dass sie die Güter der Völker gewannen,
45 damit sie seine Gebote hielten
und seine Gesetze bewahrten.
Halleluja!

Gottes Gnade und Israels Undank

106 Halleluja!
[a] **Danket dem HERRN; denn er ist freundlich,**
und seine Güte währet ewiglich.
2 Wer kann [a] die großen Taten des HERRN alle erzählen
und sein Lob genug verkündigen?
3 Wohl denen, die das Gebot halten
und tun immerdar recht!

4 HERR, gedenke meiner nach der Gnade,
die du deinem Volk verheißen hast;
erweise an uns deine Hilfe,
5 dass wir sehen das Heil deiner Auserwählten
und uns freuen, dass es deinem Volke so gut geht,
und uns rühmen mit denen, die dein Eigen sind.

6 Wir haben gesündigt samt unsern Vätern,
wir haben unrecht getan und sind gottlos gewesen.[a]
7 Unsre Väter in Ägypten
wollten deine Wunder nicht verstehen.
Sie gedachten nicht an deine große Güte
und [a] waren ungehorsam am Meer, am Schilfmeer.
8 Er aber half ihnen um seines Namens willen,
dass er seine Macht beweise.
9 Er schalt das Schilfmeer, da wurde es trocken,
und führte sie durch die Tiefen wie durch trockenes Land
10 und half ihnen aus der Hand dessen, der sie hasste,
und erlöste sie von der Hand des Feindes.
11 Und die Wasser ersäuften ihre Widersacher,
dass nicht **einer** übrig blieb.
12 Da glaubten sie an seine Worte
und [a] sangen sein Lob.

13 Aber sie vergaßen bald seine Werke,
sie warteten nicht auf seinen Rat.
14 Und [a] sie wurden lüstern in der Wüste
und versuchten Gott in der Einöde.
15 Er aber gab ihnen, was sie erbaten,
und sandte ihnen genug, bis ihnen davor ekelte.
16 Und [a] sie empörten sich wider Mose im Lager,
wider Aaron, den Heiligen des HERRN.
17 [a] Die Erde tat sich auf und verschlang Datan
und deckte zu die Rotte Abirams,
18 und Feuer wurde unter ihrer Rotte angezündet,
die Flamme verbrannte die Gottlosen.

19 [a] Sie machten ein Kalb am Horeb
und beteten das gegossene Bild an
20 und [a] verwandelten die Herrlichkeit ihres Gottes
in das Bild eines Ochsen, der Gras frisst.
21 Sie [a] vergaßen Gott, ihren Heiland,
der so große Dinge in Ägypten getan hatte,
22 Wunder im Lande Hams
und schreckliche Taten am Schilfmeer.
23 Und er gedachte, sie zu vertilgen,
wäre nicht Mose gewesen, sein Auserwählter;
[a] der trat vor ihm in die Bresche,
seinen Grimm abzuwenden, dass er sie nicht verderbe.

24 Und sie achteten das köstliche Land gering;

106,1: *a* Ps 100,4-5; 107,1; 118,1; 136,1; 1. Chr 16,34 **106,2:** *a* Joh 21,25; Hebr 11,32 **106,6:** *a* Dan 9,5 **106,7:** *a* 2. Mose 14,11-12 **106,12:** *a* 2. Mose 15,21 **106,14:** *a* 4. Mose 11,4-6 **106,16:** *a* 4. Mose 16,1-3 **106,17:** *a (17-18)* 4. Mose 16,31-35 **106,19:** *a (19-20)* 2. Mose 32,1-6 **106,20:** *a* Röm 1,23 **106,21:** *a* 5. Mose 32,18 **106,23:** *a* 2. Mose 32,11.32; 5. Mose 9,25-29; Hes 13,4-5

sie glaubten seinem Worte nicht[a]
25 und murrten in ihren Zelten;
sie gehorchten der Stimme des HERRN nicht.
26 Da erhob er seine Hand wider sie,
dass er sie niederschlüge in der Wüste
27 und würfe ihre Nachkommen unter die Heiden
und zerstreute sie in die Länder.
28 Und [a]sie hängten sich an den Baal-Peor
und aßen von den Opfern für die Toten
29 und erzürnten den Herrn mit ihrem Tun.
Da brach die Plage herein über sie.
30 [a]Da trat Pinhas hinzu und vollzog das Gericht;
da wurde der Plage gewehrt;
31 das wurde ihm gerechnet zur Gerechtigkeit
von Geschlecht zu Geschlecht ewiglich.
32 Und sie erzürnten den Herrn am [a]Haderwasser,
und Mose ging es übel um ihretwillen;
33 denn sie erbitterten sein Herz,
dass ihm unbedachte Worte entfuhren.

34 [a]Auch vertilgten sie die Völker nicht,
wie ihnen der HERR doch geboten hatte,
35 sondern sie ließen sich ein mit den Heiden
und lernten ihre Werke
36 und dienten ihren Götzen;
die wurden ihnen zum Fallstrick.
37 [a]Und sie opferten ihre Söhne
und ihre Töchter den bösen Geistern
38 und vergossen unschuldig Blut,
das Blut ihrer Söhne und Töchter,
die sie opferten den Götzen Kanaans,
sodass das Land mit Blutschuld befleckt war.
39 Sie machten sich unrein mit ihren Werken
und wurden abtrünnig durch ihr Tun.
40 Da entbrannte der Zorn des HERRN über sein Volk,
und sein Erbe wurde ihm zum Abscheu.
41 Er [a]gab sie in die Hand der Heiden,
dass über sie herrschten, die ihnen gram waren.
42 Und ihre Feinde ängsteten sie,
und sie wurden gedemütigt unter ihre Hand.
43 Er rettete sie oftmals; /
aber sie erzürnten ihn mit ihrem Vorhaben
und schwanden dahin um ihrer Missetat willen.

44 Da sah er ihre Not an,
als er ihre Klage hörte,
45 und gedachte an seinen Bund mit ihnen,
und es reute ihn nach seiner großen Güte.
46 Und er ließ sie Barmherzigkeit finden
bei allen, die sie gefangen hielten.

47 Hilf uns, HERR, unser Gott,
und [a]bring uns zusammen aus den Heiden,
dass wir preisen deinen heiligen Namen
und uns rühmen, dass wir dich loben können!

48 Gelobt sei der HERR, der Gott Israels,
von Ewigkeit zu Ewigkeit,
und alles Volk spreche: Amen!
Halleluja![a]

FÜNFTES BUCH

Danklied der Erlösten

107 [a]**Danket dem HERRN; denn er ist freundlich,**
und seine Güte währet ewiglich.
2 So sollen sagen, die erlöst sind durch den HERRN,
die er aus der Not erlöst hat,
3 die er aus den Ländern zusammengebracht hat

106,24: *a* 4. Mose 14,2-4; 5. Mose 8,7-10 **106,28:** *a* 4. Mose 25,3 **106,30:** *a (30-31)* 4. Mose 25,12-13 **106,32:** *a* 4. Mose 20,2-13 **106,34:** *a (34-36)* 5. Mose 7,1-2; 12,2-3; Ri 1,28; 2,23–3,6 **106,37:** *a (37-38)* 3. Mose 18,21; 2. Kön 21,6.16 **106,41:** *a* Ri 2,14 **106,47:** *a* 5. Mose 30,3; 1. Chr 16,35 **106,48:** *a* Ps 41,14; 1. Chr 16,36 **107,1:** *a* Ps 106,1

von Osten und Westen, von Norden
und Süden.

4 Die irregingen in der Wüste, auf
ungebahntem Wege,
und fanden keine Stadt, in der sie
wohnen konnten,
5 die hungrig und durstig waren
und deren Seele verschmachtete,
6 DIE DANN ZUM HERRN RIEFEN IN
IHRER NOT
UND ER ERRETTETE SIE AUS IHREN
ÄNGSTEN
7 und führte sie den richtigen Weg,
dass sie kamen zur Stadt, in der sie
wohnen konnten:
8 DIE SOLLEN DEM HERRN DANKEN
FÜR SEINE GÜTE /
UND FÜR SEINE WUNDER,
DIE ER AN DEN
MENSCHENKINDERN TUT,
9 dass er sättigt die durstige Seele
und [a] die Hungrigen füllt mit
Gutem.
10 Die da sitzen mussten in Finsternis
und Dunkel,
gefangen in Zwang und Eisen,
11 weil sie Gottes Geboten ungehorsam
waren
und den Ratschluss des Höchsten
verachtet hatten,
12 sodass er ihr Herz durch Unglück
beugte
und sie dalagen und ihnen niemand
half,
13 DIE DANN ZUM HERRN RIEFEN IN
IHRER NOT
UND ER HALF IHNEN AUS IHREN
ÄNGSTEN
14 und führte sie aus Finsternis und
Dunkel
und zerriss ihre Bande:
15 DIE SOLLEN DEM HERRN DANKEN
FÜR SEINE GÜTE /
UND FÜR SEINE WUNDER,
DIE ER AN DEN
MENSCHENKINDERN TUT,
16 dass er zerbricht eherne Türen
und zerschlägt eiserne Riegel.

17 Die Toren, die geplagt waren
um ihrer Übertretung
und um ihrer Sünde willen,
18 dass ihnen ekelte vor aller Speise
und sie todkrank wurden,
19 DIE DANN ZUM HERRN RIEFEN IN
IHRER NOT
UND ER HALF IHNEN AUS IHREN
ÄNGSTEN,
20 er sandte sein Wort und machte sie
gesund
und errettete sie, dass sie nicht
starben:
21 DIE SOLLEN DEM HERRN DANKEN
FÜR SEINE GÜTE /
UND FÜR SEINE WUNDER,
DIE ER AN DEN
MENSCHENKINDERN TUT,
22 und sollen Dank opfern
und seine Werke erzählen mit
Freuden.

23 Die mit Schiffen auf dem Meere
fuhren
und trieben ihren Handel auf
großen Wassern,
24 die des HERRN Werke erfahren haben
und seine Wunder auf dem Meer,
25 wenn er sprach und einen Sturmwind
erregte,
der die Wellen erhob,
26 und sie gen Himmel fuhren und
in den Abgrund sanken,
dass ihre Seele vor Angst
verzagte,
27 dass sie taumelten und wankten
wie ein Trunkener
und wussten keinen Rat mehr,
28 DIE DANN ZUM HERRN SCHRIEN IN
IHRER NOT
UND ER FÜHRTE SIE AUS IHREN
ÄNGSTEN
29 und stillte das Ungewitter,
dass die Wellen sich legten
30 und sie froh wurden, dass es still
geworden war
und er sie zum erwünschten Lande
brachte:
31 DIE SOLLEN DEM HERRN DANKEN
FÜR SEINE GÜTE /
UND FÜR SEINE WUNDER,
DIE ER AN DEN
MENSCHENKINDERN TUT,
32 und ihn in der Gemeinde preisen
und bei den Alten rühmen.

107,9: *a* Lk 1,53

33 Er machte Bäche trocken
und ließ Wasserquellen versiegen,
34 dass [a] fruchtbares Land zur Salzwüste wurde
wegen der Bosheit derer, die dort wohnten.
35 Er machte das Trockene wieder wasserreich
und gab dem dürren Lande Wasserquellen
36 und ließ die Hungrigen dort bleiben,
dass sie eine Stadt bauten, in der sie wohnen konnten,
37 und Äcker besäten und Weinberge pflanzten,
die jährlich Früchte trugen.
38 Und er segnete sie, dass sie sich sehr mehrten,
und gab ihnen viel Vieh.
39 Aber sie wurden gering an Zahl und geschwächt
von der Last des Unglücks und des Kummers.
40 Er [a] schüttete Verachtung aus auf die Fürsten
und ließ sie irren in der Wüste, wo kein Weg ist;
41 aber die Armen schützte er vor Elend
und mehrte ihr Geschlecht wie eine Herde.
42 Das [a] werden die Frommen sehen und sich freuen,
und aller Bosheit wird das Maul gestopft werden.

43 Wer ist weise und behält dies?
Der wird merken, wie viel Wohltaten der HERR erweist.

Lob Gottes und Zuversicht in Kriegsnot

108 EIN PSALMLIED DAVIDS.
2 [a] Gott, mein Herz ist bereit,
ich will singen und spielen.
Wach auf, meine Seele!
3 Wach auf, Psalter und Harfe!
Ich will das Morgenrot wecken.
4 Ich will dir danken, HERR, unter den Völkern,
ich will dir lobsingen unter den Leuten.
5 Denn **deine Gnade reicht, so weit der Himmel ist,**
und deine Treue, so weit die Wolken gehen. [a]
6 Erhebe dich, Gott, über den Himmel
und deine Herrlichkeit über alle Lande!

7 [a] Lass deine Freunde errettet werden,
dazu hilf mit deiner Rechten und erhöre uns!
8 Gott hat in seinem Heiligtum geredet:
Ich will frohlocken;
ich will Sichem verteilen
und das Tal Sukkot ausmessen.
9 Gilead ist mein, Manasse ist auch mein, /
und Ephraim ist der Schutz meines Haupts,
Juda ist mein Zepter.
10 Moab ist mein Waschbecken, /
ich will meinen Schuh auf Edom werfen,
über die Philister will ich jauchzen.

11 Wer wird mich führen in die feste Stadt?
Wer wird mich nach Edom leiten?
12 Wirst du es nicht tun, Gott, der du uns verstoßen hast,
und ziehst nicht aus, Gott, mit unserm Heer?
13 Schaff uns Beistand vor dem Feind;
denn Menschenhilfe ist nichts nütze.

14 Mit Gott wollen wir Taten tun.
Er wird unsre Feinde niedertreten.

Ein Ruf zu Gott gegen erbarmungslose Widersacher

109 EIN PSALM DAVIDS, VORZUSINGEN.
Gott, mein Ruhm, schweige nicht!
2 Denn sie haben ihr gottloses Lügenmaul wider mich aufgetan.
Sie reden wider mich mit falscher Zunge /
3 und reden giftig wider mich allenthalben
und streiten wider mich ohne Grund.
4 Dafür, dass ich sie liebe, feinden sie mich an;
ich aber bete.

107,34: *a* 1. Mose 19,24-25 **107,40:** *a* Hiob 12,21 **107,42:** *a* Hiob 22,19-20 **108,2:** *a (2-6)* Ps 57,8-12 **108,5:** *a* Ps 36,6; 57,11 **108,7:** *a (7-14)* Ps 60,7-14

5 Sie erweisen mir Böses für Gutes
und Hass für Liebe.

6 [a] Gib ihm einen Gottlosen zum Gegner,
und ein Verkläger stehe zu seiner Rechten.
7 Wenn er gerichtet wird, soll er schuldig gesprochen werden,
und sein Gebet werde zur Sünde.
8 Seiner Tage sollen wenige werden,
und [a] sein Amt soll ein andrer empfangen.
9 Seine Kinder sollen Waisen werden
und seine Frau eine Witwe.
10 Seine Kinder sollen umherirren und betteln
und vertrieben werden aus ihren Trümmern.
11 Es soll der Wucherer alles fordern, was er hat,
und Fremde sollen seine Güter rauben.
12 Und niemand soll ihm Gutes tun,
und niemand erbarme sich seiner Waisen.
13 Seine Nachkommen sollen ausgerottet werden,
ihr Name soll schon im zweiten Glied getilgt werden. [a]
14 [a] Der Schuld seiner Väter soll gedacht werden vor dem HERRN,
und seiner Mutter Sünde soll nicht getilgt werden.
15 Der HERR soll sie nie mehr aus den Augen lassen,
und ihr Andenken soll ausgerottet werden auf Erden,
16 weil er so gar keine Barmherzigkeit übte,
sondern verfolgte den Elenden und Armen und den Betrübten,
ihn zu töten.
17 Er liebte den Fluch,
so komme er auch über ihn;
er wollte den Segen nicht,
so bleibe er auch fern von ihm.
18 Er zog den Fluch an wie sein Hemd;
[a] der dringe in ihn hinein
wie Wasser
und wie Öl in seine Gebeine;
19 er werde ihm wie ein Kleid, das er anhat,
und wie ein Gürtel, mit dem er allezeit sich gürtet.
20 So geschehe denen vom HERRN, die wider mich sind
und die Böses reden wider mich.

21 Aber du, HERR, /
sei du mit mir um deines Namens willen;
denn deine Gnade ist mein Trost: Errette mich!
22 Denn ich bin arm und elend;
mein Herz ist zerschlagen in mir.
23 Ich fahre dahin wie ein Schatten, der schwindet,
und werde abgeschüttelt wie Heuschrecken.
24 Meine Knie sind schwach vom Fasten,
und mein Leib ist mager und hat kein Fett.
25 Ich bin ihnen zum Spott geworden;
wenn sie mich sehen, schütteln sie den Kopf.

26 Steh mir bei, HERR, mein Gott!
Hilf mir nach deiner Gnade,
27 und lass sie innewerden, dass dies deine Hand ist
und du, HERR, das tust.
28 [a] Fluchen sie, so segne du. /
Erheben sie sich gegen mich, so sollen sie zuschanden werden;
aber dein Knecht soll sich freuen.
29 Meine Widersacher sollen mit Schmach angezogen
und mit ihrer Schande bekleidet werden wie mit einem Mantel.

30 Ich will dem HERRN sehr danken mit meinem Munde
und ihn rühmen vor der Menge.
31 Denn er steht dem Armen zur Rechten,
dass er ihm helfe von denen, die ihn verurteilen.

Der ewige König und Priester

110 EIN PSALM DAVIDS.
[a] Der HERR sprach zu meinem Herrn: /
»Setze dich zu meiner Rechten,

109,6: *a (6-20)* Mt 5,43-44; Lk 23,34 **109,8:** *a* Apg 1,20 **109,13:** *a* Hes 18,20-23 **109,14:** *a* 2.Mose 20,5 **109,18:** *a* 4.Mose 5,24 **109,28:** *a* Lk 6,27-28 **110,1:** *a* Mt 22,44; Apg 2,34-35; Hebr 1,13;

bis ich [b]deine Feinde zum Schemel deiner Füße mache.«
2 Der HERR wird das Zepter deiner Macht ausstrecken aus [a]Zion.
Herrsche mitten unter deinen Feinden!
3 Wenn du dein Heer aufbietest, wird dir dein Volk
willig folgen in heiligem Schmuck.
Deine Söhne werden dir geboren
wie der Tau aus der Morgenröte.

4 Der HERR hat geschworen und es wird ihn nicht gereuen:
»Du bist ein Priester ewiglich
[a]nach der Weise Melchisedeks.«
5 Der Herr zu deiner Rechten [a]wird zerschmettern
die Könige am Tage seines Zorns.
6 Er wird richten unter den Heiden, /
wird viele erschlagen,
[a]wird Häupter zerschmettern auf weitem Gefilde.
7 Er wird trinken vom Bach auf dem Wege,
darum wird er das Haupt emporheben.

Preis der Gottesgnade

111 Halleluja!
Ich danke dem HERRN von ganzem Herzen
im Rate der Frommen und in der Gemeinde.
2 Groß sind die Werke des HERRN;
wer sie erforscht, der hat Freude daran.
3 Was er tut, das ist herrlich und prächtig,
und seine Gerechtigkeit bleibt ewiglich.
4 Er hat [a]ein Gedächtnis gestiftet seiner Wunder,
der gnädige und barmherzige HERR.
5 Er [a]gibt Speise denen, die ihn fürchten;
er gedenkt ewig an seinen Bund.
6 Er lässt verkündigen seine gewaltigen Taten seinem Volk,
dass er ihnen gebe das Erbe der Heiden.
7 Die Werke seiner Hände sind Wahrheit und Recht;
alle seine Ordnungen sind beständig.
8 Sie stehen fest für immer und ewig;
sie sind recht und verlässlich.
9 Er sendet eine Erlösung seinem Volk; /
er verheißt, dass sein Bund ewig bleiben soll.
Heilig und hehr ist sein Name.
10 Die [a]Furcht des HERRN ist der Weisheit Anfang. /
Klug sind alle, die danach tun.
Sein Lob bleibet ewiglich.

Preis der Gottesfurcht

112 [a]Halleluja!
Wohl dem, der den HERRN fürchtet,
der große Freude hat an seinen Geboten!
2 Sein Geschlecht wird gewaltig sein im Lande;
die Kinder der Frommen werden gesegnet sein.
3 Reichtum und Fülle wird in ihrem Hause sein,
und ihre Gerechtigkeit bleibt ewiglich.
4 Den Frommen geht das Licht auf in der Finsternis
von dem Gnädigen, Barmherzigen und Gerechten.

5 Wohl dem, der barmherzig ist und gerne leiht
und das Seine tut, wie es recht ist!
6 Denn er wird ewiglich bleiben;
der Gerechte wird nimmermehr vergessen.
7 Vor schlimmer Kunde fürchtet er sich nicht;
sein Herz hofft unverzagt auf den HERRN.
8 Sein Herz ist getrost und fürchtet sich nicht,
[a]bis er auf seine Feinde herabsieht.
9 [a]Er streut aus und gibt den Armen; /
seine Gerechtigkeit bleibt ewiglich.
Seine Kraft wird hoch in Ehren stehen.

110,1: *b* 1.Kor 15,25; Phil 2,8-11; Hebr 10,12-13 **110,2:** *a* Ps 2,6 **110,4:** *a* 1.Mose 14,18-20; Hebr 5,6.10; 6,20; 7,17.21 **110,5:** *a* Ps 2,2.5.9 **110,6:** *a* Dan 2,44 **111,4:** *a* 2.Mose 12,1-28 **111,5:** *a* Ps 145,15 **111,10:** *a* Spr 1,7 **112,1:** *a (1-2)* Ps 1,2; Spr 20,7 **112,8:** *a* Ps 91,8 **112,9:** *a* 2.Kor 9,9

10 Der Gottlose wird's sehen und es wird ihn verdrießen; /
mit den Zähnen wird er knirschen und vergehen.
Denn was die Gottlosen wollen, das wird zunichte.

Gottes Hoheit und Huld

(Ps 113,1–118,29: vgl. Mt 26,30)

113 Halleluja!
Lobet, ihr Knechte des HERRN,
lobet den Namen des HERRN!
2 Gelobt sei der Name des HERRN
von nun an bis in Ewigkeit!
3 [a]Vom Aufgang der Sonne bis zu ihrem Niedergang
sei gelobet der Name des HERRN!

4 Der HERR ist hoch über alle Völker;
seine Herrlichkeit reicht, so weit der Himmel ist.
5 [a]Wer ist wie der HERR, unser Gott,
im Himmel und auf Erden?
6 Der oben thront in der Höhe,
der herniederschaut in die Tiefe,
7 [a]der den Geringen aufrichtet aus dem Staube
und erhöht den Armen aus dem Schmutz,
8 dass er ihn setze neben die Fürsten,
neben die Fürsten seines Volkes;
9 der [a]die Unfruchtbare im Hause zu Ehren bringt,
dass sie eine fröhliche Kindermutter wird.
Halleluja!

Gottes Wunder beim Auszug aus Ägypten

114 Als [a]Israel aus Ägypten zog,
das Haus Jakob aus dem fremden Volk,
2 da wurde [a]Juda sein Heiligtum,
Israel sein Königreich.

3 Das [a]Meer sah es und floh,
der [b]Jordan wandte sich zurück.
4 Die Berge hüpften wie die Lämmer,
die Hügel wie die jungen Schafe.
5 Was war mit dir, du Meer, dass du flohest,
und mit dir, Jordan, dass du dich zurückwandtest?[a]
6 Ihr Berge, dass ihr hüpftet wie die Lämmer,
ihr Hügel, wie die jungen Schafe?

7 Vor dem Herrn [a]erbebe, du Erde,
vor dem Gott Jakobs,
8 der den [a]Felsen wandelte in einen See
und die Steine in Wasserquellen!

Gott allein die Ehre!

(Verse 4-11: vgl. Ps 135,15-20)

115 Nicht uns, HERR, nicht uns, /
sondern deinem Namen gib Ehre
um deiner Gnade und Treue willen!
2 Warum sollen die Heiden sagen:
[a]Wo ist denn ihr Gott?
3 **Unser Gott ist im Himmel;**
er kann schaffen, was er will.

4 [a]Ihre Götzen aber sind Silber und Gold,
von Menschenhänden gemacht.
5 Sie haben Mäuler und reden nicht,
sie haben Augen und sehen nicht,
6 sie haben Ohren und hören nicht,
sie haben Nasen und riechen nicht,
7 sie haben Hände und greifen nicht, /
Füße haben sie und gehen nicht,
und kein Laut kommt aus ihrer Kehle.

8 Die solche Götzen machen, sind ihnen gleich,
alle, die auf sie hoffen.
9 Aber Israel hoffe auf den HERRN!
Er ist ihre Hilfe und Schild.
10 Das Haus Aaron hoffe auf den HERRN!
Er ist ihre Hilfe und Schild.
11 Die ihr den HERRN fürchtet, hoffet auf den HERRN!
Er ist ihre Hilfe und Schild.

12 **Der HERR denkt an uns und segnet uns;**
er segnet das Haus Israel,
er segnet das Haus Aaron.

113,3: *a* Ps 50,1 **113,5:** *a (5-6)* 2.Mose 15,11; Jes 57,15 **113,7:** *a (7-8)* 1.Sam 2,8; Lk 1,48; 1.Mose 41,40-41 **113,9:** *a* 1.Mose 21,2; 1.Sam 1,20; Lk 1,57-58 **114,1:** *a* 2.Mose 12,41 **114,2:** *a* 2.Mose 19,6 **114,3:** *a* 2.Mose 14,21-22; *b* Jos 3,13.16 **114,5:** *a* Jos 4,23-24 **114,7:** *a* 2.Mose 19,18 **114,8:** *a* 2.Mose 17,6 **115,2:** *a* Ps 42,4 **115,4:** *a (4-8)* 5.Mose 4,28; Jes 44,9-20

13 Er segnet, die den HERRN fürchten,
die Kleinen und die Großen.
14 Der HERR segne euch je mehr und mehr,
euch und eure Kinder!
15 Ihr seid die [a]Gesegneten des HERRN,
der Himmel und Erde gemacht hat.

16 Der Himmel ist der Himmel des HERRN;
aber die Erde hat er den Menschenkindern gegeben.
17 Die Toten werden dich, HERR, nicht loben,
keiner, der hinunterfährt in die Stille;[a]
18 aber **wir** loben den HERRN
von nun an bis in Ewigkeit.
Halleluja!

Dank für Rettung aus Todesgefahr

116 Ich liebe den HERRN, denn er hört
die Stimme meines Flehens.
2 Er neigte sein Ohr zu mir;
darum will ich mein Leben lang ihn anrufen.

3 Stricke des Todes hatten mich umfangen, /
des Totenreichs Schrecken hatten mich getroffen;
ich kam in Jammer und Not.
4 Aber ich rief an den Namen des HERRN:
Ach, HERR, errette mich!

5 Der HERR ist gnädig und gerecht,
und unser Gott ist barmherzig.
6 Der HERR behütet die Unmündigen;
wenn ich schwach bin, so hilft er mir.

7 Sei nun wieder zufrieden, meine Seele;
denn der HERR tut dir Gutes.[a]
8 Denn du hast meine Seele vom Tode errettet,
mein Auge von den Tränen,
meinen Fuß vom Gleiten.
9 Ich werde wandeln vor dem HERRN
[a]im Lande der Lebendigen.

10 Ich glaube, auch wenn ich sage:
Ich werde sehr geplagt.*
11 Ich sprach in meinem Zagen:
[a]Alle Menschen sind Lügner.
12 Wie soll ich dem HERRN vergelten
all seine Wohltat, die er an mir tut?

13 Ich will den Kelch des Heils nehmen
UND DES HERRN NAMEN ANRUFEN.
14 ICH WILL MEINE GELÜBDE DEM HERRN ERFÜLLEN
VOR ALL SEINEM VOLK.

15 Der Tod seiner Heiligen
wiegt schwer vor dem HERRN.[a]
16 Ach, HERR, ich bin dein Knecht, /
ich bin dein Knecht, der Sohn deiner Magd;
du hast meine Bande zerrissen.

17 [a]Dir will ich Dank opfern
UND DES HERRN NAMEN ANRUFEN.
18 ICH WILL MEINE GELÜBDE DEM HERRN ERFÜLLEN
VOR ALL SEINEM VOLK
19 in den Vorhöfen am Hause des HERRN,
in dir, Jerusalem.
Halleluja!

Aufruf an die Völker zum Lob Gottes

117 Lobet den HERRN, alle Heiden!
Preiset ihn, alle Völker![a]
2 Denn [a]seine Gnade und Wahrheit
waltet über uns in Ewigkeit.
Halleluja!

Dankbares Bekenntnis zur Hilfe Gottes

118 [a]Danket dem HERRN; denn er ist freundlich,
und seine Güte währet ewiglich.

2 Es sage nun Israel:
Seine Güte währet ewiglich.
3 Es sage nun das Haus Aaron:
Seine Güte währet ewiglich.

* Luther übersetzte: »Ich glaube, darum rede ich« (vgl. 2. Kor 4,13, wo Paulus der griechischen Übersetzung des Alten Testaments folgt).

115,15: *a* Ps 134,3 **115,17:** *a* Jes 38,18 **116,7:** *a* Ps 42,6 **116,9:** *a* Ps 142,6 **116,11:** *a* Röm 3,4 **116,15:** *a* Ps 72,14 **116,17:** *a (17-18)* Jona 2,10 **117,1:** *a* Röm 15,11 **117,2:** *a* 2. Mose 34,6 **118,1:** *a* Ps 106,1

4 Es sagen nun, die den HERRN fürchten:
Seine Güte währet ewiglich.

5 In der Angst rief ich den HERRN an;
und der HERR erhörte mich und tröstete mich.
6 [a] Der HERR ist mit mir,
darum [b] fürchte ich mich nicht;
was können mir Menschen tun?
7 Der HERR ist mit mir, mir zu helfen;
und ich werde herabsehen auf meine Feinde.
8 [a] Es ist gut, auf den HERRN vertrauen
und nicht sich verlassen auf Menschen.
9 Es ist gut, auf den HERRN vertrauen
und nicht sich verlassen auf Fürsten.

10 Alle Heiden umgeben mich;
aber im Namen des HERRN will ich sie abwehren.
11 Sie umgeben mich von allen Seiten;
aber im Namen des HERRN will ich sie abwehren.
12 Sie umgeben mich wie Bienen, /
sie entbrennen wie ein Feuer in Dornen;
aber im Namen des HERRN will ich sie abwehren.
13 Man stößt mich, dass ich fallen soll;
aber der HERR hilft mir.
14 **Der HERR ist meine Macht und mein Psalm**
und ist [a] mein Heil.

15 Man singt mit Freuden vom Sieg /
in den Hütten der Gerechten:
Die Rechte des HERRN behält den Sieg!
16 Die Rechte des HERRN ist erhöht;
die Rechte des HERRN behält den Sieg!
17 **Ich werde nicht sterben, sondern leben**
und des HERRN Werke verkündigen.
18 Der HERR züchtigt mich schwer;
aber [a] er gibt mich dem Tode nicht preis.

19 Tut mir auf die Tore der Gerechtigkeit,
dass ich durch sie einziehe
und dem HERRN danke.
20 Das ist das Tor des HERRN;
[a] die Gerechten werden dort einziehen.
21 Ich danke dir, dass du mich erhört hast
und hast mir geholfen.

22 [a] **Der Stein, den die Bauleute verworfen haben,**
ist zum Eckstein geworden.
23 Das ist vom HERRN geschehen
und ist ein Wunder vor unsern Augen.
24 **Dies ist der Tag, den der HERR macht;**
lasst uns freuen und fröhlich an ihm sein.
25 **O HERR, hilf!**
O HERR, lass wohlgelingen!
26 [a] Gelobt sei, der da kommt im Namen des HERRN!
Wir segnen euch, die ihr vom Hause des HERRN seid.
27 Der HERR ist Gott, der uns erleuchtet.
Schmückt das Fest mit Maien
bis an die [a] Hörner des Altars!

28 Du bist mein Gott und ich danke dir;
mein Gott, ich will dich preisen.
29 Danket dem HERRN; denn er ist freundlich,
und seine Güte währet ewiglich.

Die Herrlichkeit des Wortes Gottes (Das güldene ABC)

119 [a] Wohl denen, die ohne Tadel leben,
die im Gesetz des HERRN wandeln!
2 Wohl denen, die sich an seine Mahnungen halten,
die ihn von ganzem Herzen suchen,
3 die auf seinen Wegen wandeln
und kein Unrecht tun.
4 Du hast geboten, fleißig zu halten
deine Befehle.
5 O dass mein Leben deine Gebote
mit ganzem Ernst hielte.
6 Wenn ich schaue allein auf deine Gebote,
so werde ich nicht zuschanden.
7 Ich danke dir mit aufrichtigem Herzen,

118,6: *a* Röm 8,31; *b* Ps 56,5; Hebr 13,6 **118,8:** *a (8-9)* Ps 146,3 **118,14:** *a* 2.Mose 15,2 **118,18:** *a* 2.Kor 6,9 **118,20:** *a* Jes 26,2 **118,22:** *a (22-23)* Jes 28,16; Mt 21,42 **118,26:** *a* Mt 21,9; 23,39 **118,27:** *a* 2.Mose 27,1-2 **119,1:** *a (1-3)* Ps 112,1-2

dass du mich lehrst die Ordnungen deiner Gerechtigkeit.
8 Deine Gebote will ich halten;
verlass mich nimmermehr!

9 **Wie wird ein junger Mann seinen Weg unsträflich gehen?**
Wenn er sich hält an deine Worte.
10 Ich suche dich von ganzem Herzen;
lass mich nicht abirren von deinen Geboten.
11 Ich behalte dein Wort in meinem Herzen,
damit ich nicht wider dich sündige.
12 Gelobet seist du, HERR!
[a] Lehre mich deine Gebote!
13 Ich will mit meinen Lippen erzählen
alle Weisungen deines Mundes.
14 Ich freue mich über den Weg, den deine Mahnungen zeigen,
wie über großen Reichtum.
15 Ich rede von dem, was du befohlen hast,
und schaue auf deine Wege.
16 Ich habe Freude an deinen Satzungen
und vergesse deine Worte nicht.

17 Tu wohl deinem Knecht, dass ich lebe
und dein Wort halte.
18 **Öffne mir die Augen, dass ich sehe**
die Wunder an deinem Gesetz.
19 **Ich bin** [a] **ein Gast auf Erden;**
verbirg deine Gebote nicht vor mir.
20 Meine Seele verzehrt sich vor Verlangen
nach deinen Ordnungen allezeit.
21 Du schiltst die Stolzen;
[a] verflucht sind, die von deinen Geboten abirren.
22 Wende von mir Schmach und Verachtung;
denn ich halte mich an deine Mahnungen.
23 Fürsten sitzen da und reden wider mich;
aber dein Knecht sinnt nach über deine Gebote.
24 Ich habe Freude an deinen Mahnungen;
sie sind meine Ratgeber.

25 Meine Seele liegt im Staube;
erquicke mich nach deinem Wort.
26 Ich erzähle dir meine Wege und du erhörst mich;
lehre mich deine Gebote.
27 Lass mich verstehen den Weg deiner Befehle,
so will ich reden von deinen Wundern.
28 Ich gräme mich, dass mir die Seele verschmachtet;
stärke mich nach deinem Wort.
29 Halte fern von mir den [a] Weg der Lüge
und gib mir in Gnaden dein Gesetz.
30 Ich habe erwählt den Weg der Wahrheit,
deine Weisungen hab ich vor mich gestellt.
31 Ich halte an deinen Mahnungen fest;
HERR, lass mich nicht zuschanden werden!
32 Ich laufe den Weg deiner Gebote;
denn du tröstest mein Herz.

33 Zeige mir, HERR, den Weg deiner Gebote,
dass ich sie bewahre bis ans Ende.
34 Unterweise mich, dass ich bewahre dein Gesetz
und es halte von ganzem Herzen.
35 Führe mich auf dem Steig deiner Gebote;
denn ich habe Gefallen daran.
36 Neige mein Herz zu deinen Mahnungen
und nicht zur Habsucht.
37 Wende meine Augen ab, dass sie nicht sehen nach unnützer Lehre,
und erquicke mich auf deinem Wege.
38 Erfülle deinem Knecht dein Wort,
dass ich dich fürchte.
39 Wende von mir die Schmach, die ich scheue;
denn deine Ordnungen sind gut.
40 Siehe, ich begehre deine Befehle;
erquicke mich mit deiner Gerechtigkeit.

41 HERR, lass mir deine Gnade widerfahren,
deine Hilfe nach deinem Wort,
42 dass ich antworten kann dem, der mich schmäht;

119,12: *a* Verse 26.64.68 **119,19:** *a* Ps 39,13 **119,21:** *a* 5. Mose 27,26; Gal 3,10 **119,29:** *a* Verse 104.128

denn ich verlasse mich auf dein
Wort.
43 Und nimm ja nicht von meinem
Munde das Wort der Wahrheit;
denn ich hoffe auf deine
Ordnungen.
44 Ich will dein Gesetz halten allezeit,
immer und ewiglich.
45 Und ich wandle fröhlich;
denn ich suche deine Befehle.
46 Ich [a]rede von deinen Zeugnissen vor
Königen
und schäme mich nicht.
47 Ich habe Freude an deinen Geboten,
sie sind mir sehr lieb,
48 und hebe meine Hände auf zu deinen
Geboten, die mir lieb sind,
und rede von deinen Weisungen.

49 Denke an das Wort, das du deinem
Knecht gabst,
und lass mich darauf hoffen.
50 Das ist mein Trost in meinem Elend,
dass dein Wort mich erquickt.
51 Die Stolzen treiben ihren Spott mit
mir;
dennoch weiche ich nicht von
deinem Gesetz.
52 HERR, wenn ich an deine ewigen
Ordnungen denke,
so werde ich getröstet.
53 Zorn erfasst mich über die
Gottlosen,
die dein Gesetz verlassen.
54 Deine Gebote sind mein Lied
im Hause, in dem ich Fremdling
bin.
55 HERR, ich denke des Nachts an deinen
Namen
und halte dein Gesetz.
56 Das ist mein Schatz,
dass ich mich an deine Befehle
halte.

57 Ich habe gesagt: HERR, das soll mein
Erbe sein,
dass ich deine Worte halte.
58 Ich suche deine Gunst von ganzem
Herzen;
sei mir gnädig nach deinem Wort.
59 Ich bedenke meine Wege
und lenke meine Füße zu deinen
Mahnungen.
60 Ich eile und säume nicht,
zu halten deine Gebote.
61 Der Gottlosen Stricke umschlingen
mich;
aber dein Gesetz vergesse ich nicht.
62 Zur Mitternacht stehe ich auf,
dir zu danken
für die Ordnungen deiner
Gerechtigkeit.[a]
63 Ich halte mich zu allen, die dich
fürchten
und deine Befehle halten.
64 HERR, die Erde ist voll deiner Güte;
lehre mich deine Gebote.

65 Du tust Gutes deinem Knecht,
HERR, nach deinem Wort.
66 Lehre mich heilsame Einsicht und
Erkenntnis;
denn ich glaube deinen Geboten.
67 **Ehe ich gedemütigt wurde, irrte ich;**
nun aber halte ich dein Wort.
68 Du bist gütig und freundlich,
lehre mich deine Weisungen.
69 Die Stolzen erdichten Lügen über
mich,
ich aber halte von ganzem Herzen
deine Befehle.
70 Ihr Herz ist völlig verstockt;
ich aber habe Freude an deinem
Gesetz.
71 Es ist gut für mich, dass du mich
gedemütigt hast,
damit ich deine Gebote lerne.
72 Das Gesetz deines Mundes ist mir
lieber
als viel tausend Stück Gold und
Silber.

73 Deine Hand hat mich gemacht und
bereitet;
unterweise mich, dass ich deine
Gebote lerne.
74 Die dich fürchten, sehen mich und
freuen sich;
denn ich hoffe auf dein Wort.
75 HERR, ich weiß, dass deine Urteile
gerecht sind;
in deiner Treue hast du mich
gedemütigt.
76 Deine Gnade soll mein Trost sein,
wie du deinem Knecht zugesagt
hast.

119,46: *a* Mt 10,18 **119,62:** *a* Ps 42,9

77 Lass mir deine Barmherzigkeit widerfahren, dass ich lebe;
denn ich habe Freude an deinem Gesetz.
78 Ach dass die Stolzen zuschanden würden, /
die mich mit Lügen niederdrücken!
Ich aber sinne nach über deine Befehle.
79 Ach dass sich zu mir hielten, die dich fürchten
und deine Mahnungen kennen!
80 Mein Herz bleibe rechtschaffen in deinen Geboten,
damit ich nicht zuschanden werde.

81 Meine Seele verlangt nach deinem Heil;
ich hoffe auf dein Wort.
82 Meine Augen sehnen sich nach deinem Wort
und sagen: Wann tröstest du mich?
83 Ich bin wie ein Weinschlauch im Rauch;
doch deine Gebote vergesse ich nicht.
84 Wie lange soll dein Knecht noch warten?
Wann willst du Gericht halten über meine Verfolger?
85 Die Stolzen graben mir Gruben,
sie, die nicht tun nach deinem Gesetz.
86 All deine Gebote sind Wahrheit;
sie aber verfolgen mich mit Lügen; hilf mir!
87 Sie haben mich fast umgebracht auf Erden;
ich aber verlasse deine Befehle nicht.
88 Erquicke mich nach deiner Gnade,
dass ich halte die Mahnung deines Mundes.

89 HERR, [a] dein Wort bleibt ewiglich,
so weit der Himmel reicht;
90 deine Wahrheit währet für und für.
Du hast die Erde fest gegründet und sie bleibt stehen.
91 Sie steht noch heute nach deinen Ordnungen;
denn es muss dir alles dienen.
92 Wenn dein Gesetz nicht mein [a] Trost gewesen wäre,
so wäre ich vergangen in meinem Elend.
93 Ich will deine Befehle nimmermehr vergessen;
denn du erquickst mich damit.
94 Ich bin dein, hilf mir;
denn ich suche deine Befehle.
95 Die Gottlosen lauern mir auf, dass sie mich umbringen;
ich aber merke auf deine Mahnungen.
96 Ich habe gesehen, dass alles ein Ende hat,
aber dein Gebot bleibt bestehen.

97 Wie habe ich dein Gesetz so lieb!
Täglich sinne ich ihm nach.[a]
98 Du machst mich mit deinem Gebot weiser, als meine Feinde sind;
denn es ist ewiglich mein Schatz.
99 Ich habe mehr Einsicht als alle meine Lehrer;
denn über deine Mahnungen sinne ich nach.
100 Ich bin klüger als die Alten;
denn ich halte mich an deine Befehle.
101 Ich verwehre meinem Fuß alle bösen Wege,
damit ich dein Wort halte.
102 Ich weiche nicht von deinen Ordnungen;
denn du lehrest mich.
103 Dein Wort ist meinem Munde
süßer als Honig.
104 Dein Wort macht mich klug;
darum [a] hasse ich alle falschen Wege.

105 Dein Wort ist meines Fußes Leuchte
und [a] ein Licht auf meinem Wege.
106 Ich schwöre und will's halten:
Die Ordnungen deiner Gerechtigkeit will ich bewahren.
107 Ich bin sehr gedemütigt;
HERR, erquicke mich nach deinem Wort!
108 [a] Lass dir gefallen, HERR, das Opfer meines Mundes,
und lehre mich deine Ordnungen.

119,89: *a* Jes 40,8 **119,92:** *a* Jer 15,16 **119,97:** *a* Ps 1,2 **119,104:** *a* Vers 29 **119,105:** *a* 2.Petr 1,19 **119,108:** *a* Ps 19,15

109 Mein Leben ist immer in Gefahr;
aber dein Gesetz vergesse ich nicht.
110 Die Gottlosen legen mir Schlingen;
ich aber irre nicht ab von deinen Befehlen.
111 Deine Mahnungen sind mein ewiges Erbe;
denn sie sind meines Herzens Wonne.
112 Ich neige mein Herz,
zu tun deine Gebote immer und ewiglich.

113 Ich [a]hasse die Wankelmütigen
und liebe dein Gesetz.
114 Du bist mein Schutz und mein Schild;
ich hoffe auf dein Wort.
115 Weichet von mir, ihr Übeltäter!
Ich will mich halten an die Gebote meines Gottes.
116 Erhalte mich durch dein Wort, dass ich lebe,
und lass mich nicht zuschanden werden in meiner Hoffnung.
117 Stärke mich, dass ich gerettet werde,
so will ich stets Freude haben an deinen Geboten.
118 Du verwirfst alle, die von deinen Geboten abirren;
denn ihr Tun ist Lug und Trug.
119 Du schaffst alle Gottlosen auf Erden weg [a]wie Schlacken,
darum liebe ich deine Mahnungen.
120 Ich fürchte mich vor dir, dass mir die Haut schaudert,
und ich entsetze mich vor deinen Gerichten.

121 Ich übe Recht und Gerechtigkeit;
übergib mich nicht denen, die mir Gewalt antun wollen.
122 Tritt ein für deinen Knecht und tröste ihn,
dass mir die Stolzen nicht Gewalt antun!
123 Meine Augen sehnen sich nach deinem Heil
und nach dem Wort deiner Gerechtigkeit.
124 Handle mit deinem Knechte nach deiner Gnade
und lehre mich deine Gebote.
125 Ich bin dein Knecht: Unterweise mich,
dass ich verstehe deine Mahnungen.
126 Es ist Zeit, dass der HERR handelt;
sie haben dein Gesetz zerbrochen.
127 Darum liebe ich deine Gebote
mehr als Gold und feines Gold.
128 Darum halte ich alle deine Befehle für recht,
[a]ich hasse alle falschen Wege.

129 Deine Mahnungen sind Wunderwerke;
darum hält sie meine Seele.
130 Wenn dein Wort offenbar wird, so erfreut es
und macht klug
die Unverständigen.
131 Ich tue meinen Mund weit auf und lechze,
denn mich verlangt nach deinen Geboten.
132 Wende dich zu mir und sei mir gnädig,
wie du pflegst zu tun denen,
die deinen Namen lieben.
133 Lass meinen Gang in deinem Wort fest sein
und lass kein Unrecht über mich herrschen.
134 Erlöse mich von der Bedrückung durch Menschen,
so will ich halten deine Befehle.
135 Lass dein Antlitz leuchten über deinen Knecht,
und lehre mich deine Gebote.
136 Meine Augen fließen von Tränen,
weil man dein Gesetz nicht hält.

137 HERR, du bist gerecht,
und deine Urteile sind richtig.
138 Du hast deine Mahnungen geboten
in Gerechtigkeit und großer Treue.
139 Ich habe mich fast zu Tode [a]geeifert,
weil meine Widersacher deine Worte vergessen.
140 Dein Wort ist ganz durchläutert,
und dein Knecht hat es lieb.
141 Ich bin gering und verachtet;
ich vergesse aber nicht deine Befehle.
142 Deine Gerechtigkeit ist eine ewige Gerechtigkeit,

119,113: *a* Ps 31,7; 1. Kön 18,21 **119,119:** *a* Jes 1,25 **119,128:** *a* Vers 29 **119,139:** *a* Ps 69,10

und dein Gesetz ist Wahrheit.
143 Angst und Not haben mich getroffen;
ich habe aber Freude an deinen Geboten.
144 Deine Mahnungen sind gerecht in Ewigkeit;
unterweise mich, so lebe ich.

145 Ich rufe von ganzem Herzen;
erhöre mich, HERR;
ich will deine Gebote halten.
146 Ich rufe zu dir, hilf mir;
ich will mich an deine Mahnungen halten.
147 Ich komme in der Frühe und rufe um Hilfe;
auf dein Wort hoffe ich.
148 Ich wache auf, wenn's noch Nacht ist,
nachzusinnen über dein Wort.
149 Höre meine Stimme nach deiner Gnade;
HERR, erquicke mich nach deinem Recht.
150 Meine arglistigen Verfolger nahen;
aber sie sind fern von deinem Gesetz.
151 HERR, du bist nahe,
und alle deine Gebote sind Wahrheit.
152 Längst weiß ich aus deinen Mahnungen,
dass du sie für ewig gegründet hast.

153 Sieh doch mein Elend und errette mich;
denn ich vergesse dein Gesetz nicht.
154 Führe meine Sache und erlöse mich;
erquicke mich durch dein Wort.
155 Das Heil ist fern von den Gottlosen;
denn sie achten deine Gebote nicht.
156 HERR, deine Barmherzigkeit ist groß;
erquicke mich nach deinem Recht.
157 Meiner Verfolger und Widersacher sind viele;
ich weiche aber nicht von deinen Mahnungen.
158 Ich sehe die Verächter und es tut mir wehe,
dass sie dein Wort nicht halten.
159 Siehe, ich liebe deine Befehle;
HERR, erquicke mich nach deiner Gnade.
160 [a] Dein Wort ist nichts als Wahrheit,
alle Ordnungen deiner Gerechtigkeit währen ewiglich.

161 Fürsten verfolgen mich ohne Grund;
aber mein Herz fürchtet sich nur vor deinen Worten.
162 Ich freue mich über dein Wort
wie einer, der große Beute macht.
163 Lügen bin ich Feind,
und sie sind mir ein Gräuel;
aber dein Gesetz habe ich lieb.
164 Ich lobe dich des Tages siebenmal
um deiner gerechten Ordnungen willen.
165 Großen Frieden haben,
die dein Gesetz lieben;
sie werden nicht straucheln.
166 HERR, ich warte auf dein Heil
und tue nach deinen Geboten.
167 Meine Seele hält sich an deine Mahnungen
und liebt sie sehr.
168 Ich halte deine Befehle und deine Mahnungen;
denn alle meine Wege liegen offen vor dir.

169 HERR, lass mein Klagen vor dich kommen;
unterweise mich nach deinem Wort.
170 Lass mein Flehen vor dich kommen;
errette mich nach deinem Wort.
171 Meine Lippen sollen dich loben;
denn du lehrst mich deine Gebote.
172 Meine Zunge soll singen von deinem Wort;
denn alle deine Gebote sind gerecht.
173 Lass deine Hand mir beistehen;
denn ich habe erwählt deine Befehle.
174 HERR, mich verlangt nach deinem Heil,
und an deinem Gesetz habe ich Freude.
175 Lass meine Seele leben,
dass sie dich lobe,
und dein Recht mir helfen.
176 Ich bin [a] wie ein verirrtes und verlorenes Schaf;
suche deinen Knecht,
denn ich vergesse deine Gebote nicht.

119,160: *a* Joh 17,17 **119,176:** *a* Jes 53,6

Hilferuf gegen Verleumder

120 EIN WALLFAHRTSLIED.
Ich rufe zu dem HERRN
in meiner Not
und er erhört mich.
2 HERR, errette mich von den
Lügenmäulern,
von den falschen Zungen.

3 Was soll er dir antun, du falsche
Zunge,
und was dir noch geben?
4 Scharfe Pfeile eines Starken
und feurige Kohlen!

5 Weh mir, dass ich weilen muss
unter Meschech;
ich muss wohnen bei den Zelten
Kedars!
6 Es wird meiner Seele lang,
zu wohnen bei denen,
die den Frieden hassen.
7 Ich [a] halte Frieden;
aber wenn ich rede,
so fangen sie Streit an.

Der treue Menschenhüter

121 EIN WALLFAHRTSLIED.
Ich hebe meine Augen auf
zu den Bergen.
Woher kommt mir Hilfe?*
2 Meine Hilfe kommt vom HERRN,
der Himmel und Erde gemacht hat.

3 Er wird deinen Fuß nicht gleiten
lassen,
und der dich behütet, schläft nicht.
4 Siehe, der Hüter Israels
schläft und schlummert nicht.

5 Der HERR behütet dich;
der HERR ist dein Schatten
über deiner rechten Hand,
6 dass dich des Tages die Sonne nicht
steche
noch der Mond des Nachts.

7 [a] Der HERR behüte dich vor allem Übel,
er behüte deine Seele.
8 Der HERR behüte deinen Ausgang und
Eingang
von nun an bis in Ewigkeit! [a]

Ein Segenswunsch für Jerusalem

122 [a] VON DAVID,
EIN WALLFAHRTSLIED.
Ich freute mich über die, die mir sagten:
Lasset uns ziehen zum Hause des
HERRN!
2 Nun stehen unsere Füße
in deinen Toren, Jerusalem.

3 Jerusalem ist gebaut als eine Stadt,
in der man zusammenkommen soll,
4 wohin die Stämme hinaufziehen,
die Stämme des HERRN,
wie es geboten ist dem Volke Israel,
zu preisen den Namen des HERRN.
5 Denn dort stehen die Throne zum
Gericht,
die Throne des Hauses David.

6 Wünschet Jerusalem [a] Glück!
Es möge wohlgehen denen,
die dich lieben!
7 Es möge Friede sein in deinen Mauern
und Glück in deinen Palästen!
8 Um meiner Brüder und Freunde willen
will ich dir Frieden wünschen.
9 Um des Hauses des HERRN willen,
unseres Gottes,
will ich dein Bestes suchen.

Aufblick zu Gottes Gnade

123 EIN WALLFAHRTSLIED.
Ich hebe meine Augen auf
zu dir,
der du im Himmel wohnest.
2 Siehe, wie die Augen der Knechte
auf die Hände ihrer Herren sehen,
wie die Augen der Magd
auf die Hände ihrer Frau,
so sehen unsre Augen auf den HERRN,
unsern Gott,
bis er uns gnädig werde.

3 Sei uns gnädig, HERR, sei uns gnädig;
denn allzu sehr litten wir
Verachtung.

* Luther übersetzte nach der lateinischen Übersetzung: »... zu den Bergen, von welchen mir Hilfe kommt.«

120,7: *a* Röm 12,18 **121,7:** *a (7-8)* 4. Mose 6,24-26 **121,8:** *a* 5. Mose 28,6 **122,1:** *a (1-2)* Ps 26,8; Hes 48,35 **122,6:** *a* Sach 4,7

4 Allzu sehr litt unsere Seele
den Spott der Stolzen
und die Verachtung der Hoffärtigen.

Der Helfer in der Not

124 VON DAVID, EIN WALLFAHRTSLIED.
Wäre der HERR nicht bei uns
– so sage Israel –,
2 wäre der HERR nicht bei uns,
wenn Menschen wider uns aufstehen,
3 so verschlängen sie uns lebendig,
wenn ihr Zorn über uns entbrennt;
4 so [a]ersäufte uns Wasser,
Ströme gingen [b]über unsre Seele,
5 es gingen Wasser
hoch über uns hinweg.

6 Gelobt sei der HERR,
dass er uns nicht gibt
zum Raub in ihre Zähne!
7 Unsre Seele ist entronnen wie ein Vogel /
dem Netze des Vogelfängers;
das Netz ist zerrissen
und wir sind frei.

8 Unsre Hilfe steht im Namen des HERRN,
der Himmel und Erde gemacht hat.

Der HERR ist um sein Volk her

125 EIN WALLFAHRTSLIED.
Die auf den HERRN hoffen,
werden nicht fallen,
sondern ewig bleiben wie der Berg Zion.
2 Wie um Jerusalem Berge sind,
so ist der HERR um sein Volk her
von nun an bis in Ewigkeit.

3 Denn der Gottlosen Zepter wird nicht bleiben /
über dem Erbteil der Gerechten,
damit die Gerechten ihre Hand
nicht ausstrecken zur Ungerechtigkeit.

4 HERR, tu wohl den Guten
und denen, die frommen Herzens sind.
5 Die aber abweichen auf ihre krummen Wege, /
wird der HERR dahinfahren lassen mit den Übeltätern.
[a]Friede sei über Israel!

Der HERR erlöst seine Gefangenen

126 [a]EIN WALLFAHRTSLIED.
Wenn der HERR die Gefangenen Zions erlösen wird,
so werden wir sein wie die Träumenden.
2 Dann wird unser Mund voll Lachens
und unsre Zunge voll Rühmens sein.
Dann wird man sagen unter den Heiden:
Der HERR hat Großes an ihnen getan!

3 Der HERR hat Großes an uns getan;
des sind wir fröhlich.

4 HERR, bringe zurück unsre Gefangenen,
wie du die Bäche wiederbringst
im Südland.
5 **Die mit Tränen säen,**
werden mit Freuden ernten.[a]
6 **Sie gehen hin und weinen**
und streuen ihren Samen
und [a]kommen mit Freuden
und bringen ihre Garben.

An Gottes Segen ist alles gelegen

127 VON SALOMO, EIN WALLFAHRTSLIED.
Wenn der HERR nicht das Haus baut,
so arbeiten umsonst, die daran bauen.
Wenn der HERR nicht die Stadt behütet,
so wacht der Wächter umsonst.
2 Es ist umsonst, dass ihr früh aufsteht
und hernach lange sitzet
und esset euer Brot mit Sorgen;
denn [a]seinen Freunden gibt er es im Schlaf.

124,4: *a* Ps 69,16; *b* Ps 42,8 **125,5:** *a* Ps 128,6; Gal 6,16 **126,1:** *a (1-2)* Ps 14,7 **126,5:** *a* Mt 5,4 **126,6:** *a* Jes 35,10 **127,2:** *a* Spr 10,22

3 Siehe, Kinder sind eine Gabe des HERRN,
und Leibesfrucht ist ein Geschenk.[a]
4 Wie Pfeile in der Hand eines Starken,
so sind die Söhne der Jugendzeit.
5 Wohl dem, der seinen Köcher mit ihnen gefüllt hat!
Sie werden nicht zuschanden,
wenn sie mit ihren Feinden verhandeln im Tor.

Gesegneter Hausstand

128 EIN WALLFAHRTSLIED.
Wohl dem, der den HERRN fürchtet
und auf seinen Wegen geht!
2 Du wirst dich nähren von deiner Hände Arbeit;
wohl dir, du hast's gut.

3 Deine Frau wird sein
wie ein fruchtbarer Weinstock
drinnen in deinem Hause,
deine Kinder wie junge Ölbäume
um deinen Tisch her.[a]
4 Siehe, so wird gesegnet der Mann,
der den HERRN fürchtet.

5 Der HERR wird dich segnen aus Zion,
dass du siehst das Glück Jerusalems
dein Leben lang
6 und [a]siehst Kinder deiner Kinder.
[b]Friede sei über Israel!

Hilferuf des bedrängten Israel

129 EIN WALLFAHRTSLIED.
Sie haben mich oft bedrängt
von meiner Jugend auf
– so sage Israel –,
2 sie haben mich oft bedrängt
von meiner Jugend auf;
aber sie haben mich nicht überwältigt.
3 Die Pflüger haben [a]auf meinem Rücken geackert
und ihre Furchen lang gezogen.
4 Der HERR, der gerecht ist,
hat der Gottlosen Stricke zerhauen.
5 Ach dass zuschanden würden und zurückwichen
alle, die Zion gram sind!
6 Ach dass sie würden wie das Gras auf den Dächern,
das verdorrt, ehe man es ausrauft,
7 mit dem der Schnitter seine Hand nicht füllt
noch der Garbenbinder seinen Arm;
8 und keiner, der vorübergeht, soll sprechen: /
[a]Der Segen des HERRN sei über euch!
Wir segnen euch im Namen des HERRN.

Aus tiefer Not
(Der sechste Bußpsalm)

130 EIN WALLFAHRTSLIED.
Aus der Tiefe rufe ich, HERR, zu dir. /
2 Herr, höre meine Stimme!
Lass deine Ohren merken
auf die Stimme meines Flehens!
3 Wenn du, HERR, Sünden anrechnen willst –
Herr, wer wird bestehen?
4 Denn bei dir ist die [a]Vergebung,
dass man dich fürchte.

5 [a]Ich harre des HERRN,
meine Seele harret,
und ich hoffe auf sein Wort.
6 Meine Seele wartet auf den Herrn
mehr als die Wächter auf den Morgen;*
mehr als die Wächter auf den Morgen
7 hoffe Israel auf den HERRN!
Denn bei dem HERRN ist die Gnade
und viel Erlösung bei ihm.
8 Und er wird Israel erlösen
aus allen seinen Sünden.[a]

Kindliche Ergebung

131 VON DAVID,
EIN WALLFAHRTSLIED.
HERR, mein Herz ist nicht hoffärtig,
und meine Augen sind nicht stolz.
Ich gehe nicht um mit großen Dingen,
die mir zu wunderbar sind.

* Luther übersetzte: »Meine Seele wartet auf den Herrn von einer Morgenwache bis zur andern.«

127,3: *a* Ps 128,3-4; 1. Mose 30,2; 33,5 **128,3:** *a* Ps 127,3 **128,6:** *a* 1. Mose 48,11; *b* Ps 125,5 **129,3:** *a* Jes 51,23 **129,8:** *a* Rut 2,4 **130,4:** *a* Jes 55,7; Röm 6,1-2 **130,5:** *a (5-6)* Jes 21,11; Lk 12,35-36 **130,8:** *a* Mt 1,21

2 Fürwahr, [a] meine Seele ist still und ruhig geworden
wie ein kleines Kind bei seiner Mutter;
wie ein kleines Kind,
so ist meine Seele in mir.

3 Israel, hoffe auf den HERRN
von nun an bis in Ewigkeit!

Davids Haus und das Heiligtum auf Zion

132 EIN WALLFAHRTSLIED.
Gedenke, HERR, an David
und all seine Mühsal,
2 der dem HERRN einen Eid schwor
und gelobte dem Mächtigen Jakobs:
3 [a] Ich will nicht in mein Haus gehen
noch mich aufs Lager meines Bettes legen,
4 ich will meine Augen nicht schlafen lassen
noch meine Augenlider schlummern,
5 bis ich eine Stätte finde für den HERRN,
eine Wohnung für den Mächtigen Jakobs.

6 Siehe, wir hörten von ihr in Efrata,
wir haben sie gefunden im Gefilde von Jaar.
7 Wir wollen in seine Wohnung gehen
und anbeten vor dem Schemel seiner Füße.
8 HERR, [a] mache dich auf zur Stätte deiner Ruhe,
du und [b] die Lade deiner Macht!
9 Deine Priester lass sich kleiden mit Gerechtigkeit
und deine Heiligen sich freuen.
10 Weise nicht ab das Antlitz deines Gesalbten
um deines Knechtes David willen!

11 Der HERR hat David [a] einen Eid geschworen,
davon wird er sich wahrlich nicht wenden:
Ich will dir auf deinen Thron setzen
einen, der von deinem Leibe kommt.
12 Werden deine Söhne meinen Bund halten
und mein Gebot, das ich sie lehren werde,
so sollen auch ihre Söhne
auf deinem Thron sitzen ewiglich.

13 Denn der HERR hat Zion erwählt,
und [a] es gefällt ihm,
dort zu wohnen.
14 »Dies ist die Stätte meiner Ruhe ewiglich;
hier will ich wohnen,
denn das gefällt mir.
15 Ich will ihre Speise segnen
und ihren Armen Brot genug geben.
16 Ihre Priester will ich mit Heil kleiden,
und ihre Heiligen sollen fröhlich sein.
17 Dort soll dem David aufgehen
ein mächtiger Spross,
ich habe [a] meinem Gesalbten
eine [b] Leuchte zugerichtet;
18 seine Feinde will ich in Schande kleiden,
aber über ihm soll blühen seine Krone.«

Segen der brüderlichen Eintracht

133 VON DAVID,
EIN WALLFAHRTSLIED.
Siehe, wie fein und lieblich ist's,
wenn [a] Brüder einträchtig beieinander wohnen!
2 Es ist wie das feine [a] Salböl
auf dem Haupte Aarons, /
das herabfließt in seinen Bart,
das herabfließt zum Saum seines Kleides,
3 wie der Tau, der vom Hermon herabfällt
auf die Berge Zions!
Denn dort verheißt der HERR den Segen
und Leben bis in Ewigkeit.

Nächtliches Loblied im Tempel

134 EIN WALLFAHRTSLIED.
Wohlan, lobet den HERRN, alle Knechte des HERRN,

131,2: *a* Ps 62,2 **132,3:** *a (3-5)* 2.Sam 7,2; Apg 7,46 **132,8:** *a* 4.Mose 10,35; 2.Chr 6,41; *b* Ps 78,61 **132,11:** *a* Ps 89,4-5; Hebr 6,17 **132,13:** *a* Ps 68,17; 76,3 **132,17:** *a* 1.Sam 2,10; *b* 1.Kön 11,36 **133,1:** *a* 1.Mose 13,8 **133,2:** *a* 2.Mose 29,7; 30,23-30

die ihr steht des Nachts im Hause
des HERRN!
2 Hebet eure Hände auf im Heiligtum
und lobet den HERRN!
3 Der HERR segne dich aus Zion,
der Himmel und Erde gemacht
hat![a]

Anbetung des lebendigen Gottes

135 Halleluja!
Lobet den Namen des HERRN,
lobet, ihr Knechte des HERRN,
2 die ihr steht im Hause des HERRN,
in den Vorhöfen am Hause unsres
Gottes!
3 Lobet den HERRN, denn der HERR ist
freundlich;
lobsinget seinem Namen, denn er
ist lieblich!
4 Denn der HERR hat sich Jakob erwählt,
Israel zu seinem Eigentum.[a]

5 Ja, ich weiß, dass der HERR groß ist
und [a]unser Herr über allen
Göttern.
6 Alles, was er will, das tut er
im Himmel und auf Erden,
im Meer und in allen Tiefen;
7 der die Wolken lässt aufsteigen vom
Ende der Erde, /
der die Blitze samt dem Regen macht,
der den Wind herausführt aus
seinen Kammern;[a]
8 der [a]die Erstgeburten schlug
in Ägypten
bei den Menschen und beim Vieh
9 und ließ [a]Zeichen und Wunder
kommen über dich, Ägyptenland,
über den Pharao und alle seine
Knechte;
10 [a]der viele Völker schlug
und tötete mächtige Könige,
11 Sihon, den König der Amoriter, /
und Og, den König von Baschan,
und alle Königreiche in Kanaan,
12 und [a]gab ihr Land zum Erbe,
zum Erbe seinem Volk Israel.

13 HERR, [a]dein Name währet ewiglich,
dein Ruhm, HERR, währet für und
für.
14 Denn [a]der HERR schafft Recht seinem
Volk
und wird seinen Knechten gnädig
sein.

15 [a]Die Götzen der Heiden sind Silber
und Gold,
gemacht von Menschenhänden.
16 Sie haben Mäuler und reden nicht,
sie haben Augen und sehen nicht,
17 sie haben Ohren und hören nicht,
auch ist kein Odem in ihrem
Munde.
18 Die solche Götzen machen, sind
ihnen gleich,
alle, die auf sie hoffen.

19 Das Haus Israel lobe den HERRN!
Lobet den HERRN, ihr vom Hause
Aaron!
20 Ihr vom Hause Levi, lobet den
HERRN!
Die ihr den HERRN fürchtet,
lobet den HERRN!
21 Gelobt sei der HERR aus Zion,
der zu Jerusalem wohnt!
Halleluja!

Gottes Wunder in seiner Schöpfung und in der Geschichte seines Volkes

136 [a]Danket dem HERRN; denn
er ist freundlich,
denn seine Güte währet ewiglich.
2 Danket dem Gott aller Götter,
denn seine Güte währet ewiglich.
3 Danket dem Herrn aller Herren,
denn seine Güte währet ewiglich.

4 Der allein große Wunder tut,
denn seine Güte währet ewiglich.
5 Der die Himmel mit Weisheit gemacht
hat,
denn seine Güte währet ewiglich.
6 Der die Erde über den Wassern
ausgebreitet hat,
denn seine Güte währet ewiglich.
7 [a]Der große Lichter gemacht hat,
denn seine Güte währet ewiglich:
8 die Sonne, den Tag zu regieren,
denn seine Güte währet ewiglich;

134,3: *a* Ps 115,15 **135,4:** *a* 2. Mose 19,5-6 **135,5:** *a* Ps 86,8 **135,7:** *a* Jer 10,13 **135,8:** *a* 2. Mose 12,29 **135,9:** *a* Ps 78,42-52 **135,10:** *a (10-12)* 4. Mose 21,21-35 **135,12:** *a* Jos 12,1-6 **135,13:** *a* Ps 102,13 **135,14:** *a* 5. Mose 32,36 **135,15:** *a (15-20)* Ps 115,4-11 **136,1:** *a* Ps 106,1 **136,7:** *a (7-9)* 1. Mose 1,14-18

9 den Mond und die Sterne, die Nacht zu regieren,
denn seine Güte währet ewiglich.

10 [a]Der die Erstgeborenen schlug in Ägypten,
denn seine Güte währet ewiglich;
11 und führte Israel von dort heraus,
denn seine Güte währet ewiglich;
12 mit starker Hand und ausgerecktem Arm,
denn seine Güte währet ewiglich.
13 Der das Schilfmeer teilte in zwei Teile,
denn seine Güte währet ewiglich;
14 und ließ Israel mitten hindurchgehen,
denn seine Güte währet ewiglich;
15 der den Pharao und sein Heer ins Schilfmeer stieß,
denn seine Güte währet ewiglich.

16 Der sein Volk führte durch die Wüste,
denn seine Güte währet ewiglich.
17 [a]Der große Könige schlug,
denn seine Güte währet ewiglich;
18 und brachte mächtige Könige um,
denn seine Güte währet ewiglich;
19 Sihon, den König der Amoriter,
denn seine Güte währet ewiglich;
20 und Og, den König von Baschan,
denn seine Güte währet ewiglich;
21 und gab ihr Land zum Erbe,
denn seine Güte währet ewiglich;
22 zum Erbe seinem Knecht Israel,
denn seine Güte währet ewiglich.
23 Der an uns dachte, als wir unterdrückt waren,
denn seine Güte währet ewiglich;
24 und uns erlöste von unsern Feinden,
denn seine Güte währet ewiglich.
25 Der [a]Speise gibt allem Fleisch,
denn seine Güte währet ewiglich.

26 Danket dem Gott des Himmels,
denn seine Güte währet ewiglich.

Klage der Gefangenen zu Babel

137 An den Wassern zu Babel saßen wir und weinten,
wenn wir an Zion gedachten.
2 Unsere Harfen hängten wir
an die Weiden dort im Lande.
3 Denn die uns gefangen hielten,
hießen uns dort singen
und in unserm Heulen fröhlich sein:
»Singet uns ein Lied von Zion!«

4 Wie könnten wir des HERRN Lied singen
in fremdem Lande?
5 [a]Vergesse ich dich, Jerusalem,
so verdorre meine Rechte.
6 Meine Zunge soll an meinem Gaumen kleben,
wenn ich deiner nicht gedenke,
wenn ich nicht lasse Jerusalem
meine höchste Freude sein.

7 HERR, [a]vergiss den Söhnen Edom nicht, /
was sie sagten am Tage Jerusalems:
»Reißt nieder, reißt nieder bis auf den Grund!«
8 Tochter Babel, du Verwüsterin,
wohl dem, der dir vergilt, was du uns angetan hast!
9 Wohl dem, der [a]deine jungen Kinder nimmt
und sie am Felsen zerschmettert![b]

Dank für Gottes Hilfe

138 VON DAVID.
Ich danke dir von ganzem Herzen,
vor den Göttern will ich dir lobsingen.
2 Ich will anbeten vor deinem heiligen Tempel
und deinen Namen preisen
für deine Güte und Treue;
denn du hast deinen Namen und dein Wort
herrlich gemacht über alles.
3 Wenn ich dich anrufe, so erhörst du mich
und gibst meiner Seele große Kraft.

4 Es danken dir, HERR, alle Könige auf Erden,
[a]dass sie hören das Wort deines Mundes;
5 sie singen von den Wegen des HERRN,
dass die Herrlichkeit des HERRN so groß ist.

136,10: *a (10-16)* Ps 135,8-12 **136,17:** *a (17-22)* 4.Mose 21,23-35 **136,25:** *a* Ps 145,15 **137,5:** *a* Jer 51,50 **137,7:** *a* Ps 79,12; Obd 10-15 **137,9:** *a* Jes 13,16; *b* Röm 12,19 **138,4:** *a* Jes 2,3

6 Denn der HERR ist hoch und sieht auf den Niedrigen
und kennt den Stolzen von ferne.

7 Wenn ich mitten in der Angst wandle,
so erquickest du mich
und reckst deine Hand gegen den Zorn meiner Feinde
und hilfst mir mit deiner Rechten.
8 Der HERR wird meine Sache hinausführen. /
HERR, deine Güte ist ewig.
Das Werk deiner Hände wollest du nicht lassen.

Gott der Allwissende und Allgegenwärtige

139 [a] EIN PSALM DAVIDS, VORZUSINGEN.
HERR, du erforschest mich
und kennest mich.
2 Ich sitze oder stehe auf,
so weißt du es;
du verstehst meine Gedanken von ferne.
3 Ich gehe oder liege, so bist du um mich
und siehst alle meine Wege.
4 Denn siehe, es ist kein Wort auf meiner Zunge,
das du, HERR, nicht schon wüsstest.
5 Von allen Seiten umgibst du mich
und hältst deine Hand über mir.
6 Diese Erkenntnis ist mir zu wunderbar und zu hoch,
ich kann sie nicht begreifen.

7 Wohin soll ich gehen vor deinem Geist,
und wohin soll ich fliehen vor deinem Angesicht?
8 Führe ich gen Himmel, so bist du da;
bettete ich mich bei den Toten,
siehe, so bist du auch da.[a]
9 Nähme ich Flügel der Morgenröte
und [a]bliebe am äußersten Meer,
10 so würde auch dort deine Hand mich führen
und deine Rechte mich halten.
11 [a]Spräche ich: Finsternis möge mich decken
und Nacht statt Licht um mich sein –,
12 so wäre auch Finsternis nicht finster bei dir,
und die Nacht leuchtete wie der Tag.
Finsternis ist wie das Licht.

13 Denn du hast meine Nieren bereitet
und hast mich gebildet im Mutterleibe.
14 Ich danke dir dafür,
dass ich wunderbar gemacht bin;
wunderbar sind deine Werke;
das erkennt meine Seele.
15 Es war dir mein Gebein nicht verborgen, /
als ich im Verborgenen gemacht wurde,
als ich gebildet wurde unten in der Erde.
16 Deine Augen sahen mich,
als ich noch nicht bereitet war,
und [a]alle Tage waren in dein Buch geschrieben,
die noch werden sollten
und von denen keiner da war.

17 Aber [a]wie schwer sind für mich, Gott, deine Gedanken!
Wie ist ihre Summe so groß!
18 Wollte ich sie zählen, so wären sie mehr als der Sand:
[a]Am Ende bin ich noch immer bei dir.

19 Ach Gott, wolltest du doch die Gottlosen töten!
Dass doch die Blutgierigen von mir wichen!
20 Denn sie reden von dir lästerlich,
und deine Feinde erheben sich mit frechem Mut.
21 Sollte ich nicht hassen, HERR, die dich hassen,
und verabscheuen, die sich gegen dich erheben?
22 Ich hasse sie mit ganzem Ernst;
sie sind mir zu Feinden geworden.

23 Erforsche mich, Gott, und erkenne mein Herz;
prüfe mich und erkenne, wie ich's meine.
24 Und sieh, ob ich auf bösem Wege bin,
und leite mich auf ewigem Wege.

139,1: *a (1-2)* Ps 7,10; Jer 17,10 **139,8:** *a* Am 9,2 **139,9:** *a* Jona 1,3 **139,11:** *a (11-12)* Hiob 34,22 **139,16:** *a* Ps 31,16 **139,17:** *a* Ps 40,6 **139,18:** *a* Ps 63,7

Bitte um Rettung vor boshaften Feinden

140 EIN PSALM DAVIDS, VORZUSINGEN.
2 Errette mich, HERR, von den bösen Menschen;
behüte mich vor den Gewalttätigen,
3 die Böses planen in ihrem Herzen
und täglich Streit erregen.
4 Sie haben scharfe Zungen wie Schlangen,
[a] Otterngift ist unter ihren Lippen.
SELA.
5 Bewahre mich, HERR, vor der Hand der Gottlosen;
behüte mich vor den Gewalttätigen,
die mich zu Fall bringen wollen.
6 Die Hoffärtigen legen mir Schlingen /
und breiten Stricke aus zum Netz
und stellen mir Fallen auf den Weg.
SELA.

7 Ich aber sage zum HERRN:
[a] Du bist mein Gott;
HERR, vernimm die Stimme meines Flehens!
8 HERR, meine starke Hilfe,
du beschirmst mein Haupt zur Zeit des Streits.
9 HERR, gib dem Gottlosen nicht, was er begehrt!
Was er sinnt, lass nicht gelingen,
sie könnten sich sonst überheben.
SELA.
10 Das Unglück, über das meine Feinde beraten,
komme über sie selber.
11 Er möge feurige Kohlen über sie schütten;
er möge sie stürzen in Gruben,
dass sie nicht mehr aufstehen.

12 Ein böses Maul wird kein Glück haben auf Erden;
ein frecher, böser Mensch wird verjagt und gestürzt werden.
13 Denn ich weiß, dass der HERR des Elenden Sache führen
und den Armen Recht schaffen wird.
14 Ja, die Gerechten werden deinen Namen preisen,
und die Frommen werden vor deinem Angesicht bleiben.

Bitte um Bewahrung

141 EIN PSALM DAVIDS.
HERR, ich rufe zu dir, eile zu mir;
vernimm meine Stimme,
wenn ich dich anrufe.
2 Mein Gebet möge vor dir gelten als ein [a] Räucheropfer,
das Aufheben meiner Hände
als ein [b] Abendopfer.
3 HERR, behüte meinen Mund
und bewahre meine Lippen![a]
4 Neige mein Herz nicht zum Bösen, /
gottlos zu leben mit den Übeltätern;
ich mag nicht essen von ihren leckeren Speisen.

5 Der Gerechte schlage mich freundlich
und [a] weise mich zurecht;
das wird mir wohltun wie Balsam auf dem Haupte.
Mein Haupt wird sich dagegen nicht wehren.
Doch ich bete stets, dass jene mir nicht Schaden tun.
6 Ihre Anführer sollen hinabgestürzt werden vom Felsen;
dann wird man merken, wie richtig meine Worte gewesen sind.
7 Ihre Gebeine werden zerstreut bis zur Pforte des Todes,
wie wenn einer das Land pflügt und zerwühlt.
8 Ja, auf dich, HERR, sehen meine Augen;
ich traue auf dich,
gib mich nicht in den Tod dahin.
9 Bewahre mich vor der Schlinge,
die sie mir gelegt haben,
und vor der Falle der Übeltäter.
10 Die Gottlosen sollen miteinander
in ihr eigenes Netz fallen;
mich aber lass entrinnen.

Hilferuf in schwerer Bedrängnis

142 EINE UNTERWEISUNG DAVIDS, [a] ALS ER IN DER HÖHLE WAR, EIN GEBET.

140,4: *a* Röm 3,13 **140,7:** *a* Ps 22,11 **141,2:** *a* 2. Mose 30,7; *b* 2. Mose 29,39 **141,3:** *a* Ps 39,2; Jak 3,5-6 **141,5:** *a* 3. Mose 19,17; Spr 27,5-6 **142,1:** *a* 1. Sam 24,4

2 Ich schreie zum HERRN mit meiner Stimme,
ich flehe zum HERRN mit meiner Stimme.
3 Ich schütte meine Klage vor ihm aus
und zeige an vor ihm meine Not.
4 Wenn mein Geist in Ängsten ist,
so nimmst du dich meiner an.
Sie legen mir Schlingen
auf dem Wege, den ich gehe.
5 Schau zur Rechten und sieh:
da will niemand mich kennen.
Ich kann nicht entfliehen,
niemand nimmt sich meiner an.

6 HERR, zu dir schreie ich und sage: /
Du bist meine Zuversicht,
mein Teil [a] im Lande der Lebendigen.
7 Höre auf meine Klage,
denn ich werde sehr geplagt.
Errette mich von meinen Verfolgern,
denn sie sind mir zu mächtig.
8 Führe mich aus dem Kerker,
dass ich preise deinen Namen.
Die Gerechten werden sich zu mir sammeln,
wenn du mir wohltust.

Bitte um Verschonung und Leitung (Der siebente Bußpsalm)

143 EIN PSALM DAVIDS.
HERR, erhöre mein Gebet, /
vernimm mein Flehen um deiner Treue willen,
erhöre mich um deiner Gerechtigkeit willen,
2 und **geh nicht ins Gericht mit deinem Knecht;**
denn [a] vor dir ist kein Lebendiger gerecht.
3 Denn der Feind verfolgt meine Seele
und schlägt mein Leben zu Boden,
er legt mich ins Finstere
wie die, die lange schon tot sind.
4 Und mein Geist ist in Ängsten,
mein Herz ist erstarrt in meinem Leibe.

5 Ich [a] denke an die früheren Zeiten; /
ich sinne nach über all deine Taten
und spreche von den Werken deiner Hände.
6 Ich breite meine Hände aus zu dir,
[a] meine Seele dürstet nach dir
wie ein dürres Land. SELA.
7 HERR, erhöre mich bald,
mein Geist vergeht;
verbirg dein Antlitz nicht vor mir,
dass ich nicht gleich werde denen,
die in die Grube fahren.
8 Lass mich am Morgen hören deine Gnade;
denn ich hoffe auf dich.
Tu mir kund den Weg, den ich gehen soll;
denn mich verlangt nach dir.
9 Errette mich, mein Gott, von meinen Feinden;
zu dir nehme ich meine Zuflucht.

10 Lehre mich tun nach deinem Wohlgefallen, /
denn du bist mein Gott;
dein guter Geist führe mich auf ebner Bahn.
11 HERR, erquicke mich um deines Namens willen;
führe mich aus der Not um deiner Gerechtigkeit willen,
12 und vernichte meine Feinde um deiner Güte willen
und bringe alle um, die mich bedrängen;
denn ich bin dein Knecht.

Gebet um Rettung und Wohlstand

144 VON DAVID.
Gelobt sei der HERR, mein Fels,
der meine Hände kämpfen lehrt
und meine Fäuste, Krieg zu führen,
2 meine Hilfe und meine [a] Burg,
mein Schutz und mein Erretter,
mein Schild, auf den ich traue,
der Völker unter mich zwingt.

3 HERR, was ist der Mensch,
dass du dich seiner annimmst,
und des Menschen Kind,
dass du ihn so beachtest?
4 Ist doch der Mensch gleich wie nichts;
seine Zeit fährt dahin [a] wie ein Schatten.

142,6: *a* Ps 27,13 **143,2:** *a* Ps 130,3; Hiob 9,2; Röm 3,20 **143,5:** *a* Ps 77,6 **143,6:** *a* Ps 42,2-3 **144,2:** *a* Ps 18,3 **144,4:** *a* Hiob 14,2

5 [a]Herr, neige deinen Himmel
und fahre herab;
rühre die Berge an,
dass sie rauchen.
6 Sende Blitze und streue sie aus, /
schick deine Pfeile und jage sie dahin,
7 streck aus deine Hand von der Höhe.
Erlöse mich und errette mich aus großen Wassern,
aus der Hand der Fremden,
8 deren Mund unnütz redet
und deren rechte Hand trügt.

9 Gott, ich will dir [a]ein neues Lied singen,
ich will dir spielen auf dem Psalter von zehn Saiten,
10 der du den Königen Sieg gibst
und erlösest deinen Knecht David
vom mörderischen Schwert.
11 Erlöse mich und errette mich
aus der Hand der Fremden,
deren Mund Falsches redet
und deren rechte Hand trügt.

12 Unsere Söhne seien wie Pflanzen, /
die aufschießen in ihrer Jugendkraft –
unsere Töchter wie Säulen,
geschnitzt für Paläste –
13 unsere Kammern gefüllt,
dass sie Vorrat geben, einen nach dem andern –
unsere Schafe, dass sie Tausende werfen
und Zehntausende auf unsern Triften –
14 unsere Rinder, dass sie tragen ohne Schaden und Verlust –
und kein Klagegeschrei sei auf unsern Gassen. –
15 Wohl dem Volk, dem es so ergeht!
[a]Wohl dem Volk, dessen Gott der Herr ist!

Gottes ewige Güte

145 Ein Loblied Davids.
Ich will dich erheben,
mein Gott, du König,
und deinen Namen loben immer und ewiglich.
2 Ich will dich täglich loben
und deinen Namen rühmen immer und ewiglich.
3 Der Herr ist groß und sehr zu loben,
und seine Größe ist unausforschlich.
4 Kindeskinder werden deine Werke preisen
und deine gewaltigen Taten verkündigen.
5 Sie sollen reden von deiner hohen, herrlichen Pracht
und deinen Wundern nachsinnen;[a]
6 sie sollen reden von deinen mächtigen Taten
und erzählen von deiner Herrlichkeit;
7 sie sollen preisen deine große Güte
und deine Gerechtigkeit rühmen.

8 **Gnädig und barmherzig ist der Herr,**
geduldig und von großer Güte.[a]
9 [a]Der Herr ist allen gütig
und erbarmt sich aller seiner Werke.
10 Es sollen dir danken, Herr, alle deine Werke
und deine Heiligen dich loben
11 und die Ehre deines Königtums rühmen
und von deiner Macht reden,
12 dass den Menschen deine gewaltigen Taten kundwerden
und die herrliche Pracht deines Königtums.
13 Dein Reich ist ein ewiges Reich,
und deine Herrschaft währet für und für.

Der Herr ist getreu in all seinen Worten
und gnädig in allen seinen Werken.*
14 Der Herr hält alle, die da fallen,
und [a]richtet alle auf,
die niedergeschlagen sind.
15 [a]**Aller Augen warten auf dich,**
und du gibst ihnen ihre Speise
zur rechten Zeit.
16 **Du tust deine Hand auf**
und sättigst alles, was lebt,
nach deinem Wohlgefallen.

* Die zweite Hälfte dieses Verses, die nur in einem Teil der Handschriften überliefert ist, stellt den N-Vers des im Hebräischen nach dem ABC geordneten Psalms dar.

144,5: *a (5-7)* Ps 18,10-17 **144,9:** *a* Ps 33,3 **144,15:** *a* 5.Mose 33,29 **145,5:** *a* Ps 19,2-7 **145,8:** *a* 2.Mose 34,6 **145,9:** *a (9-10)* Jes 64,7 **145,14:** *a* Ps 146,8 **145,15:** *a (15-16)* Ps 104,27-28; 136,25

17 Der HERR ist gerecht in allen seinen Wegen
und gnädig in allen seinen Werken.
18 **Der HERR ist nahe allen,**
die ihn anrufen,
allen, die ihn ernstlich anrufen.
19 Er tut, [a]was die Gottesfürchtigen begehren,
und hört ihr Schreien und hilft ihnen.
20 Der HERR behütet alle, die ihn lieben,
und wird vertilgen alle Gottlosen.
21 Mein Mund soll des HERRN Lob verkündigen,
und alles Fleisch lobe seinen heiligen Namen immer und ewiglich.

Gottes ewige Treue

146 Halleluja!
Lobe den HERRN, meine Seele! /
2 Ich will den HERRN loben, solange ich lebe,
und meinem Gott lobsingen, solange ich bin.
3 [a]Verlasset euch nicht auf Fürsten;
sie sind Menschen, die können ja nicht helfen.
4 Denn des Menschen Geist muss davon, /
und [a]er muss wieder zu Erde werden;
dann sind verloren alle seine Pläne.

5 Wohl dem, dessen Hilfe der Gott Jakobs ist,
der seine Hoffnung setzt auf den HERRN, seinen Gott,[a]
6 der Himmel und Erde gemacht hat,
das Meer und alles, was darinnen ist;
der Treue hält ewiglich, /
7 der Recht schafft denen, die Gewalt leiden,
der die Hungrigen speiset.

Der HERR macht die Gefangenen frei.
8 Der HERR macht die Blinden sehend.
[a]Der HERR richtet auf, die niedergeschlagen sind.
Der HERR liebt die Gerechten.
9 [a]Der HERR behütet die Fremdlinge /
und erhält Waisen und Witwen;
aber die Gottlosen führt er in die Irre.

10 Der HERR ist [a]König ewiglich,
dein Gott, Zion, für und für.
Halleluja!

Gottes Walten in der Schöpfung und in Israels Geschichte

147 Halleluja!
Lobet den HERRN! /
Denn [a]unsern Gott loben, das ist ein köstlich Ding,
ihn loben ist lieblich und schön.

2 Der HERR baut Jerusalem auf
und bringt zusammen die Verstreuten Israels.
3 Er heilt, die [a]zerbrochenen Herzens sind,
und verbindet ihre Wunden.
4 Er zählt die Sterne
und [a]nennt sie alle mit Namen.
5 Unser Herr ist groß und von großer Kraft,
und unbegreiflich ist, wie er regiert.
6 Der HERR richtet die Elenden auf
und stößt die Gottlosen zu Boden.[a]

7 Singt dem HERRN ein Danklied
und lobt unsern Gott mit Harfen,
8 der den Himmel mit Wolken bedeckt /
und Regen gibt auf Erden;
der Gras auf den Bergen wachsen lässt,
9 der dem Vieh sein Futter gibt,
[a]den jungen Raben, die zu ihm rufen.
10 Er hat keine Freude an der Stärke des Rosses
und kein Gefallen an den Schenkeln des Mannes.
11 Der HERR hat Gefallen an denen, die ihn fürchten,
die auf seine Güte hoffen.

12 Preise, Jerusalem, den HERRN;
lobe, Zion, deinen Gott!
13 Denn er macht fest die Riegel deiner Tore

145,19: *a* Spr 10,24 **146,3:** *a* Ps 118,8-9; Jer 17,5 **146,4:** *a* 1. Mose 3,19; Pred 3,20 **146,5:** *a* Jer 17,7 **146,8:** *a* Ps 145,14 **146,9:** *a* 2. Mose 22,20-21 **146,10:** *a* Ps 93,1 **147,1:** *a* Ps 92,2 **147,3:** *a* Jes 61,1 **147,4:** *a* Jes 40,26 **147,6:** *a* Lk 1,52 **147,9:** *a* Hiob 38,41

und segnet deine Kinder in deiner
Mitte.
14 Er schafft deinen Grenzen Frieden
und sättigt dich mit dem besten
Weizen.
15 [a]Er sendet sein Gebot auf die Erde,
sein Wort läuft schnell.
16 Er gibt Schnee wie Wolle,
er streut Reif wie Asche.
17 Er wirft seine Schloßen herab
wie Brocken;
wer kann bleiben vor seinem Frost?
18 Er sendet sein Wort, da schmilzt der
Schnee;
er lässt seinen Wind wehen,
da taut es.
19 [a]Er verkündigt Jakob sein Wort,
Israel seine Gebote und sein Recht.
20 So hat er an keinem Volk getan;
sein Recht kennen sie nicht.
Halleluja!

Gottes Lob im Himmel und auf Erden

148 [a]Halleluja!
Lobet im Himmel den HERRN,
lobet ihn in der Höhe!
2 Lobet ihn, alle seine Engel,
lobet ihn, all sein Heer!
3 [a]Lobet ihn, Sonne und Mond,
lobet ihn, alle leuchtenden Sterne!
4 Lobet ihn, ihr Himmel aller Himmel
und ihr Wasser über dem Himmel!
5 Die sollen loben den Namen des
HERRN;
denn [a]er gebot, da wurden sie
geschaffen.
6 Er lässt sie bestehen für immer und
ewig;
er gab eine Ordnung, die dürfen sie
nicht überschreiten.

7 Lobet den HERRN auf Erden,
ihr großen Fische und alle Tiefen
des Meeres,
8 Feuer, Hagel, Schnee und Nebel,
Sturmwinde, die sein Wort
ausrichten,
9 ihr Berge und alle Hügel,
fruchttragende Bäume und alle
Zedern,
10 ihr Tiere und alles Vieh,
Gewürm und Vögel,
11 ihr Könige auf Erden und alle Völker,
Fürsten und alle Richter auf Erden,
12 Jünglinge und Jungfrauen,
Alte mit den Jungen!
13 Die sollen loben den Namen des
HERRN;
denn sein Name allein ist hoch,
seine Herrlichkeit reicht, so weit Himmel
und Erde ist.
14 Er erhöht die Macht seines
Volkes.
[a]Alle seine Heiligen sollen loben,
die Kinder Israel, das Volk, das ihm
dient.
Halleluja!

Zion lobe den HERRN!

149 Halleluja!
Singet dem HERRN [a]ein neues
Lied;
die Gemeinde der Heiligen soll ihn
loben.
2 Israel freue sich [a]seines Schöpfers,
die Kinder Zions seien fröhlich
über ihren [b]König.
3 Sie sollen loben seinen Namen im
Reigen,
mit Pauken und Harfen sollen sie
ihm spielen.
4 Denn der HERR hat Wohlgefallen an
seinem Volk,
er hilft den Elenden herrlich.

5 Die Heiligen sollen fröhlich sein und
preisen
und rühmen auf ihren Lagern.
6 Ihr Mund soll Gott erheben;
sie sollen scharfe Schwerter in ihren
Händen halten,
7 dass sie Vergeltung üben unter den
Heiden,
Strafe unter den Völkern,
8 ihre Könige zu binden mit Ketten
und ihre Edlen mit eisernen
Fesseln,
9 dass sie an ihnen [a]vollziehen das
Gericht, wie geschrieben ist.
Solche Ehre werden alle seine
Heiligen haben.
Halleluja!

147,15: *a (15-18)* Hiob 38,22-30 **147,19:** *a (19-20)* 5. Mose 4,8; Apg 14,16-17; Röm 3,2 **148,1:** *a (1-2)* Ps 103,20-22 **148,3:** *a (3-13)* 1. Mose 1,1-27 **148,5:** *a* Ps 33,9 **148,14:** *a* 5. Mose 4,7-8 **149,1:** *a* Ps 33,3 **149,2:** *a* Ps 100,3; *b* Ps 93,1 **149,9:** *a* Jes 34,1-17; 63,4-6; Joel 4,2-14

Das große Halleluja

150 Halleluja!
Lobet Gott in seinem Heiligtum,
lobet ihn in der Feste seiner Macht!
2 Lobet ihn für seine Taten,
lobet ihn in seiner großen Herrlichkeit!
3 Lobet ihn mit Posaunen,
lobet ihn mit Psalter und Harfen!
4 Lobet ihn mit Pauken und Reigen,
lobet ihn mit Saiten und Pfeifen!
5 Lobet ihn mit hellen Zimbeln,
lobet ihn mit klingenden Zimbeln!
6 **Alles, [a] was Odem hat, lobe den HERRN!**
Halleluja!

150,6: *a* Ps 41,14; Offb 5,13